DICTIONNAIRE

DE

PROCÉDURE CIVILE

ET COMMERCIALE.

TOME IV.

L.—R.

Chaque volume de cette édition sera numéroté, revêtu du cachet de l'administration, et signé par l'auteur, comme il suit.

N° 253. *Cachet de l'administration, Signature de l'auteur.*

On ne reconnaîtra pour non contrefaits que les volumes ainsi numérotés, timbrés et signés.

DICTIONNAIRE
DE PROCÉDURE
CIVILE ET COMMERCIALE;

CONTENANT LA JURISPRUDENCE, L'OPINION DES AUTEURS, LES USAGES DU PALAIS,
LE TIMBRE ET L'ENREGISTREMENT DES ACTES, LEUR TARIF, LEURS FORMULES;
ET TERMINÉ PAR UN RECUEIL DE TOUTES LES LOIS SPÉCIALES QUI COMPLÈTENT
OU MODIFIENT LE CODE DE PROCÉDURE, ET PAR UNE TABLE DE CONCORDANCE
DU DICTIONNAIRE AVEC LES ARTICLES DE CE CODE ET LES LOIS SPÉCIALES ;

PAR M. BIOCHE,
Docteur en droit, Avocat à la Cour royale de Paris ;

M. GOUJET, Avocat à la Cour royale de Paris,

ET PLUSIEURS MAGISTRATS ET JURISCONSULTES.

DEUXIÈME ÉDITION, revue, corrigée et augmentée.

TOME QUATRIÈME.

PARIS.
VIDECOQ, LIBRAIRE-ÉDITEUR,
PLACE DU PANTHÉON, N° 6.

1840.

CET OUVRAGE SE TROUVE AUSSI

A Bordeaux. . Chez	THEYCHENEY, LAWALLE.
Strasbourg. . .	DESRIVEAUX, LAGIER.
Marseille. . . .	MOSSY.
Dijon.	LAMARCHE, DECAILLY, BENOIST.
Toulouse. . . .	LEBON, DAGALIER.
Rennes.	MOLLIEX, Mad. DUCHÊNE.
Aix.	AUBIN.
Nantes.	FOREST.
Rouen.	EDET, LEGRAND.
Grenoble. . . .	PRUD'HOMME.
Le Mans. . . .	BELON.
Besançon. . . .	BINTOT.
Caen.	CLERISSE, HUET-CABOURG.
Poitiers. . . .	BOURCES, FRADET.
Colmar.	REIFFENGER.
Bruxelles. . . .	BERTHOT.

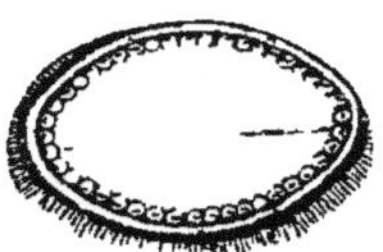

IMPRIMERIE DE J.-B. GROS, SUCCESSEUR DE J. GRATIOT,
Rue du Foin-Saint-Jacques, 18, Maison de la Reine Blanche.

DICTIONNAIRE

DE

PROCÉDURE CIVILE

ET COMMERCIALE.

S.

SAC DE PROCÉDURE. Les sacs de procédure sont exceptés de la prohibition prononcée contre toute personne étrangère au service des postes, de s'immiscer dans le transport de lettres, journaux, feuilles à la main et ouvrages périodiques, paquets et papiers du poids d'un kilogramme. Arrêté du 27 prair. an 9, art. 1 et 2.

SAISIE. Procédure par laquelle on met des biens ou effets sous la main de la justice. — V. d'ailleurs *Emprisonnement*.

1. La saisie est employée comme acte conservatoire des droits des créanciers, et comme moyen d'exécution des obligations. — V. *Acte conservatoire*, *Exécution*.

2. On peut en même temps saisir et la personne et les biens, soit meubles, soit immeubles du débiteur. C. civ. 2069 ; — mais il n'est pas permis de saisir un objet déjà saisi ; d'où la maxime *saisie sur saisie ne vaut*. — V. *Saisie-exécution*, n° 199.

3. On distingue plusieurs espèces de saisies ; savoir :

Saisie-arrêt ou opposition. Pag.	4.	Saisie-gagerie. Pag. .	116.
Saisie brandon	49.	Saisie-immobilière. — V. *Vente*.	
Saisie conservatoire.	55.	Saisie des navires.	124.
Saisie pour contravention.		Saisie des rentes.	129.
Saisie pour contribution.		Saisie-revendication.	134.
Saisie-exécution.	58.	Saisie sur soi-même.	13.
Saisie-foraine.	113.		

4. On doit employer la *saisie-exécution ou la saisie arrêt*, selon que les objets *mobiliers* sont entre les mains du débiteur ou dan celles d'un tiers. — V. *Saisie-arrêt*, n° 27 à 29.

5. On ne peut former une saisie-mobilière ou immobilière qu'en vertu d'un titre exécutoire (— V. toutefois *Saisie-arrêt*, n° 15 ; *Saisie-conservatoire* ; *Saisie-foraine*, n° 4 ; *Saisie-gagerie*, n° 3 ;

Saisie-revendication); — et pour des créances liquides (— V. toutefois *Saisie-arrêt*, n° 4), certaines et exigibles. C. pr. 551); — si la chose due n'est pas de l'argent monnayé, il faut, après la saisie et avant de continuer les poursuites, la faire apprécier (C. pr. 551), dans la forme prescrite pour les liquidations de *fruits*. — V. ce mot.

— V. d'ailleurs *Exécution*, n° 22 à 27; *Référé*.

Est considéré comme liquide le recouvrement d'une pension alimentaire, à raison de 25 fr. par mois, depuis telle époque jusqu'à telle époque, et la saisie est valable quoiqu'elle n'énonce pas les sommes totales des termes échus. La somme n'en est pas moins déterminée depuis le moment où la pension a commencé à courir, jusqu'à la date de l'exploit. Bruxelles, 13 oct. 1822, P. 17, 634.

Si le saisi oppose des répétitions qui compensent et au-delà, les causes de la saisie, il a droit de la faire annuler. Orléans, 15 mai 1818, P. 14, 807, — à moins que le saisissant n'invoque à son tour d'autres créances liquides et certaines. *Même arrêt.* Grenoble, 14 juill. 1809, P. 7, 686.

6. *En vertu d'un titre exécutoire.* — Suffirait pour saisir : — 1° une grosse en forme exécutoire d'un acte sous seing-privé, dont le dépôt aurait été fait chez un notaire par toutes les parties obligées. Cass. 27 mars 1821; Bourges, 27 juin 1823, S. 21, 325; 24, 51;

2° Une seconde grosse délivrée sur l'ordonnance du président, pourvu, dans ce cas, que l'exécution fût précédée de la sommation exigée par l'art. 844 C. pr. Rennes, 8 déc. 1824, D. v° *Saisie-exéc.*, p. 647.

3° Un jugement prononçant une subrogation judiciaire. Rennes, 14 juin 1815, P. 12, 769.

4° Un exécutoire de dépens. Cass. 25 janv. 1837 (Art. 952 J. Pr.).

7. Mais serait insuffisant un jugement non exécutoire par provision, et dont il aurait été interjeté appel : l'appel est suspensif. Turin, 8, 14 sept. 1810, S. 14, 422. — Au contraire, le pourvoi en cassation, n'étant pas suspensif en matière civile, n'empêcherait pas de saisir en vertu du jugement attaqué. Orléans, 28 nov. 1815, P. 13, 136.

8. Une saisie peut être pratiquée pendant trente ans, à partir de la date du titre en vertu duquel on procède. — V. *Jugement*, n° 334.

9. *Pour des créances.* La saisie faite à la requête d'une partie qui n'avait pas qualité doit être annulée, bien qu'elle ait acquis cette qualité pendant l'instance d'appel ; c'est au moment de l'exécution qu'elle est requise. Rennes, 22 avr. 1817, D. v° *Saisie-exécut.*, p. 47, note 2, n° 6.

10. Il a été jugé qu'une saisie dont la cause a été déterminée ne peut pas ensuite être appliquée à la conservation d'une autre créance. — V. *Saisie-arrêt*, n° 3.

Cependant les meubles d'un locataire saisis-gagés pour loyers échus et non payés peuvent être vendus sans nouvelle saisie-gagerie, pour les loyers échus dans l'intervalle qui s'est écoulé entre la saisie-gagerie et le solde du loyer pour lequel elle avait été pratiquée. Paris, 6 avr. 1830, D. 30, 190.

11. Une saisie ne peut être annulée sous prétexte que le créancier l'aurait commencée pour une somme plus forte que celle qui lui est due. Arg. C. civ. 2216 ; Bruxelles, 14 mars 1833, D. 34, 139 ; Merlin, *Rép.* v° *Commandement*, § 8.

12. Le créancier qui poursuit les héritiers de son débiteur n'est pas tenu, à peine de nullité, d'énoncer leur qualité d'héritiers dans les actes de poursuite : ainsi jugé dans le cas de saisie-brandon. Bruxelles, 14 mars 1833, D. 34, 139.

13. La saisie formée sur un débiteur décédé est valable, quoiqu'elle n'indique que le nom du défunt et non ceux de ses héritiers. Bordeaux, 15 juin 1827, S. 27, 249.—V. *Saisie-arrêt*.

14. Quelles choses sont saisissables ? — V. les différentes saisies.

15. Les saisies sont ordinairement précédées d'un *commandement*. — V. ce mot, et toutefois *Saisie-arrêt*, n° 51 ; *Saisie-conservatoire*, n° 7 ; *Saisie-foraine*, n° 7 ; *Saisie-gagerie*, n° 21 ; *Saisie revendication*.

16. Le commandement renferme élection de domicile dans le lieu de l'exécution. C. pr. 584, 634, 673, 819.— V. *Saisie-exécution*, n° 66, *Saisie-immobilière*, et *Saisie-gagerie*, n° 22.

17. Le même commandement peut servir à plusieurs saisies, s'il remplit d'ailleurs les formalités exigées pour chacune d'elles. — V. *Commandement*, n°s 3, 9.

18. Le débiteur qui satisfait sur-le-champ au commandement doit-il en supporter le coût ? — V. *Offres réelles*, n° 92.

Le juge ne doit jamais admettre en taxe plus d'un commandement : en effet, ou le second est inutile et les frais qu'il occasionne sont frustratoires, ou il est nécessaire, à cause de la péremption du premier, et alors celui-ci doit rester à la charge personnelle de l'huissier qui l'a fait, ou de la partie qui l'a requis. Chauveau, *Tarif*, 2, 111.

Toutefois, il en serait autrement s'il était intervenu certaines circonstances de fait, d'où résulterait la présomption de l'abandon de la poursuite ; si, par exemple, le créancier avait reçu un à-compte et pris des arrangemens pour le paiement du surplus. Orléans, 29 août 1816, D. 11, 2, 648.

19. Les saisies sont le principe d'une nouvelle procédure. — V. *Rétroactif (effet)*, nº 32.

20. La saisie *signifiée* au débiteur interrompt la prescription. C. civ. 2244 ; — ainsi, l'interruption de la prescription daterait non seulement du commandement qui aurait précédé la saisie, mais encore du jour de la signification de la saisie au débiteur.

21. Les actes interruptifs de la prescription, tels qu'une saisie, ont-ils pour effet de convertir en prescription trentenaire, les prescriptions de moindre durée, et notamment la prescription quinquennale ?

L'affirmative a été jugée. Toulouse, 20 mars 1835 (Art. 143 J. Pr.).

Cette doctrine a été combattue avec succès par M. Troplong, *Prescription*, 2, 687 : — Le passage de Pothier (*Obligation*, nº 662) où il est dit que le commandement *perpétue l'action du créancier pendant trente ans du jour de sa date*, est extrait de la partie de l'ouvrage, où l'auteur s'occupe de la prescription trentenaire. Pothier avait donc raison dans cet ordre d'idées de dire que le commandement dure trente ans, tandis que l'assignation se périme par trois ans, quand le droit est prescriptible par trente ans, à partir du commandement qui a interrompu la prescription commencée ; car le commandement vaut pour tout le temps qui règle la prescription applicable à l'espèce ; mais quand la prescription est une prescription abrégée, au lieu d'être prescription trentenaire, le commandement se prescrit non plus par trente ans, mais par le temps voulu pour compléter la prescription spéciale à la matière. Ainsi l'art. 189 C. comm. exige, pour que la prescription trentenaire remplace la prescription quinquennale, non pas seulement un protêt ou un commandement, ou un acte de poursuite (une saisie) ; mais bien un jugement ou une reconnaissance faite par acte séparé, parce que un jugement ou une reconnaissance sont des titres nouveaux qui convertissent la traite en une créance ordinaire.

22. La saisie ne donne pas de privilége au créancier saisissant. — V. *Saisie-arrêt*, nº 152.

— V. d'ailleurs *Exécution*, *Nullité*, et les mots suivans.

SAISIE-ARRÊT OU OPPOSITION (1). Acte par lequel un créancier (*le saisissant*) arrête entre les mains d'un tiers (*le tiers saisi*) les sommes ou effets mobiliers de son débiteur (*le saisi*), et par suite duquel il obtient du trib. la délivrance de ces sommes ou le prix de ces effets jusqu'à concurrence de ce qui lui est dû.

---

(1) Cet article est de M. Rodolphe Adeline, substitut de M. le procureur du roi à Bayeux.

1. La saisie-arrêt était connue en Languedoc sous le nom de *bannіment;* en Dauphiné, sous celui d'*arrestation;* en Flandre, sous celui de *clain;* en Bretagne, sous celui de *plegement;* en Provence, sous celui d'*arrêtement.*

On distinguait aussi la *saisie arrêt* qui produisait les mêmes effets qu'aujourd'hui, et le simple *arrêt* qui avait seulement pour but d'empêcher la remise de l'objet saisi. Pothier, *Procédure*, p. 4, ch. 2, sect. 3, § 1. Sous le Code, les mots *saisie-arrêt* et *opposition* sont synonymes. Roger, *Traité de la saisie-arrêt*, n° 3.

L'ordonn. de 1667 gardait le silence sur ce *mode d'exécution.* Il n'était réglé que par des usages, des traditions incertaines, et quelques arrêts de Cours souveraines; il était la source d'abus énormes et de vexations révoltantes : il a été ramené par le Code à toute sa simplicité et au seul but de son institution. » Réal, *Exposé des motifs.* — V. Déclar. 20 janv. 1736 ; Lettres patentes 3 juin 1756, 19 janv. 1778.

Cette procédure pourrait être cependant plus simple encore et moins dispendieuse, si l'on rendait la saisie-arrêt attributive de juridiction pour le débiteur et le tiers-saisi. En même temps que le tiers-saisi serait assigné pour passer sa déclaration par l'exploit même de saisie-arrêt, le débiteur pourrait être assigné de son côté pour admettre ou critiquer cette déclaration, et voir prononcer sur la validité de la saisie-arrêt. De là une seule diligence au lieu de trois au respect du tiers-saisi. C. pr. 563, 564, 570, et une seule instance au lieu de deux. Thomine, n° 612.

DIVISION.

§ 1. — *Qui peut saisir-arrêter; en vertu de quels titres.*
§ 2. — *Sur qui et entre les mains de qui.*
§ 3. — *Quelles choses.*
§ 4. — *Dans quelle forme.*
Art. 1. — *Exploit de saisie-arrêt.*
Art. 2. — *Dénonciation au saisi; assignation en validité; jugement de validité.*
Art. 3. — *Dénonciation au tiers saisi.*
Art. 4. — *Assignation en déclaration affirmative; — déclaration du tiers saisi.*
Art. 5. — *Demande en main-levée de la saisie-arrêt.*
Art. 6. — *Saisie-arrêt aux mains des receveurs, dépositaires ou administrateurs de caisses ou deniers publics.*
§ 5. — *Effets de la saisie.*
§ 6. — *Enregistrement.*
§ 7. — *Formules.*

§ 1. — *Qui peut saisir-arrêter; en vertu de quels titres.*

2. *Qui peut saisir-arrêter.* Pour saisir-arrêter, il faut avoir

une créance actuelle et certaine, évaluée, exigible, personnelle au saisi.

3. *Actuelle et certaine.* Ainsi ne peut saisir-arrêter :

1° Celui dont la créance est douteuse, sérieusement contestée. Arg. Paris, 8 mai 1809; Orléans, 22 juill. 1819, 22 et 29 déc. 1820, 28 mai 1823, D. *hoc verbo*, 622; Bordeaux, 24 mai 1837, D. 38, 85; Arg. Rouen, 23 nov. 1838 (Art. 1353 J. Pr.); Roger, n° 54; Carré, n° 1927;—c'est aux trib. qu'il appartient de rejeter de prime à bord ou de maintenir une saisie-arrêt, suivant qu'elle lui paraît ou non fondée sur des moyens sérieux et plausibles, quoique contestés. Caen, 16 mars 1825; Roger, n° 201. — Ils ne peuvent étendre à une créance certaine les effets d'une saisie-arrêt requise pour une créance incertaine; ni même appliquer celle requise pour une créance certaine à une autre créance également certaine. Orléans, 22 déc. 1820, D. *hoc verbo*, 622; Bordeaux, 13 août 1835; Roger, n°s 62 et 63.

2° Celui dont la créance est conditionnelle avant l'accomplissement de la condition. Pigeau, *Comm.* 2, 150; Lepage, 383; Roger, n°s 96 à 98. — V. *Acte conservatoire*, n° 34.

4. *Évaluée.* Si la créance n'est pas évaluée par le titre même, l'évaluation doit en être faite par ordonnance du juge; il n'appartient point au saisissant de la faire lui-même. C. pr. 559; Locré, *Esprit C. pr.* 4, sur l'art. 559; Montpellier, 18 déc. 1810, P. 8, 712; Douai, 10 déc. 1836 (Art. 607 J. Pr.); Thomine, 2, n° 619; Roger, n° 100. — V. *inf.* n° 16.

Il résulte de cet art. 559 qu'on peut saisir-arrêter pour une créance non liquide; cette différence avec la saisie-exécution (C. pr. 551), provient de ce que la saisie-arrêt est tout à la fois une mesure conservatoire et une voie d'exécution.

5. *Exigible.* Ainsi ne peut saisir-arrêter celui dont la créance est à terme, à moins que le terme n'ait été stipulé en sa faveur (C. civ. 1187); ce serait indirectement contraindre le débiteur à payer avant le terme. Grenoble, 23 juill. 1818, D. *ib.* 622, n° 1; Bourges, 17 mars 1826, D. 26, 219; Carré, n° 1926; Rouen, 23 nov. 1838 (Art 1353 J. Pr.). — *Contrà*, S. 17, 2, 83. — Cette dernière opinion devrait être suivie dans les cas prévus par l'art. 1188 C. civ., le débiteur a perdu le bénéfice du terme. — V. d'ailleurs *Acte conservatoire*, n°s 29 à 32.

6. Toutefois, le terme de grâce n'est point un obstacle à la saisie-arrêt. Arg. C. civ. 1292. — Seulement l'attribution des deniers ne s'effectuera qu'à l'expiration des délais accordés. Roger, n° 117 et suiv. — V. *Acte conservatoire*, n° 32.

7. *Personnelle au saisi.* Ainsi, le créancier hypothécaire ne doit pas arrêter les revenus de l'immeuble appartenant au tiers-détenteur. Paris, 25 déc. 1808, D. *ib.* 618.

8. Toutefois, le cessionnaire qui n'obtient pas le paiement de la créance qui lui a été cédée peut former une saisie-arrêt entre les mains du débiteur de son cédant qui a garanti la solvabilité du débiteur cédé. Bordeaux, 2 juill. 1813, P. 11, 520; — le doute vient de ce que le cédant n'étant que caution pourrait, aux termes de l'art. 2022 C. civ., exiger qu'avant d'exercer aucunes poursuites contre lui, le créancier discutât le débiteur principal; mais, au moment même où le débiteur refuse de payer, la caution devient obligée *hic et nunc*, sa dette est réellement exigible, seulement la loi lui accorde la faculté d'indiquer des biens qui doivent être discutés préalablement aux siens. Roger, n° 125.

9. *En vertu de quels titres on peut saisir-arrêter*. La saisie-arrêt peut être pratiquée en vertu d'un acte authentique ou privé. C. pr. 557; — ou même à défaut de titre, en vertu d'une ordonnance du juge. — V. *inf.* n° 17.

10. *Titre authentique*. Par exemple, en vertu d'un acte notarié ou d'un jugement; par ce dernier mot, il faut entendre toute espèce de sentence, soit judiciaire, soit arbitrale.

Il faut que l'acte ou le jugement porte obligation ou condamnation contre la partie saisie. Bordeaux, 1er juill. 1813, S. 15, 114; Toulouse, 23 déc. 1831, D. 32, 49.

11. L'acte authentique, même argué de faux, peut servir de base à une saisie-arrêt; il n'y aurait lieu à surseoir sur la demande en validité que suivant les règles tracées par l'art. 1319 C. civ. Roger, n° 132.

12. On peut évidemment former une saisie-arrêt, en vertu d'un jugement par défaut, avant l'opposition, — ou bien en vertu d'un jugement en premier ressort, avant l'appel, — sauf dans le cas où, soit l'opposition, soit l'appel, serait formé ultérieurement à surseoir, à statuer sur la demande en validité, tant que les moyens de recours n'ont pas été jugés. Rouen, 14 juin 1828, D. 30, 44.

Mais la saisie-arrêt formée en vertu d'un jugement déjà frappé d'opposition ou d'appel, non déclaré exécutoire nonobstant ces moyens de recours, est-elle valable?

Pour la négative on dit : Le doute sur la certitude d'une créance cesse lorsqu'elle est reconnue par un jugement; mais il renaît lorsque le jugement est frappé d'appel. Dès-lors, la créance étant incertaine, ne peut servir de base à une saisie-arrêt. — Un jugement frappé d'appel est un titre sans force, puisque l'appel en paralyse l'exécution, et remet en question tout ce qui a été jugé; celui qui n'a pas de titre peut, à la vérité, obtenir permission du juge pour former saisie-arrêt, mais, le plus souvent, la créance à raison de laquelle on sollicite l'autorisation du juge, n'est point contestée; elle l'est au contraire presque toujours lorsqu'il y a eu jugement frappé d'appel. Chauveau, 38, 98; Roger, n° 64 et suiv. — Ainsi jugé, 1° en cas d'opposition. Trib. Seine, 11 oct. 1839, *Le Droit* du 16. — En cas d'appel, attendu que la saisie n'est pas un simple acte conservatoire, mais bien un acte d'exécution. Bordeaux, 28 août 1827, D. 28, 42; — qu'on ne peut former opposition pour une créance non exigible. Bourges, 17 mars 1826, D. 26, 220. — M. Roger, n° 164, enseigne même que le jugement frappé d'appel n'étant plus qu'un titre de créance contestée, le président devrait refuser la permission de saisir-arrêter.

Mais on répond pour l'affirmative : Si le droit de former opposition était enlevé par l'appel, les débiteurs de mauvaise foi emploieraient toujours cette voie pour soustraire le gage des créanciers pendant toute la durée du procès. — Un jugement doit avoir au moins la même force pour celui qui l'obtient, que la permission du juge pour celui qui n'a pas de titre : l'un est obtenu contre le défendeur présent ou dûment appelé; l'autre est accordée en l'absence et hors la contradiction du défendeur. Paris, 8 juill. 1808, P. 7, 13; Rennes, 24 avril 1815, P. 12, 691. — Il s'agissait d'un jugement du trib. de comm. frappé d'appel. Arg. Rouen, 14 juin 1828, D. 30, 44. Carré, nos 1927 et 1928. — V. d'ailleurs *Jugement par défaut*, n° 76.

13. La même question s'élève à l'égard d'un jugement ou d'un arrêt rendu en matière criminelle et déféré à la C. cass.

Mais le pourvoi, n'étant point suspensif en matière civile, il est évident qu'il n'empêcherait pas la saisie-arrêt. Roger, n° 83.

14. Le jugement doit être revêtu de toutes les formalités voulues par la loi; il faut qu'il soit enregistré, expédié, signifié; Besançon, 3 mai 1809, Montpellier, 18 déc. 1810, D. *ib.* 623; Roger, nos 86, 134, 135; — *Contrà*, trib. Seine, 4e ch. (Art. 677 J. Pr.). On ne pourrait pas non plus saisir-arrêter en vertu d'un jugement rendu à l'étranger qui n'aurait pas été rendu exécutoire en France. — V. d'ailleurs *Exécution*, nos 66 et 67.

Un acte authentique passé à l'étranger et non encore exécutoire, vaut au moins comme acte sous seing privé. Roger n° 91. — *Contrà*, Rouen, 11 janv. 1817, D. *ib.* p. 623. (La décision de C. de Rouen a pu être déterminée par cette autre considération qu'au fond le titre était contesté.) — Pourvu qu'il ait été signé par les parties, et non pas seulement par l'officier public qui aurait constaté leur présence.

15. *Titre privé.* Pourrait-on saisir-arrêter en vertu d'un acte sous seing privé, dont la signature serait méconnue? — Oui. Seulement il serait sursis à prononcer sur la validité de la saisie jusqu'après la vérification. Bruxelles, 12 déc. 1815, D. 624, n° 1. — V. Dailleurs *Faux*, *Vérification d'écriture*.

16. *Permission du juge.* Elle est délivrée par le président du trib. civil en toute matière ; — ou par le président du trib. de commerce en matière commerciale. Turin, 30 mars 1813, S. 14, 436 ; Pardessus, 5, 31 ; ou par le juge de paix, s'il s'agit d'une créance de sa compétence. Carré, n° 1933; Thomine, 2, n° 617; Roger, n° 141 et suiv. Le code (art. 558) en se servant de l'expression *le juge* sans désignation spéciale, s'en est référé aux règles générales de la compétence. Le juge est celui du domicile du débiteur ou du tiers-saisi. C. pr. 558. Roger, n° 140.

17. L'ordonnance portant permission est rendue sur requête (Tar. 77), à laquelle sont annexés tous titres et pièces de nature à mettre le juge en état de faire l'évaluation provisoire de la créance. Thomine, 2, n° 617.

18. Le juge a-t-il le droit de refuser l'autorisation de saisir-arrêter?—Oui. Les termes de l'art. 558 sont facultatifs : « Le créancier qui n'a pas de titre, ne peut saisir-arrêter qu'autant qu'il a des droits *certains* et *évidens* (Réal, *Exposé des motifs*). » C'est donc au juge qu'il appartient de les apprécier. Carré, n° 1931 ; Berriat, 514, Roger, n° 144.

A plus forte raison il a le droit de n'octroyer la saisie-arrêt que pour partie de la somme demandée. Roger, n° 152.

Mais il ne pourrait refuser l'évaluation provisoire d'une créance fondée en titre et non liquide. Roger, n° 145.

Le président excède-t-il ses pouvoirs lorsqu'il ordonne qu'en cas de difficulté il lui en sera référé. —V. *inf.* n° 136.

Le juge n'a pas le droit d'exiger, même d'un étranger, une caution pour garantie des dommages et intérêts auxquels la saisie pourrait donner lieu. Roger, 152 et suiv.

19. Si le juge refuse d'autoriser, est-il obligé de constater son refus ? — Nous ne le pensons pas ; le silence du législateur indique qu'il a voulu investir le juge d'un plein pouvoir (—V. *Ordonnance*, n° 11); — MM. Carré, n° 1932 et Roger, n° 146, estiment que l'on doit s'adresser dans ce cas au trib. entier, mais alors comment se pourvoir, si c'est le juge de paix qui a refusé l'autorisation ?

20. L'opposition est-elle admissible contre une ordonnance du juge portant permission de saisir-arrêter et l'évaluation de la créance? — Non. Cette ordonnance ne juge rien à proprement parler, c'est un simple contrôle auquel le demandeur doit soumettre ses prétentions. Par la voie de l'opposition le débiteur n'obtiendrait qu'une décision provisoire, il fera beaucoup mieux de presser la décision sur la demande en validité qui doit être intentée dans les délais fixés par la loi (C. pr. 563.— V. *inf.* n° 71 et suiv.) ; ou de demander directement la mainlevée de la saisie (C. pr. 567; V. *inf.* n° 132 et suiv.). Chauveau, 19, 350 n° 111; — *Contrà*, Pigeau, *Comm.* 2, 157 ; Fa-

vard, 1, 146; Boncenne, 2, 162; Roger, n° 149 et suiv. — V. *Ordonnance*, n° 11-3°.

21. La requête, et l'ordonnance en vertu de laquelle une saisie-arrêt a été pratiquée sans titre ne font pas partie de l'instance en validité de cette saisie, et ne doivent pas être comprises dans les actes de l'instance, actes dont la péremption est prononcée. (—V. ce mot, n°s 4 à 6). L'ordonnance peut s'obtenir en l'absence de l'adversaire qui n'est pas encore en cause. Elle peut rester inerte entre les mains de celui qui l'a obtenue jusqu'au moment où il lui convient d'en faire usage. Trib. Seine, 4e ch. 4 juill. 1839 (Art. 1489 J. Pr.).

Conséquemment le saisissant peut valablement pratiquer une nouvelle saisie-arrêt en vertu des mêmes requête et ordonnance. *Même jugement.*

§ 2. — *Sur qui et entre les mains de qui on peut saisir-arrêter.*

22. *Sur qui.* Le créancier a le droit de saisir non-seulement sur le débiteur direct (C. pr. 557), mais encore sur ses représentans. Pigeau, *Com.*, 2, 154; — V. toutefois C. civ. 877 : *Exécution*, n° 11 et suiv.

Mais le créancier ne peut saisir-arrêter sur les débiteurs de son débiteur, — s'il n'a pas obtenu préalablement la *subrogation judiciaire* (— V. ce mot). Bordeaux, 3 juin 1839 (Art. 1677 J. Pr.). — *Contrà*, Pigeau, *Comm.* 2, 154. Arg. C. civ. 1166.

Jugé qu'une saisie-arrêt peut être formée en vertu d'un arrêt qui condamne un individu au paiement d'une somme qu'il déclare être à la charge d'une autre personne non appelée dans l'instance; que la partie condamnée, en payant est légalement subrogée aux droits de l'opposant. Cass. 18 mars 1839 (Art. 1654 J. Pr.).

23. Les créanciers d'une succession acceptée sous bénéfice d'inventaire ont-ils le droit de former des saisies-arrêts entre les mains des débiteurs de la succession ? — Pour la négative on dit : le bénéfice d'inventaire a été introduit dans l'intérêt des créanciers autant que dans celui de l'héritier lui-même. Si chaque créancier pouvait exercer individuellement des poursuites contre les débiteurs de la succession, il entraverait nécessairement la gestion de l'héritier bénéficiaire, auquel la loi a confié l'administration de l'hérédité; il en résulterait, pour tous, des frais sans utilité aucune : les droits des créanciers sont en effet suffisamment garantis par la faculté qui leur est accordée d'exiger une caution de la part de l'héritier bénéficiaire : quand un débiteur est tombé en faillite, les actions des créanciers ne peuvent être dirigées que contre les syndics de la faillite (C. comm. 443); il doit en être de même lorsqu'une succession n'est acceptée que sous bénéfice d'inventaire, puisque l'héritier est chargé d'administrer et de rendre compte aux créanciers et aux légataires.

Mais on répond avec raison qu'il n'y a aucune assimilation à faire entre le syndic d'une faillite et l'héritier bénéficiaire ; le syndic est le représentant des créanciers et ne peut être autre chose en cette qualité ; l'héritier bénéficiaire au contraire représente le défunt et non les créanciers dont les intérêts sont souvent opposés aux siens. S'il est chargé d'administrer les biens de la succession, c'est uniquement dans le but indiqué par l'art. 808 C. civ., de payer les créanciers au fur et à mesure qu'ils se présentent, lorsqu'il n'y a pas d'opposition ; et il serait au moins extraordinaire que l'héritier qui ne pourrait refuser la somme réclamée par le créancier, eût cependant le droit d'empêcher ce même créancier de la saisir-arrêter entre les mains d'un tiers. Il faut donc reconnaître que cette disposition de loi ne déroge pas dans l'espèce au principe général de l'art. 557, qui permet à *tout créancier* de saisir-arrêter les sommes et effets appartenant à son débiteur. Cass. 8 déc. 1814, S. 15, 153 ; Bordeaux, 19 avr. 1822, S. 22, 197; Arg. Toulouse, 17 août 1822, S. 23, 193 ; Bourges, 15 mars 1822, S. 22, 269 ; Limoges, 15 avr. 1831, S. 31, 174 ; trib. Toulouse, 15 avr. 1836 (Art. 784 J. Pr.). Carré, art. 558 ; Thomine, n° 616 ; Roger, n° 179 et suiv. ; — *Contrà*, Paris, 30 juill. 1816 ; 27 juin 1820, S. 20, 242 ; Rouen, 12 août 1826, S. 27, 25.

La solution précédente serait à plus forte raison applicable si l'héritier bénéficiaire était en retard d'exiger du tiers-saisi les sommes dépendant de la succession. Douai, 3 mars 1830, S. 30, 298.

Toutefois dans le cas des art. 990 C. pr. et 808 C. civ., le créancier n'est point astreint à remplir les formalités prescrites à peine de nullité en matière de saisie-arrêt ; il n'a qu'une simple opposition à faire. Roger, n° 181. — V. *Partage*, n° 80 et 84.

24. Le créancier d'un successible peut-il saisir-arrêter la portion indivise de celui-ci. — La main levée a été prononcée avant le partage, sur la demande de la partie saisie. Paris, 3 janv. 1829, S. 29, 107, par le motif que l'art. 882 C. civ. offre aux créanciers d'un cohéritier un moyen conservatoire aussi sûr et moins dispendieux. — Mais on peut répondre (avec MM. Chauveau, 36, 143, et Roger, n° 176) : La saisie-arrêt sera moins dispendieuse que l'opposition au partage dans bien des cas ; par exemple si au lieu de vingt débiteurs on suppose qu'il n'y en ait qu'un ou deux, et que les cohéritiers soient au nombre de vingt, une ou deux saisies-arrêts coûteront moins que vingt oppositions formées d'après l'art. 882 C. civ. —

D'ailleurs les frais retomberont en définitive, à la charge du débiteur qui peut les prévenir. — La saisie-arrêt offre plus de garantie contre l'insolvabilité des héritiers. La signification d'une opposition à chacun des cohéritiers, la présence même du créancier au partage, n'empêcheraient pas ces héritiers de toucher ce qui peut être dû à la succession et d'en donner valable quittance, car ce sont des actes ignorés du débiteur. La saisie-arrêt n'a pas ce grave inconvénient. — Mais, bien que valable dans son principe, elle pourra devenir sans objet lors du partage, C. civ. 883, si la créance tombe au lot d'un autre cohéritier. (Art. 964 J. Pr.); Roger, n° 176. — V. d'ailleurs *Partage*, n° 84.

25. Peut-on faire une saisie-arrêt sur un failli entre les mains du syndic? — Non, puisque le failli ne peut plus être l'objet d'une action individuelle, et que le syndic administre pour les créanciers. Rouen, 21 mars 1838, (Art. 1298 J. Pr.); Roger, n° 51. — *Contrà*, Douai, 5 mars 1835, (Art. 246 J. Pr.) — De même serait radicalement nulle une saisie-arrêt pratiquée par le créancier du failli entre les mains d'un débiteur de celui-ci, sur les effets dus avant la faillite; au contraire, la saisie-arrêt serait valable si elle portait sur des valeurs survenues au failli depuis l'ouverture de la faillite. Roger, n° 215, 216; Paris, 2 fév. 1835 (Art. 5 J. Pr.).

26. La saisie-arrêt peut être formée par un mari sur les revenus personnels de sa femme, pour contraindre cette dernière à réintégrer le domicile conjugal. — V. *Femme mariée*, n° 4.

27. *Entre les mains de qui.* Le créancier peut saisir-arrêter entre les mains d'un tiers. C. pr. 557.

Le détenteur des objets qu'on veut saisir-arrêter doit être considéré comme *tiers*, toutes les fois *qu'il ne se confond pas* avec le propriétaire; ainsi le mandataire, le commissionnaire, l'entrepositaire, le banquier sont des tiers par rapport au débiteur saisi. Arg. Colmar, 13 janv. 1815, S. 15, 174.

Si le détenteur au contraire peut être considéré comme ne faisant qu'un seul individu avec le débiteur, ce n'est plus un tiers, tels seraient le facteur, le commis, le caissier, le gardien d'une maison louée et meublée, mais non habitée par le saisi. Arg. C. pr. 602.

28. Dans le premier cas la saisie-arrêt est la seule voie ouverte au créancier, s'il faisait une saisie-exécution ses poursuites devraient être annulées; — dans le second, il doit pratiquer une saisie-exécution, non pas que le débiteur eût à se plaindre s'il usait de la saisie-arrêt, puisque c'est la voie d'exécution la moins rigoureuse, mais parce qu'il perdrait une partie des avantages que lui offre la saisie-exécution sous le rapport surtout de la promptitude et de la compétence. Roger, nos 8 et 9, (Art. 418, 468 et 631 J. Pr.).

29. Mais il faut que ce tiers soit le véritable débiteur; ainsi jugé que ce n'est pas entre les mains du caissier d'un théâtre, mais entre celles du directeur dont le caissier n'est que l'employé, que doit à peine de nullité, être formée une saisie-arrêt sur les appointemens d'un employé de ce théâtre. Arg. Paris, 18 juin 1831, D. 31, 236.

30. La saisie-arrêt sur soi-même est-elle valable? En d'autres termes, celui qui réunit les qualités de débiteur et de créancier est-il fondé à saisir-arrêter en ses mains les deniers qu'il doit à son propre débiteur? — Cette question ne peut se présenter que dans le cas où les dettes ne sont pas également liquides et exigibles, puisque, si elles l'étaient, la compensation s'opérerait de plein droit d'après l'art. 1290 C. civ.

Pour la négative on dit : La loi nouvelle, par son silence, a abrogé ce mode de procéder, autorisé sous l'ancienne jurisprudence (C. pr. 1041); d'ailleurs, l'ensemble des dispositions du C. suppose l'existence de deux personnes distinctes, le saisissant et le tiers saisi; et même plusieurs d'entre elles seraient inexécutables, ou au moins inutiles, si ces deux qualités pouvaient se trouver réunies dans la même personne (C. pr. 563, 564, 565, 568 et 570); enfin, permettre la saisie-arrêt dans ce cas, ce serait fournir à un mauvais débiteur le moyen de retarder le paiement de ce qu'il doit, sous le faux prétexte qu'il serait créancier. Rouen, 13 juill. 1816, D. 620; Amiens, 5 août 1826, D. 29, 216; Bordeaux, 12 déc. 1834 (Art. 503 J. Pr.; Paris, 8 avr. 1836, Art. 396 J. Pr.); Carré, no 1925; Berriat, 523; Thomine, no 615; Roger, nos 113 et suiv.

Mais on répond avec raison : si le C. de pr. n'autorise pas explicitement la saisie-arrêt sur soi-même, il faut convenir aussi qu'il ne la défend pas non plus; il est vrai que l'ensemble de ses dispositions fait supposer l'existence de deux personnes distinctes; c'est effectivement le cas le plus ordinaire: mais ne peut-on pas voir dans le même individu deux personnes différentes, ou plutôt deux qualités distinctes en vertu desquelles il est fondé à remplir deux rôles différens? quant à l'inconvénient signalé par les partisans du système contraire, il existerait lors même que notre opinion serait rejetée; le débiteur de mauvaise foi ne peut-il pas en effet s'entendre avec un tiers auquel il transporterait sa prétendue créance, et faire faire par celui-ci une saisie-arrêt dans ses mains? D'ailleurs, le créancier, privé du droit de saisir-arrêter sur lui-même, serait exposé à payer sa dette liquide sans avoir aucune mesure conservatoire pour sa créance non liquide. Suivant Carré, cet inconvénient n'existe pas pour le créancier; car, dit-il, il s'empressera de faire liquider sa créance; il l'énoncera ensuite dans sa déclaration; les créanciers arrêtans la contesteront ou l'avoueront, et, s'il n'a pas de privilége, il viendra au marc le franc. Mais, dans l'opinion de ceux qui attribuent au jugement de validité, dûment signifié, tous les effets d'un transport (— V. *inf.*, n° 160), ce raisonnement ne serait juste qu'autant que les créanciers arrêtans assigneraient le tiers-saisi en déclaration avant d'avoir obtenu l'attribution des deniers. Bruxelles, 20 déc. 1810; Liége, 7 août 1811, D. *ib.*; Lyon, 15 juin 1825, D. 26, 124; Pigeau, 2, 73, *Comm.* 2, 153; Favard, 5, 5; Coffinière, Chauveau, 19, 303, n° 57.

31. Toutefois, le dépositaire, créancier de la personne à laquelle appartient l'objet du dépôt, ne pourrait saisir-arrêter dans ses mains la chose déposée : l'art. 1293 C. civ. fait exception dans ce cas aux règles de compensation, et permettre la saisie-arrêt, ce serait donner les moyens d'arriver indirectement au même but. Aix, 24 fév. 1818, D. 620.

Il n'a que le droit de retenir le dépôt jusqu'à l'entier paiement de ce qui lui est dû à raison du dépôt. C. civ. 1948.

Il en est de même des autres cas prévus par l'art. 1293 C. civ.

32. L'héritier bénéficiaire conservant, aux termes de l'art. 802 du C. civ., le droit de réclamer le paiement de ses créances contre la succession, doit avoir la faculté de former lui-même une saisie-arrêt aux mains des débiteurs de la succession; — dans ce cas, il présente requête au trib. pour faire nommer un *curateur au bénéfice d'inventaire* (— V. ce mot, n° 18), contre lequel il puisse diriger la demande en validité de sa saisie-arrêt.

M. Roger, n°s 182 et 183, regarde cette procédure comme inutile, parce que les débiteurs ne peuvent se libérer qu'entre les mains de l'héritier bénéficiaire, et que, dans son opinion, le jugement de validité ne peut attribuer au saisissant un droit de préférence : il en reconnaît cependant l'indispensable nécessité dans le cas où d'autres créanciers de la succession auraient eux-mêmes fait des saisies-arrêts.

§ 3. — *Quelles choses sont saisissables.*

33. *Toutes sommes* ou *effets mobiliers appartenant au débiteur* peuvent être arrêtés par le créancier, C. pr. 557; il n'est cependant point indispensable que l'objet appartienne au débiteur au *moment* même où il est arrêté; s'il devenait la propriété du saisi avant que celui-ci eût demandé main-levée de la saisie-arrêt, elle devrait être déclarée valable. Arg. C. civ. 2092; Roger, n°s 162 à 166 et 170.

34. Ainsi, sont saisissables : 1° une dette non encore exigible. Grenoble, 23 juill. 1818, P. 14, 942; par exemple, des loyers non échus, — pourvu qu'à l'époque de l'échéance l'im-

meuble loué appartienne encore à la partie saisie. C'est avec cette restriction que doit être entendu un arrêt de la C. d'Agen (11 mai 1833, D. 34, 47), dont un considérant paraît contraire au principe qui vient d'être posé.

Il en serait de même encore de capitaux remboursables seulement après le décès d'un usufruitier. Orléans, 21 nov. 1822, D. *hoc verbo*, 626.

Faut-il induire de là que le saisi ne peut, dans aucun cas, résilier le bail au préjudice de la saisie-arrêt ? — Hors le cas de fraude, évidemment non; les loyers à échoir ne sont atteints qu'autant qu'ils sont réellement dus. Thomine, 2, n° 612; Roger, n° 450. — *Contrà*, Pothier, *Procédure*, 4ᵉ p., ch. 2, § 4; Lepage, 43.

35. Peut-on saisir-arrêter par anticipation des salaires non échus? — spécialement la saisie du traitement d'un acteur peut-elle être réduite à une quotité seulement sur l'opposition du directeur? — Cette question a donné lieu à trois systèmes.

1ᵉʳ *système*. Les biens à venir du débiteur sont, comme ses biens présens, le gage commun des créanciers : conséquemment les traitemens ou salaires sont susceptibles de saisie-arrêt. Il en est ainsi des appointemens des acteurs. Rouen, 3 juin 1836, Vulpian, 229; Vivien et Blanc, *Législation des théâtres*, n° 298. — *Contrà*, Trib. Seine, 27 mars 1828.

2ᵉ *système*. De ce que les biens du débiteur sont le gage commun de ses créanciers, il ne résulte pas nécessairement que le législateur ait dû ou voulu autoriser la saisie-arrêt sur les biens à venir comme sur les biens présens du débiteur; loin de là, l'art. 557 C. pr., qui permet de saisir-arrêter les sommes et effets *appartenant* au débiteur, ne peut s'appliquer aux biens à venir. Le titulaire a un droit actuellement *acquis* aux arrérages de rente ou de pension, parce qu'il est censé avoir d'avance fourni en argent ou en travail la valeur de ces arrérages, et qu'il n'a plus rien à faire ou à donner pour qu'ils lui appartiennent; seulement ces arrérages ne sont pas encore *exigibles*, mais on conçoit qu'ils puissent être saisis-arrêtés. — Il en est autrement des salaires; ils ne sont ni *exigibles*, ni même *acquis*, puisque celui qui doit les recevoir n'y aura droit qu'autant qu'il fera la chose ou le travail auquel il s'est engagé. Ce sont des choses purement éventuelles. Il dépend du débiteur de rendre sans effet la saisie en restant inactif; l'intérêt même des créanciers semble exiger que la saisie ne soit pas admise; saisir sur un débiteur malheureux ce qu'il gagnera par son travail, n'est-ce pas lui rendre le travail impossible, et, par là, porter indirectement atteinte à la liberté de sa profession, à son existence elle-même. Or, ce sont là des choses que ce débiteur n'a pu aliéner à l'avance; les produits de son travail, à mesure qu'ils lui sont acquis, sont donc seuls susceptibles de saisie-arrêt.

3e *système*. L'art. 1244 C. civ. autorise les juges à accorder terme et délai au débiteur; de là naît pour eux le droit, tout en maintenant les effets de la saisie jusqu'à libération complète du débiteur, d'ordonner que le saisissant recevra son paiement par portions séparées et à différentes époques, sur les sommes arrêtées, au fur à mesure que ces sommes écherront. Paris, 29 juill. 1811, P. 9, 499; Lyon, 28 juin 1837 (Art. 1083 J. Pr.); Roger, n° 303.

Ce dernier système éminemment équitable paraît être une conséquence des art. 581 et 592 C. pr. — V. *inf.*, n° 41, et *Saisie-exécution*, nos 20 et suiv.

Ainsi le trib. de la Seine est dans l'usage de fixer, d'après la position des parties, la quotité du traitement d'un commis nécessaire aux besoins de sa famille et par suite la portion saisissable.

36. 2° Une dette sous condition. — Ainsi, le créancier d'un successible peut faire une saisie-arrêt sur la portion indivise de celui-ci; l'art. 882 C. civ., qui lui donne le droit de former opposition au partage, sans être astreint à suivre les formalités prescrites par les art. 553 et suiv. C. pr. Bordeaux, 7 fév. 1839, D. 39, 101, n'est point exclusif de la faculté accordée par l'art. 557. Roger, n° 176 (Art. 964 J. Pr.). — *Contrà*, Paris, 3 janv. 1829, S. 29, 107. — Ainsi encore serait valable la saisie-arrêt frappant sur des droits qui pourront échoir au saisi à titre d'héritier; sur le montant d'une assurance, même avant tout sinistre. Arg. C. cass. 2 fév. 1820, D. *hoc verbo*, 623; Roger, n° 170.

Le tiers-saisi énoncera dans sa déclaration à quelle condition l'existence de la dette est subordonnée, mais la saisie-arrêt deviendra sans effet si la condition ne vient pas à se réaliser. Arg. C. cass. 24 janv. 1837 (Art. 965 J. Pr.); Roger, n° 451.

37. 3° Un meuble incorporel, tel qu'un intérêt dans une société; et c'est au trib. qu'il appartient de déterminer la forme de la vente; — qui sera analogue à celle suivie pour les rentes. Paris, 2 mai 1811, D. 625, n° 1; Roger, nos 25, 26, 167, 178. — V. *Vente des rentes.*

Mais il peut exister des cas où la vente de l'intérêt de l'un des associés serait préjudiciable à la société tout entière, où même la vente serait impossible; par exemple, s'il s'agissait d'un associé ayant son industrie pour mise. La saisie arrêt ne peut alors frapper que sur les bénéfices auxquels cet associé a droit.

38. 4° Le *cautionnement* des officiers ministériels non-seule-

ment pour les intérêts, mais encore pour le capital. — V. ce mot, nos 24 et 36.

39. Sont, au contraire, insaisissables : *Premièrement*, les choses déclarées telles par la loi. C. pr. 581-1°.

Ainsi, 1° Les bestiaux destinés à l'approvisionnement de Paris. Ed. 2 sept. 1453, art. 4. — Le prix de leur vente est seul susceptible d'opposition. Arrêt. min. intér., 19 vent. an 11.

2° Les taxes des témoins, soit en matière criminelle, soit devant les conseils de guerre, soit devant les conseils de discipline de garde nationale ; les indemnités dues aux jurés ; les taxes des jurés et autres personnes appelées pour les expertises en matière d'expropriation pour utilité publique. Déc. 13 pluv. an 8, art. 2, et ordonn. du 18 sept. 1833, art. 26 (Instr. gén. de l'administ. des domaines sur l'exécution de la loi du 9 juill. 1836). — Il en serait autrement des frais de justice non urgens. Roger, n° 320.

3° Le tiers du produit du travail des détenus qui doit leur être remis à leur sortie, même pour frais de justice (Décis. min. fin. 7 janv. 1806 ; Circ. 13 janv. *id.*). Roger, n° 321.

4° Les droits d'usage. C. civ. 634. Roger, n° 169.

5° Les produits des contributions indirectes. L. 6 août 1791, tit. 12, art. 9 ; Déc. 1er germ. an 13, art. 48 (Art. 232 J. Pr.). — Ainsi, le porteur d'un jugement qui condamne la régie à la restitution de sommes indûment perçues, n'a pas le droit de former une saisie-arrêt entre les mains de l'un de ses receveurs, ou de tout autre dépositaire de ses deniers. Les art. 561 et 569 C. pr. ne sont relatifs qu'aux saisies faites sur des particuliers envers lesquels le fisc est redevable. Cass. 31 mars 1819, S. 19, 352 ; Roger, n° 253.

6° Les sommes versées en compte courant dans une banque autorisée. L. 14 avr. 1803, art. 33.

7° Les paiemens, chevaux, provisions, ustensiles, équipages destinés au service de la poste aux lettres. L. 24 juill. 1793, art. 76 ; Roger, n° 283.

8° Les inscriptions de rente sur le grand-livre de la dette publique. L. 8 niv. an 6, art. 4 ; 22 flor. an 7, art. 7. — Mais elles peuvent être séquestrées entre les mains d'un tiers-dépositaire par celui qui en revendique la propriété. Cass. 28 nov. 1838 (Art. 1385 J. Pr.).

9° Les traitemens ecclésiastiques. Arrêté 18 niv. an 11 ; — les traitemens des ministres des églises protestantes. Arrêté 15 germ. an 12, art. 6. — La raison semblerait commander la même prohibition relativement au traitement accordé depuis 1834 aux ministres du culte israélite, mais c'est à la législation et non à la jurisprudence de combler cette lacune.

Le privilége de l'insaisissabilité s'étendrait-il aux revenus attachés à la cure ou au vicariat ainsi qu'au casuel? — L'ancienne jurisprudence déclarait le casuel ainsi que les oblations insaisissables, et pour les autres revenus, ils pouvaient être arrêtés à concurrence des deux tiers. Pothier, *Procédure*, 4ᵉ p., ch. 2, sect. 3, § 2.—En fait, dit Roger, n° 289, les juges ne permettaient de saisir que le tiers de ces revenus.

10° Les parts de prises maritimes et les salaires des marins. Arrêté 2 prair. an 11, art. 110, 111, hors les cas prévus par ces deux articles. Cette disposition a été restreinte aux matelots, à l'exclusion des capitaines, pilotes ou officiers marins. Aix, 3 juin 1829, D. 29, 181; Roger, n° 298.

11° Les revenus des majorats, si ce n'est à concurrence de moitié et pour certaines dettes privilégiées. C. civ. 2101, 2103, nᵒˢ 4 et 5; Décr. 1ᵉʳ mars 1808, art. 51, 52; 21 déc. 1808, art. 51, 52; 21 déc. 1808.

12° Les fonds destinés aux entrepreneurs de travaux publics pour le compte de l'Etat, tant que les ouvrages ne sont pas reçus et terminés. Décr. 26 pluv. an 2; Av. Cons. d'Et. (Com. de l'int.), 12 fév. 1819; Ordonn. 13 mai 1829, qui rend applicable aux colonies la loi du 26 pluv. an 2.

13° Les pensions dues par l'Etat, malgré les termes de l'art. 580 C. pr. qui suppose qu'elles sont saisissables pour partie, même celles qui proviennent de la retenue mensuelle sur les appointemens des employés. Décl. 7 janv. 1779; L. 22 flor. an 7; Arrêté 7 therm. an 10; Cass. 28 août 1815, D. 1, sect. 3, n° 11; Merlin, *R.* v° *Appointemens*; Pigeau, *Comm.* 2, 175; Roger, nᵒˢ 305, 306. — Cette insaisissabilité s'étend aux pensions des blessés de juillet, ainsi qu'à toutes celles qui ont été accordées depuis à l'occasion des troubles civils (Art. 225 J. Pr.).—*Contrà*, Arg. Favard, v° *Pensions*, 185, n° 2; Liége, 13 juin 1813, D. *ib.*

14° Les pensions des militaires, soit de l'armée de terre, soit de l'armée de mer, excepté à concurrence du cinquième pour cause de débet envers l'Etat, et du tiers pour alimens dans les circonstances prévues par les art. 203 et 205 C. civ. L. 11 avr. 1831, art. 28; L. 18 avr. 1831, art. 30. Roger, nᵒˢ 308, 310. — Ce droit même peut être accordé à la femme séparée, par analogie. Arg. Av. Cons. d'État, 11 janv. 1808; Toulouse, 18 janv. 1840 (Art. 1679 J. Pr.).

15° Les pensions de la Légion-d'Honneur. Av. Cons. d'Et., 23 janv. 1808, approuvé le 2 fév. suivant. — Mais elles sont aussi passibles d'une retenue facultative. Déc. 22 déc. 1807; 11 janv. 1808 (Art. 132 et 133 J. Pr.).

16° Les objets qui ne peuvent être atteints d'une saisie-exécution d'après l'art. 592 C. pr., sauf le cas d'exception prévu par l'art. 593. — V. *Saisie exécution*, n° 50.

17° Les traitemens dus par l'Etat, si ce n'est à concurrence de la portion déterminée par les lois, réglemens et ordonnances. C. pr. 580. Cette portion saisissable est du cinquième pour les employés militaires et membres des corps de l'intendance. L. 19 pluv. an 3; Roger, n°s 290 à 304; pour les fonctionnaires publics et employés civils, du cinquième sur les premiers 1,000 fr. et sur toutes les sommes au-dessous; du quart sur les 5,000 fr. suivans, et du tiers sur la portion excédant 6,000 fr. L. 21 vent. an 9; — et ce, cumulativement; ainsi, soit un traitement de 6,000 fr., 200 fr. pour le cinquième des premiers 1,000 fr., 1250 fr. pour le quart des 5,000 fr. suivans, formeront le total saisissable de 1,450 fr. Roger, n°s 274, 275. —Cette insaisissabilité a été étendue par diverses décisions à une foule d'employés; ainsi à des instituteurs communaux. Déc. Cons. roy. 29 juin 1835, et 9 janv. 1836 (Art. 237 et 332 J. Pr.); — aux employés des octrois. Ordonn. 9 déc. 1814; — aux officiers de la garde nationale. Bordeaux, 31 mai 1826, D. 26, 221; — à des secrétaires de mairie, *Journal des communes*, 7, P. 1, p. 95; — à des percepteurs des contributions, receveurs des communes et des hospices. Inst. gén. 13 juin 1810, Rég. n° 478; Roger, n°s 276 à 282. — Cependant, les traitemens militaires, comme les pensions, sont passibles de la retenue du tiers prononcée administrativement dans certains cas. Roger, n°s 292, 293. — V. *sup.* n° 14°.

18° Les gratifications accordées aux agens forestiers. Décr. 2 oct. 1811; —les indemnités de logement, de fourrages, frais de bureau, etc., gratifications pour entrer en campagne accordées aux militaires. Déc. min. guerre, 28 frim. an 13; Ordonn. 19 mars 1823; 13 mai 1818; 29 oct. 1820; Régl. 21 nov. 1823; janv. 1825; Roger, n°s 294 à 296.

19° Les sommes dues à l'Etat. Arrêté, 16 therm. an 10; Merlin, *Qu. dr.*, v° *Action*, § 4. — Cette règle, qui repose sur un principe d'ordre public, est consacrée par les textes particuliers à diverses branches de service; les fonds des communes. Avis du Cons.-d'Et., 12 août 1807 et 11 mars 1813; — des établissemens publics, tels que les hospices et autres établissemens de bienfaisance. Arrêté, 9 vent. an 10; — des fabriques. Décr. 30 déc. 1809; Roger, n°s 253 à 262. — V. *Commune* et *Fabrique.*

20° Les deniers appartenant à la liste civile. L. 2 mars 1832, art. 29.

21° Le montant d'une lettre de change, si ce n'est en cas

de perte de la lettre de change ou de faillite du porteur. C. comm. 149.

22° Les lettres confiées à la poste. C'est une conséquence de l'inviolabilité des correspondances. Décr. 10 août 1790; 10 juill. 1791. — Il en est autrement des articles d'argent confiés à la poste; les directeurs ne peuvent refuser de recevoir les saisies-arrêts qui en seraient faites entre leurs mains. Favard, *R.* v° *Poste*, 350.

40. Sont encore insaisissables les choses mobilières qui, soit par convention, soit par disposition législative, auraient une destination particulière. Ainsi, ne pourrait être arrêtée par le mari qui a autorisé sa femme à être actrice, la portion des appointemens de celle-ci, qui lui serait nécessaire pour l'exercice de son état : il en serait de même d'une saisie-arrêt faite à la requête de tout autre que le mari. Lyon, 28 juin 1837 (Art. 1083 J. Pr.). — V. *sup.* n° 35. — Ainsi, ne peut être arrêté le revenu des biens dont le père a la jouissance légale au titre de la puissance paternelle, à moins qu'il ne soit supérieur à la dépense qu'exigent l'éducation et l'entretien des enfans. Roger, n°s 205 et 206. — De même encore des sommes que la femme commune en biens s'est réservé le droit de toucher, chaque année, sur ses propres quittances pour subvenir à son entretien personnel, à moins que le titre n'eût date certaine antérieure au mariage. Cass. 9 août 1819, P. 15, 476.

41. *Secondement, les provisions alimentaires adjugées par justice*, excepté pour cause d'alimens fournis au débiteur, soit avant, soit depuis le jugement (C. pr. 581, 582) : il en serait de même des pensions alimentaires accordées provisoirement par justice, dans le cas, par exemple, d'une demande en séparation de corps. Duranton, 2, n° 426; Roger, n°s 341, 342; — mais non de celles qui seraient définitivement adjugées; celles-ci devraient être assimilées aux pensions léguées ou données et saisissables comme elles avec la permission du juge, et pour la portion qu'il détermine. Cass. 13 déc. 1827, S. 28, 218; Roger, n° 341. — *Contrà*, Duranton, *ib.*

Ce mot *Alimens* comprend, indépendamment de la nourriture, du logement et du vêtement, les médicamens, les visites et pansemens de médecins. Pigeau, 2, 51; Carré, n° 1980; — le deuil de la femme. Toulouse, 20 juill. 1822; Roger, n° 348.

42. Elles sont insaisissables même pour les frais de l'instance par suite de laquelle elles ont été adjugées. Paris, 8 juill. 1836 (Art. 474 J. Pr.); Roger, n° 347.

43. *Troisièmement, les sommes et objets disponibles déclarés insaisissables par le testateur ou donateur.* C. pr. 581.

Il faut, 1° qu'ils soient *disponibles*, c'est-à-dire qu'ils n'atteignent pas la réserve légale (C. civ. 913); 2° que l'acte soit à titre purement gratuit. Favard, *Rapport au Corps législatif*, édit. Didot, p. 227; Roger, n° 350.

44. *Quatrièmement, les sommes et pensions pour alimens, encore que le testament ou la donation ne les déclare pas insaisissables.*

Pour être incessible ou insaisissable, il n'est pas nécessaire que la pension soit qualifiée d'*alimentaire*; il suffit que les circonstances démontrent qu'elle a été accordée à ce titre. Turin, 3 déc. 1808, D. *hoc verbo*, ch. 1, sect. 3, n° 5; Carré, art. 582, note. — Les revenus d'un immeuble légué à titre d'alimens seraient également incessibles et insaisissables, encore bien qu'ils n'eussent pas été déclarés tels.

Peut n'être pas considéré comme alimentaire le don d'un usufruit fait même par contrat de mariage, pour procurer au donataire *les moyens d'exister avec le plus d'aisance possible.* Cass. 17 nov. 1818, S. 19, 260. — Une rente viagère n'est pas non plus considérée de plein droit comme alimentaire. Roger, n° 358.

45. Les objets dont il vient d'être parlé aux n°s 43 et 44 ne sont insaisissables que dans les mains du légataire ou donataire; ils cessent de l'être dans les mains de leurs héritiers. Carré, n° 1987, D. *ib.*, n° 6.

46. Ils ne sont insaisissables qu'au respect des créanciers antérieurs à la donation ou à l'ouverture du testament; les créanciers postérieurs peuvent les saisir-arrêter (Cass. 13 déc. 1827, S. 28, 218), mais avec la permission du juge (obtenue sur requête. Tarif, 77), et pour la portion qu'il détermine. C. pr. 562. — L'usage est de permettre la saisie du quart. Delaporte, 2, 137. — Le juge doit se guider d'après les circonstances et selon le plus ou le moins de bonne foi du débiteur. Roger, n° 365. — Mais cette fixation n'est que provisoire et ne lie pas le trib., lorsqu'il vient à statuer définitivement sur le mérite de la saisie. Roger, n° 371.

Un legs alimentaire pourrait même être saisi en totalité, s'il était démontré qu'indépendamment des sommes léguées, il reste au débiteur des moyens suffisans d'existence. Roger, n° 365. — *Contrà*, Cass. 18 avr. 1836 (Art. 373 J. Pr.). — Mais l'arrêt de Paris, qui a été cassé, avait permis la saisie de la totalité du legs alimentaire sans qu'il résultât de ses motifs qu'elle se fût livrée à l'examen de la question de suffisance ou d'insuffisance du legs.

47. La permission accordée par le juge à un créancier profitera-t-elle aux autres créanciers également postérieurs à la donation ou à l'ouverture du testament? — Nous ne le pensons pas : la permission est spéciale à celui qui l'a obtenue. — Le juge, dit Pigeau, 2, 52, doit favoriser les créanciers de bonne foi, plutôt que ceux qui, par leurs prêts ou fournitures excessives, auraient facilité au débiteur le moyen de se ruiner.

Les divers créanciers qui saisissent en vertu de permissions du président viennent par contribution sur la somme déclarée saisissable.

48. Mais serait-il également nécessaire d'avoir recours à l'autorisation préalable du juge, si la saisie avait pour cause des alimens? — Non, dit-on, car les sommes *léguées* ou *données* pour alimens méritent autant de faveur que les provisions de cette nature adjugées par justice, et pour interpréter ainsi l'art. 582 C. pr., on se fonde sur ces paroles du tribun Favard : « Le n° 3 de cet art. (581) contient une disposition nouvelle qui paraît d'abord nuisible aux créanciers du *légataire* ou *donataire*; mais elle se trouve modifiée par l'art. suivant, qui veut que les sommes et objets disponibles déclarés insaisissables par le donateur puissent être *saisis d'abord pour alimens*, et ensuite par tous créanciers postérieurs à la donation, pourvu qu'ils en aient la permission du juge. » — Carré, sur l'art. 582; et de là on est conduit à décider aussi que les objets donnés ou légués peuvent être saisis pour alimens, même par des créanciers antérieurs au testament ou à la donation. Roger, n° 353. — Le texte de l'art. 582 nous paraît repousser cette opinion; dans sa première partie, il ne parle que des provisions alimentaires qui font l'objet du n° 2 de l'art. 581, et, dans la seconde, il ne fait exception à la règle tracée pour aucune espèce de créances.

49. La portion déclarée saisissable ne reste point fixée d'une manière invariable, elle peut être augmentée ou diminuée suivant les changements qui peuvent survenir dans la fortune du saisi.

§ 4. — *Forme de la saisie-arrêt.*

50. La saisie-arrêt donne lieu à trois procédures principales : 1° à l'exploit de saisie-arrêt; — 2° à la dénonciation au saisi suivie d'une instance en validité ou en main-levée de la saisie; — 3° enfin à la dénonciation au tiers saisi de la demande en validité, et en général à une instance sur la déclaration affirmative de ce dernier.

51. Il n'est pas nécessaire de faire précéder la saisie-arrêt : — 1° d'un commandement de payer. Montpellier, 5 août 1807, D. 629, n° 3. — Les frais de ce commandement seraient frustratoires, et resteraient à la charge de l'huissier, à moins que la partie n'eût donné un ordre exprès. Roger, n° 138.

52. 2° Ni de la signification du titre, à moins que ce titre ne soit un jugement. — V. *sup.* n° 14; — ou qu'on ne se trouve dans le cas de l'art. 877 C. civ. Roger, n° 136.

Art. 1. — *Exploit de saisie-arrêt.*

53. Cet exploit doit contenir : — 1° l'énonciation du titre ; la loi n'en exige pas la copie. C. Pr. 559. Carré n° 1938. — Toutefois, en cas de saisie sans titre, il faut donner copie de l'ordonnance. C. pr. 559. — Mais une simple énonciation suffirait dans le cas d'une ordonnance contenant seulement évaluation d'une créance fondée en titre. Roger, n° 394. — Par énonciation il faut entendre toutes les indications nécessaires pour que le saisi ne puisse se méprendre sur le titre en vertu duquel la saisie a eu lieu, sans que la nullité dépende de l'omission de telle partie de l'acte, plutôt que de telle autre. Ainsi, jugé que l'erreur dans la date du titre, n'entraîne pas de droit la nullité de la saisie. *Ib.* n° 385, 386.

54. 2° L'énonciation de la somme pour laquelle la saisie est faite, afin de mettre le débiteur à même de faire des offres au saisissant ; — il ne faut cependant pas entendre par là une mention numérique et monétaire des causes de la saisie-arrêt ; ainsi, il suffira au créancier pour fermages ou arrérages de rente, d'indiquer le nombre de termes ou d'annuités qu'il réclame. Thomine, 2, 67 ; Roger, n°s 388, 389.

55. Si la saisie-arrêt est faite pour obtenir le recouvrement d'objets mobiliers dont la valeur n'est pas déterminée, on surseoit à toute poursuite ultérieure jusqu'à ce que le créancier ait fait déterminer la valeur des objets qu'il réclame ; C. pr. 551. — Mais comme entre la saisie et la dénonciation qui doit avoir lieu dans la huitaine, le créancier pourrait n'avoir pas le temps de faire cette appréciation, il faut dire qu'avant de conduire une saisie-arrêt pour une créance de cette nature, le créancier sera tenu de faire évaluer provisoirement sa créance par le juge, et la fixation définitive en sera faite lors du jugement de validité. Roger, n° 390.

56. L'énonciation de la somme doit-elle être séparée de l'énonciation du titre ? — La loi n'a pas dit dans quelle forme elle serait faite, il suffit que l'une et l'autre résultent clairement de l'exploit ; ainsi jugé que si la mention de la somme ne se trouve pas dans la copie de l'ordonnance, il suffit qu'elle soit énoncée dans la requête, et que copie de l'une et de l'autre soit donnée en tête de l'exploit. Turin, 17 janv. 1810 ; Douai ; 5 mars 1830, S. 10, 273, 30, 298 ; Carré ; n° 1935 ; Roger, n° 392.

57. 3° Élection de domicile par le saisissant dans le lieu où demeure le tiers-saisi, si le saisissant n'y demeure pas. C. pr. 559 ; — et alors même que le titre contiendrait déjà élection de domicile pour l'exécution du titre. Carré, n° 1936 ; Pigeau, 2, 52. — Le mot *lieu* doit être entendu dans le sens du mot

commune qui forme dans le droit civil la plus petite fraction de la division territoriale. Thomine, n° 620; Roger, n° 399 et suiv.

58. Toutes ces formalités sont exigées à peine de nullité. C. pr. 559.

59. L'exploit de saisie-arrêt est en outre soumis aux règles communes à tous les exploits. Carré, n° 1939; Demiau, 382; Pigeau, *Com.*, 2, 158; Berriat, 517. Roger, n° 377. — Spécialement, il doit contenir, à peine de nullité, l'indication du domicile réel du saisissant. Colmar, 27 juill. 1829, D. 29, 223. Roger, n° 401.

60. On suit aussi les règles générales sur la remise des exploits; Locré, art. 560.

61. Toutefois, si le tiers saisi ne demeure pas en France sur le continent, l'exploit doit être signifié à personne ou à domicile, et non au procureur du Roi. C. pr. 560. — L'exploit sera revêtu des formes extérieures exigées par les lois du pays où il sera fait. Roger, n° 410.

62. L'exploit ne peut être valablement signifié au domicile d'un mandataire du tiers saisi. Arg. Paris, 18 juin 1810, D. *ib.* p. 629.

63. Les nullités résultant de l'omission des formalités exigées par l'art. 559 peuvent être opposées par le saisi, — ou par le tiers saisi lui-même, si, par exemple, il a payé au débiteur saisi nonobstant la saisie-arrêt, afin de ne point payer deux fois; s'il n'avait point encore payé, il serait sans intérêt.

De son côté, le saisi n'aurait pas le droit d'exciper des irrégularités commises dans la remise de l'exploit de validité au tiers saisi; car elles sont toutes dans l'intérêt de celui-ci.

64. L'huissier qui signe la saisie-arrêt est tenu, s'il en est requis, de justifier de l'existence du saisissant à l'époque où le pouvoir de saisir a été donné, et ce, à peine d'interdiction et de dommages-intérêts des parties. C. pr. 562.

Mais comment pourra-t-il faire cette justification? — On applique ici par analogie l'art. 11 L. 25 vent. an 11, relative aux notaires; l'huissier doit se faire attester, par deux citoyens sachant signer, le nom, l'état et la demeure du saisissant. Carré, n° 1942; Pigeau, 2, 53; Favard, 5, 7; Roger, n° 426.

65. Il n'est pas nécessaire que l'huissier soit porteur d'un pouvoir spécial. Carré, n° 1944. — Dans le cas où il n'agit que par ordre d'un mandataire, il lui suffira de justifier de l'existence de celui-ci. Carré, n° 1943.

Art. 2. — *Dénonciation au saisi; assignation en validité; jugement de validité.*

66. *Dénonciation au saisi.* Le saisissant est obligé de dénoncer la saisie-arrêt au débiteur. C. pr. 563. — Il est d'usage de signifier copie de l'exploit de saisie-arrêt; toutefois, la loi ne l'exige pas, et il suffit que l'acte de dénonciation contienne des mentions telles que le débiteur puisse bien connaître le créancier arrêtant, le titre et la somme pour laquelle la saisie a été pratiquée. Caen, 10 avr. 1827, D. 28, 57; — et, en outre, vérifier si les formalités voulues à peine de nullité par l'art. 559, ont été remplies; ainsi, dans le cas de saisie faite en vertu d'ordonnance du juge, copie tout entière de cette ordonnance doit être transcrite. Thomine, n° 625.

Cette dénonciation a pour but de mettre le saisi à même de critiquer la saisie, si elle est irrégulière ou mal fondée.

67. La dénonciation doit être faite dans la huitaine de la saisie-arrêt. C. pr. 563; — quand même le dernier jour de la huitaine serait un jour férié. Toulouse, 22 mars 1827, S. 27, 208; Roger, n° 456. — V. *Délai*, n° 20.

En fixant un délai rigoureux, on a voulu prévenir un abus qui s'était introduit sous l'ancienne jurisprudence, et qui consistait à laisser dormir une opposition formée sans en instruire le saisi.

68. Ce délai n'est pas franc; seulement, le jour où la saisie-arrêt a été faite ne compte pas. *Dans la huitaine....*, porte l'art. 563 C. pr. Turin, 14 mai 1808, S. 9, 107; Toulouse, 22 mars 1827; Thomine, 2, 74; Carré, n° 1945; Roger, n° 456. — V. *Délai*, n° 19.

Mais il doit être augmenté d'un jour par trois myriamètres de distance entre le domicile du tiers saisi et celui du saisissant, et un jour par trois myriamètres de distance entre le domicile de ce dernier et celui du débiteur saisi. C. pr. 563; — et ce, lors même que la dénonciation serait faite à la personne du saisi se trouvant dans la ville du saisissant. Roger, n° 458.

69. Les fractions de myriamètre n'augmentent pas le délai, même dans le cas où la réunion des fractions de myriamètre entre le domicile du saisissant et celui du saisi et tiers saisi formerait trois myriamètres. Poitiers, 20 fév. 1827, S. 27, 228. — *Contrà*, Roger, n° 459. — V. *Ajournement*, n° 47.

70. Mais comment calculer le délai fixé par l'art. 563, lorsque le tiers saisi ou le saisi demeure hors de France? — Ici s'applique la règle générale de l'art. 73. Carré, n° 1947; Roger, n° 460.

71. *Assignation en validité.* La dénonciation au saisi doit être accompagnée de l'assignation en validité. C. pr. 563. — Cependant l'assignation pourrait être donnée par exploit séparé, pourvu qu'elle le fût dans le même délai; seulement le coût de cet exploit resterait à la charge du créancier. Arg. Tar. 29.

72. La demande en validité n'est pas soumise au préliminaire de conciliation. C. pr. 566. — La distinction proposée pour le cas où la demande en validité ne serait qu'un accessoire de la demande principale a été rejetée au Conseil d'État. Pigeau, 2, 60. — V. *Préliminaire de conciliation*, n° 38.

Mais on ne pourrait incidemment conclure à la condamnation pour une somme autre que celle pour laquelle la saisie-arrêt a été formée; la nouvelle demande devrait être précédée de la tentative de conciliation. Roger, n°s 466, 467.

73. La demande doit être portée devant le trib. civil du domicile de la partie saisie. C. pr. 567, 59.

74. *Tribunal civil.* Les trib. de commerce sont radicalement incompétens, même en matière commerciale et entre commerçans. Arg. C. pr. 442; Bruxelles, 28 mai 1807, S. 7, 292; Rennes, 14 déc. 1810, D. *hoc verbo*, p. 631, note 1; Paris, 31 déc. 1811, S. 12, 65; Turin, 30 mars 1813; Cass. 12 oct. 1814, S. 14, 436; 15, 129; 27 juin 1821, S. 22, 8; Aix, 29 nov. 1822, S. 24, 400; Carré, n° 1953; *Comp.* 2, 649; Roger, n° 493. — *Contrà*, Nîmes, 3 déc. 1812, D. *ib.*, 631, note 1; Turin, 17 janv. 1810; Aix, 6 janv. 1831; Rouen, 15 août 1819; 10 fév. 1829, et 21 juin 1825, S. 27 227. — V. d'ailleurs *inf.*, n° 136.

Le trib. civil est compétent lors même que l'opposition est formée sur une commune entre les mains de l'un de ses débiteurs. Décr. 29 avr. 1809, D. *ib.*, 630, n° 3.

75. Quant au *juge de paix.* — V. ce mot, n° 56, et *Saisie-gagerie*, n° 30.

76. *Du domicile du saisi.* Par application de ce principe, il a été jugé que le trib. compétent pour connaître d'une demande en paiement de frais faits par un officier ministériel, en vertu de l'art. 60 C. pr., ne l'était pas pour connaître de la validité de la saisie-arrêt autorisée par une ordonnance du président du même trib., lorsque la partie saisie était domiciliée dans un autre ressort. Cass. 17 fév. 1817, D. *hoc verbo*, 631, note 2.

77. Toutefois, lorsque l'opposition est formée à la requête d'un préposé de l'enregistrement pour le recouvrement d'un droit, elle est portée devant le trib. de l'arrondissement du bureau de la perception du droit. L. 22 frim. an 7, art. 64, D. 630, n°. 3.

78. *Quid*, si la demande en validité est tellement connexe à une autre instance dirigée contre le saisi, que le succès de la première dépende de la décision de la seconde, le trib. saisi de la demande principale doit-il aussi connaître de celle en validité d'opposition qui n'est qu'accessoire?

La négative résulte du texte formel de l'art. 567 C. pr. (— V. *sup.* n° 76); Roger, n° 511. — *Contrà*, Dalloz, *ib.*, 631. — V. d'ailleurs *Vente sur saisie immobilière.*

79. Mais c'est devant le trib. du lieu où la succession s'est ouverte, que doit être portée la demande en validité d'une saisie-arrêt, faite en vertu d'une sentence arbitrale qui a réglé les droits de chaque héritier, sans former les lots ni les attribuer. Le partage n'étant pas terminé, il faut suivre la règle qui oblige de poursuivre toutes les demandes devant le trib. où la succession s'est ouverte jusqu'au partage. Rennes, 10 janv. 1812, P. 10, 28; Roger, n° 512. — Analogue, Cass. 25 août 1813, P. 11, 663.

80. L'assignation doit être donnée au délai ordinaire des *ajournemens*. —V. ce mot, sect. II, § 2, art. 3.

81. Si la dénonciation au saisi et l'assignation en validité n'étaient pas faites dans le délai prescrit (— V. *sup.* n°s 67 et suiv.) la saisie-arrêt serait nulle. Arg. C. pr. 565; Carré, n° 1946; Pigeau, 2, 56. — *Contrà*, Delaporte, 2, 148.

82. Toutefois, cette saisie-arrêt ne serait pas tellement nulle, que le tiers-saisi pût être contraint de payer sans qu'on lui apportât la main-levée ou qu'on eût fait juger la nullité. — V. *inf.* n° 91.

83. Le créancier qui veut avoir part à une somme déjà saisie ne peut pas, par une intervention dans l'instance en validité, se dispenser de former lui-même une saisie-arrêt. Rennes, 29 janv. 1817, D. *ib.* 634; Carré, n° 1971. —V. *inf.* n° 162.

84. *Jugement de validité.* La saisie-arrêt faite, dénoncée et suivie d'assignation dans la forme et dans les délais indiqués ci-dessus, doit être déclarée valable; le jugement qui la déclare telle, ordonne en même temps que le tiers saisi videra ses mains en celles du saisissant, jusqu'à concurrence de la créance de celui-ci. —V. *inf.* n° 160.

85. Ce jugement n'est exécutoire contre le tiers-saisi que sous les conditions portées en l'art. 548 C. pr. —V. *Exécution*, n° 85. — Mais le saisissant a les mêmes droits et est soumis à toutes les obligations du saisi au respect du tiers saisi. Roger, n°s 617 et 624.

86. Est-il susceptible d'appel? — V. *Ressort*, n°s 114 à 121, et l'art. 1662 J. Pr.

87. L'appel d'un jugement qui a validé une saisie-arrêt, ne peut être signifié au domicile élu dans l'exploit d'opposition. La règle établie par le commandement tendant à *saisie-exécution* (—V. ce mot, n° 77) ne s'étend pas à ce cas, Bruxelles, 9 avr. 1812, P. 10, 285.

La nullité d'une saisie-arrêt est proposable pour la première fois en appel, lorsqu'elle constitue un moyen du fond. Rennes, 29 avr. 1816, D. *hoc verbo*, 636.

Art. 3. — *Dénonciation au tiers-saisi.*

88. Dans le délai de huitaine, outre celui à raison des distances, à compter du jour de la demande en validité, cette demande sera dénoncée au tiers saisi. C. pr. 564. — Il n'est pas nécessaire de signifier copie littérale de la demande, une simple énonciation suffit. Sudraud, 274, n° 925 (— V. *sup.* n° 66).—*Contrà*, Chauveau, *Tarif*, 2, 105;— M. Roger, n° 470, conseille de suivre l'usage où l'on est de donner cette copie.

89. Si le tiers-saisi demeure hors de la France continentale, les délais de l'art. 73 C. pr. deviennent applicables. Lepage, 386; Carré, 2, n° 1947.—V. *Ajournement*, n° 51.

90. Le défaut de dénonciation dans le délai fixé ne rend pas nulle la saisie-arrêt, mais les paiemens faits jusque-là par le tiers-saisi sont valables et libératoires pour lui, lors même qu'ils auraient été faits avant l'expiration de ce délai. C. pr. 565. — La loi n'a pas voulu qu'un créancier pût le prolonger à son gré.

Les paiemens faits dans le délai de la dénonciation ne seraient pas libératoires, si la dénonciation était faite en temps opportun. C. pr. 565; Carré, n° 1948.

91. Le délai de cette dénonciation une fois expiré, le tiers-saisi peut-il être contraint au paiement par le saisi, sans que celui-ci soit obligé d'apporter main-levée de la saisie-arrêt ou de la faire déclarer nulle?

Pour l'affirmative on dit : Puisque les paiemens faits par le tiers-saisi sont valables, ne serait-il pas absurde qu'il ne pût être contraint à payer? Autrement, ne serait-il pas à craindre que le débiteur ne s'entendît avec un tiers pour pratiquer une saisie qui servirait de prétexte à un refus de paiement? Bruxelles, 22 mars 1824. D. *ib.*, p. 636, n° 3; Pigeau, 2, 61; Carré, n° 1949. — *Contrà*, Demiau, 383; *Prat. franç.* 4, 112.

M. Thomine, n° 626, est d'avis que le législateur n'a pas voulu résoudre la question; qu'il a laissé aux juges le droit de la décider suivant les circonstances. C'est cette opinion que nous croyons devoir adopter. En effet, le tiers-saisi ne peut être toujours assuré que la saisie n'a pas été suivie d'assignation en validité; la dénonciation a pu ne pas lui être remise; le juge pourra donc, à moins qu'il n'y ait fraude, exiger que l'on apporte la main-levée. —V. *sup.* n° 82.

Dans l'usage, les administrations, notamment le ministère des finances, refusent de payer, tant que la main-levée n'est pas prononcée.

Art. 4. — *Assignation en déclaration affirmative; déclaration du tiers-saisi.*

92. L'assignation en déclaration est dispensée du préliminaire de conciliation. C. pr. 570.

Elle doit être faite dans le délai ordinaire des *ajournemens*. —V. ce mot, et *inf.* n° 145.

93. Si la saisie-arrêt a été pratiquée en vertu d'un acte sous seing privé ou d'une ordonnance du juge, le tiers-saisi ne peut être assigné qu'après le jugement qui a déclaré la saisie-arrêt valable. C. pr. 568.

Mais on peut faire en même temps la dénonciation de la demande en validité et l'assignation en déclaration, si la saisie-arrêt a eu lieu en vertu d'un titre authentique. C. pr. 568.

Suivant M. Vervoort, 34, note 7, l'assignation qui serait donnée séparément ne passerait pas en taxe. — *Contrà*, Chauveau, *Tarif*, 2, 104.— Si le tiers saisi était assigné en même temps que le saisi et que l'un et l'autre fissent défaut, le trib. ne devrait pas, en donnant défaut, joindre le profit à la cause et ordonner la réassignation; il devrait statuer de suite sur le mérite de la saisie. Roger, n° 535.

94. Le tiers-saisi est assigné devant le trib. qui doit connaître de la demande en validité de la saisie-arrêt. C. pr. 570. — V. toutefois *inf.* n° 107 et 128.

95. La déclaration du tiers-saisi est la révélation exacte faite par lui des sommes ou des objets dont il est débiteur envers le saisi. — S'il refuse de passer la déclaration qui lui est demandée, ou s'il ne fait pas les justifications prescrites par la loi (— V. *inf.* n° 108), il sera déclaré débiteur pur et simple *des causes de la saisie*. C. pr. 577.

96. La même déchéance (cessant le cas de fraude) ne serait cependant pas prononcée contre le tiers-saisi qui ferait seulement une déclaration inexacte ou incomplète ; il ne serait condamné qu'à payer la somme qu'il serait jugé devoir, plus des dommages-intérêts, le cas échéant. Bordeaux, 6 avr. 1830 (D. 30, 179.); Roger, n° 590. Mais aussi il ne pourrait de son côté, sous prétexte que d'après l'art. 577, il n'aurait pu qu'être déclaré débiteur des causes de la saisie, se plaindre de ce qu'on l'a reconnu débiteur du saisi pour une plus forte somme. Cass. 30 nov. 1826, D. 1827, 74 ; Roger, 591.

97. *Des causes de la saisie*. Conséquemment le tiers-saisi sera déclaré débiteur de toutes les sommes pour lesquelles la saisie aura été faite, encore bien que ces sommes soient plus fortes que celles qu'il doit réellement. — *Contrà*, Armand Dalloz, 1831, 2, 165; Roger, n° 587, arg. Bordeaux, 16 juin 1814, P. 12, 268. — Ces deux jurisconsultes pensent que la règle de l'art. 577 doit recevoir exception toutes les fois que le saisissant a reconnu ou su que le tiers-saisi ne devait qu'une somme inférieure aux causes de la saisie; que dans ce cas, le tiers doit seulement être condamné à payer cette somme.

Au reste, le jugement qui condamne le tiers-saisi comme débiteur pur et simple ne l'oblige que de la même manière que le saisi l'était lui-même ; il a le droit d'opposer au saisissant les exceptions que le saisi aurait pu opposer. Cass. Req. 11 juin 1835 (Art. 100 J. Pr.); Roger, n° 588.

98. *Dans quel délai la déclaration doit être faite.* La loi ne s'est point expliquée formellement sur ce point ; le tiers-saisi peut avoir besoin d'un délai plus ou moins long, suivant les circonstances, pour prouver sa libération. Toutefois, par cela seul que le tiers-saisi est assigné, il doit en général faire sa déclaration dans le délai des ajournemens. Carré, n° 1962 ; Lepage, 338, 389 ; Hautefeuille, 321.

99. Ce délai n'est cependant point de rigueur ; aussi le jugement rendu sur l'assignation en déclaration ne doit pas déclarer le tiers saisi débiteur faute d'avoir passé sa déclaration dans la huitaine, mais fixer un délai dans lequel il devra la faire. Douai, 5 mars 1835. D. 35, 148 ; Arg. Bourges, 9 déc. 1814 ; Cass. 28 déc. 1815, D. *hoc verbo*, p. 639 ; Roger, n°s 554 à 556.

Le trib. peut même fixer un nouveau délai à l'expiration du premier qui, dans ce cas, est simplement comminatoire Bourges, 9 fév. 1814 ; 12 fév. 1822 ; Paris, 14 mars 1811 ; Roger, n° 559.

100. Même après le jugement qui l'a déclaré débiteur pur et simple, le tiers saisi est encore recevable à passer sa déclaration, par exemple, dans les délais de l'opposition. Paris, 27 fév. 1808, D. *hoc verbo*, p. 638, n° 3 ; Rennes, 26 nov. 1814 ; — ou même sur appel. Paris, 12 mars 1811 ; Bruxelles, 14 janv. 1815, D. *ib.*, n° 2 ; Grenoble, 8 mars 1810 et 29 mai 1815 ; Colmar, 8 janv. 1830 ; Bourges, 5 mars 1832 ; Paris, 24 mars 1823 ; Bordeaux, 25 mars 1831, D. 31, 155 ; Douai, 5 mars 1835 (Art. 246 J. Pr.) ; Carré, n° 1976 ; Favard, *hoc verbo*, n°s 18, 19 ; Pigeau, *Comm.* 2, 173 ; Delaporte, t. 2, 154 ; Chauveau, 19, 296, n° 48. — *Contrà*, Turin, 16 mai 1810, D. 638, n° 1 ; Bourges, 12 fév. 1822, P. 17, 126. — Dans cette dernière espèce, la déclaration affirmative était postérieure à la mise en délibéré.

101. Mais, si le jugement qui, faute de déclaration dans le délai imparti, a déclaré le tiers saisi débiteur pur et simple, avait acquis l'autorité de la chose jugée, le tiers saisi ne serait plus admis à faire de déclaration. Rejet. Metz, 11 juin 1823, D. *hoc verbo*, 640, n° 8 ; Lyon, 19 juin 1830, D. 31, 164. — *Contrà*, Arg. Cass. 10 juill. 1832, D. 1832, 315 ; Paris, 6 fév. 1837 (Art. 672 J. Pr.). — Dans cette dernière espèce, on a pensé que la condamnation avait un caractère comminatoire, qu'elle eût pu autoriser des poursuites personnelles contre les tiers-saisis à défaut par eux de faire la déclaration affirmative dans le délai, mais que, cette déclaration ayant précédé toute poursuite et toute mise en demeure, la condamnation devenait sans objet.

102. Le jugement qui impartit un délai au tiers saisi pour passer sa déclaration, peut réputer dès à présent le tiers saisi débiteur pur et simple, si la déclaration n'a pas lieu dans le délai fixé; il ne serait pas alors besoin d'un second jugement qui, faute par le tiers saisi d'avoir fait la déclaration exigée, lui infligerait la peine portée en l'art. 577. — *Contrà*, Consult., Isambert, Chauveau, 19, 296, n° 48.

103. Dans tous les cas, le tiers saisi doit supporter tous les dépens qu'il a occasionnés par sa déclaration tardive. Arg., Paris, 30 août 1810, 12 mars 1811, D. 638 et 639.

104. La déchéance prononcée par l'art. 577 ne s'applique pas au mineur dont le tuteur a déclaré qu'il ignorait si son pupille était débiteur, et qu'il attendrait qu'on produisît des titres établissant des créances à sa charge. Besançon, 28 fév. 1815, D. 637, n° 1.

105. La déclaration est faite et affirmée au greffe du trib. devant lequel le tiers saisi est assigné. C. pr. 571; — par lui-même ou par un fondé de pouvoir spécial, C. pr. 572, avec l'assistance d'un avoué. Tar. 92. — La loi n'ordonne pas que la procuration soit notariée; mais certains tribunaux exigent cette formalité. Carré, n° 1963.

Dans plusieurs trib., au lieu de lever expédition de la déclaration faite au greffe, et de la signifier, les avoués se bornent à signifier d'avoué à avoué la déclaration signée de la partie, avec offre de communiquer. Ce mode de procéder est approuvé par M. Thomine, 2, 77, comme entraînant moins de frais pour les parties.

106. Il n'est pas nécessaire que cette déclaration soit faite sous la foi du serment. Carré, n° 1964.

107. Le tiers saisi a la faculté, lorsque le trib. devant lequel il est assigné n'est pas celui de son domicile, de faire sa déclaration devant le juge de paix de son domicile. C. pr. 571.

Mais alors comment le saisissant en aura-t-il connaissance? — Carré pense que, sur la demande du tiers saisi, le juge de paix adresse lui-même cette déclaration au greffe du trib. auquel elle reste déposée. M. Thomine, 2, n° 631, est d'avis, au contraire, que l'on ne peut imposer cette obligation au juge de paix; mais il n'indique pas la marche à suivre. — Nous pensons que le tiers saisi est obligé de lever expédition de sa déclaration et de l'adresser à un avoué près le trib. devant lequel il a été assigné, pour que cet avoué la signifie avec constitution à l'avoué du saisissant.

108. La déclaration du tiers saisi doit énoncer les causes et le montant de la dette, les paiemens à-compte, si aucuns ont été faits, l'acte ou les causes de libération, si le tiers saisi n'est plus débiteur, et, dans tous les cas, les saisies-arrêts formées entre ses mains. C. pr. 573.

109. *Les causes de la dette.* C'est-à-dire, non-seulement la nature et l'origine de la dette, mais encore toutes les circonstances qui tendent à la modifier et même à la détruire; si, par exemple, elle est conditionnelle ou à terme, ou si le tiers saisi a des exceptions à opposer au débiteur. Carré, nº 1966; Pigeau, 66; Roger, nº 565.

110. *Le montant de la dette.* Si elle est ou non liquide; *les paiemens à compte;* encore bien que la loi ne l'exige pas, il sera bon d'en indiquer le mode et la date.

111. *L'acte ou les causes de la libération.* Si le tiers saisi n'est plus débiteur, telles seront les quittances, remises de dettes, et tous les événemens qui ont pu éteindre la dette, comme la prescription, la compensation, etc., etc. Roger, nº 565-4º.

Est incomplète la déclaration du tiers saisi, qui, sur la demande en compte de la jouissance d'un immeuble, atteste qu'au lieu d'être débiteur, il est créancier du saisi, sans énoncer aucunes quittances ou autres pièces établissant sa libération. Paris, 12 mars 1811, D. 638, nº 2.

Il est des cas où la simple dénégation de toute dette pourrait être attaquée, si, par exemple, il y avait eu entre le débiteur saisi et le tiers saisi des relations d'intérêt; celui-ci doit expliquer de quelle nature étaient ces relations, comment elles ont cessé et quel en a été le résultat. Orléans, 19 nov. 1814, D. 640, nº 6.

112. *Les saisies-arrêts formées entre ses mains.* Sous l'ancienne jurisprudence, le tiers saisi pouvait retarder indéfiniment le paiement de ce qu'il devait, en ne dénonçant que l'une après l'autre les diverses oppositions faites. — La raison veut qu'il fasse connaître aussi les transports qui lui auraient été signifiés.

Jugé que l'omission de cette formalité ne constituerait pas le tiers saisi débiteur des causes des saisies-arrêts, qu'elle le rendrait seulement responsable de tous les frais qu'elle occasionnerait, et même passible de dommages et intérêts suivant les circonstances. Bruxelles, 16 nov. 1826. — Mais cette distinction nous paraît repoussée par le texte de l'art. 577. Roger, nº 589.

113. S'il survient des saisies-arrêts après la déclaration, le tiers saisi les dénonce à l'avoué du premier saisissant par extrait contenant les noms et élection de domicile des saisissans et les causes des saisies-arrêts; il en est de même des nouveaux transports. C. pr. 575; Tarif, 70.

114. Le tiers saisi est-il obligé de passer une nouvelle déclaration sur chaque opposition qui survient? — Non; il se borne à signifier aux saisissans postérieurs l'acte de dépôt de la première déclaration et des pièces justificatives (Carré, n° 1969), en indiquant toutefois les sommes dont il est nouvellement débiteur, telles que les intérêts ou arrérages échus depuis la première déclaration.

S'il se trouve à la fois plusieurs opposans ultérieurs, on suit, pour leur faire la communication des pièces justificatives, la règle tracée par l'art. 536 C. pr. Carré, n° 1970; — V. *Reddition de compte*, n° 90.

115. Le tiers saisi est obligé de joindre à sa déclaration toutes les pièces justificatives des énonciations qu'elle contient; il en est dressé acte de dépôt en même temps que de la déclaration. C. pr. 574.

Conséquemment, la preuve des paiemens à-compte ou de la libération est à la charge du tiers saisi. Pigeau, 2, 70; Carré, n° 1967. — V. toutefois *inf.* n° 118.

116. Si la saisie-arrêt porte sur des objets mobiliers, le tiers saisi est tenu de joindre à sa déclaration un état détaillé de ces objets. C. pr. 578. — Les objets doivent être désignés comme ils le seraient dans le procès-verbal d'une saisie mobilière. C. pr. 588, 589, — et c'est sur cet état qu'il est procédé à la vente quand la saisie-arrêt a été déclarée valable. Carré, n°s 1978, 1979.

117. Le tiers saisi qui omet de déposer les pièces justificatives de sa libération en même temps qu'il la passe peut les fournir postérieurement, mais il supporte les frais occasionnés par le retard. Rennes, 26 nov. 1814; Poitiers, 18 juin 1818, D. *hoc verbo*, 639, n° 7; Colmar, 8 janv. 1830, D. 30, 293; — au surplus on applique au dépôt des pièces ce qui a été dit sur le délai dans lequel la déclaration doit avoir lieu. — V. *sup.* n°s 99 à 101.

118. Des quittances sous signatures privées peuvent-elles être opposées par le tiers saisi? — Evidemment oui : elles ont opéré sa libération vis-à-vis du débiteur saisi, elles doivent produire le même effet (le cas de fraude excepté) contre les créanciers de celui-ci, puisqu'ils ne sont que ses ayant-cause. Orléans, 18 déc. 1816, D. *hoc verbo* 641, n° 7; Pigeau, *com.* 2, 168; Toullier, 8, 481; Bourges, 3 fév. 1836 (Art. 539 J. Pr.), Cass. Aix, 14 nov. 1836 (Art. 572 J. Pr.); Roger, n°s 567 à 571; 606 à 608.

119. La déclaration ainsi faite et les pièces déposées, expédition de l'acte de déclaration et de dépôt des pièces justificatives est délivrée au tiers saisi et copie en est signifiée au saisissant, avec constitution d'avoué de la part du tiers saisi

— par acte d'avoué à avoué. Tar. 70. — Dans l'usage on signifie copie même de la déclaration ; mais le texte de l'art. 574 C. pr. n'exige que celle de l'acte de dépôt. Roger, n° 573.

120. Cette signification pourrait être faite par le ministère d'huissier et même sans constitution d'avoué, sans qu'il y ait nullité, mais l'augmentation des frais resterait à la charge du tiers saisi. Roger, n° 574.

121. Si la déclaration n'est pas contestée, il n'est fait aucune autre procédure, ni de la part du tiers saisi ni contre lui. C. pr. 576. — Cependant le tiers saisi peut faire des offres réelles au saisi, à charge par celui-ci d'apporter main-levée de la saisie-arrêt et consigner. Carré, n° 1973.

122. La déclaration, au contraire, est-elle contestée, le tiers saisi peut alors demander son renvoi devant son juge naturel : il devient en effet défendeur (C. pr. 570) ; — alors même que la contestation porterait uniquement sur la régularité de la déclaration. L'art. 570 ne fait aucune distinction. Turin, 30 janv. 1808, D. 641, n° 11. — *Contrà*, Bordeaux, 23 mars 1813, D. *ib.*

123. La demande en renvoi est formée par requête d'avoué à avoué. Tar. 75. — Elle doit être présentée *in limine litis ;* ce déclinatoire est fondé sur une incompétence *ratione personæ* ; il serait couvert par la défense au fond. Carré, n° 1960 ; Delaporte, 2, 151 ; Nîmes, 1er fév. 1837 (Art. 753 J. Pr.). — Le renvoi ne dessaisit pas le trib. de la demande en validité. Carré, n° 1961.

124. Si le saisissant ne veut pas être exposé à voir le jugement à intervenir frappé de tierce-opposition par le saisi, il devra y appeler celui-ci. Arg. C. pr. 474.

125. Sont admis contre la déclaration du tiers saisi, tous les genres de preuves autorisés par la loi, même la preuve testimoniale, quelle que soit la somme dont on veuille faire déclarer le tiers saisi débiteur, car dans ce cas sa déclaration est arguée de fraude. Roger, n° 606.

126. Les juges doivent suivre aussi les principes sur l'aveu judiciaire ; ainsi le tiers saisi qui fait sur le procès-verbal de saisie une déclaration qu'il signe, et par laquelle il se reconnaît débiteur du saisi, n'est plus recevable ensuite à contredire cet aveu en soutenant qu'il est libéré. Roger, n° 607. — Toutefois, une déclaration semblable, *non signée*, ne fait foi que jusqu'à preuve contraire, parce que les exploits d'huissier ne font foi que de ce qui est substantiel, et non des dires attribués aux parties. Besançon, 16 nov. 1808, D. *hoc verbo* 638, n° 3. — V. *Huissier*, n° 27.

127. Le tiers saisi ne peut se prévaloir contre le saisissant des nullités de la saisie-arrêt personnelles au saisi, et notamment de celle résultant du défaut de titre suffisant. Il lui importe peu entre les mains de qui il se libère, pourvu qu'il ne soit point exposé à payer une seconde fois. Il ne peut exciper que des nullités résultant de l'omission des formalités prescrites pour la validité des exploits en général, ou de celles exigées dans son intérêt personnel. Paris, 9 août 1833, D. 34, 13.

128. Le tiers saisi a, dans tous les cas, le droit de retenir sur les sommes dont il est débiteur les frais de déclaration ; quant aux dépens, s'il y a eu instance par suite, la retenue s'opère au préjudice du saisissant qui a contesté à tort la déclaration, et non du saisi ; si le tiers saisi n'était débiteur d'aucune somme, ce serait contre le saisissant seulement qu'il obtiendrait la condamnation aux dépens. Carré, n° 1981.

Mais ils resteraient à la charge du tiers saisi, si le contredit élevé était jugé valable.

129. Le tiers saisi a droit à l'indemnité pour frais de voyage, lorsqu'il passe la déclaration dans un autre endroit que celui de son domicile. Arg. Tar., 146. — *Contrà*, Roger, n° 561. — Cet auteur se fonde sur ce que le tiers saisi peut s'épargner les frais de ce voyage en envoyant sa procuration. — Mais dans cette opinion on fait une obligation pour le tiers saisi de ce qui n'est qu'une faculté que la loi lui accorde. Art. 571, 572.

130. Le jugement rendu sur la déclaration est-il susceptible d'appel ? — Il faut distinguer. — V. *Ressort*, n° 122.

Art. 5. — *Demande en main-levée de la saisie-arrêt.*

131. Le tiers saisi, tant que main-levée de la saisie n'est pas donnée, ne doit payer aucune somme ; — excepté lorsqu'une contrainte est décernée contre lui par le percepteur des contributions publiques ; le paiement fait dans ce cas libère le tiers saisi. L. 12 nov. 1808, art. 2 ; Cass. 21 avr. 1819, P. 15, 226.

132. Le saisi qui prétend ne rien devoir au saisissant et veut obtenir le paiement de ce qui lui est dû par le tiers saisi, doit donc demander au saisissant la main-levée de l'opposition ; cette demande est formée incidemment à la demande en validité, ou par voie principale.

133. Dans tous les cas, elle est dispensée du préliminaire de la conciliation. C. pr. 49.

Elle peut être adressée au domicile élu dans l'exploit de saisie-arrêt. Carré, n° 1956.

Elle est portée devant le trib. du domicile de la partie saisie. C. pr. 567. — Cette dernière disposition n'est point une dérogation à la règle *actor sequitur forum rei,* car le saisi n'est dans la réalité que défendeur à la saisie.

Mais l'art. 567 ne s'applique qu'au cas où la demande est formée par le saisi; si elle est formée par un tiers, l'assignation doit être donnée devant le trib. du saisissant, à moins que le tiers n'assigne en même temps le saisissant et le saisi, dans lequel cas il peut choisir le trib. de l'un ou de l'autre. Arg. C. pr. 59. — V. Roger, n°s 507 et 515.

Le saisissant n'aurait pas non plus à se plaindre, s'il était assigné devant le trib. de son domicile par le saisi; c'est en faveur de celui-ci qu'est établie la règle de l'art. 567.

134. On doit appliquer à la demande en main-levée ce qui a été dit *sup.* n° 77, sur la demande en validité d'une saisie-arrêt faite à la requête d'un receveur de l'enregistrement. Roger, n° 519.

135. La demande en main-levée de la saisie-arrêt est de la compétence exclusive du trib. de 1re instance. Arg. C. pr. 567. Roger, n°s 506 et 511.

136. Conséquemment elle ne serait valablement prononcée;

1° Ni par le président du trib. de comm. lors même qu'il aurait autorisé la saisie-arrêt. Carré, n° 1953; — *Contrà*, Nîmes, 3 déc. 1812;

2° Ni par le trib. de comm. lui même. Roger, n° 511. — Toutefois il a été jugé qu'il peut connaître d'une demande en main-levée d'opposition accessoire à une demande préexistante. Paris, 16 germ. an 11; Chauveau, 19, 265; — notamment s'il s'agit du frêt d'un navire. Rouen, 21 juin 1825, S. 27, 227; Pigeau, *comm.* 2, 164, n° 2;

3° Ni par le juge de paix. Carré, n° 1953; Roger, n° 505;

4° Ni par le juge des référés.

Dans l'opinion contraire, on dit: le juge, avant le C. de pr. avait le droit d'ordonner en référé le paiement nonobstant opposition. Le Code, qui a voulu prévenir les abus, n'a pu refuser tacitement le moyen de les supprimer. L'erreur est facile lorsqu'on statue en l'absence du débiteur sur l'exposé du créancier; mais elle n'est pas possible, si l'opposition n'est permise *qu'à la charge d'en référer en cas de difficulté.* Loin d'augmenter les pouvoirs du président, cette réserve les limite; sans elle, en effet, il refuserait sur une légère crainte, et compromettrait le sort de la créance; avec elle, il est plus certain de ne pas autoriser une mesure vexatoire. En outre, la garantie est d'autant plus complète que, par son ordonnance de référé, il livre à l'examen de la Cour un pouvoir qui serait, autrement, à l'abri de toute censure. La loi ne condamne nulle part cette réserve, elle donne au président un droit absolu et sans limites; il peut donc refuser ou donner une permission générale, partielle, conditionnelle, provisoire et sans réserve. — Enfin, dans des cas analogues, la loi autorise ce droit d'en référer, notamment en matière de saisie-conservatoire, de saisie-revendication ou foraine, d'arrestations d'étrangers, etc. Paris, 2e ch., 28 mai 1832; 1re ch., 2 juin 1832; 3e ch., 26 juin 1833, 16 oct. 1833; 2e ch., 15 fév. 1836; vac., 13 oct. 1836; 3e ch., 22 déc. 1837. (Art. 1121, J. pr.) *Ordonnances*, 182. — A Paris, la partie saisie obtient en référé l'autorisation de toucher des tiers saisis les sommes arrêtées, à la charge de consigner les causes des oppositions, avec affectation spéciale aux créanciers saisissans, jusqu'à ce qu'il ait été statué au fond sur le droit de ces derniers.— V. *inf.* n° 156.

Mais on répond avec raison : la loi permet au président du trib. d'autoriser à former une saisie-arrêt, en l'absence d'un titre; mais là se borne sa compétence; soit qu'il concède, soit qu'il refuse, il épuise son droit; le juge excéderait ses pouvoirs s'il revenait lui-même sur une décision acquise à l'une des parties. Ce n'est pas d'ailleurs en référé que l'on peut autoriser un paiement au préjudice d'une saisie-arrêt; cette saisie frappe l'intégralité des sommes dues; elle est, en quelque sorte, le gage du créancier, dont on ne peut restreindre les droits et modifier les garanties qu'en examinant au fond la nature et le mérite de sa créance; or, cette question excède évidemment la compétence de référé. — Enfin la loi ne distingue pas; pour le créancier, la permission du juge remplace le titre, équivaut au titre; si l'opposition était formée en vertu d'un titre, le juge pourrait-il en restreindre la portée par une ordonnance de référé? Evidemment, non! Dans les deux cas, les effets de la saisie-arrêt doivent être les mêmes. — Décidé, en conséquence, qu'il ne peut connaître de la validité d'une opposition. Liége, 26 juill. 1811, D. 11, 546, n° 3; — en accorder main-levée; Paris, 29 niv. an 11 et 1er juin 1811, D. 11, 543 et 547, n° 9; Poitiers, 18 janv. 1825, D. 26, 50 (il y aurait préjudice porté au principal); — autoriser un paiement au préjudice de cette saisie-arrêt; Paris, 28 juin 1833, D. 39, 237; — alors même qu'il aurait lui-même autorisé l'opposition, *sous réserve d'en appeler la cause en référé*; Paris, 3e ch., 25 mai 1833, D. 33, 187; 1re ch., 28 juin 1833, D. 39, 237; 2e ch., 14 août 1833; 3e ch., 4 juill. 1834.

Art. 6. — *Saisie-arrêt aux mains des receveurs, dépositaires ou administrateurs de caisses ou deniers publics.*

157. Le décret du 18 août 1807 qui reproduit les dispositions des lois des 14-19 fév. 1792 et 30 mai 1793 non abrogées par l'art. 1041 C. pr. (—V. l'Av. cons. d'ét. du 12 mai 1807, approuvé le 12 juin suivant), les art. 561 et 569 C. pr.; la loi du 9 juill. 1836 avec l'avis du ministre des finances sur l'exécution de cette loi; celle du 14 juill. 1837, et enfin l'ordonn.

roy. des 19 et 21 sept. 1837 (Art. 527, 707, 904, 921 J. Pr.), forment l'ensemble de la législation sur cette matière.

L'art. 11, L. 5 juin 1835, a rendu applicable aux fonds déposés dans les caisses d'épargnes le décret du 18 août 1807 et les art. 561 et 569 C. pr. (Art. 281 J. Pr.).

138. En outre des autres formalités exigées dans les cas ordinaires, l'exploit de saisie-arrêt doit contenir la *désignation de l'objet saisi;* ainsi, il ne suffit pas de dire qu'on arrête ce qui est et sera dû par la suite au saisi (Décr. 18 août 1803, art. 1); au lieu d'une simple énonciation du titre, il doit en contenir extrait ou copie en forme (*Ib.* art. 2); enfin, à défaut des formalités exigées par ces deux articles, la saisie n'est pas seulement *nulle*, elle est regardée *comme non avenue* (*Ib.* art. 3), c'est-à-dire que le fonctionnaire ne doit pas attendre que la nullité en soit prononcée, mais qu'il doit payer nonobstant l'opposition. Roger, n° 413.

139. L'exploit doit être signifié à *la personne préposée pour le recevoir* et visé par elle. C. pr. 561, LL. 14-19 fév. 1792, art. 9; 24 août, 13 sept. 1793, art. 194; C. pr. 1039.

Conséquemment, il n'est pas nécessaire que les administrateurs reçoivent eux-mêmes les exploits de saisie; ils peuvent déléguer à cet effet, et sous leur responsabilité en cas de perte, un commis qui déclarera avoir qualité pour recevoir l'exploit. Cass. 25 janv. 1825, D. 25, 174; D. *hoc verbo,* 629, n° 5; Roger, n° 417.

Si ce commis refuse de faire cette déclaration, l'huissier doit le remettre à l'un des fonctionnaires indiqués dans l'art. 5 décr. 18 août 1807, et à défaut de ceux-ci au procureur du roi (Roger, n° 417), *lequel en donnera de suite avis aux chefs des administrations respectives.* Décr. 18 août 1807, art. 5.

140. C'est au bureau de l'administration, et non au domicile personnel du commis, que l'exploit doit être adressé. Carré, n° 1941; Pigeau, 2, 55; Hautefeuille, 518; Delaporte, 147; *Prat. fr.* 4, 103; Roger, n° 418.

Des règlemens particuliers désignent quels sont les préposés chargés de recevoir des saisies-arrêts ou significations de transport pour chaque branche de l'administration. — V. Roger, n° 416.

Jamais des saisies-arrêts ne doivent être faites aux mains des préfets sur les deniers dus par l'Etat à des particuliers. Toulouse, 17 déc. 1830; Cass. 11 fév. 1834, D. 31, 158; 38, 374.

141. La difficulté grave de savoir si des significations d'oppositions ou de transports faites à Paris arrêtent seulement les sommes qui doivent être payées à Paris, ou toutes celles que le trésor doit payer dans tout le royaume (Art. 238 J. Pr.), est levée par l'art. 13, L. 9 juill. 1836, qui prescrit de faire toutes saisies-arrêts ou oppositions entre les mains des payeurs, agens ou préposés, sur la caisse desquels les ordonnances ou mandats sont délivrés. (Art. 527 J. Pr.); Roger, nos 414 et 415.

142. Cet art. 13 ne déroge pas aux lois relatives aux oppositions à faire sur les capitaux et intérêts des *cautionnemens.* — V. ce mot, nos 24, 36 et suiv.

L'effet des saisies ou significations de transports ne dure que cinq ans; elles doivent être renouvelées dans ce délai. L. 9 juill. 1836, art. 14, 15 et 16. — Toutes saisies antérieures à cette loi ont dû même être renouvelées dans le délai d'une année, à partir de sa promulgation.—V. aussi L. 14 juill. 1837, art. 11; Ordonn. des 19 et 21 sept. 1837 (Art. 904 et 921 J. Pr.).

143. Pour les oppositions faites aux mains des préposés de l'administration de l'enregistrement et des domaines. — V. Décr. 13 pluv. an 13. — Ce décret a été modifié, quant au département de la Seine, par celui du 28 flor. même année. Merlin, *Rép. hoc verbo*, § 3.

144. Enfin, pour les oppositions que les créanciers des émigrés ont pu faire entre les mains du ministre des finances sur l'indemnité à laquelle ceux-ci ont eu droit.—V. L. 27 avr. 1825, tit. 5; Ordonn. 1er mai suiv., tit. 7.

145. Les fonctionnaires désignés dans l'art. 561 C. pr. sont dispensés de la formalité de la déclaration; seulement ils doivent délivrer un certificat constatant s'il est dû à la partie saisie, et énonçant la somme si elle est liquide. C. pr. 569. — Pour les énonciations que ce certificat doit contenir, ainsi que ce qui doit être fait par le fonctionnaire qui le délivre, dans le cas de saisies-arrêts survenues antérieurement ou postérieurement. — V. les art. 6, 7, 8; Décr. 18 août 1807.

146. Cet art. 569 s'applique non-seulement aux caissiers du gouvernement, mais encore à ceux des villes, des communes, des hospices et autres établissemens publics; mais non aux commissaires-priseurs, notaires ou huissiers. Carré, n° 1957; Roger, nos 584 et 585.

147. Le certificat qui tient lieu de déclaration de la part des fonctionnaires indiqués en l'art. 561 C. pr. s'obtient par le moyen d'une sommation d'avoué. Tar. 91; Décr. 18 août 1807, art. 6, 7; Carré, n° 1958.

148. Si le fonctionnaire à qui l'on s'adresse refuse ce certificat, faut-il appliquer l'art. 577, et faire déclarer le tiers saisi débiteur pur et simple des causes de la saisie?—Oui. L'administration ou l'établissement qu'il représente, doivent être assignés dans la forme établie par les lois, pour faire juger si cette administration ou cet établissement sont ou non débiteurs, et les faire condamner à des dommages-intérêts s'il y a lieu, sauf tout recours de leur part contre le préposé. Roger, n° 593.

§ 5. — *Effets de la saisie-arrêt.*

149. La saisie-arrêt, mesure conservatoire dans son principe, est en définitive un acte d'exécution. (Art. 607 J. Pr.).— Sous ce double rapport, elle produit plusieurs effets.

150. Les objets arrêtés sont mis sous la main de la justice, et placés comme en séquestre entre les mains du tiers saisi, qui ne peut se libérer entre les mains du saisi sans s'exposer à payer deux fois; — il ne pourrait même compenser sa créance s'il était devenu créancier depuis la saisie. C. civ. 1298.

151. Jugé qu'une saisie-arrêt formée entre les mains du débiteur d'une rente sur les arrérages et toutes sommes qu'il doit ou devra à la partie saisie, frappe les capitaux aussi bien que les arrérages échus et à écheoir, et empêche tout transport ultérieur. Liége, 18 déc. 1819, P. 15, 637.

La partie saisie perd le droit de disposer de l'objet arrêté.

Néanmoins, en cas de cession de la créance saisie, le transport vaut pour l'excédant de ce qui est dû au premier saisissant, s'il ne survient pas de nouvelles oppositions.

152. Mais quel est, au contraire, l'effet de ce transport s'il survient de nouvelles saisies-arrêts, la première subsistant toujours?

Plusieurs systèmes se sont élevés sur cette question :

1er *Système.* La saisie-arrêt place sous la main de la justice et frappe d'indisponibilité toutes les sommes qui se trouvent entre les mains du tiers saisi (Arg. C. civ. 1242).—Dès-lors aucune cession ne peut être faite, à moins que le premier saisissant n'ait donné main-levée avant toutes autres oppositions. — La signification de la cession ne vaudrait que comme saisie, et le cessionnaire viendrait par contribution avec les autres saisissans sur les sommes dues par le tiers saisi. Parlem. Paris, 8 mars 1760; Denisart, v° *Transport;* Nouveau Denisart, v° *Cession;* Paris, 15 janv. 1814; 3e ch., 28 mars 1820; 3e ch., S. 14, 95; 23, 47; Trib. Seine, 1re ch., 28 déc. 1835, *Le Droit* du 31; 4e ch., 7 avr. 1836, *Gazette des Tribunaux* du 8 avr.; Thomine, 2, 67, n° 619; Bourdon et Billequin, *Journal des Avoués,* 50, p. 72 et 186.

2e *Système.* La première saisie-arrêt vaut seulement jusqu'à concurrence des causes de l'opposition. L'excédant peut être cédé par le saisi à des tiers. Autrement, pour une somme minime, on pourrait, par une saisie, rendre indisponible un capital considérable, et l'on ne concevrait pas pourquoi la loi aurait exigé la mention de la somme pour laquelle on saisit dans l'exploit d'opposition (V. *sup.* n° 54). — Les créanciers saisissans, soit avant, soit après la signification du transport, doivent venir par contribution sur la partie seulement de la somme arrêtée avant la signification. — Mais la contribution une fois opérée entre tous les opposans, on accorde aux saisissans antérieurs à la signification du transport un recours contre le cessionnaire, à l'effet d'être indemnisés de ce qu'ils n'ont point reçu sur le montant de leurs créances par suite des oppositions postérieures à cette signification. Cass. 26 fév. 1834, D. 34, 177; Paris, 30 mai 1835 (Art. 192 J. Pr.); Bourges, 3 fév. 1836 (Art. 539 J. Pr.); Paris, 9 fév. 1837 (Art. 719 J. Pr.); Toulouse, 7 déc. 1838, D. 39, 45; Paris, 14 mars 1839, D. 39, 88 (Art. 1394 J. Pr.); Nîmes, 19 juin 1839 (Art. 1661 J. Pr); Pigeau, 2, 63; Delvincourt, 3, 169.

3e *Système*. Le saisissant antérieur au transport profite exclusivement de la somme pour laquelle il a saisi. Le cessionnaire obtient tout ce qui excède les causes de cette opposition, et les saisissans postérieurs ne peuvent rien réclamer au préjudice du premier saisissant, ni du cessionnaire. Trib. Seine, 1re ch., 19 avr. 1828; 3 mai 1836, 3e ch.; Dard, *Dissertation*, 2 juin 1836; Duvergier, *Vente*, 2, 228, n° 201; Duranton, 16, n° 501; Roger, n° 249.

— V. au surplus sur ces trois systèmes. (Art. 538 J. Pr.)

Le dernier a l'inconvénient de créer un privilége au profit du premier saisissant, en dehors de toute disposition légale, — et de permettre au débiteur de s'entendre avec l'un de ses créanciers pour dépouiller tous les autres; — le second repose sur ce que le cessionnaire est devenu propriétaire incommutable, et par une contradiction inconcevable, on l'oblige à indemniser les premiers saisissans. — Le premier système au contraire est équitable, puisqu'il appelle tous les créanciers au partage égal des biens de leur débiteur, et il est conforme au principe de l'ancienne jurisprudence non révoquée par la nouvelle, que la saisie-arrêt, sans enlever au saisi la propriété des objets arrêtés, empêche qu'il ne soit disposé par lui au préjudice de ses créanciers. (Art. 538 J. Pr. *in fine*). Quant à l'inconvenient de paralyser pour une somme minime un capital considérable, la partie saisie peut y remédier en désintéressant le premier saisissant. — V. d'ailleurs *inf.* n° 156, les témpéramens admis par la jurisprudence.

153. Mais le transport produirait-il tous ses effets au préjudice des saisies-arrêts postérieures, si la saisie-arrêt qui le précède était nulle, ou l'instance en validité périmée au moment où les secondes ont été formées? — Nous le pensons, car un acte nul ne peut pas plus profiter aux tiers, qu'à celui dans l'intérêt de qui il a été fait. — *Contrà*, Paris, 30 mai 1835, (Art. 192 J. Pr.)

154. Ainsi le tiers saisi ne peut être contraint de payer à son créancier saisi ce qu'il doit au-delà de la somme arrêtée entre ses mains. Turin, 19 juill. 1806, S. 15, 63; Pigeau, 2, 60; Delvincourt, 2, 544; Toullier, 7, 57; Carré, n° 1952; Thomine, n° 619.

155. Ainsi encore, un débiteur notoirement solvable ne pourrait obtenir une main-levée provisoire pendant la durée de l'instance, soit en laissant entre les mains du tiers saisi une somme suffisante pour assurer le paiement du montant de l'opposition, soit en donnant caution, puisque de nouvelles saisies peuvent survenir et donner lieu à une distribution à laquelle tous les créanciers arrêtans, sans distinction, viendraient prendre part. Arg. Turin, 19 juill. 1806; S. 15, 63; Carré, n° 1955; Coffinières, Chauveau, n° 24.

Jugé toutefois, que le trib. peut, en renvoyant à un jour assez éloigné les plaidoiries sur le fond, prononcer la main-levée provisoire de l'opposition jusqu'à concurrence d'une certaine somme, à la charge par le saisi de donner caution. Toulouse, 14 avr. 1810, D. *hoc verbo*, p. 632. — Mais indépendamment de l'inconvénient signalé plus haut, le saisissant opposerait valablement qu'il pourrait être obligé de s'adresser plus tard à la caution, et d'avoir ainsi plusieurs procès au lieu d'un. D. *ib.* 631, n° 6.

156. Cependant quand le saisi veut obtenir la libre disposition de l'excédant des causes de la saisie-arrêt, voici ce qui se pratique à Paris. Il appelle le tiers-saisi et le saisissant en référé, et demande à être autorisé à toucher le montant de la somme saisie, en laissant à la caisse des consignations une somme suffisante pour assurer le paiement du montant des causes de l'opposition, sur laquelle il consent, *dès à présent, saisine et transport*, au profit du saisissant jusqu'à concurrence de ce qui sera reconnu lui être dû par le jugement à intervenir sur l'instance en validité (Art. 1046 J. Pr.).

157. Quoique la saisie-arrêt enlève au saisi la libre disposition des objets arrêtés, celui-ci n'en conserve pas moins la faculté d'agir pour la conservation de ses droits, de telle sorte que le saisissant ne peut être responsable vis-à-vis de lui des déchéances et prescriptions survenues au profit du tiers saisi. Cass. 26 juill. 1836, 12 mai 1837, D. 37, 55, 58, 148.

158. La saisie-arrêt notifiée au saisi, interrompt la prescription. C. civ. 2244.

159. Lorsque la saisie a été déclarée valable, et que les deniers arrêtés ou le prix des effets ne suffisent pas pour désintéresser les créanciers, il y a lieu à *distribution par contribution*. — V. ce mot.

160. Le jugement de validité donne-t-il aux créanciers saisissans le droit d'être payés par préférence aux créanciers qui saisiraient postérieurement la somme arrêtée?

La négative a été jugée par la C. Paris, le 30 juin 1826, D. 27, 59, en ces termes :

« Attendu que les seuls priviléges actuellement existant sont ceux consacrés par les art. 2101 et 2104 C. civ., qui ne donnent pas au premier saisissant le droit que lui accordait l'art. 178 Cout. Paris, d'être le premier payé ; — Attendu qu'il n'existe dans le C. civ. non plus que dans le C. de pr., aucune disposition de laquelle on puisse induire que le jugement qui prononce la validité de l'opposition opère en faveur de l'opposant la saisine des deniers et effets arrêtés par son opposition ; qu'au contraire il résulte des art. 568, 573, 575, 577, 579 C. pr. que, lorsqu'il intervient de nouvelles oppositions, les deniers ou le prix des effets arrêtés doivent être distribués par contribution entre les divers opposans ; qu'en effet l'art. 558 veut que le tiers-saisi ne puisse être assigné en déclaration affirmative qu'après que l'opposition a été déclarée valable, à moins qu'elle n'ait été faite en vertu d'un acte authentique ; l'art. 573, que la déclaration affirmative du tiers-saisi énonce les saisies-arrêts ou oppositions formées entre ses mains ; l'art. 575, que s'il survient de nouvelles oppositions, le tiers-saisi les dénonce à l'avoué du premier saisissant ; qu'enfin les art. 578 et 679 portent que, si la saisie-arrêt est formée sur les objets mobiliers, et si elle est déclarée valable, il sera procédé à la vente et à la distribution du prix, ainsi qu'il est dit au titre de la contribution ; que ces diverses dispositions, en harmonie parfaite avec les principes consacrés par les art. 2093, 2094 C. civ., donnent à tous les créanciers opposans ou saisissans le droit d'être payés par contribution, soit que leurs oppositions soient antérieures, soit qu'elles soient postérieures au jugement qui a prononcé la validité de la première opposition, ce qui ne pourrait avoir lieu si l'effet du jugement était d'opérer en faveur du premier saisissant ou opposant la saisine des sommes arrêtées par la saisie-arrêt ou opposition ; — Attendu, enfin, que les principes sur la délégation sont inapplicables au jugement de validité d'opposition, qui ne libère pas le débiteur envers le saisissant. »

— V. dans le même sens, trib. Paris, 25 mars 1834, D. 34, 3, 49 ; Paris, 24 juin 1836, D. 37, 45 ; Roger, n° 642.

Toutefois l'affirmative a prévalu en jurisprudence, par les motifs suivans : — Le jugement de validité opère, dans l'intérêt des saisissans qui l'ont obtenu, un transport conventionnel dont il est question dans l'art. 1690 C. civ. — Mais, pour produire cet effet, il faut que ce jugement ait été signifié au tiers-saisi ; Arg. C. civ. 1690 ; — et qu'il soit passé en force de chose jugée ; Paris, 17 mars 1836, D. 36, 111 ; Montpellier, 21 janv. 1839, D. 39, 40. — Ce n'est point créer un privilége au profit du saisissant ; c'est un véritable paiement qui s'opère par l'entremise du juge ; D. *hoc*, v°, ch. 2, n° 7, p. 632 ; Cass. 28 fév. 1822, D. *ib.*, note 2 ; 14 juin 1826, D. 26, 318 ; Lyon, 20 août 1827, D. 28, 18 ; Nancy, 23 août 1824, D. 25, 5 ; Angers, 3 avr. 1830, D. 30, 290 ; Lyon, 22 mars 1830, D. 31, 160 ; Rennes, 24 mars 1835, D. 36, 20 ; Arg. Montpellier, 27 mai 1835, D. 35, 33 ; Paris, 17 mars 1836, D. 36, 71 ; Cass. 20 mai 1839, D. 39, 240 ; Carré, n° 196, 1, note ; Thomine, n° 633 ; Rauter, 326.

161. Au reste, cette décision ne devrait pas s'étendre au cas où l'opposition frappe sur des créances à termes, sur des fermages à échoir, par exemple ; dans ce cas, les créanciers existans, même postérieurement au jugement de validité, viendraient au marc le franc avec les premiers. Pothier, *Procédure civile*, 4e part., ch. 2, sect. 3, § 6 ; Denisart, v° *Délégation* ; Carré, 2, n° 1972 ; Thomine, 2, n° 633 ; Angers, 3 avr. 1830,

D. 30, 291 (Art. 1083, J. Pr.). — *Contrà*, Rouen, 28 nov. 1825, D. 26, 71.

162. Quelle que soit l'opinion que l'on adopte sur la question posée *sup.* sous le n° 160, si la saisie est faite sur un objet mobilier autre qu'une somme d'argent, le jugement de validité ne transporte pas au saisissant la propriété de cet objet, il lui donne seulement le droit de le faire vendre. D. *hoc.* v°, ch. 2, n° 8.

Cette vente a lieu suivant les formalités prescrites au titre de la saisie-exécution. C. pr. 579; Carré, n° 1979.

Le prix est distribué entre tous les créanciers, même ceux qui ne se présenteraient qu'après la vente, et, dans ce cas, ces derniers ne sont plus astreints à toutes les formalités de la saisie-arrêt; ils forment opposition simple aux mains de l'officier instrumentaire, conformément aux dispositions des art. 609 et 610 C. pr. — V. *sup.* n° 83.

163. Si le débiteur saisi tombait en faillite après la signification du jugement de validité, ce n'est point à la masse, mais bien au créancier saisissant que le tiers-saisi devrait payer; c'est une conséquence de la décision admise *sup.* n° 160. — Cependant il n'y a pas eu novation proprement dite. Toulouse, 22 janv. 1829, D. 29, 168.

Jugé dans ce sens que le tiers-saisi, qui a été condamné à payer au saisissant, nonobstant un paiement fait par lui précédemment au saisi, n'est recevable à intenter, contre ce dernier, une action en répétition ou remboursement, qu'autant qu'il justifiera qu'il a payé une seconde fois au saisissant, en vertu du jugement qui l'y a condamné. Nîmes, 24 avr. 1828, D. 29, 284.

164. L'immobilisation des fruits échus depuis la dénonciation de la saisie-immobilière au saisi, pour être distribués avec le prix de l'immeuble, par ordre d'hypothèque, C. pr. 691, peut-elle avoir lieu au préjudice d'une saisie antérieure? — V. *Vente sur saisie-immobilière.*

L'affirmative serait encore la conséquence de l'opinion admise *sup.* n°s 152 et 161.

165. Malgré les effets attribués au jugement de validité, *sup.* n° 160, l'acquéreur entre les mains de qui une saisie-arrêt a été pratiquée par un créancier chirographaire, est néanmoins valablement libéré en payant son prix à un créancier hypothécaire qui le somme de payer ou de délaisser l'immeuble. Bourges, 16 nov. 1811. — Ce jugement n'a pu nuire aux droits préexistans des créanciers hypothécaires. Cass. 15 janv. 1839 (Art. 1686 J. Pr.).

§ 6. — *Enregistrement.*

166. L'exploit de saisie-arrêt, celui de dénonciation au saisi avec assignation en validité, et celui de dénonciation au tiers-saisi et d'assignation en déclaration affirmative, sont soumis chacun à un droit d'enregistrement de 2 fr. L. 28 avr. 1816, art. 43, n° 13.

Il est dû un droit par chaque demandeur ou défendeur ayant un intérêt distinct. L. 22 frim. an 7, art. 68, § 1, n° 30. — V. *Pluralité des droits.*

La saisie-arrêt formée à la requête d'un créancier et de son cessionnaire, entre les mains d'un fermier de leur débiteur commun, n'est sujette qu'à deux droits. *Contrà*, Solut. 16 mars 1832.

167. La requête tendant à obtenir autorisation de saisir-arrêter et l'ordonnance du juge sont passibles d'un droit de 3 fr. Déc. min. fin. 6 août 1823.

168. La déclaration affirmative est soumise au droit fixe de 2 fr., soit qu'elle ait lieu au greffe du trib. de 1re inst., ou devant le juge de paix. Déc. min. fin. 3 sept. 1819. — Seulement, dans le premier cas, elle est en outre passible du droit de greffe de 1 fr. 25 c. Déc. min. fin. 6 août 1823.

Il n'est dû qu'un droit pour la minute et l'expédition.

Le certificat des dépositaires publics qui tient lieu de déclation affirmative (— V. *sup.* n° 145) est soumis au droit fixe de 2 fr. *Ib.*

169. L'état des effets mobiliers, joint par le tiers-saisi à sa déclaration (— V. *sup.* n° 146), est soumis au droit fixe de 1 fr. *Même décision.*

170. Le jugement qui valide la saisie-arrêt est passible du droit de 3 fr. ou de 5 fr,, selon qu'il est rendu en premier ou en dernier ressort, dans le cas où la saisie est fondée sur un titre authentique. *Ib.*

Si la saisie est faite sans titre, le jugement est en outre soumis au droit proportionnel de 50 c. p. 100 fr. pour condamnation. *Ib.*

Le jugement qui donne main-levée de la saisie est sujet au droit fixe de 3 fr. ou de 5 fr., suivant qu'il est rendu en premier ou en dernier ressort. *Ib.*

Celui qui ordonne la délivrance des deniers après un premier jugement de validité n'est également astreint qu'au droit fixe. *Ib.*

171. Quant aux autres actes signifiés à avoué, ils sont soumis, comme ceux des procédures ordinaires, au droit fixe de 50 c., et il y a autant de droits à percevoir que d'avoués auxquels la signification doit être faite. L. 28 avr. 1816, art. 41, et L. 22 frim. an 7, art. 68, § 1, n° 30.

§ 7. — *Formules.*

FORMULE I.

Exploit de saisie-arrêt.

(C. pr. 559. — Tarif, 29. Coût 2 fr. orig. ; 50 c. copie,)

L'an , en vertu d'un jugement rendu par le tribunal de en

date du enregistré (*ou* en vertu d'une ordonnance de M. le Président du tribunal en date du enregistrée, étant au bas de la requête à lui présentée le même jour.)

Duquel jugement, (*ou* desquelles requête et ordonnance il est avec ces présentes laissé copie,) et à la requête du sieur demeurant à , pour lequel domicile est élu en la demeure de M. le maire de la *commune* de (*celle où demeure le tiers saisi*).

J'ai, etc. soussigné déclaré au sieur demeurant à etc.

Que le requérant est opposant, comme de fait, il s'oppose par ces présentes à ce que le sus-nommé paie et vide ses mains, en d'autres qu'en celles du requérant, de toutes sommes deniers ou objets mobiliers généralement quelconques, qu'il a ou aura; doit ou devra au sieur , pour quelque cause et à quelque titre que ce soit, et notamment à raison de

La présente opposition formée pour sûreté, conservation et avoir paiement de la somme de , dont le requérant est créancier du sieur pour les causes énoncées au dit jugement, (*ou* en ladite requête) protestant de nullité de tous paiemens qui seraient faits au préjudice de la présente opposition, à peine de payer deux fois, et de tous dépens dommages et intérêts, et j'ai au sus-nommé. etc. (*Signature de l'huissier.*)

FORMULE II.

Requête pour être autorisé à saisir-arrêter.

(C. pr. 558, 559. — Tarif, 77. — Coût, 3 fr.)

A M. le président du tribunal de

Le sieur demeurant à

A l'honneur de vous exposer qu'il est créancier du sieur (*partie saisie,*) d'une somme de (*indiquer les causes de la créance pour laquelle on saisit*).

Pourquoi il vous plaira, M. le président, l'autoriser à former entre les mains de M. débiteur du sieur (ou des locataires et fermiers du sieur , demeurant à , opposition sur le sieur , pour sûreté de la créance susnommée et des intérêts et accessoires d'icelle.

(*Si la créance n'est pas liquide, on ajoute :* laquelle créance il convient d'évaluer à la somme de)

A Paris, le président exige qu'on ajoute : Requérant qu'en cas de difficulté, il vous en soit référé; et vous ferez justice; présentée le

(*Signature de l'avoué.*)

Ordonnance du président.

Vu la requête qui précède, autorisons le sieur , demeurant à , à former entre les mains de M , demeurant à , opposition sur le sieur , pour sûreté de la somme principale de , et des intérêts et accessoires d'icelle; (*si la créance n'est pas liquide, on ajoute* : à laquelle nous évaluons provisoirement la créance du requérant.)

Disons cependant que la partie saisie pourra se faire payer nonobstant l'opposition des sommes qui lui sont dues par le tiers saisi, soit en laissant dans les mains de celui-ci, soit en versant à la caisse des consignations, le tout avec délégation expresse de la part de la partie saisie, et affectation spéciale au paiement de la créance, dans le cas où elle serait reconnue, la somme de , pour principal, intérêts et frais.

Disons que, en cas de difficulté, il nous en sera référé.

Fait et délivré en notre cabinet au Palais-de-Justice à le

(*Signature du président.*)

NOTA. *Cette formule de requête et d'ordonnance est celle adoptée par le président du tribunal de la Seine. — En province le président se borne à autoriser la saisie-arrêt, on ne spécifie même pas toujours, ceux entre les mains de qui elle sera formée.*

FORMULE III.

Dénonciation de la saisie-arrêt au saisi.

(C. pr. 563.— Tarif, 29. — Coût, 2 fr. orig. ; 50 c. chaque copie.)

L'an , le , à la requête du sieur , demeurant à pour lequel domicile est élu à , en l'étude de Me , avoué près le tribunal de première instance de , lequel occupera sur l'assignation ci-après.

J'ai, (*immatricule de l'huissier*), signifié, avec celle des présentes donné copie au sieur , en son domicile ou étant et parlant à

D'un exploit du ministère de , huissier à , en date du enregistré; contenant opposition à la requête dudit sieur entre les mains du sieur ; demeurant à , sur toutes les sommes et effets mobiliers qu'il a ou aura, doit ou devra, à quelque titre que ce soit, au sieur

Ladite opposition formée en vertu d'un jugement (*ou* en vertu d'un acte, etc. *ou* d'une ordonnance, etc. —V. *sup.* Formule I.), et pour sûreté et avoir paiement de ladite somme de ; à ce qu'il n'en ignore.

Et a mêmes requête, demeure, élection de domicile et constitution d'avoué que ci-dessus, j'ai huissier susdit, et soussigné, parlant et étant comme dit est, donné assignation audit sieur , à comparaître d'hui à huitaine franche, délai de la loi, outre un jour par trois myriamètres de distance, devant le tribunal de heure de , pour attendu que le requérant est créancier du sieur de la somme de , ainsi qu'il résulte du jugement sus-énoncé (1), attendu que l'opposition par lui formée le est régulière en la forme et juste au fond, voir déclarer bonne et valable ladite opposition, ordonner en conséquence que mondit sieur sera tenu de payer et vider ses mains en celles du requérant, jusqu'à due concurrence des causes de la saisie en principal, intérêts et frais, de toutes les sommes et valeurs mobilières qu'il reconnaîtra ou sera reconnu avoir ou devoir audit sieur ; à quoi faire contraint quoi faisant bien et valablement quitte et déchargé, s'entendre en outre, mondit sieur , condamner aux dépens à ce qu'il n'en ignore, et je lui ai, domicile et parlant comme dit est laissé sous toutes réserves copie tant de l'exploit sus-énoncé que du présent, dont le coût est de (*Signature de l'huissier.*)

FORMULE IV.

Dénonciation au tiers saisi.

(C. pr. 564, 568. — Tarif, 29. — Coût, 2 fr. orig., 50 c. chaque copie.)

L'an , le , à la requête du sieur , etc.

J'ai (*immatricule de l'huissier*), soussigné, signifié avec celle des présentes laissé copie au sieur , demeurant à, en son domicile, où étant et parlant à

D'un exploit du ministère de , huissier à , en date du , enregistré, contenant dénonciation au sieur , d'une opposition formée à la requête dudit requérant, entre les mains du sieur , avec demande en validité de ladite opposition, A ce qu'il n'en ignore, je lui ai, domicilé et parlant comme dit est, laissé sous toutes réserves copie tant de l'exploit sus-énoncé que du présent, dont le coût est de (*Signature de l'huissier.*)

Nota. *Si la saisie-arrêt a été faite en vertu d'un jugement ou d'un titre exécutoire, on ajoute* : Et à mêmes requête, demeure et élection de domicile que dessus, j'ai, huissier susdit et soussigné, étant et parlant comme ci-dessus, donné assignation audit sieur , à comparaître dans le délai de la loi au tribunal de pour y faire et affirmer sa déclaration sur ladite saisie, produire toutes pièces et quittances justificatives d'icelle, sinon se voir réputé débiteur pur et simple du requérant, et comme tel s'entendre condamner au paiement envers lui de la somme de , cause de la saisie, avec intérêts de droit et dépens.

Lui déclarant que Me , avoué près le tribunal de , occupera pour le requérant sur la présente assignation; à ce qu'il n'en ignore, etc.

Nota. Cette constitution est mieux placée après le nom du saisissant.

FORMULE V.

Déclaration du tiers saisi.

(C. pr. 571, 572, 573, 574. — Tarif, 92. — Vac. 6 fr.)

Le, au greffe du tribunal de , est comparu le sieur demeurant à , assisté de Me , son avoué, lequel, pour satisfaire à l'as-

---

(1) Si la saisie n'est pas formée en vertu d'un titre exécutoire on met : ainsi qu'il en sera justifié en cas de déni s'entendre, etc., etc.

signation à lui donnée à la requête du sieur par exploit de , et par suite de l'opposition formée entre ses mains par un précédent exploit en date du

Nous a déclaré qu'en vertu de la procuration du sieur, passée devant Me etc. il a touché de divers la somme de. . . . . Mais que, par suite des paiemens faits audit sieur , en date des (*les énoncer*) il ne reste plus son débiteur que de la somme de qu'il est prêt et offre de payer à qui par justice sera ordonné, sous la réserve de retenir par ses mains les frais de la présente déclaration et ses suites, dont il sera en tout cas payé par privilége (*si des oppositions existent dans ses mains, il ajoute :* il déclare en outre qu'à la requête du sieur il a déjà été formé une saisie-arrêt pour sûreté d'une somme de , par exploit du ministère de , en date du). A l'appui de la présente déclaration qu'il affirme sincère et véritable, le comparant a produit la procuration, les quittances et l'exploit de saisie-arrêt du sieur dont est parlé ci-dessus, pour être communiqués audit sieur sans déplacer; et a, ledit sieur , signé avec Me , son avoué, et nous greffier. (*Signatures.*)

FORMULE VI.

Déclaration devant un juge de paix.

L'an le , par-devant nous , juge de paix du canton de est comparu le sieur , demeurant à , lequel, pour satisfaire (*le reste comme ci-dessus jusques à ces mots inclusivement :* qu'il affirme sincère et véritable, *et l'on continue ainsi*): se réservant de produire et de déposer les pièces à l'appui de la présente déclaration au greffe du tribunal de devant lequel il a été assigné; et a, ledit sieur , signé avec nous et notre greffier (*Signature.*)

FORMULE VII.

Acte de dépôt des pièces à l'appui de la déclaration affirmative faite devant un juge de paix.

L'an , le , est comparu au greffe Me avoué du sieur

Lequel, en conséquence de la déclaration affirmative faite par le sieur devant M. le juge de paix de en date du , et pour satisfaire à l'art. 674 du Code de procédure.

A déposé en ce greffe, comme pièces justificatives à l'appui de la dite déclaration, 1° Une quittance en date du , etc.; 2° Une autre en date du , etc.

Dont acte, requis et octroyé , et a ledit Me signé avec le greffier du tribunal. (*Signature du greffier.*)

FORMULE VIII.

Signification de la déclaration et du dépôt des pièces avec constitution d'avoué de la part du tiers saisi.

(C. pr 574. — Tarif, 70. — Coût, 1 fr. orig.; 25 c. copie.)

A la requête du sieur , ayant pour avoué M , lequel occupera , soit signifié, avec celles des présentes donné copie à Me , avoué du sieur , 1° de la déclaration affirmative faite par M. , relativement aux sommes par lui dues au sieur , ladite déclaration faite par acte. etc., etc.; 2° et du dépôt formée par exploit du ; à ce qu'il n'en ignore. Dont acte. (*Signature de l'avoué.*)

FORMULE IX.

Requête du tiers saisi pour demander son renvoi devant son juge.

(C. pr. 570. — Tarif, 75. — Coût, 2 fr. par rôle orig.; le quart pour chaque copie.)

A MM. les présidens et juges composant le tribunal de

Le sieur , demeurant à , a l'honneur d'exposer que par suite de l'opposition formée entre ses mains, il a fait conformément à la loi. la déclaration affirmative des sommes par lui dues au sieur partie saisie.

Qu'il était prêt à payer à qui par justice serait ordonné, le montant des sommes dont il se reconnait débiteur, mais que cette déclaration est aujourd'hui contestée dans la requête signifiée à la date du par le sieur opposant, qui a discuté la véracité de cette déclaration et les pièces à l'appui.

Dans ces circonstances, l'exposant conclut à ce qu'il plaise au tribunal;

Attendu que tout tiers saisi, dont la déclaration est contestée, peut demander son renvoi devant ses juges naturels.

Se déclarer incompétent, et renvoyer les parties devant le tribunal de , lieu du domicile de l'exposant, dépens réservés. (*Signature de l'avoué.*)

FORMULE X.

Dénonciation des nouvelles saisies au premier saisissant.

(C. pr. 575. — Tarif, 70. — Coût 1 fr. orig ; 25 c. copie.)

A la requête de Me , avoué, du sieur , tiers saisi, soit signifié et déclaré à Me , avoué du sieur

Que depuis sa déclaration affirmative, par exploit de , huissier à , il a été fait une nouvelle opposition entre ses mains sur le , a la requête du sieur demeurant à , lequel a élu domicile à , ladite opposition formée pour sûreté et avoir paiement de la somme de , montant d'une condamnation obtenue au tribunal de , le , par ledit sieur , contre ledit sieur dont acte. (*Signature de l'avoué.*)

FORMULE XI.

Certificat délivré par les préposés des administrations publiques.

(C. pr. 561 ; déc. 18 août 1807, art 71.—Tarif, 91; vac. à l'avoué, 3 fr.)

Je soussigné, certifie qu'il a été déposé (sous le n.o), à la caisse des dépôts et consignations une somme de par le sieur commissaire-priseur à montant du prix de la vente des meubles et effets saisis sur le sieur etc.

Ladite somme productive d'intérêts à trois pour cent depuis le jusqu'au jour du paiement effectif.

En foi de quoi j'ai délivré le présent certificat à ce

(*Signature du préposé.*)

Nota. S'il s'agit de retenues sur des appointemens d'employés, on énonce le chiffre du total des retenues.

FORMULE XII.

Etat ou extrait des oppositions délivré par un préposé d'une administration.

(Arg. C. pr. 561.)

État des oppositions formées sur le sieur , ès-mains de M. le ministre des finances. Savoir :

1° Opposition par exploit de en date du pour sûreté de la somme.

2° Opposition par exploit de , etc.

Le présent état certifié véritable et délivré à la réquisition du sieur à Paris, ce (*Signature du préposé.*)

SAISIE-BRANDON. Saisie par laquelle un créancier fait mettre sous la main de la justice *les fruits pendans par racines appartenant à son débiteur,* pour les faire vendre, et sur le prix être payé de ce qui lui est dû. — On l'appelle saisie-*brandon* par suite, de l'usage où l'on était autrefois de placer sur les champs des faisceaux de paille appelés *brandons*.

1. *Les fruits*. Tels que les blés, foins, légumes, raisins, les bois, les fruits des arbres.

2. Sont considérés comme fruits les arbres en pépinière, lorsqu'ils sont parvenus à leur maturité. Arg. C. civ. 582; Rouen, 1er mars 1839 (Art. 1659 J. Pr.).

3. *Pendans par racines*. Les fruits détachés, mais existant encore sur le sol, sont saisissables par voie de *saisie-exécution*. — V. ce mot. — On doit établir un gérant à l'exploitation,

comme dans le cas de saisie d'animaux ou ustensiles servant à l'exploitation. Arg. C. pr. 591; Pigeau, 2, 115; Carré, art. 2109.

4. *Appartenant au débiteur.* Les fruits d'un immeuble affermé ne pourraient être saisis-brandonnés à la requête des créanciers du propriétaire, mais bien à celle des créanciers du fermier. — V. d'ailleurs *Vente sur saisie-immobilière.*

5. On ne peut procéder à la saisie qu'en vertu d'un titre exécutoire (—V. toutefois *Saisie gagerie*),—et pour une créance certaine et liquide.

6. *Délai.* La saisie ne peut être faite que *dans les six semaines* qui précèdent l'époque ordinaire de la maturité des fruits. C. pr. 626.

7. Toutefois, le créancier saisirait valablement plus de six semaines avant la récolte; — mais à la charge de supporter les frais de garde jusqu'à l'époque déterminée par la loi : c'est uniquement pour les diminuer qu'une époque plus rapprochée a été fixée (Favard, *Rapp. au Tribunat*, éd. Didot, 243); autrement le créancier n'aurait aucun moyen d'empêcher l'exécution d'une vente de toutes les récoltes qui aurait date certaine antérieurement aux six semaines précédant la maturité. Carré, n° 2111; Merlin, v° *Vente*, § 1, art. 1, n° 6; Locré, 3, 72; Berriat, 744, n° 6; Arg. Paris, 5 therm. an 12, P. 4, 109. — V. d'ailleurs *Saisie gagerie.*

8. C'est aux trib. qu'il appartient de déterminer l'époque de la maturité d'après la nature des fruits, le climat, et suivant que la saison est plus ou moins précoce. Carré, n° 2112.

9. *Commandement.* La saisie doit être précédée d'un commandement (C. pr. 626), — avec un jour d'intervalle. *Ib.* — Ce jour est franc. Pigeau, 2, 217; Carré, n 2213; Demiau, 413; Delaporte, 2, 214. — V. d'ailleurs C. pr. 584.

10. *Procès-verbal de saisie.* Il doit contenir l'indication de chaque pièce de terre, sa contenance et sa situation, deux au moins de ses tenans ou aboutissans et la nature des fruits. C. pr. 627.

La désignation de la contenance approximative semble devoir suffire (Arg. C. pr. 675; Carré, n° 2116); — mais il est plus prudent de déterminer la contenance d'après un extrait de la matrice des rôles. Demiau, 414.

L'itératif commandement exigé en matière de saisie ordinaire n'est pas prescrit, parce que cette saisie est faite hors la présence du saisi.

11. L'huissier n'a pas besoin d'être assisté de deux témoins. Agen, 8 juin 1836 (Art. 779 J. Pr.); Carré, n° 2115. — Toutefois il n'y a pas nullité, s'il a requis leur concours. Bordeaux, 3 avr. 1830, S. 30, 203.

12. Le garde-champêtre est établi gardien (lors même qu'il qu'il aurait servi de témoin. *Même arrêt.*) à moins qu'il ne soit compris dans l'exclusion portée par l'art. 598 C. pr. *Ib.* 628. — V. *Saisie-exécution*, n° 156. — Cependant, si les fruits existent sur plusieurs pièces de terre situées sur diverses communes voisines, on établit pour gardien une autre personne que le garde-champêtre. C pr. 628.

13. L'huissier peut-il, sur la réquisition du saisissant, commettre un autre gardien que le garde champêtre? — La C. de Turin l'avait proposé; mais il faut s'en tenir au texte de l'art. 628, qui exige que le garde-champêtre soit commis. — Toutefois, le saisissant pourrait commettre en outre, et à ses frais, un autre gardien dans lequel il aurait plus de confiance. *Observ.* C. de Metz; *Prat. fr.*, 4, 240; Carré, n° 2117.

14. Si le garde-champêtre n'est pas présent, la saisie lui est signifiée. C. pr. 628. — S'il est présent, copie du procès-verbal de saisie lui est remise à l'instant : le C. n'exige explicitement la signification que dans le cas d'absence du garde; mais il est évident qu'il est toujours nécessaire qu'il connaisse d'une manière exacte les fruits sur lesquels il doit exercer sa surveillance. L'art. 628 a donc pour unique but d'avertir, que, même son absence, ne dispense pas de lui donner copie du procès-verbal. *Observ.* C. Dijon; Carré, n° 2118; Berriat, 745, note 8. — *Contrà*, Demiau, 414.

15. La saisie doit être dénoncée avec copie au saisi, comme en matière de saisie-exécution. C. pr. 628; Tar. 44.

16. Enfin, il doit en être laissé copie au maire de la commune, et l'original doit être visé par lui. Si les communes sur lesquelles les biens sont situés sont contiguës et voisines, le visa est donné par le maire de la commune du chef-lieu de l'exploitation; et s'il n'y a pas de chef-lieu, par le maire de la commune où est située la majeure partie des biens, c'est-à-dire la partie de biens qui présente le plus grand revenu d'après la matrice du rôle. C. pr. 628

17. Lorsque le gardien est le garde champêtre, il doit faire rapport des dégâts commis sur les biens, et l'affirmer devant le juge de paix; à son défaut, devant le maire de la commune. Pigeau, 2, 129.

18. Le garde champêtre, quoique payé par la commune, a droit au salaire accordé par l'art. 45 Tar.

19. Lorsqu'un débiteur, dont les fruits ont été saisis, offre de prouver par témoins que les gardiens ont remis les fruits au créancier, les juges peuvent en admettre la preuve, quelle qu'en soit la valeur. Dans ce cas, l'acte de saisie peut être considéré comme un commencement de preuve par écrit. Nîmes, 31 janv. 811, S. 11, 428.

20. *Vente.* La vente est annoncée par des placards affichés *huitaine* au moins à l'avance, à la porte du saisi; à celle de la maison commune, et s'il n'y en a pas, au marché le plus voisin et à la porte de l'auditoire de la justice de paix. C. pr. 629.

21. Ces placards doivent désigner : 1° les jour, heure et lieu de la vente ; 2° les noms et demeures du saisi et du saisissant ; 3° la quantité d'hectares et la nature de chaque espèce de fruits ; 4° enfin, la commune où ils sont situés sans autre désignation. C. pr. 630.

22. La huitaine dont parle l'art. 629 C. pr. (—V. *sup.* n° 20) est franche. Pigeau, 2, 104 ; Delaporte, 2, 216 ; Hautefeuille, 334 ; Carré, n° 2121.

23. Si la vente n'a pas lieu au jour indiqué, les placards doivent être renouvelés en observant le même délai. Pigeau, 2, 132.—V. *sup.* n° 20.

24. L'apposition des placards est constatée ainsi qu'il est dit au titre *des saisies exécutions.* C. pr. 631.

25. La vente ne peut avoir lieu que lors de la maturité des fruits : avant cette époque, on devrait craindre de n'en pas tirer un aussi bon prix, à cause des risques de la nielle ou coulure. Pigeau, 2, 130.

26. C'est au saisissant à pourvoir aux avances nécessaires pour la culture, sauf à comprendre ses déboursés parmi les frais. *Ib.*

Si des grains saisis se trouvent en état d'être coupés avant qu'on puisse remplir les formalités nécessaires pour la vente, le saisissant assigne en référé la partie saisie pour faire ordonner qu'il sera autorisé à les faire récolter et engranger en présence du saisi ou lui dûment appelé. — V. *Référé*, n° 36.

27. La vente est faite un jour de dimanche *ou* de marché. C. pr. 632.

Sur les lieux ou sur la place de la commune de la situation de la majeure partie des objets saisis, *ou* sur le marché du lieu ; et s'il n'y en a pas, sur le marché le plus voisin. C. pr. 633.

L'usage est de vendre sur les lieux : les acheteurs sont mieux à même de juger de la qualité des fruits. Carré, n° 2122.

Au reste, le choix des lieux et des jours indiqués aux art. 632 et 633 est laissé à l'arbitraire du saisissant. Delaporte, 2, 217.

28. Sur le surplus, on procède comme en matière de saisie-exécution. Arg. C. pr. 634. — Cet art. est relatif, non-seulement aux formalités de la vente, mais encore à toutes les autres formalités de la saisie-exécution, non rappelées ou modifiées au titre de la saisie-brandon ; — autrement, il faudrait décider qu'on ne serait assujetti à aucune forme dans la plupart des points à l'égard desquels on n'en prescrit pas, par exemple, qu'il ne serait pas nécessaire de donner une copie au saisi, d'observer les règles ordinaires des exploits. Pigeau, *Comm.*, 2, 218; Berriat, 544, note 4; D. *hoc verbo*, n° 7; Carré, n° 2124. — *Contrà*, Arg. tribun Favard, éd. Didot, 243; Hautefeuille, 343.

Ainsi, l'on doit appliquer à la saisie-brandon toutes les formalités des saisies-exécutions relatives au commandement, au procès-verbal (—V. toutefois *sup.* n° 17), à la dénonciation au saisi, à la vente, à l'opposition des créanciers, à la revendication des propriétaires, sauf les exceptions signalées et celles qui résultent de la nature même de chaque saisie. — V. *Saisie-exécution.*

29. Quels sont les officiers compétens pour procéder à la *vente?* — V. ce mot.

30. Le prix de la vente se distribue comme chose mobilière, lorsque les fruits sont vendus séparément du fonds.—V. *Distribution par contribution.* — Mais postérieurement à la dénonciation de la *saisie-immobilière,* — le produit de la vente des fruits est distribué comme celui du fonds par ordre d'hypothèque. — V. *Ordre,* n° 32 ; *Vente sur saisie-immobilière.*

31. *Incidens.* Si au jour indiqué pour la vente il ne se présente pas d'enchérisseurs, le saisissant peut soumettre requête au tribunal du lieu, pour se faire autoriser contradictoirement avec le saisi à faire la récolte lui-même et à la faire vendre. *Prat. fr.*, 4, 248; Carré, n° 2125. — Il reste comptable envers le saisi et les créanciers opposans, s'il en existe, de ce qui excède les causes de la saisie.

32. Celui qui a acquis la récolte avant la saisie a qualité pour s'opposer à la vente qu'en voudrait faire un créancier du vendeur. Colmar, 18 brum. an 11 ; Pigeau, 2, 130.

33. Jugé que si l'opposition formée à une saisie-brandon, par un tiers qui se prétend propriétaire des objets saisis, quoique dénoncée au gardien, au saisissant et au saisi, ne contient assignation que vis-à-vis de ce dernier, le saisissant peut ne pas s'y arrêter, continuer les poursuites;—peu importe qu'une assignation ait été donnée au saisissant après la vente. Arg. C. pr. 608. Agen, 22 mars 1828, D. 29, 145. — V. *Saisie-Exécution.*

34. L'opposition à la vente des fruits saisis par un receveur de l'enregistrement doit être signifiée non *au directeur*, mais bien au domicile élu chez le receveur dans le commandement. Cass. 10 déc. 1821, S. 22, 290.

35. *Enregistrement.* Le procès-verbal de saisie-brandon et le commandement qui la précède sont assujettis chacun au droit fixe de 2 fr. L. 28 avr. 1816, art. 43.

56. Quant au procès-verbal de *vente*. — V. ce mot.

Formules.

FORMULE I.

Commandement.

(C. pr. 616, — Tarif, 29 par anal. — Coût, 2 fr. orig., 50 c. copie.)

L'an , le , en vertu de la grosse d'une obligation passée devant Me , et son collègue, notaires a , le , dûment enregistrée, en forme exécutoire, et dont est, avec celle du présent, donné copie, et a la requête du sieur , demeurant à , lequel fait élection de domicile en ma demeure et encore en celle de M. le maire de la commune de j'ai (*immatricule de l'huissier*), soussigné, fait commandement au nom du roi, la loi et justice, au sieur , demeurant a , en son domicile où étant et parlant a

De, dans vingt-quatre heures pour tout délai, payer audit sieur , ou présentement a moi, soussigné, pour lui porteur de pieces, la somme de , montant de l'obligation sus-énoncée, sans préjudice de tous autres dus, droits, actions, intérêts, frais, dépens et mises à exécution; lui déclarant que, faute par lui de satisfaire au présent commandement dans le délai sus-énoncé et icelui passé, il y sera contraint par toutes les voies de droit, et notamment par la saisie-brandon, des blés pendans par racines en une pièce de terre a lui appartenant; contenant hectares ou environ sise à , canton de , département de ; à ce que le sus-nommé n'en ignore, et je lui ai, en son domicile et parlant comme ci-dessus, laissé copie tant de l'obligation sus-énoncée que du présent, dont le coût est de

FORMULE II.

Procès-verbal de saisie-brandon.

(C. pr. 627, — Tarif, 43, 44. Coût, première vacation de trois heures 6 fr. les autres, aussi de trois heures, 5 fr.)

L'an , le , heure de , en vertu de la grosse, etc. (—V. *sup.* Formule I) et dont a été précédemment donné copie par le commandement dont sera ci-après parlé, et à la requête du sieur , demeurant à , pour lequel domicile est élu etc.,(— V. Formule I.), en continuant les poursuites encommencées par exploit de moi, huissier soussigné, en date du , dûment enregistré, contenant commandement au sieur , demeurant à , de payer au sieur la somme principale de montant de l'obligation sus-énoncée, sans préjudice de tous autres dus, droits, actions, intérêts, frais, dépens et mises à exécution, je (*immatricule de l'huissier*), faute par ledit sieur d'avoir payé ladite somme de , ai saisi et mis sous les mains de la justice les blés pendans par racines en une pièce de terre appartenant audit sieur , de la contenance de hectares ou environ, située à commune de , canton de , département de , bornée au nord par ; au midi par au levant par , appartenant au sieur ; et au couchant tenant à une pièce de , appartenant au sieur , pour lesdits blés, à la garde desquels j'ai établi le sieur , garde-champêtre de ladite commune de être vendus au plus offrant et dernier enchérisseur, en la forme et en la manière voulues par la loi pour les saisies-brandons; et j'ai rédigé le présent procès-verbal, auquel j'ai vaqué depuis jusqu'à , et dont j'ai à l'instant remis une copie audit sieur , garde-champêtre, présent audit procès-verbal de saisie; lequel a déclaré se charger et se rendre responsable de la garde desdits fruits saisis, et a signé. (*Signature du gardien.*)

Et je suis allé à l'instant remettre aussi une copie du présent procès-verbal au sieur , partie saisie, demeurant a , en son domicile et parlant à , et enfin une dernière copie à M. le maire de , qui a visé le présent original, dont le coût est de (*Signature de l'huissier.*)

FORMULE III.

Dénonciation de la saisie-brandon au garde-champêtre qui n'a pas été présent au procès-verbal.

(C. pr. 628.— Tarif, 29.— Coût, 2 fr. orig.; 50 c. copie.)

L'an , à la requête du sieur , demeurant à , pour lequel domicile est élu en ma demeure, j'ai (*immatricule de l'huissier*), soussigné, signifié, dénoncé, avec celle des présentes donné copie au sieur , garde-champêtre de la commune de , arrondissement de , département de , demeurant à , commune de , en son domicile, où étant et parlant à

D'un procès-verbal en date du , dûment enregistré, contenant saisie à la requête dudit sieur , demeurant à , des blés pendans par racines, sur une pièce de terre appartenant audit sieur , sise à ; à ce que du contenu en ladite saisie le sus-nommé n'ignore, et ait en conséquence à surveiller lesdits fruits saisis, qui, de droit, sont confiés à sa garde, protestant de le rendre garant et responsable de tous dommages qui seraient occasionnés par voie de fait; à ce que pareillement il n'en ignore, et je lui ai, en son domicile et parlant comme ci-dessus, laissé copie dudit procès-verbal de saisie brandon et du présent exploit, dont le coût est de

FORMULE IV.

Affiche pour parvenir à la vente des fruits saisis.

(C. pr. 630, — Tarif, 39, 44. — Coût de rédaction de l'affiche, 1 fr.; chaque placard écrit, 50 c.; ceux imprimés, d'après le mémoire de l'imprimeur.)

VENTE, PAR AUTORITÉ DE JUSTICE DE RÉCOLTES SUR PIED.

AU NOM DU ROI, LA LOI ET JUSTICE.

On fait savoir à tous qu'il appartiendra, que le dimanche, , (*date*) , sur la place du marché de la commune de , canton de , département de

Il sera procédé, par suite de saisie-brandon faite sur le sieur , demeurant à , à la requête du sieur , demeurant à

A la vente et adjudication au plus offrant et dernier enchérisseur, des blés, étant sur pied, en une pièce de terre de la contenance de , hectares, située à , susdite commune de . On paiera comptant et en francs.

SAISIE CONSERVATOIRE.

1. La saisie conservatoire des effets mobiliers du débiteur avec l'autorisation du président est établie :

1° Par l'art. 417 C. pr., dans les cas qui requièrent célérité en matière commerciale : cet art. est placé au titre 25 du livre 2, sous la rubrique procédure devant les *trib. de comm.* — V. ce mot.

2. 2° Par l'art. 172 C. comm. en faveur du porteur d'une lettre de change protestée faute de paiement contre les tireurs, accepteurs et endosseurs : il faut que le protêt ait été dénoncé ou qu'une assignation devant les trib. de comm. ait été donnée comme mise en demeure au saisi. — V. *Effet de commerce*, n°s 129, 147, 158 et 175; et d'ailleurs *Saisie-arrêt.*

3. Le même droit appartient au porteur d'un billet à ordre. Arg. C. comm. 172 et 187. — Il n'est même pas indispensa-

ble, selon nous, que la cause du billet soit commerciale ; toutefois M. le président du trib. civ. de la Seine (formules 34, note 1) exige cette condition ; — mais nous voyons là plutôt l'exercice du pouvoir discrétionnaire que l'accomplissement d'une disposition qui serait rigoureusement prescrite.

M. le président exige en outre que la demande principale soit formée dans les trois jours de la saisie.

4. Le cas de billet à ordre excepté, la saisie-conservatoire ne nous paraît pas devoir être autorisée en matière civile. Cette saisie a de grands inconvéniens pour le saisi ; elle peut porter une atteinte grave à son crédit ; une simple reconnaissance du débiteur ne serait pas suffisante pour la motiver. Cette mesure n'est permise qu'en matière commerciale ou bien lorsque la forme commerciale a déjà été employée.

5. L'art. 417 C. pr., à la différence de l'art. 172 C. comm., donne au président le *droit* d'exiger soit que le saisissant donne caution, soit qu'il justifie d'une solvabilité suffisante.

Jugé que le président, à cet égard, conserve son pouvoir discrétionnaire lors même que le créancier est un étranger. Bruxelles, 12 nov. 1816, P. 13, 667.

Cette caution est pour répondre de la réparation du tort occasionné par la saisie, si elle est faite mal à propos, et non pour répondre des suites de la demande.

La caution est fournie dans la forme de l'art. 440 C. pr., — V. *Réception de caution ;* — à moins que le juge, à raison de l'urgence, ne substitue une forme plus rapide qui ne laisse pas au débiteur le temps de soustraire ses effets ; — et qu'il n'ordonne que la saisie se fera en justifiant de la soumission de la caution présentée par la requête à fin de saisie. Pigeau, comm., t. 1, p. 712.

Il suffit que la solvabilité du créancier soit connue, Carré, n° 1497, ou qu'il soit cautionné par un homme notoirement solvable qui ait déclaré consentir à se rendre caution et ait signé la requête. Thomine, 1, n° 465.

6. La loi n'oblige le juge ni à motiver ni à constater son refus.

Le créancier peut-il se pourvoir devant le trib. contre ce refus ? Oui. — Chauveau, t. 19, p. 569 ; Roger, n°s 146, 147, 148 ; Dalloz, t. 11, p. 645, note.

Il en est de même si le juge accorde l'autorisation de saisir. — V. *Ordonnance*, n° 9.

Le juge peut limiter la permission à certains effets, ou à une certaine somme ; — jusqu'à concurrence d'une somme égale ou inférieure aux prétentions du demandeur. — Si ces prétentions ne sont pas encore liquidées, le juge les évalue provisoirement.

L'ordonnance du président est exécutoire nonobstant opposition ou appel. C. pr. 417.

L'opposition est portée au trib. où le défendeur, sur l'assignation qui lui est donnée à fin de condamnation de l'objet pour lequel est faite la saisie, forme cette opposition, et demande main-levée provisoire ou définitive. Pigeau, *comm.* t. 1, p. 712.

S'il n'était pas assigné, il pourrait, sur permission du juge, assigner à bref délai pour obtenir cette main-levée.

7. Cette saisie se fait sans commandement préalable.

8. On suit pour le procès-verbal les formalités prescrites en cas de *saisie exécution.*

9. La demande en validité de la saisie conservatoire peut-elle être formée pour arriver à la vente des objets saisis? aucun texte n'autorise formellement cette procédure comme dans les cas de saisie-arrêt, saisie-gagerie, saisie-foraine, saisie-revendication (C. pr. 503, 824, 831). La saisie-conservatoire diffère des deux premières en ce que, pratiquée au domicile du débiteur, elle nuit davantage à son crédit; et des deux dernières en ce qu'elles sont l'exécution non pas seulement d'un simple droit de créance, mais d'un droit réel sur la chose saisie. — Toutefois à ces objections on peut répondre : La saisie-conservatoire établie comme un droit par plusieurs art. du Code n'a été réglementée par aucun, quant à la procédure, il est donc nécessaire, sous ce dernier rapport, de recourir à l'analogie; on conçoit que les différences signalées entre les autres saisies et la saisie-conservatoire rendent plus sévère pour autoriser cette dernière. Mais une fois légalement autorisée, pourquoi ne serait-elle pas validée? pourquoi ne serait-elle pas convertie en saisie-exécution? à quoi bon faire une seconde saisie lorsque la première suffit, lorsque ce qu'il y avait d'incomplet dans le titre en vertu duquel on a saisi primitivement se trouve suppléé par le jugement de conversion. — V. cependant Pardessus, 2, n° 412 *in fine.*

10. Au reste le trib. de comm. ne sera pas compétent pour autoriser cette conversion ; il n'a pas le droit de connaître des questions d'exécution (C. comm. 442). Nîmes, 4 janv. 1819, P. 15, 5; Orléans, 26 août 1830, D. 11, 644, n° 2; Boitard, 2, 491. — V. *Saisie-arrêt,* n° 136.

Il faudrait donc, lorsque la juridiction consulaire aurait prononcé la condamnation au paiement de la dette contre le saisi, revenir devant la juridiction civile pour obtenir la conversion, si dans ce cas il n'était plus court de faire commandement, puis saisie-exécution directement en vertu du jugement du trib. de commerce.

Mais la conversion de la saisie-conservatoire en saisie-exécution a son utilité pour le cas où l'on soumet tout à la fois au trib.

civ., la demande en conversion et la demande en condamnation d'un billet à ordre entre non-commerçans pour cause civile.

Un arrêt de C. Rennes (19 août 1819, P. 15, 507) a rejeté un moyen d'incompétence contre un jugement d'un trib. de comm. qui avait validé une saisie-conservatoire, attendu que cette saisie n'est qu'une mesure conservatoire, et non un acte d'exécution; qu'elle a lieu en vertu d'une simple ordonnance, et non en vertu d'un véritable jugement; que l'autorisation ne préjuge rien quant au fond; qu'elle diffère de la saisie-arrêt; que si la saisie a été déclarée valable c'est une formule surabondante, puisque le mérite et la validité de la saisie dépendent du fond de la réclamation au principal. — Il nous semble résulter des motifs de cet arrêt que le trib. de comm. avait uniquement maintenu l'autorisation de saisir conservatoirement, et que le droit qu'il aurait eu de convertir cette saisie en saisie-exécution, n'a nullement été reconnu par la Cour.

FORMULE.

Requête pour obtenir permission de saisir conservatoirement.

(C. pr. 417. C. comm. 172 — Tarif, 77. — Coût, 3 fr.)

A M. le président du tribunal de

Le sieur , demeurant à

A l'honneur de vous exposer qu'il est créancier du sieur d'une somme de montant de deux billets à ordre payables le , et protestés faute de paiement à leur échéance. — Que l'exposant a intérêt à empêcher la disparition du mobilier et des marchandises du sieur qui sont les seules garanties pour le remboursement de sa créance.

Pourquoi il vous plaira, M. le président, autoriser l'exposant, conformément aux dispositions des art. 417 du code de procédure et 172 du code de commerce à faire saisir conservatoirement le mobilier et les marchandises du sieur et ce sera justice. (*Signature de la partie* ou *de son mandataire.*)

Ordonnance. — Nous président du trib. de , vu la présente requête, ensemble les art. 417 Code de procédure et 172 code de commerce autorisons l'exposant a saisir conservatoirement les meubles et marchandises du sieur

Au Palais-de-justice à le (*Signature du Président.*)

SAISIE POUR CONTRAVENTION. — V. *Douane*, § 1; *Enregistrement*, n° 123 et suiv.

SAISIE POUR CONTRIBUTION. — V. ce mot, n°s 4, 5, 14, 15.

SAISIE-EXÉCUTION (1). Saisie par laquelle un créancier fait saisir et confier à un gardien les meubles corporels de son débiteur, pour être conservés et ensuite vendus au profit des ayant droit.

1. Le Code a reproduit la plupart des dispositions des titres 33 et 19 Ordonn. de 1667. — V. d'ailleurs Ordonn. de 1629,

(1) Cet article est de M. Herson, docteur en droit, avocat à la Cour royale de Paris.

art. 195 ; Lettres patentes, 12 juill. 1634 ; Ordonn. 20 août 1663 ; Arr. de régl., 16 mars 1675 ; Déclar., janv. 1660, 19 août 1704. — Il a en outre comblé plusieurs lacunes. — V. C. pr. 592-3°, 4°-5°-6°.

DIVISION.

§ 1. — *Par qui, en vertu de quels titres, sur qui, où la saisie-exécution peut être pratiquée.*
§ 2. — *Quelles choses sont saisissables.*
§ 3. — *Du commandement.*
§ 4. — *De la saisie.*

Art. 1. — *Formalités de la saisie.*
Art. 2. — *Mentions du procès-verbal.*

§ 5. — *Du gardien.*
§ 6. — *Obstacles à la saisie ou à la vente ; incidens.*
§ 7. — *Vente des objets saisis.*
§ 8. — *Enregistrement.*
§ 9. — *Formules.*

§ 1. — *Par qui, en vertu de quels titres, sur qui, où la saisie-exécution peut être pratiquée.*

2. *Par qui.* Peut saisir-exécuter toute personne ayant une créance liquide, certaine et exigible. C. pr. 551, et ayant l'exercice de ses droits. — V. *Exécution*, § 3, et *Saisie*, n° 5.

3. Le cessionnaire est tenu, avant de saisir, de donner au débiteur copie entière, non-seulement du titre originaire de la créance, mais encore de son acte de transport. C. civ. 1690, 2214. — Jusque là le créancier primitif conserve le droit d'*exécuter* le débiteur. Arg. Besançon, 17 déc. 1808, P. 7, 265. — V. *Exécution*, n° 10.

Cette signification peut être faite en même temps que le commandement, si elle n'a pas eu lieu antérieurement. C. pr. 583.

Mais peu importe qu'une instance, en déclaration affirmative, existe entre ce débiteur cédé, le créancier cédant et d'autres saisissans, pourvu que le cessionnaire soit demeuré étranger à l'instance : les poursuites de ce dernier sont formellement autorisées par les art. 2092 et 2093 C. civ., Cass. 19 mars 1827, S. 27, 275.

4. La nullité résultant du défaut de qualité, au moment de la saisie, n'est point couverte par l'acquisition ultérieure de cette qualité. Rennes, 22 avr. 1817, P. 14, 191.

5. *En vertu de quel titre.* On ne peut saisir-exécuter qu'en

vertu d'un titre exécutoire. C. pr. 551. — V. *Exécution*, § 4 ; et toutefois *Contributions*, n° 2 à 4 ; *Enregistrement*, n° 125 ; *État*, n° 12.

La *saisie-conservatoire*, autorisée par le président du trib. de comm. pour sûreté du paiement d'une lettre de change, ne saurait être convertie en saisie-exécution par le trib. de comm. — V. ce mot, n° 10.

6. *Sur qui.* Le créancier peut saisir-exécuter les meubles appartenant en totalité ou en partie (sauf à surseoir à la vente jusqu'après le partage. Agen, 8 févr. 1824, D. 11, 644, n° 2) : —1° à son débiteur, solidaire ou non, qui refuse d'acquitter ses engagemens.

7. 2° Aux héritiers du débiteur décédé ; — huit jours après la signification du titre. — V. *Exécution*, n° 15.

8. Au reste, les meubles d'une succession sont valablement saisis par les créanciers du défunt, bien que les héritiers excipent de ce qu'ils sont encore dans les délais pour faire inventaire et délibérer. Arg. C. civ. 877. Orléans, 20 août 1812, D. *h. v°*, p. 646 ; — ou de ce qu'ils ont accepté sous bénéfice d'inventaire. — V. *Inventaire*, n° 56 et toutefois *Scellés*.

9. Mais les biens appartenant à l'État, aux communes et aux établissemens publics, sont insaisissables ; il faut s'adresser à l'autorité administrative, qui prend les mesures nécessaires pour faire effectuer le paiement. — V. *Commune*, n° 4 et suiv. ; *Fabrique*, n°s 28, 29, et toutefois 30.

— V. d'ailleurs *Séparation de corps*.

10. *Où la saisie peut être pratiquée?* Même hors du domicile ou de la demeure du débiteur ; l'art. 602 le suppose nécessairement. — V. *inf.*

Ainsi elle est praticable dans la rue, dans les champs, sur les chemins, Pothier, *Pr. civ.* 4e partie, chap. 2, art. 4, § 1.

11. Si les meubles du débiteur sont entre les mains d'une autre personne, on agira par voie de saisie-arrêt ou de saisie-exécution, selon que le détenteur pourra être considéré ou non comme un tiers par rapport au débiteur. — V. *Saisie-arrêt*, n° 27 à 29.

Ainsi, il y aura lieu de saisir-exécuter ou de saisir-arrêter les sommes d'une femme mariée qui sont entre les mains de son mari, selon que, d'après leurs conventions matrimoniales et l'usage qu'ils auront fait de leurs droits respectifs, le mari sera simple préposé ou mandataire de sa femme.

12. Le créancier du maître d'un hôtel garni peut saisir-exécuter les meubles qui lui appartiennent et qui garnissent les chambres occupées par des locataires ; ces derniers ne détiennent ces meubles qu'au nom du maître.

13. Les sommes susceptibles d'être saisies-exécutées entre les mains d'un tuteur ou d'un mari, pendant sa gestion, cessent de l'être à la fin de la tutelle ou de la gestion; à cette époque ces personnes ne représentent plus l'incapable.

14. Le mobilier d'un failli n'est pas susceptible d'être saisi entre les mains des syndics. — V. *Faillite*, n° 75, 164, 487, et toutefois n° 488.

15. Un meuble donné en gage peut être saisi chez le créancier gagiste : le privilége de celui-ci sur le gage se borne à se faire payer avec priorité sur le prix de la vente de la chose, au moyen d'une opposition entre les mains d'un officier chargé de la vente.—V. *inf.* § 6, et C. pr. 609. —Le créancier gagiste n'a aucun droit de propriété sur le gage. C. civ. 2073.

Toutefois la saisie a été annulée dans une espèce où les objets donnés en gage n'excédaient pas la valeur de la créance qu'ils garantissaient, et où le saisissant n'avait pas même offert de désintéresser le créancier gagiste et avait perçu le prix de la vente. Cass. 31 juill. 1832, S. 32, 490.

§ 2. — *Choses saisissables.*

16. On peut en général saisir-exécuter tous les objets mobiliers *corporels* appartenant au débiteur. — V. d'ailleurs *Saisie des navires*.

17. Quant aux meubles incorporels.—V. *Saisie-arrêt*, n° 37; *Saisie des rentes*.

18. Les meubles qui se détériorent par l'usage, et qui sont entre les mains de celui qui n'en a que l'usufruit, ne sont pas saisissables. Ils ne sont pas entièrement la propriété de ce dernier. C. civ. 589 ; C. pr. 608. Rennes, 21 mai 1835 (Art. 387 J. Pr.).

19. La loi déclare certains objets insaisissables d'une manière absolue, et d'autres saisissables seulement pour certaines créances.

20. Sont absolument insaisissables : 1° le coucher nécessaire des saisis et de leurs enfans vivant avec eux. C. pr. 592-2°.

21. *Le coucher nécessaire;* c'est-à-dire les parties du lit indispensables au repos, par exemple, les bois de lit, couverture, draps, traversin, matelas, lit de plumes, et même les rideaux, selon l'âge ou l'état de santé du saisi ; mais est saisissable tout ce qui n'est que de luxe, comme ciels de lit, housses, courtepointe, dômes et tentures de tapisserie. Jousse, art. 14. tit. 33, Ordonn. 1667; Carré, n° 2037; Berriat, 527; Pigeau, 2, 80.

22. Le coucher insaisissable est le coucher ordinaire du saisi; c'est-à-dire le lit de la maison où il fait sa résidence habituelle, et non celui de son domicile légal, quand il ne l'occupe point. Orléans, 24 août 1812, D. *hoc verbo*, p. 657.

23. *Des saisis.* Les trib. décideront, d'après les circonstances, s'il convient de laisser un coucher séparé pour chacun des époux et pour chacun de leurs enfans, selon leur âge et leur sexe. Carré, n° 2038; Pigeau, 2, 80; Berriat, 527.

24. Le coucher des père et mère du saisi ou autres auxquels il devrait des alimens et qui vivraient chez lui, doit aussi être respecté. Thomine, 2, 108.

25. Le coucher des domestiques pourrait être saisi; — à moins que le saisi ne fût infirme ou valétudinaire. Dalloz, 657, n° 8.

26. 2° *Les habits dont les saisis sont vêtus et couverts.* Ce qui comprend les manteaux du saisi, de sa femme et de ses enfans, lors même qu'ils s'en seraient couverts sans nécessité. Jousse, art. 14, tit. 19; Carré, n° 2039; Thomine, 2, 108; Berriat, 528. — Il en serait autrement des bijoux dont le saisi ou les siens se seraient parés.

27. 3° Les équipemens des militaires, suivant l'ordonnance et le grade. L'art. 65, tit. 3, L. 10 juil. 1791, spécial à la matière, déclare ces objets insaisissables d'une manière absolue, par des motifs d'intérêt public. Peu importe que le C. de pr. (art. 592-5° et 593) ne soit pas aussi général. Favard, 434; Carré, n° 2043; Berriat, 529, note 13.

28. Il en doit être de même 1° des croix, décorations ou médailles conférées au militaire ou à tout autre. Thomine, 2, 109.

2° Du sabre d'ordonnance et des armes d'honneur décernées à un militaire, qu'il soit en activité ou en retraite : elles sont attachées à son grade, qu'il ne peut perdre que suivant les cas déterminés par la loi du 19 mai 1834; Paris, 22 avr. 1838 (Art. 1181 J. Pr.). — L'art. 29, Ordonn. 19 août 1836, en assignant un uniforme aux officiers-généraux en retraite le met par cela même à l'abri de la saisie.

29. L'art. 592 C. pr. est inapplicable en cas de faillite; les objets que la loi réserve au failli sont indiqués par l'art. 469 C. comm. de 1838; une matière régie par une législation spéciale, comme celle des faillites, ne permet de recourir au droit commun que lorsque la loi spéciale n'a pas statué sur l'objet de la contestation. — Ainsi le pharmacien failli auquel ses hardes et meubles ont été laissés, C. comm. *ib.*, n'a pas droit à la remise des livres relatifs à sa profession ni aux instrumens de son état. Arg. Rouen, 4 fév. 1828, S. 30, 103. — V. *inf.* n° 53.

30. Ne sont saisissables que pour certaines créances (— V. *inf.* n° 50), 1° les objets que la loi déclare immeubles par destination. C. pr. 592 1°.

31. De ce nombre sont les animaux *attachés* à la culture, pourvu qu'ils aient été placés par le propriétaire pour l'exploitation du fonds C. civ. 524, — et qu'ils soient rigoureusement nécessaires à cette exploitation. Orléans, 11 déc. 1817 ; Limoges, 15 juin 1820, S. 21, 16. Hennequin, *Traité de législation*, p. 23.

Il en est de même des ustensiles attachés et nécessaires à l'exploitation d'une manufacture. C. civ. 524 ; Cass. 27 mars 1821, S. 21, 327.

32. Lorsque les chevaux, bestiaux et autres animaux ont été placés dans la ferme par le fermier, peuvent-ils être saisis sur lui ?

Pour la négative on dit : l'ordonn. de 1667 (Bornier art. 16, titr. 33, *qu.* 1re.) déclarait insaisissables plusieurs de ces objets sans distinguer s'ils appartenaient au propriétaire ou au fermier : le projet du Code (art. 615) renouvelait ces dispositions, sans distinguer davantage. D'après le conseiller Réal (exposé des motifs, *édit.* Didot, 203), le C. aurait voulu plutôt augmenter que diminuer le nombre des choses insaisissables dans l'ancien droit.

L'unique motif de l'insaisissabilité est l'intérêt de l'agriculture et celui du propriétaire d'une maison. L'art. 593 permet aux propriétaires de faire saisir pour fermages les bestiaux et ustensiles aratoires de son fermier : donc ces objets ne peuvent être saisis pour d'autres créances. Pigeau, 2, 79 ; Thomine, 2, 107.

Pour l'affirmative on répond : — les termes de la loi sont clairs, et ne se prêtent à aucune interprétation.

Si les immeubles par destination sont insaisissables, c'est parce qu'étant accessoires du fonds, ils doivent être saisis immobilièrement avec le fonds lui-même ; or, cette raison n'existe plus dans le cas où les objets ont été placés par le locataire ; ces objets, lui appartenant, ne peuvent être saisis que sur lui : ils forment souvent la seule garantie du propriétaire pour le paiement de ses fermages. Liége, 14 févr. 1824, S. 25, 377 ; Carré, n° 2033 ; Berriat, 528. — A moins cependant qu'il ne soit prouvé *par acte authentique ou même privé*, ayant date certaine, ou par la nature des choses, que les objets ont été placés par le locataire, sous la condition qu'ils resteraient au propriétaire à la fin du bail. Carré, *ib.* aux notes.

33. Des animaux formant l'objet d'un cheptel peuvent être saisis sur le fermier, dans le cas du cheptel de fer, pourvu que les autres animaux du fermier suffisent pour garantir au propriétaire la valeur estimative du cheptel qu'il a fourni. C. civ. 1805, 1821 ; Cass. 8 déc. 1806, S. 7, 52 ; — et dans le cas du cheptel à moitié, jusqu'à concurrence de la portion appartenant au fermier. C. civ. 1818.

Le cheptel donné par un tiers à un fermier n'est insaisissable par rapport au maître de celui-ci qu'autant que le tiers a *notifié* au maître le bail à cheptel avant l'introduction des bestiaux dans la ferme. C. civ. 1813. Nîmes, 7 août 1812; Cass. 9 août 1815, P. 13, 37; Paris, 31 juill. 1818. P. 14, 953. — Toutefois une semblable notification n'a pas été jugée indispensable pour rendre insaisissable les marchandises qu'un tiers prouvait par ses livres et sa correspondance avoir données à travailler au locataire. Arg. C. civ. 2102, Cass. 22 juill. 1823, S. 23, 420.

34. Les bœufs et chevaux dont un propriétaire fait le commerce, et qu'il élève dans des pâturages, sont saisissables; ils ne sont point attachés à la culture, et ne sont pas l'accessoire nécessaire du fonds.

— Toutefois il a été jugé que les troupeaux de brebis dans les biens des landes, doivent être considérés comme immeubles par destination, par le motif que ces biens seraient improductifs sans ces troupeaux nécessaires pour les féconder. Bordeaux, 14 déc. 1829, S. 30, 70; Hennequin, *ib.*, p. 24.

35. L'insaisissabilité des bestiaux attachés à une ferme cesse lorsque le propriétaire a rendu la culture impossible en vendant les charrues, charrettes, pailles et fourrages. La défense de saisir les bestiaux cesse dans tous les cas où ils ne peuvent plus être appliqués à la culture. Bourges, 9 fév. 1830, S. 30, 189.

36. La qualification d'immeubles par destination ne s'applique aux pailles et engrais qu'autant qu'ils ont été donnés par le propriétaire au fermier pour l'exploitation de la terre. C. civ. 524. — Si cette circonstance n'est point établie, les objets sont saisissables à l'égard du fermier. Favard, 5, 17.

37. Ne sont pas immeubles par destination les machines, décorations, et autres effets mobiliers d'un théâtre. Déc. min. fin. 24 mars 1806, S. 6, 2, 93; — ni le cheval et la charrette d'un brasseur ou d'un meunier. Bruxelles, 22 juin 1807, S. 7, 1052; Orléans, 20 nov. 1823, D. 11, 657; Carré, n° 2036.

38. 2° Les livres relatifs à la profession du saisi, jusqu'à la somme de 300 fr., et à son choix. C. pr. 592-3°.

Cette évaluation est faite par le saisi et par l'huissier. *Prat. fr.*, 4, 177. — S'ils ne s'accordent pas, on appelle un expert. Rodier, art. 15; Observ. de C. Rennes; Carré, n° 2040; Berriat, 529, note 12.

39. Un manuscrit peut-il être saisi chez l'auteur?

Pour l'affirmative on dit : cet objet constitue une véritable propriété, une valeur appréciable susceptible de devenir l'objet d'un traité avec un éditeur. Arg. Trib. Seine, déc. 1836; 26 juill. 1837 (*Gaz. des trib.* 25 déc. 1836; 27 juill. 1837).

Cependant, n'est-ce point blesser la dignité de l'homme de lettres, compromettre sa réputation, que de livrer malgré lui au commerce un ouvrage peut-être encore imparfait, le charger d'une responsabilité morale qu'il n'accepte pas? Ce manuscrit n'est encore que le dépôt de sa pensée, est-il ainsi permis de le violer?

La C. Paris (11 janv. 1828, *Gaz. des trib. du* 12) a décidé qu'une œuvre musicale n'a d'existence et ne devient saisissable que par la publication faite par l'auteur. Renouard, *Traité des droits d'auteur*, 2, 350, n° 206.

Selon M. Dalloz, *hoc verbo*, 657, n° 10, des raisons de convenance peuvent autoriser le juge à refuser la saisie.

La solution nous paraît dépendre de l'appréciation de ce point de fait; l'auteur a-t-il ou non manifesté déjà l'intention de livrer son œuvre à la publicité. — Les précédens de l'auteur, sa profession, la nature de l'ouvrage serviront de guide aux magistrats.

40. 3° Les machines et instrumens servant à l'enseignement pratique ou exercice des sciences et arts, jusqu'à concurrence de la somme de 300 fr., et au choix du saisi. C. pr. 592-4°.

41. N'est pas compris dans la dénomination de machines et instrumens servant à l'exercice des arts le matériel d'une imprimerie : il fait l'objet d'un commerce et nécessite l'emploi de plusieurs ouvriers; la loi n'entend parler que d'une machine mise en œuvre par une seule personne; le § 4 de l'art. 592 C. pr. s'explique par le § 6. Toulouse, 5 mars 1837 (Art. 1072 J. Pr.). — Même décision s'il s'agit des instrumens d'un pharmacien. Turin, 18 sept. 1811, P. 9, 638.

42. Au reste, la loi n'a pas entendu accorder autre chose au saisi que le moyen de continuer sa profession, en lui laissant la jouissance en nature des objets réservés; jamais il n'est entré dans sa pensée de lui allouer une somme équivalente à la valeur de ces objets sur le prix de la vente. Toulouse, 5 mars 1837.

43. Les dispositions de l'art. 592-3° et 4° reçoivent simultanément leur exécution, et l'on doit laisser cumulativement les livres et les instrumens des sciences, en sorte que les objets restent au saisi jusqu'à concurrence d'une somme de 600 fr. Carré, n° 2041; Favard et Chauveau, *ib.*

44. Sont insaisissables les vases et ornemens nécessaires au service divin. Ordonn. 1667, tit. 19, art. 35. — Cette décision est en harmonie avec l'arrêté du 13 niv. an 11, qui déclare les traitemens des ecclésiastiques insaisissables dans leur totalité. Carré. n° 2042; Favard, 5, 26; Thomine, 2, 109; Chauveau, 19, 485.—V. *Saisie-arrêt*, n° 39.

45. 4° Les outils des artisans nécessaires à leurs occupations *personnelles*. C. pr. 592-6°. — Mais on pourrait saisir les outils d'un artisan servant à ses ouvriers. Carré, n° 2044 ; Delaporte, 2, 175 ; Pigeau, *Comm.*, 2, 185, note 5.

46. La disposition précédente n'est point applicable au four construit par un boulanger pour l'exercice de sa profession. Dans l'espèce, le four avait le caractère d'un objet mobilier. Lyon, 14 janv. 1832, S. 33, 190.

47. 5° Les farines et menues denrées nécessaires à la consommation du saisi et de sa famille pendant un mois. C. pr. 592-7°.

Les menues denrées. Par exemple, le pain, le gibier, la volaille, et autres choses de moindre prix servant à la consommation. Berriat, 529.

48. Bien que la loi ne réserve aucune somme d'argent (C. pr. 590) pour la subsistance du saisi et de sa famille, à défaut de denrées, il convient, dans ce cas, suivant MM. Carré, n° 2026 ; Delaporte, 2, 169 ; Dalloz, *hoc verbo*, p. 658, de lui laisser une somme suffisante pour lui en tenir lieu pendant un mois.

49. 6° Enfin, une vache ou trois brebis, ou deux chèvres, au choix du saisi, avec les pailles, fourrages et grains nécessaires pour la litière et la nourriture desdits animaux pendant un mois. C. pr. 592-8° ; édit. de 1674. — Jugé que cette réserve établie en faveur de l'indigence ne peut être invoquée par un saisi au-dessus du besoin, surtout si les bestiaux saisis l'ont été entre les mains de ceux auxquels ils ont été donnés à cheptel ; le lait de ces animaux ne servant point, dans ce cas, à la nourriture du saisi. Cass. 1er therm. an 11, S. 3, 382.

50. Les objets dont il a été parlé ci-dessus, n°s 30 à 49, ne peuvent être saisis pour aucune créance, même celle de l'Etat, si ce n'est pour alimens fournis à la partie saisie ou sommes dues aux fabricans ou vendeurs desdits objets, ou à celui qui a prêté pour les acheter, fabriquer ou réparer ; pour fermages et moissons des terres à la culture desquelles ils sont employés, loyers des manufactures, moulins, pressoirs, usines dont ils dépendent, et loyers des lieux servant à l'habitation personnelle du débiteur. C. pr. 593.

Le mot *fermages* comprend le prix de ferme en argent et ceux en denrées, et le mot *moissons*, les créances des ouvriers qui ont fait les récoltes. C. civ. 2102-1° ; Carré, n° 2047 ; Berriat, 530.

Les objets *réparés* sont aussi saisissables pour le prix de la réparation : l'art. 593 C. pr. autorise à les saisir pour le simple prêt de ce prix. Carré, n° 2046 ; Berriat, *ib.* note 18.

— V. d'ailleurs *Saisie de navires*.

51. Les ruches, les mouches à miel, les vers à soie au moment de leurs travaux, et les feuilles de murier, étaient autrefois insaisissables. L. 6 oct. 1791; Dupin, LL. de la pr. 1821, p. 2. — Mais cette loi est implicitement abrogée par les art. 592, 1041 C pr., sauf le cas de l'art. 524 C. civ.

52. Le mobilier constitué en dot sous le régime dotal peut-il être saisi-exécuté ? — Il faut distinguer :

Si ce mobilier a été estimé dans le contrat de mariage, mais sans déclaration que cette estimation ne fait pas vente, il est devenu la propriété du mari; il est saisissable par ses créanciers. Arg. C. civ. 1541.

Lorsqu'il a été déclaré que l'estimation ne fait pas vente, la femme reste propriétaire de son mobilier dotal qui ne peut être saisi contre elle, si l'on considère la dot même mobilière comme inaliénable. Cass. 1er fév. 1819, P. 15, 47; 30 août 1830, D. 33, 246; 2 janv et 16 août 1837, S. 37, 97. — Jugé que la subrogation consentie par la femme dans son hypothèque légale sur les biens de son mari, même à raison de ses créances mobilières est nulle. Cass. 28 juin 1810, P. 8, 418. — Que la femme ne peut avec le consentement de son mari et par l'effet d'obligations contractées solidairement avec lui, aliéner ou engager sa dot mobilière. Paris, 26 août 1820, P. 16, 140.

Mais les fruits sont saisissables par les créanciers de la femme pour dette par elle contractée depuis la séparation de biens jusqu'à concurrence de la portion qui dépasse les besoins des époux et de leur famille. Cass. 6 janv. 1840 (Art. 1662 J. Pr.) — Grenoble, 14 juin 1825, S. 26, 38; Montpellier, 1er fév. 1828, S. 28, 194; Bordeaux, 21 août 1835, S. 36, 50. — *Contrà*, Arg. Cass. 1er déc. 1834, S. 35, 925.

53. Les syndics des créanciers d'un failli, en usant de la faculté qui leur est accordée par l'art. 469 C. comm. nouveau (— V. *Faillite*, n° 182), ne peuvent, au préjudice du privilége du propriétaire de la maison qu'habite le failli, rendre à celui-ci d'autres meubles que ceux spécifiés par l'art. 592 C. pr. Arg. Paris, 27 déc. 1813, S. 16, 106.

Les objets que les créanciers ont laissés au failli, par un concordat homologué, ne peuvent être saisis par les créanciers hypothécaires eux-mêmes, quoiqu'ils n'aient pas eu voix au concordat. C. comm. nouveau 508. Tous les créanciers sont liés par cet acte 516 *ib.*; Cass. 12 mars 1813, 26 avr. 1814; Paris, 29 avr. 1814, S. 14, 225, 147; Berriat, p. 530, note 17. — V. *Faillite*, n° 301.

54. La renonciation de la partie saisie au bénéfice de l'art. 592 C. pr. ne serait pas valable; cet article a été établi dans des vues d'ordre public et de bienséance. C. civ. 6, 1133. — L'huissier ne pourrait donc, d'après le consentement du saisi, passer outre à la vente.

Ceci s'applique aux objets mentionnés dans l'art. 592-2°, — et encore, aux effets du saisi, tels que livres, machines, etc. Carré, n° 2032. — *Contrà*, Dalloz, p. 656.

55. Au reste, pour empêcher la saisie des objets insaisissables, le débiteur peut traduire le saisissant devant le tribunal, Arg. C pr. 584, ou devant le juge des référés, Arg. C. pr. 806, pour lui en être fait distraction. — Mais s'il s'agit d'une saisie faite pour paiement de contributions directes, c'est devant l'autorité administrative qu'il doit se pourvoir. Décr. 29 août 1809 ; Thomine, 2, 110.

56. La circonstance que l'on n'aurait pas laissé à la partie saisie quelques-uns des objets insaisissables n'entraînerait pas la nullité de toute la saisie. C. pr. 1030 ; — surtout si le saisissant consentait à ce qu'il en fût fait distraction. Metz, 20 nov. 1818 ; 10 mai 1825, D. 29, 4 ; Berriat, 530, note 16. — *Contrà*, Pigeau, *Comm.*, 2, 185 ; *Prat. fr.*, 4, 177. — Seulement la saisie de ces objets est nulle, et s'ils ont été vendus, il y a lieu à des dommages intérêts envers le saisi. Paris, 22 avr. 1838 (Art. 1181 J. Pr.) ; Carré, n° 2034.

57. La demande en distraction des choses réservées au saisi est faite au moment de leur saisie, ou au plus tard avant la vente, — à peine de déchéance. Toulouse, 5 mars 1837 (Arg. 1072 J. Pr.).

§ 3. — *Du commandement.*

58. Toute saisie-exécution (même celle pratiquée par la régie des domaines. Rennes, 29 août 1816, P. 13, 629) doit être précédée d'un commandement à la personne ou au domicile du débiteur. C. pr. 583.

59. L'ignorance où serait le saisissant du domicile de son débiteur, qui en aurait changé sans en faire la déclaration (C. civ. 104), ne le dispenserait pas de la formalité du commandement, qui devrait alors être signifié au parquet du procureur du roi du lieu du précédent domicile connu (— V. *Exploit*, n° 169 et C pr. 70) ; Carré, n° 1999.

60. Si les meubles sont communs à plusieurs débiteurs, il convient de faire autant de commandemens individuels qu'il y a de débiteurs ; — mais lorsque le mobilier se trouve dans la possession d'un seul des débiteurs, la saisie faite sur lui sans commandement adressé aux autres est valable : celui qui possède un meuble est présumé en être propriétaire ; les autres peuvent seulement former une demande en distraction. C. pr. 608 ; Thomine, 2, 91.

Si les meubles ont été partagés, on ne doit vendre que ceux appartenant au débiteur qui a reçu commandement. Si au contraire les meubles sont indivis, il faut effectuer le partage, pour vendre ensuite ceux des meubles échus au débiteur qui a reçu le commandement. Carré, n° 1995.

61. Un *commandement* de payer sous peine d'y être forcé par toutes les voies de droit suffit. — V. ce mot, n° 3.

Un deuxième commandement serait frustratoire. Chauveau, *Tarif*, 2, 111.

62. Le commandement est fait par un huissier, sans assistance de recors.

63. Il contient : 1° notification du titre entier en vertu duquel on poursuit, s'il n'a été précédemment signifié (C. pr. 583), et ce à peine de nullité. Carré, n° 1991 ; Thomine, 2, 93; Biret, 2, 161; Limoges, 16 avr. 1823, D. *hoc verbo*, p. 647. — V. d'ailleurs *sup.*, nos 3 et 7.

Si le titre a déjà été notifié, il suffit d'en énoncer la date et le contenu, en rappelant la quotité de la créance, et de mentionner la précédente signification. Orléans, 2 juin 1809. D. *ib.*, 647 ; Carré, n° 2000 ; Pigeau, 2, 77 ; — une seconde notification serait frustratoire. Thomine, 2, 93.

64. Si la cause d'une saisie-exécution est une somme de dépens prononcée par un jugement, et qu'un exécutoire de dépens ait été obtenu, cet exécutoire est un titre qu'il faut signifier préalablement. Bruxelles, 13 août 1811, P. 9, 551.

65. 2° L'énonciation de la somme liquide pour laquelle il est fait (C. pr. 551); — à peine de nullité. Biret, 2, 161. —V. d'ailleurs *Commandement*, n. 9.

66. 3° *Election de domicile*, jusqu'à la fin de la poursuite, dans la commune où doit se faire l'exécution, si le créancier n'y demeure pas. C. pr. 584 ; — à peine de nullité (— V. *inf.*, nos 81 et suiv.). Si l'exécution doit avoir lieu dans plusieurs communes, l'élection est nécessaire dans toutes celles où le créancier ne demeure pas. Pigeau, 2, 83; Carré, n° 1998, art. 2.

67. Le débiteur peut faire au domicile élu toutes significations, même d'offres réelles et d'appel. C. pr. 584.

68. *Le débiteur*. L'élection de domicile ne profite qu'au débiteur. L'art. 584 contient en effet une exception au principe général que tout exploit est fait à personne ou domicile, et ne s'applique pas à un cas autre que celui qu'il prescrit expressément; on ne saurait, en pareille matière, argumenter par analogie.

En conséquence, le gardien doit demander sa décharge par exploit signifié au domicile réel. Poitiers, 25 fév. 1834, S. 34, 671.— *Contrà*, Thomine, 2, n° 670.

Il en est de même, 1° d'un tiers qui revendique tout ou partie des objets saisis. Cass. 3 juin 1812, S. 12, 362; Toulouse, 26 fév. 1828, S. 28, 217; Paris, 26 juin 1811, S. 15, 14;

Dalloz, *hoc verbo*, p. 650, n° 7; Cardon, t. 1, p. 286; Coffinières, Chauveau, 19, 432. — *Contrà*, Bruxelles, 7 mai 1822, D. *hoc verbo*, 662; Bordeaux, 8 mai 1830; Chauveau, 39, 189; Thomine, n° 673. — Suivant cet auteur, le tiers dont les meubles ont été saisis injustement doit avoir autant de facilités que le débiteur lui-même pour obtenir prompte justice. — V. *inf.*, n°s 174 et 244.

2° Des créanciers opposans dont parle l'art. 612. La sommation de vendre, faite par ces derniers, n'est valablement signifiée qu'à personne ou domicile suivant la règle générale (— V. *inf.*, n° 208). Chauveau, 19, 456.

Mais les créanciers du débiteur, qui agissent en son nom en vertu de l'art. 1166 C. civ., profitent de l'élection de domicile. Pigeau, 1, 101; Carré, n° 2009. — Arg. Colmar, 5 août 1809, P. 7, 739.

69. *Peut.* La disposition de l'art. 584 C. pr. est facultative; l'acte peut donc être signifié au domicile réel du saisissant. Cass. 23 vent. an 10, S. 2, 408.

70. L'assignation au domicile élu dispense de l'assignation au domicile réel : la loi veut épargner au saisi les longueurs qu'entraînerait une signification au domicile réel du saisissant. Merlin, *Rép.*, *hoc verbo*, p. 28; Cass. 16 juill. 1811, 20 août 1822, P. 17, 579. — *Contrà*, Bruxelles, 14 août 1807, S. 8, 46; — à moins que l'appel ne soit dirigé contre un autre jugement distinct de celui qui sert de base au commandement. Bruxelles, 1er mars 1822, P. 17, 162.

71. Mais si le créancier a son domicile réel dans la commune, l'acte ne peut plus être valablement signifié qu'à ce domicile; l'élection de domicile de la part du saisissant n'est prescrite que quand il est domicilié dans une autre commune. Douai, 30 janv. 1815, D. *hoc verbo*, 651, aux notes. — Dans l'espèce, il s'agissait d'un acte d'appel.

72. Dans tous les cas, l'exploit doit indiquer le domicile réel de l'intimé. L'art. 584 C. pr. ne dispense pas de se conformer à l'art. 61-2°. Bruxelles, 14 juill. 1807, S. 10, 508. — V. *Appel*, n° 182.

73. *D'offres réelles.* La faculté de faire des offres au domicile élu par le commandement s'étend même au cas où la convention des parties détermine un autre lieu pour le paiement. — *Contrà*, Paris, 10 avr. 1813, S. 15, 31; Pigeau, 2, 82; Thomine, 2, 94. — V. *Offres réelles*, n° 46.

Le saisi, en faisant des offres réelles, peut y apposer les réserves expresses de ses droits contre le saisissant, pour le cas de détérioration des objets saisis et arrivée par la négligence apportée à leur conservation depuis la saisie. Cass. 31 janv. 1820, D. *ib.*, 655.

74. *D'appel.* L'exception apportée à l'art. 456 C. pr. par l'art. 584 n'est pas restreinte au cas où il s'élève des incidens sur la saisie. Paris, 13 pluv. an 13, S. 7, 2, 1191; ainsi l'appel du jugement en vertu duquel on saisit est valablement signifié au domicile élu. Cass. 23 janv. 1810, S. 10, 130; Rennes, 23 nov. 1813, P. 11, 786. — *Contrà*, Paris, 30 juin 1807, S. 7, 2, 784. — V. *Appel*, n° 181.

75. L'acte d'appel signifié au domicile élu *par le commandement à fin de saisie-exécution* serait valable, encore bien qu'il n'eût pas été suivi de saisie. Carré, art. 584, note 8.

76. Mais ne seraient point valables : 1° l'appel d'un jugement signifié *avec un simple commandement de s'y conformer*, notifié au domicile élu par l'exploit de signification. Limoges, 24 avr. 1812, S. 14, 389; Cass. 21 août et 28 oct. 1811, S. 11, 349; 12, 16, Carré, n°s 1652, 2008. — *Contrà*, Trèves, 9 janv., 6 mars 1811, S. 11, 315, 384. — V. *Appel*, n° 180.

2° L'appel signifié au domicile élu pour l'exécution d'un contrat, à l'occasion duquel le jugement à exécuter a été rendu : un domicile élu pour l'exécution d'un contrat ne l'est pas pour l'exécution des jugemens rendus à l'occasion de ce contrat. Agen, 29 fév. 1810; Colmar, 20 mars 1810; Cass. 29 août 1815, S. 14, 193, 10, 257; 15, 430. — *Contrà*, Carré, n° 1652.

77. La faculté de signifier l'appel au domicile élu est spéciale à la procédure de saisie-exécution; et ne s'applique pas à la signification d'un acte d'appel en matière de saisie-conservatoire. Bruxelles, 27 mai 1808; Rennes, 14 août 1816, P. 13, 589. — V. toutefois *Offres réelles*, n°s 47 et 48.

78. Si, avant l'exécution consommée, le saisissant qui habitait la commune où cette exécution se poursuit, transporte son domicile ailleurs, sans faire une élection dans sa nouvelle commune, ce sera toujours à son ancien domicile que le saisi devra faire les significations des actes relatifs à la saisie. Cet ancien domicile du créancier dans la commune tient lieu de celui qu'il eût dû y élire dès le commencement, s'il n'eût pas demeuré dans cette commune. Pigeau, 2, 77; Carré, n° 2006.

79. L'élection de domicile n'emporte pas pour la personne chez laquelle elle est faite une procuration pour recevoir la somme due au créancier. Cass. 6 frim. an 13, S. 5, 2, 233. Merlin, v° *Domicile élu*, § 1, n° 11.

80. Mais elle est attributive de juridiction, comme l'élection conventionnelle. Arg. C. civ. 111; Amiens, 21 déc. 1837 (Art. 1153 J. Pr.). Elle doit prévaloir sur celle que le même créancier a fait dans l'acte d'obligation, lorsque cet acte est argué de nullité; d'ailleurs, le débiteur a pu valablement porter devant le trib. du lieu de la saisie la demande en nullité de l'exécution. Arg. C. pr. 583, 584, 606 et 608; Grenoble, 3 fév. 1825, D. 25, 206. — V. d'ailleurs *Trib. de 1re inst.*

81. L'omission de l'élection de domicile dans le commandement en entraîne la nullité. Biret, *Nullités*, 2, 160. — *Contrà*, Turin, 1er fév. 1811, S. 11, 289; Hautefeuille, 326; Pigeau, 2, 82, aux notes. Arg. C. pr. 1030. — Dans cette opinion, l'huissier serait exposé à l'amende et même, suivant les circonstances, à des dommages-intérêts. Carré, n° 2005, note; Arg. Colmar, 18 brum. an 12.

82. Cette nullité peut être couverte par une élection de domicile faite dans l'exploit de saisie. C'est le cas d'appliquer la maxime *Nullité sans griefs n'opère*. Turin, 30 mars 1808; Colmar, 4 juill. 1810, S. 9, 308; 11, 32; Carré, n° 2005; Berriat, 526, note 5.

83. Il n'est pas nécessaire que le commandement contienne constitution d'avoué; l'art. 584 C. pr. ne l'exige pas. Rennes, 19 mai 1820, P. 15, 1002; Cardon, 1, 283; — ni qu'il soit visé par le maire.

84. Le défaut de commandement entraîne la nullité de la saisie: — peu importe que la loi ne l'ait pas prononcée, cette *nullité* est substantielle (— V. ce mot, n° 6) Ordonn. 1539, art. 74; Biret, *Nullités*, 2, 169; Thomine, 2, 97.

85. Toutefois elle ne préjudicie point aux tiers adjudicataires des effets du saisi (— V. *inf.*, n° 319); — celui-ci a seulement droit de demander contre son créancier main-levée de la saisie, et des dommages-intérêts que les juges accordent ou refusent suivant les circonstances. Thomine, *ib.*, Carré, n° 2019.

86. Qui doit supporter le coût du commandement, lorsque le débiteur y satisfait sur-le-champ? — V. *Offres réelles*, n° 92.

§ 4. — *De la saisie.*

Art. 1. — *Formalités de la saisie.*

87. La saisie ne peut être faite qu'un jour au moins après le commandement. C. pr. 583.

88. Ce jour doit être franc. C. pr. 1033; Locré, *Esprit du C. pr.*, 1, 127; Bourges, 2 juill. 1825, S. 26, 157; Delaporte, 2, 159; Demiau, 394; Berriat, 526, note 2; Cardon, 1, 285. — *Contrà*, Pigeau, 1, 114; Carré, n° 1995, Arg. *à contrario*; C. pr. 626.

89. Si, après une saisie sur commandement de la veille, et avant toutes poursuites ultérieures, le débiteur faisait des offres réelles et soutenait la saisie nulle, on pourrait ne pas lui adjuger de dommages-intérêts, attendu qu'il n'aurait pas satisfait au commandement, mais les frais de la saisie seraient à la charge du créancier. Thomine, 2, 92.

90. Le délai entre le commandement et la saisie est-il susceptible d'augmentation à raison des distances? — Non, lorsque le saisi demeure sur les lieux de la saisie : l'élection de domicile faite par le saisissant dans cette commune (— V. *sup.*, n° 66) met le saisi à même d'y faire aussitôt des significations ou des offres réelles. Carré, n° 1996 ; — oui, si le domicile du saisi est éloigné du lieu où sont les objets saisis; l'augmentation est alors de deux jours par trois myriamètres (C. pr. 1033. — V. *Délai*, n° 32); il faut que le débiteur ait le temps de recevoir le commandement et de faire parvenir des fonds au domicile élu avant le commencement de la saisie. Thomine, 2, 92.

91. Le commandement n'est pas sujet à péremption; c'est ce qui résulte de ces mots de l'art. 583, *au moins un jour*, et de ce que la loi n'a pas, comme au titre de la saisie immobilière (C. pr. 674), exigé que le commandement fût réitéré.

Il suit de là que, si le saisissant ne fait procéder à la saisie qu'après le délai fixé par l'art. 583, il n'est pas obligé de renouveler le commandement; cet acte ne tombe pas en péremption. Paris, 28 germ. an 11, S. 3, 253; Pau, 29 juin 1821, P. 16, 714; Lepage, 397 et 398; Carré, n° 1997.

Il a même été décidé qu'une *saisie-exécution* était praticable plus de trois mois après un *commandement* à fin de saisie immobilière. Caen, 16 déc. 1819; Cass. 27 mars 1821, S. 21, 327. — V. ce mot, n° 3.

92. L'huissier qui procède à la saisie doit être assisté de deux témoins ou recors (C. pr. 585), à peine de nullité; — proposable pour la première fois en appel, si l'appelant a été condamné par défaut en première instance; il n'y a pas eu, en effet, de discussion contradictoire. Dijon, 15 pluv. an 11, S. 7, 2, 1191.

93. Ces témoins doivent être Français et majeurs (C. pr. 585), — et savoir signer. — V. *inf.*, n° 138.

94. Il n'est pas nécessaire qu'ils soient citoyens français; mais il faut qu'ils jouissent des droits civils. C. civ. 7 et 25 combinés.

95. Ne peuvent être témoins : 1° les étrangers, même ceux admis à fixer leur domicile en France; ils n'ont que la jouissance des droits civils; ils ne sont pas Français. C. civ. 13; Pigeau, 2, 91; Carré, 2011.

96. 2° Les parens ou alliés des parties ou de l'huissier, jusqu'au degré de cousin issu de germain inclusivement. C. pr. 585.

97. 3° Leurs domestiques. C. pr. 585.

L'assistance des témoins est exigée — pour la sûreté de

l'huissier, lui prêter main-forte au besoin, et aussi dans l'intérêt du débiteur, afin que l'huissier ne commette point de fraude et de malversation : il faut donc que ces recors aient les qualités nécessaires pour être témoins pour ou contre le débiteur ou l'huissier. Thomine, n° 647.

98. Un clerc d'huissier peut-il servir de témoin pour une saisie-exécution pratiquée par son patron ?

L'affirmative a été jugée. Paris, 14 janv. 1825, S. 25, 342.

Toutefois la négative nous paraît résulter, 1° de ce qu'un clerc de notaire ne peut être témoin dans un acte reçu par son patron. C. civ. 975; Bruxelles, 12 avr. 1810, S. 10, 310; — 2° de ce qu'un clerc a qualité pour recevoir les *exploits* signifiés à son patron. — V. ce mot, n° 181 ; — 3° enfin, et surtout de ce qu'un clerc peut être reproché comme témoin dans une *enquête* concernant son patron (Carré, n° 1115) — V. ce mot n° 204 et *sup.* n° 97. — Ainsi un clerc d'huissier recevant des gages a pu être réputé homme de service à gages dans le sens de l'art. 386, n° 3 du C. pén. Cass. 28 sept. 1827, S. 28, 91.

99. Il n'est pas dû de frais pour le transport des témoins quand, au lieu de les prendre sur les lieux de la saisie, l'huissier les choisit dans sa propre résidence. Chauveau, *Tarif*, 2, 115.

100. Le poursuivant ne peut être présent à la saisie (C. pr. 585) à peine de nullité. Ordonn. 1667, tit. 33, art. 3, et de Moulins, art. 32; Biret, *Nullités*, 2, 162. — Mais il ne lui est pas interdit d'envoyer quelqu'un (*sans suite et sans armes*. Art. 32, Ordonn. Moulins) pour désigner les lieux et les personnes. Carré, n° 2013; Berriat, 53, note 22.

101. Avant de procéder à la saisie, l'huissier doit faire itératif commandement, si l'exécution a lieu en la demeure du débiteur (C. pr. 586); — qu'il y soit ou non présent. Arg. C. pr. 583; Carré, n° 217.

Il est dans l'esprit de la loi qu'il soit fait itératif commandement au débiteur toutes les fois qu'il est procédé en parlant à sa personne, même hors de sa demeure. Carré, n° 2016; Thomine, 2, 99.

102. Le procès-verbal de saisie ne faisant qu'un avec l'itératif commandement, ce dernier acte est valable lorsque la copie en est remise au maire en cas d'absence de la partie : l'art. 601 C. pr., spécial à la matière, apporte une exception à l'art. 68 C. pr. On ne doit donc pas chercher à la remettre au voisin. Orléans, 23 avr. 1819, P. 15, 234. — V. *inf.*, n° 129.

103. Lorsque l'itératif commandement demeure infructueux et qu'il ne se présente aucun empêchement, l'huissier procède à la saisie.

104. Les deniers comptans sont par lui consignés. — V. *Dépôts et consignations*, nos 16 et 29. Le saisissant et le saisi sont libres de convenir d'un autre dépositaire. Pigeau, 2, 98. — Ce dépôt n'est pas prescrit à peine de nullité; les droits des parties sont à couvert par la responsabilité de l'huissier. Rennes, 28 fév. 1818, D. *ib.* 653; Carré, n° 2028. — S'il n'y a pas d'opposans, et qu'il ne s'élève pas de difficultés, l'huissier peut les remettre au requérant, en paiement ou à compte de ce qui lui est dû. Thomine, 2, 103.

105. Des frais de voyage sont alloués à l'huissier quand il est obligé de se transporter pour faire le dépôt des sommes saisies à plus d'un demi myriamètre de sa résidence. Chauveau, *Tarif*, 2, 118.

106. L'huissier ne dresse point de procès-verbal particulier; il indique seulement, dans son procès verbal de saisie, le jour où il fera la consignation. (Ce doit être toujours dans le plus court délai.) — Le reçu du dépositaire suffit pour constater ce dépôt.

107. Il n'est pas permis à l'huissier de fouiller le débiteur ni les personnes qui lui sont attachées. L'ordonn. 1485 le défendait expressément; une telle mesure est contraire à nos mœurs et porterait atteinte à la liberté individuelle. Carré, n° 2022.

108. Il lui est également interdit d'examiner les papiers du saisi. En conséquence, il ne saurait saisir-exécuter les effets de commerce ou billets que le hasard placerait sous ses yeux; la loi ne l'autorise à saisir-exécuter que les deniers comptans. Carré, n° 2030; Bordeaux, 11 avr. 1834 (Art. 631, § 1 J. Pr.). — V. toutefois *Saisie-arrêt.*

On peut ici considérer comme deniers comptans les billets de banque. — V. néanmoins *Offres réelles*, n° 33.

109. Les objets saisis sont confiés à la surveillance d'un gardien. — V. *inf.* § 5.

110. La présence d'un locataire dans les lieux, par exemple dans un hôtel garni tenu par le saisi, n'empêche pas l'introduction de l'huissier : celui-ci a le droit d'exploiter dans toutes les parties du domicile du maître de l'hôtel, à moins que l'entrée ne lui en soit refusée. Paris, 2 août 1833 (Art. 293 et 631, § 2 J. Pr.).

111. L'huissier, en se présentant pour saisir, peut éprouver des obstacles — V. *inf.* § 6.

S'il trouve les portes fermées, soit que la partie saisie soit absente ou qu'elle refuse de les ouvrir, et alors même qu'il pourrait les ouvrir sans efforts ni fractures, et qu'elles ne se raient pas fermées à clef, il doit établir gardien pour empêcher le divertissement, se retirer sur-le-champ devant le juge de paix, ou, à son défaut, devant le commissaire de police, et dans les communes où il n'y en a pas, devant le maire, et, à son défaut, devant l'adjoint, en présence desquels l'ouverture des portes, même celle des meubles fermans, est faite au fur et à mesure de la saisie (C. pr. 587); — le tout à peine de nullité. Peu importe que les portes aient été ouvertes sans fractures ni efforts. Poitiers, 7 mai 1818, S. 18, 339; Biret, 2, 169.

112. Pour faire cette ouverture, il n'est point nécessaire 1° de présenter une requête écrite au juge ou au fonctionnaire dont on sollicite l'assistance; une demande verbale suffit. Chauveau, *Tarif*, 2, 116.

2° Ni d'assigner la partie saisie pour être présente à la réquisition de l'officier et pour assister aux opérations. C. pr. 587.

113. L'officier public reste avec l'huissier pendant toute l'opération de la saisie. Carré, n° 2021; Hautefeuille, 328. — Il n'est pas nécessaire qu'il soit assisté du greffier. Celui-ci n'a donc droit à aucun émolument. Sudraud Desisles, p. 51, n° 154; Vervoort, p. 16, note 29.

114. L'officier qui se transporte ne dresse point de procès-verbal; il suffit que sa présence soit constatée dans celui de l'huissier, qui n'en peut rédiger qu'un sur le tout: l'officier signe ce procès-verbal. C. pr. 587.

115. Les personnes qui doivent suppléer le juge de paix peuvent agir sans que l'empêchement de ce magistrat soit prouvé : le cas d'urgence suffit pour les autoriser à prêter leur ministère. Cass. 1er avr. 1813, S. 13, 324; Carré, art. 587, aux notes.

116. *Quid*, en cas de refus de la part des fonctionnaires constaté par une sommation de l'huissier? — le juge de paix pourrait être *pris à partie* (—V. ce mot); — mais à l'égard des officiers de l'ordre administratif, il y aurait seulement lieu à une action ordinaire en dommages-intérêts (C. civ. 1382), sauf l'autorisation préalable du Cons. d'Et. Carré, n° 2020. — Les auteurs du *Prat. fr.* refusent toute espèce d'action dans le silence de la loi.

117. Peu importe que l'officier qui assiste à l'ouverture des portes soit parent du saisissant au degré de cousin-germain; il n'est point récusable sous prétexte de parenté : la récusation est de droit étroit et ne saurait être étendue. Metz, 20 nov. 1818, S. 19, 70; Thomine, 2, 101.

118. Si l'huissier, entré dans la maison sans obstacle, éprouve de la résistance, des menaces ou voies de fait de la part du saisi ou de ses gens, il en dresse procès verbal, et après avoir établi gardien aux portes, il se retire également devant le juge de paix, le commissaire de police, le maire ou l'adjoint, ou devant le commandant de la gendarmerie pour requérir main-forte suffisante. Si les menaces ou voies de fait sont graves, l'huissier peut déposer copie de son procès-verbal au juge d'instruction, pour être procédé contre les auteurs, conformément au Code pénal. Hautefeuille, 328.

119. L'art. 222 C. pén. est applicable au saisi qui outrage par paroles le fonctionnaire requis par un huissier de l'assister à une ouverture de portes. Cass. 1er avr. 1813, S. 17, 322; Thomine, 2, 101. — On ne peut admettre l'excuse tirée de ce que le juge de paix n'a point été appelé avant l'adjoint (— V. *sup.* n° 111): il suffit, pour l'application de cet art., qu'un magistrat en fonctions ait été outragé. Carré, art. 587.

120. Enfin, si le saisi est absent, et qu'il y ait refus d'ouvrir aucune pièce ou meuble, l'huissier en requiert l'ouverture C. pr. 591. — V. *sup.* n° 111.

121. Dans le même cas d'absence, s'il se trouve des papiers, l'huissier réclame l'apposition des scellés par l'officier appelé pour l'ouverture (C. pr. 591); — à peine de nullité. Biret, *Nullités*, 2, 160.

Cette apposition est constatée par un procès-verbal séparé que dresse le fonctionnaire. Pigeau, 2, 83; Carré, n° 2031. — Il est nécessaire pour guider dans la levée qu'il faudra faire.

122. Le juge de paix qui appose les scellés est assisté de son greffier. Tar. 16.

123. Le gardien est chargé de veiller à la conservation des scellés.

124. La levée des scellés se fait sans description, mais aux frais du saisi dans l'intérêt duquel ils ont été apposés.

125. Il n'y a pas lieu à l'apposition des scellés, si le saisi est présent. — Vainement on oppose que l'examen des papiers peut faire découvrir des créances que l'on arrêtera ensuite (— V. *Saisie arrêt*) sur les tiers débiteurs. Thomine, 2, 104. — Personne n'a le droit de prendre connaissance des papiers du saisi, à moins qu'il ne soit en *faillite* (— V. ce mot, nos 130 et suiv.); Carré, n° 591.

126. Le saisissant a droit d'employer, pour faire une saisie dans un arrondissement du trib. civ., un huissier résidant au chef-lieu. — V. *Huissier*, nos 14 et 253. — Peu importe que le jugement (— ou le titre —) en vertu duquel la saisie est faite ait été signifié par un huissier du canton de la demeure du saisi, commis par le tribunal. Paris, 11 janv. 1834, S. 34, 95.

Art. 2. — *Mentions du procès-verbal de saisie.*

127. La saisie est constatée par un procès-verbal qui doit offrir la relation exacte de toutes les circonstances de la saisie.

Ce procès verbal est soumis aux formalités des exploits. C. pr. 586. — Ainsi, il faut y énoncer : 1° la date. Il convient d'indiquer l'heure à laquelle la saisie est pratiquée, afin de déterminer la priorité en cas de plusieurs saisies faites le même jour, sur la même personne.—V. *inf.* n° 199.—Cette mention était exigée par l'ordonn. 1667;

2° L'immatricule;

3° La désignation des parties;

4° La remise ou *parlant à*, etc.

Les formalités particulières aux ajournemens, comme la constitution d'avoué ne sont pas exigées. — Néanmoins, lorsqu'il s'agit de l'exécution d'un jugement dans l'année de sa prononciation, il est prudent de faire cette constitution. C. pr. 1038; Carré, art. 586, aux notes.

128. Indépendamment des formalités communes à tous les exploits en général, le procès-verbal de saisie doit contenir : 1° l'énonciation des noms, professions et demeures des témoins. C. pr. 585. — Il suffit de faire cette énonciation avant la clôture de l'acte, lorsque d'ailleurs la capacité des témoins n'est pas contestée. Rennes, 21 déc. 1812, P. 10, 909. — V. *sup.* n° 92 à 98.

Jugé que l'acte ne serait pas nul pour défaut de mention de la *profession* des témoins. Metz, 10 mai 1825, D. 29, 4; Arg. C. pr. 1030.

129. 2° Itératif commandement. C. pr. — V. *sup.* n° **101**. — Ce commandement fait partie du procès-verbal; s'il était par acte séparé, il resterait à la charge personnelle de l'huissier. Arg. C. pr. 586; Chauveau, *Tar.*, 2, 112.

130. 3° La désignation détaillée des objets saisis (C. pr. 588); — afin que le gardien ne puisse rien distraire à l'insu du débiteur et du saisissant, et qu'il soit à même de justifier de sa fidélité.

131. Le procès-verbal ne serait pas valable, si l'huissier y déclarait simplement qu'il saisit tous les meubles et effets du débiteur sans les détailler. Bruxelles, 23 pluv. an 9, D. *ib.* 652.

132. Mais il peut saisir en bloc une certaine quantité d'objets de la même nature sans les détailler : ceci s'applique aux gerbes de blés qui sont dans une grange ou à des fûts de vin. La distinction exacte des choses de nature différente est seule essentielle, surtout lorsqu'elles sont en quantités considérables. Arg. Orléans, 15 avr. 1818, P. 14, 753.

133. S'il y a des marchandises, elles sont pesées, mesurées et jaugées suivant leur nature. C. pr. 588. — Néanmoins, cette formalité ne paraît pas substantielle de l'acte. Arg. 1030 C. pr., Besançon, 15 mars 1822, P. 17, 191.

Il convient encore d'en désigner la qualité, afin d'empêcher que l'on ne substitue des objets d'une qualité inférieure. Carré, n° 2022.

134. L'argenterie est spécifiée par pièces et poinçons, et de plus pesée. — C. pr. 589. — Le poinçon est le contrôle de la monnaie qui détermine le titre de la pièce d'argenterie.

Il y a trois titres pour l'or et deux pour l'argent ; chaque poinçon du titre porte pour empreinte un coq, avec l'un des chiffres arabes 1, 2, 3, indicatif des premier, deuxième et troisième titres L. 17 brum. an 6. — Ainsi, l'huissier spécifie par poinçon un objet d'or ou d'argent, lorsqu'il énonce pour l'or qu'il est marqué au premier, second ou troisième titre, et pour l'argent, qu'il est au premier ou au second. — La loi précitée veut encore que les mêmes ouvrages d'or ou d'argent qui ne pourraient être frappés des poinçons ci-dessus désignés sans être endommagés, soient marqués d'un plus petit poinçon portant pour l'or une tête de coq, et pour l'argent un faisan. Enfin, un poinçon de vieux, destiné uniquement à marquer les ouvrages dits *de hasard*, représente une hache ; celui pour les ouvrages venant de l'étranger contient les lettres E. T. — Mais si le poinçon était effacé par vétusté, l'huissier le constaterait. — S'il était embarrassé pour distinguer le poinçon, il appellerait un orfèvre. Carré, n° 2025.

135. Le nombre et la qualité des deniers comptans sont aussi énoncés. C. p. 590. — Sous peine, pour l'huissier qui négligerait de les mentionner, d'être tenu de représenter toujours la même valeur, si les espèces étaient diminuées au temps de la restitution du dépôt. Pigeau, 2, 91 ; Carré, 2, n° 2027.

136. Si l'on saisit une bibliothèque, on désigne les principaux ouvrages qui la composent, mais non les titres de tous les livres, lorsqu'ils ont peu de valeur. — Cette formalité ne paraît pas substantielle, sauf la responsabilité de l'officier ministériel, suivant les circonstances. Orléans, 24 août 1822, D. *ib.* 657.

137. Après l'énumération des choses saisies, le procès-verbal doit encore contenir : 1° le détail des objets qui, en leur qualité d'insaisissables, n'ont pas été saisis. — V. *sup.* § 2.

2° Si l'huissier a rencontré des obstacles, la mention des menaces ou des voies de fait dont il aurait été l'objet, son transport auprès d'un fonctionnaire public, l'assistance de ce fonctionnaire à l'ouverture des portes et à la saisie, le nom de l'ouvrier employé pour l'ouverture des portes ou toute autre opération, la mention du salaire payé à l'ouvrier ; la signature de ceux qui figurent au procès-verbal sert à constater la vérité en ce qui les concerne ; faute par eux de signer, il faut indiquer la cause qui les en empêche. Demiau, 400.

3° S'il a saisi des deniers comptans, l'indication du jour où il en fera le dépôt. — V. *sup*. n° 104.

4° L'énonciation des oppositions et des demandes en revendication qui auraient été formées. — V. *inf.* § 6.

5° L'indication du jour de la vente. C. pr. 595. — L'omission de cette formalité n'entraînerait pas nullité ; Bourges, 21 nov. 1836 (Art. 778 J. Pr.) ; — *Contrà*, Besançon, 26 juin 1824, P. 18, 834. — Mais pour la réparer, il serait nécessaire de faire au saisi une signification dont le coût demeurerait à la charge du saisissant. Carré, n° 2030 ; Thomine, 2, 110 ; Pigeau, 2, 92 ; Chauveau, 19, 478. — Si l'on passait outre à la vente, sans que le jour en eût été indiqué au saisi et qu'il en eût éprouvé un préjudice, il aurait droit à des dommages intérêts. Thomine, *ib*. — V. *inf.* n° 286.

6° La mention de l'établissement d'un gardien et de la remise de la copie qui lui a été faite. — V. *inf.* § 5.

138. Le procès-verbal est signé sur l'original et sur les copies : 1° par les témoins (C. pr. 585) ; à peine de nullité. Cette formalité est substantielle. Carré, n° 2014. — *Contrà*, Bourges, 6 août 1825, S. 26, 192. — En vain l'huissier mentionnerait-il qu'ils ont déclaré ne pas savoir signer. Carré, n° 2012. — V. *sup*. n° 93.

2° Par le gardien, en l'original et la copie ; s'il ne sait signer, il en est fait mention. C. pr. 599. — Jugé que le défaut de signature du gardien n'entraînerait pas la nullité du procès-verbal. Bourges, 6 août 1825. — Surtout si la saisie a été faite hors du domicile du saisi ou en son absence. *Même arrêt*. — *Contrà*, Colmar, 16 fév. 1813, P. 11, 140.

139. Le procès verbal de saisie est fait *sans déplacer* (C. pr. 599) ; — c'est-à-dire *uno contextu*, sans divertir à d'autres actes sur les lieux, et non ailleurs, d'après les notes que l'huissier aurait prises. — Mais il peut interrompre l'opération et la remettre au lendemain, en prenant toutefois la précaution d'établir un gardien aux objets saisis. Berriat, 532, note 26 ; Carré, n° 2055 ; Pigeau, *Comm.*, 2, 190 ; Chauveau, 19, 479.

140. Il suit de là, 1° que l'huissier n'est point obligé, à peine de nullité de l'acte, de signer son procès-verbal à la fin de chaque vacation. Carré, n° 2056 ; Dalloz, *ib*. 651.

2° Qu'il ne doit pas laisser au saisi copie du procès-verbal de chaque séance ; il suffit de lui laisser copie du procès-verbal entier lors de sa clôture (— V. *inf.* n° 141). Nanci, 14 déc. 1829, S. 30, 69.

141. Si la saisie est faite au domicile de la partie, la copie du procès-verbal, signée des personnes qui ont signé l'original, doit lui en être laissée sur-le champ. C. pr. 601.—Toutefois, l'omission de la signature des témoins sur la copie ne rend pas nul le procès-verbal, du moins lorsque la saisie est faite hors du domicile, ou en l'absence du saisi. Bordeaux, 13 avr. 1832, D. 33, 60. — Surtout si cette copie signifiée le lendemain mentionne que les témoins ont signé l'original : la nullité n'est point prononcée par la loi. Besançon, 15 mars 1822.—V. *sup.* n° 138.

142. Si la partie est absente, copie en est remise au maire ou adjoint, ou au magistrat qui, dans le cas de refus d'ouverture de portes, a fait faire cette ouverture, et qui vise l'original. C. pr. 601.

Il n'y a pas à distinguer, comme le fait M. Pigeau, 2, 93, entre le cas où les portes sont fermées et celui où elles sont ouvertes. C'est toujours au fonctionnaire qu'il faut remettre la copie, même dans cette dernière hypothèse, et non pas à un parent ou à un serviteur (C. pr. 68). L'art. 601 C. pr. déroge ici à l'art. 586 *ib.* Amiens, 24 juin 1822, P. 171, 441. Carré, n° 2060; Berriat, 532; Lepage, 399; Hautefeuille, 332; Favard, 5, 51. — *Contrà,* Liége, 14 fév. 1824, S. 25, 377.

Cette remise est prescrite à peine de nullité du procès-verbal. Rennes, 22 sept. 1810; Biret, *Nullités,* 2, 166.— *Contrà,* Thomine, 2, 117, qui accorde seulement des dommages-intérêts, s'il y a lieu, et condamne l'huissier à l'amende, d'après l'art. 1030.

143. Lorsqu'il y a plusieurs débiteurs saisis, fussent-ils solidaires, chacun d'eux reçoit copie du procès-verbal; ils doivent savoir s'ils ont été saisis, et quels objets ont été saisis. Jousse et Rodier, art. 7, tit. 33, ordonn. 1667; Carré, n° 2061.

144. Si la saisie est faite hors du domicile et en l'absence du saisi, copie du procès verbal lui est notifiée dans le jour, outre un jour pour trois myriamètres ; sinon les frais de garde et le délai pour la vente ne courent que du jour de la notification. C. pr. 602.

145. L'omission de cette formalité n'entraîne donc pas la nullité de la saisie. Arg. C. pr. 602 et 1030; Colmar, 23 nov. 1814, D. *ib.* p. 653. — Mais l'huissier serait exposé à l'amende prononcée par l'art. 1030 C. pr., et le saisissant supporterait les frais de garde jusqu'au jour de la dénonciation. Orléans, 26 déc. 1816, D. *ib.* 651 ; Delaporte, 2, 185 ; Hautefeuille, 332.

146. Copie du procès verbal est également laissée au gardien. C. pr. 599 ; — à peine de nullité. Biret, 2, 165.

147. Que la saisie ait été faite en présence ou hors de la présence du débiteur, il n'est pas nécessaire, à peine de nullité, que la copie du procès-verbal de la saisie qui lui est signifiée fasse mention de la remise au gardien d'une copie du procès-verbal, il suffit que l'accomplissement de cette formalité soit constatée dans l'original du procès-verbal lui-même. Rennes, 19 mai 1820, D. 11, 653. — V. *sup.* n°s 138 et 141.

§ 5. — *Du Gardien.*

148. Le gardien est l'individu préposé à la garde des objets saisis.

149. Il ne peut en général être établi qu'un seul gardien, à moins que les objets saisis ne soient en divers lieux éloignés les uns des autres.

150. Le gardien, autre que le saisi ou celui indiqué par ce dernier, est l'homme du saisissant ; il est choisi par l'huissier dans son intérêt. C. pr. 597. L'art. 1962 C. civ. établit entre eux des obligations réciproques. — Il a en même temps le caractère d'un dépositaire de justice. C. civ. *ib.* 4° ; — d'où il suit qu'en cas d'insuffisance du prix des meubles, il ne peut demander les frais de garde que contre le saisissant. Chauveau, *Tarif*, 2, p. 122.

151. Est nulle une saisie non suivie d'établissement de gardien. Conséquemment, c'est au créancier, qui a fait procéder à une seconde saisie et qui seul a apposé un gardien, qu'appartient la poursuite et le droit de faire vendre. C. pr. 611. Arg. Caen, 10 av. 1827, S. 28, 205.

152. Le gardien est établi d'office par l'huissier. C. pr. 597, — lorsque la partie saisie n'en offre pas un solvable et de la qualité requise, qui se charge volontairement et sur-le champ de la garde. C. pr. 596.

153. *Solvable.* On n'exige qu'une solvabilité apparente, présumable. Thomine, 2, 112.

154. *De la qualité requise.* Il doit être contraignable par corps. C. pr. 605 ; — il faut donc qu'il soit majeur, et du sexe masculin. C. civ. 2064, 2066.

Une femme ou une fille pourrait néanmoins être établie gardienne si le saisissant renonçait à la garantie de la contrainte par corps. Lepage, 402 ; Carré, n° 2051 ; Thomine, *ib.*

Jugé que la femme n'a pas besoin, si elle est non commune, de l'autorisation de son mari pour être constituée gardienne judiciaire des meubles saisis sur ce dernier. Paris, 21 prair. an 13, S. 5, 573.

155. Il n'est pas nécessaire que le gardien soit Français. Arg. C. pr. 585 et 598 comb.

Mais un ambassadeur étranger ne peut être constitué gardien

judiciaire : son caractère public et l'inviolabilité de son domicile ne permettent pas qu'il soit soumis à la contrainte par corps. Paris, 19 mai 1829, S. 29, 264.

156. Sont incapables d'être gardiens, le saisissant, son conjoint, ses parens et alliés jusqu'au degré de cousin issu de germain inclusivement, et ses domestiques ; mais le saisi, son conjoint, ses parens, alliés et domestiques, peuvent être établis gardiens, de leur consentement et de celui du saisissant. C. pr. 598 ; — il suffit que ce consentement soit constaté par le procès-verbal. Carré, n° 2054. — *Contrà*, Delaporte, 2, 182.

157. Toutefois le juge des référés peut constituer le saisi gardien, même malgré le saisissant : — 1° s'il s'agit d'objets dont la conservation ou la garde exige une expérience et une vigilance particulières, tels qu'une ménagerie. Bordeaux, 1er juillet 1833, S. 33, 532.

2° Quand ils sont de peu de valeur : il y aurait vexation à établir un gardien dont le salaire dépasserait peut-être la valeur des effets. Thomine, 2, 112.

158. Les incapacités ci-dessus énumérées ne sauraient être étendues : — ainsi, un témoin de la saisie est valablement établi gardien. Metz, 20 nov. 1818, S. 19, 70; Rennes, 19 mai 1820, P. 15, 1002; Favard, 5, 31; Delaporte, 2, 181; *Prat. fr.*, 4, 184; Carré, n° 2053.

Toutefois, l'huissier ne pourrait pas se constituer lui-même gardien. Carré, *ib.* — V. d'ailleurs *sup.* n° 98.

159. Le gardien choisi par l'huissier est-il obligé d'en remplir les fonctions jusqu'à ce qu'il se soit fait excuser par justice ? — Oui, selon les commentateurs de l'ordonn., qui assimilait les fonctions du gardien commis par l'huissier à celles du séquestre judiciaire (Duparc-Poullain, 9, 163; Jousse, art. 6, tit. 19). Pothier, *Proc.*, ch. 2, art. 5, § 1, dit que si la personne que l'huissier veut établir refuse d'accepter, celui-ci doit l'assigner devant le juge, qui la condamnera à se charger de la garde, si elle n'a quelque excuse valable ; — nous pensons au contraire qu'en l'absence d'un texte qui déclare forcées les fonctions du gardien, elles doivent être considérées comme volontaires. L'huissier trouvera quelqu'un qui se chargera de la garde, moyennant le salaire fixé par l'art. 34, Tar. Merlin, v° *Séquestre*, § 2, n° 3; Carré, n° 2052; Thomine, 2, 112; Pigeau, *Com.*, 2, 189 ; Chauveau, 2, 149. — *Contrà*, Demiau, 397 ; Lepage, *Qu.*, p. 401 et 402. Berriat, sur l'art. 597.

Dans tous les cas, l'huissier serait tenu, pour investir légalement le gardien qui refuse ces fonctions, de le mettre en possession des objets saisis en les faisant transporter à son domicile. Aucune loi ne force un citoyen d'aller malgré lui dans la maison d'un autre citoyen pour y rester jour et nuit. Motifs, Toulouse, 31 juill. 1832, S. 32, 596.

160. Ceux qui par voie de fait empêcheraient l'établissement du gardien, ou qui enlèveraient et détourneraient des effets saisis, doivent être poursuivis conformément aux art. 209 et suiv. du C. pén., C. pr. 600; — sur la plainte du gardien, à la requête du ministère public. Thomine, 2, 116.

L'huissier, afin de constater le délit et de mettre le saisissant à même de le poursuivre, dresse procès-verbal des obstacles apportés à la saisie. Carré, n° 2059; Thomine, *ib.*

161. Le gardien est tenu d'apporter à la conservation des objets qui lui sont confiés tous les soins d'un bon père de famille. C. civ. 1962.

Sa responsabilité est plus ou moins grande, selon les cas; — s'il s'est offert lui-même, il n'est déchargé qu'en prouvant que c'est par cas fortuit qu'il ne peut représenter les choses confiées à sa garde; il en est de même s'il a été constitué dépositaire des objets saisis; l'art. 2060 C. civ., lui est dans ce cas applicable dans toute sa rigueur, et il est responsable devant le saisissant et aussi devant le saisi. C. civ. 1962-2°;

Si le gardien a été présenté par le saisi, ou apposé par l'huissier, s'il n'a pas été mis en possession des objets saisis, et qu'un objet soit soustrait à sa surveillance, il perd incontestablement les frais de garde, et peut être condamné à des dommages-intérêts, même par corps. Bordeaux, 21 déc. 1827, S. 30, 187. — Selon que sa négligence sera plus ou moins inexcusable. Thomine, 2, 119.

162. Il lui est interdit de se servir des choses saisies, de les louer ou de les prêter, à peine de privation des frais de garde, et dommages-intérêts, au paiement desquels il peut être condamné par corps. C. pr. 603; C. civ. 2060; — pourvu qu'ils s'élèvent au moins à 300 fr., — si les objets saisis ont produit des fruits ou revenus, il est tenu d'en compter, même par corps. C. pr. 604. — V. d'ailleurs *Emprisonnement*, n° 41 et 71.

163. Mais la contrainte ne peut être prononcée pour la représentation des meubles saisis par ordonnance rendue sur requête (—V. *Saisie-Revendication*), et le gardien est recevable à se pourvoir immédiatement par voie d'appel contre une semblable ordonnance. Nîmes, 11 août 1812, D. 11 659, n°. 1.

164. La soustraction des objets saisis faite par le gardien, quand même il serait le fils, le conjoint du saisi, son père ou sa mère, ou le saisi lui-même, constitue un vol commis par abus d'une confiance nécessaire, et est frappée de la peine prononcée par l'art. 400 C. pén. de 1832 (art. 436 J. Pr.).

165. Le gardien est aussi responsable des détériorations survenues par sa faute. Cass. 31 janv. 1820, S. 20, 231; Berriat, 535, note 37.

166. La responsabilité envers le saisissant est limitée à la valeur de la créance pour le paiement de laquelle la saisie a été faite. Rennes, 19 nov. 1813, D. *ib.* 659.

Elle ne s'étend pas aux sommes à raison desquelles le saisissant n'a fait que des réserves dans le commandement : ces réserves ne constituent pas une demande. *Même arrêt.*

Le gardien n'est pas responsable vis-à-vis des créanciers opposans qui n'ont pas fait de récolement : la saisie leur est entièrement étrangère; ils doivent s'imputer de n'avoir pas usé des moyens que la loi leur offrait; leur opposition ne porte que sur les deniers de la vente. C. pr. 609; Carré, n° 2063; Pigeau, 2, 101. — V. d'ailleurs *inf.* n° 224 et suiv.

167. Le gardien ne peut exciper contre le procès-verbal de saisie des moyens de nullité relatifs à la partie saisie : ils ne sont point établis en sa faveur. *Même arrêt.*

168. Le procès-verbal constatant la non reproduction par le gardien des effets saisis n'étant point un exploit, mais un simple acte constatant le refus de ce dépositaire, ne doit pas lui être signifié : l'art. 68 C. pr. ne s'applique pas à cet acte, Besançon, 22 mars 1809, P. 7, 458.

169. Le bénéfice de *cession* est refusé au gardien infidèle.— V. ce mot, n° 6.

170. L'action du saisissant contre le gardien dure 30 ans; — toutefois, le gardien peut avant ce temps demander sa décharge dans le cas des art. 605 et 606. Nîmes, 20 déc. 1820, S. 22, 147. —V. *inf.* n° 172.

171. Le devoir du gardien se bornant à conserver les choses commises à sa garde, ce devoir cesse au jour de la vente; et même aussitôt après le transport des meubles qui lui est étranger; c'est l'huissier qui le fait effectuer; il n'est donc tenu à représenter les effets saisis qu'au lieu où ils lui ont été confiés. Tar. 38; Duparc-Poullain, 10, 603; Carré, n° 2088; Delaporte, 2, 197.

172. Il a la faculté de demander sa décharge si la vente n'est point faite au jour fixé, à moins qu'elle n'ait été empêchée par quelque obstacle; auquel cas la décharge ne peut être demandée que deux mois après la saisie, sauf au saisissant à faire nommer un autre gardien. C. pr. 605.

173. Cette décharge est demandée contre le saisissant et le saisi par une assignation en référé devant le juge du lieu de la saisie. C. pr. 606.

174. Cette assignation est donnée au domicile réel du saisissant. Poitiers, 25 fév. 1834, S. 34, 672. —V. *sup.*, n° 68.

175. Si la décharge est accordée, il est préalablement procédé au récolement des effets saisis. C. pr. 606.

176. Le saisi et le saisissant sont sommés d'y assister. C. pr. 606; Tar. 29; Chauveau, *Tarif*, 2, 126.

177. L'huissier, sans assistance de témoins, dresse un procès-verbal par lequel il constate qu'il a retrouvé tous les objets détaillés dans la saisie, ou qu'il a trouvé *en déficit* tels ou tels objets qu'il décrit. Il laisse copie de ce procès-verbal au gardien déchargé et au nouveau gardien, qui reçoit en même temps copie de la saisie. Tar. 35; — enfin au saisissant et au saisi. Favard, 32, Berriat, 535, note 41; Carré, n° 2064; Chauveau, *Tar.* 2, 127. — *Contrà*, Pigeau, 2, 97.

178. Les frais de changement du gardien sont avancés par le saisissant, sauf remboursement sur le prix de la vente comme frais de justice. Si le saisissant ne poursuit pas l'établissement d'un nouveau gardien dans le délai fixé par le juge, l'ancien gardien peut poursuivre lui-même cet établissement à ses frais et avances, il lui en est délivré exécutoire contre le saisissant, ainsi que des frais de garde, d'après le taux fixé par l'art. 34 Tar. Demiau, 402.

179. Lorsque la saisie est faite hors du domicile du saisi, le salaire du gardien ne court que du jour de la notification de la saisie au débiteur, quand cette notification est faite après le délai légal (C. pr. 602); d'où il résulte que si elle a été faite dans ce délai, le salaire court du jour de la saisie comme dans le cas où elle aurait eu lieu au domicile même du saisi.

Sous l'ordonn. de 1667, ces frais cessaient au bout d'une année, parce qu'après ce terme le gardien était déchargé de plein droit et ne pouvait plus être considéré que comme gardien volontaire. — Mais aujourd'hui les frais de garde doivent être alloués au gardien jusqu'à sa décharge. Bourges, 19 août 1825, S. 27, 215.

Dans l'espèce, la C. a ordonné que les frais de garde seraient taxés, conformément au tarif, du 10 mai 1810 au 27 avr. 1823. Bien que les héritiers du saisi soutinssent que la garde effective ne s'était pas prolongée pendant toute cette période. — Nous pensons au contraire que les frais auraient pu par ce motif être réduits.

180. Le gardien n'a droit à un salaire que tout autant qu'il a veillé avec soin à la conservation des objets confiés à sa garde. — Jugé en conséquence que s'il laisse détourner tout ou partie des objets saisis, il n'a droit à aucune indemnité, même en tenant compte de la valeur des objets détournés. Bordeaux, 21 déc. 1827, S. 30, 167. — Cette décision serait modifiée par les circonstances, par exemple si une étable où seraient des bestiaux ne fermait point à clef, ou si le défaut de fourrage obligeait le gardien d'envoyer les animaux pacager au loin dans les champs. Poitiers, 20 janv. 1826, ch. 30, 242.

181. Si le prix de la vente est insuffisant pour payer le salaire du gardien, il exerce son recours contre le saisissant et ceux des opposans qui sont devenus parties dans la saisie (—V. *inf.* n° 204); sauf à ceux-ci à se faire rembourser par le saisi : les frais de garde sont un accessoire de la dette; il en est autrement si la saisie a été annulée. Pigeau, *Com.*, 2, 192.

182. Ce n'est pas au juge-de-paix, mais au trib. chargé de l'exécution du jugement en vertu duquel la saisie a été faite, qu'il appartient de connaître d'une demande en paiement de frais de garde, bien que la somme réclamée n'excède pas 100 fr. Arg. C. pr. 553. Cass. 28 mai 1816, S. 17, 70.

183. Cette demande peut être considérée comme requérant célérité; et être soumise à la chambre des vacations. *Ib.*

184. Ces frais de garde sont supportés par le saisissant et les créanciers parties à la saisie (—V. *inf.* n° 204), — solidairement vis-à-vis du gardien. Arg. C. civ. 2002; — et par portions égales entre eux (Arg. C. pr. 793), et non pas en proportion de leurs créances.

Si le gardien est convenu avec le saisissant d'un salaire plus considérable que celui alloué par le tarif, l'excédant des frais alloués doit être mis à sa charge. Thomine, 2, 118.

185. En cas de nullité de la saisie prononcée sur la demande d'un tiers (C. pr. 608), ou même du saisi, le gardien ne peut réclamer son salaire que contre le saisissant; c'est dans son seul intérêt qu'il a été établi, et choisi par lui (C. pr. 590). C'est envers lui seul qu'il est responsable. Chauveau, *Tarif*, 2 23; Bordeaux, 17 mars 1831; S 31, 282 — cet arrêt a reconnu au gardien le droit de former tierce-opposition au jugement qui prononçait la nullité de la saisie. Dans l'espèce, le gardien avait fait des dépenses pour la conservation de la chose, et son intérêt dans la saisie était distinct de celui du saisissant.

Ce même arrêt refuse au gardien le bénéfice de l'art. 2102 n° 3, C. civ. pour les frais qui ont servi à la conservation de la chose saisie; ces dépenses, de même que les frais de garde ne sont en effet, devenus nécessaires que parce qu'une saisie a été faite, laquelle étant du fait du saisissant doit faire retomber sur lui les dépenses qui en ont été la suite. Arg. C. civ., 1962.

Le gardien n'a donc pas le droit de retenir les objets saisis jusqu'à ce qu'il soit remboursé de ses dépenses, ni, à plus forte raison de ses frais de garde.

186. Jugé que les règles de compétence et de procédure établies pour les instances relatives à des droits dus à la régie des domaines s'appliquent à l'instance engagée entre la régie et un gardien judiciaire, sur la taxe du salaire de celui-ci, pour garde des meubles saisis sur un redevable par suite d'une contrainte. La taxe est ici l'accessoire qui suit le sort du principal. L. 27 vent. an 9, art. 17; les art. 61, 93 et 162 C. pr. ne sont point applicables : l'art. 65 L. 22 frim. an 7 l'est seul en ce cas. Cass. 23 août 1830, D. 30, 522.

187. L'opposition à l'ordonnance du président qui taxe le salaire du gardien judiciaire est portée, non devant ce magistrat, mais devant le trib. dont il fait partie. Les art. 543 et 544 C. pr. et le décret du 16 fév. 1807, en attribuant la liquidation des dépens à un des juges qui ont assisté au jugement, confèrent au trib. la connaissance de l'opposition dont cette liquidation serait frappée. *Même arrêt.*

188. Le gardien n'est pas révocable à volonté par le saisissant comme un simple mandataire : il est dépositaire de justice, et à moins qu'une des qualités requises en lui ne vienne à lui manquer, il doit être maintenu nonobstant la demande du saisissant. Bordeaux, 26 nov. 1828, D. 29, 59.

189. En cas de décès du gardien, ses héritiers sont tenus de prévenir le saisissant et de pourvoir, en attendant l'établissement d'un nouveau gardien, à la conservation des objets saisis. Arg. C. civ. 2010.—Mais ils ne succèdent pas aux fonctions de gardien.

190. L'huissier est-il responsable envers le saisissant ou le saisi (C. civ. 1962 2°) de la solvabilité du gardien qu'il a choisi?

L'affirmative a été jugée sans distinction. Paris, 20 août 1825, Requêtes rejet, 18 avr. 1827, S. 27, 195; Pothier, *Pr. civ.*, 4e partie, ch. 2, art. 5, § 1. — *Contrà*, Rennes, 8 janv. 1834, S. 34, 616.

Mais on dit avec raison : lorsque Pothier écrivait, la garde était regardée comme une fonction publique, on ne pouvait la refuser sans motifs; c'était la faute de l'huissier s'il ne choisissait pas un gardien solvable. Aujourd'hui, c'est au saisi de présenter lui-même un gardien, et à défaut par lui de le faire, l'huissier est tenu d'en établir un. Il est forcé de le prendre dans une classe d'hommes qui, par besoin, se livrent à ce métier. Comment l'obliger à répondre d'un homme qu'il prend en quelque sorte par nécessité? Il suffit, ce nous semble, qu'on ne puisse reprocher à l'officier ministériel ni connivence, ni fraude, ni négligence grave pour qu'il soit à l'abri de toute responsabilité. Caen, 12 déc. 1826; Poitiers, 7 mars 1827, S. 27, 113 et 137; Rouen, 5 déc. 1831, 1er juin, 8 août 1832, S. 33, 434; *Cassation*, 24 avr. 1833, S. 33, 413; Pigeau, *Comm.* 2, 189; Thomine, 2, 121.—Ce sera aux tribunaux à apprécier les circonstances.

191. Le saisissant est-il responsable de la gestion du gardien? — V. *Huissier*, n° 186.

192. L'huissier chargé d'une saisie n'est jamais responsable envers le saisi des faits de l'huissier qui lui est substitué, encore bien que l'huissier substitué n'ait agi que par ordre, pour compte et sous la direction de son confrère. Orléans, 19 nov. 1821, S. 22, 157.

193. En cas de saisie d'animaux et ustensiles servant à l'exploitation des terres, il peut être établi un gérant à l'exploitation. C. pr. 594; — cette mesure a pour but d'empêcher l'interruption des travaux de l'agriculture.

Il y a même raison de l'appliquer à l'égard des moulins, pressoirs et usines, lorsqu'on en saisit les ustensiles. Pigeau, 2, 92; Lepage, *Quest.* 403; Carré, n° 2048; Favard, 5, 27; Thomine, 2, 110.

194. La demande d'un gérant est formée par le saisissant. C. pr. 594; — elle pourrait l'être également par le saisi ou le propriétaire de la ferme. Lepage, 404; Dalloz, 660.

Dans le premier cas, elle est dirigée contre le propriétaire et le saisi. C. pr. 594; — dans le second, contre le saisissant et le propriétaire, ou contre le saisissant et le saisi.

195. Elle est soumise au juge de paix du lieu où la saisie est pratiquée. C. pr. 594; — l'opportunité de la mesure est abandonnée à son appréciation; — la sentence est susceptible d'appel. Hautefeuille, 334.

196. Les obligations du gardien s'appliquent au gérant nommé en vertu de l'art. 594. Carré, n° 2049; Pigeau, *Comm.* 2, 92.

§ 6. — *Des obstacles à la saisie ou à la vente; Jugement des incidens.*

197. *Portes fermées, voies de fait.* Si l'huissier trouve les portes fermées ou éprouve de la résistance, il procède de la manière indiquée *sup.* n°s 111 à 120 et 137.

198. *Procès verbal de carence.* Lorsqu'il ne rencontre aucun objet saisissable, il dresse un *procès-verbal de carence.* — V. ce mot.

199. *Saisie précédente.* Lorsque l'huissier se présentant pour saisir trouve une saisie déjà faite et un gardien établi, il ne peut saisir de nouveau, mais seulement procéder au récolement des meubles et effets sur la copie du procès-verbal que le gardien est tenu de lui représenter. C. pr., 611; — dans ce cas, il ouvre son procès-verbal comme s'il devait saisir, puis, à l'endroit où il aurait décrit les objets saisis, il constate que tel individu lui a déclaré être constitué gardien à une précédente saisie, etc., et qu'en conséquence il a procédé au récolement; il saisit les objets omis, il en ajoute la description à la suite de la partie de son procès-verbal, où il a constaté le récolement, et il le rédige dans la forme prescrite pour la saisie-exécution (*Ib.*). Il confie au même gardien les effets omis dans la première saisie. Carré, n° 2081.

Le procès-verbal de récolement doit être signé par le gardien et par le saisi, dans le cas de saisie plus ample; autrement cet acte n'est plus qu'une simple opposition qui n'a aucun des caractères de la saisie (— V. *inf.*, n° 204); Demiau, 404.

Si, pour augmenter son salaire, l'huissier récolant réfère des objets déjà saisis, il doit être réduit selon l'art. 36 Tar.

200. En outre, l'huissier fait sommation au premier saisissant de vendre *dans la huitaine* tous les objets saisis. C. pr., 611. — V. *inf.* n° 258.

201. C'est dans le procès-verbal même qu'est faite cette sommation. Arg. Tar. 36; Carré, n° 2079.

202. Le procès-verbal d'une seconde saisie dressé par un huissier auquel le gardien, établi à une première saisie la laisse ignorer, n'est pas nul, il vaut comme simple procès verbal de récolement, quelle que soit l'époque du cours de l'instance à laquelle le deuxième saisissant ait été légalement instruit de la première saisie. Limoges, 18 déc. 1813, D. 11, 654. — V. *sup.* n° 199

203. Le procès-verbal de récolement est notifié : 1° au saisissant (à son domicile réel. — V. *sup.*, n° 68) ; — 2° au saisi ; 3° au gardien, s'il y a saisie d'effets omis. Tar. art. 36. La notification est de droit toutes les fois que la loi n'en dispense pas. Arg. C. civ. 1259-4°, — *Contrà*, Pigeau, 2, 104, — si le saisissant et le saisi y ont assisté.

204. Ce procès-verbal emporte opposition sur les deniers de la vente (C. pr. 611), et rend le créancier, à la requête duquel il est fait, partie dans la saisie.

205. Le gardien qui ne représente pas à l'huissier son procès-verbal de saisie, perd ses frais de garde. Thomine, 2, 128.

206. Jugé que, dans le cas où la première saisie a été faite sans établissement de gardien, le second saisissant peut procéder à la vente des objets déjà saisis. Caen, 10 avr. 1827, S. 28, 205.

207. A quel domicile est faite cette sommation au saisissant? — V. *sup.* n°s 68 et 203.

208. Faute par le saisissant de faire vendre dans le délai de huitaine (— V. *sup.* n° 200), tout opposant ayant titre exécutoire peut, sommation préalablement faite au saisissant, et sans former aucune demande en subrogation, faire procéder au récolement des effets saisis, sur la copie du procès-verbal de saisie que le gardien est tenu de représenter), et de suite à la *vente*.

C. pr. 612; — il n'est point donné copie de ce procès-verbal. Tar. 37.

209. Toutefois, la vente ne peut avoir lieu qu'après l'accomplissement des formalités prescrites pour lui donner de la publicité (— V. *inf.*, n° 281 et suiv.); Carré, n° 2082.

210. La saisie annulée conserve-t elle néanmoins ses effets à l'égard des opposans ou de ceux qui ont récolé? — Plusieurs systèmes ont été présentés.

1er *Système* : Si la procédure est annulée pour défaut de forme, elle est, à l'égard de tous, considérée comme si elle n'avait pas eu lieu; elle n'est en effet devenue commune aux opposans qu'avec les vices dont elle était entachée, Carré, n° 2067; Berriat, 536, note 47. — Vainement on oppose l'art. 796 C. pr., qui maintient en faveur des recommandataires les incarcérations annulées pour vices de forme (Pigeau, 2, 104, n° 5); — il n'y a point parité entre ces deux cas, les recommandations doivent être faites avec les formalités prescrites pour l'emprisonnement même, et les oppositions au contraire n'ont point lieu avec les formalités de la saisie. Favard, *ib.* §, n° 5.

2e *Système* : Si la saisie est déclarée nulle pour toute autre cause qu'un vice de forme, — par exemple, pour défaut de créance, elle est bien nulle à l'égard du saisissant originaire, mais la procédure qui est régulière ne laisse pas d'avoir son effet en faveur des autres créanciers opposans auxquels elle est commune. Rodier et Jousse, art. 12, t. 33, Ordon. 1667; Berriat, 536, note 47; Carré, n° 2067, aux notes; — mais il faut que ces créanciers opposans aient un titre exécutoire pour pouvoir continuer les poursuites. Arg. C. pr. 551, 612. — Les opposans qui n'ont pas récolé sont étrangers à la procédure. Pothier, *Procéd.*, 4e p., art. 6, § 2, ne distingue pas, et enveloppe toutes les oppositions avec ou sans récolemens dans la nullité de la saisie.

La distinction proposée par ces deux systèmes n'est applicable qu'aux simples créanciers opposans. — Mais ceux qui ont fait dresser un procès-verbal de saisie avec récolement ne peuvent être victimes du défaut de régularité de la première saisie, leur procès-verbal vaut nouvelle saisie, leur droit devient indépendant du premier saisissant. Thomine, n° 679.

211. Le saisissant peut donner main-levée de la saisie contre le gré de l'opposant dépourvu de titre exécutoire (Arg. pr. 612 et 696); ce dernier ne serait point fondé à former une saisie-arrêt entre les mains du gardien : celui-ci ne peut pas être assimilé à un tiers détenteur; cette saisie-arrêt équivaudrait à une saisie-exécution qui n'est pas permise à ce créancier. Pigeau, *Com.*, 2, 202, n° 2; Chauveau, 19, 476, aux notes.

212. *Opposition du saisi.* Les réclamations du saisi sont ordinairement fondées sur l'extinction de la dette, par paiement, prescription ou autrement, sur des exceptions tirées de la non échéance du terme, du défaut de qualité, des vices de forme de la saisie, etc. Berriat, 536, note 47.

213. L'huissier doit passer outre à la saisie, malgré ces réclamations. C. pr. 607; — lors même que le saisi lui présenterait une quittance de la dette pour laquelle on exécute, ou une saisie arrêt faite entre ses mains; dans ces cas il assigne le saisissant en référé (C. pr. 607; Carré, n° 2066): la quittance est sujette à contestation, l'opposition peut avoir été levée. — *Contrà,* Delaporte, 2, 188. — Cet auteur pense que l'huissier doit s'arrêter sur l'exhibition de la quittance.

La vente même des objets saisis passée à un tiers, si elle n'a pas date certaine avant la saisie, est présumée frauduleuse et n'arrête pas les poursuites. Berriat. 538. note 58.

214. Mais l'huissier doit suspendre les poursuites, lorsque le saisi obtient sur référé une ordonnance de sursis. Berriat, 536, n° 47; — ou déclare former opposition au *Jugement par défaut* (V. ce mot n° 198), en vertu duquel on procède; — ou bien exhibe l'acte d'*appel* (V. ce mot, n° 214) du jugement en vertu duquel on agit; — si toutefois, dans ces deux derniers cas, l'exécution provisoire n'a pas été ordonnée.

L'opposition, fondée sur la nullité du jugement qui sert de titre à la saisie, est valablement formée par requête signifiée à avoué dans l'année de la prononciation de ce jugement (Arg. C. pr. 1038); passé ce temps, elle doit l'être par exploit (Berriat; 537, note 47), qui peut être notifié au domicile élu dans le commandement. Arg. C. pr. 584. — V. *sup.*, n° 67.

215. Une saisie pratiquée en vertu d'une *ordonnance* sur la requête du président est susceptible d'opposition (— V. ce mot, n° 9) devant le trib. et non pas directement attaquable par appel. Arg. Metz, 24 nov. 1819, P. 15, 574.

216. La renonciation du saisi à faire valoir les vices d'un procès-verbal de saisie, le rendent non-recevable à attaquer plus tard cette saisie. Bruxelles, 23 pluv. an 9, D. 5, 332.

Mais le débiteur n'est point réputé avoir acquiescé à la saisie de ses meubles par cela seul que sa femme a offert un gardien à l'huissier, il n'y a là qu'une mesure conservatoire, qui d'ailleurs n'est pas du fait du saisi lui-même. Lyon, 26 déc. 1832; Chauveau, 44, 189.

217. La contestation est soumise au tribunal de 1re instance. Arg. C. pr. 608.

218. Encore bien que la saisie ait été faite : — 1° en vertu d'un acte émané de l'autorité administrative : elle ne peut avoir lieu que suivant les conditions prescrites par le C. pr.

dont l'application n'appartient qu'aux trib. civ. Sauf à l'autorité administrative le droit d'examiner le mérite et la légalité des actes émanés d'elle, par exemple, de décider si tel arrêté est ou n'est pas un titre exécutoire. Bruxelles, 26 mai 1810, 13 févr. 1811, S. 11, 50 et 324.

2° Ou en vertu d'un jugement arbitral rendu exécutoire par le président du trib. de comm. Arg. C. pr. 442; Rennes, 13 déc. 1809, P. 7, 922.

219. Un trib. saisi d'un référé renvoyé à l'audience ne peut statuer sur le fond de la contestation, et prononcer la nullité d'une saisie effectuée : ce serait préjudicier au principal (C. pr. 809). Paris, 18 sept. 1812, P. 10, 727.

220. La contestation est soumise au trib. de 1re inst. du lieu de la saisie. Arg. C. pr. 608; Ordonn. 1667, tit. 33, art. 1; Arg. Cass. 10 déc. 1807; Jousse, *ib.*, *Rép.*, v° *Domicile élu*, § 1; Carré, art. 584, aux notes; Pigeau, 2, 39; Berriat, 2, 537, aux notes. Paris, 13 pluv. an 13, S. 7, 2, 191. Arg. Bruxelles, 3 mai 1821, P. 16, 577.

— V. d'ailleurs *sup.*, nos 55 et 80.

221. Jugé même que celles élevées sur une saisie-exécution faite en vertu d'un arrêt de C. roy. doivent être portées devant le trib. de 1re inst, du lieu de la saisie : il y a, dans ce cas, attribution spéciale de juridiction. Arg. C. pr. 472, 608; Montpellier, 13 août 1810, D. *ib.* 655.—Dans l'espèce, l'arrêt n'avait prononcé que sur une exception opposée à l'obligation, d'ailleurs reconnue, qui avait donné lieu à la saisie. Berriat, 537, note 47, n° 5; Coffinières, Chauveau, 19, 412. — Et non pas directement devant la C. Roy. — *Contrà*, Paris, 14 avr. 1807, S. 15, 174; Nîmes, 24 août 1812, P. 10, 674. — V. *Appel*, n° 393.

222. Quant à la détermination du taux du dernier *ressort*. — V. ce mot, n° 123 à 127.

223. La nullité d'une saisie prononcée n'entraîne de dommages-intérêts à payer au saisi qu'autant qu'il a éprouvé un préjudice par le déplacement des meubles ou autres circonstances. — Spécialement il n'est pas dû de dommages-intérêts au capitaine de navire es-mains duquel une saisie a été formée, lorsque l'instance en validité n'apporte aucun retard au départ du navire. Rennes, 28 déc. 1820, P. 16, 275.

224. *Opposition des créanciers du saisi.* Les créanciers du saisi, pour quelque cause que ce soit, même pour loyers, ne peuvent former opposition que sur le prix de la vente. C. pr. 609.

225. Ainsi, le propriétaire locateur ne peut exercer son privilége sur le prix des meubles garnissant sa maison louée qu'en suivant cette forme. C. pr. 609, 610, 660 et 661.— Il le perd si, avant toute opposition de sa part, le prix a été remis aux créanciers saisissans ou opposans. Bruxelles, 10 juin 1833; Chauveau, 46, 247. — Il ne jouit pas d'un plus long délai pour la former que les autres créanciers. *Même arrêt.*

226. L'opposition est utilement pratiquée avant ou depuis la vente, tant que le prix n'est pas distribué. Arg. C. pr. 609, 659, 660 ; — elle peut donc n'être dénoncée au saisissant que postérieurement à la vente. Liége, 14 avr. 1823, D. *ib.* 663; Carré, n° 2063; Pigeau, 100. — V. *Distribution*, n° 132 et *Saisie-arrêt.*

227. L'opposition est régulièrement formée sans titre et sans permission du juge. Arg. C. pr. 926 (—V. *Scellés*); Carré, n° 2077, Arg. Tar. 29, 77 comb.—Par conséquent n'est point passée en taxe la requête présentée au juge pour obtenir cette permission. — *Contrà*, Pigeau, 2, Arg. C. pr. 558.

228. Mais elle doit indiquer pour quelle cause elle est faite. C. pr. 609.

229. Elle est signifiée au domicile réel du saisissant. — V. *sup.* n° 68. — *Contrà*, Bruxelles, 7 mai 1822, D. 11, 662, n° 2, qui admet la signification au domicile élu dans le commandement ; — et à l'officier chargé de la vente, avec élection de domicile dans le lieu où la saisie est faite, si l'opposant n'y est pas domicilié ; le tout à peine de nullité de l'opposition, et des dommages-intérêts contre l'huissier, s'il y a lieu. C. pr. 609; — au reste, peu importe que l'huissier se soit servi du mot *dénoncé*, au lieu de celui *signifié*. Liége, 14 avr. 1823, D. *ib* 663.

L'huissier qui a fait la saisie peut aussi recevoir l'opposition sur son procès-verbal de saisie; il se trouve averti, ainsi que le saisissant, sans signification. Pothier, *Procéd.*, 4e p., ch. 2, art. 6, § 2; Thomine, 2, 126.

230. L'opposition ne doit être ni dénoncée, ni contre-dénoncée, ni suivie de demande en validité : une pareille procédure serait frustratoire. Chauveau, *Tarif*, 2, 128.

231. Le créancier opposant ne peut faire de poursuite que contre la partie saisie pour obtenir condamnation (C. pr. 610), et par suite acquérir une hypothèque. C. pr. 2123 (—V. toutefois *Action*, n° 76) ; il est libre d'attendre la distribution des deniers, lors de laquelle il poursuit sa collocation et répond aux contestations qui peuvent être élevées.

Réciproquement il n'est fait aucune poursuite contre lui, sauf à discuter les causes de son opposition à la même époque. C. pr. 610.

232. Toutefois, l'art. 610 ne défend pas aux opposans de surveiller la procédure d'opposition aux poursuites formées par le saisi, et même d'intervenir de leur chef dans l'instance, s'il y avait, par exemple, de la lenteur dans les poursuites du saisissant, ou concert frauduleux entre les deux parties.

233. Il y a même motif d'admettre l'intervention des créanciers du saisissant dans l'instance d'opposition (Arg. C. civ. 1166); ils peuvent donc exercer également les actions de leur débiteur, et faire les poursuites de la saisie et la vente des objets saisis, en cas de refus ou négligence du saisissant, après la sommation de droit. Ces frais ne sont pas à la charge du saisi, mais à celle du saisissant. Demiau, 405.

234. Le trib. compétent pour connaître des contestations élevées contre des opposans est celui de leur domicile; il s'agit en effet d'une instance principale (Arg. C. pr. 567); l'élection de domicile, exigée par l'art. 609, n'a pour objet que la sommation qui est faite à chaque créancier opposant de produire ses titres, pour la *distribution par contribution*.—V. ce mot, n° 44.

235. *Demande en distraction.* Ceux qui se prétendent propriétaires de tout ou partie des objets saisis peuvent les revendiquer. C. pr. 608. —V. *Saisie-revendication*, *Faillite*.

236. Ils ont le droit de s'opposer à la vente. C. pr. 608.

Pourraient-ils également s'opposer à la saisie, ou du moins empêcher l'huissier d'y comprendre les objets revendiqués? Pour l'affirmative on dit : il est plus simple de prévenir le mal que de le réparer; l'art. 608 C. pr. qui accorde la faculté de s'opposer à la vente n'est point exclusif du droit d'opposition à la saisie : la voie du référé suffit dans ce dernier cas. Arg. C. pr. 607. Lepage, *qu.* 406; Thomine, n° 676.— Le tiers revendiquant peut agir par voie d'action en nullité, lorsque la saisie a été pratiquée dans son domicile. Bordeaux, 31 août 1831, S. 32, 17.

Pour la négative on répond : la saisie est une simple mesure conservatoire qui ne porte point préjudice aux tiers : les admettre à demander la nullité de la saisie, ce serait leur reconnaître un droit qui n'appartient qu'au saisi. La femme qui se prétend propriétaire des meubles saisis sur son mari ne peut pas demander la nullité des poursuites; elle n'a que l'action en revendication, ou la voie d'opposition à la vente (—V. *inf.*, n° 240); Bruxelles, 3 juill. 1809, S. 15, 175; Carré, n° 2075.

237. Toutefois, si un tiers prétend que la partie saisie habite chez lui, et que tout le mobilier saisi lui appartient, il peut interdire l'entrée de son appartement à l'huissier. Carré, n° 2072; — ce dernier fait alors prudemment d'établir un gardien aux portes, et de se transporter de suite en référé avec le tiers pour faire statuer sur le mérite de l'opposition. Dalloz, *ib.* 653.

238. Dans ce cas, et lorsqu'il est établi que la partie saisie a une habitation commune avec le tiers qui revendique les objets saisis comme lui appartenant, ce tiers est tenu de prouver qu'il en est réellement propriétaire. C. pr. 608. Arg. Rennes, 4 août 1815, P. 13, 29.

Le mobilier est présumé appartenir à celui qui a loué. — Mais cette présomption tombe devant la preuve contraire.

239. La revendication est utilement formée tant que la vente n'a pas eu lieu. Arg. C. pr. 608. — V. d'ailleurs *inf.*, n° 319.

Mais si elle n'est faite qu'après l'apposition des placards (— V. *inf.* n° 281), le revendiquant, dont la propriété serait reconnue, doit néanmoins supporter les frais d'affiches et de publications, comme peine de son peu de vigilance. Arg. C. civ. 790.

240. L'opposition s'effectue au moyen d'un exploit signifié au gardien (avec injonction de ne souffrir ni l'enlèvement ni la vente des objets réclamés, jusqu'à ce qu'il ait été statué sur la revendication).

L'exploit est dénoncé au saisissant et au saisi, la loi n'indiquant point de délai pour cette dénonciation et ne prononcant aucune nullité, on a validé la dénonciation faite au saisi postérieurement à celle faite au saisissant, mais avant le jugement rendu sur l'opposition. Grenoble, 21 fév. 1832, S. 33, 28.

L'exploit contient assignation libellée et l'énonciation des preuves de propriété, à peine de nullité. C. pr. 608.

241. Toutefois, l'énonciation des preuves de propriété n'est indispensable que dans la dénonciation au saisi et au saisissant, et non dans l'exploit signifié au gardien; eux seuls ont besoin de connaître ces preuves; le gardien reste étranger à l'instance. Metz, 19 juin 1819, S. 20, 31.

Le but de la loi est atteint, si le revendiquant déclare que les objets par lui réclamés lui appartiennent comme les ayant recueillis dans la succession de *telle* personne, par exemple en vertu de *tel* testament, ou comme les ayant acquis du saisi par des actes passés entre eux, ou par des procès-verbaux de ventes publiques. Rennes, 17 déc. 1811, P. 9, 781; — sauf aux adversaires à discuter devant le trib. le mérite de la prétention. Bordeaux, 19 juill. 1816, S. 17, 396.

242. Si c'est la femme du saisi qui se prétend propriétaire, elle doit justifier de sa propriété par titres authentiques ou privés ayant date certaine avant les poursuites. Paris, 6 fruct. an 2, S. 7, 2, 1052. Arg. C. civ. 1328; Pigeau, 91 et 92; *Comm.* 2, 197. — Suivant cet auteur, la règle qu'en fait de meubles possession vaut titre (C. civ. 2279) souffre exception en faveur des créanciers du mari, qui autrement pourrait les frauder en mettant ses meubles sous le nom de sa femme. — V. *sup.* n° 238.

Si la femme ne réclame qu'une partie du mobilier, l'huissier saisit le surplus sur le mari.

Il peut aussi saisir s'il soupçonne qu'il n'y a pas identité entre les meubles réclamés et ceux désignés dans les titres, sauf à être statué ensuite ce qu'il appartiendra. Pigeau, 2, 92.

Dans le cas de *faillite* du mari. — V. ce mot, n°s 481 à 484.

243. Nulle réclamation ne doit être écoutée de la part d'un tiers si les formalités indiquées *sup.* n° 240 n'ont été remplies préalablement. Paris, 13 janv. 1814, D. 11, 664, n° 3.

244. L'assignation doit être signifiée au domicile réel du saisissant (—V. *sup.* n° 68). — *Contrà*, Thomine, n° 673. — Cet auteur admet la validité de la signification au domicile élu dans le commandement.

245. Le délai pour comparaître sur l'assignation est réglé par les art. 72 et 1033 C. pr. Besançon, 30 avr. 1814, P. 12, 193.

246. Les formalités prescrites au titre de la *Saisie-revendication*. C. pr. 826 et suiv. ne sont point applicables au cas de la demande en distraction d'objets saisis. Cette dernière est incidente à une procédure principale, l'autre est une voie principale d'exécution. Conséquemment, l'autorisation du président n'est pas nécessaire pour former une demande en distraction d'objets saisis.

247. Le revendiquant n'est pas tenu d'appeler en cause les créanciers opposans, mais ceux-ci ont droit, s'ils le jugent à propos, d'intervenir à leurs frais; ils ont intérêt à ne pas laisser diminuer la quantité des objets saisis. Demiau, 403; Carré, n° 2074; Pigeau, *Comm.*, 2, 198.

248. La demande en revendication est jugée par le trib. civ. du lieu de la saisie, comme en matière sommaire. C. pr. 608;

Peu importe que les meubles revendiqués aient été saisis à la requête d'un percepteur; la revendication de ces meubles par un tiers constitue toujours une question de propriété de la compétence des trib. civils. Décr. 16 sept. 1806, S. 14, 409.

249. La validité ou l'invalidité de la poursuite de saisie étant tout-à-fait étrangère au revendiquant, celui-ci ne peut exciper contre la saisie d'aucun vice de procédure. Bruxelles, 3 juill. 1809, D. *ib.* p. 662.

250. Si la revendication est admise, le jugement qui y fait droit est signifié au saisissant, à la partie saisie et au gardien, avec défense de procéder à la vente, soit de la totalité, soit de partie des objets saisis.

Si, au contraire, la revendication est rejetée, le demandeur peut, suivant les circonstances, être condamné à des dommages-intérêts envers le saisissant. C. pr. 608; —le jugement de rejet lui est signifié ainsi qu'au gardien. Favard, *hoc verbo*, § 3, n° 2.

251. La demande en revendication des objets saisis doit-elle être jugée en premier ou en dernier *ressort?* — V. ce mot, n° 126.

252. — L'exécution provisoire d'un jugement qui rejette une demande en revendication d'objets mobiliers régulièrement saisis, peut être permise, lorsque le saisissant a des titres authentiques contre le saisi, encore bien qu'il n'en ait aucun contre le demandeur en revendication, et alors surtout que ce dernier n'a aucunement justifié sa demande. Bordeaux, 5 mars 1831, S. 31, 224.

253. La nullité de l'action en revendication prononcée pour inobservation des formalités ne prive pas le réclamant du droit de la renouveler avant la vente; l'art. 609 prononce la peine de nullité, mais non celle de déchéance. Thomine, 2, 124.

254. Le saisissant a le droit de faire rétablir sous la saisie les objets qu'il justifie avoir été enlevés, dans quelques mains qu'ils soient passés, en réclamant dans le délai prescrit par l'art. 2279 C. civ. Rennes, 11 juill. 1814, P. 12, 306.

255. Jugé que si un tiers justifie, même après la vente, de sa propriété sur tout ou portion d'un objet saisi, il doit lui être tenu compte, par le saisissant, de la valeur de cet objet. Bruxelles, 12 mars 1816, D. *ib.* p. 661; — déduction faite d'une portion proportionnelle des frais de vente, que le revendiquant supportera à cause de sa négligence. — V. *sup.* n° 239.

256. *Jugement des incidens.* Les tribunaux *civils* sont seuls compétens pour connaître des difficultés qui naissent à l'occasion de la saisie. — V. *sup.* n°s 197 et suiv.

257. Le délai de l'appel d'un jugement rendu sur une demande en distraction de choses mobilières reste soumis à la règle générale de l'art. 443 C. pr.; en l'absence d'une disposition contraire, l'analogie des motifs ne paraît pas suffire pour étendre à ce cas les exceptions posées au titre de la *saisie-immobilière.* — V. ce mot.

§ 7. — *De la vente des objets saisis.*

258. La vente ne peut avoir lieu moins de huit jours après la signification du procès-verbal de saisie au débiteur. C. pr. 613; — ce délai est de rigueur. Carré, n° 2083; Pigeau, *Com.*, 2, 105; Thomine, 2, 130; Biret, 2, 169. — V. d'ailleurs *Saisie-gagerie*, n° 31.

Il est franc. *Mêmes auteurs.* — Ainsi lorsque la signification du procès-verbal de saisie a eu lieu le 1er du mois, on ne peut procéder à la vente avant le 10.

259. Toutefois les objets sujets à dépérissement peuvent être vendus avant l'expiration de la huitaine, en vertu de l'autorisation du juge. Carré, *ib.* note 1.

260. D'un autre côté, le saisissant est libre d'indiquer un délai plus long (Pigeau, *Com.*; Carré, Biret, *ib.*); — à moins qu'il ne survienne de la part d'un autre créancier un récolement qui le force de procéder à la vente immédiatement après la huitaine, à dater de la notification qui lui est faite (C. pr. 611); Carré, *ib.*, aux notes; — ou que le saisi n'exige qu'il soit procédé dans le délai légal, afin d'éviter de plus grands frais de garde. Pothier, *Proc. civ.*, 4e part., chap. 2, art. 7.

261. Ce délai dépasse nécessairement la huitaine, dans le cas de l'art. 620 C. pr. — V. *inf.* n° 287.

262. Il est susceptible d'augmentation à raison des distances. Arg. C. pr. 614; Lepage, 408; Dalloz, *ib.*, 662, n° 1.

263. La vente est valablement faite plusieurs années après le procès-verbal de saisie. — V. *sup.* n° 108 et 179.

264. Si la vente se fait à un jour autre que celui indiqué par la signification, la partie saisie y est appelée avec un jour d'intervalle, outre un jour pour trois myriamètres, en raison de la distance du domicile du saisi et du lieu de la vente. C. pr. 614.

265. On lui signifie à cet effet une sommation à personne ou domicile. Tar. 29. — Si ce domicile est hors du continent français, on se conforme à l'art. 69 9° C. pr.; Lepage, 409; Berriat, 539; Pigeau, 2, 106.

266. Les opposans ne sont pas appelés à la vente. C. pr. 615. — Ils sont suffisamment prévenus par les placards. — V. *inf.* n° 281.

267. En cas de faillite du débiteur intervenue dans le cours de la procédure de saisie et à partir du jugement qui l'a déclarée, la poursuite de vente doit être continuée par les syndics. C. comm. 443. — V. d'ailleurs *Faillite*, nos 76 et 488.

268. Jugé qu'il est permis aux trib. d'ordonner un sursis aux poursuites de vente, lorsque, par suite du décès, il devient nécessaire de constater l'importance du mobilier. Orléans, 28 mai 1812, P. 10, 427.

269. Il ne peut être procédé à la vente qu'après que l'officier qui en est chargé en a fait la déclaration au bureau de l'enregistrement dans l'arrondissement duquel elle a lieu, sous peine de 20 fr. d'amende. Cette déclaration doit contenir les noms, qualités et domicile de l'officier qui la fait, ceux du requérant, ceux de la personne dont le mobilier est mis en vente, et l'indication du jour de son ouverture : la déclaration est datée et signée par l'officier public, et il lui en est fourni une copie, sans autre frais que ceux du papier timbré sur lequel cette copie est délivrée. La copie de cette déclaration doit être transcrite en tête du procès-verbal de vente. LL. 22 pluv. an 7, art. 2, 3, 5, 7 ; et 16 juin 1824, art. 10. — V. *Vente.*

270. L'huissier somme le gardien de se trouver sur le lieu de la saisie, pour faire la délivrance des effets saisis, à peine, pour ce dernier, d'y être contraint par toutes les voies de droit, même *par corps*. C. civ. 2060-4°.

271. La vente est précédée d'un procès-verbal de récolement, qui ne doit contenir aucune énonciation des objets saisis, mais seulement de ceux en déficit, s'il y en a. C. pr. 616. — Ce procès-verbal ne serait pas nul pour contenir plus que ne porte l'art. 616, mais il ne serait passé en taxe que ce qui est indiqué dans cet article. Pigeau, 2, 109.

272. Ce procès-verbal se fait avec l'asssistance de deux témoins ; il n'en est point donné de copie, à la différence du récolement prescrit par l'art. 606. Tar. 37.

273. La vente est faite au plus prochain marché public. C. pr. 617.

Si l'huissier indiquait un marché autre que le plus voisin pour la vente des meubles saisis, la saisie serait nulle, mais seulement à partir de l'acte qui renfermerait cette indication. — L'ordonn. 1667, tit. 23, art. 11 et 19 peut encore être appliquée, le titre de la saisie-exécution offrant des lacunes sur les cas de nullité qu'elle ne prononce nulle part. Coffinières, 5, 242 ; Bruxelles, 12 flor. an 12, S. 7, 1190.

274. Cependant le *tribunal* (Pigeau, 2, 117); — et non pas le président seul (Carré, n° 2087. — *Contrà*, Hautefeuille, p. 339 ; Sudraud, n° 953. — V. d'ailleurs *inf.* n° 275), peut permettre de vendre les effets en un autre lieu plus avantageux. C. pr. 617.

Le jugement portant autorisation intervient sur requête non grossoyée. Tar. 76.

Le saisi n'est point appelé ; le jugement lui est seulement signifié afin d'être présent, si bon lui semble, à la vente au lieu indiqué. Hautefeuillle, 339. — Il ne lui est pas permis, s'il a figuré sans réclamation dans ce jugement, d'en appeler ensuite, en se fondant sur ce qu'il n'est pas propriétaire des objets saisis ; il est à cet égard sans qualité pour réclamer. Paris, 13 janv. 1814, D. *ib.* 661. — V. *sup.* n° 212.

275. Toutefois dans la pratique, le changement de lieu s'obtient fréquemment en *référé*. — V. ce mot, n° 50.

276. On vend souvent, soit dans une salle de vente, soit dans le lieu où sont les objets, lorsque l'on craint des dégradations par suite du transport.

277. Si la permission de vendre ailleurs qu'au plus prochain marché est accordée, les effets saisis y sont transportés, et l'huissier est remboursé des frais dont il fait l'avance, sur les quittances qu'il représente ou sur sa simple déclaration, lorsque les voituriers et gens de peine employés au transport ne savent pas écrire. Ces frais, s'ils sont exagérés, sont réduits par le juge. Tar. 38-1°; — Chauveau, *Tarif*, 2, 133.

278. La vente est faite aux jour et heure ordinaires des marchés, ou un jour de dimanche. C. pr. 617.

279. *Un jour de dimanche.* Ce doit être à une autre heure que celle de l'office divin; autrement le but que le Code s'est proposé, savoir, d'attirer à la vente le plus de monde possible, serait manqué. Si le placard indiquait les heures de célébration, le saisi aurait le droit de s'y opposer et de faire condamner le saisissant aux frais de l'apposition des placards. Thomine, 2, 133.

280. Le trib. peut permettre de vendre à un autre jour que le dimanche. Thomine, 2, 134. — La permission en est obtenue comme il est dit *sup.* n° 274.

281. La vente est annoncée par quatre placards au moins, affichés, le premier au lieu où sont les effets, un second à la porte de la maison commune, un troisième au marché du lieu, et s'il n'y en a pas, au marché voisin; un quatrième à la porte de la justice de paix; et si la vente se fait dans un lieu autre que le marché ou le lieu où sont les effets, un cinquième placard est apposé au lieu où doit se faire la vente. C. pr. 617. — V. d'ailleurs *inf.* n° 287.

282. Les placards indiquent les lieu, jour et heure de la vente, et la nature des objets, sans délai particulier. C. pr. 618.

283. L'huissier n'est pas tenu d'afficher lui-même les placards; — il est libre de se servir d'un afficheur (Tar. 38, § 4), — lors même que les affiches sont manuscrites. Chauveau, *Tarif*, 2, 134. — *Contrà*, Sudraud, n° 198.

284. L'apposition des placards est constatée par exploit auquel est annexé un exemplaire. C. pr. 619. — Par cet acte, l'huissier atteste que l'apposition a été faite aux lieux désignés par la loi. Arg. C. pr. 685. — Il n'en est pas donné copie. Tar. 39.

285. La vente est annoncée en outre par la voie des journaux, dans les villes où il y en a. C. pr. 617. — Il est justifié de cette insertion comme en matière de *vente sur saisie-immobilière.* — V. ce mot.

286. L'inobservation des formalités prescrites par les art. 617, 618 et 619 (— V. *sup.* n°s 281 à 285), n'entraîne pas la nullité de la vente : on ne peut dépouiller des adjudicataires de bonne foi; mais elle soumet le saisissant et l'officier ministériel aux dommages-intérêts du saisi et des autres créanciers, si elle leur a causé un préjudice. Chauveau, 19, 408; Pigeau, *Com.*, 2, 207; Demiau, 406; Biret, 2, 169; Thomine, 2, 152.

Il en est de même de l'inobservation de l'art. 595 C. pr. Bourges, 21 nov. 1836 (Art. 778 J. Pr.).

287. Lorsque les objets saisis sont des bacs, galiotes, bateaux et autres bâtimens de rivière, moulins et autres édifices mobiles assis sur bateaux ou autrement, il est procédé à leur adjudication sur les ports, gares ou quais où ils se trouvent. C. pr. 620.

Il est affiché quatre placards au moins, conformément à l'art. 617 C. pr., et il est fait, à trois divers jours consécutifs, trois publications au lieu où sont lesdits objets : la première n'est faite que huit jours au moins après la signification de la saisie. Dans les villes où il s'imprime des journaux, il est suppléé à ces trois publications par l'insertion au journal de l'annonce de la vente, que l'on répète trois fois dans le cours du mois précédant la vente. C. pr. 620.

288. La loi ne prescrit pas l'intervalle qu'il doit y avoir entre chacune des insertions, il convient de les faire comme les publications, à trois jours consécutifs; la fin de l'art. 620 défend seulement de faire la première plus d'un mois avant la vente.

289. Des formalités particulières sont presrites par le C. comm. pour la vente des bâtimens de mer. — V. *Saisie des navires*.

290. La vaisselle d'argent, les bagues et joyaux de la valeur de 300 fr. au moins, ne peuvent être vendus qu'après placards apposés en la forme ci-dessus indiquée, et trois expositions, soit au marché, soit dans l'endroit où sont ces effets. C. pr. 621.— Par joyaux, on entend tout ce qui sert à la parure des femmes; — les contestations sur ce point sont vidées en référé. Berriat, 540, note 71.

291. L'exposition prescrite doit avoir lieu pendant trois jours de marché différens; les rédacteurs du Code ont déclaré à cet égard adopter l'ordonn. de 1667, qui exigeait cette formalité. *Exposé des motifs*, édit. de Didot, 201, 202; Tar. 41; Carré, n° 2092.

292. La première exposition se fait huit jours après la signification de la saisie. Arg. C. pr. 620; — et la troisième peut être faite le jour de la vente. — L'art. 41 Tar. comprend cette exposition dans la vacation de vente. Carré, n° 2094; Pigeau, *Com.*, 2, 209; Berriat, 540, note 72; Chauveau, 19, 481.

293. La loi ne prescrit aucun intervalle à mettre entre ces trois expositions, il suffit que les deux dernières soient faites à des jours différens, quoique consécutifs. Pigeau, *Com.*, 2, 208; Delaporte, 2, 204. V. *sup.* n° 288.

294. Les bagues et joyaux sont estimés (—V. *inf.* n° 298) par un expert choisi par le saisissant et l'officier chargé de la vente; il ne prête aucun serment; son estimation est écrite sur le procès-verbal d'exposition qu'il signe. Pigeau, 2, 111; Carré, n° 2095; Hautefeuille, 340.

Les frais d'estimation sont remboursés à l'huissier sur quittances; cette estimation ayant lieu avec le gardien, il n'est passé aucune vacation à l'huissier pour y assister. Chauveau, *Tarif*, 2, 135.

295. Dans les villes où il s'imprime des journaux, les trois publications sont suppléées comme il est dit *sup.* n° 287 C. pr. 621. Les formalités de cet art. sont prescrites à peine de nullité, selon Biret, *Nullités*, t. 2, p. 170. — Leur omission donne lieu à des dommages-intérêts s'il y a eu préjudice. — V. *sup.* n° 286.

296. Quels sont les officiers qui doivent procéder à la vente? — V. *Vente de meubles.*

297. Quelque soit le lieu où la vente est faite par un commissaire-priseur, l'huissier a droit à une vacation pour requérir cet officier. Tar. 39

298. L'adjudication est faite au plus offrant. C. pr. 624.

Toutefois, on ne peut vendre la vaisselle d'argent au-dessous de sa valeur réelle, ni les bagues et joyaux au-dessous de l'estimation faite par les gens de l'art (—V. *sup.* n° 294). C. pr. 621.

299. Le prix doit être payé comptant; faute de paiement, l'effet est revendu sur-le-champ à la folle-enchère de l'adjudicataire (C. pr. 624), — sans qu'il soit besoin d'obtenir l'ordonnance du juge. Pigeau, 2, 110; Carré, n° 2101.

300. Lorsque la valeur des effets saisis excède le montant des causes de la saisie et des oppositions, il n'est procédé qu'à la vente des objets suffisans pour fournir le paiement des créances et des frais. C. pr. 622.

Dans ces frais sont compris ceux faits pour la vente proprement dite, et le propriétaire, créancier pour loyers, n'est pas fondé à s'opposer au prélèvement de ces frais. Liége, 14 avr. 1823, P. 17, 1032.

301. Une fois que cette somme est atteinte, l'officier public arrête d'office la vente; il n'est plus nécessaire qu'il se fasse autoriser par ordonnance sur référé ou par le saisissant et les opposans. Toutefois il est prudent de prendre cette dernière précaution. Pigeau, 2, 110.

Le défaut de consentement des parties intéressées peut l'exposer aux dommages-intérêts de celles-ci, s'il était démontré qu'il leur a porté préjudice. Carré, 2, 538, note 2; Thomine, 2, 158; Demiau, 411; Delaporte, 2, 207.

L'officier public fait transporter de suite et mettre au pouvoir du saisi les *effets* non vendus. Il somme celui-ci de lui en fournir décharge par sa signature au bas du procès-verbal, et mentionne cette réquisition ainsi que la signature du saisi ou son refus.

302. Dans le cas où l'officier ne peut vendre tous les effets dans le jour indiqué, il renvoie au plus prochain jour de marché. Il n'a pas droit de continuer la vente au lendemain, si ce n'est pas un jour de marché. Carré, n° 2090.

303. Le procès-verbal de vente contient : 1° les noms, prénoms, qualité, demeure, élection de domicile du saisissant; — 2° les nom et demeure de la partie saisie; — 3° les nom, prénoms, demeure et immatricule de l'officier public; — 4° l'énonciation du titre en vertu duquel on saisit, celle de la saisie ellle-même, celle des récolemens et sommations au saisi s'il en a été fait (C. pr. 611, 612, 614), celle des placards, insertions, expositions et estimations; — 5° les frais payés pour le transport des meubles au marché ou pour rapporter chez le saisi ceux non vendus; — 6° la mention de la présence ou du défaut de comparution de la partie saisie. C. pr. 623. (Il n'est nommé aucun officier public pour la représenter. Tar. 40; Carré, n° 2099); — 7° la mention que les adjudications ont été faites au plus offrant et dernier enchérisseur en deniers comptans, ou sur folle-enchère faute de paiement. C. pr. 624 (— V. *inf.* n° 304); 8° les noms et domiciles des adjudicataires. C. pr. 625; — 7° enfin, la mention du nombre des vacations employées à la vente. Biret, 2, 171.

304. Si par suite de la revente sur folle-enchère (— V. *sup.* n° 299) le prix est supérieur à celui de la première adjudication, l'excédant est remis aux créanciers, ou à la partie saisie, quand ceux-ci sont satisfaits; si au contraire la revente produit moins que la première adjudication, le premier adjudicataire est tenu de la différence, mais non par corps; aucune loi ne prononçant la contrainte par corps pour ce cas. Arg. C. civ. 2063; Pigeau, *ib.*; Carré, n° 2102.

Cependant Pigeau (*Com.*, 2, 119, n° 6), adopte l'opinion contraire, parce qu'il assimile la différence des deux prix à des dommages-intérêts; mais même dans ce système la *contrainte par corps* ne saurait être exercée qu'autant que la différence excéderait 300 fr. — V. *Emprisonnement*, n° 71.

305. Au surplus, pour contraindre au paiement du montant de cette différence, il faut un jugement, le procès-verbal de vente n'étant pas un titre exécutoire. Pigeau, 2, 140.

Quid, si la vente est faite devant notaire. — V. *Vente*.

306. Les commisssaires-priseurs et huissiers sont personnellement responsables, et par corps (C. civ. 2060-7°), du prix des adjudications. C. p. 625.

307. Cette responsabilité est applicable aux notaires, greffiers, courtiers de commerce faisant des ventes judiciaires, et aux commissaires-priseurs ou notaires procédant à des ventes publiques volontaires. Carré, n°s 2104, 2105; Pigeau, *Com.*, 2, 212.

308. Elle dure 30 ans. *Nec obstat* C. civ. 2272. Trib. Caen, 5 mars 1825; Thomine, 2, 142.

309. Si des termes pour le paiement ont été stipulés dans l'intérêt du saisi afin d'attirer un plus grand nombre d'enchérisseurs, l'officier n'est plus responsable de l'insolvabilité des adjudicataires; elle retombe sur le saisi. Thomine, 2, 141.

310. L'officier public ne doit rien recevoir au-dessus de l'enchère, à peine de concussion. C. pr. 625.

311. S'il était convenu avec les commettans d'exiger cinq ou dix centimes par franc au-dessus du prix de l'adjudication, il serait responsable de ce surcroit de prix. Arg. Tar. 66; Thomine, 2, 142.

312. Il lui est de plus défendu de se rendre adjudicataire, à peine de nullité (C. civ. 1596. — V. d'ailleurs *Huissier*, n° 107.

313. De son côté, le saisissant est responsable envers le saisi des faits de l'officier qu'il a mis en œuvre. Pothier, *Procédure*, 4e partie, chap. 2, art. 5, § 2; — V. *Huissier*, n° 186. — Mais cette garantie cesse lorsqu'il survient des oppositions à la distribution des deniers; dès ce moment, les opposans sont parties dans la saisie, l'officier redevient l'homme de la loi et non plus le mandataire du saisissant. Orléans, 23 mars 1820; D. *hoc verbo*, 664; Chauveau, 19, 468.

314. Si la vente produit plus qu'il n'est dû, et qu'il n'y ait pas d'opposition, l'officier public remet l'excédant au saisi, déduction faite des frais taxés. Jousse et Rodier, sur l'ordonn. de 1667, tit. 33, art. 20; Carré, n° 2097; Berriat, 541; Pigeau, 2, 113.

Il remet aux créanciers poursuivans et opposans non contestés le produit net de la vente, s'il est suffisant pour les payer tous, sinon il en consigne le produit. C. pr. 656 et 657. — V. *Dépôts et consignations; Distribution par contribution.*

Il n'est pas tenu de remettre le prix au percepteur à l'acquit du contribuable saisi, s'il n'en a été requis légalement. Arg. L. 12 nov. 1808, art. 2. Limoges, 29 déc. 1812, P. 10, 927.

315. Dans les lieux où il n'existe pas de commissaires-priseurs, l'huissier vend lui-même. Si, dans ce cas, il s'est fait assister d'un crieur ou d'un secrétaire, il est admis à réclamer

ce qu'il leur aura payé. L'absence de ces deux aides oblige l'huissier vendeur à passer un plus grand nombre de vacations. Chauveau, *Tarif*, 2, 156.

316. La taxe des frais est faite par le juge sur la minute du procès verbal de vente. Tar. 42.

317. Mais cette minute doit être enregistrée avant que l'huissier puisse faire aucun usage de la taxe. Décis. de l'Enreg., 19 mai 1820.

318. L'officier public est obligé de fournir des expéditions de son procès-verbal aux parties qui en réclament, mais à leurs frais.

319. La vente publique à l'encan a pour effet de rendre l'adjudicataire propriétaire des effets à lui adjugés, sans qu'on puisse former contre lui l'action en revendication. — V. *sup.* nº 239, et toutefois *Saisie-revendication.*

D'où il suit, 1º que la vente d'objets insaisissables, spécialement des bestiaux réservés, n'est pas nulle, et donne seulement lieu à des dommages-intérêts. Cass. 1er therm. an 11, P. 3, 376 ; — V. *sup.* nº 56.

2º Qu'après la vente des objets saisis et la rédaction du procès-verbal de vente, il n'est plus permis au saisi de former contre le saisissant de demande en détournement des objets vendus ; l'inscription de faux contre le procès verbal de l'huissier est la seule voie qui lui soit ouverte. Orléans, 23 mai 1816, D. *ib.* 662.

§ 8. — *Enregistrement.*

320. Le commandement tendant à saisie-exécution est soumis au droit fixe de 2 fr. L. 28 avr. 1816, art. 43.

321. Il en est de même du procès-verbal de saisie (*ib.*), quel que soit le nombre d'heures employées à sa rédaction. Délib. Rég. 26 mars 1833.

322. Toutefois, si la saisie a pour but le recouvrement de sommes dues à l'État ou de contributions locales, le droit n'est que de 1 fr., s'il s'agit de cotes et créances excédant 100 fr. Si les cotes et créances sont inférieures à 100 fr., le procès-verbal est enregistré *gratis*. L. 16 juin 1824, art. 6. — Ces deux dispositions s'appliquent encore au cas où la saisie est pratiquée pour avoir paiement de mois de nourrice. *Ib.*

323. Indépendamment du droit exigible pour le procès-verbal de saisie, il est dû un second droit de 2 fr., à raison de l'établissement du gardien judiciaire ; cet établissement constitue une disposition spéciale et distincte. L. 22 frim. an 7, art. 11, 68, § 1, nº 30 ; Décis. min. fin. 31 mai 1830. — Néanmoins, il n'est rien perçu quand il s'agit de saisie pratiquée à raison de sommes dues à l'Etat et n'excédant pas 100 fr. Cass. req. 1830, n° 1336.

Au surplus, il n'est jamais dû qu'un seul droit pour l'établissement des gardiens, en quelque nombre qu'ils soient. Sol. rég. 29 août 1831.

324. L'ordonnance du juge de paix qui établit un gérant à l'exploitation des terres (—V. *sup.* n° 195) n'est passsible que du droit de 1 fr.

325. Quant aux *requêtes, sommations* ou *exploits* qui peuvent être faits dans le cours de la poursuite de saisie, ils sont assujettis aux mêmes droits que les actes de même nature présentés ou notifiés dans d'autres procédures. — V. ces mots.

326. Les affiches destinées à donner de la publicité à la vente ne sont pas soumises à l'enregistrement; la formalité n'est exigée que pour le procès-verbal qui constate leur apposition. — V. *Affiches*, n° 21. — Mais celles mises aux endroits prescrits par la loi doivent être sur timbre de dimension. — V. *ib.* n° 8.

327. Pour le procès-verbal de vente. —V. *Vente de meubles*.

§ 9. — *Formules*.

FORMULE I.

Commandement.

(C. pr. 583, 584. — Tarif, 29 par anal — Coût 2 fr.; orig., 50 c. copie).

L'an , en vertu de la grosse en forme exécutoire d'un jugement (*ou* d'un acte), etc., dont il est en tête de celle des présentes donné copie et à la requête du sieur , demeurant à , pour lequel domicile est élu en la demeure de , (*dans la commune où se fait l'exécution*).

J'ai, soussigné, fait commandement de par le roi la loi et justice, au sieur , demeurant à , où je me suis exprès transporté, distant de mon domicile de myriamètres, en son domicile en parlant à

De, dans vingt-quatre heures pour tout délai, payer au requérant ou présentement à moi, huissier, pour lui porteur de pièces, la somme totale de , composée, savoir : de 1° celle de , montant en principal des condamnations prononcées par le jugement sus-énoncé, et 2° celle de , pour intérêts et frais, liquidés par ledit jugement, sans préjudice de tous autres dus, droits, actions, intérêts, frais, dépens et mises d'exécution; lui déclarant que, faute par lui d'effectuer ledit paiement dans ledit délai et icelui passé, il y sera contraint par toutes voies de droit, et notamment par la saisie-exécution de ses meubles et effets mobiliers; à ce que le sus-nommé n'en ignore, et je lui ai, domicile et parlant comme dessus, laissé copie du présent exploit, dont le coût est de (*Signature de l'huissier*).

FORMULE II.

Procès-verbal de saisie-exécution.

(C. pr. 585 et suiv. — Tarif, 31. — Première vacation de trois heures, 8 fr., les autres, aussi de 3 heures, 5 fr., la taxe des témoins comprise).

L'an , le , en vertu de la grosse, etc. (— V. *sup.* Formule 1), et à la requête du sieur , demeurant , pour lequel domicile est élu jusqu'à la fin de la poursuite, en la demeure de (*commune du lieu où la saisie s'opère*), en continuant les poursuites et diligences ci-devant faites, portant refus de payer, j'ai (*immatricule de l'huissier*), soussigné, fait itératif commandement au nom du roi, la loi et justice, au sieur , demeurant à , où je me suis exprès transporté avec les témoins ci-après nommés, en son domicile, en parlant à

De, présentement et sans délai, payer au sieur , ou à moi, huissier, pour lui porteur de pièces, la somme de , composée, savoir : 1° de , etc., (— V. *sup.* Formule 1); lequel, en parlant comme dessus, a refusé de payer; pourquoi, je lui ai déclaré que j'allais à l'instant procéder à la saisie-exécution de ses meubles, effets et marchandises, et de suite, en présence des témoins ci-après nommés, j'ai saisi, exécuté et mis sous la main de la justice ce qui suit : premièrement dans une pièce (*désignation de la pièce et des objets saisis*), secondement dans une autre pièce au étage, etc., qui sont tous les meubles, effets et marchandises trouvés dans lesdits lieux, et que nous avons saisis; pour la garde desquels j'ai sommé le sieur , en parlant comme dessus, de me donner bon et valable gardien, pour se charger de tout ce qui est ci-dessus saisi, ce qu'il a refusé de faire; pourquoi j'ai établi en garnison réelle, en ladite maison, la personne de , demeurant à , lequel présent s'est chargé et rendu gardien de tous les objets saisis, et a promis de tout représenter, quand et à qui par justice il sera ordonné, comme dépositaire judiciaire, à la charge de ses frais de garde, qu'il ne pourra répéter contre moi, mais bien contre le saisissant; et j'ai signifié que la vente de tous les objets présentement saisis aurait lieu à la huitaine franche, échéant le , heure de , sur la place publique de , les formalités prescrites par le Code de procédure civile préalablement observées, sommant en conséquence ledit sieur , partie saisie, de s'y trouver, si bon lui semble, lui déclarant qu'il sera procédé tant en absence qu'en présence, et j'ai audit sieur , et au gardien ci-dessus nommé, en parlant comme dessus, laissé à chacun séparément copie du présent procès-verbal, après avoir vaqué, par double vacation, depuis heures du matin jusqu'à

Le tout fait en présence du gardien sus-nommé, et assisté de (*noms, demeures et professions des deux témoins*), tous deux témoins, qui ont signé avec le gardien et moi, huissier.

Le coût du présent procès-verbal est de

NOTA. *Si l'huissier ne trouve aucuns meubles saisissables dans les lieux où il se présente pour saisir, il convertit son procès-verbal de saisie en procès-verbal de carence, c'est-à-dire qu'après avoir désigné les pièces dans lesquelles il est entré, il met :* ce fait, et ne s'étant rien trouvé à comprendre au présent procès-verbal, nous l'avons clos pour servir ce que de raison, etc.

Si le débiteur ne demeure plus à son domicile, et qu'on ne connaisse pas sa résidence, on convertit le procès-verbal de saisie en procès-verbal de perquisition et par suite de carence.

— V. EFFETS DE COMMERCE, Formule 1, note, PROCÈS-VERBAL DE CARENCE.

Dans le cas où l'huissier trouve une précédente saisie faite dans les lieux où il se présente, après ces mots : je lui ai déclaré que j'allais procéder à la saisie de ses meubles, *il met :* et m'étant disposé à saisir lesdits effets dudit sieur

Le sieur (*noms, profession et demeure du gardien*) s'est présenté, lequel m'a représenté copie d'une précédente saisie desdits effets faite sur ledit sieur , à la requête du sieur , le , par , huissier, par le procès-verbal de laquelle ledit sieur , a été établi gardien; et ledit sieur m'ayant représenté lesdits effets, j'ai procédé à leur récolement; et ayant vu que les effets qui sont chez ledit sieur , étaient tous compris en ladite saisie, je me suis retiré après avoir dressé le procès-verbal, fait en présence dudit sieur , et aussi en la présence de , mes témoins, qui ont, avec moi et ledit sieur , signé, tant la copie laissée audit sieur , que le présent.

S'il se trouve des effets non compris dans la première saisie, après ces mots, leur récolement, *on met :* Et ayant vu que parmi les effets mis en la garde dudit sieur , il y en avait qui n'étaient pas compris en la première saisie, j'ai procédé à la saisie-exécution d'iceux, ainsi qu'il suit (*on les décrit et l'on termine ainsi*) : ce fait, ne s'étant plus trouvé d'autres effets à saisir, j'ai établi à la garde desdits nouveaux effets ledit ; lequel; etc.

Pour le cas où l'ouverture des portes est refusée (— V. *Scellés*, Formule III).

FORMULE III.

Sommation à la partie saisie d'être présente à la vente, lorsqu'elle n'a pas eu lieu au jour indiqué par le procès-verbal de saisie-exécution.

(C. pr. 614. — Tarif, 29. — Coût, 2 fr. orig.; 50 c. copie).

L'an , etc., à la requête du sieur , demeurant à , pour lequel domicile est élu en la demeure de , sise à , j'ai (*immatricule de l'huissier*), soussigné, signifié et déclaré au sieur , demeurant à

Que les effets saisis sur lui à la requête dudit sieur , par procès-verbal de , huissier, en date du , dûment enregistré, n'ayant pu être vendus au jour indiqué par ledit procès-verbal, à cause de l'absence totale d'enchérisseurs; il sera, à la requête, poursuite et diligence du sieur , procédé (*jour et quantième*), heure de , aux enlèvement et transport desdits effets saisis, sur la place de , pour y être vendus par moi soussigné, en la forme voulue par la loi, au plus offrant et dernier enchérisseur; à ce que le sus-nommé n'en ignore, le sommant en conséquence d'être présent, si bon lui semble, à ladite vente, et d'y faire trouver enchérisseurs en nombre suffisant, lui déclarant qu'il sera procédé à tout ce que dessus, tant en absence que présence, et je lui ai, etc. (*Signature de l'huissier*).

FORMULE IV.

Notification de la saisie-exécution faite hors du domicile du saisi et en son absence.

(C. pr. 602. — Tarif, 29. — Coût, 2 fr. orig., 50 c. copie).

L'an , le , à la requête du sieur , pour lequel domicile est élu, etc., j'ai (*immatricule de l'huissier*), soussigné, signifié, notifié, et avec celle des présentes donné copie au sieur , demeurant à , en son domicile où étant et parlant à

D'un procès-verbal de saisie fait à la requête dudit sieur , par moi, huissier soussigné, en présence de témoins, ce jourd'hui , de tous les meubles et effets appartenant audit sieur , et trouvés dans , sis à ce que du contenu audit procès-verbal de saisie le sus-nommé n'ignore; et je lui ai signifié et notifié que la vente desdits meubles aura lieu le , etc., (*la suite comme à la formule* III). (*Signature de l'huissier.*)

FORMULE V.

Citation au saisi et au propriétaire de la ferme qu'il exploite, de comparaître devant le juge de paix, pour faire nommer un gérant à l'exploitation.

(C. pr. 594. — Tarif, 21 par anal. — Coût, 1 fr. 50 c. orig., le quart pour chaque copie).

L'an , le , à la requête du sieur , etc., j'ai, soussigné, cité 1° le sieur , partie saisie, demeurant à ; 2° et le sieur , propriétaire de la ferme appelée , sise à , demeurant à , etc.

A comparaître (*jour et quantième*), heure de - , par-devant M. le juge de paix du canton de , en sa demeure, sise à ; pour, attendu qu'au nombre des objets saisis à la requête du sieur , sur le sieur , fermier de la ferme , par procès-verbal du , etc., se trouvent les animaux et les ustensiles servant à l'exploitation de ladite ferme, ce qui rend nécessaire l'établissement d'un gérant pour son exploitation, voir nommer par M. le juge de paix le gérant de ladite exploitation, lequel tiendra état de toutes les recettes et dépenses qu'il fera, pour en rendre compte à qui de droit, et sera d'ailleurs soumis à toutes les charges des gardiens judiciaires; déclarant aux sus-nommés qu'il sera procédé à ladite nomination, tant en absence que présence, et pour, en outre, répondre et procéder, comme de raison, à fin de dépens; et je leur ai, etc. (*Signature de l'huissier*).

FORMULE VI.

Affiche annonçant la vente de meubles saisis.

(C. pr. 617, 618. — Tarif, 38. — Coût de rédaction de l'affiche, 1 fr.; placard manuscrit, 50 c. chacun).

AU NOM DU ROI, LA LOI ET JUSTICE.

VENTE PAR AUTORITÉ DE JUSTICE.

On fait savoir à tous qu'il appartiendra, que le dimanche (*quantième*), heure de , il sera procédé, par autorité de justice, à (*l'endroit où la vente s'opère*). A la vente d'objets qui consistent, savoir : (*désignation sommaire*).

Le tout sera payé comptant.

Quant au procès-verbal de vente. — V. Vente de meubles.

FORMULE VII.

Assignation en référé à la requête du gardien qui demande sa décharge.

C. pr. 606. — Tarif, 29. — Coût, 2 fr. orig.; 50 c. copie).

L'an , etc., à la requête du sieur , demeurant à , établi gardien des meubles et effets qui ont été saisis à la requête du sieur , sur le sieur , par procès-verbal de , huissier, en date du , pour lequel domicile est élu à , en l'étude de Me , avoué près le tribunal de , lequel occupera sur l'assignation ci-après, j'ai (*immatricule de l'huissier*), soussigné, donné assignation, 1° au sieur , partie saisie, demeurant à , etc.

2° Au sieur , saisissant, demeurant à , etc.

A comparaître (*jour et quantième*), heure de , par-devant M. le président du tribunal de , tenant l'audience des référés dudit tribunal ; au Palais-de-Justice, à

Pour, attendu que, par le procès-verbal de saisie sus-énoncé, il a été dit que les meubles et effets saisis sur le sieur , seraient vendus le , attendu que cette vente n'a pas été effectuée ledit jour, ce qui lui donne le droit de demander d'être déchargé de ladite garde, aux termes de l'art. 606 C. pr.; attendu, d'ailleurs, qu'il n'y a aucun obstacle qui ait pu retarder ladite vente ;

Voir dire et ordonner qu'au principal les parties seront renvoyées à se pourvoir, et que cependant, dès à présent et par provision, ledit sieur sera et demeurera déchargé de la garde des meubles et effets appartenant audit sieur et trouvés à ; la garde desquels ledit sieur avait acceptée par le procès-verbal de saisie sus-énoncé, aux offres que fait le sieur , de représenter à qui de droit tous les objets confiés à sa garde, d'après le récolement qui en sera fait sur ledit procès-verbal de saisie, à la charge de lui payer ses frais de garde, jusqu'au moment où de fait sa garde cessera.

A ce que les sus-nommés n'en ignorent ; et je leur ai, domicile et parlant comme dessus, laissé à chacun séparément copie du présent exploit, dont le coût est de (*Signature de l'huissier*).

FORMULE VIII.

Sommation aux parties intéressées, d'être présentes au récolement des effets saisis, quand le gardien a obtenu sa décharge.

(C. pr. 636. — Tarif, 29. — Coût, 2 fr. orig.; 50 c. copie).

L'an , à la requête du sieur , demeurant à , etc., établi gardien à , des meubles et effets qui y ont été saisis sur le sieur , à la requête du sieur , par procès-verbal de , huissier, en date du pour lequel dit sieur , domicile est élu à , en la demeure de Me j'ai (*immatricule de l'huissier*), soussigné, fait sommation, 1° au sieur , partie saisie, demeurant à , etc.; 2° et au sieur , saisissant, demeurant à

De comparaître (*jour et quantième*), heure du matin, en

Pour être présent, chacun si bon lui semble, à la représentation qui sera faite par ledit sieur , et au récolement qui sera dressé en conséquence de l'ordonnance rendue sur référé, contradictoirement entre les parties, par M. le président du tribunal de première instance de , le , dûment enregistrée et signifiée des meubles et effets dont le sieur avait été établi gardien par le procès-verbal de saisie susdaté, laquelle ordonnance le décharge de ladite garde; à ce que les susnommés n'en ignorent, leur déclarant qu'il sera procédé à tout ce que dessus, tant en absence qu'en présence, et qu'après la représentation et le récolement desdits effets, ledit sieur en sera déchargé de fait, et qu'il poursuivra contre qui de droit, le paiement de ses frais de garde; à ce que pareillement les susnommés n'en ignorent, et je leur ai, etc.

(*Signature de l'huissier*).

FORMULE IX.

Opposition à la vente de meubles saisis n'appartenant pas à la partie saisie.

(C. pr. 608. — Tarif, 29. — Coût, 2 fr. orig.; 50 c. copie).

L'an , etc., à la requête du sieur , demeurant à , etc., pour lequel domicile est élu à , en la demeure de Me , avoué au tribunal de , etc., j'ai (*immatricule de l'huissier*), soussigné, signifié et déclaré au sieur , demeurant à , établi gardien à la saisie faite sur le sieur , à la requête du sieur , à , par procès-verbal, en date du , audit lieu, où étant et parlant audit sieur , trouvé veillant à sa garde :

Que le sieur est opposant, comme par ces présentes il s'oppose formellement à ce qu'il soit procédé à la vente des effets qui suivent, saisis par le susdit procès-verbal, savoir : 1° (*designation des objets revendiqués*); attendu que lesdit objets appartiennent au requérant, ainsi que cela résulte de et qu'ils ne sont a , qu'en vertu de (*indiquer la cause de la détention à titre précaire*); à ce que ledit sieur n'en ignore; lui déclarant que ledit sieur proteste de nullité de tout ce qui serait fait au préjudice de la présente opposition; et je lui ai, etc. (*Signature de l'huissier*).

FORMULE X.

Dénonciation à la partie saisie et au saisissant, de l'opposition formée à la vente des meubles mal à propos saisis, et demande en distraction.

(C. pr. 608. — Tarif, 29. — Coût, 2 fr. orig.; 50 c. copie).

L'an , à la requête du sieur , demeurant à , pour lequel domicile est élu en la demeure de Me , avoué au tribunal de , sise à , etc., lequel occupera sur l'assignation ci-après, j'ai (*immatricule de l'huissier*), soussigné, signifié, dénoncé, et avec celle des présentes donné copie, 1° au sieur , demeurant à (*saisissant*), où étant et parlant à ; 2° et au sieur . (*partie saisie*), demeurant à , etc.

D'un exploit de moi, huissier soussigné, en date du , dûment enregistré, signifié à la requête du sieur , au sieur , établi gardien à la saisie faite sur le sieur , à la requête du sieur , contenant opposition à la vente de plusieurs objets qui y sont désignés; à ce que du contenu audit exploit d'opposition les susnommés n'ignorent, et à pareilles requêtes, demeure et élection de domicile et constitution d'avoué que dessus, j'ai, huissier susdit et soussigné, domicile et parlant comme dit est, donné assignation auxdits sieurs

A comparaître, d'hui à huitaine franche, heures de , à l'audience de la chambre du tribunal de , séant à , pour, attendu que par le procès-verbal dont s'agit, l'on a saisi, 1° (*répéter les objets réclamés*), attendu que ces objets appartiennent au sieur , ainsi que cela résulte de

Voir dire et ordonner que lesdits objets sus-énoncés, et appartenant audit sieur , seront distraits de la saisie dont s'agit, et de la vente qui pourrait s'en suivre, et qu'ils seront remis au requérant à sa première réquisition, à quoi faire, le gardien ou le gérant sera contraint; quoi faisant, il en sera bien et valablement déchargé; et pour, en outre, procéder, comme de raison, à fin de dépens; et j'ai, etc. (*Signature de l'huissier*).

FORMULE XI.

Conclusions pour faire rejeter une demande en distraction d'objets saisis.

(C. pr. 608. —V. *Conclusions*.)

A ce qu'il plaise au tribunal,

Attendu que le sieur ne justifie pas suffisamment que les objets saisis sur le sieur , à la requête du sieur , suivant procès-verbal du , lui appartiennent;

Ordonner que, sans s'arrêter ni avoir égard à la demande en réclamation et distraction dudit sieur , dans laquelle il sera déclaré non-recevable, ou, en tous cas, mal fondé, lesdits objets saisis et par lui réclamés resteront compris dans la saisie dont s'agit, et qu'il sera passé outre à leur vente avec les autres effets mentionnés audit procès-verbal de saisie;

Et, attendu le retard et le préjudice que ladite demande en distraction a apportés à la vente desdits objets saisis,

Condamner le sieur par corps, à payer, à titre de dommages et intérêts, au sieur , la somme de , et en outre aux dépens.

(*Signature de l'avoué*).

FORMULE XII.

Opposition sur le prix de la vente des objets saisis.

(C. pr. 609. — Tarif, 29. Coût, 2 fr. orig.; 50 c. copie.)

L'an , etc., à la requête du sieur , demeurant à , etc., pour lequel domicile est élu à (*lieu où la saisie est faite*), j'ai (*immatricule de l'huissier*), soussigné, signfié et déclaré, 1° au sieur saisissant, sur le sieur ci-après dénommé, demeurant à , en son domicile et parlant à

2° au sieur huissier, chargé de procéder à la vente des objets saisis sur ledit sieur , demeurant à en son domicile ou étant et parlant à

Que le requérant est opposant, commé par ces présentes il s'oppose formellement à ce que l'huissier sus-nommé se désaisissise, paie et vide ses mains en celles de qui que ce soit; de toutes sommes quelconques, et notamment du prix à provenir de la vente des meubles et effets saisis sur le sieur , à la requête du sieur , et ce, pour sûreté, conservation, et avoir paiement de la somme de , due au requérant par ledit , ainsi pour argent réellement prêté, qu'il en sera justifié en cas de déni; à ce que les sus-nommés n'en ignorent, à peine de payer deux fois et de toutes pertes, dépens, dommages et intérêts; et je leur ai, en leur domicile et parlant comme dessus, laissé copie à chacun séparément copie du présent dont le coût est de (*Signature de l'huissier.*)

FORMULE XIII.

Sommation au saisissant par un opposant, ayant titre exécutoire, de faire vendre dans la huitaine.

(C. pr. 611. — Tarif, 29. — Coût, 2 fr. orig.; 50 c. copie.)

L'an , etc., à la requête du sieur , demeurant à , créancier du sieur , d'une somme de , pour, etc. ainsi que cela résulte de la grosse dûment enregistrée et en forme exécutoire, d'un acte passé entre les parties le , par-devant Mᵉ , notaire à , qui en a gardé minute, et son collègue, ledit opposant à la vente dont sera ci-après parlé, par exploit de , huissier, en date du , dûment enregistré, pour lequel sus-nommé domicile est élu , etc., j'ai (*immatricule de l'huissier*), soussigné, fait sommation au sieur saisissant sur le sieur , demeurant iedit sieur à , audit domicile en parlant à

De, dans le délai de huit jours, faire procéder au récolement des meubles et effets saisis à sa requête, sur le sieur , par procès-verbal de , huissier, en date du , à , et de suite, à la vente desdits meubles et effets en la manière ordinaire et accoutumée ; lui déclarant que, faute par lui de ce faire dans ledit délai et icelui passé, ledit sieur fera procéder lui-même au récolement sur la copie du procès-verbal de saisie qu'à cet effet, le gardien établi sera tenu de représenter, et à la vente en justice desdits effets, avec les formalités requises par la loi, au plus offrant et dernier enchérisseur, affiches indicatives de ladite vente, préalablement mises et apposées aux lieux et endroits désignés par la loi ; à ce que du tout le sus-nommé n'en ignore ; et je lui ai, etc.

(*Signature de l'huissier.*)

FORMULE IX.

Requête pour obtenir de vendre les meubles saisis, dans un lieu plus avantageux que celui indiqué par la loi.

(C. pr. 617. — Tarif, 76. — Coût, 2 fr.)

A MM. les président et juges du tribunal de première instance de

Le sieur , demeurant à , rue , expose que, par procès-verbal de huissier, en date du , dûment enregistré, il a fait saisir les meubles et effets appartenant au sieur , demeurant à ; et qu'au nombre de ces effets il en est plusieurs qui sont fragiles, d'autres qui par leur volume, ne pourraient être transportés sur la place publique pour y être vendus, sans être endommagés.

Pourquoi il vous plaira, messieurs, permettre audit sieur de faire vendre les meubles et effets saisis à sa requête, sur le sieur , par le procès-verbal sus-énoncé, dans le lieu où ils se trouvent, en observant d'ailleurs les formalités voulues par la loi, et vous ferez justice. (*Signature de l'avoué.*)

SAISIE-FORAINE. Saisie faite par le créancier sur les effets trouvés dans sa commune, et appartenant à son débiteur forain. C. pr. 822 ;

1. Que doit-on entendre par *débiteur forain ?*

Suivant les uns, c'est celui qui n'a ni domicile, ni habitation dans la commune du créancier, où il ne s'est trouvé qu'accidentellement. Carré, 3, 156 ; Berriat, 648, 649, note 8, n° 3 ; Thomine, n° 959 ; Pigeau, 2, 512 ; Demiau, 500. — Ainsi a été considéré, comme débiteur forain, le débiteur étranger au royaume qu'habite le créancier, quelles que fussent d'ailleurs la profession et la qualité de ce débiteur. Bruxelles, 7 juill. 1819, P. 15, 382. — Jugé, qu'un débiteur qui a seulement changé de domicile, sans faire la déclaration prescrite par l'art. 104 C. civ., n'est point soumis, par ce motif, à l'application de l'art. 822. Pau, 3 juill. 1807. P. 6, 188.

Suivant d'autres, l'art. 822 n'a eu pour but que d'atteindre les individus dont la vie ambulante laisse de l'incertitude sur le lieu de leur domicile, presque toujours inconnu, tels que les *colporteurs, marchands forains, voituriers*, etc., enfin *tous ceux qui*, par état ou sans état, *n'ont point de domicile fixe dans le royaume*. Dalloz, 11, 643.

La première opinion nous paraît préférable : le mot forain a deux sens suivant les mots auxquels il s'allie ; sans doute par *marchand forain*, il faut entendre celui qui colporte sa marchandise, de ville en ville, de foire en foire, *de foro in forum*.

Mais le *débiteur forain* est celui qui n'habite pas dans le lieu où réside son créancier, c'est celui qui habite *foràs* (— V. *Forain*, dictionnaire de l'académie). Si l'on consulte les coutumes, quelques unes accordaient, par privilége, à leurs habitans de pouvoir saisir leurs débiteurs forains. — V. *Coutume de Paris*, art. 173; *Coutume de Bruxelles*, art. 70; Denisart, v° *Ville-d'arrêts*. — Ce privilége a été étendu à toute la France par le C. pr., art. 822.

2. Cette saisie participe de la *saisie-exécution* et de la *saisie-arrêt*. — V. ces mots; — elle a pour but d'empêcher celui qui a contracté avec un débiteur forain de perdre le gage de sa créance.

3. Tout créancier, même sans titre, peut, sans commandement préalable, mais avec permission du président du trib. de 1re inst., et même du juge de paix, faire saisir les effets trouvés dans la commune qu'il habite, appartenant à son débiteur forain. C. pr. 822.

4. *Même sans titre*. S'il existe un titre exécutoire, on peut employer la *saisie-exécution* (—V. ce mot), qui est préférable, en ce qu'il n'est pas nécessaire de la faire déclarer valable. Mais alors on est forcé de faire un commandement préalable, qui peut donner l'éveil au débiteur et l'engager à quitter immédiatement la commune. C'est donc au créancier à examiner laquelle de ces deux voies d'exécution lui paraît plus convenable à ses intérêts.

5. *Avec permission*. Lorsqu'il y a un titre, quoiqu'il ne soit pas exécutoire, il n'y a pas besoin de permission du juge, si les effets du débiteur sont entre les mains d'un tiers. Dans ce cas, on peut agir par voie de saisie-arrêt. Arg. C. pr. 557, 558.

6. S'il n'y a pas de titre, le juge compétent pour autoriser la saisie est celui du lieu où se trouvent les objets que l'on veut saisir.

7. *Sans commandement préalable*. Mais il faut que le procès-verbal de saisie contienne commandement de payer, même lorsqu'il a été fait un commandement préalable. Carré, *ib*.

8. *Les effets*. Ce mot ne comprend pas seulement les marchandises, mais toute espèce de meubles. Bruxelles, 7 juill. 1819, P. 15, 582.

9. Si le saisissant est détenteur des effets, il en est constitué gardien. C. pr. 823; — même malgré lui, l'art. est conçu en termes absolus. Delaporte, 2, 823; Carré, n° 2809; — il ne saurait se refuser à conserver la garde des effets qu'il détient déjà.

M. Thomine, n° 967, enseigne qu'il suffit d'énoncer dans la requête les caisses dont on veut empêcher le détournement, et de conclure à en être constitué gardien (sans procès-verbal de saisie), jusqu'à ce qu'on ait obtenu jugement de condamnation et autorisation de vendre. — Mais cette procédure inusitée nous paraît susceptible de critique.

10. Si les effets sont dans les mains d'autrui, l'huissier peut, en les saisissant, faire défense au tiers de s'en dessaisir, l'en constituer gardien, pour éviter une augmentation de frais. Arg. C. pr. 823. Thomine, n° 967.

On ne pourrait confier la garde au saisi. Les motifs qui ont fait établir l'art. 598 C. pr. n'existent plus dans l'espèce. Carré, n° 2810. — V. *Saisie-exécution*, n° 156.

11. Il ne peut être procédé à la vente qu'après que la saisie a été déclarée valable. C. pr. 824; — cette formalité est nécessaire, puisqu'on peut agir sans titre et sans commandement. — V. *Saisie-gagerie*, n° 29.

12. La demande en validité doit être portée devant le trib. du lieu où se trouvent les effets saisis (Arg. C. pr. 608, 825). Exiger que cette demande soit soumise au trib. d'un débiteur forain, qui souvent sera très-éloigné, ce serait paralyser les effets de la saisie. Carré, n° 2811; Thomine, n° 968. — *Contrà*, Demiau, 499; Pigeau, 2, 546; Arg. C. pr. 59.

13. Sont au surplus observées les règles de la *saisie-exécution* (—V. ce mot), pour la vente et la distribution des deniers. C. pr. 825.

14. *Enregistrement.* Le procès-verbal de saisie est soumis au droit fixe de 2 fr. L. 28 avr. 1816, art. 43.

15. L'ordonnance du président du trib. de 1re inst. portant permission de saisir les effets du débiteur forain est passible du droit de 3 fr. L. 22 frim. an 7, art. 68; — celle du juge de paix n'est soumise qu'au droit de 1 fr. *Ib.* § 1.

16. Pour le procès-verbal de *vente*, — V. ce mot.

Formules.

FORMULE I.

Requête à fin de saisir les effets du débiteur forain.

(C. pr. 822. — Tarif, 76. — Coût, 2 fr.).

A M. le président du tribunal de première instance de

Le sieur , demeurant à

A l'honneur de vous exposer que le sieur , demeurant ordinairement à , et maintenant logé à , est débiteur envers lui d'une somme de , montant d'un billet souscrit le , stipulé payable au , dûment enregistré et ci-joint;

Que ledit sieur étant aujourd'hui sur le point de retourner à , il devient urgent de saisir, dans le plus court délai, les effets qui lui appartiennent, et qui sont dans son logement ci-dessus indiqué.

Pourquoi il vous plaira, M. le président, permettre au requérant, pour sûreté conservation et avoir paiement de sa créance, de faire saisir à l'instant les effets appartenant au sieur , et étant dans la chambre qu'il occupe audit hôtel, et vous ferez justice.

(*Signature de l'huissier*).

— V. *Ordonnance*.

FORMULE II.

Procès-verbal de saisie.

Ce procès-verbal est rédigé dans la même forme que celui de *saisie-exécution*. — V. ce mot, Formule II. — V. toutefois *sup.* n° 10.

FORMULE III.

Demande en validité de la saisie.

—V. *Saisie-gagerie*, Formule IV.

SAISIE-GAGERIE. Saisie formée par *le propriétaire* ou le *principal locataire* pour le paiement des *fermages ou des loyers* qui lui sont dûs *sur les effets mobiliers et les fruits trouvés dans les bâtimens* habités, ou sur les terres exploitées par les locataires ou fermiers, ou *sur les meubles qui garnissaient la maison ou la ferme*, lorsqu'ils ont été déplacés sans son consentement. C. pr. 819; Cout. Paris, art. 161, 162, 186.

1. Sans cette mesure conservatoire, le privilége du propriétaire sur les objets garnissant la maison louée ou la ferme (C. civ. 2102-1°), serait illusoire.

2. *Par le propriétaire* (— V. d'ailleurs *inf.*, n° 17). Celui qui a cessé de l'être ne peut plus saisir-gager les effets de son ancien locataire, même pour loyers échus lorsqu'il avait cette qualité. Nîmes, 31 janv. 1820, S. 20, 105; — ce droit ne peut appartenir simultanément à deux personnes; la préférence est due au nouveau propriétaire, qui a la possession actuelle de l'immeuble. — Peu importe que l'ancien propriétaire ait fait réserve de son privilége dans une transaction avec le nouvel acquéreur, cette réserve donne seulement le droit de primer le nouveau propriétaire, mais non celui de saisir-gager. Orléans, 23 nov. 1838 (Art. 1398, J. Pr.). — Celui qui vend un immeuble doit prendre la précaution de se faire payer avant la vente par ses locataires.

Toutefois la saisie-gagerie, pratiquée par l'ancien propriétaire avant la vente, pourrait conserver ses effets à son profit.

3. Il suffit que le bail soit verbal. C. pr. 819; — si le bail est en forme exécutoire, le propriétaire peut saisir-exécuter; mais il faut nécessairement que la saisie soit précédée d'un commandement. — V. *Saisie-exécution* et *inf.*, n° 20.

4. *Pour fermage et loyers échus*. C. pr. 819; — Mais non pour ceux *à échoir*. Bourges, 16 déc. 1837, (art. 1116 J. Pr.) — *Contrà*, Nancy, 5 déc. 1837, S 39, 164. — Ce dernier arrêt est motivé sur ce que le but des art. 1767 et 1777 C. civ., 819 C. pr. est d'assurer le privilége du propriétaire pour tous loyers échus ou à écheoir : le texte de l'art. 819 repousse cette solution — V. toutefois *inf.* n° 14.

5. S'il n'est dû aucuns loyers, la saisie-gagerie ne peut être pratiquée pour raison de dégradations commises par le fermier ou locataire; — le privilége particulier, accordé au propriétaire de saisir-gager, *pour loyers échus, sans titre et sans permission du juge*, ne saurait être étendu à d'autres causes. Caen, 4 fév. 1839, S. 39, 427.

6. *Sur les effets mobiliers et les fruits.* On peut comprendre dans la saisie les objets que l'art. 592 déclare insaisissables, excepté le coucher et les vêtemens. C. pr. 593.

7. *Trouvés dans les bâtimens*, etc. — Il y a présomption que ces objets appartiennent au locataire, Arg. Rennes, 19 août 1817, P. 14, 434. —V. toutefois *inf.* n° 10 et C. civ. 2102-4°.

Ainsi peuvent-être saisis-gagés : — 1° les meubles vendus et livrés à un locataire, quoique non payés. Troplong, n° 151. — Le vendeur doit s'imputer le préjudice que lui causera son imprudente confiance.

8. 2° Ceux loués ou prêtés au locataire, Paris, 26 mai 1814, P. 12, 221, Troplong, *ib.* — *Contrà*, Cass., 22 juill. 1823, P. 18, 60, critiqué quant aux motifs par M. Troplong. — Dans l'espèce, il s'agissait de marchandises confiées à un ouvrier pour les confectionner.

9. 3° Les animaux donnés à cheptel au fermier. C. civ. 1813. — A moins que le bail à cheptel n'ait été notifié au propriétaire.

10. Toutefois la saisie pourrait être annulée, en tout, ou en partie, s'il était présumable que le propriétaire avait eu connaissance que les meubles n'appartenaient pas au locataire.

Ainsi jugé à l'égard des meubles d'un élève, compris dans la saisie faite chez un maître de pension. Poitiers, 30 juin 1825; D. 26, 56; — et des meubles apportés par le locataire d'un appartement loué en garni, par le motif que le propriétaire n'avait pu compter sur cette garantie. Paris, 2 mars 1829, D. 29, 128.

11. *Sur les meubles déplacés sans son consentement.* Ce droit s'étend-il *aux fruits?* — Plusieurs systèmes ont été proposés.

1er *Système. Ils ne peuvent être saisis :* en fait de meubles la possession vaut titre, et le droit de suite n'est point accordé, en général, aux créanciers; dès lors, quand le fermier a perdu la possession par la vente, le privilége du propriétaire s'évanouit. — On ajoute : 1° ces mots de l'art. 819, *qui garnissaient*, n'indiquent que des meubles; 2° le même art. *in principio* distingue les fruits des meubles; 3° l'expression *mobilier*, dans l'art. 2102 *in fine*, est restreinte par ce qui précède aux meubles proprement dits; 4° enfin, on peut reconnaître aisément des meubles déplacés, mais il n'en est pas de même des fruits. Tarrible, *Rép.* v° *Privilége*, sect. 3, § 2, n° 7; Berriat, 648, n° 4; Carré, n° 2797; — 5° enfin, les fruits étant destinés à être vendus par le fermier, l'acquéreur ne saurait être inquiété, Delvincourt, 3, 274, note 8. — D'ailleurs le propriétaire est toujours censé avoir acquiescé d'avance à cette vente, dont le produit doit servir à l'acquittement des fermages. Troplong, n° 164.

2e *Système.* Les fruits détachés du sol sont qualifiés meubles par l'art. 520 C. civ., et garnissent les biens ruraux. — On ne saurait appliquer l'art. 533. *Ib.* —Autrement il faudrait dénier au propriétaire le droit de saisir les instrumens aratoires, ou les bestiaux. L'art. 2102, § dernier, n° 1, se sert du mot mobilier qui est synonyme du mot meubles. Arg. C. civ. 535; Favard, v° *Saisie-gagerie*, n° 2; Dalloz, *Hypoth.* 37, 38, n° 26; Troplong, *Hypoth*, n° 165. — Pourquoi, ajoute ce dernier auteur, refuser au propriétaire (le cas de vente excepté) le droit de saisir-revendiquer les fruits qui sont souvent sa seule garantie, puisqu'on lui accorde cette faculté relativement aux meubles.

Ce dernier système nous paraît préférable. Nancy, 5 déc. 1837, S. 39, 164.

12. *Quid* si les meubles ont été déplacés par un locataire qui les a transportés dans une maison qu'il a prise à bail d'un autre propriétaire? — Le propriétaire primitif peut alors se borner à *saisir-gager*, pourvu qu'il agisse dans les délais fixés par l'art. 2102 C. civ. Il n'est pas tenu de suivre les formes tracées par les art. 826 et suiv. pour la revendication. *Rapp. du trib.*, Tarrible, éd. Didot, p. 300; Pigeau, 2, 484; Rennes, 7 mars 1816, P. 13, 317; Carré, n° 2800. — *Contrà*, Delvincourt, 2, 623, n° 2. —V. *Saisie-revendication*, n° 3.

Mais si les meubles déplacés avaient cessé d'être en la possession du débiteur, le propriétaire ne pourrait conserver son privilége que par la saisie-revendication dont parlent les art. 826 et suiv. Carré, n° 2801; Arg. Rennes, 7 mars 1816.

En cas de déplacement, il est prudent de faire reconnaître les meubles, pour éviter les contestations qu'un second propriétaire ou tout autre pourrait élever sur l'indentité. Pothier, *Louage*, n° 264.

13. Le locataire d'une maison peut-il, en laissant des meubles d'une valeur suffisante pour acquitter tous ses loyers échus et à échoir, enlever le surplus de ses meubles?

Pour la négative on dit : Tous les meubles garnissant une maison répondent de la totalité des loyers échus et à échoir. Le privilége du propriétaire est indivisible et s'étend sur tous les meubles. Paris, 2 oct. 1806, P. 5, 502; Poitiers, 28 janv. 1819, P. 15, 44.

Dans le système contraire, on répond : La loi exige seulement du locataire qu'il garnisse les lieux de meubles suffisans (C. civ. 1752). On ne doit pas être plus sévère que le législateur; il faut concilier l'intérêt du propriétaire avec celui du locataire. Troplong, n° 164; Demiau, p. 498; Carré, n° 2798. — Ainsi, a été rejetée comme mal fondée la demande à fin de résolution d'un bail, motivée sur ce que le locataire avait fait enlever quelques meubles des lieux loués, attendu qu'il restait un mobilier d'une valeur suffisante pour répondre des loyers. Bordeaux, 11 janv. 1826, S. 26, 193. — L'usage du lieu et la nature de la location serviront à apprécier si la garantie mobilière est ou non suffisante.

14. Au reste, le propriétaire peut, pour loyers et fermages à échoir, saisir les meubles de son locataire, en cas de déplacement frauduleux, et lorsque les circonstances prouvent que l'intention du locataire est de soustraire peu à peu son mobilier. Arg. C. civ. 1188.

Il serait fondé à conclure à la résiliation du bail, à la validité de la saisie et à la vente, faute par le défendeur de payer le loyer devenu exigible en tout ou en partie; — sauf au locataire à offrir une caution solvable pour sûreté du loyer. Arg. Cass. 16 déc. 1807, S. 8, 162; Toullier, 6, 744; Carré, n° 2799. — V. *sup.* n° 4.

15. La saisie-gagerie, pratiquée pour loyers échus, n'a pas besoin d'être renouvelée pour chaque terme nouveau, à leur échéance; elle s'applique de plein droit aux loyers à échoir, tellement que, même après paiement du solde des loyers pour lesquels elle avait été formée, elle peut servir à la vente des meubles pour loyers échus dans l'intervalle écoulé entre la saisie et le paiement des premiers loyers. Paris, 6 avr. 1830, S. 30, 232. — La réitération de la saisie entraînerait des frais frustratoires. *Même arrêt.*

16. Les effets des sous-fermiers ou sous-locataires, garnissant les lieux par eux occupés, et les fruits des terres qu'ils sous-louent, peuvent être saisis-gagés pour les loyers et fermages dus par le locataire ou le fermier de qui ils tiennent. C. pr. 820; mais la saisie ne vaut que jusqu'à concurrence des loyers dus par le sous-locataire. — Peu importe que le sous-bail soit verbal, ou s'il est écrit, qu'il n'ait pas de date certaine par l'enregistrement, avant la saisie du propriétaire, pourvu qu'il ne soit pas entaché de fraude, surtout si le propriétaire l'a exécuté en recevant des loyers directement du sous-locataire. Cass. 2 avr. 1806, P. 5, 264; Duvergier, *Louage*, 1, 387.

17. Mais la main-levée de cette saisie doit leur être accordée, s'ils justifient de paiemens faits sans fraude et sans anticipation. C. pr. 820.

18. Les paiemens sont réputés faits par anticipation lorsqu'ils ont été effectués contre les clauses du bail ou contre l'usage des lieux. Arg. C. civ. 1753 ; — en un mot, chaque fois qu'ils paraissent avoir été faits à dessein d'enlever au propriétaire le gage et la sûreté que la loi lui confère. *Prat. fr.*, 5, 76.

Dans le doute la bonne foi se présume.

19. La saisie-gagerie est valablement pratiquée contre les héritiers du locataire ou fermier, même pendant les délais, pour faire *inventaire* et délibérer. Carré, n° 2796. — V. ce mot, n° 36.

20. Elle peut être effectuée un jour après le commandement et sans permission du juge. C. pr. 819.

21. Elle peut même l'être *à l'instant* (c'est-à-dire sans commandement préalable. Pigeau, 2, 114 ; Carré, n° 2795), en vertu de l'autorisation du président du trib. de 1re inst., obtenue sur requête. C. pr. 819 ; — par exemple, lorsqu'il y a lieu de craindre le détournement du mobilier d'une boutique ou autres cas semblables : c'est au juge à apprécier s'il y a nécessité urgente.

22. S'il s'agit de meubles, elle est faite en la même forme que la *saisie exécution*. C. pr. 821. — V. ce mot.

En conséquence, le procès-verbal doit, à peine de nullité, contenir l'élection de domicile prescrite par l'art. 584. Rennes, 22 sept. 1810, P. 8, 597.

23. Un huissier peut être pris pour témoin, pourvu qu'il ne soit ni parent, ni allié de l'huissier saisissant au degré prohibé. — V. *Saisie-exécution*, nos 92 à 99.

24. Le saisi peut être établi gardien sans l'intervention du saisissant. Arg. C. pr. 821 ; Berriat, 648, note 6 ; Carré, 2806 ; — celui-ci a le droit de s'opposer à ce que la garde soit confiée au saisi, et de faire statuer sur son opposition par le président du trib. en référé. Demiau, 499 ; Lepage, 349 ; Carré, 2806.

Mais le saisi ne peut être établi gardien malgré lui ; s'il refuse et qu'il n'en fournisse pas un, ses effets sont déplacés et confiés à celui que choisit l'huissier. Lange, liv. 4, ch. 38 ; Berriat, *ib.* — V. *Saisie-exécution*.

25. Jugé que, l'établissement d'un gardien étant une formalité substantielle du procès-verbal de saisie, la nullité peut en être prononcée, lorsque le saisissant a été établi gardien malgré la prohibition de la loi. L'art. 1030 C. pr., en restreignant les nullités des exploits au cas où elles sont prononcées par la loi, n'a pu s'occuper que de la forme extérieure des actes et non du cas où la substance même des actes est attaquée; — l'acte n'a plus d'existence par l'incapacité du gardien. Paris, 19 mars 1825, D. 25, 161.

26. Le gardien est contraignable par corps à la représentation des effets. C. pr. 824.

27. Il n'est pas nécessaire, comme au cas de *saisie-exécution*, d'indiquer le jour de la vente; cela résulte évidemment de la nécessité où se trouve le saisissant de faire valider la saisie par un jugement; ce qui ne lui permet pas d'assigner à l'avance le jour de la vente. Bordeaux, 3 avr. 1830, S. 30, 203. — *Contrà*, Rennes, 22 sept. 1810, 8, 597.

28. Si la saisie-gagerie est pratiquée sur des fruits pendant par racine, elle est faite dans la forme établie pour les *saisies-brandons*. — V. ce mot. C. pr. 821.

Mais elle peut avoir lieu avant les six semaines qui précèdent l'époque ordinaire de la maturité des fruits : la loi ne renvoie en effet au titre de la saisie-brandon que pour les formes de la saisie. La saisie-gagerie est du reste soumise à des règles particulières, dans lesquelles ne se trouve pas la prohibition de l'art. 626. Bordeaux, 3 avr. 1830, S. 30, 203. — V. *Saisie-Brandon*, n°s 6 et 7.

C'est le garde-champêtre qui doit être constitué gardien, à moins d'empêchement (—V. *ib.*, n°s 12 et 13); Carré, n° 2805.

29. La saisie-gagerie ne peut être suivie de la vente du mobilier saisi qu'après avoir été validée par jugement. C. pr. 824; — à moins qu'elle ne soit faite en vertu d'un titre exécutoire et sans permission du juge. Pigeau, 2, 548, n° 3. — *Contrà*, Carré, n° 2812.

30. Le juge de paix est compétent pour prononcer la validité d'une saisie-gagerie, s'il s'agit d'un loyer annuel de 400 fr., à Paris, et de 200 fr. partout ailleurs. Art. 3 L. 6 juin 1838 (Art. 1166 J. Pr.). — V. *Juge de paix*, n°s 56 à 60.

Au-delà de ces limites, le trib. civ. est seul compétent.

31. Quel est le trib. qui doit connaître de la demande en validité, ou en main levée, de la saisie-gagerie? — C'est celui de la saisie. Arg. C. pr. 608, 825. — V. *Saisie-foraine*, n° 12.

32. Il faut un délai de huitaine entre la signification du jugement qui convertit une saisie-gagerie en saisie-exécution et la vente : ce jugement met le poursuivant dans la position où il aurait été s'il avait eu un titre exécutoire en saisissant. Or, pourquoi ne subirait-il pas le même délai entre la saisie et la vente? Il y a même motif. Il importe que le saisi puisse critiquer le jugement et ait le temps de chercher les moyens de désintéresser le créancier et de prévenir une vente devenue imminente. Enfin, l'art. 825 C. pr. renvoie d'une manière générale aux règles de la saisie-exécution, autrement, le délai serait arbitraire.

Dans l'usage, huit jours avant la vente, et en vertu du jugement de conversion, on fait un nouveau commandement de payer, on dresse un procès-verbal de récolement, indicatif des jour, lieu et heure où la vente sera effectuée (Art. 553 J. Pr.).

33. La faillite du locataire n'est pas un obstacle à la vente des effets saisis-gagés, si déjà antérieurement la saisie-gagerie avait été déclarée valable : la créance du propriétaire étant privilégiée, il ne peut éprouver d'entraves par la faillite du locataire. Paris, 19 oct. 1808 ; 27 mai 1835 (Art. 123 J. Pr.).

Il a même été jugé que la faillite peut autoriser la résiliation du bail si le locataire ne fournit pas une caution hypothécaire, quoique les lieux soient garnis de meubles suffisans pour répondre des loyers. Dijon, 4 juin 1806. — V. d'ailleurs *Faillite*, n°s 87 à 90 ; *Lieux (expulsion de)*, n° 16.

34. Indépendamment de la saisie-gagerie, qui a pour but le paiement des loyers, le propriétaire peut demander l'expulsion des lieux des meubles et de la personne du locataire auquel il a été donné congé, ou dont le bail a été résilié, et dans d'autres circonstances qui sont appréciées par les trib. ou par le juge des référés. — V. *Lieux* (*expulsion de*), n°s 3 et suiv.

35. L'expulsion de la personne, dans ce cas, ne doit pas être confondue avec la contrainte par corps que les juges sont autorisés à prononcer par un second jugement contre le tiers-détenteur, quinzaine après la signification d'un premier jugement, statuant au *pétitoire* qui lui a ordonné de désemparer un fonds (C. civ. 2061). La contrainte par corps ne saurait être étendue par analogie. C. civ. 2063. — *Contrà*, Carré, n° 2802. — V. *Emprisonnement*, n° 43.

36. *Enregistrement.* Le procès-verbal de saisie-gagerie est soumis au droit fixe de 2 fr. L. 28 avr. 1816, art. 4. — Il en est de même du commandement qui précède, dans certains cas, cette saisie. *Ib.*

37. L'ordonnance du président, qui permet la saisie sans commandement préalable, est assujettie au droit fixe de 3 fr. L. 22 frim. an 7, art. 68.

38. Quant au procès-verbal de *vente*. — V. ce mot.

Formules.

FORMULE I.

Commandement qui précède la saisie-gagerie.

(C. pr. 819. — Tarif, 29. — Coût, 2 fr. orig. ; 50 c. copie).

L'an , le , en vertu de l'art. 819 C. pr. civ., et à la requête du sieur , propriétaire d'une maison où il demeure, sise à , pour lequel domicile est élu en la demeure de M^{e} , sise , j'ai (*immatricule de l'huissier*), soussigné, fait commandement au nom du roi, la loi et justice, au sieur , locataire, sans bail, d'un appartement au premier étage de ladite maison, où il demeure, en son domicile en parlant a

De, dans vingt-quatre heures pour tout délai, payer audit sieur M ou à moi, huissier, la somme totale de , pour deux termes, échus le , des lieux qu'il occupe, à raison de par an, sans préjudice de tous autres dus, actions, intérêts et frais.

Lui déclarant que, faute par lui d'effectuer ledit paiement dans le délai sus-énoncé et icelui passé, il y serait contraint par toutes voies de droit, et notamment par la saisie-gagerie des meubles et effets étant dans les lieux par lui occupés; à ce qu'il n'en ignore, et je lui ai, etc.

(*Signature de l'huissier*).

FORMULE I.

Requête à fin de saisir à l'instant et sans commandement préalable les meubles et effets garnissant les lieux occupés par le locataire.

(C. pr. 819. — Tarif, 76. — Coût, 2 fr.).

A M. le président du tribunal de première instance de

Le sieur , demeurant à , propriétaire de la maison où il demeure,

A l'honneur de vous exposer que le sieur , l'un de ses locataires, sans bail, en ladite maison, lui doit deux termes de loyer échus le , et formant une somme de

Qu'il vient d'apprendre que ledit se disposait à faire enlever quelques uns de ses meubles et effets pour les soustraire aux poursuites de l'exposant.

Pourquoi, M. le président, il vous plaira permettre à l'exposant de faire saisir-gager à l'instant en vertu de l'art. 819 C. pr., tous les meubles et effets se trouvant dans les lieux loués dudit sieur , dans ladite maison, rue ; et vous ferez justice. (*Signature de l'avoué*).

FORMULE III.

Procès-verbal de saisie-gagerie.

(C. pr. 821).

S'il s'agit de meubles et effets mobiliers. —V. *Saisie-exécution*, Formule II.
S'il s'agit de fruits pendant par racines.—V. *Saisie brandon*, Formule II.

FORMULE IV.

Assignation en validité de saisie-gagerie.

(C. pr. 822. —Tarif, 29. — Coût, 2 fr. orig.; 50 c. copie).

L'an , le , à la requête du sieur , etc., pour lequel domicile est élu en l'étude de Me , avoué près le tribunal de , sise à , lequel occupera sur l'assignation ci-après, j'ai (*immatricule de l'huissier*), soussigné, donné assignation au sieur , locataire d'un appartement composé de pièces, au premier étage, en une maison où il demeure, sise à , en son domicile, où étant et parlant à

A comparaître, etc.

Pour, attendu que le sieur est débiteur envers le requérant de deux termes de loyers de l'appartement sus-désigné à lui loué, moyennant le prix annuel de , lesdits termes échus le

Se voir condamner, le sieur , à payer audit sieur , la somme de , pour les deux termes de loyer dont il s'agit, avec les intérêts de ladite somme tels que de droit, et pour faciliter le paiement desdites condamnations; voir déclarer bonne et valable et convertie en saisie-exécution la saisie-gagerie faite sur ledit sieur , à la requête dudit sieur , par procès-verbal de , huissier, en date du , enregistré, et voir pareillement dire et ordonner qu'aux requête, poursuite et diligence du demandeur, il sera procédé à la vente, au plus offrant et dernier enchérisseur, desdits meubles et effets saisis, et ce, dans les lieux où ils se trouvent, pour éviter les frais de transport; affiches et insertions indicatives de ladite vente, préalablement mises et apposées dans tous les lieux et endroits désignés par la loi; et à l'effet de tout ce que dessus, voir aussi dire et ordonner que le gardien établi sera tenu de représenter lesdits meubles et effets; à quoi faire il sera contraint, même par corps, pour les deniers à provenir de la vente être remis audit sieur de préférence à tous autres créanciers, attendu la nature de son privilége, en déduction ou jusqu'à due concurrence de sa créance en principal, intérêts, frais, dépens, mises à exécution et accessoires, et pour, en outre, répondre et procéder, comme de raison, à fin de dépens, et j'ai, etc.

NOTA. Après le jugement qui prononce la validité de la saisie-gagerie, et qui ordonne qu'elle sera convertie en saisie-exécution on fait souvent un nouveau commandement, on dresse un procès-verbal de récolement, dans lequel sont indiqués les jours lieu et heure où la vente sera effectuée. — Cette indication ne peut être faite dans le procès-verbal de saisie-gagerie, cela est impossible avant le jugement de validité. — V. *sup.* n° 32.

SAISIE-IMMOBILIÈRE (1). — V. *Vente sur saisie immobilière.*

SAISIE DE NAVIRES.

1. *Navires saisissables.* Tout navire peut être saisi, soit gisant ou amarré dans le port, soit hors du havre, flottant sur ses ancres. C. comm. 204.

Mais si le bâtiment est prêt à faire voile (c'est-à-dire si le capitaine est muni de ses expéditions pour son voyage), il n'est saisissable, quelle que soit sa grandeur (Arg. Cass. 25 oct. 1814, S. 15, 107), que pour raison des dettes contractées pour le voyage qu'il va faire; et même, dans ce dernier cas, le cautionnement de ces dettes empêche la saisie. C. comm. 215.

Un navire en voyage peut être saisi pour dettes contractées dans le lieu où il a fait relâche, sauf au capitaine à obtenir main-levée de la saisie en donnant caution. Pardessus, n° 610.

2. La prohibition de l'art. 215 C. comm. ne s'étend pas aux bateaux de rivières : cet article est placé sous la rubrique *du commerce maritime*. Coffinières, Chauveau, 19, 454. — *Contrà*, Rennes, 21 mars 1812, S. 15, 107.

— V. d'ailleurs pour la saisie et la vente des bateaux de rivières *Saisie exécution*, n°s 287 et 288.

3. *Procédure de saisie.* Pour saisir un navire, il faut : 1° un titre exécutoire. C. pr. 551. — Il en est autrement pour la saisie-conservatoire.

4. 2° Un commandement de payer fait au moins vingt quatre heures avant la saisie. C. comm. 198.

5. S'il s'agit d'une créance non privilégiée sur le navire, le commandement est fait à la personne du propriétaire ou à son domicile (C. comm. 199), soit réel, soit élu, quand même il habite hors du ressort du tribunal où la poursuite est suivie. Pardessus, n° 609. — V. d'ailleurs C. pr. 69; — ce délai est augmenté à raison des distances. C. pr. 1033. — V. *Saisie-exécution*, n° 90.

Lorsqu'il s'agit d'une créance privilégiée sur le navire, le commandement peut être fait au capitaine. C. comm. 191, 199.

---

(1) Nous nous sommes déterminés à ce renvoi afin de pouvoir donner sous le mot *vente* le commentaire du projet actuellement pendant devant les chambres, aussitôt qu'il sera converti en loi.

6. Si l'on poursuit en vertu de deux créances également exigibles et exécutoires, dont l'une est privilégiée et l'autre ne l'est pas, on suit à l'égard de chacune la distinction qu'exige leur nature différente. Pardessus, *ib.*

7. *Procès verbal de saisie.* Il est fait dans les formes des saisies de meubles; ainsi, l'huissier est accompagné de témoins. — Toutefois, un itératif commandement n'est pas nécessaire; la saisie ne s'exécute pas dans le domicile du défendeur. Pardessus, n° 611.

8. L'huissier énonce dans le procès-verbal : 1° les nom, profession et demeure du saisissant, et l'élection de domicile faite pour lui dans le lieu où le navire est amarré, et dans le lieu où siége le tribunal devant lequel la vente doit être poursuivie. C. comm. 200. — 2° Le titre en vertu duquel il procède et la somme dont il poursuit le paiement. *Ib.* — 3° Les noms du propriétaire et du capitaine. *Ib.* — 4° Le nom, l'espèce et le tonnage du navire; il énonce et décrit aussi les chaloupes, canots, agrès, ustensiles, armes, munitions et provisions. *Ib.*

Enfin, il établit un gardien solvable, à qui il laisse copie du procès-verbal. *Ib.*

9. *Formalités de la vente.* Copie du procès verbal de saisie avec assignation (contenant constitution d'avoué, Arg. C. comm. 204. — V. *inf.* n°s 10, 14) devant le trib. pour voir procéder à la vente des choses saisies, est notifiée dans le délai de trois jours, savoir : au propriétaire du navire saisi, s'il demeure dans l'arrondissement du trib. C. comm. 201; — à la personne du capitaine du bâtiment saisi, ou, en son absence, à celui qui représente le propriétaire ou le capitaine, si le propriétaire n'est point domicilié dans l'arrondissement du trib., auquel cas le délai de trois jours est augmenté d'un jour à raison de deux myriamètres et demi (cinq lieues) de la distance de son domicile. *Ib.*; — au procureur du roi, si le propriétaire est étranger et hors de France. C. comm. 201; C. pr. 69. — V. *Ajournement*, n° 51.

10. Le trib. compétent est le trib. civil, et non le trib. de commerce (Arg. C. pr. 553; C. comm. 204; Av. Cons.-d'Et. 17 mai 1809) du lieu de la saisie. Arg. C. comm. 201. — V. d'ailleurs *Saisie exécution*, n° 220.

11. L'adjudication du navire devant le trib. ne peut avoir lieu qu'après l'expiration des délais des ajournemens.

Ces délais sont augmentés à raison de la distance entre le domicile réel et le lieu où la saisie est exécutée. C. pr. 1033. — Afin que le capitaine à qui l'assignation est donnée ait le temps suffisant pour recevoir des instructions ou les fonds nécessaires au paiement. Pardessus, n° 611.

12. Le trib. commet d'office un juge pour procéder à la vente. C. comm. 205.

13. Si le tonnage du navire dépasse dix tonneaux, on fait trois criées et publications; — elles ont lieu consécutivement de huitaine en huitaine, à la bourse et dans la principale place publique du lieu où le navire est amarré. C. comm 202.

L'annonce est insérée dans un des papiers publics imprimés dans le lieu où siége le trib., et s'il n'y en a pas, dans un de ceux du département. *Ib.*

Dans les deux jours qui suivent chacune des deux premières criées, des affiches sont apposées, 1° au grand mât du bâtiment saisi; — 2° à la porte principale du tribunal devant lequel on procède; — 3° Dans la place publique et sur le quai du port où le bâtiment est amarré, ainsi qu'à la bourse de commerce. C. comm. 203.

14. Les criées, publications et affiches, contiennent les nom, profession et demeure du poursuivant, le nom de son avoué, le montant de la somme due, les titres en vertu desquels il agit; l'élection de domicile faite par le saisissant dans le lieu où siége le tribunal et dans celui où le bâtiment est amarré, les nom et domicile du propriétaire saisi, le nom du navire, et, s'il est armé ou en armement, celui du capitaine, le tonnage du bâtiment, d'après les indications contenues dans les actes de déclaration et de francisation, de manière à ce qu'on puisse facilement le reconnaître, le lieu où le navire est gisant ou flottant, la première mise à prix, enfin, les jours des audiences auxquelles chaque enchère sera reçue, d'après l'indication particulière qu'en fait le tribunal. C. comm. 204.

C'est d'après les usages locaux, jusqu'à ce qu'il existe un réglement général, qu'il faut déterminer quel jour de la semaine ces criées doivent être faites. Pardessus, n° 613.

15. L'accomplissement de ces diverses formalités est justifié suivant les formes usitées pour la saisie-exécution. C. pr. 617, 618, 619. — V. ce mot.

16. Le trib. devrait ordonner que la procédure où elles auraient été omises serait refaite à compter du premier acte irrégulier; mais il faut proposer cette irrégularité avant l'adjudication définitive. Pardessus, *Ib.*

17. Après la première criée, la première enchère est reçue par le juge-commissaire le jour indiqué par l'affiche, et de même à chaque criée de huitaine en huitaine, à jour certain fixé par son ordonnance. C. comm. 205. — Après la troisième criée, l'adjudication est faite au plus offrant et dernier enchérisseur, à l'extinction des feux, sans autres formalités, sauf au juge-commissaire à accorder, sur la réquisition de l'une des parties, s'il le croit convenable, une ou au plus deux remises

de huitaine en huitaine chacune, qui sont publiées et affichées comme les précédentes. C. comm. 206. — Dans ce cas, l'enchère subsiste toujours et lie celui qui l'a faite de manière que si la remise ne produit aucune surenchère, il reste acquéreur. Pardessus, 612.

18. Si la saisie porte sur des barques, chaloupes et autres bâtimens du port de dix tonneaux et au-dessous, l'adjudication est faite à l'audience, après les criées pendant trois jours consécutifs sur le quai du lieu où le navire est amarré : la vente est en outre annoncée par l'apposition d'une affiche au mât ou, à défaut de mât, à toute place apparente du navire et à la porte du tribunal. C. comm. 207. — Le commissaire peut aussi, d'après les circonstances, accorder une ou deux remises chacune d'un jour. Pardessus, n° 612.

On observe un délai de huit jours francs entre la signification de la saisie et la vente. C. comm. 207, — Augmenté du délai ordinaire à raison des distances.

19. Dans le cas où un navire de plus de dix tonneaux et un de moindre grandeur, qui n'en est point l'accessoire, sont saisis en même temps par un même créancier, on suit les formalités prescrites pour le plus considérable des deux navires. Pardessus, n° 613.

20. *Effets et suites de la vente.* L'adjudication a pour effet : 1° de transmettre à l'acheteur la propriété de tout ce qui lui a été nommément adjugé, et des choses réputées accessoires, — quand même un autre que le saisi s'en prétendrait propriétaire, la revendication ne serait plus admise après l'adjudication. — V. *inf.* n° 25.

21. 2° De faire cesser les fonctions du capitaine, sauf à lui à se pourvoir en dédommagement contre qui de droit. C. comm. 208.

22. L'adjudicataire est tenu de remplir les formalités exigées par le décret du 18 oct. 1793, pour substituer, dans les registres du port, son nom à celui du précédent propriétaire.

23. L'adjudicataire d'un navire, quel qu'en soit le tonnage, doit, s'il n'a reçu aucune opposition, payer dans les vingt-quatre heures le prix de l'adjudication au saisissant qui devient comptable et responsable envers les créanciers opposans. — V. *inf.*, n° 25.

Si l'adjudicataire a reçu opposition dans les vingt-quatre heures, il est tenu de consigner sans frais au greffier du trib. de commerce du lieu; et ce dernier doit verser les fonds à la caisse des *consignations*. — V. ce mot.

L'obligation de payer ou de consigner dans les vingt-quatre heures est imposée à l'adjudicataire, sous peine d'être contraint par corps. C. comm. 209.

24. A défaut de paiement ou de consignation du prix, le bâtiment est remis en vente et adjugé trois jours après une nouvelle publication et affiche unique, à la folle-enchère des adjudicataires, qui sont également contraints par corps pour le paiement du déficit, des dommages-intérêts et des frais. C. comm. 209. — V. d'ailleurs *Folle-enchère*, n° 55.

25. *Revendication et oppositions.* Celui qui se prétend propriétaire de tout ou partie du navire ou même des accessoires du navire, doit intenter une demande en revendication ou en distraction des objets saisis, par acte notifié au greffe du tribunal avant l'adjudication. C. comm. 210.

26. Lorsque ces demandes ne sont formées qu'après l'adjudication, elles sont converties de plein droit en oppositions à la délivrance des sommes provenant de la vente. C. comm. 210.

27. Les oppositions à la délivrance du prix ne peuvent être formées que pendant trois jours après celui de l'adjudication; passé ce temps, elles ne sont plus admises. C. comm. 212.

28. Le demandeur ou l'opposant a trois jours, à compter de sa réclamation ou opposition, pour fournir ses moyens, et le défendeur trois autres jours pour contredire. La cause est portée à l'audience sur un simple acte. C. comm. 211.

29. Les délais ne sont point prorogés à raison des distances. Pardessus, n° 615.

30. Les créanciers opposans sont tenus de produire au greffe leurs titres de créance dans les trois jours qui suivent la sommation qui leur en est faite par le créancier poursuivant ou par le tiers-saisi; faute de quoi, il est procédé à la distribution du prix de la vente sans qu'ils y soient compris. C. comm. 213.

31. Le jugement qui rejette ou admet la revendication ou l'opposition est susceptible d'appel (— V. *Saisie-exécution*), s'il n'est en dernier ressort; nonobstant cet appel, le trib. peut passer outre à l'adjudication, en exigeant caution. Pardessus, *ib.*

32. La collocation des créanciers et la distribution des deniers sont faites entre les créanciers privilégiés, dans l'ordre prescrit par l'art. 191 C. comm., et entre les autres créanciers, au marc le franc de leurs créances. — Tout créancier colloqué l'est tant pour le principal que pour les intérêts et frais. C. comm. 214. — V. *Distribution par contribution.*

33. *Enregistrement.* Les actes ou procès-verbaux constatant les ventes de navires, soit totales, soit partielles, ne sont passibles que du droit fixe de 1 fr. L. 21 avr. 1818, art. 64. — Cette disposition s'applique, 1° aux navires étrangers. Décis. min. fin. 14 sept. 1825; Instr. rég. 30 déc. 1825; n° 1180, § 8; — 2° Aux ventes de bateaux établis sur les rivières. Délib. rég. 8 déc. 1829.

NOTA. Les actes de cette procédure sont rédigés dans une forme analogue à celle de la *saisie-exécution* (— V. ce mot, aux formules), sauf les différences signalées *sup.* nos 5, 7, 8, 9, 13, 14, 17, 18.

SAISIE DES RENTES CONSTITUÉES SUR PARTICULIERS.

1. *Pour quelles créances on peut saisir.* Le saisissant doit avoir une créance certaine, liquide et exigible. C. pr. 551.

2. *En vertu de quels titres.* Il ne peut agir qu'en vertu d'un titre authentique et exécutoire. C. pr. 636 ; — une permission du juge ne suffit pas.

3. *Sur qui.* La saisie est dirigée sur le débiteur de la créance en vertu de laquelle on procède.

4. *Entre les mains de qui.* La rente est saisie entre les mains de celui qui la doit. C. pr. 637. — V. d'ailleurs *inf.* nos 8, 9.

Si le créancier est lui-même débiteur de la rente, il peut offrir de rembourser le capital de la rente, et retenir par compensation la somme qui lui est due, — ou saisir entre ses mains les arrérages de la rente (—V. d'ailleurs *Saisie-arrêt*, no 30), — ou bien enfin faire saisir et vendre la rente pour toucher sur le prix la somme qui lui est due, et ensuite continuer de servir la rente au nouvel acquéreur. Pigeau, 2, 160.

5. *Quelles rentes.* Sont saisissables, 1° les rentes constituées sur particuliers. C. pr. 636, — c'est-à-dire les capitaux productifs d'intérêts, remboursables à la volonté seulement de l'emprunteur.

6. 2° Les rentes foncières : le Code, à la différence de l'ancien droit, considère ces rentes comme mobilières. C. civ. 527, 530, *Rapport du tribun* Favard, édit. Didot, p. 342 ; Carré, no 2126 ; Pigeau, 2, 132.

7. 3° Les rentes viagères, C. civ. 1981, — à moins qu'elles n'aient été constituées à titre gratuit et stipulées insaisissables. *Ib.* : — peu importe qu'elles n'aient pas de capital ; elles ont une valeur appréciable, et l'art. 1910 *ib.* les range au nombre des rentes constituées. Caen, 21 juin 1814 ; Paris, 2 janv. 1823, S. 14, 397 ; 25, 5 ; Réal, *Exposé des motifs*, p. 242. — *Contrà,* Delaporte, 2, 221 ; Berriat, 552, note 35.

8. 4° Les actions des compagnies de finance, de commerce ou d'industrie. Arg. C. civ. 529 ; Pigeau, 2, 134 ; Dalloz, *hoc verbo*, § 1 ; Favard, *hoc verbo*, p. 84 : — cette solution ne souffre point de difficulté, s'il s'agit de sociétés anonymes ou en commandite ; — mais elle ne saurait s'étendre au cas de société en nom collectif ; l'intérêt d'un associé en nom collectif est inséparable de son industrie, de son administration et de sa responsabilité. — V. *Saisie-arrêt*, no 37.

Au reste, dans le cas d'action au porteur, il faut s'assurer du titre même de l'action ; autrement, le porteur pourrait la passer à un autre, et rendre vaines la saisie et la vente faites sur lui. Pigeau, 2, 136.

Lorsque l'action est nominale, la saisie s'en fait entre les mains des administrateurs; — le titulaire ne cesse d'être propriétaire que lorsque la cession de l'intérêt leur a été signifiée, ou quelquefois par un transfert, sur un registre de la société, signé par le cédant. C. comm. 36.

La saisie et la vente de la mise sociale d'un associé peuvent être faites dans les mêmes formes que celles des rentes constituées. Cette voie d'exécution, d'ailleurs, n'entrave pas l'administrat on des syndics. Paris, 13 août 1834, D. 35, 54.

9. 5° Le droit à un bail (Pigeau, *Comm.* 2, 221; Dalloz, *hoc verbo*, § 1), s'il est cessible; la saisie, formée sur le preneur, est pratiquée entre les mains du bailleur.

Les loyers à venir pourraient être saisis sur le bailleur entre les mains du preneur, par voie de *saisie-arrêt*. — V. ce mot.

10. Sont au contraire insaisissables : 1° les rentes sur l'État. — V. *Saisie-arrêt*, n° 39; — 2° les rentes viagères constituées à titre gratuit, stipulées insaisissables dans le titre. C. civ. 1981. — V. *ib.* n° 43; — 3° les pensions ou rentes alimentaires, encore que dans leur titre constitutif elles n'aient point été déclarées insaisissables, — V. *ib* n° 44; — 4° les actions immobilisées : il faut alors procéder par saisie immobilière; — 5° un capital remboursable dans un terme rapproché, et qui ne constitue qu'une simple créance à terme avec intérêts; il y a seulement lieu dans ce cas à saisie-arrêt. Locré, 3, 102; Thomine, 2, 157.

11. La part indivise d'un cohéritier dans une rente ne peut être mise en vente par les créanciers personnels avant le partage ou la licitation. Arg. C. civ. 2205; Pigeau, 2, 126. —V. *Vente sur saisie immobilière.*

12. *Commandement.* La saisie doit être précédée d'un commandement fait à la personne ou au domicile de la partie obligée ou condamnée, au moins un jour *franc* (Favard, *hoc verbo*, 84; Thomine, 2, 157) — avant la saisie, et contenant notification du titre, si elle n'a déjà été faite. C. pr. 636.

Il convient de faire élection de domicile dans le commandement; — toutefois la loi n'a exigé cette formalité que dans le procès-verbal de saisie (— V. *inf.* n° 13). Carré, n° 2128.

13. *Procès-verbal de saisie.* La saisie s'opère au moyen d'un exploit contenant, outre les formes ordinaires, l'énonciation du titre constitutif de la rente, de sa quotité, de son capital, et du titre de la créance du saisissant; les noms, profession et demeure de la partie saisie, élection de domicile chez un avoué près le trib. devant lequel la vente doit être poursuivie, et assignation au tiers saisi en déclaration devant le même trib. ; le tout à peine de nullité. C. pr. 637.

L'huissier n'est point accompagné de recors. Pigeau, 2, 138.

14. *L'énonciation du titre.* Il convient d'indiquer la date du titre et le lieu où il a été passé ; mais toute autre indication qui ferait connaître le titre serait suffisante. Berriat, 547, note 9 ; Carré, n° 2129, aux notes.

15. *Du capital.* Les rentes viagères n'ayant point de capital, on se contente d'indiquer la quotité des arrérages. Arg. C. civ. 1978 ; — il convient, dans ce cas, de donner copie du certificat de vie du créancier. Arg. C. civ. 1983.

S'il s'agit d'une action (—V. *sup.* n° 8), on énonce le capital versé, et la valeur de l'action, si elle est cotée à la Bourse. — S'il s'agit d'un bail, on en indique le titre, les clauses et le montant des fermages.

16. Lorsque le créancier ne connaît ni le titre, ni le capital de la rente, il doit faire une saisie-arrêt entre les mains du débiteur de la rente, afin d'obtenir, au moyen de la déclaration prescrite par l'art. 573, les renseignemens nécessaires. Pigeau, 2, 137 ; Carré, n° 2129.

17. *Élection de domicile.* Il faut en outre *constituer* avoué (Arg. C. pr. 643). L'opinion de MM. Carré, n° 2130 ; Pigeau, 2, 137 ; Thomine, 126, Demiau, 428, qui voient dans cette élection de domicile une constitution implicite, nous paraît fort contestable. Berriat, 648 ; Hautefeuille, 348. — V. d'ailleurs *Ajournement*, n° 21.

18. *Le tribunal.* C'est celui du domicile du propriétaire de la rente. C. pr. 643.

19. La saisie entre les mains de personnes non demeurant sur le continent français doit être signifiée à personne ou domicile, et non au procureur du Roi. C. pr. 560, 639.

On observe les délais prescrits par l'art. 73 C. pr. 639. — V. *Ajournement*, n° 51.

20. Le débiteur de la rente doit observer les dispositions des art. 570, 571, 572, 573, 574, 575 et 576, relatives aux formalités à remplir par le tiers saisi. C. pr. 638. — V. *Saisie-arrêt*, § 4, art. 4.

21. Si ce débiteur ne fait pas la déclaration, ou s'il la fait tardivement, ou s'il ne fait pas les justifications ordonnées, il *peut*, selon les cas, être condamné à servir la rente, faute d'avoir justifié de sa libération, ou à des dommages-intérêts résultant, soit de son silence, soit du retard apporté à faire sa déclaration soit de la procédure à laquelle il a donné lieu. *Ib.*

Faute d'avoir justifié de sa libération. Des quittances sous seing privé, quoique non enregistrées, pourraient suffire selon les circonstances. (— V. *Saisie-arrêt*, n° 118). — *Contrà*, Carré, n° 2134; Demiau, 419.

Soit de la procédure. Tels qu'affiches, enchères, adjudications, etc.

22. La saisie du principal de la rente emporte saisie-arrêt des arrérages échus et à échoir jusqu'à la distribution (sans qu'il soit nécessaire que l'exploit en fasse mention). C. pr. 640.

23. Conséquemment, à dater de la saisie, le débiteur de la rente ne doit faire aucun paiement, à peine de payer deux fois; — que la dénonciation de la saisie au saisi lui ait été ou non notifiée : la loi n'a point exigé cette formalité comme dans le cas de saisie-arrêt; — Cependant Pigeau, 2, 139, Carré, n° 2135, Hautefeuille, 348, la croient nécessaire. Arg. C. pr. 640, 564 combinés. — Il est prudent de ne pas la négliger.

24. *Dénonciation de la saisie au débiteur.* Dans les trois jours de la saisie, outre un jour pour trois myriamètres de distance entre le domicile du débiteur de la rente et celui du saisissant, et pareil délai en raison de la distance entre le domicile de ce dernier et celui de la partie saisie, le saisissant est tenu, à peine de nullité de la saisie, de la dénoncer à la partie saisie, et de lui notifier le jour de la première publication. C. pr. 641.

A peine de nullité. Cette peine s'applique non-seulement au défaut de dénonciation, mais encore à l'inobservation du délai légal : la contexture de la phrase ne permet pas de division. Carré, n° 2136.

25. Lorsque le débiteur de la rente est domicilié hors du continent de la France, le délai pour la dénonciation ne court que du jour de l'échéance de l'assignation au *tiers-saisi*, pour faire sa déclaration affirmative (— V. *sup.* n°s 13, 20), et non pas du jour de la dénonciation au saisi, comme le porte l'art. 642 C. pr., par suite d'une faute de texte. Berriat, 548, note 16; Pigeau, 2, 139, aux notes; Carré, n° 2137.

26. Cette dénonciation a pour but d'empêcher le saisi créancier de la rente d'en faire la vente au préjudice du saisissant.— V. d'ailleurs *inf.* n° 28, et *sup.* n° 23.

27. Pour les formes et les suites de la vente. — V. *Vente de rentes.*

28. *Enregistrement.* Le commandement est passible du droit fixe de 2 fr. L. 28 avr. 1816, art. 43.—Il en est de même du procès-verbal de saisie. *Ib.*

Formules.

FORMULE I.

Commandement tendant à la saisie d'une rente.

(C. pr. 636. — Tarif, 29. — Coût, 2 fr. orig; 50 c. copie).

L'an , le , en vertu de la grosse, etc. (—V. *Commandement*), et à la requête du sieur , pour lequel domicile est élu en la demeure de Me , avoué au tribunal de première instance de , sise à , j'ai , etc. (—V. *ib.*), lui déclarant que, faute par lui de satisfaire au présent commandement dans le délai ci-dessus énoncé et icelui passé, il y sera contraint par toutes les voies de droit, et notamment par la saisie de la rente à lui due par le sieur , par contrat passé, etc.; à ce que du tout le sus-nommé n'ignore, et je lui ai, etc. (*Signature de l'huissier*).

FORMULE II.

Exploit de saisie d'une rente constituée sur particulier.

(C. pr. 637. — Tarif, 46. — Coût. 4 fr. orig.; le quart pour la copie).

L'an , le , en vertu de la grosse , etc., et à la requête du sieur , pour lequel domicile est élu en la demeure de Me , avoué, etc., lequel occupera, en continuant les poursuites commencées par exploit de moi, huissier soussigné, en date du présent mois, enregistré, contenant commandement au sieur , demeurant à , de payer audit sieur , la somme de , montant de l'obligation sus-datée, souscrite à son profit par ledit sieur , sans préjudice des intérêts de ladite somme et de tous autres dus, droits, actions, frais, dépens et mises à exécution, j'ai (*immatricule*), faute du paiement de ladite somme ci-dessus énoncée, saisi, arrêté et mis sous la main du roi la loi et justice, sur ledit sieur , entre les mains du sieur , demeurant à , en son domicile, en parlant à

Une rente perpétuelle de fr., au capital de fr., constituée au profit dudit sieur , par ledit sieur , par contrat passé , etc.; le , enregistré; à ce que le sus-nommé n'en ignore, et ait, en conséquence, à ne plus payer les arrérages de la rente audit sieur , sous peine de payer deux fois, et de toutes pertes, dépens, dommages et intérêts, et à pareilles requête, demeure et élection de domicile que dessus, j'ai, huissier susdit et soussigné, donné assignation audit sieur , domicile et parlant comme ci-dessus, à comparaître d'hui à la huitaine de la loi, à heures , à l'audience de la première chambre du tribunal de première instance de , séant à , pour, attendu qu'il y a titre authentique, voir dire et ordonner qu'il sera tenu de faire, dans les délais et la forme voulus par la loi, la déclaration affirmative des arrérages de ladite rente qu'il a, aura, doit ou devra audit sieur , et d'exhiber tous titres et pièces à l'appui de sadite déclaration; en cas de déclaration affirmative, voir dire et ordonner que les sommes actuellement exigibles, dont il sera reconnu ou aura été jugé débiteur, seront par lui remises audit sieur en déduction, ou jusqu'à concurrence des créances en principal, intérêts et frais, dont ledit sieur , est débiteur envers lui; et faute par ledit sieur de faire ladite déclaration dans le délai de la loi, se voir condamner par le jugement à intervenir, à servir ladite rente; et j'ai, etc.

—V. toutefois *sup.* no 23.

FORMULE III.

Dénonciation à la partie saisie de l'exploit de saisie de la rente.

(C. pr. 641. — Tarif, 29. — Coût, 2 fr. orig.; 50 c. copie.)

L'an , le , à la requête du sieur (*noms, prénoms, profession*) *domicile, constitution d'avoué*), j'ai (*immatricule*), soussigné, signifié, dénoncé, et avec celle des présentes donné copie au sieur , rentier, demeurant à , en son domicile, en parlant à

D'un exploit de mon ministère, en date du , dûment enregistré, contenant, à la requête dudit sieur , saisie sur ledit sieur , entre les mains du sieur , demeurant à , d'une rente de , constituée par , etc. (—V. *sup.* Formule II); à ce que du contenu audit procès-verbal de saisie le sus-nommé n'ignore; lui déclarant que la publication du cahier des charges, qui sera dressé pour parvenir à la vente de ladite rente, sera faite le (*jour, date*), heure de , à l'audience des ventes forcées, issue de l'audience de la première chambre du trib. de , départ. de , à , à ce que pareillement le sus-nommé n'en ignore, et je lui ai, en son domicile et parlant comme dessus, laissé copie de l'exploit de saisie sus-énoncé et du présent, dont le coût est de (*Signature de l'huissier*).

—V. d'ailleurs *Vente de rentes.*

SAISIE REVENDICATION. Saisie des effets mobiliers sur lesquels on prétend un droit de propriété (C. civ. 2279) ou de gage privilégié. *Ib.* 2102-1°.

1. *Effets mobiliers.* Ces expressions sont générales et embrassent tous les meubles, même les papiers et titres : la loi ne distingue pas.—V. *Faillite*, Sect. XI.

2. *Un droit de propriété.* Celui qui a perdu ou auquel il a été volé une chose mobilière peut la revendiquer pendant trois ans, à compter du jour de la perte ou du vol, contre celui dans les mains duquel il la trouve, sauf à celui-ci son recours contre celui duquel il la tient. C. civ. 2279.— Toutefois, si le possesseur actuel de cette chose l'a achetée dans une foire ou dans un marché, ou dans une vente publique, ou d'un marchand vendant des choses pareilles, le propriétaire n'a droit de se la faire rendre qu'en remboursant au possesseur le prix qu'elle lui a coûté. C. civ. 2280.

Mais hors le cas de perte ou de vol ou de détention de mauvaise foi, le possesseur d'une chose mobilière ne saurait être inquiété. — V. *Saisie-exécution*, n° 319.

Celui qui a un droit déterminé (le 8e, par exemple) sur chaque partie d'une chose, peut, pour assurer le paiement de ce 8e, saisir-revendiquer non-seulement la part qui lui revient, mais même la totalité de la chose. Cass. 30 déc. 1835. (Art. 240 J. Pr.).

3. *Ou de gage privilégié.* Le propriétaire peut saisir les meubles qui garnissent sa maison ou sa ferme, lorsqu'ils ont été déplacés sans son consentement. C. civ. 2102-1°. — Dans le premier cas, la revendication doit avoir lieu dans le délai de quinzaine, et dans le second dans celui de quarante jours. — Il suffit d'observer les formalités de la *saisie-gagerie*. — V. ce mot, n° 12.

4. Le vendeur sans terme a le droit de revendiquer les effets mobiliers vendus tant qu'ils sont en la possession de l'acheteur, et d'en empêcher la revente, pourvu que la revendication soit faite dans la huitaine de la livraison, et que les effets se trouvent dans le même état dans lequel cette livraison a été faite. C. civ. 2102-4°.

5. La saisie-revendication ne peut être pratiquée qu'en vertu d'une ordonnance du président du trib. de 1re inst. (C. pr. 826) du lieu où sont les effets. Berriat, 650, note 2 ; Carré, n° 2816; —ou de tout autre endroit, s'il y a urgence. Thomine, 2, 422.

Le magistrat doit user de beaucoup de circonspection pour accorder son ordonnance. Berriat, 141.

6. La saisie pratiquée sans ordonnance préalable exposerait le saisissant et même l'huissier à des dommages-intérêts envers le saisi. C. pr. 826.

7. L'ordonnance du président est rendue sur requête (C. pr. 826) contenant : 1° la désignation sommaire des objets revendiqués. C. pr. 827. — 2° L'énonciation des causes de la saisie.

8. Le président peut permettre de saisir même les jours de fête légale. C. pr. 828. — S'il y a du danger à différer, dans ce cas, la requête signale l'urgence.

9. Si celui chez qui sont les effets revendiqués refuse l'ouverture des portes ou s'oppose à la saisie, il en est référé au juge : dans l'intervalle, on surseoit à la saisie, sauf au requérant à établir garnison aux portes. C. pr. 829.

Le procès-verbal de saisie contient assignation devant le président (Tar. 62), ainsi que l'ordonnance qui survient. Arg. C. pr. 787; Carré, n° 2820.

10. L'autorisation générale accordée par le président de saisir les objets déplacés d'une maison louée ou d'une ferme, *partout et en quelques mains qu'ils se trouvent*, ne saurait conduire aux abus des perquisitions domiciliaires, permises seulement en cas de flagrant délit ou dans le cours d'une instruction criminelle; le maître d'une maison peut s'opposer à l'entrée de l'huissier, sauf à celui-ci à l'assigner en référé (C. pr. 829); Tar. 62), pour obtenir une autorisation spéciale à cet effet. Thomine, 2, 424.

11. La perquisition domiciliaire n'a lieu qu'en présence du juge de paix, ou, à son défaut, devant le commissaire de police, le maire ou son adjoint. Arg. C. pr. 587.

12. Le revendiquant doit être bien sûr de l'endroit où sont les effets; car la personne chez laquelle une perquisition injuste a été faite a droit, suivant les circonstances, à des dommages-intérêts. Thomine, 425.

13. La saisie du reste est faite en la même forme que la *saisie-exécution* (— V. ce mot). — Toutefois, celui chez qui elle est pratiquée *peut* être constitué gardien. C. pr. 830. — Mais si l'on a lieu de craindre l'insolvabilité ou la fraude, on établit pour gardien une autre personne. Carré, n° 2821; Pigeau, 2, 550. — La circonstance d'un enlèvement furtif des meubles est suffisante pour que le juge en autorise le séquestre en un autre lieu. Thomine, 426.

Le défaut d'indication de domicile réel du saisissant dans la copie d'un procès-verbal de saisie-revendication délaissée au saisi, entraîne nullité de la saisie. Poitiers, 21 mai 1834, D. 35, 190.

14. La *saisie-revendication* est suivie d'une demande en validité. C. pr. 831 (— sans préliminaire de conciliation. C. pr. 49-7°); — dans la huitaine de sa date. Arg. C. pr. 563, 564. — V. *Saisie-arrêt*, n° 67. Aix, 10 juin 1819; Gibelin, p. 408.

15. Cette demande est portée devant le trib. du domicile de celui sur qui la saisie est effectuée; et si elle est connexe à une instance déjà pendante, au trib. saisi de cette instance. C. pr. 831.

De celui sur qui elle est faite. C'est à-dire devant le trib. du détenteur qui prétend avoir un droit sur les effets. Nanci, 18 janv. 1833, D. 34, 118. — Il peut n'être pas le même que le détenteur réel. Berriat, 650.

Si le tiers chez lequel a été pratiquée la saisie conteste la revendication, on l'assigne devant le trib. qui doit connaître de la saisie, sauf à lui, s'il y a lieu, à demander son renvoi devant ses juges. Arg. C. pr. 570. Pigeau, *Comm.* 2, 516.

16. La demande est formée, si elle est principale, par le procès-verbal de saisie ou par un exploit séparé. Carré, n° 2823. — Si elle est incidente, par un simple acte, comme toutes les demandes de cette nature; — si elle est connexe à une demande sur laquelle il y a déjà instance, et que le saisi ne soit pas partie dans cette instance, il y a lieu d'assigner par exploit. Mais l'action n'en est pas moins portée au trib. saisi de l'instance dont nous venons de parler, et le tiers assigné ne peut décliner ce tribunal. Arg. C. pr. 181; Pigeau, 2, 551.

17. La revendication en matière de *faillite* (— V. ce mot, sect. XI) est soumise à des règles particulières. Berlier, éd. Didot, p. 279.

18. *Enregistrement.* Les différens actes de procédure sont assujettis aux mêmes droits d'enregistrement que ceux faits dans des procédures analogues. — V. *Ajournement*, *Exploit*, *Saisie exécution*, etc.

Formules.

FORMULE I.

Requête à fin d'avoir permission de saisir-revendiquer.

(C. pr. 826. — Tarif, 77. — Coût, 3 fr.)

A M. le président du trib. de première instance de

Le sieur demeurant à , ayant Me pour avoué.

A l'honneur de vous exposer qu'il a vendu le huit mai au sieur un cheval sous poil noir, âgé de 5 ans, moyennant le prix de , payable comptant, que néanmoins la livraison dudit cheval a eu lieu sous la promesse que le prix convenu allait être à l'instant remis à l'exposant.

Que le lendemain de cette vente le neuf mai de ladite année il vient d'apprendre que ledit sieur était sur le point de revendre ledit cheval, quoique non payé.

Pour quoi il requiert qu'il vous plaise l'autoriser, en vertu des art. 2102,-4°, C. civ. et 826 C. pr. à faire saisir-revendiquer ledit cheval, qui est encore en la possession et dans l'écurie du sieur , située à , rue , pour être ensuite conclu et statué ce qu'il appartiendra, et ce sera justice.

(*Signature de l'avoué.*)

Ordonnance. — Nous président du tribunal, vu la présente requête et les dispositions des art. 2102,-4°, C. civ, et 826 C. pr.

Autorisons l'exposant à faire saisir-revendiquer le cheval dont s'agit. Fait à

(*Signature du président.*)

FORMULE II.

Procès-verbal de saisie-revendication.

Le procès-verbal est rédigé dans une forme analogue à celui d'une *Saisie-exécution.* —V. Ce mot formule II.

FORMULE III.

Demande en validité de la saisie-revendication.

C. pr. 831. —Tarif 29.— Coût, 2 fr. orig.; copie 50 c.)

L'an , le , à la requête du sieur , etc.

J'ai, etc. soussigné, donné assignation au sieur , pour attendu que le huit mai 1840, il lui a vendu un cheval (*le désigner*) moyennant la somme de payable comptant, que nonobstant cette convention ledit sieur , a pris livraison dudit cheval sans acquitter le prix convenu; que pour empêcher le détournement dudit cheval qui allait être vendu au préjudice du requérant, ce dernier a fait procéder à la saisie-revendication dudit cheval en vertu de l'autorisation à lui accordée par M. le président du trib. de , en conformité de l'art. 826, C. pr.

Par exploit de huissier à , en date du 9 mai de ladite année dûment enregistré.

Attendu que ladite saisie-revendication est régulière et a été pratiquée dans le délai fixé par l'art. 2102, n° 4.

Déclarer bonne et valable ladite saisie-revendication.

Et statuant au fond, attendu qu'aux termes de l'art. 1654 C. civ., le vendeur peut demander la résolution de la vente pour défaut de paiement du prix.

Déclarer nulle et résolue, la vente dudit cheval, ordonner qu'il sera remis au requérant dans le jour de la signification du jugement à intervenir.

Et attendu le préjudice causé au requérant, condamner le défendeur à cinquante fr. de dommages et intérêts et aux dépens dans lesquels entreront les frais de la dite saisie-revendication, et j'ai, etc. (*Signature de l'huissier.*)

SAISIE SUR SOI-MÊME. — V. *Saisie-arrêt*, n° 30.

SALAIRE. Ce qui est payé pour un travail ou des services. —V. *Inscription hypothécaire*, n° 57 et suiv.; *Honoraires*, *Arbitrage*, n° 308.

SALLE D'AUDIENCE.—V. *Audience*, n° 1; *Jugement*, n° 104.

SAPITEURS. On nomme ainsi les personnes qui connaissent les localités et que les experts sont autorisés à consulter. —V. *Expertise*, n°s 18, 68.

SAUF-CONDUIT. — V. *Emprisonnement*, n°s 172 à 178; *Faillite*, n°s 190 à 198.

SCEAUX. — 1. La forme des sceaux ou cachets des autorités judiciaires et administratives est déterminée par l'ordonn. roy. du 14 août 1830.—V. relativement aux timbres et cachets à l'usage des trib. et des notaires, l'ordonn. du 19 nov. 1830, et d'ailleurs *Exécution*, n° 36.

2. Les lettres de naturalité donnent lieu aux droits de sceau et d'enregistrement fixés par l'art. 55 L. 28 avr. 1816.

3. Il en est de même des lettres-patentes portant réintégration dans la qualité de Français. Art. 12, L. 20 juill. 1837 (Art. 949 J. Pr.).

4. Le droit de sceau pour les autorisations relatives aux

changemens et additions de noms est de 600 fr. Art. 12, L. 20 juill. 1837 (Art. 949 J. Pr.).

5. Ces droits peuvent être remis en tout ou en partie lorsque les impétrans justifient qu'ils sont hors d'état de les acquitter. L. 21 avr. 1832; L. 20 juill. 1837, art. 12.—V. *Indigent*, n° 34.

6. Il en est de même des autorisations de service militaire ou d'acceptation de fonctions publiques à l'étranger, L. 1837, art. 12.

SCELLÉ (1). Acte par lequel un magistrat constate qu'il a apposé son sceau sur les ouvertures d'un appartement ou d'un meuble pour empêcher d'y pénétrer et conserver ce qu'il renferme.

DIVISION.

§ 1. — *De l'apposition des scellés.*

Art. 1 — *Cas où il y a lieu à apposition de scellés.*
Art. 2 — *Par qui l'apposition peut être demandée ou ordonnée.*
Art. 3. — *Forme de l'apposition de scellés.*

§ 2. — *De l'opposition aux scellés.*
§ 3. — *De la levée des scellés.*
§ 4. — *Timbre et enregistrement.*
§ 5. — *Formules.*

§ 1. — *De l'apposition des scellés.*

Art. 1. — *Cas où il y a lieu à apposition de scellés.*

1. L'apposition des scellés a lieu dans plusieurs cas, savoir : 1° après la mort naturelle ou civile. C. pr. 907; C. civ. 25, 769, 773, 1031. — V. *Bénéfice d'inventaire*, n° 16 et toutefois *inf.* art. 2.

2° En cas de *faillite*. —V. ce mot, n°s 130 à 137.

3° Quand un individu disparaît et qu'il n'y a personne pour veiller à la conservation de ses effets et papiers. Arg. C. civ. 114; Carré, art. 907. —V. *Absence*, n°s 10 et 63, et d'ailleurs *Saisie-exécution*, n° 144.

Mais l'apposition des scellés sur les papiers d'un individu, sous prétexte qu'il est absent et qu'il est dépositaire de titres, peut, suivant les circonstances, donner lieu à des dommages-intérêts. Paris, 7 déc. 1809, P. 7, 911; — il semble résulter de cet arrêt qu'on a seulement le droit d'assigner le dépositaire en restitution des titres.

4° Lors d'une demande en interdiction, quand il n'y a per-

(1) Cet article est de M. Pelletier, avocat à la Cour royale de Paris.

sonne près du défendeur pour veiller à la conservation de ses effets. Pigeau, 2, 610 ; Carré, 3, 477. — V. *Interdiction*, n° 25 et *inf.* n° 18.

5° dans le cas de demande en *séparation de corps*. — V. ce mot. — Ou *de biens*. — V. ce mot. Carré, t. 3, 420.

— V. d'ailleurs *C. I. Crim.* 37, 38 ; *Douane*, n°s 7, 34.

2. Les scellés ne peuvent être apposés lorsque l'inventaire est terminé, — à moins que cet inventaire ne soit attaqué comme irrégulier ou frauduleux. Bruxelles, 28 mars 1810, S. 10, 299, — et qu'il n'en soit ainsi ordonné par le président du tribunal. C. pr. 923. — Si l'inventaire n'est pas terminé, l'apposition n'a lieu que sur les objets non inventoriés. *Ib.*

3. On n'appose les scellés que sur les effets dont on a à craindre la soustraction.

A l'égard des autres objets qu'on peut laisser en évidence, il suffit d'une description sommaire. Arg. C. pr. 914, 924.

Il en est de même pour les effets mobiliers nécessaires à l'usage des personnes qui restent dans la maison. C. pr. 924. — Mais cette description, en aucun cas, ne saurait remplacer l'inventaire.

4. S'il n'y a aucun effet mobilier le juge de paix est autorisé à dresser un procès-verbal de carence. C. pr. 924. — Ainsi se trouve abrogée la disposition du Décret du 6 mars 1793 qui attribuait au notaire la confection du procès-verbal.

Il doit constater le serment prescrit par l'art. 914-9° (— V. *inf.* n° 36). Pigeau, 2, 629 ; Carré, n° 3094.

5. Si l'on s'attachait rigoureusement à la lettre de l'art. 924, il n'y aurait presque jamais lieu à procès-verbal de carence, les personnes les plus pauvres laissent toujours quelques effets mobiliers, ne fût-ce que quelques vieilles hardes, un grabat, etc. — Mais il semble raisonnable, (et tel est l'usage) de dresser un procès verbal de carence si la valeur des effets mobiliers n'excède pas 50 fr. Augier, v° *Carence*, n° 3.

D'où il suit que le juge de paix a le droit soit de faire un simple procès-verbal de carence, soit un procès-verbal contenant la description sommaire et avec prisée du faible mobilier d'un indigent. *Ib.* n° 4.

6. Si le juge de paix trouve des papiers utiles aux héritiers du défunt, il les décrira et les laissera en dépôt à son greffier. — Dans le cas où ces papiers seraient cachetés, il doit remplir les formalités indiquées ci-après. — V. *inf.* n° 43.

7. Enfin le juge de paix dresse aussi un simple procès-verbal de description des effets qui peuvent être sous le scellé, apposé après le décès d'un militaire, arrivé sur le territoire français, en présence d'un officier chargé par le conseil d'administration, qui doit signer ce procès-verbal. — Cet acte tient lieu d'inven-

taire, la vente de ces effets a lieu publiquement ; le produit, déduction faite des frais constatés, en est remis au conseil d'administration, pour être versé à la caisse du corps, art. 125, tit. 3, instr. min. de la guerre, 15 déc. 1809, approuvé par un décret. Augier, *ib.* n° 6.

8. On ne peut procéder à une saisie-exécution pendant l'apposition des scellés. — Mais le créancier, ayant un titre exécutoire, a le droit de demander la levée des scellés et de faire procéder d'abord à la saisie et ensuite à la vente. — V. d'ailleurs *Saisie-exécution*, n° 48.

Art. 2. — *Par qui l'apposition peut être demandée ou ordonnée.*

9. L'apposition des scellés peut, suivant les circonstances, être ordonnée, soit sur la réquisition des parties intéressées, soit à la diligence du maire ou du ministère public, soit enfin d'office par le juge de paix.

10. Par les *parties intéressées ;* c'est-à-dire *premièrement*, par tous ceux qui prétendent droit dans la succession ou dans la communauté. C. pr. 909. — V. *Inventaire*, n° 69 et suiv.

Les prétendant droit dans une succession sont : 1° l'héritier ; — 2° l'enfant naturel (il en est autrement de l'enfant adultérin ; il n'a droit qu'à des alimens). C. civ. 762. — *Contrà*, Demiau, 613 ; — 3° à défaut d'héritiers, l'époux survivant ou l'Etat ; — 4° le donataire universel ou particulier en propriété ou en usufruit ; — 5° le légataire universel, à titre universel ou à titre particulier en propriété ou en usufruit. Carré, art. 910 ; Toullier, 4, n° 410.

11. Mais le légataire universel peut-il s'opposer à l'apposition des scellés dans le cas où il n'existe pas d'héritiers à reserve et où il a été institué par un testament authentique non contesté ?

Pour l'affirmative on dit : la volonté de l'homme détruit et empêche la saisine légale des héritiers ; celle qui résulte en faveur du légataire porteur d'un titre paré doit être respectée. Bordeaux, 15 déc. 1828, S. 29, 149 ; dans l'espèce, le légataire avait consenti à laisser faire par le juge de paix la perquisition d'un testament qui pouvait révoquer le premier.

Mais pour la négative on répond : l'héritier saisi de plein droit peut faire tous actes conservatoires ; conséquemment on a validé l'apposition des scellés requise avant la notification d'un testament authentique. Amiens, 7 mai 1806, P. 5, 325..

A plus forte raison si le testament est attaqué, sauf à laisser au légataire universel la possession du mobilier après la confection de l'inventaire. Bruxelles, 28 nov. 1810 ; 9 mars 1811, P. 8, 666, 9, 158 ; Pigeau, *Comm.* 616, 617 ; Rolland de

Villargues, v° *Inventaire*, n° 12.—V. d'ailleurs *Possession (envoi en)*, n°s 23 à 25.

12. Mais le juge de paix peut-il faire d'*office*, dans l'intérêt d'un héritier *mineur* ou *absent*, l'apposition des scellés, malgré la représentation d'un testament contenant un legs universel? —La négative a été décidée par M. le garde-des-sceaux, Circul. 20 janv. 1829 : le ministre a reconnu de graves inconvéniens dans cette mesure, qui ne doit être prise qu'avec une grande prudence par le juge de paix.

13. Suivant M. Pigeau, *Comm.* 617, si le légataire a été institué par un testament olographe ou mystique non suivi d'envoi en possession, le légataire ne peut s'opposer à l'apposition des scellés.

14. Lors même que le légataire en usufruit a été dispensé par le testateur de faire inventaire et de donner caution, les héritiers ont le droit de faire apposer les scellés à leurs frais. Bruxelles, 18 déc. 1811, 10 juin 1812, P. 9, 790; 10, 458.

15. En cas de minorité de l'ayant droit, l'apposition des scellés peut être requise par le mineur sans l'assistance de son curateur, s'il est émancipé (C. pr. 910); — par son tuteur, s'il n'est pas émancipé (*ib.*); — par un de ses parens, s'il n'a pas de tuteur ou que son tuteur soit absent. *Ib.*

16 *Secondement*, par tous créanciers fondés en titre exécutoire ou autorisés par une permission, soit du président du trib. de 1re inst., soit du juge de paix du canton où le scellé doit être apposé. C. civ. 820; C. pr. 909-2°. Tar. 78. — Il n'est pas nécessaire que la créance soit échue. Besançon, 9 fév. 1827, S. 27, 129.

17. Il a même été jugé que le successeur d'un notaire avait pu, en vertu de la permission du juge, faire apposer valablement les scellés sur des meubles renfermant des minutes, expéditions, titres et papiers appartenant à divers cliens de l'étude cédée, qui avaient été détournés et retenus par l'ancien titulaire. Bourges, 16 août 1836. (Art. 725 J. Pr.).

18. Les créanciers d'un héritier n'ont pas le droit de requérir l'apposition des scellés au nom de leur débiteur, ils n'ont que celui de former opposition à la levée. Nanci, 9 janv. 1817, P. 14, 17, — pour être appelés au partage; — Mais non à la levée des scellés. Douai, 26 mars 1824, S. 25, 53; Bourjon, 2, 698; Loret, 6, 19; Chabot, art. 820; Longchampt, *Dict. Just. de paix*, *hoc verbo*, n° 9. — *Contrà*, Carré, n° 3062; Pigeau, 2, 617.—Si la succession n'est grevée d'aucunes dettes, les héritiers peuvent en effet la partager à l'amiable sans aucunes formalités d'inventaire.

Mais les créanciers d'un créancier du défunt pourraient provoquer cette apposition. Arg. C. civ. 1166; Longchampt, *ib.*

19. *Troisièmement*, en cas d'absence, soit du conjoint, soit des héritiers ou de l'un d'eux, par les personnes qui demeuraient avec le défunt, et par ses serviteurs et domestiques. C. pr. 909.—*Absence* se prend ici dans le sens de non présence. Carré, art. 911.

20. *Quatrièmement*, enfin par l'exécuteur testamentaire. C. civ. 1031.

Il n'a plus ce droit si les héritiers lui offrent somme suffisante pour acquitter les charges. Bruxelles, 16 mars 1811, P. 9, 183; — ou suivant Pigeau, 2, 614, si les héritiers mineurs ou interdits ont des tuteurs. Arg. C. pr. 910 et 911.

En cas de concours entre l'exécuteur testamentaire et les héritiers ou d'autres prétendant droit. — V. *Inventaire*, n° 70 et suiv.

21. *Par le ministère public, le maire ou le juge de paix.* Le scellé doit être apposé, soit à la diligence du ministère public, soit sur la déclaration du maire ou adjoint de la commune, soit d'office par le juge de paix : 1° si le mineur est sans tuteur, et que le scellé ne soit pas requis par un parent. C. pr. 911-1°.

22. Si, au contraire, le mineur est pourvu d'un tuteur légal, le juge de paix ne doit pas apposer les scellés d'*office*, et malgré l'opposition d'un parent. Il ne lui est pas permis de prévenir la vigilance d'un tuteur responsable de l'omission de cette formalité qui peut être jugée, en certains cas, inutile, et qui pourrait souvent aggraver la douleur de la famille du défunt. Lettres min. just. 5 nov. 1808; Merlin, *R.*, v° *Scellés*, § 3; Augier, 5, 8.

Il en serait autrement si le tuteur n'était pas présent. Carré, art. 912.

23. 2° S'il n'y a personne auprès de celui qu'on veut faire interdire pour veiller à la conservation de ses effets mobiliers, Pigeau, 2, 544; la permission est accordée sur requête par ordonnance du président. *Ordonnances du président*, p. 69, 1re part.

L'administrateur, pendant l'instance en interdiction, n'a pas le droit de faire apposer les scellés.—*Contrà*, Augier, 5, 10.— Il peut seulement, s'il en a été apposé, en demander la levée. Dalloz, v° *Scellé*, n° 25.

24. 3° Si le conjoint ou si les héritiers ou l'un d'eux sont absens. C. pr. 911; C. civ. 819.

Si l'absent est représenté par un mandataire, le juge de paix doit attendre une réquisition de ce mandataire;

S'il y a *absence déclarée* et des envoyés en possession provisoire *présens*, c'est à eux qu'appartient le droit de requérir l'apposition des scellés. Augier, 5, 9.

25. 4° Si le défunt était dépositaire public, le scellé ne doit être apposé que pour raison de ce dépôt et sur les objets qui le composent. C. pr. 911-3°.—Par exemple, en cas de décès d'un curé, sur le mobilier et les papiers dépendans de la cure (sans rétribution pour le juge de paix ni pour le greffier, sauf le remboursement du papier timbré). Les scellés sont ensuite levés à la requête des héritiers ou du trésorier de la fabrique. Décr. 6 nov. 1813, art. 16 à 19.

S'il s'agit d'un notaire, d'un greffier ou de tout autre dépositaire de minutes, le scellé ne doit être apposé que sur les papiers. L. 25 vent. an 11, art. 61.—V. *Inventaire*, n° 165.

26. 5° Enfin les scellés sont encore apposés d'*office* en cas de décès d'un officier supérieur de toutes armes. Inst. min. 8 mars 1823.—V. *Inventaire*, n° 200.

27. Dans le cas où le juge de paix doit apposer les scellés d'office, il est responsable des dommages-intérêts, s'il refuse de déférer à l'invitation qui lui serait faite par les parens du mineur ou autres personnes de remplir cette charge de son ministère. Carré, n° 3074.—Dans tous les autres cas, il doit attendre la réquisition des parties.—V. toutefois *sup.* n° 12.

28. Pour l'apposition de scellés en cas de *faillite*. — V. ce mot, n° 130 et suiv.

Art. 3. — *Forme de l'apposition des scellés.*

29. L'apposition des scellés après décès doit être faite par le juge de paix, et à son défaut par ses suppléans. C. pr. 907.

30. Un juge ne peut être commis par le trib. pour cette opération, à peine de nullité. Carré, n° 3059, — proposable même par celui qui aurait assisté sans réclamation à l'apposition.—*Contrà*, Bruxelles, 12 flor. an 12, P. 3, 723; Carré, *ib.* — V. d'ailleurs *Maisons royales*, n° 3.

31. Si tout autre officier que le juge de paix ou son suppléant apposait les scellés, le juge de paix pourrait, de sa seule autorité, les briser pour les réapposer immédiatement. Déc. min. just. Carré, n° 3059.

32. Le juge de paix compétent est celui des lieux (C. pr. 912) où sont les effets, et non pas, comme autrefois, celui du lieu de l'ouverture de la succession. Pigeau, 2, 622; Carré, art. 912; Levasseur, 128.

33. Le juge de paix est assisté du greffier. Carré, n° 3059.

34. Les scellés peuvent être apposés non-seulement dans la maison où le défunt est décédé, mais aussi dans les diverses habitations qu'il avait. Amiens, 6 déc. 1811, P. 9, 758; — ou qu'il avait eues peu de momens avant sa mort, s'il existe de fortes présomptions que ces habitations renferment des objets mobiliers appartenant au défunt. Bourges, 17 janv. 1831, S. 31, 304.

35. Lorsque l'apposition des scellés est nécessaire, on doit la faire le plus tôt possible; si elle n'a lieu qu'après l'inhumation, le juge de paix constate les causes qui l'ont retardée, ainsi que le moment où il a été requis. C. pr. 913.

36. Le procès-verbal d'apposition doit contenir : 1° la date des an, mois, jour et heure, même l'heure à laquelle chaque séance commence et finit. Déc. 10 brum. an 14, art. 1er; — 2° les motifs de l'apposition; — 3° les noms, profession et demeure du requérant, s'il y en a, et son élection de domicile dans la commune où le scellé est apposé, s'il n'y demeure; — 4° s'il n'y a pas de partie requérante, le procès-verbal énonce que le scellé a été apposé d'office ou sur le réquisitoire ou sur la déclaration de l'un des fonctionnaires dénommés dans l'art. 911 — V. *sup.* n° 21; — 5° l'ordonnance qui permet le scellé, s'il en a été rendu; — 6° les comparutions et dires des parties; — 7° la désignation des lieux, bureaux, coffres, armoires, sur les ouvertures desquels le scellé a été apposé; — 8° une description sommaire des effets qui ne sont pas mis sous les scellés; — ce qui s'applique aux gros meubles en évidence, ou aux objets nécessaires à l'usage des personnes qui restent dans la maison du défunt. Arg. C. pr. 924; — 9° le serment, lors de la clôture de l'apposition, par ceux qui demeurent dans le lieu, qu'ils n'ont rien détourné, vu ni su qu'il ait été rien détourné directement ou indirectement; — 10° l'établissement du gardien présenté, s'il a les qualités requises, sauf, s'il ne les a pas ou s'il n'en est pas présenté, à en établir un d'office par le juge de paix, C. pr. 914.

37. La loi ne désigne pas les qualités requises de la part du gardien; en conséquence, une femme peut être constituée gardienne des scellés (Pigeau, 2, 623); mais alors on renonce à exercer la contrainte par corps prononcée par la loi contre les gardiens, C. civ. 2060, les femmes en étant dispensées, 2066, *ib.*

Les femmes choisies pour être gardiennes, sont souvent intéressées à la conservation des valeurs de la succession, par exemple, une veuve commune ou donataire, une servante légataire. Thomine, n° 1079.

Toutefois elles ne sauraient être désignées pour la garde des scellés, s'il s'agit d'effets mobiliers appartenant à l'état, ou en matière criminelle. Décr. 6 vend. an 3.

38. En général, il est plus prudent de ne constituer pour gardien que des individus qui réunissent les qualités exigées dans le cas de *saisie-exécution* (— V. ce mot, n° 152 et suiv.). Carré, n° 3078; Thomine, art. 914.

39. Le juge de paix se sert d'un sceau particulier qui reste entre ses mains, et dont l'empreinte est déposée au greffe du trib. de 1re inst. C. pr. 908.

40. Les clés des serrures sur lesquelles le scellé a été apposé restent jusqu'à sa levée entre les mains du greffier de la justice de paix, lequel fait mention sur le procès-verbal de la remise qui lui en a été faite. C. pr. 915.

40. Le juge de paix et le greffier ne peuvent, jusqu'à la levée, aller dans la maison où est le scellé, à peine d'interdiction, à moins qu'ils n'en soient requis ou que le transport n'ait été précédé d'une ordonnance motivée. *Ib.*

41. Si les portes sont fermées, s'il se rencontre des obstacles à l'apposition des scellés, s'il s'élève, soit avant, soit pendant le scellé, des difficultés, le juge de paix surseoit et établit garnison extérieure, même intérieure, si le cas y échet, et en réfère sur-le-champ au président du tribunal ; il peut même, s'il y a péril dans le retard, statuer par provision. C. pr. 921.

Dans tous les cas de référé introduit par le juge de paix, l'ordonnance du président est consignée sur son procès-verbal. Le président signe ses ordonnances sur ce procès-verbal. C. pr. 922. — V. *Référé*, nos 11 à 16.

42. La perquisition du testament dont l'existence est annoncée, peut, sur la demande de toute partie intéressée, être faite par le juge de paix, même avant l'apposition des scellés. C. pr. 917.

43. S'il est trouvé un testament ou d'autres papiers cachetés, le juge de paix en constate la forme extérieure, le sceau et la suscription, s'il y en a ; il paraphe l'enveloppe avec les parties présentes, si elles le savent ou le peuvent, et indique les jour et heure où le paquet sera par lui présenté au président du trib. de 1re inst. ; il fait mention du tout sur son procès-verbal, lequel est signé des parties ; sinon mention est faite de leur refus. C. pr. 916.

44. Aux jour et heure indiqués, et sans assignation préalable, les paquets trouvés cachetés sont présentés par le juge de paix au président du trib., qui en fait l'ouverture, en constate l'état et en ordonne le dépôt, si le contenu concerne la succession. C. pr. 918.

Au président du trib. du lieu de l'ouverture de la succession, et non du lieu où l'apposition est faite. Arg. C. civ. 1007. — Si donc le testament est trouvé dans un arrondissement différent, le juge de paix doit, après en avoir constaté l'état, l'adresser au greffier du trib. compétent. Carré, n° 3082 ; Pigeau, 2, 625.—*Contrà*, Hautefeuille ; Lepage. *Quest.* 667 ; Augier, 5, 24.

45. Si les paquets cachetés paraissent, par leur suscription ou par quelqu'autre preuve écrite, appartenir à des tiers, le président ordonne que ces tiers seront appelés dans un délai qu'il fixe pour qu'ils puissent assister à l'ouverture ; il la fait au jour indiqué, en leur présence ou à leur défaut, et si les papiers sont étrangers à la succession, il les leur remet sans en faire

connaître le contenu, ou les cachète de nouveau pour leur être remis à leur première requisition. C. pr. 919.

46. Si le testament est trouvé ouvert, le juge de paix en constate lui-même l'état, en se conformant à l'art. 916 précité. C. pr. 920. — V. *sup.* n° 43.

47. S'il se trouve des deniers comptans, le juge de paix, en cas de difficultés sur le choix de la personne à laquelle ils seront remis, doit en référer au président du trib. Arg. C. pr. 921.— Et le dépôt peut en être ordonné à la caisse des *dépôts et consignations*. — V. ce mot, n° 17.

48. Ces formalités ne sont point applicables aux expéditions de testamens notariés ; il n'y a pas nécessité d'en constater l'état, la minute est entre les mains du notaire. Pigeau, 2, 625.

49. Dans les communes au-dessus de 20,000 âmes, l'on inscrit sur un registre d'ordre tenu au greffe du trib. de 1re inst, d'après la déclaration que doit en faire le juge de paix dans les vingt-quatre heures, 1° les noms et demeures des personnes sur les effets desquelles le scellé a été apposé ; 2° le nom et la demeure du juge qui a fait l'apposition ; 3° le jour où elle a été faite. C. pr. 925. — Cette déclaration est portée au trib. par le greffier de la justice de paix. Tar. 17.

§ 2. — *De l'opposition aux scellés.*

50. L'opposition aux scellés est un acte conservatoire par lequel une personne demande que la levée soit différée, qu'on n'y procède qu'en sa présence, ou que l'on prenne, en la faisant, les précautions nécessaires à ses intérêts.

51. Cette opposition peut être formée sans titre ni permission du juge. Carré, n° 2099 ; — même par les créanciers d'un héritier. — V. *sup.* n° 18.

52. Elle a lieu, soit par une déclaration sur le procès-verbal de scellés (signé par l'opposant. Carré, n° 3097), soit par exploit signifié au greffier du juge de paix (qui vise l'original. Carré, n° 3100). C. pr. 926. — Les huissiers du canton de la justice de paix sont seuls compétens pour faire la signification, à moins que le juge de paix n'en ait commis un autre dans la circonstance prévue par l'art. 4 C. pr. Tar. 21 ; Carré, n° 3101 ; Demiau, art. 926. — V. d'ailleurs *Huissier*, n° 79.

53. Toutes oppositions à scellés doivent contenir, à peine de nullité, outre les formalités communes à tous exploits : 1° élection de domicile dans la commune ou dans le ressort de la justice de paix où le scellé est apposé, si l'opposant n'y demeure pas (C. pr. 927); 2° l'énonciation précise de la cause de l'opposition. *Ib.*

54. Dans aucun cas, il n'est nécessaire de dénoncer l'opposition à la levée des scellés aux héritiers du défunt, et de les as-

signer en validité; jusqu'à l'inventaire on peut ignorer quels sont les héritiers. Cass. 2 juill. 1838 (Art. 1230 J. Pr.); Carré, n° 3098.

55. Le juge de paix n'est point juge du mérite des oppositions, et par conséquent il ne peut refuser de les recevoir, lors même qu'elles ne lui paraîtraient pas fondées. Carré, n° 3102.

§ 3. — *De la levée des scellés.*

56. La levée des scellés est l'acte par lequel le juge de paix, après avoir reconnu que les scellés sont sains et entiers, ou, dans le cas contraire, après avoir constaté leur état, les rompt successivement, afin de remettre les effets à la disposition des ayantdroit.

57. La levée de scellés a lieu en une seule fois, ou successivement, selon qu'elle se fait avec ou sans description. — V. *inf.* n 83 et suiv.

58. L'inventaire est valablement dressé par le même notaire qui a apposé les scellés comme suppléant du juge de paix, mais non par celui qui, en la même qualité, a procédé à la levée des scellés.

59. *Délai.* La levée des scellés ne peut avoir lieu que trois jours après l'inhumation, si le scellé a été apposé auparavant, et trois jours après l'apposition, si elle a été faite depuis l'inhumation, à peine de nullité des procès-verbaux de levée de scellés et inventaire, et de dommages-intérêts contre ceux qui les auraient faits ou requis. C. pr. 928. — V. toutefois *Inventaire*, n° 43; — et d'ailleurs C. civ. 451.

Elle a lieu *dans les trois jours*, en matière de faillite. C. comm. 479.

60. En cas de *minorité* ou d'*interdiction*, le tuteur doit requérir la levée des scellés *dans les dix jours de sa nomination*, dûment connue de lui, et faire procéder immédiatement à l'inventaire. C. civ. 450 et 509; — à peine de dommages et intérêts. — V. *Inventaire*, n° 8.

61. En cas de tutelle légale du survivant des père et mère, ou du mari d'une femme interdite, comment se comptent les dix jours?

Suivant les uns, ce délai court à dater du décès, si le tuteur légal est présent, — ou de la notification de ce décès s'il ne l'est pas. — Au cas d'interdiction d'une femme mariée, son mari tuteur légal doit faire procéder à la levée des scellés dans les dix jours de la date du jugement définitif, s'il est rendu à sa requête, ou de la notification qui lui en est faite s'il n'a pas été rendu à sa requête.

Cette opinion rigoureuse n'est pas suivie dans la pratique : on ne peut obliger la veuve à faire procéder dans un délai si rapproché de la mort de son mari aux formalités pénibles d'un inventaire.—D'ailleurs l'art. 453 dispense les père et mère de faire procéder dans le mois de la clôture de l'inventaire à la vente du mobilier.—Enfin il est souvent impossible (à la différence de ce qui a lieu en cas de tutelle dative. C. civ. 451) de faire nommer un subrogé-tuteur dans les dix jours du décès.

62. *Formalités préalables.* Les formalités pour parvenir à la levée des scellés sont : 1° une réquisition à cet effet, consignée sur le procès-verbal du juge de paix. C. pr. 931.

2° Une ordonnance du juge, indicative des jour et heure où la levée sera faite. *Ib.*

3° Une sommation d'assister à cette levée, faite au conjoint survivant, aux présomptifs héritiers, à l'exécuteur testamentaire, aux légataires universels et à titre universel, s'ils sont connus, et aux opposans. *Ib.*

Il n'est pas besoin d'appeler les intéressés demeurant hors de la distance de cinq myriamètres, mais on appelle pour eux, à la levée et à l'inventaire, un notaire nommé d'office par le président du trib. de 1re inst. *Ib.*

Les opposans sont appelés aux domiciles par eux élus. *Ib.*

63. *Personnes qui ont droit de requérir la levée des scellés.* Ce sont celles qui ont droit de faire apposer les scellés (—V. *sup.* n° 6), excepté celles qui ne les ont fait apposer qu'en exécution de l'art. 909-3° (—V. *sup.* n° 19). C. pr. 930. — V. *Inventaire*, § 3; *Faillite*, n° 219 et suiv.

64. Le juge de paix doit refuser la levée des scellés, 1° si le conjoint, les héritiers ou quelques-uns d'eux, sont mineurs non émancipés et dépourvus de tuteurs (C. pr. 929) ;—2° si la partie requérante lui est inconnue, et qu'elle ne lui justifie pas de ses droits et qualités dans la succession ;—3° s'il y a des absens, non représentés, intéressés dans la succession. Carré, n° 3106.

65. Les difficultés sur le droit de provoquer la levée des scellés sont soumises au trib. de 1re inst. du lieu où les scellés ont été apposés, et non pas au trib. de commerce, encore bien que la cause soit connexe au partage d'une société commerciale. Bruxelles, 21 juill. 1812, S. 14, 159.—V. *inf.* n° 86.

66. Jugé que l'acte d'appel du jugement qui a statué sur une demande en main-levée de scellés est valablement signifié au domicile élu dans l'acte d'opposition aux scellés. Arg. C. pr. 927, 584. Bourges, 24 août 1808, P. 7, 113.

67. *Personnes qui peuvent assister à la levée des scellés.* Le conjoint, l'exécuteur testamentaire, les héritiers, les légataires universels et ceux à titre universel, ont le droit d'assister à toutes les vacations de la levée de scellés en personne ou par un mandataire. C. pr. 932.

Mais le prétendant droit à une succession peut être écarté, s'il ne justifie de sa qualité d'héritier par aucune présomption ni apparence de droit. Cass. 25 nov. 1818, P. 14, 1084, — ou s'il ne fait qu'alléguer la possibilité de l'existence d'un testament en sa faveur. Bruxelles, 18 mai 1807.

Il en serait autrement s'il avait un titre apparent quoique contesté. Paris, 6 août 1811, P. 9, 523.

68. Les opposans ne peuvent assister, soit en personne, soit par un mandataire, qu'à la première vacation; ils sont tenus de se faire représenter aux vacations suivantes par un seul mandataire pour tous; s'ils ne peuvent en convenir, il est nommé d'office *par le juge*. C. pr. 932.

Les procurations sont annexées au procès-verbal du juge de paix; dans le cas d'inventaire, elles sont remises au notaire. Circ. garde-des-sceaux, 28 avr. 1832.

69. Si parmi les mandataires se trouvent des avoués, ils justifient de leurs pouvoirs par la représentation du titre de la partie, et l'avoué le plus ancien, suivant l'ordre du tableau des créanciers fondés en titre authentique, assiste de droit pour tous les opposans : si aucun n'est fondé en titre authentique, l'avoué le plus ancien des opposans fondés en titre privé doit assister. L'ancienneté doit être réglée définitivement à la première vacation. C. pr. 932.

70. Si l'un des opposans avait des intérêts différens de ceux des autres ou des intérêts contraires, il pourrait assister en personne ou par un mandataire particulier, à ses frais. C. pr. 933.

Ceux qui n'ont formé opposition que pour la conservation des droits de leur débiteur créancier lui-même de la succession, ne peuvent assister à la première vacation, ni concourir au choix d'un mandataire commun pour les autres vacations. C. pr. 934.

71. Un acte d'opposition à scellés est-il un acte interruptif de prescription?

L'affirmative a été jugée (Paris, 7 août 1829, D. 29, 294), en ces termes : — « Considérant que Boulanger a formé, le 14 oct. 1805, opposition aux scellés; que par surcroît de précaution il l'a renouvelée, lors de la levée des scellés, le 30 oct.; que cette opposition motivée et conforme à la loi, s'adressant à toute la succession dont les héritiers étaient inconnus, opère l'interruption civile, et garantit les droits du créancier qui ne peuvent s'éteindre que par la prescription trentenaire; — *infirme*, etc. » — Le pourvoi en cassation a été rejeté par arrêt de la section civile (11 déc. 1833, D. 34, 335) ainsi motivé : — « Attendu que dans les circonstances de la cause et en appréciant les termes particuliers employés dans la rédaction de l'opposition, la C. roy. de Paris a pu juger, sans violer aucune loi, qu'une opposition aux scellés, à fin de paiement de la dette dont il s'agissait, *suivie d'une assignation* de la part de l'exécuteur testamentaire, pour assister à la vente des effets de la succession et de l'assistance à cette vente, constituait un acte judiciaire, emportant interruption civile de la prescription..... *Rejette.* » — Cette décision, comme l'observe judicieusement M. Troplong, ne saurait être considérée comme fixant un point de doctrine; c'est seulement parce que la rédaction de l'opposition du créancier présentait une physionomie toute spéciale, parce qu'un débat pouvait être censé s'être engagé avec les représentans de la succession, que la Cour en a tiré la conséquence que cet acte pouvait être assimilé à une demande judiciaire.

Dans l'opinion contraire, on répond avec raison, que tout acte qui n'est, ni une citation en justice, ni un commandement, ni une saisie, n'est qu'un acte *purement conservatoire*, et qui n'interrompt point la prescription. Arg. C. civ. 2244.

72. Quant au choix ou à la nomination des notaires, commissaires-priseurs ou experts. — V. *Inventaire*, nos 121 à 126, — et *Notaire*, nos 24 à 27.

73. Pour le serment des experts, ou commissaires priseurs. — V. *Inventaire*, nos 119 et 120.

74. La nomination d'un notaire, hors des cas prévus par la loi, pour représenter une ou plusieurs des parties intéressées aux opérations relatives à la levée des scellés, ne les rend pas nulles; on peut seulement mettre à la charge de celui qui l'aurait provoquée les frais qu'elle a occasionnés. Cass. 17 avr. 1828, S. 28, 235.

75. La prisée peut-elle être faite, soit par le greffier, soit par le notaire qui procèdent, l'un à la levée des scellés, l'autre à l'inventaire? — Le doute naît de ce que les art. 935, 936, 943, C pr., supposent le concours d'un commissaire-priseur ou d'un expert, et que ce concours semble offrir plus de garantie. — Mais des dispositions spéciales confèrent aux greffiers et aux notaires les attributions des *commissaires-priseurs* (— V. ce mot, n° 4) dans les lieux où ces derniers n'existent pas. — Ce n'est pas de plein droit que le greffier ou le notaire se trouve alors chargé de la prisée, il faut que pour cela l'un ou l'autre ait été choisi par les parties. — V. *Inventaire*, nos 111 à 113.

76. Au reste, la prisée ne peut être faite par un simple particulier. — V. *Huissier*, n° 40; *Inventaire*, n° 109.

77. *Procès-verbal de levée des scellés.* Il doit contenir : 1° la date, l'heure même; 2° les noms, profession, demeure et élection de domicile du requérant; 3° l'énonciation de l'ordonnance délivrée pour la levée; 4° l'énonciation de la sommation prescrite par l'art. 931 (— V. *sup.* n° 62); 5° les comparutions et dires des parties; 6° la nomination des notaires, commissaires-priseurs et experts qui doivent opérer; 7° la reconnaissance des scellés, s'ils sont sains et entiers; s'ils ne le sont pas, l'état des altérations, sauf aux parties intéressées à se pourvoir (dans l'ancien droit le juge de paix devait surseoir); 8° les réquisitions à fin de perquisitions, le résultat de ces perquisitions, et toutes les autres demandes sur lesquelles il y a lieu de statuer. C. pr. 936.

Cette dernière disposition s'applique au cas où l'inventaire a lieu en même temps que la levée des scellés; —dans le cas contraire. — V. *Inventaire*, n° 186.

— V. d'ailleurs *ib.* n° 135.

78. S'il est trouvé des objets et papiers étrangers à la succession et réclamés par des tiers, ils doivent être remis aux ayant droit; s'ils ne peuvent être remis à l'instant (par exemple, si les héritiers s'opposent à cette remise), et qu'il soit nécessaire d'en faire la description, elle doit être faite sur le procès-verbal de levée de scellés, et non dans l'inventaire. C. pr. 939.

Jugé qu'il ne suffit pas que des objets et papiers étrangers à la succession se trouvent sous le scellé pour qu'ils doivent être décrits dans le procès-verbal de scellés, qu'il est encore nécessaire qu'ils aient été *réclamés par des tiers*. Paris, 8 sept. 1825, S. 26, 42. —Mais l'art. 939 C. pr. n'exige point cette condition; si les effets ne sont point réclamés ni remis, c'est précisément le cas où il peut être le plus nécessaire d'en constater l'existence.

79. Le juge de paix (à moins qu'il n'en soit requis. — V. *sup.* n°s 42 et 78) n'a pas le droit de faire l'examen des papiers qui se trouvent sous les scellés. *Dict. du notar.*, *hoc verbo*, n° 71; Arg. Aix, 28 juill. 1830, S. 30, 356; Locré, *Espr*, C. pr. 4, 239. —*Contrà*, Longchampt, n° 95. — A Paris, dans l'usage, les juges de paix se retirent lorsque le mobilier est inventorié et qu'on s'occupe de l'analyse des papiers. —V. *sup.* n° 70 et *inf.* n° 84.

80. Il convient de réunir les objets de même nature pour établir le meilleur ordre possible dans l'inventaire; après ce classement, les objets sont replacés sous les scellés. C. pr. 938.

81. Le procès-verbal de la levée des scellés doit offrir un récolement du procès-verbal d'apposition; si celui-ci contient une description d'objets non mis sous le scellé, leur existence doit être rappelée sommairement dans celui-là. Au reste, on doit éviter que le procès-verbal du juge de paix ne fasse double emploi avec l'inventaire.

82. *Levée avec description.* Cette formalité doit être observée dans tous les cas où elle est prescrite par la loi (—V. *sup.* n°s 78 et 81, et *inf.* n° 86) ou requise par une partie.

Dans quels cas y a-t-il lieu à *Inventaire?* — V. ce mot § 1.

83. *Levée sans description.* La levée des scellés se fait sans

description, 1° si la cause de l'apposition cesse avant qu'ils soient levés ou pendant le cours de leur levée. C. pr. 940. — Par exemple, si l'apposition a lieu uniquement parce que l'héritier mineur était sans tuteur, et qu'on vienne à lui en nommer un. Aix, 28 juill. 1830, S. 30, 356. — Le juge de paix, dans ce cas, ne peut, malgré le tuteur, procéder à une description, si d'ailleurs il n'y a pas d'autres intéressés qui requièrent la description. *Même arrêt.* — Toutefois M. Carré, n° 3140, semble adopter l'opinion contraire, sur le motif que les scellés ayant été une fois apposés doivent profiter à tous ceux qui pourraient y avoir intérêt.

2° Si les successeurs universels sont majeurs et s'accordent pour demander cette levée sans description, afin d'éviter les frais et d'empêcher de pénétrer le secret des affaires de la succession. Pigeau, 2, 644.

84. Serait insuffisant le consentement émané du notaire nommé d'office pour représenter les héritiers non présens ; — ou du mandataire chargé seulement de requérir la levée des scellés.

85. La levée des scellés sans description n'entraîne pas nécessairement pour l'héritier bénéficiaire acceptation pure et simple de la succession. Arg. Cass. 16 mai 1815, P. 12, 729. — *Contrà*, Pigeau, *ib.*

86. Les difficultés sur la question de savoir si les scellés doivent être levés avec ou sans description sont soumises au trib. de l'arrondissement où les scellés ont été apposés. Paris, 8 mai 1811, S. 14, 160.

87. Mais si l'on s'oppose simplement à la levée des scellés, le juge de paix n'est point tenu de surseoir, ni d'en référer au président du trib. : l'art. 921 n'est pas applicable, il statue seulement pour le cas d'apposition des scellés. Cass. 17 avr. 1828, S. 28, 235.

88. Les collatéraux non héritiers n'ont pas droit d'intervenir à la levée des scellés, sous prétexte de la possibilité d'existence d'un testament en leur faveur. Bruxelles, 18 mai 1807, P. 6, 93.

89. *Levée provisoire.* La levée des scellés peut n'être que partielle et provisoire : 1° pour la remise des titres appartenant à des tiers. Décr. 6 pluv. an 12, art. 1, 3 ; — 2° pour extraire les effets à courte échéance et les livres d'un failli. — V. *Faillite*, n°s 186 et 187. — Elle ne fait rien préjuger ni sur les droits ni sur les qualités des parties intéressées ; il suffit de reconnaître les scellés, que l'on réappose après l'extraction des pièces, le tout en présence des parties ou elles dûment appelées. Carré, 3, 495, note.

90. Les frais de scellés après décès sont à la charge de la succession. C. civ. 810, 1034.

91. Ils sont considérés comme frais de justice et colloqués par privilége. Arg. C. civ. 2101.

Mais sont-ils primés par la créance du propriétaire, pour raison de loyers à lui dus ? — V. *Distribution par contribution*, n° 68.

92. Les vacations du juge de paix sont taxées, savoir : à Paris, 5 fr. ; dans les villes où existe un trib., 3 fr. 75 cent. ; dans les autres villes et cantons ruraux, 2 fr. 50 cent. *Tarif*, art. 1, C. pr. 909, 932.

Dans la première vacation est compris le temps employé pour le transport. *Tarif, ib.*

Il est alloué pour transport en référé devant le président, 2 fr. par myriamètre, autant pour le retour ; et par journée de cinq myriamètres, 10 fr. — V. d'ailleurs *Tarif*, art. 5.

93. Les vacations du greffier du juge de paix sont taxées aux deux tiers de celles du juge de paix. *Tarif*, art. 16. — On suit la même règle pour les transports. *Tarif, ib.*

94. *Frais de garde.* Ils sont fixés *pendant les douze premiers jours*, à Paris, *pour chaque jour*, à 2 fr. 50 cent. ; dans les villes où il existe un trib., à 2 fr. ; dans les autres villes et cantons ruraux, à 1 fr. 50 cent. — Pour les autres jours, 1 fr. 80 cent. et 60 cent. — en suivant la distinction ci-dessus. *Tarif*, art. 25.

95. Les frais de garde peuvent-ils être réduits ? — V. *Saisie-exécution*, n° 179.

§ 4. — *Timbre et enregistrement.*

96. *Timbre.* Le procès-verbal de levée de scellés peut être fait à la suite de celui d'apposition et sur la même feuille. L. 13 brum. an 7, art. 23.

97. *Enregistrement.* Sont assujettis au droit fixe de 2 fr. par vacation : 1° le procès-verbal d'apposition de scellé (— V. *Inventaire*, n° 212) ; — 2° le procès-verbal descriptif qui le remplace (Solut. rég. 10 fév. 1831) ; — 3° les procès-verbaux de reconnaissance de levée de scellés. L. 22 frim. an 7, art. 68, § 2, n° 1.

Dans le cas de *faillite* (— V. ce mot, n° 680), il n'est dû qu'un seul droit, quel que soit le nombre des vacations.

98. Les procès-verbaux de carence sont soumis au droit de 1 fr., quel que soit le temps employé à leur confection. Décis. min. fin. 8 oct. 1823.

99. Il est dû en outre 1 fr. pour les oppositions à la levée des scellés par chaque comparution. L. 22 frim. an 7 art. 68, § 1, n° 46.

100. Le procès-verbal de la levée de scellés, qui contient nomination et prestation de serment d'expert, est assujetti à un droit particulier pour la prestation de serment qui peut avoir lieu par acte séparé ; mais il n'est rien dû pour la nomination. Décis. min. fin. 25 juill. 1810.

101. La requisition de levée de scellés n'est sujette à aucun droit ; mais l'ordonnance du juge mise à sa suite est passible du droit de 1 fr. Décis. min. fin. 1er juill. 1824.

— V. d'ailleurs *Sommation*, *Opposition*, etc.

§ 5. — *Formules.*

FORMULE I.

Requête pour obtenir permission de faire apposer les scellés.

(C. pr. 909. — Tarif, 78. — Coût, 7 fr. 50 c.)

A M. le président du trib. de première instance de

Le sieur , demeurant à , expose qu'il est créancier du sieur décédé aujourd'hui en sa demeure, sise à , de la somme de (*indiquer la cause de la créance*),

Que, pour sûreté de cette créance, il a le plus grand intérêt à faire apposer les scellés sur les meubles et effets de son débiteur ;

Pour quoi il vous plaira, M. le président, permettre au sieur de faire apposer, par M. le juge de paix de l'arrondissement, les scellés sur les meubles et effets, titres et papiers, dépendant de la succession dudit sieur , et se trouvant dans le domicile où il est décédé, sis à . Et vous ferez justice.

(*Signature de l'avoué.*)

Ordonnance du juge de paix permettant d'apposer les scellés.

L'an , le , par-devant nous , juge de paix du canton de en notre bureau, sis à , assisté du sieur , notre greffier,

Est comparu le sieur , demeurant à , lequel nous a dit etc. (—V. *sup.* à la requête.)

Pour quoi, pour la conservation desdits droits et de tous autres qu'il appartiendra, il nous requérait de lui permettre de faire procéder à ladite apposition de scellés, et a signé. (*Signature de la partie.*)

Sur quoi nous, juge de paix, assisté comme dessus, attendu que le comparant, en sa qualité de créancier, a intérêt de faire mettre sous les scellés les meubles et effets appartenant à son débiteur décédé, lui permettons de faire procéder à ladite apposition des scellés, et avons signé avec le greffier, les jour, mois et an susdits.

(*Signature du juge de paix et du greffier.*)

NOTA. — La permission est inutile pour les créanciers porteurs de titres exécutoires.

FORMULE II.

Procès-verbal d'apposition de scellés.

(C. pr. 914.—Tarif, 1,3,16.—Juge de paix, par vacation, 5 fr. greffier, les deux tiers.)

L'an , le (*jour, date,* heure de , par-devant nous , juge de paix du canton de , etc., assisté, etc.

Est comparu le sieur , demeurant à , lequel, assisté de Me avoué du tribunal de , demeurant à , où ledit fait élection de domicile, nous a exposé que le sieur demeurant à , est décédé en sadite demeure le , et que pour sûreté, conservation et avoir paiement de la somme de , etc., ledit sieur , a obtenu le jour d'hier une ordonnance de M. le président du tribunal de (*ou* de nous, juge de paix du canton de), qui lui a permis de faire apposer, par nous, les scellés sur les meubles, effets, titres et papiers dépendant de la succession dudit sieur laquelle ordonnance, dûment enregistrée, étant au bas de la requête présentée à M. le président, nous a été représentée et est demeurée ci-annexée, après avoir été signée et certifiée sincère et véritable par ledit , qui, en conséquence, nous a requis de nous transporter à l'instant dans la maison sise à , où est décédé ledit sieur , à l'effet d'y apposer nos scellés ; (— *si la réquisition est postérieure à l'exhumation on ajoute :* nous déclarant que, si la présente réquisition n'a pas été faite plus tôt, c'est qu'il n'a appris le décès de son débiteur qu'hier, et que son éloignement de , et le temps qu'a nécessité l'obtention de l'ordonnance de M. le président ont été les seules causes du retard) ; et il a signé avec ledit Me , son avoué. (*Signature de la partie et de son avoué.*)

Pour quoi nous, juge de paix susdit et soussigné, obtempérant à la réquisition ci-dessus, nous sommes de suite transporté avec ledit sieur , notre greffier, en une maison sise à , où étant arrivés et montés au étage, dans une chambre servant de , nous avons trouvé le sieur , à qui nous avons expliqué le sujet de notre transport, et que nous avons invité, en conséquence, à nous indiquer tous les lieux qui composaient l'appartement occupé par le défunt.

Et à l'instant nous avons commencé ladite apposition de scellés, ainsi qu'il suit :

Dans une salle ayant vue sur , nous avons appliqué deux bandes de rubans, l'une portant d'un bout sur le dessus de marbre, traversant les tiroirs, et portant d'autre bout sur les pieds d'un buffet en bois de couleur , fermé avec la clé demeurée entre les mains de notre greffier ; l'autre bande portant sur le mur auquel il est appuyé ; aux extrémités de chacune desquelles bandes nous avons mis nos scellés en cire rouge molle portant pour empreinte notre cachet de juge de paix.

Dans le tiroir du bureau nous avons trouvé la somme de , en pièces de , laquelle somme nous avons laissée à , qui s'en est chargé pour fournir aux dépenses de la maison, et sans que cela puisse lui attribuer d'autre qualité que celle qu'il jugera à propos de prendre par la suite, et a signé.

(*Signature.*)

(*On énonce ainsi successivement les différentes pièces composant l'appartement et les meubles sur lesquels les scellés ont été apposés.*)

Lesquels lieux et effets ci-dessus désignés sont tous ceux à nous indiqués par les comparans, notamment par le sieur , lequel, après serment par lui fait devant nous, qu'il n'a rien détourné, vu ni su qu'il ait été rien détourné directement ni indirectement des meubles, effets et biens appartenant audit sieur s'est, desdits scellés et de tout ce que dessus, volontairement chargé, et a promis de représenter le tout quand et à qui il appartiendra.

Ce fait, le sieur a requis qu'il lui fût délivré expédition du procès-verbal, et il a été remis à notre greffier les clés des serrures sur lesquelles notre scellé a été apposé ; il a été vaqué à tout ce que dessus, depuis ce heures jusqu'à heures ; et avons signé avec les parties, Me , avoué, et le greffier.

(*Signatures.*)

Si lorsque le juge se présente pour procéder à l'apposition des scellés, quelqu'un s'oppose à cette apposition, on l'énonce ainsi : Et à l'instant s'est présenté le sieur , lequel nous a dit qu'il s'opposait à l'apposition des scellés sur les meubles et effets ayant appartenu au sieur ; attendu que (*relater les motifs de l'opposition*), et qu'il requérait qu'il en fût référé devant qui de droit, et a signé sous toutes réserves. (*Signatures.*)

Et par le sieur , assisté comme dessus, il a été dit qu'il ignorait sous quel prétexte le sieur prétendait etc. , qu'étant porteur de , etc. ; pour quoi il nous requérait d'introduire, pour l'instant même, un référé devant M. le président du tribunal de première instance de , et d'établir cependant garnison intérieure et extérieure pour empêcher le divertissement des effets de la succession ; et a, ledit sieur , signé avec Me son avoué.

(*Signatures.*)

Sur quoi nous juge de paix, avons donné acte aux parties de leurs dires et réquisitions ci-dessus, et, attendu l'opposition faite par le sieur , disons qu'à l'instant même nous allons nous transporter devant M. le président du tribunal de au Palais-de-Justice, et en son cabinet, pour être par lui statué sur l'obstacle survenu à l'apposition des scellés ; et considérant que la maison où nous sommes a plusieurs issues, et qu'il serait facile d'emporter des meubles et effets pendant notre absence, avons établi à chacune des portes d'entrée de ladite maison un gardien, savoir ; à la porte sur , le sieur , demeurant dans ladite maison, et à la porte sur , le sieur , demeurant à , à côté de ladite porte, lesquels ont accepté cette garde, et ont signé le procès-verbal avec nous, les parties et le greffier. (*Signatures.*)

Et étant arrivés au Palais-de-Justice, et devant M. le Président du trib. de et après que nous lui avons eu fait notre rapport, et avoir entendu Me avoué du sieur et Me , avoué du sieur , il a rendu l'ordonnance suivante :

« Nous, attendu que le sieur , partie de , a un titre certain, et que etc., au principal, renvoyons les parties à se pourvoir, et cependant, dès à présent et par provision, disons qu'il sera procédé et passé outre à l'apposition des scellés après le décès du sieur ; et dans le domicile qu'il avait à pour laquelle apposition nous avons accordé permission à ladite partie de suivant notre ordonnance du , enregistrée, laquelle sera d'ailleurs exécutée selon se forme et teneur; et à l'effet de quoi, disons que le sieur , où tous autres, seront tenus de faire ouvertures des portes, coffres, commodes et armoires, sinon qu'elles seront faites par un serrurier; et, en cas de résistance, que M. le juge de paix pourra requérir la force armée en nombre suffisant : ce qui sera exécuté nonobstant appel et sans y préjudicier, et avons signé.

(*Signature du président.*)

FORMULE III.

Procès-verbal de Carence.

(C. pr. 924. — Coût, comme ci-dessus formule II.)

L'an , le , heure de nous juge de paix assisté de notre greffier, nous sommes sur la réquisition de (*ou* d'office) transportés rue , no en la maison occupée par le sieur , où étant, est comparu le sieur

Lequel nous a dit que ledit sieur , vient de décéder, et qu'il nous requiert de constater que ledit sieur ne laisse aucun effet, papier ou argent, (*ou* que les effets que laisse le sieur sont de trop peu de valeur pour nécessiter l'apposition des scellés,) et a signé. (*Signature.*)

Sur quoi nous juge susdit avons donné acte audit sieur , de sa réquisition, et étant entré toujours assisté de notre greffier, dans une chambre au étage, et perquisition faite n'avons rien trouvé, (*ou*, n'avons trouvé que les effets qui suivent, savoir : six chaises en bois blanc estimées par notre greffier à la somme de ces effets étant d'une trop faible importance pour qu'on puisse en faire l'objet d'une apposition, d'une levée de scellés et d'inventaire, nous nous sommes bornés à la description ci-dessus, et nous les avons laissés à la garde du sieur lequel a affirmé, devant nous, qu'il n'a rien détourné, vu ni su qu'il ait été rien détourné, directement ni indirectement, et a promis de les représenter, quand et à qui il appartiendra, et a signé avec nous et notre greffier.

(*Signatures du gardien, du juge et du greffier.*)

FORMULE IV.

Sommation à un tiers d'être présent à l'ouverture d'un paquet qui, par sa suscription, paraît lui appartenir.

(C. pr. 919. — Tarif, 29 par anal. — Coût, 2 fr. orig.; 50 c. copie.)

L'an , le , à la requête du sieur , demeurant à , créancier sérieux et légitime du sieur , décédé à , et ayant fait apposer les scellés sur les meubles et effets, titres et papiers dépendant de la succession, pour lequel sieur , domicile est élu chez Me , avoué, etc., j'ai (*immatricule*), soussigné, signifié, et avec celle des présentes donné copie au sieur , demeurant à , en son domicile en parlant à

D'une ordonnance de M. le président du tribunal de première instance de en date du , enregistrée, étant ensuite du procès-verbal de l'apposition des scellés faite après le décès dudit sieur , et en date au commencement du , aussi enregistré ; à ce que du contenu en ladite ordonnance le sus-nommé n'ignore; et à pareilles requête, demeure et élection de domicile que dessus, j'ai, huissier susdit et soussigné, fait sommation audit sieur , en son domicile et parlant comme dessus, de comparaître (*jour, date*), heure du matin, par-devant M. le président du tribunal de en son cabinet à au Palais-de-Justice.

Pour, si bon lui semble, assister à l'ouverture qui sera faite par mondit sieur le président d'un paquet, etc.; ledit paquet trouvé lors de l'apposition des scellés faite après le décès dudit sieur , pour, après lecture prise par M. le président du contenu, ce paquet être remis au sieur , si les papiers qui y sont renfermés sont étrangers à la succession dudit sieur ; à ce que pareillement le sus-nommé n'en ignore ; lui déclarant que, faute par lui de comparaître, il sera procédé à l'ouverture dudit paquet tant en en absence que présence, et statué ce qu'il appartiendra ; et j'ai au sus-nommé, en son domicile et parlant comme dessus, laissé copie certifiée de l'ordonnance sus-énoncée et du présent exploit, dont le coût est de (*Signature de l'huissier.*)

FORMULE V.

Opposition aux scellés sur le procès-verbal.

(C. pr. 926. —Tarif, 18. — Coût, 50 c. pour le greffier.)

Et le est comparu au greffe de la justice de paix du canton de le sieur , demeurant à

Lequel a dit qu'il s'oppose aux reconnaissances et levée de scellés apposés après le décès du sieur , si ce n'est en sa présence ou lui dûment appelé ; et ce pour sûreté, conservation et avoir paiement de la somme de due par le défunt pour ; et a ledit sieur signé sous toutes réserves, avec nous greffier, les jour, mois et an susdits. (*Signatures.*)

FORMULE VI.

Opposition aux scellés par exploit.

(C pr. 926; C. civ. 821. —Tarif, 21. Coût, 1 fr. 50 c. orig ; le quart pour chaque copie.)

L'an le , à la requête du sieur , etc. pour lequel domicile est élu en ma demeure, j'ai (*immatricule*), soussigné, signifié et déclaré à M. greffier de la justice de paix du canton de , en son greffe, sis à , en parlant à

Que le dit sieur est opposant comme par ces présentes il s'oppose à ce qu'il soit procédé, etc.)—V. *sup.* Formule V) ; à ce que mondit sieur le greffier n'en ignore, lui déclarant que ledit sieur proteste dès à présent de nullité de tout ce qui serait fait au préjudice de la présente opposition, et même de prendre à partie tous les officiers qui passeraient outre ; et je lui ai ; etc.

(*Signature de l'huissier*).

FORMULE VII.

Demande en distraction des certains effets placés sous les scellés.

(C. pr. 915.)

Et le (*jour, date*), devant nous juge de paix du canton de , assisté de notre greffier, est comparu le sieur , fils du sieur dénommé, qualifié et domicilié au procès-verbal d'apposition des scellés des autres parts, lequel nous a dit qu'il est à sa connaissance que son père était porteur d'un billet de la somme de , environ, souscrit par le sieur , demeurant à ; qu'il croit que ledit billet est payable demain ; qu'il doit se trouver dans le secrétaire placé à , sur lequel nous avons apposé nos scellés ; que pour en obtenir le paiement, ou le faire protester s'il y a lieu, il requiert notre transport dans les lieux où nous avons apposé nos scellés, pour que nous puissions lever celui mis sur le secrétaire en question et y faire perquisition du billet, afin de le lui remettre pour en toucher le montant ou le faire protester faute de paiement : et a signé. (*Signature du requérant.*)

Sur quoi nous juge de paix susdit et soussigné, attendu qu'il importe de pouvoir présenter au paiement le billet dont s'agit, attendu qu'il y aurait péril dans le retard, et vu l'art. 915 C. pr., disons que nous allons nous transporter à l'instant avec notre greffier dans la maison , où est décédé le dit sieur , et où nous avons apposé nos scellés, pour faire perquisition du billet dont s'agit dans le secrétaire placé dans , et sur lequel nous avons apposé nos scellés ; et avons signé avec le greffier. (*Signatures.*)

Et étant arrivé avec notre greffier en la susdite maison , et introduit dans la chambre à coucher dudit défunt , nous avons reconnu sains et entiers les scellés que nous avions apposés sur le secrétaire étant dans ladite chambre, et comme tels levés et ôtés, et ensuite à l'aide de la clef du secrétaire restée entre les mains de notre greffier, nous avons ouvert ledit secrétaire, fait perquisition du billet annoncé y être renfermé, et nous avons trouvé en effet un billet en date à du de la somme de , souscrit par le sieur , demeurant à à l'ordre du sieur , le billet causé et stipulé payable au présent mois, et nous avons remis présentement ce billet au sieur , qui le reconnaît et s'en charge pour en toucher le montant ou le faire protester s'il y a lieu, et nous avons aussitôt réappose nos scellés sur le secrétaire, et nous nous sommes retirés après avoir signé avec ledit sieur et notre greffier.

(*Signatures.*)

FORMULE VIII.

Requête pour faire commettre un notaire à l'effet de faire représenter les absens.

(C. pr. 931, 942. — Tarif, 77. — Coût, 3 fr.)

A M. le président du tribunal de

Le sieur , etc., au nom et comme héritier pour partie du sieur , décédé à le , ayant Me pour avoué.

A l'honneur de vous exposer, que parmi les héritiers du sieur , plusieurs d'entre eux ne sont pas présens.

Pour quoi il vous plaira, Monsieur le Président, aux termes des art. 931 et 942 C. pr., commettre un notaire pour représenter les héritiers absens, aux opérations de levée de scellés et inventaire dont s'agit ; et ce sera justice.

(*Signature de l'avoué.*)

Ordonnance. — Nous, président du trib., vu la présente requête, et les art. 941 et 942 du Code de procédure, commettons Me pour représenter les héritiers absens.

Fait à Paris, ce (*Signature du président.*)

FORMULE IX.

Procès-verbal de levée des scellés.

(C. pr. 936. — Tarif, 1, 2, 3, 16. — Vac. du juge de paix, 5 fr. ; vac. du greffier, les deux tiers.)

Et ledit jour , heure de , nous , juge de paix, etc., assisté, etc. ; en conséquence de l'ordonnance délivrée, par nous le , et étant ensuite du réquisitoire du sieur , ci-après nommé, nous sommes transportés en la demeure où est décédé ledit sieur , sise à , où étant arrivés, devant nous sont comparus :

1° Le sieur , demeurant à , élisant domicile en la demeure de Me , avoué, sis à , créancier sérieux et légitime du défunt sieur en cette qualité ayant fait apposer les scellés après son décès, et requérant actuellement leur levée ; lequel, assisté de Me son avoué, nous a remis : 1° l'exploit de , huissier-audiencier de notre justice de paix, et daté du dûment enregistré, contenant sommation (1) à la requête dudit sieur à (*indiquer les noms et qualités des personnes sommées*), de comparaître à ces jour, lieu et heure pour être présens aux reconnaissance et levée de nos scellés, et à l'inventaire des titres, pièces et papiers dépendant de la succession dudit sieur , ainsi qu'aux prisée et estimation

(1) *Cette sommation a lieu dans la forme indiquée* sup. Formule IV.

des objets qui en seraient susceptibles. le tout par les officiers qui seraient choisis par les parties ou nommés d'office; ledit exploit contenant déclaration aux sus-nommés que, faute de comparaître, il serait contre eux donné défaut et procédé ainsi que de droit; 2° et l'ordonnance de M. le président du tribunal de , en date du , enregistrée, étant au bas de la requête présentée le même jour, et portant nomination de Mᵉ , notaire à , pour représenter aux opérations de reconnaissance, levée de scellés et inventaire dont s'agit, et à la vente du mobilier qui pourra s'ensuivre, le sieur , demeurant à , et le sieur , demeurant à , présomptifs héritiers chacun pour un tiers du sieur ; lesquelles sommations, requête et ordonnance sont demeurées ci-annexées; nous requérant en conséquence ledit sieur de procéder aux reconnaissance et levée de nos scellés, pour qu'il soit de suite et au fur et à mesure procédé à l'inventaire de tout ce qui se trouvera sous lesdits scellés et en évidence; et a ledit sieur signé avec ledit Mᵉ son avoué.

2° Le sieur , habile à se dire et porter héritier du défunt, etc.; 3° le sieur, etc.; 4° Mᵉ ; lesquels auxdits noms nous ont dit qu'il ne s'opposaient pas a ce qu'il fût par nous procédé aux reconnaissance, levée de scellés et inventaire dont s'agit, et qu'ils indiquaient pour notaire la personne de Mᵉ et pour commissaire-priseur Mᵉ , ledit sieur offrant de représenter les scellés sains et entiers, ainsi que les meubles et effets en évidence confiés à sa garde, et ont signé. (*Signatures.*)

Sur quoi nous, juge de paix susdit et soussigné, avons donné acte aux parties de leurs comparution, offres, dires et réquisitions; et encore au sieur de la remise par lui a nous faite de l'original de la sommation, et des requêtes et ordonnances sus-énoncées; et au sieur de ses offres.

(*Si les héritiers ne sont pas d'accord sur le choix des officiers qui doivent procéder à la prisée et à l'inventaire, le juge de paix le constate, et il est statué par le président du tribunal en référé dans la forme indiquée* sup. *Fomule* II.)

En conséquence disons qu'il va être par nous procédé aux reconnaissance et levée des scellés, pour qu'il soit de suite par les officiers ci-devant nommés, procédé aussi à l'inventaire et à la prisée des objets qui en seront susceptibles, le tout à la conservation des droits respectifs des parties et de tous autres qu'il appartiendra, et nous avons signé avec le greffier. (*Signatures.*)

En exécution de laquelle ordonnance il a été par nous et par lesdits officiers procédé ainsi qu'il suit:

Il a d'abord été procédé à l'inventaire, description et prisée des meubles et effets en évidence, qui se sont trouvés dans les lieux où nous sommes;

Et de suite nous avons reconnu sains et entiers, et comme tels levés et ôtés nos scellés apposés sur une commode à dessus de marbre étant dans la salle à manger, et fait ouverture de ladite commode avec la clef étant aux mains de notre greffier (*on désigne ainsi tous les meubles de dessus lesquels on ôte les scellés qui y avaient été apposés*).

Et il a été procédé par lesdits officiers à l'inventaire, description et prisée de tout ce qui s'est trouvé sous lesdits scellés.

S'il y a lieu, on se pourvoit en référé devant le président du tribunal pour ordonner la vente des meubles.

Ce fait, après qu'il a été vaqué à tout ce que dessus et à l'inventaire, depuis ladite heure de jusqu'à celle de , par double vacation, et ne s'étant plus rien trouvé à comprendre ni déclarer audit inventaire, dire et requérir au présent procès-verbal, et au moyen de ce qu'il ne se trouve plus aucun de nos scellés dans les lieux où nous sommes, ledit sieur est et demeure bien et valablement déchargé de la garde des meubles et effets compris et décrits en l'inventaire, et les papiers lui ont été remis ainsi que les clefs, qu'avait notre greffier, le tout ainsi qu'il le reconnaît; et le sieur a requis qu'il lui fût délivré expédition de notre procès-verbal de reconnaissance et levée des scellés; et ont, toutes les parties, signé avec nous et le greffier, les jour, mois et an susdits.

(*Signatures.*)

SECONDE GROSSE. — V. *Grosse, Copie,* n° 36 et suiv.

SECRET. — V. *Agent de change*, n° 15 ; *Discipline*, n° 27 ; *Enquête*, n° 181 à 183 ; *Jugement*, n° 87 ; *Notaire*, nos 52 et 53.

SECRÉTAIRE. — V. *Discipline*, n° 89 ; *Greffier*, § 6 ; *Domestiques* ; *Enquête*, n° 04 ; *Exploit*, 181.

SECTION. — V. *Audience*, n° 13 ; *Cassation*, n° 13 ; *Commune*, n° 14 ; *Requête civile*, n° 31.

SÉJOUR (*frais de*). — V. *Voyage*.

SEMONCE. — V. *Assignation*, n° 6.

SÉNATUS-CONSULTE. Décret émané, soit du sénat romain, soit en France du sénat conservateur, sous le consulat et l'empire.

SENTENCE ARBITRALE. — V. *Arbitrage*, n° 321 et suiv.

SÉPARATION DE BIENS JUDICIAIRE (1).

DIVISION.

§ 1. — *Par qui et pour quelles causes la séparation peut être demandée.*
§ 2. — *Formes et publication de la demande.*
§ 3. — *Instruction ; mesures conservatoires.*
§ 4. — *Jugement ; publication ; exécution.*

Art. 1. — *Jugement.*
Art. 2. — *Publication.*
Art. 3. — *Exécution.*

§ 5. — *Droits des créanciers.*
§ 6. — *Effets de la séparation.*
§ 7. — *Enregistrement.*
§ 8. — *Formules.*

§ 1. — *Par qui et pour quelles causes la séparation peut être demandée.*

1. La séparation de biens ne peut s'opérer, pendant le mariage, que par jugement ; toute séparation volontaire est nulle. C. civ. 1443.

2. Le droit de provoquer la séparation de biens n'appartient qu'à la femme. Pothier, *Communauté*, n° 513. — Cette action lui est purement personnelle ; si la femme demanderesse décède avant d'avoir obtenu la séparation, l'action est éteinte et ses héritiers ne peuvent la faire revivre ni la continuer. Douai, 23 mars 1831, S. 31, 243. — V. Toutefois *inf.* n° 74.

3. Il y a lieu à la séparation de biens : 1° lorsque la dot est

(1) Cet article est de M. Louras, avocat à la Cour royale de Paris.

mise en péril. C. civ. 1443; — 2° lorsque les affaires du mari sont dans un désordre qui fait craindre que les biens de celui-ci ne soient pas suffisans pour remplir les droits et reprises de la femme. *Ib.* L. 24, D. *Solut. matrim.*; Pothier, n° 510; Toullier, 13, n° 22. — V. d'ailleurs C. civ. 311; *Séparation de corps.*

4. La séparation de biens peut être demandée, et doit être prononcée par les trib., lorsque le père du mari ayant reçu la dot, et s'en étant déclaré responsable, ses immeubles deviennent insuffisans pour assurer le recouvrement de la dot, alors surtout que les affaires du mari sont également en désordre. Toulouse, 15 janv. 1818, P. 14, 579; Despeisses, *des Contrats*, part. 1, *du Dol*, sect. 3, 33.

5. Il n'est pas indispensable que la femme justifie de l'apport d'une dot, ou qu'elle ait actuellement des droits et reprises à exercer contre son mari; il suffit qu'elle ait à redouter dans la suite les conséquences de la dissipation de son mari, si, par exemple, il lui advient des biens dont l'administration appartient de droit au mari. Angers, 16 mars 1808; Rennes, 22 janv. 1812; 23 nov. 1820, P. 6, 561; 10, 57; 16, 200. Pothier, *Communauté*, 3e part., ch. 1er, art. 2, § 1; Duranton, 14, n° 403; Toullier, 13, nos 27, 28. — *Contrà*, Paris, 9 juill. 1811, P. 9, 452; Bellot, 2, 101; — surtout si elle a une industrie séparée.

6. Il n'est pas nécessaire que les actes de poursuite, par exemple des saisies, soient antérieurs à la demande de la femme, lorsque ces actes sont la conséquence de droits préexistans, et constituent dès-lors un état de désordre antérieur. Douai, 22 déc. 1836 (Art. 1038 J. Pr.).

7. La séparation peut être demandée, soit que les époux aient été mariés sous le régime de la communauté légale ou conventionnelle, ou sous le régime dotal (C. civ. 1443, 1563), ou enfin sous le régime d'exclusion de communauté. Arg. C. civ. 1563.

8. Ne font point obstacle à la demande en séparation de biens : 1° le rejet d'une précédente demande, si la seconde est fondée sur des faits survenus postérieurement. Merlin, *hoc verbo*, sect. 2, § 1, n° 11; Toullier, 13, n° 35; Dalloz, *ib.*, n° 24; — 2° le rejet d'une demande en séparation de corps; ces deux séparations se prononcent sur des motifs différens; — 3° l'abandon du domicile conjugal par la femme. Paris, 19 avr. 1817, Grenoble, 1er août 1817, P. 14, 189, 393; Angers, 22 fév. 1828, S. 31, 84; Poitiers, 15 août 1836, S. 36, 461. — *Contrà*, Turin, 8 déc. 1810, P. 8, 689; — 4° le divertissement et le recelé des effets de la communauté : la pénalité des art. 1454 et 1460 C. civ., ne peut être étendue. Paris, 6 mars 1810, 15 déc. 1815, P. 8, 156; 13, 177; — Ces faits ne font pas non plus obstacle à la séparation, à l'égard des créanciers. Rennes, 17 juill. 1816, P. 13,

530. — Cependant, en l'absence d'une disposition précise sur la question, les juges ont la faculté d'apprécier les circonstances particulières qui peuvent déterminer leur opinion. *Même arrêt.*

9. Le mari ne peut empêcher de prononcer la séparation, en offrant de donner caution. Rouen, 21 nov. 1811, P. 10, 825.

§ 2. — *Forme et publication de la demande.*

10. *Forme de la demande.* La demande doit être portée devant le trib. de 1re inst. Depuis le Code, la séparation ne peut plus être prononcée par des arbitres. Arg. C. civ. 1443; Paris, 24 avr. 1813, P. 11, 318.

11. Le trib. civil compétent est celui du domicile du mari. Arg. C. civ. 108, 214; Cass. 18 nov. 1835, S. 36, 118; Merlin, *Rép. hoc verbo,* sect. 2, § 3, n° 7; Pigeau, t. 1, p. 491; Carré, n° 2927; — lors même que la femme étrangère, qui a épousé un Français, réside de fait dans le lieu de son origine. Merlin, *Rép.*, v° *Convent. matrim.*, § 2. — Les créanciers du mari qui interviennent dans l'instance portée devant un trib. autre que celui du domicile du mari, peuvent proposer l'exception d'incompétence, lors même que le mari ne la proposerait pas. *Même arrêt.*

12. La demande doit être précédée d'une autorisation que le président du trib., ne peut refuser. C. pr. 865; *Observ. du Tribunat;* Pigeau, 1, 493; Carré, n° 2930; Lyon, 22 mars 1836, S. 36, 368.

Cette autorisation est donnée au bas d'une requête (non grossoyée. Tar. 72). C. pr. 865, — contenant les moyens de la demande en séparation, avec les pièces à l'appui.

13. Le président peut, avant de donner l'autorisation, faire à la partie les observations qu'il juge convenables (C. pr. 865), sans qu'il soit nécessaire d'en dresser procès-verbal. Pigeau, 1, 493; Carré, n° 2930; — cette disposition indique que la requête doit être présentée non-seulement par l'avoué, mais encore par la femme en personne. Toullier, 13, n° 41; — cependant à Paris l'usage est contraire, et la requête est simplement présentée par l'avoué.

14. L'autorisation du président suffit pour habiliter la femme mineure à plaider en séparation de biens, sans qu'il soit besoin de lui nommer un curateur. Merlin, *Rép. hoc verbo*, sect. 2, § 3, art. 2; Toullier, 13, n° 43; Thomine, art. 865. — *Contrà,* Pigeau, 1, 493. — Carré, n° 2932, ne conseille la nomination du curateur que comme mesure de prudence.

La femme munie de cette autorisation n'a pas besoin d'en solliciter une nouvelle pour appeler. Dalloz, v° *Contrat de mariage,* ch. 1er, sect. 1re, art. 3, n° 28. — V. d'ailleurs *Ordre,* n° 143.

15. La demande est dispensée du préliminaire de conciliation. C. pr. 49-7°.

16. Elle est formée par assignation signifiée au mari, avec copie de la requête et de l'ordonnance du président.

17. *Publication de la demande.* Dans les trois jours de l'assignation, l'avoué constitué est tenu de remettre au greffier du trib. un extrait de la demande contenant : 1° sa date ; 2° les noms, prénoms, profession et demeure des époux ; 3° les noms et demeure de l'avoué. C. pr. 866-3°.

18. Le greffier doit inscrire sans délai l'extrait qui lui a été remis dans un tableau placé à cet effet dans l'auditoire du tribunal. C. pr. 866.

Lorsqu'il n'y a pas de tableau dans l'auditoire du trib., il suffit de poser une affiche à la porte de l'auditoire. Carré, n° 2935. — Le vœu de la loi est rempli lorsqu'à défaut de tableau, la demande est affichée dans la partie de l'auditoire affectée à cette destination. Turin, 4, janv. 1811, P. 9, 10.

19. Pareil extrait est inséré dans les tableaux placés à cet effet dans l'auditoire du trib. de commerce, dans les chambres d'avoués de première instance et dans celles de notaires, le tout dans les lieux où il y en a. C. pr. 867.

Il convient de faire cette remise également dans les trois jours de la demande ; cependant la loi n'a pas fixé de délai fatal pour ce cas ; et comme le tribunal de commerce peut être situé dans un lieu différent de celui du tribunal civil, les juges apprécient, d'après les circonstances, si la remise a été faite en temps utile.

20. Ces insertions sont certifiées par les greffiers et par les secrétaires des chambres. *Ib.* ; — sans qu'il soit nécessaire d'en dresser procès-verbal. Carré, n° 2936.

21. Le même extrait est inséré, à la poursuite de la femme, dans l'un des journaux qui s'impriment dans le lieu où siége le trib., et s'il n'y en a pas, dans l'un de ceux établis dans le département, s'il y en a. C. pr. 868.

L'insertion est justifiée par la feuille même contenant l'extrait, avec la signature de l'imprimeur légalisée par le maire (C. pr. 868, 683), et enregistrée.

22. Les formalités prescrites par les art. 865, 866, 867, 868 (— V. *sup.* nos 12 à 21), doivent être observées à peine de nullité, qui peut être opposée par le mari ou par ses créanciers. C. pr. 869.

§ 3. — *Instruction ; Mesures conservatoires.*

23. La demande est communiquée au ministère public. Arg. C. pr. 83-6°, Pigeau, 1, 498.

24. Elle doit être instruite de la même manière que toute

autre action civile. Arg. C. civ. 307; — sauf les exceptions suivantes :

25. Aucun jugement ne peut être prononcé, sur la demande, qu'un mois après l'observation des formalités prescrites par les art. 866, 867, 868 (—V. *sup.* n°s 17 et suiv.). C. pr. 869; — ce délai prévient les séparations frauduleuses et collusoires qu'on pourrait précipiter pour tromper des créanciers. — V. d'ailleurs *inf.* n°s 81 et suiv.

26. La supputation du mois se fait de quantième à quantième, sans compter le jour où la dernière des formalités prescrites a été remplie. Toullier, 13, n° 50; Carré, n° 2937. — V. *Délai*, n° 28.

27. Le délai ne doit pas être augmenté à proportion de la distance des lieux où résident les créanciers du mari. Pigeau, 1, 498; Carré, n° 2938.

28. La femme n'est pas tenue d'attendre l'expiration du délai d'un mois pour prendre des mesures conservatoires. C. pr. 869.

Ainsi elle peut, en général, faire tous les actes conservatoires de ses droits; par exemple, s'opposer au paiement des sommes dues à son mari, et en faire ordonner le dépôt. Pigeau, *ib.*; — saisir les effets mobiliers de la communauté que le mari aurait vendus en fraude de ses droits, et même antérieurement à la demande en séparation. Cass. 30 juin 1807, P. 6, 179; Toullier, 13, n° 64; — faire apposer les scellés sur les effets de la communauté. Arg. C. civ. 270; Toullier, 13, n° 60; Carré, n° 2939; Thomine, art. 869; — dans ces deux derniers cas, il lui faut la permission du président, qui ne doit l'accorder qu'autant qu'il y a des commencemens de preuve, ou au moins une espèce de notoriété du dérangement des affaires du mari. Dalloz, *ib.*, ch. 1, sect. 1re, art. 3, n° 33.

29. L'aveu du mari ne fait pas preuve, lors même qu'il n'y a pas de créanciers (C. pr. 870); c'est une conséquence du principe que toute séparation volontaire est nulle (—V. *sup.* n° 1); on a voulu veiller aux intérêts des enfans ou autres héritiers, et empêcher le mari de conférer, par des voies indirectes, des avantages que la loi réprouve. Berlier, *Exposé des motifs*, Carré, art. 870; — peu importe que cet aveu concoure avec celui des créanciers présens dans l'instance. Merlin, *Rép. hoc verbo*, sect. 2, § 3, art. 2, n° 4; Berriat, 670, n° 3.

30. La preuve des faits de dissipation et de dérangement du mari se fait tant par titres que par témoins, sauf au mari la preuve contraire. Arg. C. civ. 307; Toullier, 13, n° 67.

Si l'enquête est ordonnée, on y procède suivant les règles ordinaires. — V. *Enquête*.

31. Mais, lorsque le péril de la dot paraît suffisamment justifié par les pièces ou par les circonstances de la cause, les juges peuvent se dispenser d'ordonner une enquête. Cass. 6 janv. 1808, P. 6, 423 ; Toullier, 13, n° 68.

52. La femme séparée et qui procède à la liquidation de ses reprises peut être admise à prouver par témoins, tant contre les créanciers du mari que contre le mari lui-même, la consistance et la valeur des meubles par elle apportés à son mari, et servant à l'exploitation d'un établissement. Arg. C. civ. 1415. Riom, 2 fév. 1820, P. 15, 753. — V. *Enquête par commune renommée*, n°s 2 et suiv.

§ 4. — *Jugement, Publication, Exécution.*

Art. 1. — *Jugement.*

53. Le jugement qui prononce la séparation de biens liquide les reprises de la femme, lorsque cette liquidation est simple et facile : tel est le vœu de la loi. C. civ. 1447, 1444 ; — mais le plus souvent, cette opération étant longue et compliquée, le trib. renvoie les parties devant un notaire dont elles conviennent, ou qu'il nomme d'office, et commet pour la liquidation un des juges sur le rapport duquel il décide les contestations. Arg. C. civ. 823, 828 ; Pigeau, 1, 504.

54. Si dans les opérations renvoyées devant le notaire, il s'élève des contestations, le notaire dresse procès-verbal des difficultés et des dires respectifs des parties, et les renvoie devant le commissaire nommé pour la liquidation. Arg. C. civ. 837 ; Pigeau, *ib*.

Art. 2. — *Publication.*

55. Toute séparation de biens doit, avant son exécution, être rendue publique. C. civ. 1451 : — 1° par la lecture qui est faite du jugement à l'audience du trib. de commerce du lieu, s'il y en a. C. pr. 872 ;

56. 2° Par l'insertion de l'extrait du jugement contenant sa date, la désignation du trib. où il a été rendu, les noms, prénoms, profession et demeure des époux, au tableau à ce destiné, et exposé pendant un an dans l'auditoire des trib. de 1re inst. et de commerce du domicile du mari, même lorsqu'il n'est pas négociant. Colmar, 30 nov. 1838 (Art. 1354 J. Pr.). — Et, s'il n'y a pas de trib. de commerce, dans la principale salle de la maison commune du domicile du mari, et au tableau exposé en la chambre des avoués et des notaires, s'il y en a.

Le tout à peine de nullité de l'exécution, opposable tant par le mari que par ses créanciers. C. pr. 872 ; C. civ. 1445.

57. Lorsqu'il n'y a pas de trib. de commerce dans le lieu du domicile du mari, l'extrait du jugement doit être affiché non-seulement dans l'auditoire du trib. civ., mais encore, et à

peine de nullité, dans la principale salle de la maison commune : le trib. civ. ne remplace pas, pour ce cas, le trib. de commerce. Amiens, 21 déc. 1825, S. 26, 317; Montpellier, 18 mars 1831, S. 31, 229; Colmar, 30 nov. 1838 (Art. 1354 J. Pr.). — Il n'est pas nécessaire que la lecture du jugement soit faite par équipollence, à l'audience du trib. de commerce du chef-lieu d'arrondissement. Montpellier, 11 juill. 1826, S. 27, 91. — *Contrà*, Toulouse 18 juin 1835, S. 36, 191. — Suivant cet arrêt, le jugement doit, à peine de nullité, être lu à l'audience du trib. de commerce du chef-lieu de l'arrondissement. Quant à l'affiche, il suffit qu'elle soit apposée à la maison commune.

38. L'extrait inséré au tableau exposé dans les chambres des avoués et notaires doit y rester affiché pendant un an : il y a même raison que pour lès autres affiches. Arg. C. pr. 872; Pigeau, 2, 499; Carré, n° 2949.

39. L'accomplissement de ces formalités est certifié par les greffiers des tribunaux et par les secrétaires des chambres. Arg. C. pr. 867; Pigeau, 1, 500. — V. *sup.*, n° 20. — Et à défaut de trib. de commerce, la publication faite à la maison commune, par le maire.

40. Il est enjoint aux secrétaires des chambres des notaires de tenir un registre destiné à constater la remise qui leur est faite des extraits des jugemens de séparation de biens entre époux, dont l'un est négociant, en exécution des art. 67 C. comm.; 872 C. pr.; Circ. min. just., 15 mai 1813, S. 24, 223.

41. Il y a nullité dans le cas même où le mari n'est pas commerçant, lorsque la séparation n'a pas été publiée au trib. de commerce (Arg. C. comm. 66; Carré, n° 2948); et lorsque l'extrait n'a pas été affiché dans l'auditoire de ce tribunal. Caen, 15 juill. 1828, S. 30, 189.

42. Jugé qu'il n'est pas nécessaire qu'un extrait du jugement soit inséré dans un journal. L'art. 92 du tarif, qui mentionne cette insertion, n'a pu légalement ajouter aux prescriptions de l'art. 872 C. pr. Bordeaux, 30 juill. 1833, S. 34, 36.

Toutefois, dans l'usage, cette formalité est toujours remplie. — Suivant M. Chauveau, *Tarif*, 2, 358, note, le tarif a eu pour but de réparer l'omission faite par l'art. 872, relativement à cette formalité. — Il est encore plus utile de donner de la publicité au jugement de séparation, qu'à la demande.

43. Les actes d'exécution ne sont pas du ministère de l'avoué. Cependant, si la femme demanderesse en séparation avait placé toute sa confiance dans son avoué, qui la dirigeait seul dans l'action en séparation, la circonstance qu'il reste dépositaire

des pièces l'oblige de poursuivre l'exécution du jugement. Limoges, 11 juill. 1839 (Art. 1542 J. Pr.). — V. d'ailleurs *Responsabilité*, n° 21.

Dans ce cas, lorsque l'avoué n'a fait le dépôt du jugement au greffe du trib. de commerce qu'après un nombre de jours tel que la lecture n'ait pu avoir lieu dans le délai de quinzaine, il y a, de sa part, une négligence coupable, mais qui ne l'assujettit à aucune indemnité, si les adversaires de la femme ne se sont pas prévalus du défaut de publication, et encore bien que la séparation ait été annulée, mais par d'autres motifs. *Même arrêt.*

44. La défense portée par l'art. 155 C. pr. d'exécuter les jugemens par défaut avant l'échéance de la huitaine de la signification à avoué ou à la partie n'est pas applicable aux jugemens de séparation de biens; autrement la loi serait inexécutable. Amiens, 19, fév. 1824, P. 18, 468; Carré, n° 2944. — Il n'est pas nécessaire d'attendre que le jugement ait acquis l'autorité de la chose jugée. — *Contrà*, Delaporte, 2, 407.

45. Mais, en cas d'opposition, le délai de quinzaine fixé pour les formalités de publication ne doit courir que du jugement sur cette opposition (Carré, *ib.*); — et en cas d'appel, du jour de l'arrêt intervenu. Carré, *ib.*

46. Lorsque le jugement a été confirmé sur l'appel, il n'est pas nécessaire de renouveler les publications qui ont pu être déjà faites. Carré, n° 2956.

Art. 3. — *Exécution.*

47. La séparation de biens est nulle si elle n'a point été exécutée par le paiement réel des droits et reprises de la femme, effectué par acte authentique jusqu'à concurrence des biens du mari, ou au moins par des poursuites commencées dans la quinzaine qui a suivi le jugement, et non interrompues depuis. C. civ. 1444.

Jusqu'à concurrence des biens du mari. En conséquence, le jugement n'est pas suffisamment exécuté par la cession faite par le mari à la femme de tout le mobilier garnissant le domicile conjugal, lorsqu'il est constant que le mari possédait des biens immeubles. Colmar, 30 nov. 1838 (Art. 1354 J. Pr.). — Dans l'espèce de cet arrêt, la femme avait connu l'existence des immeubles, et le défaut de poursuites de sa part sur cette nature de biens prouvait une collusion coupable; — mais le défaut de poursuites ne devrait pas être imputé à la femme, si la bonne foi était établie.

48. *Dans la quinzaine.* Il ne serait plus temps le seizième jour. Rouen, 27 avr. 1816; Cass. 11 juin 1818, P. 13, 403; 14, 856; Toullier, 13, n° 80.

49. Le délai de quinzaine se compte à partir du jugement et non de la signification. Cass. 11 déc. 1810, P. 8, 692. — Il ne doit point être au pouvoir de la femme de reculer indéfiniment les poursuites en retardant la signification. Pigeau, 1, 502.

50. La loi n'exige point que les poursuites soient terminées dans la quinzaine, il suffit qu'elles soient commencées dans ce délai ; mais la femme ne doit pas attendre le délai de trois mois et 40 jours que l'art. 174 C. pr. lui accorde pour faire inventaire et délibérer, rien n'empêche qu'elle ne commence l'inventaire dans la quinzaine. Bellot, 2, 117.

51. *Par le paiement réel.* Toutefois, lorsque les époux règlent amiablement leurs intérêts pécuniaires, il n'est pas nécessaire, à peine de nullité du jugement, que l'intégralité du paiement ait lieu ; il suffit que, dans le délai de quinzaine, une partie du paiement ait été effectuée. Cass. 29 août 1827, P. 1828, 2, 126 ; 3 fév. 1834, S. 34, 98.

52. L'art. 872 n'attache pas explicitement la peine de nullité à l'inobservation des formalités qu'il prescrit ; mais, dans le cas d'inobservation, la séparation est déclarée nulle par l'art. 1445 C. civ., auquel se réfère par une liaison intime l'art. 872 C. pr., *le tout sans préjudice des dispositions portées en l'art.* 1445 *du C. civ.*, dit l'art. 872 C. pr. Amiens, 21 déc. 1825, S. 26, 347 ; Caen, 15 juill. 1828, S. 30, 189. — L'art. 872, en se référant à l'art. 1445 C. civ., s'est approprié la peine de nullité prononcée par celui ci. Angers, 10 août 1839. (Art. 1684 J. Pr.).

53. La femme ne peut commencer l'exécution du jugement ou les poursuites que du jour où les formalités de publicité ont été remplies.

Ainsi, est nulle l'assignation à fin de liquidation de ses reprises avant l'affiche et publication du jugement. Angers, 10 août 1839, — sans que néanmoins il soit nécessaire d'attendre l'expiration du délai d'un an. C. pr. 872.

54. *Sans qu'il soit nécessaire d'attendre le délai d'un an.* L'art. 872 n'a pas dérogé par ces termes à l'art. 1444 C. civ. Le défaut d'exécution dans la quinzaine entraîne la nullité de la séparation. Cass. 11 juin 1818, 13 août 1818, P. 14, 856, 983 ; Metz, 28 juin 1815, P. 12, 785 ; Rouen, 27 avr. 1816 ; Rennes, 23 fév. 1820, P. 13, 403 ; 15, 798 ; Toullier, 13, n° 79 ; Duranton, 14, n° 547 ; Carré, n° 2950. — *Contrà*, Limoges, 24 déc. 1811, 10 avr. 1812 ; Riom, 13 juill. 1814 ; Grenoble, 10 mai 1820, P. 9, 797 ; 10, 288 ; 12, 312 ; 15, 983.

55. L'inexécution du jugement dans la quinzaine frappe de nullité et le jugement et toute la procédure antérieure. Cass. 11 juin 1823. Amiens, 19 fév. 1824, P. 17, 1176 ; 18, 468. — En conséquence, les actes de cette procédure ne peuvent

servir de base à un nouveau jugement. Bordeaux, 22 janv. 1834, S. 34, 540; Berriat, p. 674, n° 18.

56. La nullité est prononcée seulement dans l'intérêt des créanciers. Cass. 11 avr. 1837 (Art. 914 J. Pr.). — Elle n'est pas opposable à ces derniers par les époux. Grenoble, 14 mai 1818; Colmar, 8 août 1820, P. 14, 805; 16, 103; Grenoble, 8 avr. 1835; Nîmes, 4 juin 1835, S. 37, 136. — *Contrà*, Amiens, 19 fév. 1824, P. 18, 468; Rouen, 9 nov. 1836, S. 37, 135.

57. Jugé qu'elle peut être invoquée par le mari contre la femme. Bordeaux, 17 juill. 1833, S. 34, 53.

58. La nullité est proposable en tout état de cause. Caen, 15 juill. 1828, S. 30, 189. — L'exception de nullité n'est pas couverte par la défense au fond. Bordeaux, 22 janv. 1834, S. 34, 540.

59. La nullité est proposable pour la première fois en appel, et même après le décès du mari, survenu durant l'instance : le décès n'a pas changé la nature de l'action intentée par la femme, quoique celle-ci ait changé de qualité en devenant veuve. Cass. 11 juin 1818, P. 14, 856.

60. La nullité pour défaut d'exécution dans la quinzaine peut être proposée après le délai d'un an. Cass. 13 août 1818; Bourges, 15 fév. 1823, P. 14, 983; 17, 884.

61. L'art. 1444 n'est pas applicable lorsque la séparation de biens est une suite de la *séparation de corps*. — V. ce mot.

62. Lorsque le jugement de séparation a été rendu après la faillite du mari, contradictoirement avec les syndics, la femme n'est tenue qu'à justifier de ses diligences quant à l'exécution du jugement. Exiger une liquidation réelle et complète de ses reprises, serait souvent vouloir une chose impossible. Orléans, 12 nov. 1817, P. 14, 496. — La production des titres de la femme à-la faillite est une exécution suffisante.

63. Les poursuites de la femme séparée de biens varient nécessairement dans leur objet suivant les conventions de mariage des époux et selon que la femme accepte la communauté ou y renonce.

64. La séparation est considérée comme exécutée, 1° lorsque dans la quinzaine du jugement la femme l'a fait signifier au mari avec commandement de payer les frais, et a repris la possession et l'administration de ses biens, surtout si c'est parce que les juges ont ordonné une instruction plus ample sur la liquidation des reprises que la femme n'en a pas obtenu le paiement. Cass. 30 mars 1825, P. 1825, 3, 317;

2° Lors même que la femme n'a fait à son mari commandement de lui restituer sa dot que dans la quinzaine postérieure à celle de la signification du jugement, et que de ce commandement au procès-verbal de carence il s'est écoulé un espace de plus de cinq mois sans poursuites intermédiaires, si d'ailleurs il est constant que ces interruptions n'ont pas été occasionées par la mauvaise foi des époux et n'ont point nui à des tiers. Cass. 6 déc. 1830, P. 1831, 2,166;

3° Lorsque la femme a fait constater, par un procès-verbal de carence, que le mari n'a pas de biens. Pigeau, 1, 503; Carré, n° 2951;

4° Lorsque la séparation a été suivie d'un commandement dans la quinzaine, bien que les autres actes d'exécution n'aient été faits qu'à des intervalles éloignés. Riom, 22 avr. 1822, P. 17, 284; Cass. 6 déc. 1830, 2 mai 1831, S. 31, 160, 359; la décision des juges à cet égard ne peut donner ouverture à cassation. *Mêmes arrêts.*

65. Il n'est pas nécessaire que l'exécution ait été entièrement consommée dans le délai de quinzaine; il y a exécution suffisante dès que la liquidation des droits et reprises de la femme a eu lieu dans la quinzaine, alors même que la femme aurait accordé à son mari un délai modéré pour se libérer. Bordeaux, 29 août 1838 (Art. 1324 J. Pr.); et lorsque par un retard qui ne proviendrait pas du fait de la femme la liquidation opérée dans le délai n'aurait été homologuée que plusieurs mois après le jugement. Colmar, 31 août 1812, P. 10, 701.

66. Mais la seule signification du jugement n'est pas un commencement d'exécution. Limoges, 11 juill. 1839 (Art. 1542 J. Pr.). — Il faut que le commandement soit joint à la signification. Toullier, 13, n° 77. — *Contrà*, Pigeau, 1, 502; Bordeaux, 30 juill. 1833, 20 mars 1840. S. 34, 36 (Art. 1689 J. Pr.).

67. On a réputé commencement de poursuites la signification dans le délai de quinzaine d'un jugement par défaut publié avec les formalités requises, et qui ordonne que la femme instruira plus amplement sur le recouvrement de ses reprises. Cass. 9 juill. 1828, P. 1829, 1248. — Cette signification avait été suivie dans le délai d'un acte authentique de liquidation et du délaissement d'un immeuble.

68. Si la femme n'a ni dot à répéter ni reprises à exercer, elle doit se présenter devant un notaire pour y faire dresser acte de sa déclaration; il est en outre prudent à la femme de sommer son mari de se trouver en l'étude du notaire pour voir passer contradictoirement cette déclaration. Carré, n° 2954.

69. Si le mari n'exécute pas volontairement la séparation, l'exécution forcée du jugement a lieu par les voies ordinaires. Pigeau, 1, 502; Carré, n° 2955. — V. toutefois *Emprisonnement*, n° 66.

70. Quant à l'interruption de poursuites, la loi s'en rapporte à la prudence du juge, qui ne doit voir d'interruption

que là où il y a mauvaise foi ou négligence évidente et préjudiciable à des tiers. Pigeau, 1, 502; Berriat, 673, n° 15. — L'interruption pendant deux ans des poursuites commencées dans la quinzaine a été jugée suffisante pour opérer la nullité de la séparation. Poitiers, 9 janv. 1807, P. 5, 620.

71. Il y a interruption lorsque la citation en conciliation donnée au mari dans la quinzaine n'est pas suivie dans le mois d'une demande en justice. Arg. C. pr. 57. Nîmes, 21 mai 1819, P. 15, 285.

72. Il n'y a pas interruption de poursuites lorsque la femme, après avoir dans la quinzaine assigné son mari en règlement de ses droits, cesse momentanément d'agir contre lui pour plaider contre un créancier du mari, et en présence de celui-ci. Cass. 23 mars 1819, P. 15, 176; — ou lorsque c'est le dénuement du mari et des circonstances particulières qui obligent la femme à suspendre ses poursuites. Bordeaux, 15 mai 1839, S. 39, 589.

73. La séparation de biens prononcée par défaut doit produire son effet, si le jugement n'est pas rapporté. En conséquence, lorsque le mari s'est désisté de son opposition, sa veuve ne peut prétendre que la séparation par elle obtenue est volontaire, et faire annuler le règlement de ses droits qui s'en est suivi et qu'elle a exécuté elle-même après la mort de son mari. Cass. 29 août 1827, P. 1828, 2, 126.

§ 5. — *Droits des créanciers.*

74. Les créanciers personnels de la femme ne peuvent, sans son consentement, demander la séparation de biens. C. civ. 1446. — Néanmoins, en cas de faillite ou de déconfiture du mari, la loi leur permet d'exercer les droits de leur débitrice jusqu'à concurrence du montant de leurs créances. *Ib.*

75. Si pendant l'instance en séparation la faillite du mari est déclarée, il faut, à peine de nullité, mettre en cause les syndics. Vainement la femme opposerait que les syndics n'ont pas accepté leur mission; elle doit provoquer leur acceptation ou en faire nommer d'autres. Bourges, 24 mai 1826. — V. *Faillite*, n° 61. — Toutefois, la nullité ne peut plus être proposée après le délai d'un an, surtout par un créancier isolé. *Même arrêt.*

76. Les créanciers du mari ont le droit, jusqu'au jugement définitif, de sommer l'avoué de la femme de leur communiquer la demande en séparation et les pièces justificatives. C. pr. 871. — La sommation se fait par acte d'avoué à avoué. *Ib.*

77. Ils ont la faculté d'intervenir pour la conservation de leurs droits dans l'instance en séparation de biens pour la contester, sans préliminaire de conciliation. C. pr. 871; C. civ. 1447. Metz, 18 juin 1818, P. 14, 871. — V. *Acte conservatoire*, n° 35; *Intervention*, n° 24.

Ce droit peut même être exercé par le tiers qui n'est pas créancier actuel du mari, mais à qui la séparation, quoique demandée sans fraude, peut éventuellement préjudicier. Cass. 27 juin 1810, P. 8, 412.

78. Les créanciers peuvent encore, en vertu de l'art. 1447 C. civ. qui n'est pas limitatif, intervenir dans la liquidation qui a lieu entre la femme et le mari. Metz, 1er avr. 1819, P. 15, 198. — Cette intervention ne doit pas rester à leurs frais. *Même arrêt.*

79. La femme peut répondre à la requête d'intervention des créanciers. Tar. 75; Carré, n° 2941.

80. Les créanciers sont recevables du chef du mari à interjeter appel du jugement (Mouricaut, *Rapport*, art. 875; Berriat, 673, n° 17); — et à proposer la nullité de séparation, bien qu'ils ne l'aient pas fait devant les premiers juges. Toulouse, 7 fév. 1831, P. 1832, 2, 193.

81. Ils peuvent se pourvoir par voie de tierce-opposition, contre le jugement, mais seulement pendant le délai d'un an, si les formalités prescrites par la loi ont été observées. C. pr. 873.

82. Ce délai d'un an est-il applicable au chef du jugement qui liquide les reprises de la femme, comme à celui qui prononce la séparation de biens? — Cette question a été d'abord résolue affirmativement, par ce motif que la publicité donnée au jugement qui prononce la séparation et qui liquide les reprises de la femme met les créanciers suffisamment en demeure de former tierce-opposition contre l'un et l'autre chef. Toullier, 13, n° 86; Duranton, 14, n° 413; Cass. 4 déc. 1815; Dijon, 6 août 1817; Riom, 26 déc. 1817; Rouen, 12 mars 1818, P. 13, 140, 14, 125, 408, 545. — Mais, suivant le dernier état de la jurisprudence, le délai d'un an ne s'applique pas à la disposition du jugement qui liquide les reprises. Le principe général accorde aux créanciers 30 ans pour former tierce-opposition aux jugemens qui préjudicient à leurs droits. L'exception à cette règle, admise par l'art. 873 C. pr., est limitée à la séparation de biens. Grenoble, 21 mars 1827, P. 1828, 2, 84; 3 juill. 1828, 6 juin 1829, S. 30, 152; Cass. 11 nov. 1835; Aix, 7 déc. 1837 (Art. 312, 1092 J. Pr.); Poitiers, 18 juin 1838, S. 38, 442.

83. Mais il n'y a plus de doute si la liquidation a lieu ou par un acte distinct du jugement, ou par un jugement subséquent. L'acte ou le jugement de liquidation n'étant assujetti à aucune publication, le droit des créanciers ne peut être limité par l'art. 873 C. pr. Rouen, 12 mars 1817, P. 14, 125; Paris, 23 avr. 1835, S. 35, 241; Duranton, 14, 553; Toullier, 13, n° 87; Pigeau, 1, 513. — Leur droit n'est soumis, en ce cas, qu'à la prescription des actions ordinaires. Cass. 26 mars 1833, S. 33, 273.

84. Jugé que le délai est opposable au tiers-détenteur de l'immeuble grévé de l'hypothèque légale de la femme. On dit vainement que celui-ci n'a eu le droit d'agir comme créancier du mari que du moment où il a été poursuivi hypothécairement par la femme, et que, par conséquent, le délai de la tierce-opposition n'a pu courir contre lui que de ce moment. Dijon, 6 août 1817, P. 14, 408; — *Contrà*, Agen, 19 août 1824, P. 18, 985. — Suivant cet arrêt, l'intérêt de l'acquéreur naissant du trouble fait à sa possession, par les actions postérieures de la femme, produit une exception naturelle qui n'est circonscrite dans aucun délai, d'après la maxime : *quæ sunt temporalia ad agendum sunt perpetua ad excipiendum.*

85. L'opposition formée par l'acquéreur des biens du mari aux poursuites exercées contre lui par la femme séparée, peut, alors qu'elle est motivée expressément sur la nullité du jugement de séparation, être considérée comme une véritable tierce-opposition à ce jugement, dans le sens de l'art. 873 C. pr. Cass. 28 août 1833, S. 33, 743.

86. Mais à défaut de l'accomplissement des formalités de publication (— V. *sup.* n° 35), les créanciers sont toujours admis à s'opposer à la séparation pour ce qui touche leurs intérêts, et à contredire toute liquidation qui en aurait été la suite (C. comm. 66); — même après le délai d'un an. Pigeau, 1, 512; Berriat, 673, n° 16; Duranton, 14, n° 413; Carré, n° 2958.— Il en est de même lorsque le jugement n'a pas été précédé d'une procédure régulière, par exemple si, après l'annulation du premier jugement, il en est rendu un second sur la même procédure. — V. *sup.* n° 55.

87. Suivant M. Carré, n° 2959, l'action des créanciers est encore recevable après un an, et lorsque toutes les formalités ont été accomplies, s'ils découvrent qu'il a été commis par les époux un dol de nature à donner lieu à l'action révocatoire dont parle l'art. 1167. — *Contrà*, Toullier, 13, n° 92.

88. La fin de non-recevoir prononcée par l'art. 873 C. pr. contre les créanciers du mari qui ne forment tierce-opposition au jugement de séparation de biens que plus d'un an après l'accomplissement des formalités prescrites par l'art. 872, laisse entière l'action en nullité de la séparation pour défaut de poursuites dans la quinzaine du jugement. Cass. 13 août 1818, P. 14, 983.

Quant aux créanciers du mari postérieurs à la séparation, ils peuvent arguer de nullité la séparation qui n'a pas été publiée. Pigeau, 1, 513, — ou qui n'a pas été exécutée dans le délai. Trib de Caen, 3 août 1838 (Art. 1175 J. Pr.).

89. Les créanciers du mari n'ont pas le droit de faire appo-

ser les scellés sur les effets de la communauté. Paris, 21 déc. 1831, P. 1832, 1, 115. — *Contrà*, Paris, 27 août 1831. *Ib.*

§ 6. — *Effets de la séparation.*

90. La séparation prononcée par jugement dissout la communauté. C. civ. 1441.

91. Le jugement remonte, quant à ses effets, au jour de la demande (C. civ. 1445); — non-seulement à l'égard du mari, mais à l'égard des tiers. Toullier, 13, n° 100; Battur, n° 650. — *Contrà*, Riom, 31 janv. 1826, P. 1827, 2, 206; Rouen, 9 août 1839, S. 40, 153; Pigeau, 2, 509. — La solution de la question doit dépendre des circonstances. Des débiteurs, par exemple, pourraient invoquer avec raison leur bonne foi, et ce, nonobstant la demande en séparation qu'ils pourraient ignorer malgré la publicité qui lui est donnée. Delvincourt, 3, 42, notes.

92. La femme, malgré la séparation de biens, conserve le droit d'accepter la communauté (Carré, n° 2963; Thomine, art. 874; Dalloz, v° *Mariage* (*Contrat de*), chap. 1, sect. 1, art. 3. n° 46. — *Contrà*, Berriat, 722, note 5; Mouricaut, *Rapport au tribunat*) ou d'y renoncer. — V. d'ailleurs *Renonciation à communauté*.

Elle ne peut, en cas de minorité, exercer son option, sans un inventaire préalable et l'autorisation du conseil de famille. Arg. C. civ. 461; Pigeau, 2, 501.

93. Le délai pour accepter la communauté ou pour y renoncer, commence du jour où le jugement est devenu définitif, c'est-à-dire, du jour où le jugement a cessé d'être attaquable par les voies ordinaires. Cass. 2 déc. 1834, P. 1835, 1, 161.

94. Si ce délai, quoique expiré, a été retardé par des discussions soulevées sur le mode de fixer la masse de la communauté, la justice peut proroger ce délai sans violer la loi qui limite à trois mois et quarante jours le droit d'acceptation ou de renonciation. *Même arrêt.*

95. La femme séparée a le droit, sans l'autorisation de son mari ou de justice et en vertu de l'autorisation qui lui a été primitivement donnée pour intenter son action, de poursuivre le recouvrement de sa dot contre les tiers. Nîmes, 12 juill. 1831, P. 1832, 1, 461; — de surenchérir l'immeuble vendu par son mari. Orléans, 25 mars 1831, P. 1831, 2, 429.

96. Jugé que l'autorisation donnée à la femme, aux fins de poursuivre sa séparation de biens, ne l'autorise pas à exercer contre un tiers une action en rescision, pour cause de lésion, d'un contrat de vente fait par le mari. Paris, 13 mars 1817, P. 14, 127. — V. *Femme mariée*, n° 142.

97. La communauté dissoute par la séparation de biens peut

être rétablie, du consentement des deux époux, par un acte passé devant notaire, et avec minute, dont une expédition doit être affichée dans la forme prescrite par l'art. 1445. C. civ. 1451.

Cet acte n'est pas soumis aux formes de publicité prescrites à l'égard des jugemens de séparation, la simple publication, dans la forme de l'art. 1445, est suffisante. Cass. 17 juin 1839 (Art. 1520 J. Pr.).

98. La séparation de biens peut avoir lieu de nouveau, après le rétablissement des conventions matrimoniales, si le désordre des affaires du mari oblige la femme d'y recourir une seconde fois. Pigeau, 1, 515.

99. La femme séparée de biens peut être dispensée d'habiter avec le mari, tant qu'il ne lui offre pas un domicile convenable. Rouen, 21 nov. 1811. P. 10, 825.

§ 7. — *Enregistrement.*

100. Les extraits de la demande, prescrits par les art. 866 et suiv. C. pr., ne sont pas soumis à la formalité de l'enregistrement. L. 22 frim. an 7, art. 8; Cass. 5 déc. 1832, P. 1833, 1, 112.

101. La requête présentée au président, l'ajournement et les autres actes de la procédure, sont assujettis aux mêmes droits d'enregistrement que les actes analogues faits dans les instances ordinaires.—V. *Ajournement, Conclusions, Exploit, Intervention, Requête.*

102. Le jugement qui contient contre le mari condamnation à restituer la dot de sa femme, est soumis, pour le montant de la dot, au droit proportionnel; il ne peut être assimilé aux actes contenant l'exécution et la consommation d'un acte antérieur enregistré. Cass. 2 mars 1835 (Art. 264 J. Pr.).

Jugé, en outre, que le droit proportionnel doit être perçu sur le jugement qui a condamné le mari à restituer à la femme sa dot et ses avantages matrimoniaux, suivant la liquidation qui en serait faite ultérieurement. C'est le cas d'exiger des parties une déclaration supplétive, d'après laquelle le droit est calculé. A défaut de cette déclaration, l'administration peut prendre pour base la liquidation faite par acte notarié. Trib. Seine, 8e ch., 14 déc. 1837 (Art. 1016 J. Pr.).

§ 8. — *Formules.*

FORMULE I.

Requête de la femme pour être autorisée à former sa demande en séparation.

(C. pr. 865. — Tarif, 78. — Coût, 7 fr. 50 c.)

A M. le président du tribunal de

La dame , épouse du sieur (*noms, profession*), demeurant avec lui à ayant pour avoué Me

A l'honneur d'exposer que, suivant son contrat de mariage, passé devant Me et son collègue, notaires à , le , dûment enregistré, il y a eu communauté de biens établie entre elle et son mari; que ce dernier est dans ce moment poursuivi par plusieurs de ses créanciers, et que l'état de ses affaires donnant lieu de craindre à l'exposante pour sa dot, elle est dans l'intention de demander la séparation de biens; que l'état des mauvaises affaires de son mari résulte notamment des nombreux protêts de billets non acquittés à leur échéance, dont les copies sont jointes à la présente requête.

Pourquoi la dame , requiert qu'il vous plaise, M. le président, l'autoriser à former contre son mari ladite demande en séparation de biens, dans les formes prescrites par la loi, et vous ferez justice.

(*Signatures de la femme et de l'avoué.*)

Ordonnance.

Vu par nous, président du trib. de la requête ci-dessus et les pièces y annexées.

Autorisons la requérante à la poursuite de ses droits et actions, et lui permettons d'assigner le sieur , aux fins de la requête ci-dessus, commettons huissier, etc.

Fait au Palais-de-Justice, à le (*Signature du président.*)

FORMULE II.

Demande en séparation de biens.

(C. pr. 865. — Tarif, 29 par anal. — Coût, 2 fr. orig. ; 50 c. copie.)

L'an , le , à la requête de , épouse du sieur , etc., autorisée à former la présente demande en séparation de biens, par ordonnance de M. le président du tribunal de , en date du , enregistrée, étant au bas de la requête à lui présentée le même jour, desquelles requête et ordonnance il est avec celle des présentes, donné copie ; laquelle dite dame , fait élection de domicile en la demeure de Me , avoué au tribunal de , sise à , lequel occupera sur la présente assignation, j'ai (*immatricule*), soussigné, signifié, donné assignation audit sieur , demeurant à , en son domicile, en parlant à

A comparaître, etc. (—V. *Ajournemens, Formule.*)

Pour attendu que, par le contrat de mariage des parties, passé devant, etc., la requérante a apporté en dot à son mari une somme de

Attendu qu'aujourd'hui la dot de la dame se trouve en péril, par suite du mauvais état des affaires de son mari, qu'elle offre d'en justifier, voir dire et ordonner que ladite dame sera et demeurera séparée, quant aux biens, d'avec son mari, pour par elle en jouir à part et divisément, ensemble de ceux qui lui sont échus pendant son mariage et qui pourront lui écheoir par la suite ; en conséquence se voir ledit sieur , condamner à rendre et restituer à son épouse ladite somme de , montant de la dot qui lui a été constituée par le contrat de mariage susénoncé, comme aussi se voir condamner à acquitter garantir et indemniser son épouse de toutes les sommes pour lesquelles il l'aurait fait obliger pour lui ; et enfin à lui rendre et restituer le prix de la vente de ses biens propres qu'elle justifierait avoir été aliénés sans qu'il en ait été fait remploi, et à les rembourser et tenir compte des intérêts de toutes les sommes et reprises susdites à compter du jour de la demande, et pour en outre répondre comme de raison afin de dépens, se réservant, ladite dame , le droit d'accepter ou de répudier la communauté ayant existé entre elle et son mari, ainsi qu'elle le jugera convenable; et je lui ai, en son domicile et parlant comme dessus, laissé copie certifiée sincère et véritable, et signée de Me , avoué, tant du contrat de mariage, des requête et ordonnance susénoncées, que du présent, dont le coût est de (*Signature de l'huissier.*)

FORMULE III.

Extrait d'une demande en séparation de biens, pour être affiché aux termes de la loi.

(C. pr. 866. Tarif, 92. — Coût, 6 fr. pour les cinq extraits.)

D'un exploit fait par , huissier à , le dûment enregistré,

Il appert que la dame , épouse du sieur , etc., a formé demande en séparation de biens contre lui, et que Me , avoué au tribunal de demeurant à , a été constitué par la demanderesse sur ladite assignation.

Pour extrait certifié conforme par moi avoué au tribunal de , et de ladite dame (— V. *sup.* n° 17.) (*Signature de l'avoué.*)

FORMULE IV.

Sommation d'un créancier du mari à la femme, de donner communication de la demande en séparation et des pièces à l'appui.

(C. pr. 871. — Tarif, 70. — Coût, 1 fr. orig. ; 25 c. copie.)

A la requête du sieur , demeurant à , créancier du sieur demeurant à , aux termes d'un jugement rendu au tribunal de , le enregistré et signifié (*ou en vertu de tel acte*), ledit sieur , ayant Me pour avoué, qu'il constitue et lequel occupera,

Soit sommé Me , avoué près ledit tribunal et de la dame , poursuivant la séparation de biens.

De, dans trois jours pour tout délai, donner communication audit sieur soit à l'amiable sur le récépissé de Me , son avoué, soit par la voie du greffe et avec déplacement, de la demande en séparation de biens de ladite dame contre son mari, avec les pièces à l'appui de ladite demande, si aucunes existent; à ce que ledit Me n'en ignore, lui déclarant que, faute par lui de satisfaire à la présente sommation, ledit sieur se pourvoira ainsi que de droit. Dont acte. (*Signature de l'avoué.*)

FORMULE V.

Requête d'intervention d'un créancier du mari dans la demande en séparation de biens.

(C. pr. 871, — Tarif, 75. — Coût, 2 fr. par rôle, dont le nombre n'est pas fixé ; le quart pour chaque copie.)

A MM. les président et juges, etc.

Le sieur , demeurant à , demandeur en intervention par la présente requête, ayant pour avoué Me , qu'il constitue par ces présentes, et lequel occupera.

Contre, 1° la dame , épouse du sieur , demeurant à , demanderesse au principal, et défenderesse en intervention, ayant pour avoué Me

2° Et le sieur , aussi défendeur au principal, et encore défendeur en intervention, ayant pour avoué Me

A l'honneur de vous exposer (*on expose ici les faits et les moyens*).

Pour quoi, et dans ces circonstances, il plaira au tribunal ordonner qu'en venant par les parties plaider la cause d'entre elles, elles viendront pareillement plaider sur la présente requête, dont ledit sieur emploie le contenu pour moyens d'intervention dans l'instance en séparation de biens de la dame formée par exploit du , et encore pour moyens de nullité, fins de non-recevoir et de droit contre ladite demande.

Ce faisant, attendu que ledit sieur est créancier sérieux et légitime du sieur, ainsi qu'il résulte du jugement (*ou* titre) sus-énoncé;

Attendu que tout créancier du mari a droit d'intervenir dans la demande en séparation de biens formée par sa femme, recevoir ledit sieur partie intervenante dans la cause en séparation de biens pendante en votre tribunal, entre ledit sieur et son épouse.

Ce faisant, et statuant au fond, déclarer ladite dame non-recevable dans sa demande en séparation de biens, et la condamner aux dépens, même en ceux de l'intervention; et vous ferez justice. (*Signature de l'avoué.*)

FORMULE VI.

Extrait d'un jugement qui prononce une séparation de biens.

(C. pr. 872. — Tarif, 92. — Coût, 6 fr. pour les cinq extraits.)

D'un jugement de la chambre du tribunal de , en date du , enregistré et signifié, rendu contradictoirement entre la dame , épouse du sieur , etc., d'une part; et ledit sieur , demeurant à d'autre part;

Il appert que leur séparation de biens a été prononcée.

Pour extrait certifié sincère et véritable par moi soussigné, avoué au tribunal de , et de la dame (*Signature de l'avoué.*)

Cet extrait doit-il être inséré dans les journaux? — V. *sup.* n° 12.

SÉPARATION DE CORPS (1).

DIVISION.

§ 1. — *Causes de la séparation.*
§ 2. — *Tribunal compétent.*
§ 3. — *Formes de la demande.*

Art. 1. — *Préliminaires.*
Art. 2. — *Demande.*
Art. 3. — *Demandes provisoires.*
Art. 4. — *Actes conservatoires.*

§ 4. — *Fins de non-recevoir.*
§ 5. — *Instruction, Articulation de faits, Enquête.*

Art. 1. — *Instruction.*
Art. 2. — *Articulation de faits.*
Art. 3. — *Enquête.*

§ 6. — *Jugement, Publication.*
§ 7. — *Effets de la séparation.*
§ 8. — *Enregistrement.*
§ 9. — *Formules.*

§ 1. — *Causes de séparation.*

1. La séparation de corps ne peut avoir lieu par le consentement mutuel des époux. C. civ. 307; — mais seulement par jugement, et pour les causes suivantes : 1° les excès, sévices ou injures graves, de l'un des époux envers l'autre. C. civ. 306, 231. — 2° l'adultère de la femme. C. civ. 306, 229; — 3° l'adultère du mari, lorsqu'il a tenu sa concubine dans la maison commune. C. civ. 306, 230; — 4° la condamnation de l'un des époux à une peine infamante. C. civ. 306, 232.

2. La demande ne peut être formée que par l'un des époux. Cependant le tuteur *ad hoc* d'une femme *interdite*, ou même son subrogé-tuteur peut intenter, au nom de cette dernière, une

(1) Cet article est de M. Lauras, avocat à la Cour royale de Paris.

action en séparation de corps contre le mari, notamment pour cause d'adultère. Le mari objecterait à tort que la femme ne peut satisfaire au préliminaire de conciliation, en comparaissant devant le président. Cette impossibilité ne va pas jusqu'à détruire l'action elle-même. Colmar, 16 fév. 1832, S. 32, 613.

§ 2. — *Tribunal compétent.*

3. Les trib. civils sont seuls compétens : l'un des époux ne pourrait donc pas, incidemment à une procédure criminelle intentée contre son conjoint, et en s'y rendant partie civile, faire prononcer la séparation de corps par les juges saisis de cette procédure. Merlin, *Rép. hoc verbo*, § 3, nº 4 ; — mais devant les trib. civils, la femme est recevable à demander incidemment la séparation de corps par exemple, si pendant l'instance en séparation de biens le mari se rend coupable, dans un mémoire, d'une injure grave, d'une imputation calomnieuse d'adultère. Pigeau. 2, 594 ; — sous l'obligation toutefois de tenter la conciliation. Carré, nº 2978. — V. *inf.*, nº 8.

4. Le trib. compétent est le trib. du domicile du mari. Arg. C. civ. 108, 214 ; Colmar, 12 déc. 1816, P, 13, 730. Pigeau, p. 520 ; Carré, nº 2965. — V. *Séparation de biens*, nº 11.

5. Les trib. français sont incompétens pour juger une demande en séparation de corps entre *étrangers*. Duranton, 2, nº 583. — V. ce mot, nº 37 ; — et la demande formée par une Française épouse d'un Polonais réfugié. Ils peuvent seulement ordonner les mesures provisoires nécessaires. Paris, 23 juin 1836 (Art. 582 J. Pr.) ; — ou en dispensant provisoirement la femme d'habiter avec son mari, si sa sûreté personnelle exige cette mesure. Paris, 28 avril 1819, P. 17, 1066 ; — ou en fixant un délai après lequel la demanderesse est obligée de faire juger son action par les juges de la nation de son mari. Paris, 23 juin 1836.

6. Jugé cependant que l'étranger qui a été admis en France, à jouir des droits civils, qui y a résidé long-temps (dix-huit années) et qui a défendu à la demande en séparation, sans opposer l'incompétence, n'est pas recevable en cet état à soutenir l'incompétence du trib. français. Rennes, 21 août 1823, P. 18, 137. — V. *Étranger*, nº 39.

7. Les appels relatifs aux séparations de corps sont jugés par les cours en audience ordinaire. Ord. 16 mai 1835 (Art. 94 J. Pr.) — Cette ord. a été modifiée par le décret du 30 mars 1808. — V. dissertation et Cass. 11 janv. 1837 (Art. 94, et 868 J. Pr.)

§ 3. — *Formes de la demande.*

Art. 1. — *Préliminaires.*

8. L'époux qui veut se pourvoir en séparation est tenu de

présenter au président du trib. de son domicile une requête (signée d'un avoué. Duranton, 2, n° 591; — non grossoyée, Tar. 79) contenant *sommairement* (—V. *inf.*, n° 74) les faits avec les pièces à l'appui, s'il y en a. C. pr. 875; — la femme, même mineure, n'a pas besoin d'être autorisée à cet effet. Duranton, 2, n° 583.

9. Lorsque, postérieurement à la requête, il survient de faits nouveaux, l'époux demandeur peut les articuler dans l'assignation et dans le cours du procès. Cass. 9 avr. 1808, P. 6, 621.

10. Cette requête est répondue d'une ordonnance portant que les parties comparaîtront devant le président au jour indiqué. C. pr. 876.

11. Les parties sont tenues de comparaître en personne, sans pouvoir se faire assister d'avoués ni de conseils. C. pr. 877; — mais la violation de cette disposition, qui n'est pas prescrite à peine de nullité, ne donne pas ouverture à cassation, surtout lorsque le moyen n'a pas été présenté devant les juges du fond. Cass. 28 mai 1828, S. 28, 234. — V. *Avoué*, n° 77.

12. Si la cause qui empêche l'un des époux de comparaître est légitime et connue du président, ce magistrat doit surseoir et fixer un autre jour pour la comparution. Pau, 18 janv. 1830, S. 30, 183; — il devrait même, sur la réquisition du demandeur et la production d'un certificat de deux docteurs en médecine ou en chirurgie, ou de deux officiers de santé, se transporter au domicile de l'époux qui serait hors d'état de se déplacer, pour y remplir les fonctions de conciliateur. Pigeau, 2, 592; Carré, n° 2969.

Mais si le défendeur refuse de comparaître, le président autorise le demandeur à se pourvoir. — V. d'ailleurs *inf.*, n° 14 et 16.

13. Le défaut de comparution du mari ne fait pas obstacle à ce que le président autorise la femme à procéder, bien que ce défaut de comparution ait pour cause la détention du mari dans une prison. — Le mari peut, dans ce cas, provoquer les mesures nécessaires pour obtenir son extraction momentanée. Rouen, 21 nov. 1838 (Art. 1691 J. Pr.). — V. *Emprisonnement*, n° 328.

14. Lors de la comparution, le président fait aux époux les représentations qu'il croit propres à opérer un rapprochement; s'il ne peut y parvenir, il rend ensuite de la première ordonnance une seconde, portant qu'attendu qu'il n'a pu concilier les parties, il les renvoie à se pourvoir. C. pr. 878. — Là se borne la mission du président. Aucune disposition de la loi ne l'autorise à dresser procès-verbal de ce qui se dit ou se passe devant lui. Les explications, déclarations et reconnaissances des parties doivent être considérées comme non avenues. Paris, 9 mars 1838 (Art. 1139 J. Pr.).

15. Ces déclarations et aveux sont d'une nature confidentielle. Le président ne pourrait être appelé en témoignage pour déposer sur de pareils aveux. Amiens, 30 mars 1822, P. 17, 239.

16. Par la même ordonnance, le président autorise la femme à procéder sur la demande, et à se retirer provisoirement dans une maison dont les parties conviennent, ou qu'il indique d'office. C. pr. 878; — cette maison doit être située dans l'arrondissement du domicile du mari, afin que ce dernier puisse surveiller sa femme et ses enfans. Paris, 4 déc. 1810, P. 8, 677; Carré, n° 2974.

Cependant, si la maison indiquée est celle des père et mère de la femme, celle-ci peut les suivre dans un lieu autre que celui où ils habitaient au moment de l'ordonnance. Dans ce cas, le domicile indiqué à la femme est plutôt celui de ses père et mère, que le lieu où ils se trouvent. Cass. 14 mars 1816, P. 13, 336. — Dans l'espèce, les père et mère de la femme demanderesse habitaient ordinairement la ville de Tours, et ne se trouvaient que momentanément à Orléans, lorsque l'ordonnance avait été rendue; — mais il ne suit pas de là que la femme pourrait suivre ses père et mère partout où il leur plairait d'établir leur domicile, autrement la loi serait éludée.

Le magistrat ordonne que les effets à l'usage journalier de la femme lui soient remis. C. pr. 878.

Il peut en même temps fixer jour pour le jugement des demandes provisoires. Cass. 26 mars 1828, S. 28, 339; Pigeau, 2, 527.

17. L'instance est engagée par la requête soumise au président; le trib. doit dès lors conserver la connaissance de la cause, nonobstant tout changement ultérieur de domicile du mari. Berlier, *Exposé des motifs*. Cass. 28 juill. 1825, S. 25, 264; Paris, 7 août, 1835; Amiens, 31 avr. 1836 (Art. 178, 401 J. Pr.).

18. Il n'est pas nécessaire que l'autorisation de former la demande soit expresse. Elle résulte suffisamment des mots *permis d'assigner* mis au bas de la requête. Colmar, 12 déc. 1816, P. 13, 730. — *Contrà*, Orléans, 20 janv. 1809, P. 7, 327. — Cet arrêt décide à tort que l'autorisation pour intenter et poursuivre la demande, n'est pas contenue dans l'*ordonnance* qui autorise la femme à se retirer dans une maison tierce, à retirer les effets à son usage, et renvoie les parties à se pourvoir à défaut de conciliation.

19. L'autorisation du président suffit à la femme mineure, et la dispense de l'assistance d'un curateur. Bordeaux, 1er juill. 1806, P. 5, 397; Merlin, *Rép. hoc verbo*, § 3, n° 3; — l'action en séparation de corps a plutôt pour objet d'obtenir une protection pour la personne que de réclamer des biens. Carré, n° 2964.

Il n'est pas nécessaire que le mari mineur soit assisté d'un curateur pour défendre à une demande en séparation de corps : il est réputé majeur pour tout ce qui concerne le mariage. Merlin, *R p. hoc verbo*, § 3, n° 7.

20. Il n'y a pas lieu au préliminaire de conciliation devant le juge de paix : une erreur de ponctuation dans l'art. 878 C. pr. avait fait naître quelque doute sur ce point ; mais le discours de l'orateur du gouvernement est formel ; comment d'ailleurs supposer que la loi renvoie devant un magistrat inférieur des époux que le magistrat supérieur n'a pu concilier? Cass. 17 janv. 1822, P. 17, 44, 27 juill. 1825, D. 25, 382.

21. Si la séparation est demandée pour cause de condamnation à une peine infamante, il suffit au demandeur de présenter au trib. une requête contenant l'objet de sa demande et la cause sur laquelle elle est fondée ; il y joint une expédition en forme du jugement qui a condamné son conjoint, et en outre un certificat du greffier de la C. d'assises constatant que le jugement n'est plus susceptible d'être réformé par aucune voie légale. Arg. C. civ. 261 ; Pigeau, 2, 586 ; Duranton, 2, n° 586 ; Carré, n° 2968. — *Contrà*. Toullier, 2, n° 771 ; — il n'est pas besoin de mettre en cause l'époux défendeur ; le jugement qui intervient lui est signifié en la forme ordinaire, et peut être attaqué par voie d'opposition.

Cette procédure suffit, seulement pendant la durée de la peine ; mais la conciliation doit être tentée, si la demande en séparation n'est formée qu'après l'expiration de la peine : le condamné a pu obtenir la réhabilitation ; la peine a pu être encourue pour un crime politique auquel les mœurs n'attachent plus l'infamie.

Art. 2. — *Demande.*

22. Le demandeur fait signifier à son conjoint l'ordonnance, et en même temps l'assigne devant le trib., dans le délai ordinaire (— V. *Ajournement*), pour répondre à la demande en séparation, et au jour indiqué par l'ordonnance pour répondre aux demandes provisoires, s'il y a lieu. Pigeau, 2, 593.

23. Il n'est pas nécessaire de publier la demande un mois avant le jugement, comme dans le cas de *séparation de biens* (— V. ce mot, n° 17) ; la loi se borne à exiger la publicité du jugement. C. pr. 880 (— V. *inf.*, n° 113) ; Merlin, *Rép. hoc verbo*, § 3, n° 10 ; Carré, n° 2973 ; Thomine, art. 880 ; Duranton, 2, n° 598 ; Toullier, 2, n° 770. — *Contrà*. Pigeau, 2, 593 ; — à Paris il est d'usage de publier la demande en séparation de corps en la même forme que la demande en séparation de biens.

24. Si quelques-uns des faits allégués par l'époux demandeur donnent lieu à une poursuite criminelle, l'action en séparation demeure suspendue jusqu'après le jugement au criminel; elle peut alors être reprise, sans qu'il résulte de l'arrêt aucune fin de non-recevoir contre l'époux demandeur. Arg. C. civ. 235. — V. *Faux*, n° 196.

Art. 3. — *Demandes provisoires.*

25. Ces demandes concernent les enfans, l'administration des biens, les provisions alimentaires et les frais du procès; — elles sont portées à l'audience. C. pr. 878; — au jour indiqué par l'ordonnance du président; mais si la femme est défenderesse en séparation, ou si, étant demanderesse, elle a omis ces demandes dans la requête, elle peut en tout état de cause les former incidemment. Pigeau, 2, 595; Carré, n° 2984.

26. *En ce qui concerne les enfans.* L'administration provisoire appartient de droit au mari. Arg. C. civ. 373; — à moins que le trib. n'ordonne qu'ils soient confiés à la femme ou aux soins d'une tierce-personne. Arg. C. civ. 267; Caen, 19 juin 1807, P. 6, 161. — Les juges ont à cet égard un pouvoir discrétionnaire. Rennes, 31 juill. 1811, P. 9, 506; Limoges, 15 janv. 1817, P. 14, 30. Pigeau, *ib.*

27. Lorsque les enfans ont été confiés à la femme, le mari ne peut s'en emparer. Paris, 27 juin 1810, P. 8, 413. — Mais s'il le fait, le trib. ne peut autoriser l'emploi de la contrainte par corps pour l'obliger à remettre les enfans;

Ni ordonner que le jugement sera exécuté sur minute. Ces voies d'exécution ne sont autorisées par aucune loi. *Même arrêt;* — à moins qu'il n'y ait urgence.

28. Le jugement qui joint au fond la demande provisoire tendant à obtenir la remise des enfans peut être attaqué par appel avant le jugement définitif. Limoges, 15 janv. 1817, P. 14, 30.

29. *Quant aux biens.* Le mari, durant l'instance en séparation, conserve l'administration des biens personnels de la femme. C. C. 1428. — Il n'en est dépouillé que par le jugement qui prononce la séparation. Rennes, 2 janv. 1808, P. 6, 418.

30. *Provisions.* Si la femme n'a pas de moyens légitimes pour subsister et pourvoir aux frais du procès, le trib. doit, sur sa demande, condamner le mari à lui payer provisoirement une somme proportionnée aux facultés de l'un et aux besoins de l'autre. Arg. C. civ. 259; Cass. 8 mai 1810, P. 8, 292. Angers, 18 juill. 1808, P. 7, 32; Pigeau, *ib.*; Merlin, *Rép.* v° *Provision.*

31. Si le procès traîne en longueur, et que la provision accordée à la femme soit épuisée, elle est recevable à renouveler sa demande. Pigeau, *ib.* 533.

32. Cependant la femme n'a pas droit à une pension alimentaire tant qu'elle demeure dans le domicile conjugal; mais elle peut demander une provision pour pourvoir à ses besoins personnels et aux frais de son action. Amiens, 4 prair. an 12, P. 4, 10.

33. La pension alimentaire n'est attribuée à la femme qu'à la charge de justifier de sa résidence dans la maison désignée. Arg. C. civ. 269. Amiens, 5 pluv. an 13, P. 4, 354.—*Contrà*, Aix, 29 frim. an 13, P. 4, 296.

34. Lorsque la femme a omis de demander une provision, et qu'elle succombe dans sa demande, son avoué a-t-il action contre le mari ou la communauté pour le recouvrement de ses frais? — V. *Avoué*, n°s 166 et 167.

35. Jugé que lorsque l'affaire est en état les trib. peuvent, par exception à la règle de l'art. 134 C. pr., accorder une provision à la femme par un jugement distinct de celui du fond. Besançon, 20 déc. 1816, P. 13, 745.

36. Le mari qui conteste à tort la demande en provision peut, dès à présent, et sans attendre le jugement du fond, être condamné aux dépens de l'incident. Colmar, 31 mai 1811, P. 9, 355.

37. La C. roy., en statuant sur l'appel d'un interlocutoire, a le droit d'accorder à la femme demanderesse une provision à laquelle il n'a pas été conclu en première instance, lorsqu'elle est demandée à raison de besoins nés pendant l'instruction même de l'appel. Cass. 14 juill. 1806, P. 5, 413.

La demande est soumise à la Cour saisie de l'appel du jugement qui prononce la séparation lorsqu'elle a pour objet la subsistance actuelle de la demanderesse et de son enfant. Rennes, 2 mai 1812, P. 10, 364.

38. La provision pour les frais du procès comprend non-seulement les déboursés de l'avoué, mais encore les émolumens. Il n'y a pas lieu de distinguer : les uns et les autres sont compris dans les frais. Arg. C. pr. 1042. Décr. 16 fév. 1807.

39. Les héritiers de la femme décédée avant le jugement de la demande en séparation peuvent se faire adjuger définitivement, les provisions qui avaient été accordées à la femme et les indemnités qu'elle avait réclamées pour les excès et voies de fait du mari. La demande de la femme doit profiter à ses héritiers qui la représentent, surtout lorsqu'ils l'ont reçue et soignée jusqu'à son décès. Rouen, 17 janv. 1823, P. 17, 832.

Art. 4. — *Actes conservatoires.*

40. Les dispositions des art. 270, 271 C. civ. sont applicables à la séparation de corps. Bruxelles, 8 mai 1807, P. 6, 79; Duranton, 2, n° 613.

En conséquence, la femme peut en tout état de cause, à partir de l'ordonnance qui a autorisé les poursuites, requérir l'apposition des scellés sur les effets de la communauté. Bruxelles, 11 août 1808, 13 août 1812, P. 7, 85; 10, 650; Duranton, n° 613; — faire procéder à l'inventaire des meubles et effets de la communauté. Amiens, 5 pluv. an 13, P. 4, 354. — Elle est en outre recevable à faire tous les actes conservatoires permis à la femme demanderesse en *séparation de biens*. — V. ce mot, n° 28.

41. L'apposition de scellés peut comprendre les meubles de la communauté existant dans le domicile des époux, et dont le mari aurait consenti la vente, s'il s'élève contre cette vente des présomptions de fraude et de simulation. Bruxelles, 13 août 1812, P. 10, 650.

42. Jugé que les mesures conservatoires peuvent être ordonnées sur requête. Il n'est pas nécessaire que la femme les provoque contradictoirement avec le mari. Rennes, 22 juill. 1818, P. 14, 939.

43. Lorsque les scellés ont été apposés, le mari, tenu par la loi de représenter les choses inventoriées dont il est constitué gardien judiciaire (C. civ. 270), ne peut disposer des effets sans le consentement de la femme ou sans une nécessité judiciairement constatée. Bruxelles, 11 août 1808, P. 7, 85; — ou sans y être autorisé par justice pour cause reconnue légitime et suffisante. Rennes, 24 déc. 1819, P. 15, 654.

L'acquéreur des effets aliénés par le mari peut, à raison du concert frauduleux qui aurait existé entre lui et le mari, être condamné envers la femme à des dommages-intérêts. Rennes, 24 déc. 1819, P. 15, 654.

44. Mais les mesures conservatoires n'ont pas pour effet d'enlever au mari l'administration des biens de la communauté. En conséquence, le trib. ne peut ordonner que, pendant l'instance, les revenus de la communauté soient perçus par un tiers chargé d'en rendre compte. Amiens, 4 prair. an 12, P. 4, 10; — ou qu'ils soient séquestrés. Liége, 13 janv. 1809, P. 7, 316; Angers, 27 août 1817, P. 14, 453.

45. Cependant s'il était allégué des faits de dissipation, d'inconduite, le trib. pourrait ordonner toutes les mesures nécessaires pour la conservation des droits de la femme; par exemple, le dépôt des deniers à la caisse des consignations. Delvincourt, 1, 196; Metz, 23 juin 1819, P. 15, 352.

46. Mais la femme n'aurait pas le droit, par mesure conservatoire, de faire saisir-gager les meubles et effets dépendant de la communauté. L'art. 819 C. pr. n'est pas applicable. — *Contrà*, Limoges, 7 mars 1823, P. 17, 945.

47. De son côté le mari peut, en vertu de ses droits, faire apposer les scellés sur les effets de la communauté existant au domicile indiqué à la femme, par exemple lorsqu'il soutient qu'il existe à ce domicile des papiers utiles à l'administration d'une succession ouverte depuis la demande en séparation. Angers, 16 juill. 1817, P. 14, 359.

48. Mais l'apposition des scellés n'empêche pas les créanciers de la communauté, munis de titre exécutoire, d'obtenir mainlevée pour procéder à la saisie des meubles, sans être obligés de faire faire inventaire, cette obligation n'étant imposée qu'au mari. Rennes, 8 août 1810; P. 8, 526. Carré, n° 2977; Duranton, 2, n° 613.

§ 4. — *Fins de non-recevoir.*

49. Plusieurs fins de non-recevoir peuvent être opposées : 1° la réconciliation survenue, soit depuis les faits qui ont motivé la demande, soit depuis la demande : elle éteint l'action. Arg. C. civ. 272. Trèves, 8 janv. 1808, P. 6, 431.

Mais le demandeur peut intenter une nouvelle action pour cause postérieure à la réconciliation, et alors faire usage des anciennes causes à l'appui de sa nouvelle demande. Arg. C. civ. 273; Pigeau, *ib.*; Merlin, *hoc verbo*, § 2, n° 1.

50. Les faits postérieurs à la réconciliation font revivre les faits anciens, encore que ceux-ci n'aient pas fait l'objet d'une première demande; il serait déraisonnable d'admettre que, parce qu'un époux a pardonné des injures ou des excès sans se plaindre, il doit être dans une position plus défavorable que celui dont la demande judiciaire a été proscrite. Cass. 8 juill. 1813, P. 11, 535; — peu importe que les faits postérieurs ne soient pas assez graves pour motiver à eux seuls la séparation. Rennes, 1er avr. 1814, P. 12, 169. — Il n'est pas nécessaire non plus que les causes nouvelles de séparation soient de même nature que les causes antérieures et fondées sur des faits semblables. Toulouse, 30 janv. 1821, P. 16, 349.

51. Lorsqu'après une réconciliation survenue à la suite d'un jugement de séparation, l'époux qui avait obtenu le premier jugement forme une seconde demande par suite de faits nouveaux qui font revivre les anciens, il n'est pas nécessaire de faire preuve nouvelle des faits anciens. La précédente enquête reprend toute sa force, et la preuve qui en résulte reste acquise à l'époux demandeur. Paris, 19 juin 1839, S. 39, 370.

52. L'admission à la preuve contraire renferme l'admission

à la preuve des faits de réconciliation : ces faits forment une exception péremptoire aux faits antérieurs. Limoges, 15 janv. 1817, P. 14, 30.

53. Le trib. peut refuser d'admettre la preuve des faits de réconciliation, comme étant insuffisans pour en induire la réconciliation alléguée par le mari. Cass. 14 juill. 1806, P. 5, 413.

54. Des faits de réconciliation ne sont pas proposables pour la première fois en appel. Grenoble, 17 août 1821, P. 16, 856. — Surtout par l'époux qui n'a pas fait procéder en première instance à une contre-enquête. Aix, 21 déc. 1831, S. 33, 518; Grenoble, 20 déc. 1832, D. 34, 174; — à moins que la réconciliation ne soit postérieure à la sentence des premiers juges.

55. La seule cohabitation n'établit pas la réconciliation, si elle n'est accompagnée d'autres circonstances qui annoncent le pardon de l'époux offensé. Cass. 4 avril 1808; Rennes, 1er avr. 1814, P. 6, 599; 12, 169.—Surtout celle qui se continue de la part de la femme. Besançon, 1er fév. 1806, P. 5, 156. — Encore moins si elle est le résultat de la contrainte. Gênes, 19 août 1811, P. 9, 576. — L'habitation dans la même maison n'est pas une preuve de réconciliation. Rennes, 4 fév. 1812, P. 9, 94.

56. La cohabitation suivie d'une grossesse n'est pas considérée comme une preuve de réconciliation si elle n'est accompagnée d'autres circonstances. Nîmes, 25 fév. 1808, P. 6, 532. *Contrà*, Grenoble, 23 août 1822, P. 17, 594. — *A fortiori* si la cohabitation a été forcée. *Même arrêt de Nîmes.*

57. La sommation faite par la femme au mari de la recevoir dans le domicile conjugal n'emporte pas réconciliation, surtout si cette sommation a été accompagnée de réserves et suivie d'un refus du mari. Turin, 14 fév. 1810, P. 8, 105.

58. Suivant C. Grenoble, 17 août 1821, P. 16, 856, l'exception de réconciliation tirée de la cohabitation postérieure des époux ne peut s'appliquer à la demande en séparation de corps pour cause de condamnation infamante. — Il est vrai que la réconciliation ne s'appliquerait pas dans ce cas à des faits personnels à l'époux offensé. On verrait plutôt dans la cohabitation la renonciation à l'action en séparation. Les juges auront à cet égard à apprécier les circonstances. Duranton, 2, n° 573.

59. Si le demandeur nie la réconciliation, le défendeur devient demandeur quant à son exception, suivant la maxime *reus excipiendo fit actor*; il doit en fournir la preuve, soit par écrit, soit par témoins. Arg. C. civ. 274. Duranton, 2, n° 569.

60. Au surplus, les trib. sont juges souverains des faits de réconciliation : leurs décisions à cet égard, susceptibles d'être réformées en appel, échappent à la censure de la C. de cassa-

tion. Cass. 25 mai 1808, P. 6, 705; 15 juin 1836. (Art. 584 J. Pr.). Duranton, 2, n° 570.

61. 2° La réciprocité des torts entre les époux; par exemple, dans le cas d'adultère. Arg. C. pén. 336, 339; Duranton, 2, n° 574.—*Contrà*, Orléans, 16 août 1820; Cass. 9 mai 1821, P. 16, 586.—La solution de cette question nous paraît dépendre des circonstances. L'inconduite de la femme n'élève pas une fin de non-recevoir absolue contre sa demande. Cass. 10 juin 1824, P. 18, 779.—Les trib. doivent apprécier l'influence que peuvent avoir sur la demande les torts de l'époux demandeur.

62. 3° La provocation par les désordres, l'inconduite ou le dérèglement de mœurs de l'époux demandeur, des mauvais traitemens ou injures du défendeur. Rennes, 1er juin 1823, P. 17, 1151; Toulouse, 9 janv. 1824, P. 18, 330; Duranton, n° 575; —les trib. doivent alors se décider d'après la gravité des mauvais traitemens ou injures, et suivant la position sociale des parties. Duranton, n° 577.

63. Le mari est recevable, lors de l'enquête, à établir la provocation résultant de l'inconduite de la femme, alors même qu'il n'aurait pas excipé de cette inconduite avant le jugement qui ordonnait l'enquête. Toulouse, 9 janv. 1824, P. 18, 330.

64. Les juges ne doivent pas admettre le défendeur à la preuve d'imputations vaguement faites à la moralité du demandeur. Bruxelles, 15 juill. 1807, P. 6, 211.—Les imputations de cette nature constituent une injure grave qui s'ajoute aux injures et sévices précédens. Gênes, 19 août 1811, D. 9, 576.

65. Ne donneraient pas lieu à une fin de non-recevoir contre la femme demanderesse :—1° le défaut de justification de sa résidence dans la maison indiquée : l'art. 269 n'est pas applicable à la séparation de corps. Cass. 13 brum. an 14, 27 janv. 1819; Trèves, 8 janv. 1808; Turin, 12 fév. 1811; Toulouse, 7 août 1811; Bruxelles, 26 déc. 1811; Nîmes, 27 déc. 1811; Agen, 10 déc. 1812; Rennes, 26 déc. 1820; Toulouse, 10 juill. 1822, P. 5, 26; 15, 38; 6, 431; 9, 101, 527, 801; 10, 879; 16, 267; 17, 489; Bordeaux, 6 janv. 1835 (Art. 119 J. Pr.); Carré, n° 2975; Duranton, 2, n° 578.— Toutefois le défaut de justification par la femme de sa résidence dans la maison indiquée peut n'être pas sans influence sur le succès de sa demande : les juges apprécieront si l'infraction de la femme à l'ordre de justice a une cause légitime. Cass. 27 janv. 1819, P. 15, 38.

Le défaut de cette justification ne formerait pas non plus une fin de non-recevoir contre l'appel. Gênes, 19 août 1811, P. 9, 576.

2° Le rejet d'une précédente demande en séparation motivée

sur d'autres faits ou d'autres circonstances. Parl. Paris, 6 sept. 1785; Merlin, *Rép. hoc verbo*, § 2, n° 3.

3° Une demande précédemment introduite en séparation de biens : on ne saurait y voir la renonciation à la demande en séparation de corps. Carré, art. 875; Duranton, n° 579; Cass. 23 août 1809, P. 7, 794.

66. 4° L'inexécution par la femme d'un jugement qui lui ordonnait de rendre l'enfant au mari. Rennes, 31 juill. 1811, P. 9, 506.

§ 5. — *Instruction, Articulation de faits, Enquête.*

Art. 1. — *Instruction.*

67. La demande est instruite dans les formes ordinaires. C. civ. 307; C. pr. 879.

68. Elle doit être communiquée au ministère public, et jugée sur ses conclusions. C. pr. 879.

69. L'aveu du défendeur ne peut faire preuve des faits allégués par le demandeur; la séparation de corps ne pouvant avoir lieu par consentement mutuel, et emportant d'ailleurs la séparation de biens, il n'est pas permis d'obtenir indirectement la séparation par les voies formellement interdites par la loi. Arg. C. civ. 1443; C. pr. 870; Pigeau, 2, 599; Carré, n° 2981; Duranton, 2, n° 602.

70. Les mêmes motifs ne permettent pas d'admettre le serment décisoire pour la preuve des faits. Grenoble, 19 juill. 1838 (Art. 1681 J. Pr.).

71. L'exécution sans concert frauduleux d'un jugement par défaut, ou en premier ressort, qui ordonne la séparation, peut-elle être considérée comme un acquiescement à la demande, et former une fin de non-recevoir contre l'appel? — Oui. Cass. 21 août 1838 (Art. 1193 J. Pr.); Aix, 14 déc. 1837 (Art. 1094 J. Pr.). — V. cependant *Acquiescement*, n°s 16, 17.

72. L'époux défendeur peut se porter reconventionnellement demandeur; mais il ne peut former pour la première fois cette demande en appel, et être admis à la preuve principale de faits graves qu'il n'avait pas offert de prouver devant les premiers juges. Toulouse, 11 mai 1813, P. 11, 360.

73. Le mari défendeur n'est pas recevable à demander reconventionnellement la séparation sans appeler préalablement la femme en conciliation devant le président qui peut, dans certaines circonstances, sinon opérer un rapprochement déjà tenté inutilement, du moins déterminer le mari à ne pas donner de publicité à des faits de nature à flétrir l'honneur et la délicatesse des époux. Rennes, 26 déc. 1820, P. 16, 267.

Art. 2. — *Articulation.*

74. Le demandeur peut, depuis la demande, présenter au trib. une nouvelle requête contenant le développement des faits énoncés dans celle qui a été d'abord présentée au président. Paris, 28 juill. 1809, P. 7, 719;—ou même une articulation de faits omis dans cette requête, Poitiers, 15 janv. 1817, p. 14, 30; Carré, n° 2966; Duranton, 2, n° 599. — V. *Enquête*, n° 34; — surtout avant le jugement qui ordonne la preuve (Duranton, n° 600), — et lorsque les faits n'étaient pas encore connus au moment de la demande. Besançon, 9 avr. 1808, P. 6, 621, —ou sont survenus depuis. Paris, 7 août 1810, P. 8, 524.

Est recevable en appel une articulation de faits inconnus au moment de la demande; Metz, 8 juill. 1824, P. 18, 872,—ou postérieurs au jugement qui a ordonné la preuve. Dijon, 11 févr. 1819; P. 15, 81, — ou qui a rejeté la demande en séparation. Ces faits ne constituent pas une nouvelle demande, mais des moyens nouveaux. Bruxelles, 14 oct. 1830, S. 31, 60; Cass. 15 juin 1836 (Art. 584 J. Pr.).

75. Le demandeur ne pourrait articuler en appel de nouveaux faits antérieurs à son action. Paris, 23 avr. 1806, P. 5, 300; — à moins qu'ils ne lui fussent alors inconnus.—V. *Enquête*, n° 35.

76. Les faits déjà déclarés non pertinens et inadmissibles, sur une première demande, peuvent ultérieurement, lorsqu'ils se rattachent à de nouveaux faits, être déclarés pertinens et admissibles, sans qu'on soit recevable à les repousser par l'exception de chose jugée. Cass. 28 juin 1815, P. 12, 784.

77. Le défendeur n'a pas le droit d'attaquer personnellement l'avoué signataire de la requête, d'ailleurs non publiée, à raison des faits qui y sont contenus, alors que ces faits tiennent à la cause et que l'articulation en a été autorisée par la partie qui a signé la requête. Paris, 7 août 1810, P. 8, 524.

78. Lorsque les faits articulés par le demandeur sont admissibles et s'ils sont prouvés : par exemple, les mauvais traitemens, par des procès-verbaux, par des certificats des gens de l'art, ou par un jugement du trib. corr., les injures, par des écrits émanés du mari, il y a lieu par le trib. de prononcer de suite et sans enquête la séparation. Duranton, 2, n° 602.

Art. 3. — *Enquête.*

79. Si la preuve des faits n'est pas administrée d'abord, elle peut l'être par témoins.

Il y a lieu à enquête, même lorsque l'époux défendeur fait défaut, à moins que les juges ne se trouvent suffisamment éclairés. — V. *sup.* n° 78.

80. Les parties doivent être respectivement admises à la

preuve des faits contraires à ceux qui leur sont opposés. Rennes, 28 avr. 1814, P. 12, 193.

81. Le trib. rend un jugement qui statue sur la pertinence et l'admissibilité des faits, et ordonne la preuve en la forme ordinaire. — V. *Enquête*.

82. Mais l'enquête ne peut être faite sommairement et à l'audience, à peine de nullité. Colmar, 22 avr. 1807; P. 6, 43; Carré, n° 2983.

83. Ne sont pas reprochables comme témoins les parens des parties, à l'exception de leurs enfans et descendans, ni les domestiques des époux, en raison de cette qualité; mais le trib. a tel égard que de raison à leurs dépositions. Arg. C. civ. 251. Cass. 8 mai 1810, P. 8, 292; Paris, 12 déc. 1809; Toulouse, 25 janv. 1821; Amiens, 5 juill. 1821; P. 7, 917; 16, 339, 732. D. *hoc verbo*, n° 5; Duranton, 2, n° 607. — ni les donataires. Cass. 8 juill. 1813, P. 11, 535.

Leurs enfans. Les enfans issus d'un premier mariage d'un des époux ne peuvent être entendus comme témoins. La prohibition ne concerne pas seulement les enfans issus des deux époux. L'art. 251 ne distingue pas, et il est aussi impossible de distinguer que de scinder la déposition du témoin, de maintenir ce qui est favorable à l'époux qui l'a fait citer et de rejeter ce qui lui serait contraire (—V. *inf.* n° 85). — *Contrà*, Rennes, 22 janv. 1840 (Art. 1674 J. Pr.).

84. Les parties peuvent se faire assister aux enquêtes par leurs avocats. Bruxelles, 22 nov. 1816, P. 13, 689. — V. *Avocat*, n° 47.

85. Si une des parties s'oppose à l'audition des témoins qu'elle a fait assigner, l'autre partie peut exiger qu'ils soient entendus : les témoins n'appartiennent pas à ceux qui les produisent. Leur introduction dans le débat a pour objet la découverte de la vérité, et il n'est pas au pouvoir de la partie qui a appelé un témoin de lui imposer silence à son gré, et de priver la justice des lumières que peut fournir la déposition.

86. L'enquête déclarée nulle par la faute de l'officier ministériel peut-elle être recommencée? Elle pouvait l'être en matière de divorce. Cass. 8 juin 1808, P. 6, 736. — M. Thomine, art. 879 C. pr., pense qu'il en doit être de même dans les séparations de corps.

L'art. 293 C. pr. qui autorise la partie à répéter des dommages-intérêts en cas de manifeste négligence de l'avoué, lorsque l'enquête est annulée par le fait de celui-ci, ne s'applique pas à la séparation de corps, parce que les dommages-intérêts que la partie a le droit de réclamer d'après cet article supposent un dommage appréciable, et que dans le cas de séparation de corps cette appréciation devenant impossible, la partie n'aurait aucun dédommagement. Berriat, p. 299, note 71.

87. L'époux du demandeur peut évidemment, après l'annulation d'une première enquête, être admis à en faire une seconde, si les faits sur lesquels doit porter cette seconde enquête sont postérieurs à l'annulation de la première. Poitiers, 12 fév. 1829, S. 29, 342.

88. Les injures que les époux s'adressent pendant l'instance dans les actes et écritures du procès, peuvent suffire, lors même que les faits de la demande n'ont pas été établis pour faire prononcer la séparation : dans ce cas la séparation peut être prononcée au profit de chacun des époux contre l'autre. Rouen, 13 mars 1816, P. 13, 334.

89. Les juges peuvent-ils prendre pour base de leur décision un fait constaté dans l'enquête, mais non indiqué parmi ceux dont la preuve a été admise? — Oui. Cass. 4 fév. 1836 ; Angers, 21 sept. 1837 (Art. 1550 J. Pr. et la note). — V. toutefois *Enquête*, n° 55.

90. L'appréciation des actes et des faits constitutifs des sévices ou injures graves appartient exclusivement aux juges du fond, et ne peut donner ouverture à cassation. Cass. 25 mai 1808, P. 6, 705. 11 janv. 1837 (Art. 868 J. P.)

§ 6. — *Jugement, publication.*

91. Les art. 259 et 260 C. C. qui autorisaient les juges à ne pas admettre immédiatement la demande en divorce pour excès, sévices ou injures graves, et à en suspendre pendant un an la prononciation, ne sont pas applicables aux demandes en séparation de corps. Montpellier, 1er prairial an 13; Bastia, 2 août 1824; Rennes, 21 fév. 1826, D. 28, 30; Duranton, 12, 610.

Le jugement qui prononce la séparation de corps contient trois sortes de dispositions :

92. 1° *Relativement aux époux*, le trib. ordonne qu'ils demeureront séparés de corps et d'habitation. — La femme peut se choisir un *domicile* séparé. — V. ce mot, n° 40 et *inf.* n° 118.

93. Le trib., en rejetant la demande formée par la femme, lui ordonne de réintégrer le domicile conjugal dans un délai plus ou moins long, selon les circonstances, et de rapporter les effets qui lui ont été remis, et au mari de la recevoir. Pigeau, 537.

94. Le mari ne peut refuser de recevoir sa femme qui a échoué dans la demande en séparation, sous prétexte qu'elle ne rapporte pas tous les objets qu'elle avait emportés. Mais il a le droit de faire constater le nombre et la nature des objets réintégrés et de suivre à cet égard toutes les actions qu'il jugera convenables. Amiens, 13 frim. an 14, P. 5, 67.

95. La femme contre laquelle la séparation est prononcée pour cause d'adultère est condamnée, sur la réquisition du ministère public, à la réclusion dans une maison de correction pendant un temps déterminé, qui ne peut être moindre de trois

mois, ni excéder deux années. C. civ. 308. — Mais le mari reste le maître d'arrêter l'effet de cette condamnation, en consentant à reprendre sa femme. C. civ. 309.

96. 2° *Relativement aux enfans.* Le plus grand avantage des enfans règle seul la décision des juges qui ont à cet égard un pouvoir discrétionnaire. Cass. 28 juin 1815, 24 mai 1821, P. 12, 784, 16, 627; Montpellier, 1er prair. an 13; Bruxelles, 28 mars 1810; Caen, 8 août 1810; Grenoble, 21 déc. 1820; Paris, 11 déc. 1821, P. 4, 555, 8, 215, 516, 16, 256, 1,007. —*Contrà,* Liége, 25 août 1809, P. 7, 802.—Suivant cet arrêt, les enfans doivent être remis au père en vertu des art. 372, 373 C. civ. La disposition de l'art. 302 est donc facultative pour les trib., et non impérative.—*Contrà,* Montpellier, 4 fév. 1835, S. 35, 288.

97. La garde des enfans peut être laissée au mari contre qui la séparation a été obtenue, lorsque la femme n'allègue aucun motif pour le priver de l'exercice de la puissance paternelle. Paris, 12 juill. 1808, P. 7, 17.

98. Le trib. peut encore ordonner que les enfans seront confiés à la mère jusqu'à un certain âge, après lequel ils devront être remis aux soins de leur père. Metz, 18 juill. 1811; P. 9, 478. — Ou que les enfans confiés à l'époux qui a obtenu la séparation, seront par intervalle remis à l'autre époux. Limoges, 27 août 1821, P. 16, 879.

99. Le mari doit être condamné à contribuer aux frais d'entretien et d'éducation de ses enfans, quoiqu'il offre de les prendre avec lui, lorsque des raisons de convenance font décider qu'ils seront confiés à la mère. Metz, 9 fév. 1811, P. 9, 90.

100. Les juges ne sont pas liés par le choix qu'ils ont fait de la personne à qui seraient confiés les enfans : ils peuvent, si l'intérêt des enfans l'exige, faire un nouveau choix, nonobstant l'opposition d'un des époux et sur la demande de l'autre. Bordeaux, 9 juin 1832, S. 33, 446.

101. La femme qui, après avoir succombé dans sa demande en séparation, refuse de rendre au mari les enfans dont la garde lui avait été provisoirement confiée, peut y être contrainte par le refus d'alimens et la saisie de ses revenus. Colmar, 10 juill. 1833, S. 34, 127.

102. 3° *Relativement aux biens.* La séparation de corps emportant toujours la séparation de biens (C. civ. 311), cette dernière est prononcée par le même jugement.

103. Mais l'art. 1444 C. civ. n'est pas applicable. Bordeaux, 4 fév. 1811, P. 9, 77; Carré, n° 2986; Coffinière, Chauveau, 20, 91; Berriat, 673, n° 4. — Le trib. peut donc autoriser le mari à restituer à la femme ses reprises dans un temps proportionné aux circonstances, de manière à ne pas déranger les af-

faires du mari par une restitution trop prompte et lui causer un grave préjudice ; cette disposition est surtout équitable, lorsque la séparation de corps a été prononcée contre la femme. Pigeau, 604. — V. toutefois *sup.* n° 23.

104. Le jugement qui prononce la séparation de biens comme conséquence de la séparation de corps remonte, quant à ses effets, au jour de la demande en séparation de corps. C. civ. 1445 ; Bruxelles, 28 mars 1810, P. 8, 215 ; Limoges, 17 juin 1835, S. 36, 61 ; Merlin, *Rép., h. v°*, § 4, n° 4 ; Duranton, t. 2, n° 622.

105. Si l'époux qui obtient la séparation n'a pas un revenu suffisant pour subsister, le trib. doit lui accorder sur les biens de l'autre époux une pension alimentaire. Arg. C. civ 301 ; Cass. 8 mai 1810, — 28 juin 1815, P. 8, 292, 12, 784.

106. La femme dont la demande a été rejetée est exposée aux poursuites en paiement des frais sur ses biens paraphernaux. Cass. 8 mai 1821, P. 16, 584.

107. Les dépens peuvent être compensés. C. pr. 131.

108. Lorsque les dépens ont été compensés, l'avoué ne peut en poursuivre le paiement contre le mari, autrement ce serait anéantir la compensation. Limoges, 28 avr. 1813, P. 11, 329.

109. Les trib. n'ont pas le droit d'ordonner l'exécution provisoire du jugement qui prononce la séparation. Poitiers, 19 août 1819, P. 15, 481.

110. L'appel est suspensif, mais le pourvoi en cassation ne l'est pas. Bordeaux, 17 mess. an 13, P. 4, 642. Carré, n° 2987. — V. *Cassation*, n° 185.

111. La séparation de corps tient à l'ordre public, en conséquence serait nul comme ayant une cause illicite le billet souscrit par une femme au profit de son mari, sous la condition qu'il renoncerait à se pourvoir en cassation contre le jugement qui prononce la séparation. Cass. 2 janv. 1823, P. 17, 778.

112. Le jugement doit être signifié et l'appel interjeté par le mari au domicile indiqué à la femme par l'ordonn. du président. Il a été jugé que l'appel du mari était valablement signifié au domicile de celui-ci, bien que la femme eût été autorisée à se retirer dans un domicile provisoire. Aix, 15 avr. 1839, S. 39, 391. — Mais dans cette espèce la femme avait eu parfaite connaissance de l'appel, et l'exploit avait été laissé à son père. La décision aurait sans doute été différente si la signification au domicile du mari avait eu un caractère frauduleux, et elle pourrait l'avoir dans certains cas.

113. *Publication du jugement.* L'extrait du jugement qui prononce la séparation doit être inséré aux tableaux exposés tant dans l'auditoire des trib. que dans les chambres d'avoués et de notaires (— V. *Séparation de biens*, n° 36). C. pr. 880.

114. Le jugement de séparation non publié ne serait pas opposable aux tiers ni même à ceux qui ont acquis des droits depuis le jugement. Cass. 14 mars 1837 (art. 761 J. Pr.).

115. Les créanciers du mari n'ont pas le droit, comme dans le cas de *séparation de biens* (—V. ce mot, n° 76), de sommer l'avoué de la femme de leur communiquer la demande en séparation de corps et les pièces justificatives, ni d'intervenir pour la conservation de leurs droits : l'art. 871 n'est pas applicable à la séparation de corps. Demiau, art. 871; Thomine, art. 880; Duranton, 14, n° 409. — *Contrà*, Pigeau, 2, 599. — Les créanciers n'ont que le droit de se pourvoir contre le jugement par voie de tierce-opposition. Carré, n° 2980.

§ 7. — *Effets de la séparation.*

116. *Effets de la séparation.* — V. *Séparation de biens*, § *Inventaire*, n°s 12 à 15.

—V. D'ailleurs, *Renonciation à la communauté*, n° 1.

117. Lorsqu'après la séparation de corps, un premier inventaire a été dressé d'une manière irrégulière par le fait du mari, la femme a le droit d'obtenir un nouveau délai pour faire inventaire avant d'être tenue de prendre qualité, autrement elle n'aurait pas connaissance suffisante des forces et charges de la communauté. Angers, 15 juill. 1808, P. 7, 28.

118. La femme séparée de corps a le droit de se choisir un domicile : la loi ne permet au juge d'assigner un domicile à la femme que pendant le procès en séparation. Dijon, 28 avr. 1807, P. 6, 55.

La femme cesse d'avoir son domicile légal et judiciaire chez son mari. Duranton, 2, n° 617. —V. *Domicile*, n° 39.

119. L'époux qui a obtenu la séparation ne peut par sa seule volonté, et en déclarant renoncer au bénéfice du jugement, contraindre l'autre époux au rétablissement de la vie commune. Angers, 19 avr. 1839 (Art. 1690 J. Pr.) — La règle qui permet à chacun de renoncer à un droit introduit en sa faveur est ici sans application, la décision intervenue entre les époux a pris la place de la vie commune qui dérivait des engagemens du mariage. Elle a créé au profit de chacun des époux un droit qu'il ne peut abdiquer que par un acte de libre volonté. — *Contrà*, Locré, 4, 49; Duranton, 2, 618.

120. Mais les époux peuvent toujours d'un commun accord, faire cesser l'effet de la séparation en reprenant l'habitation commune. C. civ. 1451; Pigeau, 2, 609. — V. *Séparation de biens*, n° 97.

Dans ce cas, la réconciliation opérée anéantit le jugement qui a prononcé la séparation, et s'il survient de nouveaux griefs entre les époux, une nouvelle action doit être intentée.

Toutefois, la réconciliation ne devrait produire cet effet que si elle avait amené un rétablissement complet de la vie commune, et non s'il n'y avait eu qu'un essai de rapprochement.

§ 8. — *Enregistrement.*

121. Les actes de cette procédure sont passibles des mêmes droits d'enregistrement que les actes analogues faits dans les instances ordinaires. —V. *Exploit, Requête*, etc. — Quant au *jugement* qui prononce la séparation. — V. ce mot, n° 345, 6° et 7°.

122. Les extraits de demandes ou de jugemens de séparation de corps ou de biens, que les avoués font et signent, pour être affichés conformément à la loi, sont soumis au droit fixe de 1 fr. Délib. gén. 8 juin 1827.

§ 9. — *Formules.*

FORMULE I.

Requête pour demander la séparation de corps.

(C. pr. 875. — Tarif, 79. — Coût, 15 fr.)

A MM. le président du tribunal de première instance de

La dame , épouse du sieur , etc., demeurant avec lui à

Expose qu'ils ont contracté mariage le , ainsi qu'il résulte de l'acte inscrit aux registres de l'état civil de , arrondissement de , annexé aux présentes;

Que (*rapporter chaque fait en spécifiant les époques*);

Que, dans ces circonstances, l'exposante est dans l'intention de former contre son mari une demande en séparation de corps et de biens.

Pour quoi il vous plaira, M. le président, donner acte à l'exposante de ce qu'elle forme, par ces présentes, sa demande en séparation de corps et de biens d'avec son mari; en conséquence, ordonner que la requérante et son mari comparaîtront en personne devant vous, aux jour, lieu et heure qu'il vous plaira d'indiquer, pour y être entendus respectivement.

Et, en cas de non-conciliation, autoriser la requérante à former sa demande en séparation de corps et de biens, et à se retirer provisoirement chez , et ordonner que les effets à son usage journalier lui seront remis par son mari; et vous ferez justice. (*Signature de l'avoué et de la partie.*)

ORDONNANCE DU PRÉSIDENT.

Vu, etc. Ordonnons que la requérante et son mari comparaîtront en personne par-devant nous le , heure de , en notre cabinet à , pour y être entendus respectivement. Fait au Palais-de-Justice, le

(*Signature du président.*)

FORMULE II.

Citation à l'époux défendeur de comparaître devant le président.

(C. pr. 876. — Tarif, 29. — Coût, 2 fr. orig.; 50 c. copie.)

L'an le à la requête de dame , épouse du sieur , etc., pour laquelle domicile est élu à , en la demeure de Me , j'ai (*immatricule*), soussigné, signifié, et avec celle des présentes donné copie audit sieur , demeurant à , en son domicile, en parlant à : 1° de la requête à lui présentée par la dame à M. le président du tribunal de ; contenant demande en séparation de corps et de biens contre ledit sieur ; 2° de l'ordonnance de M. le président dudit tribunal, en date du , étant au pied de la requête sus-énoncée, et en conséquence de l'indication contenue en ladite ordonnance, j'ai, huissier susdit et soussigné, à mêmes requête, demeure et élection de domicile que dessus, étant et parlant comme dit est, cité ledit sieur à comparaître en personne le , heure de , par-devant M. le président du tribunal de , en son cabinet, au Palais-de-Justice, pour répondre devant lui à la demande en séparation de corps et de biens formée par ladite dame contre lui, et procéder conformément à la loi (déclarant au sus-nommé que, faute par lui de comparaître, la requérante se pourvoira ainsi que de droit, et j'ai, audit sus-nommé, en son domicile et parlant comme dessus, laissé copie, certifiée véritable et signée de Me , tant des requête et ordonnance sus-énoncées que du présent exploit, dont le coût est de (*Signature de l'huissier.*)

FORMULE III.

Ordonnance du président renvoyant la partie à se pourvoir.

Nous, après avoir entendu les parties en personne, et attendu que nous n'avons pu les concilier, les renvoyons à se pourvoir; en conséquence, autorisons la requérante à procéder sur la demande en séparation énoncée en la requête ci-dessus, et à se retirer provisoirement chez , et ordonnons que les effets à son usage journalier (on peut les désigner pour éviter toutes difficultés) lui seront remis par son mari. Fait, etc. (*Signature du président.*)

NOTA. Cette seconde ordonnance est mise à la suite de la première.

FORMULE IV.

Signification de l'ordonnance.

(C. pr. 878. — Tarif, 29 par anal. — Coût, 2 fr. orig.; 50 c. copie.)

L'an le , à la requête de la dame , épouse du sieur , etc., autorisée par l'ordonnance ci-après énoncée à former sa demande en séparation de corps contre son mari, et à résider provisoirement en la demeure de , sise à , où elle est actuellement, pour laquelle dame domicile est élu en la demeure de , j'ai (*immatricule*), soussigné, signifié, et avec celle des présentes donné copie au sieur , demeurant à , en son domicile, en parlant à , d'une ordonnance rendue par M. le président du tribunal de , en la chambre du conseil dudit tribunal, le , enregistrée, à ce que de son contenu le sus-nommé n'ignore, le sommant en conséquence d'y satisfaire, en remettant à la dame , son épouse, tous les effets à son usage journalier, sinon et faute de ce faire, lui déclarant qu'il y sera contraint par toutes voies de droit; et je lui ai, en son domicile et parlant comme dessus, laissé copie certifiée sincère et véritable, et signée de Me , de l'ordonnance sus-énoncée et du présent exploit, dont le coût est de (*Signature de l'huissier.*)

FORMULE V.

Demande en séparation de corps.

(C. pr. 879. — Tarif, 29 par anal. Coût, 2 fr. orig.; 50 c. copie.)

L'an , le , à la requête de la dame , épouse du sieur , etc., autorisée à résider provisoirement en la demeure de , où elle est actuellement, et à former sa demande en séparation de corps et de biens d'avec son mari, par l'ordonnance de M. le président du tribunal de , ci après énoncée, laquelle dite dame fait élection de domicile en la demeure de Me , avoué au tribunal de , sise à , lequel occupera sur la présente assignation, j'ai, soussigné, signifié et avec celles des présentes donné copie au sieur , etc.

1° D'une requête présentée à M. le président dudit tribunal, énonciative des faits sur lesquels se fonde l'exposante pour demander la séparation de corps.

2° D'une ordonnance de M. le président du tribunal en date du , dûment enregistrée, indicative du jour où les parties seraient tenues de comparaître devant lui.

3° D'une seconde ordonnance du même magistrat, en date du , dûment enregistrée, portant que les parties n'ont pu se concilier (*ou* que le sieur n'a pas comparu), et autorisant la requérante à former sa demande.

Et à mêmes requête , etc., j'ai, huissier susdit et soussigné, donné assignation au sieur , demeurant à , en son domicile, en parlant à , à comparaître, etc. (—V. *Ajournement, formule*).

Attendu au fond que, etc. (*rapporter tous les faits qui fondent l'action, et donner copie des pièces à l'appui de ces faits, s'il y en a*);

Voir dire et ordonner que ladite dame sera et demeurera séparée de corps d'avec son mari, et qu'il sera fait défense à ce dernier de la hanter ni fréquenter sous quelque prétexte que ce soit;

Et voir pareillement dire et ordonner que la requérante sera séparée, quant aux biens, d'avec ledit sieur son mari, pour, par elle, etc. (—V. *Séparation de biens*, Formule II);

Et pour, en outre, répondre et procéder, comme de raison, à fins de dépens, et j'ai au sus-nommé, en son domicile et parlant comme dessus, laissé copie, certifiée sincère et véritable, et signée de Me , avoué, des (*des pièces à l'appui*), ensemble du présent exploit, dont le coût est de

(*Signature de l'huissier.*)

NOTA. *Si la femme veut obtenir la garde de ses enfans et une provision, elle prend à cet égard des conclusions particulières par le même exploit.*

FORMULE VI.

Extrait d'un jugement de séparation de corps pour être affiché.

(C. pr. 880; C. com. 66. — Tarif, 92. — Coût, 6 fr.)

—V. *Séparation de biens*; Formule VI.

SÉPARATION DE PATRIMOINES. Mesure conservatoire qui empêche la confusion des biens d'une succession avec ceux de l'héritier.

1. Elle peut être demandée dans tous les cas et contre tout créancier de l'héritier par les créanciers de la succession même chirographaires. Toullier, 4, n° 545, — et par les légataires. C. civ. 878, 2111. — Les créanciers de l'héritier, au contraire, ne sont point admis à demander la séparation des patrimoines contre les créanciers de la succession. C. civ. 881.

2. Il n'est pas indispensable que la demande en séparation de patrimoines soit dirigée contre les créanciers personnels de l'héritier : elle peut l'être contre l'héritier seul, bien qu'il ne soit pas certain que cet héritier ait des créanciers. Nanci, 14 fév. 1833 (Art. 1607 J. Pr.). — *Contrà*, Poitiers, 8 août 1828, S. 31, 82. — Ce dernier arrêt décide que les créanciers du défunt doivent attendre pour agir qu'il se présente des créanciers personnels de l'héritier.

3. *Relativement aux meubles*, la séparation doit être demandée dans les trois ans de l'ouverture de la succession. C. civ. 880, 2111. — V. d'ailleurs *Inventaire*, *Scellés*, *Séquestre*.

4. *Relativement aux immeubles*, elle peut l'être tant que les immeubles existent dans la main de l'héritier. C. civ. 880. — Mais le demandeur ne conserve son privilége, à l'égard des créanciers inscrits de l'héritier, qu'à la charge de prendre in-

scription dans les six mois de l'ouverture de la succession: C. civ. 2111.

Jugé que le créancier qui a pris inscription dans le délai légal, peut réclamer dans un ordre sa collocation, par préférence aux créanciers de l'héritier; — et invoquer le bénéfice de la séparation des patrimoines, même après la vente des biens de la succession, tant que le prix n'a pas été distribué. Cass. 26 juin et 15 juill. 1828, D. 28, 1, 300 et 301. Troplong, n° 326.

5. La demande en séparation de patrimoines est admissible même lorsqu'elle est proposée pour la première fois en cause d'appel. Liége, 10 fév. 1807, P. 5, 672; arg. Cass. 10 oct. 1809, P. 7, 846. — Dans cette dernière espèce les créanciers avaient requis la préférence dans le procès-verbal d'ordre, mais ils n'avaient conclu expressément à la séparation des patrimoines que sur l'appel du jugement d'ordre.

6. L'acceptation d'une succession sous bénéfice d'inventaire entraîne-t-elle de plein droit la séparation des patrimoines?

L'affirmative n'est point douteuse. Si l'acceptation pure et simple oblige à demander cette séparation pour éviter la confusion, il n'en est point de même, au cas d'acceptation bénéficiaire, puisqu'elle empêche l'effet de la confusion. Arg. C. civ. 802; Cass. 18 juin 1833, S. 33, 730. Paris, 20 août 1811; 8 avr. 1826; Riom, 8 août 1828, S. 27, 79; 29, 39. — Conséquemment il est inutile de prendre l'inscription prescrite par l'art. 2111, C. civ., l'acte d'acceptation bénéficiaire équivaut à cette formalité.

Peu importe qu'il y ait postérieurement acceptation pure et simple de la part de l'héritier; cette acceptation ne peut avoir d'effet rétroactif, ni opérer de nouveau la confusion, elle ne saurait nuire aux droits acquis aux créanciers. *Même arrêt*, Paris, 4 mai 1835, S. 35, 257; Cass. 18 juin 1833, 10 déc. 1839 (Art. 1685 J. Pr.) Bilhard, *Bénéfice d'inventaire*, n° 113, p. 382; — *Contrà*, Rouen, 5 déc. 1826, S. 27, 80; Bordeaux, 24 juin 1830, S. 31, 190.

SEPTUAGÉNAIRE. — V. *Emprisonnement*, n° 60.

SÉQUESTRE. Se dit 1° de la consignation d'une chose litigieuse en main tierce, pour la conserver à qui elle appartient; — 2° de la personne à laquelle le dépot est confié.

1. Le séquestre peut s'appliquer même à des choses immobilières. C. civ. 1961.

Il est *conventionnel* (C. civ. 1956) ou *judiciaire*.

2. Le juge peut d'office, ou sur la requête des parties, — ordonner le séquestre des meubles saisis sur un débiteur (— V. *Saisie-exécution*, § 5), d'un immeuble (— V. *Action possessoire*, n° 173), ou d'une chose mobilière dont la propriété ou la possession est litigieuse entre deux ou plusieurs personnes, — des choses qu'un débiteur offre pour sa libération (— V. *Dé-*

pôts, n° 50 ; C. civ. 1961); — et dans tous les cas où il croit cette mesure nécessaire. Cass. 28 avr. 1813, P. 11, 326 ; Bourges, 8 mars 1822 ; P. 17, 177. Delvincourt, 3, 456. — V. d'ailleurs. C. civ. 603.

3. Quant au séquestre *pour contumace*. — V. *Curateur*, n° 24. Les créanciers d'un contumace ne peuvent, tant que ses biens sont sous le séquestre, saisir-arrêter entre les mains du débiteur du condamné, les sommes dues à ce dernier ; ils doivent suivre les formalités imposées aux créanciers de l'*état*. L. 24 août 1790, tit. 2, art. 13 ; arrêt, 18 fruct. an 8, art. 5. Poitiers, 7 août 1835 (Art. 232 J. Pr.) — V. ce mot, n°s 2 et suiv.

4. Les difficultés sur l'exécution du jugement qui ordonne le séquestre sont vidées en *référé*. — V. ce mot, n° 18.

5. Le séquestre judiciaire est salarié de droit.

— V. d'ailleurs *Emprisonnement*, n° 41.

SERGENT. — V. *Huissier*, n° 2.

SERMENT. Acte religieux par lequel on prend Dieu à témoin de la sincérité d'une promesse ou de la vérité d'un fait. — Il diffère sous ce rapport de la simple *affirmation* — V. ce mot ; — ou de la promesse de dire la vérité, simple engagement dépourvu du caractère religieux. Carré, n° 1028.

1. On distingue trois espèces principales de serment ; savoir : le serment des fonctionnaires publics, le serment extrajudiciaire, et le serment judiciaire.

2. Tout fonctionnaire public, avant d'entrer en fonctions, est tenu de prêter serment. — V. *Agent de change*, n° 5 ; *Avocat*, n°s 11 à 16 et 76 ; *Avocat à la Cour de cassation*, n° 14 ; *Avoué*, n° 25 ; *Commissaire priseur*, n° 2 ; *Garde du commerce*, n° 5 ; *Greffier*, n° 21 ; *Huissier*, n° 20 ; *Inscription hypothécaire*, n° 40 ; *Juge*, n° 22 à 30 ; *Ministère public*, n°s 28 à 30 ; *Notaire*, n° 17.

3. Ainsi les commissaires priseurs sont tenus de prêter le serment spécial qui leur est imposé par le décret du 14 juin 1813, indépendamment du serment prescrit par la loi du 31 août 1830. Cass. 17 janv. 1838 (Art. 1074 J. Pr.). — V. d'ailleurs *Avoué*, n° 25.

4. Les C. roy. peuvent-elles, sous prétexte de causes graves, refuser d'admettre à la prestation de serment d'avocat, un licencié porteur d'un diplôme régulier ?

L'affirmative avait été jugée par la C. de Nîmes (— V. *Avocat*, n° 15). — Mais cet arrêt a été cassé le 3 mars 1840 (Art. 1625, J. pr.), — attendu que c'est aux conseils de discipline seuls que l'ordonn. du 20 nov. 1822 a donné le droit et imposé le devoir de s'assurer de la moralité de l'avocat postulant, avant de statuer, d'abord sur son admission au stage, et ultérieurement sur son inscription au tableau. Aix, 14 mai 1840.

5. Le serment est, en général, exigé des individus chargés

d'une mission par justice. — V. *Enquête*, n°s 253 à 257; *Expertise*, n°s 55 à 62; *Rédhibitoire*, n° 16; *Interprète*, n°s 6 et 10.

— V. d'ailleurs, *Faillite*, n° 284; *Inventaire*, n° 178; C. civ. 603.

6. Le serment extrajudiciaire ou conventionnel est celui qui est prêté en vertu d'une convention par laquelle deux personnes sont convenues de s'en rapporter au serment de l'une d'elles pour preuve de la libération ou de l'obligation alléguée; — tel est celui que l'une des parties défère à l'autre devant le bureau de paix. — V. *Préliminaire de conciliation*, n°s 88 à 92.

7. Le serment judiciaire ou *in litem* est décisoire ou supplétoire. *Décisoire*, lorsqu'une partie le défère à l'autre pour en faire dépendre le jugement de la cause. C. civ. 1358 à 1365; *supplétoire*, lorsqu'il est déféré d'office par le juge à l'une ou à l'autre des parties. C. civ. 1366 à 1369; C. comm. 17.

— V. *Aveu; Comparution de parties; Interrogatoire sur faits et articles; Représentation des livres de commerce; Requête civile; Séparation de corps*.

8. Un avocat est-il tenu de prêter le serment décisoire qui lui est déféré pour attester qu'il a rendu les pièces de ses cliens? — V. *Avocat*, n° 68.

9. L'avoué ne peut, sans un pouvoir spécial, déférer le serment au nom de la partie. Toullier, 10, n° 375; Duranton, 13, n° 587. Besançon, 23 fév. 1827, S. 27, 137; Cass. 27 avr. 1831, S. 31, 194. — Le pouvoir de déférer le serment sur un chef de demande n'emporte pas celui de le déférer sur un autre. Turin, 4 niv. an 11, P. 3, 92; Pothier, *Obligat.*, n° 914.

Peu importe que l'avoué soit autorisé à faire tout ce que le client pourrait faire lui-même. Grenoble, 23 fév. 1827, S. 27, 137.

La partie à laquelle il est déféré peut, dans ce cas, se prévaloir du défaut de pouvoir, et refuser de prêter le serment. *Même arrêt.*

10. Le serment est valablement déféré en tout état de cause, en appel comme en première instance; — même après qu'une enquête ou une autre preuve a été ordonnée. Cass. 29 prair. an 13, P. 4, 606; — même sur un fait déjà décidé par les premiers juges. Cass. 8 sept. 1807, P. 6, 302.

La partie qui a prêté le serment décisoire est recevable à proposer un nouveau serment explicatif d'un fait sur lequel elle ne s'est pas formellement prononcée. Turin, 7 avr. 1807, P. 6, 9.

11. Le serment qui n'a été déféré que subsidiairement par la partie, peut être considéré par les juges comme un serment supplétif, qu'il leur est facultatif de ne pas ordonner. Alors il n'est pas vrai de dire que la partie a entendu faire dépendre uniquement le jugement de la contestation du serment de l'adversaire. Si le juge refuse de déférer ce serment, la partie ne doit s'en prendre qu'à elle-même de n'avoir pas déféré un serment purement et simplement décisoire. Cass. 7 nov. 1838 (Art. 1248, J. Pr.).

12. Mais il n'est pas au pouvoir discrétionnaire du juge d'admettre ou de rejeter, suivant les circonstances, la demande du serment *décisoire :* il doit l'ordonner s'il a été demandé. Boncenne, 2, 494. — *Contrà*, rejet, 23 avr. 1829, S. 29, 366; Bordeaux, 19 janv. 1830, S. 30, 165.

13. Le jugement qui ordonne le serment énonce les faits sur lesquels il sera prêté. C. pr. 120. — Il suffit que ces faits soient indiqués dans le point de fait. Turin, 20 fév. 1808, P. 6, 525.

L'omission de cette énonciation rendrait le jugement inexécutable. — Il faut que la partie à qui on défère le serment, sache si elle peut en conscience le prêter, si elle doit ou non le référer, si elle a intérêt ou non d'appeler de ce jugement. Boitard, t. 1, p. 473; Thomine, t. 1, p. 239.

L'art. 120 C. pr. s'applique évidemment au serment supplétoire.

S'applique-t-il au serment décisoire? — Il faut distinguer :

Si le serment est accepté aussitôt qu'il est déféré, le trib. donne acte de la délation, de l'offre de prêter serment, et, au besoin, de la prestation si elle s'opère immédiatement. Alors l'art. 120 C. pr. est inapplicable.

Si, au contraire, la partie à laquelle le serment est déféré objecte que la matière n'est pas de la nature de celles qui peuvent être décidées par un serment; ou que l'adversaire n'est pas capable de déférer un serment, alors cette question sera jugée par le trib., et s'il reconnaît que le serment pouvait être déféré, il enjoindra à l'autre partie de le prêter, et détaillera dans son dispositif les faits sur lesquels il doit être prêté.

14. Il est inutile de lever et de signifier le jugement s'il a été rendu en présence des parties. Thomine, t. 1, p. 239. — Toutefois, le même auteur ajoute que, sans la signification du jugement, la partie ne serait pas valablement constituée en retard et refus de prêter serment.

15. On peut appeler du jugement qui défère le serment supplétoire. L. 31 D. *de jurejurando;* Toullier, 10, n° 424. — V. *Appel*, n° 123.

La partie qui a subsidiairement conclu à ce que le serment supplétoire fût déféré à son adversaire, peut, en cas de rejet de ses conclusions principales, appeler du jugement qui a ordonné la prestation du serment. Colmar, 7 mars 1835 (Art. 27, J. Pr.).

16. Si le jugement est susceptible d'appel, faut-il nécessai-

rement que le jour de la prestation du serment soit fixé après la huitaine pendant laquelle l'exécution des jugemens non exécutoires par provision doit être suspendue (C. pr. 450)? — Non. Le jugement qui ordonne un serment ne donne lieu à aucune exécution contre la partie et n'oblige à aucune instruction. Thomine, 1, 239.

17. Le serment est prêté par la partie en personne, — à l'audience, devant le trib. de la cause ou devant le trib. de la résidence de la partie, si elle est fort éloignée, ou même, en cas d'empêchement légitime et dûment constaté, devant le juge que le trib. aura commis et qui se transporte chez la partie assisté du greffier. C. pr. 121.

Jugé qu'un trib., prenant en considération l'âge ou les infirmités de la personne qui doit prêter un serment, a pu commettre un juge pour le recevoir en la chambre du conseil, alors surtout qu'il s'agissait non d'un serment décisoire, mais d'un serment supplétif. Arg. C. pr. 1035. Cass. 17 fév. 1836 (Art. 432, J. Pr.). — V. toutefois, *ib.*, les Observations critiques de M. Devilleneuve.

18. Le serment déféré à une partie peut être prêté, malgré l'opposition de l'autre partie, devant la chambre des vacations, déléguée, à cet effet, par la décision qui a ordonné le serment, surtout lorsque la matière du procès est sommaire. Cass. 19 juill. 1836 (Art. 973, J. Pr.).

19. Dans tous les cas, le serment est fait en présence de l'autre partie, ou elle dûment appelée par acte d'avoué à avoué, et s'il n'y a pas d'avoué constitué, par exploit contenant l'indication du jour de la prestation. C. pr. 121.

Il faut un délai suffisant pour que l'avoué puisse prévenir la partie de se présenter.

S'il n'y a pas d'avoué constitué. Il est bien rare que le demandeur ne constitue pas d'avoué, d'ailleurs, le défendeur peut alors seulement conclure au rejet de la demande. — Supposons que le défendeur n'ait pas constitué d'avoué, il est possible que le tribunal, vérification faite des conclusions, exige le serment du demandeur avant de lui donner gain de cause. Ce serait le cas d'appliquer l'art. 121 *in fine*.

20. La présence de l'avoué à la prestation de serment n'emporte pas acquiescement, si le client n'a pas été présent. Colmar, 7 mars 1835 (Art. 27 J. Pr.). — V. d'ailleurs *sup.* n° 9.

21. La partie (ou le témoin) peut prêter serment selon le mode prescrit par sa religion. Bordeaux, 14 mars 1809, P. 7, 442 et la note.

22. Le *doit*-il, lorsqu'on l'exige, s'il offre le serment ordinaire?

Pour la négative, on dit : le témoin satisfait à l'obligation que la loi lui impose; lui prescrire un autre mode de serment, sous prétexte de sa croyance religieuse, c'est se jeter dans l'arbitraire, tomber dans un excès de pouvoir : c'est reconnaître aux trib. le droit d'interpeller ceux à qui le serment est imposé sur la religion qu'ils professent. En cas de contestation sur le point de fait, il faudrait ordonner des preuves et des enquêtes ; le fait reconnu, il faudrait entrer dans des discussions théologiques, pour décider quelles sont les formes qui constituent le serment dans ce culte particulier, quelle en est l'étendue religieuse, peut-être même appeler, pour le recevoir, l'intervention d'un tiers étranger au procès ; ce qui serait un véritable désordre judiciaire, qui n'a pu entrer dans la pensée de la loi, et violerait cette égalité de protection et de liberté garantie à tous les Français. Ainsi décidé, en matière de serment décisoire. Aix, 13 août 1829, S. 29, 286. — En matière d'enquête. Nîmes, 10 janv. et 7 juin 1827, S. 27, 58 ; 28, 59.

Selon nous, les juges doivent sans doute, — prendre pour règle ce qui est notoire et constant, — se garder de scruter l'intérieur des consciences et de trancher des questions de controverse sur tout ce qui est dogme ou pratique de religion. — Mais vouloir, malgré l'opposition de l'adversaire, prêter un serment en la forme ordinaire — lorsque de toute notoriété on professe une religion prescrivant un autre mode, — c'est, ce nous semble, dépouiller le serment de son caractère religieux et ne prendre qu'un simple engagement. Lettre du grand juge, 26 nov. 1808, S. 14, 18. — Ainsi jugé en matière d'enquête. Colmar, 5 mai 1815, S. 16, 55.

23. Quant au mode de prestation de serment suivi par les quakers. — V. *Enquête*, n° 256 ; — et par les juifs. — V. Sirey, 14, 2, 18.

24. Le serment de dire *la vérité, toute la vérité, rien que la vérité*, n'est exigé qu'en matière criminelle. C. I. crim. 75 ; Paris, 16 pluv. an 11. D. v° *Enquête*, p. 881, note 2.

25. Si la partie qui avait obtenu gain de cause à la charge du serment, vient à décéder avant de l'avoir prêté, les choses sont remises au même état qu'avant le jugement. Carré, n° 511 ; Thomine, 1, 239.

D'un côté les héritiers de cette partie ne sont pas déchus du droit de soutenir et de justifier par les moyens ordinaires les prétentions de leur auteur. Limoges, 12 mars 1839 (Art. 1512 J. Pr.).

D'un autre côté le défunt ne peut être réputé avoir prêté serment, bien qu'il ne se soit écoulé qu'un court espace de temps entre le jugement qui défère le serment et le décès de cette partie, et qu'il n'ait pas été mis en demeure. — *Contrà*, Aix, 13 août 1829, S. 29, 286.

M. Boncenne, 2, 516, enseigne d'après Lapeyrère que, selon

les circonstances, on pourrait faire jurer les héritiers à la place du défunt *en tant qu'ils peuvent savoir le fait.*

26. *Enregistrement.* Sont soumises au droit de 15 fr. les prestations de serment des *avocats,* — des avoués, — des greffiers, commis greffiers des C. roy. et des trib. de 1re inst. Décis. min. fin. et just. 15, 21 mai 1811, — des huissiers. LL. 22 frim. an 7, art. 68, — des notaires. *Ib.* § 7, n° 4.

Au droit de 3 fr., celles 1° des experts devant un trib. de 1re inst. Décis. min. fin. 25 juill. 1821 ; — 2° des greffiers de justice de paix. L. 22 frim. an 7, art. 68.

Au droit de 1 fr., celles 1° des agréés près les trib. de commerce. Décis. min. fin. 17 août 1813 ; — 2° des commis-greffiers des trib. de 1re inst. nommés temporairement, quel que soit du reste le nombre d'actes dans lesquels leur prestation de serment a été exprimée. Décis. min. fin. 26 sept. 1817 ; Solut. rég. 11 fév. 1831.

27. Le procès-verbal de prestation de serment doit être enregistré dans les vingt jours de sa date, à peine du double droit. L. 27 vent. an 9, art. 14.

28. Il est dû un droit particulier par chaque prestation. Décis. min. fin. 7 pluv. an 8. — Toutefois on ne perçoit qu'un seul droit pour la prestation de serment de plusieurs experts chargés de procéder collectivement à une même opération. Décis. min. fin. 25 juill. 1821 ; Délib. rég. 22 fév. 1828 ; Appr. par le min. fin. 5 avr. 1828.

29. Le procès-verbal constatant la prestation faite par une partie d'un serment à elle déféré par un précédent jugement est assujetti au droit fixe de 1 fr. ou de 3 fr., selon qu'il est reçu par un juge de paix (L. 22 frim. an 7, art. 68) ou par un juge d'un trib. de 1re inst. L. 28 avr. 1816, art. 44.

Formules.

FORMULE I.

Sommation à l'avoué pour faire comparaître sa partie, à l'effet de prêter un serment ordonné.

(C. pr. 121. — Tarif, 70 par anal. — Coût, 1 fr. orig. 25 c. copie.)

A la requête du sieur , ayant pour avoué Me , soit sommé Me , avoué au tribunal de première instance de , et du sieur

De faire comparaître en personne ledit sieur , sa partie (*jour, date*), heure , à l'audience de la chambre du tribunal de , séant à , au Palais-de-Justice, pour en exécution du jugement contradictoirement rendu audit tribunal le , enregistré et signifié, prêter le serment ordonné par ledit jugement, sur les faits qui y sont énoncés ; à ce qu'il n'en ignore, lui déclarant que, faute par sa partie de comparaître, il sera contre elle obtenu défaut et pour le profit, que les conclusions prises par le sieur en son exploit de demande du , lui seront adjugées ; à ce que pareillement il n'en ignore. Dont acte. (*Signature de l'avoué.*)

NOTA. *Si la partie n'a pas d'avoué constitué, la sommation lui est faite par exploit à personne ou domicile dans la forme ordinaire.*

FORMULE II.

Avenir à l'effet de faire commettre un juge pour prêter entre ses mains un serment ordonné.

(C. pr. 121. — Tarif, 70 par anal. — Coût, 1 fr. orig. ; 25 c. copie.)

A la requête du sieur , ayant Me pour avoué, soit sommé Me , etc., de comparaître, etc., pour, attendu que, par jugement , il a été ordonné que le sieur prêterait serment, etc., attendu que, depuis l'exposant est au lit malade , ainsi que le constate le certificat délivré par M. , médecin à , le , dûment enregistré, dont il est avec celle des présentes donné copie, et que l'impossibilité où il est de venir à l'audience pour faire son serment rend nécessaire le transport d'un de MM. les juges en sa demeure, pour y recevoir ce serment.

Voir commettre un de MM. les juges dudit tribunal, qui, assisté du greffier, se transportera en la demeure de l'exposant pour y recevoir son serment sur les faits énoncés au jugement dudit jour , et en cas de contestation, se voir condamner, le sieur , aux dépens, déclarant audit Me , que, faute par lui de comparaître, il sera pris avantage, etc.

(*Signature de l'avoué.*)

— V. d'ailleurs *Expertise*, Formule VII.

SERVITEUR À GAGES. — V. *Domestique, Ouvrier.*

SIEUR. Qualification en usage dans les actes et jugemens, et qui précède le nom des parties.

SIGNATURE.

1. La signature d'un acte consiste dans l'apposition du nom de celui qui signe après la dernière ligne de cet acte. — V. d'ailleurs *Paraphe, Renvoi.*

2. Une signature mal orthographiée ou presque illisible n'en est pas moins valable.

3. Mais une marque (telle qu'une croix) et un certificat (même d'un maire) ne la peuvent point remplacer. Av. Cons.-d'Et. 1er avr. 1808; Colmar, 23 déc. 1809, S. 10, 268.

4. Tout acte émané d'un officier public doit être signé par lui. Arg. L. 25 vent. an 11, art. 14. — V. d'ailleurs *Cassation*, no 166; *Réglement de juges*, no 62.

La minute des jugemens est signée par le président et le greffier. — V. *Jugement*, nos 191 à 193.

5. L'exploit qui n'est pas signé par l'huissier sur l'original et la copie, est entaché d'une nullité radicale. Besançon, 25 janv. 1810; Rennes, 12 fév. 1813; Poitiers, 13 août 1819, P. 15, 493.

— Lors même que le *parlant à* et la date seraient de la main de l'huissier. Bourges, 9 fév. 1829.

Des caractères imparfaits placés au bas de l'exploit et différens de la signature habituelle de l'huissier dont le nom est en tête de l'acte ne peuvent être considérés comme une signature valable. Bruxelles, 19 nov. 1828.

6. Les actes où les parties ou témoins, etc., agissent, déposent, répondent en personne, doivent leur être lus, et être signés par eux. Ordonn. Orléans, 1560; C. pr. 39, 271, 273,

334; C. civ. 38, etc. — V. *Enquête*, n° 273; *Expertises*, n°s 80, 82; *Interrogatoire sur faits et articles*, n° 58; *Préliminaire de conciliation*, n° 95.

7. Si la présence de la partie ou sa signature est nécessaire à un acte de procédure, à une instruction, elle ne peut se faire remplacer que par un procureur spécial.—V. *Mandat*, n° 7; *Mariage (opposition à)*, n° 16; *Prise à partie*, n° 38; *Récusation*, n° 53; *Renvoi*, n° 17; *Surenchère*.

8. A l'exception d'un petit nombre de cas indiqués positivement par la loi (—V. C. civ. 977, 1331, 1332), rien ne supplée la signature que l'attestation d'un officier public des causes pour lesquelles on ne l'a pas mise.

9. Il y a plus, l'attestation de l'officier public que la partie a déclaré ne vouloir ou ne pouvoir signer, ne fait foi jusqu'à inscription de faux que dans le cas où la loi impose à l'officier public le devoir de constater ce fait.—V. *Désistement*, n° 56; *Faux*, n° 73; *Huissier*, n° 27.

10. L'écriture non accompagnée de signature peut seulement dans certains cas servir de commencement de preuve. C. civ. 1330 à 1332.

11. Lorsqu'un acte public doit être signé ou paraphé, il faut y mentionner l'accomplissement de ces formalités, ou la cause qui l'a empêché, telle qu'un refus ou une impossibilité physique. — V. *sup*. n°s 6, 7.

— V. *Légalisation*, *Vérification d'écritures*.

SIGNIFICATION, NOTIFICATION. Connaissance que l'on donne d'un jugement, d'un acte, ou d'un fait quelconque par un officier public.

1. *Par quels officiers les significations doivent être faites*. Les significations se font en général par le ministère des *huissiers*. —V. ce mot, n°s 30 et suiv.; *Exploit*, n°s 130 et suiv.

2. *A quels jours, lieux et heures*. — V. *Exécution*, n°s 100 à 103; *Exploit*, n°s 140 à 143; *Fête*; *Huissier*, n° 50.

3. *Dans quelle forme*. Les significations se font suivant les cas, soit par exploit à personne ou domicile (— V. *Commandement*, *Citation*, *Exploit*, *Sommation*); — soit par *acte d'avoué à avoué*. — V. ce mot, *Avenir*, *Exploit*, n°s 7 et 8; *Requête*.

Les significations à personne ou domicile indiquent la personne à laquelle la copie est remise, c'est-à-dire, *le parlant à*. —V. *Exploit*, n°s 108 et suiv.; *Visa*.

4. *Effets de la signification*. En général, un acte non signifié est considéré comme n'existant pas.

Conséquemment, lorsqu'on veut faire quelqu'acte de procédure, ou faire courir un délai, en vertu d'un autre acte, il faut, à moins que la loi n'en dispense (— V. C. pr. 1034; *Comparution des parties*, n° 7; *Délibéré*, n° 15; *Enquête*, n° 343; *Juge de paix*, n° 207), notifier ces actes à la partie, lors même qu'elle en doit avoir une connaissance particulière. — V. *Appel*, n° 127 ; *Délai*, n°s 7 à 10 ; *Exploit*, n° 266 ; *Exécution*, n° 79 ; *Jugement*, n° 276 ; *Saisie*.

5. *Timbre*. — V. ce mot.

6. *Enregistrement*. Les significations sont soumises aux droits fixes indiqués au mot *Exploit*, n°s 289 à 292. — V. d'ailleurs *Pluralité de droits*.

Formules.

FORMULE I.

Signification à personne ou domicile.

(C. pr. 68. — Tarif, 27. — Coût, 2 fr. orig. ; 50 c. copie.)

L'an , le , à la requête du sieur , etc., j'ai (*immatricule de l'huissier*), soussigné, signifié, avec celle des présentes donné copie au sieur , en son domicile, où étant et parlant à , ainsi déclaré, de (*indiquer l'acte signifié, où s'il s'agit de faits à notifier* : j'ai déclaré au sieur , que, etc.).

A ce que du contenu audit acte le sus-nommé n'ignore, et je lui ai, en son domicile et parlant comme ci-dessus, laissé sous toutes réserves copie tant dudit acte que du présent exploit, dont le coût est de (*Signature de l'huissier*.)

FORMULE II.

Signification à avoué.

(Tarif, 29. — Cout, 1 fr. orig. ; 25 c. copie.)

A la requête du sieur , ayant M^e , pour avoué, soit signifié et donné copie à M^e , avoué au tribunal de et du sieur , de (*indiquer l'acte signifié*) ; à ce que du contenu audit acte ledit M^e n'ignore. Dont acte. (*Signature de l'avoué*.)

Signifié laissé copie à M^e , avoué, en son domicile, par moi, huissier-audiencier soussigné.

A ce 1840. (*Signature de l'huissier*.)

— V. *Ajournement, Appel, Avenir, Cassation, Citation, Commandement, Constitution d'avoué, Exploit, Jugement, Requête, Sommation*, etc.

SIMPLE ACTE. Se dit d'un acte d'avoué à avoué, d'une sommation : ainsi, plusieurs articles du C. pr. portent que l'audience sera poursuivie sur un simple acte pour indiquer qu'il n'y aura lieu de signifier qu'un avenir ou une sommation, sans plus ample instruction. C. pr. 79, 80, 82, 145, 161, 218, etc.

SIMPLE PROMESSE. — V. *Femme mariée*, n° 11 ; *Mineur*, n° 61.

SOCIÉTÉ. — 1. Les sociétés sont civiles (— V. C. civ. 1832 à 1872 ; *Office*, n° 35), ou commerciales.

2. On distingue quatre espèces de sociétés commerciales : la société en nom collectif (C. comm. 20 à 22) ; la société en commandite (*ib.* 23 à 28) ; la société anonyme (*ib.* 29 à 37) ; et la société en participation (*ib.* 47 à 50).

3. Les trois premières espèces de sociétés commerciales doi-

vent être constatées par un acte écrit. C. comm. 39, 40 et 41. — Elles sont en outre assujetties, dans un intérêt d'ordre public, à certaines conditions de publicité.

4. Ainsi, pour la société en nom collectif ou en commandite, — on dresse un extrait de l'acte social, contenant les noms, prénoms, qualités et demeures des associés, autres que les actionnaires ou commanditaires, — la raison de commerce de la société, — la désignation de ceux des associés autorisés à gérer, administrer et signer pour la société, — le montant des valeurs fournies, à fournir par actions ou en commandite, — l'époque où la société doit commencer, et celle où elle doit finir. C. comm. 43.

5. Cet extrait est signé, pour les actes publics (spécialement pour l'acte sous seing privé, déposé chez un notaire par tous les intéressés. Bruxelles, 13 fév. 1830, S. 30, 130), par les notaires, et pour les actes sous seing privé, par tous les associés, si la société est en nom collectif, et par les associés solidaires ou gérans, si la société est en commandite, soit qu'elle se divise ou ne se divise pas en actions. C. comm. 44.

6. Cet extrait doit être remis dans la quinzaine de la date de l'acte de société au greffe du trib. de commerce de l'arrondissement dans lequel est établie la maison du commerce social, pour être transcrit sur un registre et affiché pendant trois mois dans la salle des audiences. — Si la société a plusieurs maisons de commerce situées dans divers arrondissemens, la remise, la transcription et l'affiche de cet extrait sont faites au trib. de commerce de chaque arrondissement. C. comm. 42.

7. Cet extrait est, en outre, inséré, dans le même délai, dans un ou plusieurs journaux que le trib. de commerce désigne chaque année, dans la première quinzaine de janvier, au chef-lieu du ressort, et, à leur défaut, dans la ville la plus voisine. Le tarif de l'impression de ces extraits est également réglé par le tribunal. C. comm. 42. L. 31 mars 1833. — L'insertion dans l'un des journaux indiqués suffit. Toulouse, 22 avr. 1837, D. 37, 164.

8. Il est justifié de cette insertion par un exemplaire du journal, certifié par l'imprimeur (ou par un employé de la maison de commerce ou de l'imprimerie au nom de l'imprimeur. Toulouse, 22 avr. 1837), légalisé par le maire et enregistré dans les trois mois de sa date. *Ibid.*

9. Les formalités ci-dessus (— V. nos 7 et 8 et, en outre, nos 4 à 6. Bruxelles, 13 fév. 1830, S. 30, 130) sont observées, à peine de nullité, à l'égard des intéressés; mais le défaut d'aucune d'elles ne peut être opposé à des tiers par les associés. C. comm. 42.

La nullité pour défaut de publicité dans le délai n'est pas

couverte par l'exécution volontaire donnée au contrat de société. Lyon, 4 juill. 1827, S. 27, 183; Nîmes, 9 déc. 1829, S. 30, 107; Bruxelles, 13 fév. 1830, S. 30, 130; Toulouse, 25 juill. 1834, S. 35, 73. — *Contrà*, Bruxelles, 16 janv. 1830, S. 30, 130; Rejet, Aix, 21 fév. 1832, S. 32, 544; Grenoble, 21 juill. 1823, S. 24, 33; Rejet, Rouen, 12 juill. 1825, S. 26, 403; Bordeaux, 26 déc. 1829, S. 30, 229.

Jugé toutefois qu'une publication tardive suffit, pourvu qu'elle précède la demande en nullité. Rejet, Douai, 6 juin 1831, D. 31, 316.

10. S'il s'agit d'une société anonyme, l'ordonnance royale qui l'autorise doit être affichée avec l'acte d'association et pendant le même temps. C. comm. 45.

11. Tous actes contenant continuation de la société après son terme expiré, ou dissolution avant le terme fixé pour sa durée, tout changement ou retrait d'associés, toutes nouvelles stipulations ou clauses, tout changement à la raison sociale, sont soumis aux mêmes publications et insertions que l'acte constitutif de la société. — En cas d'omission de ces formalités, il y a lieu à l'application des mêmes dispositions pénales. C. comm. 46. — V. *sup.* n° 9.

12. Mais il faut que la clause nouvelle soit du nombre de celles qui, placées dans l'acte de société, doivent être publiées par extrait, — spécialement l'acte par lequel les associés changent le mode de partage des bénéfices, n'est pas soumis à la publicité. Rejet, Aix, 21 fév. 1832, D. 32, 110.

13. La stipulation par laquelle celui qui fait un prêt à une société se réserve, indépendamment de l'intérêt légal de la somme prêtée, une part dans les bénéfices sociaux, laquelle est réglée immédiatement, sans néanmoins verser le capital dans la mise sociale, est nulle comme entachée d'usure. Cass. 17 avr. 1837 (Art. 1223 J. Pr.).

14. L'exercice actif et passif des actions de la société appartient aux administrateurs. — V. *Exploit*, n°s 51, 230 et 231.

Il n'est pas nécessaire d'assigner les membres d'une société en nom collectif en la personne de l'un d'eux; il suffit de les assigner collectivement, au nom de la société, même en parlant à un commis. Cass. 21 nov. 1808, P. 7, 214; Pau, 19 janv. 1811, P. 9, 41; Berriat, 205, note 38-3°. — *Contrà*, Pigeau, *Comm.* 1, 196. — V. d'ailleurs *Exploit*, Formule.

15. *Enregistrement.* Les actes de formation ou de dissolution de société, qui ne portent ni obligation, ni libération, ni transmission de biens, meubles ou immeubles, entre associés ou autres personnes, sont soumis au droit fixe de 5 fr. L. 28 avr. 1816, art. 45; — s'ils contiennent une obligation, une libération ou une transmission, le droit proportionnel dû pour ces sortes d'actes doit en outre être perçu.

— V. *Acte de commerce*, nos 36, 45, 49 et 69; *Arbitrage*, nos 66 et suiv.; *Faillite*, nos 29 à 31; *Interrogatoire*, n° 23; *Préliminaire de conciliation*, n° 27; *Tribunaux*.

SOLIDARITÉ. — V. *Alimens*, n° 7; *Appel*, nos 47 et 148; *Jugement par défaut*, n° 248; *Saisie-exécution; Saisie immobilière*.

SOLUTION. Décision émanée du directeur général de l'enregistrement, par opposition aux délibérations du conseil d'administration.

SOLVI (*Caution judicatum solvi*). — V. *Judicatum solvi*.

SOMMAIRES (*matières et jugemens*). *Matières sommaires* se dit des affaires qui, soit par leur nature, soit par leur modicité, exigent une instruction et une décision plus rapides et moins dispendieuses que les affaires ordinaires. — On appelle *jugemens sommaires* ceux rendus dans certaines contestations qui requièrent célérité, mais qui cependant ne sont pas soumises au mode d'instruction établi pour les affaires sommaires. — Cette distinction controversée est importante sous le rapport de la taxe. — V. *Tarif*, supplément, et *inf.* nos 23 à 25.

1. AFFAIRES SOMMAIRES. *Différentes espèces*. On distingue six espèces d'affaires sommaires; savoir : 1° les appels des *juges de paix*. C. pr. 404-1°. — V. ce mot.

2. 2° Les demandes pures personnelles, à quelque somme qu'elles puissent monter, quand il y a titre, pourvu qu'il ne soit pas contesté. C. pr. 404-2°.

Toutefois, une cause sommaire dans son origine peut postérieurement changer de nature, et devenir ordinaire, notamment, lorsqu'après un jugement de condamnation d'une dette fondée en titre alors non contesté, on attaque ce titre sur l'opposition. Le président Carré, *Taxe*, v° *Matières sommaires*, n° 3.

3. Quelles sont les demandes réputées personnelles? — V. *Action*, nos 27 et suiv.

4. Ne sont pas affaires sommaires les demandes fondées sur un titre *contesté*, soit quant à son existence, par exemple, s'il est argué de faux ou dénié (— *Contrà*, Demiau, art. 404), spécialement lorsque le demandeur prétend avoir égaré le titre. Cass. 4 juill. 1827, S. 28, 60; — soit quant à sa validité, comme si on lui oppose la fraude, la fausse cause, une nullité : la loi ne fait aucune distinction. Carré, n° 1470.

5. Mais le titre n'est pas contesté dans le sens de l'art. 404 C. pr., par cela seul que le défendeur invoque des quittances, des compensations, des prescriptions, des novations, etc. Dans tous ces cas, en effet, il reconnaît la validité du titre, et cherche seulement à le repousser par des exceptions. Cass. 30 nov. 1829, S. 30, 13; Carré, n° 1470; Boitard, 2, p. 345, 346,

ou qu'il y a débat sur la quotité de la créance, si du reste cette créance résulte d'un arrêt passé en force de chose jugée. Cass. 30 janv. 1827, S. 27, 106.

6. 3° Les demandes personnelles et mobilières formées sans titre, mais qui n'excèdent pas 1500 fr. de principal.

Et les demandes immobilières, également formées sans titre, lorsque l'objet litigieux est d'un revenu déterminé, soit en rentes, soit par prix de bail, n'excédant pas 60 fr. L. 11 avr. 1838, art. 1 (Art. 1167 J. Pr.).

Autrefois, les demandes formées sans titre n'étaient réputées matières sommaires que dans le cas où elles n'excédaient pas 1000 fr., et où elles étaient purement personnelles et mobilières. Ordonn. 1667, Arg. C. pr. 404; Carré, n° 1471; Berriat, 373, note 4. — Lors de la discussion de la loi nouvelle à la Ch. des Députés, plusieurs orateurs soutenaient que l'application de la procédure sommaire aux matières immobilières aurait le plus fâcheux résultat, que la justice serait plus prompte, mais qu'elle ne serait pas beaucoup plus économique, et que souvent elle serait moins bonne : les procès immobiliers, disait-on, offrent les questions les plus difficiles qui exigent des développemens compliqués, et le juge a besoin de retrouver dans le silence du cabinet les élémens de conviction qui échapent dans le débat oral. — Toutefois, la Chambre a pensé que la procédure sommaire se prêtant à toutes les formalités nécessaires à la bonne instruction d'une affaire, telles que les enquêtes, les interrogatoires sur faits et articles, les rapports d'experts, les droits des parties étaient suffisamment garantis. — Au surplus, si des incidens graves venaient compliquer le différend, si, par exemple, il y avait lieu à vérification d'écriture ou à inscription de faux, on devrait suivre les formes spéciales prescrites pour l'instruction de ces procédures, comme s'il s'agissait au procès d'une valeur indéterminée (Art. 1167 J. Pr.).

7. 4° Les demandes provisoires ou qui requièrent célérité. C. pr. 404-4°. — La loi a laissé aux juges le soin d'apprécier les caractères de ces sortes de demandes. *Rapp.* du tribun Perrin. — V. d'ailleurs *Bref délai; Référé,* et *inf.* n° 10.

Toutefois, il ne suffit pas pour qu'une affaire soit réputée sommaire qu'il se rencontre un motif *accidentel* d'urgence, il faut que la demande elle-même et par sa nature, requière célérité. Douai, 7 déc. 1825, S. 26, 101.

8. Jugé que l'on peut considérer comme sommaires, 1° les contestations élevées sur l'opposition à l'ordonnance d'*exequatur* d'une sentence arbitrale. Bordeaux, 5 fév. 1830, S. 30, 138. — 2° Une demande en résiliation de bail. Cass. 27 juin 1810, S. 10, 348. — 3° Les demandes en provision pour nourriture et alimens. Bruxelles, 12 flor. an 12, P. 3, 723.

M. Chauveau, *Tarif*, 1, 418, pense qu'il en est autrement des demandes en pension alimentaire. — : attendu que ces dernières, dans lesquelles il faut examiner les facultés réciproques des parties ou leurs besoins, donnent lieu à des débats qu'il est souvent difficile d'apprécier sans écritures ni requêtes.— V. d'ailleurs *Juge de paix*, n°s 122 à 124.

9. 5° Les demandes en paiement de loyers et fermages et arrérages de rentes. C. pr. 404-5°.

10. 6° Les causes désignées spécialement par la loi; telles sont les remises de rapport et les récusations d'experts. C. pr. 311, 320; Carré, n° 1473; Berriat, 374, note 7.—V. *Experts*, n°s 45 et suiv.... 94. — Les *réceptions de caution*. C. pr. 521, 832. — V. ce mot, n° 15. — Les appels d'ordonnances de *référé*. C. pr. 809, *Tarif* 149.—V. ce mot, n° 132.—Les demandes en élargissement. C. pr. 805.—V. *Emprisonnement*, n° 309. — Celles en *compulsoire*. C. pr. 847.—V. ce mot, n° 11.—Les nominations et destitutions de tuteur. C. civ. 449. — Les difficultés relatives aux partages et aux cahiers des charges des licitations. C. civ. 823; C. pr. 973. — V. *Licitation*, n° 45; et toutefois *inf*. n° 24. — Les oppositions aux liquidations des dépens. Décr. 16 fév. 1807, art. 6; Berriat, Carré, *ib*. — Les demandes en paiement de frais formées par des officiers ministériels contre les parties pour lesquelles ils ont occupé. Arg. *Tarif*, 147. (Art. 882 J. Pr.).

11. Les demandes en validité de saisie-arrêt sont-elles toujours sommaires?—Pour l'affirmative, on dit : La saisie-arrêt, mesure conservatoire, peut être assimilée aux demandes provisoires; peu importe que le titre soit ou non contesté. Bordeaux, 23 mars 1827; Chauveau, 32, 262.

Pour la négative, on répond : Aucun texte de loi n'a classé les demandes en validité de saisie-arrêt, parmi les affaires sommaires, le tarif a alloué divers émolumens aux avoués pour cette procédure. Il ne faut pas confondre l'opposition avec l'action qui a pour but de faire reconnaître la dette. Paris, 25 mai 1808, P. 6, 706; Rennes, 2 oct. 1813, P. 11, 713; Arg. Cass., 10 août 1829, D. 29, 327; Carré, n° 1474; Berriat, p. 374, note 7; Chauveau, *Tarif*, 2, 425, n° 30; Roger, *Saisie-arrêt*, n°s 528, 529.

12. Quant aux contestations élevées dans les *distributions par contribution*, elles sont réputées affaires ordinaires ou affaires sommaires, suivant leur nature. *Tarif*, 101.—V. ce mot, n° 98.

Il en est de même en matière d'*Ordre*. — V. ce mot, n° 274.

13. Dans le doute, si une affaire est sommaire ou ordinaire, il faut la ranger dans cette dernière classe; en effet, les causes sommaires, quoique nombreuses, sont des causes d'exception. Sudraud, 211, n° 696; Thomine, n° 455; Berriat, 375.

— V. au surplus *Tribunal de commerce; Vacations; Tarif.*

14. *Procédure.* — Toutes les affaires sommaires ne sont pas, *de plano*, dispensées du préliminaire de conciliation. — Sans doute les diverses dispositions exceptionnelles de l'art. 49 C. pr. sont susceptibles d'être appliquées à certaines affaires, telles sont les demandes qui requièrent célérité, les appels de justice de paix, et autres. — Mais une demande formée sans titre pour une somme au-dessous de 1,500 fr., bien qu'elle soit sommaire, est soumise à l'épreuve de la conciliation. Boitard, 2, 353 ; Carré, n° 1477.

15. Les affaires sommaires sont soumises à la communication au ministère public, dans les mêmes cas où le seraient les affaires ordinaires.

16. Elles sont jugées à l'audience, après les délais de la citation échus, sur un simple acte, sans autres procédures ni formalités. C. pr. 405. — Toutefois, il n'y aurait pas nullité si les parties signifiaient des conclusions motivées; seulement ces conclusions devraient être rejetées de la taxe. Carré, n° 1478.

17. Les demandes incidentes et les interventions sont formées par requête d'avoué à avoué, qui ne peut contenir que des conclusions motivées. C. pr. 406.

18. Le défendeur n'a pas le droit de répondre par des conclusions motivées; il se borne à développer ses moyens à l'audience. L'instruction sur la demande incidente ne saurait être différente de celle sur la demande principale; l'art. 75 Tarif taxe bien une requête en réponse à celle contenant une demande incidente, mais il ne se rapporte qu'aux matières ordinaires. Carré, n° 1479; Pigeau, 1, 482; Berriat, 375, note 10; Chauveau, *ib.* 481.—*Contrà*, Demiau, art. 406.

19. Pour l'*enquête* en matière sommaire. — V. ce mot, n°s 343 et suiv.

20. Les parties ne peuvent plus, comme autrefois, plaider seules leurs causes sommaires; l'assistance des avoués leur est nécessaire.—V. *Avoué*, n° 39. — Si elles ne plaident pas elles-mêmes, elles ne peuvent confier leur défense qu'à des *avocats*.— V. ce mot, n° 39.

21. Toutefois il n'est pas dû d'honoraires pour chacun des jugemens qui statuent sur des incidens survenus dans le cours d'une procédure sommaire, par exemple, sur le remplacement d'un expert décédé. —V. d'ailleurs *Tarif*, supplément.

22. Le décret du 6 juill. 1810 autorisait les premiers présidens des C. roy. à distribuer les appels de causes civiles sommaires aux chambres des appels de police correctionnelle, composées de cinq conseillers. Mais de fréquentes contestations s'élevaient à raison de la difficulté de distinguer les causes civiles sommaires des causes ordinaires qui ne pouvaient être déférées aux chambres des appels de police correctionnelle à peine de nullité. Pour remédier à cet inconvénient, l'ordonn. du 24 sept. 1828 a décidé qu'à l'avenir les chambres des appels de police correctionnelle pourraient connaître de toutes les affaires civiles, tant ordinaires que sommaires, mais seulement au nombre de sept juges.

23. JUGEMENS SOMMAIRES. Doivent être jugées *sommairement*, c'est-à-dire avec célérité et sans aucun retard, toutes les affaires urgentes à l'égard desquelles la loi a ordonné qu'il en fût ainsi. — Aucune instruction par écrit ne peut être ordonnée dans ces sortes d'affaires.

24. Comment doit-on instruire et taxer les affaires qui doivent être *jugées sommairement*.

1er *Système*. On alloue les émolumens accordés en matière ordinaire : par argument des art. 1 et 2 Décr. 2 juill. 1812, portant que les avoués ont le droit de plaider les affaires sommaires et celles qui doivent être jugées sommairement ; — et surtout du rapprochement de divers articles du tarif, qui indiquent des actes écrits pour plusieurs causes dont le Code veut que la décision soit rendue sommairement. Or, si l'on avait voulu les assimiler pour l'instruction aux matières sommaires, on n'eût point autorisé de tels actes, puisque dans ces matières l'instruction est purement orale ; — d'ailleurs les art. 75, 117 et suiv., *Tarif*, qui ont fixé les émolumens de diverses affaires qui doivent être jugées sommairement, se trouvent placées sous la rubrique des matières ordinaires. Paris, 25 mai 1808, P. 6, 706 ; Limoges, 9 fév. 1819, P. 15, 75 ; Aix, 21 janv. 1834 (Art. 274 J. Pr.) ; Berriat, 376, note 13 ; Carré, n° 1475 ; Chauveau, *Tarif*, 1, 401 et suiv. ; Boncenne, 1, 596, note ; 3, 264 ; Rivoire, *Tarif*, *hoc verbo*, n° 20 ; Rauter, *Cours de procédure*, 276.

Dans cette opinion, devraient être jugés sommairement et instruits comme matières ordinaires : 1° les déclinatoires. C. pr. 168, 172 ; Tar. 75.—V. *Exception*, n°s 71, 72. — 2° Les reproches de témoins. C. pr. 287 ; Tar. 71. — V. *Enquête*, n° 234. — 3° Les oppositions aux demandes en garantie, en restitution de pièces, en reprises d'instances. C. pr. 180, 192, 348 ; Tar. 95. — 4° Les demandes en nullité d'*emprisonnement*. C. pr. 794, 795. — V. ce mot, n° 269. — 5° Les demandes en délivrance d'expéditions d'actes. C. pr. 839, 840. — V. *Copie*, n° 23. — 6° Les oppositions de parens aux délibérations du *conseil de famille*. C. pr. 883, 884 (—V. ce mot, n° 51). Berriat, 376, note 16 ; Carré, n° 1475 ; Chauveau, *ib.*

2e *Système*. — Il n'y a aucune différence entre les affaires sommaires et celles qui requièrent célérité, entre le jugement sommaire et l'instruction sommaire; il y aurait anomalie à admettre que l'instruction pût parcourir les diverses phases de la procédure ordinaire, en subir les lenteurs, et que le jugement seul dût être promptement rendu. Peu importe que certains actes soient permis et tarifés pour des procédures qui doivent être instruites et jugées sommairement, avec célérité, ce n'est point une raison pour allouer d'autres émolumens que ceux expressément indiqués. Enfin le tarif fait sans ordre ni méthode, et ayant eu uniquement pour objet l'exécution du C. pr., n'a pu ni voulu modifier les règles que ce Code a établies. Grenoble, 20 mai 1817, P. 14, 252; Cass. 4 avr. 1837 (Art. 743 J. Pr.). — Dans l'espèce de ce dernier arrêt il s'agissait des frais d'un incident sur saisie-immobilière. — Le président Carré, *Taxe*, p. 10 et suiv. Boitard, 2, p. 355 à 357.

3e *Système*. — Il faut distinguer : Si l'instance a été introduite par *action principale* devant être jugée sommairement, la taxe sera celle des matières sommaires. — S'il s'agit, au contraire, d'un incident survenu dans une instance principale ordinaire, de nature, d'après la loi, à être jugée sommairement, la taxe doit être celle des affaires ordinaires. Sudraud-Desisles, 212, n° 696. — *Contrà*, Chauveau, p. 402, n° 12.—V. d'ailleurs *Vente sur saisie-immobilière*.

25. Au reste, la question est encore plus vivement débattue relativement aux demandes en partage, ou aux difficultés qui peuvent s'élever incidemment.

Les uns admettent sans distinction la taxe des affaires ordinaires. Sudraud-Desisles, p. 240, n° 772, et les autorités citées au 1re système; — M. Chauveau, *Tarif*, 1, n° 433, ajoute que l'art. 966 a entendu abroger l'art. 823 C. civ.

D'autres prétendent qu'il faut distinguer si la contestation porte sur *le fond* ou sur *la forme*, la taxe sommaire ne devrait s'appliquer qu'à ce dernier cas. Arg. Chabot, art. 823; Cass. 18 mars 1828, D. 28, 178; 15 déc. 1829, D. 30, 16; 22 fév. 1830, D. 30, 138; 14 juill. 1830, D. 31, 15.

D'autres enfin soutiennent que la taxe doit toujours avoir lieu, sans distinction aucune, comme en matière sommaire. Carré, *Taxe*, v° *Partage*, p. 416 à 418, n° 793. Arg. Cass. 9 mai 1827, D. 27, 237; 25 mars 1829, D. 29, 200.

Dans la première espèce on repoussait la demande en partage, en opposant un acte qui avait fait cesser l'indivision. Cet arrêt, en décidant que l'affaire ne pouvait être réputée matière sommaire, prononce que le C. pr. corrobore la disposition de l'art. 823 C. civ. — Dans la seconde, il s'agissait de difficultés sur partage réglées par des arbitres, on ne voit pas si elles portaient sur le fond.

A Paris, dans l'usage, on alloue la taxe ordinaire, conformément à l'instruction publiée en 1808 et en 1831 par la chambre des avoués du trib. de la Seine, nos 743 et 794).

SOMMATION. Acte par lequel on interpelle une personne de déclarer ou de faire quelque chose.

1. Il y a lieu de faire sommation dans plusieurs cas : 1° pour opérer la *mise en demeure*. — V. ce mot ; — 2° pour faire courir les intérêts dans certaines circonstances. C. civ. 474, 1936, 1996, 1947, 2000 ; — 3° pour couvrir la *péremption*. — V. ce mot, n° 30. — V. d'ailleurs *Huissier*, n° 27 ; *Hypothèque*, n° 21 et suiv. ; *Prise à partie*, n° 26.

2. Les sommations, pour être présent aux rapports d'experts, indiquent seulement le lieu, le jour et l'heure de la première vacation ; elles n'ont pas besoin d'être réitérées, quoique la vacation ait été continuée à un autre jour. C. pr. 1034.

3. La sommation diffère du commandement, 1° en ce qu'elle n'a pas besoin d'être faite en vertu d'un acte exécutoire ; — 2° en ce qu'elle n'interrompt pas la prescription. — V. toutefois C. civ. 2169.

4. Le défaut de réponse d'une partie à une sommation de déclarer, dans un délai déterminé, si elle consent ou non à telle chose, avec déclaration qu'on prendra son silence pour une adhésion, n'équivaut pas à un consentement. Merlin, v° *Sommation*, n° 4.

5. Cet acte est, en général, du ministère exclusif des *huissiers*. — V. ce mot, n° 30 ; *Avenir*, *Exploit*, et toutefois *Acte respectueux*.

6. *Enregistrement*. Les sommations sont soumises aux droits d'enregistrement fixés pour les exploits en général. — V. *Exploit*, nos 289 à 292.

Formules.

Sommation à la femme de rentrer au domicile marital.

(C. pr. 475. — Tarif, 29, par anal. — Coût, 2 fr. 50 c. copie.)

L'an , le , à la requête du sieur , demeurant à , j'ai (*immatricule de l'huissier*), soussigné, fait sommation à , épouse légitime du sieur , requérant, étant trouvé rue , n° , en parlant à sa personne ainsi déclarée.

De, à l'instant rentrer au domicile de son mari, sis à , n° ; offrant en conséquence, ledit sieur de recevoir chez lui ladite dame , son épouse, de la traiter comme telle, et de lui fournir tout ce qui lui est nécessaire pour les besoins de la vie, selon les facultés du requérant ; déclarant que, faute par elle de satisfaire à la présente sommation, il se pourvoira ainsi qu'il avisera à l'effet de la contraindre à rentrer avec lui, conformément à l'art. 214 C. civ. ; à ce que du tout la susnommée n'ignore, et je lui ai, domicile et parlant comme dit est, laissé sous toutes réserves copie du présent, dont le coût est de

(*Signature de l'huissier*)

SOMMES. — 1. Elles doivent être énoncées en toutes lettres dans les actes notariés. L. 25 vent. an 11, art. 13 ; 16 juin 1824, art. 10 ; — il convient de suivre cette règle dans les exploits ;

néanmoins, l'énonciation des sommes en chiffres n'annulerait pas l'acte.—V. *Exploit*, nos 16, 17 et 24.

2. La condamnation à une somme déterminée (pour indemnité) n'a pas besoin d'être motivée quant à la quotité, si elle est motivée quant à la cause. Arg. Cass. 23 fév. 1825, S. 25, 297.

SOULTE. — V. *Partage.*

SOUMISSION DE LA CAUTION.—V. *Réception de caution*, n° 20.

SOURD-MUET.—V. *Enquête*, nos 218 et 259.

SOUS-ORDRE.—V. *Ordre*, nos 425 à 444.

SOUTÈNEMENT. Justification des articles du compte. — V. *Reddition de compte*, n° 97.

STAGE DES AVOCATS.—V. *Avocat*, nos 18 à 23; *Avocat à la Cour de cassation*, n° 8; *Greffier*, n° 17.

STAGE DES CLERCS.

1. Le stage, pour être avoué, est constaté par des inscriptions prises chaque année sur un registre tenu à la chambre.

2. Le postulant présente chaque année un certificat de son patron constatant qu'il a travaillé depuis un an avec assiduité dans son étude.

Sur le vu de ce certificat, la chambre prend une délibération qui accorde l'inscription pour l'année antérieure.

Il y a lieu chaque année à renouvellement.

3. L'expédition de chaque délibération de la chambre est donnée sur papier à 1 fr. 25 c.

4. Quant à la durée du stage exigé pour être *avoué*. — V. ce mot, n° 19; — ou *Huissier*. — V. ce mot, n° 20.

5. Le stage exigé pour être notaire est plus ou moins long, suivant les différentes classes.—V. L. 25 vent. an 11, art. 35; *Notaire*, nos 9 à 11; — le gouvernement peut dispenser de la justification du temps d'étude les individus qui ont exercé des fonctions administratives ou judiciaires. *Même loi*, art. 42.

6. L'exercice de la profession d'avocat ne peut, hors des cas expressément déterminés par la loi, être admis en compensation du stage notarial. Décis. min. just. 21 sept. 1835 (Art. 200 J. Pr.).

7. En matière de donation ou de testament, on n'a pas considéré comme clerc l'individu attaché à une étude, mais qui exerçait des fonctions publiques étrangères à cette étude (ou un négoce. Grenoble, 7 avr. 1827, D. 29, 1, 138), par exemple, un greffier de justice de paix ou un percepteur des contributions: ils sont présumés se consacrer avant tout à leurs fonctions publiques. Arg. Bruxelles, 20 mars 1811, P. 9, 197; Agen, 18 août 1824, D. 25, 66.

STELLIONAT. — V. *Emprisonnement*, nos 40, 60 et 61.

STIPULATION d'un acte, clause, convention.

SUBROGATION. — V. *Paiement*, *Saisie-immobilière.*

SUBROGATION JUDICIAIRE. Faculté accordée par le juge à un créancier d'exercer les droits de son débiteur.

1. Les créanciers peuvent exercer tous les droits et actions de leur débiteur. C. civ. 1166; — pourvu que, 1° ces droits ne soient pas exclusivement attachés à la personne du débiteur. *Ib.*;

2° Qu'ils y aient intérêt. — V. *Saisie immobilière.*

3° Qu'ils obtiennent la subrogation. — V. C. civ. 788, et toutefois *Garantie*, n° 62.

2. Au reste, l'action des créanciers contre le tiers-débiteur, et celle en subrogation contre leur débiteur, peuvent être intentées simultanément : la subrogation prononcée ultérieurement rétroagit à l'époque de la demande. Proudhon, *Usufruit*, n° 2237 à 2248.

3. L'exercice de cette double action, ou la notification au tiers-débiteur du jugement de subrogation rendu contre le débiteur, conserve les droits du créancier et empêche le tiers de se libérer à son préjudice; il en est de ce cas comme de la saisie-arrêt, qui n'est elle-même qu'une procédure en subrogation. *Proudhon*, nos 2253, 2272.

4. En matière personnelle, les deux actions sont portées devant le même trib., si le débiteur et le tiers-débiteur sont domiciliés dans le même arrondissement; — et dans le cas contraire, devant les trib. respectifs de chacun des défendeurs. Vainement dirait-on que lorsqu'il y a plusieurs défendeurs, ils peuvent être assignés au domicile de l'un d'eux au choix du demandeur (C. pr. 59); on suppose dans cet art. que la même action est intentée contre plusieurs personnes, tandis qu'ici deux actions différentes sont exercées contre le débiteur et le tiers-débiteur, *Proudhon*, n° 2249. Arg. Toulouse, 11 janv. 1839 (Arg. 1483 J. Pr.).

En matière immobilière, si le domicile du débiteur n'est pas dans le ressort de la situation de l'immeuble, la demande en subrogation est portée devant le trib. de son domicile, et l'action principale devant celui de la situation de l'immeuble. *Proudhon*, n° 2250.

5. Si le débiteur et le tiers sont déjà en instance, les créanciers ont le droit d'intervenir pour empêcher toute collusion entre eux.

6. Le créancier demande contre son débiteur la subrogation dans ses droits et actions envers le tiers-débiteur pour les faire valoir jusqu'à concurrence de ce qui lui est dû.

7. En matière réelle, il peut conclure à ce qu'il plaise au trib. condamner le débiteur à payer dans un délai donné, et ordonner qu'à défaut de ce faire il sera subrogé par le jugement à intervenir dans les droits et actions contre le tiers successeur, pour *obtenir son paiement sur le fonds à revendiquer;* de cette ma-

nière, le créancier obtient *éventuellement* une hypothèque judiciaire sur le fonds. *Proudhon*, n° 2282.

Lorsque le créancier a fait juger contre le possesseur que l'immeuble était la propriété de son débiteur, c'est contre ce dernier qu'il doit poursuivre l'expropriation.

8. Le jugement de subrogation donne au créancier l'exercice, mais non la propriété de l'action. *Proudhon*, n° 2264 ; — il ne lui accorde aucune préférence sur les autres créanciers (— V. toutefois *sup*. n° 7).

Néanmoins, si les tiers-débiteurs paient entre les mains du débiteur direct après la demande formée contre eux par le créancier de ce dernier ou la notification du jugement de subrogation, le créancier peut toujours agir contre eux jusqu'à concurrence de sa créance, tandis que ses co-créanciers n'ont pas d'action. *Proudhon*, n° 2272.

9. Le débiteur n'est pas tellement représenté par ses créanciers exerçant ses droits que le jugement rendu avec eux ait contre lui force de chose jugée : les créanciers sont bien les ayant-cause du débiteur, mais le débiteur n'est pas l'ayant-cause de ses créanciers. Cass. 14 avr. 1806, S. 6. 529, *Proudhon*, n°s 2305, 2306.

10. L'action du débiteur contre le tiers interrompt la prescription au profit de ses créanciers ; mais les poursuites des créanciers contre le tiers n'interrompent pas la prescription au profit du débiteur, parce qu'ils n'agissent que dans leur intérêt exclusif. *Proudhon*, n° 2300.

11. Le créancier ne pouvant agir contre le tiers-débiteur que jusqu'à concurrence de ses droits personnels contre son débiteur, le tiers éteint son action en lui remboursant le prix de sa créance. *Proudhon*, n° 2286.

12. Mais il ne peut demander la discussion préalable des biens du débiteur ; il n'est fondé à opposer au créancier, agissant en vertu des droits du débiteur, que les exceptions qu'il pourrait opposer à celui-ci. *Proudhon*, n° 2290.

SUBROGÉ TUTEUR. — V. *Conseil de famille; Mineur, Tuteur.*

SUBSIDIAIRES (CONCLUSIONS ET EXCEPTIONS). — V. ces mots, *Acquiescement*, n° 53 ; *Serment*, n° 15.

SUBSTANTIELLE (FORMALITÉ). — V. *Formalité*, *Nullité*.

SUBSTITUT DU PROCUREUR DU ROI. — V. *Ministère public*.

SUBVENTION DE GUERRE. Impôt d'un décime par franc perçu en sus des droits d'*enregistrement* (— V. ce mot, n° 11), et des amendes.

SUCCESSION. Transmission des droits actifs et passifs d'un défunt à la personne désignée par la loi ou par le défunt.

La succession est ou *ab intestat* ou testamentaire.

Ab intestat. Elle est ou régulière (—V. C. civ. 724, 731); — ou irrégulière. — V. *Possession (envoi en)*, n°s 2 à 13; *Testamentaire.* — V. *ib.*, n°s 14 à 23; *Legs.*

1. L'habile à succéder peut ou répudier la succession (V. *Renonciation*); — ou l'accepter, soit purement et simplement, soit sous *bénéfice d'inventaire.* — V. ce mot.

2. Pour les mesures conservatoires que doit prendre l'héritier. — V. *Scellés; Inventaire; Absence*, n°s 6, 25, 36.

— V. d'ailleurs *Partage*; *Licitation*; *Tribunaux*; *Vente.*

3. Quant à l'exercice actif ou passif des actions du défunt, —V. *Action*, n°s 70; *Appel*, n° 73 et suiv.; *Cassation*, n° 155; *Droits personnels; Exécution*, n°s 10 à 19; *Exploit*, n° 107; *Préliminaire de conciliation*, n° 9; *Reprise d'instance*, § 2; *Saisies*, *Scellés*; *Séparation des patrimoines*; *Vérification d'écriture.*

4. *Enregistrement.* Les héritiers donataires et légataires, ou leurs représentans, sont tenus de passer déclaration détaillée des mutations par décès de propriété ou d'usufruit de biens, meubles ou immeubles, et de la signer sur le registre. L. 22 frim. an 7, art. 27.

5. Le délai pour faire cette déclaration est de six mois, à compter du jour du décès, lorsque celui dont on recueille la succession est décédé en France; — huit mois, s'il est décédé dans toute autre partie de l'Europe; — un an, s'il est mort en Amérique, et deux ans si c'est en Afrique ou en Asie. *Ib.*, art. 24.

6. Les droits sont plus ou moins élevés, selon que la succession se compose de meubles ou d'immeubles, et suivant le degré de parenté ou la qualité des personnes qui la recueillent. LL. 22 frim. an 7; 28 avr. 1816; 21 avr. 1832.

DROIT PAR 100 FR.

	Meubles		Immeubles	
En ligne directe	0 fr.	25 c.	1 fr.	00
Entre époux	1	50	3	»
Entre frères et sœurs, Oncles et neveux	3	00	6	50
Entre grands-oncles et petits-neveux, cousins-germains	4		7	»
Entre parens au-delà du 4e degré et jusqu'au 12^e	5		8	»
Entre personnes non parentes	6		9	»

Si l'époux succède à défaut de parens, il est considéré comme personne non parente. L. 28 avr. 1816, art. 53.

7. La perception est basée sur le capital pour les biens meubles: les parties sont tenues à cet effet d'en faire une déclaration estimative, article par article (L. 22 fr. an 7, art. 14, 27). Pour les biens immeubles, elle a lieu sur le revenu : on calcule pour cela vingt fois le produit des biens ou des baux courans. *Ib.*, art. 15.

Elle suit les sommes et valeurs de 20 fr. en 20 fr. inclusivement et sans fraction. Il ne peut être perçu moins de 25 cent. pour l'enregistrement des mutations dont les sommes ne produiraient pas 25 cent. de droit proportionnel. L. 27 vent. an 9, art. 2, 3.

L'usufruit des biens, meubles ou immeubles, s'évalue à la moitié de la propriété pleine et entière. L. 22 frim. an 7, art. 14, 15.

Mais le successeur de la nue-propriété n'en paie pas moins la mutation sur la valeur totale du bien transmis ; on n'a pas égard aux charges. *Ib.*

SUCCESSION BÉNÉFICIAIRE. — V. *Bénéfice d'inventaire*; *Curateur*, n°s 18 à 21; *Dépens*, n°s 95 à 97 ; *Ministère public*, n° 108; *Ventes*.

1. L'héritier bénéficiaire ne perd pas la qualité d'héritier par l'abandon qu'il a fait des biens de la succession aux créanciers ; — conséquemment dans un procès sur cette succession, c'est à lui et non aux créanciers que doit être signifié l'arrêt d'admission. Cass. 1er fév. 1830, S. 30, 137.

SUCCESSION VACANTE.

1. Une succession est *vacante*, lorsque, après les trois mois et quarante jours accordés pour faire inventaire et délibérer, il ne se présente personne pour la réclamer, qu'il n'y a pas d'héritiers connus, ou que les héritiers connus ont renoncé. C. civ. 811.

2. La succession est *en déshérence* lorsqu'il est constaté qu'il n'existe ni parent du défunt au degré successible, ni enfant naturel, ni conjoint survivant ; elle est alors dévolue à l'état. — V. *Possession* (*envoi en*), n° 3, et d'ailleurs C. civ. 33.

3. La succession vacante est administrée par un *curateur*. — V. ce mot, n°s 12 à 16 ; *Ministère public*, n° 108.

4. Un exploit peut être formulé à la requête du curateur à la succession vacante.

SUISSE (PAYS). Les jugemens et actes passés en Suisse ont force exécutoire en France. Traités des 28 mai 1777 ; 4 vend. an 12; 18 juill. 1828 ; Ordon. 31 déc. 1825. — V. *Exécution*, n° 53 ; *Judicatum solvi*, n° 4. — V. d'ailleurs *Arbitre*, n° 105.

SUISSE (SERVITEUR). — V. *Exploit*, n° 179 ; *Maisons royales*, n° 2.

SUPPLÉANT (JUGE). — V. *Juge suppléant*. — Autrefois le *Juge de paix* (—V. ce mot, n°s 4 et 12) avait des assesseurs.

SURANNATION. La surannation ne peut être invoquée à l'égard de l'exécution des actes et jugemens, tant qu'ils ne sont pas prescrits. — V. toutefois *Péremption*.

SUR-ARBITRE. — V. *Arbitrage*, Sect. IX.

SURCHARGE. Action de substituer dans un écrit un mot à un autre, en couvrant de lettres différentes celles dont il avait été d'abord composé.

1. Si par erreur on a oublié un ou plusieurs mots, écrit un ou plusieurs mots au lieu d'un ou de plusieurs autres, il ne faut ni surcharger ce qui est écrit, ni recourir à des interlignes; mais, dans le premier cas, faire un renvoi, et dans le second, rayer les mots inutiles et écrire à la suite les mots utiles, en ayant soin d'approuver les *renvois* et les *ratures*. —V. ces mots, *Interligne; Paraphe; Signature.*

2. L'art. 16 L. 25 vent. an 11 annulle les mots surchargés, et déclare le notaire passible d'une amende (réduite à 10 fr., L. 16 juin 1824, art. 10), ainsi que de tous dommages-intérêts, même de destitution, en cas de fraude.

Toutefois il n'y a pas contravention si les mots surchargés sont approuvés (et si l'on a eu soin de reproduire dans l'approbation les mots surchargés). Déc. min. fin. 27 janv. 1817; — l'approbation des surcharges doit avoir lieu en marge de l'acte, et être signée ou paraphée séparément comme les renvois.

3. La surcharge des mots essentiels peut opérer la nullité d'un acte, par exemple, la surcharge de la date. Cass. 27 mars 1812, P. 10, 255; 28 janv. 1832, D. 32, 168.— A moins que la date ne résulte d'ailleurs d'équipollens.

La surcharge de quelques lettres ne suffit pas pour annuler un mot, si ces lettres y étaient inutiles, si elle n'a été faite que pour corriger des fautes d'orthographe, si enfin, après la surcharge, on ne peut pas lire un mot différent. Cass. 3 août 1808, Berriat, 89, note 80; Paris, 6 nov. 1815; — Par exemple, si, dans une copie on avait rayé sans les approuver, ces mots, parlant à *sa personne*, pour y substituer ceux-ci: parlant à *sa femme.* Besançon, 8 mai 1810, D. 11, 717;

SURENCHÈRE (1). — V. *Vente sur surenchère.*

SURSÉANCE, SURSIS. Temps pendant lequel il est sursis soit à un paiement, soit à des poursuites et saisies, soit à un jugement. — *Appel,* n°s 259 à 267; *Délai,* n°s 43 et suiv.; *Exécution,* n°s 69 à 78; *Référé.*

SURVEILLANCE (AFFAIRE EN). — *Avocat à la Cour de cassation,* n° 22.

SUSPENSION. Interdiction temporaire prononcée contre un officier public. — V. *Discipline; Responsabilité.*

SUSPENSION DE PÉREMPTION, DE PRESCRIPTION. — V. ces mots.

---

(1) Nous nous sommes déterminés à ce renvoi, afin de pouvoir donner sous le mot *vente* le commentaire du projet actuellement pendant devant les chambres, aussitôt qu'il sera converti en loi.

SYLLABE. — V. *Rôle*.

SYNDIC. — V. *Faillite*.

SUSPICION légitime. — V. *Renvoi (demande en)*, n° 47.

T.

TABLEAU des avocats. — V. *Avocat*, nos 24 à 28.

TABLEAU *des actes de société, des contrats de mariage, des demandes en séparation de biens, des interdits*, etc. — V. *Conseil judiciaire*, n° 21 ; *Insertion*, *Interdiction*, n° 59 ; *Mineur*, n° 56 ; *Séparation de biens ; Séparation de corps ; Société*.

TARIF. Etat des droits ou émolumens alloués aux fonctionnaires publics et officiers ministériels pour les différens actes de leur ministère.

1. Le tarif des actes de procédure en matière civile est réglé par le décret du 16 fév. 1807 et les décrets additionnels du même jour.

Pour les copies à signifier par les *huissiers*. — V. Décr. 29 août 1813, et ce mot, nos 256 à 261.

Pour le salaire des *gardes du commerce*, Décr. 14 mars 1808, art. 21, et ce mot, nos 15 à 18.

Pour les droits de greffe, Décr. 12 juill. 1808, et *Greffe (droit de)*. — Les droits des greffiers des trib. de commerce, L. 11 mars 1799 ; Décr. 12 juill. 1808 ; Ordonn. 9 oct. 1825. — Ceux des greffiers de justice de paix, Ordonn. 17 juill. 1825, et *Greffe (droit de)*.

Pour les indemnités auxquelles ont droit les juges, les officiers du ministère public et les greffiers en cas de transport, en matière d'interdiction (Ordonn. 4 août 1824) ; — en matière de vérification des registres et actes judiciaires des C. et trib., des registres de l'état civil, Ordonn. 10 mars 1825.

Pour les salaires du conservateur des hypothèques, Décr. 21 sept. 1810 ; *Inscription hypothécaire*, nos 57 à 60.

Pour les dépens en matière d'expropriation pour cause d'*utilité publique*, Ordonn. 18 sept. 1833.

Pour les dépens des procédures qui s'instruisent au Conseil-d'Etat, Ordonn. 18 janv. 1826, et *tribunal administratif*.

2. Le tarif de la C. Paris est applicable aux C. de Lyon, Bordeaux et Rouen. Décr. add. 16 fév. 1807 (1).

Les sommes portées au tarif de la C. Paris sont réduites d'un

---

(1) Le coût des divers actes pour Paris, est indiqué en tête de chaque formule. —V. d'ailleurs pour le détail des actes, les modèles d'états de frais placés à la fin de ce tome.

dixième pour la taxe des frais et dépens dans les autres Cours. *Même décret*, art. 1.

Le tarif des frais et dépens, décrété pour le trib. de 1re inst. et pour les justices de paix établis à Paris, est commun aux trib. de 1re inst. et aux justices de paix établis à Lyon, Bordeaux et Rouen.

Toutes les sommes portées en ce tarif sont réduites d'un dixième dans la taxe des frais et dépens pour les trib. de 1re inst. et les justices de paix établis dans les villes où siége une C. d'appel, ou dans les villes dont la population excède trente mille âmes. *Ib.* art. 2.

Dans tous les autres trib. de 1re inst. et justices de paix du royaume, le tarif des frais et dépens est le même que celui décrété pour les trib. de 1re inst. et les justices de paix du ressort de la C. Paris, autres que ceux établis dans cette capitale. *Ib.* art. 3.

3. Le tarif des frais de taxe de la C. Paris est applicable à tous les chefs-lieux de C. roy., et partout ailleurs les droits de taxe sont perçus comme dans le ressort de la C. Paris. *Ib.* art. 4.

— V. d'ailleurs *Ajournement; Copie de pièces; Citation; Déboursés*; *Exploit*, nos 126 à 129; *Requête; Rôle; Taxe; Transport; Voyage*, etc.

TAUX DES INTÉRÊTS. — V. ce mot, n° 14, et trib. des colonies.

TAXE. Règlement des frais et dépens.

1. Les dépens sont liquidés par le jugement qui les adjuge : — 1° en matière sommaire. C. pr. 543 ; — l'avoué qui a obtenu la condamnation remet dans le jour au greffier tenant la plume à l'audience, l'état des dépens adjugés; et la liquidation en est insérée dans le dispositif du jugement. Décr. 16 fév. 1807, art. 1.

2. 2° En matière *d'ordre*. C. pr. 762. — V. ce mot, n° 273.

3. *Quid*, en matière de saisie-immobilière. — V. *Vente sur saisie*.

4. Au reste, l'insertion de la taxe des dépens, dans le jugement, n'est point imposée à peine de nullité. — V. *Exécutoire*, n° 3.

5. En matière ordinaire, les dépens sont liquidés par un des juges qui ont assisté au jugement. Le jugement peut être expédié et délivré avant la liquidation. *Ib.* art. 2. — Dans l'usage, l'exécutoire de dépens n'est point requis avant la signification du jugement.

6. Le mémoire des frais est divisé en deux colonnes : la première contient les déboursés y compris le salaire des huissiers, et la seconde l'émolument net de l'avoué. 2e décr. 1807. — V. *Déboursés*, n° 4.

Il ne peut être fait qu'un seul article pour chaque pièce de la procédure tant pour l'avoir dressée que pour original, copie, signification et tous les droits qui en résultent.

On peut toutefois, pour l'intelligence et la célérité de la taxe, subdiviser chaque article; — par exemple, à la colonne des déboursés en indiquer le détail :

Savoir :			
	1° Timbre	1 40	
	2° Enregistrement	4 40	8,30
	3° Salaire de l'huissier	2 50	

A la colonne des honoraires, on peut porter par distinction, 1° l'émolument des copies des pièces; — 2° celui de l'original dressé par l'avoué.

7. En matière ordinaire, pour chaque article entrant en taxe il est alloué à l'avoué 10 cent., sans aucune vacation pour remettre et retirer les pièces justificatives. — De même il n'est dû aucuns frais de transport à l'huissier pour la taxe.

8. A Paris, dans l'usage, la taxe du juge est précédée de celle faite par la chambre des avoués.

9. L'avoué dresse deux états des dépens : l'un sur papier libre, et l'autre sur timbre; ces deux états sont portés avec les pièces justificatives à la chambre des avoués qui commet un de ses membres pour faire la taxe. Cette commission est indiquée sur un registre d'ordre, sur lequel est constaté le dépôt des pièces. Cette taxe est mentionnée article par article en marge de l'état écrit sur papier libre.

L'avoué inscrit sur l'autre état, les noms des président et juges qui ont assisté au jugement, puis il fait commettre par le président du trib. ou de la chambre qui a rendu le jugement, un des juges qui y ont concouru pour procéder à la taxe définitive. L'ordonnance de commission se rend sur l'état de frais lui-même, elle consiste dans cette simple formule; *commettons* M.   sur cette commission, et sur le vu des pièces que l'on dépose au greffe, et auxquelles on joint la taxe faite par la chambre des avoués, le juge commis procède à la fixation définitive des dépens.

10. Le juge indique en marge de l'état, et article par article, la taxe de chaque pièce ou vacation; il fait aussi mention sur chaque original d'exploit, ou autres pièces, qu'elles ont été taxées, et appose son paraphe; puis il fait le total qu'il inscrit et signe au bas de la note.

Le juge taxateur ne peut autoriser la partie qui a gagné sa cause à employer en frais et mises à exécution de sa créance les dépens qui lui ont été adjugés, si l'arrêt qui adjuge les dépens ne contient pas cette faculté. De nouvelles dispositions ne peuvent être ajoutées au jugement par un exécutoire. Paris, 7 vent. an 12; Carré, art. 544; Chauveau, 2, 67.

11. Lorsque le montant de la taxe n'a pas été compris dans l'expédition de l'arrêt ou du jugement, il en est délivré exécutoire par le greffier. *Ib.* art. 5. — V. d'ailleurs *Exécutoire de dépens*, nos 3 à 25.

12. L'art. 5 décr. 16 fév. 1807 porte : *La taxe est signée par le juge et le greffier.* — Toutefois cette dernière signature n'est pas exigée à peine de nullité. La taxe du juge n'est point un acte du greffe, c'est un acte du juge qui peut être fait dans sa demeure, et non au trib. Arg. C. pr. 1040; Grenoble, 30 août 1838 (Art. 1408 J. Pr.). — Vainement on oppose que l'art. 1040 n'est applicable qu'autant que le mémoire de frais, revêtu de l'ordonnance de taxe, reste aux mains des parties; que si cette taxe est remise au greffe pour obtenir *exécutoire*, comme elle doit être annexée à la minute de cet exécutoire, elle est soumise, comme toutes autres minutes, à la signature du greffier.

13. Les demandes des avoués et autres officiers ministériels, en paiement de *frais* contre leurs cliens, sont portées à l'audience, *sans préliminaire de conciliation;* il est donné, en tête des assignations, copie du mémoire des frais réclamés. *Ib.* art. 9. — V. *Tribunal de première instance.*

14. Il n'y a pas lieu à faire taxer préalablement le mémoire de frais, avant d'en donner copie en tête de l'assignation. Une taxe faite en l'absence du client serait susceptible d'être attaquée et réformée. D'ailleurs, à Paris, les chambres et les magistrats se refusent à taxer, s'ils ne sont saisis par une demande régulière et contradictoire.

15. Celui qui a payé sans exiger la taxe peut-il répéter ce qu'il a payé de trop par suite d'erreur ou de fraude? — V. *Avoué*, n° 162; *Dépens*, n° 166.

TAXE DES HONORAIRES DES NOTAIRES.

1. Les actes non soumis au tarif sont réglés à l'amiable, entre les notaires et les parties.

2. La fixation amiable des honoraires peut-elle ultérieurement être attaquée comme excessive et soumise à la taxe?

L'affirmative a été jugée, spécialement à l'égard des honoraires d'une adjudication, fixés à 120 fr., qui étaient réclamés par un notaire, avec des déboursés taxés : on a jugé que la taxe aurait dû comprendre tant les honoraires que les déboursés. Cass. 7 mai 1839, Palais, 1839, 2, 319.

3. L'action en réduction a été autorisée contre un notaire qui, dans un compte rendu à ses cliens, avait retenu sur les deniers par lui reçus des honoraires dont l'allocation n'avait fait l'objet d'aucune convention particulière. Amiens, 9 mai 1823, P. 17, 1096.

4. La convention de ne pas requérir taxe a même été déclarée illégale. Bourges, 19 avr. 1839, P. 1839, 2, 91. — *Contrà*, Paris, 4 déc. 1822, P. 17, 706; Décis. min. 14 sept. 1828.

5. Mais on ne peut contester les honoraires après qu'ils ont été alloués et payés. Cass. 17 mars 1829, S. 29, 140; — surtout s'il s'agit d'actes non tarifés. Arg. C. civ. 1134.

6. L'action en réduction d'honoraires se prescrit par 30 ans et non pas par 10 ans. Amiens, 9 mai 1823, P. 17, 1096.

7. En cas de contestation sur la quotité des honoraires, la taxe en est faite par le président du trib. de 1re inst. de l'arrondissement, sur les renseignemens qui lui sont fournis par les notaires et par les parties, d'après la nature des actes et les difficultés que leur rédaction a présentées. Tar., art. 173.

8. La taxe du président peut, à la requête du notaire ou des parties, être modifiée par le trib. civil de la résidence du notaire, sur l'avis de la chambre et sur simple mémoire sans frais. Arg. L. 25 vent. an 11, art. 51. Dict. Not., v° *Honoraire*, n° 47.

9. Mais la règle que les trib. ne doivent juger les difficultés entre les notaires et leurs cliens qu'après avoir consulté la chambre des notaires, reçoit exception au cas où il s'agit de taxer les honoraires d'un notaire, à l'occasion d'un *acte de partage* reçu par lui. Les lois des 25 vent. an 11, art. 51, et 2 niv. an 12, sont modifiées par l'art. 173 Décr. 16 fév. 1807. Cass. 19 mars 1828, S. 28, 131.

Jugé que le président du trib. est investi d'un pouvoir absolu pour taxer tous les actes ou honoraires des notaires, en toutes matières, peu importe qu'ils soient ou non tarifés. Cass. 12 fév. 1838, D. 38, 110.

10. Si le paiement des honoraires est refusé, la demande est formée devant le trib. de 1re inst. — V. *Taxe*, n° 13.

11. Le trib. compétent est celui de la résidence du notaire. Arg. C. pr. 60; art. 51 L. 25 vent. an 11; 173 *Tarif;* Rolland, 4, 100, n° 10; Toulouse, 7 août 1819. — *Contrà*, Poitiers, 7 déc. 1830, S. 31, 79; Circulaire Garde des sceaux, 30 nov. 1829; Chauveau, 1, 127; — soit qu'ils aient instrumenté par suite d'un renvoi ou d'une commission du trib., soit qu'ils aient été choisis librement par les parties. Orléans, 15 mars 1832, D. 33, 131.

12. La prescription trentenaire est applicable à l'action des *notaires* en paiement d'honoraires. — V. ce mot, n° 63, et *Taxe*, n° 15.

13. Pour la restitution des droits d'enregistrement. — V. *Exécutoire délivré par le juge de paix.*

14. S'il s'agit de rétributions pour des fonctions particulières indépendantes de celles du notaire, l'action est soumise aux formes ordinaires.

TAXE (TIERCE). 1. Souvent, pour éviter des frais, l'avoué prie son confrère de ne point lever le jugement qui condamne son client, et lui demande son dossier pour le taxer.

2. Comme on pourrait induire du fait de la taxe un consentement tacite de l'avoué taxateur de répondre personnellement du paiement des frais, il est prudent d'ajouter à la taxe ces mots, *sans garantie.*

3. L'avoué taxateur désigne trois autres avoués, entre lesquels le confrère est tenu d'en choisir un comme tiers taxateur; si les réductions opérées exigent des explications, l'avoué, par une mention, requiert que la tierce taxe n'ait lieu qu'en sa présence.

4. Le tiers taxateur, soit contradictoirement avec les deux avoués, soit seulement (ce qui arrive le plus souvent) en présence de celui qui requiert la tierce taxe, réforme ou maintient la taxe précédemment faite.

5. Les règlemens de la chambre adjugent au tiers taxateur à raison de la taxe le droit d'article accordé par le tarif. — V. *Taxe*, n° 7.

TÉMOIN.

1. Les témoins produits aux actes de l'état civil doivent être du sexe masculin, âgés de 21 ans au moins, parens ou autres: ils sont choisis par les personnes intéressées. C. civ. 37.

2. Ceux qui figurent dans un acte notarié doivent être *citoyens français*, sachant signer et domiciliés dans l'arrondissement communal. L. 25 vent. an 11, art. 9; Gagneraux, *ib.* — Par conséquent, un étranger ne pourrait être témoin dans une donation ou dans un testament.

3. Pour les recors qui assistent l'huissier lors d'un *emprisonnement* (—V. ce mot, nos 215 à 217), ou d'une *saisie-exécution.* — V. ce mot, nos 93 à 99.

4. Quant aux témoins qui doivent ou peuvent être entendus dans une *enquête* — V. ce mot, nos 181 à 222; — et notamment n° 211.

TEMPS DES PROCÉDURES. — V. *Emprisonnement*, nos 154 à 156; 249; *Exécution*, nos 100 à 102; *Exploit*, nos 140 à 145; *Fête; Vacances.*

TENANS ET ABOUTISSANS. — V. *Aboutissans; Ajournement*, nos 71 à 75; *Saisie-brandon*, n° 10; *Vente sur saisie immobilière.*

TERME. Espace de temps accordé au débiteur pour remplir son obligation. — V. *Délai*, nos 14 et suiv., 56; *Inventaire*, nos 5 et suiv.

TESTAMENT. Acte par lequel le testateur dispose, pour le temps où il n'existera plus, de tout ou partie de ses biens, et qu'il peut révoquer. C. civ. 895.

1. Le testament est ou olographe, C. civ. 970, — ou par acte public, C. civ. 971 à 975, — ou dans la forme mystique. C. civ. 976 à 980.

— V. d'ailleurs *Possession (envoi en)*, *Legs*, *Succession*, *Vérification d'écriture*.

THÉATRE. — V. *Acte de commerce*, nos 52, 129 à 132; *Partie civile*, no 5; *Saisie-arrêt*, no 35; *Saisie-exécution*, no 37.

TIERCE-OPPOSITION (1). Opposition formée à un jugement par un tiers, c'est-à-dire par un individu qui n'a pas été partie à ce jugement.

1. L'ancien droit ne renfermait aucune règle sur cette matière, si l'on excepte les dispositions reproduites par les art. 478, 479 C. pr. Albisson, 294.

DIVISION.

§ 1. — *Caractères de la tierce-opposition.*
§ 2. — *Contre quels jugemens elle peut être formée.*
§ 3. — *Par qui et contre qui.*
§ 4. — *Dans quel délai.*
§ 5. — *Devant quel tribunal.*
§ 6. — *Dans quelle forme.*
§ 7. — *Effets de la tierce-opposition.*
§ 8. — *Enregistrement.*
§ 9. — *Formules.*

§ 1. — *Caractères de la tierce-opposition.*

2. La tierce-opposition repose sur ce principe que nul ne peut être condamné sans avoir fait ou pu faire entendre ses moyens de défense.

3. Elle constitue une voie extraordinaire d'attaquer les jugemens.

4. Elle diffère de l'opposition simple, de l'appel, de la requête civile et de la cassation, en ce qu'elle n'est ouverte qu'à celui qui n'a pas été partie au jugement.

5. Le moyen de la prévenir est d'appeler dans l'instance

---

(1) Cet article est de M. Jules Hamelin, avocat, ancien avoué à la Cour royale de Paris.

les personnes qui pourraient y avoir intérêt.—V. *Jugement commun (demande en déclaration de)*, n° 2.

6. La tierce-opposition est exclusive des autres recours, en ce sens qu'elle exige que l'on n'ait été ni partie, ni représenté dans les jugemens attaqués, tandis que pour les autres recours, l'opposition, l'appel, la cassation, il faut au contraire que l'on ait été partie ou représenté.

Elle n'en est point exclusive, en ce sens qu'après avoir à tort pris l'une de ces voies, l'on ne puisse prendre l'autre. L'arrêt qui déclarerait non recevable dans un appel par le motif qu'on n'était pas partie au jugement, serait un titre pour se pourvoir par la tierce-opposition, et à l'inverse, le jugement qui rejetterait la tierce-opposition par le motif qu'on était représenté, autoriserait à interjeter appel si l'on était encore dans les délais.—Si, dans le cours de l'instance, le tiers-opposant reconnaissait lui-même avoir pris la mauvaise voie et se désistait, il pourrait également reprendre son attaque par les moyens qui lui compèteraient, l'appel ou la cassation. Cass. 1er juill. 1823, S. 23, 323.

Il en serait autrement, et l'on ne pourrait user des autres recours si la demande, mal introduite, avait été repoussée par des moyens du fond. — S'il s'agissait d'un jugement rejetant une tierce-opposition par des motifs du fond, sans avoir examiné la fin de non recevoir tirée des qualités, ce jugement devrait être lui-même frappé d'appel et mis au néant avant que le jugement attaqué mal à propos par tierce-opposition, pût l'être par appel. — S'il s'agissait d'un jugement frappé d'appel, et confirmé par des motifs du fond, l'appelant ne pourrait se faire un titre de ce que son appel était non recevable, pour attaquer le même jugement par tierce-opposition. Il y aurait eu débat contradictoire et décision judiciaire au fond. Il serait non recevable à se présenter comme tiers opposant.

7. La tierce-opposition est principale ou incidente.—*Principale*, lorsqu'elle n'est précédée d'aucune contestation entre le tiers opposant et celui qui a obtenu le jugement attaqué.—*Incidente*, lorsqu'elle est formée contre un jugement produit dans une contestation par une partie qui en tire argument en faveur de sa prétention.

8. Ainsi, celui qui n'a pas été partie à un jugement qui préjudicie à ses droits peut, ou prévenir l'exécution de ce jugement à son égard, en l'attaquant par tierce-opposition principale, ou bien en faire cesser l'exécution, soit en invoquant la maxime *res inter alios judicata aliis non nocet*, soit en formant la tierce-opposition incidente.—V. d'ailleurs *inf.* nos 36 et suiv.

§ 2. — *Jugemens susceptibles de tierce-opposition.*

9. La tierce-opposition est admise contre tout jugement définitif ou provisionnel (Cass. 22 fév. 1830, D. 30, 137), — rendu en premier ou en dernier ressort, — par des tribunaux ordinaires ou par des juges d'exception; c'est-à-dire par un tribunal de commerce ou par un juge de paix. Cass. 23 juin 1806, D. *hoc verbo*, 643; Berriat, p. 499, note 12.

Alors même que le jugement a été rendu sur requête. Cass. 22 avr. 1828, D. 28, 223. — *Contrà*, Pigeau, 1, 767; Arg. C. civ. 100. — Ainsi jugé à l'égard d'un jugement homologatif d'un concordat. Nîmes, 5 frim. an 9. — *Contrà*, Toulouse, 18 janv. 1828, D. 29, 63; — et d'un jugement homologatif d'une délibération d'un conseil de famille. Angers, 17 janv. 1825, D. 26, 173.

10. Mais cette voie n'est point ouverte, — 1° contre les sentences rendues en matière *d'arbitrage* soit volontaire (— V. ce mot, n° 405), — soit même forcé. (*Ib.*, n° 408.) — Ces sentences ne peuvent en aucun cas être opposées à des tiers. Aix, 3 janv. 1817, P. 14, 4. — Ne sont pas contraires, Grenoble, 31 janv. 1822, D. *hoc verbo*, 643; il s'agissait dans l'espèce des arbitres remplaçant les tribunaux en l'an 11. — Cass. 15 fév. 1808, Angers, 22 mai 1829, S. 29, 300, qui, en repoussant la tierce-opposition formée contre des sentences arbitrales par des créanciers, se sont fondés sur ce que les créanciers y avaient été représentés par leurs débiteurs : ce motif n'exclut pas le principe que les sentences arbitrales ne sauraient être opposées aux tiers, mais suppose seulement que les créanciers ne devaient pas être considérés comme des tiers et que la sentence valait contre eux comme aurait valu une transaction, ou toute autre convention consentie par leur débiteur. — *Contrà*, Pardessus, n° 1417. — Il nous paraît difficile de reconnaître à des arbitres le pouvoir d'obliger les tiers, de telle sorte que ceux-ci soient forcés d'attaquer leur sentence pour se soustraire à ses effets. Ils peuvent se contenter de la repousser comme un acte qui leur est étranger et qui ne leur est pas opposable.

11. 2° Contre les jugemens statuant sur des incidens de *saisie immobilière*. — V. *Vente*, et d'ailleurs *Actes de l'état civil*, n° 89; *Faillite*, n° 602.

12. 3° Contre un procès-verbal de conciliation : ce procès-verbal ne constitue pas un jugement. Cass. 23 juin 1806.

13. La tierce-opposition est-elle recevable contre les jugemens qui décident des questions d'état, dans les mêmes cas et de la même manière que contre les jugemens ordinaires? Spécialement, peut-elle être formée par des enfans contre un jugement qui autorise le divorce de leurs parens, et qui a reçu son

exécution? — Pour autoriser la tierce-opposition, on fait remarquer que la loi ne distingue pas. Il suffit que le jugement porte préjudice; or, de graves préjudices peuvent résulter pour les tiers de décisions relatives à des questions d'état. — Dans le sens contraire, on se fonde sur l'intérêt général et les considérations d'ordre public auquel on porterait atteinte en laissant remettre plusieurs fois en question l'état des personnes et des familles. Il paraît en conséquence raisonnable de rejeter la tierce-opposition, toutes les fois que le jugement a été rendu, avec le contradicteur légitime, c'est-à-dire celui qui a le principal intérêt dans la question. Dissertation. (Art. 1258 J. Pr.)

14. Jugé que le divorce prononcé en vertu d'un jugement revêtu de toutes les formes extérieures qui lui impriment le caractère d'un véritable jugement, est à l'abri de toute espèce d'attaque de la part des tiers. Cass. 7 nov. 1838. (Art. 1257, J. Pr.)

15. Le jugement qui prononce l'interdiction ne peut être critiqué pour démence par le donataire en vertu d'un titre antérieur. Riom, 9 janv. 1808, P. 6, 434.

§ 3. — *Par qui et contre qui la tierce-opposition peut être formée.*

16. Par qui. Plusieurs conditions sont nécessaires pour pouvoir former tierce-opposition à un jugement; il faut, 1° éprouver un préjudice de ce jugement. C. pr. 474.

17. 2° N'avoir point été partie. *Ib.*

18. La jurisprudence a exigé pendant long-temps une troisième condition qui était *d'avoir dû être appelé*. On se fondait sur la faveur méritée par celui qui avait obtenu le jugement, après avoir appelé tous les légitimes contradicteurs. On ne pouvait lui reprocher ni fraude ni négligence; il avait droit de compter sur un titre judiciaire inattaquable. Autrement, il n'y aurait pas de décision de justice que l'on ne pût faire tomber, et nul ne serait assuré de son droit, car il est impossible de prévoir toutes les attaques, de deviner tous les intérêts, et par conséquent d'appeler tous les intéressés. Ce système a été admis presque sans contradiction par les cours royales et la cour de cassation jusqu'en 1822. Cass. 21 fév. 1816, P. 13, 294; 19 août 1818, P. 14, 996; 28 fév. 1822, P. 17, 155; Paris, 29 prair. an 10, P. 2, 625; Besançon, 30 janv. 1818, P. 14, 613; Pau, 16 mars 1824, P. 18, 529; Merlin, *Rép., hoc verbo*, § 2; Carré, art. 474.

Ainsi, il a été jugé par ce motif que la tierce-opposition n'est point ouverte, 1° aux créanciers hypothécaires dont l'inscription a été omise dans les états délivrés par le conservateur contre le jugement d'ordre. Bruxelles, 15 janv. 1812, P. 10, 38.

2° Aux créanciers chirographaires, contre un jugement passé en force de chose jugée, qui maintient la vente volontaire d'un immeuble arguée de nullité par des créanciers hypothécaires. Paris, 19 janv. 1808. — *Contrà*, Coffinières, Chauveau, 21, 525.

3° Aux créanciers saisissans, contre le jugement qui prononce la validité d'une saisie-arrêt antérieure et qui ordonne que le tiers-saisi versera les sommes dont il est débiteur entre les mains du premier saisissant. Cass. 28 fév. 1822, S. 22, 217.

Le système contraire a cependant fini par prévaloir. Il a été reconnu qu'il y aurait injustice à ne laisser aux tiers aucun recours contre les jugemens qui les privent de leurs droits, à les dépouiller sans qu'ils eussent eu la faculté de se défendre. Ce n'est pas, d'ailleurs, détruire *de plano* le jugement que d'autoriser la tierce-opposition, c'est seulement soumettre les droits du tiers à un examen nécessaire, puisqu'ils n'avaient pas pu être appréciés en son absence; et du reste, les termes de l'art. 474 n'exigeant pas qu'on eût dû être appelé doivent trancher la question : le juge ne peut pas imposer des conditions que la loi n'a pas imposées. Cass. 15 juill. 1822, P. 17, 497; 9 déc. 1835, 16 mars 1838, 24 déc. 1838 (Art. 306, 1314 et 1320 J. Pr.); Montpellier, 26 mars 1836; Toulouse, 2 fév. 1838 (Art. 693, 1101 J. Pr.); Agen, 9 août 1827; Nîmes, 20 nov. 1829; Bordeaux, 4 janv. 1830; Douai, 23 mars 1831; Pau, 19 mars 1834, S. 34, 441; Paris, 30 juin 1834.

19. Première condition. *Éprouver un préjudice.* Il suffit que le préjudice porte atteinte à des droits non encore ouverts. C. civ. 1184, 1180; Pigeau, 1, 779 —V. *Jugement*, n° 310; *Intérêt (défaut d')*, n° 2.

20. Mais le droit doit être certain : en cas d'incertitude, on ne saurait admettre une attaque dirigée contre une décision de justice, et autoriser une procédure peut-être frustratoire. En conséquence, l'héritier ne serait pas recevable avant partage à attaquer par tierce-opposition un jugement rendu contre son cohéritier et relatif seulement à un objet particulier de la succession. Cet héritier devrait attendre l'événement du partage pour savoir si cet objet tombera dans son lot. Riom, 24 nov. 1808, P. 7, 221.

21. On est non recevable à former tierce-opposition à un jugement non opposable, — spécialement, l'héritier, qui peut nonobstant le jugement rendu contre son cohéritier exercer ses actions et prétentions comme bon lui semble, est non recevable à former tierce-opposition à ce jugement, car il est sans intérêt. Metz, 31 mars 1819, D. v° *Tierce-opposition*, 12, p. 649.

22. Le trib. pourrait même décider qu'il n'y a point lieu d'exécuter ce jugement contre le tiers, sans examiner si la tierce-opposition est régulière. Cass. 25 mars 1828, S. 28, 302.

23. DEUXIÈME CONDITION. *N'avoir point été partie*, ni *représenté*.

24. *Parties*. Sont considérés comme telles, 1° le demandeur, le défendeur ou l'intervenant, quand même ils auraient changé d'état pendant le cours de l'instance; quand ils seraient décédés avant le jugement, l'affaire étant en état lors de leur décès; ou quand, l'affaire n'étant pas en état, le décès n'aurait pas été notifié aux autres parties avant le jugement. Pigeau, 1, 769.— V. *Reprise d'instance*, § 1.

2° Celui qui a été irrégulièrement assigné dans une instance, et qui est condamné nommément par défaut. Il a dû, lors de la signification du jugement, l'attaquer par opposition, *appel* ou *requête civile*, selon les cas. Nanci, 23 nov. 1812, P. 10, 830; Paris, 31 août 1813, P. 11, 688; Cass. 11 janv. 1815; Berriat, p. 498, note 8. — *Contrà*, Orléans, 20 avr. 1825, D. v° *Tierce-opposition*, p. 647.

25. *Représenté*.— Les incapables : mineurs, interdits, femmes mariées, au nom desquels agissent les tuteurs, curateurs et maris, sont évidemment non recevables à attaquer par tierce-opposition les jugemens où ils figuraient en la personne de leurs représentans; à moins toutefois que les tuteurs, curateurs ou maris n'aient excédé leurs pouvoirs. Dans ce cas la représentation aurait cessé, car elle n'existe que dans la limite des pouvoirs tracés par la loi, et la tierce-opposition serait recevable. D. v° *Tierce-opposition*, 646.

26. Si celui qui doit être représenté avait agi seul et sans son représentant, ce dernier aurait la faculté de se rendre tiers-opposant. Ainsi jugé en faveur d'un mari qui n'avait pas autorisé la poursuite en interdiction contre sa femme, et qui, par tierce-opposition, a obtenu annulation du jugement d'interdiction et de tout ce qui l'avait précédé et suivi. Cass. 9 janv. 1822, P. 17, 24.

27. Jugé également que si le mari avait interjeté appel, *à titre de son épouse*, et que cette qualité ne lui eût pas été contestée, il pouvait se pourvoir en cassation en cette même qualité qui lui devenait dès lors incontestable (Liége, 11 juin 1828), et qu'il avait le même droit de pourvoi, sans énoncer que c'était à titre de son épouse s'il estait et agissait comme maître des droits de sa femme. Cass. 2 vent. an 11, P. 3, 625. — Dans ces deux cas, en effet, il n'aurait pu se rendre tiers-opposant.

— V. d'ailleurs *Absence*, n° 37.

28. Les jugemens rendus contre les administrateurs agissant au nom d'une personne déterminée ou de plusieurs personnes indéterminées, comme les syndics d'une faillite, les héritiers bénéficiaires, les curateurs à succession vacante, les gérans ou liquidateurs d'une société, etc., ne sont pas attaquables par tierce-opposition, s'ils se sont renfermés dans les limites de leurs pouvoirs, et sont attaquables, si les pouvoirs avaient été dépassés.

29. Jugé que chaque associé est valablement représenté, pour tout ce qui tient à l'administration de la société, par le gérant. En conséquence, un associé est non recevable à former tierce-opposition au jugement rendu avec ce gérant, ou ses syndics, sur un fait d'administration, par exemple, sur les effets d'un bail par lui consenti de l'établissement dont l'exploitation est le but de la société. Cass. 19 nov. 1838 (Art. 1403 J. Pr.).

30. Un légataire particulier ne peut former tierce-opposition au jugement rendu contre le curateur à succession vacante, en faveur d'un créancier de cette succession, lorsque la délivrance du legs est postérieure à ce jugement. Paris, 7 juill. 1809, P. 7, 670.

31. Toutefois les créanciers d'une succession bénéficiaire sont recevables à former tierce-opposition aux jugemens rendus avec le curateur nommé pour défendre les droits de la succession contre l'héritier bénéficiaire. Paris, 28 juin 1811, [P. 9, 430; Carré, n° 3240. — La tierce-opposition a été rejetée, au contraire, contre un jugement rendu au profit d'un cohéritier contre l'héritier bénéficiaire. Paris, 23 nov. 1826, D. 26, 132. — Suivant M. Thomine, n° 1191, il faut restreindre le droit de tierce-opposition, au cas de concert frauduleux, entre le curateur et l'héritier bénéficiaire.

32. On a encore été représenté, sans que la qualité de représentant ait apparu en rien, dans les actes et jugemens passés, quoique le représentant n'ait agi que pour son compte personnel, et n'ait entendu stipuler que ses propres intérêts. Il en est ainsi, toutes les fois qu'on exerce un droit transmis d'une personne à une autre.

Ainsi les héritiers, les successeurs à titre universel, ont été représentés par leur auteur. — Ils ne pourraient donc pas former tierce-opposition aux jugemens obtenus contre celui-ci.

33. Les héritiers de l'adoptant peuvent-ils attaquer par tierce-opposition le jugement d'adoption? Faut-il distinguer s'ils agissent de leur chef ou comme représentans de l'adoptant? Pourraient-ils attaquer le jugement par voie de nullité sans former tierce-opposition? — V. *Adoption*, n°s 24, 30, 31.

34. L'héritier auquel est dévolu un immeuble compris dans le partage par un rapport, est-il recevable à former tierce-opposition aux jugemens rendus contre le donataire avant le rapport? — Non, le donataire avait le droit de disposer et d'aliéner directement. Pigeau, 1, 693.

35. Il en est de même des successeurs à titre particulier, et des ayant cause ; mais ici la représentation n'étant plus générale comme pour les successeurs à titre universel, les successeurs à titre particulier peuvent, dans certains cas, et pour certains actes, être considérés comme n'ayant pas été représentés par leur auteur, et en conséquence être admis à former tierce-opposition aux jugemens rendus contre celui-ci.

36. L'acquéreur devenant seul maître, à partir de la vente, est celui contre qui doivent être exercées les actions relatives à l'immeuble. Il cesse dès lors d'être représenté par le vendeur et peut former tierce-opposition aux jugemens obtenus contre celui-ci depuis cette époque. Cass. 21 fév. 1816, P. 13, 294, Montpellier, 26 mars 1836 (Art. 693 J. pr.).

— Spécialement la tierce-opposition de l'acquéreur a été admise contre un jugement qui ordonnait le délaissement. Cass. 19 août 1818, P. 14, 996.

Contre un arrêt prononçant la validité d'un titre en vertu duquel il avait été pris une inscription sur l'immeuble vendu, bien que l'introduction de l'instance fût antérieure à la vente ; Cass. 26 mars 1838 (Art. 1320 J. Pr.).

37. Décidé que le tiers acquéreur poursuivi en délaissement d'un immeuble peut repousser comme n'ayant pas l'autorité de la chose jugée contre lui l'arrêt confirmatif qui dépouille son vendeur de la propriété si cet arrêt est postérieur à la vente, quoique le jugement confirmé fût antérieur et frappé d'appel au moment de la vente. Cass. 25 mars 1828, S. 28, 302. — Cette solution nous paraît violer le principe qui fait du jugement le titre en cas d'arrêt confirmatif : l'arrêt confirmatif n'est rien par lui-même, le jugement est tout et l'exécution appartient au tribunal. — mais au contraire s'il s'était agi d'un arrêt infirmatif, c'est-à-dire créateur d'un titre nouveau, cet arrêt étant postérieur à la vente n'aurait pu préjudicier aux droits de l'acquéreur.

38. La tierce-opposition de l'acquéreur est également recevable lorsqu'après avoir payé son prix, il est poursuivi en vertu d'un bordereau de collocation; il peut alors attaquer le règlement d'ordre par tierce opposition, si ce règlement contient une erreur. Arg., cass. 13 avril 1835 (Art. 81 J. Pr.).

39. Les acquéreurs d'immeubles (d'un interdit) dont la vente avait été autorisée, ont été admis à former tierce-opposition au jugement qui, sur la poursuite de l'interdit, rétractait un précédent jugement par défaut, qui avait prononcé l'interdiction. Cass. 21 déc. 1838 (Art. 1314 J. Pr.).

40. Jugé pourtant 1° que l'acquéreur d'un immeuble vendu

sur conversion en vertu d'un arrêt ne pouvait ni former tierce-opposition à l'arrêt de cassation qui cassait l'arrêt autorisant la vente, ni intervenir. Cass. 14 nov. 1832, S. 33, 297. — Mais dans l'espèce la C. de cass. s'est fondée principalement sur le défaut d'intérêt provenant de cette alternative, que la vente serait maintenue en cas de rejet du pourvoi, et qu'en cas de cassation l'acquéreur serait recevable à intervenir devant la C. roy. saisie par le renvoi.

41. 2° Que le vendeur, d'un immeuble dont l'acquéreur avait été évincé pouvait se pourvoir en cassation contre le jugement qui prononçait l'éviction, bien qu'il n'eût pas été partie en cause. Cass, 30 juin 1818, P. 14, 893. — Par suite ce vendeur n'aurait point été recevable à former tierce-opposition. Il est difficile cependant de regarder le vendeur comme représenté par l'acquéreur : dans la rigueur du droit, le propriétaire a seul par lui-même ou par des mandataires de son choix, pouvoir de se défendre en justice, et ne devrait pas souffrir des jugemens rendus contre d'autres personnes, mais l'intérêt général a fait admettre en principe que le propriétaire apparent représente le vrai propriétaire, et que ce dernier ne peut former tierce-opposition aux jugemens rendus contre le propriétaire nominal. Pau, 4 juill. 1823, P. 18, 13.

Par application de ce principe, l'héritier présomptif possesseur de l'hérédité représente l'héritier qui ne s'est pas fait connaître (C. civ. 462, 790, 1240) et l'héritier connu représente le légataire inconnu.

42. 3° Que la femme légataire en usufruit, qui avait pu et n'avait pas voulu faire connaître sa qualité était non-recevable à former tierce-opposition à un arrêt rendu contradictoirement avec les héritiers au profit d'un créancier de la succession. Nîmes, 18 fév. 1807, P. 5, 685.

43. Celui qui a eu connaissance de l'affaire principale et qui n'est point intervenu, quoiqu'il eût pu le faire, n'est pas pour cela non-recevable à former tierce-opposition au jugement intervenu. Cass. 19 août 1818, P. 14, 996.

44. On a étendu l'application du principe posé *sup.* n° 41, — au cas, où le possesseur n'avait qu'un titre éventuel ou précaire, lorsque le véritable propriétaire ne pouvait pas être mis en cause. — Ainsi l'appelé à une substitution a été regardé comme valablement représenté par le grevé et le tuteur à la substitution. Pigeau, 1, 777. — Et en matière de prise les propriétaires du navire et de la cargaison, par le capitaine. Conseil des prises, 29 prair. an 8.

45. Les mêmes considérations d'intérêt général s'opposent à ce que les tiers puissent attaquer les jugemens dans lesquels a figuré la personne à laquelle était exclusivement réservé le droit

d'y être partie, comme dans le cas où le père a succombé dans une action de désaveu de paternité (C. civ. 316, 317).

46. Toutefois, un fils peut se rendre tiers opposant à un jugement rendu contre son père, et qui l'obligerait à reconnaître pour frère légitime un enfant né hors mariage. Il ne faut pas confondre les droits propres et personnels que les enfans acquièrent en naissant d'un légitime mariage avec ceux qui leur appartiennent, comme héritiers, dans la succession de leurs auteurs; à l'égard de ces derniers, ils sont tenus sans contredit de remplir tous les engagemens de leurs pères, et ils ne sont point recevables, par conséquent, à former tierce-opposition aux jugemens rendus contre eux; mais il en est autrement des droits de famille qui leur appartiennent par le seul fait de leur naissance en mariage légitime : relativement à ces droits, leurs auteurs ne peuvent ni les obliger par leur fait, ni les représenter dans les instances où ils n'ont pas été personnellement appelés. Cass. 9 mai 1821, P. 16, 590.

47. Ne sont pas représentés : 1° le vendeur sous condition résolutoire, telle que la faculté de rachat, dans les jugemens obtenus contre l'acquéreur si le réméré est exercé. C. civ. 1183, 1673.

2° L'acquéreur sous une condition suspensive, dans les jugemens rendus contre le vendeur, si la condition s'accomplit. C. civ. 1181, 1179.

3° Le donateur qui a stipulé le droit de retour, en cas de prédécès du donataire, dans les jugemens rendus contre ce dernier, si le prédécès a lieu (C. civ. 951, 952). Le donataire n'est pas lié non plus s'il y a inexécution des conditions de la donation (954), ou en cas de révocation pour cause d'ingratitude (963).

48. Un individu a été suffisamment représenté, si le tiers opposant n'est, quant à ses droits sur la chose en litige, que l'ayant-cause de la personne condamnée.—V. *Appel*, n°s 71 à 83.

49. Le garant représente-t-il le garanti ? — *Quid vice versâ ?*

1° A l'égard du *garanti formel*, s'il a été appelé en cause, et qu'il ait obtenu sa mise hors de cause, il a, par cela même, *accepté le garant pour représentant*, aussi le législateur a-t-il disposé (C. pr. 185) que les jugemens rendus contre les *garans formels* sont exécutoires contre les garantis. — V. *Garantie*, n° 54. — Si le garanti n'a point été appelé en cause, le jugement rendu à son insu, ne peut lui être opposé, c'est chose *inter alios acta*. Arg. Cass. 17 nov. 1835 (Art. 268 J. Pr.). — — V. *Garantie*, n° 27, et *sup*. n° 36.

Toutefois, il a été jugé que celui qui s'est par un acte particulier porté caution de la validité du paiement fait par un acquéreur, ne peut former tierce-opposition aux jugemens qui condamnent le précédent propriétaire ; et par suite desquels l'acquéreur est sommé de payer ou de délaisser, mais lorsque cet acquéreur forme tierce-opposition, son garant a le droit d'intervenir dans l'instance. Cass. 21 févr. 1816, P. 13, 294.

2° A l'égard du *garant*, n'est pas exécutoire de plein droit contre lui, le jugement rendu contre le garanti, puisque ce dernier, lui-même, perd tout recours contre son garant faute de l'avoir mis en cause, lorsqu'il prouve qu'il avait des moyens de repousser la demande principale. Arg. C. civ. 1640. Thomine, n° 54. — V. *Garantie*, n° 2.

50. Un créancier hypothécaire peut-il former tierce-opposition à un jugement rendu au profit d'un tiers contre son débiteur, et qui a pour résultat de faire évanouir son gage ?

Il faut distinguer s'il n'a que les droits de son débiteur, ou s'il a des droits distincts. — Dans le premier cas, il ne peut former tierce-opposition, car il a été représenté. Cass. 21 août 1826 (Art. 1364 J. Pr.); dans le second, il le peut ; car il n'a pas été représenté. — V. les art. 1351 C. civ., et 474 C. pr., et notre dissertation (Art. 1364 J. Pr.).

51. Les créanciers non appelés à l'ordre, bien qu'ils aient été compris dans l'état des inscriptions, peuvent-ils former tierce-opposition ? — V. *Ordre*, n° 393.

52. Jugé que le cessionnaire d'une créance hypothécaire inscrite, qui a fait signifier l'acte par lequel cette créance lui a été transportée, est recevable à se pourvoir par tierce-opposition contre le réglement définitif auquel il n'a pas été appelé et qui lui préjudicie. Paris, 21 maï 1835. (Art. 181 J. Pr.)

53. Contre qui. La tierce-opposition doit être formée contre celui qui a obtenu le jugement.

Faut-il la diriger aussi contre le condamné ?—On distingue : ou le condamné n'a pas exécuté le jugement, ou il l'a entièrement exécuté ; dans le premier cas on doit, si la tierce-opposition est de nature à suspendre l'exécution, mettre le condamné en cause pour l'empêcher de satisfaire à cette exécution ; dans le second, la tierce-opposition est formée uniquement contre la partie qui a obtenu ce jugement : cependant, dans ce second cas, si l'on prétendait qu'il y a eu collusion entre les deux parties, dans l'obtention du jugement, ou négligence de la part du condamné, on pourrait poursuivre celui-ci. Carré, n° 1726.

§ 4. — *Dans quel délai la tierce-opposition est recevable.*

54. La tierce-opposition peut être formée tant que le jugement n'est point exécuté, et même après l'exécution contre la partie qui y a figuré, tant que le droit sur lequel se fonde le tiers n'a pas été prescrit. Arg. Cass. 17 germ. an 4, S. 15, 58 ; Pigeau, 1, 782 ; Poncet, 2, 145 ; Berriat, 445. Dissertation.

(Art. 136 J. Pr.)—Mais l'exécution de ce jugement contre le tiers, sans protestation ni réclamation de sa part, emporte acquiescement et rend la tierce-opposition non recevable. Pigeau, *ib.* — V. d'ailleurs *Séparation de biens*, n° 81.

§ 5.—*Devant quel tribunal la tierce-opposition doit être portée.*

55. La tierce-opposition *principale* est portée au trib., quel qu'il soit, qui a rendu le jugement. C. pr. 475; — c'est une espèce d'intervention. Bigot de Préameneu, *Exposé des motifs*.

56. La tierce-opposition *incidente* se porte devant le trib. saisi de la cause, s'il est égal ou supérieur à celui qui a rendu le jugement (C. pr. 476); et, dans le cas contraire, devant ce dernier trib. : ainsi, lorsque dans une cause pendante devant un trib. de 1re inst. on produit un arrêt de la C. roy., on doit aller à cette cour pour faire statuer sur la tierce-opposition.

La tierce-opposition incidente est valablement formée pour la première fois en appel, comme moyen de défense à l'action principale. Paris, 30 juill. 1829, S. 30, 101.

57. La C. roy. qui admet une tierce-opposition à un arrêt rendu par elle, est compétente pour statuer sur le fond de la contestation : elle ne doit pas renvoyer aux juges de 1re inst. Cass. 31 mai 1837, S. 37, 997.

58. Si l'on veut s'opposer à un jugement confirmé en appel, l'opposition doit-elle être portée devant la C. roy. ou devant le trib. qui l'a rendu?—En faveur du dernier système on dit : le jugement confirmatif anéantit l'appel, les parties se trouvent au même état que s'il n'y avait point eu d'appel; or, dans ce cas, c'est le même trib. qui doit connaître de l'exécution (Arg. C. pr. civ. 472). Bruxelles, 9 avr. 1808; Douai, 8 oct. 1827, S. 9, 107; 25, 305; Poncet, *Jugemens*, 2, 133; Carré, art. 475: —mais on répond avec raison que ce système est contraire au texte de l'art. 475; qu'il a l'inconvénient d'exposer un trib. de 1re inst. à rétracter un arrêt. Limoges, 13 fév. 1816; Paris, 22 nov. 1825, S. 26, 215, 216; Bourges, 7 juill. 1824, S. 25, 120; Merlin, *hoc verbo*, § 4.

59. La C. roy. connaît exclusivement de la tierce-opposition à un jugement confirmé sur l'appel, et à deux autres jugemens qui sont connexes au premier. Bourges, 28 déc. 1836. (Art. 909, J. Pr.)

60. *Egal.* Le trib. de 1re inst. et le trib. de comm. sont bien *égaux* dans la hiérarchie judiciaire, en ce sens qu'ils connaissent en 1re inst. des affaires qui leur sont soumises; mais ils ne le sont pas quant à la nature de la juridiction. Si donc on oppose, devant un trib. de comm. un jugement rendu *en matière civile*

par un trib. de 1re inst., le trib. de comm. ne peut connaître de la tierce-opposition.

Mais si la tierce-opposition avait pour objet un jugement rendu par un trib. ordinaire *en matière commerciale,* le trib. de comm. pourrait en connaître, parce que, sous ce rapport, les juges ordinaires sont mis à la place des juges de commerce. Demiau, 337.

61. La tierce-opposition à un jugement en dernier ressort est également jugée en dernier ressort, qu'il s'agisse d'une tierce-opposition à un arrêt de C. roy., ou à un jugement du trib. de 1re inst. statuant sur appel d'une sentence du juge de paix. Merlin, *Qu. hoc verbo*, § 2; Berriat, 440, note 5; Carré, n° 1729.

§ 6. — *Procédure.*

62. La tierce-opposition principale et la tierce-opposition incidente portée à un trib. autre que celui qui connaît de la cause, se forment par exploit à personne ou domicile. Arg. C. pr. 476; Bruxelles, 9 avr. 1808, P. 6, 623; Pigeau, 1, 786. —V. *Ajournement.*

63. La tierce-opposition incidente portée au trib. de la cause (—V. *sup.* 56) se forme par requête. C. pr. 475; — ou par des conclusions prises à la barre en tout état de cause (Colmar, 9 août 1814, S. 15, 132; Toulouse, 2 fév. 1838. (Art. 1101 J. Pr.) — *Contrà*, Turin, 14 mai 1808; Berriat, 445.

64. Le créancier qui est intervenu dans une instance introduite par son débiteur afin d'annulation, pour fraude, d'un jugement, peut dans la même instance se porter incidemment tiers opposant à cette sentence comme rendue en fraude de ses droits personnels. Cass. 8 fév. 1837. (Art. 727. J. Pr.) — V. toutefois Nîmes, 11 juin 1819; Orléans, 22 nov. 1822.

65. Devant les trib. de paix et de comm., la tierce opposition principale se forme par exploit d'ajournement ou de citation, et la tierce-opposition incidente par forme de conclusions verbales et à l'audience.

66. La demande est recevable, quoique l'exploit ne contienne pas le mot *tierce*, mais seulement celui *opposition*. Rennes, 5 juin 1817, P. 14, 268.

67. L'étranger qui forme tierce-opposition principale doit donner caution : il est demandeur ou intervenant. C. pr. 166.

68. L'instance de tierce-opposition est dispensée du préliminaire de conciliation (Paris, 29 prair. an 10) : la tierce-opposition même principale constitue une intervention non pas dans une instance, mais dans l'exécution du jugement attaqué. Arg. C. pr. 49-3°; Rennes, 24 juin 1823, D. 25, 1, 105; Poncet, n° 390; Pigeau, 1, 784.—*Contrà*, Paris, 21 pluv. an 10.

§ 7. — *Effets de la tierce-opposition.*

69. EFFETS DE LA DÉCLARATION DE TIERCE-OPPOSITION. La tierce opposition suspend l'exécution du jugement attaqué contre l'opposant. Thomine, art. 478.

70. A l'égard des parties condamnées, la tierce opposition ne doit pas empêcher l'exécution du jugement, s'il porte condamnation à délaisser la possession d'un héritage, et s'il est passé en force de chose jugée. Ordon. 1667, tit. 27, art. 11 ; C. pr. 478 ; — l'opposant ne souffre alors aucun préjudice et ne court presqu'aucun risque.

71. *Dans tous les autres cas,* les juges *peuvent,* suivant les circonstances, suspendre l'exécution du jugement. C. pr. 478 ; — par exemple, lorsqu'il s'agit d'une chose mobilière ; — ou d'un jugement portant condamnation à délaisser la possession d'un héritage, mais non passé en force de chose jugée. Demiau, 338 ; — Carré, art. 478.

72. Le jugement qui déclare la tierce-opposition non recevable ne peut pas néanmoins ordonner l'exécution provisoire, parce que la tierce-opposition attaque le titre dans sa validité et dans son essence. Montpellier, 24 fév. 1835 (Art. 142 J. Pr.). — V. *Ordre,* n° 417.

73. En cas de tierce-opposition incidente, le trib. peut, si le jugement de l'incident est de nature à influer sur celui de l'instance principale, surseoir à l'instance principale jusqu'à ce que la tierce-opposition ait été jugée. C. pr. 477.

74. Mais lorsque le trib. saisi de la cause principale est inférieur à celui qui a rendu le jugement auquel on forme incidemment tierce-opposition, il ne peut en surseoir l'exécution. Paris, 7 janv. 1812, S. 12, 148 ; — on s'adresse pour cela au trib. saisi de l'opposition. — V. *sup.* n° 56.

75. CAS OU LA TIERCE-OPPOSITION EST ADMISE. Le jugement qui déclare la tierce-opposition bien fondée doit rétracter le jugement contre lequel elle est dirigée, mais seulement en ce qui concerne le droit et l'intérêt personnel de l'opposant.

Cependant, il a été jugé que la tierce-opposition admise contre un jugement de dernier ressort entraîne la rétractation du jugement même en faveur de ceux qui y ont été parties, si l'objet du jugement attaqué est tellement indivisible qu'il y ait impossibilité d'exécuter le second jugement en conservant au premier ses effets. Cass. 6 fruct. an 10, S. 2, 2, 426. — V. toutefois *Appel,* n° 80.

76. CAS OU LA TIERCE OPPOSITION EST REJETÉE. La partie dont la tierce-opposition est rejetée doit être condamnée (sur la demande de l'adversaire, ou d'office. Carré, art. 479) à une amende, sans préjudice des dommages-intérêts de l'adversaire, s'il y a lieu. C. pr. 479, 1029. — V. *inf.* n° 77.

Peu importe que la tierce-opposition ait été rejetée comme non recevable ou comme mal fondée : le Code ne distingue pas à la différence de l'art. 10, tit. 27, Ordonn. 1667, qui ne prononçait l'amende que contre celui qui était débouté, Pigeau, 1, 787 ; Carré, *ib.* — M. Berriat, 441, note 7, excepte le cas où la tierce-opposition est rejetée pour incompétence ; — jugé que l'amende n'est pas applicable dans le cas où la tierce-opposition est rejetée comme inutile, parce qu'elle porte sur un jugement par défaut non exécuté dans les six mois de son obtention, et que le tiers-opposant a ignoré le défaut d'exécution, et par conséquent le vice du jugement. Paris, 22 janv. 1810, S. 14, 406.

77. L'amende ne doit pas être moindre de 50 fr. C. pr. 479 ; — mais elle peut excéder cette somme. Merlin, *Rép. hoc verbo*, § 5, n° 2. — *Contrà*, Carré, *ib.* — L'ordonn. 1667 condamnait l'opposant débouté de sa tierce opposition à une amende de 150 fr., s'il s'agissait d'un arrêt, et de 75 fr., s'il s'agissait d'une sentence, le tout applicable moitié au profit du domaine, et moitié au profit de la partie.

§ 8. — *Enregistrement.*

78. Les *exploits, requêtes, jugemens*, et autres actes de procédure faits ou rendus en matière de tierce-opposition, sont soumis aux mêmes droits d'enregistrement que ceux analogues faits dans les autres procédures. — V. ces mots.

— V. d'ailleurs *Greffe*, n°s 26 et 27.

§ 9. — *Formules.*

FORMULE I.

Acte de tierce-opposition par exploit.

(C. pr. 475. — Tarif, 29 par anal. — Coût, 2 fr. orig., 50 c. copie.)

L'an , le , à la requête, etc., (—V. *Ajournement*) j'ai (*immatricule*), soussigné, signifié et déclaré au sieur , demeurant à , etc., que ledit sieur se rend, par ces présentes, tiers opposant à l'exécution du jugement contradictoirement rendu entre ledit sieur et le sieur , en la chambre du tribunal de , le , et signifié au requérant le par exploit de , huissier à ; à ce que le susnommé n'en ignore, et à pareilles requête, demeure et élection de domicile que dessus, j'ai huissier susdit et soussigné, donné assignation audit sieur , domicile et parlant comme dessus, à comparaître d'aujourd'hui à la huitaine franche délai de la loi, heures , par-devant MM. les président et juges composant la chambre du tribunal de , séant à , au Palais-de-Justice, pour attendu que, par le jugement susénoncé, ledit sieur a été réintégré dans la possession d'une maison sise à (*tenans et aboutissans*); attendu que ledit sieur n'ayant pas été partie dans le jugement dont s'agit, quoiqu'ayant dû y être appelé, a droit de l'attaquer par la voie de la tierce-opposition; attendu, au fond, que c'est depuis plus de trente ans que le sieur , vendeur du sieur , requérant, possédait ladite maison à titre de propriétaire, et d'une manière paisible, publique et non-interrompue ; attendu que l'action du sieur se trouve prescrite par cet espace de temps, voir recevoir ledit sieur tiers-opposant à l'exécution du jugement rendu contradictoirement entre le sieur et le sieur par la chambre du tribunal de , le ; ce faisant, voir dire et ordonner que le sieur sera maintenu dans la possesion et jouissance de la maison dont s'agit, et qu'il sera fait défense audit sieur de l'y troubler à l'avenir ; en conséquence, qu'il sera fait défense audit sieur d'exécuter ledit jugement en ce qui touche l'intérêt du demandeur, à peine de tous dommages et intérêts, et pour, en outre, répondre et procéder comme de raison à fin de dépens ; et j'ai, etc. (*Signature de l'huissier.*)

FORMULE II.

Requête de tierce-opposition.

(C. pr. 475. — Tarif, 75. — Coût, 2 fr. par rôle, dont le nombre n'est pas fixé ; le quart pour chaque copie.)

A MM. les président et juges composant la chambre du trib. de

Le sieur , demeurant à , demandeur aux fins de son exploit en date du , défendeur aux fins de la requête du sieur , en date du et tiers opposant par la présente requête à l'exécution du jugement dont est ci-après parlé, ayant pour avoué Me

Contre le sieur , demeurant à , défendeur à l'exploit susdaté, demandeur aux fins de sa requête susénoncée, et encore défendeur à la présente requête, ayant pour avoué Me

A l'honneur de vous exposer que (*rappeler les faits et les moyens*).

Par tous ces motifs et autres a suppléer de droit et d'équité, il plaira au tribunal dire et ordonner qu'en venant plaider la cause d'entre les parties elles viendront pareillement plaider sur la présente requête dont le sieur emploie le contenu pour fins de non-recevoir et défenses contre celle du sieur , en date du , et encore pour moyens à l'appui de sa tierce-opposition ; ce faisant, etc.

— V. *les conclusions de la formule précédente.*

TIERCE-TAXE. — V. *Taxe.*

TIERS. Ce mot désigne en général celui qui n'a point été partie dans un acte. C. civ. 1120, 1121, 1165, 1257, 1325, 1328, 2005, 2009. — V. *Appel*, nos 71 à 83 ; *Tierce-opposition*, § 2.

TIERS-ACQUÉREUR, TIERS-DÉTENTEUR. — V. *Hypothèque*, nos 12 et suiv. ; *Purge ; Revendication.*

TIERS-ARBITRE. — V. *Arbitrage*, Sect. IX.

TIERS-SAISI. — V. *Saisie-arrêt.*

TIMBRE. Contribution publique et indirecte sur les papiers destinés aux actes, affiches, avis imprimés, journaux, registres, etc. — Se dit aussi de la marque ou empreinte apposée sur ces papiers.

DIVISION.

§ 1. — *Droits de timbre ; visa pour timbre.*
§ 2. — *Prohibitions.*
§ 3. — *Qui doit acquitter les droits et les amendes.*
§ 4. — *Des poursuites et des instances.*

§ 1. — *Droits de timbre; visa pour timbre.*

1. Les droits de timbre ont été créés ou modifiés par les lois des 11 fév. 1791, 9 vend. an 6, 6 prair. an 7, 28 avr. 1816. 15 mai 1818, 16 juin 1824, 24 mai 1834, 20 juill. 1837 (Art. 3 et 949 J. Pr.).

2. Ils sont établis sur tous les papiers destinés aux actes civils et judiciaires, et aux écritures qui peuvent être produites en justice et y faire foi. L. 13 brum. an 7, art. 1.

3. On distingue les droits de *timbre de dimension* et ceux de *timbre proportionnel*.

4. Les premiers sont tarifés en raison de la dimension du papier dont il est fait usage; ils sont de 35 cent. pour la demi-feuille de petit papier; — 70 cent. pour la feuille également de petit papier; — 1 fr. 25 cent. pour la feuille de papier moyen; — 1 fr. 50 cent. pour la feuille de grand papier; — et 2 fr. pour le papier grand registre. — Un timbre spécial existe pour les *affiches* (—V. ce mot), avis, annonces, journaux, musique.

Les seconds, créés pour les effets négociables ou de commerce, sont gradués en raison des sommes à y exprimer, sans égard à la dimension du papier. L. 13 brum. an 7, art. 2. — Ils sont de 15 cent. pour les effets de 300 fr. et au-dessous, art. 16, L. 20 juill. 1837 (Art. 949 J. Pr.); — de 25 cent. pour ceux de 500 fr. et au-dessous; — 50 cent. pour ceux de 1,000 fr.; — 1 fr. pour ceux de 2,000 fr., et ainsi de suite en ajoutant 50 cent. pour 1000 fr. L. 24 mai 1834, art. 18 (Art. 3 J. Pr.); — sans addition du dixième. *Ib.*

5. Sont assujettis au timbre de dimension tous papiers à employer pour les actes et écritures, soit publics, soit privés; savoir : 1° les actes des notaires, et les extraits, copies et expéditions qui en sont délivrés; — ceux des huissiers, et les copies et expéditions qu'ils en délivrent; — les actes des agens ayant le droit de verbaliser, et les copies qui en sont délivrées; — les actes et jugemens de la justice de paix, des bureaux de paix et de conciliation, de la police ordinaire, des trib. et des arbitres, et les extraits, copies et expéditions qui en sont délivrés; — les actes judiciaires des juges de paix et de leurs greffiers, ceux des autres juges et des procureurs du roi, et ceux reçus aux greffes ou par les greffiers, ainsi que les extraits, copies et expéditions qui s'en délivrent; — les actes des avoués près les trib., les copies qui en sont faites ou signifiées; — les consultations, mémoires, observations et précis signés des hommes de loi et défenseurs officieux. — V. *Avocat*, n°s 164 à 169; — les actes des autorités constituées administratives, qui sont assujettis à l'enregistre-

ment ou qui se délivrent aux citoyens, et toutes les expéditions et extraits des actes, arrêtés et délibérations de ces autorités qui sont délivrés aux citoyens; — les pétitions et mémoires, même en forme de lettres, présentés aux ministres, à toutes autorités constituées, aux administrations ou établissemens publics; — les actes entre particuliers sous signature privée, et le double des comptes de recette ou gestion particulière; — et généralement tous actes et écritures, extraits, copies et expéditions, soit publics, soit privés, devant ou pouvant faire titre ou être produits pour obligation, décharge, justification, demande ou défense. L. 13 brum. an 7, art. 12.

6. Ainsi il y a contravention lorsqu'une consultation d'avocat, qui a été produite au greffe du trib. civ. pour une demande en cession de biens, et qui est trouvée parmi les pièces à l'appui d'un bilan déposé au greffe du trib. de comm., est écrite sur papier non timbré. Cass. 19 nov. 1839 (Art. 1591 J. Pr.).

7. Toutefois, certains actes sont exemptés de la formalité du timbre, tant par la loi du 13 brum. an 7 que par des lois et arrêtés des gouvernemens postérieurs. — V. *ib.* art. 16, et les différens mots du Dictionnaire.

Ainsi sont exempts des droits de timbre : — 1° les registres et livrets à l'usage des caisses d'épargnes. Art. 9 L. 5 juin 1835 (Art. 281 J. Pr.).

2° Les livres de commerce : le droit de timbre est remplacé par trois centimes additionnels ajoutés au principal de la contribution des patentes. Art. 4 L. 20 juill. 1837 (Art. 949 J. Pr.). — V. d'ailleurs *Huissier*, n°s 278 et 279.

3° Les registres des fabriques. Décr. 30 déc. 1809, art. 81, etc.

8. Quant aux hospices, sont encore dispensés du timbre : — 1° les expéditions des arrêtés de conseils de préfecture portant règlement de la comptabilité de ces établissemens et notifiées aux comptables. — Il en est autrement si elles sont requises par ces derniers. Décis. min. fin. 16 nov. 1825; — 2° les quittances des sommes payées par les hospices pour mois de nourrice des enfans trouvés, considérées comme secours accordés à des indigens. Décis. min. fin. 10 janv. 1834; — 3° les certificats de vie des enfans trouvés. Décis. min. fin. 26 janv. 1832. — V. d'ailleurs *Indigent*, n°s 32, 33.

9. Mais sont assujettis au timbre : — 1° les registres des receveurs des hospices, comme ceux des receveurs communaux. Trouillet, v° *Comptabilité*, § 1er, n° 39; — 2° les quittances au-dessus de 10 fr. *Ib.* § 3, n° 2; — 3° les marchés, mémoires et mandats produits au soutien de la comptabilité des hospices et établissemens de bienfaisance. Ils ne peuvent être visés pour timbre. Déc. min. fin. 25 janv. 1825; Inst. n° 1180, § 9; —

4° le double du compte des recettes des hospices servant de décharge au comptable.

10. Sont soumis au timbre : — 1° le registre tenu dans la chambre des avoués, sur lequel sont inscrits les actes de la nature de ceux que l'art. 78, L. 15 mai 1818, déclare sujets à l'enregistrement ; — 2° le registre de recettes et dépenses du trésorier de la chambre ; — 3° tous extraits ou expéditions des registres, et tous certificats délivrés par le président, le trésorier ou le secrétaire de la chambre, soit aux parties intéressées, soit aux officiers ministériels, soit aux avoués eux-mêmes individuellement dans leur intérêt privé ou dans celui de leurs fonctions.

Sont au contraire exempts du timbre tous les autres registres tenus dans la chambre des avoués, soit en exécution des lois et règlemens, soit pour l'ordre intérieur ; — et les extraits ou expéditions requis par le procureur du roi ou autres autorités constituées, pourvu qu'il y soit fait mention de cette destination. Décis. min. fin. 27 déc. 1830.

11. Sont assujettis au timbre proportionnel tous les billets et effets négociables. — V. *sup.* n° 3.

12. Tout acte fait ou passé en pays étranger ou dans les îles ou colonies françaises où le timbre n'aurait pas encore été établi est soumis au timbre avant qu'il puisse en être fait aucun usage en France, soit dans un acte public, soit dans une déclaration quelconque, soit devant une autorité judiciaire ou administrative. L. 13 brum. an 7, art. 13. — Il en est de même des effets négociables souscrits dans les colonies ou à l'étranger. *Ib.* art. 15.

13. Il est fait défense aux notaires, huissiers, greffiers, arbitres et experts d'agir, aux juges de prononcer aucun jugement, et aux administrations publiques de rendre aucun arrêté sur un acte ou sur un effet de commerce, non écrit sur papier timbré du timbre prescrit ou non visé pour timbre. — Néanmoins les notaires peuvent énoncer dans leurs actes des pièces non timbrées, à la charge de payer les droits et amendes dus pour ces actes en même temps qu'ils font enregistrer les actes par eux reçus. L. 16 juin 1824, art. 13 ; Inst. rég. 29 juin 1825. — V. *Enregistrement*, n° 68.

Aucun juge ou officier public ne peut non plus coter ou parapher un registre assujetti au timbre, si les feuilles n'en sont timbrées. *Ib.* art. 24.

Le tout sous peine d'une amende de 20 fr. *Ib.* art. 26, et L. 16 juin 1824, art. 10 ; L. 24 mai 1834, art. 23.

14. Il est également défendu, sous peine d'une amende de 10 fr., à tout receveur d'enregistrer aucun acte qui ne serait pas sur papier du timbre prescrit ou qui n'aurait pas été visé pour timbre. *Ib.* art. 25, 26 ; L. 16 juin 1824, art. 10.

15. Les notaires, greffiers, arbitres et secrétaires des administrations ne peuvent employer, pour les expéditions qu'ils délivrent des actes retenus en minute et de ceux annexés ou déposés, des papiers d'un format inférieur à celui appelé papier moyen.

Les huissiers et autres officiers publics ou ministériels ne peuvent non plus employer de papier timbré d'une dimension inférieure à celle du papier moyen pour les expéditions des procès-verbaux de ventes de mobilier. *Ib.* art. 19.

Le tout sous peine d'une amende de 10 fr. *Ib.* art. 26 ; L. 16 juin 1824, art. 10.

16. Pour le nombre de lignes que l'on peut mettre à chaque page, selon la dimension du papier. Circul. garde-des-sceaux, 15 avr. 1840 (Art. 1628 J. Pr.).—V. *Copie de pièces*, n°s 8 et 9; *Greffier*, n° 23 ; *Huissier*, n°s 152 à 154.

17. Les copies des actes du ministère de l'huissier ne doivent, non plus que les copies de pièces, contenir, à peine d'amende, plus de trente-cinq lignes par pages de petit papier. Cass. 10 janv. 1838. (Art. 1107 J. Pr.).

18. Mais jugé qu'un huissier n'est pas passible d'amende, pour avoir *signifié* des écritures faites et signées par un avoué, dépassant le nombre de lignes fixé, lorsque d'ailleurs ces écritures ne sont pas illisibles. Trib. Nevers, 27 nov. 1837. (Art. 1078 J. Pr.)

19. Tout officier ministériel ou public qui rédige un acte sur papier non timbré est encore passible d'une amende de 20 fr. L. 13 brum. an 7, art. 26 ; 16 juin 1824, art. 10.

L'amende est de 5 fr. pour un simple particulier. *Ib.*

20. A l'égard des effets négociables écrits sur papier non timbré, il est dû une amende de six pour cent de la somme. L. 24 mai 1834, art. 19.—V. *inf.* n° 41.

Lorsque l'effet a été écrit sur du papier d'un timbre inférieur à celui qui aurait dû être employé, l'amende n'est perçue que sur la somme excédant celle qui aurait pu être exprimée sans contravention. LL. 16 juin 1824, art. 12 ; 24 mai 1834, art. 19.—S'il a été écrit sur du papier au timbre de dimension, il n'est dû aucune amende, si ce n'est dans le cas d'insuffisance du prix du timbre et dans la proportion ci-dessus fixée. *Ib.* — V. *sup.* n° 12 ; L. 1834, art. 19, 22.

21. Le papier timbré au type royal (sans fleurs de lis. Déc. min. fév. 1831) est le seul dont on puisse se servir. Ordonn. 10 août 1815, 8 juill. 1827.

22. On trouve des papiers timbrés de toute espèce dans tous les lieux où il y a des bureaux d'enregistrement ; il n'est permis qu'aux préposés de la régie d'en faire le débit, à peine de confiscation des papiers saisis et d'une amende de 20 fr. pour la première fois, et de 50 fr. au cas de récidive. L. 13 brum. an 7, art. 27, L. 16 juin 1824, art. 10.

23. Les particuliers qui veulent se servir de papiers autres que ceux débités par la régie ou de parchemin, sont admis à les faire timbrer avant d'en faire usage. — Ainsi on peut faire timbrer des registres, des papiers destinés à dresser des plans, etc.

La même faculté est accordée aux notaires et officiers publics, mais seulement pour les parchemins qu'ils sont dans le cas d'employer pour des contrats de mariage, de vente ou autres. *Ib.* art. 18. — Le timbre ainsi apposé sur les papiers fournis par les particuliers est appelé à l'*extraordinaire* par opposition à celui des papiers débités par la régie, qui se nomme timbre *ordinaire*.

24. *Visa pour timbre.* Dans certains cas, la formalité du timbre peut être remplacée par un visa apposé sur du papier ordinaire par les receveurs de l'enregistrement. — Mais ce visa n'est délivré que dans les cas expressément prévus par la loi.

Il est donné au comptant, en débet ou *gratis*.

25. *Peuvent être visés pour timbre au comptant :* 1° les papiers destinés à recevoir des billets simples au porteur ou à ordre, des lettres de change, ou autres effets négociables au-dessus de 20,000 fr. L. 13 brum. an 7, art. 11. — 2° Les effets négociables venant de l'étranger ou des îles et colonies françaises où le timbre n'a pas été établi. *Ib.* art. 15. — Si l'acte est écrit en langue étrangère, il suffit de déclarer au bas de l'effet la somme en argent de France qui en fait l'objet (sans qu'il soit besoin d'y joindre aucune traduction), afin que le receveur puisse asseoir le droit proportionnel de timbre. Décis. min. fin. 28 nov. 1831. — 3° Les écritures privées faites sur papier non timbré, lorsqu'on veut les produire en justice (*ib.* art. 30); par exemple, une procuration donnée par lettre missive. Décis. min. fin. 25 oct. 1808. — 4° Les expéditions délivrées aux notaires, avoués, greffiers, huissiers, etc., des ordonnances de leur nomination. L. 21 avr. 1832; Inst. rég. 30 avr. suiv., n° 1399. — 5° Les commissions ou actes de nomination des employés et préposés de toutes les régies et administrations. Arrêté min. fin. 17 fév. 1831; Inst. rég., n° 1367. — 6° Les doubles des comptes de gestion des receveurs municipaux qui sont remis à ces comptables pour leur décharge. Inst. rég. n°s 454, 582, 1180, § 9. — 7° Les formules imprimées qui servent à la rédaction des mémoires et factures de marchands et fournisseurs, et des autres dépenses des divers ministères, avant qu'il soit fait usage de ces formules. Décis. min. fin. 16 juill. 1829, 7 janv. 1830; Inst. rég. 1286, 1307, § 14.

26. *Peuvent être visés pour timbre en débet* : 1° Les actes et procès-verbaux des huissiers, gardes champêtres ou forestiers (autres que ceux des particuliers), et généralement tous actes et procès-verbaux concernant la police ordinaire, et qui ont pour objet la poursuite et la répression des délits et contraventions aux règlemens généraux de police et d'impositions, lorsqu'il n'y a pas de partie civile en cause, sauf le recouvrement des droits contre les condamnés. L. 25 mars 1817, art. 74. — 2° Les actes, procès-verbaux et jugemens en matière civile, lorsqu'ils sont faits d'office à la requête du ministère public, notamment les appositions et levées de scellés, les nominations de tuteurs et subrogés tuteurs, les procédures en interdiction, celles tendantes à faire nommer des curateurs aux successions vacantes, celles ayant pour objet les rectifications des registres de l'état civil, l'exécution des lois sur le notariat, et généralement dans tous les cas où le ministère public n'agit que dans l'intérêt de la loi. Inst. rég. n°s 290, §§ 2, 3; 390, § 1; 531, 1187, § 17. — 3° Les significations faites aux chambres d'officiers ministériels, sur la réquisition du ministère public, des jugemens d'interdiction. Arg. décr. 18 juin 1811, art. 118. — 4° Les bordereaux d'inscriptions aux hypothèques, requises par le ministère public dans l'intérêt des mineurs, des interdits ou des absens, et de celles requises par les administrations au profit de l'État. Circ. rég. n°s 1501, 1506, 1521, 1676, 7 juin 1806, 5 juill. 1808. — 5° La requête du procureur du roi et l'ordonnance du président aux fins de transcription sur les registres des trib. des lettres portant dispenses d'âge ou de degré de parenté. Inst. rég. n° 1282, § 4. — 6° Les actes de procédures faits à la requête, soit des préfets, soit du ministère public, contre les communes, en exécution de la loi du 10 vend. an 4, pour faire prononcer des dommages-intérêts et amendes. Décis. min. fin. 28 therm. an 11; Inst. rég. n° 154. — 7° Les déclarations de naufrage, les rapports faits par les capitaines naufragés ou capturés, les procès-verbaux constatant les échouemens, lorsque les parties sont dans l'impossibilité d'acquitter les droits. Inst. rég. n° 402. — 8° Les procès-verbaux d'adjudication de forêts et de biens de l'Etat, et de coupes de bois, soit de l'Etat, soit des communes et établissemens publics. Décis. min. fin. 3 août 1831, 28 janv. 1832; Inst. rég. 1379, § 1, et 1401, § 10. — 9° Les jugemens rendus sur la poursuite d'office du ministère public pour délits dans les bois des particuliers. Décis. min. just. et fin. 15 avr. 1830. — 10° Les significations des arrêtés de préfets relatifs à la délimitation des bois de l'Etat, des communes et des établissemens publics. Décis. min. fin. 7 nov. 1828, 18 mai 1829; Inst. rég. n°s 1265, § 1; 1294, § 5. — V. d'ailleurs *C. for.* 104.

27. *Peuvent être visés pour timbre gratis* : 1° les actes de procédure et jugemens à la requête du ministère public ayant pour objet de faire réparer les omissions, et faire les rectifications sur les registres de l'état civil d'actes qui intéressent les individus notoirement *indigens* (— V. ce mot, n°s 18 à 21), ou de remplacer les registres de l'état civil perdus ou incendiés par les événemens de la guerre, et de suppléer aux registres qui n'auraient pas été tenus. L. 25 mars 1817, art. 75 ; Inst. rég. n° 768; — 2° Les procès-verbaux d'expertises de bâtimens et terrains dont l'occupation devient nécessaire pour les travaux publics, dans le cas où l'Etat est chargé de payer les frais. Décis. min. fin. 22 juin 1830 ; — 3° les baux de bâtimens et terrains dont le prix est à la charge de l'Etat. Décis. min. fin. 21 juin 1830 ; — 4° les actes d'acquisition d'immeubles pour le compte de l'Etat, et de terrains pour la confection des routes royales ou départementales. Solut. 1er sept. 1831 ; — 5° les arrêtés rendus par les préfets pour l'alignement des constructions sur la voie publique, s'il en résulte une concession de terrain au profit de l'Etat. Inst. rég. n° 860.—V. d'ailleurs *Répertoire*, n° 49.

§ 2. — *Prohibitions.*

28. L'empreinte du timbre ne peut être couverte d'écriture ni altérée, sous peine de 5 fr. d'amende contre les contrevenans. — V. d'ailleurs *Répertoire*, n°s 47, 48; *Huissier*, n° 279.

29. Le papier timbré qui a été employé à un acte quelconque ne peut plus servir pour un autre acte, quand bien même le premier n'aurait pas été achevé. L. 13 brum. an 7, art. 22 ; — à peine d'une amende de 5 fr. pour les particuliers, et de 20 fr. pour les officiers ministériels ou publics. *Ib.* art. 26; L. 16 juin 1824, art. 10.

30. Mais il n'y a pas contravention : — 1° si les mots biffés sont le commencement de l'acte mis à la suite des lignes raturées. Délib. rég. 3 déc. 1816.

31. 2° Lorsqu'un acte a été rédigé sur une feuille de papier timbré, en tête de laquelle se trouvent quelques lignes raturées étrangères à cet acte et qui ne portent aucune des indications soit de date, soit d'objet de la convention. Cass. 27 janv. 1836 (Art. 363 J. Pr.).

32. 3° Lorsqu'un exploit qui devait être signifié par un huissier dont il portait l'immatricule, l'a été par un autre qui a effacé cette immatricule pour y substituer la sienne. Cass. 11 juill. 1835, P. 13, 3.

33. Il ne peut être fait ni expédié deux actes à la suite l'un de l'autre sur la même feuille de papier timbré, nonobstant tout usage ou réglement contraire. L. 13 brum. an 7, art. 23; — à peine d'une amende de 5 fr. pour les particuliers, et de

20 fr. pour les officiers publics. *Ib.* art. 26; L. 16 juin 1824, art. 10.

34. Toutefois, peuvent être écrits sur la même feuille les inventaires, procès-verbaux et autres actes qui ne peuvent être consommés dans un même jour et dans la même vacation; les procès-verbaux de reconnaissance et levée de scellés (—V. ce mot, n° 96); les significations des huissiers qui peuvent être faites à la suite des jugemens et autres pièces dont il a été délivré copie; les ratifications des actes passés en l'absence des parties; les quittances de prix de vente et celles de remboursement de constitution ou obligation; les différentes quittances données pour à-compte d'une seule et même créance ou d'un seul terme de loyer. L. 13 brum. an 7, art. 23.

35. Spécialement ne commet pas de contravention le notaire, — qui écrit à la suite d'un transport l'acte d'acceptation (qui n'en est que le complément. Arg. C. civ. 1690) par le débiteur. Trib. Evreux, 15 avr. 1837 (Art. 768 J. Pr.—*Contrà*, Trib. Saint-Dié, 6 mars 1835)Art. 206 J. Pr.).— Ou qui rédige sur la même feuille le procès-verbal de vente du mobilier d'une succession et l'inventaire des papiers, lorsque le préambule de l'acte indique l'intention des parties de ne faire qu'un seul acte. Jugement du trib. de Langres auquel a adhéré l'administration. 4 déc. 1832, D. 36, 3, 126. — Mais on ne peut pas écrire l'acquiescement à un jugement à la suite de l'expédition du jugement. Délib. rég. 30 déc. 1831, S. 32, 119.

36. Sont au contraire valablement mis : la notification d'un *acte respectueux* à la suite de la réquisition. Solut. 16 juin 1832 (—V. ce mot, n°s 58 et suiv.); —Les procès-verbaux d'adjudication, à la suite des procès-verbaux de criées ou de cahiers des charges. Délib. rég. 31 déc. 1817; —ou à la suite de l'acte de dépôt du cahier des charges chez le notaire commis pour procéder à la vente : ces deux actes ont en effet un rapport nécessaire. Trib. Bourgoin, 30 mars 1833; Nanci, 16 déc. 1829.—*Contrà*, Trib. Château-Thierry, 19 août 1833; Rég. 24 mars 1829;— l'acte contenant des modifications au cahier des charges, à la suite de ce cahier. Solut. rég. 8 sept. 1831;—l'acte de cautionnement passé en exécution d'une clause de l'adjudication, à la suite de cette adjudication. Délib. rég. 11 fév. 1824; —les déclarations de command, à la suite de l'acte d'adjudication; — la décharge du prix des ventes à l'encan d'objets mobiliers, à la suite ou en marge des procès-verbaux de vente; — les décharges accordées aux officiers ministériels des titres ou sommes déposés en leurs mains, à la suite des actes de dépôt. Décis. min. fin. 23 fév. 1826; — les actes qui tendent à l'homologation d'une délibération du conseil de famille ou d'un acte de notoriété, tels que la requête, l'ordonnance du président, pour la communiquer

au procureur du roi, ou pour commettre un rapporteur, et le jugement qui prononce l'homologation, à la suite les uns des autres. C. pr. 885, 866 ; Inst. rég. 18 déc. 1824 ; — le certificat d'insertion au tableau des interdictions, ou le procès-verbal de nomination du conseil de l'interdit, à la suite de l'expédition du jugement d'interdiction. Décis. min. fin. 23 juin 1807 ; — l'addition à un interrogatoire, à la suite de cet interrogatoire. C. pr. 334 ; — les jugemens à la suite les uns des autres sur la feuille d'audience ; — le mandat pour plaider devant les tribunaux de commerce, au bas de l'assignation. C. pr. 414 ; — les dénonciations de protêt aux endosseurs, à la suite de l'acte de protêt. Délib. rég. 22 oct. 1807 ; — la décision intervenue sur les oppositions aux qualités, à la suite des qualités. Décis. min. just. et fin. 21 mai 1811 ; — le procès-verbal de saisie mobilière, à la suite d'un autre procès-verbal daté de la veille constatant refus d'ouvrir les portes. C. pr. 587 ; — l'ordonnance et le procès-verbal de levée de scellés, à la suite du procès-verbal d'apposition. Décis. min. fin. 20 avr. 1813 ; — le certificat du greffier attestant que lecture du jugement de séparation de corps et de biens a été faite à la suite de l'expédition du jugement. Solut. rég. 8 fév. 1831 ; — l'original de la signification d'un jugement, à la suite de celle du même jugement fait à la même requête aux mêmes personnes, le premier au domicile réel, et le second au domicile élu. Solut. 27 août 1812 ; — le cahier des charges additionnelles dans le cas de surenchère sur aliénation volontaire, à la suite de l'acte qui donne lieu à la surenchère. Déc. min. fin. et just. 6 et 11 déc. 1822 ; — la requête présentée par les experts pour obtenir taxe, à la suite du rapport de ces experts. C. pr. 319 ; Déc. min. fin. 27 mars 1822 ; — l'état des frais de vente et de poursuites, à la suite du procès-verbal de vente de meubles. Solut. rég. 25 sept. 1822 ; — le procès-verbal de vente de meubles d'un particulier faite par un officier ministériel, à la suite du procès-verbal de vente de meubles appartenans à d'autres personnes, mais faite par le même officier. Délib. rég. 16 juin 1824.—V. d'ailleurs les différens mots du *Dictionnaire*.

37. Mais l'huisssier ne peut rédiger un procès-verbal d'apposition de placards à la suite d'un exemplaire de ces placards : une affiche n'est pas une pièce dont il est délivré copie, et un procès-verbal d'apposition n'est pas une signification. Déc. min. fin. 13 déc. 1832 ; — le greffier, l'acte de dépôt du cahier des charges, à la suite de ce cahier. Délib. rég. 20 déc. 1816 ; déc. min. fin. 15 mars 1818 ; — le notaire, un acte de partage, à la suite d'un inventaire. Délibération, 12 août, approuvée par déc. min. fin. 14 sept. 1831, D. 32, 3, 130.

§ 3. — *Qui doit acquitter les droits de timbre et les amendes.*

38. Pour connaître celle des parties qui doit supporter les droits du timbre employé pour les actes, il faut se référer au droit commun..

39. Ainsi, les droits des actes emportant obligation, libération ou translation de propriété, ou d'usufruit de meubles ou d'immeubles, sont à la charge des débiteurs ou nouveaux possesseurs, et ceux de tous les autres actes à la charge des parties auxquelles ils profitent, à moins de stipulations particulières. Arg. L. 22 frim. an 7, art. 31 ; C. civ. 1248, 2155. (Art. 1289 J. Pr.—V. toutefois *Paiement*, n° 12 *in fine*.

40. Sont solidaires pour le paiement des droits de timbre et des amendes de contravention vis-à-vis du trésor, tous les signataires pour les actes synallagmatiques, les prêteurs et les emprunteurs pour les obligations ; les créanciers et les débiteurs pour les quittances ; les officiers ministériels qui ont écrit ou rédigé des actes énonçant des actes ou registres non timbrés. L. 28 avr. 1816, art. 75.

Il n'est dû qu'une seule amende pour défaut de timbre d'un acte sous seing privé, en quelque nombre que soient les doubles écrits sur papier libre : il ne s'agit que d'un seul acte. Solution du 2 juill. 1812 ; décis. min. fin. 11 août suiv. Trouillet, v° *Acte sous seing privé*, § 7, n° 3.

41. Pour les effets de commerce, l'accepteur est soumis à l'amende, indépendamment de celle encourue par le souscripteur. A défaut d'accepteur, l'amende est due par le premier endosseur. Art. 19. L. 24 mai 1834. (Art. 3 J. Pr.)

Les contrevenans sont solidaires pour le paiement dudroit et des amendes, sauf le recours de celui qui en a fait l'avance pour ce qui n'est pas à sa charge *personnelle*. *Même loi*, art. 21.

42. En cas de décès des contrevenans, les droits et amendes sont à la charge de leurs successeurs, et jouissent du privilége des contributions directes. *Ibid.* art. 76.

— V. d'ailleurs *Affiche*, n° 17 et suiv.

43. L'avocat qui délivre une consultation sur papier non timbré (—V. *sup.* n° 6) est personnellement responsable des droits et passible de l'amende. Cass. 19 nov. 1839. (Art. 1591 J. Pr.)

§ 4. — *Des poursuites et des instances.*

44. Le recouvrement des droits de timbre et des amendes doit être poursuivi par voie de contrainte ; en cas d'opposition, les instances sont instruites et jugées comme en matière *d'enregistrement*. L. 28 avr. 1816, art. 76.—V. ce mot, n° 116 et suiv.

45. Elles sont soumises au tribunal dans l'arrondissement duquel est situé le bureau dont la contrainte est émanée, et non pas devant le tribunal du domicile du contrevenant. Cass. 30 mai 1826. S. 26, 458; Inst. rég. 30 sept. 1826, n° 1200, § 25.

46. Les contraventions sont constatées par des procès-verbaux dressés par les préposés de la régie. et qui doivent être signifiés avec assignation devant le tribunal compétent (—V. *sup.* n° 33) dans les trois jours, lorsque le contrevenant est domicilié dans l'arrondissemeut du bureau où le procès-verbal est rapporté, et à l'égard des contrevenans domiciliés hors de cet arrondissement dans le délai de huit jours, jusqu'à cinq myriamètres de distance, et d'un jour de plus par chaque cinq myriamètres au-delà de cette distance. LL. 13 brum. an 7; 25 germ. an 11; 28 avr. 1816, art. 76.

☞ 47. Les préposés sont en outre autorisés à retenir les actes, registres ou effets en contravention aux lois sur le timbre, pour les joindre aux procès-verbaux dressés par eux, à moins que les contrevenans ne consentent à signer lesdits procès-verbaux, ou à payer sur-le-champ l'amende encourue et les droits de timbre. L. 13 brum. an 7, art. 31.

48. Les officiers ministériels et les particuliers peuvent, s'il y a doute sur la réalité des contraventions, avant d'introduire une instance judiciaire, réclamer auprès de la régie ou du ministre des finances, —ou si les contraventions sont excusables, près du ministre pour obtenir la remise entière ou partielle des amendes, comme en matière *d'enregistrement*. — V. ce mot, n° 88 et suiv.

49. L'action de la régie en paiement des amendes se prescrit par deux ans, à compter du jour où les préposés ont été mis à portée de constater les contraventions au vu de chaque acte soumis à l'enregistrement, ou du jour de la présentation des répertoires à leur visa. L. 16 juin 1824, art. 14; —ou par trente ans, si les préposés n'ont pas été à même de constater les contraventions. Déc. min. fin. 12 sept. 1825, 7 mars 1826; Inst. rég. 30 déc. 1825, 16 juin 1826.

50. L'action en recouvrement des droits de timbre se prescrit par trente ans. C. civ. 2262; L. 16 juin 1824, art. 14.

Le paiement volontaire emporte renonciation à la prescription acquise: Délib. rég. 3 janv. 1824.

—V. *Affiche; Avoué; Huissier; Répertoire.*

TIREUR. — V. *Effet de commerce.*

TITRE. *Preuve* écrite d'un droit ou d'une qualité. — V. *Remise de titres;* — ce mot est souvent synonyme de *droit:* ainsi, l'on dit qu'une demande est *formée à juste titre.*

TITRE DE L'ARGENTERIE. — V. *Inventaire*, n° 56 ; *Saisie-exécution*, n° 134.

TITRE EXÉCUTOIRE. — V. *Exécution*, n° 29 et suiv.

TITRE PARÉ. — V. *Ibidem*.

TITRE, TITULAIRE. — V. *Office*.

TOUR DE RÔLE. Se dit de l'ordre dans lequel les causes sont inscrites pour être appelées à l'*audience*. — V. ce mot, n° 9 et suiv.

TRADUCTION D'ACTE. — V. *Interprète*; *Timbre*, n° 25.

TRAITE. — V. *Effet de commerce*.

TRAITÉ D'OFFICE. — V. *Office*, § 4.

TRAITEMENT. — V. *Greffier*, n° 46 ; *Huissier*, nos 276 et 277 ; *Juge*, n° 43 ; *Juge de paix*, nos 18 et 19 ; *Retraite*, *Saisie-arrêt*.

TRAITS DE PLUME. — V. *Blanc* ; *Rature*.

TRANSACTION.

1. Le tuteur ne peut transiger au nom du pupille, sans l'autorisation du conseil de famille, l'avis de trois jurisconsultes désignés par le procureur du roi près le tribunal de 1re instance et l'homologation du tribunal, le procureur du roi entendu. C. civ. 467 ; — le mineur émancipé doit remplir les mêmes formalités, lorsque la transaction porte sur des chosesdont il n'a pas la disposition. Arg. C. civ. 484. — V. *Avocat*, n° 46.

TRANSCRIPTION. Copie littérale des actes contenant transport de la propriété d'immeubles ou de droits immobiliers sur un registre public, tenu par le conservateur des hypothèques dans l'arrondissement duquel les biens aliénés sont situés.

1. La transcription est utile : 1° au vendeur et au bailleur de fonds : elle conserve leur privilége. C. civ. 2108. — V. *Inscription hypothécaire*, n° 3 ;

2° A l'acquéreur : c'est pour lui un moyen d'arriver à la purge des hypothèques, et d'empêcher les créanciers des précédens propriétaires de prendre inscription après la quinzaine, à dater de l'accomplissement de la formalité. C. pr. 834. — V. *Purge*, nos 24 à 40, et d'ailleurs C. civ. 2180-4° ;

3° Au donataire, pour lui transférer la propriété de l'immeuble donné à l'égard des tiers. C. civ. 939, 1069.

2. Pour le droit de transcription. — V. *Inscription*, n° 116.

TRANSCRIPTION DE JUGEMENT. — V. *Cassation*, n. 299.

TRANSCRIPTION *du procès-verbal de* SAISIE-IMMOBILIÈRE. — V. *Vente sur saisie immobilière*.

TRANSFERT. Transport d'une rente sur l'Etat, ou d'une action dans une société commerciale. — V. *Transport*, *Vente de meubles*.

TRANSPORT CESSION. Vente de créances ou autres droits incorporels.

1. Le cessionnaire n'est saisi de la propriété de la chose transportée, à l'égard des tiers, que par la signification de l'acte de transport au débiteur, ou par l'acceptation authentique de ce dernier. C. civ. 1690. — V. toutefois *inf.* n° 4; C. com. 136, 187; 36.

2. Le transport doit être notifié par un huissier, — et non par un notaire. Bruxelles, 23 mars 1811, S. 11, 280.

3. Les frais de signification de la cession sont à la charge du cessionnaire. Arg. C. civ. 1593.

4. La signification n'est point exigée pour 1° les lettres de change et billets à ordre; la propriété en est transférée à l'égard de tous par l'endossement. C. com. 136, 187; — 2° les actions des sociétés de commerce dans plusieurs cas. C. com. 42; — 3° les actions de la banque de France. Décr. 15 janv. 1808; — 4° les rentes sur l'Etat: un transfert sur les registres suffit. — V. *Agent de change*, n°s 9, 29, 33 à 36, 42.

— V. *Saisie-arrêt.*

5. *Enregistrement.* Le sieur B. vendit ses biens à quatorze acquéreurs non solidaires moyennant des prix distincts dont la réunion formait un total de 3,755 fr.; par un second acte sous seing-privé (fait en six originaux), il céda ce capital à cinq individus, savoir: 638 f. au sieur D., 879 f. au sieur M., etc. — Cet acte a été signifié à chacun des quatorze débiteurs par un exploit qui dénomme les cinq cessionnaires. Il a été décidé qu'il était dû 70 droits, produit de 14 par 5. Solut. du 26 août 1831. — V. *Pluralité de droits*, n°s 1 et 2.

— V. d'ailleurs *Appel*, n° 79; *Saisie-arrêt*, n°s 141 à 143, 151 à 154; *Saisie exécution*, n° 3; *Timbre*, n° 35.

TRANSPORT (DROIT DE). Indemnité accordée aux juges, aux greffiers, aux témoins et aux officiers ministériels, en cas de déplacement. — V. *Huissier*, n°s 252 à 255; *Tarif*, n° 1; *Vacation*; *Voyage*.

L'huissier, lors même qu'il ferait plusieurs exploits dans le même jour à des distances éloignées les unes des autres, ne peut exiger pour toutes que les frais d'une journée de transport, non excédant dix lieues. Arg. C. pr. 62; tarif, 66. Thomine, 161. Il ne faut pas, dit cet auteur, que l'appât du gain l'empêche de donner le temps convenable à chaque diligence, par le désir d'en faire un plus grand nombre le même jour. — Ce motif est controversable. En effet, il peut arriver que plusieurs exploits doivent être signifiés nécessairement le même jour, et que l'huissier soit obligé de faire des dépenses extraordinaires pour satisfaire ses divers cliens.

TRÉFONDS. — V. *Fonds*; *Saisie immobilière*; *Vente.*

TRÉSOR PUBLIC.

1. Un employé supérieur nommé par le ministre des finan-

ces représente le trésor dans toutes ses actions actives et passives.

2. Le trésor est assigné en la personne ou au bureau de l'agent judiciaire, à peine de nullité. C. pr. 69, 70.

3. Les assignations et significations faites au domicile de l'agent judiciaire, ne sont valables qu'autant qu'il les a visées. L. 31 août 1791.

4. Un avoué résidant dans le chef-lieu de chacun des départemens est commissionné par le ministre des finances en qualité d'agrégé à l'agence judiciaire du trésor public. Cet avoué est chargé, sous la direction de l'agent judiciaire, de suivre les poursuites à exercer contre les débiteurs du trésor public. Décr. 7 mai 1808.

5. Les causes qui intéressent le trésor sont dispensées du préliminaire de conciliation. C. pr. 49 ; — et communiquées *au ministère public*. — V. ce mot, n° 79 ;

6. Les jugemens rendus sur les instances dans lesquelles l'agent du trésor a été partie, soit en demandant, soit en défendant, sont exécutoires par provision. L. 11 fruct. an 5, art. 1er.

7. Mais l'exécution provisoire n'a lieu, en faveur des particuliers qui veulent en user, qu'après que ceux-ci ont fourni bonne et suffisante caution dans les formes ordinaires. *Même loi*, art. 2. — V. d'ailleurs *Possession (envoi en)*, n° 10.

8. Quant au privilége du trésor sur les meubles, — V. *Distribution par contribution*, n° 72 ; *Faillite*, n° 488, *in fine*.

TRIBUNAL. Siége du juge, du magistrat. — Il signifie aussi la juridiction d'un magistrat, ou de plusieurs qui jugent ensemble, et ces magistrats mêmes.

On distingue plusieurs espèces de tribunaux. — V. *Tribunal administratif*, *Tribunal des colonies*, *Tribunal de commerce*, et *Tribunal de 1re instance*.

TRIBUNAL ADMINISTRATIF (1). Les tribunaux administratifs sont chargés de prononcer sur les matières qui forment le contentieux administratif.

DIVISION.

§ 1. — *De l'autorité administrative.*

§ 2. — *Des différentes espèces de tribunaux administratifs.*

Art. 1. — *Des maires ;*
Art. 2. — *Des sous-préfets ;*
Art. 3. — *Des préfets ;*
Art. 4. — *Des conseils de préfecture ;*
Art. 5. — *Des ministres ;*
Art. 6. — *Du Conseil-d'état ;*

---

(1) Cet article est de M. de Goulard, avocat à la Cour royale de Paris.

Art. 7. — *De la Cour des comptes;*
Art. 8. — *De la Commission des monnaies;*
Art. 9. — *Des commissions de travaux d'utilité commune;*
Art. 10. — *Des intendances et commissions sanitaires;*
Art. 11. — *Des conseils de révision pour le recrutement de l'armée de terre et de mer;*
Art. 12. — *Des juges administratifs en matière de garde nationale;*
Art. 13. — *Des juges universitaires;*
Art. 14. — *Des évêques.*

§ 1. — *De l'autorité administrative.*

1. La loi du 24 août 1790 a établi la ligne de démarcation qui sépare l'autorité judiciaire de l'autorité administrative (—V. *Compétence*, n° 6). — Elle a fait défense aux trib. ordinaires de s'immiscer, en quelque manière et sous quelque prétexte que ce fût, dans les actes de l'administration.

De là la nécessité de l'institution des trib. administratifs pour connaître des difficultés et des réclamations que peuvent faire naître les actes de l'administration.

2. Le contentieux administratif existe dès qu'il y a réclamation formée, à tort ou à raison, au nom d'un droit privé, qu'on prétend avoir été lésé par un acte administratif.

Un des caractères du litige administratif est de se rattacher à l'intérêt public dans tous les cas, et quelle que soit la nature du débat qui s'agite.

La juridiction contentieuse de l'administration a pour but l'examen, l'appréciation et la réparation, par voie de jugement, de tous les torts que la juridiction volontaire peut avoir causés aux droits privés. —V. *Trib. de 1re inst.* nos 39 et 41.

3. Tout acte administratif auquel le réclamant est étranger par lui ou par ceux dont il exerce les droits, ou qui ne constitue de la part de l'administration que l'exercice d'une faculté purement gracieuse et discrétionnaire, ne peut donner naissance au contentieux administratif. Henrion de Pansey, *Autorité judiciaire;* Macarel, *Tribunaux administratifs.*

Se trouvent placés dans cette catégorie : — 1° les actes qui ont pour but la distribution des grâces et des faveurs; la nomination et la révocation des agens dont le choix appartient à l'administration; —2° les règlemens généraux qui statuent sur les divers intérêts de l'ordre public;—3° les mesures prises par l'administration pour obtenir les informations ou renseignemens dont elle a besoin; — 4° les instructions ou directions transmises ou les simples avis exprimés dans les divers degrés de la hiérarchie administrative; — 5° les mesures locales et momentanées de police prises dans un intérêt commun et sans aucune application individuelle; — 6° les simples actes de gestion intérieure étrangers aux tiers; — 7° les actes de tutelle administrative à l'égard des communes et établissemens publics en tant qu'ils sont attaqués par des tiers, ou en tant que l'administration refuserait les autorisations sollicitées par ces communes ou établissemens, dans le seul intérêt d'utilité; —8° Tout interlocutoire qui ne préjuge rien encore, et tout acte administratif qui a réservé les droits des réclamans ; —9° toute opération administrative de simple gestion ou tutelle dont les effets ou les suites litigieuses se résolvent en contentieux judiciaire ; —10° enfin, toute mesure de gouvernement prise hors la sphère des intérêts privés et dans la seule considération des intérêts politiques, intérieurs ou extérieurs de l'Etat.

4. La responsabilité des agens du pouvoir exécutif ne s'applique pas aux juges administratifs ; la justice de leurs décisions n'a pour appréciateurs que les magistrats placés au-dessus d'eux par la loi. Cormenin, *Responsabilité des agens du pouvoir*; Macarel, *Tribunaux administratifs*.

La prise à partie n'existe pas contre les juges administratifs.

La récusation n'est pas admise contre eux. — V. cependant arrêté 19 fruct. an 6; Cormenin, 4e édition, t. 1, p. 259, note 2.

5. Les jugemens des trib. administratifs ne doivent pas être précédés de l'intitulé ni suivis du mandement exécutoire qui accompagnent les jugemens des trib. ordinaires, ils sont exécutoires par eux-mêmes sans avoir besoin de visa.

Ainsi, il n'est jamais nécessaire de se pourvoir devant les trib. ordinaires pour obtenir l'exécution de décisions administratives, comme l'énonce, avec raison, le décret du 25 therm. an 12. « Si ces actes étaient l'objet d'aucun litige devant les trib., l'indépendance de l'autorité administrative, garantie par les constitutions, serait troublée. » — V. *Exécution*, n° 48.

6. Dans certains cas, l'exécution des jugemens administratifs se poursuit d'après un mode déterminé, par exemple, en matière de grande-voierie et de *contributions* directes, par voie de garnisaires et de saisie. — V. ce mot, n° 10 à 16.

Dans les autres cas, quand une loi spéciale n'a pas conféré l'exécution au juge administratif et que ses décisions rencontrent des obstacles, c'est aux trib. civils d'arrondissement qu'il faut s'adresser. — V. *Exécution*, n° 116.

§ 2. — *Des différentes espèces de tribunaux.*

Art. 1. — *Des maires.*

7. Le maire, comme juge administratif, prononce seulement : —1° sur les contestations entre les employés des contributions indirectes et les débitans de boissons, relativement à l'exactitude de la déclaration des prix de vente en détail, sauf recours au préfet en conseil de préfecture. L. 28 avr. 1816, art. 47 à 49; — 2° sur les réclamations à fin d'inscription sur les listes

des électeurs communaux ou à fin de radiation d'individus qui y auraient été induement portés. Le recours contre leurs décisions est ouvert devant le préfet, en cons. de préfecture. L. 21 mars 1831, art. 32, 33, à 40. — 3° sur les contraventions aux règlemens concernant le poids des voitures et la police du roulage, sauf recours au cons. de préfecture.—V. décr. 23 juin 1806, ord. R. 22 nov. 1820.

Art. 2. — *Des sous-préfets.*

8. La juridiction contentieuse des sous-préfets s'exerce seulement, 1° à l'égard de certaines contraventions en matière de grande voierie. Le sous-préfet ordonne, par provision et sauf recours au préfet, ce que de droit pour faire cesser les dommages. L. 29 flor. an 10. — Il est statué définitivement par le conseil de préfecture. — 2° au sujet des contestations relatives au paiement de l'octroi de navigation, sauf le recours au préfet en conseil de préfecture. Arrêté du 8 prair. an 11. — 3° Lorsqu'il s'agit du recrutement de l'armée de terre, en rectifiant, s'il y a lieu, les tableaux de recensement et en arrêtant, définitivement, le nombre des jeunes gens soumis à la révision. Les décisions du sous-préfet peuvent être portées, par voie d'appel, devant le conseil de révision. L. 21 mars 1832, art. 8, 10, 63, 84.

Art. 3. — *Des préfets.*

9. La juridiction des préfets est très étendue.

10. *Attributions.* Les préfets statuent *seuls*, notamment : — sur certaines contestations qui s'élèvent à l'occasion de marchés locaux, fournitures et réquisitions faites pour le compte de l'état. Décr. 25 fév. 1808. Décr. regl. 15 déc. 1813. — En matière de grande voirie, sur le recours contre les arrêtés des sous-préfets en matière de voirie urbaine, sur les arrêtés des maires. L. 29 flor. an 10, art. 2. — En matière de *conflit* d'attribution. Ord. régl. 12 déc. 1821 ; 1er juin 1828. — V. ce mot.

En matière de courses de chevaux, sur le règlement du prix de course. Ordonn. 17 août 1825. — En matière de contributions directes, sur les demandes en remises et modérations pour cause de pertes éprouvées par des évènemens extraordinaires. Arr. règl. 24 flor. an 8.

11. Les préfets statuent, *en conseil de préfecture* : 1° sur les recours contre les décisions du sous-préfet, en matière de paiement d'octroi, de navigation. — 2° sur les contestations, en matière d'octroi, entre la commune et le régisseur ou le fermier de l'octroi. Décr. 17 mai 1809, art. 136. — 3° sur les réclamations concernant le cadastre. L. 15 sept. 1807. — 4° sur les contestations entre deux communes relativement à des chemins qui

les intéressent. L. 28 juill. 1824, art. 9. — 5° sur les contestations entre les débitans et la régie des contributions indirectes pour fixer l'équivalent du droit de vente en détail, à remplacer par l'abonnement. L. 28 avr. 1816. — 6° sur les réclamations formées contre la rédaction des listes du jury. L. 2 mai 1827. — 7° sur les réclamations relatives aux listes électorales de la chambre des députés, des conseils généraux de département et des conseils d'arrondissement. L. 19 avr. 1831, et 22 juin 1833. — 8° sur la fixation des débets des comptables des communes et établissemens publics ; dans ce cas, ces arrêtés sont exécutoires sur les biens desdits comptables, comme les jugemens des tribunaux.

Et sur différentes autres matières que les lois spéciales attribuent aux préfets.

12. *Procédure.* La procédure à suivre devant le préfet a lieu par simple mémoire ou pétition, sans aucuns frais.

Les arrêtés du préfet, en conseil de préfecture, n'étant que de simples arrêtés du préfet, à l'occasion desquels le conseil de préfecture est appelé à donner son avis, n'ont besoin d'être signés que par le préfet seul. Il suffit pour leur régularité qu'ils énoncent la *présence du conseil* et qu'ils mentionnent que son *avis a été entendu*. Circul. min., 29 sept. 1835.

13. Le recours contre les décisions des préfets est porté devant le ministre que la matière concerne. Si l'affaire est de nature contentieuse, le recours au conseil d'état est ouvert aux parties contre les décisions ministérielles.

14. Le recours est porté directement au conseil d'état, par exemple en matière d'octroi. Décr. 17 mai 1809, art. 136. — en matière de boissons. L. 28 avr. 1816, art. 28.

15. L'appel des décisions contentieuses des préfets sur les réclamations relatives à toutes les listes électorales et du jury, est soumis aux C. roy. du ressort, L. 22 juin 1833, art. 31; circ. min. 4 nov. 1835. —V. *Élection*, n° 15.

16. Le délai du pourvoi est de trois mois à partir du jour de la notification de l'arrêté. C. d'État, 5 déc. 1833.

Art. — 4. *Des conseils de préfecture.*

17. Ils sont institués pour ménager aux préfets le temps que demande l'administration, pour garantir aux parties qu'elles ne seront pas jugées sur des rapports ou sur des avis de bureaux, pour donner à la propriété, des juges accoutumés au ministère de la justice, à ses règles et à ses formes. Motifs du projet de la loi 28 pluv. an 8; *Monit.* n° 139, fol. 553.

18. *Organisation.* Les cons. de préfecture sont composés de trois, quatre ou cinq membres, selon l'importance du département : ils sont nommés par le roi. L. 28 pluv. an 8.

19. Le préfet est, de droit, membre et président du conseil; sa voix est prépondérante, en cas de partage.

20. Aux cons. de préfecture appartient au premier degré le contentieux de l'administration. Ils sont en outre conseils de l'administration.

21. *Attributions.* Comme trib. ils prononcent : — 1° sur les contestations relatives à l'assiette et au recouvrement des contributions directes et des taxes qui leur sont assimilées, *ib.* — 2° sur les difficultés élevées à l'occasion des travaux publics, marchés, entreprises, fournitures pour les services publics, lorsqu'ils sont d'une utilité générale et qu'ils ne ressortissent pas de l'administration supérieure (du ministre). — 3° sur les difficultés concernant le domaine public, sur les contestations entre les communes et les établissemens publics, entre l'administration forestière et les établissemens publics ou les particuliers, *ibid.* art. 4. — 4° sur les contestations relatives aux monts-de-piété; à la perception des droits établis en faveur des pauvres et des hospices, sur les différens genres de spectacle. Décret du 8 fruct. an 13.—5° sur les réclamations relatives à l'inobservation des formes prescrites dans les assemblées électorales pour les conseils généraux, d'arrondissement et municipaux. *LL.* 21 mars 1831, art. 52, et 22 juin 1833, art. 51. — 6° sur les autorisations de plaider demandées par les communes, fabriques, consistoires et hospices. — 7° sur les contraventions qui intéressent l'ordre public, principalement en matière de grande voierie et de navigation. *LL.* 28 pluv. an 8; 29 flor. an 10; décret 23 juin 1806.

22. Comme *conseils* d'administration, les cons. de préfecture prêtent leur assistance à l'autorité préfectorale à peu près dans tous les cas où celle-ci prononce sur des matières contentieuses ou semi-contentieuses.

23. *Procédure* : aucune loi ni règlement ne l'a déterminée.

24. Les parties ne sont représentées ni par des avoués ni par des avocats.

25. L'instruction des affaires se fait sans plaidoiries ni publicité, par écrit et sur simples mémoires, communiqués par voie administrative, soit aux directeurs locaux des différentes parties du service public pour avoir leurs avis, soit aux parties adverses pour avoir leurs défenses. Les conseils peuvent, par des arrêtés préparatoires et selon les matières, ordonner, pour s'éclairer, des apports de pièces, des levées de plans; des expertises, des vérifications d'actes et de faits, des descentes de lieux etc. Cormenin, *Quest. de droit administratif*, 1, 259.

Les préfets et les membres dés conseils de préfecture ne sont pas soumis à la récusation.—V. Cependant Arr. régl. 19 fruct. an 9, art. 6.

26. Les décisions rendues par les cons. de préfecture, en matière contentieuse, prennent le nom *d'arrêtés*.

27. Ces arrêtés ne sont valables qu'autant qu'ils ont été délibérés et signés par trois membres du conseil.

28. Ils doivent être motivés à peine de nullité ; et lorsqu'ils prononcent une peine, ils doivent énoncer les termes de la loi appliquée. C. d'état, 21 avr. 1830 ; c. inst. crim., art. 163.

29. Les arrêtés pris les jours fériés ne sont pas nuls ; aucune loi n'en prononce la nullité. C. d'état, 30 mai 1834.

30. Les arrêtés des cons. de préfecture ont le même caractère et les mêmes effets que les jugemens des trib. ordinaires, quoiqu'ils n'aient ni intitulé ni mandement.

Ainsi ils emportent hypothèque et contrainte par corps. Loi 29 flor. an 10.

Ils deviennent, aussitôt qu'ils sont rendus, la propriété des parties qui les ont obtenus.

31. Ils ne peuvent être confirmés, réformés ou modifiés ni par le préfet ni par les ministres.

32. Ils sont exécutoires par eux-mêmes sans que l'intervention des préfets, leur visa ou leur mandement soient nécessaires. Cormenin, 1, 273.

33. Mais les cons. de préfecture ne peuvent eux-mêmes connaître de l'exécution de leurs arrêtés ni déléguer, pour en connaître, des autorités administratives qui n'ont pas la qualité de juges. — C'est aux trib. seuls qu'il appartient de connaître des affaires qui sont la suite de ces arrêtés, telles que les saisies etc., et ordonner ce que de droit quant à l'application des lois et règlemens. Huart Delamarre et Lerat de Magnitot, *Dict. de droit pub. et adm.* v° *Org. dép.* t. 2, p. 268.

34. La signification des décisions prises par les cons. de préfecture doit être faite, régulièrement et intégralement, à la requête de la partie, à personne ou à domicile, et par le ministère d'un huissier. L. du 29 flor. an 10.—V. *Huissier*, n° 94.

35. Elles peuvent être exécutées par les mêmes voies que les jugemens des tribunaux.

36. Les arrêtés rendus par défaut, c'est-à-dire lorsque le défendeur ou le réclamant n'a fourni ni mémoires ni défense signés soit par lui, soit par des fondés de pouvoir, sont susceptibles d'opposition, nonobstant toute signification, tant qu'ils n'ont pas été exécutés.

37. Les délais, règles et moyens d'opposition, établis dans le C. de pr. sont admis à l'égard des condamnations prononcées par le cons. de préfecture.

38. On peut se pourvoir par voie de tierce-opposition contre leurs arrêts définitifs.

39. Les arrêtés pris contradictoirement par les cons. de pré-

fecture peuvent être attaqués par voie de requête, devant le conseil d'état; soit qu'on les critique au fond pour mal jugé, ou dans leur forme extrinsèque, ou pour excès de pouvoir, ou pour cause d'incompétence.

40. L'appel doit être interjeté dans les trois mois à partir de la signification régulière; le délai est de rigueur pour les communes et corporations comme pour les particuliers.

Art 5. — *Des ministres.*

41. L'autorité des ministres comme dépositaires et agens principaux du pouvoir exécutif qui appartient au Roi, s'exerce, dans un grand nombre de cas, par voie de juridiction contentieuse.

42. *Attributions.* Ils connaissent, en appel, des décisions contentieuses des préfets.

43. Ils sont juges administratifs de 1re inst. en matière : — 1° de liquidation de la dette publique ; — 2° d'entreprise de travaux publics ; — 3° de marchés passés en leur nom ou avec leurs agens ; — 4° de pensions.

44. *Procédure.* Elle n'a été organisée jusqu'ici par aucune loi ni par aucun règlement.

45. L'instruction des affaires se fait sans frais, sur simples mémoires des parties et productions de pièces, sans constitutions d'avocats, sans ordonnance de soit communiqué à la partie adverse, lorsque cette partie n'est pas l'état lui-même.

46. Les ministres ne sont pas astreints à prononcer, dans un certain délai, et par conséquent il dépend d'eux seuls d'accélérer ou de retarder l'instruction.

47. Les ministres prennent leurs décisions ou d'office ou sur le rapport d'une commission spéciale, ou sur la proposition des directions qui leur sont subordonnées, ou sur l'exposé de leurs bureaux, ou de l'avis du comité du Cons.-d'Etat attaché à leur département, ou sur la provocation des préfets, ou sur la demande des parties. Cormenin, 1, 245.

48. Il n'y a rien de régulier quant à la forme des décisions ministérielles.

49. Les décisions sont tantôt notifiées extrajudiciairement, c'est-à-dire, par huissier, tantôt notifiées administrativement, c'est-à-dire par lettre à la partie ou à son fondé de pouvoir.

50. La tierce-opposition est admise contre elles. Si elles sont par défaut, elles sont susceptibles d'opposition.

51. Si elles sont contradictoires, elles ne peuvent être attaquées que devant le Cons.-d'Etat, par la voie contentieuse.

52. Ce pourvoi doit être introduit dans le délai de *trois mois* à partir de la notification extrajudiciaire ou administrative.

53. Les décisions sont exécutoires nonobstant pourvoi au conseil, à moins qu'il n'en soit autrement ordonné.

54. Les parties qui les ont exécutées sans protestations ni réserves ne sont plus recevables à les attaquer.

55. Elles emportent contrainte et sont exécutoires à l'égal des jugemens des trib. de l'ordre judiciaire.

Art. 6. — *Du Conseil-d'état.*

56. Ses fonctions sont *consultatives* ou *judiciaires*.

57. Comme autorité judiciaire, il délibère et propose les ordonnances qui statuent sur les matières contentieuses dont la loi lui attribue la connaissance et le jugement.

58. *Organisation.* Le Cons.-d'Etat se compose : — 1° des ministres secrétaires d'état ; — 2° de conseillers d'état ; — 3° de maîtres des requêtes ; — 4° d'auditeurs de 1re et de 2e classe ; — 5° d'un secrétaire général ayant titre et rang de maître des requêtes. Ordonn. 18 sept. 1839. (Art. 1521 J. Pr.).

59. Le Cons.-d'Etat est présidé par le garde-des-sceaux ou par le conseiller d'état, nommé vice-président par le Roi. Art. 2.

60. Les membres du Conseil sont *en service ordinaire* ou *en service extraordinaire*.

61. *Le service ordinaire* se compose : 1° de 30 conseillers d'état, y compris le vice-président ; 2° de 30 maîtres des requêtes ; 3° de 80 auditeurs. Art. 4.

62. Les conseillers d'état et maîtres des requêtes, en service ordinaire, ne peuvent être révoqués qu'en vertu d'une ordonnance spéciale et individuelle, rendue sur le rapport du garde-des-sceaux et sur l'avis du conseil des ministres. Art. 7.

63. *Le service extraordinaire* se compose d'un certain nombre de fonctionnaires publics qui sont autorisés par ordonn. roy., à prendre part, soit en qualité de conseillers d'Etat, soit en qualité de maîtres des requêtes, aux travaux et aux délibérations du conseil. — Le nombre des conseillers d'Etat, en service extraordinaire, ne peut excéder vingt. Art. 8, 9, 10. — En aucun cas, ils ne peuvent participer au jugement des affaires contentieuses.

64. Le tableau des auditeurs est arrêté par le Garde des sceaux au commencement de chaque année : ceux qui ne sont pas compris sur ce tableau cessent de faire partie du conseil ; une ordonnance spéciale de révocation est nécessaire pour les auditeurs ayant plus de trois ans d'exercice, nul ne peut être auditeur pendant plus de six années, art. 12.

65. Le Cons.-d'Etat est divisé en six comités, savoir : — 1° le comité de législation ; — 2° le comité de la guerre et de la marine ; — 3° le comité de l'intérieur et de l'instruction

publique; — 4° le comité du commerce de l'agriculture et des travaux publics; — 5° le comité des finances; — 6° le comité du contentieux, art. 15 et 26.

Le comité du contentieux, chargé spécialement de diriger l'instruction écrite et de préparer le rapport de toutes les affaires contentieuses, est présidé par le vice-président du Cons.-d'Etat, et il se compose de quatre conseillers d'état, de six maîtres des requêtes avec voix délibérative et de douze auditeurs avec voix consultative. Art. 26. — Trois maîtres des requêtes en service ordinaire sont désignés tous les six mois par le Garde des sceaux pour remplir les fonctions de commissaires du Roi dans toutes les affaires contentieuses. Art. 28.

66. Un ordre d'avocats est placé auprès du Cons.-d'Etat. — V. *Avocat aux conseils.*

67. *Attributions.* Le Cons.-d'Etat prononce, soit en premier et dernier ressort, soit comme juge d'appel, à l'égard des autres trib. administratifs, soit comme C. de cass., lorsque les formes ou la loi ont été violées.

68. Le Cons.-d'Etat statue *en premier et dernier ressort :* — 1° sur les contestations qui s'élèvent relativement aux lois et règlemens de la Banque de France, à la police et à son administration intérieure. L. 22 avr. 1806, art. 21. — 2° Dans les mêmes cas, à l'égard des comptoirs d'escompte. — 3° Sur les contestations relatives aux rectifications à faire sur le grand livre de la dette publique, pour les erreurs commises, quant aux noms, prénoms et dates de naissance des créanciers. — 4° Sur les contestations relatives à l'exécution des contraintes dirigées contre les titulaires des majorats ou leurs fermiers pour le paiement à l'état du cinquième d'une année de revenu du majorat.

69. Il statue, *comme juge d'appel*, sur les recours formés : — 1° contre les arrêtés des anciens directoires de département et des administrations centrales. Arr. 8 pluv. an 11; Décr. 11 messid. an 12; 5 brum. et 4 therm. an 13; — 2° contre les arrêtés des Cons. de préfecture contradictoirement rendus. — V. *sup.* art. 4; — 3° contre les arrêtés contradictoires des préfets dans les cas spéciaux où les parties peuvent recourir directement au Cons.-d'Etat contre lesdits arrêtés. L. 24 flor. an 8; Arr. 8 prair. an 11; L. 28 avr. 1816; 28 juill. 1824; 22 mars 1831; — 4° contre les décisions des ministres prises en matière contentieuse, que la décision soit prise dans la simple forme d'un arrêté, ou qu'elle ait revêtu la forme d'une ordonn. roy. — V. *inf.* art. 5; — 5° contre les décisions des commissions de travaux publics; — 6° contre les décisions de la commission de liquidation de l'indemnité, accordée aux émigrés par la loi du 27 avr. 1825; — 7° contre les décisions du conseil de l'instruction publique dans certains cas. — V. *inf.* art. 13;

— 8° contre les décisions du ministre de l'instruction publique dans certains cas. *Ib.*; — 9° contre les décisions des évêques, intervenues sur les réclamations des dames du refuge St. Michel. — V. *inf.* art. 14.

70. Le Cons.-d'Etat prononce *comme C. de cass.* : sur les arrêts définitifs de la C. des comptes. — V. *inf.* art. 7. — Sur les jugemens des trib. administratifs inférieurs qui lui sont déférés par les ministres dans l'intérêt de la loi.

71. Indépendamment de ces attributions purement contentieuses, le Cons.-d'Etat est chargé de maintenir l'indépendance réciproque de l'action des deux autorités judiciaire et administrative, soit en jugeant les conflits d'attribution, soit en prononçant sur les autorisations à accorder pour la mise en jugement des fonctionnaires publics inculpés à raison de leurs fonctions. Constitut. 22 frim. an 8, art. 175. — V. *Conflit.*

72. Il statue également : — 1° sur les appels comme d'abus, ordonn. roy. 29 juin 1814; — 2° sur les autorisations de plaider demandées par les communes, les hospices, les bureaux de bienfaisance et les fabriques; — 3° sur la validité des prises maritimes. Ordonn. roy. 9 janv., 23 août, 5 sept. 1815.

73. Les dispositions de l'ordonn. du 2 févr. 1831, relatives à la publicité des séances du Cons.-d'Etat, en matière contentieuse, ne sont pas applicables aux autorisations de plaider, aux mises en jugement des fonctionnaires publics, aux appels comme d'abus et aux prises maritimes. Ces attributions ont été considérées plutôt comme des actes de tutelle et de haute administration que comme des actes de juridiction contentieuse. Ordonn. roy. 12 mars 1831; ordonn., 9 sept. 1831.

74. *Procédure.* Elle est réglée par le décret du 22 juill. 1806.

75. *Introduction des affaires.* Le recours au Cons.-d'Etat peut être formé par des *particuliers* ou par l'*administration elle-même.*

76. Le recours des *parties* au Cons.-d'Etat, en matière contentieuse, se forme par une requête signée d'un avocat au conseil.

77. Cette requête doit contenir l'exposé sommaire des faits et moyens, les conclusions, les noms et demeures des parties, l'énonciation des pièces dont on entend se servir, lesquelles pièces doivent être jointes à la requête. Art. 1.

78. Toutefois, la requête n'a pas besoin d'être signée d'un avocat en certaines matières, telles que celles de contributions directes. L. 21 avril 1832, art. 30. — D'élections départementales. L. 22 juin 1833, art. 53. — Et même d'élections municipales. Ordonn. roy., 22 juill. 1835. Cormenin, 1, 66, note 1.

79. Les requêtes et autres productions des parties sont déposées au secrétariat du Cons.-d'Etat, elles y sont inscrites sur un registre suivant leur ordre de dates, ainsi que la remise qui

en est faite par le Garde des sceaux au maître des requêtes, pour préparer l'instruction.

Le dépôt de la requête au greffe du comité du contentieux vaut constitution d'avocat.

80. L'étranger demandeur doit, s'il en est requis, fournir la caution *judicatum solvi*. Décr. règl. 7 fév. 1809 ; C. d'Etat, 26 août 1824.

81. Le délai de trois mois pendant lequel est recevable le recours au Cons.-d'Etat contre la décision de toute autorité qui y ressortit, commence à courir, dans les affaires qui s'agitent entre les particuliers ou établissemens publics, à partir de la notification faite à personne ou à domicile, par le ministère d'un huissier. C. pr. 443 ; — et dans les questions qui s'agitent entre les particuliers et l'Etat, à partir de la notification administrative faite par lettres des ministres, directeurs, préfets, intendans militaires et autres agens à ce spécialement délégués.

82. Le recours formé par l'*administration* est introduit quelquefois par le ministère d'un avocat aux conseils (contributions indirectes, enregistrement, domaines), d'autres fois, par le ministre du département auquel se rattachent les affaires (mines, ponts-et-chaussées, forêts, douanes).

83. Le recours au Cons.-d'Etat n'a pas d'effet suspensif, à moins qu'il n'en soit autrement ordonné : en matière administrative, l'exécution provisoire est la règle, l'effet suspensif est l'exception. Pour écarter l'exécution provisoire des décisions qui les condamnent, les parties peuvent former une demande en sursis sur laquelle prononce le Cons.-d'Etat.

84. *Instruction des affaires.* Les requêtes peuvent être portées de suite à l'audience publique, et rejetées par le Cons.-d'Etat, sans que la communication en soit ordonnée, et sans instruction préalable : — 1° lorsque la matière n'est pas contentieuse ; — 2° lorsqu'il y a défaut de qualité et d'action ; — 3° lorsque le recours est intempestif ou tardif ; — 4° lorsqu'il y a exécution ou acquiescement ; — 5° lorsqu'il y a chose irrévocablement jugée ; — 6° lorsqu'il y a défaut d'intérêt ou d'objet ; — 7° lorsqu'il y a déchéance ; — 8° lorsqu'il y a défaut de droit positif. Cormenin, 1, 136 et suiv.

85. Lorsqu'il n'y a pas lieu à rejet préalable, le Garde des sceaux, président du conseil, rend une ordonnance *de soit communiqué.*

Cette ordonnance est apposée au bas de la requête, et signée par le ministre.

86. Les parties doivent la signifier à leurs adversaires dans le délai de trois mois, à partir du jour de la signature, sous peine de déchéance.

87. Cette signification et la communication de la requête

introductive ont lieu dans la forme administrative, c'est-à-dire, par la lettre du ministre président du Cons.-d'État, lorsque l'État n'agissant point par l'organe d'un avocat a introduit l'instance ou défend contre un particulier. Elles ont lieu en la forme judiciaire, lorsque le litige existe entre particuliers, corporations ou administrations générales plaidant par avocat.

88. Les parties intéressées, auxquelles la *communication* est faite, sont tenues de répondre dans le délai de 15 *jours*, si leur demeure est à Paris ou n'en est pas éloignée de plus de 5 myriam.; *d'un mois*, si elles demeurent à une distance plus éloignée dans le ressort de la C. de Paris; ou dans l'un des ressorts des C. de Rouen, Orléans, Amiens, Douai, Nanci, Metz, Dijon et Bourges. *De deux mois*, pour le ressort des autres C. roy. de France.

89. Le demandeur peut dans la *quinzaine*, après les défenses fournies, donner une seconde requête (ampliative), et le défendeur répondre dans la quinzaine suivante.

Il ne peut y avoir plus de deux requêtes de la part de chaque partie.

90. Si d'après l'examen d'une affaire, il y a lieu d'ordonner que des faits ou des écritures soient vérifiés, ou qu'une partie soit interrogée, le Garde des sceaux désigne un maître des requêtes ou commet sur les lieux, les sous-préfets, maires, juges de paix. Il règle la forme dans laquelle il doit être procédé à ces actes d'instruction. C'est ce qu'on appelle ordonnance de *committimus*.

91. Pour les demandes incidentes, l'inscription de faux, les reprises d'instance, constitution de nouvel avocat et de désaveu. — V. *Décr*. 22 juill. 1806, art. 18 et suiv.

92. *Décision des affaires* : Le rapport des affaires contentieuses est fait, au Cons.-d'Etat, en assemblée générale et en séance publique, par celui des maîtres des requêtes ou des auditeurs qui a été désigné à cet effet; les auditeurs ont voix consultative, et les maîtres des requêtes voix délibérative dans les affaires qu'ils rapportent. Ordonn. roy. 18 sept. 1839, art. 27, 29 et 30.

93. Après les rapports, les avocats des parties peuvent présenter des observations orales.

94. Le commissaire du roi donne son avis.

95. Le Cons.-d'Etat ne peut délibérer s'il n'est en nombre impair, et si, au moins, quinze de ses membres, ayant voix délibérative, ne sont présens. Ceux qui n'ont point assisté au débat oral ne prennent point part à la délibération, art. 30. — La délibération est prise à la pluralité des suffrages.

96. L'ordonnance est lue en séance publique.

Les expéditions mentionnent les noms des membres du

Conseil ayant voix délibérative, qui ont composé l'assemblée générale, lors de la délibération, art. 32.

97. Les membres du Conseil ne peuvent connaître du recours dirigé contre une décision d'un ministre, préparée par une délibération spéciale à laquelle ils ont pris part. Art. 33.

98. Les décisions doivent contenir les noms et qualités des parties, leurs conclusions et le vu des pièces principales. Ordonn. roy. 26 août 1824; 2 févr. 1831; 12 mars 1831.

99. Elles ne peuvent être mises à exécution contre une partie qu'après avoir été préalablement signifiées à l'avocat au conseil qui a occupé pour elle. Décr. 22 juillet 1806, art. 27, 28.

100. Les décisions, rendues *par défaut*, sont susceptibles d'opposition.

101. Cette opposition n'a point d'effet suspensif, à moins qu'il n'en soit autrement ordonné.

102. Elle doit être formée dans le délai de *trois mois*, à compter du jour où la décision par défaut aura été notifiée. Même décret, art. 29.

103. Les décisions *contradictoires* ne peuvent être attaquées que dans le cas où elles ont été rendues sur *pièces fausses*, ou si la partie a été condamnée faute de représenter une *pièce décisive* qui *était retenue* par son adversaire. C. d'Etat, 10 juill. 1835. Ce recours doit être également formé dans le délai de trois mois, à partir de la notification.

104. La tierce-opposition est formée par requête, en la forme ordinaire. — Il n'y a pas de délai de rigueur.

105. La partie qui succombe dans la tierce-opposition est condamnée en 150 fr. d'amende, sans préjudice de dommages-intérêts, s'il y a lieu. Même décret, art. 38.

106. La partie qui succombe est condamnée aux dépens tant envers les parties principales qu'envers les parties intervenantes de propre mouvement ou sur mise en cause.

107. Le Cons.-d'état, tout en admettant, à l'égard des particuliers, le principe posé dans l'art. 130 C. pr., se refuse néanmoins à en faire l'application, soit à l'état, soit aux administrations publiques; sa jurisprudence est fondée sur l'absence d'un texte de loi ou de réglemens précis; il en résulte que la partie qui obtient gain de cause est obligée de supporter les frais. Cons.-d'état, 10 janv. 1834; 20 juill. 1836.

Art. 7. — *De la Cour des comptes.*

108. Elle est établie pour procurer l'accord des dépenses de l'état avec les recettes, pour donner à la fois effet et garantie à la responsabilité des ministres, et pour mettre dans toutes les comptabilités des deniers publics, l'ordre, la centralisation et l'uniformité. Cormenin, 2, 21.

109. *Organisation*. La C. des comptes est composée d'un premier président, 3 présidens, 18 maîtres des comptes, 18 conseillers référendaires de 1re classe, 62 conseillers référendaires de 2e classe, un procureur général et un greffier en chef. L. 16 sept. 1807; Décr. 28 sept.

110. Les membres de la C. des comptes sont nommés par le roi : tous, à l'exception du procureur général et du greffier en chef, sont inamovibles.

111. La C. des comptes est divisée en trois chambres.

112. Les *conseillers référendaires* qui ont mission de vérifier préalablement les comptes, sont chargés des rapports à faire dans chaque chambre. Les conseillers maîtres ont seuls voix délibérative, et rendent les jugemens. L. 16 sept. 1807.

113. Le ministère public est chargé de surveiller l'exactitude et la régularité du service, et de suivre l'instruction, le jugement et l'expédition des affaires qui intéressent le trésor public, les départemens et les communes, et qui peuvent donner lieu à des poursuites contre les comptables. Décr. 28 sept. 1807, art. 56 et suiv.

114. *Attributions.* Les fonctions de la C. des comptes consistent dans l'examen de la gestion et le jugement en premier et dernier ressort des comptes de tous les comptables des deniers publics, en recette et en dépense. L. 16 sept. 1807, art. 11 et 12.

115. La juridiction embrasse les comptes généraux du trésor, ceux des régies et administrations des invalides de la marine et de la guerre, de l'ordre de la légion d'honneur, de la caisse d'amortissement et des consignations, des monnaies, des pensions de tous les ministères et des administrations, des augmentations, diminutions, transferts et mutations survenus annuellement dans la masse de la dette inscrite.

116. Elle juge aussi les comptes des recettes et dépenses des départemens et des communes dont les budgets sont arrêtés par le roi; et, comme cour d'appel, les comptes des autres communes (celles dont les revenus sont inférieurs à 10,000 fr.), des hôpitaux et établissemens de charité. *Ib.* Ordonn. roy. des 28 janv. 1815 ; 21 mars 1816 ; 21 mai 1817; 31 oct. 1821.

117. *Procédure.* Les pièces à produire par le comptable à l'appui de ses comptes sont celles qui sont indiquées et prescrites par les lois, ordonnances et règlemens administratifs qui concernent la partie de l'administration à laquelle il est attaché.

118. Elles doivent être régulières dans leur forme et exemptes de toute inexactitude matérielle. Ordonn. roy. 14 sept. 1822.

119. La C. prononce après avoir entendu le rapport du conseiller référendaire chargé d'un premier examen, et les observations du conseiller maître désigné par le président de la chambre, pour faire une contre-vérification sommaire.

120. La C. des comptes juge souverainement, et ses arrêts définitifs sont exécutoires nonobstant le pourvoi au Cons.-d'Etat. L. 16 sept. 1807; Décr. 12 janv. 1806; L. 29 frim. an 9.

121. L'exécution des arrêts a lieu à la diligence et poursuite du ministre des finances par voie de contrainte, de saisie réelle, d'amende, séquestre, vente de biens et emprisonnement, suivant les circonstances, la position des comptables et les prescriptions de la cour.

122. Les arrêts de la C. des comptes ne peuvent être attaqués que pour *erreurs matérielles* et *violation des formes* ou *de la loi*. L. 16 sept. 1807, art. 14 et 17.

123. Dans le cas où il s'agit *d'erreurs matérielles*, il y a lieu à un *recours en révision* devant la cour elle-même.

124. Cette révision peut avoir lieu soit sur la demande du comptable appuyée de pièces justificatives, recouvrées depuis l'arrêt, soit d'office, à la réquisition du procureur général. L. 1807, art. 14; Décr. 28 sept. 1814; Ordonn. roy. 19 mars 1820; 19 mars 1823.

125. Le recours en révision n'est soumis à aucun délai.

126. Dans le cas où il s'agit de *violation des formes ou de la loi*, il y a lieu au *recours en cassation* devant le Cons.-d'Etat.

127. Le pourvoi de la part, soit des comptables, soit des ministres, contre les arrêts définitifs de la C. des comptes n'est recevable que dans les trois mois de la signification régulière de ces arrêts. L. 1807, art. 17.

128. La signification en doit être faite, par huissier, à personne ou domicile, par ou contre l'agent judiciaire du trésor pour faire courir les délais du pourvoi au Cons.-d'Etat.

129. Lorsqu'un arrêt de la C. des comptes a été cassé par le Cons.-d'Etat, l'affaire est renvoyée devant une autre chambre de la cour qui est chargée de rendre un nouveau jugement. Dans aucun cas, le Cons.-d'Etat ne peut retenir le fond et le juger. Ordonn. roy. 1er nov. 1819.

Art. 8. — *De la commission des monnaies.*

130. Cette administration est chargée par le gouvernement de garantir au public le poids, la dimension et le degré de pureté des monnaies, et de veiller à la stricte exécution des lois monétaires.

131. *Organisation.* Elle se compose d'un président et de deux commissaires-généraux nommés par le roi sur la présentation du ministre des finances.

132. *Attributions.* Elle est chargée 1° de juger le titre et le poids des espèces fabriquées dans les ateliers monétaires pour le compte de l'Etat. L. 7 germ. an 12, t. 2. — 2° De statuer sur les difficultés relatives au titre et à la marque des lingots et ouvrages d'or et d'argent. Ordon. roy. 26 déc. 1827.

133. Il existait autrefois des cours spéciales dites *cours des monnaies,* qui étaient chargées d'appliquer les peines encourues par ceux qui se rendaient coupables de contrefaçon ou d'altération de monnaies ayant cours en France ; mais la loi du 6 sept. 1790, sur l'organisation judiciaire, les a abolies, et aujourd'hui l'autorité judiciaire est seule compétente. (C. pén. 132 et suiv.; L. 28 avr. 1832 ; *Lerat de Magnitot et Delamarre.*)

Art. 9. — *Des commissions des travaux d'utilité commune.*

134. Ces juridictions administratives n'ont qu'une existence accidentelle et temporaire ; elles sont instituées pour résoudre certaines difficultés qui s'élèvent à l'occasion de travaux publics et pour le jugement desquelles des connaissances soit locales, soit spéciales, sont nécessaires.

135. *Organisation.* Chaque commission doit être composée de *sept* commissaires pris parmi les personnes qui sont présumées avoir le plus de connaissances relatives soit aux localités, soit aux divers objets sur lesquels ils ont à prononcer. L. 16 sept. 1807.

Les commissaires sont nommés par le roi.

136. *Attributions.* Les commissions spéciales connaissent de tout ce qui est relatif au classement des diverses propriétés avant ou après le dessèchement des marais, à leur estimation, aux questions d'indemnité pour occupation de terrain, aux évaluations de plus-value, aux contestations qui s'élèvent entre les concessionnaires et les propriétaires sur l'exécution des clauses des actes de concession. Elles connaissent des mêmes objets, lorsqu'il s'agit de fixer la valeur des propriétés avant l'exécution des travaux d'un autre genre, comme routes, canaux, quais, digues, ports, rues, etc., et après l'exécution desdits travaux et lorsqu'il est question de fixer la plus-value. *Ib.*, art. 46.

137. Les questions de *propriété* qui peuvent être soulevées à l'occasion de ces travaux, sont expressément réservées aux tribunaux ordinaires ; ceux-ci sont seuls compétens pour les juger, sans que néanmoins les opérations relatives aux travaux ou à l'exécution des décisions des commissions puissent être retardées ou suspendues. *Ibid.*, art. 47.

138. *Procédure.* La présence de cinq membres est nécessaire pour qu'une décision des commissions spéciales soit prise valablement.

Leurs décisions doivent être motivées. *Ibid.*, art. 43.

139. Les commissions spéciales exerçant les mêmes fonctions que les conseils de préfecture, pour tout le contentieux relatif aux entreprises de dessèchement, elles doivent se conformer au mode de procéder établi pour ces conseils. — Ainsi leurs décisions doivent être signifiées régulièrement. Tant que la signification ou que l'exécution n'a pas eu lieu, les parties conservent le droit de se pourvoir devant le conseil d'Etat.

140. La loi est muette sur la question de savoir si les décisions de ces *commissions* sont susceptibles d'appel; mais le recours au conseil d'Etat contre tous les jugemens administratifs de première instance étant une règle générale, on a admis avec raison tous les pourvois régulièrement formés devant cette juridiction supérieure.

Art. 10. — *Des intendances et commissions sanitaires.*

141. La police sanitaire locale est exercée sous la surveillance des préfets, par des *intendances* et par des *commissions* dont le nombre et le ressort sont déterminés par la loi.

142. *Organisation.* Les *intendances* sont composées de huit membres au moins et de douze au plus, nommés par le ministre de l'intérieur.

Les *commissions* sont composées de quatre ou huit membres désignés par le préfet. Ordon. roy. 7 août 1822, art. 56. — Sont présidens nés des intendances et commissions les maires des villes où elles siégent. — Elles sont renouvelées tous les trois ans par moitié. Art. 57.

143. *Attributions.* Ces autorités sont chargées de prononcer sur toutes les questions qui intéressent la police sanitaire du pays soit dans les ports et sur les côtes de la mer, soit sur les frontières de terre, soit dans l'intérieur. L. 3 mars 1822; ordonn. roy. 7 août 1822.

144. Leurs délibérations exigent la présence de la moitié plus un de leurs membres, et doivent être prises à la majorité absolue des suffrages. Les décisions particulières des intendances et commissions doivent être motivées et notifiées, sans retard, aux parties intéressées. Ordon. roy. 7 août 1822, art. 55.

Art. 11. — *Des conseils de révision pour le recrutement de l'armée de terre et de mer.*

145. Il sont établis dans le double but d'offrir aux citoyens des garanties contre l'arbitraire de l'administration, dans les opérations qui touchent aux plus chers intérêts des familles, et aussi de pourvoir à la bonne composition du contingent, en n'y faisant entrer que des hommes propres à supporter les fatigues du service militaire.

146. *Organisation.* Il existe un conseil de révision par département.

Il se compose : — 1° du préfet président, ou à son défaut du conseiller de préfecture qu'il a délégué ;—2° d'un conseiller de préfecture ; — 3° d'un membre du conseil-général du département ; — 4° d'un membre du conseil de l'arrondissement dont les jeunes gens sont examinés : ces trois membres sont à la désignation du préfet.— 5° d'un officier-général ou supérieur désigné par le Roi.

Un membre de l'intendance militaire doit assister aux opérations du conseil de révision. Il doit être entendu toutes les fois qu'il le demande et peut faire consigner ses observations au registre des délibérations.

Le sous-préfet ou le fonctionnaire par lequel il a été suppléé pour les opérations du tirage, doit assister aux séances que le conseil de révision tient dans l'étendue de son arrondissement. Il y a voix consultative. L. 21 mars 1832.

147. Les conseils de révision n'ont pas de résidence fixe ; ils se transportent successivement dans les cantons de chaque arrondissement ; c'est le seul de nos tribunaux, soit judiciaires, soit administratifs, qui ait conservé le caractère *ambulatoire*. Toutefois, il dépend du préfet de réunir dans le même lieu plusieurs cantons pour les opérations du conseil. *Ibid.*, art. 15.

148. *Attributions.* Les conseils de révision sont chargés de revoir les opérations de recrutement, d'entendre les réclamations auxquelles ces opérations peuvent donner lieu, de juger les causes d'exemption et de déduction, enfin de statuer sur les substitutions de numéros et les demandes de remplacement. Art. 15 et 17.

149. *Procédure.* Les débats que soulèvent ces opérations et le prononcé des décisions qui interviennnent ont lieu en séance publique.

150. Les décisions des conseils de révision sont définitives. (Art. 25.)

Il n'y a d'exception à cette règle que dans le cas où les motifs d'exemption ou de dispense dépendent de la solution de questions préjudicielles, qui sont du ressort des tribüuaux ordinaires. Le conseil désigne alors des jeunes gens en nombre égal à celui des réclamans, suivant l'ordre du tirage, afin de les suppléer s'il y a lieu : ils ne sont appelés que dans le cas où, par l'effet des décisions judiciaires, les réclamans se trouvent définitivement libérés.

151. Les décisions rendues par les conseils de révision, en l'absence des parties, ne sont pas considérées comme étant rendues par défaut, et par conséquent ne sont pas sujettes à révision par le conseil lui-même. *Ibid.*, art. 16.

152. Les conseils de révision ne peuvent revenir sur leurs propres décisions. Cons.-d'état, 20 janv. 1829.

153. Aucun recours n'est ouvert contre une décision définitive du conseil qui a inscrit les jeunes gens sur la liste du contingent cantonnal; on a préféré à la garantie qu'offrait un deuxième degré de juridiction l'avantage de fixer de suite et d'une manière irrévocable le sort des individus soumis au recrutement.

154. Cependant, si un pourvoi contre une décision du conseil de révision était basé sur l'*incompétence* ou l'*excès* de pouvoir du conseil, il serait accueilli par le conseil-d'état. Cons.-d'état, 21 janv. 1829.

Art. 12. — *Des juges administratifs en matière de garde nationale.*

155. Ils comprennent trois espèces de tribunaux:

1° *Les conseils de recensement*, qui ont pour mission de réviser les listes au moyen desquelles est établi le registre matricule, sur lequel sont inscrits tous les Français appelés au service de la garde nationale.

156. *Organisation:* Il y a au moins un cons. de recensement par commune. L. 22 mars 1831, art. 15.

Ces conseils, présidés par le maire, sont composés, *dans les départemens*, de huit membres pris dans le conseil municipal de chaque commune, et parmi les citoyens désignés, à cet effet, par le conseil, *ib.* art. 15. — *A Paris*, de seize membres, nommés par le maire qui doit les choisir, en nombre égal par chaque bataillon, parmi les officiers, sous-officiers, caporaux et délégués de la légion. Il y a par chaque arrondissement un cons. de recensement qui est renouvelé tous les six mois par moitié et au moyen d'un tirage au sort fait par le maire en cons. de recensement. L. 14 juill. 1837, art. 4.

157. *Attributions:* Les cons. de recensement sont chargés de réviser les listes de recensement, d'opérer les inscriptions et radiations nécessaires, de prononcer sur les demandes de dispense temporaire, de former le contrôle du service ordinaire et du service de réserve, d'effectuer la répartition en compagnies des gardes nationaux, inscrits sur le contrôle du service ordinaire; ils statuent sur les réclamations relatives au domicile réel. *Ib.* L. 22 mars 1831, art. 10, 14, 15, 16, 18, 29, 52, 138, 141, et 143.

158. La réclamation portée devant le cons. de recensement contre une inscription sur le contrôle n'exclut pas l'obéissance provisoire à l'ordre du service jusqu'à ce qu'il ait été statué sur la réclamation; à moins toutefois que l'instance n'ait été introduite antérieurement à l'ordre de service. Cass. 18 nov. 1831, D. 32, 71.

159. Les cons. de recensement forment une juridiction de premier degré. Leurs décisions sont soumises à appel devant les jurys de révision.

160. 2° *Les jurys de révision* institués pour juger en appel toutes les réclamations présentées au conseil de recensement.

161. *Organisation :* Il existe par chaque canton, dans les départemens, un jury de révision composé du juge de paix, président, et de douze jurés désignés au sort sur la liste de tous les gardes nationaux, inscrits sur le contrôle du service ordinaire.

162. Le tirage des jurés se fait par le juge de paix en audience publique; ils sont renouvelés tous les six mois. L. 22 mars 1831, art. 24.

A Paris, les douze membres de chaque jury de révision et six suppléans sont tirés au sort, par le préfet, pour chaque arrondissement, sur une liste de deux cents noms d'officiers, de sous-officiers, caporaux et délégués en fonctions. L. 14 juill. 1837. — Ils sont renouvelés tous les six mois. Art. 24.

Les fonctions de juré et celles de membre du cons. de recensement sont incompatibles.

163. *Attributions :* Les jurys de révision sont chargés de statuer sur les réclamations des tiers ou parties intéressées relativement aux inscriptions, radiations et dispenses prononcées par le cons. de recensement. L. 22 mars 1831, art. 25 et 29. — Ils connaissent en outre des réclamations auxquelles peuvent donner lieu l'inobservation des formalités prescrites pour les élections, ou l'inscription faite indûment d'un garde national sur le tableau servant à former le conseil de discipline. Art. 54, et 109.

164. Les décisions des jurys de révision sont prises à la majorité absolue; elles ne sont susceptibles d'aucun recours, sauf le cas d'incompétence ou d'excès de pouvoir. C. d'État, 9 mars 1836.

165. Certaines règles de procédure, applicables seulement à la garde nationale de Paris, ont été établies par la loi du 14 juill. 1837. Ainsi, toute opposition à une décision du cons. de recensement, rendue par défaut doit être formée dans la huitaine de la notification. Le cons. de recensement peut relever le défaillant du délai d'opposition. Art. 25.

L'appel des décisions devant le jury de révision n'est recevable qu'autant qu'il est interjeté dans la quinzaine de la décision contradictoire ou de la notification des décisions rendues par défaut ou sur l'opposition. *Ibid.*

La contrariété des décisions rendues en dernier ressort, en différens cons. de recensement ou jurys de révision, donne ouverture à un recours devant le C. d'État. *Ib.* art. 27, C. Pr. 504; Cormenin, 3, 175, notes.

166. 3° *Les conseils de révision* dont les opérations sont relatives au service de guerre qui peut, momentanément et exceptionnellement, être imposé à la garde nationale. LL. 22 mars 1831, art. 143, 146 à 148; 19 avr. 1832, art. 3.

Art. 13. — *Des juges universitaires.*

167. La juridiction universitaire a été instituée, dans l'intérêt de ceux qui prennent part à l'éducation publique et dans l'intérêt des membres de l'université.

168. Les trib. universitaires comprennent. — 1° *Les comités d'arrondissement pour l'instruction primaire.*

169. *Organisation :* Ces comités se composent du maire, du juge de paix, du curé, d'un ministre de chacun des cultes reconnus par la loi, du proviseur de collége ou autre chef d'institution désigné par le ministre, d'un instituteur primaire, de trois membres du conseil d'arrondissement ou habitans notables désignés par ce conseil, des membres du conseil général qui ont leur domicile dans la circonscription du comité, du préfet ou du sous-préfet, président. L. 28 juin 1833, art. 19.

170. *Attributions :* En cas de négligence habituelle ou de faute grave de l'instituteur communal, le comité d'arrondissement peut le réprimander ou le suspendre pour un mois, avec ou sans privation de traitement, et même le révoquer de ses fonctions. Art. 23.

171. L'instituteur révoqué peut se pourvoir devant le ministre de l'instruction publique en conseil royal, dans le délai d'un mois à partir de la notification qui lui est faite de la décision du comité. Toutefois la décision du comité est exécutoire par provision.

172. Il existe à Paris un comité central chargé des mêmes attributions. Ordonn. roy. 8 nov. 1833.

173. 2° *Les bureaux des colléges communaux.*

Organisation : Ils se composent du maire président, d'un membre du conseil académique ou autre désigné par le recteur, de deux membres du conseil général de département ou d'arrondissement, désignés par le préfet, de deux membres du conseil municipal aussi désignés par lui.

174. *Attributions :* Ils reçoivent les comptes des dépenses des colléges à la charge des communes. Déc. 15 nov. 1811, art. 13.

175. 3° *Les conseils de faculté :* Ils délibèrent sur les comptes rendus par le doyen et l'agent comptable, et exercent sur les étudians une juridiction pénale dans les cas prévus par la loi. Ordonn. roy. 5 juill. 1820.

176. Leurs décisions sont tantôt définitives, *ib.* art. 10, 17, § 1er, tantôt sujettes à appel devant le conseil académique. *Ib.* art. 7, 16 à 17 ; § 2, 3 et 4.

177. 4° *Les conseils académiques.*

Organisation : — Ils se composent de dix membres désignés par le ministre de l'instruction publique parmi les officiers et fonctionnaires de l'Académie.

178. *Attributions* : Ils vérifient et arrêtent les comptes des personnes chargées de recevoir les deniers de l'Université, ainsi que les états formés pour le paiement des droits qui lui sont dûs. — Dans ce dernier cas, l'appel des instituteurs et maîtres de pension est porté devant la C. roy. du ressort. Décr. 15 nov. 1811, art. 53.

179. Les conseils académiques exercent, dans certains cas, une juridiction pénale sur les étudians. Ordonn. roy. 5 juill. 1820, art. 18.

180. Leurs décisions de 1re inst. sont sujettes à appel devant le conseil royal de l'instruction publique. *Ib.* art. 17, 18 et 20.

181. 5° *Les recteurs* : Ils ne statuent que *provisoirement* et avec l'autorisation du grand-maître de l'Université, par voie de suspension ou de mise aux arrêts, à l'égard des membres de l'Université gravement inculpés. Décr. 15 nov. 1811, art. 46.

182. 6° *Le ministre de l'instruction publique, grand-maître de l'Université.*

Il a le droit, après avoir pris l'avis de trois membres du conseil royal de l'instruction publique, d'infliger aux membres de l'université qui ont manqué à leurs devoirs : la réprimande, la censure, les arrêts, la mutation et la suspension. Décr. 17 mars 1808, art. 57 ; décr. 15 nov. 1811, art. 41 et suiv.

183. Dans le cas ou le conseil royal de l'instruction publique doit être juge, le grand-maître peut, s'il y a urgence, ordonner, provisoirement, par de simples arrêtés, la suspension, les arrêts ou autres mesures semblables qui n'excèdent pas sa compétence. Décr. 15 nov. 1811, art. 46.

184. 7° *Conseil royal de l'instruction publique.*

Organisation : Ce conseil est composé de huit membres pris parmi les inspecteurs, les recteurs, les doyens, les professeurs des facultés et les proviseurs des colléges. (Décr. 17 mars 1808; ordonn. roy. 27 fév. 1821).

185. *Attributions* : Le conseil juge toutes les questions qui intéressent les établissemens universitaires; il statue, entre les membres de l'Université, sur les plaintes des supérieurs et sur les réclamations des inférieurs; il prononce contre eux, s'il y a lieu, les peines de la réforme et de la radiation, et contre les étudians, en certains cas, l'exclusion de toutes les académies ; il juge les affaires contentieuses relatives à l'administration générale des académies et de leurs écoles, et celles qui concernent les membres de l'Université en particulier. (Décr. 17 mars 1808, art. 77 à 82).

186. Lorsqu'il s'agit d'affaires contentieuses ou de contraventions emportant la peine de la radiation du tableau, il peut y avoir recours au conseil d'état. *Ib.* art. 82; D. 15 nov. 1811, art. 149.

187. Les débats devant le conseil royal d'instruction publique n'ont pas lieu publiquement.

188. Les jugemens doivent exprimer les faits et les motifs. *Ib.* art. 134.

Art. 14. — *Des évêques.*

189. La juridiction des évêques comme juges administratifs, ne s'exerce que sur l'association religieuse *des sœurs de Notre Dame de la Charité du refuge St.-Michel,* dont le but est de ramener aux bonnes mœurs et à l'amour d'une vie laborieuse les femmes qui s'en sont écartées. (Décr. 30 sept. 1807).

190. Les dames de St.-Michel ne peuvent recevoir dans leurs maisons que les personnes soumises à l'autorité de la police et qui y sont envoyées par ses ordres ou par les pères et conseils de famille, dans les formes établies par le C. civ., ou encore les personnes qui y entrent volontairement. Décr. 30 déc. 1807, art. 3; 26 déc. 1810, art. 7 et 12.

191. *Attributions :* Toutes réclamations d'une ou de plusieurs sœurs de l'institution contre des actes d'autorité de la supérieure ou du conseil, ou contre des élections ou autres actes capitulaires, sont portées devant l'évêque qui décide.

Il y a recours contre les décisions de l'évêque devant le conseil d'état. Décr. 30 déc. 1807, art. 13.

TRIBUNAL DES COLONIES. Les trib. des colonies ont été institués pour rendre la justice tant en matière civile qu'en matière criminelle dans les établissemens français situés hors de la France continentale.

DIVISION.

§ 1. — *Notions générales.*
§ 2. — *Colonies proprement dites.*
Art. 1. — *Organisation judiciaire.*
Art. 2. — *Procédure.*
§ 3. — *Établissemens dans le nord de l'Afrique.*
§ 4. — *Timbre et enregistrement.*

§ 1. — *Notions générales.*

1. Les colonies, régies par des *ordonnances* avant la Charte du 7 août 1830, le sont aujourd'hui par des *lois* particulières, art. 64.

2. Toutefois la loi du 24 avr. 1832 a remis au pouvoir royal le droit d'administrer par ordonnances le Sénégal, les établissemens de l'Inde, et les îles de Saint-Pierre et Miquelon. L'ordonn. roy. du 14 fév. 1838 déclare le C. d'instr. crim. applicable au Sénégal et dépendances.

3. Les possessions françaises dans le nord de l'Afrique n'ayant encore reçu aucune organisation définitive sont également régies par ordonnances.

4. Les gouverneurs des colonies peuvent prendre des arrêtés en exécution des lois et ordonnances, sauf l'approbation royale, et sans modifier en aucune manière la législation civile. Ordonn. 9 fév. 1827.

5. Le Code civil régit toutes les colonies. Il y a été promulgué avec diverses modifications.

Au Sénégal notamment, par arrêté local du 5 nov. 1830.

6. Le C. pr. est aussi en vigueur dans toutes les colonies : les diverses ordonnances modificatives du C. pr. ne sont que transitoires.

Un projet de code complet a été imprimé en 1829 par ordre du ministre de la marine, et a été soumis aux C. et trib. des colonies. — Parmi les nombreux changemens proposés, on remarque les suivans :

Le ministère public doit donner des conclusions dans toutes les affaires.

Lorsqu'une saisie-brandon aura été pratiquée, le juge pourra décider en référé, si la vente de la récolte aura lieu sur pied, ou si elle sera manipulée sur l'habitation ou ailleurs. — Le saisi ou son gardien sera tenu de faire la récolte en temps opportun, et de mettre les fruits en état de préparation convenable pour être livrés au commerce. — Le saisi fera connaître par acte extrà-judiciaire au saisissant le jour où il procédera à la récolte : ce dernier aura le droit d'établir sur l'habitation un surveillant, qui ne pourra cependant exercer aucune autorité sur l'atelier. — Un registre sera tenu par le saisi, sur lequel il inscrira jour par jour la nature et la quantité des produits récoltés ou fabriqués. Ce registre sera chaque jour arrêté par lui, le surveillant devra y apposer son visa journalier. — La récolte terminée, le propriétaire fera notifier par huissier au saisissant l'état du produit de la récolte. Procès-verbal de la vérification sera dressé par huissier dans les huit jours. — Si la manipulation a eu lieu sur l'habitation du saisi, le juge lui allouera un quart, un sixième ou un dixième sur les deniers de la vente, déduction faite des créances privilégiées, suivant la nature de la récolte.

Dans toutes les ventes de rentes constituées, de biens de mineurs, et par expropriation forcée, les adjudications préparatoires seront supprimées, ainsi que la lecture du cahier des charges. — Le saisissant, à peine de nullité, fera à la partie saisie notification du cahier des charges, avec sommation de proposer à l'audience ses moyens de nullité, dans les huit jours.

Toutes les formalités prescrites par le C. pr., à peine de nullité, ne seront pas étendues aux colonies, notamment pour les art. 677, 680, 681, 683, 684, 687, 695 et 696. Mais l'inobservation des délais prescrits par ces art. entraînera contre les huissiers, greffiers et avoués, une amende de 15, 25 et 50 fr. par jour de retard.

Le propriétaire de l'immeuble saisi immobilièrement qui, en présence des créanciers inscrits, justifiera que le revenu net et libre de l'immeuble pendant cinq, quatre, trois ou deux ans, suivant que la poursuite aura lieu dans l'une des périodes indiquées, suffit pour payer; savoir : 1° les frais de poursuites; 2° le capital et les intérêts des créances hypothécaires échues ou à échoir pendant le délai demandé, obtiendra une suspension de poursuites. — L'expropriation forcée, telle qu'elle existe dans la métropole, n'étant pas immédiatement praticable dans les colonies, cette disposition transitoire était un correctif nécessaire.

L'art. 709 *bis* autorise l'acquéreur d'une propriété urbaine à ne payer la dernière moitié du prix de son acquisition, en donnant caution, qu'un an après l'adjudication.

Si c'est une propriété rurale, l'acquéreur ne sera tenu à payer comptant que le quart du montant de l'adjudication. Il aura, en fournissant caution, terme et délai de trois ans, en payant par égales portions, d'année en année, à partir de l'adjudication.

Les capitaux étant rares aux colonies, on est porté à croire qu'il sera accordé des délais plus longs que ceux dont le projet de code fait mention.

Le procureur général, par une disposition formelle, est tenu de surveiller toutes les procédures d'ordre; en cas de négligence du juge-commissaire, il aura le droit de lui donner un avertissement, en le consignant sur un registre spécial. Si le juge donne lieu à de nouvelles observations de la part du ministère public, le procureur-général le citera par voie de discipline devant la cour. — Le procureur du roi près chaque trib. sera tenu de prendre connaissance, tous les deux mois, de l'état dans lequel se trouveront les instances d'ordre, et fera toutes les réquisitions pour la prompte expédition de ces affaires.

7. Le C. comm. n'a pas été promulgué dans toutes les colonies, mais seulement, et avec des modifications, à la Guadeloupe, le 1er janv. 1809; — à Bourbon, le 14 juill. 1809; — dans l'Inde, le 6 janv. 1819; — à la Guiane, le 21 oct. 1818; — au Sénégal, le 1er juill. 1819; — à Saint-Pierre et Miquelon, le 26 juill. 1833.

La Martinique est privée du C. comm. : elle est régie par l'Ordonn. de 1673 sur le commerce.

8. Dans les établissemens du nord de l'Afrique la loi française régit les conventions et contestations entre Français ou étrangers.

Les indigènes sont présumés avoir contracté entre eux selon les lois du pays, à moins qu'il n'y ait convention contraire.

Dans les contestations entre Français ou étrangers et indigènes, la loi française ou celle du pays sont appliquées selon la nature de l'objet du litige, la teneur de la convention, et, à défaut de la convention, selon les circonstances ou l'intention présumée des parties. Ordonn. 10 août, 2 sept. 1834, art. 31.

§ 2. — *Colonies proprement dites.*

9. Les colonies françaises comprennent la Martinique, la Guadeloupe, Bourbon, Cayenne, le Sénégal, les établissemens dans l'Inde et les îles de Saint-Pierre et Miquelon.

10. Elles sont régies tout à la fois par des règles communes et par des dispositions spéciales. — V. *inf.* art. 1 et 2.

Art. 1. — *Organisation judiciaire.*

11. Dans toutes les colonies l'administration de la justice ressortit exclusivement au ministère de la marine.

12. Les trib. ont été définitivement organisés par différentes ordonnances, savoir : à la Martinique et à la Guadeloupe, Ordonn. 24 sept. 1828 ; — à Bourbon, Ordonn. 30 sept. 1827 ; — dans l'Inde, Ordonn. 23 déc. 1827 ; — à Cayenne, Ordonn. 21 nov. 1828 ; — au Sénégal, Ordonn. 7 janv. 1822, 1er nov. 1831, 24 mai 1837 (Art. 902 J. Pr.) ; — aux îles Saint-Pierre et Miquelon, Ordonn. 26 juill. 1833.

13. Tous les magistrats sont amovibles.

14. *Justices de paix.* Elles ont été l'objet d'une heureuse innovation ; leur compétence a été étendue. Les juges de ces juridictions reçoivent un traitement fixe, et n'ont rien à prétendre pour apposition de scellés, vacations, etc. Ordonn. 24 sept. 1828, art. 159.

15. Les greffiers, indépendamment de leur traitement, touchent des droits de greffe.

16. Les suppléans des juges de paix ont le droit d'assister aux audiences : ils ont voix consultative.

17. Les trib. de paix connaissent des actions civiles et commerciales, — en premier et en dernier ressort, lorsque la valeur principale n'excède pas 150 fr. ; — en premier ressort seulement, lorsque la valeur principale dépasse 150 fr., et n'excède pas 300 fr.

En matière civile et commerciale, les jugemens des trib. de

paix sont exécutoires jusqu'à concurrence de 300 fr., nonobstant appel. *Ib.* art. 17.

18. Dans les matières qui excèdent leur compétence, les juges de paix remplissent les fonctions de conciliateurs.

19. *Trib. de 1re inst.* Ils ne sont composés, à proprement parler, que d'un seul juge, qui porte le nom de juge royal; il est assisté de deux juges auditeurs, qui n'ont jamais, quel que soit leur âge, voix délibérative. — V. toutefois *inf.* n° 39.

20. Un procureur du roi, un substitut, un lieutenant de juge remplissant les fonctions de juge d'instruction pouvant suppléer le juge royal, et un greffier, complètent le tribunal.

21. Les trib. de 1re inst. jugent en dernier ressort jusqu'à la somme de 1,000 fr. — V. l'art. 5 Ordonn. 24 mai 1837.

22. Ils jugent toutes les matières commerciales.

23. *Cours royales.* Une C. roy. a été créée dans chaque colonie. Les îles Saint-Pierre et Miquelon ont une commission spéciale d'appel.

24. Chaque Cour, dont le personnel est très limité, n'est composée que d'une seule chambre.

Les arrêts doivent être rendus au moins par cinq membres.

25. L'institution des conseillers-auditeurs a été conservée : ils ont voix délibérative à 27 ans. Ordonn. 24 sept. 1828, art. 62 ; — malgré la présence d'un nombre suffisant de juges titulaires. Cass. 14 juin 1837 (Art. 865 J. Pr.). — Ainsi jugé à l'égard de la Martinique et de la Guadeloupe. *Même arrêt.*

26. Les C. roy. n'ont point de présidens titulaires : un conseiller est chargé spécialement de la présidence ; il n'exerce ces fonctions que pendant trois années ; néanmoins il peut être renommé. Il n'a aucune des attributions données dans la métropole aux premiers présidens : les présentations aux emplois supérieurs se font sans sa participation.

27. Le procureur-général est chef de la justice et membre du gouvernement. Il a l'action publique.

28. Les Cours ne sont pas permanentes : elles se réunissent chaque mois à une époque fixe, et toutes les affaires portées au rôle épuisées, elles déclarent leurs sessions closes. Les magistrats, autres que les membres du ministère public, ne sont pas tenus à la résidence dans la ville où siége la C. roy. Ordonn. 24 sept. 1828 sur les Antilles, art. 127, 128, 129.

29. Toutefois, dans l'intervalle des sessions, la chambre d'accusation, composée de trois membres, est chargée de connaître des affaires qui réclament urgence : par exemple, de suspendre l'exécution des jugemens mal-à-propos qualifiés en dernier ressort, de statuer sur la récusation des magistrats de 1re inst. Ordonn. 24 sept. 1828, art. 54 ; Ordonn. 19 oct. 1828, sur le mode de procéder en matière civile, art. 20, 21, 23. — Cass. 19 juin 1837 (Art. 866 J. Pr.).

30. Les C. roy. ont les attributions de la C. de cass. dans un cas : ce sont elles qui connaissent, sur les réquisitions des procureurs-généraux dans l'intérêt de la loi, de l'annulation des jugemens des trib. de paix en matière civile et de simple police, pour incompétence, excès de pouvoir, ou contravention à la loi lorsque ces jugemens ont acquis force de chose jugée. Ordonn. 24 sept. 1828, art. 20 et 51.

31. *Greffiers.* Un greffier en chef et un commis-greffier sont attachés à chaque C. et à chaque trib. de 1re inst. — Les greffiers des C. et trib. sont nommés par ordonn. royale. — Les greffiers des juges de paix et les suppléans sont nommés par le ministre de la marine. Ordonn. 24 sept. 1828, art. 115, 116. — Les commis greffiers sont agréés, sur la présentation du greffier, par les C. ou tribunaux.

32. *Avocats.* Depuis l'ordonn. du 9 fév. 1831, la profession d'avocat est libre dans toutes les colonies : l'art. 14 de l'ord. du 19 oct. 1828 supprime les art. 117, 118 C. pr. pour les trib. de 1re inst., et déclare les avocats incapables de suppléer les juges de 1re inst. Le motif en est sensible : les trib. n'étant composés que d'un seul juge, si les avocats étaient appelés, ils formeraient et ne complèteraient pas le trib., contrairement à ce qui a lieu dans la métropole.

33. *Avoués.* Ils sont nommés par le ministre de la marine. Ils peuvent instrumenter en première instance, ou cumulativement en appel suivant les localités.

La faculté de présenter un successeur ne leur est pas reconnue ; le ministre s'est réservé le droit de nommer directement.

Nul ne peut être reçu avoué s'il n'est âgé de vingt-cinq ans, licencié en droit, et s'il ne justifie de deux années de cléricature.

Cependant sont dispensés du diplôme ceux qui justifient de cinq années de cléricature chez un avoué, dont trois en qualité de premier clerc ; mais ils sont alors soumis à un examen public devant un membre de la Cour et en présence d'un officier du ministère public ; cet examen porte sur les cinq Codes.

Après diverses formalités remplies, conformément aux ordonnances constitutives de l'administration de la justice aux colonies, la C., le procureur-général entendu, émet son avis ; le gouverneur délivre, s'il y a lieu, une commission provisoire, qui ne devient définitive qu'après approbation du ministre.

Les avoués sont soumis à un cautionnement de 12,000 à 15,000 fr. en immeubles.

34. *Huissiers.* Ils sont à la nomination des gouverneurs, sur la proposition des procureurs-généraux. — Ils doivent être

âgés de vingt-cinq ans, avoir travaillé deux ans soit dans les greffes, soit chez des officiers ministériels, et être porteurs d'un certificat de capacité délivré par le juge royal et le procureur du roi. — Ils sont soumis à un cautionnement de 4,000 fr. en immeubles.

35. Au Sénégal et à Saint-Pierre et Miquelon, il n'existe point d'avoués. — V. d'ailleurs *inf.* n° 39.

36. *Notaires.* Le notariat n'est point organisé d'une manière définitive aux colonies : la loi du 25 vent. an 11 n'y a pas été promulguée. — V. *inf.* n° 39.

37. Les notaires sont à la nomination du ministre; ils ne peuvent présenter un successeur; à leur décès ou démission, leurs minutes sont remises au greffe du tribunal; le gouverneur, sur le rapport du procureur-général, désigne un notaire pour les conserver dans son étude.

38. L'organisation judiciaire dans les établissemens de l'Inde offre peu de modifications.

Les trib. de 1re inst. connaissent par appel des jugemens émanés des juges de paix;

En premier et dernier ressort, de toutes actions, lorsque la demande est de 48 fr., ou 20 roupies, et n'excède pas 420 fr. ou 200 roupies;

Et en premier ressort seulement : 1° des actions réelles ou mixtes; 2° des actions personnelles ou mobilières et des actions commerciales, si la valeur de la demande en principal excède 420 francs.

Une chambre de consultation est créée parmi les habitans notables. Les trib. lui renvoient les questions du droit indien.

Les conseillers ou conseillers-auditeurs peuvent être remplacés, en cas d'empêchement, par des notables. Le gouverneur dresse une liste de huit notables, qui sont appelés à faire le service par semaine dans l'ordre de leur nomination. Extrait de l'ordonn. 23 déc. 1827.

39. Au Sénégal, il y a deux trib. de 1re inst., l'un à Saint-Louis, l'autre à Gorée. Ordonn. 24 mai 1837, art. 1.

Le trib. de Saint-Louis est composé d'un président, d'un second juge, de quatre habitans notables et d'un greffier. *Ib.* art. 3.

Le trib. de Gorée est composé du commandant particulier de Gorée président, de deux habitans notables et d'un greffier. *Ib.* art. 4.

Le président est chargé : — 1° comme amiable compositeur de concilier les parties; 2° des fonctions attribuées aux juges de paix, telles que les appositions et levées de scellés, les avis des parens, les actes de notoriété, etc.; 3° des actes attribués aux présidens des trib. de comm. *Ib.* art. 16.

Le second juge du trib. de Saint-Louis est investi des fonctions attribuées au procureur du roi par le C. de pr. Il intervient dans les successions vacantes; il est tenu de siéger comme juge dans toutes les affaires civiles non sujettes à communication, ainsi que dans les affaires commerciales. Il transmet au vice-président de la C. d'appel les états trimestriels des affaires civiles et commerciales. *Ib*. art. 17.—Pareils états sont transmis par l'inspecteur colonial de Gorée, qui y remplit les fonctions du ministère public.

Dans les affaires sujettes à communication, le ministère public est entendu à peine de nullité. *Ib*. art. 42.

Trois juges sont nécessaires pour rendre un jugement. *Ib*. art. 8.

Le trib juge en dernier ressort en matière civile et commerciale jusqu'à 1,000 francs. *Ib*. art. 5 et 7.

Le greffier du trib. de Saint-Louis remplit les fonctions de notaire et de commissaire-priseur dans le ressort. *Ib*. art. 18.

L'huissier de Saint-Louis a le droit de procéder, concurremment avec le greffier de ce trib., à la vente aux enchères sur saisie-exécution de tous effets mobiliers, navires ou bateaux dont le port n'excède pas cinq tonneaux. *Ib*. art. 20.

Le greffier de Gorée réunit les fonctions de commissaire encanteur et d'huissier, dans l'étendue du ressort. *Ib*. art. 19.

40. La C. d'appel du Sénégal siége à Saint-Louis. Ordonn. 1837, art. 21. — Elle est composée du gouverneur (président honoraire), d'un conseiller vice-président, de l'ordonnateur, de l'inspecteur colonial, du capitaine de port, du trésorier, de deux habitans notables. — Le second juge du trib. de Saint-Louis remplit les fonctions du ministère public, et le greffier du trib. celles de greffier. *Ib*. art. 22 et 23.

Cinq membres, au nombre desquels doit être nécessairement le vice-président, suffisent pour qu'il y ait arrêt.

Lorsqu'une partie veut interjeter appel, elle en fait la déclaration au greffe du trib. dans les quinze jours de la prononciation du jugement, s'il est contradictoire; et dans les quinze jours de la signification, s'il est par défaut. L'appel est suspensif. L'exécution provisoire peut cependant être ordonnée à charge de caution.

Par dérogation à l'art. 1341 C. civ., les juges peuvent ordonner la preuve testimoniale, à quelque somme que la demande puisse monter, s'il y a parmi les contractans des gens qu'ils estiment illettrés.

Le terme de rachat ou de réméré, fixé par acte ou convention, peut être prolongé par le juge, et n'est considéré comme définitif qu'en vertu d'un jugement.

41. Les îles Saint-Pierre et Miquelon sont divisées en deux cantons de justice de paix.

Chaque juge de paix rend seul la justice dans les matières de sa compétence sans assistance de greffier.

Il connaît en premier et dernier ressort de toutes les actions quelconques, lorsque la valeur principale de la demande n'excède pas 50 fr.

Dans les matières civiles qui excèdent sa compétence, il remplit les fonctions de conciliateur.

Un trib. de 1re inst. existe pour les colonies de Saint-Pierre et Miquelon. Il est composé d'un seul juge, qui prononce sans intervention du ministère public. Il connaît en premier et dernier ressort, de toute action au-dessus de 50 fr. jusqu'à 300 fr.; et en dernier ressort, de celles qui excèdent 300 fr.

Le C. de pr. y est promulgué avec de nombreuses modifications : il ne s'y fait aucun acte d'instruction.

Un conseil d'appel est composé : 1° Du commandant de la colonie ; 2° Du chirurgien chargé du service de santé ; 3° Du capitaine de port. Un officier d'administration remplit les fonctions du ministère public. Le commis-greffier du trib. de 1re inst. tient la plume.

Le conseil d'appel connaît de l'appel des jugemens de 1re instance.

Il procède par voie d'annulation contre les jugemens rendus par les trib. de paix, ainsi que cela se pratique dans les C. roy. des colonies.

Les formalités pour se pourvoir et procéder devant le conseil d'appel, sont communes au Sénégal et aux îles Saint-Pierre et Miquelon.

Art. 2. — *Procédure.*

42. Pour toutes les colonies où il existe une C. roy., un titre supplémentaire en date du 19 oct. 1828 a été ajouté à l'ordonnance sur le mode de procéder en matière civile.

Diverses dispositions règlent l'instruction des affaires en ce qui touche la formation des rôles, leur expédition, etc.

43. L'art. 5 modifie l'art. 51 C. pr. Il autorise le juge à appeler à son hôtel et séparément les parties pour les concilier pendant les trois jours accordés par la citation pour se présenter. Les parties peuvent être accompagnées d'un ami, s'il n'est pas officier ministériel.

44. L'art. 8 modifie l'art. 73 C. pr. Il accorde pour les ajournemens un délai : — 1° De deux mois pour ceux qui demeurent dans les Iles-du-Vent ; 2° De six mois pour ceux demeurant dans les pays situés à l'ouest du cap de Bonne-Espérance et à l'est du cap Horn ; — 3° D'un an pour ceux demeurant à l'est du cap de Bonne-Espérance et à l'ouest du cap Horn. — Le délai des ajournemens prescrits par l'art. 72 est de huitaine pour tous ceux domiciliés dans la colonie. — L'art. 10 déclare communicables toutes demandes principales précédées d'une instance en référé.

— V. d'ailleurs *Domicile*, n° 68.

45. Le ministère des avoués n'est pas nécessaire pour les affaires commerciales.

46. Ces affaires ne sont l'objet d'aucune procédure.

47. L'art. 16 déclare que les esclaves ne seront entendus dans les enquêtes sommaires ou ordinaires que comme témoins nécessaires. Ils ne sont jamais entendus pour ou contre leurs maîtres, si ce n'est en matière de séparation de corps.

48. L'art. 17 modifie l'art. 292 C. pr., en ne mettant plus à la charge du juge les frais d'enquête, lorsqu'elle est déclarée nulle par sa faute.

49. L'article 18 autorise le renvoi à un autre trib. lorsqu'il se trouve parmi les juges de 1re inst. un parent ou allié au degré de cousin germain, et à une autre Cour s'il s'y trouve deux parens ou alliés.

50. L'art. 25 autorise la requête civile sur consultation de deux avocats, sous condition d'exercice.

51. L'art. 27 renvoie le jugement de la prise à partie devant une Cour autre que celle qui l'a autorisée.

52. Le chap. IV contient la procédure à suivre devant la C. roy. pour faire annuler, à la demande des parties, les jugemens rendus en dernier ressort par les juges de paix, soit en matière civile, soit en matière commerciale, mais pour cause seulement d'incompétence ou d'excès de pouvoir.

53. Le délai du recours en annulation est de dix jours francs, à dater de celui de la signification des jugemens définitifs, ou de la prononciation des jugemens interlocutoires.

Les parties sont tenues de consigner, à peine de déchéance, une amende de 100 fr., si le recours est formé contre un jugement contradictoire; et de la moitié si le jugement est rendu par défaut.

54. Après la mise en état de l'affaire, un conseiller est nommé rapporteur. Le rapport doit être écrit et déposé au greffe.

Les conclusions du procureur-général sont obligées.

Les motifs et dispositifs des arrêts rédigés par les rapporteurs, sont écrits de leur main sur la minute de chaque arrêt.

55. Les jugemens rendus en dernier ressort par les trib. de 1re inst. et les arrêts des C. roy., peuvent être déférés à la C. de cassation.

Le délai du pourvoi est d'un an pour les colonies occidentales, et de deux ans pour les colonies orientales. La procédure devant la C. de cass. est la même que pour les affaires jugées sur le continent.—V. *Cassation*.

56. L'ordonn. roy. du 26 fév. 1838 rectifie les art. 141 et 143 de l'ordonn. du 31 août 1828 sur le mode de procéder devant les conseils privés des colonies. (Art. 1144 J. Pr.).

57. Les actes des notaires ne sont pas revêtus de l'*exequatur;* il faut pour les mettre à exécution l'intervention des tribunaux.

Les actes reçus en France par les notaires ne sont exécutoires qu'autant que les signatures ont été légalisées par les ministres de la justice et de la marine, et les gouverneurs.

58. Les minutes des jugemens, des actes notariés, et les registres de l'état civil, sont tenus en double. Tous les ans ces actes sont, conformément à l'édit du mois de juin 1776, transmis par les gouverneurs au dépôt des chartes coloniales établi au ministère. Cet édit a eu pour but de remédier aux accidens nombreux qui causent fréquemment aux colonies la perte ou la destruction des actes.

59. L'art. 29 déclare insaisissable l'esclave attaché à la personne du saisi, sans préjudice toutefois de l'exception portée en l'art. 593 C. pr.

60. L'art. 30 déclare non applicables aux saisies exécutions faites sur une propriété rurale les art. 596, 597, 598 C. pr.

61. Le propriétaire, ou à son défaut, son gérant ou économe, est gardien de droit.

Le gardien est tenu de transporter, au lieu indiqué par le procès-verbal, les objets saisis. En cas de refus, il est contraint par ordonnance du juge.

Tout gardien qui détourne ou fait détourner des objets saisis, est puni conformément aux dispositions de l'art. 379 C. pén.

L'ordonn. du 19 oct. art. 30, déclare l'art. 408 C. pén. applicable au propriétaire des objets saisis ou à son gérant, pour détournement de ces objets, au profit du maître.

62. L'art. 32 modifie l'art. 621 C. pr., et ne prescrit les formalités énoncées en cet article pour la vente des objets y mentionnés, qu'autant que la valeur de ces objets s'élève à 600 fr. au moins.

63. L'art. 45 modifie l'art. 1037 C. pr., et n'autorise les significations et exécutions qu'après six heures du matin et avant six heures du soir pendant toute l'année.

64. Les titres 12 et 13 C. pr., relatifs à la saisie immobilière et aux incidens sur ces poursuites, sont promulgués et s'exécutent à Bourbon.

Les noirs attachés à une exploitation rurale doivent être saisis en même temps que l'immeuble.—Les noirs recensés comme domestiques sont meubles, et peuvent être compris dans une saisie exécution.—V. toutefois *sup.* n° 59.

La matrice du rôle est remplacée (C. pr. 675) par l'extrait des recensemens des habitans contenant désignation des immeubles, de la nature de culture, canne à sucre, café, etc., des noms, castes, sexe et âge des esclaves.

65. L'exécution du titre 14, intitulé *de l'Ordre*, est suspendue aux Antilles, excepté dans les dispositions relatives au cas où l'ordre serait introduit par suite d'aliénation autre que l'expropriation forcée. Art. 36, ordonn. du 19 oct. 1828, sur le mode de procéder en matière civile.

66. L'art. 30 ordonn. 19 oct. suspend l'exécution de la contrainte par corps prononcée par les trib. de paix, en matière civile ou commerciale, lorsqu'il y a appel. — V. d'ailleurs *Emprisonnement*, n° 11.

67. La loi sur la contrainte par corps a été étendue à toutes les colonies par ordonn. 12 juin 1833, avec une seule modification relative à la consignation mensuelle pour les alimens des détenus, consignation dont elle a élevé le taux.

68. L'édit de 1726 sur les déguerpissemens et les partages n'a pas été rapporté par le C. civ.; les habitations et sucreries sont déclarées impartageables par leur nature.

Les esclaves, bien qu'immeubles par destination, ne peuvent être revendiqués par le créancier hypothécaire, quand ils ont été distraits du gage.

69. Les art. 811 à 814, en ce qui concerne les successions vacantes, ont été suspendus; l'édit de 1781 les régit.

70. L'administration de l'enregistrement est chargée, par ordonn. du 16 juin 1832, de gérer les biens des individus morts sans testamens, lorsqu'il n'y a pas d'héritiers sur les lieux. Autrefois un curateur *ad hoc* était nommé par le gouvernement, et se trouvait chargé d'administrer la succession, sans avoir besoin d'être envoyé en possession par le juge, conformément à l'édit de mars 1781.

71. L'art. 412 C. civ. est modifié. Un seul fondé de pouvoir peut représenter plusieurs personnes dans les conseils de famille.

72. A la Guadeloupe, le titre des faillites est supprimé; elles sont régies par l'édit de 1673.

73. Les tarifs de 1807 et 1809 sont en vigueur, avec une augmentation qui varie de la moitié au tiers en sus de celui de Paris.

§ 3. — *Établissemens dans le nord de l'Afrique.*

74. Les possessions françaises dans le nord de l'Afrique n'ont pas encore reçu d'institutions définitives.

Toutes les autorités chargées de les administrer sont placées sous les ordres du ministre de la guerre.

75. L'organisation judiciaire y est réglée par des ordon. roy. des 10 août, 2 sept. 1834, 6 oct. 1836 et 16 janv. 1838. (Art. 556 et 1142 J. Pr.)

Les Algériens plaidant en France ne doivent pas être considérés comme étrangers ni comme tels astreints à la caution *judicatum solvi*. Paris, 2 fév. 1839, 3e ch. (Art. 1390 J. Pr.)

Celui qui avait traité d'un greffe (du trib. de comm. de Marseille) sous la condition qu'il paierait outre le prix une certaine somme, dans le cas où l'Algérie viendrait à être reconnue colonie française par une loi ou par une ordonnance, a été déclaré devoir ce supplément depuis les ordon. des 22 juill. et 12 août 1834. Trib. Marseille, 16 juillet 1836 (Art. 529 J. Pr.)

76. La justice est rendue au nom du roi par des trib. français et des trib. indigènes. Ordon. 10 août 1834, art. 1.

77. Les juges français ou indigènes sont nommés et institués par le roi. Ils ne peuvent entrer en fonctions qu'après avoir prêté serment. Leurs audiences sont publiques au civil comme au criminel, excepté dans les affaires où la publicité est jugée dangereuse pour l'ordre et les mœurs. — Leurs jugemens doivent toujours être motivés. *Ib.* art. 2.

78. Les trib. français connaissent de toutes les affaires civiles et commerciales entre Français, entre Français et indigènes ou étrangers, entre indigènes de religion différente, entre indigènes et étrangers, entre étrangers, enfin entre indigènes de la même religion quand ils y consentent. *Ib.* art. 27.

79. Les trib. français civils ou de comm., pour le jugement de tout procès dans lequel un musulman est intéressé, sont assistés d'un assesseur musulman pris à tour de rôle sur une liste dressée à cet effet par le gouverneur.—Cet assesseur a voix consultative ; son avis sur le point de droit est toujours mentionné dans le jugement. *Ib.* art. 28.

80. La disposition qui précède est applicable au trib. supérieur toutes les fois qu'il juge sur appel tant en matière civile et commerciale que correctionnelle. *Ib.* art. 29.

81. *Tribunaux français.* Dans chacune des villes d'Alger, de Bonne et d'Oran, il y a un trib. de 1re inst., un trib. de comm. à Alger, et un trib. supérieur siégeant dans la même ville. *Ib.* art. 3.

82. Il n'existe ni cours d'assises, ni justice de paix. La plénitude de la juridiction civile et criminelle appartient aux trib. ci-dessus désignés.

83. Le trib. de 1re inst. d'Alger est composé de deux juges et d'un suppléant, d'un substitut du procureur du roi, d'un greffier et de deux commis assermentés Ordon. 6 oct. 1836, art. 1.

84. Les trib. de 1re inst. de Bonne et d'Oran sont composés chacun d'un juge, d'un suppléant, d'un substitut du procureur

général du roi et d'un greffier.—Dans chacun de ces siéges le juge connaît, indépendamment des affaires civiles et correctionnelles ou de police, des affaires commerciales. Il juge en outre les crimes à la charge d'appel. *Ib.*

85. Le trib. de comm. d'Alger se compose de sept notables négocians nommés chaque année par le gouverneur, qui désigne en même temps le président.—Ils sont indéfiniment rééligibles. — Ils ne peuvent rendre de jugemens qu'au nombre de trois. Un greffier est attaché à ce trib., dont le président et les juges ne reçoivent ni traitement, ni indemnités. Ord. 10 août 1834, art. 10.

86. Le trib. supérieur d'Alger est composé d'un président, de deux juges et d'un suppléant; d'un procureur-général du roi, d'un greffier et d'un commis assermenté. — Il connaît de l'appel des jugemens rendus en premier ressort par les trib. de 1re inst. et de comm.—Il ne peut juger qu'au nombre de trois juges au moins.—En cas d'absence ou d'empêchement du procureur-général du roi, il est remplacé par celui de ses substituts qu'il a attaché au trib. supérieur. Ord. 16 janv. 1838, art. 1er.

87. *Tribunaux indigènes.* Les trib. musulmans ont été maintenus tels qu'ils existaient avant la conquête.—Les muphtis et les cadis sont nommés et institués par le roi, ou, en son nom, par le gouverneur; ils reçoivent un traitement de l'état. Ord. 10 août 1834, art. 25.

88. Le gouverneur institue également partout où il le juge nécessaire des trib. israélites composés de un ou de trois rabbins par lui désignés. — Leurs fonctions sont gratuites. *Ib.* art. 26. — Elles consistent à prononcer en dernier ressort sur les contestations entre israélites concernant la validité ou la nullité des mariages et répudiations selon la loi de Moïse; — à concilier les israélistes qui se présentent volontairement devant eux, et à constater toute convention civile intervenue entre israélites. *Ib.* 43.

89. Le recours en cassation est ouvert aux parties, mais seulement contre les jugemens du trib. supérieur.—Il est formé et suivi d'après les règlemens en vigueur pour les possessions françaises hors du territoire continental. *Ib.* art. 46.

90. Toutes les instances civiles sont dispensées du préliminaire de conciliation. Les juges de 1re inst. peuvent néanmoins inviter les parties à comparaître en personne sur simple avertissement et sans frais. — Quand un musulman ou israélite est mis en cause, l'invitation sans frais précède nécessairement l'assignation. *Ib.* art. 47.

91. La forme de procéder en matière civile ou de commerce devant les trib. français est la même que celle suivie en France devant les *trib. de commerce.* — V. ce mot. — On suit devant le cadi et les autres trib. indigènes la procédure usitée dans le pays. *Ib.* art. 48.

92. Le délai pour interjeter appel des jugemens contradictoires en matière civile et commerciale est d'un mois à partir de la signification à personne ou au domicile réel ou d'élection. Ce délai est augmenté à raison des distances, qui sont réglées par un arrêté du gouverneur. — Dans aucun cas, l'appel n'est reçu, ni contre les jugemens par défaut, ni contre les jugemens interlocutoires avant le jugement définitif. *Ib.* art. 49. — L'appel des jugemens rendus par le cadi, pour les formes et le délai dans lequel il doit être interjeté, reste soumis à la loi et aux usages du pays. *Ib.*

93. Nonobstant toute disposition des lois, les nullités d'exploits et actes de procédure sont facultatives pour le juge, qui peut, selon les circonstances, les accueillir ou les rejeter. *Ib.* art. 59.

94. Tout jugement portant condamnation au paiement d'une somme d'argent ou à la délivrance de valeurs ou d'objets mobiliers peut, lors de sa prononciation, être déclaré exécutoire par la voie de la contrainte par corps. — Il n'est, du reste, rien innové aux règles de l'exécution du jugement en matière commerciale. *Ib.* art. 60.— L'intérêt légal est de dix pour cent tant en matière civile qu'en matière de commerce. Ordonn. 7 déc. 1835, art. 2.

95. Un réglement du gouverneur détermine les conditions d'admission aux professions ou fonctions des défenseurs près les trib., notaires, huissiers, commissaires-priseurs, ainsi que les règles de discipline auxquelles les individus qui les exercent sont assujettis. *Ib.* art. 62.

§ 4. — *Timbre et Enregistrement.*

96. Le timbre existe à Bourbon ; il est inconnu dans les autres colonies.

97. La conservation des hypothèques et l'enregistrement ont été mis en vigueur aux Indes occidentales, par ordonnance du 31 déc. 1828 ; les receveurs de l'enregistrement sont en même temps conservateurs des hypothèques. La conservation était bien antérieure aux colonies à cette dernière promulgation.

A Bourbon, l'enregistrement est introduit depuis 1818. — Et à Alger en vertu du tarif approuvé par arrêté du commandant en chef du 11 juill. 1831. — Le décime par franc n'y est pas établi. — V. d'ailleurs *Enregistrement*, n°s 28 et 67.

98. Les tarifs sont entièrement modifiés. L'ordonn. 31 déc. 1828 a réuni en un seul corps toutes les dispositions éparses

dans de nombreux décrets et ordonnances; les arrêts rendus sur cette matière, et les avis du Conseil-d'Etat ont été formulés en texte d'ordonnance.

99. Les actes enregistrés en France sont soumis de nouveau à cette formalité dans la colonie, avant qu'il puisse en être fait usage public; il n'est perçu qu'un droit fixe.

100. Les délais pour faire enregistrer les actes publics sont: — 1° De quatre jours pour ceux des huissiers et autres ayant pouvoir de faire des exploits et procès-verbaux. — S'il n'existe pas de bureau dans les lieux de la résidence des fonctionnaires, le délai est de six jours. — 2° De dix jours pour les actes des notaires qui résident dans la commune où le bureau de l'enregistrement est établi. — 3° De quinze jours pour ceux qui n'y résident pas. — 4° De vingt jours pour les actes judiciaires en minute.

Les actes faits sous signature privée portant transmission de propriété, ou d'usufruit de biens immeubles, et les baux à ferme et à loyer, cessions et autres, doivent être enregistrés dans les trois mois de leur date.

Il n'y a pas de délai de rigueur pour l'enregistrement des autres actes.

101. Les actes notariés qui ne sont pas enregistrés dans les délais voulus, emportent contre le notaire une amende de 10 fr.

102. L'huissier qui omet de faire enregistrer un acte dans les délais est responsable envers la partie; ses exploits sont déclarés nuls; il est passible d'une amende de 5 fr.

103. Les significations d'avoué à avoué, les originaux de placards judiciaires, requêtes de production et autres, sont soumis au droit fixe de 25 cent.

104. Les répudiations de succession, actes de notoriété, cahiers de charges, désistemens purs et simples, commandemens, citations, etc., sont soumis au droit fixe de 50 cent.

105. Il existe d'autres droits fixes de 75 cent. et de 1 fr. à 5 fr.

106. Les droits proportionnels les plus élevés sont de 1 fr. par 100 fr. aux Indes occidentales.

TRIBUNAL DE COMMERCE. Juridiction exceptionnelle instituée pour connaître des affaires commerciales.

1. L'intérêt du commerce réclame une juridiction et une procédure spéciales: — les contestations qui s'élèvent entre négocians à raison des transactions commerciales exigent de la part de ceux qui sont appelés à les juger l'habitude des opérations commerciales, plus encore qu'une connaissance approfondie des lois; les formes de l'instruction et du jugement doivent être plus simples, plus rapides, moins dispendieuses, les moyens d'exécution plus prompts et plus efficaces.

DIVISION.

Section I. — *Organisation.*

Section II. — *Compétence.*

§ 1. — *Compétence d'attribution.*

Art. 2. — *Nature de la compétence.*
Art. 2. — *Compétence relativement aux actes réputés commerciaux entre négocians.*
Art. 3. — *Compétence relativement aux actes réputés commerciaux entre toutes parties.*

§ 2. — *Compétence territoriale.*

Art. 1. — *Règles communes à la juridiction commerciale et à la juridiction civile.*
Art. 2. — *Règles spéciales à la juridiction commerciale.*

§ 3. — *Compétence de premier ou dernier ressort.*

Section III. — *Procédure.*

§ 1. — *Demande.*
§ 2. — *Instruction.*

Art 1. — *Comment les parties doivent comparaître; — Nécessité d'une élection de domicile dans certains cas.*
Art. 2. — *Incidens.*
Art 3 — *Moyens de preuve.*

§ 3. — *Jugement. — Voies de recours contre le Jugement.*
§ 4. — *Procédure devant les Cours royales.*

Section IV. — *Enregistrement.*

Section V. — *Formules.*

Section I. — *Organisation.*

2. *Historique.* Les commerçans jouissent depuis long-temps du privilége d'être jugés par leurs pairs.

Dès l'époque où les Italiens vinrent former en France des colonies commerciales, ils obtinrent des juges spéciaux connus sous le nom de *conservation des foires*, *conventions royales*, etc.; — le trib. de comm. de Lyon, long-temps appelé *la conservation*, remonte au quatorzième siècle. Vincens, 1, 58; — le trib. de Paris fut érigé par Charles IX en 1563. Ses membres étaient qualifiés de *juges consuls*, d'où vient le nom de *juridiction consulaire.* — V. d'ailleurs *Prud'hommes.*

3. Les trib. de comm., dont le nombre s'était considérablement augmenté, furent expressément maintenus par les lois des 16 août 1790 et 13 août 1791, et définitivement organisés par le C. de comm.

4. *Nombre et ressort des trib. de comm.* Le Code (art. 615) avait laissé au gouvernement le soin de déterminer par un réglement d'administration publique le nombre des trib. de comm., et les villes qui seraient susceptibles d'en recevoir par l'étendue de leur commerce et de leur industrie, — le Décret du 6 oct. 1809 a été rendu en exécution de cette disposition; — toutes les fois qu'il est nécessaire de créer un trib. de comm. dans une ville, il y est pourvu par une ordonn. royale.

5. L'institution actuelle des juges de commerce a été successivement conservée par les art. 60 Charte de 1814, et 51 Charte de 1830.

6. L'arrondissement de chaque trib. de comm. est le même que celui du trib. civ. dans le ressort duquel il est placé. S'il se trouve plusieurs trib. de comm. dans le ressort d'un seul trib. civ., le gouvernement leur assigne des arrondissemens particuliers. C. comm. 616.

7. *Composition de chaque trib. : nombre de juges.* Chaque trib. de comm. est composé d'un président, de juges et de suppléans. Le nombre de juges ne peut pas être au-dessous de deux ni au-dessus de quatorze, non compris le président. Le nombre des suppléans est proportionné au besoin du service; le nombre des juges et celui des suppléans est fixé pour chaque trib. par un réglement d'administration publique. Art. 5. (L. 3 mars 1840, Art. 1623 et 1624 J. Pr.). — Le trib. de Paris a un président, dix juges et seize suppléans. Ordonn. 17 juill. 1840.—Il est le seul dans tout le royaume qui soit divisé en deux sections.

Il n'existe auprès d'aucun trib. de comm. de magistrats chargés d'exercer les fonctions du ministère public.

8. *Greffier.* Il y a près de chaque trib. de comm. un *greffier* (— V. ce mot) nommé par le roi. C. comm. 624.

9. *Huissiers.* Il y a également un certain nombre d'huissiers audienciers. C. comm. *ib.* — V. Décr. 6 oct. 1809, et *Huissier*, n° 65.

10. Il existe à Paris seulement des *gardes du commerce* (— V. ce mot), pour l'exécution des jugemens emportant la contrainte par corps, dans l'étendue du département de la Seine.

11. Les droits, vacations et devoirs de ces greffiers et huissiers sont fixés par des réglemens d'administration publique. C. comm. *ib.* — V. *Greffe* (*droits de*); *Huissiers*.

12. *Agréés.* Le ministère des avoués est interdit dans les trib. de comm. C. comm. 627; — mais la plupart de ces trib. sont dans l'habitude de s'attacher, sous le nom d'*agréés* (— V. ce mot), des particuliers qu'ils présentent d'une manière spéciale à la confiance des justiciables pour la défense de leurs intérêts.

Toutefois ces agréés ne sauraient être considérés comme des

officiers ministériels : ils sont simplement les mandataires des parties et ne peuvent les représenter qu'en vertu d'une procuration écrite.

Si un agréé avait fait rendre un jugement au nom d'une partie qui ne lui aurait conféré aucun mandat, ce jugement devrait être considéré comme non avenu sans qu'il fût besoin de recourir à une action en *désaveu*. — V. ce mot, n° 43.

13. *Nomination et institution des juges.* Les membres des trib. de comm. sont nommés par voie d'élection, et institués par le roi. C. comm. 618 ; Décr. 6 oct. 1809.

14. Leur élection a lieu dans une assemblée composée de commerçans notables, et principalement des chefs des maisons les plus anciennes et les plus recommandables par la probité, l'esprit d'ordre et d'économie. C. comm. 618.

15. La liste des notables est dressée sur tous les commerçans de l'arrondissement par le préfet, et approuvée par le ministre de l'intérieur (aujourd'hui le ministre du commerce) : leur nombre ne peut être au-dessous de vingt-cinq dans les villes où la population n'excède pas quinze mille âmes ; dans les autres villes, il doit être augmenté à raison d'un électeur par mille âmes de population. C. comm. 619.

16. Les agens de change et les courtiers peuvent-ils être portés sur la liste des notables commerçans et nommés juges de commerce ? — Non : la loi leur interdit les actes de commerce. Vainement on oppose que les opérations de change et courtage sont des actes de commerce ; ces opérations n'ont ce caractère qu'à l'égard des parties contractantes, et non à l'égard des agens qui leur servent d'intermédiaires. C. comm. 85, 632. — V. *Agent de change*, n° 2, et l'Art. 318 J. Pr. — *Contrà*. Vincens, 1, 62 ; Horson, 2, n° 194, 19. — Cependant on a vu des agens de change siéger au trib. de comm. de Paris.

17. Les droits d'élire et d'être élu juge au trib. de comm. sont au nombre des droits de citoyen ; ils se perdent donc comme tous les droits civiques et politiques, et pour les mêmes causes.

18. Les assemblées électorales sont convoquées par les préfets ; elles se tiennent dans la forme commune aux assemblées politiques. — Le doyen d'âge est président, et le plus jeune secrétaire provisoire. On nomme au scrutin le bureau définitif, y compris les scrutateurs. Chaque membre, avant de voter, prête serment de fidélité au roi des Français, et d'obéissance à la Charte et aux lois du royaume.

Aucune disposition législative ne fixe le nombre de notables nécessaires pour l'élection : les opérations sont donc valables quelque peu nombreuse que soit l'assemblée.

19. Les membres du trib. sont nommés à la majorité absolue des notables présens, et au scrutin individuel. Lorsqu'il s'agit d'élire le président, l'objet spécial de cette élection est annoncé avant d'aller au scrutin. C. comm. 621.

20. Si, avant la clôture de la séance, un de ceux qui viennent d'être nommés déclare ne pouvoir accepter, on procède de suite à son remplacement ; — mais le refus, ou la démission survenu depuis la clôture de la séance, doit être notifié au gouvernement, qui juge s'il y a lieu de faire procéder à une nouvelle élection avant l'époque ordinaire du renouvellement annuel. Vincens, 1, 67.

21 Les membres élus sont nommés pour deux ans ; — à la première nomination dans un trib. nouveau, la moitié des juges et des suppléans ne sont nommés que pour une année. L'autre moitié et le président restent en charge deux ans ; — aux élections postérieures, toutes les nominations se font pour deux ans. C. comm. 622.

Tous les membres compris dans une même élection sont soumis simultanément au renouvellement périodique, encore bien que l'institution de l'un ou de plusieurs d'entre eux ait été différée. C. comm. 622 ; L. 3 mars 1840, art. 6.

Tout membre élu en remplacement d'un autre par suite de décès ou de toute autre cause, ne demeure en exercice que pendant la durée du mandat confié à son prédécesseur. C. comm. 623 ; L. 3 mars 1840, art 3.

22. Le président et les juges sortant d'exercice après deux années peuvent être réélus immédiatement pour deux autres années.

Cette nouvelle période expirée, ils ne sont rééligibles qu'après un an d'intervalle. C. comm. 623 ; L. 3 mars 1840, art. 3.

D'après le Code de 1808, les présidens et les juges ne pouvaient rester plus de deux ans en place. Cet état de choses avait le grave inconvénient de forcer les magistrats à la retraite précisément au moment où l'expérience des affaires judiciaires leur permettait d'être le plus utiles aux justiciables. La loi nouvelle corrige ce vice de la loi ancienne en permettant de réélire pour deux années consécutives les président et juges sortant d'exercice. Mais comme les fonctions de membre du trib. de comm. ne doivent cependant pas demeurer toujours confiées aux mêmes mains, nul ne peut être renommé une troisième fois qu'après un an d'intervalle.

En est-il des suppléans comme des présidens et des juges? La loi est muette sur ce point et l'on peut en conclure que leur réélection immédiate dans les mêmes fonctions serait légale.

Il est dans tous les cas certain qu'ils sont valablement nommés juges sans aucun intervalle. — Tel est l'usage constant à Paris.

23. Les fonctions de juge au trib. de comm. sont volontaires : aucune loi ne contraint à les accepter.

24. *Conditions d'éligibilité.* Pour être juge ou suppléant, il faut 1° être âgé de trente ans, et avoir exercé le commerce avec honneur et distinction pendant cinq années. C. comm. 620. — Peu importe qu'on soit retiré des affaires, pourvu qu'on n'ait pas embrassé une autre profession. Av. Cons. d'Etat. 26 janv. 1808; App. 2 fév. suiv. ; — mais les notables électeurs doivent exercer actuellement le commerce. *Même avis.*

Le président doit être âgé de quarante ans au moins, et ne peut être choisi que parmi les anciens juges, y compris ceux qui ont exercé dans les trib. actuels, et même les anciens juges consuls des marchands. C. comm. 620; — toutefois, si l'on crée un trib. de comm. dans un lieu où il n'en existait pas auparavant, le président du trib. peut, pour la première fois, être désigné parmi tous les commerçans remplissant les autres conditions de la loi. Av. Cons. d'Etat, 18 déc. 1810; App. 21 même mois.

— V. *Juge*, n°s 16 et suiv.

25. Les membres des trib. de comm. doivent prêter serment avant d'être installés dans leurs fonctions. C. comm. 629. — V. *ib.*, n°s 22 et suiv.

26. *Droits et devoirs des juges.* Les fonctions des juges de commerce sont purement honorifiques. C. comm. 628.

Ils jouissent, du reste, des mêmes prérogatives, et sont en général soumis aux mêmes obligations que les membres des trib. de 1re inst. — V. *ib.*, n°s 42 et suiv.

Néanmoins, les actes et professions déclarés incompatibles avec la qualité de juge ne leur sont pas tous interdits. Ainsi, ils peuvent valablement, 1° faire le commerce ; — 2° se charger, dans les trib. où ils n'exercent pas, de la défense de certaines parties. — V. *ib.* n°s 31 et suiv.

Mais il leur est interdit, ainsi qu'aux juges ordinaires, de devenir cessionnaires des procès, droits et actions litigieux de la compétence du trib. dans lequel ils exercent leurs fonctions (C. civ. 1597). La loi ne distingue pas, et il y a mêmes raisons de décider. — V. *ib.*, n° 39.

Deux parens ou alliés, au degré d'oncle et de neveu inclusivement, ne peuvent être en même temps membres du même tribunal. — V. *ib.*, n° 37.

27. Les trib. de comm. sont dans les attributions et sous la surveillance du ministre de la justice. C. comm. 630. — V. *Discipline*, n°s 32, 52, 54.

28. Ils n'ont pas de vacances. L. 21 fruct. an 4, art. 6; Arr. Cons. 5 fruct. an 8.

SECTION II. — *Compétence.*

29. La compétence des trib. de comm. est judiciaire ou extrajudiciaire.

Judiciaire, elle embrasse tous les procès dont la connaissance est dévolue aux magistrats consulaires.

Extrajudiciaire, elle comprend la procédure sur les *faillites*. — V. ce mot; — quelques procédures relatives aux bâtimens de mer, et à la nomination des experts qui les visitent dans certains cas. (C. comm. 233, 234, 243, 246, 414, 416); — le choix du jury qui présente les candidats pour la nomination des agens de change et courtiers, et le concours aux réglemens tant pour les bourses de commerce que sur le courtage. — V. d'ailleurs *Dépôt des extraits des contrats de mariage*; *Livres de commerce*; *Saisie conservatoire*; *Séparation de biens*; *Société*; *Vente de meubles*.

En matière extrajudiciaire, la compétence des trib. de comm. s'exerce : 1° soit par le trib. tout entier (C. comm. 54, 55, 234, 414 416; Arrêté 2 prair. an 11, art. 88 à 90); — 2° soit par le président (C. comm. 106, 233, 243, 246, 606, 607, 609); — soit par un juge commis (*Ib.* 11, 458, 461, 463, 466, 468, 474, 476, à 480, 490, 496, 501, 503, 515 à 518, 528 à 530, 559 à 562.

30. La compétence, soit judiciaire, soit extrajudiciaire, se subdivise en compétence d'*attribution* (— V. *inf.*, § 1), et compétence *territoriale*. — V. *inf.*, § 2.

31. Enfin, la compétence des trib. de comm. est tantôt de premier ou de dernier ressort seulement, et tantôt de premier et de dernier *ressort* tout à la fois. — V. *inf.* § 3.

32. Les règles de la compétence extrajudiciaire des trib. de comm. sont tracées sous les différens mots relatifs aux matières énumérées *sup.*, n° 29; — cet art. ne traite que de celles concernant la compétence judiciaire.

33. Dans les arrondissemens où il n'y a pas de tribunaux de commerce, les juges du trib. civil en exercent les fonctions et connaissent des matières attribuées aux juges de commerce. C. comm. 640; — l'instruction a lieu dans ce cas dans la même forme que devant les trib. de comm., et les jugemens produisent les mêmes effets. *Ib.* 641. — V. *inf.*, sect. III.

— V. d'ailleurs *Rétroactif* (*effet*), n°s 8 et suiv.

§ 1. — *Compétence d'attribution.*

ART. 1. — *Nature de la compétence.*

34. La juridiction des trib. de commerce est exceptionnelle. — V. *Compétence*, n° 11. — De là plusieurs conséquences :

35. *Premièrement.* Il ne peuvent juger que les affaires qui leur sont expressément attribuées par la loi.

Leur incompétence à l'égard des contestations de toute autre nature est absolue, elle n'est pas couverte par le consentement réciproque des parties. —V. *Prorogation de juridiction*, n°s 5 et 6.

Toutes les fois qu'il y a doute sur leur juridiction et que la loi ne s'est pas prononcée formellement, il faut déclarer l'incompétence : on ne doit pas raisonner par analogie pour étendre les limites de leurs attributions. Carré, 2, 515.

36. Ainsi ils ne sauraient sous aucun prétexte connaître des affaires civiles; notamment, — 1° de l'état des personnes, par exemple de la qualité d'héritier d'une partie. Cass. 23 mess. an 9, P. 2, 251; Nîmes, 9 mai 1809, P. 7, 553; Pardessus, n° 1348; Locré, *Esp. C. com.*, liv. 4, titre 2. (— V. toutefois *inf.* n° 47.) De la question de savoir si le débiteur était ou non en état d'interdiction. Toulouse, 3 janv. 1820, P. 15, 670; — ou de minorité, au moment de l'engagement. Trèves, 10 juill. 1807, P. 6, 201. — Si un billet souscrit au profit d'une femme mariée sous le régime dotal fait partie de ses biens paraphernaux. Riom, 22 nov. 1808, P. 7, 216; — si le défendeur a épousé une femme veuve obligée comme ayant été commune en biens avec son mari. Cass. 13 juin 1808, P. 6, 744; — toutefois il ne suffirait pas à un majeur de se dire mineur pour rendre la juridiction commerciale incompétente. Il doit prouver son exception, et produire son acte de naissance. Mais s'il n'avait pas existé de registres de l'état civil, ou s'ils étaient perdus, les trib. de commerce seraient incompétens pour ordonner une preuve quelconque, et devraient renvoyer les parties devant les trib. civils. Carré, n° 539.

Si une femme qui a souscrit un billet à ordre a pu, d'après son contrat de mariage, s'obliger valablement. Nîmes, 12 mars 1828, S. 29, 45. — *Contrà*, Nîmes, 25 nov 1828, *ib*. 46.

— Cette incompétence étant absolue, ils doivent d'office se déclarer incompétens. Nîmes, 9 mai 1809.

— Les jugemens qu'ils rendraient, malgré cette incompétence, seraient susceptibles d'appel, encore qu'ils fussent qualifiés en dernier ressort. — Même arrêt.

37. 2° Des questions de propriété d'immeubles, — ou de meubles. Cass. 13 août 1806, S. 9, 121, — même de revendication de marchandises que l'acheteur prétend avoir été enlevées par le vendeur. — Vainement prétendrait-on, dit Merlin (*R.* v° *Consuls des marchands*, § 2, n° 3), que par l'enlèvement de ces marchandises on contrevient à un engagement de commerce, et qu'ordonner la restitution des marchandises enlevées, c'est ordonner l'exécution du marché en vertu duquel elles doivent se trouver entre les mains de l'acheteur : l'opération

commerciale était consommée entre les parties, et c'est sur un fait d'une autre nature que leur constestation s'est engagée. Carré, *Comp.*, art. 384, n° 486. — *Contrà*, Nîmes, 24 mai 1809, S. 12, 202. — Il s'agissait dans cette espèce d'une action en revendication intentée par un négociant contre d'autres négocians, sur des marchandises remises à ceux-ci par un ouvrier qui travaillait pour les différentes parties : il ne faut pas confondre les moyens qu'un commerçant emploie avec l'objet qu'il se propose.

38. 3° Des demandes en déclaration affirmative, en validité et en main-levée de saisie arrêt. Cass. 27 juin 1821, S 22, 8. —V. *Saisie-arrêt*, n°s 74 et 136. — Jugé toutefois qu'il en est autrement si la demande en main-levée est l'accessoire d'une demande principale de nature commerciale. Paris, 31 déc. 1811, S, 12, 65. — V. *ib.* n° 78.

39. 4° De la question de savoir si une personne assignée comme veuve ou héritière d'un négociant a réellement cette qualité. C. pr. 426. — Ainsi, le trib. de comm. est incompétent pour décider si tel ou tel acte est un acte d'héritier.

40. 5° De l'exception par laquelle un mandant assigné en paiement d'un billet à ordre souscrit par son mandataire soutient n'avoir donné pouvoir que de souscrire des billets simples. Poitiers, 26 août 1828, S. 29, 88.

Le contraire a été jugé dans le cas d'une lettre de change. Bordeaux, 13 déc. 1831, D. 32, 62.

41. 6° Des contestations relatives à la forme des actes notariés, lors même qu'ils contiendraient des obligations commerciales; par exemple, de la demande en nullité d'un acte pour incompétence du notaire qui l'a reçu ou d'un des témoins qui l'ont assisté. Trèves, 27 juill. 1810, S. 7, 2, 1232.

42. 7° Des demandes à fin de destruction de marchandises contrefaites et des instrumens ayant servi à la contrefaçon : elles ont un caractère d'action publique, lors même qu'elles seraient jointes à des demandes en dommages-intérêts dont la juridiction consulaire est compétemment saisie. Colmar, 30 juin 1828, S. 29, 333.

43. 8° De celles formées par les agréés et agens d'affaires en paiement de leurs avances, même dans des causes commerciales. Pardessus, n° 1348; — sauf le cas où ces avances ont été faites dans l'intérêt d'une faillite spécialement pour la vérification, l'affirmation des créances et la nomination des syndics définitifs. Elles sont alors considérées comme frais d'administration de cette faillite. Paris, 14 juin 1833, S. 33, 336. — V. *Agréé*, n° 14.

44. 9° Des actions fondées sur une transaction sur procès, dont l'objet n'était pas commercial, lors même que le déclinatoire n'aurait pas été proposé. Cass. 12 juill. 1809, P. 7, 679.

45. 10° Des questions de privilége élevées entre un commissionnaire qui a fait des avances sur le prix à provenir de marchandises déposées dans ses magasins, et les héritiers bénéficiaires et les créanciers de l'entrepositeur décédé. Paris, 25 janv. 1820, P. 15, 726.

46. Mais les trib. de comm. sont compétens pour statuer sur la qualité des parties lorsqu'il s'agit uniquement de savoir si elles sont commerçantes, faillies, associées : ce sont là en effet des questions purement commerciales, étrangères à l'état civil des personnes. Pardessus, n° 1348. Locré, *Espr. c. comm.*, liv. 4, titre 2.

47. Ils peuvent également, — 1° condamner un fils comme héritier pur et simple de son père, s'il ne produit pas, dans un délai déterminé, son acte de répudiation. Cass. 1er juill. 1829, D. 29, 405 ; — ou d'acceptation de la succession sous bénéfice d'inventaire. Arg. Riom, 27 déc. 1830, D. 33, 241 ; — 2° refuser de renvoyer devant le trib. civ. pour régler leurs qualités, les héritiers d'un associé, lorsqu'ils ont déjà pris dans certains actes la qualité d'héritiers bénéficiaires. Turin, 1er août 1811, Dalloz, 3, 340 ; — 3° autoriser la femme défenderesse à ester en justice.—V. *Femme mariée*, n° 117 ; — 4° décider si la femme qui oppose la nullité de son engagement à raison du défaut d'autorisation maritale, est réellement obligée. Riom, 27 déc. 1830.

48. Rentre encore dans leurs attributions la question de validité,—du protêt : elle se rattache à celle de la validité du recours du porteur contre les endosseurs ; il s'agit d'un acte de la procédure : d'ailleurs, la forme et les effets du protêt sont réglés par le droit commercial. Cass. 20 juill. 1815 ; 2 août 1827, S. 15, 379 ; 28, 18 ; Carré, art. 336 ; — ou d'actes notariés attaqués pour cause de dol, quand ces actes ont pour objet une opération de banque. Cass. 11 fév. 1834, D. 34, 216.

49. Il a été jugé que, sous l'ordonn. de 1673, les trib. de comm. étaient compétens pour connaître entre commerçans des actions en restitution d'objets confiés en gage de l'acquit de lettres de change. Cass. 4 prair. an 11, P. 3, 291. — M. Dalloz pense qu'on jugerait de même aujourd'hui : l'art. 631. C. comm., dit-il, s'exprime d'une manière aussi générale que l'ordonn. de 1673 ; — les contestations nées à l'occasion d'un nantissement pour acquit de lettres de change sont relatives à un engagement commercial, puisque le nantissement fait partie, dans ce cas, de l'opération de commerce à laquelle il sert de condition ; — quand même le fait du nantissement serait contesté ; attendu qu'on ne peut prétendre, par exemple, que par cela seul que l'existence d'une vente de marchandises entre marchands sera contestée, les trib. de comm. deviendront incompétens pour en connaître.

Au contraire, M. Carré, 2, 527 (note), regarde avec raison, selon nous, l'arrêt de cass. ci-dessus comme contraire soit à l'ordonn. de 1673, soit au code actuel. D'après l'art. 2 de l'ordonnance, les juges consuls connaissaient de tous billets de change faits entre négocians, ou dont ils devaient la valeur; mais cet article ne dit pas qu'ils pussent connaître des engagemens accessoires à celui résultant directement de la lettre de change, du gage, par exemple. Ils étaient donc incompétens, dans l'espèce. D'ailleurs, il ne s'agissait plus des lettres de change; elles étaient acquittées, puisque ceux qui s'étaient obligés au paiement réclamaient la restitution des objets donnés en nantissement : restait donc l'action naissant du nantissement même, action purement civile. Le nantissement, le gage, n'est point une opération commerciale, n'est point l'objet d'un commerce, encore bien qu'il ait eu lieu pour une opération de ce genre.

50. *Secondement.* Les trib. de comm. sont incompétens pour juger certaines affaires commerciales dont la connaissance a été attribuée par la loi à des trib. spéciaux.

Telles sont : 1° les contestations entre les membres des sociétés commerciales; elles doivent être renvoyées à des arbitres. — V. *Arbitrage*, n° 66. — 2° Celles entre fabricans, chefs d'ateliers, contre-maîtres, ouvriers, compagnons ou apprentis, relatives à l'industrie qu'ils exercent; — à moins qu'il n'existe pas de conseils de *prud'hommes* (— V. ce mot) dans les lieux. — 3° Les plaintes en contrefaçon d'un procédé pour lequel il a été pris un *brevet d'invention*. — V. ce mot, § 2.

51. *Troisièmement.* Les trib. de comm. ne peuvent, en général, connaître des questions incidentes qui s'élèvent devant eux qu'autant qu'elles sont de la même nature que l'affaire principale dont ils sont saisis. Ainsi, lorsqu'une question civile est soulevée, même incidemment à une contestation commerciale, ils sont obligés de la renvoyer devant les trib. civils, sauf à surseoir au jugement de la contestation principale. Cass. 2 juin 1808, S. 9, 80. — Peu importe que cet incident constitue le moyen de défense à l'action principale. Cass. 28 mai 1811, S. 11, 261; — ou qu'il soit l'objet d'une demande reconventionnelle. Bruxelles, 21 avr. 1818; D. *jur.* 1, 800; Bourges, 23 déc. 1831, D. 32, 180; Cass. 22 août 1833, D. 34, 20. — V. d'ailleurs *Exception*, n° 61; *sup.* n° 36, et *inf.* n° 178.

Il a cependant été décidé que le juge de l'action est le juge de l'exception, en ce sens qu'un trib. de comm. saisi de la connaissance d'une contestation commerciale, est compétent pour statuer sur le mérite d'une exception tirée d'un contrat pure ment civil, et reconventionnellement opposée par quelques-uns des défendeurs. Cass. 22 août 1833, D. 34, 20.

52. Ils ne peuvent pas non plus statuer, — 1° sur les demandes en inscription de *faux* ou en *vérification d'écritures* (—V. ces mots) formées dans le cours d'une instance pendante devant eux. C. pr. 427.

Toutefois ils ont le droit, après avoir ordonné la comparution de la partie qui dénie sa signature, de tenir l'écrit pour reconnu, si cette partie ne comparaît pas. Paris, 12 juill. 1837. (Art. 901 J. Pr.).

53. 2° Sur une action en garantie formée par le défendeur, si la garantie ne dérive pas d'un fait commercial par rapport au garant (à moins que la loi ne leur ait expressément attribué cette connaissance, comme elle l'a fait pour les lettres de change et les billets à ordre signés à la fois par des commerçans et des non commerçans); ici ne s'applique pas le 8e alinéa de l'art. 59 C. pr., attendu l'incompétence *matérielle* du trib., par rapport à la demande en garantie. Carré, art. 336. — Ainsi, le marchand qui a vendu un cheval à un particulier et qui a été assigné en nullité de la vente devant le trib. de comm., ne peut appeler en garantie, devant le même trib., le propriétaire duquel il avait lui-même précédemment acheté le cheval. Paris, 14 juill. 1825, D. 25, 234.—V. *Garantie*, nos 42 à 45; *Rédhibitoire*, n° 10; *Responsabilité*, n° 46; *Effets de commerce*, nos 82, 118.

54. *Quatrièmement.* Il ne peuvent dans aucun cas connaître de l'exécution de leurs jugemens. C. pr. 442; — ou des actes notariés exécutoires, lors même que ces actes constateraient des opérations de commerce (—V. *sup.* n° 41.) Pardessus, n° 1351.

Ainsi, ils sont sans qualité pour statuer, 1° sur le mérite des offres réelles ou des consignations. Paris, 21 août 1810, S. 14, 239. — 2° Sur la régularité du commandement précédant la contrainte par corps. Lyon, 22 août 1826, S. 27, 23. — 3° Sur la *saisie-arrêt*, —V. ce mot, n° 136; — ou la vente des biens du débiteur. Cass. 24 nov. 1825, S. 26, 91; — quand même ces divers actes ou procédures auraient lieu en vertu de leurs jugemens. — 4° Sur l'action en répétition d'une somme qu'un débiteur prétend avoir payée au-delà de celle à laquelle il avait été condamné par le trib. de commerce. Toulouse, 15 avr. 1828, D. 28, 233. — 5° Sur la demande en péremption formée pour inexécution dans les six mois contre un jugement par défaut rendu par eux. Dijon, 6 avr. 1819, Dalloz, 3, 768.

55. Le trib. d'exécution d'un jugement du trib. de comm. est le trib. civil de 1re inst. du lieu où l'exécution est poursuivie. C. pr. 553.—V. *Emprisonnement*, nos 259 à 261.

Lors même que le jugement a été rendu par un trib. civil

jugeant commercialement, — l'art. 553 n'en est pas moins applicable : il ne distingue pas; et il est tout-à-fait dans l'esprit de la loi de faire juger les difficultés d'exécution par le trib. du lieu de l'exécution, les affaires commerciales étant toujours urgentes et sommaires.

56. Ainsi, le trib. civil connaît, 1° des suites d'un jugement du trib. de comm. qui a annulé une prise maritime. Cass. 22 niv. an 10, S. 7, 2, 1228; — 2° De l'action en restitution formée par celui qui, condamné par un jugement du trib. de comm. à acquitter le montant d'une lettre de change, prétend avoir payé depuis ce jugement au delà de ce qu'il devait. Toulouse, 15 avr. 1828, S. 28, 241; — 3° De la question de savoir si l'acquiescement d'un débiteur à un jugement du trib. de comm., conserve les effets de la contrainte par corps prononcée par ce jugement, et si, par suite, le débiteur a pu être légalement arrêté en vertu de ce jugement acquiescé. Cass. 17 juill. 1833, S. 33, 561.

57. Toutefois, les trib. de comm. connaissent de l'exécution de leurs jugemens, qui déclarent l'ouverture d'une *faillite*. — V. ce mot.

58. Ils sont également compétens, 1° pour interpréter leurs *jugemens*.—V. ce mot, n° 189; — à moins que la contestation élevée sur l'exécution du jugement dérive, non de l'obscurité des termes dans lesquels ce jugement est conçu, mais de l'appréciation du fait par lequel on prétend l'avoir exécuté; cas auquel c'est au trib. civil qu'il appartient d'en connaître. Florence, 28 janv. 1811, S. 14, 363; — 2° Pour connaître du mérite des actes d'administration faits par les syndics d'une faillite. Florence, 3 mars 1811, S. 14, 363; — 3° Pour juger les difficultés relatives à la réception d'une *caution* ordonnée par eux; il s'agit moins dans ce cas de l'exécution que de la continuation de leur jugement. Pardessus, n° 1351; Bordeaux, 20 janv. 1837 (Art. 870 J. Pr.); — 4° Pour prononcer sur une demande en *péremption*. — V. ce mot, n° 18; — 5° Pour juger les difficultés qui s'élèvent sur la quotité des indemnités dues par une partie condamnée par un précédent jugement commercial à payer des dommages-intérêts à fournir par état; ce n'est pas là connaître de l'exécution d'un jugement, mais statuer définitivement sur un point qui avait été laissé en litige. Douai, 20 août 1827, S. 28, 167. — De même lorsque, sur la demande en résiliation d'un marché pour défaut de livraison de marchandises, il a été rendu par le trib. de comm. un jugement qui condamne le demandeur à prendre livraison, sans s'expliquer autrement sur la résiliation, s'il arrive que cette livraison ne soit point effectuée par le défendeur, le demandeur peut s'adresser au même trib. pour faire statuer sur son action en résiliation, et ce trib. ne peut se déclarer incompétent, sous le prétexte que ce serait là connaître de l'exécution de son jugement. Bordeaux, 27 mai 1830, D. 31, 22.

59. Peuvent-ils aussi connaître de l'exécution de leurs jugemens préparatoires?—Pour la négative, on invoque les termes généraux de l'art. 442 C. pr. — Toutefois, l'affirmative nous semble résulter de l'esprit de la loi : le jugement préparatoire n'est pour les juges qu'un moyen d'éclairer leur religion : c'est donc à eux seuls de juger du mérite de l'exécution d'un pareil acte. Autrement, les effets de ce jugement n'atteindraient pas le but que les juges s'en étaient promis. Remarquons, d'ailleurs, qu'en introduisant au milieu du cours de la procédure la décision d'un trib. civil, ce serait, outre les inconvéniens des frais et des retards, influencer plus ou moins la décision définitive pour laquelle il importe de laisser aux juges consulaires toute leur liberté de conscience et d'opinion. Paris, 18 déc. 1812, S. 15, 287.

Art. 2. — *Compétence relativement aux actes réputés commerciaux entre négocians.*

60. La juridiction des trib. de comm. est basée principalement sur la nature des actes qui donnent lieu à la contestation : —ils sont institués pour connaître de toutes les difficultés relatives aux opérations commerciales.—V. *inf.* art. 3.

Cependant leur compétence est quelquefois motivée sur la qualité des parties, parce que l'on suppose, jusqu'à preuve contraire, que toute transaction intervenue entre commerçans concerne le commerce.

Suivant M. Dalloz la compétence est *réelle* dans le 1er cas et *personnelle* dans le 2e. — Cette qualification est critiquée avec raison par M. Carré, 2, 517. —V. d'ailleurs *Acte de commerce*, nos 5 et 15.

Toutefois, pour plus de clarté, nous traiterons sous deux articles distincts des actes qui ne sont de la compétence des trib. de comm. que dans le cas où ils émanent de parties commerçantes, et des actes qui, au contraire, sont nécessairement soumis à ces trib., quelle que soit du reste la profession des contractans.

61. Tout commerçant est en général justiciable des trib. de comm. à raison des contestations relatives aux engagemens et transactions intervenus entre lui et un autre négociant, marchand ou banquier. C. comm. 631. — Les engagemens entre commerçans sont réputés commerciaux jusqu'à preuve contraire, dans quelque forme qu'ils aient été contractés.—V. *Acte de commerce*, nos 6, 8.

62. Le trib. de comm. serait en conséquence compétent,—

1° pour décider entre négocians à quelle époque doit commencer un compte. Rennes, 7 mai 1816 ; Dalloz, 10, 577 ;— 2° Pour prononcer sur une négociation intervenue entre un négociant et un receveur général des contributions. Besançon, 27 mars 1811, D. *ib.* 6, 749 ; — 3° Pour statuer sur l'action intentée par le voiturier contre son expéditeur négociant, à raison du préjudice que lui a causé la saisie d'objets de contrebande mêlés aux marchandises dont le transport lui avait été confié. Montpellier, 12 juill. 1828, D. 28, 199 ; — 4° Pour connaître de la vente faite entre commerçans, d'un permis d'exportation de grains. Trèves, 10 août 1806, D, 327. Une pareille vente entre négocians constitue en effet un engagement relatif au commerce ; toutefois cette décision doit être restreinte au cas où les parties font leur profession d'acheter et de revendre de semblables permis, et au cas où, sans faire ce genre de commerce, un commerçant a acheté d'un autre commerçant un permis d'exportation pour le revendre. Mais si la vente d'un permis a été faite à un commerçant qui n'avait d'autre but en achetant que d'user pour son propre compte du permis d'exportation, les trib. de comm. sont alors incompétens. L'engagement n'a pas eu pour objet une opération commerciale, mais bien un simple moyen de faciliter une opération de cette nature, savoir, la vente et l'exportation de grains. Le permis n'a pas été acheté pour être vendu, mais pour servir à l'usage du commerce du marchand de grains. Carré, n° 485 ;—5° Pour statuer sur une action en paiement du montant d'une lettre de voiture pour transport de marchandises adressées à une personne non encore commerçante, mais qui a fait commerce de ces marchandises immédiatement après, et qui les avait achetées à cet effet. Bruxelles, 22 déc. 1821, D. *ib.* 3, 329.

63. Mais cependant, s'il y a preuve que l'engagement soit purement civil, la cause doit être renvoyée devant la juridiction ordinaire. Vincens, 1, 115. — V. *Acte de commerce*, n°s 12 à 14.

Ainsi, par exemple, une action dirigée contre un commerçant à raison de fournitures à lui faites pour son usage personnel n'est pas de la compétence des trib. de comm. Lyon, 16 janv. 1838 (Art. 1323 J. Pr.).

64. De même si un individu qui a acheté une coupe de bois, n'a pris dans l'acte de vente que la qualité de marchand de vins, sans que rien, dans cet acte, indique qu'il ait acquis la coupe pour la revendre, il n'est pas recevable à se plaindre d'avoir été assigné en paiement devant le trib. civ., encore qu'il prétende être marchand de bois. Poitiers, 18 mai 1832, D. 33, 157.

65. Il a été jugé, sous l'ordonn. de 1673, que les trib. de

comm. étaient incompétens pour connaître des contestations nées au sujet de fournitures, telles que papier, encre, registres, etc., faites à un négociant pour son usage particulier et la consommation de sa maison de commerce. Cass. 21 niv. an 5, D. jur. gén., 3, 328. — Cette décision serait la même aujourd'hui, quant aux fournitures achetées par un négociant pour son *usage particulier*.

Quid à l'égard des fournitures achetées pour l'usage de ses bureaux, etc. ?

M. Carré distingue entre ce qui fait l'objet de la profession, et ce qui sert à l'exercice de la profession. Ainsi, l'achat que fait un distillateur des vases nécessaires pour renfermer les liqueurs qu'il a distillées, est entièrement distinct et séparé de celui des matières qu'il a achetées pour distiller et revendre; l'achat de ceux-là est fait dans une autre intention que l'achat de celles-ci. C'est uniquement pour les faire servir à contenir les liqueurs, que les vases sont achetés. Sans doute, en vendant les liqueurs, le distillateur vendra également les vases, mais cette vente ne peut changer la nature de l'achat qui n'avait pour objet aucune spéculation commerciale. Aussi les vases n'entrent-ils dans le prix de la vente des liqueurs que pour le prix qu'ils ont coûté. Ainsi l'achat du charbon et du bois que le distillateur consomme pour ses distillations; l'achat des instrumens qu'un ouvrier emploie à l'exercice de sa profession; l'achat que font tous les marchands en détail du papier destiné à envelopper les marchandises qu'ils livrent à la consommation, ne sont point des achats de commerce; Locré, 8, 275; — *Contrà*, Dalloz, *ib.* — V. d'ailleurs *Acte de commerce*, n° 76.

66. S'il s'agit de *billets* souscrits par un négociant, la présomption de la loi qui fait réputer ce billet acte de comm. ne peut être détruite par aucune preuve contraire, si ce n'est par l'indication dans le billet lui-même d'une cause purement civile.

Il est presque impossible en effet d'établir à quel usage a servi l'argent reçu par un négociant, et les contestations qui s'élèveraient à ce sujet entraîneraient toujours les parties dans des procès qu'il était sage de prévenir par une disposition invariable. — V. *Acte de commerce*, n°s 9 à 11.

67. Du reste, ne serait point un obstacle au renvoi devant les trib. civ. la qualité de commerçant prise, soit par le défendeur dans l'acte dont l'exécution est réclamée contre lui. Turin, 20 mai 1807, S. 7, 672; Vincens, *ib.*; — soit par le demandeur dans l'acte introductif d'instance. — *Contrà*, Paris, 11 germ. an 11, S. 3, 2, 380; Vincens, *ib.*; — s'il prouve qu'il n'était pas réellement commerçant : autrement la règle qui ne permet pas aux parties non justiciables des trib. de comm. de se soumettre à leur juridiction serait violée.

68. Celui qui a été commerçant reste soumis à la juridiction commerciale pour la suite de tous les actes qu'il a faits pendant son commerce. Vincens, 1, 116; Arg. Liége, 4 avr. 1813, S. 14, 183. — V. *Acte de commerce*, nos 16 et suiv.

69. Les trib. de comm. sont encore compétens pour statuer sur les actions dirigées contre les facteurs, commis des marchands et leurs serviteurs, mais *pour le fait seulement du trafic du marchand auquel ils sont attachés*. C. com. 634.

70. Il résulte de ces derniers mots que l'art. 634 n'a entendu soumettre à la compétence commerciale que les actions appartenant *aux tiers* contre les facteurs, commis, etc., qui se sont engagés *personnellement* en leur nom, ou au nom du marchand auquel ils sont attachés et pour le fait du trafic de ce dernier : dans le 1er cas, ils sont mandataires du négociant ; dans le second, commissionnaires.

71. Quel est le trib. compétent pour connaître de l'action que le commis a contre son patron pour le paiement de ses appointemens?

En faveur de la compétence du trib. de comm. on dit : l'art. 634 C. com. se borne, il est vrai, à attribuer aux trib. consulaires la connaissance des actions dirigées contre les facteurs et commis pour le trafic de leur patron. — Mais si la réciprocité en faveur des commis contre les marchands pour le paiement de leur salaire n'est pas établie en termes formels par la loi, elle dérive nécessairement de son esprit, car il ne saurait y avoir de juridiction plus appropriée aux contestations de ce genre que la juridiction commerciale, tant par la célérité des formes et l'économie des frais que par la connaissance des usages du commerce. Cette interprétation est du reste conforme à l'ordonn. de 1673 et à la disposition générale de l'art. 631 no 2 C. com. qui déclare le trib. de com. compétent pour connaître de toute contestation relative à un acte de com. Le commerçant qui loue les services d'un commis pour l'aider dans son négoce fait en effet sans aucun doute un *acte de comm.*(—V. ce mot.) Lyon, 17 juin 1821, D. 3, 333; Paris, 24 août 1829, D. 29, 287 ; 29 nov. 1825, D. 27, 85 ; Paris, 11 mars 1834, S. 34, 552; Cass. 15 déc. 1835 (Art. 523 J. Pr.); Limoges, 30 juill. 1836 (Art. 523 J. Pr.); Pardessus, nos 38 et 1348. — *Contrà*, Delvincourt, *Ins. comm.* 2, 487; Favard, vo *Trib. comm.* Vincens, 1, 41 ; Rouen, 19 janv. 1813, D. 3, 331 ; Metz, 13 juill. 1818, D. *ib.* Rouen, 26 mai 1828, D. 29, 19 ; Caen, 8 mars 1825, D. 25, 212; Bordeaux, 21 fév. 1826, D. 27, 23; Nanci, 9 juin 1826, D. 27, 43; Aix, 23 janv. 1830, D. 33, 133.

A plus forte raison en serait-il ainsi dans le cas où la demande d'appointemens, formée par un commis, se trouverait jointe à une autre demande de la compétence commerciale, telle qu'une demande tendant à être déchargé de la garde des livres et registres d'une société. Metz, 21 avr. 1818, D. 3, 322. — *Contrà*, Poitiers, 27 janv. 1830, D. 30, 261.

Selon nous le trib. de comm. sera compétent en vertu de l'art. 631, si les engagemens des parties sont considérés comme actes de commerce. Trib. de la Seine, 3e ch[e], 14 juin 1839; Horson, *Quest.* 204; Pailliet, manuel sur 634. — Si au contraire on ne voit là qu'un contrat de louage ou de mandat salarié, les trib. civils seront seuls compétens. — C'est donc à tort qu'on se préoccupe de la question de savoir si l'art. 634 admet la réciprocité en faveur des commis. C'est la nature de l'engagement qui doit déterminer la compétence : l'art. 634 établit contre les facteurs ou commis une action analogue à l'action institoire des Romains, dans l'intérêt exclusif *des tiers*. Dissertation, (Art. 1627 J. Pr.)

72. Jugé 1° que les trib. de comm. ne peuvent connaître d'une demande d'un marchand contre son commis, en reddition de compte et en paiement d'un reliquat des sommes que celui-ci, en sa qualité de commis, aurait touchées pour le premier. Amiens, 21 déc. 1824. — *Contrà*, Lyon, 17 janv. 1821, D. *ib.* 333; Paris, 12 déc. 1829, D. 30, 107.

73. 2° Que l'action formée par un directeur de diligences, contre la personne qu'il employait pour transporter à domicile les objets arrivés par la diligence, en recevoir le port, etc., à l'effet de lui faire rendre compte de sa gestion, est de la compétence des trib. ordinaires et non de ceux de commerce, encore bien que ce facteur ait fourni un cautionnement, surtout si ce directeur a déjà, et dès long-temps, rendu lui-même ses comptes à l'administration de l'entreprise : Cass. 20 nov. 1833, D. 34, 18.

74. 3° Qu'une demande en reliquat de compte, formée par un négociant contre son commis-voyageur, peut être portée devant le trib. de comm. de ce négociant si ce commis n'a point d'appointemens fixes, mais une remise sur les affaires qu'il fait : dans ce cas les relations qui existent entre les parties sont plutôt celles d'un commettant vis-à-vis de son commissionnaire que celles d'un patron vis-à-vis de son commis. Bourges, 10 janv. 1823, D. *ib.* 387.

75. 4° Que le facteur qui a reçu d'un marchand de bois la commission de faire exploiter des coupes, peut être actionné par ce dernier devant le trib. de comm. en reddition de comptes. Cass. 3 janv. 1828, D. 28, 302.

76. Les sous-entrepreneurs ne peuvent être assimilés, pour la compétence des trib. de comm., à des commis ou facteurs. Bruxelles, 5 nov. 1818, P. 14, 1050.

77. Le trib. de commerce connaît des demandes en paiement de billets faits par les receveurs, payeurs, percepteurs et autres comptables, des deniers publics. C. com. 634.—V. *acte de commerce*, nos 19 à 21.

78. Peu importe que ces billets ne soient pas négociables par voie d'endossement. Rennes, 24 nov. 1814, Dalloz, 3,385;—ou qu'ils aient été souscrit originairement par des tiers non commerçans : du moment qu'ils ont été passés à l'ordre des receveurs et transmis par ceux-ci à des tiers, ils doivent être considérés comme souscrits par des commerçans. Vincens, 1, 138.

79. Les trib. de comm. sont également compétens pour connaître des billets faits par le fermier d'un octroi municipal, encore que ces billets aient une date antérieure à l'époque où a commencé l'administration du fermier, s'ils sont relatifs à cette administration. Cass. 12 mai 1814. D. 3,334. —V. *sup.* n° 61.

80. — Mais n'est pas justiciable du trib. de comm., comme percepteur de deniers publics, celui qui a cessé d'avoir cette qualité à l'époque où il a souscrit un billet à ordre, et qui faisait alors seulement quelques recouvremens arriérés. Aix, 2 août 1808. Dalloz, 3, 342.

81. Les veuves et héritiers des justiciables du trib. de comm. doivent assigner (Ordonn. 1673. Poitiers, 7 therm. an 12) ou être assignés devant le trib., en reprise d'instance ou par action nouvelle, sauf, si les qualités sont contestées, à les renvoyer aux trib. ordinaires pour y être réglés et ensuite être jugés sur le fond par le trib. de commerce. C. pr. 426.

Les mots *action nouvelle* signifient action principale, et ne supposent aucunement qu'il ait déjà existé une action contre le défunt. Paris, 16 mars 1812, S. 14, 105; Locré, 8, 199; Vincens, 1, 117.

82. Mais le trib. compétent pour condamner les héritiers d'un commerçant n'aurait pas caractère pour ordonner contre eux l'exécution des jugemens rendus contre leur auteur; ce serait connaître de l'exécution de ses jugemens. Cass. 25 prair. an 11; 3 brum. an 12; 1er sept. 1806, S. 3, 1, 152; 6, 2, 743. — V. *sup.* n° 54.

83. Dans le cas où des individus non commerçans se trouvent engagés solidairement avec des commerçans, ils sont justiciables des trib. de comm.; seulement les mêmes moyens de contrainte ne peuvent pas être prononcés à leur égard. — V. d'ailleurs *inf.* n° 101.

A plus forte raison, la femme qui a souscrit un billet à ordre, solidairement avec son mari marchand, est, même après la mort de ce dernier, justiciable des trib. de comm. Bruxelles, 27 juin 1809, P. 7, 650.

Art. 3. — *Compétence relativement aux actes réputés commerciaux entre toutes parties.*

84. Les trib. de comm. connaissent *entre toutes personnes* des contestations relatives aux *actes de commerce*. C. comm. 631.— V. ce mot.

Entre toutes personnes. Ainsi lorsqu'un non commerçant veut faire opérer le recouvrement d'une lettre de change par l'intermédiaire d'un banquier, et qu'à titre de garantie il a reçu de ce dernier un billet du montant de la traite, la demande en paiement de ce billet peut être soumise au trib. de comm., attendu que l'objet réel de la contestation est un acte commercial, une remise d'argent de place en place. Cass. 21 juin 1827, D. 27, 280.

85. Le même engagement peut être réputé commercial à l'égard de tous les contractans, alors il n'y a aucune difficulté sur la compétence; ou bien n'être commercial que de la part de l'une des parties, comme lorsqu'un propriétaire vend les denrées de son crû à un individu qui les achète pour les revendre; et, dans ce cas, l'acheteur, qui seul fait un acte de commerce, est seul aussi justiciable de la juridiction consulaire. L'autre partie ne peut être traduite que devant le trib. civil. — V. *Acte de commerce*, nos 3 et 27.

86. Par application de ce principe, les trib. de comm. sont compétens pour connaître des actions en responsabilité formées par les voyageurs contre les voituriers, hôteliers ou aubergistes. Paris, 26 déc. 1838 (Art. 1356 J. Pr.). — Mais non pour statuer sur les demandes en paiement de loyers ou de prix de transport intentées par les aubergistes ou voituriers contre les voyageurs.

87. Toutefois si les contestations entre les hôteliers, aubergistes ou logeurs et les voyageurs ou locataires en garni pour dépenses d'hôtelleries et perte ou avarie d'effets déposés dans l'auberge, et celles entre voyageurs et voituriers ou bâteliers pour retard, frais de route, et perte ou avarie d'effets accompagnant les voyageurs, ont un intérêt inférieur à 1,500 fr., elles doivent être portées devant le *juge de paix*. — V. ce mot, nos 45 et 51.

88. Le trib. civ. a été déclaré compétent pour connaître de l'action formée par un voyageur pour perte d'un sac de nuit contre un entrepreneur de messageries, bien que l'entrepreneur demandât son renvoi devant le trib. de comm.; — attendu que le dépôt d'un sac de nuit à une diligence n'est pas un acte de commerce. Rejet, 20 mars 1811, P. 9, 196. — M. Carré, 2,

575, critique cet arrêt : Si le dépôt d'un sac de nuit n'est pas un acte de commerce de la part du déposant et ne peut rendre celui-ci justiciable du trib. de comm. pour le prix du transport, il en est autrement de l'entrepreneur, qui en recevant le dépôt fait un acte de commerce. Arg. C. comm. 632. Colmar, 22 nov. 1814, P 12, 454 ; Vincens, 1, 131.

89. L'obligation purement civile d'un fermier, telle que celle de payer en marchandises provenues du sol une certaine partie de ses fermages, si elle devient ultérieurement l'objet d'une négociation ou d'un transport commercial de la part du propriétaire du fonds, ne change pas pour cela de nature relativement au fermier, et ne peut par conséquent le soumettre à la juridiction commerciale. Cass. 27 juin 1831, S. 31, 302.

90. La partie à l'égard de laquelle l'acte qui donne lieu au procès n'est pas commercial peut-elle porter à son gré la contestation devant le trib. civ. de préférence au trib. de comm.? Non. Les termes de l'art. 631 C. comm. sont impératifs. « Les tribunaux de commerce connaîtront *entre toutes personnes* des contestations relatives aux actes de commerce ; » celui qui a fait un acte de commerce a droit aux avantages attachés à la juridiction commerciale, puisqu'il en subit les rigueurs. Dire que jamais on ne peut se plaindre d'avoir été distrait d'un trib. d'exception pour être traduit devant le trib. ordinaire, c'est rendre illusoire la juridiction exceptionnelle, que les parties en faveur desquelles elle est établie doivent pouvoir revendiquer, comme elles ont la faculté d'y renoncer, en ne demandant pas leur renvoi *in limine litis*. Le trib. civ. n'est pas obligé, il est vrai, de se déclarer d'office incompétent, parce qu'il a en lui le germe de la compétence générale (—V. *Trib. de 1re inst.*), mais si le commerçant réclame son renvoi devant ses juges naturels, il doit l'obtenir. Il ne saurait dépendre du demandeur de forcer son adversaire à plaider, soit devant le trib. civ., soit devant le trib. de comm. Favard, v° *Trib. de comm.*; Bastia, 10 août 1831, D. 32, 198 ; Locré, 8, 200. — *Contrà*, Bourges, 17 juill. 1837 (Art. 1026 J. Pr.); Pardessus, 5, 14.

91. Les actes réputés commerciaux par la loi peuvent être divisés en cinq classes principales, selon qu'ils ont pour objet les achats et les ventes. — V. *Acte de commerce*, nos 27 à 93 ; — le louage, soit d'objets mobiliers, soit d'industrie. — V. *ib.* nos 94 à 133 ; — les opérations de banque. — V. *ib.* nos 146 à 148 ; — les opérations de change. — V. *ib.* nos 134 à 145 ; — et enfin le commerce maritime. — V. *ib.* no 149.

92. Les actes qui rentrent dans les trois premières classes indiquées ci-dessus, n° 91, ne peuvent donner lieu à aucune difficulté spéciale relative à la compétence. — Mais il n'en est pas de même des actes compris dans les deux dernières catégories.

93. *Opérations de change.* L'art. 632 C. comm. répute actes de commerce, entre toutes personnes, les lettres de change ou remise d'argent faites de place en place.—V. *Effet de commerce*, nos 2 et suiv.

94. Il résulte de ces termes que les remises de place en place constituent des actes de commerce, alors même que les lettres de change qui les constatent manquent d'une des conditions essentielles à leur existence comme lettres de change, que les parties n'ont pas consenti cette remise de place en place en vue d'une opération commerciale, et que les lettres ne portent aucune signature de commerçans. Carré, *Comp*. 2. 590.

95. Au contraire, bien qu'il soit constant qu'une lettre de change n'a pas eu pour véritable cause une opération de change, si néanmoins elle présente tous les caractères de la lettre de change, les trib. de comm. sont compétens pour en connaître. Rouen, 11 fév. 1808, D. 6, 571 ; Paris, 22 août 1810, D. *ib.* 2, 720 ; Colmar, 22 nov. 1815, D. *ib.* 10, 559 ; Carré, *ib.* 2, 605.

Jugé cependant que les trib. civ. ont seuls qualité pour statuer, 1° sur les contestations auxquelles donne lieu une lettre de change souscrite pour prix du remplacement au service militaire, la création de cette lettre n'étant qu'un moyen indirect d'arriver à la contrainte par corps dans une obligation purement civile. Aix, 5 nov. 1830, D. 31, 239.—V. *inf.* n° 115.

2° Sur la demande en paiement de traites souscrites pour l'acquittement d'un prêt précédemment contracté et reconnu par acte notarié. Peu importe dans ce cas que les traites présentent tous les signes apparens d'une lettre de change. Rouen, 15 nov. 1825, D. 26, 86.

96. L'endossement d'une lettre de change est entièrement assimilé à sa souscription ou à son acceptation. — V. *Acte de commerce*, n° 141.

97. Quand les lettres de change ne sont réputées que simples promesses, aux termes des art. 112 C. comm. (—V. *Actes de commerce*, n° 139), le trib. de comm. est tenu de renvoyer la cause au trib. civ., s'il en est requis par le défendeur. C. comm. 636. — Mais si celui-ci garde le silence, les juges consulaires prononcent valablement sur la contestation : l'incompétence, dans ce cas, est seulement personnelle. Paris, 16 août 1811, S. 11, 455.

98. Le trib. de comm. ne doit pas se déclarer incompétent par cela seul que le souscripteur d'une lettre de change prétend que cette lettre contient supposition de lieu, il faut que cette

allégation soit reconnue véritable par le tribunal. Cass. 28 avr. 1819, 21 oct. 1825, S. 20, 33-26, 412.

99. Les trib. de comm. sont compétens pour statuer sur la demande en paiement d'une lettre de change souscrite par un prétendu mandataire : l'exception tirée de ce que la traite ne serait point obligatoire pour le défendeur qui nie le mandat, ne portant que sur *l'effet* de la lettre de change, reste étrangère à la compétence. Bordeaux, 13 déc. 1831, D. 32, 62.

100. Mais quand une fois le trib. a constaté la simulation, il doit se déclarer incompétent pour statuer sur la lettre de change, réduite aux termes d'une simple promesse. Bruxelles, 28 juin 1810, D. jur. gen. 6, 573.

101. Néanmoins lorsque les lettres de change réputées simples promesses portent en même temps des signatures d'individus négocians et d'individus non négocians, le trib. de comm. doit en connaître; mais il ne peut prononcer la contrainte par corps contre les individus non négocians, à moins qu'ils ne soient engagés à l'occasion d'opérations de commerce, trafic, change, banque ou courtage. C. comm. 637.

102. Cette règle est applicable même au cas où l'on attaque la lettre de change comme engagement ordinaire, et qu'on lui refuse même la qualité de simple promesse. Cass. 28 avr. 1819, S. 20, 33.

103. Mais il faut nécessairement que l'engagement du négociant signataire de la lettre de change soit valable. Bastia, 4 janv. 1832, D. 33, 115. — Dans l'espèce, on attaquait comme irrégulier et n'énonçant pas la valeur fournie l'endossement par un négociant d'une lettre de change souscrite par un non commerçant. — V. *inf.* n° 119.

104. Le non commerçant souscripteur d'une lettre de change réputée simple promesse, ou d'un billet à ordre pour une cause non commerciale, et condamné par défaut, peut, sur l'opposition, requérir son renvoi devant les trib. ordinaires. Vainement dirait-on que le déclinatoire est tardivement opposé, parce que *défaut emporte contestation*. Cette ancienne règle doit être entendue en ce sens, que le défaut ne dispense pas le demandeur de justifier de sa demande, mais non dans le sens que le défendeur a répondu à l'assignation. Carré, n° 526.

105. Mais s'il n'a pas formé opposition, il ne serait plus recevable sur l'appel à opposer l'incompétence : cette exception est purement personnelle et peut être couverte. Aix, 15 janv. 1825, D. 25, 223.

106. Lorsque la lettre de change est réputée simple promesse, *aux termes de l'art.* 113, *C. comm.*, comme ayant été souscrite par une femme non commerçante, la compétence du trib. de comm. ne peut pas être déclinée comme dans le cas où la lettre contient supposition de nom, de lieu, etc. L'art. 636 ne parle que des lettres de change réputées simples promesses aux termes de l'art. 112, et non de celles indiquées dans l'art. 113. Il y a en effet entre ces deux espèces de lettres cette différence, que les premières n'ont pas la forme intrinsèque et substantielle des véritables lettres de change, tandis qu'il en est autrement des secondes. On conçoit dès lors que la loi ait laissé aux trib. de comm. la connaissance de ces dernières, véritables obligations commerciales de leur nature, tout en affranchissant de la contrainte par corps les femmes non commerçantes qui les ont souscrites. Carré, 2, 592; Dalloz, *jur. gén.* 3, 324.

107. En conséquence, la femme non marchande, signataire d'une lettre de change (ne portant aucune signature de commerçant), ne peut décliner la juridiction commerciale; seulement elle n'est pas contraignable par corps. — Limoges, 19 mai 1813. D. *Ib.* 3, 338; — Aix, 22 févr. 1822. — *Contrà;* Bordeaux, 11 août 1826, D. 27, 106; Limoges, 16 févr. 1833, D. 33, 209.

108. Il en est de même de la femme non marchande qui a souscrit ou accepté une lettre de change, conjointement avec un commerçant. Bruxelles, 6 févr. 1812, D. *Ib.* 3, 337.

109. Alors même qu'elle attaque la lettre de change, comme n'étant revêtue, de sa part, que d'une acceptation irrégulière. Cass. 28 avr. 1819, D. 3, 338.

110. Les *billets à ordre,* lorsqu'ils contiennent remise de place en place, sont entièrement assimilés à la lettre de change pour tout ce qui est relatif à la compétence; et les règles précédentes leur sont applicables. — V. *Acte de commerce*, n° 143. — Il en est encore de même toutes les fois que ces billets ont pour cause une opération de comm. C. comm. 636.

111. Mais s'ils sont souscrits par des personnes non marchandes et pour cause purement civile, ils ne constituent qu'une obligation ordinaire de la compétence du trib. de 1re inst. — Néanmoins, le trib. de comm. n'est tenu de se dessaisir de la cause que dans le cas où il en est requis par le défendeur. C. comm. 636.

L'incompétence n'est pas proposable pour la première fois en appel. Paris, 16 août 1811, P. 9, 563; Paris, 1er déc. 1831, D. 33, 54. — Ni après l'exécution donnée par le défendeur au jugement qui aurait rejeté le déclinatoire présenté par lui. Metz, 12 avr. 1820, P. 15, 914.—V. *sup.* n° 105.

112. Les mots *valeur en marchandises,* qui se trouvent sur un billet à ordre souscrit au profit d'un commerçant par un non commerçant, ne s'opposent pas à ce que ce dernier soit fondé à se faire renvoyer à la juridiction civile, et ne soit affranchi de la contrainte par corps : l'achat de marchandises par un simple particulier ne constitue pas un acte de commerce, si cet achat n'a pas été fait dans l'intention de revendre. Paris, 10 déc. 1829, D. 30, 79.

113. Il en est de même dans le cas où le billet à ordre signé par un individu non commerçant est causé valeur en numéraire, *pour employer à une opération de commerce*, du moins la cause du billet n'est pas elle-même une opération de commerce, et il ne serait pas suffisant que la valeur du billet fût destinée à faire plus tard une opération commerciale, le débiteur ne pouvant se soumettre à la contrainte par corps au moyen d'une simple déclaration de vouloir employer cette somme au commerce. Bastia, 29 janv. 1833, D. 33, 57.

114. Le trib. de comm. est également incompétent pour statuer sur l'action en paiement d'un billet causé *valeur entendue entre nous*, lorsque ce billet a été passé entre non commerçans, s'il n'est pas justifié qu'il renferme une opération de commerce. Metz, 18 janv. 1833, D. 34, 157.

115. 2° Sur les contestations que fait naître un billet à ordre causé pour prix de remplacement militaire. Paris, 1er avr. 1830, D. 31, 241. — V. *Sup.* n° 95.

116. Mais si des billets sont signés à la fois par des commerçans et des non commerçans, la connaissance en appartient aux trib. de comm., encore que les souscripteurs non commerçans ne se soient pas engagés pour opérations de commerce. C. comm. 637. — V. *sup.* n° 101.

117. Suffit-il, pour que le trib. de comm. soit compétemment saisi, que le billet à ordre soit revêtu d'une ou de plusieurs signatures de négocians, lors même que ces commerçans ne seraient pas mis en cause, et qu'il n'y aurait que les signataires non négocians traduits devant le trib. de comm. ?

Pour la négative, on prétend que si l'on a soumis les débiteurs non négocians à la juridiction commerciale, c'est uniquement parce que le principe de la solidarité ne permettait pas de diviser l'action, et que l'on ne pouvait forcer le porteur du billet à traduire les signataires commerçans devant les trib. civils; que cela résulte de la défense faite aux trib. de comm. de prononcer dans ce cas la contrainte par corps contre les non commerçans. C. comm. 636.—Or, si les poursuites ne sont dirigées que contre ces derniers, il n'existe plus aucune raison pour saisir le trib. de comm., et l'on doit n'attribuer juridiction qu'aux trib. civils. Colmar, 23 mars 1814, P. 12, 160; Paris, 19 mars 1831, S. 31, 306. — Arg. Cass. 6 août 1811, P. 9, 521.

Mais l'opinion contraire fondée sur ce que l'art. 637 ne fait aucune distinction, et qu'un billet à ordre, une fois revêtu de la signature d'un commerçant, acquiert un caractère commercial indélébile, paraît prévaloir dans la jurisprudence. Bruxelles, 29 nov. 1814, P. 12, 462; Caen, 10 août 1815, S. 16, 368; Paris, 22 juill. 1825, D. 25, 235; Bourges, 6 août 1825, S. 26, 209; Grenoble, 7 févr. 1832, S. 32, 402; Paris, 26 nov. 1834, S. 35, 106; Amiens, 7 mars 1837, S. 37, 399; Cass. 26 juin 1839 (Art 1656 J. Pr.).

118. Peu importerait même que le porteur ne fût plus recevable à diriger son action que contre les non négocians. Bordeaux, 17 janv. 1832, S. 32, 276; Montpellier, 25 févr. 1831, S. 31, 213. — *Contrà*, Limoges, 30 déc. 1825, S. 27, 52; Paris, 17 sept. 1828, S. 29, 26; Douai, 8 mai 1839 (Art. 1682 J. Pr.); Horson, 2, n° 112.

119. Dans tous les cas, pour que la signature d'un commerçant ait l'effet d'attribuer juridiction au trib. de comm., même à l'égard d'un non commerçant, il faut que le commerçant soit réellement obligé; il ne suffirait pas qu'il eût revêtu l'effet d'un simple endossement en blanc qui n'en aurait pas transmis la propriété. Bordeaux, 19 nov. 1827, S. 28, 72.

120. La loi considère comme *obligés* non-seulement les auteurs des billets, mais aussi les accepteurs, endosseurs et donneurs d'aval. — V. *Acte de commerce*, n° 141; *Effet de commerce*, n° 6.

121. Le souscripteur d'un billet à ordre, pour établir l'incompétence du trib. de comm. devant lequel il est assigné, est recevable à prouver que les signataires du billet sont tous non commerçans. Cass. 22 avr. 1828, D. 28, 222.

122. Si le billet à ordre ne contient pas toutes les énonciations exigées pour sa validité, par exemple, s'il n'indique pas la nature des valeurs reçues, il ne constitue plus qu'une simple obligation civile, et n'est pas attributif de la juridiction commerciale, encore bien qu'il ait été endossé par des négocians. Cass. 6 août 1811, P. 9, 521; Riom, 6 mai 1817, S. 18, 127; Rouen, 20 juin 1822, P. 17, 435; Cass. 26 mai 1836; Merlin, *Rép. v° Billet à ordre*, n° 6; Pardessus, 2, n° 510; Vincens, 2, 371. — *Contrà*, Liége, 1er déc. 1814, P. 12, 467.

123. Les billets à domicile sont, sous le rapport de la compétence, soumis aux mêmes règles que les billets à ordre. — V. *Effet de commerce*, n° 7-10; Locré, *Espr. C. comm.*, 2, 325 (Art. 1580 J. Pr.).

Quant aux billets au porteur et billets de change (— V. *ib.* n° 11 et suiv. 24 à 29), ils ne sont de la compétence des trib. de comm. que lorsqu'ils ont été faits par des commerçans, ou pour des opérations commerciales. Locré, *ib.*

— V. d'ailleurs *Faillite*, *Prud'homme*.

124. *Actes relatifs au commerce maritime.* L'art. 633 C. comm.

attribue à la juridiction commerciale la connaissance de tous les engagemens qui concernent la construction, l'achat, l'équipement, l'expédition ou l'usage des navires. — Mais sous l'ordonn. de 1681, les trib. de l'amirauté connaissaient des prises faites en mer, des bris, naufrages et échouement, du jet et de la contribution, des avaries et dommages arrivés aux vaisseaux et aux marchandises, de leur chargement, ensemble des inventaires et délivrance des effets, délaissés dans les vaisseaux, de ceux qui meurent en mer. — Aujourd'hui, c'est au comité du contentieux du Cons.-d'Etat, qu'il appartient de juger les affaires concernant les prises. — Quant aux autres faits de mer, tels que bris, naufrages, échouemens, jet, contributions, avaries, ils rentrent dans les attributions des trib. de comm. et dans la masse des affaires qui se rattachent aux expéditions maritimes, dont le Code donne indéfiniment connaissance aux juges de commerce... On a voulu maintenir la compétence de ces juges telle qu'elle avait été établie par les lois antérieures, et, par conséquent, leur laisser tout le contentieux de la navigation. Locré, 8, 282. —V. *inf.* n° 126.

Les trib. de commerce connaissent également d'une demande en paiement de frais dus à une commission sanitaire à raison de la quarantaine d'un navire : ces frais sont une suite de l'expédition maritime qui commence au départ du navire du port d'où il est expédié, et ne finit qu'à son entrée définitive dans le port pour lequel il est expédié. C. comm. 633 ; Cass. 22 avr. 1835 (Art. 78 J. Pr).

125. Mais la juridiction civile connaît, 1° d'une action en réparation du dommage causé par l'abordage de deux bateaux, dans un canal de l'intérieur, encore que les deux propriétaires soient commerçans : l'art. 407 C. comm. n'est applicable qu'au commerce maritime et aux bâtimens de mer. Bruxelles, 6 avr. 1816, D. *Jur. gén.* 3, 362.

126. 2° De ce qui est relatif à l'*inventaire* et à la *délivrance des effets, délaissés dans les vaisseaux, de ceux qui meurent en mer.* Ce ne sont pas là *des faits de la mer;* ils ne sont pas compris, par conséquent, même implicitement, dans les cas énumérés dans l'art. 633. Carré, 2, 602.

127. 3° De la demande du maître de navire, formée contre le passager.

Ce dernier, au contraire, peut, s'il est demandeur, *actionner* le premier devant le trib. de commerce. Arg. C. comm. 632 ; Carré, n° 519.

§ 2. — *Compétence territoriale.*

128. La compétence territoriale des trib. de comm est réglée tout à la fois par les principes généraux relatifs à la compétence des trib. de 1re inst. en matière personnelle. — V. *inf.* art. 1er ; — et par des principes spéciaux à ces tribunaux. — V. *inf.*, art. 2.

Art 1er. — *Règles de compétence communes à la juridiction commerciale et à la juridiction civile.*

129. Les règles relatives à la compétence territoriale des trib. civils en matière personnelle sont en général applicables aux trib. de commerce. — V. toutefois *inf.*, art. 2.

130. Ainsi, le défendeur doit être assigné devant le trib. de son domicile, et s'il n'a pas de domicile, devant le trib. de sa résidence. C. pr. 59. — V. *Trib. de 1re inst.*, n°s 46 et suiv., et toutefois *inf.*, n° 148.

131. Lorsqu'il y a *plusieurs défendeurs*, le demandeur peut assigner, à son choix, toutes les parties devant le trib. du domicile de l'une d'elles. — V. *Trib. de 1re inst.* § 2, *art.* 11.

132. Conséquemment, l'accepteur d'une lettre de change peut être assigné en paiement devant le trib. de comm. du domicile de l'endosseur. Paris, 14 sept. 1808, D. *jur. gén.* 5, 381 ; 11 janv. 1825, D. 25, 159.

133. De même, le souscripteur d'un billet à ordre protesté peut être assigné avec un des endosseurs de qui on réclame le paiement devant le trib. du domicile de ce dernier. Paris, 20 mai 1811, D. *jur. gén.*, 578.

134. En matière de *société*, tant qu'elle existe, la demande doit être portée devant le trib. du siége de la société. — V. *ib.* n° 67.

135. Une contestation entre associés, relative à une société *dissoute*, mais non liquidée, doit également être jugée, non par le trib. du domicile des associés, mais par celui du lieu où la société était établie. Cette société est censée toujours exister entre les associés et leurs représentans, tant que la liquidation n'est pas terminée. — Mais, lorsque c'est un tiers qui plaide contre ceux qui étaient auparavant en société, il ne peut poursuivre les associés que devant le trib. de leur domicile ; la société a cessé à son égard, quoique non encore liquidée. Carré, n° 551. — V. *Reddition de compte*, n° 24.

136. En matière de *faillite*, toute action dirigée contre les syndics doit être intentée devant le trib. du lieu de la faillite. — V. *Trib. de 1re inst.* n° 93 ; *Faillite*, n°s 27 et suiv.

137. En matière de *garantie*, l'assignation doit être donnée devant le trib. où la demande originaire est pendante. — V. *Garantie*, n° 34, et toutefois *sup.* n° 53 ; — à moins qu'il ne paraisse par écrit ou par l'évidence du fait que la demande originaire n'a été formée que pour traduire le garant hors de son trib. ;

auquel cas il peut demander son renvoi. C. pr. 59, 181. — V. *Garantie*, nos 35, 36.

Dans tous les cas, il faut que l'appelé en garantie soit obligé, en vertu de la loi ou d'une convention formelle, à répondre des faits du garant ; ainsi, le tiers qui n'a ni accepté ni endossé une lettre de change, ne peut être assigné en paiement de cette lettre de change devant d'autres juges que ceux de son domicile, sous prétexte qu'il en devait le montant au tireur. — V. *ib.*, n° 43.

138. A plus forte raison est-il indispensable que le fait sur lequel repose la demande en garantie rentre dans les attributions du trib. de comm. ; autrement, ce trib. serait incompétent à raison de la matière. — V. *Garantie*, n° 45 ; *Rédhibitoire*, n° 10.

139. En cas d'élection de domicile pour l'exécution d'un acte, toute contestation relative à cette exécution est de la compétence du trib. du domicile élu. — V. *Trib. de 1re inst.* § 2, art. 12.

140. Ainsi, il suffit qu'un domicile, autre que celui du souscripteur, soit indiqué dans un billet à ordre, pour le paiement, pour que, non seulement le protêt, mais encore les poursuites en paiement soient régulièrement faites à ce domicile. Cass. 13 janv. 1829, D. 29, 103.

141. De même, l'individu, sur qui on a tiré une lettre de change pour dette commerciale, ne peut décliner la compétence du trib. du lieu où cette dette est payable, sur le motif qu'en faisant traite sur lui pour l'acquittement de cette dette, le créancier doit être censé avoir renoncé au bénéfice de l'élection de domicile, quand d'ailleurs cette dette n'a pas été acquittée par le débiteur. Cass. 11 fév. 1829, D. 29, 145.

142. Mais le demandeur reste toujours le maître d'assigner le défendeur devant le trib. de son domicile réel, s'il le préfère. — V. *Trib. de 1re instance*, § 2, art. 12.

143. Les demandes *reconventionnelles*, lorsqu'elles ont pour objet des prétentions sur lesquelles les trib. de comm. peuvent statuer, doivent, ainsi que toutes les autres demandes incidentes, être portées devant les juges saisis de la demande principale ; mais, comme on l'a déjà dit, le trib. de comm. doit s'abstenir de connaître de toute demande reconventionnelle qui ne serait pas commerciale de sa nature.

144. Si deux demandes connexes sont portées devant deux trib. de comm. différens, il y a lieu, comme en matière civile, de faire prononcer le renvoi de la seconde cause devant le trib. saisi de la première. — V. *Exception*, nos 41 et suiv., 63 et suiv.

Mais, si l'une des deux demandes est de la compétence du

trib. civil, l'exception ne peut plus être proposée. — V. *ib.*, n° 61.

Art. 2. — *Règles de compétence spéciales à la juridiction commerciale.*

145. On a vu, dans l'art. précédent, que les règles de compétence qui régissent les trib. de 1re inst. étaient en général applicables aux trib. de commerce. — Néanmoins, plusieurs exceptions importantes ont été introduites dans l'intérêt des négocians, et pour faciliter la conclusion de toutes les transactions commerciales.

146. Ainsi, l'étranger qui a établi sa résidence et le siége de son commerce en France est justiciable des trib. français pour tous les actes qui concernent son négoce, même lorsqu'il a contracté avec un *étranger.*—V. ce mot, n°s 28 à 31.

147. L'héritier ou la veuve d'un commerçant sont valablement assignés devant le trib. du défunt, même après le partage, pour une action qui aurait pu être formée contre ce dernier avant sa mort. Liége, 11 avr. 1821, P. 16, 525.

148. Enfin, dans tous les cas, le demandeur, au lieu de porter son action devant le trib. du domicile du défendeur, a le droit de l'intenter à son choix devant le trib. dans l'arrondissement duquel la promesse a été faite et la marchandise livrée, ou devant celui dans l'arrondissement duquel le paiement devait être effectué. C. pr. 420.

149. Cette disposition, reproduite presque littéralement de l'art. 17, tit. 12 de l'ordonn. de 1673, est générale.—Par conséquent, l'option accordée au demandeur de saisir à son gré soit le trib. du domicile du défendeur, soit celui dans l'arrondissement duquel la promesse a été faite et la marchandise livrée, soit enfin celui dans l'arrondissement duquel le paiement doit être effectué, a lieu dans tous les cas, même en matière de faillite. Toulouse, 15 janv. 1828, S. 28, 107. — V. *Trib. de 1re instance*, n° 93.

150. Mais une fois que le demandeur a fait son option, il ne peut plus dessaisir le trib. auquel il a déféré la contestation pour la reporter devant un autre. Cass. 23 sept. 1807, 19 mars 1812, S. 9, 67; 12, 247.

151. TRIB. DANS L'ARRONDISSEMENT DUQUEL LA PROMESSE A ÉTÉ FAITE ET LA MARCHANDISE LIVRÉE. Le concours de ces deux circonstances est indispensable pour attribuer juridiction à un trib. autre que celui du domicile du défendeur. Si la livraison n'a pas été faite dans le même lieu que la promesse, l'art. 420 cesse d'être applicable. Jousse, Ord. art. 17, tit. 12; Cass. 4 déc. 1811, S. 20, 472; 16 déc. 1812, 20 janv. 1818, S. 18, 211; Angers, 3 janv. 1810, S. 14, 199; Poitiers, 25 fév. 1823; Cass. 8 juin 1826, D. 26, 304; Lyon, 31 août 1831,

D. 32, 182; Vincens, 1, 162; Pardessus, 4, 32; Favard, *hoc verbo*, sect. 2, § 2, n° 3; Carré, 2, 70.

152. *Lieu où la promesse a été faite.* Doit être considéré comme tel : 1° si la négociation s'est effectuée par correspondance, le lieu du domicile de la personne qui a accepté les propositions de son correspondant. Cass. 17 juill. 1810; 4 déc. 1811, 24 août 1830, S. 13, 353—30, 288 ; Jousse, art. 17, tit. 12, Ord. 1673; Pardessus, n° 1354; Vincens, 1, 163. — Ainsi, lorsqu'un négociant a, sur la demande d'un négociant d'une autre ville, expédié des marchandises à celui-ci, c'est au domicile du vendeur où les conditions de la vente ont été réglées par correspondance, et d'où les marchandises ont été expédiées, que sont censées avoir été faites la *promesse* et la *livraison*, encore bien que les marchandises dont il s'agit soient de nature à être pesées et vérifiées à leur réception. Dès-lors, toute contestation relative à l'exécution du marché doit être portée au trib. du domicile du vendeur. — Vainement on objecte que la vente n'était point parfaite avant que les marchandises eussent été pesées et vérifiées, et que, ces opérations n'ayant eu lieu qu'après leur arrivée au domicile de l'acheteur, c'est à ce domicile que doivent être réputées avoir été faites la promesse et la livraison. La vente est parfaite, d'après l'art. 1583 C. civ., dès qu'on est convenu de la chose et du prix, et l'art. 1585 ne déroge à cette règle qu'en ce sens, que la chose vendue est encore aux risques du vendeur jusqu'à ce qu'elle soit pesée, comptée ou mesurée; mais la vente n'en est pas moins parfaite, puisque l'acheteur peut demander la délivrance de la chose ou des dommages-intérêts. Limoges, 19 janv. 1828, D. 29, 121.

Jugé cependant qu'une lettre de commande commerciale adressée, par correspondance d'une ville à une autre ville, où l'expéditeur a son domicile, ne saurait faire considérer ce domicile comme le lieu où *la promesse a été faite.* En un tel cas, la promesse doit être réputée faite au domicile de l'acheteur ou de l'auteur de la commande. Lyon, 31 août 1831, D. 32, 182.

153. 2° Lorsqu'un commerçant a acheté d'un commis-voyageur des marchandises qui lui sont ensuite expédiées par la maison à laquelle ce voyageur est attaché, le lieu où le traité est intervenu avec le commis-voyageur. Cass. 13 nov. 1811, D. jur. gén. 3, 390; 16 déc. 1812, D. *ib.* 392, Bordeaux, 22 avr. 1828, D. 28, 209; Toulouse, 21 avr. 1821, S. 26, 128; Limoges, 24 avr. 1830, S. 30, 279; 23 févr. et 14 mars 1828, D. 128, 118.

Toutefois, si le commis-voyageur n'était qu'un simple agent porteur de propositions, mais n'ayant aucun mandat pour conclure un marché, le lieu de la promesse serait celui où les arrangemens préparés par son entremise seraient acceptés. Lyon,

28 mars 1827, D. 27, 181; Montpellier, 21 déc. 1826, D. 27, 198; Bordeaux, 16 nov. 1830, D. 31, 9.

Dans le doute sur la qualité en laquelle a agi le voyageur, on doit décider qu'il n'était que simple solliciteur de commission. Montpellier, 21 déc. 1826. — V. néanmoins Poitiers, 25 févr. 1823, D. *ib.* 388.

Les trib. ont du reste un pouvoir souverain pour décider, d'après les circonstances de la cause, quelle était l'étendue des pouvoirs conférés au commis.

154. *La marchandise livrée*. Le mot marchandise est pris dans un sens général : il doit s'entendre de tout ce qui est l'objet d'un trafic, d'un négoce, de tout ce qui tient à la spéculation. Vincens, 1, 162; Pardessus, n° 1355.

155. Par exemple, 1° d'une entreprise de transport. 26 févr. 1839 (Art. 1372 J. Pr.). — V. d'ailleurs *inf.* n° 168.

156. 2° D'avances d'argent : par suite lorsqu'un commerçant a été invité par lettre à faire des avances dans le ressort de son domicile, dans l'intérêt du mandant domicilié dans un autre ressort, c'est au domicile du mandataire que la convention et la livraison doivent être réputées avoir eu lieu, et, par suite le commettant peut être assigné en paiement dans ce lieu. Cass. 12 juill. 1814, P. 12, 307.

Lorsque d'après une demande qui lui est faite par lettre, un négociant vend et expédie des marchandises à un autre négociant, ces marchandises sont censées vendues et livrées au domicile du vendeur, à moins de stipulation contraire; en telle sorte que ce vendeur peut assigner l'acheteur, en paiement du prix, devant le trib. de son propre domicile. Bourges, 10 janv. 1825, P. 17, 804.

Enfin celui qui a souscrit des obligations au profit d'une maison de banque, peut en demander la nullité devant le trib. de comm. du lieu où elle a un comptoir, où les obligations ont été souscrites, et où les valeurs devaient être reçues et remboursées, encore bien que le domicile réel de cette maison soit ailleurs. Cass. 11 fév. 1834, D. 34, 216.

157. Jugé cependant que la deuxième disposition de l'art. 420 ne s'applique pas au cas de souscription ou négociation d'une lettre de change, l'expression *marchandise* n'embrassant pas la *monnaie*, ou *numéraire* métallique. En conséquence, que ce n'est pas devant le trib. de comm. du lieu où une lettre de change a été souscrite, mais devant celui du domicile du tireur ou de l'endosseur que l'on doit assigner. Toulouse, 12 janv. 1833, D. 33, 130.

158. *Quid*, en matière de compte courant ? — Un commerçant peut-il assigner devant son propre trib. un autre négociant avec lequel il serait en compte courant, sous prétexte que c'est là qu'il a fourni les valeurs qui l'établissent créancier? Pour la négative, on dit : — à moins de conventions particulières, le paiement du solde doit être fait, comme celui de toute autre espèce de créance, au domicile du débiteur. Pardessus, 4, 32; Carré, 2, 70; Thomine, art. 420; Toulouse, 30 juin 1832, D. 34, 111.

Pour l'affirmative on répond : — la circonstance que des opérations commerciales, telles que ventes, livraisons, consignations, etc., entre deux négocians, *ont été portées dans un compte courant*, ne change pas le domicile devant lequel le paiement doit en être demandé. Celui qui est resté débiteur, peut indifféremment être assigné devant le trib. du lieu où les opérations ont été faites, comme devant celui de son propre domicile. Le compte courant n'est en effet que l'image des opérations, et ce mode de les retracer, n'en étant que le tableau, ne peut en détruire la nature, et encore moins en atténuer les effets. Lyon, 2 déc. 1829; Bordeaux, 16 mars 1831, D. 30, 71; 32, 15.

Au surplus, lorsque dans le compte courant il se trouve des articles régis par les deux derniers paragraphes de l'art. 420 C. pr., et d'autres qui ne le sont pas, l'action en paiement du solde doit être portée devant le trib. du domicile des défendeurs, suivant la règle *actor sequitur forum rei*. Bordeaux, 18 avr. 1832, D. 32, 148.

159. L'art. 420 n'a eu en vue que les contestations relatives aux obligations qui sont une suite directe de la livraison de marchandises, et non pas celles qui peuvent naître de la négociation d'une lettre de change; l'art. 632 C. comm. distingue l'achat des denrées et marchandises, des remises d'argent faites de place en place. Liége, 11 juin 1812; Toulouse, 12 janv. 1833, S. 33, 309; — en conséquence, lorsqu'un individu au profit duquel une lettre de change est endossée charge un tiers domicilié dans une autre ville de la négocier, et que, par suite de la négociation, ce tiers est forcé de payer une certaine somme au porteur, il ne peut demander le remboursement contre son mandant devant le trib. du lieu où la lettre de change a été négociée. Cass. 4 oct. 1808, S. 9, 28.

160. Le lieu de la livraison des marchandises lorsqu'il n'y a pas de stipulation entre les parties est celui auquel la marchandise a été remise entre les mains du destinataire, et non pas celui d'où elle a été expédiée : vainement on oppose que la marchandise sortie du magasin du vendeur voyage aux risques de l'acheteur; s'il en est ainsi, c'est uniquement parce que la transmission de propriété s'opère par le seul consentement, *encore bien* que l'objet vendu *n'ait pas été livré* ou remis aux mains de l'acquéreur (C. civ. 1138, 1583); on ne saurait donc en conclure que la *livraison* ait eu lieu : au contraire, il est évident qu'elle n'est faite qu'au moment où la marchandise arrive au domicile de l'acheteur, puisque jusque-là il est libre de la refuser si elle n'est pas de la qualité convenue. C. comm. 105; Toulouse, 11 juill. 1809, S. 14, 363; Cass. 14 nov. 1821, S. 22, 152; Horson, n° 199; — *Contrà*, Rej. 14 juin 1813, S. 13, 353; 21 juill. 1819, S. 20, 58; Merlin, *Rép. hoc verbo*; Vincens, 1, 165; Pardessus, n° 1356; Arg. Rej. 24 août 1830, S. 30, 288; Lyon, 31 août 1831, D. 32, 183. — Peu importe qu'il s'agisse de marchandises susceptibles d'être pesées et vérifiées à leur réception. Limoges, 18 janv. 1828, S 28, 336.

161. Quand il est constant et avoué que le marché et la livraison ont été faits dans un lieu, et que l'acheteur assigne devant le trib. de ce lieu le vendeur et d'autres individus qu'il prétend être ses associés, ces derniers peuvent-ils décliner la compétence du trib. saisi en alléguant qu'ils ne sont pas associés du vendeur? —V. *Trib. de 1re instance*, et *inf.* n° 178.

162. Tribunal dans l'arrondissement duquel le paiement doit être effectué. Le demandeur peut assigner le défendeur devant le trib. dans l'arrondissement duquel le paiement devait être effectué; encore bien qu'il ne soit pas celui de son domicile. C. pr. 420.

163. Cette disposition est générale : elle ne s'applique pas seulement au cas d'un paiement de marchandises livrées et non payées, mais encore au cas d'une convention renfermant une obligation de faire. Ainsi 1° le commerçant domicilié à Troyes, qui reçoit, d'un commerçant domicilié à Paris, des toiles pour les faire blanchir, peut être assigné par le commerçant de Paris, en cas de retard dans la restitution, devant le trib. de comm. de Paris, où il devait faire la restitution. Paris, 23 avril 1825, S. 26, 233.

164. 2° Les contestations relatives au règlement de compte entre un entrepreneur général de service de transport et un individu qu'il a préposé à une partie de ce service, sont de la compétence du trib. du lieu du domicile de l'entrepreneur si c'est dans ce lieu que les propositions faites à l'entrepreneur par le préposé ont été acceptées, et que ce soit là aussi qu'il ait été convenu que les paiemens des avances déboursées par le préposé seraient faits. Cass. 14 mars 1826, S. 26, 409.

165. 3° Le voiturier qui s'est engagé à transporter des marchandises dans un lieu déterminé où lui serait payé le prix du transport, est valablement assigné devant le tribunal de ce lieu en condamnation à des dommages-intérêts pour défaut de remise à l'époque fixe des objets qui lui avaient été confiés. Cass. 7 juill. 1814; 26 fév. 1839 (Art. 1372 J. Pr.);—V. analogues, Cass. 8 mars 1827, S. 27, 165; Toulouse, 11 juill. 1809; S. 9, 363; Rouen, 22 mai 1829, D. 30, 290. — *Contrà*, Colmar, 30 août 1831, S. 32, 8; Bordeaux, 22 mars 1836, S. 37, 138;

Montpellier. 22 janv. 1811, D. *ib.* 402; Bastia, 22 janv. 1818, D. *ib.* 402.

166. Il a été jugé, dans le cas de contestation relative à l'exécution d'un mandat commercial, que le mandataire doit être assigné devant le trib. de son domicile, et non devant celui du lieu où il a été payé de ses avances. Cass. 22 janv. 1818, S. 18, 255; — mais cet arrêt constate que le mandat avait été reçu et exécuté au domicile du mandataire; on peut donc penser que, s'il en eût été autrement, la Cour aurait peut-être reconnu la compétence du trib. dans l'arrondissement duquel l'exécution aurait eu lieu : cette exécution constituant l'acquittement de l'obligation du mandataire; mais sous aucun rapport, le trib. du lieu où le mandataire a été payé de ses avances n'est compétent.

167. S'il s'agit d'un compte réclamé par un mandant à son mandataire. —V. *Reddition de compte*, n° 24.

168. Lorsque le lieu du paiement n'a pas été déterminé à l'avance, il s'induit de la nature de l'acte. Pardessus, n° 1356.

Ainsi, doit être considéré comme le lieu du paiement : en matière de contrat à la grosse, celui où le risque finit; — en cas d'action en contribution pour avaries, celui où le règlement des avaries doit être dressé; — pour la demande en réparation du dommage causé par l'abordage de deux navires, le port où arrive le bâtiment cause du dommage. Pardessus, *ib.*; — à l'égard du voiturier, celui où il dépose la marchandise. Vincens, 1, 165; — à l'égard du commissionnaire chargé d'expédier des marchandises, à défaut de livraison, celui où les marchandises devaient être livrées : la livraison, dans ces deux derniers cas, doit être assimilée à un paiement. Cass. 8 mai 1827, S. 27, 165. — *Contrà*, Montpellier. 22 janv. 1811, S. 14, 364; — à l'égard du consignataire qui a fait des avances sur les marchandises déposées entre ses mains, celui de son domicile : il doit être payé sur le prix de ces marchandises; peu importe, du reste, que leur valeur soit insuffisante pour le désintéresser, et que par suite il se trouve forcé d'intenter une action contre le déposant tombé en faillite. Cass. 19 janv. 1814, S. 14, 209; Paris, 8 mai 1811, S. 14, 160; Vincens, *ib.*; Horson, n 202.

169. Lorsque le lieu du paiement ne peut s'induire de la convention, il faut distinguer si l'action a pour objet d'obtenir du vendeur la livraison de la marchandise, ou de l'acheteur le paiement du prix. — Au premier cas, c'est au lieu où la marchandise devait être livrée, que l'action doit être intentée; ce lieu, si c'est un corps certain et déterminé, est celui où se trouvait ce corps certain au moment de la vente; s'il s'agit d'une chose indéterminée quant à son espèce, ce lieu est celui du domicile même du vendeur. C. civ. 1247, 1609; Pardessus, n° 1356.—Au second cas, lorsqu'il s'agit du paiement du prix, il faut encore distinguer si le débiteur a ou non obtenu un terme.

170. *Quand la vente a été faite au comptant*, le lieu du paiement est celui de la délivrance faite ou à faire. C. civ. 1651 :— c'est à-dire, s'il s'agit d'un corps certain, celui où était cet objet au moment de la vente. C. civ. 1247, 1650, 1651; — et s'il s'agit d'une chose indéterminée, celui du domicile du vendeur : c'est en effet à ce domicile que la chose est présumée se trouver.

171. *Quand au contraire la vente a été faite avec terme*, le paiement doit s'effectuer au domicile du débiteur. C. civ. 1247; Cass. 4 déc. 1811, 16 déc. 1812, 14 juin 1813, S. 13, 353, 14 nov. 1821, 5 mai 1824; Limoges, 10 fév. 1821; Toulouse, 11 juill. 1809; Cass. 14 nov. 1821, Toulouse, 12 avr. 1824; Cass. 5 mai 1824, D. *jur. gén.* 3, 380 — 394; Merlin, *Rép. hoc verbo*, § 6; Pardessus, *ib*; Vincens, 1, 164; — dans l'usage, le vendeur expédie ses marchandises à l'acheteur sur la foi de celui ci, qui ne le paie qu'après réception : c'est presque un terme de droit. Dans ce cas, la vente est à crédit, et par suite, le seul trib. compétent est celui du domicile du débiteur.

172. Toutefois, la C. sup. de Bruxelles a jugé, le 13 avr. 1822, que, lorsqu'une vente de marchandises a été faite au domicile de l'acheteur et la délivrance au domicile du vendeur, si la facture porte que la vente est faite à crédit, mais que le paiement aura lieu au domicile du vendeur, l'acheteur ne peut scinder cette énonciation pour soutenir que la vente a été faite à crédit, et que conséquemment le paiement doit être effectué à son domicile. — Le seul fait de la délivrance sans paiement immédiat suffit pour caractériser la vente à crédit, sans que l'acheteur soit obligé d'avoir recours aux énonciations de la facture; mais, d'un autre côté, la réception de la facture établit de sa part un consentement à en opérer le paiement au domicile du vendeur; car s'il est vrai que la facture, n'émanant que du vendeur, ne puisse faire la loi de l'acheteur tant qu'il ne l'a pas acceptée, il n'en est pas moins vrai que lorsque celui-ci la reçoit sans observation il est réputé acquiescer aux stipulations qu'elle renferme. Lyon, 19 août 1831, S. 35, 207, Colmar, 18 juill. 1832. Cass. 6 mars 1833, S. 33, 438.

Il en est autrement si, en recevant soit la facture, soit la marchandise, l'acheteur refuse de recevoir les objets à lui expédiés, ou réclame contre les énonciations de la facture. Agen, 27 mai 1821; Lyon, 5 fév. 1821, S. 21, 217; Rouen, 6 janv. 1824, D. *ib*.

Ainsi l'on ne saurait induire une acceptation tacite de la facture de cette seule circonstance que l'acheteur n'a fait aucune réclamation au moment de la réception de cette facture, si les marchandises ne l'accompagnaient point, et si à leur arrivée l'acheteur a écrit au vendeur qu'il ne pouvait pas les agréer parce qu'elles n'étaient point conformes à la commission. Cass. 3 mars 1835 (Art. 33 J. Pr.).

Il a même été jugé que les juges du fond peuvent déclarer souverainement d'après les circonstances, que le paiement ne devait être exigé qu'au domicile du débiteur, encore bien que la facture portât qu'il aurait lieu au domicile du vendeur. Cass. 21 avr. 1830, D. 30, 215.

173. Dans tous les cas, quand une vente de marchandises a été faite sans convention expresse sur le lieu et l'époque de la livraison, cette vente peut être réputée au comptant tant que la marchandise n'a pas été délivrée : c'est le lieu où la délivrance se fera qui déterminera celui du paiement. En conséquence, le trib. du lieu où se trouve la marchandise est compétent pour connaître de l'action dirigée contre l'acheteur pour l'obliger à prendre livraison. Paris, 2 mai 1816, P. 13, 411.

174. Lorsqu'en paiement de marchandises par lui achetées un négociant a remis au vendeur des lettres de change qu'il a tirées, acceptées ou endossées, le lieu du paiement est-il celui de la remise de ces effets ou celui dans lequel les lettres de change sont payables? — En faveur de la première opinion on dit que la remise des lettres de change constitue une véritable novation qui substitue une dette à une autre, et fournit même de nouveaux débiteurs, tels que l'accepteur, le tireur et les endosseurs, si la lettre n'a pas été tirée par l'acheteur. Trèves, 14 mars 1810, S. 12, 377; Liége, 30 janv. 1812; Lyon, 12 fév. 1824, D. *ib.*, p. 380; Vincens, 1, 164; — Mais on répond avec raison que la remise des traites n'est qu'une garantie donnée au vendeur; il est si vrai qu'elle n'opère pas novation, que dans le cas de non paiement le prix originaire n'est pas censé payé : c'est donc le lieu où ces traites doivent être acquittées qui peut seul être réputé celui du paiement du prix de la vente. Cass. 29 janv. 1811, S. 11, 142; 25 mai 1815, S. 15, 396; Angers, 30 août 1822, S. 23, 13. Pardessus, 4, 35.

175. Par suite du même principe, la demande en remboursement des traites acquittées par l'accepteur peut être portée devant le trib. de comm. du lieu où ces traites étaient payables. Paris, 23 mars 1811, S. 11, 142.

L'accepteur d'une lettre de change est valablement assigné au domicile qu'il a indiqué pour le paiement. Cass. 4 fév. 1808, S. 8, 153; Paris, 26 nov. 1808, S. 9, 22.

176. Lorsque dans un billet à ordre, ayant pour cause un fait de commerce, le souscripteur a indiqué pour le paiement un domicile autre que son domicile réel, cette indication a l'effet d'une élection de domicile, dans le sens de l'art. 111 C. civ. Non-seulement elle est attributive de juridiction, mais encore elle autorise l'assignation du souscripteur du billet au domicile indiqué, de préférence à son domicile réel. Cass. 13 janv. 1829, S. 30, 160.

Il en serait autrement si le billet avait pour cause une obligation civile : l'art. 420 n'est applicable qu'aux matières commerciales. Cass. 29 oct. 1810, S. 10, 378; Colmar, 9 juill. 1806, S. 6, 2, 989.

177. Mais le négociant vendeur qui, sans autorisation de l'acheteur, tire sur celui-ci une lettre de change pour le prix de la vente ne peut, au cas de non paiement, et sur la demande dirigée contre lui devant le trib. de son domicile par le porteur de la traite, appeler l'acheteur en garantie devant le même trib.: l'acheteur n'est justiciable que du trib. de son propre domicile, à moins que la promesse de vente et la livraison n'aient été faites, ou que le paiement n'ait été indiqué devoir être effectué dans un autre lieu. Bordeaux, 22 avr. 1828, S. 28, 234. — V. *sup*. n° 162.

178. Lorsque le défendeur méconnaît l'existence même du contrat dont on réclame l'exécution contre lui; quand, par exemple, il prétend n'avoir pas donné mandat de conclure un marché qui aurait été fait en son nom par un tiers, le trib. du lieu où le contrat a été passé entre le demandeur et le soi-disant mandataire du défendeur et où le paiement devrait être fait est-il compétent pour décider si le défendeur est lié par ce contrat ou doit-il renvoyer les parties devant le trib. du domicile de ce dernier? — Cette question est très délicate.

D'un côté l'on invoque le principe d'après lequel tout trib. doit être le premier juge de sa compétence : admettre que le trib. du lieu du paiement devient incompétent du moment que le défendeur méconnaît l'existence de la convention, c'est rendre inutile, dérisoire, et même nuisible, la disposition de l'art. 420 C. pr. — *Inutile;* l'attribution de juridiction qu'elle consacre n'aura aucun résultat; la dénégation du défendeur suffira pour l'anéantir. — *Dérisoire;* il faudra l'accord des deux parties pour la conserver, et cet accord suffirait pour la créer indépendamment de toute disposition de la loi. — *Nuisible* enfin et contraire au but que la loi s'est proposé, puisque l'on forcerait les parties à faire juger d'abord l'existence de la convention devant le juge du domicile du défendeur pour faire appliquer ensuite cette convention par le juge du lieu où le paiement devrait être effectué ; on obligerait les parties à se présenter successivement devant deux trib. différens, à subir deux procès au lieu d'un; à supporter des frais et des lenteurs considérables; à finir peut-être par arriver à une contrariété de jugements. —Le trib. du lieu où le paiement doit être effectué est compétent pour juger toutes les difficultés relatives à la convention, le demandeur doit donc assigner devant ce trib. pour obtenir l'exécution de la convention; si le défendeur décline la compétence sous prétexte que le contrat n'a jamais existé, c'est au trib. à voir si cette exception est ou n'est pas fondée, et pour cela à examiner si la convention existe réellement. — On oppose que dans ce cas le jugement du déclinatoire préjugera le fond : mais cet inconvénient se présente fréquemment. Le trib. saisi est en effet, dans la plupart des cas, obligé de statuer sur la qualité des défendeurs et cette qualité est tout à la fois le fait attributif de juridiction et le fait sur lequel la demande repose. L'influence du premier jugement sur le second est plus ou moins grande, le préjugé est plus ou moins direct, mais il existe presque toujours. Cependant on ne conteste pas en général au trib. saisi d'une action le droit de juger sa compétence. C'est ainsi que pour prononcer sur une action possessoire le juge de paix peut s'appuyer sur des actes de propriété et les apprécier comme moyens de décider la question de possession, sans cumuler pour cela le possessoire et le pétitoire; c'est ainsi que les trib. de comm. retiennent des affaires portées devant eux, en jugeant d'abord que le défendeur est commerçant, quoiqu'ils préjugent ainsi la question de contrainte par corps. — Si l'on renvoie les parties devant le trib. du domicile du défendeur, il faudra bien que ce trib. décide si la convention existe ou n'existe pas, et dans le premier cas qu'il renvoie la cause devant le trib du lieu où le paiement devait être fait ; or, ce dernier trib. se trouvera nécessairement placé sous l'influence du préjugé qu'on voulait éviter. Ne vaut-il pas mieux que la question du fond, si elle doit être préjugée par la question de compétence, soit décidée par le même trib. que par un trib. différent? ne vaut-il pas mieux qu'il y ait préjugé que contradiction? Paris, 26 nov. 1839, 1re ch.; Arg. Cass. 10 déc. 1806, S. 6, 521 ; 14 mars 1810, S. 10, 250 ; 9 mai 1826, S. 26, 442 ; Dissertation de M. Thureau (Art. 1108 J. Pr.).

Dans l'opinion opposée on a répondu : — le trib. du lieu où doit être effectué le paiement, étant étranger au défendeur ne peut devenir compétent qu'autant que la convention dont argue le demandeur sera prouvée; or, ce fait incertain, simplement allégué par une des parties et dénié par l'autre, ne saurait être le fondement d'une attribution de compétence. —La maxime que le juge de l'action est le juge de l'exception, en admettant qu'on puisse l'appliquer à un juge qui n'est lui-même qu'exceptionnel, suppose qu'il existe entre l'action et l'exception de telles différences que le jugement de l'une sera distinct et indépendant du jugement de l'autre; que l'exception qui tend à dessaisir le trib. devant lequel l'action est portée, étant vidée dans un sens, soit affirmatif, soit négatif, il restera encore quelque chose à juger; mais on ne saurait, sous peine de porter une perturbation complète dans l'ordre des juridictions, appliquer cette maxime au cas où le jugement de l'exception doit nécessairement, par la nature de la demande, être le jugement de l'action elle-même. Or, dans l'hypothèse, il en serait inévitablement ainsi, puisque le trib. ne pourrait pas retenir la cause sans juger que la convention niée par le défendeur a une existence légale. — L'art. 59 C. pr., § 1, trace une règle fondamentale puisée dans ce principe de toutes les législations, que le défendeur doit être assigné devant le trib. de son domicile. Si l'art. 420 du même Code autorise, en matière commerciale, le défendeur à porter son action devant le trib. du lieu où le paiement devait être effectué; c'est là une disposition exceptionnelle applicable dans le cas spécial pour lequel elle a été créée, qui, d'après sa nature, doit être plutôt restreinte qu'étendue, et qui, dans le doute, ne doit pas l'emporter sur la règle générale. Le domicile du défendeur est constant, l'existence de la convention alléguée est problématique et ne cessera de l'être que par le jugement de l'action elle-même. Dans un pareil conflit, on ne peut enlever le défendeur aux juges de son domicile, qui sont ses juges naturels et dont la compétence est, dans tous les cas, incontestable. Arg. Cass. 10 juill. 1837 (Art. 950 J. Pr.).

§ 3. — *Compétence de premier ou de dernier ressort.*

179. Les trib. de comm. jugent, *en premier ressort,* toutes les demandes dont le principal excède la valeur de 1,500 fr., art. 1 L. 3 mars 1840 (Art. 1623 et 1624 J. Pr.), ou n'est pas régulièrement déterminée. — V. *Ressort,* n° 181.

En dernier ressort : les appels des sentences rendues par les conseils de *prud'hommes.* — V. ce mot, n° 49.

En premier et en dernier ressort : 1° toutes les demandes dont le principal n'excède pas la valeur de 1,500 fr. — V. *Ressort,* n° 181. — Peu importe que la valeur de l'objet ne dépasse pas 200 fr. : le doute naît de ce que la loi du 25 mai 1838 attribue aux juges de paix la connaissance de toutes les causes purement personnelles et mobilières jusqu'à concurrence de cette somme; mais cette juridiction n'est qu'un démembrement de celle des tribunaux civils, et ne peut comprendre les matières commerciales. Merlin, *Rép. hoc verbo,* n° 4;

2° Toutes celles où les parties justiciables de ces trib. et maîtresses de leurs droits ont déclaré vouloir être jugées définitivement et sans appel. — V. *Ressort,* n° 181.

Justiciables : en effet, leur juridiction ne saurait être prorogée à des matières qui ne leur sont pas attribuées par la loi.

Sans appel : cette faculté n'entraîne pas celle de conférer au tribunal le droit de juger comme amiable compositeur. S'il l'avait fait, sa décision serait susceptible d'appel, malgré la renonciation formelle des parties. Cass. 30 août 1813, S. 13, 436. — V. *Arbitrage*, n° 188.

— V. *Appel ; Degré de juridiction ; Prorogation de juridiction.*

SECTION III. — *Procédure.*

180. La procédure devant les trib. de comm. est analogue à celle suivie devant les trib. de 1re inst. pour les affaires *sommaires*. — V. ce mot. — Cependant elle a plus de rapidité, la preuve testimoniale est presque toujours admissible.

Il n'y a pas lieu au *préliminaire de conciliation*. — V. ce mot.

Les règles relatives à la procédure devant les trib. de 1re inst. sont du reste applicables aux trib. de comm. toutes les fois qu'elles ne sont pas en opposition avec les règles spéciales à ces trib. Rouen, 18 mars 1828, S. 28, 174.

§ 1. — *Demande.*

181. La demande doit être formée par exploit d'ajournement, suivant les formalités prescrites aux titres des *ajournemens*. C. pr. 415. — V. ce mot.

Néanmoins, l'exploit ne contient pas de constitution d'avoué ; le ministère de ces officiers est interdit devant les trib. de comm. C. pr. 414. — Peu importe que l'assignation soit donnée devant un trib. civ. jugeant commercialement. C. comm. 641 ; Carré, n° 1437. — *Contrà*, Lepage, *Qu.*, p. 277 ; Coffinières, 3, 119.

182. Le délai entre l'assignation et la comparution doit être au moins d'un jour. C. pr. 416. — Ce jour est franc. Pardessus, n° 1367 ; Carré, n° 1492.

Il est augmenté d'un jour pour trois myriamètres de distance entre le lieu où siége le trib. et celui où demeure le défendeur. C. pr. 1033. — V. *Ajournement*, n° 47.

183. Quand l'assignation est donnée à un domicile élu, le délai se calcule d'après la distance du lieu où siége le trib. au lieu du domicile réel.

— A moins qu'il ne s'agisse de lettres de change ou autres effets négociables : les tiers-porteurs ignorent le plus souvent le domicile réel du défendeur, et ne connaissent que le lieu indiqué. Cass. 25 prair. an 10, S. 2, 321 ; Paris, 26 fév. 1808, S. 8, 144 ; 1er mars 1808, S. *ib.* Pardessus, n° 1367 ; Carré, n° 1491. — V. *ib.* n° 49.

Mais s'il est prouvé que le demandeur a connu le domicile

réel du défendeur, il y a lieu à augmentation du délai. Cass. 4 juin 1806, S. 6, 942; Bordeaux, 8 mars 1806, S. 8, 143.

184. Les trib. peuvent, d'après les circonstances, faire résulter d'une simple lettre écrite par un étranger à son correspondant une élection de domicile de nature à autoriser la signification au domicile de ce dernier de toute assignation ou acte d'appel relatif à l'objet des réclamations que ce correspondant est chargé d'exercer ou auxquelles il a reçu mandat de s'opposer. Rennes, 13 mars, 1818, P. 14, 709; Carré, n° 1490.

185. Si le défendeur demeure hors du continent français, on suit les règles tracées dans les art. 73 et 74 C. pr. — V. *Ajournement*, n°s 51 et suiv.

186. Dans les cas qui requièrent célérité, le président du trib. peut permettre d'assigner, même de jour à jour et d'heure à heure. C. pr. 417. — V. d'ailleurs *inf*. n° 189.

187. Il a également le droit d'autoriser la saisie des effets mobiliers du défendeur, sauf, suivant l'exigence du cas, à assujettir le demandeur à donner caution ou à justifier de solvabilité suffisante; ses ordonnances sont exécutoires, nonobstant opposition ou appel. C. p. 417. — V. *Saisie conservatoire*.

188. Lorsque l'assignation est donnée à bref délai, on doit néanmoins accorder l'augmentation de délai à raison des distances. (—V. *sup*. n° 183; *Ajournement*, n° 60); — à moins que l'assignation ne soit remise à la personne du défendeur trouvé au lieu où siége le trib. devant lequel il doit comparaître. Carré, n° 1494; Pardessus, n° 1367.

189. Dans les affaires maritimes où il existe des parties non domiciliées, et dans celles où il s'agit d'agrès, victuailles, équipages et radoubs de vaisseaux prêts à mettre à la voile, et autres matières urgentes et provisoires, l'assignation de jour à jour ou d'heure à heure peut être donnée sans ordonnance, et le défaut jugé sur-le-champ. C. pr. 418.

190. Ces mots : *et autres matières urgentes et provisoires* ne s'appliquent qu'aux affaires maritimes non spécifiées dans l'art. 418, telles que les demandes en exécution des charte-parties, en paiement d'avaries, de gages et salaires ou de frêt, etc., et non aux affaires du commerce de terre. Arg. *Rapp.* tribun Perrin. — Autrement l'art. 418 rendrait inutile l'art. 417, puisqu'il n'existerait plus de différence entre les affaires pour lesquelles on aurait besoin d'une ordonnance du président et celles à l'égard desquelles on pourrait s'en passer pour assigner d'heure à heure. *Prat. fr.*, 2, 450; Thomine, art. 418; Hautefeuille, 250; Carré, n° 1500. — *Contrà*, Demiau, 304; Pardessus, n° 1367.

191. L'assignation peut être donnée à bord C. pr. 419; — lors même qu'elle est remise, non pas à la personne de l'assigné, mais à quelqu'un de l'équipage trouvé à bord. Dans le système contraire, la disposition de l'art. 419 est superflue, car l'assignation remise à la personne de l'assigné est toujours valable; la loi a voulu assimiler le vaisseau au domicile du marin. Valin, tit. 11, liv. 1er, Ordon. 1673; Caen, 22 janv. 1827, S. 28, 83. — *Contrà*, Delaporte, 1, 386; Carré, n° 1504. — Il n'est pas du reste nécessaire que la personne assignée soit sur le point de partir. Carré, n° 1505.

192. La faculté de remettre l'assignation à bord s'étend-elle à tous les cas où l'on ajourne un marin ou seulement à celui où il s'agit d'affaires de la nature de celles énoncées dans l'art. 418?— Dans cette dernière opinion, on ne considère l'art. 419 C. pr. que comme la suite de celui qui le précède.—Cependant, ne peut-on pas dire que si le législateur l'avait voulu ainsi, il aurait dit: *en ce cas, l'assignation sera donnée,* plutôt que de se servir de ces mots, *toutes assignations*, qui semblent comprendre toutes espèces d'assignations, quels que soient leur nature et leur objet. Le but de l'art. 419 a été de remédier à la difficulté de connaître le domicile d'un marin, qui souvent n'a aucun établissement à terre; or, ce motif existe dans tous les cas. Carré, n° 1503.—*Contrà,* Delaporte, 1, 386; Hautefeuille, 230; Thomine, art. 419.

M. Pardessus, n° 1366, applique les dispositions précédentes aux voituriers par terre ou par eau; mais l'identité des motifs n'est pas absolue, puisque l'on connaît facilement le domicile d'un voiturier; d'ailleurs l'identité ne suffirait pas pour justifier cette dérogation au droit commun. Carré, n° 1506.

§ 2. — *Instruction.*

Art. 1. — *Comment les parties doivent comparaître; — Nécessité d'une élection de domicile dans certains cas.*

193. *Comment les parties doivent comparaître.* Au jour indiqué par l'assignation les parties sont tenues de comparaître en personne ou par le ministère d'un fondé de procuration spéciale. C. pr. 421.

194. Lorsque le pouvoir n'est pas authentique, la signature du mandant doit-elle être légalisée?—La négative résulte de ce que l'art. 627 C. pr. se borne à exiger un pouvoir spécial. — Les trib. de comm. reçoivent sans difficulté les procurations non légalisées qui leur sont remises par les *agréés* —(V ce mot, n° 5); or, en droit, l'agréé n'a aucun caractère qui le distingue d'un mandataire ordinaire; et, en fait, le plus souvent la procuration n'est pas remise par la partie à l'agréé, mais par un intermédiaire, spécialement par l'huissier qui a signifié la demande, l'agréé n'est donc point à même d'attester la sincérité d'une signature qu'il ne connaît pas, et par suite il ne saurait sous ce rapport inspirer plus de confiance que tout autre mandataire.

— Enfin, pour les causes dont la connaissance est attribuée aux juges de paix, la loi exige également une procuration précise, mais la légalisation du mandant n'est pas indispensable. — V. *Juge de paix*, n° 171.

195. A plus forte raison les parties ne sont-elles pas tenues de faire attester individuellement leur identité par le maire de leur domicile : même dans les cas où la légalisation est prescrite, il suffit que le maire prenne les précautions nécessaires pour s'assurer de la véracité des signatures qui lui sont présentées. Jamais il n'est obligé de déclarer qu'il connaît personnellement le signataire de l'acte (— V. *Légalisation*, n° 9). — *Contrà*, trib. de comm. Paris. 30 janv. 1840. (Art. 1629, J. Pr.)

196. Le pouvoir est valablement donné, même par une lettre missive, pourvu qu'elle soit timbrée et enregistrée. Carré, n° 1515.

Dans l'usage, on le met au bas de l'original ou de la copie de l'assignation. — Il est visé sans frais par le greffier. C. comm. 627.

197. Si la partie est présente à l'audience et autorise son mandataire, le pouvoir devient inutile. C. pr. 627. — V. *Agréé*, n° 5.

198. Les parties ont le droit de se faire représenter par toute personne capable de recevoir un mandat.

199. Toutefois, il faut en excepter, 1° les juges en activité de service, les membres du parquet près les C. et trib. — à moins qu'il ne s'agisse des affaires de leurs femmes, de leurs parens ou alliés en ligne directe ou de leurs pupilles. C. pr. 86.

2° Les huissiers. L. 3 mars 1840, art. 4 (Art. 1623, J. Pr.). — V. *Huissier*, n° 105; *Juge de paix*, 173 et suiv.

—Excepté dans les cas ci-dessus énoncés.

200. Cette prohibition s'applique-t-elle aux clercs des huissiers? — L'affirmative a été jugée par le trib. comm., Paris, 30 janvier 1840. — Mais nous persistons à penser (— V. *Juge de paix*, n° 177) que l'on ne peut établir d'incapacité par analogie. Vainement on oppose qu'il sera facile d'éluder le vœu de la loi à l'aide d'une interposition de personne. Si l'interposition était démontrée, il y aurait seulement lieu d'appliquer des peines disciplinaires contre l'officier ministériel qui s'en serait rendu coupable. (Art. 1624 J. Pr.)

201. Quant aux avoués, ils peuvent être choisis pour mandataires; seulement ils ne se présentent, dans ce cas, que comme tout autre fondé de procuration de la partie, et non comme officiers ministériels.

202. Le mandant doit un salaire à son représentant, s'il est un homme de loi, un agréé ou un avoué. (— V. Art. 9 J. Pr.); — sans aucune répétition contre l'adversaire qui succombe.

Ce salaire n'est déterminé par aucune disposition législative ; — mais la plupart des trib. de comm. l'ont réglé par un tarif. — V. *Agréé*, n° 15.

203. Ce n'est pas en qualité d'officiers ministériels que les avoués ont droit à ce salaire ; de là plusieurs conséquences : 1° leur action dure trente ans. (Art. 9 J. Pr.) — 2° elle doit être portée devant le trib. civ. du domicile du défendeur. — V. *Agréé*, n° 14, et toutefois *Avoué*, n° 180.

204. *Nécessité d'une élection de domicile.* Si les parties comparaissent, et qu'à la première audience il n'intervienne pas jugement définitif, les parties non domiciliées dans le lieu où siége le trib. sont tenues d'y faire l'élection d'un domicile. C. pr. 422. — Cette élection de domicile a pour but d'empêcher que la distance des lieux ne retarde le jugement de la cause.

205. Elle est nécessaire même dans le cas où, par un renvoi légalement prononcé, des incidens sont portés devant un tribunal civil ; alors, en effet, l'instance n'est pas terminée. Pardessus, 5, 54.

206. Mais elle devient inutile si le jugement a été rendu à la première audience, et dans tous les cas elle n'a d'effet qu'à l'égard des parties engagées dans l'instance. Carré, n° 1517.

Ainsi, le jugement définitif intervenu à la première audience doit toujours être signifié au domicile de la partie contre laquelle il a été rendu. Turin, 9 avr. 1811 ; P. 9, 248 ; Carré, n° 1517.

La demande d'intervention est signifiée au domicile réel des parties, et non au domicile élu. Bruxelles, 9 mai 1810, P. 8, 297; Carré, n° 1517.

207. L'élection de domicile doit être mentionnée sur le plumitif de l'audience. C. pr. 422.

208. A défaut d'élection sur le plumitif de l'audience, toute signification, même celle du jugement définitif, est faite valablement au greffe du tribunal. C. pr. 422.

209. Jugé que l'élection de domicile contenue dans l'exploit d'assignation ne supplée pas celle qui doit être mentionnée sur le plumitif de l'audience. Poitiers, 20 nov. 1822, P. 17, 689 ; Bordeaux, 26 fév. 1830, S. 30. 158.

210. Il en est de même de l'élection de domicile faite dans un acte contenant opposition à un jugement par défaut rendu par le trib. de comm. — Dans ce cas, l'opposant est valablement assigné au greffe. Cass. 9 fév. 1836 (Art. 466 J. P.).

211. La signification du jugement définitif faite au greffe, faute d'une élection spéciale sur le plumitif de l'audience, a même pour effet de faire courir les délais de rigueur, tels que ceux de l'opposition. En effet, le domicile exigé par l'art. 422

n'est pas un de ces domiciles librement élus par les parties, et qui ne sont censés l'être que pour l'instruction ; c'est un domicile exigé par la loi ou donné par elle, non-seulement pour l'instruction, mais pour que toute signification, même celle du jugement définitif, y soit faite valablement : d'où il résulte que le délai de se pourvoir par opposition court du jour d'une semblable notification. C. 13 nov. 1822, S. 22, 79. — V. *Jugement par défaut*, n° 88.

Le délai d'appel court-il également à dater de cette signification ?

Pour la négative on dit : — L'art. 443 est général, et ne permet d'admettre d'autres exceptions que celles qui sont expressément établies ; or, la loi en autorisant la signification des jugemens, même de ceux définitifs, au greffe du trib. de comm. a pu avoir pour objet de rendre plus prompte et moins coûteuse l'exécution de ces jugemens, sans vouloir pour cela déroger à la règle générale concernant le délai de l'appel. Dans le doute sur le véritable sens de l'art. 422 et à défaut d'une disposition claire et précise, il convient d'admettre l'interprétation la plus favorable à la faculté d'appel. Colmar, 5 août 1826, S. 28, 47 ; Rennes, 20 déc. 1827, S. 28, 129 ; Limoges, 21 nov. 1835 (Art. 976 J. Pr.) ; Berriat, 381, note 10 ; Thomine, 1, 673.

Mais on répond que le but du législateur a été uniquement de favoriser la prompte expédition des affaires commerciales, et ce but ne serait pas atteint, s'il fallait faire une seconde signification à domicile pour mettre la partie condamnée en demeure d'interjeter appel ; si la dérogation de l'art. 422 à l'art. 443 n'est pas explicite, elle résulte de la disposition même de cet article, et surtout de son esprit. Comment prétendre que la signification vaut seulement pour l'exécution et non pour faire courir le délai d'appel. — Cette signification équivaut à une signification au parquet, c'est au débiteur à faire retirer la copie, s'il veut interjeter appel. Riom, 3 fév. 1809, P. 7, 351 ; Dijon, 25 mars 1828, S. 28, 246 ; Merlin, *Quest. de dr.* 1, 314 ; Demiau, 320 ; Carré, n° 1556.

Art. 2. — *Incidens.*

212. Le jugement peut être retardé par divers incidens.

Incompétence. Si le trib. est incompétent à raison de la matière, il renvoie les parties, même d'office. — V. *Exception*, n° 36.

213. Le déclinatoire pour toute autre cause doit être proposé avant toute autre défense. C. pr. 424. — V. *Ib.* n° 30.

Il n'est plus recevable après une demande en inscription de faux : bien que cette demande ne soit pas de la compétence du tribunal, elle n'en constitue pas moins une défense au fond. Paris, 18 fév. 1812, S. 14, 360.

214. Mais le défendeur peut plaider subsidiairement au fond, sans renoncer à se pourvoir par appel contre le jugement qui rejetterait le déclinatoire proposé par lui antérieurement : cette dérogation du droit civil (—V. *Exception*, n° 32) est fondée sur ce qu'en matière commerciale les juges ont la faculté de joindre la demande en renvoi au fond (—V. *inf.* n° 217), et que sans une défense au fond on s'exposerait à une condamnation par défaut sur le fond. Cass. 1er prair. an 10, S. 2, 321 ; Rennes, 27 sept. 1817, P. 14, 469 ; Montpellier, 22 janv. 1811, S. 14, 364 ; Carré, n° 1519.

215. Par les mêmes motifs la plaidoirie au fond, après le jugement qui rejette la demande en renvoi pour cause d'incompétence, n'emporte pas acquiescement à ce jugement, si elle a lieu sous toutes réserves de se pourvoir contre la décision intervenue.

216. Le déclinatoire est valablement proposé, 1° sur l'opposition au jugement rendu par défaut.—V. *Exception*, n° 34-5°.

2° Sur l'appel de ce jugement à l'égard duquel on a laissé passer les délais de l'opposition. Carré, art. 424, note 1. — *Contrà*, Bruxelles, 31 juill. 1809, S. 7, 973.

217. Le même jugement peut, en rejetant le déclinatoire, statuer sur le fond, mais par deux dispositions distinctes, l'une sur la compétence, l'autre sur le fond. Les dispositions sur la compétence sont toujours attaquables par la voie de l'appel. C. pr. 425.—Peu importe que le jugement au fond soit rendu en dernier ressort, la loi ne fait aucune distinction. Locré, *Espr.*, C. pr., 2, 141 ; Carré, n° 425.—V. *Appel*, n° 27 ;—ou que le trib. ait admis ou rejeté le déclinatoire. *Mêmes auteurs.*

218. Le trib. a également le droit, après le jugement sur le déclinatoire, de passer au jugement du fond, sans ordonner d'y défendre au préalable. Cass. 1er prair. an 10, S. 2, 1, 321.

219. L'appel du jugement sur la compétence n'est pas suspensif, les juges peuvent donc donner suite à leur jugement de compétence et statuer sur le fond, nonobstant l'appel : cela résulte de la faculté qui leur est accordée de joindre le déclinatoire au fond (—V. *sup.* n° 217.). L'art. 425 déroge à l'art. 457. Aix, 5 mai 1826, S. 27, 248.

220. *Caution du jugé.* L'étranger demandeur n'est pas tenu de fournir la caution *judicatum solvi* (—V. ce mot, n° 9) ; même devant le trib. civ. jugeant commercialement. C. pr. 423.

221. *Demande en garantie.* Le défendeur peut obtenir du trib. un délai pour mettre en cause un tiers qu'il prétend être tenu de le garantir. — Mais si le demandeur soutient qu'il n'y a pas lieu à garantie, l'incident est vidé d'abord.

Le trib. a la faculté de disjoindre la demande en garantie de la demande principale, si celle-ci est la première en état de recevoir jugement. Vincens, 1, 91. — V. *Garantie.*

222. *Inscription de faux; Vérification d'écriture* (— V. ces mots). Si une pièce produite est déniée ou arguée de faux, et que les parties persistent à s'en servir, le trib. renvoie devant les juges qui en doivent connaître, et il est sursis au jugement de la demande principale. C. pr. 427. — V. *Faux*, n° 13 à 17.

223. Néanmoins si le trib. reconnaît que le faux allégué, fût-il prouvé, n'influerait point sur le fond de l'affaire, il peut passer outre. Pardessus, n° 1373; Carré, n° 1529. — V. *Faux*, n°s 13 et 14.

224 Dans tous les cas, si la pièce incriminée n'est relative qu'à l'un des chefs de la demande, il peut être passé outre au jugement des autres chefs. C. pr. 427; Pardessus, n° 1373. — V. *ib.*

225. Les règles précédentes sont applicables au cas où l'instance est pendante devant un trib. civ. jugeant commercialement. Il doit renvoyer l'incident devant le trib. jugeant en matière ordinaire. Carré, n° 1529; Pardessus, 1373. — V. *Faux*, n° 15.

226. *Reprise d'instance.* Il y a lieu à reprise d'instance par ou contre les veuve ou héritiers du négociant qui vient à décéder pendant l'instance. — V. *sup.* n° 81.

Art. 3. — *Moyens de preuve.*

227. Le trib. de comm. peut employer les moyens de preuve autorisés devant les trib. civils. — V. *Aveu; Comparution des parties, Interrogatoire sur faits et articles, Serment, Enquête.*

228. Il peut également, dans tous les cas, ordonner que les parties seront entendues en la chambre du conseil, et s'il y a empêchement légitime commettre un des juges, ou même un juge de paix pour les entendre, lequel dresse un procès-verbal de leurs déclarations. C. pr. 428.

229. Lorsque la comparution de l'une des parties à l'audience a été ordonnée, faute par elle d'obéir à la citation, les faits allégués par son adversaire peuvent-ils être tenus pour avérés, sans qu'il soit besoin d'une autre mise en demeure? — — V. *Comparution des parties*, n° 15.

230. Le trib. de comm. a le droit de renvoyer, s'il le juge convenable, les parties devant un ou trois *arbitres rapporteurs.* — V. ce mot.

231. Enfin, il peut, toutes les fois que cette voie d'instruction présente quelqu'utilité, ordonner une *expertise.* C. pr. 429. — V. ce mot.

232. Il y a lieu à expertise pour visiter et estimer des ouvrages ou des marchandises. C. pr. 429. — Pour constater le genre de maladie ou de mort d'un cheval. — V. *Rédhibitoire (vice)*. — Pour traduire en langue française une négociation faite en pays étranger (— V. *Interprète*), etc.

233. Les experts doivent être nommés en nombre impair. C. pr. 429.

Il en est de même des arbitres rapporteurs : c'est afin de prévenir un partage d'opinions.

234. Le trib. de comm., nomme, d'office, un ou trois experts. C. pr. 429.—Cette nomination est définitive. Bordeaux, 25 janv. 1831, D. 31, 91; Thomine, n° 474. — Il n'est pas donné aux parties trois jours pour en convenir — (V. au contraire en matière civile, *Expertise*, n° 24) : la célérité des affaires commerciales ne peut souffrir ce retard.

Les experts ne peuvent être désignés par les parties que dans le cas où elles en conviennent à l'audience. C. pr. 429.

Mais si le trib. refusait acte aux parties de la nomination qu'elles auraient faites elles-mêmes, elles pourraient faire leur déclaration au greffe et requérir l'ordonnance du juge-commissaire, afin de prestation de serment, et interjeter appel, si on se refusait à l'admettre. Carré, n° 1170.

235. Le trib. de comm. n'a pas besoin du consentement des parties pour ne nommer qu'un seul expert, s'il le juge convenable. Thomine, n° 474.

236. L'expert qui doit vérifier les marchandises qu'un destinataire refuse de recevoir d'un voiturier est nommé par le président du trib. de comm. ou à son défaut par le juge de paix. C. comm. 106. — L'art. 106, par cette dernière disposition, n'a eu pour objet que de faciliter les nominations d'experts pour les cas où il n'existe point de trib. de comm. dans la localité où naît la contestation. Mais s'il en existe, en l'absence du président l'expert est valablement désigné par le juge le plus ancien. Colmar, 24 déc. 1833, S. 34, 649.

237. Le rapport des experts est déposé au greffe du trib. de comm. C. pr. 431.

238. Les règles de l'expertise en matière civile s'appliquent au surplus à l'expertise en matière commerciale, sauf les modifications nécessitées par l'organisation de ces trib., notamment celles relatives à la prestation de serment, et celles destinées à mettre toutes les parties à portée de connaître l'époque de l'expertise et le contenu du rapport. Orléans, 28 août 1824; Nîmes, 3 janv. 1820, S. 20, 98; Lyon, 17 avril 1828. — Colmar, 5 déc. 1831, D. 33, 69.

239. La déclaration du courtier juré, que la partie a assisté à l'opération, peut, à défaut de la signature de cette dernière, faire preuve de sa présence. Rennes, 17 août 1812, P. 10, 657.

§ 5. — *Jugement.* — *Voies de recours contre le jugement.*

240. *Quand le jugement est prononcé.* Si, à l'appel de la cause, le demandeur ne se présente pas, le trib. donne défaut et renvoie de suite le défendeur de la demande. C. pr. 434. — V. *Jugement par défaut*, n° 47.

241. Lorsque le défendeur ne comparaît pas, il est également donné défaut, mais les conclusions du demandeur ne lui sont adjugées que si elles se trouvent justes et bien vérifiées. *Ib.* — V. *ib.*, n°s 8, 16, 17.

242. Si de plusieurs parties assignées les unes comparaissent et les autres font défaut, on ne peut pas, comme en matière civile, joindre la cause des défaillans à celle des comparans, et ordonner leur réassignation ; il faut prononcer contre eux un jugement par défaut qui a les mêmes conséquences que si aucun défendeur ne s'était présenté. L'art. 643 C. comm. ne déclare applicables aux matières commerciales que les art. 156, 158, 159 C. pr. et non l'art. 152 du même Code. Ces matières réclament d'ailleurs autant de célérité que celles de justice de paix, et devant cette dernière juridiction on ne prononce jamais de *défaut profit-joint.* Aix, 11 déc. 1824 ; Angers, 3 août 1825 ; Lyon, 25 fév. 1828, S. 25, 412 ; 27, 49 ; 28, 161 ; Cass. 26 mai 1829 ; Pardessus, n° 1380 ; Carré, n° 1542 ; Merlin, *Rép.*, v° *Consuls.*

On invoque dans l'opinion contraire un arrêt de C. cass. du 29 janv. 1819, S. 20, 55 ; — mais cet arrêt a jugé seulement que le trib. ne commettrait pas un excès de pouvoir en prescrivant la réassignation, sans décider qu'elle dût avoir lieu. Thomine, 1, 287. — Toutefois, la réassignation a été déclarée obligatoire par un arrêt de C. Colmar, 20 juin 1837 (Art. 1023 J. Pr.).

243. Quand les parties comparaissent, le jugement est rendu, s'il est possible, audience tenante. — Toutefois, le trib. a le droit de renvoyer la cause à un autre jour, soit pour entendre ou continuer les plaidoiries, soit, après les avoir entendues, pour délibérer dans la chambre du conseil avant de prononcer. Il peut même ordonner le délibéré au rapport de l'un de ses membres. Vincens, 1, 90, Carré, n° 1488. — V. *Délibéré.* — Mais il n'a pas le droit d'ordonner une *instruction par écrit.* — V. ce mot.

244 *Nombre de juges nécessaire pour rendre le jugement.* Les jugemens ne peuvent être rendus que par trois juges au moins. Aucun suppléant ne doit être appelé que pour compléter ce nombre. C. comm. 626, — à peine de nullité. Cass. 3 janv. 1828, S. 28, 123. — V. *Jugement*, n°s 57 et suiv.

A défaut de suppléans, le trib. se complète par des notables négocians. — V. *Jugement*, n° 69. — Ils ne prêtent pas serment, le trib. de commerce ne serait pas compétent pour le recevoir. Poitiers, 2 déc. 1824, S. 25, 409.

245. *Manière dont se forme la décision*. On suit les règles tracées pour les *jugemens* des trib. civils. — V. ce mot, n°s 85 et suiv., et *Partage de voix*.

246. *Prononciation du jugement*. — V. *Jugement*, n°s 96 et suiv.

247. *Rédaction et expédition du jugement*. On observe les formes prescrites dans les art. 141, 146 C. pr. *ib.* 433. — V. *Jugement*, sect. 4.

Signification du jugement. Le jugement, avant d'être exécuté, doit être signifié à personne ou domicile. — V. *Jugement*, n°s 276 et suiv., et par un huissier commis, s'il est rendu par défaut. C. pr. 435. — V. *Jugement par défaut*, n°s 77, 86.

Toutefois, la signification à personne ou domicile est valablement suppléée par la signification au domicile élu sur le plumitif de l'audience, ou, à défaut de cette élection, au greffe du trib., quand le jugement n'a pas été rendu à la première audience où l'affaire a été appelée. — V. *sup.*, n° 211.

248. La signification contient, à peine de nullité, élection de domicile dans la commune où elle se fait, si le demandeur n'y est domicilié. C. pr. 435, — afin que la partie condamnée puisse prévenir l'exécution dont elle est menacée, soit par des offres réelles, soit par une opposition. Carré, art. 435. — Cette disposition n'a pas été abrogée par l'art. 643 C. comm. Bruxel-15 mai 1811, S. 14, 383.

Peu importerait que le demandeur eût déjà fait une élection de domicile dans la commune où la signification a lieu; la loi ne distingue pas. Carré, n° 1544.

Cette élection de domicile n'est exigée que dans le cas où le jugement prononce une condamnation contre le défaillant; elle n'est pas nécessaire dans le jugement qui ordonne la jonction du défaut au fond. Cass. 29 janv. 1819, S. 20, 55.

249. *Voies contre le jugement*. Les voies de recours contre les jugemens des trib. de commerce sont les mêmes que celles contre les *jugemens* des trib. civ. — V. ce mot, n°s 338 et suiv.

L'opposition est recevable dans les mêmes délais. C. comm. 643. — V. *Jugement par défaut*, n°s 93, 106, 107, 110 et suiv.

Elle contient les moyens de l'opposant et assignation dans le délai de la loi. C. pr. 437. — Elle est signifiée au *domicile élu*. De quel domicile élu l'art. 437 a-t-il entendu parler? — Il faut distinguer :

Ou l'opposition précède l'exécution et même la levée et la signification du jugement, — ou bien elle est formée au moment même où l'exécution est poursuivie.

Au premier cas, *par domicile élu*, on entend celui indiqué sur le plumitif en conformité de l'art. 422 C. pr., lorsqu'il n'intervient pas jugement définitif à la première audience (*Jugement par défaut*, n° 179); — s'il est intervenu jugement, la signification au domicile élu dans l'exploit d'assignation serait valable. — En tous cas, la signification de l'opposition au domicile réel ne serait pas absolument nulle, mais elle n'arrêterait pas l'exécution, si elle n'était pas réitérée sur le procès-verbal de l'huissier qui, autrement, ne la connaîtrait pas. Thomine, n° 480.

Au second cas, c'est-à-dire lorsque l'opposition a lieu au moment même de l'exécution, et qu'elle est réitérée par assignation, le domicile auquel elle doit être notifiée est celui élu par la partie qui a obtenu le jugement, lors de la signification de ce jugement et dans le lieu de cette signification (conformément à l'art. 435 C. pr.), si le créancier n'y demeure pas. — V. *Jugement par défaut*, n° 180.

250. *Exécution du jugement.* Lorsque le jugement a été régulièrement signifié, il faut en général, avant de procéder à son exécution, mettre le débiteur en demeure par un commandement. — V. *Exécution*, n°s 79 et suiv.

251. Si le jugement est par défaut, il n'est exécutoire qu'*un jour après* la signification et jusqu'à l'opposition. C. pr. 435; — c'est-à-dire que l'exécution est interdite le jour de la signification et le lendemain, mais elle est valable le surlendemain. Demiau, art. 435; Carré, *ib.*, note 2. — *Contrà*, Boucher, 85.

252. Lorsqu'il y a titre non attaqué, ou condamnation précédente dont il n'y ait pas d'appel (— V. *Jugement*, n°s 163 et suiv.), les trib. de commerce peuvent ordonner l'exécution provisoire de leurs jugemens, nonobstant l'appel et sans caution. C. pr. 439, — lors même que le jugement est par défaut. Arg. C. pr. 155; Carré, art. 439, note 1. — *Contrà*, Turin, 14 sept. 1813, S. 14, 139.

253. L'exécution provisoire est valablement ordonnée, même pour les dépens : l'art. 137 C. pr., qui contient une disposition contraire, ne concerne que les trib. civils. Rouen, 11 déc. 1821, S. 27, 142.

254. Dans le cas où il n'y a pas titre reconnu ou condamnation précédente, l'exécution *n'a lieu* qu'à la charge de donner caution ou de justifier de solvabilité suffisante. C. pr. 439.

255. Faut-il nécessairement que l'exécution provisoire ait été prononcée par le trib.? — Suffit-il, au contraire, que la caution soit offerte? — Cette dernière solution nous paraît résulter du texte et de l'esprit du C. pr. En effet, l'art. 439 dispose que *dans les autres cas* (c'est-à-dire lorsqu'il n'y a ni titre non attaqué, ni condamnation précédente), l'exécution provi-

soire n'aura lieu qu'à la charge de donner caution. Ainsi, une condition est exigée, mais une seule, la prestation d'une caution solvable. — D'ailleurs, le Code a voulu, en matière commerciale, une procédure rapide : les rédacteurs des ordonnances de 1663 et de 1673, de la loi du 24 août 1790, moins pénétrés de ce besoin de célérité, avaient déjà admis que l'appel ne pouvait jamais empêcher l'exécution provisoire avec caution. — L'exécution provisoire est la règle ; seulement les juges ont, dans certaines circonstances, la faculté de dispenser de l'obligation de fournir caution ; mais dès qu'une caution solvable est offerte, rien ne peut arrêter l'exécution. Rennes, 31 août 1809, P. 7, 819 ; Rouen, 3 nov. 1807, P. 6, 187 ; Nîmes, 31 août 1809, S. 10, 234 ; Cass. 2 avr. 1817, S. 17, 280 ; Lyon, 27 nov. 1832, D. 34, 51 ; Pardessus, 5, 83 ; Thomine, n° 482. — *Contrà*, Poncet, *Jugemens*, 1, 438, et par M. Pigeau, *Comm.*, art. 439 ; Liége, 29 juin 1807, S. 7, 326 ; Bruxelles, 9 déc. 1807, P. 6, 379 ; Metz, 3 fév. 1819, P. 15, 55 ; Carré, Analyse, n°s 463 et 1410. — Cet auteur voit une abrogation des anciens principes dans les différences de rédaction que présente l'art. 439 avec les anciennes ordonnances et avec l'art. 17 C. pr., qui déclare les décisions des juges de paix exécutoires de plein droit.

256. Néanmoins, l'offre d'une caution ne suffirait pas pour valider des poursuites commencées avant que cette formalité eût été remplie : la réception de la caution doit précéder la tentative d'exécution. Bordeaux, 28 août 1827, S. 28, 76.

257. Si un jugement ordonne l'exécution provisoire dans une affaire où le titre n'a pas été contesté, sans exprimer que le demandeur sera tenu de fournir caution, il est dispensé d'en fournir une : on ne saurait lui imposer une obligation que le jugement n'a pas mise expressément à sa charge. Rennes, 29 janv. 1808, P. 6, 474 ; Carré, n° 1548.

258. Mais le trib. qui ordonne l'exécution provisoire de son jugement, quoiqu'il y ait titre attaqué, n'a pas le droit de dispenser le demandeur de justifier de sa solvabilité sous prétexte qu'elle est notoire. Paris, 4 juill. 1807, P. 6, 190 ; Carré, n° 1549.

259. L'appel relatif au chef de la contrainte par corps d'un jugement rendu en dernier ressort par le trib. de comm. n'est pas suspensif, encore bien que l'exécution provisoire n'ait pas été ordonnée et que le créancier n'offre pas caution. Dans ce cas, en effet, l'appel est uniquement fondé sur l'art. 20. L. 17 avr. 1832 Et, aux termes de cet art., l'appel n'est pas suspensif. Paris, 27 août 1836 (Art. 981 J. Pr.).

260. La caution est présentée par acte signifié au domicile de l'appelant, s'il demeure dans le lieu où siége le trib., sinon au domicile par lui élu (— V. *sup.* n° 248), avec sommation à jour et heures fixes, de se présenter au greffe pour prendre communication sans déplacement des titres de la caution, s'il est ordonné qu'elle en fournira, et à l'audience pour entendre prononcer sur l'admission en cas de contestation. C. pr. 440.

261. Si l'appelant ne comparaît pas, ou ne conteste point la caution, elle fait sa soumission au greffe; s'il co teste, il est statué au jour indiqué par la sommation : dans tous les cas, le jugement est exécutoire, nonobstant opposition ou appel. C. pr. 441.

— V. d'ailleurs *sup.* n° 254.

262. *Péremption du jugement.* Si le jugement a été rendu contre une partie qui n'a pas comparu, il doit être exécuté, à peine de péremption, dans les six mois de son obtention. C. pr. 156; C. comm. 643. —V. *Jugement par défaut*, n°s 226 et suiv. — Peu importe qu'il s'agisse d'un jugement déclaratif de *faillite*. — V. ce mot, n° 49.

263. Mais si le jugement par défaut a été prononcé contre une partie qui avait comparu à une audience précédente, ce jugement doit être assimilé à un jugement rendu par défaut contre avoué. —V. *Jugement par défaut*, n° 107. — Et par suite, il n'y a plus nécessité de l'exécuter dans les six mois sous peine de péremption.

§ 4. — *Procédure devant les Cours royales.*

264. Le délai de l'appel est de trois mois, à compter du jour de la signification, pour les jugemens contradictoires, et du jour de l'expiration du délai de l'opposition, pour ceux qui ont été rendus par défaut. C. comm. 645. — V. *Appel*, Sect. IV; — même pour les jugemens qui statuent sur la compétence. Cass. 25 févr. 1812, S. 12, 207.

265. L'appel peut être interjeté le jour même du jugement, C. comm. 645; et par conséquent avant l'expiration du délai de l'opposition : l'art. 645 C. comm. déroge à cet égard à l'art. 445 C. pr. Cass. 24 juin 1816, P. 13, 502; Bordeaux, 14 fév. 1817, P. 14, 80; Metz, 8 déc. 1819, P. 15, 611; Rennes, 22 mai 1820, P. 15, 1005; Metz, 8 juill. 1826; Bordeaux, 5 juin 1829; Bourges, 19 mars 1831; Poitiers, 24 mai 1832; Montpellier, 13 nov. 1834; Paris, 22 mars 1836; Pardessus, 5, 86; Merlin, *Qu. Dr.*, v° *Appel*, § 8, art. 3, n° 4; — *Contrà*, Colmar, 31 déc. 1808, P. 7, 289; Paris, 18 mai 1809, P. 7, 570; Limoges, 15 nov. 1810, P. 8, 643; Turin, 25 sept. 1811, P. 9, 639; Limoges, 23 juill. 1814, P. 12, 329.

266. Il est interdit aux C. roy., à peine de nullité, et même de dommages-intérêts des parties, s'il y a lieu, d'accorder des défenses et de surseoir à l'exécution des jugemens des trib. de comm., quand même ils seraient attaqués pour incompétence ; — sauf à permettre, suivant l'exigence des cas, de citer extraordinairement à jour et heure fixes pour plaider sur l'appel. C. comm. 647. — V. *Appel*, n°s 259 et suiv.

Ces dispositions s'appliquent non seulement au cas où l'exécution provisoire a été ordonnée sans caution, conformément à l'art. 439 C. pr. — V. *sup.* n° 252, — mais encore à celui où elle a lieu de plein droit. — V. *sup.* n° 255 : la loi ne distingue pas. Paris, 6 fév. 1813, S. 14, 15 ; Montpellier, 28 sept. 1824, S. 25, 383. — *Contrà*, Bruxelles, 3 mai 1810, S. 11, 165.

267. Les appels sont instruits et jugés comme appels de jugemens rendus en matière *sommaire* (— V. ce mot). — La procédure, jusques et y compris l'arrêt définitif, est conforme à celle prescrite pour les causes d'*appel* en matière civile. C. comm. 648. — V. ce mot, sect. VII.

268. Peu importe que le jugement de 1re inst. ait été rendu par un trib. civ. faisant fonctions de trib. de comm. Cass. 24 juin 1829, S. 29, 266 ; — ou par des arbitres forcés : ils remplacent le trib. de comm. Bordeaux, 23 août 1827, S. 27, 255.

SECTION IV. — *Enregistrement.*

269. Les actes de la procédure devant les trib. de comm. sont soumis aux mêmes droits d'enregistrement que lorsqu'ils ont lieu devant les trib. civils. — V. *Ajournement*, *Exploit*, etc. ; — il en est de même des *jugemens*. — V. ce mot.

SECTION V. — *Formules.*

FORMULE I.

Pouvoir pour comparaître devant le tribunal de commerce.

Bon pour pouvoir à M. de se présenter pour moi, sur la présente demande, et de procéder et suivre jusqu'à jugement définitif.

A , le (*Signature de la partie.*)

Ce pouvoir est mis au bas de l'original ou de la copie de la demande.

Il doit être enregistré, mais il n'a pas besoin d'être légalisé. — V. *sup.* n. 194.

Pour l'exploit d'assignation. — V. *Effet de commerce*, Formule III.

FORMULE II.

Expédition du jugement.

Louis-Philippe, etc.

Le tribunal de commerce de , etc., séant à , a rendu le jugement dont la teneur suit :

Entre le sieur , etc., demeurant à , demandeur, d'une part ;

Et le sieur , etc., demeurant à , défendeur, d'autre part (1) ;

---

(1) S'il y a un fondé de pouvoir, il faut énoncer la date de la procuration et la relation de l'enregistrement.

Par exploit de Me , huissier, en date du , enregistré, etc , le sieur a fait assigner le sieur a comparaître devant le tribunal le , pour, attendu (*copier le libellé de l'assignation*), se voir condamner à (*transcrire ici les conclusions du demandeur*).

Le sieur , etc., a comparu, et pour sa défense a dit : (*analyser la défense du défendeur et énoncer ses conclusions*).

Point de droit (— V. *Jugement*, Formule I).

Le tribunal, après en avoir délibéré conformément à la loi, jugeant en premier (*ou en dernier*) ressort ; attendu (*motifs de la décision*) ;

Déclare la demande du sieur bien fondée ; condamne en conséquence le sieur à (*dispositif du jugement*).

Fait et jugé à l'audience publique du , par M. , président ; MM. tous juges, assistés de Me , greffier. La minute est signée . En marge est écrit : enregistré à etc.

Mandons et ordonnons, etc. (—V. *Jugement*, Formule IV).

— V. d'ailleurs *Appel*, *Arbitrage*, *Caution*, *Effet de commerce*, *Faillite*, *Jugement*, *Jugement par défaut*.

TRIBUNAL DE Ire INSTANCE. Tribunal institué dans chaque arrondissement pour juger les causes civiles qui ne sont pas dévolues par une disposition spéciale à une autre juridiction.

DIVISION.

Section Ire. — *Organisation.*

Section II. — *Compétence.*

§ 1. — *Compétence d'attribution.*

§ 2. — *Compétence territoriale.*

Art. 1. — *Règles générales.*
Art. 2. — *Actions personnelles et mobilières.*
Art. 3. — *Actions réelles immobilières.*
Art. 4. — *Actions mixtes.*
Art. 5. — *Actions en paiement de frais faits par des officiers ministériels.*
Art. 6. — *Actions relatives à l'exécution d'un jugement.*
Art. 7. — *Actions en matière de société*
Art. 8. — *Actions en matière de succession.*
Art. 9. — *Actions en matière de faillite.*
Art. 10.— *Action en garantie.*
Art. 11.— *Action formée contre plusieurs défendeurs.*
Art. 12.— *Cas où il y a élection de domicile.*
Art. 13.— *Compétence des diverses chambres du même tribunal.*
Art. 14.— *Compétence du président du tribunal.*

§ 3. — *Compétence de premier et de dernier ressort.*

Section III.—*Instruction.—Jugement.—Voies contre les jugemens.*

Section Ire. — *Organisation.*

1. Il existe un trib. de 1re inst. par arrondissement. Ordinairement il siége au chef lieu ; néanmoins cette règle souffre quelques exceptions ; — il n'y a qu'un seul trib. pour le département de la Seine.

2. Chaque trib. est composé d'un plus ou moins grand

nombre de juges, suivant la population et l'importance de son ressort.

Ce nombre varie de trois à douze juges titulaires, et de deux à cinq suppléans. LL. 27 vent. an 8; 20 avr. 1810, 11 avr. 1838 (Art. 1141 et 1167 J. Pr.).

Il peut être augmenté dans les grandes villes; à Paris, il est de trente-six juges et de vingt suppléans. LL. 20 avr. 1810, art. 55, 10 déc. 1830, art. 4.

Outre les suppléans, il existait autrefois auprès des trib. de 1re inst. des juges-auditeurs; mais leur institution a été supprimée par la loi du 10 déc. 1830.

3. Les trib., composés de sept à dix juges et quatre suppléans, se divisent en deux chambres; ceux où il y a douze juges et six suppléans se divisent en trois chambres : il y en a une spécialement occupée des affaires correctionnelles. L. 27 vent. an 8, art. 10 et 11; Décr. 18 août 1810, art. 2, 3 et 4. — Le trib. de Paris a cinq chambres civiles et trois chambres correctionnelles.

4. Deux ou plusieurs chambres ne peuvent pas se réunir pour juger une même affaire, excepté lorsqu'il s'agit de compléter une section. — V. *Jugement*, n° 53.

5. Si les circonstances l'exigent, le Roi peut créer par ordonnance des chambres temporaires. L. 28 avr. 1810, art. 39. — Les juges suppléans qui font partie de ces chambres comme juges ou substituts reçoivent pendant toute leur durée le même traitement que les juges. L. 11 avr. 1838, art. 8.

6. Le Roi nomme à chaque trib. un président et autant de vice-présidens qu'il y a de chambres.

7. Dans les trib. composés de plusieurs chambres, les juges sont répartis de manière qu'il y en ait trois au moins et cinq au plus dans chacune. Décr. 18 août 1810, art. 5. — V. d'ailleurs *Juge*.

8. Les suppléans sont spécialement attachés à chaque chambre, et font, s'il y a lieu, le service dans une autre chambre; ils sont compris dans le *roulement* annuel. — V. ce mot.

Les suppléans n'ont point de fonctions habituelles : leur service n'est qu'accidentel et momentané, lorsque les juges titulaires se trouvent empêchés. Ils peuvent néanmoins assister à toutes les audiences; ils ont voix consultative. L. 20 avr. 1810, art. 41. — V. *Juge suppléant*, nos 3 et suiv.

9. Dans tous les cas où les trib. de 1re inst. statuent en assemblées générales, l'assemblée doit être composée au moins de la majorité des juges en titre.

Les juges suppléans n'ont voix délibérative que lorsqu'ils remplacent un juge, mais ils ont toujours voix consultative. L. 11 avr. 1838, art. 11.

10. Il résulte de cette disposition, 1° qu'aucune délibération ne peut être prise que si la moitié plus un des juges en titre est présente, et 2° que les juges suppléans ne peuvent avoir voix délibérative que dans le cas où ils sont appelés pour remplacer un juge titulaire.

11. Mais si, dans un trib. composé de plusieurs chambres, plusieurs juges titulaires sont absens, faut-il appeler un nombre de suppléans égal à celui des titulaires non présens? ou bien suffit-il d'appeler le nombre de suppléans indispensable pour compléter les diverses chambres? — Ainsi, soit un trib. composé de deux chambres et de neuf juges: cinq juges titulaires étant présens, faut-il appeler un ou quatre suppléans? — Une circulaire de M. le Garde des sceaux, du 1er juin 1838, s'exprime sur ce point de la manière suivante: — « Dans les trib. de neuf juges, pour que l'assemblée soit légalement constituée, il faut au moins cinq juges titulaires; si un seul juge suppléant est appelé, les deux chambres du trib. compteront ainsi un nombre de magistrats suffisant pour délibérer. — A la rigueur, avec ce nombre, on sera en droit de se passer des autres suppléans, qui pourront au reste être appelés pour tenir la place des juges absens ou empêchés, et à ce titre de remplaçans, ils auront voix délibérative. »

Toutefois, nous ne saurions adopter cette opinion. Il ne peut, selon nous, dépendre du président d'appeler, dans l'hypothèse donnée, un ou quatre suppléans à sa volonté, et de changer ainsi la majorité: les suppléans ont ou n'ont pas le droit de prendre part à la délibération d'après le nombre de titulaires présens; mais ce droit ils ne peuvent le tenir que de la loi; il faut nécessairement décider qu'il y a lieu d'appeler autant de suppléans qu'il y a de titulaires non présens, ou bien qu'on ne peut accorder voix délibérative qu'au nombre de suppléans indispensable pour composer, avec les juges présens, les deux chambres du trib. L'alternative proposée par la circulaire ministérielle est évidemment inadmissible. — Il nous paraît, du reste, constant qu'on doit se conformer aux règles prescrites pour les jugemens, et n'appeler que le nombre de suppléans nécessaire pour compléter les diverses chambres du trib.

12. Lorsqu'un juge suppléant est appelé à remplacer un titulaire suspendu disciplinairement de ses fonctions pour plus d'un mois, il reçoit le traitement de ce juge. — V. *Juge suppléant*, n° 6.

La circulaire précitée conclut de cette disposition que le suppléant étant alors appelé par le trib. à remplacer le juge en titre, il doit concourir aux jugemens, comme aurait pu le faire ce dernier, lors même que, par ses autres membres, le trib. compterait un nombre suffisant de juges titulaires. Les termes généraux (porte cette circulaire) dans lesquels est conçu l'art. 9 L. 11 avr. 1838, et la permanence pendant un certain temps des fonctions déléguées, ne permettent pas de croire que la délégation demeure limitée comme l'est celle du suppléant qui tient la place d'un juge accidentellement empêché et qui n'a voix délibérative qu'autant que sa présence est nécessaire pour la validité du jugement. »

Mais il nous est encore impossible d'être, sur cette question, de l'avis de M. le Garde des sceaux. L'art. 9 se borne, en effet, à déclarer qu'un suppléant sera appelé à remplacer le titulaire suspendu, et qu'il touchera le traitement attribué à ce dernier : or, rien dans cette disposition n'indique la volonté qu'aurait eue le législateur de conférer au suppléant des pouvoirs autres que ceux qu'il tient de son institution : de ce que le suppléant sera probablement appelé à juger plus souvent, et qu'une plus grande partie de son temps sera prise par le service, il en résulte bien qu'il est juste de lui accorder une indemnité pécuniaire; mais on ne saurait en induire qu'il ait les pouvoirs d'un juge ordinaire : rien dans la discussion ne révèle cette intention que l'on suppose au rédacteur de la loi de 1838, et, en l'absence d'un texte positif, nous n'admettons pas une dérogation aussi importante à la législation antérieure.

13. Si le juge suspendu était un juge d'instruction, l'instruction ne passerait point de plein droit au suppléant appelé à le remplacer : — c'est là un objet qui a ses règles particulières; et il faudrait que le trib. fît une délégation spéciale à celui de ses membres qu'il jugerait le plus propre à ce genre de service. Circ. 1er juin 1838.

14. Tout suppléant qui, sans motifs légitimes, refuse de faire un service auquel il est appelé, peut, après procès-verbal constatant sa mise en demeure et son refus, être considéré comme démissionnaire. L. 11 avr. 1838, art. 10.

15. Ainsi, le président du trib., après une invitation formelle restée sans effet, dresse procès-verbal constatant la mise en demeure, le refus et les excuses alléguées; il en donne communication au substitut du procureur général, et avis au juge suppléant qui peut faire parvenir au Garde des sceaux ses explications, soit directement, soit par l'intermédiaire des chefs de la Cour, chargés de transmettre le tout avec leurs observations. Circ. 1er juin 1838.

16. Les suppléans attachés au trib. de la Seine peuvent être chargés par le président, concurremment avec les juges de ce trib., de la confection des ordres et des contributions, du rapport des contestations y relatives et de la taxe des frais; ils ont voix délibérative dans les affaires dont ils sont rapporteurs. Décr. 5 mars 1811.

17. Dans les trib. composés de plusieurs chambres, le service, pendant les vacations, se fait par une chambre composée du président ou de l'un des vice-présidens, et de deux juges qui n'ont pas été juges d'instruction, et qui ne sont ni ne doivent être de service à la chambre de police correctionnelle, de manière que tous les juges fassent successivement le service. Décr. 30 mars 1808, art. 41 et 49.

18. Le nombre, la durée des audiences et leur affectation aux différentes natures d'affaires, sont fixés, dans chaque trib., par un règlement qui est soumis à l'approbation du Garde des sceaux. L. 11 avr. 1838, art. 7.

19. Il existe auprès de chaque trib. de 1re inst. un procureur du Roi, et un ou plusieurs substituts chargés de remplir les fonctions du *ministère public.* — V. ce mot.

Il y a aussi un greffier et un ou plusieurs commis *greffiers.* — V. ce mot.

Ainsi qu'une compagnie d'*avoués* et une d'*huissiers.* — V. ces mots.

20. Il y a, en outre, auprès d'un grand nombre de trib. un collége d'*avocats.* — V. ce mot.

Du moment que des avocats en nombre suffisant pour les besoins du service sont inscrits au tableau d'un trib., ils peuvent seuls présenter la défense orale des parties. — Les avoués ne plaident que devant les trib. qui n'ont pas de collége d'avocats.

21. *Nombre de juges nécessaire pour rendre un jugement ; Partage.* — V. *Jugement,* nos 51 et suiv., 92 et suiv. ; *Partage de voix.*

Section II. — *Compétence.*

22. La compétence des trib. de 1re inst. peut être envisagée sous le triple rapport, — de la nature des affaires ou de l'*attribution*, — de l'étendue du *territoire*, — et de la fixation du taux du premier ou du dernier *ressort.* — V. les §§ suivans :

§ 1. — *Compétence d'attribution.*

23. Les trib. de 1re inst., également appelés trib. civils ou d'arrondissement, ont la juridiction *ordinaire* en matière civile : les cas où ils sont compétens forment la règle ; ceux où ils sont incompétens, l'exception.

24. Ainsi, leur compétence embrasse, 1° toutes les affaires civiles, autres que celles attribuées par la loi aux *juges de paix.* — V. ce mot.

25. 2° Les demandes en *règlement de juges* (— V. ce mot), lorsqu'un même différend est porté devant deux ou plusieurs juges de paix du ressort. C. pr. 363.

26. 3° Les affaires commerciales, tant de terre que de mer, lorsqu'il n'existe pas de *trib. de commerce* dans le ressort. — V. ce mot.

27. 4° Les contestations dévolues par leur nature à des juridictions exceptionnelles, mais qui sont connexes à des affaires ressortissant à la juridiction ordinaire. Cass. 29 juin 1820, D. 21, 45.

28. 5° Les actions civiles relatives à la perception des contributions indirectes, quelle qu'en soit la valeur. L. 11 sept. 1790, tit. 4, art. 2.

29. 6° Les difficultés d'exécution de leurs jugemens et de ceux rendus, soit par des arbitres, des juges de paix et des trib. de commerce, soit par des trib. criminels, en ce qui concerne les condamnations civiles. Carré, 2, 457.

30. 7° Les actions civiles en réparation du préjudice résultant d'un fait qualifié délit par la loi, lorsqu'il n'existe pas d'action au criminel de la part du ministère public. C. Inst. crim. 3, 52 et 408; Paris, 16 nov. 1833, D. 34, 29. — V. d'ailleurs *Partie civile*, § 3.

31. 8° Les demandes en dommages-intérêts intentées contre le dénonciateur ou contre la partie civile, par le prévenu acquitté par une chambre du conseil ou d'accusation. Il en serait autrement si c'était la C. d'assises qui eût statué sur la prévention : ce serait devant cette Cour que devrait être portée l'action en dommages-intérêts. Lyon, 18 janv. 1828, D. 28, 232.

Mais peu importe que la demande en dommages-intérêts résulte d'une action poursuivie devant les trib. militaires. Cass. 1er therm. an 10, D. 10, 780.

32. Enfin, les trib. de 1re inst. statuent, comme juges du second degré, sur les appels des sentences des trib. de paix. L. 27 vent. an 8, art. 1er. — V. *Juge de paix*, n° 265, et *inf.* n° 121; et sur les appels des sentences arbitrales rendues sur des matières qui, s'il n'y eût pas eu d'arbitrage, eussent été de la compétence du trib. de 1re inst., soit en premier, soit en dernier ressort. — V. *Arbitrage*, n° 474.

33. L'incompétence des trib. de 1re inst. pour connaître des contestations spécialement attribuées aux juridictions d'exception, telles que les justices de paix et les trib. de commerce, peut, du reste, être couverte par le consentement des parties. — V. *Prorogation de juridiction*, nos 4 et 5.

Cette solution, d'ailleurs conforme aux anciens principes, se justifie par les garanties de capacité que la loi exige des membres qui composent les trib. ordinaires. Arg. C. comm., 640; Dalloz, *Jurisprudence*, 3, 276.

34. Conséquemment, les trib. civils peuvent, lorsque les parties ne s'y opposent pas, connaître, 1° des matières attribuées aux juges de paix, et, par exemple, d'une action en réparation de dégradations commises par un fermier. Bruxelles, 16 juin 1820, D. *ib.* 281. — *Contrà*, Paris, 16 août 1833, D. 34, 103; Henrion, *Compétence*, ch. 4.

35. 2° Des matières commerciales. Bruxelles, 28 nov. 1808, D. *ib.*, 374; Rennes, 2 déc. 1815, P. 13, 141; Cass. 10 juill. 1816, S. 16, 324; 9 avr. 1827, D. 27, 165; Colmar, 6 août 1827, D. 28, 163; Caen, 26 fév. 1825, S. 26, 69; Bordeaux, 1er fév. 1831; Poitiers, 12 juill. 1833, D. 33, 5, 237. — V. *Arbitrage*, n° 83.

36. Mais le consentement des parties à procéder devant le trib. de 1re inst. peut-il s'induire de cela seul qu'elles n'ont pas proposé l'incompétence *in limine litis.*

La C. Cass. dans une espèce où une action possessoire avait été portée devant un trib. de 1re inst., a décidé que l'incompétence n'était point purement relative et qu'elle était opposable en tout état de cause. Cass. 28 juin 1825, S. 26, 258. — V. *Exception*, n° 24; *Prorogation de juridiction*, n° 5.

37. Toutefois une jurisprudence constante admet que le renvoi devant le trib. de comm. ne peut plus être demandé par le défendeur qui a posé des conclusions devant le trib. de 1re inst. Bruxelles, 8 juin 1822, P. 17, 110; Caen, 23 juill. 1837, S. 30, 231; Bordeaux, 1er fév. 1831, D. 33, 5; 7 avr. 1832, D. 32, 122; Poitiers, 12 juill. 1833, D. 33, 235; Cass. 24 avr. 1834, D. 34, 209; 9 janv. 1838, P. 1838, 1, 631; 18 mars 1839, P. 1839, 2, 262.

38. Au contraire, l'incompétence du trib. de 1re inst. serait, sans aucun doute, proposable en tout état de cause, même en cassation, s'il s'agissait d'une action dévolue aux *trib. administratifs* (—V. ce mot), ou aux trib. criminels : les trib. de 1re inst. n'ont en effet le germe de la compétence que pour les affaires civiles proprement dites. — V. *Incompétence*, nos 6, 7 et 8; *Exception*, n° 24.

39. Ainsi l'arrêté de compte fait entre l'Etat et l'adjudicataire des travaux publics au préjudice du cessionnaire de ce dernier ne peut être attaqué que devant l'autorité administrative. Cass. 11 mai 1836 (Art. 567 J. Pr.).

40. Mais la question de savoir si le mandat, en vertu duquel un tiers a touché une créance due par le trésor au mandant, autorisait ce paiement et si le trésor est libéré, est de la compétence de l'autorité judiciaire. Paris, 5 juill. 1836 (Art. 568 J. Pr.).

41. Il en est de même de la demande en indemnité pour dommages permanens causés aux propriétés par des travaux d'utilité publique. — Les conseils de préfecture ne sont compétens pour prononcer que dans le cas où il s'agit d'un dommage temporaire. Rennes, 1er fév. 17 mars 1834, S. 35, 279;

Paris, 1er août 1835, S. 35, 401; Cass. 28 nov. 1836 (Art. 619 J. Pr.).

§ 2. — *Compétence territoriale.*

Art. 1. — *Règles générales.*

42. La répartition des affaires civiles entre les différens trib. de 1re inst. constitue la *compétence territoriale.*

43. L'attribution d'une affaire à tel trib. civil, plutôt qu'à tel autre, est déterminée, tantôt par la situation des biens litigieux, tantôt par le domicile de l'une des parties, selon que l'action est réelle ou personnelle. — V. *Action.*

Enfin, dans certains cas, la loi prend en considération la nature de la contestation, ou la qualité des parties.

Ainsi, les règles générales de compétence se trouvent modifiées, lorsqu'il s'agit de contestations relatives, à l'exécution d'un jugement, d'une demande en paiement de frais faits par un officier ministériel, etc., ou bien encore quand l'action est intentée contre une succession, une faillite, etc. — V. *inf.* nos 59 et suiv.

44. Le législateur paraît s'être décidé d'après les considérations suivantes :

1° En matière personnelle, le débiteur mérite plus de faveur que celui envers lequel il s'est obligé ;

2° En matière réelle, on doit préférer à tout autre le juge qui se trouve à portée d'instruire le mieux la cause, à raison des localités ou de diverses circonstances ;

3° Il faut en toute matière prévenir la multiplicité des instances ;

4° Dans certains cas spéciaux, il faut attribuer la connaissance du litige au juge qui, par sa position, est plus à portée d'apprécier la difficulté.

Art. 2. — *Actions personnelles et mobilières.*

45. L'infraction aux règles de la compétence respective des trib. civils constitue en général une incompétence personnelle ou relative qui doit être proposée avant toute défense au fond. — V. *Exception*, n° 29 à 35, et toutefois *ib.*, n° 24, *Ordre*, n° 102; — *Vente sur saisie immobilière.*

46. Les ACTIONS PERSONNELLES ET MOBILIÈRES doivent, en général, être intentées devant le trib. du domicile du défendeur, et s'il n'a pas de domicile, devant le trib. de sa résidence. C. pr. 59. — V. *Action*, nos 25, 27, 33 et suiv., 42 et suiv., 57 et suiv.

47. Cette règle souffre cependant d'assez nombreuses exceptions.

Ainsi, 1° Les comptables judiciaires doivent être poursuivis devant le juge qui les a commis, et les tuteurs devant celui du lieu où la tutelle a été déférée. — V. *Reddition de compte.*

2° Le désaveu est formé devant le trib. où s'est fait l'acte judiciaire désavoué. — Quand le désaveu porte sur un acte *extrajudiciaire*, on suit la règle générale du domicile. — V. *Désaveu.*

3° La demande en nullité d'emprisonnement, ou en élargissement, formée par un débiteur incarcéré est portée devant le trib. du lieu où il est détenu. — V. *Emprisonnement.*

4° En matière de droits d'enregistrement, l'action se porte devant le trib. du bureau de perception. L. 22 frim. an 7, art. 64. — V. *Enregistrement.*

5° Les parties qui ont une action à exercer contre les héritiers d'un conservateur décédé, doivent les assigner, non pas à l'ancien domicile de ce conservateur, mais au bureau de conservation où il remplissait ses fonctions. L. 21 vent. an 7, art. 9; Rouen, 7 nov. 1826; D. 31, 175.

6° La permission d'opérer une saisie-arrêt peut être demandée au juge du domicile *du tiers-saisi.* — V. *Saisie-arrêt.*

7° En matière de saisie-exécution, la demande à fin de décharge de la part du gardien, celle en revendication des effets saisis, et généralement toutes les contestations relatives à la saisie appartiennent au juge du lieu où elle a été pratiquée. C. pr. 606, 608. — V. *Saisie-exécution.*

8° L'autorisation de faire une saisie foraine doit être obtenue du juge du lieu où se trouvent les effets à saisir. C. pr. 822. — V. *Saisie foraine.*

9° En matière de saisie-revendication, la compétence est dévolue au juge du domicile du détenteur, ou à celui de l'instance à laquelle cette action serait connexe. C. pr. 831. — V. *Saisie-revendication.*

10° En matière de *tierce opposition* et de *requête civile*, l'action est soumise au juge qui a rendu le jugement. — V. ces mots.

V. d'ailleurs *inf.*, art. 5 à 12; *Étranger*, nos 6 et suiv.

Art. 3. — *Actions réelles immobilières.*

48. Les Actions réelles immobilières sont portées devant le trib. de la situation de l'objet litigieux. C. pr. 59.—V. *Action*, nos 28, 38, 39, 51, 60 à 62. — V. D'ailleurs *inf.*, n° 49.

Art. 4. — *Actions mixtes.*

49. Les actions mixtes sont portées au gré du demandeur, soit devant le juge de la situation de l'immeuble, soit devant celui du domicile du défendeur. C. pr. 59.—V. *Action*, nos 29 à 32, 40, 41, 52 à 56.

Art. 5. — Action en paiement de frais faits par des officiers ministériels.

50. Les demandes formées pour frais par les officiers ministériels doivent être portées au trib. où les frais ont été faits. C. pr. 60. — Le contrat entre le client et l'officier ministériel s'est formé au trib. auquel ce dernier est attaché ; ce trib. a sur lui un droit de discipline, et peut taxer les frais plus exactement ; il importe que les officiers dont le ministère est forcé ne soient point détournés de leurs fonctions, et exposés à poursuivre au loin et à grands frais les honoraires qui leur seraient dus.

51. Cette disposition est impérative et non facultative pour l'officier ministériel ; la partie assignée en paiement de frais devant le juge de son domicile peut demander son renvoi devant le trib. où les frais ont été faits. C'est autant dans son interêt que dans celui de l'officier ministériel que la loi attribue la connaissance de ces affaires aux trib. où les frais ont été faits. Thomine, art. 60 ; Carré, n° 279. — V. *sup.*, n° 50.

Mais le trib. ne peut pas d'office prononcer le renvoi. Thomine, *ib.*

52. La disposition de l'art. 60 n'est relative qu'aux trib. civils : elle ne s'étend pas au *trib. de commerce.* Carré, n° 277 ; Thomine, *ib.*—En conséquence, les frais faits par un huissier, à l'occasion d'une contestation soumise à un trib. de comm. ne peuvent être réclamés devant ce tribunal. Arg. Cass. 5 sept. 1814, S. 14, 266 ; Boncenne, 2,233.

53. Toutefois l'agent d'affaires qui charge, en cette qualité, un huissier de faire certains actes de son ministère peut être assigné en paiement du coût de ces actes devant le trib. de commerce ; peu importe que parmi ces actes il s'en trouve quelques-uns de judiciaires faits devant un trib. civ. si l'agent d'affaires n'a pas, pour ces actes, décliné la juridiction commerciale par des conclusions formelles. Cass. 31 janv. 1837 (Art. 744 J. Pr.)

54. *Pour frais.* La disposition ne s'applique qu'aux frais faits en qualité d'officiers ministériels, et non pas aux salaires dus pour soins pris en qualité de simple mandataire. Rennes, 24 juill. 1813. P. 11. 577 ; — à moins que la demande ne soit connexe à une demande de frais en la première qualité. — V. *Avoué*, nos 179 et suiv. ; *Huissier*, n° 270.

55. Mais peu importe que les frais dus à l'officier ministériel aient été fixés par la partie dans une reconnaissance. Le trib. devant lequel l'instance a eu lieu est toujours compétent : l'art. 60 ne fait pas de distinction. — V. *Avoué*, n° 178.

56. Par les *officiers ministériels.* Ces expressions embrassent non-seulement les officiers ministériels proprement dits, tels

que les avoués et les huissiers ; mais encore, 1° les avocats, pour les honoraires qui leur sont dus à raison de leurs plaidoiries. Arg. Rouen, 10 juin 1834 (Art. 9 J. Pr.) ; Aix, 12 mars 1834 ; D. 34, 189 ; Pau, 7 juin 1828, S. 29, 85 ;— *Contrà*, trib. Nevers, 25 juill. 1837 (Art. 841 J. R.) ; — 2° les commissaires-priseurs. Thomine, *ib.* ; — 3° les notaires soit qu'ils aient instrumenté par suite d'un renvoi ou d'une commission du trib. ; soit qu'ils aient été choisis librement par les parties. Cass. 7 mai 1828, D. 28, 241. Orléans, 15 mars 1832, D. 33, 131 ; — *Contrà*, Poitiers, 7 déc. 1830, D. 31, 33 ; — 4° les greffiers : ils peuvent donc réclamer devant le tribunal auquel ils sont attachés le coût des expéditions qu'ils ont délivrées sans se les faire payer d'avance. Carré, art. 60, n° 276. Boncenne, 2, 252.

Il est du reste indifférent que ces officiers aient cessé leurs fonctions lorsqu'ils forment leur demande. Paris, 5 oct. 1810, S. 14, 133 ; — V. *Avoué*, n° 178.

57. Les frais des arbitres ne sont pas compris dans la disposition de l'art. 60 : les arbitres ne pourraient en effet être assimilés à des officiers ministériels. Lyon, 30 août 1828, S. 29, 145 ; — Cependant, il a été jugé qu'un trib. de comm. pouvait connaître de l'action en paiement de frais dirigée par un arbitre expert devant lequel il avait renvoyé les parties ; attendu que le rapport de cet arbitre était un acte d'instruction qui ne pouvait être apprécié que par le trib. qui l'avait ordonné. — Paris, 12 juill. 1826, S. 27, 129. — V. d'ailleurs *Arbitrage*, nos 308 et 309.

58. *Devant le tribunal où les frais ont été faits.* C'est-à-dire dans le ressort duquel les frais ont été faits : peu importe en effet qu'il s'agisse de frais judiciaires ou extra-judiciaires. Dans les deux cas, le trib. du lieu est plus à portée de taxer équitablement les frais, et l'officier ministériel ne doit pas être détourné de ses fonctions pour aller plaider hors de son domicile. Orléans, 15 mars 1832, S. 32, 67 ; Carré, art. 60.

— V. d'ailleurs *Avoué*, nos 178 à 181 ; *Huissier*, nos 261 à 272 ; *Avocat*, nos 60 à 68.

Art. 6. — *Actions relatives à l'exécution d'un jugement.*

59. La connaissance de toutes les difficultés élevées sur l'exécution de jugemens précédemment rendus, appartient en général au trib. dont ces jugemens sont émanés. C. pr. 472. — V. *Exécution*, nos 105 et suiv.

60. Toutefois, cette règle souffre quelques exceptions : — ainsi 1° lorsque le jugement dont l'exécution est poursuivie émane d'un juge de paix ou d'un trib. de comm., le trib. civ. compétent est celui du lieu de l'exécution. C. pr. 553. — Dans le cas où il s'agit d'une sentence arbitrale, c'est le trib. dont le président a délivré l'ordonn. d'*exequatur*.—V. *Arbitrage*, n° 451; *Exécution*, n°s 112 à 115.

61. 2° Dans le cas où l'exécution est poursuivie dans un autre ressort que celui du trib. qui a rendu le jugement, le trib. du lieu peut statuer provisoirement sur la contestation, sauf à renvoyer la connaissance du fond au trib. d'exécution. C. pr. 554.

62. 3° S'il s'agit de demander la nullité d'emprisonnement ou d'expropriation forcée, et dans quelques autres circonstances, la loi attribue juridiction à un autre trib. par suite de raisons particulières. C. pr. 472. — V. *Emprisonnement*, n°s 259, 260; *Vente sur saisie immobilière*.

Spécialement, la demande en nullité du commandement fait comme acte préalable à la saisie immobilière, est de la compétence du trib. de la situation des biens. Ce trib. est en effet investi par la loi de tout ce qui est relatif à la poursuite de saisie immobilière, dont le commandement est le premier acte. C. pr. 673, 472; Cass. 16 déc. 1807, P. 6, 389; Bruxelles, 3 mai 1821, P. 16, 577; Dalloz, v° *Saisie immobilière*, p. 706, n° 28. — Merlin, *Qu. Dr.*, v° *Saisie immobilière*, p. 382, attribue également compétence au trib. qui a rendu le jugement.

63. Mais le trib. qui a rendu le jugement est compétent (même en matière de saisie immobilière); s'il s'agit d'interpréter ce jugement (spécialement de statuer sur le mérite d'offres réelles. Arg. Bruxelles, 3 mai 1821), il faut nécessairement recourir au juge dont émane la décision critiquée, parce qu'il ne s'agit plus seulement d'une exécution proprement dite. — V. *Emprisonnement*, n° 260; *Exécution*, n°s 117 et suiv.

64. Si le commandement était conçu dans des termes généraux, dans le but de procéder ultérieurement à des saisies de diverses natures, et qu'aucune saisie n'eût encore été pratiquée, la demande en nullité paraîtrait encore valablement soumise au trib. qui aurait rendu le jugement. Il serait en effet impossible de dire qu'il s'agit d'une saisie immobilière plutôt que d'une saisie mobilière. Arg. Bruxelles, 3 mai 1821, P. 16, 577.

65. Lorsque le commandement a été fait en vertu d'un acte notarié, l'élection de domicile faite dans ce commandement est attributive de juridiction. — V. *Saisie-exécution*, n° 80. — Le demandeur en nullité du commandement ne cesse pas d'être défendeur aux poursuites. — V. *Saisie-arrêt*, n° 133.

66. Toutefois le prétendu débiteur pourrait demander principalement la nullité du titre notarié devant le trib. du domicile du créancier et incidemment celle du commandement.

Art. 7. — *Actions en matière de société.*

67. En matière de société le demandeur doit être assigné, tant que la société existe, devant le juge du lieu où elle est établie. C. pr. 59.

68. *En matière de société.* Cette disposition s'applique aux sociétés commerciales ; la loi ne fait aucune distinction. Cass. 18 pluv. an 12, S. 4, 2, 103.

69. Mais elle ne s'étend pas aux associations en participation ; elles n'ont pas en effet d'assiette, et cessent d'exister dès que la négociation pour laquelle elles ont eu lieu est terminée : elles ne constituent pas une société proprement dite. C. comm. 47 ; Cass. 14 mars 1810, S. 10, 207 ; 28 mai 1817, S. 17, 254 ; Nanci, 5 déc. 1828, S. 29, 124 ; Thomine, art. 59.

70. *Tant que la société existe.* La société est réputée exister, quoique dissoute, tant qu'elle n'est pas liquidée. Cass. 16 nov. 1815, S. 18, 82.

71. Le tribunal du lieu de la société est compétent pour connaître de la demande en liquidation de la société dirigée contre l'associé gérant, bien qu'il ait perdu sa qualité de Français. Paris, 13 fév. 1808, S. 7, 2, 235.

72. Par ces mots, *en matière de société*, faut-il entendre toutes les actions, mêmes réelles ou mixtes, dans lesquelles une société est intéressée ? — Non ; le doute naît de la généralité des termes de l'art. 59 ; mais il est impossible d'admettre que la loi ait voulu attribuer à des trib. éloignés des affaires réelles qui exigent le plus souvent des expertises et des visites de lieux : cette circonstance que les associés ont réuni leurs titres, papiers et autres moyens de défense dans un même endroit ne saurait les autoriser à distraire les tiers de leurs juges naturels ; le but de la loi dans l'art. 59 a été uniquement de créer un domicile fictif à un être moral distinct des individus qui le composent, et d'empêcher qu'en matière personnelle tous les associés pussent être assignés au domicile de l'un d'eux. Carré, art. 59, nº 264 ; Thomine, nº 80 ; Dalloz, vº *Compét.* 296 ; Boncenne, 2, p. 249.

Ainsi l'art. 59 cesse d'être applicable s'il s'agit d'une demande en revendication d'un immeuble formée contre la société, — ou d'une demande soit mobilière, soit immobilière, formée par la société contre un tiers. Thomine, Boncenne, *ib.*

73. De même la société qui se trouve en liquidation, doit être actionnée relativement à des opérations par compte courant, devant le trib. du lieu où elle est établie et en la personne de son liquidateur. Douai, 18 juill. 1833, D. 34, 140.

74. Mais lorsque la société est liquidée, les actions sont portées devant le trib., qui doit en connaître d'après les règles ordinaires. Rennes, 20 janv. 1814, P. 12, 45; Pardessus, n° 1357..

A l'exception, toutefois, des actions en rescision de partage et en garantie des lots qui appartiennent au trib. du lieu où la société a existé. Arg. C. civ. 822, 1872; Carré, n° 260; Thomine, art. 59.

75. *Devant le juge du lieu où la société est établie.* Si la société a deux maisons de commerce, la demande est portée devant le juge du lieu où est son principal établissement. Cass. 18 pluv. an 12, S. 4, 103; 16 mars 1809, S. 10, 276; Pardessus, nos 1094, 1365.

76. Si le siége principal de la société n'est pas connu on assigne devant le trib. compétent à raison de la nature de l'action. Lepage, 106; Carré, art. 59.

77. Dans le cas où le défendeur assigné devant le trib. du domicile d'une société, prétend qu'il ne fait pas partie de cette société, le trib. saisi de la demande principale peut-il juger l'exception, ou doit-il renvoyer devant le trib. du domicile du défendeur, pour prononcer d'abord sur l'existence de la société? — Cette question se résout par les motifs indiqués *sup.* — V. *Tribunal de commerce*, n° 178.

Art. 8. — *Actions en matière de succession.*

78. Doivent être portées devant le trib. du lieu où la succession s'est ouverte (— V. *Domicile*, nos 3, 5, 9, 10, 36 et suiv.) : 1° Toutes les demandes entre héritiers jusqu'au partage inclusivement; — 2° celles intentées par les créanciers du défunt avant le partage; — 3° celles relatives à l'exécution des dispositions à cause de mort, jusqu'au jugement définitif. C. pr. 59; — 4° celles relatives à la garantie des lots entre co-partageans et celles en rescision du partage. C. civ. 822. — V. *Partage*, nos 25 à 29.

Le défunt est pour ainsi dire réputé vivant jusqu'au partage qui détermine quels ont été ses successeurs quant aux biens, à compter du moment de son décès.

79. Mais comme dans le cas de société (— V. *sup.* n° 70), le trib. du lieu de la succession n'est appelé à connaître des contestations auxquelles des tiers se trouvent intéressés que dans le cas où le trib. du domicile du défunt aurait été compétent avant sa mort.

Quant aux héritiers légataires et donataires, il était juste de les soumettre, pour tout ce qui est relatif au partage de la succession, à la juridiction du trib. du domicile du défunt ou de la personne morale qui le représente.

80. Du reste, la disposition de l'art. 59 peut souffrir exception dans le cas de connexité de la demande formée contre la succession avec une autre déjà pendante devant un autre trib. Cass. 13 avr. 1820, S. 21, 84.

81. *Demandes entre héritiers jusqu'au partage.* — V. *Partage*, n°s 25 à 29.

Sont considérées comme telles, 1° la demande en pétition d'hérédité. Pigeau, 1, 157; — 2° celle de l'enfant naturel en réclamation de ses droits. *Ib.*; — 3° celles des donataires ou légataires, soit universels, soit à titre universel, formées entre eux ou contre les héritiers. *Ib.*; — 4° Celle dirigée contre l'héritier à l'effet d'accepter ou de répudier la succession qui lui est échue. Bruxelles, 25 mars 1808, S. 12, 105.

82. Il a été jugé par suite de ce principe que l'administrateur d'une succession devait rendre compte de sa gestion devant le trib. de l'ouverture de cette succession, et qu'il ne pouvait demander son renvoi devant un autre trib. où il serait en instance avec d'autres mandataires particuliers en reddition du compte du mandat qu'il leur aurait confié pour le même objet. Cass. 1er juill. 1817, S. 17, 315. — Toutefois, dans cette espèce, l'administrateur avait été nommé par le trib. de l'ouverture de la succession. — Si la nomination était émanée d'un autre trib., il nous semble qu'il aurait seul qualité pour connaître de la demande en *reddition de compte.* — V. ce mot, n°s 11, 20 et suiv.

83. Encore qu'il y ait eu réglement définitif entre le légataire universel et les héritiers à réserve, il n'y a cependant pas partage de la communauté dans le sens de l'art. 59 C. pr., s'il n'y a pas eu réglement et liquidation avec les légataires particuliers. Ces derniers peuvent, en conséquence, demander le paiement de leur legs, contre le légataire universel, devant le juge du lieu de l'ouverture de la succession. Paris, 15 juin 1825, D. 33, 164.

84. Mais sont attribuées aux trib. appelés à en connaître par les règles ordinaires de la compétence : 1° L'action en revendication formée par un tiers. Thomine, art. 59 ; — 2° celle en rescision d'une vente de droits successifs intentée par l'héritier contre un étranger acquéreur ; — 3° celle à fin d'*ordre* et de distribution du prix des biens vendus d'une succession. —V. ce mot, n°s 102 et 103; — 4° celle en expropriation des biens successifs formée par un créancier. Cass. 29 oct. 1807, S. 8, 83.

85. *Demandes intentées par les créanciers du défunt avant le partage.* Une succession n'est pas réputée partagée, 1° lorsqu'il n'y a pas eu réglement et liquidation avec les légataires particuliers, bien qu'il y ait eu réglement définitif entre les légataires universels et les héritiers à réserve. Paris, 15 juin 1825. —V. *sup.* n° 70 ; — 2° Quand il est intervenu une décision arbitrale qui se borne à régler les droits des créanciers, sans répartir les lots

entre les héritiers. Rennes, 10 janv. 1812, P. 10, 28; Carré, art. 59.

86. Quant à la demande en validité d'une *saisie-arrêt* faite sur des sommes appartenant à une succession. — V. ce mot, n° 79.

87. La loi n'attribue au juge du lieu de l'ouverture de la succession que les demandes formées depuis l'ouverture de cette succession et avant le partage; les reprises d'instance doivent être suivies devant le trib. déjà saisi. Poitiers, 7 therm. an 12, S. 4, 2, 496.

88. Lorsqu'il n'y a qu'un héritier (ou un légataire universel. Paris, 26 fév. 1810, P. 8, 132), il n'y a pas lieu à partage; par conséquent les créanciers peuvent le citer, à toute époque, devant le juge de son domicile, sans être tenu d'aller plaider devant le trib. de la succession. Cass. 18 juin 1807, S. 7, 425; 2 mai 1831, S. 32, 272; Bordeaux, 5 avr. 1837 (Art. 717 J. Pr.).

89. Jugé, à tort, selon nous, que les contestations entre deux créanciers d'une succession vacante, dont l'un est poursuivi en restitution de sommes qu'il a touchées au-delà de ce qui lui était réellement dû, doivent être portées devant le trib. de l'ouverture de la succession. Paris, 20 pluv. an 11, S. 7, 1217. — Dans ce cas, si le défunt eût existé, il aurait été forcé de porter son action devant le trib. du domicile de son créancier, et on a vu que la disposition de l'art. 59 ne pouvait avoir pour effet d'enlever les tiers à leurs juges naturels. — V. *sup.* n° 70.

90. *Demandes relatives à l'exécution des dispositions à cause de mort jusqu'au jugement définitif.* Cette disposition est relative à *toutes* les demandes formées par des légataires soit universels, soit à titre universel, soit même à titre particulier, ou par les donataires à cause de mort, peu importe que ces demandes soient ou non contestées. — Ainsi, la demande en délivrance d'un legs ne peut être formée contre l'héritier universel devant un trib. autre que celui de l'ouverture de la succession. Turin, 18 avr. 1810, S. 10, 330.

91. *Jusqu'au jugement définitif.* Ces mots sont interprétés diversement. — Suivant les uns, c'est-à-dire *jusqu'au partage.* Boitard, 1, p. 226. — Suivant d'autres, il faut entendre par ces mots *jugement définitif*, le jugement qui fixe les droits du légataire. Pigeau, 1, 157.—La première opinion paraît préférable. C'est pour éviter de répéter le mot partage que le législateur s'est servi du mot jugement —La seconde est inadmissible : la demande doit toujours précéder le jugement. Comment comprendre qu'il s'agit du jugement à intervenir entre le légataire et l'héritier?

92. La demande en reddition de compte intentée contre un exécuteur testamentaire, est également portée devant le trib. du lieu de l'ouverture de la succession. Paris, 17 août 1809, D. *Jur. gén.* 3, 309.

— V. d'ailleurs *Préliminaire de conciliation*, n° 60.

Art. 9. — *Actions en matière de faillite.*

93. L'art. 59 C. pr. porte qu'en matière de faillite, le défendeur doit être assigné devant le juge du domicile du failli. — Cette disposition est motivée sur ce que ce juge est plus à portée d'apprécier les contestations d'après la connaissance personnelle qu'il a des opérations du failli.

94. Mais que doit-on entendre par ces mots *en matière de faillite?*

Les uns, se fondant sur la généralité des termes de l'art. 59, soutiennent qu'ils comprennent toutes les difficultés relatives à la faillite, qu'elles proviennent de demandes dirigées contre ou par les syndics; qu'autrement la liquidation serait longue et difficile. Favard, 1, 133. —Ainsi, a été régulièrement formée l'action dirigée contre le débiteur d'une faillite. Liége. 16 déc. 1814, P. 12, 497; Poitiers, 22 août 1838 (Art. 1380 J. Pr.); Bourges, 20 juill. 1830, D. 31, 71. — Dans cette dernière espèce, on opposait des compensations qui donnaient lieu à une vérification des prétendues créances.

D'autres répondent que la loi a voulu non pas forcer les tiers, assignés par les syndics, de plaider hors de leur domicile, mais créer un domicile à la faillite; sans quoi on aurait pu assigner les syndics au domicile de l'un d'eux ou devant le trib. du lieu du paiement, ou de celui où la promesse aurait été faite et la marchandise livrée. (—V. *Trib. de commerce*, n° 151); Carré, n° 264. — Pourquoi le sort du débiteur de la faillite serait-il changé, le failli aurait dû le poursuivre devant le trib. de son domicile? Ceux qui représentent le failli ne peuvent avoir le privilége exorbitant de distraire le débiteur de ses juges naturels. Boncenne, 2, 250; Boitard, 1, 227; Pardessus, 4, p. 33; Arg. Cass. 10 juill. 1837, S. 37, 733. — Ainsi a été déclarée non recevable spécialement, 1° l'action formée contre un débiteur domicilié dans un autre lieu que celui de la faillite. Cass. 22 mars 1821, P. 16, 472; Paris, 29 juill. 1826, D. 27, 98; Nanci, 9 nov. 1829, D. 29, 54; — 2° l'action intentée par les syndics d'une faillite en revendication des sommes payées par le failli dans les dix jours de la faillite. Cass. Rej. ch. civ. 13 juill. 1818, S. 18, 286.

Selon nous, on doit admettre la distinction suivante : Le trib. du lieu de la faillite doit être saisi de toutes les actions soit actives, soit passives *nées de la faillite*, pendant la faillite, et qui n'existeraient pas sans la faillite; — mais non pas des contestations qui auraient pu s'élever quand bien même la faillite n'aurait pas existé. Concl. de M. *Troplong* ; Nanci, 9 nov. 1829, D. 29, 53.

95. Ainsi, le trib. du lieu où la faillite s'est ouverte connaît, 1° des contestations relatives à des opérations de commerce faites depuis la faillite, entre un failli et quelques-uns de ses créanciers, au préjudice des autres. Cass. Req. 26 juin 1817, S. 17, 270 ; — ou même avec des tiers. Besançon, 8 mars 1831, D. 34, 397 ; — 2° de la demande des syndics tendant à l'annulation d'une vente faite ou d'une action en paiement de marchandises livrées par le failli dans les dix jours qui ont précédé l'ouverture de la faillite. Rouen, 15 juin 1824, S. 25, 105 ; Cass. Req. 14 avr. 1825, S. 25, 151 ; — 3° de la demande des syndics tendant à faire déclarer nulle, comme frauduleuse, une quittance donnée par le failli à son mandataire postérieurement à la faillite, pour un recouvrement dont il l'avait chargé antérieurement. Cass. Req. régl. de juges, 19 juill. 1828, S. 28, 288 ; — 4° de la demande en dommages-intérêts formée contre un tiers pour détournement de meubles dépendant de la faillite. Paris, 10 fév. 1831, D. 31, 55.

Il a encore été décidé que la demande en main-levée des scellés en matière de faillite devait être intentée devant le trib. du domicile du failli, et non devant celui du domicile des défendeurs qui les avaient fait apposer. Paris, 8 mai 1811, S. 14, 160.

96. Au contraire, le trib. du lieu de la faillite est incompétent pour statuer, 1° sur une demande formée par les syndics contre un tiers en paiement de marchandises à lui vendues par le failli avant la faillite. Bruxelles, 9 déc. 1830, D. 33, 216 ; — 2° sur une action dirigée contre les syndics d'une faillite pour dettes résultant de leur fait personnel : ils ne peuvent se prévaloir de ce qu'ils ont agi en leur qualité de syndics pour demander leur renvoi devant le trib. de l'ouverture de la faillite. Bruxelles, 31 déc. 1807, S. 7, 2, 283 ; — 3° sur une contestation née à la suite d'une saisie-revendication faite sur un failli, *si toutefois* le failli et la masse sont sans intérêt dans le litige ; par exemple, s'il s'agit de savoir qui sera préféré du vendeur revendiquant, ou du commissionnaire qui a fait des avances sur les marchandises vendues. Cass. Rej. 4 avr. 1821, S. 21, 331.

97. Dans tous les cas, la vente sur expropriation d'un immeuble dépendant d'une faillite doit être poursuivie devant le trib. de la situation de l'immeuble, et non devant celui de l'ouverture de la faillite ; peu importerait que toutes les parties majeures eussent, conformément à l'art. 747 C. pr., consenti à ce que l'immeuble fût vendu aux enchères devant notaires. Cass. 10 mars 1813, P. 11, 190. — V. *Faillite*, n° 509.

98. Mais si deux immeubles appartenant au failli et situés, l'un dans l'arrondissement de la faillite, et l'autre dans un arrondissement différent, ont été vendus en même temps devant le trib. de la faillite, l'ordre pour la distribution de ces deux immeubles doit être porté devant ce trib., et il y a lieu d'annuler l'ordre qui aurait été ouvert devant le trib. de la situation de l'autre immeuble vendu. Cass. 30 juin 1824, D. *Jur. gén.* 3, 317.

Art. 10. — *Action en garantie.*

99. Le défendeur peut être assigné devant le trib. où la demande originaire est pendante. C. pr. 591, 181.—La demande en garantie doit être jugée d'après les mêmes règles que l'action principale; il était naturel de la soumettre au même trib., afin de ne pas multiplier les frais et de ne pas exposer deux trib. différens à rendre des jugemens opposés dans une même affaire. —V. *Garantie*, n° 34.

100. Toutefois, le garant peut réclamer son renvoi devant le juge du domicile, 1° si l'instance principale est terminée au moment où l'action en garantie est formée : il n'existe plus en effet aucun motif pour le distraire de ses juges naturels; la demande originaire n'est plus *pendante*; —2° si la demande originaire est pendante devant un trib. étranger : un Français ne peut pas être contraint d'aller plaider hors du royaume. Carré, n° 269; — 3° S'il paraît par écrit ou par l'évidence du fait que la demande originaire n'a été formée que pour distraire l'appelé en garantie de ses juges naturels.—V. *Garantie*, n°s 35 et suiv.

Art. 11. — *Actions contre plusieurs défendeurs.*

101. On a vu dans les articles précédens que les actions personnelles devaient, en général, être portées devant le trib. du domicile du défendeur, les actions réelles devant le trib. de la situation de l'immeuble litigieux, et les actions mixtes devant le trib. du domicile du défendeur, ou devant le trib. de la situation de l'immeuble, au gré du demandeur.

102. Mais ces règles sont soumises à quelques exceptions lorsqu'il y a plusieurs parties intéressées, ou que la contestation porte sur divers immeubles.

103. Ainsi, *en matière personnelle*, s'il existe plusieurs défendeurs domiciliés dans le ressort de divers trib., il est impossible au demandeur de les assigner tous devant le trib. du lieu de leur domicile, et il a la faculté de porter sa demande, à son choix, devant le trib. du domicile de l'un d'eux. C. pr. 59.

104. Toutefois, pour que le demandeur jouisse de ce droit, il faut que les défendeurs soient obligés d'une manière égale et semblable; car si l'obligation de l'un n'était qu'accessoire à l'obligation de l'autre, le domicile du principal obligé devrait déterminer la compétence. Carré, art. 59.

105. A plus forte raison, l'un des défendeurs pourrait-il demander le renvoi devant le trib. de son domicile, s'il était démontré qu'il est, en réalité, le seul intéressé à la contestation, et que l'action n'est dirigée contre les autres défendeurs que dans le seul but de le distraire de ses juges naturels. Cass. 5 juill. 1808, S. 8, 426 ; 27 avr. 1837 (Art. 1014 J. Pr.).

106. Peut-on considérer comme codéfendeurs plusieurs individus qui ont contracté ensemble, sans solidarité, une dette divisible? — Pour la négative, on argumente de ce que, dans ce cas, il y a autant d'actions que d'obligés, quoiqu'il n'existe qu'un seul titre; conséquemment, chaque débiteur doit être appelé devant le trib. de son domicile. — Mais ce système aurait pour résultat de multiplier inutilement les frais; et c'est précisément pour éviter cet inconvénient que la loi a permis d'assigner les codébiteurs devant un seul trib.; le créancier se trouverait d'ailleurs dans l'impossibilité de former toutes les demandes à la fois, puisqu'il ne pourrait pas produire en même temps le titre de sa créance devant les différens trib. appelés à connaître du litige. Les débiteurs qui ont consenti à s'obliger par un seul et même acte, doivent être réputés avoir consenti à plaider devant le trib. du domicile de l'un d'eux, au choix du créancier. Carré, art. 59.

107. Dans le concours de deux ventes du même immeuble, celui des deux acquéreurs qui a formé le premier, contre le vendeur, une action en exécution du contrat devant les juges du domicile de ce dernier, peut assigner l'autre acquéreur devant les mêmes juges, en déclaration de jugement commun. Cass. 2 fév. 1809, D. *Jur. gén.*, 1, 228.

108. Le créancier qui demande la nullité d'une constitution de dot, comme faite en fraude de ses droits par son débiteur à sa fille, peut, à son choix, porter son action devant le trib. du domicile des époux donataires, ou du domicile du père donateur. Cass. 1ᵉʳ août 1833, D. 33, 331.

109. Lorsqu'il y a un obligé principal et une caution solidaire, le demandeur peut, comme s'il y avait deux obligés principaux, les assigner au domicile de la caution : c'est une conséquence de la solidarité. Grenoble, 2 avr. 1830, D. 33, 74.

110. *En matière mixte*, les principes précédens sont également applicables; le demandeur peut, à son gré, actionner tous les défendeurs devant le trib. du domicile de l'un d'eux, ou devant le trib. de la situation de l'immeuble litigieux. C. pr. 59.

111. En *matière réelle*, on suit des règles analogues.

Si plusieurs immeubles situés dans différens arrondissemens

sont l'objet d'une seule action, l'action doit être intentée devant le trib. du chef-lieu de l'exploitation, s'ils font partie d'une seule et même exploitation, et à défaut de chef-lieu, ou si les biens sont absolument distincts, devant le trib. du lieu où se trouve la partie des biens qui présente le plus fort revenu d'après la matrice du rôle de la contribution foncière. Arg. C. civ. 2210; L. 15 nov. 1808; Carré, *L. org.* art. 255.

Art. 12. — *Cas où il y a élection de domicile.*

112. Dans le cas d'élection de domicile pour l'exécution d'un acte, le défendeur doit être assigné devant le trib. du domicile élu. C. pr. 59; — Qu'il s'agisse d'une action réelle ou personnelle. Carré, *L. org.*, art. 275. — V. *Domicile*, nos 60 et suiv.; *Prorogation de juridiction*, nos 13 et suiv.

113. Cependant, le demandeur conserve la faculté de porter son action devant le trib. du domicile réel du défendeur, ou devant celui de la situation de l'objet litigeux. C. pr. 59; — à moins qu'il ne résulte des circonstances de la cause que l'élection de domicile n'ait été faite que dans l'intérêt du défendeur, auquel cas la demande ne peut être portée qu'au trib. du domicile élu. Pigeau, 1, 159; Carré, *ib.*; Thomine, art. 59. — V. *Domicile*, no 73.

114. Au reste, l'élection de domicile n'attribue juridiction au domicile élu qu'autant qu'elle a pour objet l'exécution d'un acte; — ainsi, une partie ne peut contraindre son adversaire à l'assigner devant un trib. en élisant arbitrairement son domicile dans l'arrondissement de ce tribunal. Cass. 8 therm. an 10. P. 2, 672.

Art. 13. — *Compétence des diverses chambres du même tribunal.*

115. Dans les tribunaux divisés en plusieurs chambres, le président peut en général distribuer indifféremment les causes à l'une des chambres de son tribunal. — V. *Distribution des causes*, nos 1, 2.

Toutefois les contestations relatives aux avis de parens, aux interdictions, à l'envoi en possession des biens des absens, à l'autorisation des femmes pour absence ou refus de leurs maris, à la réformation d'erreurs dans les actes de l'état civil et autres de même nature, sont, ainsi que les affaires qui intéressent le gouvernement, les communes et les établissemens publics, réservées à la chambre où siége habituellement le président. Décr. 30 mars 1808, art. 60. — Les affaires relatives aux droits d'enregistrement, d'hypothèque et de timbre, et aux contributions doivent être renvoyées à la chambre indiquée à l'avance par le président. — V. *Ib.* no 5.

Les homologations d'avis des chambres de discipline des

officiers ministériels sont portées devant le trib. entier lorsqu'elles intéressent le corps de ces officiers. *Ib.* art. 64.

— V. d'ailleurs *Vacances*, nos 2 à 4.

116. Mais une fois qu'une des chambres d'un trib. a été régulièrement saisie d'une affaire, les autres chambres du même trib. deviennent incompétentes pour en connaître. — V. *Jugement*, nos 52 et suiv.

117. Cependant cette incompétence n'est pas tellement absolue qu'elle ne puisse pas être couverte par les conclusions des parties consignées dans le jugement. Carré, n° 467.

— V. *Vacance*.

118. Peu importerait même qu'il s'agît d'une affaire qui, d'après sa nature, aurait dû être renvoyée à la chambre du président (V. *sup.* n° 115), et qui aurait été jugée par une autre chambre. L'incompétence de cette chambre ne serait toujours que relative et pourrait être couverte par le consentement des parties à procéder devant elle. Carré, *ib.*

119. La chambre des vacations est uniquement chargée de l'expédition des affaires sommaires et de celles qui requièrent célérité. Mais son incompétence pour statuer sur des matières autres que celles qui lui sont expressément réservées n'est également que relative. Carré, n° 473.

Art. 14. — *Compétence du président du tribunal.*

120. Dans une foule de cas prévus par la loi, le président ou le juge qui le remplace peut exercer seul la juridiction, tant en matière contentieuse qu'en matière non contentieuse. — V. *Ordonnance*, nos 2 et suiv.; *Président*; *Référé*.

§ 3. — *Compétence de premier ou de dernier ressort.*

121. Les trib. de 1re inst. jugent en *premier ressort seulement*, 1° toutes les affaires personnelles réelles ou mixtes d'une valeur indéterminée, ou excédant 1,500 fr. de principal, ou 60 fr. de rente; excepté celles réservées aux *juges de paix* ou aux *trib. de commerce*. — V. ces mots, et *Ressort* (*jugement en premier ou dernier*); — 2° toutes les contestations relatives aux domaines de l'État excédant la même valeur. Cass. 13 prair. an 10, 12 mess. an 13, 23 mars 1808; Berriat, 54; — 3° les difficultés d'exécution des jugemens de commerce ou d'arbitres, et des condamnations civiles prononcées par les trib. criminels de tout genre.

En dernier ressort seulement, les appels des trib. de paix, et de certaines sentences arbitrales. L. 27 vent. an 8, art. 7. — V. *Arbitrage*, n° 474.

En premier et en dernier ressort, 1° Les affaires personnelles et mobilières, réelles ou mixtes, d'une valeur déterminée, n'excédant pas 1,500 fr. de principal, ou 60 fr. de revenu en rente ou bail authentique. — V. *Ressort* (*Jugement en premier ou dernier*); — 2° toutes les affaires dans lesquelles les parties capables de disposer de leurs droits ont consenti à être jugées sans appel.—V. *Prorogation de juridiction*;—3° les actions civiles relatives à la perception des contributions indirectes, quelle qu'en soit la valeur. L. 11 sept. 1790, tit. 14, art. 2;—4° celles relatives à des demandes en paiement de droits *d'enregistrement*. —V. ce mot;—5° celles en rétablissement de productions communiquées à des avoués; — V. *Instruction par écrit*; — 6° dans certains cas, les actions disciplinaires dirigées contre des officiers ministériels. Décr. 30 mars 1808, art. 103. — V. *Discipline* et d'ailleurs *sup.*, nos 24 et 32.

SECTION III. — *Instruction*. — *Jugement*. — *Voies contre les jugemens*.

122. *Instruction*. Les demandes portées devant les trib. de 1re inst. s'introduisent selon les circonstances par *ajournement* ou par *requête*. — V. ces mots.

123. Les moyens d'instruction varient selon que l'affaire est *ordinaire* ou *sommaire*. — V. ce mot; — simple ou compliquée *d'incidens*. — V. ce mot, et d'ailleurs *Action*, nos 124 et suiv.; — *Conclusions*, *Défense*.

124. *Jugement*. Le jugement est rendu soit par défaut, soit contradictoirement. — V. *Jugement*; *Jugement par défaut*.

125. — Les voies par lesquelles il peut être attaqué sont, suivant les circonstances, l'*appel*, l'*opposition*, la *cassation*, la *requête civile*, la *tierce-opposition*. — V. ces mots, et d'ailleurs *Jugement par défaut*, *Prise à partie*.

TRIBUNAT. Corps composé de cent membres, et chargé de discuter les projets de loi soumis par le gouvernement, avec l'attribution spéciale d'en voter l'adoption ou le rejet; — réduit à cinquante membres par le S.-C. du 16 therm. an 10, le tribunat fut supprimé, et réuni au Corps-Législatif par le S.-C. du 19 août 1807.

TROUBLE. — V. *Action possessoire*.

TURBES (ENQUÊTE PAR). *Enquête par commune renommée*. — V. ce mot, et *Acte de notoriété*.

TUTELLE, TUTEUR. Le *tuteur* est l'individu chargé de prendre soin de la personne d'un mineur non émancipé ou d'un interdit, d'administrer ses biens, et de le représenter dans tous les actes civils; le mot *tutelle* désigne l'autorité et les fonctions du tuteur.

1. Indépendamment du tuteur, on distingue encore, 1° le subrogé tuteur : il est chargé d'agir pour les intérêts du mi-

neur, lorsqu'ils sont en opposition avec ceux du tuteur. C. civ. 420;

2° Le cotuteur. C. civ. 395, 396;

3° Le protuteur. C. civ. 417;

4° Le tuteur *ad hoc*. C. civ. 159, 318, 838;

5° Le tuteur à la substitution. C. civ. 1035.

— V. d'ailleurs *Curateur*.

2. Il est des actes que le tuteur peut faire seul; il en est d'autres pour lesquels il a besoin de l'autorisation du *conseil de famille* et même de l'homologation du tribunal. — V. *Mineur*, n°s 19 à 21, et d'ailleurs Art. 368. J. Pr.

3. Quant à la responsabilité du tuteur. — V. notamment, *Dépens*, *Enregistrement*, n° 59; *Inscription hypothécaire*, n° 2; *Péremption*, n° 23.

TUTELLE OFFICIEUSE (—V. C. civ. 361, 370). Le juge de paix du domicile de l'enfant dresse procès-verbal des demandes et consentemens relatifs à la tutelle officieuse. C. civ. 363; — l'acte de tutelle officieuse est soumis au droit fixe d'enregistrement de 50 fr. L. 28 avr. 1816, art. 48-1°.

U.

ULTRA PETITA. — V. *Cassation*, n° 120; *requête civile*, n°s 30 à 32.

UNION. —V. *Faillite*, SECT. V, § 4.

UNIVERSITÉ. — V. *Tribunal administratif*, § 2, art. 13.

URGENCE, URGENTE (*Affaire*). L'urgence ne doit pas être confondue avec la célérité. — V. *Référé*, n° 6.

—V. *Action*, n° 102; *Bref délai; Cassation*, n° 24; *Enquête*, n° 92; *Exécution*, n° 42; *Jugement*, n°s 154 et suiv.; *Ordre entre les créanciers*, n° 26; *Sommaire*.

USAGE. L'art. 1041 C. pr. abroge tous les usages antérieurs relatifs à la procédure. — V. *Tarif*, supplément; *Discipline*, n°s 65, 133; *Vacance*, n° 1.

—V. d'ailleurs *Acte de notoriété*, n°s 4 à 7; *Juge de paix*, n° 120; *Parère*; *Rédhibitoire*, n° 4.

USANCE. Délai de trente jours à compter du lendemain de sa date, dans lequel une lettre de change est payable. C. comm. 132. — V. *Effet de commerce*, n° 33.

USINE. —V. *Juge de paix*, n°s 119 à 121.

USUFRUIT.—V. *Action possessoire*, n° 123; *Appel*, n° 81; *Saisies*, *Tierce-opposition*, *Ventes*.

La *caution juratoire* de l'art. 603 C. civ. consiste dans une simple promesse, avec serment que fait l'usufruitier, — soit devant le trib. lors du jugement qui lui délaisse les meubles nécessaires pour son usage, soit devant le notaire (lors de l'inventaire ou de la liquidation), si ce droit ne lui est pas contesté.

USURE.—V. *Partie civile*, n° 41; *Intérêts*, n° 14, *Société*, n° 13.

UTILITÉ PUBLIQUE. — V. *Vente sur expropriation pour cause d'utilité publique*.

V.

VACANCES DES TRIBUNAUX.

1. Les vacances (de la C. de *cassation*, —V. ce mot, n° 24) des C. roy. et des trib. civils ont lieu depuis le 1er sept. jusqu'au 1er nov. Décr. 10 fév. 1806, 6 juill. 1810, art. 31; 18 août 1810, art. 37. — V. *Délai*, n° 12.

Les trib. de comm et de paix et les conseils de prud'hommes n'ont point de vacances.

A Paris, la C. roy. et le trib. civ. sont dans l'usage de prendre huit jours de vacances à Pâques et à la Pentecôte.

2. Chaque C. et chaque trib. doit avoir, pendant les vacances, une chambre des vacations pour l'expédition des affaires *sommaires*, ou qui requièrent célérité. — V. ce mot.

3. Telles sont les affaires où les parties éprouveraient un préjudice irréparable ou trop considérable, si la décision en était différée, par exemple : — les paiemens de loyers, les pensions alimentaires, etc. Berriat, 27, note 30. — V. d'ailleurs *Référé* et Art. 882 et 924 J. Pr.

On a considéré comme cause urgente, l'incident sur l'exécution d'un arrêt qui suspend l'achèvement d'une expertise et qui est élevé sur un procès existant depuis un grand nombre d'années. Cass. 18 fév. 1832, D. 32. 376.

4. Les vacances sont établies pour le repos des magistrats et des soins que réclament leurs propres affaires. Préambule, loi du 21 fruct. an 4.

5. Toutefois cette suspension des débats judiciaires devient un droit que les plaideurs peuvent réclamer.—Ainsi est nul le jugement rendu en vacations par une chambre ordinaire. Metz, 15 juin 1824. , P. 18, 793.— D'un autre côté la chambre des vacations est *uniquement* chargée de matières sommaires et de celles qui requièrent célérité.

6. Mais cette espèce d'incompétence est-elle d'ordre public? — Ou bien se couvre-t-elle par l'adhésion des juges et le consentement des parties? La nullité absolue prononcée par l'édit de 1669 paraît être inapplicable depuis la nouvelle organisation des trib. Carré, *Compétence*, 2, 475; Thémis, 1, 29. — *Contrà*, Merlin, R. v° *Saisie-immobilière*, § 8, n° 4, p. 701.—V. *Acquiescement*, n° 24.

Le jugement d'une cause plaidée avant les vacations peut être remis et prononcé au temps des vacances si les parties ne s'y opposent pas. Cass. 25 flor. an 9, P. 2, 190; Cass. 19 avr. 1820, S. 20, 333.

Il en serait autrement si le jugement était rendu malgré l'opposition des parties. Cass. 13 juin 1815, S. 15, 375; Bastia, 25 juill. 1826.—V. *Roulement*, n° 22.

7. Ne sont pas suspendus pendant la durée des vacations : le délai pour faire *enquête*. — V. ce mot, n° 100; — ceux des poursuites de *saisie immobilière*,—ceux de distribution par contribution et d'*ordre*. —V. ce mot, n° 26.

Toutefois, il a été jugé qu'il y a lieu de suspendre pendant les vacances : 1° le délai de l'opposition au jugement par défaut contre avoué; qu'il suffit de signifier un simple acte, sauf à donner la requête à la rentrée. Parl. Grenoble, 29 déc. 1675; Berriat, 400, n° 17. — 2° Le délai pour s'opposer à un *exécutoire de dépens*. Grenoble, 1er mars 1816, Chauveau, tarif, 2, 74. — Mais ces deux décisions nous paraissent dénuées de fondement.

— V. d'ailleurs *Saisie exécution*, n° 183; *Serment*, n° 18; *Sommaire*, n° 22.

VACANTE (*Succession*). —V. *Succesion vacante*.

VACATION. Se dit du temps employé par un officier public à une opération, ou de l'émolument qui lui revient pour cette opération.

—V. *Enquête*, nos 240 et 277; *Huissier*, n° 261. — *Inventaire*, n° 135. *Répertoire*, *Saisies*, *Scellés*; *Tarif*.

VACATIONS (*Chambre des*) —V. *Sommaire*, *Vacances*, n° 2.

VAISSEAU.—V. *Saisie*; *Vente de navires*; *Trib. de commerce*.

VENTE.

1. Les ventes dont nous traçons les règles sont les suivantes :

Vente administrative, p. 378.
— *aux enchères*, p. 380.
— *sur expropriation pour cause d'utilité publique*, p. *Ib.*
— *sur folle enchère*. — V. ce mot.
— *de fonds de commerce*, p. 410.
— *de récoltes*.—V. *Saisie-Brandon*.
— *judiciaire d'immeubles*, p. 410.
— *de marchandises neuves*, p. 431.
— *de meubles aux enchères*, p. 432.
— *de navires*, p. 444.
— *d'offices* (—V. ce mot, § 4)
— *sur publications volontaires*. — V. *Saisie immobilière*, Sect. II, § 8.
— *de rentes*, p. 445.
— *sur saisie-immobilière*, p. 452.
— *sur surenchère*.

2. La vente, soit des meubles, soit des immeubles, peut avoir lieu à *l'amiable*, lorsque les ayant-droit sont capables. C. pr. 952, 953.

3. Toutefois le débiteur n'a plus le droit de vendre à l'amiable ses meubles frappés de saisie, ni ses immeubles, à dater de la dénonciation du procès-verbal de saisie, si ce n'est sous les conditions indiquées, v° *Vente sur saisie-immobilière*.

4. Les immeubles appartenant à des majeurs maîtres de

disposer de leurs droits ne peuvent, à peine de nullité, être mis aux enchères en justice lorsqu'il ne s'agit que de ventes volontaires. C. pr. 746.—V. *Ib.* n°

VENTE ADMINISTRATIVE. — 1. L'État, les communes, les hospices et fabriques ont droit d'aliéner leurs biens dans certains cas et avec des autorisations et des formes spéciales prescrites soit dans l'intérêt public, soit dans l'intérêt des corporations soumises à la tutelle administrative.

2. *Immeubles de l'État.* Ils peuvent être aliénés, — mais en vertu d'une loi. L. 22 nov. 1790, art. 8.—Ainsi, un préfet ne peut concéder des biens faisant partie du domaine de l'Etat, moyennant un prix de convention. Cons. d'Ét. 19 mars 1820.

3. Toute aliénation doit être précédée d'une expertise et d'une estimation faites régulièrement. L. 4 avr. et 3 juin 1793.

4. Lorsque la loi qui autorise l'aliénation a été rendue, la vente se fait aux enchères par voie administrative. *Ib.*

5. Le préfet représente l'État dans les opérations qui accompagnent cette vente.

6. Les actions relatives à la validité des ventes de biens dépendant du domaine de l'Etat, sont du ressort de la juridiction administrative; les conseils de préfecture sont seuls compétens pour les juger. L. 28 pluv. an 8, art. 4. — Toutes les autres actions domaniales qui intéressent l'état, soit en demandant, soit en défendant, sont de la compétence des trib. ordinaires. Cormenin, 2, 467.

7. Les biens et domaines nationaux sont, comme les propriétés particulières, susceptibles d'être aliénés, en cas de besoin, pour utilité publique, départementale ou communale. Avis du cons. d'Ét. 21 fév. 1808; C. civ. 545.

8. Les échanges d'immeubles entre l'État et les particuliers sont soumis aux mêmes règles que les aliénations; l'ordonn. roy. du 12 déc. 1827 a tracé la marche qui doit être suivie dans ce cas.

9. *Immeubles des communes.* Lorsque l'intérêt d'une commune exige l'aliénation d'un immeuble qui lui appartient, le maire doit convoquer le conseil municipal pour délibérer sur l'utilité et l'opportunité de la mesure. L. 14 déc. 1789, art. 54.

10. Si le conseil municipal émet un avis favorable à l'aliénation, il est procédé d'abord à la description et à l'évaluation de l'immeuble à aliéner; ensuite, et en vertu des ordres du sous-préfet, à une enquête *de commodo et incommodo* faite dans les formes accoutumées.

11. Ces préliminaires remplis, le sous-préfet donne son avis; le préfet y joint également le sien, et adresse au ministre de l'intérieur les pièces suivantes : — 1° la délibération du conseil municipal; — 2° le procès-verbal d'estimation; — 3° l'enquête *de commodo et incommodo*; — 4° le budget de la commune; —

5° la soumission des acquéreurs, lorsque la vente ne doit pas avoir lieu par adjudication publique ; — 6° l'avis du sous-préfet et du préfet. Henrion de Pansey, *Biens communaux*, 300 ; Cormenin, 2, 127, note 1.

12. Les délibérations des conseils municipaux ayant pour objet des acquisitions, des ventes ou échanges d'immeubles, le partage des biens, sont exécutoires sur arrêté du préfet, en conseil de préfecture, quand il s'agit d'une valeur n'excédant pas 3,000 fr. pour les communes dont le revenu est au-dessous de 100,000 fr., et 20,000 fr. pour les autres communes. Art. 46, L. 18 juill. 1837 (Art. 880 J. Pr.).

S'il s'agit d'une valeur supérieure, il est statué par ordonnance du roi. *Même article*.

13. L'aliénation, autorisée, peut se faire soit aux enchères et par voie administrative, soit par acte notarié.

14. C'est aux trib. à statuer sur la *validité* des ventes de biens communaux ; aucun texte de loi ne leur enlève, en effet, cette attribution, et l'on peut dire que le mandat de l'administration est épuisé quand l'autorisation est concédée ; les communes sont considérées alors comme de simples particuliers, et elles rentrent sous l'application du droit commun. Cass. 2 janv. 1817, P. 14, 2 ; Cons. d'Et. 22 déc. 1835.

15. La vente des biens mobiliers et immobiliers des communes autres que ceux qui servent à un usage public peut, sur la demande de tout créancier porteur de titres exécutoires, être autorisée par une ordonnance du roi qui détermine les formes de la vente. L. 1837, art. 46.

16. *Immeubles des hospices et fabriques*. Les hospices et les fabriques ne peuvent aliéner les immeubles qui leur appartiennent qu'en cas d'utilité constatée et en vertu d'une ordonnance du roi.

17. Les formalités à remplir pour obtenir l'autorisation royale, quand il s'agit de biens des hospices, consistent : 1° dans une délibération spéciale de la commission administrative, chargée de l'administration intérieure ; — 2° dans l'estimation des biens qui doivent être aliénés ; — 3° dans une enquête *de commodo et incommodo* ; — 4° dans une délibération du conseil municipal. — Le sous-préfet et le préfet doivent joindre leur avis à ces divers documens.

18. Si avec le produit de la vente on se propose de payer quelques dettes, il faut produire l'état des dettes actives et passives de l'établissement, et si le produit est destiné à réparer quelque bâtiment, on présente le devis détaillé et estimatif de ces réparations. Ord. 1667, tit. 22 ; Ord. 8 août 1821 ; Favard, v° *Hospice*, sect. 1re, § 6.

19. Les fabriques ne peuvent également être autorisées à aliéner leurs immeubles qu'après visites, expertises, et enquêtes préalables, sur l'avis du Conseil de fabrique, de l'évêque diocésain et du préfet. Décr. 30 déc. 1809, art. 61 et 62.

20. Toute vente d'immeubles appartenant, soit aux hospices, soit aux fabriques, doit être faite par adjudication publique, à la chaleur des enchères, à moins que l'ordonnance du roi, qui autorise l'aliénation, n'ait fait, par des raisons particulières, une exception à ce principe (Inst. 1823).

21. La loi interdit formellement aux administrateurs des établissemens publics de se rendre adjudicataires des biens de ces établissemens qui sont confiés à leurs soins. C. civ. 1596; C. pén. 175.

22. Les règles relatives aux *ventes* d'immeubles des hospices et fabriques doivent recevoir leur application au cas où l'aliénation a lieu par voie d'*échange*.

VENTE AUX ENCHÈRES. Les ventes aux enchères ont pour objet des meubles (— V. *Vente de meubles aux enchères*, *Vente de navires*) ou des immeubles. — Lorsque la vente aux enchères a lieu en vertu d'une autorisation de justice ou d'un acte exécutoire, elle prend le nom de vente judiciaire. — V. *Vente judiciaire d'immeubles*.

VENTE *sur expropriation pour cause d'utilité publique* (1).

DIVISION.

§ 1. — *Cas dans lesquels il y a lieu à expropriation.*
§ 2. — *Déclaration d'utilité publique; mesures administratives relatives à l'expropriation.*
§ 3. — *Procédure et jugement d'expropriation.*
§ 4. — *Suites de l'expropriation quant aux priviléges, hypothèques, et autres droits civils.*
§ 5. — *Du réglement de l'indemnité.*

Art. 1. — *Mesures préparatoires.*
Art. 2. — *Jury spécial chargé de régler les indemnités.*
Art. 3. — *Règles à suivre pour la fixation des indemnités.*

§ 6. — *Du paiement des indemnités.*
§ 7. — *Droits des propriétaires expropriés dans le cas où les travaux projetés n'ont pas lieu.*
§ 8. — *Des dépens.*
§ 9. — *De l'expropriation, en cas d'urgence, des propriétés nécessaires aux travaux des fortifications.*
§ 10. — *Timbre et enregistrement.*
§ 11. — *Formules.*

(1) Cet article est de M. Herson, docteur en droit, avocat.

§ 1. — *Cas dans lesquels il y a lieu à expropriation.*

1. En général nul ne peut être contraint de céder sa propriété, toutefois ce principe souffre une exception dans le cas où l'utilité publique exige ce sacrifice : l'intérêt privé fléchit devant l'intérêt général. Mais le particulier dépossédé doit recevoir une indemnité préalable. Charte const. art. 9 ; C. civ. 545.

2. Les lois sur l'expropriation pour cause d'utilité publique ne concernent que les immeubles corporels, et non les immeubles incorporels, ni les meubles. Cass. 2 mars 1826 ; Ordonn. Cons.-d'Etat. 26 août 1835, S. 26, 365, 35, 539.

Conséquemment il n'y a jamais lieu à exproprier, — 1° les choses réputées immeubles *par destination* (C. civ. 523), indépendamment de l'objet avec lequel elles font corps ; — pour les choses qui ne sont censées immeubles que tant qu'elles restent attachées au fonds (C. civ. 522), et qui reprennent leur qualité de meubles dès qu'elles en sont séparées, elles ne sont jamais comprises dans l'immeuble exproprié ; l'expropriation en a opéré la séparation. — Il en est de même des choses que l'art. 526 C. civ. a désignées sous le nom d'immeubles par l'objet auquel ils s'appliquent, tels que l'usufruit des choses immobilières, les droits de servitude et les actions qui tendent à revendiquer un immeuble. L. 7 juill. 1833, art. 18 ; Delaleau, *Tr. de l'expropr. pour cause d'utilité publique*, n°s 17 et 18.

2° Les choses mobilières ; comme un ouvrage littéraire. Cass. 2 mars 1826 (§ 1, *id.*), *Mon.* 7 juin 1835, p. 1443 ; Delaleau, *id.*, n° 14 ; Favard, v° *Expropr. pour cause d'util. pub.* ; Gillon et Stourm, *Code des municipalités*, p. 26 et 57 ; Garnier, *Tr. des chemins*, p. 155 — ou *des denrées* ; leur réquisition sort de l'application de la loi du 7 juill. 1833 ; Delaleau, *ib.* n° 13.

3° Un droit de bail. — Néanmoins, il cesse par l'effet de l'expropriation, qui est considérée comme un événement de force majeure (C. civ. 1741), — sauf indemnité.

3. Les travaux qui peuvent donner lieu à l'expropriation sont ceux destinés à l'utilité de l'État, ou des administrations départementales et communales ; par exemple, les routes, chemins, canaux, rues, églises, halles, etc. Delaleau, *ib.* n°s 102-122.

4. Les concessionnaires des travaux publics exercent tous les droits conférés à l'administration, et sont soumis à toutes les obligations qui lui sont imposées. L. 7 juin 1833, art. 63.

Des compagnies concessionnaires des chemins de fer ont été autorisées par la loi du 9 août 1839 (Art. 1545. J. Pr.), à proposer des modifications au tracé général des chemins, etc. . . . aux tarifs réglés par les cahiers des charges.

5. Les conditions et les effets de l'expropriation avaient été réglés par une loi du 8 mars 1810 ; mais cette loi a été abrogée par celle du 7 juill. 1833, qui a adopté un système différent, tant pour le mode de déclaration d'utilité publique, que pour la procédure à suivre pour faire fixer les indemnités dues aux propriétaires expropriés.

Les dispositions de cette loi doivent être appliquées dans tous les cas où les lois se réfèrent à celle du 8 mars 1810. L. 7 juill. 1833, art. 67.

§ 2. — *Déclaration d'utilité publique; mesures administratives relatives à l'expropriation.*

6. *Déclaration d'utilité publique.* La déclaration d'utilité publique résulte, 1° de la loi ou de l'ord. roy. qui autorise l'exécution des travaux pour lesquels l'expropriation est requise.

2° De l'acte du préfet, qui désigne les localités ou territoires sur lesquels les travaux doivent avoir lieu, lorsque cette désignation ne résulte pas de la loi ou de l'ordonn. royale ;

3° De l'arrêté ultérieur, par lequel le préfet détermine les propriétés particulières auxquelles l'expropriation est applicable.

Cette application ne peut être faite à aucune propriété particulière qu'après que les parties intéressées ont été mises en état d'y fournir leurs contredits. L. 7 juill. 1833, art. 2. — V. *inf.* n°s 9 et suiv.

7. Le projet du gouvernement, conforme à la loi du 8 mars 1810, qui réglait les formes de l'expropriation, portait que les travaux seraient toujours autorisés par une ordonnance : un député demandait au contraire qu'ils ne pussent avoir lieu qu'en vertu d'une loi, comme en Angleterre. La chambre a adopté un terme moyen.

8. Tous grands travaux publics, routes royales, canaux, chemins de fer, canalisation de rivières, bassins et docks, entrepris par l'État ou par compagnie particulière, avec ou sans aliénation du domaine public, ne peuvent être exécutés qu'en vertu d'une loi, qui n'est rendue qu'après une enquête administrative.

Une ordonn. roy. suffit pour autoriser l'exécution des routes, canaux et chemins de fer à embranchement de moins de vingt mille mètres de longueur, des ponts, et de tous autres travaux de moindre importance.

Cette ordonnance doit également être précédée d'une enquête faite dans les formes prescrites par l'ordonnance du 18 fév. 1834. *Ib.* art. 3.

9. *Mesures administratives relatives à l'expropriation.* Les ingénieurs ou autres gens de l'art chargés de l'exécution des travaux

lèvent, pour la partie qui s'étend sur chaque commune, le plan parcellaire du terrain ou des édifices dont la cession leur paraît nécessaire. *Ib.* art. 4.

10. Le plan desdites propriétés particulières, indicatif du nom de chaque propriétaire, tels qu'ils sont inscrits sur la matrice des rôles, reste déposé pendant huit jours au moins à la mairie de la commune où les propriétés sont situées, afin que chacun puisse en prendre connaissance. *Ib.* art. 5.

11. Le délai fixé au numéro précédent ne court qu'à dater de l'avertissement, qui est donné collectivement aux parties intéressées de prendre communication du plan déposé à la mairie. — Cet avertissement est publié à son de trompe ou de caisse dans la commune, et affiché tant à la principale porte de l'église du lieu qu'à celle de la maison commune. — Il est en outre inséré dans l'un des journaux des chefs-lieux d'arrondissement et de département. *Ib.* art. 6.

On avait demandé que l'avertissement fût notifié par écrit à chaque partie intéressée. Cet amendement fut repoussé par le motif que l'administration n'aurait pas encore eu le temps à cette époque de la procédure, de connaître les noms et demeures des parties intéressées. Chamb. Dép. 6 juin 1833.

12. Le maire certifie les publications et affiches ; il mentionne sur un procès-verbal qu'il ouvre à cet effet, et que les parties qui comparaissent sont requises de signer, les déclarations et réclamations qui lui ont été faites verbalement, et y annexe celles qui lui sont transmises par écrit (*Ib.* art. 7). Il transmet le tout au sous-préfet.

13. A l'expiration du délai de huitaine énoncé *sup.* n° 10, une commission se réunit au chef-lieu de la sous-préfecture. Cette commission, présidée par le sous préfet de l'arrondissement, est composée de quatre membres du conseil-général du département ou du conseil de l'arrondissement, désignés par le préfet, du maire de la commune où les propriétés sont situées, et de l'un des ingénieurs chargés de l'exécution des travaux.

Les propriétaires qu'il s'agit d'exproprier ne peuvent être appelés à faire partie de la commission. *Ib.* art. 6.

Il en est autrement de leurs pères, fils, frères, et autres parens ou alliés. La proposition d'exclusion de ces différentes personnes a été rejetée. Séance 2 fév.

Si les travaux doivent parcourir les territoires de plusieurs communes, tous les maires de ces communes ne peuvent être appelés dans le sein d'une commission unique pour donner leur avis ; il faut qu'une commission soit formée pour chaque commune. Cass. 6 janv. 1836 (Art. 360. J. Pr.).

Le maire de la commune dans l'intérêt de laquelle se fait

l'expropriation, peut être membre de la commission et y avoir voix délibérative. *Monit.*, séance du 2 fév. 1833, p. 280.

14. La commission reçoit les observations des propriétaires. Elle les appelle toutes les fois qu'elle le juge convenable, et donne son avis. (*Même loi*, art. 9.) Elle émet également son avis sur les réclamations adressées directement au maire. Cela a été expliqué lors de la discussion.

15. Les opérations doivent être terminées dans le délai d'un mois; après quoi le procès-verbal est adressé immédiatement par le sous-prefet au préfet.

Dans le cas où lesdites opérations n'ont pas été mises à fin dans le delai ci-dessus, le sous-préfet doit, dans les trois jours, transmettre au préfet son procès-verbal et les documens recueillis. *Ib.*, art. 9. — On n'a pas voulu qu'il dépendît de la commission de traîner indéfiniment en longueur les préliminaires de l'expropriation.

D'un autre côté, la commission ne peut clôre ses opérations avant le délai d'un mois. Cass. 27 nov. 1838 (Art. 1293 J. Pr.); Delaleau, n° 205.

16. Le procès-verbal et les pièces, transmis par le sous-préfet, restent déposés au secrétariat général de la préfecture pendant huitaine, à dater du jour du dépôt. — Les parties intéressées peuvent en prendre communication sans déplacement et sans frais. *Même loi*, art. 10.

17. Sur le vu du procès-verbal et des documens y annexés, le préfet détermine, par un arrêté motivé, les propriétés qui doivent être cédées, et indique l'époque à laquelle il sera nécessaire d'en prendre possession.

Mais dans le cas où il résulte, de l'avis de la commission, qu'il y a lieu de modifier le tracé des travaux ordonnés, le préfet doit surseoir jusqu'à ce qu'il ait été prononcé par l'administration supérieure. — La décision de l'administration supérieure est définitive et sans recours au Conseil-d'Etat. *Ib.* art. 11.

18. Les dispositions relatives aux fonctions de la commission ne s'appliquent point aux cas où l'expropriation est demandée par une commune, et dans un intérêt purement communal — Le procès-verbal est alors dressé par le maire, et par lui transmis, avec l'avis du conseil municipal, au sous-préfet, qui l'adresse au préfet avec ses observations. — Le préfet, en conseil de préfecture, sur le vu de ce procès-verbal, et sauf l'approbation de l'administration supérieure, prononce comme il est dit au numéro précédent. *Ib.* art. 12.

Par ces mots, *le préfet, en conseil de préfecture*, il faut entendre que, conformément à l'usage, le préfet décide seul sur l'avis non obligatoire du conseil. Ch. Pairs, 6 mai.

19. Les formalités qui viennent d'être énumérées ne sont applicables ni aux travaux militaires, ni aux travaux de la marine royale.—Pour ces travaux, une ordonn. roy. détermine les terrains qui sont soumis à l'expropriation. *Ib.* 65.

§ 3. — *Procédure et jugement d'expropriation.*

20. A défaut de cession volontaire consentie par le propriétaire, l'expropriation pour cause d'utilité publique s'opère par autorité de justice. L. 7 juill. 1833, art. 1.

21. Les trib. ne peuvent la prononcer qu'autant que l'utilité en a été constatée et déclarée dans les formes prescrites par la loi. *Ib.* art. 2. — V. *sup.* § 2. — Le mot *déclarée* a été ajouté au projet de loi, parce que, a-t-on dit, ce qui est constaté peut demeurer secret, et qu'une déclaration publique est nécessaire.

22. Dans le cas de conventions amiables, les actes de vente des terrains ou bâtimens cédés à l'Etat, peuvent être passés dans la forme des actes administratifs : la minute reste déposée au secrétariat de la préfecture; expédition en est transmise à l'administration du domaine.

Il en est de même, soit dans le cas de vente amiable, soit dans celui d'expropriation forcée, des quittances et autres actes relatifs à l'acquisition des propriétés acquises par l'Etat. *Ib.* art. 56.

23. Ces différens actes peuvent aussi être passés devant notaires. La commission de la Ch. des Pairs avait proposé de substituer les mots *sont passés*, à ceux *peuvent être passés*, mais cette rédaction a été repoussée comme ayant le double inconvénient de constituer les préfets agens nécessaires des compagnies concessionnaires de travaux, et de nuire dans certaines circonstances à l'administration elle-même, qui doit seule décider s'il lui est plus ou moins avantageux de recourir au ministère des notaires. « Souvent, disait M. le commissaire du roi, l'économie que procure l'intervention des notaires compense et au-delà le montant des honoraires qu'on est dans le cas de leur allouer. » Ch. Pairs, 13 mai.

24. S'il n'intervient pas de conventions amiables avec les propriétaires des terrains ou bâtimens dont la cession est reconnue nécessaire, le préfet transmet au procureur du roi dans le ressort duquel les biens sont situés la loi ou l'ordonnance qui autorise l'exécution des travaux et l'arrêté du préfet relaté. L. 1833, art. 13.

25. Dans les trois jours, et sur la production des pièces constatant que les formalités prescrites par l'art. 2 du tit. 1er, et par le tit. 2, L. 7 juill. 1833 (—V. *sup.* nos 6, 9, 19), ont été remplies, le procureur du roi requiert et le trib. prononce l'expropriation, pour cause d'utilité publique, des terrains ou bâtimens indiqués dans l'arrêté du préfet. *Ib.* art. 14.

26. Il résulte de l'art. 14, L. 1833, que, contrairement à ce qui avait lieu sous la loi de 1810, qui appelait le trib. à connaître de toutes les réclamations relatives à l'infraction des règles prescrites par la dite loi, il doit se borner à vérifier les caractères extérieurs des actes qu'on lui soumet.

Il serait incompétent pour examiner si les formalités dont l'accomplissement est constaté ont été réellement accomplies, à moins toutefois qu'on ne s'inscrivît en faux contre les actes produits par le préfet.

Ces actes sont administratifs ; et si l'on autorisait un recours pour violation des formes de l'enquête, il devrait nécessairement être porté devant le Conseil-d'Etat ; l'admettre devant les trib., ce serait violer la règle de séparation des pouvoirs administratif et judiciaire. Ch. Députés, 5 fév., 6 juin ; Ch. Pairs, 6 mai.

27. L'art. 14, L. 7 juill. 1833, n'admettant la vérification du trib. que pour les pièces constatant l'accomplissement des formalités prescrites par l'art. 2, tit. 1er, et le tit. 2 de ladite loi, il s'ensuit encore qu'il ne doit pas viser la première enquête ordonnée par l'art. 3, tit. 1er de la même loi. Un amendement contraire à cette solution a été rejeté par la Chambre des Pairs, dans la séance du 7 mai 1833.

Doit être cassé le jugement qui prononce l'expropriation sans avoir préalablement constaté ces formalités. Cass. 6 janv. 1836 (Art. 360 J. Pr.). — Cette constatation ne peut résulter que du visa ou de la désignation des pièces qui ont dû être produites par l'administration. Cass. 1er juill. 1834 (Art. 2, § 2 J. Pr.). Mais il n'est pas nécessaire d'appeler le propriétaire devant le trib. chargé de vérifier si l'autorité administrative a régulièrement procédé. Cass. 19 juin 1834 (Art. 2, § 4, Art. 360 J. Pr.).

La déclaration du propriétaire qu'il ne s'oppose pas à l'expropriation, mais qu'il exige une indemnité supérieure, ne dispense pas de l'observation des formalités prescrites pour la constatation de l'utilité publique. Cass. 5 juill. 1836 (Art. 593 J. Pr.).

Un trib. non-seulement peut, sans excès de pouvoir ni empiètement sur l'autorité administrative, mais doit surseoir à prononcer les expropriations nécessaires à la confection des travaux publics jusqu'à la justification des actes légaux qui ont ordonné ces travaux. Cass. 8 avr. 1835 (Art. 265 J. Pr.).

Lorsque l'autorité administrative a déclaré que le concessionnaire a rempli les conditions de la concession, consistant notamment dans la justification de la constitution d'un fonds social, l'autorité judiciaire est incompétente pour réformer une telle déclaration ; — le propriétaire exproprié n'est pas fondé à se plaindre de ce que le procès-verbal de la commission et les pièces de la procédure ne sont pas restés déposés au secrétariat de la préfecture pendant huitaine à dater du dépôt, si dans ce délai il a adressé ses réclamations au préfet. Cass. 6 janv. 1836.

Quand la loi de concession d'un canal, à laquelle a été annexé un plan général des lieux, ne désigne pas les territoires sur lesquels les travaux doivent être exécutés, le trib. ne peut prononcer l'expropriation des terrains désignés dans les plans parcellaires, même approuvés par l'administration des ponts-et-chaussées, si préalablement un acte du préfet n'a désigné les territoires, et si un arrêté ultérieur de ce fonctionnaire n'a déterminé les propriétés particulières auxquelles l'expropriation est applicable. Cass. 6 janv. 1836 (Art. 360 J. Pr.).

28. L'État agit sans avoué ; il est représenté par le procureur du roi, que la loi charge de requérir l'expropriation. — V. *sup.* n° 25.

Mais les parties intéressées, qui veulent contester l'expropriation, sont forcées d'avoir recours à ces officiers ministériels, car il n'est fait pour ce cas aucune exception à la règle générale qui rend leur ministère indispensable. — V. *Avoué*.

29. Le jugement qui prononce l'expropriation commet un des membres du trib. pour remplir les fonctions de magistrat-directeur du jury chargé de fixer l'indemnité à laquelle a droit le propriétaire dépossédé. *Ib.* art. 14. — V. *inf.* n°s 53 et suiv.

30. Ce jugement est publié et affiché par extrait dans la commune de la situation des biens, de la manière indiquée pour l'avertissement donné aux parties intéressées de prendre communication du plan des propriétés dont la cession est demandée (—V. *sup.* n° 11). Il est en outre inséré dans l'un des journaux de l'arrondissement, et dans un de ceux du chef-lieu du département.

Cet extrait, contenant les noms des propriétaires, les motifs et le dispositif du jugement, leur est notifié au domicile qu'ils ont élu dans l'arrondissement de la situation des biens, par une déclaration faite à la mairie de la commune où les biens sont situés ; dans le cas où cette élection de domicile n'a pas eu lieu, la notification de l'extrait est faite en double copie au maire et au fermier, locataire, gardien ou régisseur de la propriété. — Toutes les autres notifications sont faites dans la forme ci-dessus indiquée. *Ib.* art. 15.

La mention mise par un maire au bas de l'extrait d'un jugement qui prononce l'expropriation et attestant que ce jugement a été notifié, ne peut pas suppléer la notification prescrite par les art. 20, 15 et 57 L. 1833. Cass. 1er juill. 1834 (Art. 2, § 1er J. Pr.).

31. Ces notifications et significations sont faites à la diligence du préfet du département de la situation des biens, — soit par un huissier, soit par tout agent des administrations dont les procès-verbaux font foi en justice. *Ib.* 57. — Le projet de loi portait : *font foi jusqu'à inscription de faux ;* mais ces mots ont été retranchés par la Chambre des Pairs, d'après le vœu de la commission. Ch. Pairs, 13 mai.

32. Le jugement ne peut être attaqué que par la voie du recours en cassation, et seulement pour incompétence, excès de pouvoir, ou vices de forme du jugement.

Le pourvoi doit avoir lieu dans les trois jours, à dater de celui de la notification du jugement, par déclaration au greffe du trib. qui l'a rendu.

Le délai du pourvoi en cassation contre un jugement qui prononce une expropriation ne court que du jour où les formalités prescrites par l'art. 15 L. 1833, pour la notification complète, ont été remplies. Cass. 1er juill. 1834 (Art. 2, § 2 J. Pr.).

La déclaration du pourvoi, faite au greffe, n'a pas besoin d'être accompagnée de l'exposé des moyens. *Même arrêt.*

Ce pourvoi doit être notifié dans la huitaine, soit au préfet, soit à la partie, soit au domicile indiqué *sup.* n° 30, et les pièces adressées dans la quinzaine à la chambre civile de la Cour de cassation, qui doit statuer dans le mois suivant. L. 7 juill. art. 20. — Le pourvoi, en matière d'expropriation, est dispensé du préliminaire de la chambre des requêtes. *Mon.* chamb. des Députés, 5 fév. 1833.

La notification du pourvoi dans la huitaine n'est pas prescrite à peine de déchéance du pourvoi. Arg. C. pr. 1030 et C. instr. cr. 418 ; Cass. 18 oct. et 14 nov. 1811. — A la vérité ces arrêts admettent que la partie qui a succombé peut former opposition, tandis que la loi du 7 juill., art. 20, interdit ce recours ; et l'on ne doit admettre la tierce-opposition (C. pr. 474) que pour la partie qui n'a pas été appelée.

L'amende à consigner par le demandeur en cassation contre un jugement d'expropriation, n'est que de 75 fr. comme pour les jugemens par défaut. — Par suite, l'indemnité due par le demandeur au défendeur, est de la moitié de l'amende, et se trouve réduite à 37 fr. 50 cent. Cass. 9 janv. 1839 (Art. 1371 J. Pr.).

L'arrêt, s'il est rendu par défaut à l'expiration de ce délai, n'est pas susceptible d'opposition. *Loi* 1833, art. 20.

§ 4. — *Suites de l'expropriation, quant aux priviléges, hypothèques et autres droits réels.*

33. Le jugement qui prononce l'expropriation est transcrit

immédiatement au bureau de la conservation des hypothèques de l'arrondissement, conformément à l'art. 2181 C. civ.

34. Dans la quinzaine de la transcription, les priviléges et les hypothèques conventionnelles, judiciaires ou légales, antérieurs au jugement, doivent être inscrits.

A défaut d'inscription dans ce délai, l'immeuble exproprié est affranchi de tous priviléges et de toutes hypothèques, de quelque nature qu'ils soient, sans préjudice du recours contre les maris, tuteurs ou autres administrateurs qui auraient dû requérir les inscriptions. *Ib.* art. 17.

35. La commission de la Ch. des Pairs avait proposé d'ajouter que le jugement serait immédiatement notifié par extrait aux créanciers inscrits avant la transcription. Mais cette disposition a été rejetée comme entraînant des retards inutiles. Les créanciers ne peuvent s'opposer au jugement : il n'est nécessaire de les mettre en cause que lorsqu'il s'agit de déterminer le montant de l'indemnité : or, l'administration est tenue de leur signifier ses offres. — V. *inf.* n° 46.

36. L'obligation d'inscrire les priviléges et hypothèques dans la quinzaine de la transcription du jugement, est conforme au droit commun pour les créanciers ordinaires (C. pr. 834) ; mais il en est autrement à l'égard des hypothèques légales qui subsistent jusqu'à la *purge* (—V. ce mot). Le motif de cette différence est qu'il n'y a pas de fraude possible dans un contrat de la nature de celui dont il s'agit, et que la publicité qui accompagne le jugement d'expropriation avertit les intéressés, aussi bien que les formalités prescrites par l'art. 2194 C. civ.

37. Les créanciers inscrits n'ont, dans aucun cas, la faculté de surenchérir ; mais ils peuvent exiger que l'indemnité soit fixée par le jury. *Ib.* art. 17. — V. *inf.* 47 et 52.

Lorsque l'indemnité a été convenue à l'amiable entre l'administration et le propriétaire dépossédé, les créanciers peuvent craindre qu'elle ne soit pas égale à la valeur de l'immeuble qui leur était affecté par privilége ou hypothèque : il était donc juste de leur accorder le droit de ne pas se contenter de cette indemnité et de la faire régler par le jury. Ce droit est pour eux l'équivalent de celui de surenchère, qui leur appartient en matière d'aliénation volontaire. Mais comme il est utile d'encourager les cessions amiables, si l'estimation du jury n'est pas supérieure au prix convenu entre les parties, le créancier qui l'a requise doit supporter tous les frais. — V. *inf.* n° 67.

38. Les actions en résolution, en revendication, et toutes autres actions réelles, ne peuvent arrêter l'expropriation, ni en

empêcher l'effet. Le droit des réclamans est transporté sur le prix, et l'immeuble en demeure affranchi. *Ib.* art. 18.

39. Les règles qui précèdent sont applicables, dans le cas de conventions amiables, aux contrats passés entre l'administration et le propriétaire. *Ib.* art. 19.

§ 5. — *Du réglement des indemnités.*

Art. 1. — *Mesures préparatoires.*

40. Dans la huitaine qui suit la notification au propriétaire (—V. *sup.* n° 30), du jugement ordonnant l'expropriation, il est tenu d'appeler, et de faire connaître au magistrat directeur du jury, les fermiers et locataires, ceux qui ont des droits d'usufruit, d'habitation ou d'usage, tels qu'ils sont réglés par le C. civ., et ceux qui peuvent réclamer des servitudes résultant des titres mêmes de propriété, ou d'autres actes dans lesquels il serait intervenu ; sinon il reste seul chargé envers eux des indemnités que ces derniers réclament. *Ib.* art. 21.

Ce délai est inapplicable au cas de vente amiable. Riom, 1e mars 1838 (Art. 1217 J. Pr.).

41. Le projet d'expropriation n'est notifié personnellement qu'au propriétaire, et cependant les locataires et autres parties énoncées au numéro précédent, ont le plus grand intérêt à être entendus, à cause des indemnités distinctes que prononce le jury (—V. *inf.* n° 65). Il était donc naturel d'imposer au propriétaire l'obligation de les avertir.

42. Toutefois, si ce propriétaire se trouvait dans une position telle qu'il lui fût impossible de prévenir ses locataires, par exemple, en cas d'absence, nous croyons que les trib. pourraient avoir égard aux circonstances, et le décharger de toute garantie. — Il devrait, sans aucun doute, en être ainsi, s'il était établi que le locataire avait eu une connaissance personnelle du jugement d'expropriation ; spécialement s'il avait reçu la notification faite au propriétaire.

Tenu d'appeler et de faire connaître; cette obligation n'est pas cumulative; imposée dans le projet de loi, elle avait pour but *d'appeler* les intéressés à une expertise qui a été écartée lors de la discussion, bien que la rédaction de l'art. ait été maintenue. Delalleau, n° 368; — il importe seulement que, d'une manière ou d'une autre, les intéressés aient été légalement prévenus, par l'administration ou le propriétaire.

43. La responsabilité du propriétaire ne peut se trouver engagée que par suite de sa négligence. On ne saurait le punir de n'avoir point averti une partie dont il ne connaissait pas l'intérêt. — Aussi n'est-il obligé d'avertir ceux qui ont des servitudes sur son immeuble, qu'autant que ces servitudes

résultent des titres mêmes de propriété, ou d'autres actes dans lesquels il est intervenu. Ch. Pairs, 8 mai.

A l'égard des usagers, il faut qu'il s'agisse de droits d'usage tels qu'ils sont réglés par le C. civ., et non de simples droits d'usage de bois et forêts. Dans ce dernier cas, le droit a d'ailleurs trop peu d'importance, et le nombre de ceux qui l'exercent est habituellement trop considérable pour exiger les frais d'avertissemens individuels. Ch. Dép. Rap. com. 26 janv.

44. Les intéressés, autres que ceux énumérés au n° 40, sont en demeure de faire valoir leurs droits par l'avertissement donné collectivement à toutes les parties de prendre communication à la mairie du plan des propriétés dont l'expropriation est nécessaire (—V. *sup.* n° 11), et tenus de se faire connaître au magistrat directeur du jury dans le même délai de huitaine, à défaut de quoi ils sont déchus de tous droits à l'indemnité. *Ib.*

Par ces mots, *de tous droits à l'indemnité*, il faut entendre de tout recours contre l'Etat. La loi n'entend nullement enlever aux intéressés l'action qu'ils ont contre le propriétaire. Ch. Dép. 5 fév.

L'expression *d'intéressés* a un sens général et comprend, — la caution donnée au créancier, *aut. du Code des municipal.* t. 1, p. 92 ; — les créanciers chirographaires. Delalleau, n° 382 ; — ainsi que les personnes qui ont à réclamer des servitudes non résultant des titres de propriété du possesseur actuel. *Ib.* n° 22.

45. Les dispositions relatives aux propriétaires et à leurs créanciers sont applicables à l'usufruitier et à ses créanciers. *Ib.* art. 22.

46. L'administration, dit l'art. 23, *ib.* notifie aux propriétaires, *aux créanciers inscrits*, et à tous autres intéressés qui ont été désignés, ou qui sont intervenus en vertu des dispositions précédentes (—V. *sup.* n° 40. et suiv.), les sommes qu'elle offre pour indemnité. Mais c'est par une erreur, suite de déplacement et de suppression d'article, que les mots de *créanciers inscrits* ont été conservés ; cette notification serait en effet sans objet et ferait double emploi avec l'art. 28 *ib.* d'après lequel les créanciers n'ont à se prononcer qu'après l'acceptation du propriétaire, dans un délai qui ne court pour eux que du jour où cette acceptation leur a été notifiée. *Ib.* 28 (—V. *inf.* n° 62). Delalleau, n° 485.

47. Dans la quinzaine suivante, les propriétaires et autres intéressés sont tenus de déclarer leur acceptation, ou, s'ils n'acceptent pas, les offres qui leur sont faites, d'indiquer le montant de leurs prétentions. *Ib.* 24.

48. Les tuteurs, maris et autres personnes qui n'ont pas qua-

lité pour aliéner un immeuble, peuvent valablement accepter les offres énoncées au n° 46, lorsqu'ils s'y sont fait autoriser par le tribunal.— Cette autorisation peut être donnée sur simple mémoire, en la chambre du conseil, le ministère public entendu. — Le trib. ordonne les mesures de conservation ou de remploi que chaque cas peut nécessiter. *Ib.* 25.

Le tribunal; c'est celui qui a prononcé le jugement d'expropriation, et dans l'arrondissement duquel les biens sont situés (*ib.* 13), il est plus à même que tout autre d'apprécier la suffisance des offres, et il est en quelque sorte saisi de l'affaire par la nomination qu'il a faite du magistrat directeur du jury. *Ib.* 14.

49. On n'exige pas, dans cette circonstance, la délibération du conseil de famille, et les autres formalités voulues pour les aliénations ordinaires d'immeubles appartenant à des incapables, dans le but d'accélérer les opérations. — Il n'est pas permis aux représentans des incapables de traiter à l'amiable avec l'administration avant le jugement d'expropriation. Ce jugement, et les formalités qui le précèdent, sont une garantie pour l'incapable. L'art. a été expliqué dans ce sens. Ch. Pairs, 9 mai 1833.

50. S'il s'agit de biens appartenant à des départemens, à des communes, ou à des établissemens publics, les préfets, maires ou administrateurs, peuvent valablement accepter les offres, s'ils y sont autorisés par délibérations du conseil-général du département, du conseil municipal, ou du conseil d'administration, approuvées par le préfet en conseil de préfecture. *Ib.* 26.

Cette disposition n'est applicable, ainsi que la précédente, qu'aux offres faites après le jugement d'expropriation, mais non à une cession amiable, pour laquelle les *communes* et *établissemens publics* doivent se faire autoriser dans les formes ordinaires. (—V. ces mots). Ch. Pairs, 9 mai.

51. Le délai de quinzaine, accordé aux parties pour accepter les offres de l'administration ou indiquer le montant de leurs prétentions, est d'un mois dans le cas où la propriété acquise par l'Etat appartient soit à un incapable, soit à une commune ou à un établissement public. *Ib.* 27.

Cette prolongation de délai est indispensable, afin d'avoir le temps d'obtenir l'autorisation nécessaire. — V. *sup.* n°s 49 et 50.

52. Si les offres de l'administration ne sont pas acceptées, ou si, nonobstant l'acceptation du propriétaire, les créanciers inscrits et autres intéressés déclarent, dans la quinzaine de la notification qui leur est faite, qu'ils ne veulent pas se contenter de la somme convenue entre l'administration et le propriétaire, il est procédé au réglement des indemnités de la manière indiquée à l'article suivant. *Ib.* 28.

Art. 2. — *Jury spécial chargé de régler les indemnités.*

53. Dans sa session annuelle, le conseil-général du département désigne pour chaque arrondissement de sous-préfecture, tant sur la liste des électeurs que sur la seconde partie de la liste du jury, trente-six personnes au moins, et soixante-douze au plus, qui ont leur domicile réel dans l'arrondissement, parmi lesquelles sont choisis, jusqu'à la session suivante ordinaire du conseil-général, les membres du jury spécial appelé, le cas échéant, à régler les indemnités dues par suite d'expropriation pour cause d'utilité publique.

Le nombre des jurés désignés pour le département de la Seine est de six cents. *Ib.* 29.

54. Il résulte de cet art. qu'il y a un jury spécial pour chaque arrondissement; mais il ne faut pas en conclure qu'il ne saurait y avoir plusieurs jurys dans le même arrondissement. On a reconnu, lors de la discussion, l'avantage de concentrer l'estimation autant que possible dans le même jury, afin d'éviter les variations de tarif dans un même arrondissement; mais on a reconnu également que cette règle devait nécessairement recevoir des exceptions dans certains cas : par exemple, lorsque le nombre des estimations à faire serait trop multiplié, ou lorsque l'appréciation des immeubles exigerait des connaissances spéciales. Ch. Pairs, 11 mai.

55. Toutes les fois qu'il y a lieu de recourir à un jury spécial, la C. roy., dans les départemens qui sont le siége d'une C. roy., et dans les autres départemens, le trib. du chef-lieu judiciaire du département (toutes les chambres réunies en la chambre du conseil) choisit sur la liste dressée, comme il est dit *sup.* n° 53, seize personnes pour former le jury spécial chargé de fixer définitivement le montant de l'indemnité. La C., ou le trib. choisit en même temps quatre jurés supplémentaires. *Ib.* 30.

Lorsque, dans un département qui n'est pas le siége d'une C. roy., le trib. du chef-lieu n'a pu le composer, le préfet qui requiert la formation du jury spécial, doit s'adresser au procureur-général de la Cour à laquelle ressortit le trib. empêché, et non au procureur du Roi d'un autre trib. du même arrondissement. Lyon, 10 mai 1838 (Art. 1280 J. Pr.).

56. Ne peuvent être choisis, 1° les propriétaires, fermiers et locataires des terrains et bâtimens désignés dans l'arrêté du préfet (—V. *sup.* n° 17) et qui restent à acquérir.

L'exclusion ne s'applique pas aux propriétaires qui, avant ou depuis le jugement d'expropriation, ont traité à l'amiable avec l'administration. Ch. Pairs, 11 mai.

2° Les créanciers ayant inscription sur lesdits immeubles.

5° Tous autres intéressés désignés, ou même intervenans, en vertu des art. 21 et 22 L. 7 juill. 1833. — V. *sup.* nos 40, 44.

Un député demandait qu'on étendît l'exclusion à toute personne reprochable aux termes du C. pr.; mais cette proposition fut repoussée, comme pouvant rendre trop difficile la composition du jury. Ch. Dép. 6 fév.

Les septuagénaires sont dispensés, s'ils le requièrent, des fonctions de juré. *Ib.* 30.

57. La liste des seize jurés, et des quatre jurés supplémentaires, est transmise par le préfet au sous-préfet, qui, après s'être concerté avec le magistrat directeur du jury, convoque les jurés et les parties, en leur indiquant, au moins huit jours à l'avance, le lieu et le jour de la réunion. La notification aux parties leur fait connaître les noms des jurés. *Ib.* 31.

Ces notifications sont faites soit par huissier, soit par un agent de l'administration, dont les procès verbaux font foi en justice. —V. *sup.* n° 31.

Huit jours, non augmentés à raison des distances : le rapporteur de la Ch. des dép. a déclaré que, dans l'intention de la commission, aucun des délais fixés par la loi du 7 juill. ne devait recevoir l'application de l'art. 1033 C. pr. *mon.* 3 févr. p. 281.

58. Tout juré qui, sans motif légitime, manque à l'une des séances, ou refuse de prendre part à la délibération, encourt une amende de 100 fr. au moins, et de 300 fr. au plus. — L'amende est prononcée par le magistrat directeur du jury.—Il statue en dernier ressort sur l'opposition qui est formée par le juré condamné. — Pourvu toutefois que cette opposition soit faite avant la clôture des opérations du jury, sa compétence n'est en effet que temporaire comme ses fonctions. Il faudrait donc décider, par analogie de ce qui a lieu devant les Cours d'assises, que l'opposition formée après la dissolution du jury devrait être jugée par le premier jury qui s'assemblerait dans l'arrondissement.

Le directeur du jury prononce également sur les causes d'empêchement que les jurés proposent, ainsi que sur les exclusions ou incompatibilités dont les causes ne seraient survenues ou n'auraient été connues que postérieurement à la désignation faite par la C. ou le trib. (— V. *sup.* n° 55) *Ib.* 32.

59. Ceux des jurés qui se trouvent rayés de la liste par suite des empêchemens, exclusions ou incompatibilités prévus par le numéro précédent, sont immédiatement remplacés par les jurés supplémentaires, que le magistrat directeur du jury appelle dans l'ordre de leur inscription. — En cas d'insuffisance, le trib. de l'arrondissement choisit, sur la liste dressée par le conseil-général du département (— V. *sup.* n° 53), les per-

sonnes nécessaires pour compléter le nombre des seize jurés. *Ib.* 33.

60. Le magistrat directeur du jury est assisté, auprès du jury spécial, du greffier, ou commis-greffier, du trib., qui appelle successivement les causes sur lesquelles le jury doit statuer, et tient procès-verbal des opérations.

Lors de l'appel, l'administration a le droit d'exercer deux récusations péremptoires ; la partie adverse a le même droit.

Dans le cas où plusieurs intéressés figurent dans la même affaire, ils s'entendent pour l'exercice du droit de récusation, sinon le sort désigne ceux qui doivent en user.

Si le droit de récusation n'est point exercé, ou s'il ne l'est que partiellement, le magistrat directeur du jury procède à la réduction des jurés au nombre de douze, en retranchant les derniers noms inscrits sur la liste. *Ib.* 34.

61. Le jury spécial n'est constitué que lorsque les douze jurés sont présens. — Les jurés ne peuvent délibérer valablement qu'au nombre de neuf au moins. *Ib.* 35.

Il n'y a pas lieu à nullité par cela seul que le président du jury a appelé, en l'absence de la partie, un juré suppléant en remplacement d'un juré titulaire. — Ni parce que ce juré suppléant a été inscrit sur la liste à la place de celui qui manquait, au lieu de l'être le dernier. Cass. 9 juin 1834 (Art. 2, § 3 J. Pr.).

62. Dans chaque cause séparée, ou chaque série de causes pour lesquelles la composition du jury reste la même, chaque juré prête serment de remplir ses fonctions avec impartialité. *Ib.* 36.

Les jurés ne peuvent, à peine de nullité, procéder à une visite des lieux contentieux avant d'avoir prêté serment. Cass. 26 sept. 1834 (Art. 72 J. Pr.).

Lorsque le jury a chargé un homme de l'art de vérifier les lieux contentieux, il n'est pas nécessaire que celui-ci fasse un rapport comme en matière d'expertise ordinaire. Cass. 9 juin 1834 (Art. 2, § 3 J. Pr.). — Le jury ne peut être réputé avoir commencé ses opérations, par cela seul, qu'avant de siéger, il a manifesté le désir qu'un de ses membres, assisté d'un tiers, se transportât sur les biens dont l'expropriation a été prononcée. — La mention contenue au procès verbal, que CHACUN DES JURÉS APPELÉ INDIVIDUELLEMENT A DIT EN LEVANT LA MAIN, JE LE JURE, établit suffisamment que le jury n'a pas prêté serment en masse. *Même arrêt.*

63. Le magistrat directeur du jury expose la cause ou les faits. La communication des pièces a lieu à l'instant même.

Ainsi donc, on met sous les yeux du jury, 1° le tableau des offres et demandes notifiées aux propriétaires. — V. *sup.* n° 46.

2° Les plans parcellaires, et les titres et autres documens produits par les parties à l'appui de leurs offres et demandes.

Les parties, ou leurs fondés de pouvoirs, présentent sommairement leurs observations.

Le jury a le droit d'entendre toutes les personnes qu'il croit pouvoir l'éclairer; — même de nommer un ou plusieurs experts : cela résulte de ces mots, *toutes les personnes*, et des explications données lors de la discussion (Ch. Dép. 7 juin), — ou enfin de se transporter sur les lieux, ou de déléguer à cet effet un ou plusieurs de ses membres.

La discussion est publique; elle peut être continuée à une autre séance. *Ib.* 37.

Le directeur du jury produit, s'il y a lieu, copie de la déclaration à lui faite par le propriétaire qui requiert l'acquisition entière de son immeuble morcelé. Arg. *ib.* 50 et 24.

64. La clôture de l'instruction est prononcée par le magistrat directeur du jury.

Les jurés se retirent immédiatement dans leur chambre pour délibérer sans désemparer, sous la présidence de l'un d'eux qu'ils désignent à l'instant même.

La décision du jury fixe le montant de l'indemnité; — elle est prise à la majorité des voix. — En cas de partage, la voix du président du jury est prépondérante. *Ib.* 38.

On a dérogé à la règle générale, qui veut qu'en cas de partage on appelle un ou plusieurs juges pour le vider, afin d'éviter les lenteurs.

Le directeur du jury peut, sur la demande des jurés, entrer dans la salle des délibérations et les éclairer sur la forme de la décision à rendre. Cass. 2 janv. 1837 (Art. 617 J. Pr.).

Les dispositions du C. instr. crim., relatives à la composition du jury et aux formes de la déclaration, ne sont pas nécessairement applicables. — En conséquence, la décision est valable, encore bien qu'il ne soit pas constaté, 1° que les jurés aient nommé eux-mêmes leur président; 2° que le directeur du jury leur ait posé les questions; 3° enfin, que leur déclaration soit signée par le greffier. Cass. 9 juin 1834 (Art. 2, § 5 J. Pr.).

Il n'est pas nécessaire que le procès-verbal du jury énonce que c'est à la majorité que sa décision a été rendue. — On ne peut être admis à prouver par témoins que les jurés n'ont pas délibéré en secret, lorsque les énonciations du procès-verbal établissent suffisamment que la délibération a été secrète. — Il n'est pas nécessaire que les jurés nomment un président avant de délibérer sur les questions qui leur sont soumises, s'ils ont nommé, à une précédente séance, un chef du jury. — On ne peut pas rechercher d'après quels élémens le jury a fixé l'indemnité. Cass. 19 janv. 1835 (Art. 2, § 6 J. Pr.).

63. Le jury prononce des indemnités distinctes en faveur des parties qui les réclament à des titres différens, comme propriétaires, fermiers, locataires, usagers, autres que ceux dont les droits sont réglés par le C. civil.

Dans le cas d'usufruit, une seule indemnité est fixée par le jury, eu égard à la valeur totale de l'immeuble; le nu-propriétaire et l'usufruitier exercent leurs droits sur le montant de l'indemnité, au lieu de l'exercer sur la chose.

L'usufruitier est tenu de donner caution; les pères et mères ayant l'usufruit légal des biens de leurs enfans, en sont seuls dispensés (*Ib.* 39). — Ainsi, l'exception n'est pas applicable à l'usufruitier dispensé de donner caution par le testament ou le contrat constitutif de son usufruit : en effet, les parties ne sont pas présumées avoir prévu le cas d'expropriation; et si l'usufruit a été établi sans caution, c'est que le propriétaire avait une garantie suffisante de ses droits dans la nature même de l'immeuble. Mais il n'en est plus ainsi d'un capital qu'il est si facile de détourner. Ch. Dép. 7 juin.

Le jury est compétent pour apprécier non seulement le dommage résultant de la perte des terrains acquis, mais encore celui provenant de la dépréciation des autres terrains; — la décision du jury qui laisse à l'administration l'option de payer une somme de. . . ou d'accorder certains droits au propriétaire exproprié est irrégulière, en ce que, sans fixer l'importance de chacun de ces droits en particulier, elle condamne l'administration à payer l'indemnité pour le simple refus de l'un d'eux; mais cette irrégularité ne constitue pas un excès de pouvoir de nature à entraîner cassation. Cass. 11 janv. 1836 (Art. 397 J. Pr.).

La décision du jury, et l'ordonnance homologative de cette décision, ne sont pas susceptibles d'être annulées, pour avoir fixé l'indemnité de la possession d'un terrain soumis à usufruit à une somme déterminée pour la valeur totale de cette indemnité, en indiquant par distinction l'évaluation de la somme qui doit être attribuée au nu-propriétaire et à l'usufruitier. Cass. 4 avr. 1838 (Art. 1279 J. Pr.).

Lorsque les concessionnaires d'un chemin de fer modifiant les plans sur lesquels a été rendu le jugement d'expropriation, par une nouvelle délibération, devant le jury, changent la destination des terrains expropriés, il ne peut plus en cet état être statué sur l'indemnité due aux propriétaires de ces terrains; l'emploi projeté a dû influer sur les offres et demandes d'indemnité, et sur les considérations d'utilité publique, qui ont fait prononcer le jugement d'expropriation. Cass. 9 janv. 1839 (Art. 1371 J. Pr.).

Les trib. connaissent de l'indemnité due pour dommages

permanens causés aux propriétés par des travaux d'utilité publique, l'indemnité pour dommages temporaires et variables causés par la confection des travaux est fixée par l'autorité administrative. Ordonn. Cons.-d'Ét. 10 juill., 11 nov. 1833, S. 33, 2, 568, 569 ; Rennes, 1er fév., 17 mars 1834, S. 35, 279 ; Paris, 1er août 1835, S. 35, 401. Cass. 23 nov. 1836 (Art. 619 J. Pr.). — V. d'ailleurs Art. 1080 J. Pr.

66. Lorsqu'il y a litige sur le fond du droit ou la qualité des réclamans, et toutes les fois qu'il s'élève des difficultés étrangères à la fixation du montant de l'indemnité, le jury règle l'indemnité indépendamment de ces difficultés, sur lesquelles les parties sont renvoyées à se pourvoir devant qui de droit. *Ib.* 39.

Lorsque le locataire ou détenteur demande la fixation d'une indemnité à son profit, et que le poursuivant l'expropriation déclare n'avoir aucune offre à faire au réclamant, c'est là un litige sur le fond du droit, qu'il n'appartient pas au jury d'indemnité de résoudre, mais qu'il doit laisser intact, en fixant l'indemnité, comme si elle était due et en renvoyant, au reste, les parties, quant à la contestation qui les divise, à se pourvoir devant qui de droit. Cass. 9 juill. 1839 (Art. 1506 J. Pr.).

67. Si l'indemnité réglée par le jury est inférieure ou égale à l'offre faite par l'administration, les parties qui l'ont refusée sont condamnées aux dépens. — Si l'indemnité est égale ou supérieure à la demande des parties, l'administration est condamnée aux dépens. — Si l'indemnité est à la fois supérieure à l'offre de l'administration, et inférieure à la demande des parties, les dépens sont compensés de manière à être supportés par les parties et l'administration, dans les proportions de leur offre ou de leur demande avec la décision du jury.

Tout indemnitaire, autre que les incapables, les communes et établissemens publics, est condamné aux dépens, quelle que soit l'estimation ultérieure du jury, s'il a omis de déclarer, dans la quinzaine de la notification qui lui a été faite des offres de l'administration, le montant de ses prétentions. *Ib.* 40.

68. La décision du jury, signée des membres qui y ont concouru, est remise par le président au magistrat-directeur, qui la déclare exécutoire, statue sur les dépens, et envoie l'administration en possession de la propriété, à la charge par elle de se conformer aux dispositions relatives au paiement des indemnités. — V. *inf.* n° 86.

Ce magistrat excède ses pouvoirs quand, au lieu d'ordonner l'exécution pure et simple de la décision du jury, il fait remonter les intérêts de l'indemnité à l'époque à laquelle il fixe un fait de possession que l'on allègue. Cass. 2 janv. 1837 (Art. 617 J. Pr.)—.Le pourvoi en cassation est recevable contre l'ordonnance qui déclare exécutoire la décision du jury. *Même arrêt*.

Le directeur du jury taxe les dépens. — V. *inf*. § 8.

La taxe ne comprend que les actes faits postérieurement à l'offre de l'administration; les frais des actes antérieurs demeurent, dans tous les cas, à la charge de l'administration. *Ib*. 41.

69. La décision du jury ne peut être attaquée que par la voie du recours en cassation, et seulement pour violation du 1er § de l'art. 30, et des art. 31 35, 36, 37, 38, 39 et 40 L. 7 juill. 1833. — V. *sup*. nos 55, 57, 61, 67.

Le délai est de quinze jours pour ce recours, qui doit d'ailleurs être formé, notifié et jugé de la même manière que le pourvoi formé contre le jugement qui prononce l'expropriation (— V. *sup*. n° 52).

Il court à partir du jour de la décision. *Ib*. 42

Les décisions du magistrat directeur du jury ne sont susceptibles d'être attaquées, de même que les décisions du jury d'expropriation lui-même, que par la voie du recours en cassation, et non par la voie d'appel. Paris, 3 oct. 1838 (Art. 1302 J. Pr.).

Le pourvoi peut être formé avant la notification du jugement. Cass. 6 janv. 1836 (Art. 360 J. Pr.).

Le délai de quinze jours ne comprend ni le jour de la décision, ni celui de l'échéance; — le pourvoi est recevable, bien que les pièces à l'appui n'aient pas été envoyées dans la quinzaine de la notification, et que le mémoire de l'état soit signé par le directeur général des ponts-et-chaussées, au lieu de l'être par le préfet. Cass. 11 janv. 1836 (Art. 397 J. Pr.).

Le demandeur en cassation contre une décision du jury n'est pas dispensé de consigner l'amende. Cass. 2 janv. 1837 (Art. 618 J. Pr.).

Ces affaires doivent être considérées comme urgentes, et peuvent être jugées par la Ch. des vacations. Cass. 26 sept. 1834 (Art. 72 J. Pr.).

70. Lorsqu'une décision du jury a été cassée, l'affaire est renvoyée devant un nouveau jury, choisi dans le même arrondissement. — Il est procédé à cet effet comme il est dit plus haut. *Ib*. 43. — V. *sup*. nos 55 et suiv.

71. Le jury ne connaît que des affaires dont il a été saisi au moment de sa convocation, et statue successivement et sans interruption sur chacune de ces affaires. Il ne peut se séparer qu'après avoir réglé toutes les indemnités dont la fixation lui a été ainsi déférée. *Ib*. 44.

Les opérations commencées par un jury, et qui ne sont pas encore terminées au moment du renouvellement annuel de la liste générale mentionnée *sup.* n° 55, sont continuées jusqu'à conclusion définitive par le même jury. *Ib.* 45.

72. Après la clôture des opérations du jury, les minutes de ses décisions et les autres pièces qui se rattachent auxdites opérations, sont déposées au greffe du trib. civil de l'arrondissement. *Ib.* 46.

73. Les noms des jurés qui ont fait le service d'une session ne peuvent être portés sur le tableau dressé par le conseil général pour l'année suivante. *Ib.* 47.

Art. 3. — *Règles à suivre pour la fixation des indemnités.*

74. Le jury est juge de la sincérité des titres et de l'effet des actes qui seraient de nature à modifier l'évaluation de l'indemnité. *Ib.* 48.

Il renvoie devant le trib. compétent le jugement des contestations sur le droit à l'indemnité, et néanmoins fixe cette indemnité comme si elle était due. — Le directeur du jury en ordonne la consignation. Elle reste déposée jusqu'à ce que les parties se soient entendues ou que le litige soit vidé. *Ib.* 49.

Si le propriétaire d'un immeuble, dont on demande l'expropriation partielle, requiert que l'expropriation comprenne l'immeuble tout entier, cette question touchant le fond du droit ne peut être jugée par le jury. — Le jury ne peut pas se borner à fixer l'indemnité pour la partie dont l'expropriation est demandée, mais il doit donner une estimation alternative pour la partie et pour le tout, afin de pourvoir aux éventualités de la décision qui sera rendue sur le fond du litige par les juges compétens. Cass. 21 août 1838 ; 25 mars 1839 (Art. 1227 et 1460 J. Pr.).

Le jury, en fixant l'indemnité à une somme qu'il adjuge tout entière au propriétaire, contre lequel la revendication est exercée, préjuge le débat qui doit s'établir devant les trib. ordinaires sur le droit de propriété, et commet un excès de pouvoir. *Mêmes arrêts.*

Dans la fixation de l'indemnité on doit avoir égard non seulement à la valeur vénale des terrains cédés, mais encore à la perte des servitudes actives, 431 ; Toulouse, 8 juill. 1830 ; Paris, 11 nov. 1835 ; Riom, 1er mars 1838 (Art. 1217 et 1225 J. Pr.).

Et au préjudice qu'éprouve le propriétaire exproprié, soit à raison de la dépréciation du terrain restant, soit à raison des travaux qu'il a été obligé de faire sur le terrain par suite de l'expropriation. Paris, 11 nov. 1835 (Art. 1225 J. Pr.). — C'est au jury qu'il appartient d'apprécier cette indemnité sous ce double rapport. Riom, 1er mars 1838 ; Cass. 11 janv. 1836 (Art. 1226 J. Pr.).

75. Les bâtimens dont il est nécessaire d'acquérir une portion sont achetés en entier, si les propriétaires le requièrent par une déclaration formelle, adressée au directeur du jury, dans la quinzaine de la notification qui leur est faite de l'indemnité offerte par l'administration. — Il en est de même de toute parcelle de terrain qui, par suite de morcellement, se trouve réduite au quart de la contenance totale, si toutefois le propriétaire ne possède aucun terrain immédiatement contigu, et si la parcelle ainsi réduite est inférieure à dix ares. *Ib.* 50.

76. Si l'exécution des travaux doit procurer une augmentation de valeur *immédiate* et *spéciale au restant de la propriété*, cette augmentation peut être prise en considération dans l'évaluation de l'indemnité (*Ib.* 51). On n'aurait pas égard à une plus-value lointaine ou indirecte, ni à un avantage commun à d'autres propriétaires qui ne contribueraient pas aux travaux. L'article a été ainsi expliqué lors de la discussion.

77. Les constructions, plantations et améliorations ne donnent lieu à aucune indemnité, lorsqu'à raison de l'époque où elles ont été faites, ou de toutes autres circonstances dont l'appréciation lui est abandonnée, le jury acquiert la conviction qu'elles ont été faites dans la vue d'obtenir une indemnité plus élevée. *Ib.* 52.

§ 6. — *Du paiement des indemnités.*

78. Lorsque le propriétaire accepte les offres de l'administration, le montant de l'indemnité doit, s'il l'exige, et s'il n'y a pas contestation de la part des tiers, dans les délais prescrits (— V. *sup.* n° 47), être versé à la caisse des dépôts et consignations, pour être remis ou distribué à qui de droit. *Ib.* 59.

79. La prise de possession a lieu après le paiement de l'indemnité, ou, en cas de refus de recevoir, après offres réelles et consignation (*Ib.* 53). — La consignation sans offres réelles suffit, s'il existe des inscriptions sur l'immeuble exproprié, ou d'autres obstacles au versement des deniers entre les mains des ayant-droit. *Ib.* 54.

Un trib. ne peut, sans excès de pouvoir, ordonner la dépossession d'un propriétaire avant le paiement de l'indemnité représentative du bien dont il est exproprié. — Peu importe qu'un arrêté du préfet ait déclaré qu'il y a lieu de mettre l'administration *immédiatement* en possession. Cass. 28 janv. 1834 (Art. 2, § 1er, J. Pr.).

Les entrepreneurs de travaux publics ne peuvent occuper temporairement des terrains dont ils ont besoin sans une autorisation administrative, et la mise en demeure des propriétaires, pour débattre l'indemnité à laquelle ils ont droit. — L'administration n'est pas compétente pour connaître des demandes en indemnité lorsque l'occupation a eu lieu de nuit et avec bris de clôture. Paris, 12 oct. 1838 (Art. 1219 J. Pr.).

80. Si, dans les six mois du jugement d'expropriation, l'administration ne poursuit pas la fixation de l'indemnité, les parties peuvent exiger qu'il soit procédé à cette fixation. *Ib.* 55.

Six mois après le règlement, les intérêts de l'indemnité qui n'est ni acquittée ni consignée, courent de plein droit, à titre de dédommagement (*Ib.* 55). — Peu importe que l'administration ne se soit pas mise en possession de l'immeuble exproprié, et que le propriétaire en ait perçu les fruits. Les intérêts de l'indemnité lui sont accordés à titre de dédommagement, parce que, n'ayant qu'une possession précaire, il se trouve paralysé dans son industrie et ses spéculations. Ch. Dép. 7 fév.

§ 7. — *Droits des propriétaires expropriés, dans le cas où les travaux projetés n'ont pas lieu.*

81. Lorsque les travaux projetés n'ont pas lieu, les anciens propriétaires ou leurs ayant-droit peuvent demander la remise des terrains acquis.

Le prix en est fixé à l'amiable, ou par le jury. — V. *sup.*, n° 74.

82. La fixation par le jury ne peut, en aucun cas, excéder la somme moyennant laquelle l'Etat est devenu propriétaire desdits terrains (*Ib.* 60). — L'Etat n'est devenu propriétaire de l'immeuble exproprié que pour cause d'utilité publique; cette cause ne se réalisant pas, il est naturel que le propriétaire rentre, s'il le demande, dans son immeuble, et profite de la plus-value, comme il en aurait profité, s'il n'y avait pas eu de dépossession. Ch. Dép., 8 fév.; Ch. Pairs, 13 mai.

83. Un avis publié dans la forme ci-dessus indiquée (— V. *sup.* n° 11) fait connaître les terrains que l'administration est dans le cas de revendre. Dans les trois mois de cette publication, les anciens propriétaires qui veulent acquérir la propriété desdits terrains sont tenus de le déclarer; et dans le mois de la fixation du prix, soit amiable, soit judiciaire, ils doivent passer le contrat de rachat et payer le prix, le tout à peine de déchéance du privilége qui leur est accordé. — V. *sup.* n° 82. *Ib.* 61.

Le contrat de rétrocession est passé devant le préfet ou devant le sous-préfet délégué, en présence et avec le concours d'un préposé de l'administration des domaines et d'un agent du ministère pour le compte duquel l'acquisition des terrains a été faite. Ord. 22 mars 1835 (Art. 45 J. Pr.).

Le prix de la rétrocession est versé dans la caisse du domaine. Si les anciens propriétaires ou leurs ayant-droit encourent la déchéance du privilége qui leur est accordé par les art. 60 et 61 L. 7 juill. 1833, les terrains sont aliénés dans la forme tracée pour l'aliénation des biens de l'État, à la diligence de l'administration des domaines. *Ib.*

84. L'État ne peut jamais être forcé de rétrocéder les terrains qui ont été acquis sur la réquisition du propriétaire (—V. *sup.* n° 75), et qui restent disponibles après l'exécution des travaux. *Ib.* 62.

§ 8. — *Des dépens.*

85. Les frais et dépens faits pour arriver à la fixation de l'indemnité due aux parties expropriées, sont taxés par le directeur du jury, d'après le tarif contenu dans l'ordonn. du 18 sept. 1833, rendue en exécution de l'art. 41 L. 7 juill. 1833.

§ 9. — *Des expropriations en cas d'urgence des propriétés nécessaires aux travaux de fortifications.*

86. Lorsqu'il y a lieu d'occuper tout ou partie d'une ou de plusieurs propriétés particulières, pour y faire des travaux de fortifications dont l'urgence ne permet pas d'accomplir les formalités ci-dessus indiquées, une ordonn. roy. autorise les travaux, déclare l'utilité publique et l'*urgence*. L. 30 mars 1831, art. 1 et 2.

87. Dans les vingt-quatre heures de la réception de l'ordonnance, le préfet du département où les travaux de fortifications doivent être exécutés, en transmet ampliation au procureur du roi près le trib. de l'arrondissement où sont situées les propriétés qu'il s'agit d'occuper, et au maire de la commune de leur situation.

Le procureur du roi requiert, et le trib. ordonne immédiatement que l'un des juges se transporte sur les lieux avec un expert que le trib. nomme d'office.

Le maire fait publier sans délai l'ordonnance par affiche, tant à la principale porte de l'église du lieu qu'à celle de la maison commune; et par tous autres moyens possibles, il certifie les publications et affiches. *Ib.* 3.

88. L'État n'est pas obligé de constituer avoué, mais les parties intéressées restent soumises au droit commun. —V. *sup.* n° 28.

89. Dans les vingt-quatre heures, le juge-commissaire rend, pour fixer le jour et l'heure de sa descente sur les lieux, une ordonnance qui est signifiée, à la requête du procureur du roi, au maire de la commune où le transport doit s'effectuer, et à l'expert nommé par le tribunal. Le transport s'effectue dans les dix jours de cette ordonnance, et seulement huit jours après la signification dont il vient d'être parlé. *Ib.* 4.

90. Le maire, sur les indications qui lui sont données par l'agent militaire chargé de la direction des travaux, convoque cinq jours au moins à l'avance, pour le jour et l'heure indiqués par le juge-commissaire :

1° Les propriétaires intéressés ; et s'ils ne résident pas sur les lieux, leurs agens mandataires ou ayant-cause.

2° Les usufruitiers ou autres personnes intéressées, telles que fermiers, locataires, ou *occupans à quelque titre que ce soit.*

Les personnes ainsi convoquées peuvent se faire assister d'un expert ou d'un arpenteur. *Ib.* 4.

91. Un agent de l'administration des domaines et un expert ingénieur, architecte ou arpenteur, désignés l'un et l'autre par le préfet, se transportent sur les lieux, au jour et à l'heure indiqués, pour se réunir au juge-commissaire, au maire ou à l'adjoint, à l'agent militaire et à l'expert désigné par le tribunal. *Ib.* 5.

92. Le juge-commissaire reçoit le serment préalable des experts sur les lieux, et il en est fait mention au procès-verbal.

L'agent militaire détermine, en présence de tous, par des pieux et piquets, le périmètre du terrain dont l'exécution des travaux nécessite l'occupation. *Ib.* 5.

L'expert désigné par le préfet procède immédiatement et sans interruption, de concert avec l'agent de l'administration du domaine, à la levée du plan parcellaire, pour indiquer, dans le plan général de circonscription, les limites et la superficie des propriétés particulières. *Ib.* 6.

93. L'expert nommé par le trib. dresse un procès-verbal qui comprend : 1° la désignation des lieux, des cultures, plantations, clôtures, bâtimens et autres accessoires des fonds. Cet état descriptif doit être assez détaillé pour pouvoir servir de base à l'appréciation de la valeur foncière, et, en cas de besoin, de la valeur locative, ainsi que des dommages et intérêts résultant des changemens ou dégâts qui peuvent avoir lieu ultérieurement.

2° L'estimation de la valeur foncière et locative de chaque parcelle de ces dépendances, ainsi que l'indemnité qui peut être due pour frais de déménagement, perte de récoltes, détérioration d'objets mobiliers, ou tous autres dommages.

Ces diverses opérations ont lieu contradictoirement avec l'agent de l'administration des domaines et l'expert nommé par le préfet, avec les parties intéressées si elles sont présentes, ou avec l'expert qu'elles ont désigné. Si elles sont absentes, et qu'elles n'aient point nommé d'expert, ou si elles n'ont point le libre exercice de leurs droits, un expert est désigné d'office par le juge-commissaire pour les représenter. *Ib.* 7.

94. L'expert nommé par le trib. doit, dans son procès-verbal, 1° indiquer la nature et la contenance de la propriété, la nature des constructions, l'usage auquel elles sont detinées, les motifs des évaluations diverses, et le temps qu'il paraît nécessaire d'accorder aux occupans pour évacuer les lieux.

2° Transcrire l'avis de chacun des autres experts, et les observations et réquisitions telles qu'elles lui sont faites, de l'agent militaire, du maire, de l'agent du domaine, et des parties intéressées ou de leurs représentans. Chacun signe ses dires, ou mention est faite de la cause qui l'en empêche. *Ib.* 8.

95. Lorsque les propriétaires ayant le libre exercice de leurs droits consentent à la cession qui leur est demandée, et aux conditions qui leur sont offertes par l'administration, il est passé entre eux et le préfet un acte de vente, qui est rédigé dans la forme indiquée *sup.* n° 22. L. 7 juill. 1833, art. 56, 66; L. 30 mars 1831, art. 9.

96. Dans le cas contraire, sur le vu de la minute du procès-verbal dressé par l'expert, et de celui du juge-commissaire qui a assisté à toutes les opérations, le trib., dans une audience tenue aussitôt après le retour de ce magistrat, détermine en procédant comme en matière sommaire, sans retard et sans frais : 1° l'indemnité de déménagement à payer aux détenteurs avant l'occupation;

2° L'indemnité approximative et provisionnelle de dépossession, qui doit être consignée, sauf règlement ultérieur et définitif, préalablement à la prise de possession.

Le même jugement autorise le préfet à se mettre en possession, à la charge, 1° de payer sans délai l'indemnité de déménagement, soit au propriétaire, soit au locataire;

2° De signifier avec le jugement l'acte de consignation de l'indemnité provisionnelle de dépossession.

Ledit jugement détermine le délai dans lequel, à compter de l'accomplissement de ces formalités, les détenteurs seront tenus d'abandonner les lieux.

Ce délai ne peut excéder cinq jours pour les propriétés non bâties, et dix jours pour les propriétés bâties.

Le jugement est exécutoire, nonobstant appel ou opposition. *Ib.* 10.

97. L'acceptation de l'indemnité approximative et provisionnelle de dépossession ne fait aucun préjudice à la fixation de l'indemnité définitive.—V. *inf.* n° 98.

Si l'indemnité provisionnelle n'excède pas 100 fr., le paiement est effectué sans production d'un certificat d'affranchissement d'hypothèque. *Ib.* 11.

Dans le cas contraire, le gouvernement doit faire transcrire le jugement qui prononce l'expropriation au bureau de la conservation des hypothèques de l'arrondissement, et suivre les formalités prescrites pour les cas ordinaires.—V. *sup.* n°s 33 et suiv. L. 7 juill. 1833, art. 66.

98. Aussitôt après la prise de possession, si le propriétaire ou autres intéressés n'ont pas accepté les offres de l'administration, le règlement définitif des indemnités a lieu de la manière indiquée pour les expropriations faites dans les cas ordinaires. —V. *sup.* n°s 40 et suiv. L. 7 juill. 1833, art. 66.

99. L'occupation temporaire, prescrite par ordonn. roy., ne peut avoir lieu que pour des propriétés non bâties.

L'indemnité annuelle, représentative de la valeur locative de ces propriétés, et du dommage résultant du fait de la dépossession, est réglée à l'amiable, ou de la manière indiquée *sup.* n° 96, et payée par moitié, de six mois en six mois, au propriétaire et au fermier, le cas échéant. L. 30 mars 1831, art. 13.

Lors de la remise des terrains qui n'ont été occupés que temporairement, l'indemnité due pour les détériorations causées par les travaux ou pour la différence entre l'état des lieux au moment de la remise, et l'état constaté par le procès-verbal descriptif, est payée sur règlement amiable ou judiciaire, soit au propriétaire, soit au fermier ou exploitant, et selon leurs droits respectifs. *Ib.*

100. Si, dans le cours de la troisième année d'occupation provisoire, le propriétaire, ou son ayant-droit, n'est pas remis en possession, ce propriétaire peut exiger, et l'État est tenu de payer l'indemnité pour la cession de l'immeuble, qui devient dès-lors propriété publique. — L'indemnité foncière est réglée non sur l'état de la propriété à cette époque, mais sur son état au moment de l'occupation, tel qu'il a été constaté par le procès-verbal descriptif.—Tout dommage causé au fermier ou exploitant par cette dépossession définitive lui est payé après règlement amiable ou judiciaire. *Ib.* 15.

101. Du reste, on observe les formalités prescrites pour les expropriations pour cause d'utilité publique ordinaire.

Notamment celles relatives aux suites de l'expropriation, quant aux priviléges, hypothèques et autres droits réels, et aux droits des propriétaires expropriés sur les terrains qui ne sont pas employés aux travaux auxquels on les destinait. L. 7 juill. 1833, art. 66.—V. *sup.* § 4 et 7.

Les significations et notifications prescrites sont également faites à la diligence du préfet du département de la situation des biens, tant par huissier que par tout agent de l'administration, dont les procès-verbaux font foi en justice. *Ib.*

102. En matière d'expropriation pour cause de travaux maritimes, les poursuites peuvent être faites à la requête du préfet maritime.—Il n'est pas indispensable que l'ordonnance d'expropriation détermine les terrains soumis à l'expropriation, si le plan sur lequel ils sont désignés est joint à cette ordonnance. Cass. 22 déc. 1834 (Art. 2, § 5 J. Pr.).—Le trib. peut

prononcer, comme en matière d'expropriation ordinaire, sans que les parties intéressées aient été appelées au jugement. Arg. *Même arrêt.*

§ 10. — *Timbre et enregistrement.*

103. Les plans, procès-verbaux, certificats, significations, jugemens, contrats, quittances, et autres actes faits en vertu des lois des 30 mars 1831 et 7 juill. 1833, sont visés pour timbre et enregistrés *gratis*, lorsqu'il y a lieu à la formalité de l'enregistrement. L. 7 juill. 1833, art. 58 et 66.

104. L'exemption des droits d'enregistrement et de timbre s'applique au droit de transcription aux hypothèques, des jugemens d'expropriation et des contrats d'acquisition pour cause d'utilité publique, et au timbre des feuilles employées à cette transcription. L'exemption ne s'étend pas au salaire du conservateur, il ne doit pas faire l'inscription d'office pour le prix des immeubles acquis au nom de l'État lorsqu'il en est dispensé par une clause expresse du jugement d'expropriation ou du contrat d'acquisition. Instr. rég., 22 juill. 1836. (Art. 484 J. Pr.).

105. Les actes d'acquisition d'immeubles, faits par les communes pour des travaux d'utilité publique, et relatant la loi spéciale ou l'ordonnance qui autorise ces travaux, doivent être admis au visa pour timbre et à l'enregistrement *gratis*. Trib. Charleville, 6 juin 1834; Décis. min. fin. 21 mai 1835; Instr. 15 juin 1835 (Art. 140 J. Pr.).—*Contrà*, Régie 9 mai 1834.

§ 11. — *Formules.*

FORMULE I.

Acte contenant acceptation des offres de l'administration, et réquisition de la consignation des sommes offertes.

(L. 7 juill. 1833, art. 24 et 59. — Ord. 18 sept. 1833, art. 2. — Coût., 1 fr. 50 c. orig.; 40 c. copie).

L'an le , à la requête de M. demeurant à pour lequel domicile est élu, j'ai (*immatricule de l'huissier*), soussigné, signifié et déclaré à M. le préfet du département de au nom et comme représentant l'État, en ses bureaux, sis à , où étant et parlant à

Que le requérant accepte la somme de qui lui a été offerte par M. le préfet, par acte du ministère de , en date du pour la maison appartenant au requérant, sise à , et dont l'expropriation a été prononcée pour cause d'utilité publique par le jugement du tribunal de en date du

A ce qu'il n'en ignore, et à mêmes requête, demeure et élection de domicile que dessus, j'ai, huissier susdit et soussigné, étant et parlant comme dit est, fait sommation à mondit sieur le préfet, attendu qu'il n'a été élevé aucune contestation par les tiers intéressés à la fixation de la valeur de la maison dont s'agit, de, dans le plus bref délai, déposer à la caisse des dépôts et consignations ladite somme de offerte au requérant, ainsi qu'il est ci-dessus énoncé, pour la maison dont il est exproprié, pour la dite somme être remise à qui de droit;

Lui déclarant que, faute par lui de faire ledit dépôt, le requérant se pourvoira par toutes voies de droit. A ce qu'il n'en ignore, je lui ai, audit domicile et parlant comme ci-dessus, laissé, sous toutes réserves, copie du présent, dont le coût est de (*Signature de l'huissier.*).

FORMULE II.

Acte contenant refus des offres de l'administration, et déclaration des prétentions du propriétaire.

(L. 7 juill. 1833, art. 47.—Ord. 18 sept. 1833, art. 1.—Coût, 1 fr. 50 c. orig.; 40 c. copie.)

L'an le , à la requête de M , etc.

J'ai (*immatricule de l'huissier*), soussigné, signifié et déclaré à M. le préfet du etc.

Que le requérant n'accepte pas la somme de qui lui a été offerte par mondit sieur le préfet, suivant acte de , en date du , pour la maison appartenant au requérant, sise à et dont l'expropriation a été prononcée pour cause d'utilité publique, par jugement du tribunal de en date du

A ce qu'il n'en ignore, et à mêmes requête, demeure et élection de domicile que dessus, j'ai, huissier susdit et soussigné, parlant comme dit est, déclaré à mondit sieur le préfet que le requérant estime la maison sus-énoncée la somme de , et qu'il n'acceptera aucune indemnité inférieure, à moins qu'il n'en soit autrement ordonné par le jury chargé de prononcer sur ses prétentions; à ce qu'il n'en ignore, je lui ai, etc.

FORMULE III.

Sommation au préfet pour faire procéder à la fixation de l'indemnité.

(L. 7 juill. 1833, art. 53.—Ord. 18 sept. 1833.—Coût, 1 fr. orig.; 25 c. copie.)

L'an le , à la requête de M , etc.

J'ai soussigné, signifié, fait sommation à M. le préfet de

Attendu que, par jugement rendu par le tribunal de le le requérant a été exproprié pour cause d'utilité publique, d'une maison lui appartenant, sise à , que plus de six mois se sont écoulés depuis la prononciation dudit jugement, et que cependant l'indemnité due audit requérant à raison de ladite expropriation, n'a pas encore été fixée.

De, dans le plus bref délai, notifier audit requérant la somme qu'il entend offrir pour l'indemnité à lui due, se réservant d'accepter cette somme ou d'en réclamer une supérieure, selon qu'il croira devoir le faire; lui déclarant en outre que, faute par lui de faire la dite notification, le requérant se pourvoira par toutes voies de droit; à ce qu'il n'en ignore, etc. (*Signature de l'huissier.*)

FORMULE IV.

Dénonciation au directeur du jury, par le propriétaire, des noms et qualités des ayant-droits.

(L. 7 juill. 1833, art. 21 et 22. —Ord. 18 sept. 1833, art. 2.— Coût, 1 fr. 50 c. orig.; 40 c. copie.)

L'an le , à la requête de M demeurant à pour lequel domicile est élu à j'ai (*immatricule*), soussigné, signifié et déclaré à M. le magistrat directeur du jury de en son hôtel sis à où étant et parlant à , que le requérant était propriétaire d'une maison sise à , dont l'expropriation a été prononcée par jugement du tribunal de en date du ; mais que plusieurs personnes ont des droits réels sur ladite maison, savoir :

1° M (*noms, prénoms, qualités*) demeurant à , lequel a un droit de passage dans ladite maison, ainsi qu'il résulte d'un acte ;

2° M (*noms, prénoms, qualités*), demeurant à , lequel est locataire de ladite maison, ainsi que cela résulte d'un acte.

Lui déclarant que la présente signification est faite en exécution, et pour obéir au vœu des art. 21 et 22 de la loi du 7 juillet 1833; à ce qu'il n'en ignore, je lui ai, etc.

FORMULE V.

Réquisition du propriétaire tendant à l'acquisition de la totalité de son immeuble.

(L. 7 juill. 1833, art. 50. — Ord. 18 sept. 1833, art. 2. — Coût, 1 fr. 60 c. orig.) 40 c. copie.)

L'an le , à la requête de M , etc.

J'ai soussigné, signifié et déclaré à M le directeur du jury de et .

Que le requérant a été exproprié pour cause d'utilité publique, par un jugement du tribunal de en date du , d'une aile d'une maison à lui appartenant, sise à , dont le jury de est appelé à déterminer la valeur pour fixer l'indemnité due au requérant, mais que celui-ci entend profiter du droit qui lui est accordé par l'art. 50 de la loi du 7 juillet 1833; et en conséquence qu'il requiert formellement que l'administration soit tenue d'acquérir la totalité de la maison dont il s'agit, et que l'indemnité à lui accorder soit fixée d'après la valeur de ladite maison en son entier.

A ce que mondit sieur le directeur du jury n'en ignore, je lui ai, etc.

(*Signature de l'huissier.*)

FORMULE VI.

Demande à fin de rétrocession des terrains non employés à des travaux d'utilité publique.

(L. 7 juill. 1833, art. 60 et 61. — Ord. 18 sept. 1833, art. 2. — Coût, 1 fr. 50. orig.; 40 c. copie.)

L'an le , à la requête du sieur , etc.

J'ai , soussigné, signifié et déclaré à M. le préfet du département de etc.

Que par jugement rendu le par le tribunal de le requérant a été exproprié, pour cause d'utilité publique, d'un terrain à lui appartenant sis à de la contenance de trois cent cinquante mètres carrés; que les travaux pour l'exécution desquels on avait cru nécessaire la totalité de ce terrain, sont aujourd'hui terminés; mais, qu'à raison des changements qui ont été apportés aux premiers plans, deux cents mètres seulement du terrain du requérant ont été nécessaires pour les travaux dont s'agit, et que cent cinquante mètres restent sans destination

Pour quoi, j'ai huissier susdit et soussigné, toujours à mêmes requête, demeure, et élection de domicile, notifié à mondit sieur le préfet, que le requérant entend user du bénéfice qui lui est accordé par l'art. 60 de la loi du 7 juillet 1833, et rentrer en possession des cent cinquante mètres de terrain qui restent aujourd'hui sans destination, à la charge de payer à l'État, la somme qui sera ultérieurement fixée à l'amiable, par les parties, ou déterminée par l'autorité compétente; à ce qu'il n'en ignore, etc.

(*Signature de l'huissier.*)

FORMULE VII.

Opposition formée par un juré à l'ordonnance du directeur du jury qui l'a condamné à l'amende.

(L. 7 juill. 1833, art. 32. — Ord. 18 sept. 1833, art. 2. — Coût, 1 fr. 50. orig.; 40 c. copie.)

L'an le , à la requête de M etc.

signifié et déclaré à M. le magistrat directeur du jury de etc.

Que par son ordonnance en date du , le requérant a été condamné à une amende de pour ne s'être pas trouvé à la séance du jury de

Que cependant, s'il ne s'est pas rendu à cette séance, c'est qu'il a été retenu chez lui par une maladie qui ne lui permettait pas de sortir, ainsi que cela résulte d'un certificat délivré le par M. , docteur en médecine, qui a donné des soins audit requérant.

Pour quoi il requiert qu'il plaise à M. le directeur du jury, le recevoir opposant à l'ordonnance sus-énoncée du et statuant sur ladite opposition le décharger des condamnations contre lui prononcées. — A ce qu'il n'en ignore, etc.

(*Signature de l'huissier.*)

VENTE D'UN FONDS DE COMMERCE. — 1. L'achat d'un fonds de commerce constitue-t-il un *acte de commerce.* — V. ce mot, n° 39.

2. L'action en résolution de la vente d'un fonds de commerce ne peut pas être admise après faillite, depuis la loi du 28 mai 1838, art. 550. Paris, 3e ch., 24 août 1839 (Art. 1502 J. Pr.). —V. *Faillite*, n° 537.

3. Peu importe qu'elle ait été expressément stipulée, si l'acte de vente est postérieur à la loi. *Même arrêt.*

4. Mais la condition résolutoire stipulée dans un contrat de vente d'un fonds de commerce, d'une date antérieure à la loi du 28 mai 1838, demandée (et reconnue par les premiers juges) avant la faillite, doit recevoir son exécution, bien que la faillite du débiteur ait été déclarée sous l'empire de la loi nouvelle. Dissertation (Art. 1443 J. Pr.); Paris, 15 fév. 1840 (Art. 1678 J. Pr.).

5. Le vendeur d'un fonds de commerce ne peut créer et exploiter un établissement semblable dans le même lieu de manière à troubler la possession de son acquéreur, bien que, par l'acte de vente, il n'ait pas formellement renoncé à cette faculté. Arg. C. civ. 1625; Paris, 19 nov. 1824, P. 18, 1121; Horson, n° 44.

— V. d'ailleurs *Huissier*, n° 43.

VENTE DE FRUITS ET RÉCOLTES.—V. *Saisie-brandon.*

VENTE JUDICIAIRE D'IMMEUBLES (1).

DIVISION.

§ 1. — *Des différentes espèces de ventes judiciaires.*
§ 2. — *Ventes d'immeubles de mineurs.*
§ 3. — *Ventes d'immeubles dépendans d'une succession bénéficiaire.*
§ 4. — *De la déclaration de command.*
§ 5. — *Timbre et enregistrement.*
§ 6. — *Formules.*

§ 1. — *Des différentes espèces de ventes judiciaires.*

1. Les principales ventes judiciaires sont : 1° les *ventes sur saisie-immobilière.* — V. ce mot; — 2° sur conversion de saisie-immobilière. — V. *ib.* Sect. II, § 8; — 3° sur *licitation.* — V. ce mot; — 4° de biens de mineurs et autres incapables. — V.

(1) Cet article est de M. Gustave Loiseau, avocat à la Cour royale de Paris.

inf. § 2; — 5° de biens dépendans d'une succession bénéficiaire. — V. *inf.* § 3.

Un projet de loi sur les ventes judiciaires est en ce moment soumis aux délibérations des Chambres et modifie sous plusieurs points essentiels le système du C. pr., — présenté à la Ch. des Pairs le 11 janv. 1840, *Moniteur*, 15 janv. 1840 (Art. 1566 J. P.), adopté par cette Chambre, il n'a pas encore été discuté à la Ch. des Députés au moment où s'achève ce travail.

2. Les formalités de la vente des biens de mineurs s'appliquent aux ventes des immeubles, 1° des interdits, C. civ. 509; — 2° des *absens*. — V. ce mot, n° 56; — 3° des faillis. C. comm. 571 et suiv. — V. d'ailleurs *Faillite*, n°s 501 à 519; — 4° des femmes mariées sous le régime dotal, *s'ils sont dotaux*. C. civ. 1558. — Toutefois, dans les deux derniers cas, il n'y a pas lieu à l'avis de parens; mais, dans tous, il faut une permission de justice. *Dict. du Not.* n°s 117, 143, 119. — L'autorisation de justice est également nécessaire pour la vente par le grevé des biens compris dans une substitution, pour celle des biens appartenant aux condamnés soit par contumace, soit à des peines afflictives et infamantes. Rolland de Villargues, n°s 42, 43.

3. Les formes prescrites en cas de succession bénéficiaire doivent être observées pour la vente des biens dépendans d'une *succession vacante*. C. pr. 1001; — ou appartenant à un individu admis à la *cession de biens*. C. pr. 904.

4. Parmi les ventes judiciaires, les unes ne peuvent être faites qu'à l'audience; telles sont celles sur *saisie-immobilière*; les autres au contraire sont indifféremment renvoyées devant un juge ou devant un notaire commis par le trib.

Mais il suffit qu'une vente ait été judiciairement ordonnée pour qu'elle ait tous les caractères et tous les effets d'une vente en justice peu importe que les enchères aient été reçues par un notaire ou à l'audience des criées. Cass. Req. 12 mars 1833, D. 33, 180.

D'un autre côté, nulle autre vente, que celles dont il vient d'être question, ne peut avoir lieu en justice. *Dict. du Not.*, v° *Vente judiciaire*, n° 8; Rolland de Villargues, n° 16. — *Contrà*, Bruxelles, 26 juin 1811, D. 11, 197.

Ces ventes sont assujetties à des formalités qui les rapprochent des ventes forcées.

5. Les parties majeures et capables de contracter peuvent-elles convenir dans un acte de prêt que, faute de paiement à l'échéance, le prêteur fera vendre les immeubles du débiteur sans suivre les formalités de la saisie-immobilière? Le peuvent-elles surtout en réservant au débiteur la triple garantie de la mise en demeure, de la publicité et de la concurrence? — V. *Vente sur saisie-immobilière*, n° 6.

§ 2. — *Vente d'immeubles de mineurs.*

6. *Par qui et contre qui la vente est poursuivie.* — Il faut distinguer : — S'agit il de la vente d'immeubles appartenant au mineur seul? Elle doit être poursuivie par le tuteur en présence du subrogé-tuteur. C. civ. 459. — S'agit-il de licitation d'un bien indivis entre un mineur et un *étranger majeur?* La vente doit être suivie par ou contre le tuteur, suivant les cas ; mais la présence du subrogé-tuteur nous paraît toujours nécessaire. En effet, l'art. 460, après avoir décidé que les formalités ordinaires ne s'appliquent pas à la licitation provoquée contre un mineur par un copropriétaire indivis, renvoie pour la procédure aux règles tracées par l'art. 469 ; or, l'art. 469 exige la présence du subrogé-tuteur. Turin, 9 janv. 1811; Rouen, 3 prair. an 12, D. 12, 510, 2 ; Carré, n° 3165 ; Chauveau, 16, 711, 2, 63 ; Dissertation (Art. 29 J. Pr.). — V. *Licitation*, n° 32. — S'agit-il d'une licitation de biens entre le *tuteur lui-même* et son pupille? Dans le cas où l'immeuble est reconnu impartageable en nature, il est manifeste que le tuteur doit former sa demande contre le subrogé-tuteur. Il ne saurait en effet remplir le double rôle de poursuivant, et de défendeur à la poursuite à la licitation ; il y a d'ailleurs opposition d'intérêts ; l'assistance du subrogé-tuteur est donc indispensable. *Même Dissertation*.

Mais, en cas pareil, ne faut-il pas, indépendamment du subrogé tuteur ordinaire, faire nommer au pupille un subrogé-tuteur *ad hoc?* M. Duranton se contente du subrogé-tuteur, 3, 521 ; quelques arrêts exigent seulement la présence soit du subrogé-tuteur soit d'un tuteur *ad hoc*. Turin, 9 janv. 1811, P. 11, 19 ; Grenoble, 10 janv. 1833, S. 33, 380. — Suivant nous, le pupille doit être assisté, dans une pareille instance, et de son subrogé-tuteur et d'un subrogé-tuteur *ad hoc*. La loi veut une double garantie pour le mineur ; l'une d'elles venant à manquer doit être remplacée par une garantie équivalente. C. civ. art. 450, 420. Arg. Cass. 1er avr. 1833, D. 33, 160 (Art. 29 J. Pr.). — V. *Licitation*, n° 32; *Appel*, n° 133 et Art. 1642 J. Pr.

7. D'après les mêmes principes, si le mineur est *émancipé*, la demande devra être formée par ou contre le mineur en présence de son curateur dans un cas et d'un curateur *ad hoc*, dans l'autre.

Il a été jugé que si le décès du curateur qui assistait le mineur émancipé dans la licitation n'a pas été notifié, la procédure a pu être continuée, et l'adjudication prononcée, sans nomination préalable d'un autre curateur au mineur. Cass. Req. 22 nov. 1833 (Art. 1011 J. Pr.).

8. *Nécessité d'une autorisation.* Il faut que l'aliénation soit autorisée par un avis du conseil de famille homologué par le trib. C. civ. 457 ; C. pr. 954 ; — à moins qu'elle ne soit provoquée contre le mineur. — V. *Licitation,* n° 28 ; *Vente sur saisie-immobilière.*

9. Cette autorisation ne doit être accordée que pour cause d'une *nécessité absolue* ou d'un *avantage évident.* C. civ. 457.

Il y a *nécessité absolue,* lorsqu'il résulte d'un compte sommaire (— V. *Discussion.* n°s 21 à 25), présenté par le tuteur que les deniers, effets mobiliers et revenus du pupille sont insuffisans pour acquitter ses dettes. C. civ. 457. — V. d'ailleurs C. civ. 1558.

Il y a *avantage évident,* 1° lorsque l'immeuble produit peu ou point de revenu ; — 2° quand il s'agit d'établir le mineur, par exemple, de lui acheter un fonds de commerce.

10. Dans tous les cas, le conseil de famille indique les immeubles qui doivent être vendus de préférence, et les conditions qu'il juge utiles. C. civ. 457.

11. La demande à fin d'homologation est formée par une requête que présente le tuteur au trib. de 1re inst. *du domicile du mineur.* Merlin, Rép v° *Transcription,* § 3, n° 7 ; Pigeau, 2, 508 ; Carré, n° 3167 ; *Dict. du Not.* n° 53. — On joint à cette requête l'expédition de la délibération de famille.

Le trib. statue en la chambre du conseil après avoir entendu le procureur du roi. C. civ. 458. — V. d'ailleurs C. pr. 885, 886, et *Conseil de famille,* n° 57.

12. *Estimation des biens.* Le trib. nomme par le même jugement un ou trois experts, suivant l'importance des biens, et ordonne que sur leur estimation les enchères seront publiquement ouvertes soit devant un membre du trib., soit devant un notaire qu'il désigne à cet effet. C. pr. 955 ; Pigeau, 2, 447 ; Carré, sur l'art. 957 ; Rolland de Villargues, n° 44. — V. *Licitation,* n° 41 ; *Expertise,* n°s 14 à 17.

13. Mais le trib. est-il lié par la demande des parties ? a-t-il au contraire le choix entre la vente en l'audience des criées et l'adjudication par devant notaire ?

Il a été jugé que le renvoi devant notaire demandé par les parties d'un commun accord, devait être prononcé par le trib. Bordeaux, 29 sept. 1835, D. 36, 32. — Dans l'espèce, il s'agissait d'héritiers bénéficiaires (— V. *inf.* n° 72). Mais la jurisprudence décide généralement qu'au juge appartient le droit souverain d'examiner si la vente doit avoir lieu à la barre du trib. ou en l'étude d'un notaire ; qu'à cet égard il n'est point lié par les conclusions des parties. Douai, 11 avr. et 5 mai 1836 (Art. 417 J. pr.). — V. *Licitation,* n° 48, et *Vente sur saisie-immobilière.*

14. Toutefois le désir et le choix des parties doivent être pris en grande considération. *Dict. du Not.* n° 22. — Les trib. consentiront facilement au renvoi devant notaire lorsque les parties le demanderont et que ce mode paraîtra plutôt favorable que contraire à leurs intérêts. Paris, 19 juill. 1831, D. 31, 202.— V. *inf.* n° 72.

Indépendamment du vœu des familles et des créanciers, ils doivent examiner les circonstances, la nature des biens, leur importance et leur situation, le chiffre des frais. — Colmar, 21 déc. 1821, D. 12, 930; Paris, 24 fév. 1824, D. 12, 930; Poitiers, 26 mai et 2 juin 1825, D. *ib.*; Lyon, 17 sept. 1825, 17 et 29 mars 1830 et 5 janv. 1831, D. 31, 111.

15. Le notaire une fois désigné par le trib. doit être préféré à tout autre, quelle que soit sa résidence : nulle loi n'exige que l'adjudication d'un immeuble ait lieu dans l'étude du notaire de la situation de cet immeuble. Orléans, 29 nov. 1826, D. 29, 4; *Dict. du not.*, n° 24. — *Contrà*, Rolland de Villargues, n° 19.

16. Le notaire commis pour la vente représente le trib., et tient la place du juge. C. pr. 935. — Mais il n'en doit pas moins accomplir toutes les formalités des actes notariés. *Dict. du not.*, n° 24, 104. — V. *Licitation*, n° 70.

17. Les experts prêtent serment (C. pr. 956) entre les mains du juge délégué ou du président du trib., si la vente a lieu devant notaire. *Dict. du not.*, n° 58 (— V. *Licitation*, n° 43). — Le notaire commis n'a pas qualité pour recevoir cette prestation de serment. *Ib.*

18. Ils rédigent ensuite un rapport en un seul avis à la pluralité des voix. *Ib.* — Ce rapport présente les bases de l'estimation qu'ils ont faite. *Ib.*

19. La minute en est remise au greffe du trib. ou chez le notaire, suivant qu'un membre du trib. ou un notaire a été commis pour recevoir les enchères. C. pr. 957.—V. *Licitation*, n° 44.

20. Ce rapport n'a pas besoin d'être entériné : l'art. 519 C. pr. exige le dépôt au greffe pour procéder à l'entérinement; et par conséquent, si cette formalité était nécessaire dans l'espèce, il deviendrait impossible de remettre la minute chez le notaire, comme le prescrit l'art. 957. D'ailleurs, l'art. 78 Tar. garde le silence à cet égard : le Code n'exige d'homologation que dans le cas de succession bénéficiaire ou dans le cas de partage et licitation. Pigeau, 2, 509; Rolland de Villargues, n° 47. — V. toutefois *Licitation*, n° 47.

21. *Réduction et dépôt du cahier des charges.* Ces formalités une fois remplies, on doit, pour arriver à la vente, rédiger un cahier des charges contenant, 1° l'énonciation du jugement homologatif de l'avis des parens; — 2° celle du titre de propriété; — 3° la désignation sommaire des biens à vendre et le prix de leur estimation; — 4° les conditions de la vente. C. pr. 958; Rolland, nos 59, 60. — V. d'ailleurs *Licitation*, n° 53.

Le cahier des charges est ensuite déposé, soit au greffe du trib., si la vente a lieu à l'audience, soit chez le notaire commis pour y procéder. C. pr. 958.

22. Lorsque la vente a lieu par devant notaire, la rédaction du cahier des charges appartient-elle *exclusivement aux avoués?* Est-elle au contraire dans les attributions du notaire commis par le trib.? — V. *Avoué*, n° 76. — Enfin peut-elle émaner des parties elles-mêmes?

En faveur des avoués, on dit: dans les ventes de biens de mineurs comme dans les ventes forcées il existe des procédures préliminaires, dont le but est d'arriver aux enchères, mais qui sont spécialement réservées aux avoués par l'art. 128 du tarif; dans tous les cas ces procédures sont les mêmes; or, si devant un juge commis, ces actes étaient faits par un simple particulier, personne n'hésiterait à reconnaître une postulation illicite; or, la loi ne distingue pas. — Mais, dit-on, la vente devant notaire n'est pas un acte de juridiction *contentieuse;* la réponse est facile; dans les deux cas la nature de la vente est la même; la vente est provoquée par le tuteur, *contredite* par le subrogé-tuteur; c'est le trib. qui videra les difficultés, les incidens qui peuvent surgir. — L'avoué qui enchérit devant un notaire, jouit du délai de trois jours accordé par l'art. 709 C pr. — Le notaire commis représente le trib. dont il est le mandataire ou le délégué. — Enfin, les procédures exigées pour parvenir à la vente, sont essentielles; leur inobservation *emporte nullité;* comment donc décider qu'elles peuvent être valablement faites par un autre qu'un avoué? — L'avoué seul offre des garanties et une responsabilité sérieuse aux mineurs, il répond seul des actes nuls et frustratoires (C. pr. 1031). — Enfin le droit de l'avoué est écrit expressément dans l'art. 972 C. pr., qui veut que le cahier des charges soit signifié par acte d'avoué à avoué dans la huitaine du dépôt, soit au greffe, soit *en l'étude du notaire.* Chauveau, *Tarif*, 2, 465, 40; Sudraud-Desisle, 202, 665; Berriat, 708.

Ce système, qui repose sur de puissantes raisons, n'a pas prévalu devant la C. suprême. On a répondu en effet: en accordant aux avoués le privilége de la postulation, la loi du 27 vent. an 8 n'a pas caractérisé, ni classé les actes de postulation, de même que l'art. 128 tarif n'a pas prévu le cas du renvoi de la vente en l'étude d'un notaire; il ne s'applique à cette procédure que lorsque le trib. en reste saisi. Cela posé, en l'absence de toute prohibition légale, il faut tenir que les actes dont il s'agit peuvent être faits, soit par la partie, soit par le notaire, soit par toute personne de confiance. D'ailleurs, l'art. 957 porte que la minute du rapport d'experts sera remise au greffe ou *chez le notaire directement*, suivant les cas; d'après l'art. 965, les enchères en l'étude du notaire pourront être portées par toute personne *sans ministère d'avoué;* enfin, d'après l'art. 977, la partie qui se fera assister d'un conseil auprès du notaire, ne pourra demander que les honoraires de ce conseil entrent dans les frais de partage; d'où la conséquence que pour cette procédure les avoués n'ont pas de privilége exclusif. Cass. Req. 25 juin 1828, D. 28, 298. — V. Observations, Dalloz, *ibid.; Dict. du not.*, n° 25, 29; Rolland de Villargues, n°s 23, 24, 25, 26.

Au reste, l'avoué poursuivant conclut ordinairement à ce que le trib. ordonne que la vente aura lieu sur l'enchère par lui déposée soit au greffe, soit chez le notaire commis.

23. Si l'avoué rédige le cahier des charges à la demande de son client, il a besoin d'un pouvoir spécial pour en faire le dépôt, trib. de Seine 22 nov. 1815. Armand Dalloz, v° *Ventes publiques*, n° 24. — Faute de pouvoir spécial de l'avoué, le notaire devrait faire signer par la partie elle-même un dire sur le procès-verbal. *Dict. du not.*, n°s 30 et 31.

24. Le juge ou le notaire commis à la vente peuvent, soit d'office, soit sur la demande du procureur du roi Arg. C. pr. 83; Orléans, 9 fév. 1827), rejeter les clauses proposées qui n'auraient pas pour but l'intérêt du mineur. *Dict. du not.*, n°s 64 et 65. — V. d'ailleurs *Licitation*, n° 58.

25. Les parties intéressées elles-mêmes peuvent faire des dires tendant à augmenter ou rectifier le cahier des charges; ces dires sont consignés à la suite. C. pr. 698 et 973. — En cas de contestation, le notaire renvoie à l'audience. C. pr. 973. — S'il y a désistement ou conciliation, il le mentionne sur son procès-verbal. C. pr. 402 et 699; *Dict. du not.*, n°s 39 à 41.

26. Il a été jugé que le trib. peut ordonner, — 1° *Sur la demande d'une partie, malgré l'opposition des autres*, que le prix restera aux mains de l'acquéreur sous la condition de servir une rente viagère jusqu'au décès du rentier, et qu'à cette époque cette rente, affectée hypothécairement sur l'immeuble, sera amortie au profit de l'acquéreur, qui se trouvera libéré de son prix. C. pr. 958, 972. — V. *Licitation*, n° 58.

2° Que le prix revenant au mineur restera, jusqu'à sa majorité, entre les mains des acquéreurs avec intérêt à cinq pour cent à son profit. Bruxelles, 22 juill. 1830, D. 33, 212. — M. Dalloz critique cette solution, il la considère comme nuisible à la vente et par conséquent au mineur lui-même, en ce que les immeubles procurent rarement aux acquéreurs un revenu de cinq pour cent.

3° Qu'au contraire, une clause interdisant au vendeur d'acquitter avant la majorité du mineur, la part de celui-ci sera retranchée du cahier des charges comme portant atteinte à l'administration et à la jouissance légale de la mère tutrice. Douai, 30 août 1839 (Art. 1585 J. Pr.).

4° Qu'indépendamment du privilége de vendeur, l'adjudicataire devra fournir une hypothèque dans le ressort de la C. roy. Cass. Req. 5 mars 1828, D. 28, 162.

27. Si le cahier des charges n'est pas contredit avant l'adjudication préparatoire, il fait la loi de toutes les parties *intéressées à la poursuite de la vente*, et les créanciers inscrits non présens, et non appelés peuvent eux-mêmes s'en prévaloir. Arg. C. civ. 1120 à 1122; Cass. Req. 2 nov. 1807, D. 11, 801.

28. Si la vente a lieu en justice, le cahier des charges est lu à l'audience; lors de cette lecture, le juge annonce le jour de l'adjudication préparatoire. C. pr. 959. — V. *Licitation*, n° 59.

Dans le cas de vente devant un notaire, il n'y a pas lieu à faire cette lecture. Carré, n° 3169. — Mais par l'acte de dépôt du cahier des charges, le notaire indique le jour de l'adjudication préparatoire. *Dict. du not.*, n° 66. — V. *Licitation*, n° 60.

29. S'il y a des créanciers qui doivent être présens à la vente, on se borne à les appeler par une sommation pour prendre connaissance du cahier des charges. Arg. Tarif 109; C. pr. 747; Massé, 8, 677; *Dict. du not.*, n° 38.

30. Dans tous les cas, le jour de l'adjudication préparatoire est éloigné *de six semaines au moins*. C. pr. 959. — V. *Licitation*, n°s 59 et 60.

31. *Annonces de la vente.* L'adjudication préparatoire, soit devant le juge, soit devant le notaire, est en outre indiquée par des affiches ou placards. C. pr. 960. — V. *Licitation*, n° 63.

Ces affiches ou placards *ne doivent contenir* que la désignation *sommaire* des biens, les noms, professions et domiciles du mineur, de son tuteur et de son subrogé-tuteur, et la demeure du notaire, si c'est devant un notaire que la vente est faite. C. pr. 960. — Ces mots *ne doivent contenir* s'appliquent spécialement à la désignation sommaire des biens; ils ont pour but d'empêcher que, sous le prétexte de désigner les biens, on ne donne aux affiches une étendue inutile qui augmenterait les frais. — Mais il faut ajouter le jour et l'heure de l'adjudication, l'estimation de l'immeuble et le lieu de l'adjudication, bien que la loi ne l'exige pas. Massé, n°s 68, 70; Rolland, n° 73.

32. L'erreur sur l'indication du jour de l'adjudication est suffisamment réparée par une insertion nouvelle dans la feuille d'annonces, sous la forme d'*erratum*. Paris, 10 juill. 1830, D. 30, 236.

33. Les affiches doivent être imprimées. Tribun Gillet (édit. de Didot, p. 344). — On a voulu éviter l'inconvénient des affiches manuscrites, ordinairement illisibles. Carré, n° 3171.

34. La loi ne s'explique pas sur le nombre des affiches, mais on ne doit passer en taxe que la quantité suffisante pour assurer la publicité de la vente. *Dict. du not.*, n° 72.

35. Les placards sont apposés *par trois dimanches consécutifs :* 1° à la principale porte de chacun des bâtimens dont la vente est poursuivie;

2° A la principale porte des communes de la situation des biens, et, à Paris, à la principale porte seulement de la municipalité dans l'arrondissement de laquelle les biens sont situés;

3° A la porte extérieure du trib. qui a permis la vente, et à celle du notaire, si c'est un notaire qui doit y procéder. C. pr. 961.

Les maires des communes où ces placards ont été apposés les visent et certifient sans frais sur un exemplaire qui reste joint au dossier. C. pr. 961.

36. L'apposition des placards doit toujours être constatée par un huissier. Arg. C. pr. 619 et 685, — et non par le notaire commis pour la vente. Lett. min. just. 15 oct. 1810; Carré, n° 3170 (telle est la marche adoptée par la chambre des notaires de Paris); *Dict. du Not.* n°s 71 et 73; Rolland, n°s 76 et 77. — *Contrà*, Pigeau, 2, 247; — ni par les maires ou adjoins. Arg. Tar. 65; Cass. 7 déc. 1810, S. 11, 82; — encore moins par la preuve testimoniale. — V. *Licitation*, n° 64.

37. Copie des placards est insérée dans un des journaux imprimés dans le lieu où siége le trib. qui a ordonné la vente; et s'il n'y a pas de journal dans ce lieu, dans l'un des journaux imprimés dans le département, s'il y en a. Cette insertion est constatée de la manière prescrite au titre de la *Saisie immobilière*, *huit jours au moins* avant le jour indiqué pour l'adjudication préparatoire. C. pr. 962.

38. S'il n'existe pas de journal, le notaire annexe à son procès-verbal un certificat du procureur du Roi constatant ce défaut. Carré, n° 3172; *Dict. du Not.*, n°s 74 et 77. — Toutefois, cette précaution n'est pas exigée à peine de nullité.

39. L'apposition des placards et l'insertion aux journaux sont renouvelées *huit jours au moins avant l'adjudication définitive.* C. pr. 963. — Ces nouveaux placards sont apposés aux mêmes lieux et certifiés dans la même forme que les premiers.

A ce délai de huit jours ne s'applique pas l'art. 1033, d'après lequel on ne compte dans le délai, ni le jour de la signification, ni celui de l'échéance. Cass. Req., 22 août 1831, D. 31, 283.

40. Le notaire doit annexer à ses procès-verbaux les pièces justificatives des annonces et publications prescrites.

Nous ne pensons pas que les avoués soient fondés à les conserver, alors que les formalités ont été remplies par eux.

Leur possession est utile à l'acquéreur, et leur annexe au procès-verbal importe même à la responsabilité du notaire, en cas de recherches ultérieures. *Dict. du Not.*, nos 79, 82 et suiv.

41. *Adjudications.* L'adjudication préparatoire est précédée d'une seule publication ; elle est même inutile, si la vente est renvoyée devant un notaire.—V. *sup.* n° 28. —En vain on invoque l'art. 965 C. pr., portant que l'on observera, relativement à la réception des enchères, les dispositions contenues dans les art. 701 et suiv., ce n'est que par suite d'une erreur d'impression, et il faut lire 707 et suiv., d'après un *erratum* inséré au *Bulletin des Lois*, 1807, n° 169, p. 348

42. Au jour indiqué pour l'adjudication préparatoire, après la lecture du cahier des charges, on procède à la réception des enchères, et l'on indique le jour fixé pour l'adjudication définitive. On constate par un procès-verbal l'accomplissement de toutes ces formalités.

La suppression de l'adjudication préparatoire est une des principales mesures du nouveau projet.

43. Quel est l'intervalle qui doit exister entre l'adjudication préparatoire et l'adjudication définitive? —La loi ne s'explique point pour ce cas comme dans l'art. 706 ; elle exige seulement un intervalle de huitaine entre l'apposition des affiches et l'insertion dans les journaux qui doivent précéder l'adjudication définitive et cette adjudication. C. pr. 963. — Dans l'usage, on remet à *quinzaine* l'adjudication définitive. Cass. 23 mars 1813, D. 11, 872, 2; Carré, 3173; Pigeau, 2, 452; Massé, p. 251 ; *Dict. du Not.*, nos 84 et suiv.

44. Une adjudication faite un autre jour que celui indiqué d'abord (le 25 au lieu du 26) n'est pas nulle, si ce changement a été annoncé par des affiches et des insertions régulières. Paris, 22 août 1831, D. 31, 283.

45. Au jour indiqué pour l'adjudication définitive, si le montant de l'estimation des biens est couvert par les enchères, l'adjudication a lieu immédiatement.

46. Le juge ne peut ni statuer sur le mérite d'une tierce-opposition, — ou d'un règlement des juges, — ni ordonner le sursis. Trib. Seine, 6 déc. 1837 ; le *Droit*, 5 janv. 1838.

47. Si les enchères ne s'élèvent pas au prix de l'estimation, et qu'il s'agisse de biens de mineurs, le trib. peut ordonner, sur un nouvel avis de parens (sans qu'il soit besoin d'autre homologation, — V. *Licitation*, nos 67 et suiv., — *Contrà*, Carré, n° 3174 ; Arg. Tar. 78), que l'immeuble sera adjugé au plus offrant, même au-dessous de l'estimation ; l'adjudication est alors remise à un délai fixé par le jugement, et qui ne peut être moindre de *quinzaine*. C. pr. 964.

48. *Quid*, si l'adjudication a eu lieu au-dessous de l'estimation?

— Il faut distinguer ; si l'avoué a approuvé l'adjudication, c'est le cas du désaveu. Arg. Rennes, 14 juill. 1819 ; 7 juin 1820, P. 15, 1034. — S'il a gardé simplement le silence, on peut appeler du jugement d'adjudication. Carré, n° 3176. — V. toutefois *inf.* n° 66.

49. Lorsque la vente est provoquée par un majeur contre des mineurs, peut-on adjuger à un prix inférieur à l'estimation, sans recourir à l'autorisation du trib. ? — V. *Licitation*, n° 68.

Quand il s'agit des biens d'une succession bénéficiaire (— V. *inf.* n° 68), la vente au-dessous de l'estimation ne peut avoir lieu sans le consentement des parties intéressées ; l'héritier bénéficiaire pourrait attaquer une pareille adjudication, bien que son avoué eût assisté aux enchères et reçu les frais dus par les acquéreurs. Carré, 3, 535 ; *Dict. du Not.*, n° 93.

Dans une vente après faillite, l'adjudication inférieure à l'estimation est nulle, faute d'avoir été autorisée par le juge-commissaire. Merlin, *Qu.*, v° *Vente*, § 8 ; Rolland, n° 91.

50. Dans le cas où il y a lieu à une nouvelle adjudication, elle est annoncée par des appositions de placards et des insertions dans les journaux (— V. *sup.* n°s 21 à 26), *huit jours au moins avant l'adjudication*. C. pr. 964.

51. Si l'adjudication a lieu en justice, elle doit être faite, à l'audience des criées, par le juge-commis assisté du greffier. — Mais si un notaire a été commis, il n'est pas tenu de la faire en son étude. *Dict. du Not.* n° 106.

52. Le juge désigné pour recevoir les enchères représente le trib. tout entier ; c'est donc par la voie seule de l'appel qu'on doit demander la nullité du jugement d'adjudication pour incapacité de l'adjudicataire. Toulouse, 16 mars 1833, D. 33, 214. — V. *inf.* n° 66.

53. On doit observer, pour la réception des enchères, la forme de l'adjudication et ses suites, les dispositions contenues dans les art. 707 et suiv. C. pr. 965.

En conséquence, les enchères doivent avoir lieu à l'extinction des feux.

54. Les feux sont censés éteints lorsque la flamme de la bougie a cessé. Il n'est pas nécessaire qu'il ne reste plus aucune étincelle.

La loi n'exige pas non plus que le procès-verbal d'adjudication indique la durée des bougies ; s'il constate qu'elles ont été allumées, il y a présomption, qu'elles ont eu la durée prescrite. Lyon, 2 août 1811, P. 9, 516. — Décidé même que le défaut de mention que l'enchère a été faite à l'extinction des feux, n'entrainerait pas la nullité de l'adjudication. *Dict. du Not.*, n° 96.

55. L'enchérisseur cesse d'être obligé si son enchère est

couverte par une autre, lors même que cette dernière serait déclarée nulle. C. pr. 707. — V. *Vente sur saisie immobilière.*

Mais il ne pourrait faire revivre son enchère, en obtenant la nullité de cette dernière ; il est possible, en effet, que celui dont l'enchère est annulée en fasse une nouvelle ; en cas pareil, l'intérêt de la vente exigerait que les bougies fussent de nouveau allumées. — Carré, 2, 604 ; Rolland, n° 105.

D'un autre côté, il ne pourrait rétracter son enchère, en prétextant la nullité de celle qu'il aurait couverte ; il a traité directement avec la justice, et non avec les précédens enchérisseurs. Merlin, *Rép.* v° *Transcription*, § 5 ; Carré, 2, 605 ; *Dict. du Not.*, n° 102 ;

56. Les règles précédentes souffrent quelques exceptions, lorsque la vente a lieu devant notaire.

Ainsi les enchères peuvent être faites sans ministère d'avoué (C. pr. 965) ; — à moins qu'il n'en ait été autrement convenu dans le cahier des charges. *Dict. du Not.* n° 103.

57. La prohibition de se rendre adjudicataire, prononcée par l'art. 713 C. pr. (— V. *Vente sur saisie immobilière*), contre les juges, procureurs du roi, etc., n'est plus applicable. — Vainement dirait-on que l'art. 965 a renvoyé pour les formalités de la vente aux art. 707 et suiv., et que les magistrats peuvent exercer une grande influence, même sur le notaire chargé de procéder à la vente. — L'art. 965 n'a entendu parler que *des formes des enchères* ; la prohibition n'est d'ailleurs prononcée que contre les magistrats du trib. *devant lequel est poursuivie la vente*, circonstance qui ne se rencontre pas dans l'espèce. Carré, n° 3178. — *Contrà*, Arg. Pigeau, 2, 516, n° 20.

58. Il n'est pas nécessaire que l'enchère soit signée par celui qui l'a faite : le notaire aussi bien que le juge, a pouvoir de la constater. Arg. Cass. 24 janv. 1814, P. 12, 50. — Ce n'est pas un contrat ordinaire où le consentement n'est valablement constaté que par les signatures des parties. *Dict. du Not.*

Il en est autrement des ventes volontaires aux enchères. *Même arrêt.*

59. Ceux qui portent atteinte à la liberté des enchères sont passibles des peines portées par l'art. 412. C. Pén. — Carnot sur l'art. 412.

60. Les formalités prescrites sont de rigueur, quelque modique que soit la valeur des immeubles vendus. Riom, 31 mai 1830, D. 34, 45. — Si elles n'ont pas été observées, la vente faite par le tuteur est nulle. Amiens, 29 juill. 1824. D. 12, 932, n° 1, 8. — V. *Mineur*, n° 11.

La vente régulièrement faite a la même force que si elle

avait été consentie par le mineur lui même en majorité, et ne peut plus être attaquée pour lésion. C. civ. 1314.

Les majeurs ne seraient pas fondés à se prévaloir de ce que la vente aurait eu lieu en l'absence du subrogé-tuteur ou du curateur. Arg. C. civ. 1125; Carré, n° 3166. *Dict. du Not.* n° 89.

61. L'adjudicataire a le droit d'examiner si les formalités exigées par la loi ont été exactement remplies ; il peut se dispenser de payer son prix jusqu'à ce qu'il soit reconnu par l'inspection de tous les actes qu'elles ont été observées, alors même que le procès-verbal ou le jugement énonceraient l'accomplissement de ces formalités. Agen, 10 janv. 1810, D. 11, 803, 1 ; Carré, n° 3186. *Dict. du Not.* n° 111.

Jugé au contraire qu'il n'est pas recevable à demander la nullité des procédures qui ont précédé son adjudication, et qu'il doit s'imputer de ne s'être pas assuré à l'avance de leur validité. — Orléans, 7 fév. 1811; *Dict. du Not.* n° 112.

62. L'adjudication définitive transporte la propriété à l'adjudicataire sous une condition résolutoire, celle qu'il n'y aura pas de surenchère; aussi la perte de l'immeuble arrivé dans l'intervalle serait-elle à sa charge ; il n'en devrait pas moins son prix. — *Dict. du Not.* n°s 170, 171.

63. Mais s'il refuse, sans motifs légitimes, d'exécuter les clauses de l'adjudication, notamment de payer son prix, il peut y être contraint par toutes les voies de droit. — V. *Folle-enchère.* — Si la vente a eu lieu devant un notaire, c'est également devant lui que doit être poursuivie la revente sur folle-enchère. — V. *ib.* n° 21.

64. En cas de vente de biens de mineurs, la surenchère doit-elle être du quart ou du dixième? — V. *Vente sur Surenchère.*

65. Quant aux moyens d'attaquer l'adjudication. —V. *Vente sur Saisie immobilière,* sect. Ire, § 7, art. 7.

66. Entre l'adjudication à l'audience des criées et celles faites par le notaire commis, il y a cette différence que le notaire ne rend pas, comme le trib., de jugement ; aussi l'adjudication qu'il prononce ne peut-elle être attaquée que par *action* devant le trib. et non par la voie *d'appel* comme le jugement rendu par le trib. lui-même. Carré, n° 3192 ; *Dict. du Not.* n° 80, 81. Cass. req. 6 fév. 1822, D. 22, 152; Paris, 27 août 1831, D. 33, 92.

67. Les honoraires des notaires sont de : un pour cent depuis 2,000 jusqu'à 10,000 fr. ; un demi pour cent de 10,000 fr. à 50,000 fr. ; un quart pour cent de 50,000 fr. à 100,000 fr. et sur l'excédant, indéfiniment un huitième pour cent. Tarif, 113 et 172.

§ 3. — *Ventes d'immeubles dépendans d'une succession bénéficiaire.*

68. Dans le cas où il y a lieu de vendre des immeubles dépendans d'une succession bénéficiaire, l'héritier présente au président du trib. de 1re inst. (dans l'arrondissement duquel la succession s'est ouverte) une requête dans laquelle les biens à vendre sont désignés. C. pr. 987.

Pour les biens situés en France et qui dépendent d'une succession ouverte en pays étranger, on s'adresse au trib. du lieu de la situation, et s'ils sont situés dans divers arrondissemens, au trib. du chef-lieu de l'exploitation, ou à défaut de chef-lieu, de la partie des biens qui présente le plus grand revenu, d'après la matrice du rôle. Arg. C. civ. 2210. Carré, n° 3221.

69. La requête est communiquée au ministère public, et sur ses conclusions et le rapport d'un juge commis à cet effet, le trib. rend un jugement qui ordonne l'estimation préalable des immeubles par *un* seul expert qu'il nomme d'office. C. pr. 987. — V. au contraire *sup.* n° 12.

70. Il n'y a également lieu à nommer qu'un seul expert dans le cas de succession vacante, de cession judiciaire et de faillite;

— V. d'ailleurs *Vente sur saisie immobilière.*

71. Si le rapport de l'expert est régulier, il est entériné sur requête par le trib. qui a prescrit l'expertise; et sur les conclusions du ministère public, le même jugement ordonne la vente. C. pr. 988. C. civ. 806. Tarif, 78, 128.

72. Jugé que la vente des immeubles dépendant d'une succession bénéficiaire *doit* être renvoyée devant notaire et non à l'audience des criées du trib., alors que l'héritier bénéficiaire demande que ce renvoi soit prononcé. Bordeaux, 29 sept. 1835, D. 36, 32. — V. toutefois *sup.* n° 13.

73. On suit pour cette vente les formalités prescrites pour le cas de *licitation.* — V. ce mot. C. pr. 988 à 996.

74. L'héritier bénéficiaire est propriétaire des biens de la succession, comme l'héritier pur et simple; il n'est point uniquement administrateur comptable; ainsi, lorsqu'il vend sans formalités les immeubles héréditaires, ces ventes ne sont pas nulles comme faites à *non domino.* Paris, 20 frim. an 14, S. 7, 997.

Mais le défaut de formalités expose l'héritier bénéficiaire à être réputé héritier pur et simple. C. pr. 988. Paris, 17 déc. 1822, S. 23, 165. — V. *Bénéfice d'inventaire*, n° 35.

75. Jugé que cette vente ne le prive pas de sa qualité d'héritier bénéficiaire, si elle n'a été faite qu'à la condition de ne point préjudicier à cette qualité, et de pouvoir la rendre sans effet en renonçant purement et simplement à la succession, d'où provenaient les immeubles vendus. Cass. 26 juin 1828, S. 28, 427.

§ 4. — *De la déclaration de command.*

76. Le mot *command* désigne la personne inconnue qui a commandé, ou qui est censée avoir commandé d'acquérir pour elle; la *déclaration de command* est l'indication de cette personne.

Cette déclaration n'est pas considérée comme opérant une nouvelle mutation quand elle réunit les conditions exigées par la loi. LL. 27 fr. an 7, art. 68, § 1, n° 24; 28 avr. 1816, art. 44, n° 3. — V. *Vente sur saisie immobilière.*

77. Ces conditions sont au nombre de cinq; il faut : 1° que la réserve de nommer un command ait été exprimée dans le procès-verbal d'adjudication ; — ou dans le cahier des charges : elle est en effet partie intégrante de l'adjudication. Déc. min. fin. 25 juin 1819.

A défaut de réserve, ou de déclaration dans le délai fixé, l'acquéreur reste propriétaire, et la cession de ses droits à un tiers produit tous les effets d'une revente. — V. *Vente sur saisie immobilière.*

78. 2° Que la déclaration de command émane de l'adjudicataire direct : la loi n'admet pas deux élections successives. Cass. 22 août 1809, D. 7, 174 ; — et qu'elle ait lieu par acte public. Déc. min. fin. 15 mars 1808 ; — mais elle est valablement faite par acte authentique en vertu d'une procuration sous seing-privé. Déc. rég. 20 avr. 1821.

79. 3° Que la remise des biens acquis au command soit *pure et simple*, et sans *novation* dans les clauses. Déc. min. fin. 15 mars 1808 ; Inst. rég. 7 juin 1818, n° 386 ; — la concession d'un délai emporterait revente. Cass. 31 janv. 1814, D. 7, 170.

Toutefois, le déclarant peut, 1° *diviser les objets* qu'il a acquis entre divers commands, pourvu d'ailleurs que les conditions restent les mêmes. Cass. 8 nov. 1815, P. 13, 97 ; Délib. rég. 5 mai 1821 ; — 2° *se réserver l'usufruit* et céder la nue-propriété au command. Délib. rég. 6 fév. 1827.

Dans une espèce où une femme séparée de biens, ayant acquis de son mari un immeuble en paiement de ses reprises, avait déclaré un command auquel elle avait accordé des termes de paiement, la régie a décidé, le 15 déc. 1826, qu'il n'y avait point revente, mais seulement un prêt de la part de la femme.

La déclaration de command faite pour un prix plus élevé que celui de l'adjudication doit être considérée comme une revente passible du droit proportionnel de mutation. Cass. 31 janv. 1814, S. 14, 178; 18 fév. 1839 (Art. 1386 J. Pr.).

Mais si les déclarations ont été divisées, l'irrégularité de l'une d'elles ne nuit point à l'autre. Cass. 18 fév. 1839 (Art. 1387 J. Pr.).

On peut, au reste, céder à l'un le sol, à l'autre la superficie. *Même arrêt.*

80. 4° Que la déclaration soit notifiée à la régie dans les 24 heures du procès-verbal d'adjudication.

La notification au receveur se fait par acte extrajudiciaire, ou par la présentation du procès-verbal d'adjudication à l'enregistrement : dans ce dernier cas, il faut veiller à ce que la déclaration soit immédiatement enregistrée. Déc. min. fin. 18 brum. an 9; — la déclaration remise dans le délai voulu par la loi, mais enregistrée postérieurement à ce délai, perd son effet; le receveur, qui a commis la faute, demeure garant envers les parties du dommage qu'elles éprouvent par la perception d'un second droit de mutation. Cass. 31 mai 1825, S. 25, 409.

Cette notification au receveur ne pourrait être suppléée par celle faite au command élu. Cass. 3 therm. an 9, P. 2, 260.

81. Le délai de vingt-quatre heures est tellement de rigueur, que si l'acte de vente était daté *avant midi*, la déclaration de command devrait être faite et notifiée le lendemain *avant midi*. Favard, *R.* v° *Déclaration de command*, n° 2.

Mais la déclaration faite le *samedi* peut être faite et notifiée le *lundi*. L. 22 frim. an 7. Art. 25, 68, 69; 28 avr. 1816, art. 44. Cass. Belgique 21 fév. 1833. Trib. Seine. 8 juill. 1835 (Art. 350 J. Pr.). Cass. civ. 15 nov. 1837 (Art. 1006 J. Pr.). — V. *Vente sur saisie immobilière.*

82. Lorsqu'un notaire, qui a reçu une déclaration de command, se trouve trop éloigné du bureau où les actes doivent être enregistrés pour notifier la déclaration au receveur avant l'expiration des vingt-quatre heures, la notification au receveur du bureau dans l'arrondissement duquel l'acte a été passé est régulière.

83. Le délai pour la déclaration de command à faire par l'acquéreur d'un domaine national est *de trois jours*. LL. 13 sept., 16 octobre 1791; 26 vend. an 7. — V. d'ailleurs L. 15 flor. an 10, art. 9; Av. cons. d'Etat. 30 janv. 1809; Délib. rég. 29 avr. 1831.

S'il s'agit de vente de coupe de bois de l'Etat, la déclaration doit être faite immédiatement après l'adjudication et séance tenante. C. for. 23; — il en est de même pour les coupes de bois du domaine de la couronne, des communes et des établissemens publics. *Ib.* 90.

84. La déclaration de command peut être reçue avant que l'adjudication ait été enregistrée. *Nec obstat.* L. 2 frim. an 7 ; Arg. L. 28 avr. 1816, art. 56 ; Déc. min. just. et fin. 31 déc. 1808, 10 janv. 1809.

85. 5° Que la déclaration soit acceptée par le command.

Les avoués qui se rendent adjudicataires dans les ventes faites devant notaires commis par justice ont la faculté d'élire un command dans les trois jours de l'adjudication, lors même qu'ils ne se seraient pas réservé cette faculté dans le procès-verbal d'adjudication. *Nec obstat.* C. pr. 965 ; cet art. renvoie en effet à l'art. 709 du même Code. Cass. 26 fév. 1827, D. 27, 155. — V. d'ailleurs *Vente sur saisie immobilière.*

§ 5. — *Enregistrement.*

86. Les affiches indicatives de la vente s'identifient avec le procès-verbal d'apposition ; ce procès-verbal est seul sujet au droit fixe de 2 fr. L. 28 avr. 1816, art. 43. — V. d'ailleurs *Affiches*, n°s 16 et suiv.

87. L'adjudication préparatoire est soumise au droit fixe de 3 fr. si elle a lieu *en justice. Même loi*, art. 44, — et à celui de 1 fr. seulement si elle est faite *devant un notaire commis*. Sol. rég. 26 sept. 1830 ; 28 juin, 29 août 1831.

88. L'adjudication définitive est passible du droit proportionnel de 5 fr. 50 c. par 100 fr. *Même loi*, art. 52. —V. d'ailleurs *Greffe (droits de)* n°s 37 et suiv. — Et toutefois *Licitation*, n°s 96 et suiv.

89. Le droit est liquidé sur le prix exprimé en y ajoutant toutes les charges en capital. L. 22 frim. an 7, art. 15, n° 6.

90. Lorsque, par un même procès-verbal d'adjudication, plusieurs lots ont été adjugés à un même individu, le droit d'enregistrement doit être perçu non sur chaque article séparé, mais *sur le prix des différentes cotes réunies*. Délib. rég. 19 mars 1823.

91. La déclaration de command, proprement dite, est soumise au droit fixe de 5 fr. L. 28 avr. 1816, art. 44 ; — mais celle faite par l'avoué du nom de la personne pour laquelle il s'est rendu adjudicataire n'est passible que du droit de 1 fr. comme celle de complément. Solut. Rég. 5 nov. 1830.

92. Quant aux divers actes de procédure faits pour parvenir à l'adjudication définitive. — V. les mots qui les concernent, et d'ailleurs *Vente sur saisie immobilière,* sect. II.

§ 6. — *Formules.*

FORMULE I.

Requête en homologation d'une délibération du conseil de famille qui ordonne la vente des immeubles d'un mineur.

A Messieurs les président et juges, etc.

Le sieur élu, au nom et comme tuteur du mineur , ayant Me pour avoué.

Requiert, qu'il vous plaise.

Attendu que la délibération du conseil de famille dudit mineur sous la présidence de M. le juge de paix de en date du , enregistrée, est régulière en la forme et juste en fond,

Homologuer, pour être exécutée selon sa forme et teneur, ladite délibération de famille; en conséquence, ordonner que la maison dont s'agit, sera vendue en l'audience des criées du tribunal, ou par le ministère de Me , notaire à , qu'il plaira au tribunal commettre à cet effet, après avoir été préalablement visitée et estimée par un ou trois experts, aussi commis d'office, ce dont ils dresseront procès-verbal qui sera déposé au greffe, (ou en l'étude dudit notaire) et ce sera justice. (*Signature de l'avoué.*)

FORMULE II.

Sommation au subrogé tuteur d'être présent à la vente d'un immeuble appartenant à un mineur.

V. *Licitation*, formule VII.

FORMULE III.

ENCHÈRE.

(C. pr. 958, — Tarif 128. — Coût, 2 fr. par rôle.)

Cahier des charges, clauses et conditions.

Auxquels seront adjugés, à l'audience des criées du tribunal civil de première instance du département de , séant au Palais-de Justice à , sur licitation et au plus offrant et dernier enchérisseur :

1° Une maison, et, (*indiquer les biens et leur situation, ainsi que les lots*).

A la requête, poursuite et diligence de (*noms, prénoms, profession et demeure*), ayant pour avoué Me (*noms et prénons*), demeurant à , rue

En présence de (*noms, professions et demeure des colicitans*),

En exécution : 1° d'un jugement rendu en la chambre du tribunal civil de première instance du département de , le , signifié à , avoué, le , et à domicile, par exploit de , huissier à , en date du lequel jugement a ordonné entre autres choses que les biens sus-énoncés seraient visités, prisés et estimés par , expert que le tribunal a nommé d'office, en lui donnant encore la mission d'examiner si lesdits biens sont ou non partageables ;

2° D'un autre jugement rendu par le même tribunal le , entre les mêmes parties (*s'il y a de nouvelles parties, énoncer leurs prénoms, noms et professions et demeures*), enregistré, signifié à , etc.; par lequel jugement le tribunal a entériné, pour être exécuté selon sa forme et teneur, le rapport dressé par ledit expert en date au commencement de , déposé en minute au greffe du tribunal le , et a ordonné qu'aux requête, poursuite et diligence de il serait procédé à la vente par licitation, à l'audience des criées du tribunal, des biens ci-après désignés; comme aussi que les dépens compensés, et dont distraction a été faite aux avoués des parties, seraient remboursés par privilège et préférence comme frais de poursuite et de colicitans. (*Les autres dispositions de ce jugement, étrangères à la vente, ne doivent pas être rapportées.*)

DÉSIGNATION.

(*Il est inutile de relater tous les détails que les experts donnent ordinairement dans leur rapport, et pour lesquels on peut renvoyer à ce rapport. — S'il existe dans l'immeuble des glaces ou autres objets de cette nature, immeubles par destination, on peut en donner un état. — Il est important d'énoncer les servitudes actives ou passives et les droits de mitoyenneté. — S'il y a des biens à vendre en plusieurs lots, indiquer la composition des lots, et la contenance, les tenans et aboutissans.*)

PROPRIÉTÉ.

(S'il y a plusieurs lots et que les biens ne soient pas de même origine, diviser la propriété en propriété générale et propriété particulière. — Dans la première partie, énoncer les qualités des vendeurs, indiquer les actes qui établissent ces qualités et fixer la portion virile de chacun dans les biens. — Dans la seconde partie, énoncer avec soin : 1° les lettres de ratification ou de transcription ; 2° les certificats du conservateur des hypothèques, par suite de l'accomplissement des formalités de purge légale ; 3° les quittances ou autres actes constatant la libération des différens propriétaires. — Faire remonter l'établissement de la propriété, autant qu'on le peut, à trente ans au moins.)

CONDITIONS DE LA VENTE.

(S'il y a plusieurs lots, et que, soit pour les servitudes, soit pour les locations, soit pour toute autre cause, il y ait nécessité de faire des conditions particulières pour quelques lots, il serait convenable de diviser les conditions en générales et particulières.)

Art. 1. — *Garantie.*

L'adjudicataire prendra les biens dans l'état où ils seront au jour de l'adjudication définitive, mais sans pouvoir prétendre à aucune garantie et indemnité contre les vendeurs, ni à aucune diminution de prix pour dégradations, réparations, erreurs dans la désignation, dans la consistance ou dans la contenance, ni même à raison de la mitoyenneté des murs séparant lesdits biens des propriétés voisines.

(S'il s'agit de la vente d'un corps certain clos de murs, telle qu'une maison, on ajoutera : et sans aucune garantie de mesure, lors même que la différence excéderait un vingtième. — *S'il s'agit de biens ruraux ou de terrains non clos, on ajoutera, à la différence ci-dessus :* sauf l'exécution de l'art. 1619 C. civ. — *S'il y a des objets réclamés par des tiers ou par des locataires et fermiers, les indiquer. — Faire connaître les actes qui repoussent ou qui appuient ces réclamations.)*

Art. 2. — *Servitudes.*

L'adjudicataire jouira des servitudes actives et souffrira les servitudes passives, occultes et apparentes, sauf à faire valoir les unes et à se défendre des autres à ses risques, péril et fortune, sans aucun recours contre les vendeurs, et sans que la présente clause puisse attribuer soit aux adjudicataires, soit aux tiers, d'autres et plus amples droits que ceux résultant des titres.

(S'il y a des servitudes connues, les indiquer avec détail, et énoncer les titres sur lesquels sont fondées les servitudes actives.)

Art. 3. — *Entrée en jouissance.*

L'adjudicataire sera propriétaire par le fait seul de l'adjudication, mais il n'entrera en jouissance pour la perception des loyers qu'à partir du premier jour du terme qui suivra cette adjudication.

(S'il s'agit d'une ferme ou de biens ruraux affermés, la clause sera rédigée ainsi qu'il suit : mais l'adjudicataire n'entrera en jouissance que par la perception des fermages représentatifs de la récolte , dont le premier terme sera exigible le .)

(S'il s'agit d'une ferme ou de biens ruraux non-affermés, et que la vente se fasse avant la récolte : Il entrera en jouissance à compter dudit jour, mais il remboursera aux vendeurs, indépendamment du prix de l'adjudication, les frais de labours, semences et cultures, qui sont fixés à la somme de .)

(S'il s'agit de bois et que la vente se fasse avant l'exploitation : mais il n'entrera en jouissance, pour l'exploitation que par celle de la coupe ordinaire de 184 , laquelle aura lieu dans l'hiver de 184 à 184 .)

(Il est, au surplus, impossible de prévoir tout ce qui est à stipuler sur l'entrée en jouissance, puisque la nature des biens, la saison dans laquelle se fait

a vente, et une foule de circonstances peuvent modifier ces stipulations. On loit donc recommander cette clause aux soins des rédacteurs, afin qu'ils évitent 'obscurité ou l'ambiguité.)

Art. 4. —*Contributions. — Intérêts.*

L'adjudicataire supportera les contributions et charges de toute nature dont es biens sont ou seront grevés, et ce à compter du jour fixé pour son entrée en ouissance des revenus (*si ce sont des biens ruraux, il faudra dire;* à compter lu premier janvier de *l'année dont la récolte lui appartiendra*); il paiera les intérêts de son prix à raison de cinq pour cent par année, sans aucune retenue, à compter de la même époque jusqu'à paiement intégral dudit prix.

Art. 5. — *Baux et locations.*

L'adjudicataire sera tenu d'exécuter, pour le terme qui en restera à courir au moment de l'adjudication, les baux et locations ci-après (*énoncer les baux, eur date, leur durée, le prix et les principales conditions*); il tiendra compte en sus et sans diminution de son prix, aux différens locataires, des loyers qu'ils auraient payés d'avance.

Savoir : 1° (*énoncer avec soin les noms des locataires et la quotité des loyers payés d'avance*).

Art. 6. — *Assurance contre l'incendie.*

L'adjudicataire devra entretenir, à partir du jour de son entrée en jouissance, et pour tout le temps qui en reste à courir, la police d'assurance contre l'incendie avec la compagnie de (*énoncer cette police*), et de payer, à partir de sadite entrée en jouissance, les primes et droits desdites polices; de telle manière que, pour raison d'icelles, les vendeurs ne puissent être aucunement poursuivis, inquiétés ni recherchés.

Art. 7. — *Droits d'enregistrement et autres.*

L'adjudicataire sera tenu d'acquiter, en sus de son prix, tous les droits d'enregistrement, de greffe, et autres auxquels l'adjudication donnera lieu.

Art. 8. — *Frais de poursuite.*

Il paiera en sus de son prix les frais faits pour parvenir à la vente et à l'adjudication des biens susdésignés, tels que (*détailler ces frais*).

Le montant de ces frais ne pourra excéder la somme qui sera déclarée avant l'adjudication définitive, à moins que ladite évaluation n'ait été modifiée par un jugement ou ordonnance postérieure; l'adjudicataire sera tenu d'acquitter cette somme en sus du prix de l'adjudication, et ce dans la huitaine d'icelle, entre les mains et sur la quittance de l'avoué poursuivant, quel que soit l'événement de la taxe, dont le bénéfice n'appartiendra qu'aux vendeurs ou à leurs créanciers.

Il paiera également dans le même délai, entre les mains et sur la quittance de l'avoué poursuivant, et en sus du prix de l'adjudication, le montant de la remise proportionnelle accordée par l'art 113 du Tarif des frais et dépens.

La grosse du jugement d'adjudication ne pourra être délivrée par le greffier du tribunal qu'après la justification de la quittance desdits frais.

Art. 9. — *Levée et signification du jugement d'adjudication.*

L'adjudicataire sera tenu de lever le jugement d'adjudication et de le faire signifier dans le mois de l'adjudication et à ses frais; faute par lui de satisfaire à cette condition dans le délai prescrit, les vendeurs pourront se faire délivrer une première grosse du jugement d'adjudication, à ses frais, par le greffier du tribunal, trois jours après une sommation, sans être obligés de remplir les formalités prescrites par la loi pour parvenir à la délivrance d'une deuxième grosse.

Art. 10. — *Transcription.*

Dans la quinzaine suivante, l'adjudicataire devra faire transcrire à ses frais son jugement d'adjudication au bureau des hypothèques, dans l'arrondissement duquel sont situés les biens. — V. toutefois *Purge des hyp.*, n° 32.

Art. 11. — *Formalités en cas d'inscriptions.*

Si sur la transcription, ou pendant la quinzaine qui la suivra, il survient des inscriptions du chef des vendeurs ou de leurs auteurs, l'adjudicataire devra en dénoncer l'état à l'avoué poursuivant aux frais des vendeurs, par acte d'avoué à avoué, dans la quinzaine de la délivrance de cet état. Les vendeurs auront, à compter de cette dénonciation, un délai de quarante jours pour rapporter à l'adjudicataire le certificat de radiation de ces inscriptions. Pendant ce délai, l'adjudicataire ne pourra faire aux créanciers les notifications prescrites par les art. 2183, 2184 C. civ.; il ne pourra non plus faire ni offres, ni consignation, ni aucune diligence pour opérer la libération. Les inscriptions qui ne frapperaient que sur un ou plusieurs des vendeurs, ne pourront empêcher le paiement que des portions du prix revenantes aux vendeurs grevés, et l'adjudicataire devra payer les portions libres.

Art. 12. — *Purge légale et paiement du prix.*

L'adjudicataire aura un délai de quatre mois pour remplir, s'il le juge convenable et à ses frais, les formalités nécessaires à l'effet de purger les hypothèques légales dont les biens pourraient être grevés.

Après l'expiration des délais ci-dessus fixés pour la purge, il sera tenu de payer son prix à (*lieu*) en principal et intérêts, en espèces d'or et d'argent ayant actuellement son cours de monnaie et non autrement.

Art. 13. — *Remise des titres.*

Les vendeurs déclarent avoir à remettre (*énoncer les titres avec exactitude*); à l'égard de tous autres titres que l'adjudicataire voudra se procurer, il est autorisé à s'en faire délivrer des expéditions ou extraits à ses frais par tous dépositaires.

Art. 14. — *Réception des enchères.*

Les enchères ne seront reçues, conformément aux art. 707, 965 C. pr., que par le ministère d'avoué exerçant près le trib. civ. de 1re instance de

L'avoué qui aura enchéri et qui sera resté adjudicataire pour une personne notoirement insolvable, sera garant et responsable des effets de l'adjudication.

Art. 15. — *Des commands.*

Dans le cas où l'adjudicataire userait de la faculté de déclarer command, il sera solidairement obligé, avec ceux qu'il se sera substitués, au paiement du prix et à l'accomplissement des charges de l'enchère.

Art. 16. — *Folle enchère.*

A défaut par l'adjudicataire de payer tout ou partie de son prix, ou d'exécuter aucune des clauses ou conditions de l'adjudication, les vendeurs pourront faire revendre les biens par folle enchère, dans les formes prescrites par les art. 738 et suiv. C. pr.

Si le prix de la nouvelle adjudication est inférieur à celui de la première, le fol enchérisseur sera contraint au paiement de la différence, en principal et intérêts, par toutes les voies de droit; dans aucun cas, le fol enchérisseur ne pourra répéter, soit contre le nouvel adjudicataire, soit contre les vendeurs auxquels ils demeureront acquis à titre de dommages et intérêts, et qui profiteront au nouvel adjudicataire, les frais d'enregistrement, de greffe ot d'hypothèques qu'il aurait payés.

L'adjudicataire sur folle enchère devra les intérêts de son prix du jour où le fol enchérisseur en était tenu, sauf à poursuivre à ses risques et périls le recouvrement des fruits et revenus, à compter de la même époque.

Dans le cas où le prix de la seconde adjudication serait supérieur à celui de la première, la différence appartiendra aux vendeurs.

Les conditions ci-dessus sont applicables même au cohéritier ou copropriétaire adjudicataire.

Les vendeurs auront en outre, conformément à l'art. 9, le droit de se faire délivrer une grosse du jugement d'adjudication pour contraindre l'adjudicataire au paiement de son prix

Art. 17. — *Attribution de juridiction.*

Le tribunal civil de première instance du département de sera seul compétent pour connaître de toutes contestations relatives à l'exécution des conditions de l'adjudication et à ses suites, quels que soient la nature desdites contestations et le lieu du domicile des parties intéressées.

Art. 18. — *Élection de domicile.*

L'adjudicataire sera tenu d'élire domicile à , pour l'exécution des charges et conditions de l'adjudication; sinon et par le seul fait de l'adjudication, le domicile sera élu de droit chez l'avoué qui se sera rendu adjudicataire.

Les vendeurs élisent domicile, savoir : 1o ; 2o

Les domiciles élus seront attributifs de juridiction, même pour le préliminaire de conciliation et les actes d'exécution, ceux sur la folle enchère et tous autres; même les exploits d'offres réelles et d'appel, y seront valablement signifiés.

Outre les charges, clauses et conditions de l'adjudication, les enchères seront reçues sur la somme de . Montant de l'estimation, ci. . . . . .

(*S'il n'y a pas eu d'estimation, l'avoué poursuivant fixera une mise à prix sur laquelle les enchères seront reçues.*)

Fait et rédigé à le , par Me ; avoué poursuivant.

— V. d'ailleurs *Licitation*, Formules III, IV, V.

FORMULE IV.

Affiche pour parvenir à la vente.

VENTE DE BIENS DE MINEURS,

En l'audience des criées, etc. — V. *Licitation*, Formule VI.

On fait savoir à tous qu'il appartiendra, qu'en vertu d'une délibération du conseil de famille dudit mineur, en date du , ladite délibération homologuée par jugement rendu au tribunal de , le , et en présence du sieur , subrogé-tuteur dudit mineur,

Il sera procédé, etc. (*le reste comme à la formule* VI. vo *Licitation*.

FORMULE V.

Procès-verbal d'apposition d'affiches.

(C. pr. 961. — Tarif, 50, 65. — Coût, 4 fr.)

L'an , le , à la requête du sieur , etc., poursuivant la vente d'une maison , etc., pour lequel domicile est élu en la demeure de Me , avoué, etc., je (*immatricule*), soussigné, certifie, etc. (—V. *Vente sur saisie immobilière*), en l'audience des criées du tribunal de , etc., à l'adjudication préparatoire de ladite maison.

Coût du présent procès-verbal, etc.

FORMULE VI.

Dire du poursuivant.

(C. pr. 959. — Tarif, III par anal. — Vacation, 8 fr.)

Il est rédigé sur le cahier des charges dans une forme analogue à celle suivie en cas de saisie immobilière. — V. *Licitation*, Formule VII; *Vente sur saisie.*

FORMULE VII.

Jugement d'adjudication.

Louis-Philippe, etc. Le juge tenant l'audience des criées du tribunal de etc. a rendu le jugement dont la teneur suit :

Sur le cahier des charges, signé par M^e , avoué en ce tribunal et du sieur , timbré et enregistré, etc., et déposé au greffe desdites criées du susdit tribunal, et duquel dit cahier des charges la teneur suit : (*copier le cahier des charges et les dires faits à la suite*).

Du par M. , juge tenant l'audience des criées du tribunal, etc.

Acte de la lecture et publication de l'enchère contenant rôles, cotés et paraphés par nous , remettons pour l'adjudication préparatoire au de le poursuivant tenu d'afficher. Ainsi signé (*signature du juge et du greffier*); enregistré, etc.

Du , etc., lecture faite de l'enchère, et après l'extinction de trois feux consécutifs sans que personne ait offert le montant de la mise à prix, nous juge, etc., donnons acte à l'avoué poursuivant les diligences par lui faites pour parvenir à l'adjudication préparatoire, et indiquons jour pour l'adjudication définitive au , etc.

Du , à l'audience des criées, etc., après lecture faite du cahier des charges, nous , juge, etc., donnons acte à M^e , avoué poursuivant la vente, du dire par lui fait en date du ; et attendu que les formalités voulues par la loi ont été remplies, disons qu'il soit immédiatement procédé à la réception des enchères et à l'adjudication définitive de l'immeuble dont s'agit.

Et à l'instant M^e , etc., a enchéri à

Après l'extinction de trois feux consécutifs sans enchères nouvelles, adjugeons définitivement à M^e l'immeuble dont s'agit, moyennant fr., en sus des charges et indépendamment des frais de poursuite de vente fixés provisoirement à la somme de , sauf la taxe, qui ne pourra profiter qu'aux vendeurs ou à leurs créanciers.

Donnons acte en outre audit M^e , avoué, de ce qu'il déclare que l'adjudication à lui présentement faite, de l'immeuble ci-dessus désigné, est pour et au profit de M^e , présent à l'audience, et acceptant sous la réserve néanmoins du droit de command ; lequel a dit également faire élection de domicile en l'étude de M^e . Ainsi signé (*Signatures du juge et du greffier*), en ladite minute du présent jugement.

Fait et jugé à , etc. Mandons, etc.

NOTA. Si la vente a lieu par suite de saisie-immobilière, à Paris, l'audience est tenue par le tribunal.

—V. d'ailleurs *Conseil de famille, Expertise, Licitation, Vente sur saisie.*

VENTE DE MARCHANDISES NEUVES. — V. *Vente de meubles*, n°s 51 à 57.

VENTE DE MEUBLES AUX ENCHÈRES.

DIVISION.

§ 1. — *Cas où il y a lieu de vendre aux enchères.*
§ 2. — *Par quels officiers la vente peut être faite.*
§ 3. — *Dans quelle forme.*

Art. 1. — *Vente après saisies.*
Art. 2. — *Vente de meubles dépendant d'une succession*
Art. 3. — *Vente de marchandises neuves.*
Art. 4 — *Vente d'imprimeries.*

§ 4. — *Des contraventions et des amendes.*
§ 5. — *Enregistrement.*
§ 6. — *Formules.*

§ 1. — *Cas où il y a lieu de vendre aux enchères.*

1. Il y a lieu de vendre aux enchères, 1° les meubles saisis sur le débiteur par ses créanciers. C. pr. 617. — V. *Saisie-brandon*, *Saisie-exécution*, *Saisie des navires*, *Saisie des rentes*.

2° Les meubles dépendans d'une succession (ou d'une communauté. C. civ. 1476.), — si la majorité des co-héritiers juge la vente nécessaire pour l'acquit des dettes et charges de la succession. C. civ. 826 ; — ou si l'une ou plusieurs des parties ne sont point majeures, et maîtresses de leurs droits ; — si l'une d'elles est absente ; — si elles ne sont pas d'accord pour vendre à l'amiable ; — s'il y a des tiers intéressés. C. pr. 952 ; — Lorsqu'un présomptif héritier, avant d'avoir pris qualité, obtient du président l'autorisation de vendre les meubles difficiles et dispendieux à conserver. C. civ. 796 ; C. pr. 986 ; — lorsqu'il y a un héritier bénéficiaire. C. civ. 805, C. pr. 989 ; — lorsque la femme ayant accepté la communauté, ne veut pas s'exposer à payer les dettes au-delà de ce qu'elle pourra recueillir. C. civ. 1483 ; — enfin lorsque la succession est vacante. C. pr. 1000.

3° Les meubles d'un absent, d'un mineur ou d'un interdit. C. civ. 126, 452, 1062 ; *Absence*, n° 57.

— V. encore *Faillite*, nos 227 à 230.

§ 2. — *Par quels officiers la vente peut être faite.*

2. Les ventes d'effets mobiliers corporels aux enchères et au comptant sont faites par les *commissaires priseurs* (— V. ce mot, n° 4), *exclusivement* dans le chef-lieu de leur établissement ; — — par les commissaires priseurs, mais *concurremment* avec les notaires, les greffiers et les huissiers, dans les autres parties de leur ressort.

Le droit de procéder aux ventes n'appartenant qu'aux officiers nommés par le roi, ne s'étend pas aux greffiers des trib. de police établis par l'art. 168 C. I. cr. Déc. min. justif. 8 janv. 1812.

3. Les notaires ont le droit exclusif de procéder aux ventes de meubles qui contiennent des conventions quelconques. L. 25 vent. an 11. — V. d'ailleurs *Huissier*, n° 40. — Aux adjudications de récoltes ou coupes de bois sur pied (Cass. ch. réunies, 11 mai 1837 (Art. 829 J. Pr.), de matériaux provenant de démolition ou d'extractions à faire lors de la vente, de fonds de commerce, brevets d'invention, cessions de baux, créances, actions et autres droits incorporels. *Ib. Dict. not.* v° *Adjudicat.* n° 14.—V. *Huissier*, nos 43 et 44, et toutefois *inf.* n° 6 ; — des imprimeries. — V. *inf.* n° 38.

Ils peuvent, en procédant à l'adjudication d'un fonds de commerce ou d'un achalandage, adjuger en même temps les métiers, mécaniques, ustensiles et autres objets qui en forment l'accessoire. Cass. 15 fév. 1826, S. 26, 271.

Ils peuvent même intervenir dans une instance où l'on conteste à un notaire de l'arrondissement le droit de procéder à des ventes d'une certaine nature. Colmar, 30 janv. 1827, S. 27, 154.

4. La vente des meubles et effets du failli se fait concurremment par les *Courtiers de commerce*, (—V. ce mot, n° 10), par les *commissaires priseurs* — V. ce mot, n° 10, ou à leur défaut par les notaires, greffiers et *huissiers*. Cass. 27 fév. 1828, S. 28, 122. — V. ce mot. n° 42.

5. La vente des marchandises neuves autorisée par les décr. des 22 nov. 1811 et 1812 doit être faite par un *courtier*. Merlin, *R.* v° *Vente*, § 8, art. 3, n° 5. — V. *Commissaire priseur*, n° 9.

Jugé que les *Courtiers* ont même le droit de procéder à la vente de marchandises, dépendant de la succession d'un commerçant, acceptée sous bénéfice d'inventaire. Rouen, 29 août 1838 (Art. 1361. J. Pr.). — Toutefois cette décision est susceptible de critique, le décret de 1811, en attribuant aux courtiers de commerce le droit exclusif de procéder à la vente de marchandises, suppose qu'il s'agit de ventes commerciales, la vente de marchandises dépendant d'une succession n'a point ce caractère, elles font partie du mobilier de cette succession. — V. *notre dissertation* (Art. 1366 J. Pr).

6. La négociation des rentes et autres effets publics s'opère par le ministère exclusif des *agens de change*. — V. ce mot, n°s 9, 10.

7. Les maires procèdent à la vente du mobilier des communes. Déc. min. fin. 16 germ. 17 frim. an 7, inst. R. 15 avr. 1820, n° 927; — des hospices et des fabriques. Décis. 13 déc. 1808.

8. Les régisseurs des octrois municipaux peuvent procéder eux-mêmes aux ventes d'objets saisis par leurs préposés, pourvu que les ventes soient constatées par les préposés en chef, dans le cas où elles n'excèdent pas 200 fr., et à la charge, en outre, de faire enregistrer le procès-verbal. *Ib.*

9. Les préposés de la régie ont le droit de procéder à la vente aux enchères, 1° du mobilier de l'état, et des effets militaires, hors de service, à l'exclusion des commissaires priseurs. L. 2 niv. an 3; arrêté direct. 23 niv. an 6; Cass. 7 mai 1832, S. 32, 325. — 2° des effets mobiliers déposés aux greffes à l'occasion des procès civils ou criminels. Ordonn. 22 fév. 1829, 9 juin 1831; — 3° de tous les papiers et objets devenus inutiles aux administrations financières.

— V. d'ailleurs Déc. min. guer. 2 mai 1808 ; Circ. 6 vend. n 11.

§ 3. — *Forme de la vente.*

Art. 1. — *Vente après saisie.*

10. Les formalités pour la vente des meubles saisis sont indiquées sous chacune des procédures particulières aux diverses saisies. —V. *Saisie-Brandon, Saisie-exécution* et *inf. Vente de rentes saisies.*

Art. 2. — *Vente de meubles dépendant d'une succession.*

11. Il faut distinguer : si les héritiers sont majeurs, s'ils veulent vendre sans attribution de qualité, s'ils ont accepté sous bénéfice d'inventaire, ou enfin s'ils sont mineurs ou interdits.

12. *Héritiers majeurs.* — S'ils sont tous d'accord, s'il n'y a point de créanciers, ils peuvent vendre le mobilier, soit à l'amiable, soit par adjudication volontaire, en telle forme qu'il leur plaît. C. pr. 952.

13. S'ils veulent se réserver d'accepter sous bénéfice d'inventaire, ils doivent présenter requête au président du trib. pour être autorisés à vendre sans attribution de qualité. C. civ. 796, C. pr. 986.

14. La requête peut être présentée par l'une des parties intéressées. C. pr. 946 ; — par *partie intéressée* on entend toute personne ayant des droits sur le mobilier.

15. Il est procédé à la vente par le ministère d'un officier public. C. pr. 946.

La publicité est donnée à la vente par annonces et affiches, dans une forme analogue à celle de la saisie-exécution. C. pr. 945.

16. Il faut appeler à la vente les parties qui ont le droit d'assister à l'*inventaire* (— V. ce mot, n° 80 et suiv.) et qui demeurent ou ont élu domicile dans la distance de cinq myriamètres. C. pr. 947. — A l'exception des créanciers opposans. Arg. C. pr. 942, 615.

17. S'il s'élève des difficultés, il peut être statué provisoirement en référé par le président du trib. de 1re inst. C. pr. 948 ;—du lieu de l'ouverture de la succession. Arg. C. pr. 50. 3° Pigeau, 2, 678 ; Berriat, 704, note 9 ; —ou même du lieu de la situation des objets, en cas d'urgence. *Mêmes auteurs.* — M. Carré, n° 3160, soutient que dans tous les cas il faut s'adresser au président du trib. du lieu où sont les effets. — V. *Référé*, n° 17 et *Trib. de 1re instance.*

18. La vente se fait au lieu même où sont les effets, à moins qu'il n'en soit autrement ordonné (C. pr. 949) par une ordonnance du président rendue sur requête.

Cette permission peut être accordée par l'ordonnance (Carré, n° 3162) qui autorise à vendre sans attribution de qualités.

19. *Héritiers bénéficiaires.* — Ils ne peuvent procéder à la vente qu'aux enchères, par le ministère d'un officier public, en remplissant les formalités ci dessus. C. civ. 805. C. pr. 989. — V. *Bénéfice d'inventaire*, n° 35.

20. *Héritiers mineurs et interdits.* Le tuteur est obligé de faire vendre *aux enchères*, en présence du subrogé-tuteur, par *un officier public*, tous les meubles échus au mineur, à l'exception de ceux qu'il a été autorisé à conserver en nature. C. civ. 452. —V. toutefois *C. civ.* 453.

Le choix de l'officier qui doit procéder à la vente appartient au tuteur. Arg. C. civ. 452 ; — le trib. n'est pas autorisé à désigner un autre officier, alors surtout que le conseil de famille a approuvé ce choix. Turin, 10 mai 1809, P. 7, 556.

Le tuteur, le curateur, ou l'héritier bénéficiaire, après avoir pris qualité, n'ont pas besoin de présenter requête pour obtenir l'autorisation de vendre, c'est un devoir qu'ils ont à remplir. Thomine, n°s 11, 27.

21. La vente peut avoir lieu un jour de dimanche. C. pr. 617, 945.—V. *Saisie-exécution*, n°s 278 et suiv.

22. Elle est précédée d'une déclaration au bureau de l'enregistrement, pour mettre ses préposés à portée de la surveiller. —V. *Saisie-exécution*, n° 269 ; — même en matière de faillite. Déc. min. just. et fin. 26 mai et 9 juin 1812.

Mais sont dispensés de la faire : 1° le maire, pour la vente du mobilier communal et de celui appartenant aux hospices et fabriques. Déc. Rég. 13 déc. 1808 ; — 2° les régisseurs des octrois municipaux ou leurs préposés pour la vente des objets saisis. Déc. min. fin. 15 déc. 1808 ; — 3° les agens de l'administration qui font des ventes d'objets mobiliers appartenant à l'État. L. 22 pluv. an 7, art. 9.

L'officier qui procède à une vente de meubles (après décès), n'est pas tenu de déclarer préalablement aux préposés du bureau de garantie les objets d'or et d'argent qui seront exposés en vente. L. 19 brum. an 6, art. 77 ; Cass. ch. cr. 25 fév. 1837 (Art. 912 J. Pr.).

Cette obligation n'est imposée qu'aux fabricans et marchands d'orfèvrerie. *Même arrêt.*—V. *Monnaie*, n°s 14 à 16.

L'omission faite par un commissaire-priseur de la déclaration préalable prescrite par la circulaire du 28 juin 1823, rend ce fonctionnaire passible de poursuites disciplinaires. *Même arrêt.*

23. L'officier public doit être assisté de deux témoins sachant signer, et domiciliés dans la commune où se fait la vente. L. 22 pluv. an 7, art. 5.

Il est ordinairement accompagné d'un crieur.

24. La vente se fait tant en absence que présence des personnes qui ont le droit d'y assister, sans qu'il soit nécessaire d'appeler personne pour les non-comparans. C. pr. 950.

25. L'officier public ne peut pas se rendre adjudicataire pour son propre compte. C. civ. 1596. — V. d'ailleurs *Saisie-exécution*, nos 310 à 312.

26. Le procès-verbal contient la copie de la déclaration préalable dont il est parlé *sup.* n° 22 et *inf.* n° 42;

Il mentionne, 1° la présence ou l'absence du requérant. C. pr. 951;

2° Tous les objets exposés en vente, à peine de 100 fr. d'amende contre l'officier public. Arrêt du conseil, 13 nov. 1778; ordonn. 1er mai 1816;

3° Le prix de chaque objet adjugé en toutes lettres (— V. *inf.* n° 42); ce prix est tiré hors ligne en chiffres;

4° Les noms et domiciles des différens adjudicataires. C. pr. 625;

5° La date de l'inventaire, si l'on y a procédé; le nom du notaire qui en a été chargé, la quittance de l'enregistrement. L. 22 pluv. an 7, art. 5.

Chaque séance est close et signée par l'officier public et les témoins.

Le procès-verbal de vente a-t-il besoin d'être signé? — La signature des adjudicataires donne-t-elle à cet acte le droit de les poursuivre?

Il faut distinguer : si la vente est faite par un huissier, un commissaire-priseur ou un huissier, la vente ne pouvant être faite qu'*au comptant*, C. pr. 624, la signature des parties n'aurait aucune utilité. — Dans ce cas, le procès-verbal n'est point susceptible d'exécution parée. — V. *Commissaire priseur*, n° 12; *Exécution*, n° 35.

Le seul moyen régulier de se faire payer est d'obtenir un jugement contre les adjudicataires, moyen très-dispendieux pour des sommes souvent minimes. Suivant M. Carré, 2, 358, bien qu'aucun texte n'autorise cette marche, le président peut accorder une ordonnance d'*exequatur* en vertu de laquelle on saisit.

Si la vente a été faite par un notaire, le procès de vente *à terme*, non signé par les adjudicataires, n'emporte pas non plus exécution parée. Au contraire, il en serait susceptible, et une grosse pourrait être délivrée, si le procès-verbal était signé par les adjudicataires. Rolland de Villargues, v° *Vente de meubles*, n° 128; Arg. Bruxelles, 22 mars 1810, P. 8, 200.

Au reste, si la vente mobilière, faite par le ministère d'un notaire, est au comptant, l'insertion des noms des adjudicataires est inutile, elle n'est point usitée dans la pratique : elle entraverait les ventes et augmenterait les frais. Colmar, 28 juill. 1827, S. 28, 83. — Souvent, il est vrai, un acheteur ne paie pas au moment de l'adjudication : il veut acheter plusieurs objets et les payer tous à la fois ; ou il est personnellement intéressé à la vente. — Dans ce cas, le notaire, pour éviter la confusion, désigne à la marge des actes les noms des acheteurs, soit en toutes lettres, soit par des initiales.—Il mentionne aussi la libération de l'acheteur par le mot payé ou par la simple lettre P. — Ces indications ne doivent pas être considérées comme des renvois soumis aux mêmes formalités que les corps des actes.—Ce ne sont réellement que des annotations personnelles au notaire, propres à régulariser sa comptabilité, et dont l'insertion dans les actes n'est pas nécessaire à leur perfection. *Même arrêt.* — Les autres officiers publics suivent la même marche.

27. L'officier public est tenu de conserver la minute de son procès-verbal. Lett. garde-des sceaux, 8 fév. 1830.

Les procès-verbaux constatant qu'une vente n'a pu être faite, et chaque vacation des procès-verbaux de vente, doivent être inscrits au *répertoire*. —V. ce mot, n° 5.

28. Le prix doit être payé comptant. — V. *Saisie-exécution*, n° 299.

L'officier public en est responsable. — V. *ib.* n° 306 et suiv.

29. Mais il est à l'abri de toute action en garantie relativement aux vices de la chose vendue et aux erreurs existant dans les annonces ou affiches. Arg. Trib. de comm. ; Paris, 8 juill. 1834 ; Trib. Seine, 2° ch., 5 mars 1835 ; Paris, 17 juin 1813 (Art. 319 J. Pr.) ; — à moins qu'il n'y ait eu de sa part fraude ou faute lourde équivalente au dol ou promesse personnelle. Dissertation (Art. 319 J. Pr.).

La responsabilité de l'officier public qui procède à la prisée faite dans les inventaires concernant de simples particuliers, résulte de l'art. 1382 C. civ., de l'obligation où est cet officier d'avoir la capacité de remplir le rôle de juré priseur qui lui est confié, et de la faculté qu'il a de se faire assister par d'autres experts.

La compagnie des commissaires-priseurs est garante envers le Mont-de-Piété de Paris de leurs estimations. Décr. 8 therm. an 13 ; Cass. 5 nov. 1834 (Art. 319 J. Pr.).

L'action en garantie s'exerce sur les fonds de la bourse commune et sur le cautionnement du commissaire-priseur, si l'erreur existant dans l'annonce ou dans la prisée des objets qu'il a été chargé de vendre ou d'estimer provient de son dol ou de sa faute grave : il a failli dans l'exercice de ses fonctions.

Mais il n'y a qu'une simple action en dommages-intérêts, si l'officier qui a procédé à la vente n'a pas été chargé d'une estimation préalable, si l'on ne peut lui reprocher ni dol ni faute grave, et que néanmoins il ait personnellement garanti la chose à l'acheteur. Cette obligation particulière n'était pas une conséquence nécessaire de l'exercice de ses fonctions.

30. L'officier public est tenu, dans tous les cas, de certifier au pied du procès-verbal, en le présentant à l'enregistrement, qu'il a ou qu'il n'a pas d'opposition en ses mains. Ord. 3 juill. 1816, art. 7. — Mais la contravention à cette obligation ne peut l'exposer qu'à une peine de discipline. Déc. Garde-des-sceaux.—V. d'ailleurs *inf.* n° 42.

Art. 3. — *Vente de marchandises neuves.*

31. Un négociant ne peut faire vendre publiquement et aux enchères les marchandises neuves objet d'un commerce qu'autant qu'elles ont été portées, à Paris, sur le tableau annexé au décret du 7 avr. 1812 ; — et dans les autres villes sur l'état dressé par les trib. et chambres de commerce et approuvé par le ministre du commerce. Décr. 17 avr. 1812, art. 1, 2. — V. *Huissier*, n° 42.

32. Toutefois il a été jugé qu'un colporteur muni de patente peut vendre à prix fixe dans un lieu public, et sans l'intervention d'un commissaire-priseur, des marchandises neuves qu'il tient à la main. Douai, 1re ch., 28 août 1837 (Art. 1019 J. Pr.)

33. Le trib. de commerce est compétent pour prononcer sur la question de savoir si un commissaire-priseur a le droit de procéder à la vente de marchandises neuves. Arg. C. comm. 632 ; Grenoble, 17 mars 1837 (Art. 854 J. Pr).

34. Il faut que la vente soit autorisée par le trib. de commerce (le cas de faillite excepté). *Ib.* art. 3.

A cet effet le négociant, fabricant, ou commissionnaire qui veut faire vendre aux enchères, dépose au greffe de ce trib. une déclaration sur papier timbré, portant que les marchandises à vendre sont sa propriété, ou bien qu'elles lui ont été adressées du dehors par des marchands ou négocians qui l'ont autorisé à les vendre et à les réaliser par la voie de la vente publique, ou bien encore que le produit desdites ventes doit servir à rembourser des avances faites, ou à payer des acceptations accordées par suite de l'envoi desdites marchandises. *Ib.*

35. Il doit en outre être dressé et imprimé antérieurement à la vente un catalogue des denrées et marchandises à vendre, lequel porte la date de l'approbation accordée par le trib. de comm. et est signé par le courtier chargé de la vente. — Ce catalogue contient sommairement les marques, nombres, nature, qualité et quantité de chaque lot de marchandises; les magasins où elles sont déposées, les jours et les heures où elles peuvent être examinées; et les jours et heures où la vente publique et aux enchères en doit être faite à la Bourse. — Sont également mentionnées les époques des livraisons, les conditions de paiement, les taxes, avaries, et toutes les autres indications et conditions qui font la base et la règle du contrat entre les vendeurs et les acheteurs.—Ces imprimés sont affichés aux lieux les plus apparens et les plus fréquentés de la Bourse pendant le temps fixé par le trib. de comm., mais au moins pendant les trois jours consécutifs qui précèdent la vente.

36. La vente ne peut avoir lieu que par lots d'une valeur de 2,000 fr. à Paris et de 1,000 fr. dans les autres villes; — cependant les trib. de comm. ont droit de déroger à la fixation de ce *minimum*; — néanmoins ils ne peuvent, dans aucun cas, autoriser la vente des articles pièce à pièce ou en lots à la portée immédiate des consommateurs, mais seulement en nombre et quantité suffisante, d'après les usages, pour ne point contrarier les opérations du commerce de détail. Ordonn. 8 avr. 1819.

37. On suit en outre les formes prescrites pour les ventes de meubles. Décr. 17 avr. 1812, art. 13; Ordonn. 9 avr. 1819.

Art. 4. — *Vente d'imprimeries.*

38. Les imprimeries ne peuvent être vendues qu'à des imprimeurs, et les caractères, qu'à des imprimeurs ou à des fondeurs brevetés. Règl. 28 fév. 1823; Décr. 2 fév. 1811.

39. Les notaires, avant de faire la vente de ces objets, sont tenus de donner avis soit aux inspecteurs de la librairie, soit au procureur du roi.

— V. d'ailleurs *Saisie-exécution*, n° 314.

§ 4. — *Des contraventions et des amendes.*

40. Les préposés de la régie sont autorisés à se transporter dans tous les lieux où se font des ventes publiques et à l'enchère de meubles, et à s'y faire représenter les procès-verbaux de vente, et les déclarations préalables. L. 22 pluv. an 7, art. 8.

41. La preuve des contraventions résulte du procès-verbal qui en est dressé par les préposés sur les lieux; — ou d'une enquête (en cas d'empêchement) ordonnée par le trib. civil sur requête signifiée au contrevenant (L. 22 pluv. an 7, art. 8). Cass. 17 juill. 1827, S. 28, 75; Rég. 24 déc. 1827, n° 1229, § 12.

42. Les amendes pour défaut de transcription en tête du procès-verbal de la déclaration faite au bureau de l'enregistrement, et pour chaque article dont le prix n'est pas écrit en toutes lettres, sont de 5 fr. LL. 22 pluv. an 7, art. 7; 16 juin 1824, art. 10.

Le défaut de déclaration préalable de la part de l'officier public donne lieu contre lui à une amende de 20 fr. *Ib.*

Le défaut d'énonciation du prix en toutes lettres des objets adjugés, commis plusieurs fois dans le même procès verbal, donne ouverture à plusieurs amendes. Décis. min. fin. 16 janv. 1835 (Art. 37 J. Pr.).

43. Celui qui vend ou fait vendre *publiquement*, et *par enchères*, sans le ministère d'un officier public, est passible d'une amende de 50 à 1,000 fr. pour chaque vente, outre la restitution des droits qui se trouvent dus. L. 22 pluv. an 7, art. 7.

44. Les poursuites et instances ont lieu comme en matière d'*enregistrement. Ib.* — V. ce mot, § 8.

45. Pour la prescription des amendes. — V. *ib.* n° 94 et suiv.; *Répertoire*, n° 51 et suiv.

§ 5. — *Enregistrement.*

46. Le procès-verbal de vente doit être enregistré dans le délai de dix ou quinze jours de sa date, s'il est reçu par un notaire. L. 22 pluv. an 7, art. 6. — Dans celui de vingt jours, s'il a été reçu par un greffier; — et dans celui de quatre jours, s'il a été dressé par un huissier ou un commissaire-priseur. L. 22 frim. an 7, art. 20; Av. Cons.-d'Ét. 21 oct. 1809.

47. Sont assujettis au droit proportionnel de 2 fr. pour 100 fr. toutes les adjudications, ventes, reventes, cessions, rétrocessions, et tous les autres actes translatifs de propriété à titre onéreux de meubles, récoltes de l'année sur pied, coupes de bois taillis et de haute futaie, et autres objets mobiliers quelconques, même la vente de biens de cette nature faite par l'État. L. 22 frim. an 7, art. 69, § 5, n° 1.

48. Le droit se perçoit sur le montant des sommes que contient cumulativement le procès-verbal des séances à enregistrer. L. 22 pluv. an 7, art. 6; — et non pas sur chaque prix particulier, bien que les divers adjudicataires aient signé séparément chaque adjudication. Trib. Laon, 12 mars 1835 (Art. 127 J. Pr.).

49. La valeur de la propriété des meubles et objets mobiliers est déterminée par le prix exprimé et le capital des charges qui peuvent ajouter au prix. L. 22 frim. an 7, art. 14, n° 5.

50. Le droit de 2 pour 100 est réduit à 50 c. par 100 fr. pour les ventes de marchandises faites à la Bourse par le ministère de courtiers, et d'après l'autorisation du président du trib.

de comm., aux termes du décret du 17 avr. 1812. L. 15 mars 1818, art. 74.—Cette disposition est également applicable aux ventes faites au domicile du vendeur ou en tout autre lieu déterminé par le trib., conformément à l'ordonn. du 9 avr. 1819. Décis. min. fin. 29 avr. 1820; Sol. rég. 14 juin 1821.

51. Il n'est dû que le droit fixe de 1 fr. sur les marchandises avariées provenant de navires naufragés, et qui, à raison de leur dépréciation, ont obtenu une réduction sur les droits de douane. Inst. rég. 24 juill. 1827.

52. Il en est de même des ventes de navires, soit totales, soit partielles (L. 21 avr. 1818, art. 64); — et de celles de bateaux à vapeur, chaloupes, canaux et autres bâtimens de mer ou de rivière. Inst. rég. 19 mai 1824; Délib. rég. 8 déc. 1829.

53. Les décharges données aux officiers qui ont procédé à la vente des meubles sont passibles du droit fixe de 2 fr. L. 26 avr. 1816, art. 43.

54. Pour le coût de l'enregistrement des différens actes de procédure.—V. les mots qui les concernent.

§ 6. — *Formules.*

FORMULE I.

Requête par un créancier pour être autorisé à faire vendre le mobilier d'une succession.

(C. pr. 946. — Tarif, 77. — Coût, 3 fr.)

A M. le président, etc.

Le sieur , demeurant à , créancier de la succession du sieur décédé à , le , ayant Me pour avoué,

Expose qu'après le décès dudit sieur , il a été, à la requête dudit sieur , procédé à l'apposition des scellés, ensuite à leur levée, et aux inventaire et prisée des objets dépendant de ladite succession, par le ministère de Me notaire, et de Me , commissaire-priseur;

Qu'il est important aujourd'hui de faire procéder à la vente des meubles et effets compris audit inventaire;

Pour quoi, ce considéré, il vous plaira, M. le président, autoriser l'exposant, en sadite qualité, à faire procéder par le ministère d'un officier public dans les formes prescrites par le C. pr., à ladite vente, et ce, en présence des parties qui ont eu le droit d'assister à l'inventaire, ou elles dûment appelées; et vous ferez justice. (*Signature de l'avoué.*)

FORMULE II.

Requête par un héritier pour vendre le mobilier sans attribution de qualités.

(C. civ. 796; C. pr. 986; Tarif 77; Coût, 3 fr.)

A M. le président, etc.

Le sieur , au nom et comme habile à se dire et porter héritier pour un quart du sieur , décédé à , le , etc.,

A l'honneur de vous exposer que parmi les objets mobiliers dépendans de la succession du défunt sieur , plusieurs sont sujets à dépérissement ou dispendieux à conserver, qu'il est urgent pour l'exposant de faire procéder à la vente de ces objets, avant d'avoir pris qualité.

Pour quoi, il vous plaira, M. le président, en conformité des art. 796 C. civ. et 986 C. pr., autoriser l'exposant à faire procéder sans attribution de qualités, à la vente des meubles et effets dépendant de ladite succession, par le ministère d'un officier et après l'accomplissement des formalités prescrites par la loi.

(*Signature de l'avoué.*)

Ordonnance. Nous, président du tribunal, vu la présente requête, ensemble les art. 796 C. civ. et 986 C. pr., autorisons l'exposant à faire procéder, par le ministère d'un officier public, à la vente des meubles dont s'agit.

A ce (*Signature du président.*)

FORMULE III.

Requête pour être autorisé à vendre les meubles sur les lieux.

(C. pr. 949.)

A M. le président, etc.

Le sieur , etc. (— V. — Formule II.)

A l'honneur de vous exposer que parmi les meubles dépendans de la succession du sieur , plusieurs par leur fragilité, ou par leur volume ne sont pas susceptibles d'être transportés sans détérioration sur la place publique, pour y être vendus.

Pour quoi, il vous plaira, M. le président, en conformité de l'art. 949 C. pr., autoriser l'exposant à faire procéder *sur les lieux* où ils se trouvent à la vente des meubles dont s'agit. (*Signature de l'avoué.*)

FORMULE IV.

Sommation aux parties d'être présentes à la vente du mobilier.

(C. pr. 947. — Tarif, 29. — Coût, 2 fr. orig.; 50 c. copie.)

L'an , le , à la requête du sieur , etc. — V. *Formule* II.

En vertu de l'ordonnance de M. le président du tribunal de , en date du , enregistrée, dont il est avec celle des présentes donné copie.

Soussigné, signifié, fait sommation.

A 1°, 2°, etc. (*indiquer le nom des personnes ayant droit d'assister à l'inventaire.*)

D'être présens, si bon leur semble, à la vente des meubles et effets mobiliers dépendant de la succession du défunt sieur , qui aura lieu par le ministère de , le , heure de , sur la place du marché de la ville de , leur déclarant qu'il y sera procédé tant en leur présence qu'en leur absence.

Et j'ai aux susnommés, laissé copie du présent dont le coût est de

(*Signature de l'huissier.*)

FORMULE V.

Procès-verbal d'apposition du placard annonçant la vente des meubles.

(C. pr. 619. — Tarif, 39. — Coût, 3 fr.)

L'an , à la requête du sieur , demeurant à , je (*immatricule de l'huissier*), soussigné, certifie et atteste avoir apposé, affiché et placardé, ce jourd'hui, en la commune de , dans chacun des endroits voulus par la loi, un exemplaire de l'affiche dressée pour parvenir à la vente des meubles et effets mobiliers (1) dépendans de la succession du défunt sieur laquelle vente aura lieu le dimanche, , heure de (*indiquer le lieu*), de laquelle affiche un exemplaire est resté annexé au présent procès-verbal, dont le coût est de (*Signature de l'huissier.*)

---

(1) Si les meubles ont été saisis, on indique le procès-verbal de saisie.

NOTA. *L'huissier joint à ce procès-verbal une affiche au bas de laquelle il met :* annexé au procès-verbal d'apposition de semblables placards, dressé ce jourd'hui par moi huissier.

FORMULE VI.

Procès-verbal de vente.

Copie de la déclaration. Le est comparu au bureau de l'enregistrement de M^e (*noms et résidence de l'officier public*), lequel a déclaré que ce jourd'hui , heures de , et jours suivans, il procédera à une vente d'objets mobiliers dépendant de la succession du sieur , à la requête de ses héritiers ; de laquelle déclaration il a requis acte et a signé sur le registre. Ainsi signé Pour copie conforme, le receveur de l'enregistrement, signé

VENTE.

L'an , le , heures de , à la requête : 1° de ; 2° de etc., habiles à se porter héritiers chacun pour moitié de , ainsi que le constate l'intitulé de l'inventaire fait après son décès par M^e , le , et en cette qualité autorisés, à l'effet des présentes, par ordonnance rendue par M. le président du tribunal de , le , étant au bas de la requête à lui présentée, et dont l'original est demeuré ci-annexé (*dans le cas de saisie, au lieu de cette dernière énonciation, on met :* et par suite de saisie, etc.; *s'il s'agit de biens de mineurs, on ajoute :* et en présence de M. , subrogé tuteur, etc.), à la conservation des droits et intérêts des sieurs , comparans, et de tous autres qu'il appartiendra, il va être par nous (*noms de l'officier public*), assisté de M. , demeurant à , et de M. demeurant à , témoins à ce requis, procédé à la vente au plus offrant et dernier enchérisseur, des meubles et effets mobiliers dépendans de la succession du sieur , trouvés et étant dans une maison sise à , où ce dernier demeurait et où il est décédé le , sur la représentation qui nous en sera faite par , lequel en a été constitué gardien par l'inventaire sus-énoncé; et ont les parties, le gardien et les témoins, signé avec nous, après lecture faite. (*Signatures.*)

Obtempérant à ce réquisitoire, nous, soussigné, après avoir fait notre déclaration au bureau de l'enregistrement, ainsi qu'il résulte de la copie transcrite en tête des présentes, nous sommes transportés à , en la maison du défunt, et après avoir fait mettre à la porte un tapis et une affiche indiquant la vente, ayant trouvé un nombre suffisant d'enchérisseurs, survenus tant à l'inspection des annonces faites dans le Journal judiciaire de , en date du sous le n° , qu'à celle des affiches imprimées qui ont été apposées à aux endroits ordinaires et accoutumés, ainsi que le constate le procès-verbal de , huissier à , en date du , et dont l'original est demeuré ci-annexé, avons procédé à la vente dont s'agit ainsi qu'il suit :

1° Il a été exposé et mis en vente une commode à dessus de bois, criée à dix fr. et adjugée pour vingt fr., ci. . . . . 20 fr.

2° Un secrétaire, etc. . . . .

Total. . . . . .

Il a été vaqué à tout ce que dessus jusqu'à , par double vacation.

Ce fait (*si la vente n'est pas terminée, l'officier public annonce qu'il en remet la continuation au jour suivant*), et le sieur , gardien, ayant déclaré n'avoir plus rien à représenter, l'avons déchargé de tous les objets compris dans le présent procès-verbal, et avons annoncé au public que la vente était terminée, et avons fait retirer le tapis et l'affiche de la porte de la maison.

Et ont, les requérans, le gardien et les témoins, signé avec nous après lecture faite. (*Signatures.*)

L'officier public fait à la suite du procès-verbal le compte de la vente.

VENTE DES NAVIRES. On entend par navire tout bâtiment de mer destiné au commerce.

1. Les formes de la vente des navires en cas de saisie (— V.

Saisie des navires) s'appliquent, 1° à la vente des navires appartenant à des mineurs. C. civ. 452; C. pr. 945. Il est prudent d'obtenir une autorisation préalable du conseil de famille. Arg. C. civ. 457; Pardessus, n° 616.

2° Aux navires dépendant d'une succession bénéficiaire. C. civ. 805.

— V. d'ailleurs *Faillite*, n° 227, C. pr. 492.

VENTE DES RENTES CONSTITUÉES SUR PARTICULIERS.

1. La saisie d'une rente emportant *saisie-arrêt* des arrérages, C. pr. 640, — le créancier saisissant peut se faire payer sur les arrérages saisis-arrêtés, s'ils sont suffisans, mais s'ils ne suffisent pas, il fait vendre la rente, en remplissant les formalités ci-après énoncées.

2. Lorsque la saisie a été pratiquée par plusieurs créanciers, la poursuite appartient à celui qui a fait le premier une dénonciation *régulière*. Carré, art. 653; — en cas de concurrence, au porteur du titre le plus ancien, et si les titres sont de même date, à l'avoué le plus ancien. C. pr. 653; — en cas de contestation sur la préférence, le président statue sans frais. Arg. Décr. 30 mars 1808, art. 63; Demiau, 426; Carré, *ib.*

3. *Formalités pour arriver à la vente*. Quinzaine après la dénonciation à la partie saisie, le saisissant est tenu de mettre au greffe du trib. du domicile de la partie saisie le cahier des charges contenant les noms, professions et demeures du saisissant, de la partie saisie et du débiteur de la rente; la nature de la rente, sa quotité, celle du capital, la date et l'énonciation du titre qui la constitue; l'énonciation de l'inscription, si le titre contient hypothèque, et si aucune a été prise pour la sûreté de la rente; les noms et demeure de l'avoué du poursuivant, les conditions de l'adjudication, et la mise à prix. C. pr. 643.

4. Toutefois, la conversion de la saisie en vente sur publications peut être ordonnée, et cette vente peut être renvoyée devant un notaire (Arg. C. pr. 747. — V. *Vente sur saisie immobilière*, n° 608); auquel cas le cahier des charges est remis en son étude, au lieu de l'être au greffe du tribunal.

5. *Quinzaine après la dénonciation*. Ce délai n'est point augmenté à raison des distances. Carré, n° 2138; — le poursuivant a même la faculté de ne pas attendre l'expiration de la quinzaine. Delaporte, 2, 225.

6. *Le saisissant sera tenu*. La loi n'ajoute pas la peine de nullité. D'autres créanciers pourraient seulement, en cas de négligence du saisissant, se faire subroger dans la poursuite. Thomine, 2, 165.

7. *De mettre au greffe... le cahier des charges*. Cette remise est constatée par un acte de dépôt dont il est délivré expédition.

Arg. C. pr. 697. — V. *Vente sur saisie immobilière.* — *Contrà*, Carré, n° 2139, suivant cet auteur il suffit de constater cette remise par une simple note du greffier. — Au reste, le cahier des charges n'est point signifié ; les intéressés peuvent en prendre communication au greffe.

8. *Les conditions de l'adjudication.* On charge ordinairement l'adjudicataire de prendre la rente dans l'état où elle est, sans autre garantie que celle de l'existence actuelle de la rente ; — si l'on a des doutes sur l'existence de la rente, ou sur la propriété du débiteur de la rente, on insère pour conditions que la vente aura lieu aux risques et périls de l'adjudicataire ; — on fait supporter à l'adjudicataire les frais ordinaires de poursuites ; les frais extraordinaires viennent en déduction du prix.

9. Outre les formalités énoncées dans l'art. 643 (—V. *sup.*, n° 3), le cahier des charges contient encore l'analyse de la procédure : il doit en effet servir à rédiger le jugement. Arg. C. pr. 652, 714. — V. *inf.* n° 26.

10. Il peut être fait des dires sur le cahier des charges, comme en matière de saisie immobilière, soit par le saisi, le saisissant ou les autres créanciers du saisi, soit par des tiers. Pigeau, 2, 145. — V. *Vente sur saisie immobilière.*

11. Huitaine avant le dépôt du cahier des charges au greffe, le poursuivant doit, 1° remettre un extrait de ce cahier contenant les renseignemens exigés dans l'art. 643 (—V. *sup.*, n° 3, et, en outre, l'indication du jour de la première publication. Carré, n° 2141) au greffier qui l'insère dans un tableau placé à cet effet dans l'auditoire du trib. devant lequel se poursuit la vente. C. pr. 644.

12. 2° Faire placarder le même extrait, 1° à la porte de la maison de la partie saisie ; 2° à celle du débiteur de la rente ; 3° à la principale porte du tribunal ; 4° à la principale place du lieu où se poursuit la vente. C. pr. 645.

A la porte du débiteur de la rente. Pourvu que le débiteur de la rente ne soit pas domicilié à une distance telle de l'arrondissement du trib. où se poursuit la vente, que l'apposition ne puisse pas avoir lieu dans le délai déterminé. Carré, n° 2142, *Annales du Notariat*, 4, 187. — V. toutefois Dalloz, *hoc verbo*, 873, n° 7.

13. S'il y a des créanciers inscrits sur la rente (ancienne), le placard doit leur être notifié aux domiciles élus dans leurs inscriptions. Arg. C. pr. 695 ; Pigeau, 2, 143.

14. 3° Faire insérer le même extrait dans l'un des journaux imprimés dans la ville où se poursuit la vente ; et s'il n'y en a pas, dans l'un de ceux imprimés dans le département, s'il en existe. C. pr. 646.

15. Au reste, on observe, relativement aux placards et aux

annonces, ce qui est prescrit au titre de la *saisie immobilière*. C. pr. 647. — V. *Vente sur saisie immobilière*, et toutefois *inf.* n° 17.

16. *Première publication.* Elle se fait à l'audience, C. pr. 643, — après le dépôt du cahier des charges au greffe. — Elle peut avoir lieu le jour même de ce dépôt. Pigeau, 2, 146; Berriat, 551; — mais il est plus convenable de la faire le lendemain, pour éviter que la publication ne précède pas la remise; ce qui serait possible si on la faisait le même jour. Carré, n° 2141.

17. *Seconde publication* et *adjudication préparatoire.* La seconde publication se fait huitaine après la première. C. pr. 648. — La rente *peut* être adjugée (c'est-à-dire préparatoirement), sauf le délai qui sera prescrit par le tribunal. C. pr., *ib.* — Au reste, une troisième publication avant l'adjudication préparatoire n'est point interdite, si on le juge nécessaire. Thomine, n° 722; Pigeau, 2, 137.

Le délai entre l'adjudication préparatoire et celle définitive n'est point déterminé par la loi; il est fixé par le tribunal d'après l'importance de la rente. Thomine, *ib.*

A la différence de l'art. 703, l'art. 650 n'exige d'apposition de nouveaux placards que pour l'adjudication définitive. Carré, n° 2144; Demiau, 424; Delaporte, 2, 229. —*Contrà*, Pigeau, 2, 135, aux notes, édit. 1811.

18. L'adjudicataire provisoire, sauf le délai imparti, se trouve lié par son enchère, toutefois, il cesse de l'être si l'on néglige de procéder à l'adjudication définitive au jour fixé. Il peut demander sa décharge. Arg. C. pr. 729. Pigeau, 2, p. 147. — V. D'ailleurs, *Vente sur saisie immobilière*.

19. La partie saisie est tenue de proposer ses moyens de nullité avant l'adjudication préparatoire. C. pr. 654. — Cet art. a consacré le même principe que l'art. 733.

S'il s'agit de moyens de nullité contre les procédures postérieures, ils peuvent être proposés avant l'adjudication définitive C. pr. 654; — A l'instant même où l'on va procéder à cette adjudication : la loi n'a déterminé aucun délai, l'art. 735 ne saurait être appliqué, il n'y a pas même importance à ce que les nullités soient jugées, aussitôt qu'elles sont proposées. Thomine, n° 725.

Le jugement d'adjudication préparatoire doit-il être signifié? V. *Vente sur saisie immobilière*.

20. Trois jours avant l'adjudication définitive, il est affiché de nouveaux placards et inséré de nouvelles annonces dans les journaux. C. pr. 650.

On y indique le prix de l'adjudication préparatoire, et le jour de l'adjudication définitive. Arg. C. pr. 647, 704; —

ces indications sont faites à la main sur les placards. C. pr. 703, Tar. 106.

Il n'est pas nécessaire de notifier ces nouveaux placards au saisi : il est suffisamment averti par la notification du jour de la première publication. Arg. C. pr. 647, 650, 685, 687, 705 ; Grenoble, 1er juill. 1816, D. *hoc verbo*, § 9; Cass. 10 mars 1819; P. 15, 149; Carré, n° 2148; Thomine, n° 723. — *Contrà*, Arg. Aix, 5 janv. 1809, P. 7, 297.

21. Le jugement d'adjudication préparatoire dépouille le propriétaire de la chose saisie. Cette adjudication peut devenir définitive, s'il ne se présente pas d'enchérisseur lors de la troisième publication. Orléans, 26 juin 1811, P. 9, 414.

22. *Troisième publication*. — Elle n'a pas besoin de précéder l'adjudication préparatoire, qui peut être faite le jour de la deuxième publication. — V. *sup*. n° 17. — A moins qu'on ait jugé convenable d'ordonner une troisième publication. — Dans le premier cas, la troisième publication peut avoir lieu après l'adjudication préparatoire.

23. *Adjudication définitive*. Elle a lieu le jour indiqué par l'adjudicttion préparatoire.—V. *sup*. 17. — Elle peut être faite le même jour que celui où se fait la troisième publication. C. pr. 649.

Suivant MM. Carré, n° 2146, et Delaporte, 2, n° 229, une adjudication préparatoire n'est point rigoureusement nécessaire.— Cette opinion est combattue, avec raison, par MM. Pigeau, 2, 137, Thomine, n° 722. — Dans l'état actuel de la législation, et d'après les art. 648, 649, 654, combinés, on ne peut se dispenser de procéder à une adjudication préparatoire, avant l'adjudication définitive. — Autrement, quel serait le point de départ pour proposer les nullités de la procédure ?

24. L'adjudication est faite au plus offrant et dernier enchérisseur. C. pr. 649 ; — à extinction de feux. Arg. C. pr. 708; Thomine, 2, 170. — Suivant MM. Carré, n° 2149, Pigeau, 2, 146, l'emploi de tout autre mode ne devrait pas entraîner la nullité de l'adjudication : le Code n'a pas renvoyé au titre de la *Saisie immobilière*.

Les enchères sont reçues par le ministère d'avoués. C. pr. 651.

25. Les prohibitions énoncées en l'art. 713 C. pr. (ainsi que l'art. 709 C. pr. Carré, n° 2151.) sont applicables. (—V. *Vente sur saisie immobilière*); Pigeau, 2, 149.

26. On observe les formalités prescrites au titre de la *Saisie immobilière* pour la rédaction du jugement d'adjudication, l'acquit des conditions et du prix, et la revente sur *folle-enchère*. C. pr. 652. — V. ce mot et *Vente sur saisie immobilière*.

27. L'adjudicataire est obligé, pour obtenir l'expédition du jugement d'adjudication, de justifier de la quittance des frais ordinaires de poursuite, et la preuve qu'il a satisfait aux conditions exigibles de l'enchère. Arg. C. pr. 715.

28. Le jugement d'adjudication définitive doit être signifié 1° au saisi; la dénonciation qui lui a été faite de la saisie l'a rendu partie à ce jugement. Pigeau, 2, 155;

2° Au débiteur de la rente (Arg. C. civ. 1690), afin qu'il connaisse le nouveau propriétaire. Pigeau, *ib*.

Le jugement d'adjudication a pour effet nécessaire de déposséder le propriétaire de la rente; il n'est pas nécessaire qu'il contienne injonction au saisi de délaisser la possession, comme l'exige l'art. 714. Carré, n° 2150.

29. L'adjudication de la rente ne donne à l'adjudicataire d'autres droits que ceux qu'avait le saisi. Arg. C. pr. 731; Pigeau 2, 156.

30. La distribution du prix est faite ainsi qu'il est prescrit au titre de la *Distribution par contribution* (—V. ce mot); à moins qu'il n'y ait des hypothèques antérieures à la loi du 11 brum. an 7, et inscrites dans le délai prescrit par l'art. 42 de cette loi; auquel cas on suit la procédure de l'*ordre* (—V. ce mot). C. pr. 655; Carré, n° 2156.

31. *Incidens*. Les principaux ont lieu lorsque l'on demande, 1° la réformation du jugement en vertu duquel on saisit; — 2° la jonction de plusieurs saisies en une seule. C. pr. 653. — V. *sup*. n° 2; — 3° la subrogation dans la poursuite; — 4° la distraction de tout ou partie d'une rente saisie; — 5° la nullité de la procédure. C. pr. 654. — V. *sup*. n° 45; — 6° la conversion en vente sur publications volontaires; — 7° la réformation d'un jugement rendu sur un incident; — 8° la revente sur folle-enchère. C. pr. 652. — V. *sup*. n° 26.

32. On suit les règles tracées pour les incidens de la poursuite de saisie immobilière (—V. *Vente sur saisie immobilière*). Arg. C. pr. 652; Pigeau, 2, 161 et suiv. Thomine, 2, 170, n° 725.

Ainsi, toute contestation incidente à la saisie est formée par requête (C. pr. 719) jugée sommairement (*ib*. 718), sans préliminaire de conciliation. C. pr. 718, 49-7°.

33. Toutefois, le trib. compétent est celui du domicile du saisi. C. pr. 643. — Si dans l'intervalle d'une saisie à une autre le propriétaire de la rente a changé de domicile, on doit les réunir au même trib. que la première. Pigeau, 163.

34. Suivant M. Carré, n° 2151 aux notes, l'art. 652 C. pr. n'ayant pas renvoyé à l'art. 717 du même code, et n'ayant pas prononcé la nullité pour l'inobservation des formalités prescrites, la peine de nullité ne saurait être appliquée dans le cas de la vente d'une rente saisie.

Toutefois, nous pensons que la nullité doit être prononcée, malgré le silence de la loi, dans tous les cas où une formalité essentielle a été omise (—V. *Nullité*, n° 6; *Saisie-exécution*, 84). Thomine, 2, 167.

M. Pigeau, 2, 161 et suiv., semble confondre les incidens de la poursuite de saisie immobilière avec ceux de la saisie des rentes; c'est sous ce dernier titre qu'il se livre à de longs développemens sur l'une et l'autre matière.

35. *Enregistrement.* Le cahier des charges est soumis au droit fixe de 1 fr., et l'acte qui en constate le dépôt au greffe au droit de 3 fr. Inst. rég. n° 436.

36. Les autres actes sont passibles des mêmes droits d'enregistrement que ceux analogues faits dans lesprocédures de *saisie-arrêt* ou de *saisie immobilière*.

Formules.

FORMULE I.

Cahier des charges de la vente d'une rente constituée sur particulier.

(C. pr. 645. — Tarif, 46, 109, 110. — Coût, 2 fr. par rôle. — Vacation au dépôt, 3 fr.)

Me , demeurant à , avoué au tribunal de première instance de , et du sieur (*nom, prénoms, profession*), demeurant à
En conséquence d'un acte du ministère de , huissier à , en date du , dûment enregistré, fait en vertu de la grosse, etc., et faute du paiement de la somme de (*indiquer le montant et la cause*); ledit exploit contenant saisie à la requête dudit sieur , sur ledit sieur , demeurant à , d'une rente perpétuelle de , etc., contenant en outre assignation audit sieur , a fin de déclaration affirmative et élection de domicile chez ledit Me , avoué près le tribunal de première instance du , où se poursuit la vente de la rente dont s'agit; ledit exploit de saisie signifié audit sieur par autre exploit de , en date du , dûment enregistré;

Enchérit et met à prix la propriété pleine et entière d'une rente perpétuelle de fr., exempte de retenue, payable par semestre, les 1er janvier et 1er juillet de chaque année, constituée sur un capital de , par le sieur au profit dudit sieur , par contrat passé devant Me , qui en a la minute, et son confrère, notaires à , le , dûment enregistré, à la sûreté, garantie et au paiement de laquelle rente ledit sieur a hypothéqué spécialement la maison où il demeure, sise à , sur laquelle ledit sieur a pris une inscription au bureau des hypothèques de le , vol. n°

La vente sera faite sous les clauses, charges et conditions suivantes, qui seront gardées par l'adjudicataire; sinon et faute par lui de satisfaire dans les délais et de la manière y exprimés, il pourra y être contraint par toutes les voies de droit, le tout sans que cela puisse empêcher la revente à sa folle-enchère, lesquelles charges, clauses et conditions suivent: (—V: *Vente judiciaire*, Formule.)

En outre, moyennant le prix et la somme de de mise à prix et première enchère que porte le poursuivant, ci. . . . .

Fait à , le (*Signature de l'avoué.*)

FORMULE I.

Acte de dépôt au greffe du cahier d'enchère, Arg. C. pr. 697. — V. *Vente sur saisie immobilière.*

FORMULE III.

Premier dire, fait avant l'adjudication préparatoire.

(C. pr. 647. — Tarif, 111. — Vacation, 3 fr.)

Et le , avant l'heure de l'audience, est comparu au greffe du tribunal de M[e] , avoué audit tribunal, et du sieur , ci-devant qualifié et domicilié, en tête de la présente enchère, lequel a dit : que le il a été apposé à chacun des endroits désignés par la loi, des exemplaires d'un placard indicatif du jour où il serait procédé à la première publication du cahier des charges des autres parts; ladite apposition constatée par procès-verbal de , huissier, en date du , dûment enregistré et visé par les maires (ou adjoints) des communes de , où s'est faite ladite apposition; et que ce placard a été inséré dans le Journal judiciaire de , ainsi qu'il résulte de la feuille du , contenant ladite insertion signée par l'imprimeur et légalisée par le maire;

Requérant en conséquence ledit M[e] , qu'il soit procédé à la seconde publication du cahier des charges dont s'agit et à l'adjudication préparatoire, et a signé. (*Signature de l'avoué.*)

Nota. Un second dire, rédigé dans la même forme, doit être fait avant l'adjudication définitive pour constater la nouvelle apposition de placards exigée par l'art. 656. — V. *sup.* n° 20.

FORMULE IV.

Extrait du cahier des charges servant de placard.

(C. pr. 644, 645. — Tarif, 46, 104, 106. — Coût, 6 fr. pour l'extrait remis au greffe; 6 fr. pour l'original inséré aux journaux; il est dû autant de droits que d'insertions.)

De par le roi, la loi et justice.

Vente forcée.

En l'audience des criées du tribunal de , séant au Palais de Justice, à

D'une rente constituée de

La première publication aura lieu le , heure de

On fait savoir à tous qu'il appartiendra, qu'il sera procédé à la vente et adjudication d'une rente de , due par le sieur , au sieur

Ladite rente, saisie à la requête du sieur , sur le sieur par exploit de , en date du , laquelle saisie a été dénoncée audit sieur , par exploit du

Ladite vente et adjudication aura lieu aux charges, clauses et conditions énoncées en l'enchère, déposée à cet effet au greffe du tribunal.

Sur la mise à prix de

Fait et dressé par l'avoué soussigné, à , ce

(*Signature de l'avoué.*)

Enregistré à , le , reçu

(*Signature du receveur.*)

Nota. Sur l'extrait remis au greffier on met : le présent extrait affiché par le greffier soussigné. (*Signature du greffier.*)

VENTE *sur saisie immobilière* (1). La *saisie immobilière* ou

(1) La 1re section de cet article a été rédigée par Me Gustave Loiseau, et la 2e par M Bertin, avocats à la Cour royale de Paris.

réelle est une procédure par laquelle un créancier met sous la main de la justice les immeubles de son débiteur, pour les faire vendre au profit des ayant-droit et parvenir au paiement des créances. — V. d'ailleurs *Hypothèque*, n°s 21 et suiv. — Les mots *saisie immobilière* et *expropriation forcée* sont synonymes.

DIVISION.

SECTION I. — *De la poursuite de saisie immobilière.*

§ 1. — *Principes généraux; — peut on modifier les règles de cette poursuite par des conventions insérées dans les constitutions d'hypothèques?*

§ 2. — *Par qui; en vertu de quels titres, et contre qui l'expropriation peut être poursuivie; quels biens sont saisissables.*

§ 3. — *Formalités préliminaires de la saisie; commandement.*

§ 4. — *De la saisie.*

Art. 1. — *A quelle époque la saisie peut être pratiquée.*
Art. 2. — *Par qui elle peut être faite. — Nécessité d'un pouvoir spécial.*
Art. 3. — *Dans quelle forme.*
Art. 4. — *Effets de la saisie.*

§ 5. — *Moyens de publicité pour arriver à la vente.*

Art. 1. — *Annonces de la vente.*
Art. 2. — *Notification des annonces au saisi et aux créanciers inscrits.*
Art. 3. — *Dépôt du cahier des charges.*
Art. 4. — *Publications du cahier des charges.*

§ 6. — *Adjudication préparatoire.*

Art. 1. — *Formalités préalables.*
Art. 2. — *Formes de l'adjudication préparatoire.*

§ 7. — *Adjudication définitive.*

Art. 1. — *Formalités préalables.*
Art. 2. — *A quelle époque l'adjudication doit avoir lieu.*
Art. 3. — *Formes de l'adjudication.*
Art. 4. — *Déclaration du nom de l'adjudicataire.*
Art. 5. — *Personnes qui peuvent se rendre adjudicataires.*
Art. 6. — *Jugement d'adjudication.*
Art. 7. — *Effets et suites de l'adjudication.*

SECTION II. — *Incidens sur la poursuite de saisie immobilière.*

§ 1. — *Principes généraux.*
§ 2. — *Jonction de plusieurs saisies en une seule.*
§ 3. — *Subrogation dans la poursuite de saisie.*
§ 4. — *Demande en distraction de tout ou partie de l'objet saisi.*
§ 5. — *Demande en nullité de la procédure.*

Art. 1. — *Nullités antérieures à l'adjudication préparatoire.*
Art. 2. — *Nullités postérieures à l'adjudication préparatoire.*

§ 6. — *Appel du jugement en vertu duquel on a saisi.*
§ 7. — *Voies ouvertes contre les jugemens rendus sur des incidens.*

Art. 1. — *De l'appel.*
Art. 2. — *De la requête civile.*
Art. 3. — *De la cassation.*

§ 8. — *Demande en conversion.*
§ 9. — *Folle-enchère.*

SECTION III. — *Timbre et Enregistrement.*

SECTION IV. — *Formules.*

SECTION I. — *De la poursuite de saisie immobilière.*

§ 1. — *Principes généraux; peut-on modifier les règles de cette poursuite par des conventions insérées dans les constitutions d'hypothèques?*

1. La saisie immobilière a pour résultat la dépossession de la nature de biens la plus précieuse; on comprend donc qu'elle ait été soumise de tous temps à des formes plus solennelles que les autres voies d'exécution. Il importe en effet de fournir au créancier des moyens rapides et peu dispendieux de recouvrer sa créance sans sacrifier le débiteur, dont l'intérêt doit être protégé; il importe aussi de procurer certaines garanties au public auquel la justice offre la transmission de la propriété saisie.

2. Cette procédure a varié suivant les différentes législations.

Droit romain. De rebus auct. judic. De lib. 42, tit. 5; *De bonis aut. judic.* C. lib. 7, tit. 72; *De distr. pign. et hypoth.* D. lib. 20, tit. 5; C. lib. 8, tit. 28.

Droit ancien. De nombreuses lacunes, une grande diversité dans les formes, des procédures interminables et extrêmement dispendieuses, des garanties insuffisantes, soit pour le débiteur, soit pour les tiers, tels étaient les inconvéniens de l'ancienne législation.

L'ordonn. de 1667 ne renfermait aucune disposition sur la saisie réelle. Un édit de François Ier, de 1539, un autre de Henri II, de 1551, connu sous le nom d'*édit des criées;* des déclarations générales ou particulières, des coutumes, des usages, des réglemens de cours souveraines, tels étaient les élémens de l'ancien droit. Grenier, édit. Didot, 209, 249.

Le délai qui pouvait s'écouler entre le commandement et la saisie n'était point déterminé (—V. toutefois Cout. Normandie, art. 547).—V. au contraire *inf.* n° 76.

L'huissier établissait un commissaire pour régir l'immeuble saisi.—V. au contraire *inf.* nos 213 et suiv.

Le mode de vente *aux criées* par *décret* était le plus suivi (1).

On distinguait le décret *forcé* et le décret *volontaire*. Le décret *forcé* était précédé d'une saisie, et se compliquait de formalités nombreuses réglées par les édits de 1539 et de 1551, et par l'usage constaté dans divers actes de notoriété et arrêts de réglemens, notamment celui de 1598.

Le décret forcé, en usage jusqu'à la loi du 11 brum. an 7, a été remplacé par la saisie immobilière.

Les criées donnaient une sorte de publicité à la saisie et annonçaient l'adjudication; — mais la signification des criées au saisi n'était point exigée (si ce n'est par les coutumes de Vitry et de Ponthieu); la procédure ne commençait à devenir contradictoire qu'au moment de l'adjudication. — V. au contraire *inf.* nos 161 et 178.

Un arrêt de réglem. du parlem. de Paris du 29 janv. 1658 établissait des adjudications connues sous le nom d'*adjudications à la barre de la Cour*, pour les immeubles dont la valeur n'excédait pas la somme de 2,000 fr.

L'adjudication transférait irrévocablement la propriété à l'adjudicataire, sans qu'il pût être inquiété par les créanciers hypothécaires, qui ne s'étaient pas rendus opposans, soit au moment de la saisie, soit dans le cours des criées, soit avant l'adjudication.—V. au contraire *inf.* § 7, art. 7.

— V. d'ailleurs Pothier, *Procédure*, chap. 2, sect. 5; Denisart, v° *Saisie réelle*.

Le décret *volontaire* n'était autre chose que l'accomplissement des mêmes formalités, mais par suite d'un accord entre les parties; il avait été imaginé pour mettre les acquéreurs par acte volontaire, à même de purger les hypothèques, droits réels ou servitudes grevant les biens par eux acquis.

Ces formalités longues et onéreuses ont été supprimées par la publication de l'édit de 1771, qui a institué les *lettres de ratification*.

Aujourd'hui la vente en justice, par la seule volonté des parties, ne peut plus avoir lieu; elle est formellement interdite par l'art. 746 C. pr.

3. *Droit intermédiaire*. La procédure tracée par la loi du 11 brum. an 7 avait les inconvéniens opposés à ceux de l'ancienne législation; elle était si rapide, que les intérêts du débiteur et les droits des tiers étaient souvent sacrifiés. Il suffisait de faire

(1) On connaissait en outre en Dauphiné *la subhastation*. Parl. de Grenoble, 1547, art. 68; — *l'action en délaissement*. Royer Desgranges, *Inst. hyp.*, § 4.

un commandement au débiteur, et un mois après de placer des affiches imprimées, qui désignaient les biens, leur valeur présumée et le jour de l'adjudication ; un débiteur, pendant une absence de trois mois, pouvait être dépouillé de ses immeubles sans le savoir.—V. *inf.* nos 76 et suiv.

4. *Droit actuel.* Les formes de l'expropriation forcée sont aujourd'hui réglées par le C. civ. (art. 2204 à 2218), le C. pr. (art. 556, 673 à 748), la loi du 14 nov. 1808 (—V. *inf.* nos 43 à 45), l'avis du Conseil-d'Etat du 30 mai 1809 (—V. *inf.* nos 9, 31, 32, 291), le décr. du 2 fév. 1811 (—V. *inf.* Sect. II, § 7); — la procédure actuelle, défectueuse sous un grand nombre de rapports, offre cependant de notables avantages sur les législations antérieures : plusieurs lacunes sont comblées, notamment par les art. 674, 719, 720, 733, 735, 737 et suiv. C. pr.

De nombreuses réformes sont aujourd'hui proposées dans le but de supprimer les formalités superflues ou même nuisibles par leur complication, abréger les délais, diminuer les frais, régulariser les effets de la saisie relativement à la purge des hypothèques. —V. *inf.* nos 71, 82, 160, 217, 278 et 319.

Un projet de loi sur les ventes judiciaires de biens immeubles a été présenté par M. le garde des sceaux à la Ch. des Pairs le 11 janv. 1840. M. Persil, au nom de la commission, a lu son rapport le 23 mars 1840.

La discussion a commencé en avril 1840 est s'est terminée par l'adoption du projet amendé qui a été présenté à la Ch. des Députés. M. Pascalis, nommé rapporteur, a donné lecture de son travail le 9 juin 1840 (*Moniteur* du 23 juin).

Le nouveau projet conserve : 1° le commandement ; — 2° la saisie, la dénonciation au saisi ; — 3° la transcription au bureau des hypothèques ; — 4° le dépôt du cahier des charges au greffe ; — 5° une sommation au saisi d'assister à la publication et lecture de ce cahier ; — 6° pareille sommation aux créanciers inscrits ; — 7° transcription de cette sommation en marge de la transcription de la saisie ; — 8° jugement qui donne acte de la publication, statue sur les incidens et fixe le jour de l'adjudication ; — 9° annonces dans l'un des journaux à ce destinés, du jour des conditions de l'enchère et de l'adjudication ;—10° affiches et placards contenant la même indication ;—11° l'adjudication définitive. — V. d'ailleurs Art. 1566 J. Pr.

5. L'art. 717 C. pr. prononce *la peine de nullité* pour l'inobservation de la plupart des formalités prescrites. — Toutefois, la nullité d'un acte ne vicie pas la procédure antérieure. — V. d'ailleurs *inf.* n° 287, 305 et 306.

6. Les parties majeures et capables de contracter peuvent-elles convenir dans un acte de prêt que faute de paiement à l'é-

chéance, le prêteur fera vendre les immeubles du débiteur sans suivre les formalités de la saisie immobilière? Le peuvent-elles, surtout en réservant au débiteur la triple garantie de la mise en demeure, de la publicité et de la concurrence?

Cette question, qui touche à un grand nombre d'intérêts et divise la corporation des avoués et celle des notaires, est vivement débattue depuis quelques années; de part et d'autre on invoque des autorités imposantes et un nombre considérable d'arrêts.

Pour la validité de la clause de *voie parée*, on dit : lorsque les parties sont maîtresses de leurs droits, il leur est permis de stipuler toutes les conventions qui ne blessent pas l'ordre public : or, l'emprunteur a un droit absolu de propriété sur ses immeubles, pourquoi ne pas lui laisser celui de régler le mode de cette disposition? Il est majeur et libre, puisqu'il a pu s'engager; pourquoi le placer en tutelle, pour ainsi dire malgré lui? — Cette clause n'est même pas une dérogation aux règles de la saisie immobilière; la vente qui s'opérera n'est point une expropriation forcée, mais une vente volontaire, puisqu'elle s'effectue au nom et dans l'intérêt du vendeur, en vertu des pouvoirs par lui librement consentis. Les formes de la saisie réelle sont établies comme voie de contrainte à l'égard du débiteur qui, ne voulant pas ou ne pouvant pas se libérer, prétend garder ses propriétés; elles ne sont point faites pour le débiteur qui, comprenant mieux ses engagements, consent à ce que son créancier parvienne, sans procédure et presque sans frais, au but qu'il s'est proposé d'atteindre en acceptant la garantie qui lui est offerte; ce débiteur rend ainsi inutile à son égard l'emploi des voies rigoureuses de l'expropriation. — D'ailleurs, les formalités de l'expropriation ne tiennent à l'ordre public qu'en ce sens qu'un propriétaire ne peut être dépouillé arbitrairement de son bien; mais d'après les termes mêmes du C. pr., le saisi peut renoncer au bénéfice des formalités imposées au poursuivant, ou être privé de ce bénéfice par sa négligence ou celle de son avoué, si les moyens de nullité ne sont pas proposés en temps utile. En vain oppose-t-on les art. 2078 et 2088 C. civ., et 747 C. pr. Ils font partie du titre du nantissement, et n'ont aucun rapport avec le contrat dont il s'agit, si ce n'est peut-être qu'ils prohibent le pacte commissoire, absolument étranger à la convention de *voie parée*. L'art. 747 C. pr. a trait seulement au cas où des immeubles sont frappés de saisie réelle. Il a pour objet unique d'empêcher les abus qu'on pourrait faire des formes de l'expropriation pour porter atteinte aux attributions des notaires, en faisant procéder en justice à des ventes purement volontaires. Carré, n° 2199; Thomine, art. 747; Rolland de Villargues, *Jurispr.*

du Notar. art. 2352 ; Consult. insérée dans Sirey, 13, 795-4° ; Delvincourt, 3, 443, notes ; Dalloz, v° *Nantissement,* sect. 2, art. 1, n° 6 ; Troplong, *Vente,* n° 77, *Hypothèques,* 3, 795, 4 ; Duvergier, *Vente,* n° 120.— MM. Troplong, Delvincourt et Dalloz sont les seuls qui restreignent explicitement leur opinion au cas de non réclamation de la part des autres créanciers. La clause dont s'agit est approuvée, mais toutefois avec des modifications différentes par les arrêts suivans : Bruxelles, 30 germ. an 11 ; Trèves, 15 avr. 1813 ; Bordeaux, 3 juin 1809, 2 juin 1827, 28 av. et 29 juin 1830, 12 et 19 août, 23 nov. et 23 déc. 1831, 13 fév. 4 juin et 21 déc. 1832, 3 mai et 26 nov. 1834, 10 fév. 1835, 24 mai 1837, 23 juill. et 21 déc. 1838 (Art. 1319 J. Pr.) ; Pau, 6 juill. 1820, 27 juill. 1827, 22 déc. 1832, 6 août 1834 ; Douai, 17 juill. 1829 ; Amiens, 15 déc. 1832 ; Poitiers, 8 mars 1833 ; Paris, 17 mars 1834 ; Toulouse, 5 mai 1837 (Art. 755 J. Pr.) ; Rennes, 2 fév. 1837 (Art. 815 J. Pr.) ; Aix, 13 juill. 1837 (Art. 917 J. Pr.). — Enfin cette thèse vient d'être consacrée par la C. cass. ch. civ. 20 mai 1840 sur les C. conf. de M. Dupin, pr. général (Art. 1642 J. Pr.).

La question de savoir si le mandat de vendre donné par le débiteur à son créancier et stipulé irrévocable peut être révoqué soit directement soit indirectement a été résolue négativement dans une consultation de MM. Ph. Dupin, Parquin, O. Barrot, Hennequin, Duvergier, Bailleul, Piet, Journal des Notaires, t. 50 (Art. 898 et 1642 J. Pr.).

Jugé dans le même sens que l'on doit valider 1° le mandat donné au créancier dans l'acte d'emprunt de vendre l'immeuble hypothéqué devant notaire sur *une* simple publication, après *une* apposition d'affiches faite quinze jours avant l'adjudication définitive, le débiteur appelé pour régler les conditions du cahier des charges. Paris, 17 mars 1834.

2° la clause par laquelle le créancier, à défaut de paiement au terme fixé, est autorisé à prendre possession des biens ; à en jouir et disposer irrévocablement comme acquéreur, pour la somme prêtée, sans qu'il soit besoin d'avoir recours aux tribunaux et sans formalités de justice. Toulouse, 12 mars 1812 ; Montpellier, 26 juill. 1833. (Art. 1er J. Pr.)

— Pour le texte des formules adoptées par les notaires de Paris, de Bordeaux et du Nord. —V. Art. 1er J. Pr.

Quant à nous, nous pensons qu'une pareille clause est complètement nulle, comme violant et les art. 2078 et 2088 C. civ. et contraire à l'ordre public ; telle est également la solution proposée par les rédacteurs du nouveau projet de loi.

Il résulte en effet de la combinaison des art. 2088 et 2217 C. civ. que dans le cas où une pareille convention est intervenue, le créancier ne peut que *poursuivre* L'EXPROPRIATION *du débiteur par les voies légales*; c'est-à-dire en observant les formalités de la saisie immobilière. « La loi, disent les auteurs du *Dict. du notariat*, 3e éd., vo *Hypothèque*, no 197, en établissant la multiplicité et la sage lenteur des formalités de l'expropriation forcée, a voulu donner au créancier le temps de justifier de ses droits, au débiteur celui de les discuter, aux tiers intéressés celui d'intervenir, au ministère public celui de scruter si la loi et la morale ne sont pas compromises dans les stipulations; donc, il n'appartient pas à des particuliers d'intervertir *cet ordre public*. » Si la clause d'expropriation volontaire était autorisée, elle deviendrait de style dans tous les actes de prêt devant notaire; ce serait rayer de nos Codes les titres de l'expropriation forcée et de la saisie immobilière.

Or, s'il ne faut pas restreindre la liberté des conventions, c'est un devoir pour la loi de défendre l'emprunteur contre les exigences du capitaliste qui vient à son secours.

Mais, dira-t-on que les art. 2078, 2088 C. civ. ne sont faits que pour le *nantissement*. — Quelle serait la raison de différence pour autoriser la clause dans le prêt sur hypothèque et l'interdire dans le prêt sur gage? Si l'on veut être conséquent, il faut permettre au créancier *hypothécaire* de stipuler qu'à défaut de paiement il deviendra propriétaire de plein droit.

Vainement on oppose que l'art. 2088 C. civ. n'oblige pas le créancier à poursuivre l'expropriation, et lui accorde seulement cette faculté; qu'il n'a pas déclaré nulle, comme dans l'art. 2078, toute clause qui dérogerait aux formalités légales; que la nullité porte uniquement sur la convention qui rendrait le créancier propriétaire de l'immeuble, à défaut de paiement. — Mais à quoi bon reconnaître au créancier une simple faculté qui existait de droit commun? Pourquoi la loi serait-elle moins prévoyante à l'égard des immeubles qu'à l'égard des meubles? —V. C. civ. 2078.—S'il n'y a de prohibé que la clause attributive de la propriété au créancier à défaut de paiement, toute autre clause sera donc permise, par exemple, le mandat de vendre à l'amiable!

Pour repousser les inconvéniens d'une vente à l'amiable exigera-t-on une vente publique? Mais alors qui tracera la ligne de démarcation entre les formalités indispensables et celles qui ne le sont pas? Où s'arrêtera-t-on une fois que l'on aura abandonné les règles de la saisie immobilière? Faudra-t-il prévenir le débiteur, lui laisser un délai; quelle sera la durée de ce délai? Suffira-t-il d'une seule affiche apposée à la porte d'un notaire pour tout moyen de publicité? Le mandat de vendre donné au créancier sera-t-il ou non révocable par le débiteur? Sera-t-il opposable aux tiers? Le créancier mandataire sera-t-il déchu du droit de provoquer l'expropriation par les voies ordinaires? Sur tous ces points, on remarque une grande divergence dans la jurisprudence et dans les formules adoptées par les notaires; de là une source de procès que le législateur avait voulu tarir en posant des règles auxquelles il ne pourrait être dérogé.

Le but des art. 2078 et 2088 n'est pas seulement d'empêcher que le créancier ne s'enrichisse aux dépens du débiteur; la loi veut encore, dans l'intérêt du débiteur et des tiers, que les biens soient vendus à leur véritable valeur.

Si elle autorise la conversion de la poursuite de vente sur saisie immobilière en vente sur publications, c'est qu'alors les parties s'accordent, le débiteur est libre, le créancier ne peut plus lui faire la loi; c'est en pleine connaissance de cause, au moment même des poursuites que le débiteur estime s'il est à propos ou non de renoncer aux formes de la saisie; d'ailleurs, la conversion ne peut être prononcée que par jugement; c'est le tribunal qui décide s'il convient que la vente ait lieu devant un de ses membres ou devant un notaire.

Cette clause aurait d'ailleurs l'inconvénient de mobiliser la propriété, en rendant la transmission aussi prompte, aussi expéditive que la tradition des meubles et espèces monnayées. Or le caractère dominant de la propriété immobilière, c'est la conservation; la maturité, l'examen et la discussion doivent accompagner sa mutation. Hua, Favard, v° *Expropr. forcée*, § 1, n° 4; *Dict. du not.*, 3ᵉ *édit.* v° *Hypoth.* n° 197; *Sais. immob.* n° 9; Boixo, contrôleur de l'enregistr. art. 1488 (ils se fondent sur l'ordre public); Merlin, *Qu. de dr. v° Expropr.* § 8 (Arg. C. pr. 747). Persil, *Qu. hyp.* 2, 302; Duranton, 18, 557 (C. civ. 2078 *à fortiori*); Bruxelles, 7 flor. an 9; Liége, 3 déc. 1806; Bourges, 8 févr. 1810 et 29 mai 1837 (Art. 898 J. Pr.); Turin, 21 juill. 1812; Trib. Seine, 29 janv. 1835 (Art. 1 J. Pr.); Lyon, 2 déc. 1835 (Art. 367 J. Pr.). — Le pourvoi contre cet arrêt avait été admis au rapport de M. Mestadier et malgré les conclusions de M. Viger, av. général, 13 avr. 1837 (Art. 742 J. Pr.); Consult. de MM. Lemerle et Waldec-Rousseau des 14 mars et 10 avril 1837 (Art. 815 J. Pr.).

Jugé que la clause dite *de voie parée* est obligatoire même pour les héritiers mineurs du débiteur, mais que dans ce dernier cas, le subrogé tuteur doit, *à peine de nullité*, être appelé à la vente. Cass. 20 mai 1840 (Art 1642 J. Pr.).

7. La poursuite de saisie immobilière constitue une véritable instance.—V. *inf.*, nᵒˢ 28, 130, 353;—le poursuivant est considéré comme le mandataire des autres créanciers.—V. *inf.*, Sect. II, § 3; les créanciers inscrits sont réputés parties à la saisie, à dater de l'enregistrement de la notification du placard en marge de l'enregistrement de la saisie.—V. *inf.*, nos 278 et 293.

En conséquence les règles ordinaires de la péremption s'appliquent à cette procédure.—Lachaise, 497 ; — toutefois il faut combiner ces règles avec les dispositions relatives à certaines péremptions spéciales à cette matière.

Les formes de la reprise d'instance s'appliquent-elles à la saisie immobilière? *Dissertation* (Art. 1008 J. Pr.). — V. *inf.* Sect. II.

8. Le trib. compétent est celui de la situation des biens. L. 14 nov. 1808, art. 4. — V. *inf.*, n° 606 et *Faillite*, n° 509 et suiv. — En effet, l'expropriation forcée est une action essentiellement réelle, puisqu'elle a pour objet l'exercice d'un droit hypothécaire. — En conséquence, il a été jugé que les créanciers hypothécaires d'une succession bénéficiaire conservent le droit de poursuivre la vente de l'immeuble hypothéqué devant le trib. du lieu où il est situé, lors même que les héritiers en provoquent la licitation devant le trib. de l'ouverture de la succession. Cass. 29 oct. 1807, D, 3, 502.

9. Les formes de la saisie immobilière doivent être suivies, même à l'égard de l'expropriation d'un comptable de l'Etat. Décr. 6 janv. 1807.

Les préposés de la régie ne peuvent ni poursuivre d'expropriation, ni se rendre adjudicataires, sans y voir été autorisés formellement par l'administration. Lett. grand-juge et min. fin. 15 et 25 brum. an 12 ; Inst. Rég. 21 pluv. an 12.

L'expropriation des débiteurs de l'université est autorisée par le ministre, après une délibération du conseil de l'instruction publique. Arg. Décr. 12 sept. 1811.

§ 2. — *Qui peut saisir ; en vertu de quels titres ; contre qui ; quels biens sont saisissables.*

10. *Qui peut saisir.* Tout créancier, soit hypothécaire avec ou sans inscription, soit même chirographaire, a le droit de saisir les immeubles de son débiteur (Arg. C. civ. 2093, 2204), pourvu que sa créance réunisse les conditions exigées par la loi (—V. *inf.* no 12). Paris, 12 vent. an 12, S. 7, 950. Lyon, 27 nov. 1811, D. 11, 677, n° 1 ; Liège, 28 nov. 1808, D. 11, 684, n° 5 ; Berriat, 502, 503 ; Tarrible, *R.* v° *Expropriation*, n° 1 ; *Saisie*, § 1 ; Malleville, art. 2204.

11. Si le créancier est incapable, l'expropriation se poursuit en son nom par la personne chargée de le représenter. — V. *Exécution*, n° 9.

12. *En vertu de quel titre on peut saisir.* Il faut, 1° avoir une créance *certaine*, *liquide*. C. civ. 2213. — V. *Exécution*, n° 20 et suiv., et *exigible*. C. pr. 551.

La modicité de certaines créances et l'élévation des frais feraient désirer que le droit de saisir fût refusé au cas où la créance serait inférieure à 300 fr. Mais cette somme peut être un capital important pour certaines fortunes. Les petits créanciers méritent aussi d'être protégés par la loi. D'ailleurs tous les biens d'un débiteur sont le gage de ses créanciers.

13. *Liquide.* Toutefois, si la dette est en espèces non liquidées, la poursuite est valable; mais l'adjudication *définitive* ne peut être faite qu'après la liquidation. C. civ. 2213. — V. *Exécution*, n° 23 et suiv.

14. Un créancier qui a reçu des à-comptes sur une obligation notariée et exécutoire n'en a pas moins le droit d'exproprier les biens de son débiteur. Paris, 24 floréal an 13, S. 5, 338. — V. d'ailleurs C. civ. 1244, 1258, 1900; C. pr. 122.

15. Les intérêts d'un capital et les frais taxés par jugement ou par exécutoire sont une créance liquide qui autorise une poursuite d'expropriation forcée. C. civ. 2213. Cass. 25 janv. 1837 (Art. 952 J. Pr.).

16. Mais l'exception de paiement intégral à l'époque des poursuites peut être opposée par le saisi au saisissant qui se rend adjudicataire, même après l'adjudication définitive. Cass. 3 avr. 1837, S. 37, 323.

17. *Exigible.* Il ne suffit pas que l'échéance arrive pendant le cours de la procédure. Bruxelles, 5 déc. 1812, S. 12, 284, Conf. Dalloz, 11, 687, 6.

18. Mais la saisie pratiquée pour une somme plus forte que celle due au créancier n'est pas nulle. C. civ. 2216.

Ce principe est commun à toutes les saisies. Bruxelles, 14 mars 1833, D. 34, 139.

19, 2° Être porteur d'un titre authentique et exécutoire. C. civ. *ib.* — V. *Exécution*, n° 29 et suiv.

La poursuite peut avoir lieu en vertu d'un jugement provisoire ou définitif, exécutoire par provision nonobstant appel. — V. *Jugement*, n° 153 et suiv.; mais il n'est valablement procédé à l'adjudication *définitive* qu'après un jugement définitif en dernier ressort, ou passé en force de chose jugée. C. civ. 2215.

La poursuite ne saurait s'exercer en vertu de jugemens rendus par défaut durant le délai de l'opposition. C. civ. 2215, — c'est-à-dire, pendant la huitaine qui suit la signification, et non pas tant que l'opposition est recevable : autrement, on ne pourrait jamais saisir en vertu d'un jugement de défaut rendu contre une partie non assistée d'avoué, puisqu'elle a le droit de s'y opposer jusqu'à l'exécution. Berriat, 567, n° 12.

20. Mais en cas d'appel du jugement *en vertu duquel on saisit*, le débiteur doit intimer, trois jours au moins avant le dépôt du cahier des charges, le greffier du trib. devant lequel la vente a lieu, et lui dénoncer son intimation en la lui faisant viser; faute de ce faire, l'appel ne serait pas reçu, et il serait passé outre à l'adjudication. C. pr. 726 — sans qu'il soit nécessaire que la Cour ait déclaré l'appel nul. Limoges, 3 janv. 1835, D. 38, 207.

Au contraire, l'appel du jugement *qui rejette des moyens de nullité contre la procédure antérieure à l'adjudication préparatoire*, n'est pas soumis aux formalités de l'art. 726. C. pr. 734. *Même arrêt.*

21. Le cessionnaire d'un titre exécutoire n'est recevable à poursuivre l'expropriation qu'après que la signification du transport a été faite au débiteur. C. civ. 2214. — V. d'ailleurs *Exécution*, n° 10. — V. *inf.* n° 59.

22. *Contre qui la saisie doit-elle être pratiquée?* Les poursuites doivent être dirigées contre le débiteur, et s'il est incapable, contre son représentant.—V. *inf.* n° 53 ; Berriat, 503, 10.

23. La saisie des immeubles d'*une succession bénéficiaire* peut-elle être poursuivie par les créanciers du défunt contre l'héritier? (— V. *Saisie-arrêt*, n° 23). L'affirmative a été jugée, alors même que celui-ci provoquait un partage devant le trib. de l'ouverture de la succession. Cass. 29 oct. 1807, D. 3,302 ; Cass. 8 déc. 1814, D. 12, 382, n° 1 ; Bourges, 15 mars 1822, D. 12, 387, n° 4 ; Toulouse, 17 août 1822,—surtout lorsque les héritiers ne justifient d'aucune poursuite. Paris, 24 fév. 1825, D. 26, 212.—V. d'ailleurs *inf.* n° 36.

Mais il semble résulter d'un arrêt de cass. 23 juill. 1833 (Art. 294 J. Pr.) que ce droit ne leur appartient plus lorsque la vente a été provoquée par l'héritier ; en tous cas, il est prudent de mettre l'héritier en demeure de vendre les biens de la succession. Paris, 4 fruct. an 12, 21 sept. 1821 ; — ou même que cette poursuite peut être faite par cet héritier, s'il est créancier, contre le *curateur* (— V. ce mot, n° 20) au bénéfice d'inventaire, lorsqu'il n'y a pas d'autres héritiers. Berriat, *ibid.*

24. La saisie d'immeubles entre les mains d'un tiers détenteur doit être poursuivie contre celui-ci, et non contre le débiteur principal ; il n'est pas nécessaire de signifier les actes à ce dernier : il suffit de lui faire un commandement préalable. Arg. C. civ. 2169. Cass. Req. 4 janv. 1837 (Art. 701 J. Pr.).

25. Le titre exécutoire contre le défunt l'est également contre l'héritier pur et simple. C. civ. 877 ;—le créancier, porteur d'un acte de cette nature, peut donc poursuivre l'expropriation des biens de l'héritier.

Mais il ne peut continuer les poursuites commencées contre le défunt qu'après la signification exigée par l'art. 877 C. pr. Paris, 19 avr. 1839 (Art. 1718 J. Pr.).

26. Doit-il, *sous peine de nullité*, signifier son titre à l'héritier, *huit jours au moins* avant *le commandement* tendant à saisie? Peut-on au contraire considérer comme suppléant à cette signification la copie du titre donnée en tête du commandement?

Pour soutenir que le délai de huitaine n'est pas indispensable, on dit : l'art. 877 C. civ. ne prononce pas de nullité des poursuites faites avant la signification du titre aux héritiers du défunt. D'ailleurs, le commandement n'est pas un acte de poursuite, mais une formalité préalable de la saisie; s'il s'écoule huit jours entre la saisie et le commandement notifié avec copie des titres, le but de la loi est rempli et le débiteur prévenu. Arg. Cass. 12 mai 1813, P. 11, 360; Carré, art. 673; Grenoble, 12 avr. 1826.

Mais on répond par les termes impératifs de l'art. 877 C. civ. les créanciers ne POURRONT poursuivre. On ajoute que la loi veut que les héritiers aient connaissance certaine des actes exécutoires avant que ces actes puissent être exécutés : or, si un commandement n'est pas un acte d'exécution, il suppose un acte exécutoire, et tel n'est pas un titre non notifié à l'héritier. Arg. C. civ. 807; Bruxelles, 10 mai 1810; Cass. 31 août 1825, D. 25, 431; Pau, 3 sept. 1829; Colmar, 11 mars 1835, art. 26 J. Pr.; Chabot, art. 877, 2; Duranton, 7, 650; Toullier, 516; Observ. art. 26 J. Pr. — V. *Poursuite*, n° 4; *Commandement*, n° 4; *Exécution*, n° 15 et suiv.

27. Le créancier inscrit sur un immeuble possédé par un seul des héritiers de son débiteur, peut saisir cet immeuble après commandement signifié à cet héritier; il n'est pas tenu de lui faire, comme à un tiers détenteur, sommation de payer, ni de signifier un commandement à ses cohéritiers comme débiteurs originaires. Arg. C. civ. 2169; Cass. 19 juill. 1837 (Art. 988 J. Pr.).

28. Lorsque le décès du saisi arrivé dans l'intervalle des notifications au jugement d'adjudication définitive n'a pas été notifié au saisissant, les actes faits par celui-ci dans l'ignorance de ce décès sont valables *jusqu'à la signification du jugement d'adjudication préparatoire.* A cet époque, il a dû connaître le décès du saisi. Paris, 19 avr. 1839 (Art. 1718 J. Pr.). — V. *sup.* n° 7.

29. Jugé que le *décès du créancier poursuivant* pendant la poursuite en expropriation forcée, n'invalide pas la procédure faite depuis en son nom, *si l'avoué ignorait ce décès.* Paris, 15 nov. 1834, D. 38, 240. — V. *sup.* n° 7.

30. On peut poursuivre cumulativement l'expropriation contre plusieurs débiteurs solidaires.

31. *Quels biens sont saisissables.* Sont saisissables : 1° *les biens immobiliers et leurs accessoires* réputés immeubles appartenant en propriété au débiteur. C. civ. 2204, 517 et suiv.; — 2° *l'u-*

sufruit appartenant au débiteur sur les biens de même nature. C. civ. 2204 ; — 3° *les actions de la Banque de France* qui ont été immobilisées. Décr. 16 janv. 1808, art. 7.

32. Toutefois, il faut excepter : 1° *les biens qui ne sont pas dans le commerce*, tels que les domaines de la couronne, les immeubles apanagés, ceux constitués en majorats, etc. Arg. C. civ. 2118 ; Décr. 1er mars 1808, S. C. 30 janv. 1810 ;

2° *Les servitudes :* attachées au sol, elles ne peuvent en être détachées, et conséquemment ne sont saisissables qu'avec le sol lui-même. Pigeau, 2, 247 ; Persil, *Qu.* 2, 280 ;

3° *Les droits d'usage et d'habitation :* ce sont des droits personnels. C. civ. 631, 634 ;

4° *Les actions en revendication ou en rescision de ventes d'immeubles :* les mots *biens immobiliers* employés dans l'art. 2204 ne désignent évidemment que les immeubles par leur nature ; le créancier doit exercer d'abord l'action, et s'il réussit, saisir ensuite l'immeuble. Cass. 23 prair. an 12 et 14 mai 1806, D. 1, 219 ; Merlin, *Rép.* v° *Expropriation*, n° 3 ; Persil, 2, 379 ; Berriat, *ib.*—*Contrà*, Pigeau, *ib.*

— V. d'ailleurs *Absence*, n° 64.

33. Les immeubles dépendans d'une succession ne peuvent être mis en vente par les créanciers personnels d'un héritier avant le partage ou la licitation.—V. *Licitation*, nos 76 à 83.

34. Mais la saisie pratiquée sur des héritiers de biens indivis est-elle nulle de plein droit ? Est-elle au contraire valable, sauf au créancier à provoquer le partage avant l'adjudication ? — Des termes de l'art. 2205 C. civ. résulte l'interdiction pour les créanciers de saisir la part indivise de leur débiteur, car la saisie immobilière et tous les actes qui la suivent ont le même objet qui est de mettre en vente l'immeuble. Les créanciers ne pourraient donc faire qu'un commandement. Cass. 3 juill. 1826, S. 27, 69 ; Pigeau, 2, 133 ; *Comm.* 2, 270.

Toutefois, la prohibition de *mettre en vente* la part indivise d'une succession a été interprétée dans un autre sens par quelques arrêts : ainsi il a été jugé que les trib. ne sont pas toujours forcés de déclarer nuls la saisie et les autres actes de poursuite ; qu'ils peuvent, *suivant les circonstances*, prononcer seulement le sursis des poursuites jusqu'au partage effectué, surtout lorsque l'indivision est ancienne, et que la possession de fait peut entraîner la supposition d'un partage. Poitiers, 20 août 1835, D. 35, 165 ; Nîmes, 15 mai 1838 (Art. 1268 J. Pr.). — On invoque aussi. Cass. 14 déc. 1819, P. 15, 625. — Dans cette dernière espèce, le poursuivant, créancier de l'un des héritiers, l'était également de la succession.—V. *Licitation*, n° 79.

35. Les mêmes motifs de prohibition sembleraient devoir s'appliquer aux créanciers d'un communiste. Colmar, 17 frim.

an 13, S. 5, 72. — Mais on répond qu'il faut restreindre la disposition de l'art. 2205 au cas prévu d'un cohéritier; et qu'à l'égard d'un communiste (autre qu'un conjoint ou associé), les créanciers ne sont point empêchés de saisir sa part avant partage. Delvincourt, 3, 90 et 183; Paris, 1er juin 1807, S. 7, 666; Metz, 28 janv. 1818, S. 18, 337; Liége, 23 janv. 1834, D. 35, 32, — surtout lorsqu'il s'agit d'un seul immeuble. *Même arrêt.*

Une pareille saisie n'est donc pas nulle, sauf aux copropriétaires non débiteurs à revendiquer ou à demander la distraction. Bordeaux, 29 nov. 1833, D. 38, 203.

36. Un héritier bénéficiaire est frappé, comme tel, d'une incapacité personnelle, qui s'oppose à ce qu'il exproprie les immeubles de la succession, en vertu de ses propres titres de créance sur cette succession. — V. toutefois *sup.* n° 23.

Quels que soient ces titres, leur effet est entravé par sa qualité de comptable; tant qu'il est comptable, il ne peut être réputé créancier définitif ayant faculté d'exproprier. Toulouse, 17 mars 1827, S. 27, 226.

37. Les immeubles d'un mineur, même émancipé, ou d'un interdit, ne *peuvent être mis en vente* qu'après la *discussion* de son mobilier. — V. *Discussion*, nos 21 à 25; Grenier, *sup.* 2, n° 476.

Néanmoins, cette discussion n'est pas requise : 1° lorsque les immeubles sont possédés par indivis entre un majeur et un mineur ou interdit, si la dette leur est commune, ou si les *poursuites* ont été commencées contre un majeur ou avant l'interdiction. C. civ. 2207;

2° Quand l'inutilité de cette mesure est constatée à l'avance par une délibération du conseil de famille. Paris, 2 août 1814, D. 11, 674, n° 1.

38. L'art. 2206 ne défend que *la mise en vente.*—Faut-il en conclure que la saisie peut être faite avant de discuter le mobilier? Pigeau, 2, 223.— Faut-il, au contraire, interdire la saisie elle-même?—V. *sup.* n° 34.

Suivant M. Thomine, 2, 197, l'exception de discussion du mobilier du mineur pourrait être opposée même après l'adjudication préparatoire.

En tous cas, il n'y aurait pas nullité de la procédure si l'on se contentait de faire un commandement dans lequel on annoncerait qu'on procédera à la saisie immobilière après avoir discuté le mobilier, et si effectivement on commençait par saisir-exécuter ce mobilier, ou par dresser un procès-verbal de carence. Tarrible, *Rép.* v° *Saisie*, § 3.

39. L'expropriation des immeubles dépendant de la communauté se poursuit *contre le mari seul débiteur*, quoique la femme soit obligée à la dette.

Quant aux immeubles de la femme qui ne sont pas entrés en communauté, elle se poursuit *contre le mari et la femme*, laquelle, au refus du mari de procéder avec elle, ou si le mari est mineur, peut être autorisée en justice. C. civ. 2208.

40. Mais le créancier poursuivant doit-il faire autoriser la femme qu'il exproprie? Suffit-il qu'il fasse notifier, *tant au mari qu'à la femme*, tous les actes qui se rapportent à cette poursuite?

Pour la nécessité d'une autorisation de justice on invoque les art. 215, 216, 218 et 225 C. civ., qui contiennent un principe général et absolu. Le sens légal des mots *ester en jugement* s'applique aux poursuites en expropriation, qui peuvent donner lieu à un débat judiciaire.

Le contraire a été jugé. Arg. C. civ. 2208; Cass. 11 nov. 1839 (Art. 1611 J. Pr.); Berriat, 664; Carré, *Qu.* 2911; Proudhon, 1, 271; Duranton, 2, 460; Dalloz, 7, 827, 331.

Il en serait autrement si la femme formait une demande incidente dans le cours de la poursuite. Cass. 13 nov. 1828, S. 29, 240; Bordeaux, 4 août 1829, S. 30, 86. — Dans ce cas, elle devrait être autorisée.

41. Si le débiteur justifie par baux authentiques que le revenu net et libre de ses immeubles pendant une année suffit pour le paiement de la dette en capital, intérêts et frais, et s'il en offre la délégation au créancier, la poursuite *peut* être suspendue par les juges, sauf à être reprise s'il survient quelque opposition ou obstacle au paiement. C. civ. 2212.

Baux authentiques. Un bail sous seing-privé ne suffirait point: le poursuivant n'aurait pas de titre *paré* contre le fermier, qui d'ailleurs pourrait dénier son écriture. Chauveau, 20, n° 692. — *Contrà*, Delaporte, 2, 318.

Sauf à être reprise. On continue d'après les derniers erremens et sans qu'on puisse opposer l'expiration des délais. — V. *inf.* n° 440.

Opposition. Le créancier qui formerait une saisie-arrêt viendrait à contribution avec le délégataire sur les revenus ou intérêts échus depuis la saisie.

Obstacle. Si l'obstacle provenait d'un cas fortuit, le juge pourrait prolonger la suspension. Delvincourt, 3, 180.

42. Les créanciers ne sont recevables à poursuivre la vente des biens qui ne leur sont pas hypothéqués que dans le cas d'insuffisance des biens qui leur sont hypothéqués. C. civ. 2209; — sans qu'une discussion préalable soit pourtant nécessaire. Arg. C. civ. 2165; Cass. 27 juill. 1827, S. 27, 509; Persil, 2, 294; Pigeau, 2, 221; Tarrible, *Rép.* v° *Saisie*, § 3; — il a même été jugé que c'était au débiteur à prouver la suffisance des biens hypothéqués. Cass. 7 oct. 1807, D. 11, 720, n° 1.

43. L'expropriation de biens situés dans différens arrondissemens ne peut être provoquée que successivement, à moins 1° qu'ils ne fassent partie d'une seule et même exploitation. L'expropriation est alors suivie devant le trib. dans le ressort duquel se trouve le chef-lieu de l'exploitation, ou à défaut de chef-lieu, la partie de biens qui présente le plus grand revenu d'après la matrice du rôle. C. civ. 2210;

2° Que la valeur totale des biens, dont on veut poursuivre la vente, ne soit inférieure au montant réuni des sommes dues tant au saisissant qu'aux créanciers inscrits. L. 14 nov. 1808, art. 1er. — La valeur des biens est établie d'après les derniers baux authentiques sur le pied du denier vingt-cinq; — à défaut de baux authentiques, elle est calculée d'après le rôle des contributions foncières sur le prix du denier trente. *Ib.* art. 2.

Au reste, rien ne s'oppose à ce qu'une première saisie ayant été pratiquée à la requête d'un créancier, un autre créancier ne saisisse à son tour un autre immeuble du même débiteur situé dans un arrondissement différent; peu importe que la première saisie lui ait déjà été notifiée. Cass. 12 nov. 1828, D. 29, 11.

44. Si les biens hypothéqués au créancier et les biens non hypothéqués, ou les biens situés dans divers ressorts font partie de la même exploitation, le débiteur peut demander que la vente des uns et des autres soit poursuivie simultanément. Alors on fait au besoin une ventilation du prix. C. civ. 2211.

45. Le créancier qui prétend que les biens situés dans le ressort des différens trib. sont insuffisans pour désintéresser tous les ayant-droit, et qui, en conséquence, demande à les saisir simultanément, doit présenter requête au président du trib. de l'arrondissement où le débiteur a son domicile, et y joindre : 1° copie en forme des baux authentiques, ou à leur défaut, copie, également en forme, du rôle de la contribution foncière; 2° l'extrait des inscriptions prises sur le débiteur dans les divers arrondissemens où les biens sont situés, ou le certificat qu'il n'en existe aucune. — La requête est communiquée au ministère public et répondue d'une ordonnance portant permission de faire la saisie de tous les biens situés dans les arrondissemens et départemens y désignés. L. 14 nov. 1808, art. 3.

§ 3. — *Formalités préliminaires; — Commandement.*

46. La saisie immobilière doit, *à peine de nullité*, être précédée d'un commandement de payer fait au débiteur par un huissier. C. pr. 673, 717.

47. L'huissier procède sans assistance de témoins. C. pr. 30.

973; L. 11 brum. an 7, art. 2, à la différence de ce qui avait lieu dans l'ancien droit. Acte de notoriété du Châtelet du 23 mai 1699; Denisart, v° *Commandement*, n° 9.

48. Le tiers qui se prétend propriétaire des immeubles que l'on se propose de saisir, menacé par un commandement, ne peut y former opposition ; il faut qu'il attende que la saisie ait été faite, afin de procéder par une demande en distraction. Besançon, 19 fév. 1811, S. 15, 177; Carré, n° 2215.

49. Ce commandement est soumis aux règles générales des *exploits* — V. ce mot, n°s 10 à 21, et en outre à certaines formalités particulières, soit intrinsèques, soit extrinsèques.

Intrinsèques. Telles sont, 1° la signification du commandement à personne ou domicile; — 2° la transcription entière du titre en tête du commandement; — 3° la mention d'une élection de domicile de la part du créancier dans le lieu où siège le trib. qui doit connaître de la saisie, si le créancier n'y demeure pas; — 4° l'indication que, faute de paiement, il sera procédé à la saisie des immeubles du débiteur.—V. *inf.* n° 66.

Extrinsèques. Telles sont celles qui n'accompagnent pas la confection et la signification du commandement; mais qui doivent le suivre immédiatement; elles consistent, 1° dans le visa qui doit être donné, dans le jour, par le maire ou l'adjoint du domicile du débiteur; — 2° dans la signification d'une seconde copie du commandement à celui qui donne le visa. — V. *inf.* n° 74.

Le tout à peine de nullité. C. pr. 673, 717.

50. *La signification du commandement à personne ou domicile.* Cette règle est commune à tous les exploits. C. pr. 68. — V. *Exploit*, n°s 144, 167 et suiv.

51. Si le débiteur est sans domicile ni résidence connus, le commandement est régulièrement fait au parquet du procureur du roi *près le trib. du dernier domicile de la partie saisie*, avec affiche à la porte de ce trib., et non pas, comme le porte l'art. 69-8° C. pr., à la porte du trib. auquel la demande est portée : en effet, le commandement préalable à la saisie immobilière, ne renfermant pas de demande, n'est pas du nombre des exploits dont fait mention cet art. 69. Paris, 3 fév. 1811. S. 14, 23.

52. La signification pourrait-elle être faite au domicile *d'élection?*

Pour la négative, on dit : La nécessité de faire viser l'original du commandement par le maire du domicile du débiteur suppose une signification au domicile *réel*; (— V. *inf.* n° 72). En outre, si la signification au domicile élu était jugée suffisante, le débiteur pourrait se trouver exproprié sans même connaître les poursuites dirigées contre lui; que les actes postérieurs puissent être remis au domicile élu, on le comprend; mais le commandement doit arriver directement au débiteur ; autrement l'oubli, la négligence, la fraude, le décès de la personne chez laquelle on a élu domicile, exposeraient le débiteur à l'ignorance des poursuites.

Toutefois, il a été jugé que la faculté accordée aux parties de faire une élection de domicile (— V. *Exploit*, nos 244 et suiv.) pour l'exécution des actes qu'elles contractent est générale dans ses effets, qu'il n'y a point d'exception pour le cas de saisie immobilière, que l'art. 673 ne s'exprime pas en termes plus impératifs que l'art. 68. Cass. 5 févr. 1811, D. *ib.* 798; Paris, 22 juin 1809, D. *ib.* 797; Bourges, 27 juin 1823, D. *ib.* 798; Berriat, 568, n° 14, n° 2; Carré, n° 2200 ; — Arg. Cass., 24 janv. 1816. P. 13, 242.

L'art. 673 du projet de M. Parant autorisait la signification du commandement au domicile, *soit réel, soit élu.* (Art. 1487, J. pr., p. 385.)

53. Lorque le débiteur est un incapable, le commandement doit être signifié à son représentant. — V. *Exploit*, nos 209 et suiv.; — par exemple, au tuteur, en cas de minorité ou d'interdiction; C. civ. 450; — au pupille *et* au curateur, si le débiteur est émancipé. C. civ. 482; — à la femme *et* au mari, même en cas de séparation de biens. Colmar, 2 déc. 1806 D. 11, 679, n° 3; Carré, art. 673; — au curateur en cas de succession vacante. C. civ. 813.

54. Néanmoins en cas de séparation de biens, le commandement peut être adressé à la femme seule, s'il s'agit d'immeubles non entrés en communauté; envain invoque-t-on l'art. 2208 C. civ. Le commandement n'est qu'un acte de mise en demeure qui précède la saisie, mais ne la constitue pas. Bordeaux, 1er août 1834, D, 37, 181. — V. d'ailleurs *sup.* n° 39.

55. *Quid en cas de faillite?* — Il n'y a pas lieu d'examiner à qui le commandement doit être signifié *après l'union* : l'expropriation est interdite à cette époque (C. comm. 572.).

Les syndics ont seuls qualité pour procéder à la vente des immeubles du failli, C. comm. 571, 572; — en cas de négligence de leur part, le créancier, qui aurait à s'en plaindre, ne pourrait que provoquer la destitution des syndics et leur remplacement. — V. d'ailleurs *Faillite*, sect. 10, n° 501.

Avant l'union, le commandement est valablement signifié aux syndics Arg. C. comm. 443, — V. *Faillite*, n° 504.

Il n'est pas nécessaire, mais il est convenable de notifier en même temps ce commandement au failli : quoique dessaisi de l'administration de ses biens, il peut trouver des ressources dans ses amis; il a intérêt à prévenir ou du moins à surveiller la poursuite d'expropriation.

Au reste, le failli peut intervenir, lors même qu'il ne propose pas d'autres moyens de nullité que ceux présentés par les syndics. Cass. 8 mai 1838. — V. *Faillite*, n° 62.

Jugé que celui qui a figuré en son nom personnel et sans le ministère de ses syndics, est non recevable à former tierce opposition aux décisions intervenues en cet état, sous prétexte qu'on aurait dû agir contre ses syndics lorsque, plus tard, le jugement qui le déclarait en état de faillite a été annulé. Cass. 31 août 1831, D. 31, 297.

36. Pour le cas où l'expropriation est poursuivie contre un tiers détenteur. — V. *Hypothèque*, n°s 23 et suiv. Le poursuivant n'est pas tenu, du moins à peine de nullité, de donner copie dans sa sommation au tiers détenteur, des titres sur lesquels repose sa saisie. Bourges, 17 avr. 1839, D. 40, 56. — ni du commandement fait au débiteur originaire. Paris, 3e ch^e, 17 mars 1840 (Art. 1666, J. Pr.).

Dans l'usage il est donné copie du commandement et du titre de créance. — V. *Hypothèque*, n° 27.

37. *La transcription entière du titre en vertu duquel la saisie est pratiquée.* Elle doit être donnée en tête du commandement,—encore bien que précédemment ce titre ait été signifié : l'art. 673 ne distingue pas, comme l'art. 583 C. pr.; on a voulu que le débiteur fût à même d'apprécier le mérite d'un acte aussi important, sans être obligé à se reporter au titre ou à la signification précédente qu'il pourrait avoir égarés.

La copie faite par extrait serait irrégulière, notamment si elle ne reproduisait pas la formule exécutoire : rien n'attesterait alors que le créancier fût porteur d'un acte en vertu duquel des poursuites pussent être dirigées contre le débiteur. Besançon, 18 mars 1808, D, 11, 696. Bruxelles, 16 fév. 1809, D. 11, 697; Carré n° 2207. — Toutefois de légères omissions n'entraîneraient pas de nullité. Une copie est entière toutes les fois que les omissions ne font pas partie intégrante de l'acte.

38. Il n'est pas nécessaire que l'huissier mentionne, dans le commandement, que la copie est entière, il suffit qu'en fait elle le soit. Bordeaux, 25 mars 1829, S. 29, 344.

39. L'obligation pour le saisissant de donner copie entière du titre entraîne-t-elle celle de signifier les actes accessoires à ce titre?

Pour la négative, on dit : La copie entière exigée par l'art. 673 C. pr. n'est pas celle des titres en général ; c'est spécialement celle *du titre* EN VERTU DUQUEL *se fera la saisie ;* or, la saisie ne se fait pas en vertu de la qualité d'héritier, de légataire, de cessionnaire du créancier primitif; seulement ces qualités confèrent à celui sur la tête de qui elles reposent le droit d'agir en vertu du titre exécutoire... Ces actes sont destinés à repousser les exceptions... qui pourraient être opposées. Donc aucun d'eux n'est un titre exécutoire. Ainsi le cessionnaire même par acte sous seing privé peut poursuivre, si sa créance est établie par acte authentique. Bourges, 17 avr. 1839, D. 40, 56.

Conséquemment a été déclaré régulier le commandement fait : — 1° En vertu d'un jugement de condamnation au paiement d'un billet, bien qu'il n'eût pas été précédé de la copie de ce billet. Rouen, 19 mars 1815, D. 8, 188. Carré, n° 2205 ;

2° En vertu d'un jugement par défaut non exécuté dans les six mois, mais auquel la partie condamnée avait acquiescé, sans copie de l'acquiescement. Toulouse, 28 avril 1826, D. 26, 204 ;

3° En vertu d'une obligation consentie par un mandataire, sans copie de la procuration. Bourges, 11 janv. 1823. S. 22, 222 ;

4° En vertu d'un réglement de compte intervenu entre les parties par acte authentique, sans la copie des titres antérieurs. Bordeaux, 4 août 1829, D. 30, 3 ;

5° Celui fait par des héritiers, quoiqu'il ne renferme pas copie des pièces établissant leur qualité. *Même arrêt.*

Dans le système contraire on répond : la loi ne distingue pas : elle exige *la copie entière du titre:* son but est de mettre à même le débiteur de juger par la seule inspection de l'exploit si le requérant est fondé ou non à exercer les poursuites. — On conçoit qu'il ne soit pas nécessaire de signifier les actes privés qui ont servi de base à un jugement ou à un acte authentique, et qu'il suffise de la grosse qui forme le véritable titre du créancier; — mais tant que l'héritier ne justifie pas de sa qualité, le débiteur est réputé ignorer la transmission des droits qui s'est opérée en sa personne.—V. d'ailleurs *Exécution*, n° 10.

Ainsi, indépendamment de l'énonciation du titre de sa créance, le créancier d'une rente viagère doit indiquer la preuve de son existence dans le commandement, sauf l'appréciation de cette preuve. Paris, 3ᵉ chᵉ, 17 mars 1840 (Art. 1666, J. Pr.).

Le cessionnaire doit également signifier en tête du commandement la copie de son transport ; il faut qu'il fasse connaître au débiteur qu'il est à la place du créancier originaire ; peu importerait que le transport eût été déjà notifié au débiteur; il est possible en effet qu'il ait oublié cette première notification. Cass. 16 avr. 1821; S. 21, 414; Toulouse, 21 déc. 1837 (Art. 1088, J. Pr.)

Il a même été jugé que le transport ne devenant parfait que par la signification qui en est faite au débiteur (C. civ. 1690), et la saisie immobilière ne pouvant être poursuivie qu'après que le transport a été signifié (C. civ. 2214), il fallait en tête du commandement donner copie non seulement du transport, mais encore de l'exploit de signification préalable de ce dernier acte. Tarrible, *Rép. hoc verbo*, § 5, Metz, 12 fév. 1817, D. 11, 698, 1. — *Contrà*, Bordeaux, 11 août 1836, D. 37, 181.

Au reste, il est prudent de signifier tous les actes qui peuvent compléter le titre, et tel est l'usage.

60. Mais la notification du transport et le commandement peuvent-ils être faits par le même acte? —Pour la négative on oppose les art. 2214 et 2217. C. civ.; il en résulte que la notification et le commandement doivent être faits par actes séparés et à des jours différens; le nouveau créancier doit se faire connaître; il est possible que le créancier primitif ait été désintéressé avant la signification du transport; en admettant l'existence de la dette, il est possible qu'on veuille payer immédiatement; il est donc utile de mettre en demeure par une simple signification alors qu'on peut éviter les frais souvent considérables d'un commandement tendant à saisie réelle.

Mais on répond : le commandement n'est pas un acte d'exécution ou de poursuite; c'est au contraire une mise en demeure qui précède l'exécution, et qui tend à la prévenir; d'où il suit que la signification du transport n'en est pas moins faite *avant toute poursuite*, lorsqu'elle est accompagnée du commandement de payer. Nîmes, 2 juill. 1808, S. 9, 61.

61. Le commandement est régulier, bien que l'acte qui sert de base à la poursuite ne soit pas légalisé. Poitiers, 19 mars 1822, D. 11, 683, 1.—V. d'ailleurs *Exécution*, n° 47.

62. *Une élection de domicile dans le lieu où siége le trib. qui doit connaître de la saisie si le créancier n'y demeure pas.* Cette formalité a pour but de mettre le débiteur à même de faire signifier à ce domicile élu les actes qu'il croit utiles à sa défense. L'effet de cette élection de domicile est limité sous plusieurs rapports.

63. *Quant aux personnes.* Le débiteur seul peut en profiter : la loi n'autorise pas les tiers à adresser au domicile élu les significations destinées au saisissant. Paris, 26 juin 1811, D. 7, 800. Carré, n° 2009.

64. *Quant aux actes.* Le débiteur lui-même n'est autorisé à faire signifier à ce domicile d'élection que les actes relatifs aux contestations incidentes qu'il soulève.

Ainsi ne seraient pas valablement signifiés à ce domicile, 1° *un acte d'appel.* Cass. 14 juin 1813, D. 11, 848, 3; Paris, 21 oct. 1813, D. 11, 842, 2; Colmar, 19 mars 1816, D. 16, 82; Berriat, p. 568, note 17. — *Contrà,* Toulouse, 15 juin 1839 (Art. 1723 J. Pr.).

2° *Des offres réelles.* La disposition de l'art. 584, qui en autorise la signification au domicile élu dans le cas de *saisie-exé-*

cution (—V. ce mot, n° 66), ne se trouve pas reproduite au titre de la saisie immobilière; la marche de cette dernière procédure, n'étant pas aussi rapide que celle de la saisie des meubles, explique le silence de la loi, on reste donc soumis à l'art. 1258 C. civ.; or cet art. ne permet la signification qu'au domicile réel ou à celui qui a été élu pour l'exécution de la convention. Vainement on oppose que la demande en validité d'offres devrait être portée devant le domicile réel, tandis qu'un autre trib. connaîtrait de la poursuite; cet inconvénient n'existe pas, puisque la demande en validité d'offres faites au domicile réel peut être formée par requête devant le trib. saisi de la demande principale.—V. *Offres réelles*, n° 67; *Observ. du Tribunat.* Rouen, 25 juin 1812, P. 10, 512; Tarrible, v° *Saisie*, § 6, art. 1; Carré, n° 2010; Berriat, *ib.* — *Contrà.* Nîmes, 23 janv. 1827, D. 27, 170; Pigeau, 2, 213. — Cet auteur, pour expliquer les effets de l'élection de domicile dans ce commandement, renvoie à l'art. 584 C. pr.

65. *Quant à sa durée.* L'élection de domicile faite dans le commandement cesse d'avoir son effet au moment de la dénonciation du procès-verbal de saisie à la partie saisie; à dater de cette époque, le saisi peut faire les actes d'avoué au domicile de l'avoué constitué par le poursuivant dans le procès-verbal de saisie (—V. *inf.* n°s 130 et 161); la C. de cass. a jugé, il est vrai, le 22 janv. 1806, D. 10, 842, 1, que l'élection de domicile s'étend à toutes les procédures auxquelles donne naissance l'expropriation jusqu'au jugement d'ordre, mais cet arrêt a été rendu sous la loi du 11 brum. an 7, qui, au lieu d'un procès-verbal de saisie, prescrivait une apposition d'affiches.

66. *L'indication que, faute par le débiteur de satisfaire au commandement, il sera procédé à la saisie de ses immeubles.* Cette mention est nécessaire pour prévenir toute erreur préjudiciable du débiteur, et l'avertir de l'imminence des poursuites.

67. Dans la pratique, on ajoute à l'indication prescrite par la loi que la saisie aura lieu au bout de trente jours; mais le commandement ne serait pas nul à défaut de cette mention; il suffit que la saisie ne soit pas faite avant l'époque déterminée.

68. De même il n'est plus nécessaire, comme sous la loi de brum. an 7 (art. 2), de désigner les immeubles que le créancier a l'intention de faire saisir. Le Code n'a point reproduit la disposition de cette loi. Arg. C. pr. 1041; Carré, n° 2210.

69. *Visa du maire ou de l'adjoint dans le jour de la signification du commandement.* Cette formalité garantit la régularité de la signification, et la connaissance que doit en avoir le débiteur; *ce moyen de publicité (orateur du gouvernement)* est bien plus efficace que la présence faussement attestée des recors ou témoins.

70. *Du maire.* Sous la loi de brumaire, le visa devait être

donné par le juge de paix (—V. *inf.* n° 72); mais les magistrats municipaux sont plus à même de connaître les habitans de leur commune, et de les instruire des poursuites dirigées contre eux.

71. *Ou de l'adjoint.* Est-ce seulement en cas d'absence ou d'empêchement du maire que le visa peut être requis de l'adjoint? — V. *inf.* n° 135.

En cas d'empêchement du maire ou de l'adjoint, le visa doit être apposé par le membre du conseil municipal qui a réuni le plus de suffrages.

La nouvelle rédaction du projet supprime avec raison comme inexacte et inutile la désignation de l'*adjoint*, toujours appelé en première ligne, toutes les fois que le maire est empêché, et elle le fait remplacer lui-même par le plus ancien conseiller municipal quand il n'est pas disponible.

72. L'obligation de faire viser le commandement par le maire *du domicile du débiteur* est-elle tellement absolue qu'elle empêche de signifier cet acte à la personne du débiteur trouvée dans un lieu trop éloigné pour que l'huissier puisse prendre le visa du maire du domicile dans les vingt-quatre heures? — Ou bien, dans ce cas, le visa peut-il être régulièrement donné par le maire du lieu où la signification est faite au débiteur en personne?

La C. de cass. a adopté cette dernière solution, 15 janv. 1815, S. 15, 175 : — « Attendu que la formalité du visa, substituée à celle de l'assistance des recors ou témoins, a eu pour objet principal, ainsi que s'en est expliqué l'orateur du gouvernement en présentant la loi, d'assurer la réalité du transport de l'huissier à l'endroit où il exploite; que les lois ne doivent s'entendre que dans un sens raisonnable et suivant un mode d'exécution possible; que l'officier ministériel qui remet un exploit à personne trouvée à cent lieues du domicile du débiteur, ne peut être obligé à le faire viser dans le jour par le maire de ce domicile, puisque cette condition serait impossible; qu'ainsi le vœu de loi a été rempli du moment que le commandement n'a pas été fait au domicile du sieur Mariette, mais à sa personne, à Valogne, dont le maire ou l'adjoint a mis, dans le jour, le visa requis par l'art. 673 du C. de pr. »

Toutefois, l'opinion contraire, adoptée par Tarrible, v° *Saisie*, § 6, art. 1er; Carré, n° 2202; Thomine, n° 745, paraît plus conforme au texte de l'art. 673 C. pr.; elle tend à donner plus de publicité à la position du débiteur par le visa du maire du domicile de ce dernier (—V. *sup.* n° 52). Ce motif a probablement déterminé les rédacteurs du Code à ne pas reproduire l'art. 2 de la loi de brum. qui portait textuellement : « L'exploit sera visé dans les vingt-quatre heures par le juge de paix *du lieu où il aura été signifié.* »

Au reste, pour éviter toute difficulté, dans les cas où le débiteur est dans un lieu éloigné, nous conseillons de faire la signification à son domicile. Pigeau, 2, 215.

73. Si l'on admet que la signification du commandement puisse être faite au domicile élu (—V. *sup*. n° 52), le visa sera valablement donné par le maire du lieu de ce domicile.

74. *Une seconde copie doit être laissée à celui qui donne le visa*. C'est afin qu'il puisse en aider au besoin le débiteur, et les tiers qui voudraient avoir des renseignemens sur la saisie.

75. La saisie simultanée des biens situés dans le ressort de différens trib. doit être précédée d'une autorisation accordée sur requête.—V. *sup*. n° 45.

§ 4. — *De la saisie.*

Art. 1. — *A quelle époque la saisie peut être pratiquée.*

76. Le commandement une fois signifié, la loi n'a pas voulu que la saisie pût être faite immédiatement ; il fallait au débiteur un temps moral pour délibérer sur sa position et se procurer des moyens de salut. La saisie ne peut donc être faite que *trente jours après le commandement*.—V. d'ailleurs *inf*. n° 80.

77. Ce délai est franc : il s'agit d'un acte à personne ou domicile. C. pr. 1033. Lepage qu. 436 ; Carré, n° 2217.

78. Mais il n'est pas nécessaire de laisser un délai de trente jours entre la *radiation d'une première saisie et le procès-verbal de la seconde* : la loi n'a prescrit aucun délai en cas pareil. Cass. 24 mars 1835. (Art. 23 J. Pr.)

79. Quand la saisie est poursuivie contre un tiers détenteur, le délai ne court pas du jour du commandement fait au débiteur originaire, mais seulement du jour de la dénonciation du commandement au tiers détenteur : il a en effet intérêt à empêcher la saisie. Limoges, 24 août 1821, S. 21, 297 ; Thomine, art. 674 ; Carré, n° 2218.

80. Si le créancier laisse écouler plus de trois mois entre le commandement et la saisie, il est tenu de le réitérer avec les formes et dans le délai ci-dessus. C. pr. 674.—V. *sup*. n° 76.

La loi ne veut pas que le débiteur soit surpris par une saisie dont il aurait oublié la menace, et qu'il a peut-être les moyens d'empêcher.

81. La péremption est couverte par cela seul que le procès-verbal de saisie a été commencé dans les trois mois du commandement, encore bien qu'il ne soit terminé que postérieurement : dans ce cas, en effet, le créancier n'a pas laissé écouler plus de trois mois entre le commandement et la saisie. Arg. C. pr. 674 ; Carré, n° 2223.

82. Le délai de trois mois se compte *d'un quantième au quantième correspondant* d'un autre mois.—V. *Délai*, n° 28 ; Carré,

n° 2221 ; Lepage, *Qu.* 437. — Le projet nouveau substitue quatre-vingt-dix jours à la dénomination fixe de trois mois.

83. Le délai cesse de courir pendant tout le tems où le créancier se trouve dans l'impossibilité d'agir par le fait du débiteur; par exemple, parce que celui-ci a formé opposition au commandement. Cass. 7 juill. 1818, D. 11, 704, 3 ; Carré, n° 2219.

Le même principe est applicable aux contestations même avec des tiers sur la propriété des biens saisis ; dans ce cas, la péremption ne saurait atteindre le commandement. Persil, quest. 2, 318 ; Huet, 89 et 90.

84. Ce n'est pas d'ailleurs une *suspension*, mais bien une *interruption*, tellement que si trois mois entiers ne sont pas encore écoulés depuis le jugement sur l'opposition, la saisie peut être pratiquée sans commandement nouveau ; en vain objecterait-on qu'il suffit que le temps écoulé depuis le commandement jusqu'à l'opposition et depuis le jugement de l'opposition jusqu'à la saisie forme plus de trois mois. Cass. 19 juill. 1837 (Art. 988 J. Pr.).

85. Le commandement périmé est réputé non avenu, relativement aux poursuites de saisie immobilière, — mais il continue de valoir comme acte conservatoire interruptif de la prescription. C. civ. 2244 ; Merlin, *Rép.*, v° *Commandement.* — V. d'ailleurs *Saisie-exécution*, n° 91.

86. Tous les actes de la procédure de saisie immobilière sont-ils, comme le commandement, sujets à une péremption de trois mois ? — L'affirmative a été jugée sous la loi du 11 brum. an 7, dont les dispositions étaient analogues à celles du Code. Cass. 1er prair. an 13. D. 11, 689, 2.

Mais la péremption est une espèce de prescription ; elle ne saurait, par conséquent, s'étendre d'un cas prévu à un cas non prévu, sous prétexte d'analogie. D'ailleurs, il n'y a pas parité de motifs : lorsque le commandement n'a pas été suivi d'un commencement de poursuites, le débiteur doit être plus porté à croire que l'on a abandonné le projet de l'exproprier, que dans le cas où une saisie a déjà été pratiquée et des frais avancés par le créancier ; enfin, il est à présumer que celui qui a laissé effectuer une saisie sur ses immeubles sans désintéresser le poursuivant est dans l'impossibilité de le payer. — *Contrà.* Carré, n° 2222. — V. d'ailleurs *sup.* n° 76.

Art. 2. — *Par qui la saisie peut être faite; — Nécessité d'un pouvoir spécial.*

87. La saisie immobilière ne peut être faite que par un huissier. C. pr. 675.

88. L'huissier n'est pas assisté de témoins, comme en matière de saisie exécution. Arg. C. pr. 673 ; 675 ; Tar. 47. — N'étant pas obligé d'entrer dans la maison, il n'a point de rébellion à redouter : d'ailleurs les formalités extrinsèques auxquelles est soumis le procès-verbal (—V. *inf.* nos 132 et suiv.) présentent des garanties suffisantes.

89. Mais il doit être porteur, 1° *de la grosse du titre* en vertu duquel il procède; — 2° *d'un pouvoir spécial* du créancier. C. pr. 556.

Le caractère rigoureux et les graves conséquences d'une saisie réelle ont exigé ces précautions en faveur du droit de propriété, le pouvoir spécial est exigé plus encore dans l'intérêt du saisi que du poursuivant ou de l'huissier; un désaveu tardif pourrait s'opposer à toute réparation utile.

90. Le défaut de pouvoir spécial entraîne la nullité de la saisie. Colmar, 3 juin 1812; Rouen, 1er juin 1812, S. 14, 421; Trèves, 23 déc. 1812, D. 11, 708, 1; Cass. 6 janv. 1812, D. 11, 708, 5.—*Contrà*, Turin, 9 fév. 1810, D. 11, 706, 4, 1; Bruxelles, 25 fév. 1810, D. 11, 707, 3; Pigeau, 2, 41.

91. En aucun cas la ratification postérieure du créancier ne pourrait couvrir cette nullité. Lyon, 4 sept. 1810, P. 8, 591. — *Contrà*, Bruxelles, 29 juin 1808, P. 6, 770.

92. La loi exige un *pouvoir spécial.* Jugé en conséquence, 1° que le pouvoir de faire *procéder à toute saisie* mobilière et *immobilière* sans aucune autre indication particulière, ne satisfait pas au vœu de l'art. 556 C. pr. Orléans, 11 août 1838 (Art. 1216 J. Pr.).

2° Que la nullité peut être invoquée par le saisi, malgré la ratification ultérieure du poursuivant. *Même arrêt.*

93. Du reste, il n'est pas nécessaire que ce pouvoir soit en forme authentique; il peut être donné sous seing privé, et même au bas des actes que le créancier charge l'officier ministériel de mettre à exécution. Bruxelles, 13 juin 1807, S. 7, 869; Cass. 15 avr. 1822, D. 11, 709, 6.—Il n'est pas nécessaire qu'il soit *enregistré* au moment de la saisie; il suffit qu'il soit exhibé à la première réquisition du débiteur, et que les juges reconnaissent que l'huissier en était porteur lorsqu'il a instrumenté. Cass. 12 mai 1813, S. 14, 277; 24 janv. 1814, S. 14, 124; 12 juill. 1814, S. 15, 29; 10 août 1814, S. 15, 29; 15 avr. 1822, D. 11, 709, 6; Paris, 28 déc. 1820, D. 11, 710, 1.—*Contrà*, Rouen, 1er juin 1812, S. 14, 421; Colmar, 3 juin 1812, S. 14, 221; Trèves, 23 déc. 1812, D. 11, 708, 1; Orléans, *Aud. sol.*, 6 déc. 1833, D. 36, 94. — V. *Exécution*, no 108.

94. Mais après l'enregistrement, l'huissier ne pourrait, *à peine de nullité,* substituer dans le pouvoir son nom à celui d'un autre huissier. Rouen, 4 fév. 1819, S. 19, 223.

95. Une double présomption s'élève en faveur de la régularité de l'acte; d'une part, l'huissier qui représente un pouvoir antérieur à la saisie est présumé de bonne foi; d'autre part, le débiteur avait la faculté d'en exiger la représentation au moment de la saisie; s'il ne s'est pas pourvu en référé sur ce point, il est à présumer que l'huissier lui avait fait les justifications suffisantes. Coin-Delisle, 49, n° 18.

96. Jugé que l'huissier procède valablement en vertu, 1° d'un pouvoir qui lui a été donné en blanc et qu'il a rempli lorsqu'il a commencé les poursuites : peu importe que, lors de la remise du blanc seing, il ne fût pas encore revêtu de son office. Riom, 7 mai 1818, D. 11, 727, n° 2; —2° d'un pouvoir remis pour une saisie précédemment abandonnée. Nîmes, 30 mai 1812, S. 16, 1, 78; — 3° d'un pouvoir émané d'un mandataire général, qui n'aurait pas lui-même reçu l'autorisation spéciale de le conférer. Paris, 28 déc. 1820, D. 11, 710, 1; — 4° d'un pouvoir signé par l'un des deux créanciers à la requête desquels la même saisie est pratiquée. Cass. 10 avr. 1818, S. 18, 356; — 5° d'un pouvoir donné par une personne décédée, si le décès ne lui a pas été notifié, et qu'il ait agi de bonne foi. Paris, 13 févr. 1826, D. 26, 153.

97. Il n'est pas nécessaire de signifier ce pouvoir au saisi. Cass. 12 janv. 1820, D. 11, 709, 1; — ni de le mentionner dans le procès-verbal. Favard, v° *Exécution*, § 2, n° 8; Besançon, 18 mars 1808, D. 11, 696, 1.—Néanmoins, comme l'huissier est obligé de le représenter à toute réquisition, il est prudent d'énoncer ce pouvoir et d'en donner copie. Carré, n° 1918.

Art. 3. — *Dans quelle forme la saisie est faite.*

98. La saisie se fait par un procès verbal soumis aux formalités ordinaires des exploits, et en outre à certaines formalités spéciales, tant intrinsèques qu'extrinsèques.

Sous la loi du 11 brum. an 7, une simple apposition d'affiches valait saisie de la propriété des biens qui y étaient détaillés; cette affiche annonçait le jour de l'adjudication préparatoire. Mais les rédacteurs du Code, conformément à l'ancienne législation, ont exigé un procès-verbal de saisie : il est plus convenable que les objets saisis soient mis par un exploit sous la main de la justice; il semble contraire aux principes conservateurs de la propriété que des immeubles soient réputés saisis par cela seul qu'il plaît à un créancier de le déclarer dans une affiche.— D'ailleurs, l'éclat de ce premier acte de procédure, la publicité qu'il donne à la saisie au moment même où on l'effectue, l'indication subite du jour de l'adjudication, renfermaient de graves inconvéniens. *Rapport au corps législatif.*

99. *Formalités intrinsèques.* Le procès-verbal de saisie doit contenir, outre les formalités communes à tous les exploits,

1° l'énonciation du titre exécutoire ;—2° le transport de l'huissier sur les biens saisis ; — 3 la désignation de l'extérieur des objets saisis ; si c'est une maison, l'arrondissement, la commune et la rue où elle est située, et les tenans et aboutissans ; — 4° si ce sont des biens ruraux, la désignation des bâtimens, s'il y en a, la nature et la contenance, au moins approximative, de chaque pièce, deux au moins de ses tenans et aboutissans, le nom du fermier ou colon, s'il y en a, l'arrondissement et la commune où elle est située ; — 5° l'extrait de la matrice du rôle de la contribution foncière pour tous les articles saisis ;— 6° l'indication du trib. où la saisie sera portée ; — 7° la constitution de l'avoué chez lequel le domicile du saisissant est élu de droit. C. pr. 675 ; — *le tout à peine de nullité.* C. pr. 717.

100. *Outre les formalités communes à tous les exploits.* C'est-à-dire, 1° la date de l'acte.—V. *Exploit*, n° 22 et suiv.

2° Les noms, demeure et immatricule de l'huissier.—V. *Exploit*, n° 77 et suiv.

3° Les nom, prénoms, profession et domicile du saisissant. — V. *Exploit*, n° 31 et suiv. — L'indication du nom propre suffit sans celle des prénoms, si du reste l'identité du saisissant n'est pas douteuse. Paris, 20 août 1814, S. 16, 214. — De même, la mention de la profession du saisissant n'est pas absolument nécessaire, si d'ailleurs il est constant que par des actes antérieurs le saisi a pleinement connu à la requête de qui la saisie était faite. D. 11, 711, 2.—V. d'ailleurs *Exploit*, *ibid.*

4° Les nom et demeure du saisi et sa profession, si on la connaît.—V. *Exploit*, n° 90.—L'indication de sa demeure peut également être remplacée par des expressions équipollentes. Cass. 24 mars 1835 (Art. 23 J. Pr).

5° Le lieu où l'acte est fait. — V. *Exploit*, n° 11, et 108 *inf.* n° 104.

6° Le coût de l'acte.—V. *Exploit*, n° 126.

101. *Énonciation du titre exécutoire.* Ce titre est celui en vertu duquel le commandement a dû être fait et dont copie entière a du être donnée avec ce dernier acte.—V. *sup.* § 3.—On en indique seulement la date et la nature ; si c'est un jugement, on relate la date et le trib. qui l'a rendu. Carré, n° 2227.

102. *Transport de l'huissier sur les biens saisis.* Ce transport est exigé afin d'obtenir une désignation précise des biens que l'on se propose de saisir, et d'éviter des erreurs de confins. — Il est donc convenable que l'huissier rédige son procès-verbal sur les lieux ; mais *il n'y a pas nullité s'il le fait ailleurs.* Paris, 28 déc. 1820, D. 11, 710, 1 ; Carré, n° 2228.

103. *Si c'est une maison, la désignation de l'extérieur, l'arrondissement, la commune et la rue où elle est située, et les tenans et aboutissans.* Rien de plus essentiel dans le procès-verbal que la désignation. Il faut que les tiers connaissent exactement les biens offerts à leurs spéculations, ceux dont ils pourront réclamer la mise en possession après la vente. La confusion, l'incertitude éloigneraient les adjudicataires, entraîneraient des contestations. Toutes ces désignations de l'art. 675 étant expressément prescrites par la loi, l'omission d'une seule d'entre elles *entraîne la nullité du procès-verbal*. Vainement soutiendrait-on que celles qui se trouvent relatées par l'huissier sont suffisantes pour ne laisser aucune incertitude sur l'immeuble saisi. Crivelli sur Pigeau, 2, 228, n° 3; Carré, n° 2230.—*Contrà*, Caen, 18 fév. 1829, D. 30, 235.—Mais dans l'espèce de cet arrêt, la nullité était proposée pour la première fois en appel.

Ainsi, le procès-verbal n'est pas valable, 1° s'il indique une rue pour une autre. Paris, 8 juin 1812, P. 10, 447.

2° S'il remplace le nom de la rue par celui du faubourg où elle est située ; peu importe que ce faubourg ne soit composé que de trois rues. Besançon, 17 déc. 1808, D. 7, 776.

3° S'il n'indique pas l'arrondissement, bien que l'huissier n'ayant le droit d'instrumenter que dans l'étendue du ressort du trib. auquel il est attaché, la désignation de ce trib. fasse connaître que les biens saisis sont situés dans le même ressort. Trèves, 7 et 12 avr. 1809, D. 11, 713, 2.

104. Mais si la commune de la situation de l'immeuble est un chef-lieu d'arrondissement, l'omission du nom de l'arrondissement est-elle valablement suppléée par l'indication du chef-lieu ? — La désignation de l'arrondissement, dans ce cas, ne fait pas mieux connaître, il est vrai, l'immeuble saisi que celle de la commune. Paris, 24 janv. 1815, D. 11, 713, 3. — Mais la loi ne distinguant pas, il faut dans tous les cas ces deux énonciations ; de ce qu'un huissier déclare que la maison par lui saisie est sise dans la commune de *Marseille*, il ne suit pas nécessairement de l'indication de cette ville qu'elle soit chef-lieu d'arrondissement, ce ne serait que par induction que l'on arriverait à cette interprétation, et la loi veut une indication formelle. Aix, 25 fév. 1808, D. 11, 713, n° 1 ; Crivelli sur Pigeau, 2, 228, note 3 ; Carré, n° 2230. — V. *sup.* n° 103.

105. La désignation de l'extérieur des maisons se fait en énonçant le nombre d'étages, de croisées, de balcons, de portes d'entrée, la nature de la couverture et autres circonstances analogues qui se remarquent à la seule vue. Besançon, 17 déc. 1808, D. 7, 766 ; Thomine, art. 675. — Il est en outre convenable d'indiquer avec quels matériaux la maison est construite, mais cette énonciation étant plutôt relative à la qualité de la maison qu'à son extérieur, n'est pas exigée à peine de nullité. Persil, *Qu.*, art. 2, p. 180 ; Carré, n° 2229.

A l'égard des biens ruraux.—V. *inf.* n° 109.

Du reste, le législateur n'a pas exigé une désignation minutieuse et s'en est rapporté à la prudence des trib. pour décider, d'après les circonstances, si les lieux ont été ou n'ont pas été indiqués d'une façon assez claire pour qu'il ne fût pas possible de les méconnaître. Carré, n° 2229, note 1.

106. L'usage immémorial est de désigner les *aboutissans* (— V. ce mot), *relativement aux quatre points cardinaux ;* mais la loi prescrivant d'une manière générale d'énoncer *les tenans et aboutissans*, il faut en conclure qu'on doit les relater tous ; cela résulte d'ailleurs de la disposition du même article, qui n'exige que deux des tenans ou aboutissans pour les biens ruraux. Besançon, 17 déc. 1808; D. 7, 766; Berriat, 575, note 4; Persil, 2, 180; Thomine, art. 675; Carré, n° 2233. — *Contrà*. Paris, 20 août 1814, S. 16, 214.

Toutefois, une simple erreur dans l'un des tenans indiqués, telle, par exemple, que celle résultant de ce que l'on aurait donné à un voisin un sobriquet au lieu de son nom propre, serait insuffisante pour annuler la saisie. Persil, Carré, *ib*.

Jugé que la saisie n'est pas nulle, en cas d'omission, sur la copie, de l'un des tenans ou aboutissans, si cette omission ne se trouve pas sur l'original. Toulouse, 26 mai 1837. D. 40, 22.

107. Dans les villes, il est prudent d'ajouter aux énonciations précédentes celle du numéro de la maison saisie. Mais la loi n'ayant pas exigé cette formalité, son omission n'entraîne pas nullité. Carré, n° 2232.

108. Il est inutile d'indiquer la contenance approximative des maisons, pourvu que leur étendue soit désignée par les tenans et aboutissans ; mais il en est autrement des *jardins* attenans à ces maisons : ils ont une trop grande affinité avec les biens ruraux pour que l'on néglige à leur égard une mention prescrite formellement pour ces derniers — V. *inf.* n°s 109 et 114. Tarrible, *Rép.*, *hoc verbo*. — Cependant nous ne pensons pas que cette indication doive être faite à peine de nullité, le Code ne s'en étant pas expliqué en termes précis. Carré, n° 2235.

109. *Si ce sont des biens ruraux, la désignation des bâtimens, s'il y en a, la nature et la contenance, au moins approximative, de chaque pièce, deux au moins de ses tenans et aboutissans, le nom du fermier ou colon, s'il y en a, l'arrondissement et la commune où elle est située.* — Ainsi, il faut mentionner la désignation des bâtimens, par exemple, s'ils consistent en granges, étables ou logemens de maître, etc. Delaporte, 2, 281 ; Carré, n° 2236 ; — ce qui ne dispense pas d'indiquer l'extérieur des bâtimens. — *Contrà*, Persil, *ib.* 182. — Toutefois, cette indication n'étant pas exigée comme pour les maisons — V. *sup*. n° 104, pourrait être omise sans qu'il en résultât une nullité. Carré, *ib*.

110. Une maison et un jardin, situés aux portes d'une ville, bien qu'en dedans des limites de l'octroi, doivent être considérés comme biens ruraux, qui sont dès lors suffisamment désignés par deux des tenans ou aboutissans. Toulouse, 26 mai 1837 (Art. 1724 J. Pr.).

111. La désignation du principal corps-de-logis comprend implicitement celle des accessoires; par exemple, celle d'un petit bâtiment qui en est une dépendance : il en est de même, 1° de tous les autres objets qui, comme un droit de prise d'eau à l'effet de faire mouvoir une mécanique, un moulin, sont inhérens à la propriété pour l'utilité de laquelle ils existent. Nîmes, 22 juin 1808, D. 11, 718, n° 4; — 2° Des ustensiles servant à l'exploitation d'une manufacture; ils sont compris sous les mots généraux, *circonstances et dépendances*. Cass. 10 janv. 1814, D. 11, 752, n° 7.

112. Par *pièce*, il faut entendre non-seulement les diverses parties d'une propriété qui ont pour confins des portions de propriétés étrangères, mais encore chaque portion des terres du saisi qui se trouve séparée par des haies, fossés ou autrement. Berriat, 575, note 27, n° 6; Carré, n° 2238; Demiau, art. 675. — *Contrà*, Tarrible, *Rép.*, *hoc verbo*, § 6, art. 1.

En conséquence, si plusieurs pièces sont contiguës, il ne suffit pas de les désigner dans l'ordre de leur position en mentionnant qu'elles se joignent, et de donner les débornemens de l'ensemble, il faut donner les débornemens particuliers de chacune d'elles. *Mêmes autorités*.

Mais une propriété ne cesse pas d'être considérée comme une seule pièce de terre, par cela seul qu'elle offre différens genres de culture, si du reste elle n'est séparée par aucune clôture. Carré, *ib*.

113. On indique la nature des pièces en déclarant si ce sont des terres labourables, si elles sont en récolte, en guéret ou en jachère; si ce sont des prés, des bois, des vignes, etc.

114. La contenance approximative se désigne habituellement par le mot *environ*. Carré, n° 2239.

Il n'y a pas nullité du procès-verbal pour fausse indication de la contenance réelle des biens saisis, lorsque d'ailleurs la contenance est indiquée conformément à la matrice du rôle de la contribution foncière. Agen, 12 mars 1810, D. 11, 720, 2; — surtout quand le saisi a lui-même donné lieu à cette inexactitude en négligeant de faire inscrire sur le rôle des nouvelles acquisitions qui ont augmenté son domaine.

Mais il en serait autrement si l'huissier donnait aux biens

saisis une contenance de beaucoup inférieure (de moitié, par exemple) à la contenance réelle, et différente de celle indiquée par la matrice ; s'il n'est pas obligé de se faire accompagner d'un arpenteur, et si une erreur légère est excusable, la loi n'en exige pas moins l'énonciation de la contenance approximative. Carré, n° 2240.

115. L'omission d'une pièce de terre dépendant d'un domaine saisi n'emporte pas nullité du procès-verbal ; seulement la pièce omise reste à la disposition du saisi : le saisissant n'est pas obligé de saisir tous les biens de son débiteur, situés dans la même commune. Bordeaux, 21 mai 1816, D. 11, 719, 1.

116. Mais on doit réputer compris dans la saisie, comme accessoire inhérent à l'immeuble, — 1° le terrain dépendant d'un bâtiment exproprié, et par exemple, servant à l'accès de ce bâtiment, bien qu'il ne soit pas spécialement désigné dans le cahier des charges, alors que l'immeuble est vendu avec ses accessoires. Cass. 29 janv. 1838 (Art. 1263 J. Pr.).

2° Les bestiaux servant à l'exploitation de ce domaine, et sans qu'il soit besoin de les mentionner expressément. Toulouse, 22 avr. 1834, D. 35, 175.

117. La saisie est encore valable, quoiqu'elle porte sur certains biens n'appartenant pas au débiteur saisi ; c'est au véritable propriétaire à en demander la distraction. Nîmes, 17 nov. 1819, D. 11, 694, 2. — V. *inf.* n° 119.

118. L'obligation de désigner les colons ou fermiers qui exploitent les immeubles saisis ne s'applique rigoureusement qu'aux colons attachés à l'exploitation d'une manière permanente et telle qu'en les indiquant, les biens soient mieux désinés. — Ainsi, il n'est pas nécessaire de donner le nom, 1° d'un fermier qui n'a pas encore pris possession des lieux. Carré, n° 2283 ; — 2° d'ouvriers travaillant à la journée. Bordeaux, 8 fév. 1817, D. 11, 718, 2.

Il y a nullité si le procès-verbal énonce que tous les corps d'héritage sont exploités par le saisi, tandis que certains d'entre eux le sont par des fermiers. Riom, 30 mai 1819, S. 20, 5.

119. Si un ou plusieurs des objets saisis ne sont pas désignés par deux au moins de leurs tenans et aboutissans, ou s'il y a omission ou erreur sur le nom des fermiers ou sur la contenance de quelques-unes des pièces de terre, la nullité porte-t-elle seulement sur ces objets ou embrasse-t-elle toute la saisie? — Pour cette dernière opinion, on dit : L'art. 675 C. pr. prononce la nullité du procès-verbal sans distinction ; d'ailleurs, n'annuler la saisie que pour partie, c'est obliger d'apposer une nouvelle saisie pour une pièce isolée, et multiplier les frais sans aucune utilité, c'est diminuer peut-être la valeur de la propriété : le saisissant doit s'imputer de n'avoir pas satisfait aux prescriptions de la loi. Toulouse, 19 août 1814, D. 11, , 715, 3; 10 mai 1822, 20 juin 1822, D. 11, 716; Carré, nº 2234.

Mais on répond avec raison que les nullités sont relatives aux objets auxquels elles s'appliquent; on peut maintenir un jugement malgré la nullité de certaines dispositions, lorsque le vice ne porte pas sur la totalité de ce jugement. Or, les objets sur lesquels frappe la nullité doivent uniquement être considérés comme n'ayant pas été compris dans la saisie, et le procès-verbal n'en doit pas moins produire tous ses effets quant aux autres biens, comme si le créancier n'avait voulu mettre que ces derniers sous la main de la justice. — Il n'y aurait d'exception à cette règle que dans le cas où les différens objets saisis formeraient *un tout indivisible* dont on ne pourrait faire vendre une partie séparément des *autres*. — Montpellier, 6 juill. 1821, D. 11, 716, 2; Bordeaux, 25 fév. 1826, D. 26, 162; Cass. 29 juill. 1828, D. 28, 358; 6 avr. 1824, D. 11, 716, nº 3; Toulouse, 5 mars 1825, D. 25, 254; Poitiers, 19 mars 1822, D. 11, 683, 2; Agen, 26 janv. 1822, D. 11, 716, nº 2; Paris, 8 juin 1812, D. 11, 715, 2; Pigeau, 2, 229.

Vainement dirait-on que la division des différens objets saisis cause un préjudice au saisi, et qu'il est de son intérêt que tous soient vendus conjointement; — le même préjudice eût existé pour lui si son créancier n'eût fait saisir, comme il en avait le droit, que certains de ces objets, et d'ailleurs il dépend de lui de le faire cesser en demandant que la totalité des biens soit vendue par un seul et même acte d'adjudication. Rouen, 27 juin 1822, et 29 avr. 1824, D. 11, 842, 4.

120. Quant à la nécessité d'énoncer l'arrondissement et la commune de la situation des biens. — V. *sup.* nºs 103 et 104.

Toutefois, la désignation de la rue est inutile pour les bâtimens ruraux, lorsqu'il y en a : la loi ne l'exige pas. Paris, 22 août 1811, D. 11, 745, 2; Berriat, 575, note 27, nº 5.

121. *L'extrait de la matrice du rôle de la contribution foncière pour tous les articles saisis.* Le but de cette énonciation est de procurer une désignation exacte des objets saisis, et de donner aux propriétaires voisins un moyen d'empêcher que leurs biens ne soient englobés dans la saisie. *Exposé des motifs.*

122. La loi exige l'extrait de la *matrice du rôle*, et non celui du rôle; il y aurait donc nullité si l'on se contentait de ce dernier. Pigeau, 2, p. 229; — à moins qu'il n'existât pas de matrice du rôle des immeubles saisis pour l'année courante. Cass. 2 mars 1819, D. 11, 721, nº 8; Carré, nº 2243. — Le saisissant peut même alors se dispenser de remplacer l'indication de la matrice par quelque formalité que ce soit : l'art.

675 ne statue que pour le cas le plus ordinaire, c'est-à-dire celui où il existe une matrice de rôle. Cass. 24 mars 1819, D. 11, 722, n° 9.

123. Il convient de transcrire littéralement dans le procès-verbal de saisie *tous les articles* de la matrice de contribution foncière. Rouen, 9 mai 1808, D. 11, 719, 3; Carré, n° 2242; Coffinières, Chauveau, 20, n° 147. — Jugé au contraire qu'il suffit d'une simple indication de la somme à laquelle chacune des pièces est évaluée dans la matrice. Besançon, 18 mars 1808, D. 11, 696, n° 1; Turin, 6 déc. 1809, D. 11, 723, n° 4; — ou même d'une désignation analogue à celle contenue dans la matrice de rôle. Le mot *extrait*, dont se sert la loi, exclut l'idée d'une copie littérale, et le but qu'on s'est proposé en exigeant la mention de cet extrait (—V. *sup.* n° 121) est atteint par ce moyen. Ainsi, l'huissier peut valablement n'énoncer que le tiers du revenu net porté à la matrice pour les biens saisis, lorsque le débiteur saisi n'est propriétaire que du tiers de ces biens. Nîmes, 22 juin 1808, D. 11, 718, n° 4; Toulouse, 25 juill. 1825, D. 26, 9; Berriat, 576, note 28.

124. Dans tous les cas, l'extrait de la matrice du rôle peut ne pas spécifier la cote d'impositions pour chacun des articles saisis, pourvu qu'il indique en somme la cote d'impositions pour tous les biens saisis. L'art. 675 ne dit pas que le procès-verbal contiendra l'extrait de la matrice du rôle pour *chacun* des articles saisis *séparément*, mais seulement pour *tous* les objets saisis; ce qui exclut la nécessité du détail. Riom, 12 mai 1808, D. 11, 720, 5; Bordeaux, 2 juill. 1832, D. 33, 219; Cass. 2 janv. 1834, D 34, 74; Pigeau, 2, 229.

125. L'omission de l'extrait de la matrice du rôle, relatif à certains immeubles saisis, n'annulle la saisie que pour ces immeubles. Cass. 31 janv. 1825, D. 25, 71. — V. *sup.* n° 119.

126. L'insertion, dans le procès-verbal de saisie, de l'extrait de la matrice du rôle des contributions, tel qu'il a été délivré par l'autorité compétente, remplit le vœu de la loi. Peu importe que cet extrait présente quelques défectuosités, le saisissant n'a point qualité pour en demander la rectification. Bordeaux, 25 mars 1829, D. 29, 201.

127. L'extrait de la matrice du rôle peut être délivré par le directeur des contributions, aussi bien que par le maire. La loi se borne à exiger son insertion au procès-verbal, sans désigner l'autorité à laquelle il faut s'adresser pour l'obtenir. Bordeaux, 1er août 1834, S. 34, 685.

Il en est ainsi, surtout dans le cas où le maire intéressé dans la saisie refuse de délivrer l'extrait de la matrice du rôle. Cass. 1er déc. 1832, D. 33, 149.

Les trib. sont incompétens pour connaître du refus fait par le maire ; il n'est dépositaire de la matrice des rôles de contributions qu'en qualité d'agent du pouvoir, et par conséquent on ne peut recourir qu'à l'autorité administrative, pour le contraindre à en délivrer des extraits,—ni le poursuivre devant les trib. civ. en dommages-intérêts qu'en vertu d'une autorisation du gouvernement. Cass. 26 avr. 1830, D. 30, 221.

128. La date des extraits de la matrice du rôle, énoncés au procès-verbal de saisie, peut être postérieure à celle de ce procès-verbal, pourvu qu'elle soit *antérieure à la dénonciation du procès-verbal au saisi :* il faut distinguer la saisie qui s'opère par le seul fait du transport de l'huissier, de la rédaction du procès-verbal pour laquelle la loi n'a pas fixé de délai, et à laquelle l'huissier peut consacrer plusieurs jours. Rennes, 4 avr. 1810, D. 11, 720, 3 ; Cass. 7 mars 1827, D. 27, 163 ; Carré, 2, n° 2244 ; Berriat, 576, note 28 ; Huet, p. 103.

129. *Indication du trib. où la saisie sera portée.* Ce trib. est celui de la situation des biens. L. 14 nov. 1808, art. 4. — Et si différens biens compris dans plusieurs saisies font partie d'une même exploitation, c'est celui du chef-lieu de l'exploitation. Carré, n° 2245. — V. *sup.* n° 44.

Dans le cas où il s'agit d'actions de la banque immobilisées, le trib. compétent est celui du domicile du débiteur ; ces actions n'ont pas de situation par elles-mêmes. Pigeau, 2, 227.

La loi n'exige que l'indication du trib. qui connaîtra de la saisie ; il n'est pas nécessaire d'y ajourner le débiteur. Bordeaux, 25 fév. 1809, D. 11, 711, n° 4.

130. *Constitution d'avoué chez lequel domicile du saisissant sera élu de droit.* Nonobstant cette élection, celle faite par le commandement subsiste pour le débiteur *jusqu'à la dénonciation de la saisie.* En effet, jusqu'à cette époque, il peut ignorer l'existence de la saisie et la nouvelle élection de domicile du saisissant. Pigeau, 2, 214, 230 ; Carré, n° 2246. — V. *sup.* n° 62.

131. Il n'est pas nécessaire de mentionner dans le procès-verbal la date de la première publication, la loi n'exige cette indication que dans l'acte de dénonciation du procès-verbal au saisi. — V. *inf.* n° 169.

132. FORMALITÉS EXTRINSÈQUES. Les formalités extrinsèques du procès-verbal de saisie consistent, 1° dans la remise d'une copie de ce procès-verbal aux maires ou adjoints, et aux greffiers des juges de paix de la situation des immeubles saisis. —V. *inf.* 133 ; — 2° dans la transcription de ce procès-verbal au bureau des hypothèques, et au greffe du trib. qui doit connaître de la saisie. —V. *inf.* n°s 147, 157 ; — 3° dans la dénonciation du procès-verbal et de ses enregistremens au débiteur saisi. — V. *inf.* n° 161.

133. *Remise d'une copie du procès-verbal de saisie aux maires ou adjoints, et aux greffiers des juges de paix; — Visa.* Copie entière de la saisie doit, *à peine de nullité*, être laissée aux greffiers des juges de paix, et aux maires ou adjoints des communes de la situation de l'immeuble saisi. C. pr. 676, 717. — V. d'ailleurs *inf.* n° 142.

Ces formalités ont pour objet, 1° de rendre la saisie publique dès le principe; afin que le saisi puisse s'assurer de l'existence du procès-verbal, et connaître quels sont les biens qui y ont été compris, même avant que ce procès-verbal lui soit dénoncé; — 2° de mettre les tiers à même de prendre les renseignemens utiles sur la position du saisi.

134. *Aux greffiers des juges de paix.* En cas d'empêchement du greffier, la copie est régulièrement remise au commis-greffier préposé à cet effet par le juge de paix. Cass. 6 nov. 1817, D. 11, 725, n° 3; Berriat, 577, note 31-5°; — elle ne peut jamais être laissée au juge de paix lui-même : ce magistrat a des fonctions toutes différentes de celles du greffier, et ne saurait le suppléer dans la garde des pièces déposées au greffe. Riom, 8 août 1815, D. 11, 725, n° 1; Berriat, *ib.*

135. *Aux maires* ou *adjoints.* Ces deux fonctionnaires sont ici placés sur la même ligne, de telle sorte que la copie du procès-verbal peut être, sans irrégularité, remise à l'adjoint, sans que l'empêchement du maire soit constaté dans l'acte. Cass. 12 juin 1839, D. 39, 253; Bordeaux, 1er août 1834, D. 37, 182. Quand la loi veut que l'adjoint ne reçoive une signification que comme suppléant le maire, elle ne parle que de ce dernier fonctionnaire. C'est ainsi que sont rédigés notamment les art. 681, 687 C. pr. — V. *inf.* n° 170. — La différence de rédaction qui se remarque entre ces articles et l'art. 676 prouve que la volonté de la loi a été différente. Besançon, 18 juill. 1811, D. 11, 724, 3; Arg. Bordeaux, 10 fév. 1832, D. 33, 197; Pigeau, 2, 231, note 1.

136. *Des communes de la situation.* C'est ordinairement au lieu où l'on a des propriétés que l'on est le plus connu; d'ailleurs, l'obligation pour l'huissier de se transporter dans la commune où est située la propriété, afin de remettre la copie aux fonctionnaires indiqués par la loi, est une présomption qu'il rédigera son procès-verbal sur les lieux, et avec exactitude.

137. Ainsi, la copie du procès-verbal de saisie est remise, lorsqu'il s'agit d'une maison, au greffier du juge de paix, et au maire de la commune où est située cette maison; il n'est pas nécessaire, dans les lieux où il y a plusieurs mairies ou justices de paix, de notifier copie à chaque greffier et à chaque maire de ces différentes mairies ou justices de paix. Cette interprétation, contraire en apparence aux termes de l'art. 676, est conforme à son esprit. Bruxelles, 13 juin 1809, D. 11, 724, 2; Pigeau, 2, 231; Carré, n° 2252; Berriat, 577, note 31.

138. Relativement aux biens ruraux, il faut distinguer: *S'il y a des bâtimens,* c'est au greffier et au maire du lieu où sont situés ces bâtimens; *s'il n'y en a pas,* c'est à ceux de la situation de la partie des biens à laquelle la matrice du rôle de la contribution foncière attribue le plus de revenus. C. pr. 676; — toutefois, cette décision s'applique seulement au cas où les biens situés dans plusieurs communes dépendent d'une même exploitation. C. civ. 2210; parce qu'alors la loi considère ces biens comme parties d'un seul tout. Carré, n° 2255; Berriat, *ib.* n° 2; Pigeau, 2, 231, note 1; — mais, lorsque la saisie comprend plusieurs corps de biens formant autant d'exploitations distinctes et situés dans des communes différentes, il ne suffit pas de remplir la formalité de la remise de la copie dans la commune où sont situés les bâtimens de l'une de ces exploitations, lors même que ces bâtimens sont les plus considérables, ou que les autres biens n'en ont pas.

139. Dans le cas de saisie de biens situés dans différentes communes, la copie du procès-verbal, laissée à chacun des maires ou adjoints et greffiers, doit être *entière;* la copie qui ne contiendrait que les mentions relatives aux immeubles situés dans chaque commune serait nulle : la loi ne distingue pas. Rennes, 2 juill. 1809, D. 11, 702, 20; Carré, n° 2256.

140. La parenté du saisissant avec l'un des fonctionnaires désignés en l'art. 676 ne serait pas une cause de nullité. Vainement on oppose que la remise de la copie et le visa remplacent, pour la saisie immobilière, l'assistance des recors pour la *saisie-exécution* (—V. ce mot, n° 92), et que les recors, aux termes de l'art. 585 C. pr., ne peuvent, à peine de nullité, être pris parmi les parens et alliés des parties, jusqu'au degré de cousin issu de germain inclusivement; cette disposition ne saurait s'étendre par analogie à la saisie immobilière; autrement la loi serait inexécutable dans certains cas, si par exemple le greffier d'une commune n'avait pas de commis assermenté. D'ailleurs il s'agit ici de la simple attestation d'un fait matériel. Nîmes, 6 fév. 1828, D. 28, 178; Carré, n° 2254. — *Contrà,* Besançon, 18 juill. 1811, D. 11, 724, n° 3; — au surplus il est prudent, lorsque cela est possible, de s'adresser à un adjoint ou à un commis juré, étranger au saisissant.

141. La remise de la copie du procès-verbal doit avoir lieu *avant l'enregistrement*, à peine de nullité. C. pr. 717, —afin que la publicité de la saisie ne soit point retardée.

Cet *enregistrement* est celui auquel sont soumis tous les exploits. — V. ce mot, n° 21, et non pas l'enregistrement tout spécial dont parle l'art. 677 C. pr. Carré, n° 2251 ; Pigeau, 2, 251 ; Delaporte, 2, 282 ; Berriat, 576, note 30. — *Contrà*, Tarrible, *R. hoc verbo*, 650.

S'il y a plusieurs vacations, c'est seulement avant l'enregistrement de la dernière que doit être laissée la copie prescrite ; il n'y a donc pas nullité par cela seul qu'elle n'a été laissée qu'après l'enregistrement des premières vacations. Toulouse, 14 déc. 1829, D. 30, 59.

142. *Visa.* L'accomplissement des formalités prescrites par l'art. 676 est constaté, 1° par le visa des fonctionnaires qui ont reçu la copie du procès-verbal de saisie. Arg. C. pr. 676 ; — il y aurait donc nullité si cette copie, ayant été remise au maire, le visa était donné par l'adjoint *et vice versâ*. Toulouse, 4 avr. 1823, D. 11, 725, n° 5.

Le visa est apposé sur l'*original*. C. pr. 676 ; — il n'est pas nécessaire de faire viser la copie.

143. La signification et le visa peuvent se faire à des jours différens. Rouen, 19 mars 1815, D. 8, 188 ; — pourvu que ce soit *avant l'enregistrement*, à peine de nullité. C. pr. 676, 717 ; Caen, 13 oct. 1828, D. 30, 152.

144. Il n'y a pas nullité quand le procès-verbal constate que le visa a été donné au moment même de la remise de la copie, bien qu'il n'ait réellement été mis sur l'exploit que le lendemain : l'erreur de date n'opère pas nullité toutes les fois qu'il est établi que le vœu de la loi a été rempli. Carré, n° 2258.

145. 2° *Par la mention sur le procès-verbal de la remise des copies aux maires ou adjoints et greffiers.* C. pr. 676, 717.

146. Cette mention doit-elle émaner de l'huissier ou des fonctionnaires chargés d'apposer leur visa ? — La première opinion est plus conforme au texte de la loi : *l'original fera mention des copies...* ; or cet acte est l'œuvre de l'huissier ; les fonctionnaires n'ont qualité que pour apposer leur visa ; — toutefois, dans une espèce où le procès-verbal énonçait *qu'il serait donné copie à.....*, et portait en-dessous de la signature de l'huissier..... *Visé par moi greffier de la justice de paix le présent original, dont copie nous a été laissée*, la C. de cass. a reconnu que cette attestation constatait suffisamment la déclaration faite par l'huissier, *qu'il allait de suite faire viser son procès-verbal, et en remettre copie aux personnes indiquées par la loi.* Cass. 12 janv. 1815, D. 11, 701, n° 1 ; Bordeaux, 30 août 1833, D. 38, 200 ; Carré, n° 2257 ; Berriat, 577, note 31-4°. — *Contrà*, Bruxelles, 9 fév. 1811, S. 15, 183 ; Limoges, 4 janv. 1828, D. 29, 18.

Cette divergence dans la jurisprudence doit déterminer l'huissier à faire lui même la mention de la remise des copies.

147. *Transcription de la saisie au bureau des hypothèques.* La saisie immobilière est, *à peine de nullité,* C. pr. 717, transcrite dans un registre à ce destiné, au bureau des hypothèques de la situation des biens, pour la partie des objets saisis qui se trouve dans l'arrondissement. C. pr. 677.

148. Cette transcription consiste dans la copie entière de la partie du procès-verbal relative aux objets saisis dans l'arrondissement, et non pas dans un extrait ou une simple énonciation de la date et de l'enregistrement du procès-verbal. Carré, art. 677, n° 2259; Tarrible, *Rép. hoc verbo*, 651; Lepage, *Qu.*, p. 435; Berriat, 577.

149. Elle doit avoir lieu dans chaque bureau de la situation des biens, encore que la saisie soit portée devant un seul trib.: l'art. 677 ne distingue pas. Il est d'ailleurs indispensable de faire connaître aux créanciers, par la transcription dans tous les arrondissemens où sont situés les biens, qu'ils sont saisis, et que par conséquent ils ne peuvent faire l'objet d'une poursuite nouvelle. Tarrible, *ib.;* Pigeau, 2, 234; Carré n° 2260.

150. Cette formalité est confiée aux soins de l'avoué du saisissant. Arg. Tar. 102.

151. Le conservateur peut transcrire la saisie faite à sa requête comme receveur de l'enregistrement: la loi du 22 frim. an 7 ne s'y oppose point. Riom, 12 mai 1808, D. 11, 720, n° 5; Berriat, 577, note 32-1°. — Il n'y a d'ailleurs aucun danger, puisqu'il est obligé de clore son registre tous les jours.

152. Aucun délai fatal n'est déterminé pour la transcription; elle est donc valablement faite tant qu'il n'y a pas eu péremption de la poursuite de saisie. Tarrible, 651; Carré, n° 2261; Berriat, 577, note 32-2°.

153. Si le conservateur ne peut procéder à la transcription de la saisie, à l'instant où elle lui est présentée, il fait mention sur l'original qui lui est laissé, des heure, jour, mois et an auxquels il lui a été remis; et, en cas de concurrence, le premier qui s'est présenté est inscrit. C. pr. 678; — l'inobservation de ces dispositions n'entraîne pas la nullité de la saisie. Tarrible, 252; Delaporte, 2, 284; Carré, art. 678, n° 2262.

154. *S'il y a une précédente saisie,* le conservateur constate son refus en marge de la seconde; il énonce la date de la précédente saisie, les noms, demeures et professions du saisissant et du saisi, l'indication du trib. où la saisie est portée, le nom de l'avoué du saisissant, et la date de la transcription. C. pr. 679.

155. Toutefois, il faut que la précédente saisie ait été transcrite; le conservateur ne peut refuser de transcrire une saisie, lors même qu'il saurait qu'une autre, sur les mêmes immeubles, a été antérieurement pratiquée, si elle n'avait pas été présentée à la transcription. Delaporte, 2, 285; Carré, n° 2263.

156. Si une seconde saisie a été transcrite nonobstant la transcription d'une première, les poursuites faites sur cette seconde saisie sont nulles, Tarrible, 652; Carré, n° 2264; Berriat, 577, n° 33-1°; —et restent à la charge du poursuivant, sauf son recours contre le conservateur qui ne l'a pas prévenu de la transcription d'une précédente saisie. Arg. C. civ. 1383.

157. *Transcription de la saisie au greffe du trib.* La saisie immobilière est, en outre, transcrite au greffe du trib. où doit se faire la vente—V. *sup.* n° 130,—et ce, *dans la quinzaine du jour de la transcription au bureau des hypothèques*, outre un jour par trois myriamètres entre le lieu de la situation des biens et le trib. C. pr. 680; — *à peine de nullité.* C. pr. 717.

158. La nullité prononcée par l'art. 717 pour violation des disposition de l'art. 680, s'applique aussi bien à la formalité de la transcription qu'au délai dans lequel elle doit être faite. Berriat, 578, note 34; Persil, 2, 212; Carré, art. 680, n° 2265. — *Contrà.* Pigeau, 2, 233.

159. Dans le délai de quinzaine n'est pas compris le jour *à quo.* Cass. 16 janv. 1822, D. 11, 726, n° 2.

Toutefois, s'il s'agit d'une saisie plus ample et qui, conformément à l'art. 720 C. pr., a été dénoncée au premier saisissant pour suivre sur les deux, il suffit que cette saisie ait été transcrite dans la quinzaine de la dénonciation au premier saisissant lorsque la première l'a été dans le délai légal. Cass. 14 déc. 1819, D. 11, 671, n° 2.

160. La transcription est valablement faite un jour de fête : l'art. 1037 C. pr. ne s'applique qu'aux significations et exécutions. Riom, 12 mai 1808, D. 11, 720; Berriat, 578, n° 34.

Le nouveau projet propose de supprimer la formalité de la transcription au greffe et de l'insertion de l'extrait au tableau d'audience, en conservant avec plus de rigueur qu'autrefois la transcription de la saisie à la conservation des hypothèques.

161. *Dénonciation du procès-verbal au saisi.* La saisie immobilière, enregistrée comme il est dit aux art. 677, 680, — V. *sup.* nos 147, 157,— est, *à peine de nullité,* C. pr. 717, dénoncée au saisi dans la quinzaine du jour du dernier enregistrement, outre un jour par trois myriamètres de distance entre le domicile du saisi et la situation des biens. Elle contient la date de la première publication. C. pr. 681.

162. *Dénoncée.* C'est à-dire qu'il doit être donné *une copie littérale* de la saisie; un extrait ne suffirait pas. Cass. 5 août 1812, D. 11, 727, 3; Berriat, 578, note 36-2°.

163. Jugé qu'il n'est pas nécessaire de donner copie des deux actes constatant la transcription de la saisie au bureau des hypothèques et au greffe du trib.; on peut se borner à indiquer que ces deux transcriptions ont eu lieu. Bruxelles, 12 mai 1810, D. 11, 676, 4; Carré, *ib.*, n° 2268; Berriat, 578, note 35.

164. *Au saisi.* Soit en parlant *à sa personne*, s'il est capable, sinon à son représentant (—V. *sup.* § 3), soit *au domicile réel.*

La dénonciation est même valablement faite, 1° au domicile indiqué par le saisi dans les actes qui ont précédé le jugement en vertu duquel on a saisi, encore qu'il ne soit pas véritablement le sien. Cass. 2 mars 1819, D. 11, 721, 8;—2° au domicile *élu* pour l'exécution de l'acte. Rouen, 10 fév. 1834, S. 34, 586; Delvincourt. 1, 338; Carré, n° 2270.—V. *sup.* § 3.

165. *Dans la quinzaine. A peine de nullité.* C. pr. 717; Carré, art. 681, n° 2266. — V. *sup.* n° 161. — *Contrà,* Pigeau, 2, 237; — à moins, 1° que la dénonciation n'ait pu être faite dans ce délai par suite *de force majeure;* dans le cas, par exemple, d'occupation militaire par l'ennemi des lieux à parcourir. Cass. 24 nov. 1814, D. 11, 727, 1;—2° qu'il n'y ait eu *instance sur l'opposition* faite au commandement par le saisi : le délai de quinzaine est suspendu pendant tout le cours de cette instance. Riom, 7 mai 1818, D. 11, 727, 2.

166. Le délai de quinzaine n'est pas franc; on doit en exclure le jour *ad quem* : l'art. 1033 C. pr. ne s'applique pas aux cas où la loi a disposé qu'une chose devait être faite *dans* le délai qu'elle détermine. Carré, n° 2266. — V. *Délai*, n° 19. — *Contrà*, Paris, 27 août 1811, D. 11, 727, n° 2.

167. Mais, suivant M. Carré, n° 2267, il doit être augmenté à raison des distances encore bien que la dénonciation ait été faite en parlant au saisi, au moment où il se trouvait dans le lieu de la situation des biens.

168. La dénonciation de la saisie au saisi peut avoir lieu, soit avant, soit après l'accomplissement des formalités exigées par l'art. 682 — V. *inf.* n° 184 : la loi ne prescrit rien à cet égard; mais on doit s'empresser de dénoncer au saisi, pour conserver les avantages importans qui résultent de cette dénonciation.—V. *inf.* n° 184; Carré, n° 2276; Berriat, 579, note 39; Pigeau, 2, 239.

169. *Elle contient la date de la première publication.* — Ces mots s'appliquent *à la dénonciation* et non pas au procès verbal de saisie; c'est cette dénonciation qui doit contenir la date de la première publication. Arg. C. pr. 641; Liège, 28 déc. 1808 et 13 juin 1809, D. 11, 722, 2 et 3; Turin, 6 déc. 1809, D. 11, 723, 4; Bruxelles, 25 fév. 1810, D. 11, 707, 3; Paris, 21 août 1810, D. 11, 723, 5; Pau, 18 janv. 1811, S. 12, 12; Cass. 17

juin et 10 sept. 1812, D. 11, 723, 6 et 747, 3; Cass. 2 mars 1819 et 12 janv. 1820, D. 11, 709, 1 et 721, 8; Carré, n° 2209; Berriat, 578, note 36; Pigeau, 2, 238.— *Contrà*, — Poitiers, 9 juin 1809, D. 11, 722, 1, et Tarrible, *R. hoc verbo*, art. 1.

170. L'original de cette dénonciation est, *à peine de nullité*, C. pr. 717, visé dans les vingt-quatre heures par le maire du domicile du saisi, et enregistré dans la huitaine, outre un jour par trois myriamètres de distance entre le domicile du saisi et la situation des biens, au bureau de la conservation des hypothèques de la situation, et mention en est faite en marge de l'enregistrement de la saisie réelle. C. pr. 681.

171. *L'original est visé*. Il est donc inutile de faire viser *la copie*; —vainement on invoquerait le principe que la copie tient lieu d'original pour le défendeur, et qu'elle doit contenir tout ce qui se trouve à l'original. Carré, n° 2274.

172. Ce visa doit être donné, que la dénonciation ait été faite à la personne ou au domicile du saisi : l'art. 681 ne distingue pas. Carré, n° 2272.

173. Mais il n'est pas nécessaire de laisser une copie au maire, qui donne le visa : la loi ne l'exige pas comme dans le cas du commandement. — V. *sup*. n° 74; — à moins toutefois qu'on ne se trouve dans le cas de l'art. 68 C. pr. Carré, n° 2272. — V. *Exploit*, n° 226.

174. *Dans les vingt-quatre heures, à peine de nullité*. C. pr. 717; Carré, n° 2271; Pigeau, 2, 239.

175. *Par le maire du domicile du saisi*. Néanmoins, lorsque la copie est remise au saisi parlant à sa personne dans un lieu éloigné de son domicile, le visa ne pourrait-il pas être donné par le maire de la commune dans laquelle la signification aurait faite? — V. *sup*. n° 72.

176. *Enregistré*. C'est à-dire, *transcrit en entier* de la même manière que le procès-verbal : si la loi n'avait entendu exiger qu'un simple enregistrement par extrait, la dernière partie de l'art. 681, qui s'explique spécialement à cet égard, eût été suffisante. Carré, n° 2275; Delaporte, 2, 289.

Jugé, au contraire, qu'il suffit d'enregistrer, sur le registre du conservateur des hypothèques, sans la transcrire complétement, la dénonciation de la saisie immobilière. Cass. 12 juin 1839, D. 39, 253.

177. *La mention en est faite en marge de l'enregistrement*. Cette mention est faite d'office par le conservateur des hypothèques qui a transcrit la saisie et l'acte de dénonciation. Carré, n° 2277; Tarrible, 655.

178. Il n'est pas nécessaire que la dénonciation contienne constitution d'avoué : elle a eu lieu dans le procès-verbal de saisie. Rennes, 4 avr. 1810, D. 11, 720, n° 3; Berriat, 578.

179. La nullité de la dénonciation faite au saisi ne vicie pas la procédure antérieure. Pigeau, 2, 239. — *Contrà.* Carré, n° 2271, note 1. — V. *Nullité*, n° 31.

180. Cette nullité ne peut être invoquée que par ceux vis-à-vis desquels elle a été commise; le copropriétaire de l'immeuble saisi, à l'égard duquel il a été procédé régulièrement ne saurait opposer l'irrégularité personnelle à son copropriétaire. Paris, 10 mai 1810; Corse, 22 mai 1823, D. 11, 728 et 729.

181. Au surplus, en cette matière, comme dans toute autre procédure, les nullités d'exploit sont couvertes faute d'avoir été présentées avant toutes défenses au fond. Bourges, 17 avr. 1839, D. 40, 56.

Art. 4. — *Effets de la saisie.*

182. La saisie produit différens effets, selon qu'elle est *dénoncée* au saisi ou *transcrite* au bureau des hypothèques. — V. d'ailleurs *inf.* n° 184.

183. Dans ce cas, elle donne le droit de poursuivre la vente par préférence aux saisissans qui ont fait une transcription postérieure. C. pr. 678. — V. *sup.* n° 154.

184. Dans le premier cas, elle constitue le saisi séquestre de ses biens et l'empêche de pouvoir les *dégrader* ou *aliéner*. — V. *inf.* n°s 185 et 188.—Elle donne aux créanciers ou à l'adjudicataire le droit de demander la nullité des baux qui n'ont pas date certaine avant le commandement. — V. *inf.* n° 207. — Elle immobilise les fruits échus depuis la dénonciation, et le montant doit en être distribué, avec le prix de l'immeuble, par ordre d'hypothèque. — V. *inf.* n°s 219 et 223.

185. *Dépossession du saisi quant à la propriété.* Le saisi ne peut faire *aucune coupe de bois ni dégradation* à peine de dommages-intérêts *auxquels il est condamné par corps,* et de poursuites criminelles, suivant la gravité des circonstances. C. pr. 690.

Par corps. Pourvu que la valeur du dommage dépasse 300 fr. C. civ. 2065; C. pr. 126; Thomine, 2, 226.

186. Si le poursuivant avait connaissance avant l'adjudication de dégradations commises par le saisi, spécialement de la destruction d'un bâtiment désigné dans le procès-verbal de saisie, il devrait mentionner cette circonstance dans le cahier des charges, sous peine d'être recherché par l'adjudicataire, malgré la clause ordinaire de *vente sans garantie pour quelque cause que ce soit,* insérée au cahier des charges.—Amiens, 8 mars 1839 (Art. 1725 J. Pr.). — *Contrà*, Persil, 2, 383; Tarrible, v° *Saisie immobilière*, § 7; Carré, n° 2477; Dalloz, 11, 803, 2.

187. L'adjudicataire seul a droit d'intenter l'action en dommages-intérêts pour dégradations postérieures à l'adjudication. Bruxelles, 12 sept. 1807, S. 9, 37; Paris, 2 janv. 1808, S. 7,

2, 950; Carré, n° 2314; Thomine, 2, 227; — sans qu'il puisse se faire colloquer dans l'ordre ouvert sur le prix de l'immeuble pour raison de ces dommages-intérêts.

188. *Aliénations.* L'aliénation de l'immeuble saisi, faite par le saisi depuis la dénonciation, est nulle. C. pr. 692.

189. *Aliéner.* On tient généralement que la prohibition d'aliéner n'emporte pas celle d'hypothéquer; l'objection tirée en sens contraire de l'art. 2124 n'est pas concluante : l'art. 2124 ne s'adresse qu'à l'incapacité *personnelle;* mais il y a loin de cette défense générale et absolue puisée dans l'inhabileté de la personne à l'incapacité *occasionnelle* née de la saisie d'un immeuble; celle-ci ne peut résulter que de la défense de la loi. — D'ailleurs l'aliénation est interdite au saisi, parce qu'elle tendrait à détruire l'effet même de la saisie qui ne peut se suivre que contre le détenteur actuel; il faudrait la recommencer à chaque mutation, tandis que la constitution d'hypothèque ne touche pas à la saisie qui continuera d'exister après comme avant; elle ne change pas l'ordre des inscriptions; le nouveau créancier sera colloqué après tous ceux qui avaient des droits sur l'immeuble. Enfin des débiteurs de bonne foi pourraient avoir intérêt à recourir à cette mesure. Tarrible, *Rép. hoc verbo*, p. 658; Thomine, 2, 229; Delaporte, 2, 299.— *Contrà*, Carré, n° 2321. —Toutefois le saisissant, quoique chirographaire, serait recevable à critiquer les hypothèques consenties après la dénonciation, et qui auraient pour effet de le frustrer de la distribution par contribution de ce qui resterait du prix après le paiement des créanciers inscrits antérieurement.

190. Mais le saisissant et le saisi peuvent convertir la poursuite en vente volontaire, avant qu'elle ait été dénoncée aux créanciers inscrits.—Paris, 7 nov. 1831; Cass. 8 janv. 1833; Colmar, 26 juill. 1833 (Art. 284 J. Pr.).

Dans ce cas, si avant la dénonciation des placards aux créanciers inscrits, le saisi obtient main-levée du poursuivant, peut-il vendre à l'amiable, quoiqu'il existe au profit d'autres créanciers un jugement de subrogation éventuelle dans les poursuites, qui toutefois n'a pas été signifié au conservateur avec opposition à la radiation de la saisie?— Pour la négative, on dit : Le saisissant peut renoncer aux poursuites tant que la notification des placards n'a pas été enregistrée au bureau des hypothèques; mais cette faculté n'existe qu'au regard des créanciers inscrits et non pas des autres saisissans, qui ne peuvent faire transcrire leur procès-verbal, et sont dès-lors réputés poursuivre conjointement avec le premier saisissant. Le désistement de celui-ci appelle ceux-là à un rôle direct et actif; leur action suspendue reprend sa force. Merlin, *Rép.*, vº *Saisie-immobilière*, § 6, art. 2. — Autrement leur sort dépendrait du caprice du poursuivant ou de sa collusion avec le débiteur.—Que s'il y a eu conversion, ces principes ne cessent pas d'être applicables, la conversion transforme la saisie, sans la faire disparaître; et d'ailleurs la subrogation éventuelle prononcée au profit des seconds saisissans, maintient l'incapacité d'aliéner dont le saisi est frappé depuis la dénonciation des poursuites. — Mais on répond en sens contraire que cette incapacité est purement relative au saisissant qui peut rendre au saisi la faculté de disposer en consentant sans FRAUDE NI COLLUSION à la radiation de la saisie. Ce consentement, il peut encore le donner même après une notification des placards et jusqu'à son enregistrement au bureau des hypothèques. Ce droit n'est pas paralysé par une subrogation éventuelle, car cette subrogation conditionnelle ne constitue aucun droit actuel, irrévocable, vis-à-vis des tiers acquéreurs de bonne foi, s'il n'est pas inscrit au bureau des hypothèques, au profit des créanciers qui ont d'ailleurs la faculté d'intervenir à leurs frais dans l'instance, et le rendre ainsi partie dans la poursuite. Cass. 14 mai 1835. (Art. 57 J. Pr.)

191. *Depuis la dénonciation.* L'aliénation antérieure à la dénonciation est attaquable : 1º si elle est faite en fraude des droits des créanciers. C. civ. 1167;— 2º ou depuis l'ouverture de cette faillite.

Les aliénations *à titre gratuit* sont *nulles* si elles ont été faites dans les dix jours qui ont précédé la faillite du saisi. C. com. 446.

192. *Quid*, de celle faite le jour même de la dénonciation? — La C. de Limoges, le 29 mai 1834, S. 35, 42, a décidé que l'aliénation était nulle dans ce cas; —Toutefois la priorité de l'aliénation sur la dénonciation peut être établie par l'adjudicataire, et, dans le doute, la vente doit être maintenue.— V. *Date*, nº 19.

193. L'aliénation postérieure à la dénonciation est nulle, encore bien 1º qu'il s'agisse d'un immeuble indivis entre le saisi et ses cohéritiers, et qu'elle ait été consentie par tous les intéressés. Carré, nº 2322;— 2º qu'elle ait été déguisée sous le nom de délaissement; le saisi ne peut pas plus délaisser que transmettre ce qui n'est pas à sa disposition. Rennes, 12 mars 1818, P. 14, 707; Carré, art. 692, note 1.

194. *Nulle.* La nullité n'a pas besoin d'être prononcée. *Ib.*

Les créanciers peuvent continuer la procédure et passer à l'adjudication définitive sans appeler l'acquéreur; cette adjudication produit tous ses effets, comme si l'immeuble fût resté en la possession du saisi. Carré, nº 2325; Tarrible, 657.

195. La nullité de la vente est introduite uniquement dans l'intérêt des créanciers inscrits.—Cass. 10 janv. 1838 (Art. 1726 J. Pr.). — En conséquence, elle ne peut être invoquée *ni par l'acquéreur*. Cass. 5 déc. 1827, D. 28, 49; Paris, 9 déc. 1834, S. 34, 366.—*Contrà*, Angers, 2 déc. 1818, D. 11, 740, 4; — *ni* à plus forte raison *par le saisi*. —V. d'ailleurs *inf.* n° 288.

Jugé que la demande en nullité de la vente consentie par le saisi antérieurement à la dénonciation de la saisie formée par le poursuivant contre l'acquéreur et la partie saisie, est une demande principale, et qu'en cas d'appel le délai n'est pas restreint à la *quinzaine*. C. pr. 727. — Limoges, 30 août 1838 (Art. 1292 J. Pr.).

196. Le saisi ne peut demander la distraction de divers immeubles compris dans une saisie et précédemment aliénés; ce droit appartient à l'acquéreur. Amiens, 10 mai 1837, D. 38, 127.

197. Quoi qu'il en soit, la propriété de l'immeuble réside toujours sur la tête du saisi; c'est donc contre lui que doit être dirigée l'action en résolution formée par un tiers, il n'est même pas nécessaire de mettre en cause les parties intéressées à la saisie, sauf leur droit de se pourvoir contre le jugement rendu en leur absence, *s'il y a eu concert frauduleux* entre le revendiquant et le saisi. Amiens, 30 janv. 1825, D. 26, 232; Lyon, 4ᵉ ch., 10 août 1836, D. 38, 7.—*Contrà*, Paris, 25 mars 1820.

C'est également contre lui que devrait être formée l'action révocatoire dirigée par *un donateur* de biens saisis; et le saisissant n'aurait pas qualité pour former tierce-opposition au jugement qui accueillerait cette action sous le seul prétexte qu'il n'a pas été appelé dans l'instance. Cass. 3 fév. 1836, D. 36, 86.

198. Au surplus, l'aliénation faite depuis la dénonciation reçoit tout son effet, si, avant l'adjudication, l'acquéreur consigne somme suffisante pour acquitter, en principal, intérêts et frais, les créances inscrites, et signifie l'acte de consignation aux créanciers. C. pr. 693.

Si les deniers ainsi déposés ont été empruntés, les prêteurs n'ont d'hypothèque que postérieurement aux créanciers inscrits lors de l'aliénation. *Ib.*

199. *Somme suffisante pour acquitter en principal, intérêts et frais*, etc. Alors même qu'elle dépasserait le prix de l'aliénation. Carré, n° 2330; Pigeau, 2, 247.

200. *Les créances inscrites.* La consignation doit en outre comprendre: 1° *les créances hypothécaires ou privilégiées dispensées d'inscription*. Arg. C. civ. 2107, 2135. Persil, 2, 354.—*Contrà*, Carré, n° 2327;

2° *Celles du poursuivant*, bien qu'il ne soit que simple créancier chirographaire ou hypothécaire non inscrit; le demandeur ne peut être empêché de continuer ses poursuites tant qu'il n'a pas été désintéressé. Carré, n° 2327 : Pigeau, 2, 247 ; Persil, 2, 354 ; Tarrible, 658.

Il en est autrement des créances inscrites depuis l'aliénation. Carré, Pigeau, Persil, *ib.* — *Contrà*, Tarrible, *ib.*

201. On s'est demandé si la consignation devait être précédée d'offres réelles ? — Le silence du Code, sur les formes de la consignation, a entraîné de vifs dissentimens. — V. *Consignation*, n° 42, *Ordre*, n° 17, *Purge*, n° 40 et *Dissertation*, Art. 685 J. Pr.

La C. de Bordeaux a jugé que la consignation n'exigeait ni offres préalables, ni même sommation, soit au saisi, soit aux créanciers, d'y assister, 22 juin 1836 (Art. 669 J. Pr.). — Il est difficile, en effet, suivant nous, d'exiger pour cette consignation des offres, puisque le saisi ne peut les accepter à raison des créances inscrites, et que l'acquéreur ne se libère pas valablement entre les mains des créanciers sans le consentement du saisi qui peut contester leurs prétentions ; d'ailleurs, l'art. 2186 ne rappelle pas les formalités de l'art. 1259 ; enfin, l'art. 693, C. Pr., paraît avoir voulu une procédure plus simple.

Néanmoins, il peut être utile de faire des offres au vendeur ; il est possible qu'il ait obtenu main-levée des inscriptions ; telle est aussi la procédure suivie dans l'usage (Art. 685 J. Pr.).

Si le contrat de vente contenait délégation du prix au profit des créanciers inscrits, on devrait en faire l'offre. Carré, n° 2382 ; Pigeau, *ib.*

202. L'acte constatant la consignation doit être signifié aux créanciers inscrits. C. pr. 693 et au poursuivant. Carré, n° 2329. — *Contrà*, Delaporte, 2, 300.

203. L'adjudication définitive n'est empêchée qu'autant qu'il y a eu *consignation réelle ;* le saisi ne pourrait donc faire surseoir à cette adjudication en offrant seulement de consigner. Paris, 7 août 1811 ; Paillet, art. 695 ; Carré, n° 2330. Cass. 18 fév. 1840 (Art. 1727 J. Pr.).

204. On doit considérer comme équivalant à la consignation l'approbation de la vente par tous les créanciers inscrits, et leur acceptation de l'offre faite par l'acquéreur de verser son prix entre leurs mains. Bordeaux, 28 janv. 1826, S. 26, 246.

205. Aucun délai n'est fixé pour la consignation ; d'où il résulte qu'on peut la faire, 1° jusqu'à l'adjudication définitive. Pigeau, 2, 247 ; Carré, n° 2326. — 2° Après cette adjudication, dans les cas où il y a nouvelle mise en vente par suite de surenchère ou de folle-enchère. Carré, *ib.* ; Lepage, 442 ; Demiau, 451.

206. Faute de consignation préalable, il ne peut être sursis à l'adjudication sous aucun prétexte. C. pr. 694.

207. *Baux.* Les baux ayant date certaine avant le commandement doivent être exécutés par l'adjudicataire.

208. Toutefois le bail à long terme, consenti depuis l'inscription des hypothèques, est déclaré nul par M. Delvincourt (Arg. C. civ. 491, 595, 1429, 2091), et par Pigeau, réductible à une période de neuf années. Mais il nous paraît être valable, s'il a été consenti de bonne foi : en effet, le bail à long terme, considéré, il est vrai, comme un acte d'aliénation, par rapport aux incapables et à leurs administrateurs, n'est relativement au propriétaire qui a l'exercice de ses droits, qu'un acte d'administration; il ne saurait être assimilé à la concession d'un usufruit ou d'une antichrèse ; il ne confère au preneur qu'un *jus ad rem*, et non pas un droit réel ; les créanciers du bailleur conservent la faculté de saisir les fermages. Toullier, 3, n° 388 ; Merlin, *Rép.*, v° *Bail*, § 4, n° 2 ; Carré, n° 2318.

209. Quant aux baux dont la date n'est pas certaine avant le commandement, l'art. 691 C. pr. dispose que la nullité peut en être prononcée, si les créanciers ou l'adjudicataire le demandent. C. pr. 691.

Ceci s'applique à l'adjudicataire, soit provisoire, soit définitif, et non pas au cessionnaire des fruits. Carré, n° 2315.

210. Le bail doit-il être maintenu s'il a une date certaine avant la dénonciation de la saisie ? — Oui : ce bail n'est pas de plein droit réputé frauduleux, le saisi n'est point encore dépouillé de l'immeuble au moment du commandement, il a droit aux fruits jusqu'à cette dénonciation. C. pr. 689, 691. Au contraire, après cette dénonciation, la présomption de fraude commence à s'élever contre le bail. C. pr. 691.

Au reste, les trib. ont le droit d'apprécier souverainement la fraude.

Ainsi, peut être considéré comme frauduleux le bail fait, soit pour une période de temps inusitée, soit à des conditions onéreuses pour le bailleur, soit à vil prix, — peu importe, dans ces divers cas, que le bail ait été rédigé par acte authentique. Arg. C. civ. 1167. Rouen, 28 avr. 1824, S. 24, 279 ; Thomine, art. 691.

211. Les paiemens faits par anticipation doivent être annulés. Arg. C. civ. 1167 ; Nîmes, 28 janv. 1810 ; Cass. 5 nov. 1813, S. 14, 6 ; — à moins qu'ils ne soient de un ou deux termes de loyers seulement, selon l'usage : le preneur, pouvant être considéré comme ayant agi de bonne foi, serait fondé, dans ce cas, à les opposer aux créanciers hypothécaires.

212. Si le bail est annulé, le trib. ordonne ce qu'il juge convenable relativement à l'administration des biens. Carré, n° 2316. — V. *inf.* n°s 215 et 216.

213. DÉPOSSESSION QUANT AUX FRUITS. — Il faut distinguer si les biens saisis sont loués ou ne le sont pas.

214. *Biens non loués.* Le saisi est-il obligé de rendre compte aux créanciers de tous les fruits ? —Ou ces derniers doivent-ils les faire saisir pour les faire vendre et immobiliser?

Suivant les uns, le saisi est obligé, non seulement de représenter l'immeuble saisi, — mais en outre les fruits, *même par corps*. La loi, en employant le mot *séquestre*, dont elle connaissait toute la portée, et en l'appliquant au saisi, a nécessairement eu l'intention de lui imposer les obligations des séquestres judiciaires. Or, ceux-ci sont soumis, même par corps, à la restitution des fruits par eux perçus. C. civ. 1962, 1963, 1936, 2060. — D'ailleurs, l'art. 689, qui prononce l'immobilisation des fruits, n'a imposé aucune condition à cette immobilisation, pour le cas où le saisi est en possession de l'immeuble : il serait, au surplus, contraire aux intérêts du saisi lui-même de forcer les créanciers à demander sa dépossession de l'immeuble pour ne pas se voir privés des fruits produits jusqu'à la vente. Pigeau, 2, 240; Berriat, 580; Persil, 2, 201; Tarrible, 629; Carré, n° 2304.

Dans ce système on admet que la qualité de *séquestre* n'est attribuée au saisi qu'à compter de la dénonciation de la saisie; il fait donc siens tous les fruits échus jusqu'à cette époque, s'ils n'ont pas été déjà saisis arrêtés, ou brandonnés. Carré, n° 2305; Berriat, Persil, Pigeau, *ib.*

Jugé que cette qualité de séquestre empêche la saisie-brandon, et qu'en cas de malversation du saisi les créanciers doivent obtenir l'autorisation de justice pour pratiquer la coupe des fruits. Arg. Grenoble, 3 juill. 1827, D. 28, 146. — *Contrà*, Thomine, 2, p. 225.

Suivant d'autres, le législateur a entendu constituer le saisi séquestre ou gardien de l'immeuble seulement, elle lui interdit de le dégrader, de l'aliéner, mais elle ne le constitue pas séquestre quant aux fruits; en effet, elle autorise les créanciers, 1° à le déposséder entièrement en faisant nommer un autre gérant; 2° à faire couper les fruits. C. pr. 688; — et pour arriver à ce second résultat, il faudrait faire saisir brandonner, vendre judiciairement. — Dans ce système, on prétend que les fruits recueillis par le saisi, sans opposition de la part du créancier, lui appartiennent aussi bien que le prix des baux qu'il peut toucher valablement lorsqu'il n'existe pas de saisie-arrêt. Arg. C. pr. 691. Pourquoi serait-il traité plus sévèrement quand il exploite lui-même que quand il a affermé son bien ? Comment d'ailleurs pourrait-on établir la valeur du produit des récoltes qu'on aurait laissé recueillir, sans opposition par le débiteur exproprié. Lepage, 2, 58 ; Delaporte, 2, 299 ; Thomine, 2, n°s 223 à 225.

Enfin, les partisans de cette dernière opinion soutiennent que l'immobilisation des fruits ne saurait jamais avoir lieu, de *plein droit*, au profit des créanciers hypothécaires, et qu'une saisie-arrêt est toujours nécessaire sur le prix des récoltes, après saisie-brandon (—V. *inf.*). Le législateur n'a point déclaré (art. 688) que la saisie immobilière vaudra saisie des fruits, comme il l'a fait au titre de la saisie des rentes (art. 640), où il est dit que la saisie du capital de la rente vaut saisie-arrêt sur les arrérages. Thomine, p. 225.

215. Au reste, le saisi peut être entièrement dépossédé, la loi autorise les créanciers à obtenir du juge de nommer un gérant à l'exploitation. Arg. C. pr. 688.

216. La demande tendant à ce que le saisi soit dépossédé doit être motivée sur sa *mauvaise gestion*, sur les *dégradations* par lui commises, en un mot sur des *raisons graves*. Orléans, 19 avr. 1809, D. 11, 835, n° 1; Thomine, 2, 225; Demiau, 438; Hautefeuille, 374; Carré, n° 2307. — M. Pigeau, 2, 240, n'exige pas de motifs.

217. Cette demande est formée par requête signifiée d'avoué à avoué, avec avenir à l'audience. Carré, n° 2308. — S'il n'y a pas d'avoué constitué par le saisi, elle doit l'être par assignation à personne ou domicile; — sans qu'il soit nécessaire de présenter préalablement une requête au président. — *Contrà*, Carré, *ib.*; Hautefeuille, 374.

Dans le nouveau projet on a pensé qu'il y aurait avantage à en saisir le président par voie de référé sur requête, soit qu'il s'agisse de nommer ou de changer un séquestre, soit que les créanciers demandent à procéder eux-mêmes à la coupe et à la vente des fruits. L'ordonnance de référé, exécutoire par provision, pourra être attaquée par appel.

218. Lorsque le trib. ordonne la dépossession du saisi, il peut confier l'administration des biens, soit à l'un des créanciers, soit à un tiers. — Mais il n'y a jamais lieu de recourir au bail judiciaire. Cette mesure, utile dans l'ancien droit, parce que la procédure de saisie immobilière durait alors plusieurs années, occasionnerait aujourd'hui des frais considérables sans aucun avantage.

219. *Biens loués.* Lorsque le bail a une date certaine, les créanciers peuvent saisir arrêter les loyers ou fermages; et, dans ce cas, les loyers ou fermages échus depuis la dénonciation faite au saisi sont *immobilisés*. C. pr. 691; Carré, n° 2317; Demiau, 450.

Mais, à défaut de saisie, l'immobilisation n'a pas lieu; les paiemens faits par les locataires ou fermiers entre les mains du propriétaire sont valables. Trib. Seine, 7 avr. 1813; Coffinière, Chauveau, 19, 374.

220. Cette saisie-arrêt est assujettie aux formes ordinaires. Pigeau, *Comm.*, sur l'art. 691, n° 5; Chauveau, *Tarif*, 2, p. 193.

Tarif de la chambre des avoués du trib. de la Seine, n° 462, p. 85. — Pourquoi enlever au débiteur, en l'absence d'une exception formelle, l'avantage qu'il a de droit commun de connaître et de pouvoir discuter immédiatement l'obstacle qui le prive de la disposition des revenus nécessaires à ses besoins journaliers? — M. Parant, dans son désir de simplifier la procédure, avait cru nécessaire d'affranchir cette opposition des formes ci-dessus par une disposition expresse (Art. 1487 J. Pr. p 391).

221. Conséquemment il faut assigner les débiteurs en validité devant le trib. de leur domicile, — et le tiers saisi en déclaration affirmative devant le même trib. et non devant celui de la situation des biens. Roger, n° 511. — V. *Saisie-arrêt*, n° 78. — En vain dirait-on que la demande à fin de validité de la saisie-arrêt est connexe à l'instance d'expropriation et qu'elle doit être portée devant le trib. du lieu de la situation des biens; que les frais seraient augmentés considérablement en suivant la marche proposée. On répond avec raison : les termes généraux des art. 59 et 567 s'opposent à ce qu'on puisse saisir un autre trib. que celui du domicile de la partie saisie. Roger, *ib*.

222. Pour produire l'immobilisation, la saisie-arrêt doit-elle être pratiquée par un créancier hypothécaire? — celle faite par un créancier chirographaire produirait-elle le même résultat?

Suivant M. Carré, cette dernière saisie ne profiterait pas aux créanciers hypothécaires négligens. Carré, n° 2320.

Nous pensons, avec M. Thomine, n° 768, qu'il suffit aux créanciers hypothécaires de former postérieurement opposition sur les deniers avant leur distribution, pour obtenir une collocation hypothécaire : l'art. 689 est conçu en termes généraux.

Les fruits échus depuis la dénonciation au saisi *sont immobilisés* pour être distribués avec le prix de l'immeuble par ordre d'hypothèques. C. pr. 689.

Cet article est applicable au cas où les biens sont loués, comme à celui où ils ne le sont pas.

223. Il faut entendre par *fruits échus* tous ceux advenus postérieurement à la dénonciation, soit *civils*, tels que les fermages et les loyers, soit *naturels*.

Toutefois, il faut distinguer quant à l'échéance entre les fruits naturels et civils : les premiers sont réputés échus pour la totalité depuis la dénonciation, s'ils ont été coupés depuis, quoiqu'ils aient pris croissance antérieurement : on ne peut donc, pour le temps qui a précédé la coupe, les considérer comme meubles. Mais les fruits civils sont réputés s'acquérir jour par jour, et conséquemment ne sont immobilisés que pour la portion échue depuis la dénonciation. Arg. C. civ. 520, 585, 586. Carré, nº 2319.

224. En résumé la loi a voulu créer un privilége, en faveur des créanciers hypothécaires après la dénonciation de la saisie; c'est seulement en cas de négligence de leur part à faire valoir leurs droits avant la distribution des deniers qu'ils peuvent en être dépouillés, par exemple, s'ils se présentent depuis que le prix des fruits ou des loyers a été payé aux créanciers chirographaires. Thomine, *ib.*

225. Conséquemment, si les fruits des biens loués ou non loués, ont été saisis brandonnés après la saisie, par un créancier cédulaire, les créanciers hypothécaires conservent le droit de former opposition sur le prix des récoltes vendues pour se le faire attribuer.

226. Peu importe, au reste, que la saisie immobilière ait été convertie, après la dénonciation en vente sur publications volontaires. Paris, 17 mai 1834, S. 34, 366.

§ 5. — *Moyens de publicité pour arriver à la vente.*

Art. 1. — *Annonces de la vente.*

227. La vente est annoncée par des insertions dans l'auditoire du trib. et dans les journaux, et par des affiches ou placards, de la manière suivante.

228. *Insertion dans l'auditoire du trib.* — L'avoué du poursuivant rédige un extrait contenant :

1º La date de la saisie et des enregistremens;

2º les noms, professions, et demeures du saisi et du saisissant, et de l'avoué de ce dernier;

3º Les noms de l'arrondissement, de la commune, de la rue des maisons saisies;

4º L'indication sommaire des biens ruraux en autant d'articles qu'il y a de communes, lesquelles sont indiquées, ainsi que les arrondissemens; chaque article contient seulement la nature et la quantité des objets, et les noms des fermiers ou colons, s'il y en a; si néanmoins les biens situés dans la même commune sont exploités par plusieurs personnes, ils sont divisés en autant d'articles qu'il y a d'exploitans;

5º L'indication du jour de la première publication;

6º Les noms des maires et greffiers auxquels copies de la saisie ont été laissées. C. pr. 682.

Le tout à peine de nullité. C. pr. 717.

229. *L'arrondissement.* C'est-à-dire celui du trib., et non celui de la justice de paix. Carré, nº 2282. — *Contrà.* Pigeau, 2, 248); toutefois, pour éviter toute difficulté, il convient de mentionner les noms de l'arrondissement du trib. et du canton où sont situés les biens.

250. *Les noms des fermiers ou colons.* — V. *sup.* n° 118.

251. *Ils sont divisés en autant d'articles qu'il y a d'exploitans.* Cette division est exigée pour que l'on sache précisément quels sont les biens saisis, et que l'on puisse s'adresser au maire de la commune où ils sont situés, ou aux exploitans pour les examiner; mais elle n'oblige pas à vendre séparément. Cass. 14 janv. 1816, D. 11, 743, 5; Carré, n° 2284.

252. *Les noms des maires et greffiers*, etc. Cette énonciation est prescrite *à peine de nullité*. C. pr. 717; Riom, 23 déc. 1809; D. 11, 729, 1, Agen, 19 mars 1836 (Art. 528 J. Pr.).— Il ne suffit pas de mentionner la remise de la copie *au maire de telle commune*, il est indispensable que le nom du maire et celui du greffier soient dans l'extrait. Nîmes, *après partage*, 13 janv. 1829. D. 29, 143; Pigeau, *comm.* 2, 297; Carré, 2, 557; Berriat, 583.

233. L'extrait n'est pas nul pour ne pas contenir la mention de l'acte qui constate la perception du droit d'enregistrement qui a frappé ce procès-verbal; la mention ordonnée par l'art. 682 n° 1er s'applique aux transcriptions exigées par les art. 677 et 680. Aix, 2 déc. 1837, D. 38, 228.

234. La nullité de l'extrait exigé par l'art. 682 vicie la procédure antérieure, à moins qu'elle ne puisse être réparée par le dépôt d'un nouvel extrait dans les trois jours de l'enregistrement dont il est parlé dans l'art. 680. Arg. Agen, 19 mars 1836 (Art. 528 J. Pr.). — V. *inf.* n° 238.

235. L'avoué dépose au greffe l'extrait (en faisant la transcription). —V. *sup.* n° 157.

236. Le greffier dresse acte de ce dépôt.

237. Il est tenu d'insérer cet extrait dans un tableau placé à cet effet dans l'auditoire. C. pr. 680.

238. L'insertion a lieu dans les *trois jours* de l'*enregistrement* mentionné en l'art. 680 (c'est-à-dire, de la transcription de la saisie au greffe du trib. Carré, n° 2278; Berriat, 584.—V. *sup.*, n°s 147, 157.

239. L'extrait inséré après les trois jours *est nul.* C. pr. 717; Carré, n° 2281. — *Contrà*, Pigeau, 248.

La preuve que l'extrait a été inséré au tableau résulte de la déclaration faite à cet égard par le greffier, soit dans l'extrait lui-même, soit dans un registre tenu à cet effet. Corse, 16 nov. 1822, D. 11, 731, 3; Tarrible, *ib.*; Carré, n° 2280; — mais cette déclaration doit avoir lieu dans le délai fixé; en conséquence serait insuffisant le certificat délivré par le greffier *depuis l'instance. Même arrêt.*

240. *Le greffier est tenu.* Toutefois, il n'est pas obligé de faire l'insertion *d'office*. — *Contrà*. Tarrible, p. 655; et la responsabilité du défaut d'insertion pèserait non pas sur lui, mais sur l'avoué poursuivant, à moins que ce dernier ne l'eût mis en demeure de la faire. Arg. Tar. 104; Berriat, 584, note 59-1°; Carré, art. 682, n° 2279; Pigeau, 2, 249.

241. L'insertion d'un nouvel extrait au tableau du trib. n'est pas nécessaire lorsque la publication de l'enchère a été retardée par suite d'un incident; l'art. 732 C. pr. exige seulement une nouvelle apposition de placards et de nouvelles annonces dans les journaux. Bourges, 18 juin 1824, D. 25, 54. —V. *inf.* n° 242.

242. INSERTION DANS LES JOURNAUX. Le même extrait est inséré, sur la poursuite du saisissant, dans un des journaux imprimés dans le lieu où siége le trib. devant lequel la saisie se poursuit : et s'il n'y en a pas, dans l'un de ceux imprimés dans le département, s'il y en a. C. pr. 683; — *à peine de nullité*. C. pr. 717.

243. Mais cette nullité ne doit pas s'entendre dans un sens trop rigoureux; il suffirait en conséquence, que l'extrait eût été inséré dans un journal *publié, mais non imprimé* dans la ville où siége le trib. dans le ressort duquel elle a été pratiquée; le décr. du 26 sept. 1811 a toujours force et vigueur, et son art. 5 qui se réfère à l'art. 683 C. pr. porte que les annonces dans les feuilles de département seront suffisantes pour l'exécution de la loi. Cass. 11 avr. 1834, contre l'opinion de M. Mestadier, rapporteur (Art. 276 J. Pr.).

244. Il est justifié de cette insertion par la feuille contenant ledit extrait, avec la signature de l'imprimeur, *légalisée par le maire*, C. pr. 683; *à peine de nullité*. C. pr. 717. — La signature du propriétaire ou du rédacteur du journal ne suffit pas. Delaporte, 2, 290; Carré, art. 683, n° 2286.

Mais peu importe, 1° que l'imprimeur ne soit pas patenté, s'il est notoire qu'il exerce la profession d'imprimeur, et si sa signature a été, à ce titre, légalisée par le maire. Cass. 5 oct. 1812, D. 11, 731, 2; — 2° Que l'exemplaire du journal ait été signé par l'employé de la maison de commerce qui tient l'imprimerie; il est présumé muni de pouvoirs; arg. Toulouse, 22 avr. 1837 (Art. 852 J. Pr). — 3° que le maire qui a fait cette légalisation soit le père de l'imprimeur, et intéressé dans son commerce. Rennes, 6 juin 1814, P. 12, 259.

245. Jugé que la date de l'insertion est établie par la publication du journal, et qu'il n'y a pas lieu à enregistrement, la loi n'exigeant pas cette formalité. Rennes, 4 janv. 1813, D. 11, 714, 1; dans l'usage cet enregistrement a lieu. — Il est utile pour énoncer la formalité de l'insertion dans les dires qui précèdent les adjudications. — V. d'ailleurs *Société*, n° 8.

246. Le Code ne dit pas dans quel délai doit avoir lieu l'insertion dont il s'agit, et si elle peut être faite après les formalités énoncées aux art. 684 et suiv., d'où il résulte qu'il suffit qu'elle soit antérieure à la première publication. Cass. 5 oct. 1812, D. 11, 731, 2; — mais il est préférable de se conformer à l'ordre adopté par le Code, et d'y procéder avant d'apposer les placards. Carré, n° 2285; Persil, 2, 215; Pigeau, 2, 249; Berriat, 585, note 62.

247. C'est à l'avoué du saisissant qu'est confié l'accomplissement des formalités précédentes. Arg. Tar. 105; Berriat, 585, note 62.

248. *Apposition des placards.* Le même avoué rédige un autre exemplaire de l'extrait dont il a été parlé *sup.* n° 228 (Tarif, 106. Carré, n° 2293; Thomine, 2,221), qu'il signe et qu'il fait enregistrer.

Une copie sur papier libre sert de modèle pour l'impression du placard. C. pr. 684.

249. Le placard serait nul s'il était *manuscrit, en tout ou en partie.* C. pr. 717. Carré, art. 684, n° 2287; — cependant la simple addition de quelques mots omis, la rectification de quelques expressions, n'annuleraient pas un placard, d'ailleurs imprimé en totalité. Carré, *ib.*; Thomine, 2, 220; — Par exemple, on peut remplir à la main la date laissée en blanc. Cass. 6 janv. 1822, S. 22, 262.

Peu importe, au surplus, que les placards soient ou ne soient pas imprimés sur des timbres de dimension : ces contraventions aux lois sur le timbre ne donnent en général lieu qu'à des amendes. Turin, 2 juill. 1810, D. 11, 737, 2; Carré, *ib.*

250. Il a été jugé que le défaut de mention dans les placards imprimés que le poursuivant agit en qualité de mari et de maître de la dot et des droits de son épouse, n'est pas une cause de nullité de la saisie. Aix, 2 déc. 1837, D. 38, 228.

251. Le placard est affiché, 1° à la porte du domicile du saisi;

2° A la principale porte des édifices saisis;

3° A la principale place de la commune où le saisi est domicilié, de celle de la situation des biens, et de celle du trib. où la vente se poursuit;

4° Au principal marché desdites communes, et lorsqu'il n'y en a pas, aux deux marchés les plus voisins;

5° A la porte de l'auditoire du juge de paix de la situation des bâtimens; et s'il n'y en a pas, à la porte de l'auditoire de la justice de paix où se trouve la majeure partie des biens saisis;

6° Aux portes extérieures des trib. du domicile du saisi, de situation et de la vente. C. pr. 684.

Le tout *à peine de nullité*. C. pr. 717.

252. *A la porte du domicile du saisi.* Quand le domicile du saisi n'a pas de porte extérieure, il suffit d'apposer l'affiche sur la porte du bâtiment dans lequel se trouve son domicile. Cass. 10 juill. 1817, D. 11, 697, n° 2.

253. Lorsque le saisi n'a pas de domicile, ou que son domicile n'est pas connu, on appose l'affiche au trib. près lequel se trouve le ministère public, à qui les actes intéressant le saisi doivent être notifiés : c'est celui de la situation des biens. Arg. Paris, 10 mai 1810, D. 11, 728, n° 3.

254. *Au principal marché desdites communes.* Il suffit que les affiches soient apposées à la principale place du marché; il n'est pas indispensable qu'elles le soient un jour de marché. Toulouse, 17 fév. 1812, D. 11, 734, n° 3; Paris, 3 fév. 1812, D. 11, 734, 2; Bourges, 5 juin 1812, D. 11, 734, 4; Cass. 19 nov. 1812, D. 11, 734, 5; 12 janv. 1820, D. 11, 709, n° 1; Toulouse, 12 avr. 1825, D. 25, 255; Thomine, 2, 221; Berriat, 585, note 63-3°; Carré, n° 2288. — *Contrà*, Caen, 2 juill. 1811, D. 11, 734, 1.

255. Mais il faut qu'elles aient été mises au principal marché de *chaque* commune, et non pas seulement au principal marché des trois communes dont parle l'art. 684 : il est en effet utile que les habitans de ces diverses communes soient avertis de l'adjudication qui doit avoir lieu. Poitiers, 9 juin 1809, D. 11, 722, n° 1; Toulouse, 12 avr. 1825, D. 25, 255; Carré, n° 2290; Thomine, 2, 220; — d'ailleurs, s'il en était autrement, les mots de l'art. 684 : *s'il n'y en a pas, aux deux marchés les plus voisins*, deviendraient inutiles, puisqu'il n'existe point de ville, siége d'un trib., où il n'y ait un marché. —*Contrà*, Caen, *ib*.

256. Dans le cas où il existe dans la même ville plusieurs marchés d'une égale importance, la loi ne peut être exécutée à la lettre; mais, conformément aux anciens usages, on appose les placards aux places considérées comme principales, à raison de ce qu'elles sont le plus fréquentées. Carré, n° 2289; Delaporte, 2, 292.

Peu importe qu'ils n'aient pas été apposés au marché de la section de la commune où sont situés les biens, pourvu qu'ils l'aient été au principal marché de cette commune. Montpellier, 14 janv. 1833, D. 34, 86.

257. *Lorsqu'il n'y en a pas, aux deux marchés les plus voisins*. C'est-à-dire, s'il n'existe aucun marché dans la commune : ainsi, il n'y a pas lieu d'apposer d'affiches aux deux marchés les plus voisins : 1° dès que la commune en possède un : l'épithète *principale* du 4e § de l'art. 684 ne s'applique pas à la dernière partie de ce paragraphe. Arg. Poitiers, 9 juin 1809, D. 11, 722, 1; Carré, n° 2291.

2° S'il y a un marché établi en vertu d'une loi et reconnu par l'autorité administrative, encore bien qu'en fait il n'y en ait pas réellement. Toulouse, 12 avr. 1825, D. 25, 255.

3° Si, à des époques fixes et déterminées, il se fait dans la commune des ventes de denrées et de marchandises qui y réunissent les habitans des lieux voisins, il n'est pas nécessaire qu'il y ait privilége de foire ou de marché. Cass. 6 avr. 1824, D. 11, 716, 3.

258. Peu importe que les *deux marchés les plus voisins* soient ou ne soient pas dans l'arrondissement de la commune. Toulouse, 15 avr. 1828, D. 29, 94.

259. Le vœu de la loi est-il rempli, si les placards ont été apposés à des marchés voisins de la commune où se trouvent situés les biens expropriés, quoique ces marchés ne soient pas *les plus voisins*, si d'ailleurs il est constant que ces marchés sont plus fréquentés que les autres?

Pour l'affirmative on dit: Une légère différence, relativement à la distance, ne saurait, dans ce cas, opérer nullité, dès que la saisie a eu toute la publicité que les affiches sont destinées à lui donner. Caen, 21 juin 1814, P. 12, 276; Cass. 29 nov. 1816, P. 13, 700; Bordeaux, 1er août 1834, D. 37, 181; Berriat, 585, note 63; Lachaise, 1, 290; Thomine, 2, 220. — Mais il faut que la distance soit *peu importante*. Toulouse, 15 avr. 1828, D. 29, 94.

Pour la négative on répond: La loi ne s'attache pas à d'autres considérations et à d'autres règles qu'à celles de la proximité de la commune. Rouen, 27 sept. 1814, P. 12, 420. — Donc, à défaut de marchés dans la commune du domicile du saisi, les placards doivent être affichés dans les deux *marchés plus voisins de cette commune;* il ne suffirait pas qu'ils l'eussent été aux deux marchés plus voisins de la situation des biens. Aix, 2 déc. 1837, D. 38, 228. — Dans ce cas, il y aurait *nullité complète*, bien que ces marchés fussent d'une importance majeure. Cass. 8 mai 1838 après délibéré (Art. 1431 J. Pr.).

260. *Aux portes extérieures des trib.* Le mot *trib.* doit s'entendre uniquement des trib. ordinaires: il n'est donc pas nécessaire de mettre des affiches aux portes des trib. de paix et de commerce, qui se trouvent dans les trois communes dont parle l'art. 684-6°. Il ne saurait y avoir de difficulté à l'égard des trib. de paix; l'art. 684 prescrivant d'une manière spéciale l'apposition d'une affiche à la porte de l'auditoire de la justice de paix de la situation, dispense en effet par cela même de remplir cette formalité dans les justices de paix des autres communes.

Quant aux trib. de commerce, il semble que le législateur ne les a pas eus en vue, car il ne prescrit pas d'apposition d'affiches dans un autre endroit, pour les cas où il n'en existe pas dans la commune. Au surplus, le trib. de commerce de Paris ne se trouve pas compris dans l'état des lieux où doivent être apposées les affiches relatives aux ventes judiciaires. Coffinière, 2, 301.—*Contrà*, Carré, n° 2292.

261. Il est loisible au poursuivant de faire apposer un plus grand nombre d'affiches que celui exigé par l'art. 682; cependant, si cela occasionnait une augmentation notable dans les frais, cette augmentation devrait être mise à sa charge. Cass. 28 nov. 1826, D. 27, 69; Carré, n° 2295; Delaporte, 2, 292. —V. *Vente judiciaire*, n° 34.

262. L'apposition des placards est constatée *par un acte auquel est annexé un exemplaire du placard; —à peine de nullité.* C. pr. 717.—L'huissier atteste que l'apposition a été faite aux lieux désignés par la loi, *sans les détailler.* C. pr. 685.

263. L'huissier peut se contenter de déclarer après l'indication des communes où il s'est transporté, qu'il a apposé des placards *dans tous les endroits apparens et habitués à recevoir les affiches des placards,* au lieu d'exprimer qu'ils ont été affichés dans les lieux désignés par l'art. 684 C. pr., en les spécifiant. Cass. 23 nov. 1836, D. 38, 446.

264. *Par un acte auquel est annexé un exemplaire du placard.* Cet acte ne peut donc être transcrit au bas ou au dos de l'original du placard, mais doit être fait séparément. Cir. min. fin. 12 mars 1810, D. 11, 734, 2; Carré, art. 685, n° 2296.

265. Il doit, à peine de nullité, énoncer spécialement l'annexe du placard; autrement il n'existerait pas de preuve légale que la loi a été exécutée. Carré, *ib.*, note 1; Delaporte, 2, 293.

266. *Sans les détailler.* Toutefois, la désignation des lieux n'entraînerait pas nullité: *Quod abundat non vitiat.* Carré, n° 2297; Huet, 146.

267. L'huissier ne peut, *à peine de nullité du procès-verbal d'apposition,* constater les appositions de placards faites au-delà de son ressort. Delaporte, 2, 293; Carré, n° 2298.

Si donc des appositions doivent avoir lieu dans plusieurs arrondissemens, il faut les faire constater par des huissiers différens, qui rédigent chacun un procès-verbal, et le font viser comme il est dit à l'art. 687 (— V. *inf.* n° 270). Carré, *ib.*

268. Ces procès-verbaux séparés sont valables, encore bien qu'un des huissiers ait pu constater seul toutes les appositions de placards à raison de l'étendue de son ressort; mais l'augmentation de frais qui en résulte doit être mise à la charge de celui qui l'a occasionnée. Carré, n° 2299.

269. Les originaux de placards et le procès-verbal d'apposition ne peuvent être grossoyés sous aucun prétexte. C. p. 686; — cependant, s'ils l'avaient été, ils ne seraient pas nuls : l'art. 717 n'a pas prononcé de nullité à cet égard ; mais il n'entrerait en taxe que les frais de minute. Tar. 106 ; Carré, n° 2300.

270. L'original du procès-verbal est visé par le maire de chacune des communes dans lesquelles l'apposition a été faite. C. pr. 687; — *à peine de nullité*. C. pr. 717. — Bien que le maire soit parent ou créancier de la partie saisie. Cass. 9 fév. 1837 (Art. 826 J. Pr.). — V. *sup.* n° 110.

271. *Visé*. La déclaration mise par le maire au bas du procès-verbal de l'huissier, constatant que l'apposition des placards a été faite, équivaut à un visa. Grenoble, 19 juill. 1808, D. 11, 736, n° 4 ; Carré, art. 687, note 1 ; Pigeau, 2, 301; Berriat, 586, n° 65.

272. *Par le maire*. A son défaut, par l'adjoint (Riom, 12 mai 1808, D. 11, 720, 5) : mais, dans ce cas, la loi ne s'étant pas expliquée d'une manière facultative, comme dans l'art. 676 (— V. *sup.* n° 135). Suivant les uns l'adjoint doit mentionner que le visa est donné par lui pour absence ou empêchement du maire. Carré, n° 2301; Berriat, 586, note 65.

Jugé au contraire que le fait seul du visa par l'adjoint au lieu du maire, établit la présomption de l'absence de celui-ci, sans que l'exploit doive absolument mentionner cette absence. Pour obtenir la nullité de l'exploit, il faudrait donc prouver l'absence du maire. Cass. 23 nov. 1836, D. 38, 446.

273. S'il y a plusieurs adjoints, il est indifférent que le visa soit donné par le premier ou le second, à moins que l'on ne prouve que l'un d'eux est exclusivement chargé de remplacer le maire, quant à cette attribution. Cass. 25 fév. 1818, D. 11, 736, 3.

De même le visa donné par un conseiller municipal, est valable sans qu'il soit nécessaire de constater que ce conseiller est le premier dans l'ordre du tableau. Ici ne s'applique pas l'art. 5 L. 21 mars 1831. Cass. 9 fév. 1837 (Art. 1728 J. Pr.).

Art. 2. — *Notification des placards au saisi et aux créanciers inscrits.*

274. Le procès-verbal d'apposition de placards (— V. *sup.* n° 262) est notifié au saisi avec une copie du placard. C. pr. 687. — *A peine de nullité*. C. pr. 717.

Les seconde et troisième apposition de placards ne doivent pas lui être notifiées comme la première. Cass. 12 juin 1839 (Art. 1729 J. Pr.).

275. Cette copie peut être manuscrite ou imprimée, mais il faut qu'elle soit revêtue de la signature de l'huissier. Paris, 24 janv., 29 août 1815, D. 11, 713 et 735, n° 3 ; Berriat, 586, note 65.

Il ne suffirait donc pas que l'huissier mentionnât la remise par lui faite d'un exemplaire imprimé, sans relater que cet exemplaire a été certifié par lui. Angers, 5 mai 1809, D. 11, 735, n° 2; Berriat, 586, note 65.

276. Il est inutile de laisser aux maires ou adjoints copie du procès-verbal d'apposition et de le faire transcrire au bureau des hypothèques : l'art. 687 ne reproduit pas les dispositions de l'art. 676 à l'égard du procès-verbal de saisie. — V. *sup.*, n° 74; Tarrible, 657; Carré, n° 2302.

277. L'exploit de notification doit au surplus contenir, *à peine de nullité*, toutes les formalités prescrites par l'art. 68 C. pr. Carré, n° 2303. — V. *Exploit.*

278. Huit jours au moins avant la première publication de l'enchère, outre un jour par trois myriamètres de distance entre la commune du bureau de conservation, et celle où se fait la vente, un exemplaire du placard notifié au saisi (— V. *sup.* n° 274) est également signifié *aux créanciers inscrits* au domicile par eux élu dans leur inscription. C. pr. 695. — *A peine de nullité.* C. p. 717.

Au lieu de cette notification du placard aux créanciers inscrits, le nouveau projet propose (art. 691 et 692 du projet) d'ordonner une sommation au saisi, et aux créanciers de prendre communication du cahier des charges; ce serait une obligation essentielle pour le poursuivant.

279. *Aux créanciers inscrits.* Non-seulement à ceux du saisi, mais encore *à ceux des précédens propriétaires et des tiers-détenteurs*: l'art. 695 ne distingue pas; d'ailleurs le but de la loi dans cet art. a été que tous ceux qui ont hypothèque sur l'immeuble saisi fussent avertis des poursuites et de la vente qui doit s'en suivre, afin de conserver leurs intérêts, soit en surenchérissant, soit de toute autre manière. Arg. Cass. 27 nov. et 5 déc. 1811, D. 11, 738, 1; Riom, 8 août 1815, D. 11, 725, 1; Toulouse, 29 juin 1835, D. 36, 14; Carré, n° 2335; Berriat, 587, note 67-4°. — *Contrà*, Turin, 2 juill. 1810, D. 11, 737, n° 2.

280. Cependant, lorsque le saisi a refusé des renseignemens sur le précédent propriétaire, et qu'il en est résulté que le poursuivant n'a pas connu les créanciers inscrits de celui-ci, il n'y a pas nullité par cela seul que la notification ne leur a pas été faite : du moins le saisi ne saurait la proposer. Cass. 27 nov. 1811, D. 11, 738, n° 1; 13 nov. 1827, S. 28, 196.

281. La formalité de la notification n'est exigée qu'à l'égard *des créanciers inscrits* à l'époque où le placard doit être signifié, et non à l'égard de ceux qui prendraient inscription ultérieurement. Nanci, 2 mars 1818, S. 18, 289; Carré, n° 2333.

282. Pour connaître quels sont les créanciers *inscrits*, l'avoué du poursuivant se fait délivrer par le conservateur un extrait des inscriptions. Tar. 107.

283. Il n'est pas nécessaire de notifier aux créanciers ayant privilége ou hypothèque dispensés d'inscription; la difficulté, et souvent l'impossibilité de les connaître, justifie la disposition de la loi, qui a restreint aux seuls créanciers *inscrits* la formalité de la notification. Cass. 27 nov. et 5 déc. 1811, D. 11, 738; 2 nov. 1821; Bordeaux, 1er mars 1831, D. 31, 219; Carré, *ib.*, n° 2334. — *Contrà*, Pigeau, 2, 254; Tarrible, 662. — V. d'ailleurs *Ordre*, n° 52, et le projet adopté par la Ch. des Pairs.

284. Les créanciers *inscrits*, auxquels la notification n'aurait pas été faite d'une manière régulière, sont recevables à proposer la nullité, même après l'adjudication, et à se pourvoir par tierce-opposition contre le jugement qui la prononce. Besançon, 25 niv. an 13, S. 5, 572; Cass. 13 oct. 1812, D. 11, 823, 1; Tarrible, p. 662; Pigeau, 2, 253, note 1; Carré, *ib.*, n° 2336; Berriat, 587, note 67-1°.

285. Toutefois, ce droit peut être contesté aux créanciers, par ce motif que le poursuivant est leur représentant légal. Cass. 22 fév. 1819, S. 19, 106. — V. *inf.* 473.

Mais en aucun cas, après la clôture de l'ordre, les créanciers sommés de produire ne peuvent attaquer le jugement d'adjudication par tierce-opposition; autrement, un ordre ne serait jamais définitif, et l'acquéreur pourrait être troublé indéfiniment dans sa possession. Cass. 20 juin 1838 (Art. 1255 J. Pr.). — V. *Ordre*, n° 184.

286. Si le défaut de notification était le résultat d'une omission faite par le conservateur dans l'état des inscriptions, ou d'une fausse indication, le créancier omis ou mal désigné n'aurait qu'une action en dommages-intérêts contre le conservateur. Arg. C. civ. 2198. Amiens, 7 janv. 1813, D. 11, 824, n° 2; Carré, *ib.*

287. La nullité de la notification ne vicie pas la procédure antérieure. Cass. 4 oct. 1814, D. 11, 730, n° 3; 4 mai 1815, S. 26, 214. —V. *sup.*, n° 241.

288. Cette nullité, introduite dans l'intérêt exclusif des créanciers, ne peut être invoquée, 1° *par le saisi.* Paris, 13 prair. an 11, D. 11, 679, n° 2; 13 avr. 1810; 1er mai 1810, S. 15, 146; Carré, n° 2358; Pigeau, 2, 253, note 1. — *Contrà*, Arg. Cass. 29 nov. 1811, S. 12, 171; Berriat, *ib.*; — 2° *par les créanciers vis-à-vis desquels la notification a été régulière.* Caen, 18 fév. 1829, D. 30, 235. — *Contrà*, Limoges, 4 janv. 1828, D. 29, 18.

289. La notification du placard une fois faite, il n'est pas besoin de la réitérer dans le cas où l'adjudication n'ayant pas eu lieu au jour indiqué, a été renvoyée à un autre jour : les créanciers ont dû se présenter au jour fixé par le placard, et par conséquent connaître le renvoi qui a été prononcé. Cass. 23 juill. 1817, D. 11, 685, n° 9; Pigeau, 2, 253, note 1. — Il en est de même si les poursuites de saisie ont été interrompues postérieurement à la notification. *Même arrêt.*

290. La notification est *enregistrée en marge de la saisie* au bureau de la conservation, *à peine de nullité.* C. pr. 717. — A partir de cet enregistrement *la saisie ne peut plus être rayée que du consentement des créanciers,* ou en vertu d'un jugement rendu contre eux. C. pr. 696.

291. *Enregistrée.* Si cette formalité n'a pas été remplie et que la saisie n'ait pas été rayée, le seul préjudice, qui pouvait résulter pour les créanciers de l'absence de cette formalité n'ayant pas eu lieu, ils sont non-recevables à en argumenter comme d'un moyen de nullité. Arg. Av. Cons. d'Ét. 30 mai 1809; Cass. après délibéré 22 fév. 1819, D. 11, 809, 2.

292. *En marge de la saisie.* Il suffit qu'en marge de l'enregistrement de la saisie, mention soit faite de l'enregistrement des notifications sur un autre registre, avec indication de la page et du numéro de cet enregistrement. *Même avis.*

293. *La saisie ne peut plus être rayée que du consentement des créanciers,* non-seulement de ceux auxquels la notification du placard a été faite, mais encore de tous ceux inscrits depuis cette notification. Nanci, 2 mars 1818, D. 11, 808, n° 1.—Ils deviennent, du jour de l'enregistrement de cet acte, parties dans l'instance de saisie; chacun d'eux est considéré comme cosaisissant, et le conservateur ne peut rayer la saisie que de leur consentement; avant l'enregistrement, au contraire, le saisissant est maître de la saisie; il peut en donner main-levée, et s'il le fait, le conservateur doit la rayer immédiatement. Pigeau, 2, 223; Carré, n° 2340.

294. La saisie peut-elle être rayée sans le consentement des créanciers, quand la nullité en a été prononcée? — Oui, lorsque la nullité provient d'un vice de forme. Montpellier, 18 fév. 1811, S. 16, 112; — non, si la nullité est fondée sur un défaut de titre de la part du poursuivant : la poursuite étant devenue commune à tous les créanciers inscrits du moment que la notification du placard a été enregistrée aux hypothèques, chacun d'eux a le droit de se faire subroger aux poursuites et de les continuer en son nom. Carré, n° 2341.

Jugé que le créancier porteur de plusieurs titres de créances inscrites sur le même immeuble peut, après avoir été payé de celui en vertu duquel il agissait, continuer les poursuites de saisie à raison de ses créances non acquittées. Grenoble, 14 juill. 1809, D. 11, 808, n° 4.

Art. 3. — *Dépôt du cahier des charges.*

295. La vente est l'objet et le but de la saisie. Pour inviter les tiers à acquérir, il faut leur faire connaître les conditions de l'enchère ; de là le dépôt au greffe de l'*enchère* ou *cahier des charges*, c'est-à-dire de l'acte renfermant toutes les conditions de la vente judiciaire.

296. Le cahier des charges est rédigé par le poursuivant, et grossoyé. Tar. 109. — V. *Vente judiciaire*, n°s 21 et suiv.

Il contient, *à peine de nullité*, C. pr. 697, 717 : 1° l'énonciation du titre en vertu duquel la saisie a été faite, du commandement, de l'exploit de saisie et des actes ou jugemens qui ont pu être faits ou rendus : destiné à servir de *qualités* au jugement d'adjudication, il doit présenter le sommaire de tout ce qui a été fait, surtout des actes essentiels et prescrits à peine de nullité. Nîmes, 28 juin 1809, S. 10, 565 ; Orléans, 7 juill. 1826, D. 31, 8 ; Carré, n° 2344. — Ainsi, serait *nul* le cahier des charges qui n'énoncerait que le commandement et le procès-verbal, sans faire mention de la dénonciation de la saisie au débiteur, de l'insertion aux journaux, du procès-verbal d'apposition d'affiches, de la notification du placard au saisi et aux créanciers. Besançon, 18 mars 1808, D. 11, 696, 1. — Toutefois, il en est autrement si les actes omis sont postérieurs au dépôt du cahier des charges au greffe. Rouen, 4 mai 1827, D. 27, 141; Paris, 22 août 1811, D. 11, 745, n° 2 ; — ou s'ils ne constituent pas réellement un acte de procédure : tel serait le certificat du greffier constatant l'insertion prescrite par l'art. 682 C. pr. Bordeaux, 1er août 1834, D. 37, 182.

297. 2° La désignation des objets saisis, telle qu'elle a été insérée dans le procès-verbal. C. pr. 697. — Cette désignation doit être détaillée. Carré, n° 2346 ; Pigeau, *Comm.*, art. 697, n° 5. — V. toutefois *inf.* n° 307.

298. 3° Les conditions de la vente. C. pr. 697. — Ces conditions sont non-seulement toutes celles que la loi seule prescrit à l'adjudicataire, mais encore toutes autres que le poursuivant a droit d'y ajouter, pourvu qu'elles ne soient pas préjudiciables au saisi. Carré, n° 2347.

C'est en effet au créancier poursuivant qu'il appartient toujours de stipuler les charges de la vente. Cass. 25 juill. 1837 (Art. 1719 J. Pr.). — Il est le mandataire légal des autres créanciers; les clauses et conditions par lui insérées sont réputées le fait de tous : ils peuvent s'en prévaloir, et elles leur sont opposables. Cass. 2 nov. 1807; 11 août 1813, D. 11, 801, 3, et 802, 4.

Est valable et obligatoire pour toutes les parties la clause portant que les frais extraordinaires de poursuite seront prélevés sur le prix de l'adjudication. Riom, 3 août 1826, D. 29, 106.

Pour les conditions les plus usitées. — V. Pigeau, 2, 257 et suiv. — V. *Vente judiciaire*, *Formules*.

299. 4° Une mise à prix par le poursuivant. C. pr. 693.— Il est libre de la fixer ainsi qu'il lui convient. Carré, n° 2348.

300. Le cahier des charges, ainsi rédigé, est déposé au greffe du trib. de 1re inst. par le poursuivant quinzaine au moins avant la première publication. C. pr. 697. — V. *inf.* n° 310, *à peine de nullité*. C. pr. 717.

Le *dépôt* ne serait pas suffisamment constaté par un acte énonçant que l'avoué poursuivant a *produit* au greffe le cahier des charges; il faut qu'il soit énoncé qu'il est resté déposé. Corse, 16 nov. 1822, D. 11, 731, 3.

301. Le cahier des charges n'est point signifié : le saisi et les créanciers peuvent en prendre communication au greffe sans déplacement. Tar. 109.

302. La partie qui veut demander soit la réformation, soit la nullité du cahier des charges, fait un dire au greffe sur le cahier même. C. pr. 699. — Avenir est donné pour le jour de la publication prochaine. Tarif, 111; — il est statué par le trib. Berriat, 588, note 70-3°; Carré, n° 2351.

303. Les publications et adjudications sont également insérées à la suite du cahier des charges, C. pr. 699; Tar. 111; — ainsi que les dires par lesquels, soit le poursuivant, soit d'autres créanciers, soit des tiers, donnent ou demandent des explications des clauses de l'enchère, ou déclarent revendiquer tout ou partie des objets saisis. *Ib.* Carré, n° 2350. — V. *Vente judiciaire*, n° 27.

304. Mais les simples dires des parties, autres que le poursuivant, ne peuvent faire la loi des adjudicataires; il faut que les clauses contestées soient rectifiées par un jugement. Cass. 25 juill. 1837 (Art. 1719 J. Pr.).

305. Si le cahier des charges est déclaré nul, il faut recommencer toute la procédure depuis la dénonciation inclusivement. Pigeau, *Comm.*, art. 687, n° 3, 697, n° 8.

306. De même, la nullité du jugement d'adjudication définitive entraîne la nullité de l'adjudication sur surenchère. Montpellier, 16 avr. 1836 (Art. 692 J. Pr.).

307. S'il ne contient que des irrégularités, comme serait le défaut d'indication des biens en autant d'articles qu'il y a d'exploitations, il y a lieu seulement à rectification. Cass. 14 janv. 1816, D. 11, 743, n° 5.

308. Il a été jugé que la mise à prix fixée par le poursuivant ne doit pas être considérée comme un contrat judiciaire entre le débiteur et le créancier; que celui-ci peut en conséquence la restreindre ou la modifier lors de la troisième publication et avant l'ouverture des enchères. Bordeaux, 15 avr.

1834, D. 36, 19. — M. Dalloz fait observer avec raison que cette solution est trop générale. Autoriser le poursuivant à réduire cette fixation, c'est lui permettre de se faire adjuger l'immeuble à vil prix. La doctrine de l'arrêt précédent ne devrait être suivie qu'au cas où il aurait été trompé sur la valeur de l'immeuble, ou sur les charges à acquitter en sus de l'adjudication. — V. d'ailleurs *inf.* n° 326.

309. Le cahier des charges peut-il être modifié après l'adjudication préparatoire?

Pour la négative, on dit : L'adjudication provisoire devient inutile, si elle se fait à d'autres conditions que l'adjudication définitive.

Mais on répond pour l'affirmative : Le but *principal* que s'est proposé le législateur est de faire élever l'adjudication définitive au plus haut prix possible, et aucun arrêt n'a considéré l'adjudication provisoire comme une fin de non-recevoir absolue contre toute espèce de changement au cahier des charges.

Ainsi, on a annulé, 1° l'insertion d'une clause nouvelle (demandée le jour de l'adjudication définitive), qui obligeait l'acquéreur à payer son prix nonobstant les inscriptions, parce qu'elle devait éloigner les enchérisseurs, tout en reconnaissant la possibilité d'introduire des modifications peu importantes. Rouen, 7 août 1813, P. 11, 616. — 2° Une adjudication définitive en deux lots seulement, lorsque le cahier des charges annonçait la vente par parcelles, attendu que ce changement avait nui à la vente et n'avait pas été suffisamment annoncé. Montpellier, 16 avr. 1836 (Art. 692 J. Pr.). — V. d'ailleurs *inf.* n° 358.

Art. 4. — *Publication du cahier des charges.*

310. Le cahier des charges est publié, à l'audience, par l'huissier de service, sur la note que lui remet le greffier. C. pr. 700; Tarif, 110.

La lecture du cahier d'enchères, faite à l'audience par l'avoué, n'entraîne pas nullité de la publication. Montpellier, 15 fév. 1840 (Art. 1704 J. Pr.).

311. Le greffier dresse, sur le cahier, acte de la publication qu'il signe avec le juge. Tarif, 110.

312. Les publications sont faites successivement de quinzaine en quinzaine, trois fois au moins avant l'adjudication préparatoire, *à peine de nullité.* C. pr. 702, 717; Tar. 111; — proposable même par le saisi. Cass. 18 mars et 10 sept. 1812, D. 11, 747.

313. Cependant, il ne serait pas nécessaire de renouveler les publications déjà faites s'il s'était écoulé plus d'une quinzaine avant le jugement définitif d'un incident. Paris, 23 oct. 1811,

D. 11, 746, 1; Favard, *Rép.* 5, 74; Berriat, 591, note 80; —ou si au jour indiqué une publication n'avait pu avoir lieu, ce jour étant férié. Cass. 4 oct. 1814, D. 11, 730, n° 3.—V. d'ailleurs *inf.* n° 314.

314. La première publication ne peut être faite qu'un mois au moins et six semaines au plus après la notification du procès-verbal d'affiches au saisi. C. pr. 700, 701, — et quinzaine au moins après le dépôt du cahier des charges. C. pr. 697; — le tout *à peine de nullité.* C. pr. 717.

Mais si elle a été retardée par un incident, on est dispensé d'observer de nouveau l'intervalle d'un mois à six semaines. Arg. C. pr. 732; Cass. 12 janv. 1820, D. 11, 709, n° 1; Carré, n° 2483, note 2.

315. Les délais ci-dessus et celui de quinzaine entre les publications ne sont pas des délais francs dans le sens de l'art. 1033 C. pr. On y comprend, ainsi que l'a expliqué d'ailleurs l'orateur du gouvernement, *le jour de la date et celui de l'échéance*; ainsi la publication faite le *premier mardi* d'un mois doit être renouvelée le *troisième mardi* du même mois. Cass. 18 mars, 10 sept. 1812; Paris, 9 août 1811, D. 11, 743 à 745; Orléans, 7 juill. 1826, D. 31, 8; Toulouse, 7 fév. 1835; Lyon, 26 août 1837 (Art. 129 et 994 J. Pr.); Carré, n° 2354.

316. Pendant les vacances les publications sont valablement faites à la chambre des vacations. Pigeau, 2, 257.

317. La dernière publication indique le jour de l'adjudication préparatoire. C. pr. 703.

§ 6. — *Adjudication préparatoire.*

Art. 1. — *Formalités préalables.*

318. Huit jours au moins avant l'adjudication préparatoire, outre un jour par trois myriamètres de distance entre le lieu de la situation de la majeure partie des biens saisis et celui où siége le trib., il est inséré dans un journal, ainsi qu'il est dit en l'art. 685 C. pr., de nouvelles annonces; les mêmes placards sont apposés aux endroits désignés en l'art. 684 C. pr. 703. — V. *sup.* n° 251.

319. Le nouveau projet supprime avec raison les trois publications et l'adjudication préparatoire et substitue le règlement judiciaire entre les parties intéressées, des clauses et conditions du cahier des charges et l'indication en même temps du jour où l'adjudication sera faite.

320. *Huit jours au moins.* Les créanciers, aussi bien que le débiteur, peuvent donc demander et obtenir que le jour fixé pour l'adjudication préparatoire (—V. *sup.* n° 317) soit prorogé, si les circonstances l'exigent. Carré, art. 703, note 2.

321. Le jour de l'insertion au journal doit être compté dans le délai de huit jours. Paris, 6 juill. 1812, S. 15, 152.

322. Ces annonces et ces placards contiennent la mise à prix et l'indication du jour où se fera l'adjudication préparatoire, *à peine de nullité*. C. pr. 703, 717.

Cette addition doit être manuscrite. C. pr. 703.—Toutefois, une réimpression de placards ne serait pas une cause de nullité. Carré, n° 2356; mais les frais en seraient supportés par le poursuivant. C. pr. 703; — à moins que des incidens impossibles à prévoir n'eussent exigé un plus grand nombre d'appositions que celles ordinairement nécessaires. Carré, n° 2357.

323. Jugé que l'indication du jour de l'adjudication préparatoire peut être faite à la main, alors même qu'une nouvelle apposition a été nécessitée par des incidens nombreux. Cass. 9 fév. 1837 (Art. 826 J. Pr.).

324. La preuve de ces nouvelles insertions et affiches se fait dans la même forme que pour les premières. — V. *sup.* n°s 262 et suiv. C. pr. 705.

Le procès-verbal d'apposition des placards ne doit pas être notifié au saisi. Tarr. 105 : cette formalité n'est exigée que pour la première apposition. L'art. 705 C. pr. ne renvoie aux art. 685 et 687 que pour la manière de constater les annonces, et *non pour la disposition relative à la notification au saisi*. Vainement on oppose que le saisi doit être appelé au jugement d'adjudication qui le dépouille de son immeuble; il a été appelé aux premières poursuites, il a par conséquent constitué un avoué et surveillé toute la procédure; s'il ne l'a pas fait, il doit se l'imputer. C'est ainsi que les créanciers inscrits, une fois appelés par la notification des placards, ne sont plus avertis. Besançon, 21 mars 1810, D. 11, 749; Nîmes, 4 avr. 1810, D. 11, 748, 5; Cass. 10 mars 1809; 12 oct. 1814, D. 11, 748, n° 5; 12 mars 1828, D. 28, 366; Carré, n° 2359; Berriat, 590, note 75; 591, note 79. — *Contrà*, Aix, 5 janv. 1809, D. 11, 748, n° 3; Toulouse, 28 nov. 1809, S. 14, 80.

325. Il est indifférent que l'insertion aux journaux précède l'apposition d'affiches ou qu'elle la suive. Cass. 5 oct. 1812, D. 11, 731, 2.—*Contrà*, Pigeau, 2, 249.

326. L'indication dans les placards et insertions d'une mise à prix différente de celle portée au cahier des charges, opère la nullité de ces placards et insertions et de ce qui a suivi, mais non des actes antérieurs. Bordeaux, 2 mai, 28 juin 1831, D. 31, 169.—V. toutefois *sup.* n° 308.

Art. 2. — *Formes de l'adjudication préparatoire.*

327. Après l'accomplissement des mesures préalables énoncées *sup.* art. 1, il est procédé à l'adjudication préparatoire dans la même forme que celle de l'adjudication définitive. Berriat, 590.—V. *inf.* n° 357.

328. On pourrait adjuger immédiatement après la troisième publication, pourvu que l'on eût observé les prescriptions de l'art. 703. Poitiers, 30 nov. 1826 et 10 fév. 1837, D. 38, 47; Pigeau, 2, 243; Carré, n° 2355; Berriat, 589, note 73. — *Contrà*, Hautefeuille, 378. — Mais dans l'usage on attend l'expiration du délai fixé par la dernière publication; ce délai est ordinairement de quinzaine.

Si, malgré cette indication, l'adjudication avait lieu un autre jour, il n'y aurait pas nullité : la loi ne l'a pas prononcée. Paris, 1er juill. 1813, D. 11, 750, 1; Cass. 10 juill. 1817, D. 11, 697.—V. d'ailleurs *inf.* n° 347.

329. Jugé que l'adjudication préparatoire peut avoir lieu en vertu d'un titre provisoire, tel qu'un jugement susceptible d'opposition ou d'appel; attendu que la prohibition de l'art. 2215 C. civ. ne s'applique qu'à l'adjudication définitive, qui dispose seule de la propriété de l'immeuble saisi, et que l'adjudication préparatoire n'est qu'un acte de procédure pour arriver à la vente. Rejet, Limoges, 8 mai 1832, D. 32, 198.

330. S'il est porté des enchères, le dernier enchérisseur est déclaré par le jugement acquéreur mais *provisoirement* et sous la condition que son prix ne sera pas couvert lors de l'adjudication définitive. Arg. C. pr. 708.

S'il n'est pas porté d'enchères, le poursuivant demeure adjudicataire provisoire pour la mise à prix du cahier de charges. C. pr. 698; Tar. 112.

331. Le jugement fixe le jour de l'adjudication définitive; l'intervalle entre les deux adjudications doit être au moins de deux mois, *à peine de nullité*.—V. *inf.* n° 347.

332. Il est inscrit sur le cahier des charges, à la suite de la mise à prix (C. pr. 699); *à peine de nullité*. C. pr. 717.

333. Ce jugement doit-il, *à peine du nullité*, être signifié à l'avoué du saisi, ou, à défaut d'avoué constitué, à la personne ou au domicile du saisi? —Pour la négative on dit : La signification d'un jugement a pour but d'en procurer la connaissance officielle et de faire courir le délai d'appel. Si donc le jugement d'adjudication préparatoire est nul, le défaut de signification entraînera une condamnation contre le poursuivant et l'adjudicataire, s'il y a lieu, aux frais et dommages-intérêts, indépendamment de la nullité de la vente. Mais si le jugement est régulier ou jugé tel, pourquoi le saisi se plaindrait-il? La signification du jugement aurait-elle changé sa position? Nullement; l'adjudication préparatoire étant maintenue, l'adjudication définitive aurait lieu de la même manière. Mais, dit-on, l'art. 147 prononce la nullité du jugement faute de signification préalable à l'avoué! — Il suffit de répondre que ce jugement d'adjudication ne confère aucun droit; l'adjudicataire ne peut prétendre aux fruits (C. pr. 688, 689), faire aucun acte de possession; la chose n'est pas à ses risques et périls; il ne paie pas de droit de mutation; il n'est propriétaire ni sous condition suspensive, ni sous condition résolutoire; le jugement constate l'enchère de l'adjudicataire, qui ne deviendra propriétaire que du jour de l'adjudication définitive; les actes postérieurs sont faits à la requête du poursuivant; le jugement n'est donc pas susceptible d'exécution. Consult. de Mes Tempier, Langlois, Odilon Barrot (Art. 457 J. Pr.); Lyon, 22 et 30 déc. 1824, D. 24, 102, 25, 100; Grenoble, 20 juill. 1827, S. 28 61; Rennes, 18 févr. 1828, D. 29, 89; Toulouse, 26 août 1824, D. 11, 822, 10; Rouen, 18 juin 1824, D. 11, 822; Nîmes, 15 nov. 1824, D. 25, 99; Colmar, 11 juin 1824, D. 11, 822; rejet, 13 fév. 1827, D. 27, 140. — On a répondu : L'art. 147 est absolu; il porte *à peine de nullité* qu'un jugement ne peut être exécuté qu'après signification; l'adjudication préparatoire constitue un véritable jugement dont l'adjudication définitive est une exécution; conséquemment on ne peut procéder à cette adjudication tant qu'il n'a pas été signifié; peu importe qu'il statue ou non sur des nullités antérieures à l'adjudication. Arg. C. pr. 147; Cass. 27 déc. 1826, 14 févr. 1827, D. 27, 102 et 104; 25, avr. 1826, D. 26, 260; 8 déc. 1825, D. 24, 9; 16 janv. 3 juin 1828, D. 28, 94, 261; 24 nov. 1829, S. 29, 403; Dissertation (Art. 457 J. Pr.). — V. d'ailleurs *Jugement*, n° 290.

Jugé spécialement que ce défaut de signification rend nulle l'adjudication définitive. Casse, ch. civ. 30 mars 1840 (Art. 1706 J. Pr.); — et que cette nullité peut être invoquée même après cette dernière adjudication. *Même arrêt.*—*Contrà*, Requêtes, 27 nov. 1839 (Art. 1720 J. Pr.). — Dans l'espèce de l'arrêt du 30 mars 1840 le jugement d'adjudication définitive était du 19 nov. 1812.

334. La nullité peut être opposée, même après l'adjudication définitive, si le jugement a été rendu par défaut contre le saisi. Cass. 23 juill. 1828, D. 28, 348. — *Contrà*, Rouen, 18 juin 1824, D. 11, 822.

Mais elle n'est pas proposable, 1° lorsque le saisi a présenté un autre moyen de nullité sans se prévaloir du défaut de signification. Cass. 29 avr. 1829, D, 29, 231.

2° Lorsqu'il a pris des conclusions qui mentionnent ce jugement et en supposent l'exécution. Cass. 24 janv. 1826, D. 26, 119.

3° Lorsque sur l'appel du jugement d'adjudication définitive le saisi ou son avoué ont assisté à ce jugement sans opposer le défaut de signification du jugement d'adjudication préparatoire. Cass. 30 juin 1828, D. 28, 302.

Dans ces différens cas, le saisi est réputé avoir renoncé à se prévaloir de l'irrégularité commise.

4° Quand le saisi a appelé du jugement d'adjudication définitive, et que l'arrêt confirmatif lui a été signifié. Cass. 14 fév. 1828, S. 28, 343 ;—ou lorsque le jugement d'adjudication définitive a acquis force de chose jugée. Cass. 10 juill. 1827, S. 27, 153. — La chose jugée emporte déchéance de tous les moyens qui tendraient à l'anéantir.

335. Le jugement d'adjudication préparatoire n'est pas susceptible d'opposition.

Jugé toutefois que l'opposition ne devrait pas être rejetée, si elle était fondée, non sur des moyens de forme, mais sur des moyens qui attaquent le titre et la substance même de la saisie. Bruxelles, 30 janv. 1813, S. 14, 17. — V. *sup.* n° 334.

336. Mais il peut être attaqué par appel bien qu'il n'ait statué sur aucuns moyens de nullité. Lyon, 14 fév. 1839 (Art. 1663, J. Pr.); Pigeau, 2, 175 ; Carré, n° 2497.—V. *inf.* sect. II, § 7.—*Contrà*, Hautefeuille, 396.

337. Cet appel peut être interjeté par tous ceux qui ont été parties à la saisie. — *Dans le délai de quinzaine.* Arg. C. pr. 734; Bourges, 22 fév. 1825, D. 25, 196 ; Paris, 20 mai 1829, D. 29, 185, Paris, 3e ch. 7 déc. 1837, D. 38, 181 ; Huet, 259 ; Carré, n° 2498.— *Contrà*, Paris, 26 août 1814, D. 11, 846, n° 4.

338. Le délai court du jour de la signification. Bourges, 22 fév. 1825, D. 25, 196. — A défaut de signification, le délai d'appel n'ayant pu courir, le saisi, pourrait attaquer la procédure de nullité, même après l'adjudication définitive.

339. Le délai de quinzaine n'est pas susceptible de l'augmentation prévue par l'art. 1033 C. pr. Ainsi, l'appel d'un jugement signifié le 6 est tardif, s'il n'est interjeté que le 22.

340. L'appel peut-il être interjeté au domicile élu en l'étude de l'avoué du créancier poursuivant ?—S'il est vrai qu'en principe l'élection de domicile d'une partie chez son avoué, n'a d'effet que pour l'instance dans laquelle cet avoué occupe pour elle, en sorte qu'à la fin de l'instance la signification d'un acte d'appel ne pourrait être valablement faite à ce domicile, il en est autrement pour la saisie immobilière ; en cette matière, la jurisprudence a établi que l'élection de domicile se prolongeait au-delà de l'adjudication et s'étendait jusqu'à l'appel du jugement d'ordre. Nîmes, 25 fév. 1839 (Art. 1721 J. Pr.).—*Contrà*, Paris, 3e ch., 7 déc. 1837.

Ainsi jugé spécialement à l'égard de l'appel d'un jugement qui a statué sur des nullités antérieures à l'adjudication préparatoire. Rouen, 29 avr. 1824 ; Poitiers, 26 août 1836; Orléans, 12 déc. 1837 (Art. 1721 J. Pr.) ; Carré, n° 2490; Thomine, 2, 274.

341. L'appel ne peut porter que *sur la nullité de l'adjudication* *préparatoire*, par exemple, en ce qu'il s'agirait d'un immeuble compris dans la communauté d'époux séparés de biens par jugement et restés indivis entre eux ; mais la nullité *de procédures antérieures* doit être demandée par action principale et subir les deux degrés de juridiction. Lyon, 14 fév. 1839 (Art. 1663 J. Pr.).

342. L'appel est *suspensif*. Paris, 26 août 1814, D. 11, 846, n° 4.

L'adjudicataire est alors fondé à demander sa décharge. Arg. C. pr. 729. —V. *inf.* n°s 430 à 433.

§ 7. — *Adjudication définitive.*

Art. 1. — *Formalités préalables.*

343. Dans les quinze jours de l'adjudication préparatoire de nouvelles annonces sont insérées dans les journaux, et de nouveaux placards affichés dans la forme prescrite *sup.* n°s 251 et 262, et contenant en outre la mention de l'adjudication préparatoire, du prix moyennant lequel elle a été faite, et indication du jour de l'adjudication définitive. C. pr. 704 ;—le tout *à peine de nullité*. C. pr. 717.

Si le journal du lieu où siége le trib. ne paraissait qu'à des époques trop reculées pour qu'il fût possible de faire l'insertion exigée dans la quinzaine de l'adjudication préparatoire, il faudrait la placer dans un des autres journaux imprimés dans le département. Delaporte, 2, 309.

344. *Dans les quinze jours.* Ce délai n'est pas applicable au cas où la publication a été retardée par suite d'un incident ; la même forme de publication est exigée, mais non le même délai. Bordeaux, 17 juill. 1839, D. 40, 47.

345. N'est pas nul le placard qui annonce inexactement le chiffre d'une adjudication définitive annulée, si le chiffre de l'adjudication préparatoire se trouve exactement rappelé. Lyon, 26 août 1837 (Art. 994 J. Pr.).

346. C'est encore dans les mêmes formes que précédemment qu'il est justifié de l'insertion aux journaux et de l'apposition des placards dont il vient d'être parlé. C. pr. 705. — V. *sup.* n°s 262 et suiv.; — *à peine de nullité*. C. pr. 717.

Mais il n'est pas nécessaire de signifier le procès-verbal d'apposition de placards au saisi. — V. *sup.* n° 324.

Art. 2. — *A quelle époque l'adjudication doit avoir lieu.*

347. Il est procédé à l'adjudication définitive au jour fixé par l'adjudication préparatoire. C. pr. 706 ; — *à peine de nullité*. C. pr. 717.

Encore bien que par suite d'une erreur de copiste, l'expédition du jugement ou de l'arrêt signifié au saisi fixe une autre époque que celle désignée dans la minute. Pau, 2 juin 1837 (Art. 1722 J. Pr.).

348. Mais il n'y a pas nullité, s'il y a eu impossibilité de procéder à l'adjudication à l'époque fixée.

Par exemple, 1° lorsque le saisi a appelé d'un jugement qui avait rejeté des moyens de nullité proposés par lui avant l'adjudication préparatoire : cet appel est suspensif. Paris, 26 août 1814, D. 11, 846, n° 4; Pigeau, 2, 265. — 2° Lorsqu'il y a eu appel du jugement d'adjudication, même dans le cas où il n'a pas été proposé de nullité : l'appel est suspensif dans ce cas comme dans le précédent, puisque l'art. 2215 C. civ. ne permet de passer à l'adjudication définitive qu'après un jugement en dernier ressort ou passé en force de chose jugée. — V. *sup.* n° 329 ; Pigeau, *ib.* — 3° Lorsqu'il a été proposé des nullités contre la procédure postérieure à l'adjudication préparatoire, qu'elles ont été rejetées par un jugement dont il y a appel, et que cet appel n'est pas vidé : il y a même raison de décider que dans les deux cas précédens. Pigeau, *ib.* — 4° Quand par un incident quelconque la publication a été retardée. Pigeau, *ib.*

Toutefois il a été décidé que le trib. de 1re instance pouvait passer outre à une adjudication définitive, malgré un appel tardif. Toulouse, 3 fév. 1832, D. 32, 65.

En tout cas, le saisi a dû dénoncer son appel au greffier ou faire insérer un dire à la suite du cahier des charges ; autrement l'adjudication définitive prononcée nonobstant cet appel devrait être maintenue à l'égard des adjudicataires, encore bien que le jugement d'adjudication eût été depuis infirmé. Caen, 29 mai 1837, D. 37, 169.

349. Dans les divers cas indiqués au numéro précédent ; le poursuivant peut faire lui-même, sans le ministère du juge, la nouvelle indication du jour où aura lieu l'adjudication définitive. Cass. 19 avr. 1829, S. 30, 301.

Jugé que l'indication du délai est abandonnée à l'arbitrage du juge. Bordeaux, 17 juill. 1839, D. 40, 46.

350. Toutes les fois que l'adjudication est remise, on doit apposer de nouvelles affiches ; — à moins que le renvoi n'ait été fixé à un jour déterminé *affiches tenant* : les parties à la saisie et les enchérisseurs qui ont pu se présenter au jour indiqué pour l'adjudication définitive, ont alors connaissance du renvoi et du jour où elle aura lieu. Cass. 28 vent. an 13, D. 11, 753, n° 2 ; Carré, n° 2361.

351. Le défaut de signification du jugement qui ordonne la remise de l'adjudication à un jour plus éloigné n'entraîne pas la nullité de cette adjudication : les parties ont dû se présenter à l'adjudication, et par conséquent connaître la remise. — *Contrà*, Lyon, 5 juill. 1824, S. 26, 1, 344. — Il en est surtout ainsi dans le cas où les nouveaux placards indicatifs du jour de l'adjudication ont été notifiés à la partie qui en demande la nullité. Cass. 29 janv. 1827, D. 27, 139.

352. Quand l'adjudication définitive a été commencée au jour indiqué, on ne peut plus la renvoyer à un autre jour sous prétexte qu'il ne s'est pas présenté d'enchérisseur ; il y a nécessité, dans ce cas, d'adjuger l'immeuble à l'adjudicataire provisoire. Bourges, 13 fév. 1823, S. 25, 76.

353. La saisie-immobilière, sauf les modifications que nécessite la nature particulière de cette instance, est soumise aux règles relatives à la reprise d'instance et à la constitution de nouvel avoué : autrement l'expropriation forcée serait entravée par beaucoup d'obstacles que le saisi pourrait faire naître. Lachaise, *Expropriation*, n° 493 ; *Praticien français*, 4, 321 ; Huet, *Saisie-immobilière*, 178, n° 3 ; Carré, 2, 86 ; Arg. Coffinière, Chauveau, 20, 371.

La procédure est considérée comme étant en état, lorsque l'instruction est complète, c'est-à-dire lorsque l'adjudication préparatoire est prononcée et que les nouvelles affiches et insertions ont été faites pour parvenir à l'adjudication définitive.

Ainsi il a été jugé :—1° qu'une adjudication définitive ne devait pas être suspendue par le décès du saisi, bien qu'il eût été notifié, lorsque déjà l'adjudication préparatoire avait eu lieu, que le jour de l'adjudication définitive avait été fixé, et qu'aucun moyen de nullité n'avait été proposé dans les délais prescrits par l'art. 735 C. pr. Paris, 11 juill. 1812, S. 13, 197.—La cour refusa de surseoir à l'adjudication définitive pendant le temps accordé aux héritiers pour faire inventaire et délibérer.—2° Que malgré le décès du saisi (qui avait constitué avoué) survenu avant la dénonciation de la saisie, il avait pu être procédé à l'adjudication, alors que ce décès n'avait pas été notifié au poursuivant. Cass. 23 vent. an 11, S. 3, 223.

Peu importe que le saisi ait ou non constitué avoué ; cette circonstance est indifférente pour la solution de la question de savoir si l'affaire est ou non en état. C'est une conséquence de la règle, qui n'admet pas d'opposition en pareille matière, règle fondée sur l'urgence et la nécessité d'économiser sur les frais.—V. d'ailleurs *Dissertation* (Art. 1008 J. Pr.).

354. Le délai entre l'adjudication préparatoire et l'adjudication définitive est au moins *de deux mois*. Décr. 2 fév. 1811, art. 1.— Ce délai ne doit pas être augmenté à raison des distances. Cass. 21 août 1817, S. 18, 17.

Mais il peut être plus long, si le juge le croit nécessaire aux intérêts des parties. Rennes, 13 juin 1817 ; D. 11, 753, n° 2 ; Metz, 28 janv. 1818, D. 11, 669, n° 4. Arg. Paris, 23 août 1808, D. 11, 751, n° 1.

355. Jugé que lorsque des incidens se sont élevés depuis

l'adjudication préparatoire, ce n'est pas du jugement ou de l'arrêt qui intervient sur ces incidens que doit courir le délai de deux mois, mais bien de l'adjudication préparatoire, attendu que l'art. 706 C. pr. et le décret de 1811 ne font aucune distinction. Cass. 22 fév. 1819, D. 11, 809, 2; Carré, n° 2362.

356. Si aucun incident n'a eu lieu, et que l'adjudication définitive ait été prononcée à un autre jour que celui indiqué, toute la procédure de saisie immobilière est-elle nulle, ou peut-on la reprendre à compter du jour fixé pour l'adjudication définitive?—Cette dernière opinion nous paraît plus équitable et plus conforme au principe posé *sup.* n° 5.

L'art. 706 C. pr. a du reste une sanction dans la nullité du jugement même d'adjudication. — *Contrà*, Bordeaux, 24 janv. 1826, D. 26, 183.

Art. 3. — *Formes de l'adjudication.*

357. Les enchères sont faites par le ministère d'avoués, et à l'audience. Aussitôt que les enchères sont ouvertes, il est allumé successivement des bougies préparées de telle sorte que chacune ait une durée d'environ une minute. C. pr. 707. — V. *Vente judiciaire*, n° 54.

Le tout à peine de nullité. C. pr. 717.

358. Mais lorsqu'un jugement a ordonné que des immeubles saisis seraient vendus en plusieurs lots, sauf la réunion des lots en un seul, après réception des enchères partielles, cette disposition s'applique à l'adjudication définitive comme à l'adjudication préparatoire, en sorte qu'il ne peut y être procédé qu'après réception des enchères partielles, bien que l'adjudication préparatoire ait eu lieu en bloc à défaut d'enchères sur les lots : les enchérisseurs auraient été induits dans une erreur préjudiciable à la vente. Cass. 9 janv. 1839 (Art. 1313 J. Pr.).

En vain dirait-on : L'adjudication préparatoire n'est pas une simple formalité! Elle forme un lien entre l'adjudicataire, le saisi et les créanciers; c'est un contrat conditionnel et résoluble. —Pothier, *Vente*, n° 522; Pigeau, 2, 147. Cass. 13 fév. 1827, S. 27 et 153;—donc l'adjudication définitive a pour point de départ l'adjudication préparatoire; or, celle-ci ayant eu lieu en un seul lot, il importe également de procéder en un seul lot à celle-là.

359. Mais la loi n'exige pas que le procès-verbal constate que les formalités de l'art. 707 C. pr. ont été accomplies : il n'y aurait donc pas nullité, 1° dans le cas où il ne serait point relaté que l'adjudication a eu lieu à l'extinction des feux. Ainsi jugé sous la loi du 11 brum. an 7, dont l'art. 13 s'exprimait dans les termes analogues à ceux de l'art. 707 C. pr. Cass. 10 pluv. an 13, D. 11, 755, 1; Carré, n° 2363; Berriat, 592, note 83. — 2° Dans celui où le procès-verbal ne mentionnerait pas la durée des bougies : il y a présomption qu'elles ont eu la durée prescrite. Lyon, 2 août 1811, D. 11, 755, n° 2.

3° Dans celui où le procès-verbal n'exprimerait pas le taux des différentes enchères qui ont précédé la dernière, ni le nom des avoués qui y ont concouru ; il suffit d'énoncer que l'adjudication a eu lieu après l'extinction des trois bougies successivement allumées, et que les enchères ont été faites par le ministère d'avoués. Cass. 9 déc. 1835, D. 36, 319.

360. L'intervention des avoués est indispensable pour enchérir : le législateur a voulu prévenir la multitude d'enchères qui pourraient être faites par des personnes incapables de tenir les engagemens qu'elles prendraient. — Aucune enchère faite par un autre qu'un avoué ne serait reçue par le trib.

361. *Quid*, s'il y a plus d'enchérisseurs que d'avoués près le trib. où se fait l'adjudication? — Carré, n° 2365, pense que le même avoué peut alors surenchérir pour plusieurs personnes, mais en faisant connaître à chaque enchère au nom de qui elle a lieu. — Cette dernière formalité nous paraît contraire au vœu de la loi, qui a voulu que les enchérisseurs ne fussent pas tenus de se faire connaître.

362. L'adjudication ne peut avoir lieu qu'à l'audience, mais elle est valablement faite pendant les vacations. Paris, 27 août 1811, D. 11, 727, n° 2.

363. Elle est prononcée par un juge du trib. de 1re inst. — V. d'ailleurs *Folle enchère*, n° 38.

364. Tout enchérisseur est lié par son enchère tant qu'elle n'a pas été couverte. — Il serait non-recevable à la rétracter sous prétexte que l'enchère précédente était nulle : les enchérisseurs contractent directement avec la justice l'obligation de payer le prix qu'ils proposent en échange de l'immeuble mis en adjudication ; cette obligation est absolue et parfaite, ils ne stipulent donc pas par l'intermédiaire du précédent enchérisseur, et sous la condition que son enchère est valable. Carré, n° 2366. — V. *Vente judiciaire*, n° 55.

365. Mais l'enchérisseur cesse d'être obligé du moment que son enchère est couverte par une autre, lors même que cette dernière serait déclarée nulle. C. pr. 707. — Il ne peut dans ce cas demander que l'immeuble lui soit adjugé pour le prix de son enchère : en effet, cette enchère est considérée comme non avenue ; d'ailleurs, il est possible que d'autres enchérisseurs se soient abstenus de la couvrir uniquement parce que celui qui en a fait une non valable a été plus diligent qu'eux, et qu'ils soient disposés à surenchérir lorsque de nouvelles bougies seront allumées. Carré, n° 2364. — V. *Vente judiciaire*, n° 55.

366. *Aucune adjudication* (soit définitive, soit préparatoire.

Carré, art. 708, n° 2367), ne peut êtrefaite qu'après l'extinction de trois bougies allumées successivement. C. pr. 708. — *A peine de nullité*. C. pr. 717.

367. S'il y a eu enchérisseur lors de l'adjudication préparatoire, l'adjudication ne devient définitive qu'après l'extinction de trois feux sans nouvelle enchère. C. pr. 708. — Il ne faut pas conclure de cette disposition que lorsqu'il n'y a pas eu d'enchérisseur lors de l'adjudication préparatoire, il n'y a pas lieu à l'accomplissement des formalités qu'elle prescrit, et que le poursuivant reste acquéreur pour sa mise à prix sans qu'il soit allumé de bougies : la loi est démonstrative et non limitative. Dans toute espèce de circonstances l'adjudication définitive doit avoir lieu aux enchères. Carré, *ib.*; Delaporte, 2, 312.

368. Si pendant la durée d'une des trois bougies il survient des enchères, l'adjudication ne peut être faite qu'après l'extinction de deux feux, sans enchère survenue pendant leur durée. C. pr. 708; — *à peine de nullité*. C. pr. 717.

Art. 4. — *Déclaration du nom de l'adjudicataire.*

369. L'avoué dernier enchérisseur est tenu, *dans les trois jours de l'adjudication*, de déclarer l'adjudicataire et de fournir son acceptation, sinon de représenter son pouvoir, lequel demeure annexé à la minute de sa déclaration. C. pr. 709.

370. Cette disposition ne s'applique pas à l'adjudication préparatoire, qui ne confère aucun droit irrévocable à l'adjudicataire : cela résulte du texte même de l'art. 709, et surtout de la place qu'il occupe dans le Code. Carré, n° 2371.

371. *Dans les trois jours* de l'adjudication, c'est-à-dire le quatrième jour au plus tard.

Toutefois on admet maintenant que le délai doit se composer de trois jours *utiles*. Arg. Cass. Belgique, 21 fév. 1833; Régie déc. min. fin. 31 déc. 1838, n° 1577, § 5 (Art. 1338 J. Pr.). —V. d'ailleurs *Délai*, n° 21, *in fine*.

372. La déclaration a lieu au greffe du trib., sur le cahier des charges à la suite de l'adjudication; elle est signée de l'avoué. L'adjudicataire fait sa déclaration constatant qu'il accepte et la signe, sinon il est fait mention des causes qui l'empêchent de signer.—Si cette déclaration est faite par un mandataire, la procuration reste annexée à la déclaration. Le mandat peut être donné par acte authentique ou sous seing privé enregistré. Carré, n° 2369; Pigeau, *ib.*; Demiau, 452.

373. Une fois la déclaration du nom de l'adjudicataire faite et acceptée, c'est à celui-ci, et non à l'avoué, à payer les droits d'enregistrement du jugement d'adjudication. Décis. min. fin. 22 sept. 1807.

374. L'adjudication faite *in globo,* peut être répartie entre plusieurs personnes, en assignant à chacune d'elles une portion déterminée de l'immeuble et en indiquant le prix de cette portion. Cass. 3 août 1814; 8 nov. 1815, p. 13, 97; Championnière et Rigaud, t. 3, n° 2001. — *Contrà*, Solution Régie, 6 mai 1813.

375. L'avoué du poursuivant qui ne fait pas la déclaration dans le délai est réputé adjudicataire en son nom. — Telle est la seule sanction de l'art. 709.

376. Si la personne indiquée par l'avoué est incapable, ne peut-on pas le déclarer adjudicataire en son nom ? — Nous ne le pensons pas : l'adjudication et la déclaration de command ne sont qu'un seul et même acte, la propriété n'a pas résidé un seul instant sur la tête de l'avoué. Paris, 20 mai 1835 (Art. 93 J. Pr.). — Dans l'espèce l'adjudicataire lui-même voulait, en critiquant la déclaration de command, faire maintenir l'adjudication à la charge de l'avoué.

La décision eût été la même à l'égard du propriétaire de l'immeuble vendu ou de ses créanciers : l'avoué est toujours réputé avoir agi en qualité de mandataire. Cass. 3 sept 1810, S. 11, 26; 23 avr. 1816, S. 16, 385 (— V. toutefois Chauveau, 48, 351; Sirey, 35, 2, 344).—Sauf à ces derniers leur action en dommages et intérêts contre l'avoué qui, par sa faute, a causé la nullité de l'adjudication.

377. La déclaration de l'adjudicataire par l'avoué est un acte de son ministère, elle constitue l'accomplissement d'un mandat nécessaire, elle ne saurait donc être considérée comme une déclaration de command. Cass. 7 sept. 1810, S. 11, 26; Toullier, 8, n° 170; Merlin, *Rép.*, v° *Déclaration au profit d'un tiers.* n° 7.—V. *Vente.*

378. L'adjudicataire déclaré par l'avoué peut élire lui-même un command : pourvu, 1° que la réserve de faire cette élection ait été insérée dans la déclaration de l'avoué, soit lors du jugement d'adjudication, soit dans l'acte fait au greffe dans les trois jours. Cass. 23 avr. 1816, S. 16, 285; — 2° que cette élection ait lieu dans les 24 heures de la déclaration de l'avoué. Cass. 25 avr. 1823, S. 23, 158; Toullier, 8, 170; — et en se conformant à toutes les règles prescrites pour les déclarations de command. Décis. min. fin. 31 déc. 1808; 10 janv. 1809.—V. *Vente judiciaire*, n° 76 et suiv.

Art. 5. — *Personnes qui peuvent se rendre adjudicataires.*

379. Tous ceux auxquels la loi n'en interdit pas la faculté peuvent se rendre adjudicataires. C. civ. 1594.

380. Jugé que cette faculté ne peut être restreinte par le cahier des charges et spécialement la clause qui exigeait une caution des enchérisseurs a été annulée d'office. Colmar, 25 fév. 1834 (Art. 277 J. Pr.).

381. Mais le Code défend formellement aux avoués d'enchérir pour *le saisi, les individus notoirement insolvables, les juges*, juges suppléans, procureurs du roi, substituts des procureurs du roi, et greffiers du trib. où se poursuit et fait la vente, à peine de nullité de l'adjudication. C. pr. 713. — V. d'ailleurs *inf.* n° 395.

382. *Le saisi.* Il n'a pu satisfaire ses créanciers ; il y a donc présomption qu'il ne pourrait pas payer son prix et qu'il faudrait commencer de nouvelles poursuites. Pigeau, 2, 148.

383. Il en est autrement si le saisi n'est pas débiteur personnel, mais seulement tenu comme détenteur : il peut payer de ses propres deniers. Colmar, 21 janv. 1811, P. 1812, 2, 47; Thomine, art. 713 ; Pigeau, *ib.* — *Contrà*, Bruxelles, 15 avr. 1809, D. 11, 761, n° 2 ; Carré, n° 2394.

En conséquence, peuvent se rendre adjudicataires, 1° *l'héritier bénéficiaire*, des biens de la succession ; 2° *la femme commune*, des biens de la communauté. Pigeau, 2, 149.

384. L'incapacité du saisi ne s'étend pas aux personnes chargées d'administrer ses biens ou de l'assister dans sa défense ; par ex., aux *tuteur, subrogé-tuteur, curateur, conseil judiciaire, mari, administrateur, envoyés en possession*, etc. — Le doute n'existe qu'à l'égard du tuteur et des administrateurs des communes ou établissemens publics. Arg. C. civ. 1596. — Les autres personnes se trouvent sous l'empire du principe que tous ceux auxquels la loi ne l'a pas défendu peuvent valablement enchérir.—V. *sup.* n° 379.—Mais l'incapacité même du tuteur ou des administrateurs des communes cesse dans le cas de vente forcée : d'une part, l'art. 713 C. pr. ne reproduit pas la disposition de l'art. 1596 C. civ.; et d'un autre côté, les motifs de la prohibition n'existent plus. On ne peut craindre que le tuteur s'adjuge à vil prix les biens de son pupille, quand la vente en est poursuivie par un tiers ; toutes les formalités de la saisie immobilière garantissent une publicité suffisante pour attirer un grand nombre d'enchérisseurs. Colmar, 16 fév. 1808, D. 12, 749, 75 ; Thomine, *ib.*; Pigeau, 2, 150.— *Contrà*, Carré, n° 2392.

385. *Le mandataire chargé de vendre les biens du saisi* peut également s'en rendre adjudicataire sur saisie immobilière : dans ce cas, la vente n'est pas réellement faite par le saisi ; son mandataire ne stipule pas deux intérêts contraires. Pigeau, *ib.*

386. Il en est de même, 1° *de l'avoué du poursuivant ;* il représente le créancier du propriétaire, et non pas le propriétaire ; il est chargé de provoquer la vente et non de vendre.

Rennes, 19 janv. 1809; Cass. 10, 26 mars 1817, D. 17, 143 et 211; Poitiers, 10 mai 1833, D. 33, 206; Carré, n° 2393; Thomine, 2, 259; Berriat, 592, note 82-3°; Duvergier, *Vente*, 1, n° 189.

2° *De l'avoué du saisi* : il n'est pas non plus chargé de vendre, puisque l'adjudication a lieu sur la poursuite des créanciers. Pigeau, 2, 150. — *Contrà*, Troplong, n° 188. — Suivant cet auteur : « Si l'avoué dernier enchérisseur doit être réputé adjudicataire, faute de déclarer command, la loi ne considère pas cette adjudication comme régulière ; l'avoué n'en est pas moins passible de dommages-intérêts pour un pareil acte. Une pratique contraire compromettrait les droits des créanciers et ferait toujours aboutir la saisie à un prix vil et insuffisant. »

Quid, s'il y a eu conversion en vente sur publications volontaires et que la vente soit faite à la requête du saisi et sur la poursuite de son avoué, ce dernier doit être considéré comme mandataire à l'effet de vendre et ne peut enchérir pour son compte personnel. Paris, 27 août 1831, D. 33, 92. — Il en est de même de l'avoué du tuteur au nom duquel on procède à la vente de l'immeuble du mineur. Cass. 2 août 1813, S. 13, 445; Rouen, 6 mai 1815, S. 15, 223.

387. Cette décision ne doit pas s'appliquer aux syndics d'une faillite; certainement, bien que mandataires chargés de la vente ils peuvent se rendre adjudicataires. *Rapp. ch. des Pairs, L. des faillites, Monit.* 6 avr. 1838, p. 811. — Néanmoins on leur avait contesté ce droit; on disait : La prohibition établie à l'égard du mandataire s'applique au syndic; le syndic est mandataire, non-seulement des créanciers, mais du failli; c'est ainsi que l'art. 528 C. comm. ancien permettait aux syndics de faire procéder à la vente sans appeler le failli. — Mais on répond : La prohibition de l'art. 1596 C. civ., ne s'applique qu'aux mandataires chargés *de vendre*, et non pas à ceux chargés *de poursuivre la vente* ; or, tel a toujours été l'unique mandat des syndics. On ajoutait que la position des syndics est, sous ce rapport, la même que celle de l'avoué du créancier poursuivant, auquel on ne conteste pas le droit de se rendre adjudicataire en matière de saisie réelle. — V. *Faillite*, n° 511.

388. *Les personnes notoirement insolvables*. Tels sont les *faillis non réhabilités*. Thomine, art. 713. — Peu importe qu'ils présentent une caution. Cass. 31 mars 1819, D. 11, 762, n° 1; en cette matière régie par des dispositions spéciales, nul article ne parle de caution; la caution est remplacée, comme sanction pénale, par la contrainte par corps. Colmar, 25 fév. 1834 (Art. 277 J. Pr.). — V. *sup.* n° 379.

389. Ne peuvent être considérés comme insolvables ceux qui ne possèdent pas d'immeubles, si d'ailleurs ils ont des ressources qui garantissent l'exécution de leurs engagemens. Bordeaux, 21 fév. 1809, D. 33, 129.

Jugé d'ailleurs que les avoués ne sont responsables de l'insolvabilité de ceux pour lesquels ils enchérissent que lorsque cette insolvabilité est tellement notoire qu'ils n'ont pas pu se tromper. Caen, 1er fév. 1828, Chauveau, 37, 71.

390. Mais le créancier qui, au lieu de s'opposer à ce que l'adjudication soit prononcée au profit d'un incapable ou de la faire déclarer nulle, poursuit la revente sur folle-enchère, se rend non recevable à former plus tard une demande en dommages et intérêts contre l'avoué adjudicataire. Trib. Rouen, 24 janv. 1839 (Art. 1424 J. Pr.).

391. Les avoués ne pourraient pas non plus se rendre adjudicataires pour les incapables, tels que *les mineurs*, *les interdits*, *les personnes pourvues d'un conseil judiciaire*, *les femmes mariées non autorisées*. Pigeau, 2, 152.

392. L'incapacité de l'adjudicataire annulle-t-elle, avec la déclaration de command, l'adjudication elle-même? —V. *sup.* n° 376.

393. *Les juges, juges suppléans*, etc. Cette disposition a pour but d'empêcher ces magistrats d'abuser de leur influence pour écarter les enchérisseurs.

394. Cette incapacité cesse-t-elle de leur être applicable quand ils sont créanciers inscrits, sérieux, légitimes et poursuivans? —L'affirmative a été jugée; on a dit: Le droit d'exproprier est la conséquence de la qualité de créancier; or, si la mise à prix n'est pas couverte, la loi déclare elle-même le poursuivant propriétaire; dans l'opinion contraire, il faudrait dire qu'en cas d'aliénation volontaire, le juge créancier ne pourrait surenchérir. Grenoble, 19 avr. 1823, S. 25, 110; Montpellier, 17 août 1818, D. 11, 758 et 23 mai 1835 (Art. 448 J. Pr.).

— Mais cette opinion nous semble contraire au texte de la loi qui ne fait aucune distinction; d'ailleurs, ne serait-il pas facile à un juge qui désirerait acquérir un immeuble de se rendre à l'avance créancier de celui contre qui l'expropriation serait dirigée? Thomine, art. 713.

395. L'art. 713 C. pr. comprend dans la prohibition les *procureurs-généraux*, *avocats-généraux*, *substituts des procureurs-généraux*. — Il nous semble cependant que la prohibition ne devrait pas s'étendre à ces magistrats. Ils ne siégent pas au trib. où se fait la vente. Carré, n° 2398; Pigeau, 2, 151; Locré, 19, 2, 168. — *Contrà*, Thomine, *ib.* — Ni à plus forte raison aux conseillers de la C. roy., dont il n'est nullement parlé dans l'art. 713. Carré, n° 2397.

396. *Greffiers.* La prohibition s'applique aux commis assermentés : si le Code n'avait voulu exclure que le greffier en chef, il n'aurait pas employé le pluriel. Carré n° 2399 ; Thomine, 2, 256.

397. Mais les avoués, les avocats et les huissiers, même les audienciers, n'étant pas compris dans l'art. 713, se rendent valablement adjudicataires. Carré, *ib.*

398. Les personnes déclarées incapables par la loi ne peuvent se rendre adjudicataires par personnes interposées.

La question de savoir si *telle* personne est ou non interposée est abandonnée à l'appréciation des tribunaux : la loi n'établit à cet égard aucune présomption.

En conséquence, *peuvent* être déclarées valables, 1° l'adjudication prononcée au profit *des fils du juge commis à la vente.*

2° Celle faite au profit de la *femme du saisi.* Aix, 23 fév. 1817 S. 15, 158; Thomine, art. 713; Carré, n° 2395; Berriat, 592, note 82, n° 2. — A moins qu'elle ne soit mariée sous le régime dotal et que tous ses biens ne soient dotaux, auquel cas elle doit être considérée comme insolvable. Montpellier, 22 mai 1807, D. 11, 765, n° 1; Bruxelles, 26 mars 1812, S. 14, 78; Arg. Lyon, 27 août 1813, D. 11, 765, n° 2; Berriat, Thomine, *ib.*

3° Celle faite *aux enfans du saisi.* Bordeaux, 21 fév. 1829, D. 33, 129.

399. Est également licite la convention par laquelle un tiers s'engage à se rendre adjudicataire de biens expropriés pour les faire rentrer dans la possession du saisi, après avoir acquitté les conditions de l'adjudication. Colmar, 12 juill. 1825, D. 26, 37.

400. Dans le cas d'adjudication faite au mépris des dispositions précédentes au profit d'un incapable, la loi prononce deux peines, savoir : *la nullité* de l'adjudication et *des dommages-intérêts.* C. pr. 713.

401. La nullité de l'adjudication n'a pas lieu de plein droit comme dans le cas de l'art. 692 (— V. *sup.* n° 194) ; il faut la faire prononcer contre l'adjudicataire, — et contre l'avoué, si l'on veut obtenir des dommages-intérêts. Carré, n° 2400; Thomine, 2, 259.

402. Elle doit être poursuivie par la voie d'appel, et non par celle de l'opposition. Paris, 19 janv. 1814, D. 11, 845, n° 5, Thomine, *ib.*

Elle est relative, et par conséquent ne peut être, en général, proposée par l'adjudicataire. Thomine, *ib.*

403. A l'égard des dommages-intérêts, ils sont prononcés *solidairement* contre l'avoué et contre la partie. Vainement on opposerait que la solidarité ne se présume pas, et que la loi ne défend d'enchérir qu'à l'avoué et non au client, qui a pu ignorer son incapacité. L'art. 1202 C. civ. n'est relatif qu'aux contrats et non aux quasi-délits, et d'ailleurs l'incapable doit répondre des faits de son préposé. C. civ. 1384; Pigeau, 2, 152; Carré, n° 2401; Thomine, art. 713.

Art. 6. — *Jugement d'adjudication.*

404. *Forme du jugement.* Le jugement d'adjudication n'est autre que la copie du cahier des charges, rédigé ainsi qu'il est dit dans l'art. 697. — V. *sup.* n° 296; — il est revêtu de l'intitulé des jugemens et du mandement qui les termine, avec injonction à la partie saisie de délaisser la possession aussitôt après la signification du jugement, sous peine d'y être contrainte *même par corps.* C. pr. 714. — V. toutefois *Emprisonnement,* n° 43 et suiv.; Carré, n° 2406.

405. Le jugement doit en outre contenir la copie de tout ce qui est inséré à la suite du cahier des charges; c'est-à dire des publications, dires et adjudication. Carré, n° 2402. — Cependant la mention générale que les formalités de la loi avaient été accomplies a été jugée suffisante. Cass. 20 fév. 1816, D. 11, 799, 2; Berriat, 594, note 87.

406. Du reste, ce jugement ne prononçant sur aucune contestation, et déclarant seulement adjudicataire la personne qui a porté la plus haute enchère, est d'une espèce particulière et n'est pas soumis aux formalités prescrites pour les jugemens ordinaires. Carré, n° 2403; Merlin, *Quest.*, v° *Expropriation,* § 3; Berriat, 593, note 86.

Ainsi, il n'est pas nécessaire qu'il soit *motivé.* Toulouse, 31 janv. 1826, D. 26, 148.

407. *Signification.* Le jugement doit être signifié au poursuivant et à la partie saisie, pour faire courir les délais de l'appel et ceux de *l'ordre* amiable. — V. ce mot, n°s 35 et 36.

Mais il est inutile de le notifier à tous les créanciers inscrits; les frais de cette notification n'entrent pas en taxe. — V. *ib.* n°s 37 et 38.

408. *Voies contre le jugement.* Le jugement d'adjudication, quoique soumis à certaines règles particulières, n'en constitue pas moins un véritable jugement.

Il peut être attaqué par *appel* (— V. *inf.* n° 409 et suiv.);

Mais on ne peut invoquer en appel d'autres moyens de nullité que ceux qui ont été présentés en 1re inst. avant l'adjudication définitive, alors même que la partie saisie aurait fait défaut. Poitiers, 11 août 1836, D. 37, 750.

409. Il ne peut pas être attaqué; 1° *par action principale en nullité.* Paris, 19 janv. 1814, D. 11, 845, n° 5; Cass. 6 fév. 1822, S. 22, 228.

2° *Ni par opposition*, encore bien que le saisi ait fait défaut : il a été averti par la dénonciation de la saisie, les annonces et les placards qui ont précédé l'adjudication ; le jugement doit être considéré comme rendu contradictoirement avec lui. Montpellier, 17 août 1818, D. 11, 758, n° 2.

Conséquemment le jugement rendu en l'absence du saisi ne peut être réputé périmé faute d'exécution dans les six mois. *Même arrêt ;* Cass. 13 fév. 1827, D. 27, 138.

L'exécution en est valablement poursuivie dans la huitaine de la signification. Cela résulte d'ailleurs des termes de l'art. 714, portant que le saisi sera tenu de délaisser la possession de l'immeuble *aussitôt* la signification du jugement. Bordeaux, 27 avr. 1827, D. 28, 56.

410. La *tierce-opposition* est valablement formée contre le jugement d'adjudication par les créanciers inscrits dans le cas du n° 284.

411. Le saisi peut interjeter appel, encore bien 1° qu'il ne se soit pas opposé à la vente, et qu'il n'ait proposé aucun moyen de nullité contre la procédure. Pau, 20 nov. 1813, D. 1, 153. —V. toutefois *sup.* n° 409 ;—2° qu'il ait souffert que l'adjudicataire se mît en possession des biens et fît acte de propriétaire. Poitiers, 24 août 1830, S. 30, 341 ; Carré, n° 2404. — V. *Acquiescement*, n°s 67 et suiv.

412. L'appel est recevable *pendant trois mois, à dater de la signification :* le jugement d'adjudication est en effet le dernier acte de la poursuite de saisie immobilière ; les contestations auxquelles il donne lieu ne sauraient donc être considérées comme des incidens de la saisie ; elles doivent être régies par le droit commun, d'autant plus que les motifs, qui ont fait abréger les délais d'appel relativement aux difficultés incidentes, n'existent plus lorsque l'adjudication a été prononcée. Besançon, 10 déc. 1808 ; Amiens, 25 mai 1812 ; Bourges, 24 déc. 1813 ; Paris, 26 août 1814 ; Nîmes, 15 déc. 1819, D. 11, 845 et 846 ; Lyon, 26 nov. 1823, S. 25, 152 ; Bourges, 22 fév. 1825, D. 25, 196 ; Rouen, 6 avr. 1830, S. 30, 131 ; Cass. 15 janv. 1818, S. 19, 142 ; Poitiers, 11 août 1836, D. 37, 75. — *Contrà*, Rennes, 16 fév. 1815 ; Cass. 26 fév. 1818, D. 11, 845, n° 2 ; Carré, n° 2404 ; Merlin, *Rép. hoc verbo*, § 6, art. 2 ; Pigeau, 2, 179.

413. Par les mêmes motifs, 1° l'acte d'appel doit être signifié à personne ou domicile *réel*. C. pr. 456 ; Paris, 21 oct. 1813 ; Cass. 14 juin 1813, D. 11, 848 ; et 20 mars 1820 ; Besançon, 29 avr. 1818, D. 11, 848, n° 1 ; Carré, n° 2405 ;

2° Le saisi n'est pas tenu de fournir la caution exigée pour le cas de demande en nullité de la procédure postérieure à l'adjudication préparatoire. Bourges, 22 fév. 1825, D. 25, 196. — V. *inf.* n° 546.

414. Cet appel doit être considéré dans tous les cas comme un incident; il est au nombre des affaires qui requièrent célérité et doivent être jugées et instruites comme matières sommaires, c'est-à-dire sur un simple acte, sans autres formalités ni procédures. C. pr. 404, 718. Cass. 14 mai 1839, D. 39, 221.

415. La signification du jugement d'adjudication faite au saisi par l'adjudicataire ne fait point courir le délai d'appel au profit du poursuivant. Ce jugement, quoique passé en force de chose jugée à l'égard de l'adjudicataire, peut être attaqué par le saisi, en ce qui touche le saisissant : il n'y a pas indivisibilité. Douai, 2 juin 1821, S. 21, 324.

416. Au contraire, l'adjudication déclarée valable avec le poursuivant doit nécessairement l'être avec l'adjudicataire : le motif de cette différence est sensible : en effet, la vente ne peut pas être valable vis-à-vis du poursuivant sans que l'adjudication subsiste; tandis que l'adjudication peut tenir, et cependant la partie saisie faire déclarer que le saisissant était sans droit, par exemple, parce que son titre de créance était éteint. Cass. 14 juin 1813, D. 11, 848, n° 3.

417. Jugé que lorsqu'une adjudication est déclarée nulle pour irrégularités commises au préjudice d'une partie des créanciers, la nullité doit, à cause de l'indivisibilité de l'objet, être prononcée au profit de tous sans division. Cass. 13 oct. 1812, D. 11, 823, n° 1.

418. De même la déclaration d'un saisi qui renonce à tout appel contre le jugement d'adjudication définitive profite à tous les poursuivans, quoique faite à un seul d'entre eux, si le jugement d'adjudication n'est susceptible ni de division, ni d'exécution partielles. Bordeaux, 6 mai 1836, D. 36, 145.

419. En cas pareil, le saisi est non recevable à attaquer tous jugemens antérieurs rendus dans l'instance de saisie immobilière. *Même arrêt.*

Art. 7. — *Effets et suites de l'adjudication.*

420. Le jugement d'adjudication confère des droits à l'adjudicataire, et lui impose des obligations tant à l'égard du saisi qu'à l'égard des créanciers.

421. L'adjudicataire est mis au lieu et place du saisi; ce dernier doit lui céder la possession des biens adjugés, et peut, en cas de résistance, être expulsé par la force armée.

422. C'est l'adjudication qui fixe les limites de la possession à laquelle l'adjudicataire peut avoir droit. Il ne peut réclamer que les objets compris dans l'adjudication et leurs accessoires.

423. Les bestiaux donnés à cheptel, les semences, pailles et engrais, sont réputés compris dans l'adjudication du domaine dont ils dépendent, encore que le procès verbal de saisie, le cahier des charges et même le jugement n'en fassent point mention. Arg. C. civ. 524. Riom, 30 août 1820, D. 11, 667, n° 2. — Il en est de même des machines et ustensiles dépendant d'une manufacture. Cass. 10 janv. 1814, D. 11, 752, n° 7.— Il faut à cet égard suivre les mêmes principes que pour la saisie.

424. L'adjudicataire est propriétaire *du jour de l'adjudication définitive,* et non pas seulement de celui de l'arrêt confirmatif de ce jugement : l'appel ne fait que suspendre l'exécution du jugement attaqué; l'arrêt confirmatif lève cette suspension et rend au jugement toute sa force.

Si donc l'immeuble adjugé a péri ou s'est détérioré avant l'arrêt confirmatif, cette perte ou cette détérioration est à la charge de l'adjudicataire. Av. Cons.-d'ét. 22 oct. 1808, D. 7, 315 n° 11; Cass. 18 août 1808, D. 11, 801, n° 1; Carré n° 2475.

425. L'adjudication définitive prononcée au profit de l'adjudicataire provisoire a même un effet rétroactif au jour de la première adjudication. Arg. C. civ. 1179, 1181; Pigeau, 2, 143; Persil, 2, 385; Carré, art. 731, n° 2474.

426. Toutefois, ces droits sont subordonnés à la condition qu'il n'y aura point de *surenchère.* —V. *Vente sur surenchère.*

427. L'adjudication définitive ne fait point obstacle *à une demande en revendication :* — elle ne transmet à l'adjudicataire que les droits du saisi. C. pr. 731.

428. La revendication peut être exercée par toute personne qui se prétend propriétaire du bien vendu,— contre l'adjudicataire. Arg. civ. 1599; C. pr. 731.

Peu importe 1° que le véritable propriétaire ait connu cette saisie avant l'adjudication; il n'en est pas moins recevable à faire prononcer la résolution de l'adjudication, et par suite celle de toutes les charges et hypothèques imposées par l'acquéreur sur l'immeuble indûment saisi. Rouen, 13 juill. 1815, D. 10, 518, n° 2.

2° Que le revendiquant ait connu la saisie qui a pu être faite sur lui comme caution du saisi. Paris, 9 mars 1811, S. 15, 167.

3° Qu'il ait été appelé en qualité de partie saisie lorsque d'ailleurs il est établi que c'est par erreur qu'il y a figuré et qu'il n'est pas débiteur du poursuivant. Rennes, 12 fév. 1818, P. 14, 643.

429. Au reste l'adjudicataire peut faire ordonner la mise en cause, soit du créancier poursuivant, soit des créanciers qui ont reçu le prix. Thomine, n° 836.

Il peut invoquer contre les tiers non-seulement son jugement d'adjudication, mais encore tous les titres de propriété du saisi pour déterminer l'étendue des biens par lui acquis. Cass. 10 mai 1825, S. 25, 193.

430. La demande en revendication est recevable tant que le délai de la prescription n'est point accompli. Arg. C. civ. 2265.

431. Elle doit être formée par exploit devant le trib. de la situation de l'immeuble qui a prononcé l'adjudication. — Il suffit de former tierce-opposition au jugement d'adjudication lorsqu'il est opposé par l'adjudicataire. Thomine, n° 835.

432. Le trib. condamne, s'il y a lieu, l'adjudicataire à restituer l'immeuble.

433. Quant *aux fruits*, il faut distinguer : — doit être restitué le prix des coupes de bois de haute futaie, ou de matériaux provenant de démolitions de bâtimens. Arg. C. civ. 1376.

Il en est autrement du prix des fruits ordinaires : l'adjudicataire peut les conserver comme possesseur de bonne foi. C. civ. 549. — V. D'ailleurs *fruits* (*restitution de*).

434. Le revendiquant ne peut jamais être condamné aux dépens, — ni de l'instance en distraction, ni de la saisie immobilière, à moins qu'il ne soit établi que le retard apporté par lui dans sa réclamation a été volontaire et calculé. Arg. Amiens, 18 nov. 1823, P. 18, 213.

Ni aux dommages et intérêts pour avoir omis de faire inscrire son nom au rôle des contributions. *Même arrêt.*

435. L'adjudicataire a-t-il une action en garantie et afin de dommages et intérêts pour cause de l'éviction totale ou partielle qu'il éprouve. — Plusieurs systèmes ont été proposés.

1er *Système.* Il n'y a pas lieu à la garantie; l'art. 1637 C. civ. est inapplicable aux ventes sur expropriation. Troplong, n° 522.

2e *Système.* L'action en garantie existe contre le saisi et le saisissant. Toulouse, 24 janv. 1826; Caen, 7 déc. 1827, S. 26, 156; 29, 224.

3e *Système.* Cette action ne peut être exercée que contre le saisi. Duvergier, n° 345; Arg. motifs, Cass. 16 déc. 1828, S. 29, 21. — Et *non contre le saisissant. Même arrêt.*

Le 1er système paraît préférable : ce n'est pas le saisi qui a vendu, bien qu'il ait été appelé à la vente; d'ailleurs il est le plus souvent insolvable. — Le saisissant lui-même ne peut être considéré comme vendeur, il a usé d'un droit en poursuivant la vente, il n'est pas tenu de compulser tous les registres établissant les mutations. — L'adjudicataire aurait dû vérifier lui-même la transmission de propriété avant de payer. Cass. 16 déc. 1828, S. 29, 21.

436. Les créanciers qui ont reçu le prix sont-ils tenus de le restituer ? — Pour l'affirmative on invoque l'art. 1377. Lyon, 2 juill. 1825, D. 26, 68 ; Colmar, 22 mars 1836 (Art. 812 J. Pr.); Pothier, *Procéd.*, p. 258 ; Favard, 5, 673 ; Persil, 2, 217 ; Carré, n° 2477 ; Troplong, n°s 432, 498 ; Duvergier, *Vente*, n° 346. — *Contrà*, Colmar, 21 juill. 1812 ; Duranton, 13, n° 686 ; 16, n° 266.

M. Thomine, n° 838, distingue : cet auteur accorde la restitution, si l'inscription portait à faux ; il la refuse, si elle a été prise avec droit, quand même le bien aurait été vendu sous le nom d'un autre que le véritable propriétaire.

437. L'adjudicataire peut-il réclamer contre le créancier poursuivant les frais qu'il a payés ? C. pr. 715, 731. — Pour l'affirmative on dit : chacun est responsable de ses actes vis-à-vis des tiers (C. civ. 1135, 1382, 1383) ; et celui dont on paie la dette doit rembourser. C. civ. 1235, 1377.

Il faut distinguer : en principe, le poursuivant n'est pas débiteur, mais mandataire légal du saisi chargé de faire les avances ; le saisi est seul débiteur ; les frais font partie du prix ; ils sont payés comme condition de la vente ; le créancier poursuivant qui les a touchés n'a pas été payé par erreur de ce qui ne lui était pas dû ; dès lors le saisi peut seul être actionné. Pau, 20 août 1836 (Art. 535 J. Pr.). — Néanmoins si l'éviction provenait d'un fait personnel au poursuivant, par ex., *d'un vice de procédure*, le créancier évincé pourrait agir en répétition contre le poursuivant. C. pr. 731 ; C. civ. 1626 ; Cass. 16 déc. 1828, P. 29, 2, 276 ; Colmar, 22 mars 1836 (Art. 812 J. Pr.); Despeisses, 1, p. 1, sect. 5, n° 29 ; Pigeau, 2, 252 ; Carré, 3, n° 2323 ; Duranton, 16, 265 ; Troplong, *Vente*, n° 432 ; Duvergier, *ib.* n° 455. — *Contrà*, Toulouse, 24 janv. 1826 ; Caen, 7 déc. 1827, P. 29, 3, 346.

A l'égard de la partie saisie. — V. *sup.* n° 435.

438. L'adjudicataire doit supporter toutes les charges dont l'immeuble est grevé, telles que l'usufruit et les servitudes de toute nature. Pigeau, 1, 145 ; Carré, n° 2476 ; — sauf son recours en indemnité contre le saisi et ses créanciers. — V. *inf.* n° 439.

439. Si l'on n'a pas mentionné dans le cahier des charges des servitudes non apparentes d'une importance telle qu'il est présumable que l'acquéreur n'eût pas acheté ou n'eût donné qu'un moindre prix, il peut demander une diminution du prix ou même la résolution de l'adjudication ; — dans le silence du C. pr. il faut s'en référer à l'art. 1636 C. civ. Carré, n° 2478.

440. Mais le seul défaut de contenance de l'objet vendu, même excédant le vingtième, n'est pas suffisant pour motiver une action en résolution ; l'adjudicataire n'a qu'une action en indemnité contre le créancier poursuivant, qui doit s'imputer de n'avoir pas indiqué exactement la contenance dans le cahier des charges. Riom. 12 fév. 1818, S. 19, 25.

441. Quant aux hypothèques, il faut distinguer entre celles qui sont dispensées d'inscription et celles qui ne le sont pas.

Les dernières sont éteintes par le jugement d'adjudication, et l'adjudicataire en est libéré en payant son prix à qui de droit. — V. *Purge*, n° 32.

Mais l'adjudicataire n'affranchit de l'hypothèque légale sa propriété qu'en remplissant les formalités exigées par les art. 2193 et suiv. C. civ. — V. *Ordre*, n° 52; *Purge légale*, n° 82. — *Contrà*, Grenoble, 14 juin 1838 (Art. 1210 J. Pr.).

442. L'adjudicataire est tenu d'exécuter les conditions insérées au cahier des charges, — et principalement de payer son prix.

443. Le jugement d'adjudication ne lui est délivré qu'autant qu'il rapporte au greffier quittance des frais ordinaires de poursuite et la preuve qu'il a satisfait aux conditions de l'enchère, qui doivent être exécutées avant cette délivrance; les quittances demeurent annexées à la minute du jugement, et sont copiées ensuite de l'adjudication : faute par l'adjudicataire de faire ces justifications *dans les vingt jours de l'adjudication*, il y est contraint par voie de *folle-enchère* (—V. ce mot, n°s 6 et suiv.), sans préjudice des autres voies de droit. C. pr. 715.

444. Les frais *ordinaires* sont ceux de la poursuite de saisie immobilière, tels que le procès-verbal de saisie, les enregistremens, dénonciations, affiches, etc.; — les frais *extraordinaires* sont ceux auxquels donnent lieu les contestations incidentes à la saisie. Pigeau, 2, 173, 252; Berriat, 595, note 92.

445. Les frais *extraordinaires* de poursuites sont payés par privilége sur le prix, lorsqu'il en a été ainsi ordonné par le jugement. C. pr. 716. — V. *Ordre*, n° 172; — si l'on a négligé de demander l'emploi, et que par suite le trib. ne l'ait pas ordonné, cet emploi ne saurait avoir lieu. Carré, n° 2411.

446. *La preuve qu'il a satisfait aux conditions exigibles de l'enchère.* Par exemple, en produisant l'acte constatant le dépôt de son prix à la caisse des consignations, ou le versement qu'il en a fait entre les mains des créanciers du saisi. Pigeau, 2, 134.

SECTION II. — *Incidens sur la poursuite de saisie immobilière.*

§ 1. — *Principes généraux.*

447. La poursuite de saisie immobilière forme entre le

poursuivant, les créanciers inscrits et le saisi, une véritable instance qui peut comme toute autre être entravée par des *incidens* (Art. 1008 J. Pr.).

Afin de simplifier et d'accélérer la procédure, le Code règle spécialement la manière dont doivent être intentées, instruites et jugées les demandes incidentes qui se présentent le plus fréquemment. — V. *inf.* §§ 2 à 10.

Ces règles s'appliquent en général à tous les incidens de la saisie immobilière, même à ceux que le Code n'a point prévus : tel a été le vœu de la loi. Pigeau, 2, 154 et 169, Favard, 5, 70; Carré, 3, 123; Thomine, 2, 266. — V. Toutefois *inf.* n° 613.

Le nouveau projet de loi sur la saisie immobilière en supprimant plusieurs des délais et des formalités prescrites par le C. pr. a eu pour but de rendre encore plus rapides la solution des incidens auxquels cette saisie peut donner lieu. — V. Art. 1566 J. Pr.

448. Toute contestation incidente à une poursuite de saisie immobilière est *jugée sommairement*, sans préliminaire de conciliation. C. pr. 718.

449. *Jugée sommairement.* C'est-à-dire, sur simple plaidoirie, et sans que l'instruction par écrit puisse être ordonnée.

C'est une question que de savoir s'il suit de là qu'elle doive être instruite comme matière *sommaire ?*

La négative résulte, dit-on, des art. 117, 119, 122, 123, 124, 125 Tar., portant que les demandes de cette nature sont formées par requête, et qu'on peut y défendre par des écritures. Aix, 21 janv. 1834, S. 34, 356; Carré, art. 718; Berriat, p. 598, note 101. — V. *Sommaire*, nos 24 et 25.

Toutefois, il a été jugé que les incidens de saisie-immobilière doivent être taxés comme en matière sommaire. Cass. 4 avr. 1837 (Art. 743 J. Pr.). — Spécialement dans le cas d'un appel, sauf à allouer, par exception, la requête dont parle l'art. 124 Tarif. Nîmes, 14 déc. 1838 (Art. 1337 J. Pr.).

Au reste, il faut taxer comme en matière ordinaire les incidens qui portent sur le fond du droit. Thomine, sur l'art. 718; le président Carré, *Taxe*, v° *Partage*, p. 418, n° 793; Arg. Cass. 9 mai 1827, D. 27, 237; 25 mars 1829, D. 29, 200.

450. Elles sont intentées par requêtes signifiées d'avoué à avoué. — V. *inf.* nos 462, 467, 489, 504, 535, 543, et toutefois *sup.* n° 414; — ou par un dire dans le cas du n° 302.

451. Dans aucun cas, elles ne subissent les lenteurs du rôle. Carré, *ib.*; Demiau, 453.

452. Elles doivent être vidées par une décision en dernier ressort, ou passée en force de chose jugée avant qu'il soit procédé à l'adjudication définitive. Berriat, 508, note 102; Grenier, 350; — cependant, cette adjudication peut être ordonnée nonobstant une inscription de faux principal, si la pièce arguée de faux ne fait pas obstacle aux poursuites, ou bien s'il s'agit seulement d'une inscription de faux incident. Arg. C. pr. 250; Cass. 1er déc. 1813, S. 14, 800. — V. *Faux*, nos 40 et 41.

453. Lorsque l'une des publications de l'enchère a été retardée par un incident, il ne peut y être procédé qu'après une nouvelle apposition de placards et insertion de nouvelles annonces, en la forme prescrite au titre de la saisie immobilière. C. pr. 732. — V. d'ailleurs *sup.* n° 313.

454. Lorsque, par suite d'un incident, l'une des formalités prescrites n'a pas été remplie dans le délai déterminé, il n'y a pas nullité. Paris, 9 fév. 1811, P. 9, 89; — dans ce cas, le délai est suspendu pendant l'instance à laquelle donne lieu la contestation et ne reprend son cours qu'à dater de la solution de cet incident.

455. Toute demande incidente est portée devant le trib. de la situation des biens. — Ce trib. devient compétent du moment que le commandement tendant à la saisie a été fait. — V. *Trib. de 1re inst.*, n° 62.

Jugé, toutefois, que le jugement sur l'opposition au commandement antérieur à la saisie immobilière ne peut être réputé rendu par suite d'incident sur saisie, et par suite que le délai pour interjeter appel est de trois mois, et non pas seulement de quinze jours. Cass. 1er fév. 1830, S. 30, 41.

456. Les créanciers ne peuvent personnellement exercer leurs droits relativement à la saisie immobilière que dans les cas énoncés aux art. 721 et 722; hors de ces cas, le poursuivant est leur seul mandataire et représentant légal.

En conséquence, il a été jugé qu'ils seraient non recevables à intervenir dans la contestation incidente à la saisie immobilière, et à interjeter appel : cette dérogation au droit commun est justifiée par la nécessité de simplifier la procédure en matière de saisie immobilière. Toulouse, 7 mai 1818, P. 14, 797; Poitiers, 4 août 1824, S. 25, 101; Cass. 22 fév. 1819, P. 15, 107.

Mais, par suite du même principe, le subrogé peut, sur l'appel interjeté, s'approprier la contestation soutenue en 1re inst. par le poursuivant. Arg. Cass. 13 déc. 1808, P. 7, 252.

457. Le jugement sur les incidens de saisie immobilière est soumis aux formalités ordinaires des jugemens. Rennes, 4 janv. 1813, D. 11, 714, n° 1. — Il doit en conséquence contenir à peine de nullité les questions à résoudre et les motifs de la décision. Nîmes, 2 vent. an 12, D. *ib.*, 821, n° 7.

§ 2. — *Jonction de plusieurs saisies en une seule.*

458. Lorsque plusieurs saisies comprenant des biens différens, ou différentes parties d'une même exploitation ont été pratiquées sur le même individu, elles doivent être jointes.

459. *Jonction de deux saisies comprenant des biens différens.* Si deux saisissans ont fait enregistrer deux saisies de biens *différens*, poursuivies dans le même trib., elles doivent être réunies sur la requête de la partie la plus diligente, et continuées par le premier saisissant; encore que l'une des saisies soit plus ample que l'autre. C. pr. 719.

460. La jonction peut être demandée par toute *partie intéressée;* en conséquence, par le saisi, le saisissant, les créanciers, soit hypothécaires, soit même chirographaires. C. civ. 1166. — Ces derniers sont intéressés à diminuer la masse des frais. Carré, *ib.* n° 2415; Pigeau, 2, 165.

461. La demande doit dans tous les cas précéder le dépôt au greffe (C. pr. 719) du cahier des charges, soit de la première, soit de la seconde saisie; — autrement le second saisissant résisterait avec raison à l'action dirigée contre lui. Pigeau, *ib.*

462. Elle est formée par requête grossoyée. On y répond de même. Tar. 117.

463. Si les parties ne demandent pas la jonction, elle peut être prononcée d'office par le trib. Carré, n° 2414; Lepage, *Saisies*, 2, 165.

464. La poursuite des saisies jointes appartient au premier saisissant (c'est-à-dire à celui dont la saisie a été la première transcrite au bureau des hypothèques. Carré, *ib.*); en cas de concurrence, à l'avoué porteur du titre le plus ancien, et si les titres sont de même date, à l'avoué le plus ancien. C. pr. 719.

465. Si les saisies réunies sont au même état, le poursuivant suit immédiatement sur l'une et l'autre; dans le cas contraire, il surseoit aux poursuites de celle qui est la plus avancée jusqu'à ce qu'il ait conduit l'autre au même point. Arg. C. pr. 720; Carré, n° 2420; Pigeau, 2, 163; Berriat, 582, note 52.

466. *Jonction de deux saisies comprenant différentes parties d'une même exploitation.* Si la seconde saisie présentée à l'enregistrement est plus ample que la première, elle est enregistrée pour les objets non compris en la première saisie, et le second saisissant est tenu de dénoncer sa saisie au premier saisissant, qui poursuit sur les deux, si elles sont au même état; sinon, surseoit à la première et suit sur la deuxième jusqu'à ce qu'elle soit au même degré, et alors elles sont réunies en une seule poursuite, qui est portée devant le trib. de la première saisie. C. pr. 720.

467. La dénonciation de la seconde saisie doit être faite par acte d'avoué à avoué (Arg. Tar. 118), afin que l'officier ministériel chargé des poursuites soit plutôt prévenu ; — elle pourrait l'être, selon Delaporte, 2, 321, par exploit au domicile réel, et selon Demiau, 455, au domicile élu dans le commandement.

468. Faute par le second saisissant d'avoir dénoncé sa saisie au premier, les poursuites par lui faites sont nulles ; à moins qu'il n'y ait présomption légale qu'il a ignoré la première saisie. Cette présomption cesse dès que cette saisie est devenue publique par l'insertion au tableau de l'auditoire. Pigeau, 2, 164 ; Carré, n° 2425.—*Contrà*, Thomine, 2, 270.

Toutefois, il a été jugé que lorsqu'une saisie immobilière avait été suivie d'une demande en nullité, d'une transaction, d'un désistement, et surtout d'un abandon de poursuites pendant plusieurs années, la seconde saisie faite par un créancier qui n'avait pas été partie dans l'instance sur la première saisie, et les poursuites faites sur cette saisie ne pouvaient être déclarées nulles, nonobstant la règle saisie sur saisie ne vaut. Cass. 27 juin 1827, S. 27, 509.

469. La jonction dont parle l'art. 720, à la différence de celle dont il est question à l'art. 719 (—V. *sup.* n° 459), est forcée ; elle doit avoir lieu sans qu'elle ait été ni demandée, ni ordonnée : — il ne doit intervenir un jugement de jonction qu'autant que la jonction est contestée. Carré, n° 2421 ; Demiau, 455 ; Favard, *Rép.*, 5, 70 ; Thomine, 2, 268.—*Contrà*, Hautefeuille, 390.

470. Malgré la généralité des termes de l'art. 720, la jonction n'a lieu qu'autant que les biens compris dans chaque saisie sont situés dans le même arrondissement ou font partie d'une même exploitation. C. civ. 2210 ; Carré, *ib.* n° 2422 ; Thomine, 2, 269.

Mais si, dans ce dernier cas, la première saisie comprend les dépendances d'une exploitation faisant l'objet de la seconde, c'est devant le trib. du chef-lieu de l'exploitation que la saisie doit se suivre, en en laissant toutefois la poursuite au premier saisissant. Arg. C. civ. 2210, *nec obstat.* C. pr. 720 ; Huet, 220.

471. La jonction de deux saisies pratiquées sur les mêmes immeubles, mais dont l'une est plus ample que l'autre, peut-elle avoir lieu après la mise au greffe de l'enchère de la première saisie ?

Pour la négative, on dit : La jonction *facultative* de la saisie de biens différens ne peut avoir lieu qu'*avant* le dépôt au greffe du cahier d'enchère. A plus forte raison doit-il en être ainsi pour la jonction commandée par la loi. — Le but unique de la jonction est de diminuer les frais, en ne faisant qu'une seule poursuite ; ce serait les augmenter que d'ordonner la réunion, quand il serait nécessaire de recommencer les annonces et autres formalités.

La disposition de l'art. 719 C. pr. contient la règle générale, à laquelle il n'est point dérogé par l'art. 720, qui suppose la première saisie peu avancée, lorsqu'il prescrit la dénonciation de la seconde, cette dénonciation serait inutile si le cahier d'enchères était déjà déposé, et la jonction serait impossible. Pigeau, 2, 163 ; Thomine, 2, 269.

Dans l'opinion contraire, on répond : La disposition qui ne permet plus la jonction de deux saisies de biens *différens* après la mise au greffe de l'enchère de l'une d'elles (—V. *sup.* n° 461) ne se retrouve pas dans l'art. 720 C. pr. Or, on doit supposer que c'est à dessein que la loi ne l'a pas reproduite. D'ailleurs, la jonction aura toujours pour résultat d'empêcher, à l'égard de l'une des saisies, les frais postérieurs à la mise de l'enchère au greffe. Lepage, *Quest.*, 480 ; *Saisies*, 2, 168 ; Delaporte, 2, 321 ; — V. Carré ; n° 2423.

Au reste, les juges ont un pouvoir discrétionnaire, pour ordonner ou refuser la jonction.

472. La nullité prononcée pour une cause postérieure à la jonction s'applique aux deux saisies ; mais si au contraire la nullité a trait à la procédure suivie par l'un des saisissans avant la jonction, la partie dont la saisie est valable reprend ses poursuites dans l'état où elles étaient au moment de la jonction. Orléans, 9 fév. 1810, P. 8, 95 ; Hautefeuille, 390 ; Carré, n° 2426 ; Thomine, 2, 270.

§ 3. — *Subrogation dans la poursuite de saisie.*

473. *Cas dans lesquels il y a lieu à subrogation.* La subrogation peut être demandée contre le poursuivant : 1° faute par lui d'avoir poursuivi sur la seconde saisie à lui dénoncée, conformément à l'art. 720 (—V. *sup.* n° 466). C. pr. 721.

Par exemple, si depuis cette dénonciation il a fait un nouvel acte sur la première saisie sans commencer les poursuites sur la seconde. Carré, n° 2427.

474. 2° Dans le cas de collusion, fraude ou négligence, sauf dans les deux premières hypothèses la condamnation aux dommages-intérêts. C. pr. 722.—Il y a *collusion*, lorsque le poursuivant, par suite d'un concert frauduleux avec le saisi, ne continue pas les poursuites commencées, ou procède de manière à entraîner la nullité de la saisie. — Il y a *fraude*, lorsque le poursuivant n'est pas un créancier sérieux, et qu'il s'est emparé de la saisie pour paralyser l'action des créanciers légitimes.—Il y a *négligence*, lorsque le poursuivant n'a pas rempli une formalité ou n'a pas fait un acte de procédure dans les délais prescrits. C. pr. 722; — à plus forte raison, s'il a abandonné la saisie. Bourges, 18 août 1826, D. 30, 123.—V. *inf.* n° 413.

Jugé que le consentement à la conversion devant un autre trib. ne constitue pas une négligence suffisante pour autoriser la demande en subrogation. — Cette décision est à l'abri de la censure de la C. suprême. Cass. 23 janv. 1833, D. 33, 150.

Dès qu'il est constant qu'il y a eu négligence de la part du créancier poursuivant, il ne peut écarter la demande d'un créancier postérieur, en offrant de continuer les poursuites. *Même arrêt.*

475. 3° Lorsque par suite des contestations sur le titre du saisissant la poursuite est entravée. Lyon, 21 mars 1817, 1er août 1830, S. 31, 220; 1er mars 1831, D. 31, 101.

Mais si la poursuite a été déclarée nulle par suite d'absence de titre, il n'y a plus rien dans quoi l'on puisse être subrogé. Paris, 29 mai 1809, P. 7, 584; Arg. Amiens, 9 juill. 1822, P. 17, 484.—V. toutefois *sup.* n° 294.

Lorsque la nullité, au lieu de vicier la procédure de saisie tout entière, n'en attaque qu'une partie, le surplus peut motiver une subrogation et donner le droit au subrogé de continuer les poursuites.—V. *sup.* n° 287.

476. 4° Dans le cas de désistement volontaire du poursuivant. Thomine, 2, 272.—V. *inf.* n° 481.—Ce désistement est valablement donné à la barre du trib. Cass. 12 mai 1813, P. 11, 360; Riom, 21 mars 1816, P. 13, 348.

477. 5° Dans le cas où le poursuivant a été désintéressé. Arg. Grenoble, 14 juill. 1809, P. 7, 686; Thomine, 2, 272. —V. d'ailleurs *inf.* n° 481.

478. Le point de savoir s'il y a lieu ou non à prononcer la subrogation dépend d'une question de fait qui échappe à la censure de la C. de cassation. Cass. 23 janv. 1833, S. 33, 103.

Les art. 721 et 722 ne sont pas limitatifs : on peut faire prononcer la subrogation dans d'autres cas que ceux prévus par ces articles. Arg. Lyon, 1er mars 1831, D. 31, 101.

479. *Par qui la subrogation peut être réclamée.* La subrogation peut être demandée dans les cas des art. 721 et 722 C. pr. (—V. *sup.* nos 473 et 474) : 1° par tout créancier qui a formé une saisie. C. pr. 721, 722.

480. 2° Par tout créancier ayant titre exécutoire inscrit, encore bien qu'il n'ait fait pratiquer lui-même aucune saisie : il suffit que la saisie lui ait été notifiée. Arg. C. pr. 696. — Le système contraire permettrait au poursuivant, s'il est seul, ou aux saisissans, s'il y en a plusieurs, de prolonger indéfiniment la saisie par collusion, fraude ou négligence, ce qui équivaudrait à une radiation de la saisie, qu'ils n'auraient cependant pas le droit d'accorder sans le consentement des créanciers inscrits.—V. *sup.* n° 293.—Ainsi jugé sous la loi du 11 brum. an 7, qui gardait à l'égard des créanciers le même silence que le Code. Cass. 15 germ. an 11, et Rouen, 16 germ. an 11, P. 3, 225 et 229; Arg. C. pr. 679; Aix, 7 avr. 1808, P. 6, 618; Riom, 21 mars 1816, P. 13, 348; 24 avr. 1817, P. 14, 196; Toulouse, 2 août 1827, S. 28, 113; Caen, 12 mars 1828, S. 29, 230; Carré, n° 2433; Pigeau, 2, 166; Lepage, 170; Demiau, 455; Persil, 2, 371; Huet, 230; Berriat, 582; Thomine, 2, 271.—*Contrà*, Merlin, *Rép. h.* v° 667.

481. 3° Par le créancier qui n'a fait transcrire son titre que depuis la notification des placards. Nanci, 2 mars 1818, P. 14, 677.

A dater de cette époque, la saisie devient commune à tous les créanciers inscrits même postérieurement, et le désistement qui intervient de la part du poursuivant ne peut anéantir la saisie à leur égard. Arg. Pigeau, 2, 167.

482. 4° Par le créancier dont l'inscription ne frappe que sur une portion indivise de l'immeuble saisi : il n'est pas obligé de poursuivre préalablement le partage ou la licitation de l'immeuble. Besançon, 26 janv. 1828, S. 28, 197.

483. 5° Par les créanciers chirographaires porteurs de titres exécutoires : ils ont en effet le droit de saisir l'immeuble et de s'opposer à ce que le prix provenant de la vente soit distribué hors de leur présence (— V. *Ordre*, n° 119). D'ailleurs, sous l'ancienne législation les simples chirographaires, quoique privés du droit de saisir les immeubles, pouvaient obtenir la subrogation. D'Héricourt, ch. 6, n° 24; Carré, n° 2436.

484. 6° Enfin, par les créanciers en sous-ordre : cette proposition *contestable* sous la loi du 11 brum. an 7, qui semblait refuser cette faculté à tous ceux qui n'étaient pas créanciers directs du saisi, est certaine aujourd'hui. Arg. C. civ. 1166; Carré, art. 722, n° 2437. — *Contrà*, Coffinières, t. 20, n° 33.

Peu importe qu'il s'agisse d'une subrogation demandée dans le cas prévu par l'art. 721 C. pr. (— V. *sup.* n° 473) ou dans ceux indiqués par l'art. 722 C. pr. (—V. *sup.* n° 474). — Il est bien vrai, en effet, que l'art. 721 ne parle que du second saisissant, mais cet article est attributif et non pas limitatif.

485. La subrogation doit être accordée de préférence au créancier second saisissant, parce qu'il a fait des actes qui manifestent sa volonté de continuer activement les poursuites de saisie; mais si cette présomption est démentie par sa conduite, les autres créanciers peuvent obtenir la subrogation. Arg. Tar. 119; Carré, n° 2434. — *Contrà*, Thomine, 2, 272.

486. *Devant qui et dans quelle forme la subrogation est demandée.*

La demande en subrogation est portée devant le trib. de la situation de l'immeuble saisi. — V. *sup.* n° 455.

487. Elle doit subir les deux degrés de juridiction ; elle n'est donc pas valablement formée pour la première fois en cause d'appel. Turin, 24 juill. 1810, S. 11, 51 ; Berriat, 583, note 54 ; — *Contrà*, 26 déc. 1820, P. 15, 265. — V. *Appel*, Sect. IX.

488. L'avoué doit être muni d'un pouvoir spécial de son client ; — à moins qu'il n'agisse à la requête d'un créancier saisissant. Pothier, *Procéd.*, part. 4, ch. 2, art. 8, § 2 ; Commaille, 2, 308 ; Carré, n° 2438.

489. Cette demande se forme par un simple acte d'avoué à avoué, contenant des conclusions auxquelles l'avoué adverse a droit de répondre par un acte du même genre (C. pr. 721) ; — ou par des conclusions prises à la barre. Lyon, 1er mars 1831, S. 31, 220.

Il en est de même dans le cas où le poursuivant déclare, au moment de l'adjudication définitive, qu'il a été désintéressé et qu'il se désiste. Grenoble, 19 fév. 1818, S. 19, 157.

La subrogation peut, dans ce cas, être prononcée immédiatement et en même temps que l'adjudication définitive. Lyon, 1er mars 1831, S. 31, 220.

490. Il convient que le créancier, avant de demander la subrogation, somme le poursuivant de continuer la poursuite ; toutefois, cette sommation n'est pas indispensable. Carré, n° 2435. — *Contrà*, Pigeau, 2, 166.

491. Il n'est pas nécessaire d'appeler le saisi, qui n'a pas constitué avoué ; la loi ne l'a pas exigé. Arg. *à contrario*. C. pr. 711, 727, 740 ; Dijon, 24 mars 1828, S. 28, 228. — En tout cas, ce moyen de nullité devrait être proposé avant l'adjudication. Cass. 16 juill. 1834, D. 34, 399. — *Contrà*, Carré, n° 2429.

492. L'incident se juge à l'audience.

Le trib. n'est pas tenu de prononcer la subrogation, alors même qu'il y a faute de la part du premier saisissant pour n'avoir pas poursuivi sur la saisie qui lui a été dénoncée. Il peut, en condamnant l'avoué de celui-ci aux dépens de l'incident, lui conserver la poursuite ou l'accorder conditionnellement à l'avoué adverse pour le cas où le premier ne se mettrait pas en règle dans un délai déterminé. Carré, *ib.* n° 2430. — *Contrà*, Demiau, 436.

Mais l'offre faite par le poursuivant de suivre sur les deux saisies et de conduire activement les poursuites n'est pas une fin de non-recevoir contre la demande en subrogation. Bourges, 18 août 1826, S. 27, 89.

493. Le jugement qui ordonne par défaut la subrogation

n'est pas susceptible *d'opposition*. Thomine, 2, 274. — *Contrà*, Rouen, 4 juin 1824, P. 18, 770. — V. *inf*. n° 554.

494. Si la subrogation est ordonnée dans le cas de l'art. 721, le second saisissant est chargé de poursuivre tant sur la saisie qu'il a faite que sur la première. Carré, *ib*. n° 2428, Hautefeuille, 391; Berriat, 583, note 55.

495. Il n'est pas nécessaire qu'il fasse transcrire préalablement sa propre saisie. Il continue la poursuite à compter du dernier acte valable. Thomine, n° 815 et 823.

Spécialement, si le premier saisissant a négligé de faire procéder à la première publication, il suffit de déposer un nouvel extrait au greffier, de faire de nouvelles annonces, etc., de laisser un intervalle d'un mois au moins, six semaines au plus entre la notification des placards à la partie saisie et la publication.

En vain, on objecte que si une formalité n'a pas été remplie dans un délai prescrit à peine de nullité, il est impossible d'obtenir la subrogation *à une procédure nulle*, — car la nullité de la procédure ne peut être opposée par le saisi qu'à l'égard du premier saisissant qui continuerait la poursuite. — Mais elle n'est pas opposable au créancier subrogé, comment expliquer autrement l'art. 722, — qui admet comme cause de subrogation la négligence à remplir une formalité dans un délai prescrit? Thomine, n°s 815 et 823.

496. Le poursuivant contre qui la subrogation a été prononcée est tenu de remettre les pièces de la poursuite au subrogé, sur son récépissé; notamment le titre en vertu duquel il a saisi. C. pr. 724. — Néanmoins, si ce titre lui est indispensable pour d'autres poursuites, il peut le déposer au greffe ou en donner une expédition. Thomine, 2, 275.

Il ne doit pas être condamné par corps à la restitution de ces pièces : la loi n'a pas autorisé cette voie d'exécution, et les dispositions relatives au séquestre (C. civ. 2060) ne peuvent lui être appliquées par voie d'analogie.

Mais si un dommage quelconque résulte du refus de remise des titres et pièces, il en doit la réparation. Thomine, *ib*.

497. Le premier poursuivant n'est payé de ses frais qu'après l'adjudication, soit sur le prix, soit par l'adjudicataire. C. pr. 724.

498. S'il a contesté à tort la demande en subrogation, les frais de la contestation sont à sa charge, et ne peuvent, en aucun cas, être employés en frais de poursuite et payés sur le prix. C. pr. 724; Carré, n° 2441. — Lorsque la contestation a été reconnue juste, les dépens doivent être mis à la charge de celui qui a demandé la subrogation; mais ils ne sauraient être payés par privilége sur le prix de la vente comme frais extraor-

dinaires de poursuite : ils n'ont pas en effet été faits dans l'intérêt de la masse. Thomine, 2, 275; Hautefeuille, 391.

§ 4. — *Demande en distraction et en revendication de tout ou partie de l'objet saisi.*

499. Si l'on a compris dans la saisie des biens qui n'appartiennent pas au saisi, ils peuvent être réclamés par le véritable propriétaire. — V. d'ailleurs *inf.* n° 517.

Cette réclamation se nomme demande *en distraction* ou *en revendication*, selon qu'elle est formée pendant ou après les poursuites de saisie immobilière.

500. *Par qui la demande en distraction peut être formée.* Par celui qui est propriétaire de l'immeuble au moment de la poursuite; le précédent vendeur ne peut l'intenter tant qu'il n'a pas fait rescinder l'acte d'aliénation par lui consenti, sauf à exercer plus tard la revendication. Poitiers, 18 janv. 1810, P. 8, 44; Carré, n°s 2453, 2458.

501. *A quelle époque.* En tout état de cause; — pourvu que ce soit avant l'adjudication. — V. *inf.* n° 518.

502. *Contre qui.* La demande doit être formée contre le saisissant, le saisi, le créancier premier inscrit, et l'avoué adjudicataire provisoire. C. pr. 727.

Cependant, la loi ne prononçant pas la nullité pour le cas où l'on aurait omis de mettre l'un d'eux en cause, et leurs intérêts étant distincts, il en résulte que cette irrégularité ne saurait être opposée par les défendeurs valablement cités. Cass. 9 fév. 1835 (Art. 110 J. Pr.). — *Contrà*, Toulouse, 18 nov. 1829, S. 30, 170; 4 avr. 1837 (Art. 759 J. Pr.). — Surtout lorsque le premier créancier inscrit non intimé sur l'appel n'a pas signifié le jugement au demandeur. Cass. 9 fév. 1835.

503. Les créanciers, étant représentés par le premier inscrit, ne peuvent figurer en leur nom personnel dans la contestation, ni appeler des décisions intervenues sur les contestations. Cass. 11 mai 1826, S. 26, 395. — V. *sup.* n° 456.

504. *Dans quelle forme.* La demande est formée par requête d'avoué à avoué contre toutes les parties qui en ont constitué (C. pr. 727), et par exploit contre celles qui n'en ont pas. *Ib.* — V. d'ailleurs *sup.* n° 450.

Elle est grossoyée; les parties auxquelles elle est signifiée peuvent y répondre par une autre en même forme. Tar. 122; Lepage, *Qu.*, p. 488; *Saisies*, 2, 181; Carré, n° 2460; Pigeau, 2, 169.

505. Lorsque la demande est formée par exploit (—V. *sup.* n° 504), elle est signifiée, savoir : au créancier au domicile élu dans son inscription (C. pr. 727), et au saisi à son domicile réel. Tar. 29, 122; Hautefeuille, 393; Pigeau, *ib.*

506. La demande contient : 1° les désignation et description des objets revendiqués. Arg. C. pr. 64 ; Thomine, 262; Carré, n° 2461.

2° L'énonciation des titres justificatifs qui sont déposés au greffe avec copie de l'acte de ce dépôt. C. pr. 728.

507. Serait nulle la demande non formée contre le saisi, il a intérêt à être présent pour prouver qu'il est propriétaire des biens saisis. Serait également nul le jugement par défaut qui aurait omis d'énoncer les noms de la partie saisie régulièrement assignée. Pau, 7 juill. 1813, Dalloz, 11, p. 817.

508. *Effets de la demande en distraction.* Il faut distinguer.

Si la demande porte sur la totalité des biens saisis, le trib. doit, sur la demande des parties ou d'office (Carré, n° 2465), surseoir à l'adjudication. Arg. C. pr. 727.

Cette adjudication ne peut avoir lieu qu'autant qu'il est intervenu un jugement définitif ou passé en force de chose jugée. Cass. 8 vent. an 13, P. 4, 413; Arg. Cass. 21 juill. 1806, P. 5, 425; 1er juin 1807, P. 6, 122; Pau, 20 nov. 1813, P. 11, 782.

Toutefois, Carré, n° 2466, pense que l'on procède valablement à l'adjudication aussitôt après le jugement, si la partie condamnée ne justifie pas qu'elle ait interjeté appel.

Tel est l'usage.

509. Si la demande en distraction ne porte que sur une partie des objets saisis, il est passé outre, nonobstant cette demande, à la vente du surplus. *Peuvent* néanmoins les juges, *sur la demande* des parties intéressées ou de l'une d'elles (Carré, n° 2464 ; Pigeau, 2, 171), ordonner le sursis pour le tout. C. pr. 729.

510. Le trib. *peut* refuser le sursis, même dans le cas où toutes les parties sont d'accord pour le demander. Les termes de l'art. 729 sont facultatifs.—*Contra*, Carré, n° 2465 ; Delaporte, 2, 437.

511. Le sursis est ordonné, s'il peut résulter une dépréciation notable de la portion des biens non revendiqués. — Si, au contraire, le danger n'existe pas, s'il reste à vendre une fraction des biens d'une valeur assez importante pour désintéresser en partie les créanciers, le sursis ne saurait être ordonné.

512. Quoi qu'il en soit, le trib. ne doit jamais ordonner d'office le sursis, si la demande à fin de distraction ne porte que sur partie des objets saisis. L'art. 729 exige une demande préalable des parties à cet égard.

513. En cas de demande en distraction d'une partie des objets saisis, l'adjudicataire provisoire peut demander la décharge de son adjudication, lorsqu'un sursis a été ordonné. C. pr. 729.

514. Il en est de même si le sursis n'a pas été ordonné ; les mots *dans ce cas*, de l'art. 729 C. pr., s'appliquent à l'ensemble de l'article : autrement on pourrait devenir, malgré soi, adjudicataire définitif de la partie d'un immeuble pour le prix donné de la totalité lors de l'adjudication provisoire. Lepage, *Qu.*, p. 488; *Saisies*, 2, 182; Carré, n° 2467 ; Favard, *Rép.*, 5, 73.—*Contrà*, Delaporte, 2, 327 ; Pigeau, 2, 171, n° 5; Hautefeuille, 394.

Peu importe d'ailleurs que l'adjudicataire ait demandé sa décharge après ou avant le jugement sur la demande en distraction (Carré, n° 2468), pourvu toutefois que sa réclamation intervienne avant l'adjudication définitive. Il résulterait en effet de son silence qu'il consent à devenir adjudicataire de la partie non réclamée pour la somme moyennant laquelle il avait acquis provisoirement la totalité. Carré, n° 2469; Pigeau, 2, 171.

515. Il suit de ces principes que la demande en distraction d'une partie des objets saisis, faite postérieurement à l'adjudication provisoire, ne nécessite pas une nouvelle adjudication de cette espèce, si l'adjudicataire ne demande pas sa décharge. Trèves, 6 nov. 1810, P. 8, 632; Carré, n° 2470.

516. La demande à fin de décharge de l'adjudicataire provisoire se forme de la même manière que la demande en distraction et contre les mêmes parties; mais les requêtes respectives, s'il en est besoin, ne doivent pas excéder trois rôles. Tar. 123; Pigeau, 2, 170; Carré, n° 2472.—V. *sup.* n°s 502, 504 et suiv.

517. Si des tiers justifient qu'ils ont des droits réels sur l'immeuble, tels qu'un usufruit, une servitude, le trib. ordonne qu'au cahier des charges il sera ajouté une clause constatant leurs droits. *Exposé des motifs*. Paris, 18 juin 1811, P. 9, 403. —V. d'ailleurs *sup.* n° 263.

Il n'est pas besoin d'observer les formalités prescrites pour la demande en distraction. Lyon, 24 janv. 1834, D. 34, 126. Arg. Cass. 6 déc. 1835 (Art. 423 J. Pr.).

518. *Demande en revendication*. Elle a le même but que celle en distraction, elle peut être formée après l'adjudication. — V. d'ailleurs *sup.* n°s 433 et suiv.

§ 5. — *Demande en nullité de la procédure.*

519. La plupart des formalités prescrites pour la saisie immobilière doivent être accomplies, à peine de nullité. C. pr. 717. — V. *sup.*, Sect. I.

La nullité d'un acte ne s'étend pas aux actes antérieurs, mais seulement à ceux qui le suivent. Bordeaux, 2 mai 1831. — V. *sup.* n°s 117 et 119; — on pourrait, si l'on était encore dans les délais, se désister de l'acte nul, le recommencer, et suivre la procédure. Arg. Limoges, 3 déc. 1813, P. 11, 812.

520. Dans le cas d'annulation, la procédure doit être reprise à partir de l'acte qui a précédé celui qui a été déclaré nul. — Ainsi jugé dans une espèce où les placards indiquant l'adjudication définitive n'avaient pas été apposés dans les délais de la loi. Riom, 21 janv. 1807, D. 11, 829, n° 7. — Cette doctrine a été consacrée par l'art. 729 du nouveau projet de loi.

521. Les moyens de nullité ne sont plus proposables, 1° après une défense au fond (Arg. C. 173). L'art. 733, qui permet de les faire valoir jusqu'à l'adjudication, statue, pour le cas où il n'y a pas eu de défense au fond. Montpellier, 22 juill. 1822, P. 17, 523; Cass 3 avr. 1827, S. 27, 403; 14 août 1838 (Art. 1281 J. Pr.); Bourges, 17 avr. 1839 (Art. 1493 J. Pr.). — *Contrà*, Metz, 12 fév. 1817, S, 18, 345; Pigeau, 2, 171 note 1;

2° Après une demande en sursis de l'adjudication. Riom, 21 mars 1816, D. 11, 827, n° 3.

522. Tous les moyens de nullité doivent être proposés cumulativement. Bourges, 26 nov. 1824, D. 11, 827, n° 1; Cass. 14 août 1838 (Art. 1281 J. Pr.). — Ils ne sont pas proposables pour la première fois en appel. — V. *inf.* n° 526.

523. L'action en nullité n'appartient en général qu'au saisi;

Et non pas aux créanciers : ils sont sans intérêt et sans qualité, à moins que la nullité ne soit relative aux actes destinés à donner de la publicité à la saisie et à la vente, ou à la dénonciation qui doit leur être faite conformément à l'art. 696 C. pr. Pigeau, 2, 173.

Sans intérêt. S'ils sont inscrits utilement, à quoi leur servirait d'anéantir une procédure dont le but est le paiement total ou partiel de leurs créances ? S'ils ne viennent pas en ordre utile, peu leur importe que la saisie soit annulée.

Sans qualité. Le poursuivant est le mandataire légal de la masse des créanciers. Turin, 24 juill. 1810, S. 11, 51; Cass. 22 fév. 1819, P. 15, 107; 19 juill. 1824, S. 24, 270; 11 mai 1826, S. 26, 395.

Conséquemment est valable la transaction intervenue entre le poursuivant et le saisi, par laquelle ce dernier renonce au bénéfice d'un jugement qui a prononcé la nullité des poursuites, même depuis la notification des placards aux créanciers inscrits. Le saisi ne peut soutenir que cette transaction n'eût été valable qu'autant que tous les créanciers inscrits y auraient concouru. Cass. 23 juill. 1817, P. 14, 372.

524. Si la saisie est poursuivie contre plusieurs personnes,

et que la nullité n'ait été commise qu'à l'égard de l'une d'elles, les autres sont non recevables à s'en prévaloir : les nullités sont relatives. Paris, 10 mai 1810, P. 8, 300; Rennes, 6 juin 1814, P. 12, 239; Bastia, 22 mai 1823, P. 17, 1122; Pigeau, 2, 315; Arg. Paris, 23 août 1816, P. 12, 608.

525. Le jugement qui déclare la saisie nulle doit en même temps ordonner qu'elle sera rayée des registres où elle a été transcrite; cependant la partie dont la procédure a été annulée ne saurait s'opposer à la radiation par le motif qu'elle n'a pas été ordonnée par le jugement. Cette radiation est une conséquence nécessaire de l'annulation de la procédure de saisie. Riom, 23 déc. 1809, P, 7, 944.

Lorsqu'une saisie a été rayée, le plus diligent des saisissans postérieurs peut poursuivre sur la saisie, encore qu'il ne se soit pas présenté le premier à l'enregistrement. C. pr. 725.

Art. 1. — *Nullités antérieures à l'adjudication préparatoire.*

526. Ces nullités doivent être proposées avant l'adjudication préparatoire. C. pr. 733;—même lorsqu'elles résulteraient d'irrégularités antérieures à la saisie. Turin, 9 fév. 1810, P. 8, 96; — ou bien des vices du titre en vertu duquel agit le poursuivant; — vainement opposerait-on que l'art. 733 ne parle que des moyens de nullité *contre la procédure*, etc. En effet, si cette nullité était proposée incidemment à la saisie immobilière, elle aurait pour résultat l'annulation de cette saisie; ce serait donc une nullité dirigée non-seulement contre le titre du poursuivant, mais encore *contre la procédure de saisie.* Paris, 23 nov. 1808, P. 7, 219; Cass. 29 nov. 1819, P. 15, 58; Liége, 9 déc. 1823, S. 28, 257; Poitiers, 16 janv. 1824, P. 18, 351; Cass. 22 nov. 1826, D. 27, 65; 24 mai 1831, S. 32, 77; Bordeaux, 19 juin 1830, S. 30, 297; 27 mai 1831, D. 33, 63; 23 juin 1835 (Art. 191 J. Pr.); Carré, n° 2485. — *Contrà*, Besançon, 2 déc. 1814, P. 12, 471; Bordeaux, 8 juin 1830, S. 30, 353.

527. On ne saurait par conséquent, après l'adjudication préparatoire, 1° être admis à prouver que le saisissant était désintéressé lorsqu'il a commencé ses poursuites.—*Contrà*, Aix, 20 août 1833, S. 34, 248.

2° Demander la discussion des biens mobiliers du mineur dont les immeubles ont été saisis. Cass. 13 avr. 1812, P. 10, 291; Carré, n° 2487.

3° Prétendre que les biens saisis sont dotaux, et par conséquent insaisissables. Pau, 25 nov. 1836; Bordeaux, 1er fév. 1839 (Art. 915 et 1464 J. pr.). — Peu importe que le poursuivant se soit rendu adjudicataire. Cass. 27 fév. 1834, D. 34, 342.

Le nouveau projet de loi, en substituant à l'adjudication préparatoire une publication, a consacré ces principes en disposant que les moyens de nullité, tant en la forme qu'au *fond*, doivent être proposés avant cette publication, art. 729.

528. Au surplus, si le saisi est non recevable à demander incidemment à la saisie immobilière, et ultérieurement à l'adjudication préparatoire, la nullité du titre du poursuivant, il a la faculté de le faire par voie d'action principale, sans que, dans aucun cas, cette action puisse avoir d'influence sur la saisie ni entraver les poursuites; il a même le droit, suivant les circonstances, d'obtenir des dommages-intérêts contre celui par les poursuites duquel il a été exproprié. Cass. 29 nov. 1819, P. 15, 587; Carré, *ib.* note et n° 2488; Chauveau, 20, n° 63.

529. Lorsque c'est le poursuivant lui-même qui s'est rendu adjudicataire définitif, le saisi peut, postérieurement à l'adjudication, en obtenir la nullité en établissant que ce créancier avait été complètement désintéressé antérieurement à la saisie. Cass. 3 avr. 1837 (Art. 748 J. Pr.).

530. Dans tous les cas, la déchéance n'est encourue qu'autant que les parties intéressées ont été valablement averties de l'adjudication : on ne peut leur imputer d'avoir négligé de faire valoir des moyens de nullité avant une adjudication dont elles n'ont pas eu connaissance. Cass. 13 oct. 1812, P. 10, 744; Amiens, 7 janv. 1813, P. 11, 13; Carré, n° 2514; Berriat, 581.

En conséquence, la nullité est valablement proposée, même après l'adjudication préparatoire, par le saisi auquel les placards n'ont pas été régulièrement notifiés. Nîmes, 4 avr. 1810, P. 8, 228.

531. Il ne faut pas, du reste, conclure de ce qui précède que les demandes incidentes doivent être nécessairement formées le jour de l'adjudication préparatoire. Il est vrai que l'art. 733 statue en prévoyance de ce cas; mais il ne s'oppose nullement à ce qu'elles le soient antérieurement. Carré, *ib.*; Delaporte, 2, 331. — V. *sup.* n° 526.

532. Les moyens de nullité seraient tardivement proposés: 1° lorsque la vente ayant lieu en plusieurs lots, l'un d'eux a déjà été adjugé. Caen, 4 mai 1814, P. 12, 196.

2° Pendant la lecture de l'exposé de la procédure qui précède la vente : l'adjudication est alors commencée. Riom, 21 mars 1816, P. 13, 348.

3° En cause d'appel, s'ils n'avaient été déjà soumis aux premiers juges. Arg. C. pr. 734; Rouen, 28 fév. 1810, P. 8, 142; Cass. 2 juill. 1816, P. 13, 525, 544; 19 juill. 1824, S. 24, 270; Carré, n° 2486. — V. *inf.* n° 489.

533. Mais il en serait autrement dans le cas où la nullité n'aurait été commise que pendant l'adjudication, comme si l'adjudication avait été prononcée après l'extinction de deux feux seulement au lieu de trois.

534. Au surplus, tant que l'adjudication n'a pas été prononcée, le saisi peut proposer ses moyens de nullité contre la procédure antérieure : sa demande est donc recevable postérieurement au jour indiqué pour cette adjudication, si elle a été remise à un jour plus éloigné. Cass. 22 nov. 1826, S. 27, 177.

535. Les moyens de nullité relatifs aux procédures antérieures à l'adjudication préparatoire n'ayant pas besoin d'être présentés à l'avance, peuvent être proposés par exploit aussi bien que par requête, — ou par des conclusions écrites déposées à l'audience. Bruxelles, 23 août 1810, P. 8, 557, 31 janv. 1812, P. 10, 83; Bordeaux, 21 janv. 1811, P. 9, 43; Limoges, 11 mai 1816, P. 13, 431; Poitiers, 18 mai 1824, S. 25, 164; Toulouse, 30 juill. 1828, S. 28, 340; Carré, n° 2484. — *Contrà*, Riom, 26 mars 1810, P. 8, 209; 21 mars 1816, P. 13, 348.

Mais des conclusions verbales seraient insuffisantes. *Mêmes arrêts*. Poitiers, 26 août 1836 (Art. 594 J. Pr.).—*Contrà*, Toulouse, 30 juill. 1828, D. 29, 12.

536. L'incident est jugé avant l'adjudication préparatoire. C. pr. 733.

Si cette adjudication intervenait, nonobstant une demande en nullité contre la procédure antérieure, elle n'empêcherait pas la solution de cette demande, alors même qu'il n'existerait qu'une simple requête à laquelle on n'aurait encore donné aucune suite. Cass. 25 avr. 1814, P. 12, 182; — ou seulement une opposition formée lors du commandement. Cass. 1er fév. 1830, S. 30, 41. — V. *sup*. n° 83.

L'adjudication qui serait intervenue dans cette circonstance serait nulle et comme non avenue, alors même que le jugement postérieur aurait repoussé les moyens de nullité. Cass. 23 juill. 1811, P. 9, 484.

537. Si les moyens de nullité sont rejetés, l'adjudication préparatoire est prononcée par le même jugement. C. pr. 733; — cet article, dont le but est d'éviter des frais et des lenteurs, est spécialement relatif au cas où l'incident est élevé le jour même indiqué pour l'adjudication préparatoire; il n'est pas indispensable que le jugement qui statue sur les moyens de nullité prononce à la fois l'adjudication préparatoire. Paris, 1er juill. 1813, P. 11, 513; Carré, art. 733; — il est même des cas où deux jugemens doivent être rendus; tel serait celui où par suite d'un motif quelconque l'adjudication préparatoire n'aurait pas

pu intervenir au jour indiqué par les annonces et les placards, de nouvelles annonces et de nouveaux placards devant avoir lieu. C. pr. 752; Nîmes, 22 juin 1808, P. 6, 758; Carré, *ib.* n° 2489.

538. Jugé toutefois que, si le jugement qui statue sur les moyens de nullité contre la procédure est *par défaut*, il doit être signifié à la partie, pour faire courir le délai d'appel. Cass. 25 avr. 1826, D. 26, 260.

Art. 2. — *Nullités postérieures à l'adjudication.*

539. Ces nullités doivent être proposées 40 jours au moins avant celui indiqué pour l'adjudication définitive. C. pr. 735; Décr. 2 fév. 1811, art. 2.

540. Cette disposition est applicable : 1° au cas où il est allégué que les nullités n'ont pas été connues antérieurement à raison de l'absence de notification des procès-verbaux d'apposition des 2e et 3e placards, si d'ailleurs les dénonciations et notifications prescrites par les art. 681 et 687 ont été faites, et ont mis les intéressés à portée de surveiller les opérations de la poursuite. Cass. 10 mars 1819, P. 15, 151; Bordeaux, 11 août 1838 (Art. 782 J. Pr.).

2° A celui où il est impossible que la partie saisie ait connu la nullité quarante jours avant l'adjudication, par exemple, lorsqu'il s'agit de celle d'un jugement qui, postérieurement à l'adjudication préparatoire, a ordonné que l'adjudication définitive aurait lieu dans le mois. Cass. 22 fév. 1819, P. 15, 107.

541. Mais il en serait autrement : 1° si la nullité était relative aux affiches. Nîmes, 4 avr. 1810, P. 8, 228; — ou si le procès-verbal constatant la première apposition n'avait pas été régulièrement notifié;

2° Et à plus forte raison s'il ne s'agissait pas d'une demande en nullité, mais bien d'une simple réclamation de sursis de l'adjudication, fondée, par exemple, sur ce que les affiches indiqueraient l'adjudication à une date autre que celle fixée par le trib. Dijon, 28 fév. 1818, P. 14, 675;

3° Dans le cas où l'adjudication préparatoire n'a pas été signifié au saisi. Cass. 23 juill. 1828, D. 28, 348; Bourges, 9 déc. 1829, D. 31, 176.

542. Si une action en nullité est intentée hors des délais accordés par la loi et qu'il y ait appel du jugement qui l'a repoussée, il ne peut être, nonobstant cet appel, procédé à l'adjudication définitive : l'appel est suspensif; il faut qu'il y ait été statué pour que le jugement de 1re inst. reçoive son exécution. Bruxelles, 27 fév. 1808, P. 6, 539; Carré, n° 2505. — V. *inf.* n° 487. — *Contrà*, Bruxelles, 18 juin 1812, P. 10, 490.

543. Les moyens de nullité doivent être proposés par requête (grossoyée), avec avenir à jour indiqué. C. pr. 733.

544. Cette requête est signifiée à avoué. Tar. 125; Turin, 6 déc. 1809, S. 10, 240; Carré, n° 2503.

545. Elle est notifiée à l'adjudicataire provisoire. Si son enchère n'est pas couverte, il devient adjudicataire définitif: il a donc intérêt à connaître, pour les combattre s'il y a lieu, les moyens de nullité qui tendraient à annuler l'adjudication prononcée à son profit : la loi exige formellement qu'on lui signifie les demandes en distraction (—V. *sup.* n° 502), et les mêmes motifs existent pour lui donner connaissance de celles en nullité. Carré, n° 2054.

546. La demande en nullité n'est reçue qu'autant que le demandeur donne caution suffisante pour le paiement des frais résultant de l'incident. Décr. 2 fév. 1811, art. 2; — c'est-à-dire, si le demandeur présente une caution solvable; — il devrait être déclaré non-recevable, s'il se bornait à offrir d'une manière vague de donner caution sans en désigner aucune. Bourges, 12 août 1820, D. 11, 820, n° 5; Bruxelles, 29 janv. 1822, D. *ib*; Carré, n° 2058.

547. Il faut que l'offre de la caution soit accompagnée du dépôt des pièces justificatives de la solvabilité de cette caution. Cass. 24 juin 1834, S. 34, 521.

548. Les juges doivent statuer sur la demande en nullité 30 jours au plus tard avant l'adjudication définitive. Décr. 2 fév. 1811, art. 3.

549. Mais ce délai est-il fatal de telle sorte que le jugement soit nul s'il est intervenu dans les 30 jours qui précèdent l'adjudication définitive? — Non. Dès que le demandeur a mis le trib. à même de statuer dans le délai, il serait injuste de le rendre responsable d'une négligence qui lui est étrangère. Carré, n° 2507; Delaporte, 333.

Il peut être passé outre à l'adjudication définitive, sans attendre l'expiration du délai d'appel. Lyon, 26 août 1837 (Art. 994 J. Pr.).

550. Le créancier dont les poursuites sont annulées peut être condamné à des dommages-intérêts envers l'adjudicataire, mais non envers le saisi. Besançon, 21 juin 1810, P. 8, 395. — Dans l'espèce, l'un des propriétaires de l'immeuble saisi était seul débiteur du saisissant.

§ 6. — *Appel du jugement en vertu duquel on a saisi.*

551. Il s'agit ici du jugement qui condamne le saisi à payer, et non pas de celui qui a rejeté une demande en radiation de la saisie et ordonné la continuation des poursuites : l'art. 726 est général. Carré, n° 2444; Berriat, 599, note 103. — *Contrà*, Tarrible, *R. h.* v°, § 6, art. 2.

Le débiteur est tenu d'intimer sur cet appel, de dénoncer et faire viser l'intimation au greffier du trib. devant lequel se poursuit la vente; et ce, trois jours au moins avant la mise du cahier des charges au greffe : sinon l'appel n'est pas reçu, et il est passé outre à l'adjudication. C. pr. 726; — vainement on oppose qu'il ne doit pas être au pouvoir du saisissant de rendre plus ou moins long le délai d'appel en déposant le cahier des charges à une époque très rapprochée de la première publication (C. pr. 697); que le dépôt du cahier des charges ne devrait emporter déchéance qu'autant qu'il aurait été fait le dernier jour auquel il pouvait avoir lieu; — l'art. 726 est formel, et prononce la déchéance sans distinction; d'ailleurs quelles que soient les diligences faites par le poursuivant, le délai d'appel sera toujours assez long, surtout si on le compare à celui de quinzaine accordé pour ceux sur incident de saisie immobilière. Metz, 13 mai 1817, P. 14, 224; Nîmes, 2 juin 1819, P. 15, 312. — *Contrà*, Carré, n° 2446; Thomine, 2, 277.

Si le délai ordinaire de trois mois pour interjeter appel peut se trouver abrégé dans ce cas, c'est que le débiteur, averti depuis plus de trente jours par le commandement, est présumé avoir peu de confiance en son appel, puisqu'il a laissé faire la plus grande partie des frais sans le notifier. Berriat, *ib.*

Lorsqu'il y a des créanciers qui se sont rendus parties dans la saisie, il faut intimer, outre le saisissant, l'avoué le plus ancien de ces créanciers. Pigeau, 2, 162; Carré, n° 2445. — *Contrà*, Thomine, 277. — V. *sup.* n°s 293 et 294.

552. L'appel du jugement en vertu duquel les poursuites de saisie immobilière sont exercées, est soumis aux règles et aux formalités de l'art. 726, encore bien qu'il ait été interjeté avant le procès-verbal de saisie, s'il l'a été postérieurement au commandement. — V. *sup.* n° 376. — *Contrà*, Paris, 29 mai 1809, P. 7, 584; Carré, n° 2451.

§ 7. — *Voies ouvertes contre les jugemens rendus sur des incidens.*

553. Ces voies sont l'appel, la requête civile et la cassation. — V. d'ailleurs *Prise à partie*, *Ressort*, n° 133.

554. Mais ne sont pas recevables, 1° l'opposition :

Cette voie est formellement interdite par l'art. 3 Décr. 2 fév. 1811 contre les jugemens rendus sur les demandes en nullité postérieures à l'adjudication préparatoire.

Il doit en être de même à l'égard des jugemens rendus sur d'autres incidens : cela résulte de la nécessité d'obtenir une solution prompte ; nécessité qui a fait réduire à 15 jours le délai de l'appel (C. pr. 723, 730, 734); or, s'il y avait lieu à opposition dans le délai de huitaine, ainsi que le veut l'art. 157, l'appel n'étant pas recevable pendant ce temps, le délai d'appel, au lieu d'être invariablement de quinzaine, ainsi que le veulent les articles précités, pourrait être de trois semaines au moins ; le silence du Code à l'égard des délais de l'opposition indique qu'il a entendu proscrire ce recours et réserver seulement l'appel. Paris, 24 sept. 1809, P. 7, 837; Bruxelles, 20 déc. 1809, P. 7, 937; Turin, 6 juin 1810, P. 8, 556; 19 avr. 1811, P. 9, 271; Poitiers, 17 janv. 1827; Grenoble, 26 avr. 1827, S. 28, 264; Toulouse, 5 mai 1830, S. 30, 366; Montpellier, 10 fév. 1832, S. 33, 656; Carré, n° 2440; Persil, *Quest.* 2, 375; Berriat, n° 583; Thomine, 2, 272; Huet, 257, note A. — V. *Nouveau projet de loi*, art. 731. — *Contrà*, Turin, 26 mai 1810, P. 8, 336 ; Limoges, 9 déc. 1812, P. 10, 874; Rouen, 4 juin 1824, S. 25, 305; Pigeau, 2, 372.

Peu importe qu'il s'agisse d'une nullité de procédure ou de celle du titre même, en vertu duquel la saisie a été pratiquée. — *Contrà*, Bruxelles, 30 janv. 1813, P. 11, 87.

555. De ce qu'il n'y a pas lieu à opposition en matière de saisie immobilière, il résulte qu'il ne saurait intervenir de jugement de défaut profit joint. Turin, 19 avr. 1811, S. 12, 190.

556. L'arrêt rendu sur l'appel n'est pas plus que le jugement de 1re inst. susceptible d'être attaqué par la voie de l'opposition. Paris, 28 déc. 1816, P. 13, 758. — V. *sup.* n° 554.

557. 2° *La tierce-opposition.* Le poursuivant est le représentant légal de tous les créanciers ; ceux-ci n'ont que le droit de demander la subrogation dans le cas de fraude ou de négligence de sa part et ne peuvent dès lors former de tierce-opposition. Cass. 22 fév. 1819, P. 15, 107. — V. *sup.* n° 394, et suiv., et toutefois, *sup.* nos 284 et 410.

Art. 1. — *De l'appel.*

558. RÈGLES GÉNÉRALES.—*Par qui l'appel doit-il être interjeté.* Par ceux qui ont été partie au jugement. C. pr. 727 ; — les créanciers qui n'y ont pas figuré n'ont pas cette faculté.

559. *Contre qui.* Contre toutes les parties qui ont figuré en première instance. C. pr. 727.

On ne pourrait donc se dispenser d'y appeler, dans le cas de demande en distraction, 1° le créancier premier inscrit. Toulouse, 18, nov. 1829, S. 30, 170 ;—2° l'adjudicataire provisoire, si l'adjudication a déjà eu lieu : il est indispensable que l'adjudicataire soit partie dans une contestation qui peut avoir pour résultat de le dépouiller du bénéfice de l'adjudication prononcée à son profit. Arg. C. pr. 727;— il ne suffirait pas de l'assigner en déclaration d'arrêt commun. Paris, 20 vent. an 11; P. 3, 194; Carré, Pigeau 2, 176.

560. Il doit être signifié séparément à tous ceux qui ont été parties en 1re instance; — un exploit collectif à des héritiers qui ont figuré individuellement devant les premiers juges est insuffisant. Cass. 7 mai 1818, D. 18, 577.

561. La nullité résultant de ce que l'on n'aurait pas appelé toutes les parties ne saurait être opposée par celles qui auraient été régulièrement citées : la loi ne prononce pas la nullité pour ce cas, et les intérêts des intimés sont distincts. — V. *sup.* n° 421 et 442. — *Contrà*, Toulouse, 4 avr. 1837 (Art. 759 J. Pr.).

562. Jugé qu'il n'est pas nécessaire, comme en matière ordinaire, de signifier l'acte d'appel au subrogé tuteur du mineur partie en cause, que le délai de l'art. 726 n'en court pas moins : la publicité donnée à la saisie et aux actes qui en sont la suite, doit avertir suffisamment le subrogé tuteur. Nîmes, 2 juin 1819, P. 15, 312.

563. *Dans quel délai.* Le délai ordinaire de trois mois a été réduit à un terme plus court à l'égard des jugemens qui statuent sur les demandes en subrogation, en distraction, en nullités antérieures ou postérieures à l'adjudication préparatoire. —V. *inf.*, nos 577, 578, 582, 586.

On doit par analogie appliquer le délai de quinzaine, à compter de la signification, à tous les jugemens rendus sur des incidens autres que ceux qui statuent sur les nullités postérieures à l'adjudication préparatoire : il y a en effet même motif de décider. Colmar 11 mai 1816, D. 11, 806, n° 1; Bourges, 12 avr. 1822, P. 17, 258; Grenoble, 26 mai 1831, D. 32, 88. —V. *sup.* n° 551. — *Contrà*, Orléans, 19 avr. 1809, D. 11, 835, n° 1; Amiens, 17 déc. 1812, D. *ib.* 836, n° 3, Limoges, 30 août 1838 (Art. 1292 J. Pr.).

564. La règle *dies termini non computatur in termino* (C. pr. 1033) n'est pas applicable : les expressions des art. 723, 730, 734, *dans la quinzaine, dans la huitaine*, prouvent que l'intention du législateur a été de déroger au droit commun. Besançon, 27 déc. 1807, P. 6, 412; cass. 8 août 1809, D. 9, 293; Metz, 12 fév. 1817, D. 11, 698, n° 1. — V. *Délai*, n° 21.

565. Le délai d'appel, excepté dans le cas de demande en distraction (—V. *inf.* n° 578) n'est pas augmenté à raison des distances (Arg. C. pr. 723, 734, 736) : la disposition exceptionnelle de l'art. 730 C. pr., relative au cas de demande en distraction eût été inutile, si l'augmentation eût dû avoir lieu dans toutes les circonstances. Cass. 8 août 1809, P. 7, 744; Berriat, 603, note 113, n° 3; Favard, *R.* 5, 78; Carré, *ib.*, n° 2448.

566. Il n'est pas suspendu pendant la huitaine qui suit la prononciation du jugement : cette exception à l'art. 449 C. pr. résulte de la brièveté du délai. Besançon, 16 déc. 1812, P. 10, 892; Paris, 5 juill. 1834, S. 34, 401. — *Contrà*, Rennes, 26 avr. 1819, D. 11, 840, n° 1. — Dans une espèce où y il avait contestation sur le droit du saisissant.

567. L'appel interjeté après l'expiration du délai n'est plus recevable. Bruxelles, 18 juin 1812, P. 10, 490; Nîmes, 2 juin 1819, P. 15, 312;—cependant il est suspensif.—V. *inf.*, n° 573.

568. *Dans quelle forme.* L'acte d'appel doit, à peine de nullité, contenir l'objet de l'appel et un exposé sommaire des motifs. — Il convient de préciser les griefs. — V. d'ailleurs *Appel*, n° 192.

569. L'appel peut être signifié au domicile élu par le poursuivant (excepté dans le cas du n° 578) : en effet, il ne s'agit que d'un incident de procédure qu'il convient de terminer promptement; la signification au domicile réel entraînerait des lenteurs inconciliables avec la brièveté du délai accordé pour interjeter appel. Cass. 7 mai 1818, D. *ib.* 841, n° 4; Bruxelles, 2 mars 1822, D. *ib.* 842, n° 3; Rouen, 27 juin 1822, D. 23, 28; Bordeaux, 23 juin 1835 (Art. 191 J. Pr.), *anal.* Cass. 23 avr. 1818, P. 14, 769; Carré, 2, n° 2447; Persil, *Quest.* 2, 312; Huet, 245; Favard, 5, 78. — *Contrà*, Paris, 2 juill. 1810, D. A. 11, 843, n° 5; Bordeaux, 30 août 1814, D. 23, 28; Riom, 3 juin 1824, D. 25, 57; Paris, 12 oct. 1825, D. 26, 42.

Encore bien que le poursuivant demeure dans la ville où cette élection de domicile a été faite. Liége, 16 déc. 1809, D. 11, 833, n° 1.

Et à plus forte raison, lorsque le domicile a été élu chez l'avoué qui occupe dans l'instance de saisie. Cass. 23 mai 1815, P. 12, 740; Rouen, 29 avr. 1824, D. 25, 56.

Il a même été jugé que l'appel est valablement signifié chez l'avoué qui a occupé sur la poursuite de saisie, encore bien qu'il n'ait pas été fait d'élection de domicile en sa demeure. Trèves, 7 et 12 avr. 1809; Turin, 9 fév. 1810; Toulouse, 2 avr. 1811, P. 9, 232; Rouen, 27 juin 1822, D. A. 11, 842, n° 4; Poitiers, 26 août 1836 (Art. 594 J. Pr.). —*Contrà*, Bordeaux, 17 avr. 1826, D. 26, 215.

570. Ainsi jugé dans le cas d'un jugement sur une demande en subrogation. Lyon, 30 juill. 1829, S. 30, 116; — et dans le cas d'un jugement sur une demande en nullité. Rouen, 27 juin 1822, S. 24, 201.

571. L'appel peut également être signifié à personne ou domicile —V. d'ailleurs *sup.* n° 64.

572. L'appel est non-recevable lorsqu'il y a eu acquiescement au jugement de 1re inst. Le saisi ne peut en conséquence, après avoir plaidé sur le fond sans faire de réserves, appeler du jugement qui a déclaré la saisie valable en la forme. Rennes, 18 mai 1819. D. 11, 857, n° 3. —V. *Acquiescement.*

Jugé également qu'on ne peut attaquer un arrêt qui a rejeté les moyens de nullité proposés contre la procédure antérieure à l'adjudication provisoire, lorsque sans réserver la faculté de critiquer cet arrêt, on a proposé des moyens de nullité contre la procédure faite postérieurement à cette adjudication. Cass. 4 fév. 1811, 1er déc. 1813, D. 11, 825, nos 1 et 2.

573. *Effets de l'appel.* Ils sont les mêmes qu'en matière ordinaire (—V. *Appel*, nos 208 et suiv.); — ainsi l'appel est suspensif. C. pr. 726; C. civ. 2215; Bordeaux, 25 août 1810, P. 8, 564; — en conséquence est nulle l'adjudication prononcée au mépris d'un appel antérieurement formé. Cass. 7 août 1811, P. 9, 524; 7 janv. 1818, P. 14, 564; Paris, 26 août 1814, P. 12, 392; 27 mars 1830, S. 30, 143.

Il n'y a pas d'exception à faire pour le cas où il est évident que cet appel n'est pas recevable, par exemple, lorsqu'il a été interjeté hors des délais de la loi. Carré, *ib.*, n° 2450; Pigeau, 2, 162. — V. *sup.* n° 458. — *Contrà*, Toulouse, 6 avr. 1814; Bourges, 22 avr. 1814, P. 12, 172 et 181.

A plus forte raison dans le cas où la validité de l'appel serait contestée, parce qu'il n'aurait pas été notifié au greffier. — *Contrà*, Limoges, 3 janv. 1835, S. 35, 111.

574. Toutefois, l'appel n'est suspensif que relativement à l'adjudication; les poursuites sont valablement continuées. Mais si le jugement de 1re inst. est réformé, les poursuites peuvent être anéanties, et les frais retomber à la charge du poursuivant; c'est donc à celui-ci à examiner s'il est de ses intérêts de continuer ou d'arrêter les poursuites. Caen, 14 déc. 1830 (Art. 951 J. Pr.); Thomine, 2, 274.

575. *Ce qui peut être demandé en appel.* On ne peut proposer en appel d'autres moyens de nullité que ceux présentés en 1re inst. Arg. C. pr. 736; Nîmes, 21 mai 1808. D. A. 11, 746; Cass. 23 mai 1820, D. 20, 416; Poitiers, 16 janv. 1824, D. 25, 55; Cass. 14 juin 1826, D. 26, 312; 4 janv. 1826, D. 26, 100; 29 avr. 1829, D. 29, 231; Bourges, 27 mai 1831, D. 33, 63; Cass. 18 juill. 1832, S. 32, 523; 12 mai 1835 (Art. 75 J. Pr.); Bordeaux, 11 août 1836 (Art. 782 J. Pr.); Cass. 24 juill. 1837 (Art. 891 J. Pr.); Pigeau, 2, 380; Hautefeuille, 395; Berriat, 603. — V. *Appel.*

Alors même que l'adjudication préparatoire ne serait pas prononcée. — *Contrà*, Grenoble, 3 sept. 1814, P. 12, 410.

Cette prohibition s'applique aux créanciers comme à la partie saisie. Amiens, 23 mai 1812, P. 10, 417.

Peu importe d'ailleurs que la partie qui oppose la nullité ait été condamnée contradictoirement ou par défaut. Cass. 16 juill. 1834, S. 34, 709. — Qu'il s'agisse de la nullité du titre en vertu duquel la saisie est pratiquée ou d'une nullité de procédure. Rouen, 28 fév. 1810, D. 11, 851, n° 1; Cass. 2 juill. 1816, D. *ib* 852, n° 2; 29 nov. 1819, D. *ib.* 852, n° 3; 23 mars 1823, D. *ib.*; 24 août 1823, S. 24, 29; Nîmes, 16 juin 1830, D. 31, 35; Cass. 13 déc. 1831, D. 32, 26; 18 juill. 1832, D. 32, 296; 24 juin 1834, D. 34, 293; 28 déc. 1836 (Art. 728 J. Pr.). — V. *sup.* n° 503, et *inf.* n° 580.

576. L'appel incident est recevable en tout état de cause. Bourges, 10 fév. 1816, D. 11, 843, n° 1. — V. *Appel*, n° 414.

577. RÈGLES SPÉCIALES. — *Appel du jugement sur la demande en subrogation.* Cet appel n'est recevable que dans la quinzaine du jour de la signification du jugement à avoué. C. pr. 723.

578. *Appel du jugement sur la demande en distraction.* Cet appel doit, à peine de déchéance, être interjeté avec assignation dans la quinzaine de la signification du jugement à personne ou domicile, outre un jour par trois myriamètres, en raison de la distance du domicile réel des parties. C. pr. 730; — cette augmentation se justifie par l'importance de la contestation; il convient que l'intimé connaisse personnellement l'appel.

Si les parties assignées sur l'appel ont leur domicile à différentes distances, chacune d'elles doit être assignée à raison de la distance qui sépare son domicile du lieu de la comparution, sauf à ne poursuivre l'audience qu'à l'expiration de tous les délais. Arg. C. pr. 175.

579. Mais ce délai de quinzaine n'est pas franc. Besançon, 27 déc. 1807, P. 6, 412; Carré, art. 730, n° 2472; Pigeau, 2, 171; Huet, 120; Berriat, 603, note 113, n° 3. — *Contrà*, Thomine, 2, 281. — V. *sup.* n° 564.

580. L'art. 730 est applicable à tous les cas où des difficultés s'élèvent à l'occasion de la propriété des biens saisis ou des droits qui en résultent et même à celui où il s'agit d'un jugement rendu sur la demande d'un locataire de l'immeuble saisi, tendante à ce que l'adjudicataire soit tenu d'entretenir son bail, et qu'il soit à cet effet inséré une clause dans le cahier des charges. Cette prétention constitue en effet un incident à la poursuite, et il y a même raison pour exiger les délais de l'appel que dans les cas spécialement prévus par la loi. — (V. *sup* n° 563). — *Contrà*, Amiens, 17 déc. 1812, P. 10, 899.

581. Il en serait autrement si l'action avait été intentée postérieurement à l'adjudication définitive : la saisie étant terminée, la demande ne peut plus être incidente à cette saisie; elle est par conséquent soumise aux règles ordinaires. Bourges, 24 déc. 1813, P. 11, 849.

582. *Appel du jugement sur les demandes en nullités antérieures* *à l'adjudication préparatoire*. Cet appel doit, à peine de déchéance, être interjeté avec intimation dans la quinzaine de la signification du jugement à avoué. C. pr. 734.

583. Ce délai court du jour de la signification du jugement qui a statué sur les nullités, et non pas de celui du jugement d'adjudication préparatoire qui serait intervenu ultérieurement. Cass. 25 janv. 1827 (Art. 952 J. Pr) —*Contrà*, Bruxelles, 10 mai 1810, P. 8, 502.

Peu importe, 1° que le jugement ait admis ou rejeté les nullités proposées. Nîmes, 20 avr. 1812, P. 10, 316.

2° Qu'il ait statué sur des nullités puisées dans le fond de la cause, telles, par exemple, que celle du titre en vertu duquel la saisie a été pratiquée, — ou tirée de la forme des actes de la procédure : la loi ne fait aucune distinction à cet égard. Amiens, 28 janv. 1814, P. 12, 62 ; Colmar, 11 mai 1816, P. 13, 451 ; Cass. 19 juill. 1824, S. 24, 270 ; 8 nov. 1826, S. 27, 186 ; Angers, 15 janv. 1829, S. 29, 344 ; 21 juill. 1835, 29 mars 1836 (Art. 251 et 424 J. Pr.) ; Carré, n° 2496 ; Thomine, 2, 289. — *Contrà*, Paris, 23 mai 1808, P. 6, 701 ; Grenoble, 28 mars 1809, P. 7, 467 ; Turin, 2 avr. 1812, P. 10, 268.

3° Qu'il s'agisse de nullité ou de tout autre incident ; l'art. 734 est applicable, par conséquent, au jugement qui refuse de surseoir à l'adjudication définitive. — *Contrà*, Bordeaux, 24 juin 1831, S. 32, 115. — V. *sup*. n° 564.

584. L'appel est notifié au *greffier* (du trib de 1re inst.), et visé par lui. C. pr. 734 ; — c'est afin que les premiers juges, avertis de l'appel ne donnent pas suite à la saisie, jusqu'à ce que l'incident soit vidé. Carré, n° 2492.

Le délai de quinzaine ne s'applique pas rigoureusement à la notification ni au visa ; il suffit qu'ils aient lieu avant l'adjudication définitive. Bordeaux, 4 août 1829, S. 30, 86 ; Pigeau, 2, 175 ; Carré, *ib*.

Il y a plus, le défaut de notification et de visa n'entraînerait pas nullité : la déchéance prononcée par le commencement de l'art. 734 C. pr. n'est pas reproduite dans la disposition finale ; ces formalités ne sont pas substantielles ; il y aurait seulement lieu à des dommages-intérêts contre l'appelant, si l'adjudication avait été prononcée nonobstant l'appel. Bruxelles, 18 janv. 1808, P. 6, 449 ; Poitiers, 24 mai 1825, S. 27, 43 ; Riom, 21 janv. 1832, S. 33, 80 ; Montpellier, 6 fév. 1832, S. 33, 212 ; Carré, n° 2495 ; Pigeau, 2, 175. — *Contrà*, Trèves, 25 nov. 1812, P. 10, 833 ; Riom, 27 juin 1826, S. 27, 32 ; Grenoble, 28 fév. 1833, S. 33, 229 ; Limoges, 3 janv. 1835, S. 35, 111 ; Caen, 29 mai 1837 (Art. 878 J. Pr.).

585. Cette notification et ce visa ne dispense pas de signifier l'appel à l'avoué de la partie contre laquelle il est interjeté. Angers, 20 janv. 1809, S 15, 185; Bourges, 11 juin 1810; Agen, 4 avr. 1810, S. 14, 281; Cass. 7 mai 1818, S. 19, 123; Carré, n° 2493; Favard, *R.*, 5, 79; Pigeau, 2, 176; Berriat, 603, note 113. — V. *sup.* n° 582.

586. *Appel du jugement sur les demandes en nullités postérieures à l'adjudication préparatoire.* Cet appel n'est pas recevable s'il a été interjeté après la huitaine de la prononciation du jugement. C. pr. 736.

Cette disposition s'applique alors même qu'il ne s'agirait pas d'une nullité de procédure, mais d'une demande ayant pour objet de modifier le cahier des charges, en divisant en un plus grand nombre de lots les immeubles saisis, — ou d'offres réelles, Grenoble, 4 mai 1825, D. 25, 200; 26 mai 1831, S. 32, 634; — ou d'un sursis à l'adjudication définitive. Cass. 26 fév. 1828, S. 28, 153; 4 janv. 1837 (Art. 701 J. Pr.). — V. *sup.* 564 et 583. — *Contrà,* Dijon, 28 fév. 1818, P. 14, 675; — ou d'une demande en désaveu contre un avoué. Cass. 25 mars 1834, D. 34, 222; — ou d'une demande en nullité fondée sur ce que l'interdiction du saisi aurait été légalement prononcée avant les poursuites. Montpellier, 2 juill. 1833, D. 34, 124. — V. *sup.* n° 583. — *Contrà,* Paris, 23 mai 1818, D. 23, 57; Nîmes, 4 mai 1831, S. 31, 312; — peu importe que l'adjudication définitive ait été prononcée en même temps que le jugement qui a repoussé la demande en nullité. Cass. 24 juin 1834, S. 34, 781.

587. L'acte d'appel doit être notifié au greffier et visé par lui. C. pr. 736.

588. Cette notification et ce visa ne dispense pas de la signification de l'appel aux intimés. Paris, 16 janv. 1811, P. 9, 34; Carré. art. 736, n° 2511. — V. *sup.* n° 585.

589. On ne peut présenter d'autres moyens de nullités que ceux proposés en 1re inst. C. pr. 736. —V. *sup.* n° 575.

590. Il est statué sur l'appel dans la quinzaine au plus tard, à dater de la notification. Décr. 2 fév. 1811, art. 4.

Art. 2. — *De la requête civile.*

591. Cette voie est ouverte contre les jugemens rendus sur des incidens de saisie immobilière, comme en matière ordinaire. Arg. Cass. 4 mai 1825, S. 26, 214. — V. *Requête civile.*

Art. 3. — *De la cassation.*

592. Ce recours est également admis.

Mais le saisi qui, après l'arrêt confirmatif d'un jugement qui repousse les moyens de nullité antérieurs à l'adjudication provisoire, se borne à attaquer la procédure relative à l'adjudication définitive, sans faire aucune réserve de se pourvoir contre l'arrêt précédemment rendu, est réputé par cela seul acquiescer à cet arrêt et renoncer à tout recours. Cass. 4 fév. 1811, P. 9, 76 ; 1er déc. 1813, P. 11, 800.

593. On ne peut proposer en cassation des moyens de nullité nouveaux. Cass. 4 oct. 1814, D. 11, 750, n° 3. — V. *sup*. n° 575.

§ 8. — *Demande en conversion.*

594. Lorsqu'un immeuble a été saisi, les intéressés, s'ils sont tous majeurs et maîtres de leurs droits, peuvent demander que l'adjudication soit faite aux enchères, devant notaire ou en justice, sans autres formalités que celles prescrites aux art. 957 à 962, 964 C. pr. C. pr. 747. — V. *Vente judiciaire.*

Ce mode de vente est souvent très-avantageux. — L'établissement de la propriété est fait d'une manière plus sûre : le saisi fournit lui-même tous les documens nécessaires ; — la procédure est moins longue et moins dispendieuse ; — enfin, on est libre d'ajourner l'adjudication à un moment plus opportun. — Il doit être adopté, surtout lorsque l'immeuble n'est pas d'une valeur considérable.

595. *A été saisi*. Cette condition est indispensable pour que la demande en conversion soit recevable ; autrement la vente serait volontaire : or, dans ce cas, les immeubles appartenant à des majeurs maîtres de disposer de leurs droits ne peuvent, à peine de nullité, être mis aux enchères en justice. C. pr. 746.

Mais avant la saisie la vente pourrait avoir lieu devant notaire sans autorisation du trib. — Cependant, si cette autorisation avait été donnée, la vente faite devant notaire ne serait pas nulle. L'art. 746 C. pr. ne prohibe que les ventes volontaires faites en justice, et cela dans l'intérêt des notaires. Nîmes, 30 déc. 1808, P. 7, 287 ; Carré, n° 2527.

596. Les trib. refusent ordinairement d'ordonner la conversion après l'accomplissement des premières formalités, telles que le dépôt de l'enchère, l'impression et l'apposition des affiches : le principal but de la conversion (— V. *sup*. n° 594) ne peut plus être atteint dans ce cas. Thomine, n° 852.

Toutefois il a été jugé que la demande en conversion peut être formée même après le dépôt de l'enchère, le jour de la première publication : attendu que la loi n'a point fixé de délai et que les parties sont seules juges de leurs intérêts. Orléans, 29 nov. 1826, S. 29, 175 ; — dans l'espèce, les parties prouvaient qu'il y aurait économie de frais.

597. *Les intéressés.* C'est-à-dire le saisi et les créanciers parties à la saisie. Carré, n° 2528.

Sont considérés comme tels, avant la dénonciation des placards, les seuls saisissans; ils pourraient se désister de leurs poursuites. Vainement on opposerait que l'art. 747 ne distingue pas, qu'il est d'ailleurs possible que les autres créanciers se soient abstenus de saisir eux-mêmes l'immeuble uniquement parce qu'une saisie antérieure avait été pratiquée. Paris, 7 nov. 1831, S. 33, 95; Cass. 8 janv. 1833, S. 33, 84; Colmar, 26 juill. 1833, S 34, 168. — *Contrà,* Trib. Moulins, 12 mars 1817; Carré, n° 2531.

Après la dénonciation des placards, tous les créanciers inscrits.

598. L'opposition de l'un des intéressés suffit pour empêcher la conversion. Arg. Tar. 127; Paris, 20 sept. 1809, et 26 sept. 1810, P. 8, 598; Carré, *ib.*; Demiau, 462.—*Contrà*, Delaporte, 2, 338; Thomine, 2, 301. — Alors même que le saisi a commencé les poursuites de la vente volontaire, et que l'immeuble saisi est d'une valeur modique. Grenoble, 22 juin 1831, S. 32, 570.

599. Le consentement des parties doit être pur et simple, et non conditionnel. Paris, 8 mars 1834, S. 34, 237. — Dans l'espèce, l'un des créanciers avait exigé que la vente fût renvoyée devant un notaire par lui désigné.

600. *Tous majeurs et maîtres de leurs droits.* La vente sur conversion ne présentant pas toutes les garanties de la vente sur saisie immobilière, le consentement des incapables ne suffirait pas.

Toutefois, si un mineur ou un interdit est créancier, le tuteur peut, sur un avis de parens, se joindre aux parties intéressées pour obtenir la conversion. C. pr. 748. — En cas d'émancipation, l'avis de parens serait également nécessaire. Arg. C. civ. 484.

Si le mineur ou l'interdit est débiteur, les autres parties intéressées peuvent même faire cette demande, mais en se soumettant à observer toutes les formalités prescrites pour la vente des biens de mineurs. *Ib.*—V. *Vente judiciaire.*

Il convient, mais il n'est pas nécessaire, de faire homologuer l'avis de parens; le trib. ayant à prononcer sur la conversion, est toujours à même de la rejeter, dans le cas où il la croit préjudiciable aux intérêts du mineur. Pigeau, 2, 256; Carré, n° 2538.

601. Ne sont pas réputés incapables, 1° la femme mariée; elle doit seulement être autorisée de son mari ou de la justice pour consentir à la conversion. Carré, n° 2539.

2° La personne pourvue d'un conseil judiciaire; il suffit qu'elle soit assistée de son conseil. Carré, *ib.*

602. L'héritier bénéficiaire ou le curateur à une succession vacante peuvent-ils consentir la conversion, relativement aux biens dépendant de la succession (—V. d'ailleurs *sup.* n° 23)? — Les incapables, il est vrai, tels que les mineurs, ne peuvent consentir la conversion parce qu'ils ne peuvent aliéner. Mais il n'en est pas de même de l'héritier bénéficiaire, ou du curateur, ils ont le droit et même ils sont obligés de faire procéder à la vente des immeubles de la succession; il suffirait d'accomplir les formalités prescrites par la loi, une expertise serait nécessaire.

603. *Quid*, à l'égard du failli?

Si la saisie a eu lieu avant l'époque où le concordat peut être proposé, et avant l'union, le failli ne peut seul demander la conversion : il est dessaisi de ses biens.

Jugé sous la loi de 1808, que les syndics eux-mêmes ne pourraient demander la conversion. Arg. Paris, 21 août 1810, P. 8, 548; — mais qu'elle peut être demandée par le gérant d'une société en commandite, et que les syndics provisoires de la faillite de cette société adhèrent valablement à cette demande. Cass. 23 août 1836 (Art. 541 J. Pr.). — V. d'ailleurs art. 745 du projet de M. Parant (Art. 1487 J. Pr.).

La question ne peut pas être soulevée après l'union. — La saisie immobilière est interdite à cette époque, les syndics sont seuls chargés de poursuivre la vente. C. comm. 572. — V. d'ailleurs, *Faillite*, n°s 501 à 511.

604. La demande en conversion doit-elle être exclusivement portée devant le trib. de la situation de l'immeuble saisi? — Pour la négative, on dit : La conversion est une demande principale, ce n'est point un incident. Paris, 26 déc. 1835; 17 août 1836 (Art. 329, 503 J. Pr.). — Pour l'affirmative on répond, avec raison, il y a attribution de juridiction pour le trib. de la situation des biens, en matière de saisie immobilière; la conversion ne peut être qu'un incident, puisqu'elle ne saurait être demandée qu'après la saisie, et que cette procédure est indiquée sous la rubrique des *incidens de saisie immobilière*. Arg. C. civ. 2210; L. 14 nov. 1808. C. pr. 680; Paris, 17 juill. 1829, S. 29. 226, 323; Cass. 25 avr. 1832, S. 32, 378; Paris, 30 juin 1834, S. 34, 427; Paris, 18 mars 1837, 30 août 1837; Bordeaux, 6 avr. 1838; Cass. Régl. de juges, 29 mai 1838 (Art. 716, 1017, 1273, 1277 J. Pr.).

605. Elle est formée ordinairement par requête, non grossoyée, signée de tous les intéressés (Tar. 127); le président du trib. met à la suite son ordonnance, portant communication au procureur du roi et nomination d'un rapporteur. Pigeau, 2, 280.

Toutefois, elle peut avoir lieu par exploit, lorsqu'elle est formée contre des créanciers inscrits, qui n'ont pas constitué avoué, après la dénonciation des placards prescrits par l'art. 695 C. pr.

606. Le trib. autorise la vente, soit à l'audience des criées, soit devant un notaire. C. pr. 747; Tar. 127; Carré, n° 2529; Berriat, 609. — Il se détermine dans ce choix d'après l'avantage des parties intéressées.

607. Jugé que si les parties s'accordent pour choisir l'un des modes autorisés par la loi, leur volonté doit être respectée. Orléans, 19 janv. 1835 (Art. 128 J. Pr.). — V. toutefois *Vente judiciaire*, n°s 13 et 14.

608. La vente sur conversion peut-elle être renvoyée devant un trib. ou devant un notaire autre que celui de la situation des biens saisis? L'affirmative est adoptée par la jurisprudence. Le législateur en autorisant la conversion par l'art. 747 C. pr. n'a prescrit aucunes formes particulières pour le mode de vente, dès lors rien ne s'oppose à ce qu'on renvoie la vente devant le trib. ou le notaire indiqué par les parties. Paris, 16 janv. 1815, S. 16, 144; Orléans, 29 nov. 1826, S. 29, 175; Paris, 30 août 1837; 22 août 1838 (Art. 1017, 1218 J. Pr.). — *Contrà*, Arg. Motifs cass. 25 fév. 1832, S. 32, 378.

609. Le consentement de tous les intéressés étant nécessaire pour que la conversion puisse avoir lieu, le jugement qui l'ordonne n'est pas en général susceptible d'appel, si ce n'est quant au délai accordé pour procéder à la vente. Paris, 13 août 1810, S. 13, 166; Carré, n° 2532; Berriat, 609, note 126, n° 1. — Mais l'appel devient sans intérêt, si la vente intervient avant qu'il ne soit jugé; — seulement, lorsqu'il est fondé, l'intimé doit être condamné aux dépens. Carré, n° 2534.

610. Quant au jugement qui refuse la conversion, il peut être attaqué par appel, si la demande a été formée par tous les intéressés. Orléans, 29 nov. 1826, S. 29, 175; Carré, n° 2532.

611. Dans ces différens cas, le délai de l'appel est de trois mois, et non de huit ou quinze jours comme pour les jugemens rendus sur les autres incidens. Le jugement de conversion a en effet pour but d'arrêter les poursuites de saisie, et nulle disposition ne restreint à son égard les délais ordinaires. Paris, 8 mars 1834, S. 34, 237.

612. La conversion une fois ordonnée, le saisi dépose au greffe ou chez le notaire commis un cahier des charges rédigé dans la forme prescrite pour les ventes de biens de mineurs. — V. *Vente judiciaire*.

613. Lorsque les parties sont capables, elles peuvent, sans l'intervention de la justice, convenir de la mise à prix ou même la réduire s'il ne se présente pas d'enchérisseur. L'art. 964 C.

pr. (—V. *Vente judiciaire*) n'est pas applicable. Carré, n° 2535; Pigeau, 2, 243.

614. Il n'y a pas besoin, dans ce cas, comme dans celui de vente d'immeubles de mineurs, d'une estimation par experts. Vainement on oppose que l'art. 747 renvoie à l'art. 957, qui prescrit cette formalité : en effet, l'expertise n'est d'aucune utilité ; elle n'a d'ailleurs pas lieu dans le cas de vente sur saisie immobilière. *Mêmes auteurs*.

615. Mais s'il se trouve un incapable parmi les intéressés, toutes les formalités *d'expertise* et autres prescrites pour la vente des biens de mineurs, art. 956, 957, 964 C. pr., doivent être observées. *Mêmes auteurs*. —V. *sup*. n° 600. — M. Thomine, n° 853, exige une expertise sans distinguer si les parties sont ou non capables.

616. Les enchères sont ouvertes sur le cahier des charges. Si la vente a lieu en justice, il est lu à l'audience ; lors de la lecture, on annonce le jour auquel il sera procédé à l'adjudication préparatoire : ce jour est éloigné de six semaines au moins. C. pr. 959.

617. On se conforme au surplus pour les affiches, placards et insertions destinés à donner de la publicité à la vente, et pour les formes de l'adjudication, aux règles tracées pour les ventes de biens de mineur. — V. *Vente judiciaire*.

618. Ces règles doivent être observées sous peine de nullité de la vente. Colmar, 4 juin 1830, S. 30, 334.

La nullité est demandée par action principale devant le trib. de 1re inst., s'il s'agit d'une vente faite devant notaire, et par appel, s'il y a eu jugement d'adjudication à l'audience dès criées du trib. Paris, 10 juill. 1830, S. 30, 369.

619. La loi ayant prohibé les ventes volontaires devant le trib., dans l'intérêt des notaires, si la vente avait été renvoyée devant un juge, les parties, mêmes capables, ne pourraient renoncer à aucune des formalités prescrites. Pigeau, 2, 282 ; — il en est autrement si la vente a lieu devant notaire. *Ib*. ; Carré, n° 2536.

620. Le jugement qui ordonne la conversion n'a pas pour conséquence d'annuler la saisie dont les effets subsistent, il substitue seulement un mode de procéder à un autre.

621. Quelle est la surenchère permise au cas de vente sur conversion ? — V. *Vente sur surenchère*, n° 7.

622. En cas de négligence du saisi autorisé à poursuivre la vente, le trib. peut subroger l'un des créanciers dans la poursuite : ils n'ont consenti la conversion que dans l'espérance d'une procédure plus rapide. Les trib. apprécient souverainement le point de savoir s'il y a eu négligence. Carré, n° 2459 ; Berriat, 609.

§ 9. — *Folle-enchère.*

623. Pour la *folle-enchère*.—V. ce mot.

SECTION III. — *Timbre et Enregistrement.*

624. *Timbre.* — V. ce mot; *Affiche;* et *sup.* n° 249.

625. *Enregistrement.* Le commandement tendant à saisie immobilière est passible du droit fixe de 2 fr. L. 28 avr. 1816, art. 43.

626. Il en est de même du procès-verbal de saisie.—Toutefois, il est dû un droit de 2 fr. par chaque vacation, c'est-à-dire par chaque séance signée de l'huissier, quel que soit du reste le nombre d'heures employées par vacation. Solut. rég. 22 nov. 1817 ; Délib. rég. 26 mai 1823.—Chaque séance doit être enregistrée dans les quatre jours de sa date ; elle constitue en effet un acte séparé. Déc. min. just. et fin. 17 mai et 21 juin 1808.

627. Sont passibles du droit fixe de 3 fr., — outre le droit de rédaction de 1 fr. 25 c. — V. *Greffe (droits de)*, n° 54 : 1° la transcription de la saisie au greffe. L. 22 frim. an 7, art. 68, § 2, n° 6 ; — 2° l'acte de dépôt du cahier des charges. *Ib.*

628. Sont soumis au droit fixe de 1 fr., 1° le certificat d'insertion au journal ; — 2° le cahier des charges. Inst. rég. n° 436.

629. Les autres actes de la procédure sont assujettis aux mêmes droits que les actes analogues faits dans les procédures ordinaires.—V. *Exploit*, *Sommation*, *Requête*, *Vente*, etc.

630. Les jugemens portant adjudication sur expropriation forcée sont passibles du droit de cinq et demi pour cent, quoiqu'ils ne soient pas sujets à la transcription. Cass. 25 juill. 1821, P. 16, 803.—V. *Vente judiciaire.*

631. Toutefois, les droits d'enregistrement perçus sur le jugement d'adjudication doivent être restitués si le jugement est annulé plus tard par les voies légales. Av. Cons.-d'Ét., 22 oct. 1808.—V. d'ailleurs *sup.* n° 377.

632. La déclaration de command *proprement dite* (celle émanée d'un particulier qui s'est réservé de déclarer ultérieurement le nom du véritable adjudicataire), est sujette au droit fixe de 3 fr. L 28 avr. 1816, art. 44. — Celle faite par l'avoué du nom de la personne pour laquelle il s'est rendu adjudicataire, n'est passible que du droit de 1 fr., comme complément. Sol. rég. 3 nov. 1830.

633. La réserve d'élire command doit être insérée dans l'acte d'adjudication, ou contenue au cahier des charges, elle ne pourrait être insérée utilement dans la déclaration, ou dans l'acceptation de command. Instr. rég. 16 juill. 1813. Arg.

L. 22 frim. an 7, art. 69, § 7, n° 3 ; art. 44. L. 28 avr. 1816. Championière et Rigaut, t. 3, n° 2002. — V. *Vente judiciaire*, n° 77.

Jugé en conséquence que la réserve de déclarer command faite par l'avoué lors de l'indication du nom de l'adjudicataire était tardive ; que cette réserve aurait dû, pour ne donner lieu qu'au droit fixe, être insérée dans l'acte même d'adjudication. Trib. Rouen, 12 juill. 1838 (Art. 1304 J. Pr.).

634. Toutefois, il a été jugé que l'acceptation de la déclaration faite (le jour même de l'adjudication) par un tiers tant en son nom qu'au nom de plusieurs amis, ne donnait lieu à aucun droit proportionnel, attendu qu'il n'y avait pas revente. Cass. 23 avr. 1816, P. 13, 391.

SECTION IV. — *Formules*.

FORMULE I.

Commandement tendant à saisie-immobilière.

(C. pr. 673. — Tarif, 29. — Coût, 2 fr. orig. ; 50 c. copie.)

L'an , le , en vertu de la grosse dûment en forme exécutoire d'une obligation passée devant Me , qui en a gardé la minute, et son confrère, notaires à , le , dûment enregistrée ; dont il est, en tête de celle des présentes, donné copie, et à la requête du sieur propriétaire, demeurant à , pour lequel domicile est élu à , en la demeure de Me , avoué près le tribunal de première instance de (*lieu de la situation de l'immeuble que l'on se propose de saisir*), j'ai (*immatricule de l'huissier*), soussigné, fait commandement de par le roi, la loi et justice, au sieur , demeurant à , en son domicile, où étant et parlant à

De, dans trente jours pour tout délai, payer audit sieur , ou présentement à moi, huissier, pour lui porteur de pièces, la somme totale de , composée 1° de celle de montant en principal de l'obligation sus-énoncée, souscrite par le sieur au profit dudit sieur , et exigible aux termes de l'acte susénoncé depuis le ; 2° de , montant de années des intérêts dont ladite obligation a été stipulée productive sur le pied de cinq pour cent par an sans retenue ; à partir du , lesdits intérêts payables aux termes de l'acte les de chaque année, sans préjudice de tous autres dus, droits, actions, intérêts, frais, dépens et mises à exécution ; lui déclarant que, faute de paiement et de satisfaire au présent commandement dans le délai ci-dessus fixé et icelui passé, il y sera contraint par toutes voies de droit, notamment par la saisie réelle de ses immeubles, et spécialement de la maison où il demeure, sise à , hypothéquée et affectée au paiement en principal et accessoires du montant de la susdite obligation ; à ce que du tout le susnommé n'ignore, je lui ai, domicile et parlant comme dit est, laissé copie tant de la grosse de l'obligation susénoncée que du présent.

Déclarant au susnommé que j'allais remettre semblable copie à M. le maire de la commune de ; me suis à l'instant transporté à la mairie de ladite commune, et j'ai laissé ladite copie à M. le maire (*ou* adjoint), lequel a visé le présent original dont le coût est de (*Signature de l'huissier.*)

Vu par nous, maire de la commune de à , ce

(*Signature du maire.*)

FORMULE II.

Pouvoir donné à l'huissier pour procéder à la saisie.

(C. pr. 556.)

Je soussigné (*nom, prénoms, profession*) demeurant à , donne pouvoir à Me , huissier à , de, à ma requête, procéder à la saisie immobilière d'une maison sise à , appartenant au sieur , mon débiteur (*indiquer si la maison est hypothéquée, pour quelle créance, en vertu de quel acte.* — V. *sup.* Formule I).

A l'effet de quoi j'ai remis audit Me la grosse de ladite obligation, aux effets ci-dessus, dresser tous actes et procès-verbaux nécessaires, prendre tous visas, lever tous extraits de la matrice du rôle de la contribution foncière, constituer tous avoués, et généralement faire tout ce qui sera nécessaire, promettant l'avouer, et le ratifiant par avance (*Signature de la partie.*)

FORMULE III.

Procès-verbal de saisie immobilière.

(C. pr. 675 et 676. —Tarif, 47, 48.— Coût, pour vacation de trois heures, 6 fr.; chaque vacation subséquente, 5 fr.; le quart pour chaque copie.)

L'an , le , heures , en vertu de la grosse, etc., (— V. *sup.*, Formule I) dont il a été précédemment donné copie, avec le commandement dont sera ci-après parlé, et à la requête du sieur , demeurant à , pour lequel domicile est élu à , en l'étude de Me avoué près le tribunal de , lequel occupera sur la présente saisie immobilière et ses suites, j'ai (*immatricule*), soussigné, en continuant les poursuites encommencées par exploit de , huissier, en date du , enregistré, et faute par le sieur (*nom, prénoms profession, domicile*), d'avoir satisfait audit acte contenant commandement à la requête dudit sieur , audit sieur , de , etc. (— V. Formule I) avec déclaration que, faute de payer dans ledit délai, il y serait contraint par la saisie réelle de l'immeuble ci-dessus désigné.

Et revêtu des marques distinctives de ma profession, porteur du pouvoir spécial à l'effet des présentes, donné par ledit sieur , par acte sous-seing privé, à , le , enregistré à , le folio , par , qui a reçu , duquel pouvoir copie est donnée en tête de celle des présentes, me suis transporté en la commune de , arrondissement de , département de , au devant d'une maison sise en ladite commune, rue , n° et dont la désignation suit :

Désignation.

Cette maison a son entrée principale par une porte cochère, ladite porte tenant à deux jambages de pierre surmontés d'un chapiteau, sur le jambage de droite est le n° ; de chaque côté desdits jambages est un mur faisant la clôture de la cour, correspondant de droite à , et de gauche à ; en entrant par la susdite porte principale est une grande cour, en partie pavée ; à droite d'icelle est un puits garni de sa manivelle, supportée par une charpente.

En face de ladite entrée, est le principal corps de bâtiment composé d'un rez-de-chaussée, etc., éclairé par , couvert en tuiles.

A droite d'icelui, est un autre corps de bâtiment en aile, faisant l'encoignure de la rue , composé d'un rez-de-chaussée ; etc.

A gauche du principal corps de bâtiment est un autre corps de bâtiment également en aile, composé de

Toute la superficie desdits bâtimens et cour est d'environ ares, centiares, le tout tenant du levant à , du couchant, tant aux propriétés des sieurs , que du sieur , du midi à , et du nord aux propriétés du sieur

Cette maison et dépendances sont imposées au rôle des contributions foncières de la ville de , pour l'année 1840 , à la somme de , ainsi que le constate l'extrait dont la teneur suit :

« Extrait de la matrice du rôle de la contribution foncière de l'an , commune , arrondissement , quartier , rue , n° et du rôle, art. Sieur , pour sa maison et terrain compris, d'un produit évalué ensemble à francs, cotisés sur un produit net de . Principal et centimes additionnels réunis d'après la matrice du rôle de l'an , fr. Certifié conforme à la matrice foncière de l'an , par nous, membres composant la commission des contributions directes de la ville de . Délivré à , le , à la réquisition de

(*Signatures des commissaires.*) »

Tous lesquels biens ci-dessus décrits en fonds et superficie et revenu de toute espèce, j'ai, huissier susdit et soussigné, par ces présentes saisi réellement et mis sous la main du roi, la loi et justice, sur le sieur , ci-dessus dénommé, qualifié et domicilié, et ce, afin d'avoir paiement de la somme totale de , pour les causes énoncées au commandement sus-relaté, sans préjudice des réserves énoncées au commandement susdaté pour, par suite des présentes, être, lesdites maison et dépendances, sises à , vendues et adjugées après l'accomplissement des formalités voulues par la loi, à l'audience des saisies immobilières du tribunal de première instance de , au Palais-de-Justice, local de la première chambre dudit tribunal, issue de l'audience ordinaire, auquel tribunal la présente saisie sera portée ; et de tout ce que dessus j'ai rédigé le présent procès-verbal, auquel j'ai vaqué depuis ladite heure de , jusqu'à celle de , et de suite avant l'enregistrement, je me suis transporté à l'hôtel de la mairie sis à , où étant et parlant à , je lui ai remis une copie du présent, et il a visé icelui conformément à l'art. 676 C. pr. ; 2° et je me suis transporté aussi chez M. le greffier de la justice de paix du canton de , arrondissement de , en son greffe, sis à . , où étant et parlant à , je lui ai remis aussi une semblable copie, et il a visé le présent original, conformément audit article, dont le coût est de

(*Signature de l'huissier.*)

Visé par moi, greffier de la justice de paix du canton de , arrondissement de , le procès-verbal de saisie immobilière, dont copie m'a été laissée à (*Signature du greffier.*)

Visé par nous, maire de la commune de , arrondissement de , le présent procès-verbal de saisie immobilière, dont copie nous a été laissé à ce (*Signature du maire.*)

S'il s'agit de biens ruraux, il faut indiquer le nom du fermier ou colon, à peine de nullité. C. pr. 675, 717. — V. *sup.* n° 109.

FORMULE IV.

Dénonciation à la partie saisie du procès-verbal de saisie et de ses enregistremens.

(C. pr. 681. — Tarif, 49. — Coût, 2 fr. 50 c. orig. ; le quart pour la copie.)

L'an , le , à la requête du sieur , etc., pour lequel domicile est élu en la demeure de Me , avoué au tribunal de , sise à , lequel est constitué et continuera d'occuper sur la poursuite de saisie immobilière, dont sera ci-après parlé, j'ai (*immatricule de l'huissier*), soussigné, signifié, dénoncé et avec celle des présentes donné copie au sieur , demeurant à , en son domicile, en parlant à

1° D'un procès-verbal de moi, huissier soussigné du , dûment enregistré, contenant saisie réelle sur ledit sieur , à la requête dudit , de la maison où il demeure, et dépendances, sises à , rue , n°

2° Des visas et enregistremens, étant sur ledit procès-verbal, donnés et faits par M. le maire de la commune de , le , et par M. le greffier de la justice de paix du canton de , le , par M. le conservateur du bureau des hypothèques de , le , sur la transcription dudit procès-verbal faite audit bureau et au greffe du tribunal de première instance du , les par , greffier dudit tribunal : à ce que du tout le sus-nommé n'ignore, lui déclarant que la première publication pour parvenir à la vente forcée des biens dont s'agit, aura lieu le (*jour*) (*date*), heure de , en l'audience des ventes sur saisies immobilières du tribunal de première instance du séant à , au Palais-de-Justice, local de la première chambre dudit tribunal, à l'issue de l'audience ordinaire; à ce que pareillement le sus-nommé n'en ignore, et je lui ai, en son domicile et parlant comme dessus, laissé copie tant dudit procès-verbal de saisie, des visas e mentions de transcriptions et enregistremens sus-énoncés que du présent exploit, dont le coût est de (*Signature de l'huissier.*)

Vu par moi, maire du , arrondissement, à , le

(*Signature du maire.*)

FORMULE V.

Extrait de la saisie immobilière pour être placé dans l'auditoire, et pour servir d'original de placard.

(C. pr. 682, 683. — Tarif, 104 à 106. — Coût pour la rédaction de l'extrait mis au greffe, 6 fr.; de celui servant de placard, 5 fr.; de celui inséré au journal, 2 fr. pour chaque insertion.)

DE PAR LE ROI, LA LOI, ET JUSTICE.

VENTE SUR SAISIE IMMOBILIÈRE.

En l'audience des ventes sur saisie immobilière du tribunal de , séant au Palais-de-Justice à

D'une maison sise à , rue , n°

La première publication aura lieu le

L'adjudication préparatoire aura lieu le

On fait savoir à tous qu'il appartiendra, qu'il sera procédé à la vente et adjudication de la maison ci-après désignée.

Désignation.

D'une maison sise à , rue , etc.

(*L'indiquer sommairement*)

Tous lesdits biens saisis à la requête du sieur , demeurant à rue , ayant pour avoué Me (*nom, prénoms*), avoué au tribunal de , demeurant à , lequel est constitué continuera d'occuper sur la poursuite de saisie immobilière dont s'agit; sur le sieur , demeurant à , arrondissement municipal de la ville de , commune et arrondissement de , département de Par procès-verbal de , huissier à , en date du , visé le , par M. maire, et M. greffier de la justice de paix de ; à chacun desquels copie dudit procès-verbal a été laissée, enregistré le , par qui a reçu , transcrit au bureau des hypothèques de , le vol. , n° par le conservateur qui a reçu , et au greffe du tribunal de première instance de , le dudit mois de vol. , n° par le greffier dudit tribunal

Pour original. (*Signature de l'avoué.*)

Enregistré à , le . Reçu

Le présent extrait inséré au tableau à ce destiné par le greffier soussigné.

(*Signature du greffier.*)

FORMULE VI.

Procès-verbal d'apposition d'affiches.

(C. pr. 685. — Tarif, 50. — Coût, 4 fr.)

L'an , le , à la requête du sieur , demeurant à , poursuivant sur le sieur , la saisie d'une maison où il demeure, et dépendances, sises à , pour lequel domicile est élu, etc., je (*immatricule de l'huissier*), soussigné, certifie m'être exprès transporté, en la commune de , assisté du sieur , afficheur, lequel, en ma présence, a apposé à chacun des endroits désignés par la loi, des exemplaires d'un placard, indiquant qu'il sera procédé en l'audience des ventes sur saisies immobilières du tribunal de , séant à , au Palais-de-Justice, local de la première chambre dudit tribunal, issue de l'audience ordinaire, à la première publication du cahier des charges pour parvenir à la vente par suite de saisie immobilière d'une maison et dépendances sises à , rue , commune de , arrondissement de appartenant au sieur (*nom, profession, demeure*), et saisies sur lui à la requête dudit sieur ; et j'ai rédigé le présent procès-verbal auquel j'ai annexé un exemplaire dudit placard, et j'ai fait viser le présent procès-verbal par MM. les maires et adjoints des arrondissemens dans lesquels l'apposition a été faite, le coût du présent procès-verbal est de

(*Signature de l'huissier et de l'afficheur.*)

Vu par nous maire de la commune de
A ce 1840. (*Signature du maire.*)

FORMULE VII.

Notification à la partie saisie du placard et de l'acte d'apposition.

(C. pr. 687. — Tarif, 29. — Coût, 2 fr. orig.; 50 c. copie.)

L'an , le , à la requête du sieur , etc. (—V. *sup.* Formule IV), j'ai (*immatricule de l'huissier*), soussigné, notifié et avec celle des présentes donné copie au sieur , demeurant à , en son domicile où étant et parlant à

1° D'un placard fait et rédigé par Me , avoué, enregistré à , le , par , qui a reçu , indiquant qu'il sera procédé le (*jour, quantième*) heure de , en l'audience des ventes sur saisies immobilières du tribunal de première instance du , séant à , au Palais-de-Justice, local de la chambre dudit tribunal, issue de l'audience ordinaire, à la première publication du cahier des charges, dressé par ledit Me pour parvenir à la vente par suite de saisie immobilière, d'une maison et dépendances sises à , commune de , arrondissement de

2° Et d'un procès-verbal du ministère de , huissier, en date du présent mois, enregistré, fait à la requête du sieur , et constatant l'apposition, dans tous les lieux voulus par la loi, d'exemplaires du placard susénoncé, ledit procès-verbal revêtu des visas de MM. les maires, etc.; à ce que le sus-nommé n'en ignore, et je lui ai, domicile et parlant comme dit est, laissé copie, tant de l'affiche et du procès-verbal susdits, que du présent exploit, dont le coût est de

FORMULE VIII.

Saisie arrêt, entre les mains des fermiers et locataires.

(C. pr. 689, 691. — Tarif, par anal. 29. — Coût, 2 fr. orig.; 50 c. cop.)

L'an le à la requête du sieur , demeurant à , pour lequel domicile est élu à en la demeure de Me , avoué près le tribunal de première instance de , lequel occupera sur l'assignation ci-après, j'ai (*immatricule de l'huissier*), soussigné, signifié, dénoncé, et avec celle des présentes, laissé copie au sieur , locataire d'une maison où il demeure, sise à , en son domicile en parlant à

1° D'un procès-verbal de saisie immobilière, etc. (—V. *sup.* Formule III);

2° D'un exploit également de moi soussigné, en date du , également enregistré, visé et transcrit, contenant à la requête dudit sieur , dénonciation audit sieur de la saisie immobilière faite sur ce dernier de la maison où demeure les sus-nommés, sise ; à ce que du contenu audit procès-verbal de saisie immobilière et acte de dénonciation d'icelui à la partie saisie, le susnommé n'ignore; lui déclarant que voulant user du droit de faire immobiliser aux termes de l'art. 689 C. pr. les fruits, loyers ou fermages provenant desdits biens saisis, à compter de ladite époque du , date de la dénonciation sus-énoncée; en conséquence, que le requérant est opposant, comme par ces présentes il s'oppose formellement à ce que ledit sieur paie et vide ses mains en celles de qui que ce soit, des sommes qu'il doit ou pourra devoir audit sieur , demeurant à , rue , pour raison de loyers échus depuis le et à écheoir, des lieux qu'il tient à loyer dudit sieur , en ladite maison; et ce pour sûreté, conservation et avoir paiement de la somme de, etc.; à ce que du tout le susnommé n'ignore, à peine de payer deux fois, et de toutes pertes, dépens, dommages et intérêts. (*Signature de l'huissier.*)

NOTA. — Il faut suivre pour cette saisie arrêt les formes ordinaires, la dénoncer, assigner en validité. — V. *saisie arrêt* et *sup.* n. 220.

FORMULE IX.

Assignation aux locataires à fin de déclaration affirmative.

L'an , etc. j'ai soussigné donné assignation audit sieur , à comcomparaître d'hui à huitaine franche, délai de la loi heures à l'audience et par-devant MM. les président et juges composant la chambre du tribunal de première instance de séant à pour, attendu que l'opposition formée entre les mains du sus-nommé est faite en vertu d'un titre authentique et exécutoire qui est l'obligation susdatée, et par suite d'une saisie immobilière, pour immobiliser les loyers des bien saisis, voir dire et ordonner que, dans la huitaine du jugement à intervenir, ledit sieur sera tenu de faire au greffe du trib. civ. de première instance de , en la forme voulue par la loi, la déclaration affirmative des sommes dont il est ou sera débiteur envers ledit sieur , pour raison des loyers dus au et de ceux à écheoir des lieux que ledit sieur occupe en ladite maison où il demeure et de produire à l'appui de sa déclaration affirmative, tous bail, quittances ou pièces accessoires, sous la réserve de contester ladite déclaration, s'il y a lieu, pour lesdites sommes dont le sieur se sera reconnu ou aura été jugé débiteur envers ledit sieur , à partir de ladite époque du , être déclarées immobilisées pour être distribuées avec le prix de l'immeuble par ordre d'hypothèques et faute de déclaration affirmative dans le délai ci-dessus et icelui passé, s'entendre déclarer personnellement débiteur du montant des causes de l'opposition dont il s'agit.

Entendre enfin ledit sieur ordonner par le même jugement le dépôt des sommes dont il sera reconnu ou aura été jugé débiteur, à la caisse des consignations, à la conservation de qui il appartiendra; et ce, dans la huitaine de la signification du jugement à intervenir; à quoi faire, contraint par toutes les voies de droit; quoi faisant déchargé, et pour en outre, répondre et procéder, comme de raison, à fin de dépens; et j'ai au sus-nommé, en son domicile et parlant comme dessus, laissé copie des procès-verbal de saisie et acte de dénonciation susénoncé et du présent exploit, dont le coût est de

FORMULE X.

Notification d'un exemplaire du placard aux créanciers inscrits sur l'immeuble saisi.

(C. pr. 695. — Tarif, 29. — Coût 2 fr. orig.; 50 c. copie.)

L'an , le , à la requête du sieur (*nom, profession, domicile, constitution d'avoué, élection de domicile*), j'ai (*immatricule de l'huissier*), soussigné, notifié au sieur , demeurant à , au domicile par lui élu en son inscription, chez M , demeurant à , où étant et parlant à , un exemplaire du placard, etc. (— V. *sup.* Formule VII); à ce que du contenu audit placard le sus-nommé n'ignore, le sommant de se trouver, si bon lui semble, le jour fixé pour la première publication, et aux jours ultérieurement fixés pour l'adjudication, et d'y faire trouver bons et solvables enchérisseurs; et je lui ai, audit domicile et parlant comme dessus, laissé l'exemplaire du placard dont s'agit, et copie à la suite d'icelui, du présent exploit, dont le coût est de

FORMULE XI.

Enchère.

(C. pr. 697. — Tarif, 109. — Coût, 2 fr. par rôle.)

CAHIER

DES CHARGES, CLAUSES ET CONDITIONS

Auxquelles seront adjugées à l'audience des saisies immobilières du tribunal de première instance de , séant à , sur saisie immobilière, au plus offrant et dernier enchérisseur,

Une maison et dépendances sises à , appartenant à M. (*nom, prénoms, profession et demeure*), à la requête, poursuite et diligence de M. (*nom, prénoms, profession*) demeurant à , ayant pour avoué Me (*nom, prénoms*), demeurant à

On fait savoir à tous qu'il appartiendra qu'en vertu de la grosse, etc. (—V. *sup.* Formule I).

Et en conséquence, 1° d'un commandement signifié le , enregistré, par , huissier à , audit sieur , demeurant à , rue , de payer audit sieur la somme principale de , composée savoir : , etc. (—V. *sup.* Formule I).

2° D'un procès-verbal fait également par , huissier, par suite dudit commandement, le , contenant saisie immobilière sur ledit , de la maison où il demeure, et dépendances, sises à , et dont la désignation est ci-après; ledit procès-verbal dûment enregistré le , par , qui a reçu , etc., visé par et par (— V. *sup.* Formule IV);

3° De la dénonciation dudit procès-verbal de saisie audit sieur , par exploit de , huissier, en date du , dûment enregistré le , par , qui a reçu , visé le même jour par M. le maire de arrondissement de , et enregistré au bureau des hypothèques de , le , vol. n° par M. , conservateur dudit bureau;

4° D'un procès-verbal d'apposition de placards, fait également par huissier, le , dûment enregistré, constatant l'apposition des placards dans tous les endroits voulus par la loi, et visé par chacun des maires ou adjoints des communes de , lesdits placards imprimés, indiquant au (*jour, quantième*), heure de , en l'audience de la première chambre du tribunal de première instance de , issue de l'audience ordinaire, la première publication du cahier des charges, à l'effet de parvenir à la vente par suite de saisie immobilière de la maison et dépendances dont s'agit.

5° De la notification au sieur , partie saisie, par acte de , huissier, en date du , dûment enregistré et visé le même jour par le maire de 1° du placard susdit; 2° du procès-verbal d'apposition sus-énoncé du

6° De l'état délivré par le conservateur des hypothèques de , le de toutes les inscriptions subsistantes sur ladite maison et dépendances.

7° Et d'un exemplaire du Journal général d'affiches du , n° , signé de l'imprimeur, dont la signature est légalisée par le maire de , et dans lequel exemplaire est inséré l'extrait de la saisie ci-devant énoncée.

Si la notification a eu lieu avant la quinzaine du jour de la première publication, on ajoute :

8° Et enfin d'un exploit du ministère de , huissier à , en date du , enregistré le , par , qui a reçu , contenant à la requête du sieur , poursuivant, notification à , créanciers inscrits aux domiciles élus par leurs inscriptions, d'un exemplaire du placard sus-énoncé, ledit exploit de notification enregistré au bureau des hypothèques de , le , vol. n° , par , conservateur qui a reçu

DÉSIGNATION.

Maison sise à , rue de , n° , commune de , arrondissement de , département de

(*Il faut copier ici la désignation telle qu'elle est faite sur le procès-verbal de saisie*).

PROPRIÉTÉ.

(*On établit le mieux qu'il est possible, d'après les titres que l'on a entre les mains, de quelle manière la propriété mise en vente appartient au saisi.*) — V. *Vente judiciaire*.

CHARGES, CLAUSES ET CONDITIONS. — V. *ibid.*

MISE A PRIX.

Et en outre, le poursuivant enchérit et met à prix ladite maison à la somme de fr. qui servira de première enchère que porte le poursuivant, ci. . . .

(*Signature de l'avoué.*)

FORMULE XII.

Premier dire, avant le jour indiqué pour la première publication.

(C. pr. 699. — Tarif, 111. — Vacation à chaque publication et pour les dires qui peuvent être faits, 3 fr.)

Et le

Est comparu au greffe Me , avoué en ce tribunal, et du sieur , ci-devant qualifié et domicilié, poursuivant la vente sur saisie immobilière, d'une maison et dépendances désignées au présent cahier des charges,

Lequel a dit, qu'indépendamment des actes et formalités rappelés, visés et énoncés au cahier des charges qui précède, il a encore, pour satisfaire à la loi, et par exploit de , huissier, en date du , dûment enregistré, fait notifier a chacun des créanciers inscrits sur lesdits biens saisis, et aux domiciles par eux élus en leurs inscriptions, un exemplaire du placard imprimé, portant indication du jour de la première publication, avec déclaration qu'il serait procédé à ladite publication et autres subséquentes, tant en absence que présence; que cet exploit de notification a été transcrit au bureau des hypothèques de le

En conséquence, et attendu que les formalités préalables à la première publication ont été remplies, il requiert que le (*jour, quantième*), il soit procédé à la première publication, et a signé avec le greffier.

(*Signatures de l'avoué et du greffier.*)

FORMULE XIII.

Deuxième dire avant l'adjudication préparatoire.

(C. pr. 699.—Tarif, 112.—Vacation à l'adjudication préparatoire, 6 fr.)

Et le

Est comparu au greffe Me , avoué en ce tribunal, et du sieur , dénommé, qualifié et domicilié en l'enchère qui précède, lequel a dit que pour parvenir à l'adjudication préparatoire dont il s'agit, il a fait apposer dans tous les lieux voulus par la loi, ainsi qu'il est constaté par un procès-verbal de huissier à , en date du , visé par les maires et adjoints des communes de , des exemplaires d'un placard fait et rédigé le , par mondit Me , avoué poursuivant la vente, ledit placard dûment enregistré le par , qui a reçu , annonçant l'adjudication préparatoire des biens dont s'agit au , en l'audience des saisies immobilières de ce tribunal, heure de , issue de l'audience de la chambre, qu'un exemplaire desdits placards est demeuré annexé au procès-verbal susdaté; qu'enfin copie desdits placards a été insérée dans le Journal général d'affiches de , ainsi qu'il résulte de l'exemplaire dûment enregistré, du même jour , n° , signé de l'imprimeur, dont la signature est légalisée par M. le maire de , lequel exemplaire est joint au dossier;

Pourquoi, attendu que toutes les formalités voulues par la loi ont été remplies, il requiert qu'il soit procédé et passé outre à l'adjudication préparatoire dont s'agit, et a signé avec le greffier. (*Signatures de l'avoué et du greffier.*)

FORMULE XIV.

Troisième dire, avant l'adjudication définitive.

(C. pr. 699. — Tarif, 113. — Vacation à l'adjudication définitive, 15 fr.)

Et le

Est comparu au greffe Me , avoué du sieur , ci-devant qualifié et domicilié ;

Lequel a dit qu'indépendamment des actes et formalités précédemment énoncées, il a, suivant un procès-verbal de , en date du , dûment enregistré et visé le même jour par les maires des communes de , fait apposer, aux lieux prescrits par la loi, de nouveaux placards imprimés, indicatifs de l'adjudication définitive desdits biens saisis, au

Que de plus, il a fait insérer dans le journal judiciaire du département de une nouvelle annonce indicative de ladite adjudication, ainsi qu'il résulte de la feuille dudit journal, en date du , revêtue de la signature de l'imprimeur, légalisée par le maire, pourquoi il requiert que demain (*quantième*), il soit procédé à l'adjudication définitive desdites maison et dépendances, aux clauses, charges et conditions insérées en la présente enchère. Déclarant en outre que les frais faits pour parvenir à ladite vente s'élèvent et ont été taxés à la somme de , lesquels seront payés au dit Me , avoué poursuivant, par l'adjudicataire en sus du prix de son adjudication, conformément à l'art. des clauses de ladite enchère.

Dont et de quoi ledit sieur a requis acte à lui octroyé, et a signé avec le greffier. (*Signature de l'avoué et du greffier.*)

FORMULE XV.

Pouvoir donné à l'avoué pour enchérir.

(C. pr, 707. — Tarif, 114. — Coût, 7 fr. 50 c. pour enchérir ; 15 fr. pour se rendre adjudicataire ; 6 fr. pour la déclaration de command.)

Je soussigné, demeurant à , donne pouvoir à Me , avoué, de, pour moi et en mon nom, se rendre adjudicataire définitif pour la somme de , outre les charges, d'une maison et dépendances sises à , dont la vente, par suite de saisie immobilière, est poursuivie contre le sieur , promettant avoir ladite adjudication pour agréable, et me soumettant à signer la déclaration de command qui en sera faite à mon profit, et garantir et indemniser ledit Me de toutes choses relatives à ladite adjudication.

Fait à , le (*Signature de la partie.*)

FORMULE XVI.

Requête pour avoir permission de saisir tous les biens d'un débiteur, situés dans plusieurs arrondissemens.

(L. 14 nov. 1808. — Tarif, 127 par analogie. — Coût, 6 fr.)

A M. le président du trib. de première instance de

Le sieur , demeurant à , ayant pour avoué Me , a l'honneur de vous exposer qu'il est créancier hypothécaire du sieur , demeurant à

Que ledit sieur est propriétaire de diverses pièces de terres, situées les unes dans l'arrondissement du tribunal de , et les autres dans l'arrondissement du tribunal de

Qu'il est justifié par les états d'inscriptions et les extraits de matrice de rôle ci-joints, que la valeur de toutes lesdites terres est inférieure aux créances dues.

Pourquoi, M. le président, il vous plaira, aux termes des dispositions de la loi du 14 nov. 1808, permettre à l'exposant de faire procéder simultanément à la saisie de tous lesdits biens, dans les formes et les délais du C. pr. civ. ; et vous ferez justice. (*Signature de l'avoué.*)

FORMULE XVII.

Assignation en référé pour demander que le saisi qui a dégradé ne soit plus séquestre judiciaire.

(C. pr. 688. — Tarif, 29. — Coût, 2 fr. orig.; 50 c. copie.)

L'an , le , etc. (— V. *Référé*, Formule 1).

Pour, attendu que depuis que les maisons et dépendances, sises à , ont été saisies sur le sus-nommé à la requête dudit sieur , par procès-verbal de , en date du , dûment enregistré, visé, transcrit et dénoncé aux termes de la loi, ledit sieur , qui en est resté en possession, a commis des dégradations dans ladite maison;

Attendu que ces dégradations ne permettent pas de laisser plus long-temps ledit sieur , séquestre judiciaire des biens sur lui saisis; au principal, voir renvoyer les parties à se pourvoir, et cependant, dès à présent et par provision, entendre dire et ordonner qu'il sera fait défense au sus-nommé de gérer et administrer les biens sur lui saisis, et qu'il sera commis par M. le président un séquestre auxdits biens, lequel les gérera, administrera seul jusqu'au jour de leur adjudication définitive, veillera à leur conservation, et sera à cet effet autorisé à s'établir dans la maison, et même, en cas de résistance, à se faire assister du commissaire de police, et à requérir, si besoin est, la force armée, ce qui sera exécuté nonobstant l'appel et sans y préjudicier, etc.

FORMULE XVIII.

Signification aux créanciers inscrits de l'acte constatant la consignation faite par l'acquéreur de l'immeuble saisi.

(C. pr. 693.—Tarif, 29. — Coût, 2 fr. orig.; 50 c. copie.)

L'an , le , à la requête du sieur , demeurant à , pour lequel domicile est élu , etc., j'ai (*immatricule de l'huissier*), soussigné, signifié, et avec celle des présentes donné copie,

1° Au sieur , demeurant à , au domicile par lui élu en son inscription, chez Me , audit domicle, en parlant à

2° Au sieur , etc.

D'une quittance délivrée le , audit sieur , par M. le caissier de la caisse des dépôts et consignations, de la somme de , déposée par ledit sieur , à l'effet d'acquitter en principal, intérêts et frais, toutes les créances inscrites, et grevant une maison, jardin et dépendances, sis à , rue le tout vendu par le sieur au requérant, par contrat passé, etc., lesquels biens avaient été saisis réellement sur le sieur , à la requête du sieur , par procès-verbal de , huissier, en date du , etc.; à ce que de ladite quittance les sus-nommés n'ignorent, et a le sieur , l'un d'eux, à cesser les poursuites de ladite saisie immobilière, à peine de tous dépens et dommages intérêts; et j'ai, auxdits sus-nommés, domiciles et parlant comme dessus, laissé à chacun séparément copie de ladite quittance et du présent exploit, dont le coût est de (*Signature de l'huissier.*)

FORMULE XIX.

Requête à fin de jonction de saisies immobilières de biens différens portées devant le même tribunal.

(C. pr. 719. — Tarif, 117. — Coût, 2 fr. par rôle dont le nombre n'est pas fixé, le quart pour chaque copie.)

A MM. les président et juges du trib. de , tenant l'audience des ventes sur saisies immobilières séant à

Le sieur , demeurant à , ayant pour avoué Me
Contre le sieur , demeurant à , ayant pour avoué Me
A l'honneur de vous exposer (*rapporter les faits et les moyens.*)

Pourquoi il vous plaira, Messieurs, attendu que le sieur est premier saisissant sur le sieur , ainsi qu'il résulte de la date tant du procès-verbal de saisie pratiquée à sa requête le , par exploit de , enregistré, que de celle du procès-verbal fait à la requête dudit sieur ; attendu qu'aux termes de l'art. 719 C. pr. civ., deux saisies, quoique faites de biens différens, doivent être réunies pour être suivies par le premier saisissant;

Ordonner que la saisie des maison et dépendances sises à , faite sur le sieur à la requête du sieur , par procès-verbal de , huissier, en date du , sera jointe et réunie à la saisie de la maison sise à faite pareillement sur le sieur à la requête du sieur , par procès-verbal de , en date du , pour être par le sieur , suivi sur lesdites deux saisies, par une seule et même procédure.

Et à l'effet de ladite jonction, ordonner que le sieur sera tenu de, dans les trois jours du jugement à intervenir, remettre au sieur , sur le récépissé de Me , son avoué, les pièces de la procédure faite par lui jusqu'à ce jour sur la saisie:

A quoi faire, ledit sieur , ou tout autre dépositaire desdites pièces, sera contraint; quoi faisant, déchargé; et en cas de contestation, condamner le sieur aux dépens, dont, en tous cas, l'exposant sera autorisé à faire l'emploi en frais privilégiés de vente sur saisie immobilière des immeubles dont s'agit; desquels dépens distraction sera faite audit Me , avoué, qui la requiert comme en ayant fait l'avance de ses deniers personnels, ainsi qu'il offre de l'affirmer. (*Signature de l'avoué.*)

FORMULE XX.

Dénonciation d'une saisie plus ample au premier saisissant.

(C. pr. 720. — Tarif, 118. — Coût, 3 fr. orig.; 75 c. copie.)

A la requête du sieur , demeurant à

Soit signifié, dénoncé, et avec celle des présentes donné copie à Me avoué du sieur (*premier saisissant*)

1° D'un procès-verbal de , huissier à , en date du , contenant, à même requête que dessus, saisie immobilière d'une maison sise à appartenant au sieur , demeurant à , plus d'un jardin de la contenance de , attenant à ladite maison, dûment enregistré et visé, transcrit au bureau des hypothèques de , en ce qui concerne seulement ledit jardin saisi;

2° De la mention de la transcription sus-énoncée faite audit bureau, le vol. , n°

A ce que du contenu audit procès-verbal de saisie immobilière le sus-nommé, pour sa partie, n'en ignore; le sommant en conséquence de se mettre en état de poursuivre sur lesdites deux saisies, réunies de droit; à ce que pareillement il n'en ignore, D. A. (*Signature de l'avoué.*)

FORMULE XXI.

Acte pour demander la subrogation à une poursuite de saisie immobilière.

(C. pr. 721, 722. — Tarif, 119. — Coût, 5 fr. orig.; le quart pour la copie.)

A la requête du sieur , demeurant à

Soit sommé Me , avoué du sieur , de comparaître (*jour, quantième*); heure , à l'audience et par-devant MM. les président et juges composant la chambre des saisies immobilières du tribunal de , à l'issue de l'audience ordinaire;

Pour, attendu que par acte du , dûment enregistré, le sieur a dénoncé au sieur la saisie par lui faite, des maisons et jardin, de la contenance de , sis à , sur le sieur , par procès-verbal de en date du , dûment enregistré, visé et transcrit pour les objets non compris dans la saisie du sieur ;

Attendu que, depuis cette dénonciation, il s'est écoulé plus d'un mois sans que ledit sieur ait fait la moindre diligence sur ces deux saisies réunies de droit.

Voir dire et ordonner que le requérant sera et demeurera subrogé au sieur dans la poursuite des deux saisies dont s'agit, à l'effet de la continuer et de suivre sur icelle aux termes de la loi : en conséquence, entendre, ordonner que, dans les vingt-quatre heures de la signification du jugement à intervenir, le sieur sera tenu de remettre au requérant, sur le récépissé de Me , son avoué, toutes les pièces de la procédure par lui faites jusqu'à ce jour ; à quoi faire, ledit sieur contraint, quoi faisant, bien et valablement quitte et déchargé ; et en cas de contestation, condamner le sus-nommé aux dépens, dont, en tout évènement ledit sieur sera autorisé à faire l'emploi par privilége, comme de frais extraordinaires de poursuite de saisie immobilière, aux offres de droit. D. A.

(*Signature de l'avoué.*)

NOTA. Dans la pratique on signifie cet acte sous la forme de conclusions motivées, et l'on donne séparément avenir pour plaider sur ces conclusions.

FORMULE XXII.

Conclusions en réponse à une demande en subrogation.

(C. pr. 721, 722. — Tarif, 119. — Coût, 5 fr. orig. ; le quart pour la copie.)

Pour le sieur , etc. — Contre le sieur , etc.

Pourquoi il plaira au tribunal, sans avoir égard à la demande en subrogation de poursuite de saisie immobilière formée par le sieur , par acte du et dans laquelle demande en subrogation ledit sieur sera déclaré non-recevable, ou en tous cas, mal fondé, ordonner qu'il sera passé outre à la poursuite de la saisie immobilière, commencée sur le sieur , d'une maison et dépendances sises à , par procès-verbal du , et ce à la requête et diligence du sieur

Et condamner le sieur aux dépens, qu'il ne pourra employer en frais extraordinaires de poursuite de saisie, et qu'en tous cas le sieur pourra, au contraire, employer en frais extraordinaires de poursuites, et dont la distraction sera faite au profit de Me , avoué, qui la requiert, comme les ayant frayés et déboursés de ses deniers. (*Signature de l'avoué.*)

FORMULE XXIII.

Requête pour demander la distraction de tout ou partie de l'objet saisi.

(C. pr. 727, 728. — Tarif, 121, 122. — Coût, 2 fr. par rôle orig. ; 50 c. copie ; le nombre n'est pas fixé. — Vacation pour dépôt des pièces à l'appui, 3 fr.)

A MM. les président et juges du trib. de , tenant l'audience des ventes sur saisie immobilière.

Le sieur , etc.

Contre, 1° le sieur , demeurant à , poursuivant la vente sur saisie immobilière d'une maison, jardin et dépendances sis à , défendeur, ayant Me pour avoué.

2° Le sieur , demeurant à , partie saisie, défendeur, ayant pour avoué Me ;

3° Le sieur demeurant à , créancier, premier inscrit, sur le sieur , aussi défendeur, ayant Me pour avoué ;

4° Et Me , avoué, adjudicataire provisoire, sous réserves de command des biens saisis.

Expose (*faits et moyens*).

Par tous ces motifs et autres, à suppléer de droit et d'équité ;

Plaise au tribunal recevoir ledit sieur partie intervenante dans la poursuite de vente par suite de saisie immobilière dont s'agit, et, faisant droit sur son intervention, lui donner acte de ce qu'il prend pour trouble apporté à sa jouissance et à sa propriété d'un jardin de la contenance de , situé à . la saisie immobilière qui en a été faite avec d'autres biens sur le sieur

Et attendu que ledit jardin n'a jamais appartenu et n'appartient pas audit sieur , mais est la propriété personnelle du requérant, ainsi qu'il résulte de la vente qui lui en a été faite par contrat passé devant Me , qui en a gardé minute, et son confrère, notaires à , le , dûment enregistré ;

Attendu que le sieur ne jouit du jardin dont s'agit qu'à titre de locataire, ainsi que le constate le bail sous seing privé, qui lui en a été passé par le requérant le , enregistré le , par , qui a reçu

Attendu en conséquence que la saisie immobilière faite à la requête dudit sieur , sur ledit sieur , par procès-verbal de , huissier, en date du , ne peut frapper sur ledit jardin, puisqu'il n'appartient pas au débiteur du sieur

Ordonner que le jardin de la contenance de , attenant à la maison du sieur , sise à , compris à tort dans la saisie immobilière faite sur ledit sieur , à la requête du sieur , par procès-verbal de sera distrait de ladite saisie et de la vente que le sieur poursuit.

En conséquence, que la saisie dont s'agit sera rayée, en ce qu'elle comprend ledit jardin, des registres où elle est inscrite, soit au bureau des hypothèques de , soit au greffe de votre tribunal, et qu'en marge, ou à la suite du cahier des charges, et de tous actes et procès-verbaux dans lesquels est compris ledit jardin, mention sera faite du jugement à intervenir, en ce qu'il ordonnera ladite distraction; à faire lesquelles radiation et mention seront tous conservateurs des hypothèques et greffiers contraints sur la représentation dudit jugement; quoi faisant, bien et valablement quittes et déchargés, et condamner ledit sieur (*le saisissant*), ou autres contestans, aux dépens.

Et à l'appui de la présente demande en distraction, il est avec celle des présentes donné copie de l'acte, constatant le dépôt (1) fait au greffe par le requérant, 1° du contrat de vente, etc.; 2° du bail, etc.

FORMULE XXIV.

Requête en réponse à une demande en distraction.

(C. pr. 727.— Tarif, 122. — Coût, 2 fr. par rôle orig.; 50 c. copie. Le nombre des rôles n'en est pas fixé.)

Pour le sieur , etc. (—V, *Requête, Formule*).

Il plaira au tribunal donner acte au sieur , de ce que, pour réponse à la demande du sieur , formée par sa requête du , à fin de distraction d'un jardin sis à , compris en la saisie immobilière faite sur le sieur par procès-verbal du , ledit sieur emploie le contenu en la présente requête; ce faisant, attendu que l'acte de vente faite audit sieur est nul, le déclarer purement et simplement non-recevable dans sa demande et le condamner aux dépens, qu'en tout évènement, le sieur sera autorisé à employer en frais extraordinaires de poursuite, et dont distraction sera faite à Me , avoué, qui les a frayés et déboursés de ses deniers. (*Signature de l'avoué.*)

FORMULE XXV.

Requête pour demander à être déchargé d'une adjudication préparatoire en cas de distraction.

(C. pr. 729.—Tarif, 123. — Coût, 2 fr. par orig.; 50 c. copie. Il ne peut y avoir plus de trois rôles.)

A MM. les président et juges du trib. de , etc.

Le sieur , demeurant à , adjudicaire provisoire d'une maison, jardin et dépendances sis à , demandeur, ayant pour avoué Me

Contre 1° le sieur , demeurant à , poursuivant la saisie immobilière desdites maison et dépendances, défendeur, ayant pour avoué Me

2° Le sieur , partie saisie, défendeur, ayant pour avoué Me

3° Et le sieur , demeurant à , créancier, premier inscrit, sur le sieur , aussi défendeur, ayant pour avoué Me

Expose (*rappeler ici les faits et les moyens.*)

Plaise au tribunal, attendu que par suite du jugement du , il a été ordonné que le jardin dont s'agit serait distrait de la saisie sus-énoncée; attendu que ce jardin formait la plus grande importance des biens adjugés préparatoire-

---

(1) Cet acte est rédigé dans la forme ordinaire des actes faits au greffe. — V. *Dépôt, Purge.*

ment, et que sa présence dans la vente avait seule déterminé l'exposant à se rendre adjudicataire des immeubles saisis; attendu que dans ce cas, et aux termes de l'art. 709 C. pr. civ., l'adjudicataire provisoire peut demander la décharge de son adjudication, décharger le requérant, et, en tant que de besoin, ledit Me son avoué, purement et simplement de l'adjudication provisoire qui lui avait été faite le , moyennant desdites maison et jardin, dont la vente par suite de saisie immobilière a été poursuivie par le sieur sur le sieur , et en cas de contestation, condamner les contestans aux dépens, dont en tout cas, distraction sera faite à Me , qui la requiert comme les ayant frayés et déboursés de ses propres deniers, ainsi qu'il offre de l'affirmer.

(*Signature de l'avoué.*)

FORMULE XXVI.

Requête pour demander la nullité d'une saisie immobilière.

(C. pr. 733. — Tarif, 124. — Coût, 2 fr. par rôle orig.; 50 c. copie. Le nombre n'est pas fixé.)

A MM. les président et juges du trib. de , tenant l'audience, etc.

Le sieur , demeurant à , partie saisie, défendeur à la saisie immobilière poursuivie contre lui, et demandeur aux fins des présentes, ayant pour avoué M

Contre le sieur , demeurant à , poursuivant la vente par suite de la saisie immobilière faite à sa requête sur le sus-nommé, et défendeur aux fins des présentes, ayant pour avoué Me

Expose que (*rappeler les faits et les moyens.*)

Pourquoi il plaira au tribunal,

Attendu qu'aux termes des art. 681 et 717 C. pr., la dénonciation à la partie saisie du procès-verbal de saisie faite sur elle, doit contenir, à peine de nullité, mention du jour de la première publication;

Attendu que la dénonciation de la saisie dont s'agit, faite au sieur , par exploit du , ne contient pas la mention du jour de la première publication;

Déclarer nulle et de nul effet la saisie immobilière faite sur le sieur , à la requête du sieur , par procès-verbal de , huissier, en date du de la maison où il demeure, et dépendances sis à , ensemble toute la procédure qui s'en est suivie; en conséquence, ordonner que ladite saisie sera rayée des registres où elle est transcrite au bureau des hypothèques et au greffe du tribunal de , à quoi faire, sur la représentation du jugement à intervenir, seront tous conservateurs des hypothèques et greffiers contrains; quoi faisant, bien et valablement déchargés; et condamner le sieur en tous les dépens, qu'il ne pourra employer, en aucun cas, en frais de mise à exécution.

(*Signature de l'avoué.*)

FORMULE XXVII.

Requête pour demander la nullité d'une saisie immobilière, avant l'adjudication définitive.

(C. pr. 735. — Décr. 2 fév. 1811. — Tarif, 125. — Coût, 2 fr. par rôle orig.; 50 c. copie. Le nombre n'en est pas fixé.)

Plaise au tribunal déclarer nulle et de nul effet (— V. *Formule précédente*), aux offres que fait le sieur de donner bonne et solvable caution pour les frais que pourra nécessiter le présent incident; et à cet effet, voir donner acte au requérant de ce qu'il présente pour ladite caution, la personne du sieur demeurant à , laquelle caution le sieur sera tenu d'accepter ou de refuser dans le délai de trois jours; sinon et faute par lui de ce faire, dire et ordonner que ladite caution sera reçue et fera sa soumission, et condamner ledit sieur aux dépens. (*Signature de l'avoué.*)

FORMULE XXVIII.

Dénonciation de l'appel d'un jugement en vertu duquel on a procédé à la saisie.

(C. pr. 726. — Tarif, 29 par analogie, et 120. — Coût, 2 fr. orig.; 50 cent. copie pour l'exploit, et 2 fr. pour vacation afin d'obtenir le visa.)

L'an , le , à la requête du sieur , demeurant à pour lequel domicile est élu à , chez Me , j'ai (*immatricule*), soussigné, dénoncé, et avec celle des présentes, donné copie à Me , greffier du tribunal de première instance de ,en la personne de M. ; commis-greffier de l'audience des ventes sur saisies immobilières, en son greffe à en parlant à

D'un exploit de mon ministère, en date du , dûment enregistré, contenant à la requête du sieur , contre le sieur , demeurant à , appel avec intimation d'un jugement contradictoirement rendu entre eux, au tribunal de , le , signifié à partie le , portant condamnation de la somme de , pour les causes exprimées audit jugement, et en vertu duquel ledit sieur poursuit sur le requérant, la vente par saisie immobilière de la maison où il demeure, et dépendances; à ce que du tout mondit sieur n'ignore, le sommant de, en conformité de l'art. 726 C. pr. civ., viser l'original dudit acte d'appel que je lui ai, à cet effet, représenté. Lequel susnommé, en parlant comme dessus, a de fait visé ledit exploit, et je lui ai déclaré que le sieur est opposant, comme par ces présentes il s'oppose formellement au dépôt que ledit sieur entendrait faire audit greffe, par suite de sa saisie, de tout cahier des charges dressé pour parvenir à la vente sur saisie immobilière de l'immeuble dont s'agit, protestant de nullité de tout acte qui serait fait, ou de toute procédure, ou suite quelconque qui serait donnée à ladite saisie, au préjudice des présentes; à ce que du tout mondit , greffier, n'ignore, et je lui ai, audit greffe et parlant comme dessus, laissé copie de l'acte d'appel et d'intimation sus-daté, et du présent exploit, dont le coût est de

(*Signature de l'huissier.*)

FORMULE XXIX.

Requête de la partie saisie pour être autorisée à vendre l'immeuble saisi aux enchères devant notaire ou en justice.

(C. pr. 747. — Tarif, 127. — Coût, 6 fr.)

A MM. les président et juges, etc.

Le sieur (*nom, profession, domicile*), partie saisie, ayant pour avoué Me , etc.

Et le sieur , etc , créancier poursuivant, ayant pour avoué Me

(*Indiquer les autres créanciers parties à la saisie.* —V. *sup.* n° 250, 514.)

Requiert qu'il vous plaise, Messieurs, — attendu que par procès-verbal de huissier, en date du , enregistré et transcrit, etc., le sieur a saisi immobilièrement sur le sieur une maison sise à , etc.; mais qu'il est de l'intérêt de l'exposant et de ses créanciers que la poursuite de saisie immobilière soit convertie en vente sur publications judiciaires, comme la faculté en est accordée par l'art. 747 C. pr., et en remplissant les formalités énoncées dans cet article.

Donner acte aux parties de leurs consentemens respectifs, déclarer converties en vente sur publications judiciaires les poursuites de vente sur saisies immobilières commencées à la requête du sieur sur l'immeuble dont s'agit; en conséquence ordonner qu'aux requête, poursuite, et diligence du sieur , et en présence du sieur , saisissant, il sera procédé à la vente de ladite maison, jardin et dépendances, sis à rue , à l'audience des criées de ce tribunal sur le cahier des charges qui, à cet effet, sera déposé au greffe desdites criées par le sieur affiches indicatives de cette vente préalablement apposées aux endroits désignés par la loi, et généralement après l'accomplissement de toutes les formalités voulues par la loi; — ordonner que ladite vente sera mise à fin dans le délai de , à partir de la signification du jugement à intervenir, sinon par ledit jugement, et sans qu'il en soit besoin d'autres, subroger le sieur , saisissant dans lesdites poursuites de vente sur publications judiciaires; — dire, qu'à cet effet, tous titres nécessaires pour la mise à fin de ladite vente lui seront remis par tous dépositaires; à quoi faire ces derniers contraints, en vertu du jugement à intervenir, quoi faisant, bien et valablement quittes et décharges, et autoriser les exposans à employer les dépens en frais privilégiés, et dont distraction aux avoués qui l'ont requise.

La conversion est demandée par exploit notifié au saisi, s'il n'a pas constitué avoué. — V. d'ailleurs *Folle-enchère, Vente sur surenchère.*

VENTE *sur* SURENCHÈRE (1). La *surenchère* est l'enchère faite en sus du prix d'une vente ou d'une adjudication d'immeubles.

1. La surenchère a été introduite 1° dans l'intérêt des créanciers; elle leur donne le moyen de porter à sa véritable valeur l'immeuble vendu à vil prix. — 2° dans l'intérêt du débiteur; elle tend à multiplier les libérations. — V. toutefois *inf.* n. 7.

DIVISION.

§ 1. — *Différentes espèces de surenchères; cas où elles ont lieu.*
§ 2. — *Surenchère sur aliénation volontaire.*

Art. 1. — *Par qui la surenchère peut être faite.*
Art. 2. — *Sur quels biens.*
Art. 3. — *Du prix qu'elle doit comprendre.*
Art. 4. — *Dans quel délai et dans quelle forme elle doit être faite.*
Art. 5. — *De la caution que le surenchérisseur doit offrir.*
Art. 6. — *Tribunal compétent. — Demande en nullité de la surenchère.*
Art. 7. — *Effets de la surenchère.*
Art. 8. — *Formes de l'adjudication après surenchère.*
Art. 9. — *Effets de cette adjudication.*

§ 3. — *De la Surenchère en cas de faillite.*
§ 4. — *De la surenchère sur aliénation forcée.*
§ 5. — *Enregistrement.*
§ 6. — *Formules.*

§ 1. — *Différentes espèces de surenchères; cas où elles ont lieu.*

2. La loi distingue deux espèces principales de surenchères; celle sur aliénation forcée (— V. *inf.* § 4), celle sur aliénation volontaire (—V. *inf.* § 2 et d'ailleurs *inf.* § 3).

3. Elles diffèrent sous plusieurs rapports : — la première est seulement du *dixième* en sus du *prix* de la vente; elle ne peut être faite que par les créanciers ayant *privilége* ou *hypothèque*, et doit avoir lieu dans les 40 jours de la notification du contrat d'acquisition aux créanciers inscrits. — V. *inf.* § 2. — La seconde est du *quart* du *prix principal;* elle peut être proposée *par toute personne,* mais seulement dans le délai de *huitaine,* à compter du

(1) Cet article est de M. Lejouteux, avocat à la Cour royale de Paris.

jour de l'adjudication. — V. *inf.* § 4. — Il y a aussi des différences quant à la procédure à suivre.

4. En cas de saisie immobilière, la surenchère du quart est seule admise : la vente sur saisie immobilière purge les hypothèques (—V. *Ordre*, n° 58). Il n'y a pas lieu aux notification aux créanciers inscrits. Arg. C. pr. 775.

5. La surenchère du dixième a lieu : — 1° en cas de vente amiable. C. civ. 2185.

6. 2° En cas de vente des immeubles du failli poursuivie à la requête des syndics. C. comm. 573. —V. *inf.* § 5.

7. 3° En cas de ventes judiciaires autres que celle sur saisie immobilière : les créanciers hypothécaires n'ont point été avertis par la notification des placards, comme ils ont dû l'être dans la procédure sur expropriation, aussi l'adjudicataire doit-il leur notifier le jugement. Arg. C. pr. 775, et 2194 C. civ.

Ainsi jugé en matière de vente : 1° de biens dépendant d'une succession bénéficiaire. Paris 11 mai 1835, D. 35, 136 ; — de biens de mineurs. Riom, 26 janv. 1818, P. 14, 594 ; Rouen, 4 juill. 1834 ; Cass. 5 août 1835 (Art. 151 J. Pr.). — 2° sur licitation entre majeurs. Bordeaux, 14 déc. 1827, S. 28, 100; Troplong, *Hyp.* sur l'art. 2181 ; Thomine, n° 1184.

Toutefois, quand la vente judiciaire a eu lieu par suite de surenchère, la purge ayant été accomplie, les créanciers inscrits ne peuvent plus former de surenchère du dixième. Troplong, art. 2181.

Mais les ventes judiciaires, qui n'opèrent pas la purge des hypothèques inscrites, donnent-elles en même temps ouverture à la surenchère du quart ?

Pour la négative on dit : Il résulte de la discussion qui précéda la rédaction définitive de l'art. 775 C. pr. que la loi entend par vente volontaire toute vente qui n'est point intervenue sur saisie immobilière. — V. Locré, *Espr. C. de pr.*, 3, 366.

— Si les ventes judiciaires, autres que celles par expropriation, sont ainsi assimilées *aux vraies ventes volontaires*, de même que celles-ci ne donnent lieu qu'à la surenchère du dixième, celles-là sont exclusives de la surenchère du quart, et les seules dispositions du C. pr., auxquelles on doit se référer en ce qui les concerne, sont les art. 832 et suiv., au titre de *la surenchère sur aliénation volontaire*. — Le tarif, art. 115 est relatif à la surenchère du quart en matière d'adjudication sur *saisie immobilière ;* art. 128 à la surenchère sur *aliénation volontaire*. — L'art. 710 C. pr. trouve son explication dans l'intérêt du saisi qui, n'ayant pas dirigé lui-même les poursuites d'expropriation, peut avoir été laissé dans la position particulière des créanciers inscrits qui, ayant été mis en cause par la notification des placards, ont pu veiller à ce que l'immeuble atteignît sa véritable valeur. — Or, ces motifs n'existent qu'en matière de vente sur saisie immobilière. Dans tous les autres cas, le propriétaire ayant figuré activement à la vente soit par lui, soit par ses représentans, n'a pas à craindre de manœuvres frauduleuses, et les créanciers inscrits n'ont point été appelés par la notifications des placards. Il n'y a donc pas lieu de permettre aux étrangers de surenchérir et d'obliger les créanciers inscrits à élever leur réquisition jusqu'au quart. Rouen, 15 janv. 1839 ; S. 39, 189 ; Pigeau, 2, 472 et 515 ; Carré, n° 3181 ; Demiau, art. 965. Grenier, *Hypoth.* 2, 175, 422 ; Duranton, 3, n° 593.

Toutefois, des distinctions peuvent être faites :

La surenchère du quart n'est point admise : 1° dans les ventes après conversion ; l'art. 747 C. pr. ne comprend point, dans la série des articles dont il prescrit l'observation, l'art. 965 C. pr. qui renvoie aux art. 707 et suiv. du titre de la saisie immobilière. Dans ce cas, d'ailleurs, le débiteur se dessaisit lui-même de sa propriété. Paris, 19 juill. 1817, P. 14, 368. Grenoble, 12 juin 1819, S. 20, 21 ; Cass. 8 janv. 1834, D. 34, 43 ; Rennes, 8 août 1839 (Art. 1568 J. Pr.).

2° Dans les ventes à la suite de surenchère sur aliénation volontaire : — si cette aliénation est amiable, la surenchère du quart doit être d'autant moins formée dans l'intérêt du propriétaire qu'elle ne pouvait l'être même avant la surenchère du dixième qui a élevé le prix de l'immeuble. — Si cette aliénation n'est pas purement amiable, ayant eu lieu, par exemple, sur licitation, et qu'on admette qu'elle peut donner lieu à la surenchère du quart, les intéressés doivent s'imputer de ne l'avoir pas formée dans la huitaine de la première adjudication. — L'art. 2187 C. civ. qui dispose que les ventes, à la suite de surenchère sur aliénation volontaire, auront lieu suivant les formes établies pour les expropriations forcées, n'est relatif qu'aux formalités ordinaires et générales de publicité prescrites pour arriver à l'adjudication définitive, tandis que la surenchère de l'art. 710 est postérieure à cette adjudication. Cass. 22 juin 1819, P. 15, 347 ; Metz, 14 janv. 1823, P. 17, 812. — *Contrà*, Grenoble, 21 fév. 1818, P. 14, 658.

3° Dans les ventes à la suite d'une surenchère du quart ; dès que la première adjudication a, par l'effet de la surenchère, été remplacée par une nouvelle adjudication, le droit exceptionnel a reçu son développement et ne peut être de nouveau exercé. Toulouse, 21 fév. 1835 (Art. 113 J. Pr.).

4° Dans les ventes faites volontairement aux enchères devant notaire par un propriétaire majeur : les ventes judiciaires sont seules susceptibles de la surenchère du quart. Thomine, n° 1144.

Au contraire la surenchère du quart a été admise 1° dans les ventes de biens de mineurs. Elles participent, quant à la forme, aux caractères des ventes forcées, puisque les règles prescrites par le C. pr., pour leur validité, doivent être nécessairement suivies, à la différence de ce qui a lieu dans les ventes amiables, qui sont parfaites par le consentement des parties sur la chose et sur le prix. Si cette surenchère n'était pas admise, les mineurs, qui n'ont point par eux-mêmes surveillé la vente, pourraient être dépouillés à vil prix. L'action en rescision pour cause de lésion de plus des sept douzièmes leur est interdite (C. civ. 1684). Le défaut de purge de la part de l'adjudicataire, ou l'absence de créanciers inscrits sur l'immeuble, pourrait empêcher toute surenchère du dixième sur le prix. D'ailleurs, l'art. 965 C. pr. soumet ces ventes à la surenchère du quart, en exigeant qu'on observe, relativement à la réception des enchères, à la forme de l'adjudication et *à ses suites*, les dispositions contenues dans les art. 707 *et suivans du titre de la saisie immobilière*, et, par conséquent, dans l'art. 710. Arg. motifs, Cass. 8 janv. 1834, D. 34, 43; 4 août 1835 (Art. 151 J. Pr.). — *Contrà*, Arg. Motifs, Riom, 26 janv. 1818, P. 14, 594; Rouen, 4 juill. 1834 (Art. 151 J. Pr.).

2° Dans les ventes sur licitation entre majeurs et mineurs : l'art. 972 les soumet aux formalités prescrites pour la vente des mineurs. L'art. 965 qui renvoie, comme nous l'avons dit, à l'art. 710 C. pr., leur est donc applicable. Colmar, 12 déc. 1815, P. 13, 139; Grenoble, 25 juin 1825; Cass. 4 avr. 1827, D. 27, 191; Nîmes, 7 janv. 1829; Cass. 18 mai 1830, D. 30, 347; Agen, 14 août, 1830; Cass. 2 janv. 1833, D. 33, 63; Aix, 30 janv. 1835, D. 35, 115; Toulouse, 25 juin 1835; *sup.* art. 218. — *Contrà*. Bruxelles, 15 nov. 1815, P. 13, 112.

3° Dans les ventes sur licitation entre majeurs : l'art. 953 leur rend communes les dispositions prescrites au titre *des partages et des licitations*, et, par suite, les art. 972 et 965 C. pr. Montpellier, 29 août 1829, D. 30 191; Lyon, 23 déc. 1835; Cass. 17 déc. 1839 (Art. 1641 J. Pr.). — *Contrà*, Douai, 16 août 1810, P. 8, 537; Paris, 23 déc. 1830, S. 32, 542; Caen, 16 janv. 1838; Rouen, 15 janv. 1839, S. 39, 189.

4° Dans les ventes de biens dépendant d'une succession bénéficiaire : il doit y être procédé suivant les formalités prescrites au titre des partages et licitations. C. pr. 988, 972, 965, 710; Rouen, 24 mai 1817; P. 15, 557; Motifs, Paris, 11 mai 1835; D. 35, 136; Arg. *à fortiori*, Cass. 17 déc. 1839. — *Contrà*, Cass. 16 nov. 1819, P. 15, 557; Paris, 23 juin 1821, P. 16, 696; Rouen, 28 janv. 1828, S. 28, 129.

5° Dans les ventes de biens dépendant d'une succession vacante. C. pr. 1001, 988, 972, 975, 710. — Dans ce cas, comme dans celui de vente de biens d'une succession bénéficiaire, le propriétaire ne vend pas lui-même; l'aliénation est forcée, puisqu'elle est imposée au curateur à la succession (C. pr. 1000) aussi bien qu'à l'héritier bénéficiaire (C. pr. 987), si le mobilier ne suffit pas au paiement des dettes. Arg. *Mêmes autorités.* — *Contrà*, Motifs. Paris, 2 mars 1809, P. 7, 421.

6° Dans les ventes sur folle-enchère, à la suite d'expropriation forcée : elles sont un incident de la saisie immobilière; le bien est vendu sur la tête du saisi; la première adjudication étant résolue, le jugement qui intervient est le seul véritable titre du nouvel adjudicataire. Rouen, 13 juill. 1818, P. 14, 918; Montpellier, 7 déc. 1825, S. 26, 224; Riom. 11 juill. 1829, S. 29, 330. — *Contrà*, Rouen, 17 mai, 1824, S. 24, 202; 5 mars 1827, S. 27, 224; Aix, 13 nov. 1835, D. 36, 40.

7° Dans les ventes sur folle-enchère après adjudications, dans lesquelles on admettrait, d'après ce que nous avons dit, la surenchère du quart, les mêmes motifs sont applicables.—*Contrà*, Paris, 10 mai 1834 S. 34, 275. — Cet arrêt admet la surenchère du dixième dans les ventes sur folle-enchère après licitation.

En résumé la C. de cass. a jugé que la surenchère de l'art. 2186 n'est point incompatible avec celle de l'art. 710. Cass. 4 août 1835 (Art. 151 J. Pr.). Conf. Bordeaux, 14 déc. 1827, S. 28, 100, et Paris, 11 mai 1835, D. 35, 136. — *Contrà*, Cass. 22 juin, 16 nov. 1819, P. 14, 658; 15, 557. — 2° que la surenchère du quart est admissible en matière de vente sur licitation entre majeurs. Cass. 17 déc. 1839 (Art. 1641 J. Pr.). — Or cette vente ne purge pas les hypothèques.

La surenchère du dixième est toute dans l'intérêt des créanciers et ne profite pas au vendeur, puisque si l'acquéreur se rend adjudicataire, il a un recours pour le remboursement de ce qui excède son prix (C. civ. 2191). — La surenchère du quart est au contraire dans l'intérêt de l'exproprié, pour prévenir la lésion qu'il pourrait éprouver.

§ 2. — *De la surenchère sur aliénation volontaire.*

Art. 1. — *Par qui la surenchère peut être faite.*

8. Pour surenchérir il faut : — *premièrement* être créancier privilégié ou hypothécaire de l'un des vendeurs (— V. *inf.* n° 11), — avant l'aliénation faite par celui-ci. C. civ. 2185; C. pr. 834; — sous l'édit de 1771, peu importait que la créance fût postérieure à la vente. Cass. 25 therm. an 5, P. 1, 166.

9. Conséquemment, la surenchère est nulle, si l'acquéreur prouve que le titre du créancier est frauduleux. Toulouse, 13 janv. 1837 (Art. 696 J. Pr.); — ou éteint par le paiement. Poitiers, 15 juin 1819, P. 15, 330; Toulouse, 30 janv. 1834, S. 34, 241.

10. Le créancier ne renonce pas au droit de surenchérir; en recevant de l'acquéreur un à-compte, alors surtout que dans la quittance il s'est réservé tous ses droits. Paris, 18 fév. 1826, S. 28, 21.

11. *Deuxièmement.* Avoir pris inscription sur l'immeuble grevé du privilége ou de l'hypothèque. C. civ. 2185, 2195; — avant l'expiration de la quinzaine de la transcription. C. pr. 834.

12. Il suffit aux mineurs et aux femmes mariées de prendre inscription avant l'expiration des délais des art. 2194 et 2195 C. civ. Persil, art. 2185, n° 4; Carré, n° 2850; Delvincourt, 3, 366.—V. d'ailleurs *inf.* n° 71.

13. L'inscription n'est jamais remplacée par la connaissance personnelle que le tiers détenteur aurait du titre. Pigeau, *Comm.* 2, 531.

14. Doivent être considérées comme non avenues : — 1° l'inscription irrégulière. Cass. 28 déc. 1808, P. 7, 281; Persil, art. 2185, n° 2; Merlin, *Rép.*, *hoc verbo*, n° 5.

15. 2° L'inscription non encore radiée si la main-levée en a été consentie. Persil, *ib.* n° 3; Delvincourt, 3, 367.

Jugé toutefois que l'acquéreur, en faisant la notification au créancier, se rend non recevable à demander la nullité de la surenchère formée par celui-ci. Toulouse, 11 fév. 1806; Cass. 23 avr. 1807, P. 6, 45. — Surtout lorsque le créancier n'a reçu qu'un paiement partiel, et qu'il a été déjà sommé par l'acquéreur, à raison de sa créance, de produire à l'ordre ouvert sur le prix d'un autre immeuble. Bourges, 6 mars 1836 (Art. 344 J. Pr.). — « Considérant que s'il était permis avant l'ordre de contester les créances du surenchérisseur et des autres créanciers inscrits, cela aurait de graves inconvéniens, soit en offrant aux créanciers la perspective d'un grand nombre de procès pendant lesquels l'acquéreur jouirait sans payer son prix, soit en facilitant la fraude entre l'acquéreur et le vendeur. »

16. 3° L'inscription omise dans le certificat délivré par le conservateur : l'immeuble en demeure affranchi entre les mains du tiers acquéreur, sauf la responsabilité du conservateur, et sans préjudice du droit accordé au créancier de se faire colloquer suivant l'ordre qui lui appartient, tant que le prix n'a pas été payé par l'acquéreur, ou tant que l'ordre entre les créanciers n'a pas été homologué. C. civ. 2198. — Peu importe que l'art. 834 C. pr. permette aux créanciers inscrits dans la quinzaine de la transcription de surenchérir; tout ce que l'on peut conclure de cet article, c'est que depuis sa promulgation le certificat des inscriptions ne libère l'immeuble entre les mains de l'acquéreur qu'autant qu'il est requis à l'expiration de la quinzaine. Grenier, n° 445; Troplong, n° 1007 *bis*; Arg. Cass.

9 niv. an 14, P. 5, 105.—*Contrà,* Merlin, *Rép.*, v° *Transcription*, n° 137 ; Dalloz, *Hyp.* 371.

17. *Troisièmement.* N'avoir point été partie au contrat d'aliénation.

Ainsi ne peuvent surenchérir, bien qu'ils soient créanciers inscrits : — 1° le copropriétaire de l'immeuble hypothéqué vendu par licitation : en sa qualité de vendeur, il est tenu de la garantie. Cass. 4 mai 1824, D. v° *Saisie immobilière*, 10, 764. —*Contrà*, Arg. Aix, 30 janv. 1835, D. 35, 115, rendu en matière de surenchère du quart, attendu que l'art. 710 C. pr. admet toute personne à surenchérir.

18. 2° Celui qui a acheté l'immeuble : il ne peut détruire, au moyen d'une surenchère, le prix qu'il a lui-même stipulé. Bordeaux, 22 juill. 1833, D. 34, 45. — Il en est autrement des créanciers qui ont été présens à la vente : leur but, par un semblable concours, a été de veiller à leurs intérêts et non d'y renoncer. Grenier, n° 46.

19. *Quatrièmement.* Il faut que la surenchère émane d'une partie capable d'ester en jugement. La surenchère, d'après ses effets (—V. *inf.* art. 9), ne doit pas être considérée comme une simple mesure conservatoire, mais comme une action *immobilière.* D'ailleurs, la réquisition de surenchère rend le créancier acquéreur si son enchère n'est pas couverte (—V. *inf.* n° 160.); il faut donc qu'il soit capable de s'obliger. Cass. 14 juin 1824, S. 24, 321 ; Troplong, n° 951 ; Duranton, 20, n° 403; Delvincourt, *ib.* — *Contrà*, Arg. Bruxelles, 20 avr. 1811, P. 9, 276.

20. Conséquemment, ne peuvent surenchérir : 1° la femme mariée, quoique séparée de biens, sans l'autorisation de son mari. C. civ. 217 ; Troplong, n° 952 ; Grenier, n° 459 ; Cass. 14 juin 1824, S. 24, 3; Arg. C. civ. 223. *Même arrêt.* — V. toutefois *Femme mariée*, n° 58.

21. Le jugement qui prononce la séparation de biens autorise implicitement la femme à diriger contre le mari toutes poursuites pour le paiement de ses droits et reprises, et conséquemment à surenchérir l'immeuble vendu par celui-ci. Orléans, 25 mars 1831, D. 31, 168.

22. Sous le régime dotal, la femme dûment autorisée, peut-elle surenchérir? — On objecte que ce serait donner aux époux un moyen indirect d'aliéner la dot mobilière. Arg. Montpellier, 22 mai 1807, P. 6, 104 ; Lyon, 27 août 1813, P. 11, 676.—Mais si la femme ne pouvait surenchérir, elle se verrait privée de l'exercice d'un droit introduit en sa faveur ; en admettant même que sa dot mobilière ne pût être aliénée, ce qui est contestable, rien ne l'empêcherait d'acquérir en son nom avec ses deniers dotaux un immeuble qui serait frappé de dotalité.—De deux choses l'une, ou l'immeuble surenchéri par elle ne lui sera pas adjugé, et, dans ce cas, elle n'a aucun recours à craindre, et son paiement sera mieux assuré par un prix plus élevé, ou l'immeuble, au contraire, lui sera adjugé, et, dans ce cas, elle trouve encore son avantage à remplacer une dot mobilière par une dot immobilière. — L'acquéreur et les créanciers ne peuvent eux-mêmes se plaindre. Ils trouvent une garantie contre l'insolvabilité personnelle de la femme dans la caution qu'elle est tenue d'offrir. Grenoble, 11 juin 1825, D. 26, 27; Riom, 11 août 1824, S. 26, 139; Troplong, n° 953. Arg. Besançon, 12 mars 1811, P. 9, 172.

Le mari a même été admis à poursuivre les débiteurs de sa femme mariée sous le régime dotal, et à former, sans son concours, une surenchère sur les biens hypothéqués à une créance dotale de celle-ci. Caen, 20 juin 1827, S. 28, 183.

23. 2° Le mineur non émancipé, si ce n'est par le ministère du tuteur, avec l'autorisation du conseil de famille. C civ. 464.—La réquisition de surenchère est une action qui tient aux droits immobiliers. Troplong, n° 955; Grenier, n° 459.

24. 3° Le mineur émancipé, sans l'assistance de son curateur également autorisé.

25. 4° L'interdit s'il n'est représenté par son tuteur également autorisé. C. civ. 509.

26. Si la femme interdite a pour tuteur une autre personne que son mari, ce tuteur n'a pas besoin de demander l'autorisation de celui-ci au nom et dans l'intérêt de sa femme : l'autorisation du conseil de famille suffit. Arg. C. civ. 464, 509. — Jugé que celle du mari n'est exigée que lorsque la femme jouit de la plénitude de sa raison et agit elle-même. Amiens, 29 déc. 1825, S. 26, 199.

27. L'incapable ainsi autorisé est sujet aux mêmes déchéances que tout surenchérisseur ordinaire. Grenoble, 27 déc. 1821, P. 16, 1044.

28. *Quid*, si l'autorisation intervenait après le délai de quarante jours? — La nullité ne serait pas couverte : ce délai est fatal. Arg. C. civ. 2186. — On ne peut d'ailleurs laisser incertaine la position du tiers acquéreur et des créanciers. Vainement dirait-on que la ratification doit rétroagir jusqu'au jour où l'acte est intervenu. Ce principe ne peut s'appliquer à la surenchère qui est un acte *du droit civil*, soumis à des formalités rigoureuses. Dijon, 12 déc. 1821; Cass. 14 juin 1824, S. 24, 321; Troplong, n° 954.

29. Mais il suffit qu'un établissement public (spécialement une fabrique), demande dans les délais l'autorisation administrative? Autrement, cette mesure établie dans l'intérêt de l'établissement public ne pouvant être accomplie dans le délai d la surenchère, tournerait toujours à son préjudice. Bruxelles, 20 avr. 1811, P. 9, 276.—Ce motif détermine même (Pigeau, *Comm.* 2, 526) à penser que les communes qui ont besoin d'une autorisation pour acquérir peuvent surenchérir sans ce préliminaire.

30. Toutes les fois que l'une des quatre conditions ci-dessus manque, l'acquéreur a le droit de s'opposer à la surenchère, pour empêcher la résolution de la vente. Poitiers, 15 juin 1819, P. 15, 330; Toulouse, 30 janv. 1834, S. 34, 241; Cass. 4 mai 1824, D. *ib.* 764.

31. Il peut se prévaloir du défaut d'autorisation du surenchérisseur. L'art. 1125 C. civ., qui ne permet point aux personnes capables d'opposer l'incapacité du mineur, de l'interdit ou de la femme mariée, est seulement relatif aux contrats volontairement passés. Cass. 14 juin 1824, S. 24, 321; Troplong, n° 955.— *Contrà*, Grenoble, 11 juin 1825, D. 26, 27. — Il en serait ainsi, encore bien que la caution présentée fût solvable. Cette circonstance est indifférente à l'acquéreur qui n'a rien à recevoir d'elle. Troplong, *ib.*

32. Les créanciers, au contraire, sont sans intérêt à invoquer le défaut d'autorisation dès que la caution se présente. Grenier, n° 459; Troplong, *ib.*

33. Le droit de surenchérir appartient non-seulement au créancier hypothécaire, mais à ses ayant-droit. Persil, art. 2185, n° 7. — V. C. civ. 1251-3°. — Spécialement au débiteur solidaire subrogé aux droits et hypothèques du créancier auquel il a payé l'intégralité de la dette (C. civ. 1251-3°), en cas de vente des biens de son co-débiteur hypothéqués à l'obligation. Paris, 2 mars 1809, P. 7, 421; Pothier, *oblig.* n° 280.

34. En cas de revente par l'acquéreur, les créanciers dont l'hypothèque n'a pas été purgée, peuvent surenchérir sur le second acquéreur, comme ils l'auraient pu sur le premier motif, Paris, 3 avr. 1812, P. 10, 269.

35. Si plusieurs personnes surenchérissent dans le délai de la loi, la poursuite appartient au plus diligent. Arg. C. civ. 2187; Lepage, p. 559.

Art. 2. — *Sur quels biens.*

36. Le créancier n'est pas tenu de faire porter sa surenchère sur des biens non compris dans son hypothèque, ni sur des biens situés dans divers arrondissemens, quoiqu'ils soient aliénés par un même acte. C. civ. 2192. — V. *Purge*, n° 64.

S'il a des hypothèques distinctes sur plusieurs immeubles vendus par le même acte et situés dans le même arrondissement, il peut néanmoins diviser sa surenchère. Delvincourt, 3, 175. — V. *Purge*, n° 65.

37. Lorsque l'acquisition entière est faite pour un seul et même prix, l'acquéreur détermine le prix particulier par une ventilation. — V. *Purge*, n° 64.

38. La ventilation peut être contestée,—1° par le vendeur : il a intérêt à ce qu'on délègue à ses créanciers le véritable prix du contrat, afin d'empêcher les frais et les lenteurs de la surenchère. Troplong. n° 973. — *Contrà*, Delvincourt, 3, 370.

39. 2° Par les créanciers inscrits : ils ont le même intérêt. — V. *Ordre*, n° 17.

40. 3° Par les créanciers chirographaires, si le contrat de vente contient à la fois des immeubles hypothéqués et d'autres non hypothéqués, et que les premiers aient été portés dans la ventilation à un prix supérieur à leur valeur réelle. Delvincourt, 3, 370.

41. A défaut de ventilation, la notification est nulle. Cette formalité est aussi nécessaire que la déclaration du prix, quand l'acte de vente ne comprend qu'un seul immeuble. Caen, 17 juin 1823, P. 17, 1190. — V. *Ordre*, n° 18.

42. Si par suite du morcellement causé par une surenchère ne portant que sur une partie des biens acquis, l'acquéreur évincé éprouve un préjudice, il a un recours en garantie contre ses auteurs. C. civ. 2192.

43. Quand l'immeuble hypothéqué à la même dette est situé dans plusieurs arrondissemens, le créancier doit surenchérir tout l'immeuble, et faire alors les poursuites devant le trib. dans le ressort duquel se trouve le chef lieu de l'exploitation. C. civ. 2210; Persil, art. 2192-1°.

ART. 3. — *Du prix que doit comprendre la surenchère.*

44. La surenchère doit porter le prix à un dixième en sus de celui qui a été stipulé dans le contrat ou déclaré par le nouveau propriétaire. C. civ. 2185-2°.

45. Ce dixième se calcule, non-seulement sur le *prix principal*, mais encore sur tout ce qui profite directement ou indirectement au vendeur. Cass. 25 nov. 1811, P. 9, 722; Merlin, *R. hoc verbo*, n° 3 *bis*; Grenier, n°s 452, 454; Troplong, n°s 935, 936.

Par exemple, 1° sur le pot de vin que l'acheteur s'est obligé de payer. Cass. 3 avr. 1815, P. 12, 658; Favard, 5, 476; Troplong, n° 935.

46. 2° Sur le capital des rentes qu'il s'est engagé à acquitter. Bordeaux, 4 mai 1833, S. 33, 508; Paris, 1er déc. 1836 (Art. 332 J. Pr.); Delvincourt, p. 367, — et notamment des rentes foncières. Cass. 25 nov. 1811.

Lorsqu'au contraire un droit d'usufruit grève l'immeuble vendu, il y a distraction de la propriété, et il y a lieu seulement de surenchérir le prix de la nue proprité aliénée. Grenier, n° 454.

47. 3° Sur les impôts *échus* mis à la charge de l'acquéreur par une clause du contrat de vente : celui-ci n'est tenu de les payer qu'en l'acquit du vendeur. La maxime que l'impôt ne vient pas du contrat mais de la loi est sans application à l'égard des impôts échus, puisque l'acquéreur ne peut les devoir qu'en vertu de son contrat. Troplong, n° 936. — *Contrà*, Bourges, 19 juill. 1822, P. 17, 516; Arg. Cass. 18 janv. 1825, S. 25, 410.

Il en serait autrement s'il avait été stipulé que la récolte de l'année appartiendrait à l'acquéreur, et qu'il supporterait les impôts de cette année : l'impôt, dans ce cas, n'est qu'une charge des fruits. Bourges, 1er août 1829, D. 30, 123; Troplong, *ib.* Ou à l'égard des impôts payés et dus par l'adjudicataire depuis son entrée en jouissance. Paris, 6 déc. 1839; *le Droit*, 14 janv. 1840.

48. 4° Sur le prix supplétif de deux et demi par fr. comptant qu'il s'est obligé de payer, outre le prix de l'adjudication. Nanci, 18 mai 1827, D. 27, 194.

49. 5° Sur les frais de l'extrait des inscriptions et des dénonciations aux créanciers inscrits, si le cahier des charges les mettait au compte de l'adjudicataire : ces frais, bien qu'ils soient avancés par l'acquéreur (C. civ. 2188), ne sont point, en principe à sa charge, aussi peut-il les prélever par privilége sur le prix. C. pr. 777. Dans ce dernier cas, il n'est pas besoin de faire porter sur eux la surenchère. — Il en est autrement lorsque, par une convention particulière, ils ont été mis à la charge de l'acquéreur. Ils sont alors payés en l'acquit du vendeur. Bordeaux, 14 déc. 1827, D. 28, 90; — peu importe que le tiers détenteur n'ait point liquidé dans la notification le montant de ces frais; ils sont réglés par des tarifs invariables. Troplong, n° 936.

50. 6° Sur les sommes dont l'acquéreur a été chargé pour frais étrangers à la vente. Cass. 15 mai 1811, P. 9, 325; 2 nov. 1813, P. 11, 744; Merlin, v° *Surenchère*, n° 3 *bis;* Duranton, 20, n° 375.

51. 7° Et généralement sur tous les frais qui, n'étant pas de plein droit supportés par l'acquéreur, doivent être considérés comme des charges extraordinaires faisant partie du prix. Arg. C. civ. 2183-1°; Troplong, n° 936; Grenier, n° 452; Riom, 29 mars 1816, P. 13, 363; Arg. Cass. 2 nov. 1813. — Spécialement, sur le droit proportionnel alloué par l'art. 113 Tar. à l'avoué poursuivant. Paris, 7 fév. 1840.

52. Mais la surenchère ne doit pas porter : — 1° sur les charges au paiement desquelles l'acquéreur est tenu de plein droit : elles ne sont pas considérées comme faisant partie du prix. Troplong, n° 936 ; Persil, art. 2185, n° 16. — Tels sont les frais ordinaires de poursuite de vente. C. pr. 715. Bordeaux, 14 déc. 1827, D. 28, 90 ; — et ceux d'enregistrement, de transcription et d'expédition du jugement d'adjudication ou du contrat. C. civ. 1593, 2188 ; Cass. 26 fév. 1822, P. 17, 151 ; Bordeaux, 14 déc. 1827 ; Delvincourt, 3, 368 ; Troplong, *ib.* ; Grenier, n° 452. — Peu importe qu'une clause expresse eût mis ces frais à la charge de l'acquéreur, puisqu'elle ne ferait que confirmer la disposition de la loi. C. civ. 1188. Cass. 26 fév. 1822 ; Bordeaux, 14 déc. 1827. — Ces frais sont remboursés à l'acquéreur par le nouvel adjudicataire, qui doit les supporter en sus de son prix, ainsi que les frais de la nouvelle vente. — V. *inf.* n° 186.

Si, pour éviter qu'il en soit ainsi, au cas où il demeurerait adjudicataire, le surenchérisseur, tout en offrant le dixième en sus du prix de vente, se réserve d'être remboursé de ces frais par privilége sur le prix, la surenchère est insuffisante. Montpellier, 25 janv. 1830, S. 30, 232 ; — à moins toutefois qu'il n'ait offert en sus du dixième du prix une somme jugée suffisante pour les couvrir. Cass. 4 fév. 1835 (Art. 16 J. Pr.).

53. 2° Sur les intérêts du prix de vente qui seraient dus et déclarés par l'acquéreur : — L'art. 2185 exige seulement que la surenchère frappe sur le prix stipulé dans le contrat.

Vainement on oppose qu'il doit en être ainsi, puisque les intérêts du prix de vente auraient été plus forts d'un dixième, si dans le contrat le prix lui-même eût été augmenté du dixième. — Les intérêts qui sont la représentation des fruits de l'immeuble ayant pour cause un fait postérieur à la vente, et par conséquent en dehors de l'évaluation de cet immeuble, ne peuvent être assimilés aux charges qui participent à la nature de ce prix, base légale de la surenchère. L'acquéreur avant toute sommation des créanciers ou toute notification de sa part, pouvait valablement payer à son vendeur les intérêts échus ; d'où il suit que ces intérêts sont distincts du capital. Rouen, 4 juill. 1828, D. 29, 180 ; 17 nov. 1838 (Art. 1301 J. Pr.). — *Contrà*, Troplong, n° 937.

54. 3° Sur le montant de la prime d'assurance : elle est la représentation des avantages résultant du contrat fait avec la compagnie et ne constitue point une augmentation du prix de vente. Angers, 16 avr. 1834, S. 34, 388.

55. 4° Et généralement sur ce que l'acquéreur a payé à raison de sa jouissance : par exemple, pour réparations ou pour gages du portier. Paris, 6 déc. 1839 ; *le Droit*, 14 janv. 1840.

56. En cas de folle-enchère, il suffit que la surenchère porte

sur le prix de la dernière adjudication; il n'est pas nécessaire de l'étendre au prix de l'adjudication primitive, qui est considérée comme non avenue à l'égard de tout autre que le fol-enchérisseur. Montpellier, 7 déc 1825, S. 26, 224; Riom, 11 juill. 1829, S. 29, 330; Paris, 10 mai 1834, S. 34, 275. — V. *sup*. n° 44.

57. C'est au surenchérisseur à vérifier lui-même, et non à l'acquéreur à indiquer celles des charges notifiées qui font partie du prix. Cass. 2 nov. 1813, P. 11, 744; Troplong, *ib*.

58. Si ces charges faisant partie du prix sont indéterminées, si elles consistent, par exemple, en paiement de rentes viagères ou en prestations quelconques, est-ce à l'acquéreur à les évaluer dans sa notification, ou au créancier dans son acte de surenchère? — Dans ce dernier système, on dit : D'après l'art. 2183 c'est en cas de donation seulement que le nouveau propriétaire est tenu de faire l'évaluation en numéraire. L'acquéreur n'est point obligé de notifier le prix ou les charges qui en font partie autrement qu'ils sont stipulés dans son contrat; la notification n'est que l'extrait de son acte. Cass. 3 avr. 1815, P. 12, 658; Amiens, 26 août 1824; Cass. 12 mars 1829, D. 29, 174; Aix, 2 fév. 1821, P. 16, 358. — Mais on répond : Ce qui doit être offert par l'acquéreur, c'est un prix (C. civ. 2184), c'est-à-dire une somme déterminée. N'est-il pas plus juste que l'évaluation soit faite par l'acquéreur qui connaît l'importance des charges auxquelles il s'est soumis, et qui a même dû payer les droits d'enregistrement en proportion de leur valeur, que par les créanciers qui n'ont point été parties au contrat? Pourquoi n'en serait-il pas dans ce cas, comme dans celui de donation? Si l'on craint d'ajouter à la loi en soumettant, par analogie, l'acquéreur à l'évaluation des charges indéterminées, comment imposer aux créanciers une obligation à laquelle la loi ne les astreint dans aucun cas? Ils pourraient faire tomber la vente par une évaluation illusoire afin de ne courir aucun risque en surenchérissant. Paris, 5 fév. 1814, P. 12, 78; Grenier, p. 455; Persil, art. 2183, n° 8; Delvincourt, 367; Troplong, nos 925 et 935 *bis*. — En conséquence, si l'évaluation de ces charges n'a point été faite par l'acquéreur, le créancier sera en droit de prétendre que les délais de la surenchère et de l'ordre n'ont pu courir. Paris, 5 fév. 1814, P. 12, 78; — ou s'il veut surenchérir, qu'il n'est point tenu de faire porter sur elles sa réquisition. Troplong, *ib*. — Jugé, du reste, que lorsque le rentier viager renonce à la rente moyennant un capital, il doit être payé aux créanciers hypothécaires, bien qu'ils aient laissé passer les délais sans surenchérir. Bordeaux, 28 mai 1832, D. 32, 210. — Dans l'espèce, la notification ne mentionnait même pas la rente viagère.

59. De même c'est à l'échangiste, et non aux créanciers qui veulent surenchérir, à évaluer le bien reçu en échange. Persil, art. 2183, n° 8; Troplong, n° 924.

60. La loi n'oblige point le surenchérisseur d'exprimer numériquement sa surenchère, le calcul inexact qu'il en aurait fait ne la vicie pas, il suffit qu'il ait déclaré qu'il la faisait porter à un dixième en sus du prix et des charges. Caen, 5 mai 1819; Cass. 30 mai 1820, P. 15, 1014; Paris, 1er déc. 1836 (Art. 632 J. Pr.); Persil, art. 2185, n° 17. — *Contrà*, Troplong, p. 935 *bis*. — Par conséquent, l'erreur de calcul peut être rectifiée, même après le délai de 40 jours. Paris, 1er déc. 1836.

61. Toutefois, le prix porté au contrat et la somme de la surenchère devant tenir lieu d'enchère (C. pr. 838), le créancier doit dans les placards préciser en chiffres le montant de sa surenchère. — V. *inf.* n° 163.

62. Jugé que lorsqu'il résulte de la somme énoncée par le surenchérisseur qu'il n'a point entendu faire porter sa soumission sur un droit mis à la charge de l'acquéreur et considéré comme faisant partie du prix, la surenchère est nulle bien que le créancier ait ajouté qu'il s'engageait à faire porter le dixième sur les charges du contrat. Paris, 7 fév. 1840.

63. Si la ventilation faite par l'acquéreur dans le cas où elle doit avoir lieu (—V. *sup.* n° 37), est exempte de toute fraude et qu'elle soit même supérieure à la valeur fixée par les experts, la surenchère qui ne porte pas sur le prix est insuffisante. Cass. 3 juill. 1838 (Art. 1242 J. Pr).

Art. 4. — *Dans quel délai et dans quelle forme la surenchère doit être faite.*

64. *Délai.* La réquisition de surenchère doit être signifiée dans les quarante jours à compter de la notification du contrat d'acquisition. C. civ. 2185-1°.

Tant que cette notification n'a pas été faite à l'un des créanciers inscrits, celui-ci est toujours à temps pour surenchérir, — bien qu'il ait déjà figuré à l'ordre ouvert sur le prix de l'immeuble, lorsqu'il n'a produit qu'avec réserve d'agir en nullité de la vente et de faire une surenchère s'il n'était pas utilement colloqué. Cass. 9 avr. 1839 (Art. 1384 J. Pr.).

65. Dans tous les cas, la fin de non-recevoir tirée de sa comparution à l'ordre, serait couverte par la notification du contrat, qui, sur sa sommation et avant sa surenchère, lui serait faite par l'acquéreur. *Même arrêt.*

66. Les notifications devant être faites personnellement à tous les créanciers inscrits avant la transcription (C. civ. 2183), le délai peut courir d'une époque différente pour chacun d'eux. Paris, 27 mars 1811, P. 9, 215; Delvincourt, 3, 368; Troplong, n° 933; Persil, art. 2185, n° 9; Berriat, n° 652, note 2; Thomine, n° 983; Duranton, 20, n° 393. — V. *Ordre*, n° 208, et *inf.* n° 155.

67. Pour les créanciers inscrits dans la quinzaine de la transcription, le délai court du jour de la notification faite aux créanciers inscrits avant la transcription. *Orateur du tribunat;* Persil, *ib.*, n° 11; Grenier, n° 457; Delvincourt, 3, 367; Carré, n° 2852; Lepage, p. 561; Troplong, n° 933.—V. *inf.* n° 68.

68. Il n'est pas nécessaire de notifier aux créanciers dont l'inscription n'a été prise que dans le délai de quinzaine qui a suivi la transcription. C. pr. 835. — V. *Purge*, n° 43.

69. Mais s'il n'existe pas d'autres créanciers que ceux inscrits dans la quinzaine, comment peut courir le délai pour surenchérir, lorsqu'il n'a été fait aucunes notifications? — Suivant les uns, le délai court du jour de la délivrance du certificat du conservateur au tiers détenteur. Persil, *ib.* n° 12; Delvincourt, *ib.*; — ou du jour de l'expiration du délai de la quinzaine après la transcription. Grenier, n° 457.—Suivant M. Thomine, n° 986, c'est du jour seulement des notifications qu'il juge nécessaires dans ce cas. —Il paraît difficile d'admettre le premier système. — Comment les créanciers pourraient-ils savoir le jour de la délivrance du certificat, ou même celui de la transcription? — V. *Purge*, n° 43.

70. Dans quel délai le mineur et la femme mariée doivent-ils surenchérir? — Dans les quarante jours à partir des notifications qui leurs sont faites, s'ils ont pris inscription avant la transcription ou dans la quinzaine : ils se sont placés dans le droit commun. Troplong, n°s 921 et 997; Grenier, n° 457. — V. *Purge*, n°s 6, 42.

71. S'ils ont pris seulement inscription dans les deux mois de l'art. 2195, ont-ils un délai particulier pour surenchérir, ou doivent-ils le faire dans le délai même qui leur est accordé pour prendre inscription?

1er *système.* Les notifications doivent être faites à la femme et au mineur, et ils ont pour surenchérir un délai de quarante jours à partir des notifications. L'inscription, prise dans le délai de la purge, produit le même effet que si elle l'avait été le jour de la célébration du mariage ou de l'entrée en gestion (C. civ. 2135, 2195). Cette inscription doit donc jouir de tous les avantages attribués à celles existantes au moment même de l'aliénation et avant la transcription du contrat. — Le dépôt du contrat au greffe ne manifeste pas comme la notification (C. civ. 2184), l'intention de la part de l'acquéreur d'acquitter sur-le-champ les charges, il a seulement pour but de lui faire connaître les droits des créanciers à hypothèques légales. Cette notification est donc nécessaire. Caen, 28 août 1811, P. 9. 605; 12 avr. 1826, D. 27, 51; Orléans, 17 juill. 1829, S. 29, 217; Thomine, n° 977.

2e *système*. Les notifications au mineur et à la femme sont inutiles, on doit leur accorder quarante jours pour surenchérir, à dater de l'inscription pour le mineur et à dater de la dissolution du mariage pour la femme. Arg. C. civ. 2191, 2256. Pigeau, 2, 477.

3e *système*. Le mineur et la femme doivent surenchérir dans le délai qui leur est accordé pour prendre inscription. Le chap. 9 du titre des hypothèques, relatif aux hypothèques des femmes mariées et des mineurs, est tout-à-fait distinct du chap. 8, et se suffit à lui-même, de même que la surenchère doit être requise par un créancier ordinaire dans le délai de l'art. 2185, elle doit l'être par le mineur ou la femme dans celui de l'art. 2194. L'art. 2195 ne suppose aucune formalité après l'expiration des deux mois pour prendre inscription, il permet même à l'acquéreur de se libérer en payant son prix aux créanciers antérieurs, lorsque le mineur ou la femme mariée qui ont pris inscription dans le délai ne viennent pas en ordre utile, ce qui exclut toute idée de surenchère ultérieure de la part de ceux-ci. La notification n'est-elle pas suppléée et au-delà par le dépôt du contrat et sa signification, l'exposition d'un extrait de ce même contrat dans l'auditoire du tribunal ?

D'ailleurs, l'art. 775 C. pr., en disposant que l'ordre sera provoqué après les trente jours qui suivent le délai des art. 2185 et 2194, établit clairement que tout est consommé à l'expiration des deux mois. D'après une disposition de l'édit de 1771, qui avait les plus grands rapports avec l'art. 2194, c'était aussi dans les deux mois de l'exposition du contrat qu'il fallait surenchérir. Vainement dirait-on qu'à l'égard de la femme le délai ne court qu'après la dissolution du mariage, la surenchère pouvant réfléchir contre le mari vendeur. C. civ. 2191, 2256. — Ce dernier art. ne concerne que la prescription ordinaire. Arg. C. civ. 942, 1070, 1665, 1676; Grenoble, 27 déc. 1821, P. 16, 1044; Metz, 14 juill. 1837. P. 1838, 1, 511; Troplong, nos 921, 982; Grenier, n° 457; Merlin, *R.*, v° *Transcription*, § 5, n° 4; Duranton, 20, n° 423.

72. Selon nous, le mineur et la femme mariée qui ne se sont pas fait inscrire dans la quinzaine de la transcription peuvent surenchérir dans le délai accordé aux créanciers inscrits, sans attendre l'accomplissement des formalités de la purge légale : la faveur qui leur est accordée par l'art. 2135 C. civ. les place dans la même position que si leur hypothèque eût été inscrite.

73. Le jour de la notification du contrat de vente n'est pas

compris dans le délai de quarante jours. Arg. C. pr. 1033; Paris, 18 juill. 1819, P. 15, 417. — V. *Délai*.

74. Ce délai de quarante jours est augmenté de deux jours par cinq myriamètres de distance entre le domicile élu et le domicile réel de chaque créancier réquérant. C. civ. 2185.

75. S'il y a une fraction de moins de cinq myriamètres, on ne doit point y avoir égard pour l'augmentation du délai. Pau, 3 sept. 1835, Cass. 10 déc. 1839 (Art. 330 et 1595 J. Pr.); Delvincourt, 3, 367. — *Contrà*, Bordeaux, 27 nov. 1829, S. 30, 56; Troplong, n° 933. — V. *Ajournement*, n° 47.

76. Au reste, si le créancier a son domicile en pays étranger, il n'y a point lieu d'augmenter le délai à raison des distances : ce n'est pas le cas d'appliquer l'art. 73 C. pr. relatif seulement aux ajournemens et citations qui ne sont pas soumis à des règles spéciales. Cass. 26 nov. 1828, S. 29, 18.

77. On ne doit point non plus doubler l'augmentation de délai, quand il y a lieu à voyage. Le temps nécessaire pour l'aller et le retour est compris dans le délai de l'art. 2185. *Même arrêt*. Paris, 26 janv. 1826, P. 26, 240.

78. *Formes*. La réquisition de surenchère doit être notifiée à peine de nullité, 1° à l'acquéreur. C. civ. 2185.

En cas d'acquisition faite conjointement par un mari et une femme, la réquisition est notifiée au mari seulement, s'il y a communauté. Arg. C. civ. 1421; Persil, *ib*. n° 26; Thomine, n° 981; — à la femme personnellement et au mari, tant en son nom personnel que comme autorisant sa femme, s'il y a séparation de biens. Dans ce cas, les époux sont devenus propriétaires chacun pour moitié, et le mari étant sans qualité pour représenter sa femme, il ne peut en son nom ni acquiescer à la surenchère ni la combattre.

L'original doit constater en conséquence que la signification a été faite au mari et à la femme par deux copies séparées. Arg. C. pr. 68; — peu importe qu'ils aient acheté solidairement : la solidarité autorise le vendeur à demander à chacun des époux la totalité du prix, mais n'empêche pas que la totalité de l'immeuble ne se divise aussitôt entre la femme et le mari; — ou que les époux séparés de biens demeurent ensemble : ils n'en ont pas moins des intérêts distincts; — ou que la notification ait été faite par le mari et la femme par un seul exploit : il suffit que ceux-ci aient laissé au créancier copie de cette notification commune pour lui imposer les mêmes obligations que si la notification eût été faite par deux exploits séparés. Cass. 12 mars 1810; 17 août 1813, P. 11, 638, chambres réunies; Troplong, n° 933; Persil, *ib*.; Thomine, n° 981.

Même solution sous le régime dotal. Persil et Troplong, *ibid*.

79. 2° Au précédent propriétaire débiteur principal. C. civ. 2185; — 3° si le mari débiteur a vendu un immeuble de la communauté ou à lui propre, et que la femme soit intervenue à l'acte pour renoncer à son hypothèque légale, la signification faite à lui seul suffit. La décision serait la même dans le cas de séparation de biens, le concours de la femme à l'acte n'empêchant point que son mari n'eût été seul propriétaire de l'immeuble vendu. En conséquence, la signification de la surenchère peut être faite aux époux par une seule copie laissée à leur domicile; — surtout lorsqu'il n'a été fait aucune mention de la séparation de biens, ni dans la vente, ni dans la transcription, ni dans les notifications. Cass. 23 mars 1814, P. 12, 158. Arg. Grenier, n° 450.

80. Mais si l'immeuble vendu est propre à la femme, la surenchère doit lui être notifiée personnellement, et à son mari pour la validité : l'acte de réquisition contient assignation devant le trib. pour la réception de la caution. Arg. C. civ. 215.

81. La nullité résultant de ce que la surenchère n'a été notifiée qu'à la femme seule n'est pas couverte par une assignation donnée au mari après le délai des quarante jours. Cass. 15 mars 1837 (Art. 850 J. Pr.).

82. Si plusieurs copropriétaires ont figuré dans l'acte, la signification doit être faite à chacun d'eux. Arg. C. civ. 2191. Thomine, n° 981.

83. Jugé que la surenchère est valablement signifiée au vendeur, bien qu'il ait été interdit par arrêt de C. d'assises, si ce changement d'état n'a pas été légalement notifié au surenchérisseur. Cass. 24 déc. 1833, D. 34, 161. — Lors de la notification du contrat faite par l'acquéreur (C. civ. 2183) le vendeur jouissait de la plénitude de ses droits.

84. La surenchère doit être signifiée à l'acquéreur et au précédent propriétaire, à personne ou à domicile : l'art. 2185 C. civ. n'est point une exception à l'art. 68 C. pr. — Ainsi est nulle la signification au domicile de l'avoué constitué par l'acquéreur dans la notification de son contrat de vente. Grenoble, 22 janv. 1819, P. 15, 27.— Il en est autrement si l'acquéreur déclare dans sa notification que son avoué a charge d'occuper sur toutes surenchères, ordre ou demandes qui pourraient suivre. Caen, 5 mai 1819; Cass. 30 mai 1820, P. 15, 1014.

85. Les significations aux autres créanciers inscrits seraient frustratoires. Orléans, 12 mai 1808, D. 771; Carré, n° 2836.

86. La réquisition de surenchère est notifiée par un huissier commis à cet effet sur simple requête par le président du trib.

de l'arrondissement où elle a lieu. C. pr. 832 ; — c'est-à-dire de l'arrondissement dans lequel l'acquéreur ou le débiteur ont leur domicile, selon qu'il s'agit de la signification à faire à l'un ou à l'autre. Troplong, n° 933 ; Carré, n° 2825 ; Thomine, n° 980.

87. S'ils demeurent dans deux arrondissemens différens, le même président ne doit pas faire les deux commissions ; il n'a point de compétence pour les actes qui doivent être signifiés hors de son territoire. Motifs, Bordeaux, 13 mars 1817 ; Cass. 7 avr. 1819, P. 15, 206. — Toutefois une signification faite par huissier irrégulièrement commis par le président n'a pas été annulée ; attendu que la première disposition de l'art. 832, concernant l'huissier à commettre, ne statue point à peine de nullité, comme la deuxième relative à la caution. C. pr. 1030. *Mêmes arrêts*. Limoges, 25 fév. 1819 ; Cass. 9 août 1820, P. 16, 106 ; Carré, n° 2825 ; Thomine, n° 980.

88. Peu importe que par suite de l'autorisation donnée dans ce cas par ce magistrat la signification soit faite un jour férié, l'art. 63 C. pr. n'attribue pas une compétence exclusive à tel ou tel président. Bordeaux, 13 mars 1817 ; Cass. 7 avr. 1819.

89. Il résulte même d'un arrêt de Metz, 10 août 1808, P. 7, 81, et des motifs des arrêts de Limoges, 25 fév. 1819 et Cass. 9 août 1820, que la signification de surenchère faite par huissier non commis n'est pas nulle. Arg. Lyon, 30 mai 1822, D. 9, 752. — Mais dans l'espèce, il s'agissait d'une surenchère du quart. L'art. 832 C. pr. était donc inapplicable. — Dans l'opinion contraire, on dit avec l'orateur du tribunat au Corps-Législatif que : « L'importance de certains actes paraissant exiger une plus grande confiance, on n'en doit confier l'exécution qu'à des huissiers commis par le magistrat qui leur confère le titre en vertu duquel ils peuvent agir. » D'où il suit que sans cette mission ils sont sans pouvoir et sans caractère et que leurs actes sont frappés de nullité. — D'ailleurs, l'art. 835 C. pr. porte que, faute par les créanciers d'avoir requis la mise aux enchères dans le délai et les formes prescrites, le nouveau propriétaire n'est tenu que du paiement du prix porté en son contrat. Turin, 1er janv. 1811, P. 9, 359 ; Bourges, 25 août 1808, P. 7, 116 ; Arg. Paris, 21 mars 1808. — Il s'agissait d'une notification faite par l'acquéreur après le délai de l'art. 2183. Metz, 14 avr. 1812, P. 10, 297 ; Pigeau, *Comm.* 2, 528 ; Favard, 5, 475 ; Delvincourt, 3, 370 ; Carré, n° 2824 ; Grenier, 2, n° 438 ; Troplong, n° 918 ; Thomine, n° 980.

90. L'original et les copies des divers exploits doivent être signés par le créancier réquérant. C. civ. 2185-4° : la signature du mari suffit, si la créance dépend de la communauté, bien que la signification de la surenchère ait été faite aussi à

la requête de la femme, son intervention dans ce cas étant surabondante. C. civ. 1421 ; Paris, 4 mars 1815, P. 12, 623.

91. Ou par son fondé de procuration expresse. C. pr. 2185-4°. — Un pouvoir sous seing privé est valable. Persil, *ib.* n° 25.

Copie du pouvoir doit être donnée en tête de l'acte de surenchère. C. civ. 2185.

Si ce pouvoir contient plusieurs points étrangers à la surenchère, il suffit d'en donner copie par extrait. Paris, 30 nov. 1822, P. 17, 693.

Jugé que la procuration antérieure aux notifications et sans désignation de l'immeuble à surenchérir suffit. *Même arrêt.* — Que cette procuration est inutile, lorsque la surenchère est faite par des négocians associés, créanciers hypothécaires inscrits : la signature sociale suffit. Cass. 29 janv. 1839 (Art. 1352 J. Pr.).

Art. 5. — *De la caution que le surenchérisseur doit offrir.*

92. La réquisition de mise aux enchères doit contenir, à peine de nullité, l'offre d'une caution jusqu'à concurrence du prix et des charges. C. civ. 2185-5°.

93. Le trésor, d'abord soumis à cette obligation (Cass. 9 août 1826, S. 27, 17), en a été dispensé par la loi du 11 fév. 1827.

94. *Prix.* C'est-à-dire le prix stipulé au contrat, augmenté du dixième. C'est ce nouveau prix que le surenchérisseur s'engage à payer. C. pr. 838. Cass. 10 mai 1820, P. 15, 978; Troplong, n° 947; Delvincourt, 3, 369. — *Contrà*, Rennes, 29 mai 1812, P. 10, 430; 9 mai 1818, P. 15, 978; Carré, n° 2830.

95. La caution doit être désignée nommément, pour que l'acquéreur puisse prendre des informations sur sa solvabilité : aussi l'art. 832 C. pr. exige-t-il que l'acte de surenchère contienne assignation pour sa réception ? Une offre vague de caution rendrait nulle la surenchère. Cass. 4 janv. 1809, P. 7, 292; Bruxelles, 22 déc. 1807 ; Paris, 2 avr. 1808, P. 6, 402, 599; Paris, 27 nov. 1821, P. 16, 975 ; Delvincourt, 368; Persil, *ib.* n° 18 ; Carré, n° 2828 ; Lepage, p. 558 ; Berriat, p. 653, note ; Troplong, n° 940 ; Pigeau, 2, 334.

96. Le créancier peut offrir plusieurs personnes pour caution, de même qu'on peut offrir pour caution une personne qui aurait des immeubles situés dans divers arrondissemens, quoique la discussion fût plus difficile que si un seul immeuble était affecté à la même garantie. L'art. 832 C. pr. n'a point dérogé à l'art. 2025 C. civ. qui suppose que plusieurs personnes peuvent cautionner une même dette. Cass. 4. avr.

1826, S. 26, 353; Paris 3 août 1812, P. 10, 621; Toulouse, 2 août 1827, S. 28, 108; Bordeaux, 20 août 1831, D. 33. 80; Persil, *ib.* n° 19; Thomine, n° 982. — *Contrà*, Carré, n° 2831. — Mais si l'une des personnes dont la soumission était nécessaire pour compléter le cautionnement n'a pas fait sa soumission lors du jugement qui statue sur la réception des cautions, la surenchère doit être annulée, bien que les autres se soient portés forts pour elles. Et la C. roy. ne peut valider cette surenchère sous le prétexte que la soumission de cette caution est intervenue sur l'appel : cette cour n'est saisie que de la question de savoir si le trib. a régulièrement jugé. Cass. 15 mai 1822, P. 17, 348.

97. Il n'est pas nécessaire que la personne offerte soit susceptible de contrainte par corps; l'art. 2040 C. civ. n'exige cette condition que pour la caution *judiciaire* : or, la caution de l'art. 2185 est légale : les parties ne discutent pas sur le point de savoir, s'il y a une caution. mais sur la solvabilité de la caution offerte. Carré; Troplong, n° 946. — *Contrà*, Tarrible, *Rép.*, v° *Transcription*, § 5, n° 9. — Ainsi, une femme peut être valablement offerte pour caution. Rennes, 9 mai 1810, D. 784; Amiens, 2 fév. 1819, P. 15, 52. — Pourvu, si elle est mariée, qu'elle soit autorisée par son mari. Bordeaux, 20 août 1831, D. 33, 80.

98. La caution présentée doit, 1° avoir son domicile dans le ressort de la Cour où se poursuit l'affaire (C. civ. 2018); — à peine de nullité, — proposable pour la première fois sur l'appel. Il s'agit ici d'un moyen de nullité substantiel.

99. 2° Être solvable et justifier de sa solvabilité par des immeubles qui lui soient propres. C. civ. 2019.

Sinon elle doit être écartée, quand même elle justifierait d'une fortune mobilière plus que suffisante. Rouen, 2 mars 1828, D. 30, 105. Arg. Bourges, 27 nov. 1830, S. 31, 219; Rouen, 2 mars 1828, D. 30, 105. — Spécialement par le dépôt en l'étude d'un notaire d'un billet souscrit à son ordre. Il est à craindre que ce billet ne soit point payé, et en supposant qu'il le soit, qu'on n'en fasse disparaître le montant. — *Contrà*, Amiens, 2 fév. 1819, P. 15, 52.

100. Mais la solvabilité de la caution est duement garantie par la consignation de valeurs mobilières suffisantes (spécialement de rentes sur l'Etat. Paris, 6 août 1832, S. 32, 543); — alors surtout qu'on offre de les immobiliser. Cass. 3 avr. 1832, S. 32, 443. — Si l'art. 2019 ne considère point les meubles comme pouvant établir cette solvabilité, c'est seulement lorsqu'ils peuvent être détournés. Delvincourt, 3, 257. Arg. C. civ. 2041; Paris, 9 avr. 1813, P. 11, 286. Arg. Paris, 12 déc. 1832, S. 33, 129. — V. *inf.* n° 111.

101. La garantie a même été déclarée suffisante bien que l'inscription de rente n'eût pas encore été déposée à la caisse. Mais le jugement avait ordonné que ce dépôt serait fait après la soumission. Paris, 6 août 1832.

102. Si la caution n'use pas de la faculté que lui accorde l'art. 2041, c'est exclusivement d'après les immeubles présentés par elle que doit être appréciée sa solvabilité. S'ils sont insuffisans, la surenchère est nulle; vainement le créancier prétendrait-il que les immeubles possédés en outre par la caution rendent sa solvabilité notoire. Bourges, 27 nov. 1830, S. 31, 219.

103. Le mari ne peut établir sa solvabilité sur la valeur d'un immeuble propre à sa femme. Bordeaux, 30 août 1816, P. 13, 630.

La possession d'un immeuble à titre d'emphytéose a été jugée insuffisante; le cas de dépossession peut survenir d'un moment à l'autre, si les conditions de l'emphytéose ne sont pas remplies. Colmar, 31 août 1810, P. 8, 584.

104. Peut-on présenter une caution dont les immeubles soient grevés d'une hypothèque légale et indéterminée? — La C. Paris, 11 déc. 1834, S. 35, 14, a jugé la négative, par le motif que l'importance de l'hypothèque peut dépasser la valeur de ces immeubles quelque élevée qu'elle soit, quand bien même les droits actuellement liquidés seraient inférieurs à cette valeur. — Cette opinion tend à rendre les hommes mariés incapables d'être cautions. Rennes, 9 mai 1818, P. 15, 978. — Décidé que c'est à celui qui conteste la solvabilité de la caution à établir que l'étendue de l'hypothèque absorbe en grande partie la valeur des biens. Paris, 20 mars 1833, S. 33, 259.

Selon nous, la preuve de l'insuffisance des biens serait souvent impossible à l'adjudicataire. — Ce sera, au contraire, au surenchérisseur à établir, soit par documens précis, soit par présomptions, que les biens présentés suffisent.

105. L'insuffisance de la caution n'est pas couverte, 1° par la présentation d'un simple certificateur de caution : il est injuste d'exposer l'acquéreur aux chances d'une troisième discussion, puisqu'il ne peut s'adresser au certificateur de caution qu'après avoir discuté et le principal débiteur et la caution elle-même. Cass. 29 fév. 1820, P. 15, 818; Persil, *ib.* n° 24. — *Contrà*, Pau, 19 août 1818, P. 15, 818.

2° Par l'offre de consigner une somme d'argent, au lieu d'une consignation effective. Cass. 15 nov. 1821, P. 16, 941.— *Contrà*, Paris, 9 avr. 1813, P. 11, 286;—surtout lorsque cette offre, bien que faite dans les quarante jours, ne l'a cependant pas été dans l'acte de réquisition de mise aux enchères. Rouen, 23 mars 1820, P. 15, 882.

106. Tant que le délai de la surenchère n'est pas expiré, une nouvelle caution peut être présentée, soit par le surenchérisseur primitif, soit par un autre créancier. La condition de l'art. 2185 C. civ. se trouve alors remplie. Thomine, n° 983.

107. *Quid* après l'expiration des quarante jours, l'offre d'une nouvelle caution est-elle valable? — Il faut distinguer :

L'offre est valablement faite avant le jugement sur la discussion de la solvabilité de la caution, et sans y apporter aucun retard. — Ainsi jugé, 1° en cas de refus de s'obliger de la part de la caution. Cass. 1er juill. 1840 (Art. 1709 J. Pr.). — 2° En cas d'insolvabilité d'une caution qui avait aliéné l'immeuble qu'elle possédait depuis la surenchère, mais avant le jugement de réception de caution : l'insolvabilité survenue est un cas fortuit non imputable au créancier. Paris, 19 mai 1809, P. 7, 570. Persil, *ib.* n° 20; Delvincourt, p. 368; Grenier, n° 448; Troplong, n° 943. — 3° Même décision en cas de décès. Cass. 16 mars 1824, P. 18, 527.

108. Mais l'offre d'une nouvelle caution n'est plus admissible après contestation de la première caution : autrement, le créancier pourrait traîner indéfiniment en longueur la procédure. Bordeaux, 30 août 1816, P. 13, 630; Paris, 27 nov. 1821; 28 mars 1823, P. 16, 975; 17, 1000; Troplong, *ib.* Arg. Paris, 28 mars 1813, P. 11, 249. — Peu importe que l'inaction du surenchérisseur fût le résultat d'un concert frauduleux entre lui et l'acquéreur : c'était aux autres créanciers à veiller à la conservation de leurs droits. Paris, 28 mars 1813.

109. Au reste, le créancier surenchérisseur ne peut obtenir aucune prorogation de délai pour fournir une nouvelle caution, quand le trib. est sur le point de statuer sur la demande en nullité de la surenchère. Cass. 27 mai 1823, P. 17, 1133. — *Contrà*, Limoges, 17 mai 1820, P. 17, 1133.

110. Le surenchérisseur peut, au lieu de donner caution, présenter à sa place un gage en nantissement suffisant. C. civ. 2041. — Spécialement, 1° une somme d'argent. Orléans, 25 mars 1831, D. 31, 168; Paris, 27 déc. 1839; Troplong, n° 941; Persil, *ib.* n° 22; Grenier, n° 448; Delvincourt, 369.

111. 2° Des inscriptions de rente sur l'État. Cass. 18 janv. 1834, S. 34, 8; Paris, 12 déc. 1832, S. 33, 129; 19 déc. 1836 (Art. 1352 J. Pr.). — V. *sup.* n° 100.

Ces inscriptions sont valablement déposées à la caisse des consignations à Paris, quoique les immeubles sur lesquels porte la surenchère soient situés hors du ressort de la C. roy. de cette ville : elles ne sont point susceptibles de discussion. Amiens, 27 mai 1826, S. 27, 238.

112. Le surenchérisseur ne peut remplacer la caution par une hypothèque sur ses biens : il ne satisfait à la loi qu'en présentant une caution ou un gage en nantissement suffisant. Dans le cas de cautionnement, il y a deux obligations, celle du surenchérisseur et celle de la caution ; il n'y en a qu'une lorsque l'on reçoit, au lieu de la caution, l'hypothèque sur les biens du surenchérisseur : la caution garantit d'une manière bien plus efficace l'exécution des engagemens pris par ce dernier. Elle est intéressée à veiller à ce qu'ils soient remplis. Celui à qui une hypothèque est conférée peut craindre au contraire, avec juste raison, de n'être payé qu'après les formalités longues et dispendieuses de l'expropriation. Bourges, 15 juill. 1826, S. 27, 61 ; Paris, 26 fév. 1829, S. 29, 121 ; Bruxelles, 26 juin 1831, D. 33, 232 ; Troplong, sur l'art. 2185 ; Rouen, 4 juill. 1828, S. 29, 217.

113. Mais peut-il au moins fournir à titre de cautionnement des créances hypothécaires qui lui appartiennent ? -- L'affirmative a été jugée (Cass. 14 juin 1810, D. 783 ; Motifs, Bourges, 15 juill. 1826, S. 27, 61), attendu, que dans ce cas il y a deux obligations.

Au reste, les trib. peuvent rejeter ces créances lorsque les immeubles sur lesquels elles frappent sont d'une discussion difficile. C. civ. 2019. — Alors surtout que ces immeubles ne sont pas situés dans le ressort de la C. où est portée la surenchère. Arg. C. civ. 2023. Limoges, 31 août 1809, P. 7, 819. — Et leur décision à cet égard ne serait pas sujette à cassation. Cass. 14 juin 1810.

114. Le créancier doit assigner le tiers acquéreur pour la réception de l'objet par lui offert à titre de cautionnement, comme s'il avait réellement offert une caution. Troplong, n° 941.

115. L'art 2185 C. civ. obligeait seulement le surenchérisseur à offrir dans l'acte de réquisition de donner caution : il appartenait aux trib. de lui fixer un délai pour la fournir, passé lequel il y avait déchéance. Aix, 20 niv. an 13, P. 4, 332. Cette déchéance pouvait même résulter d'une mise en demeure faite à la requête de la partie intéressée. Cass. 31 mai 1809, P. 7, 591.

Aujourd'hui la caution une fois désignée doit être reçue, et l'acte de réquisition doit contenir à cet effet, à peine de nullité assignation *à trois jours* devant le trib. (C. pr. 832), — et non devant le juge des référés. Riom, 10 dec 1808, P. 7, 249, Pigeau, *comm.* 2, 529.

L'assignation donnée à un délai plus éloigné, mais à l'audience la plus prochaine, a été jugée valable. Caen, 5 mai 1819 ; Cass. 30 mai 1820, P. 15, 1014.

116. Cette assignation peut être donnée même en temps de vacation. Riom, 10 déc. 1808, P. 7, 249. Carré, n° 2832 ; Berriat, 652 ; Pigeau, *Comm.* 2, 529.

117. Au reste, elle est soumise à toutes les règles des ajournemens. Arg. Cass. 14 août 1813, P. 11, 638 ; Troplong, n° 933; Merlin, *Rép.*, *hoc verbo*, n° 3 *ter*.—V. *sup*. n° 78.—Spécialement elle est nulle, lorsque le surenchérisseur élit seulement domicile chez un avoué près le trib compétent, sans le constituer, bien que l'art. 832 qui exige cette constitution ne statue pas formellement, à peine de nullité. Arg. C. pr. 61.

118. Mais cette nullité a été déclarée couverte par cela seul que l'acquéreur avait fait signifier chez cet avoué la constitution du sien. Bourges, 25 août 1808, P. 7, 116.

119. Il est procédé sommairement à la réception de la caution. C. pr. 832-2°.

En conséquence, les juges ne peuvent ordonner l'estimation par experts de ses biens. Bordeaux, 30 août 1816, P. 13, 630.

120. Suivra-t on pour la réception de la caution et la justification de sa solvabilité les art. 518 et suiv. C. pr. ? — il faut distinguer : lorsqu'il s'agit du remplacement d'une caution, comme il ne peut avoir lieu qu'en vertu d'un jugement, la caution nouvelle doit être présentée et reçue conformément aux art. 518 et suiv. Cass. 16 mars 1824, P. 18, 527; Troplong n° 944.

Lorsqu'il s'agit au contraire de la réception de la caution présentée par l'acte même de réquisition, c'est seulement aux art. 832 et 833 C. pr. qu'il faut se référer ; or, ces art. règlent seuls ce qui est relatif à cette procédure : on ne peut donc appliquer les art. 518 et suiv., qui n'ont rapport qu'aux cautions données en vertu d'un jugement, et supposent qu'elles peuvent être admises par un simple acte (art. 519), tandis que celle présentée à l'appui de la surenchère doit toujours être discutée contradictoirement et reçue par un jugement. Arg. Cass. 4 janv. 1809, P. 7, 292 ; Carré, n° 2829.

121. Il n'est pas nécessaire que le surenchérisseur joigne à l'assignation à fin de réception de caution, copie (comme l'exige l'art. 518) de l'acte de dépôt des titres constatant la solvabilité de la caution. Rennes, 29 mai 1812, S. 15, 104 ; Riom, 11 août, 8 déc. 1824, D. 780 ; Paris, 9 août 1824, P. 18, 951 ; 15 fév. 1833, S. 33, 308 ; *Motifs*, Cass. 16 mars 1824, P. 18, 527. — *Contrà*, Bordeaux, 30 août 1816, P. 13, 630 ; Paris, 28 mars 1823, P. 17, 1000 ; Persil, *ib.* n° 24 ; Thomine, n° 980.

122. Au reste, quoique l'art. 832 C. pr. garde le silence sur le dépôt des titres au greffe, il doit avoir lieu pour que le trib. puisse apprécier la solvabilité de la caution.

Mais dans quel délai ce dépôt doit-il être fait ? — On peut

soutenir que ce doit être à l'époque de la réquisition, ou au moins avant l'expiration du délai de quarante jours. Celui de trois jours est accordé, par l'art. 832, au vendeur et à l'acquéreur pour vérifier la solvabilité de la caution, ce qu'ils ne peuvent faire que sur les titres qui ont dû être préalablement déposés au greffe. Bourges, 11 janv. 1828, D. 29, 168. Motifs, Paris, 28 mars 1823, P. 17, 1000; — le surenchérisseur, à l'époque du jugement qui statuait sur la réception, n'avait pas encore justifié de la solvabilité de la caution.

123. Lorsque la caution ne devient solvable ou n'acquiert son domicile dans le ressort de la C. qu'après le délai de l'art. 2185, bien que ce soit avant le jugement de réception, la caution est-elle censée n'avoir été offerte qu'après les quarante jours? Oui suivant Bordeaux, 27 juin 1826, D. 27, 39; Troplong, n° 945.

Non : aux termes des art. 2185 C. civ. et 832 C. pr., il suffit que la réquisition contienne l'offre de la caution avec assignation pour sa réception. Ces articles n'imposent, sous peine de nullité, aucun délai fatal pour la justification de la solvabilité de la caution; elle peut donc être faite, soit après les quarante jours de l'art. 2185 C. civ., soit après les trois jours de l'art. 832 C. pr., pourvu que ce soit avant le jugement qui statue sur la réception.

Jugé en conséquence, 1° qu'il suffit que les titres soient déposés au greffe avant le jugement. Cass. 22 juill. 1828, S. 28, 291; 31 mai 1831, S. 31, 412; Paris, 2 juill. 1830, S. 30, 349; 6 avr. 1835; 25 mai 1837 (Art. 208, et 862 J. Pr.); Limoges, 11 juill. 1833, S. 33, 655; Bordeaux, 7 avr. 1834, S. 34, 358; Motifs, Rouen, 2 mai 1828, D. 30, 105.

2° Que la caution peut être admise bien qu'elle ne soit devenue solvable qu'après les délais des art. 2185 C. civ. et 832. Bordeaux, 7 avr. 1834, S. 34, 358; Paris, 19 déc. 1836 (Art. 1352, J. Pr.).

124. La caution n'est pas recevable à intervenir dans l'instance engagée entre le surenchérisseur et l'acquéreur relativement à la suffisance ou à l'insuffisance des biens offerts, elle n'est pas personnellement intéressée dans l'instance. Paris, 11 déc. 1834, S. 35, 14.

125. Si la caution est rejetée, la surenchère est déclarée nulle et l'acquéreur maintenu, à moins que d'autres créanciers n'aient formé des surenchères. C. Pr. 833.

126. La soumission de la caution une fois faite au greffe, le contrat judiciaire est formé entre elle et le surenchérisseur. Riom, 29 nov. 1830, S. 34, 56. — Conséquemment la caution qui a donné pouvoir de l'engager ne peut le révoquer, fût-ce avant l'assignation, pour voir procéder à la réception. *Même arrêt.*

Art. 6. — *Tribunal compétent.— Demande en nullité de la surenchère.*

127. La réquisition contient constitution d'avoué près le trib. où la surenchère et l'ordre devront être portés. C. pr. 832.

128. Ce trib. est celui de la situation : la surenchère est une action réelle. Cass. 13 août 1807, P., 6, 257; Carré, n° 2827; Lepage, 558; Persil, 2, 83; Merlin, v° *Surenchère;* Delvincourt, 3, 370; Troplong, *Hypoth.*, n° 933. — V. d'ailleurs *Ordre*, n° 102.

129. C'est devant ce trib. qu'il est procédé à l'adjudication. *Mêmes autorités;* — dans le cas même où la vente a été faite dans le ressort d'un autre trib. Paris, 27 mai 1816, P. 13, 457; Persil, *ib.*, n° 4; Delvincourt, *ib.*

130. Le même trib. connaît de la demande en nullité de la surenchère; il est saisi par la réquisition du surenchérisseur. *Mêmes autorités.*

131. Cette nullité doit être prononcée lorsque les formalités exigées par l'art. 2185 C. civ. n'ont pas été observées, ou quand l'offre de la caution n'a pas été faite de la manière prescrite par la loi C. civ. 2185 C. pr. 833.

132. Elle peut être demandée par l'acquéreur et le vendeur chacun en ce qui les concerne.

133. L'acquéreur, bien que l'acte de réquisition lui eût été signifié régulièrement, a été admis à se prévaloir des nullités qui se rencontraient dans la copie signifiée au vendeur : il a intérêt à ce que la résolution de son contrat ne soit point prononcée. Arg. C. civ. 2185, 2191; Bourges, 13 août 1829, S. 30, 201; Orléans, 15 janv. 1833, S. 33, 571.

Bien que le vendeur ait renoncé à faire valoir ces nullités, l'inobservation d'une seule formalité requise pour la validité de la surenchère la vicie à l'égard de tous les intéressés. *Mêmes arrêts.* — *Contrà*, Cass. 9 août 1820, P. 16, 106; Paris, 6 août 1832, S. 32, 543; 20 mars 1833 (Art. 850 J. Pr.).

134. Réciproquement le vendeur pourrait opposer les nullités qui se rencontrent dans la signification faite à l'acquéreur : il a intérêt à ne point encourir la garantie. Arg. C. civ. 2191. — V. *inf.*, n° 165. — Ou dans celles faites à ses covendeurs, quand même, à raison de sa qualité d'héritier bénéficiaire, il ne serait point tenu à la garantie envers l'acquéreur dépossédé : il ne peut rester étranger à la discussion qui a lieu sur la réception de la caution et la distribution du prix. Cass. 15 mars 1837 (Art. 850 J. Pr.).

135. La nullité de la réquisition peut être aussi demandée par le créancier que le prix de la vente doit désintéresser : il lui importe d'empêcher les lenteurs de la surenchère.

136. Lorsque la nullité de la surenchère se fonde sur l'inobservation des conditions prescrites par l'art. 2185 C. civ., il n'est pas indispensable qu'elle soit proposée *in limine litis :* ici ne s'applique point l'art. 173 C. pr., relatif seulement aux exploits ordinaires.

137. Ainsi, on peut proposer, pour la première fois incidemment en appel, le moyen de nullité résultant de ce que la réquisition de surenchère a été faite hors du délai de 40 jours. Riom, 26 mai 1818, P. 14, 822, — ou de ce que la caution offerte n'est pas domiciliée dans le ressort de la Cour où elle doit être reçue. *Même arrêt;* Riom. 9 avr. 1810, P. 8, 240; Pigeau, *Comm.* 2, 529; Favard, 5, 485.

138. Lorsqu'au contraire la nullité est tirée seulement de ce que l'assignation à fin de réception de caution ne contient pas les formalités des ajournemens, on rentre, selon nous, dans l'application de l'art. 173 C. pr. — *Contrà*, Motifs, Bourges, 13 août 1829, S. 30, 201 (dans l'espèce, la signification avait été faite à une personne sans qualité pour la recevoir).

139. Cette nullité n'est pas couverte par la constitution d'avoué de la part de l'acquéreur, alors surtout qu'elle contient des réserves expresses. Paris, 31 mars 1813, P. 11, 258.

140. L'acquéreur peut se prévaloir de la nullité de la surenchère, non-seulement vis-à-vis le créancier poursuivant, mais encore vis-à-vis les autres créanciers inscrits. Cass. 8 mars 1809, P. 7, 428; Paris, 28 mars 1813, P. 11, 249; Persil, art. 2190, n° 2; Delvincourt, 572; Merlin, *hoc verbo;* Carré, n° 2845; Grenier, n° 451; Troplong, n° 950; Arg. Agen, 17 août 1816, P. 13, 593. — V. *inf.*, n° 152. — Vainement, ceux-ci allégueraient-ils qu'il y a eu fraude entre le surenchérisseur et l'acquéreur : c'était à eux à veiller à la conservation de leurs droits. Cass. 8 mars 1809; Paris, 28 mars 1813.

141. Seulement, s'ils sont encore dans les délais, ils peuvent former une nouvelle surenchère. Delvincourt, Troplong, *ib.*

142. A plus forte raison, si la déchéance a été prononcée par jugement passé en force de chose jugée, ne seraient-ils pas admis à prétendre qu'elle ne leur est pas opposable. Cass. 8 mars 1809; Carré, *ib.*

143. M. Persil, *ib.* n° 3, pense que, si le jugement a été rendu par l'effet d'une collusion, les créanciers qui n'y ont pas été parties sont recevables à y former tierce-opposition. — Mais cette voie, en définitive, ne peut leur profiter qu'autant qu'ils prouvent au fond la validité de la surenchère dont la nullité a été prononcée.

144. La surenchère faite sur la masse entière d'immeubles adjugés solidairement à plusieurs individus est indivisible; elle doit être maintenue ou annulée pour le tout. Colmar, 18 déc. 1820, P. 16, 245.

145. La surenchère une fois annulée, la première vente doit être maintenue. Cass. 28 mars 1813, P. 11, 249; — il n'y a point lieu à une seconde adjudication. Agen, 17 août 1816, P. 13, 593.

146. Si les créanciers ne surenchérissent pas dans le délai et les formes prescrits, la valeur de l'immeuble demeure définitivement fixée au prix stipulé ou déclaré, et l'acquéreur est libéré de tout privilége ou hypothèque en payant son prix ou en consignant. C. civ. 2186. — V. *Purge*, n° 73.

147. Mais ces créanciers n'en conservent pas moins le droit d'établir qu'une portion du prix a été frauduleusement dissimulée. — A l'expiration du délai de la surenchère, les priviléges et hypothèques sont à la vérité purgés, mais non les vices qui peuvent se rencontrer dans l'aliénation. *Art. 7, édit. de* 1771. Limoges, 21 déc. 1822, P. 17, 756; Rouen, 4 juill. 1828, S. 29, 217; Montpellier, 14 déc. 1827, S. 28, 99; Bourges, 24 janv. 1828, S. 29, 335; Paris, 18 fév. 1836 (Art. 449 J. Pr.); Cass. 14 fév. 1826; 19 août 1828, D. 26, 167; 28, 392; 29 avr. 1839 (Art. 1462 J. Pr.); Merlin, *Rép.*, v° *Surenchère*, 607; Troplong, sur l'art. 2186; Grenier, n° 453; Duranton, 20, n° 376. — *Contrà*, Bourges, 23 mai 1827, D. 29, 258.

148. Ce droit appartient même aux créanciers qui, depuis les délais de la surenchère, ont provoqué l'ouverture de l'ordre. Limoges, 21 déc. 1822; — ou à ceux qui n'ont pas produit à l'ordre ouvert. Paris, 8 fév. 1836.

149. De même, le créancier, dont la surenchère a été annulée, est encore recevable à attaquer la vente comme frauduleuse, — alors surtout qu'il s'est réservé cette action dans l'acte de surenchère. Limoges, 11 juin 1812, P. 10, 460; Cass. 11 janv. 1815, P. 11, 530.

150. A plus forte raison, le créancier inscrit peut-il, avant l'expiration des délais de la surenchère, attaquer la vente comme frauduleuse, sans qu'on puisse lui opposer qu'il a un moyen plus simple d'exercer ses droits. Colmar, 15 juin 1835. Cass. 2 août 1836, S. 36, 658.

151. Au reste, la portion de prix non portée au contrat appartient aux créanciers hypothécaires : ils sont les délégués naturels du vendeur pour toucher le prix : — les chirographaires ne peuvent exercer que les droits de leur auteur ; spécialement sur ce qui reste après le paiement des hypothécaires. Paris, 8 fév. 1836; Troplong, *ib.* — V. d'ailleurs *Ordre*, n° 368.

Art. 7. — *Effets de la surenchère.*

152. La surenchère une fois formée devient commune à

tous les créanciers hypothécaires. Arg C. civ. 2190. — Même à ceux qui ayant reçu une notification antérieure auraient été personnellement déchus du droit de surenchérir. Cass. 9 avr. 1839 (Art. 1584 J. Pr.).

153. Dans ce cas ces créanciers peuvent exercer leurs droits sur l'excédant du prix résultant de la vente sur surenchère, encore qu'ils n'aient pas produit à l'ordre ouvert avant la surenchère pour la distribution du prix de la première vente. Peut-être n'ont-ils pas voulu faire les frais d'une comparution à cet ordre parce qu'ils étaient certains de ne rien obtenir. *Même arrêt.* — V. *Ordre.*

154. Le surenchérisseur ne peut, sans le consentement exprès de tous les créanciers inscrits, empêcher par un désistement l'adjudication publique, même en payant le montant de sa soumission. C. civ. 2190. — L'adjudication est valablement poursuivie dans ce cas par les créanciers inscrits ou par le nouveau propriétaire. Delvincourt, 371.

155. Toutefois, si la surenchère est nulle, les autres créanciers ne sont pas fondés à critiquer le désistement fait sans leur concours : cet acte ne peut leur préjudicier. Arg. Agen, 17 août 1816, P. 13, 593.

Il en est de même, à plus forte raison, de l'acquéreur : le désistement opère à son égard la confirmation de son acquisition. *Même arrêt.*

156. L'acquéreur peut-il faire cesser l'effet de la surenchère en payant au surenchérisseur le montant de sa créance? — M. Persil, n° 4, adopte l'affirmative, attendu que le créancier n'ayant plus aucun intérêt, et par suite aucun droit à poursuivre, les autres créanciers inscrits pourraient seulement, malgré le désistement du surenchérisseur, demander la continuation des poursuites. — Mais le contraire a été jugé avec raison. Cass. 31 mai 1831, S. 31, 4[illegible]2; Rouen, 23 mars 1820, P. 15, 882; Paris, 18 fév. 1826, S. 28, 21; Limoges, 11 juill. 1833, S. 33, 655; Thomine, n° 983.

157. Le surenchérisseur peut surtout refuser de se désister, lorsque l'acquéreur ne lui offre pas de le désintéresser pleinement, mais de donner caution qu'il sera payé dans l'ordre. Grenoble, 11 juin 1825, S. 26, 226.

158. Mais la surenchère n'ayant lieu que dans l'intérêt des créanciers inscrits, l'acquéreur peut l'empêcher en offrant de les payer intégralement. Arg. C. civ. 2173; C. pr. 693; Demiau, 516; Tarrible, v° *Transcription*, § 5, n° 11; Carré, n° 2837; Grenier, n° 464; Troplong, n° 956; — quand bien même il aurait déclaré d'abord ne vouloir payer que jusqu'à concurrence de son prix, et qu'à la suite de cette déclaration il y aurait eu surenchère. Ainsi jugé sous la loi du 11 brum. an 7, art. 30 et 35. — *Contrà*, sous l'édit de 1771. Cass. 21 mess. an 5, P. 1, 160; Cass. 3 fév. 1808, P. 6, 482.

159. Si cependant le nouveau propriétaire mettait à son offre des conditions de nature à arrêter la marche de la procédure. Si par exemple il se réservait l'examen de la légitimité des créances inscrites, les créanciers seraient en droit de la rejeter. Cass. 23 avr. 1807, P. 6, 45; Merlin, *hoc verbo;* Troplong, *ib.*

160. Lorsque, par suite de la réquisition, l'immeuble est revendu, le créancier qui l'a formée devient enchérisseur pour le montant de sa soumission. Arg. C. pr. 838. — Il n'est dégagé vis-à-vis les créanciers hypothécaires qu'autant que son enchère est couverte par une autre. C. civ. 2187; Troplong, n°s 938, 948.

161. Quant à l'acquéreur, la réquisition et la soumission ont pour effet de le dispenser de payer de suite son prix. Arg. C. civ. 1653; Grenier, n° 464.

Mais il reste propriétaire jusqu'à l'adjudication. Bordeaux, 23 juill. 1830, S. 30, 377; Paris, 26 déc. 1835 (Art. 310 J. Pr.). Pothier, *Vente*, n°s 490, 492; Troplong, n° 949. Conséquemment, 1° il doit veiller à la conservation de l'immeuble et faire les réparations nécessaires. Cass. 12 fév. 1828, S. 28, 147. — 2° Si avant l'adjudication l'immeuble éprouve des dégradations, l'enchérisseur ne peut être forcé de l'acheter pour le prix offert. Pothier, n° 494; Grenier, n° 465; Troplong, *ib.* — 3° Ces dégradations, même survenues par cas fortuit, sont, comme la perte totale, à la charge de l'acquéreur. *Mêmes auteurs;* Merlin, *R.*, v° *Enchères.*

Art. 8. — *Formes de l'adjudication après surenchère.*

162. La revente, après surenchère, est poursuivie, soit par le surenchérisseur, soit par le nouveau propriétaire. C. civ. 2187.

En cas d'inaction de leur part, les autres créanciers peuvent être subrogés dans la poursuite. Arg. C. civ. 2190, 2187; C. pr. 722; Pigeau, 470; Persil, *ib.*, n° 2; Troplong, n° 960; Grenier, n° 463.

163. Le poursuivant doit faire apposer (dans tous les lieux indiqués par l'art. 684 C. pr., Troplong, n° 960 *ter*) des placards contenant : 1° le prix stipulé dans le contrat ou déclaré, et la somme en sus à laquelle le créancier s'est obligé de la porter ou faire porter. C. civ. 2187; — 2° l'indication de la première publication qui ne peut avoir lieu que quinzaine après cette apposition. C. pr. 836; — 3° les autres formalités de l'art. 682 C. pr. — V. *Vente sur saisie immobilière.*

Il suffit que l'huissier déclare avoir annexé à son procès-verbal un exemplaire du placard. C. pr. 685. La loi n'exige pas un procès-verbal d'annexe. Orléans, 28 août 1810, P. 8, 577.

164. Le procès-verbal d'apposition des placards est notifié au nouveau propriétaire, si c'est le créancier qui poursuit, et au surenchérisseur, si c'est l'acquéreur. C. pr. 837.

165. Mais il n'est pas besoin de le notifier aux créanciers inscrits : ils ont été avertis par la notification du contrat. C. civ. 2183 ; — ni au vendeur : ce n'est plus lui qu'il s'agit d'exproprier, mais son acquéreur; aussi l'art. 837 ne l'exige-t-il pas. Thomine, n° 990; Persil, *ib.*, n° 5; Arg. Paris, 23 juill. 1812, P. 10, 594.

Toutefois, c'est à tort, selon nous, que cet arrêt se fondant sur l'art. 837 C. pr., et sur l'avantage qu'il y a pour le vendeur à ce que son bien soit porté au plus haut prix possible, décide qu'il est non recevable à critiquer les actes de la procédure. — Il peut avoir intérêt à ce que la surenchère irrégulièrement pratiquée soit annulée. Arg. C. civ. 2191.

Aussi a-t-il été jugé que le vendeur peut être partie dans l'instance sur la surenchère; qu'ainsi il est admis à proposer l'insertion dans le cahier des charges d'une clause quelconque, sauf aux juges à la rejeter ou à l'accueillir. Arg. C. civ. 2185-3°; Grenoble, 7 avr. 1824, D. 796.

166. L'acheteur a évidemment le droit de faire valoir des moyens de nullité contre la procédure.

167. Au reste, depuis la première publication, la procédure, pour parvenir aux adjudications préparatoire et définitive, est la même que pour l'expropriation forcée. Arg. C. civ. 2187; Tarrible, *R. Transcript.*, § 6, n° 1; Grenier, n° 466; Carré, n° 2853; Troplong, *ib.* 1. — V. *Vente sur saisie immobilière.*

168. L'acte d'aliénation tient lieu de minute du cahier des charges; le prix porté dans l'acte et la somme de la surenchère forment la mise à prix. C. pr. 838.

Conséquemment, le contrat d'aliénation et l'acte de surenchère doivent être déposés au greffe. C. civ. 2187; C. pr. 697; Troplong, n° 960 *ter.* — V. toutefois *inf.* n° 227.

169. Le surenchérisseur peut déposer, s'il le juge convenable, un cahier des charges explicatif. Carré, n° 2855.

170. Faute par l'acquéreur de déposer les actes d'aliénation et de surenchère, on pourrait faire annuler la notification et le poursuivre comme le tiers-détenteur qui ne fait pas purger. Troplong, n° 960 *ter.* — Le surenchérisseur aurait même le droit de sommer l'acquéreur de déposer son contrat, et faute par lui de le faire, d'en lever une expédition à ses frais. Pigeau, *Comm.* 2, 533.

171. Les conditions de la nouvelle adjudication sont-elles nécessairement les mêmes que celles de la première? — Pour l'affirmative, on dit : Les hypothèques existantes sur un immeuble n'empêchent point le propriétaire d'en disposer et de régler lui-même les conditions de la vente, sauf l'exception de l'art. 692 C. pr.; à partir de la dénonciation de la saisie-immobilière, le droit des créanciers inscrits se borne à élever le prix de la vente en faisant une surenchère. Aussi l'art. 838 C. pr. dit-il que l'acte d'aliénation tiendra lieu de minute d'enchère. — Le surenchérisseur ne peut donc supprimer les charges imposées à l'acquéreur, non plus que les stipulations faites en sa faveur; — à moins qu'il n'y ait fraude. Carré, n° 2855; Troplong, n° 961 *bis*; Delvincourt, 372; Thomine, n° 989.

Dans l'opinion contraire, on dit : La surenchère anéantit un contrat présumé fait en fraude des créanciers, dans ses dispositions relatives à la quotité du prix, au mode de paiement, et aux intérêts; elle rétablit les créanciers dans l'intégralité de leurs droits et les affranchit des stipulations qui tendent à diminuer leur prix.

Jugé en conséquence, 1° que lorsque l'acquéreur a été dispensé de payer les intérêts du prix pendant un temps déterminé, l'adjudicataire sur surenchère doit néanmoins les intérêts de son prix encore que le cahier des charges soit muet à cet égard. Cass. 23 déc. 1806, P. 5, 598. — L'adjudicataire n'a dû se référer qu'aux clauses de l'affiche, laquelle dans l'espèce ne contenait aucune dispense des intérêts. Dans tous les cas, suivant l'arrêt de Paris, 11 janv. 1816, P. 13, 216, la déclaration faite par l'acquéreur dans sa notification qu'il était prêt à acquitter jusqu'à concurrence de son prix toutes les dettes exigibles, a totalement changé l'état des choses quant aux stipulations du contrat primitif.

2° Que la vente à réméré doit être considérée comme non avenue et causant préjudice aux créanciers, bien qu'elle ait été stipulée dans le premier contrat. Grenoble, 7 avr. 1824, D. 796.

172. Il faut, à plus forte raison, reconnaître que si l'acquéreur a été chargé par le contrat de payer une partie du prix à des créanciers délégués non hypothécaires, et que des créanciers hypothécaires se faisant inscrire dans la quinzaine de la transcription absorbent l'intégralité du prix et au-delà avec ceux inscrits antérieurement, les surenchérisseurs ne sont point tenus de payer les délégataires dont la place se trouve prise par des créanciers préférables, l'acquéreur lui-même n'y est point obligé si la surenchère n'a pas lieu. « Il n'est obligé envers eux, dit Bourjon, *Droit commun*, 2, 753, col. 2, n° 35, que conditionnellement et à cause de son acquisition et de son prix seulement : si les créanciers délégués étaient *postérieurs en hypothèque* *aux opposans, la délégation ne leur donnerait aucune action* contre lui. » Troplong, n° 961 *bis*.

173. Peut-on diviser par lots l'adjudication des immeubles soumis à la surenchère? — Ne serait-ce pas forcer l'acquéreur à abandonner son acquisition ou à n'en retirer que des fractions. Rouen, 15 juill. 1807, P. 6, 209; Pigeau, *Comm.* 2, 535; Berriat, 655, not. 12; Thomine, n° 989.

La vente par lots procurera un plus grand bénéfice aux créanciers, et par suite au vendeur. Cet intérêt est préférable à celui de l'acquéreur, qui peut d'ailleurs conserver l'immeuble en se portant adjudicataire de chaque lot. Tout ce qu'on peut induire de l'art. 2192 C. civ., c'est qu'à moins qu'il n'y ait lieu à ventilation, la surenchère doit porter sur la totalité de l'immeuble. Demiau, 518; Carré, n° 2858; Troplong, n° 961 *ter*.

174. L'adjudication, une fois prononcée, la remise proportionnelle due à l'avoué porte sur le prix nouveau qui en résulte, et non pas seulement sur l'augmentation du prix provenant de la surenchère. Arg. Tar. 113 et 128; Cass. 29 nov. 1826, S. 27, 292.

175. Le jugement d'adjudication est aussi, comme en matière ordinaire, susceptible d'appel. Cass. 23 déc. 1806, P. 5, 598.

Art. 9. — *Effets de l'adjudication sur surenchère.*

176. *Cas où l'acquéreur se rend adjudicataire.* La première vente se trouve alors confirmée; — et il n'est pas nécessaire de faire transcrire le jugement d'adjudication. C. civ. 2189.

177. L'acheteur a un recours contre son vendeur pour le remboursement de ce qui excède le prix primitif et pour les intérêts de ce supplément du jour de chaque paiement. C. civ. 2191. — M. Pigeau, 2, 473, accorde au vendeur, s'il est encore dans les délais, contre l'action récursoire, l'exception résultant de la lésion de plus des sept douzièmes produite par la première vente.

178. L'acquéreur peut aussi répéter 1° les frais du jugement d'adjudication. Grenier, n° 168; Persil, art. 2191-3°;

2° Des dommages-intérêts, si le vendeur a caché l'existence des créances hypothécaires inscrites dans la quinzaine de la transcription. Arg. C. civ. 1630; Persil, *ib.* — M. Grenier, n° 468, exige pour qu'il en soit ainsi qu'une clause spéciale ait obligé le vendeur à faire connaître toutes les inscriptions.

179. La surenchère étant dans l'intérêt des créanciers hypothécaires, l'acquéreur ne peut concourir avec eux pour se faire payer de ce supplément sur le prix de vente. Persil, *ib.*, n° 4; — mais ces derniers une fois payés, s'il reste des deniers sur l'excédant, l'acquéreur peut-il les conserver à l'exclusion des créanciers chirographaires auxquels la surenchère était étrangère? — Il faut distinguer : ce droit est accordé à l'acquéreur dans le cas où il est demeuré adjudicataire, par le motif que les créanciers chirographaires n'ayant que les droits du vendeur, leur débiteur, seraient repoussés par les mêmes exceptions que l'acquéreur pourrait lui opposer. Bordeaux, 27 fév. 1829, S. 29, 325 ; Persil, *ib.*, n° 5 ; Grenier, n° 468 ; Troplong, n° 971 ; Merlin, v° *Lettre de ratification ;* Arg. Cass. 20 germ. an 12, P. 3, 693. — *Contrà*, Cass. 2 vent. an 10, P. 2, 470. — Mais au contraire, si un étranger se rend adjudicataire sur surenchère, le premier acquéreur n'a, pour se remplir des dommages et intérêts qui peuvent lui être dus, aucun droit exclusif à la différence des deux prix, il ne peut venir que par contribution avec les créanciers chirographaires. Bordeaux, 27 fév. 1829.

180. Le donataire qui s'est rendu adjudicataire par suite de la surenchère, a-t-il un recours contre son donateur ? — Oui, si les créanciers hypothécaires payés sur le prix de l'adjudication étaient créanciers personnels du donateur : en payant la dette de celui-ci, le donataire est subrogé aux droits des créanciers. Arg. C. civ. 874. — Non, s'ils étaient créanciers d'un précédent propriétaire : l'argent payé ne profite point alors au donateur qui n'est pas tenu à la garantie. Pothier, Cout. d'Orléans, n° 65 ; Delvincourt, 3, 373, note 7 ; Grenier, *Donat*, n° 97.

181. *Cas où l'adjudicataire est un autre que l'acquéreur*. Dans ce cas, les droits de l'acquéreur sont résolus. — Le nouvel adjudicataire se trouve subrogé à l'effet de la première vente, et sa propriété remonte au premier contrat. Grenier, n° 470.

Toutefois, MM. Delvincourt, 374, et Duranton, 20, n° 409, conformément à la pratique, pensent qu'il est obligé de faire transcrire son jugement d'adjudication. Ils se fondent sur l'art. 2189 C. civ., qui en dispense l'acquéreur qui reste adjudicataire, et sur ce motif qu'il est censé acquérir directement du vendeur ; — par suite, la C. Paris a jugé le 3 avr. 1812, P. 10, 269, que le créancier non inscrit dans la quinzaine de la transcription du premier contrat pouvait s'inscrire valablement sur le vendeur jusqu'à l'expiration de la quinzaine de la seconde transcription ; — nous pensons au contraire que la transcription est inutile. — V. *Purge*, n°s 32, 33. — A partir du contrat primitif, le vendeur cesse d'être propriétaire ; ses créanciers hypothécaires doivent donc, à peine de déchéance, se faire inscrire dans la quinzaine de la transcription de ce contrat (C. pr. 834). — Vainement prétendrait-on que la propriété passant directement du vendeur à l'adjudicataire, l'alié nation n'est réellement consommée que par le deuxième jugement d'adjudication. Ce principe ne fait pas que le vendeur soit resté propriétaire après la première vente, tout ce qu'on doit en conclure, c'est que, par suite de la résolution du premier titre, l'effet du deuxième remonte au contrat primitif. Si de nouveaux créanciers pouvaient se faire inscrire après la quinzaine de sa transcription, il faudrait purger à leur égard ce qui, d'une part, serait les relever arbitrairement des suites de leur négligence (C. pr. 834), et de l'autre, renouveler une procédure que le jugement d'adjudication sur surenchère a complétée. L'art. 2189 C. civ. a été rédigé sous l'empire de l'art. 22 L. 11 brum. an 7, qu'on voulait peut-être alors insérer dans le C. pr.; mais ce Code ne reproduit point cet article, qui exigeait la transcription de tout jugement d'adjudication. Pigeau, 473; Tarrible, *R.* v° *Transcription*, § 6, n° 3; Grenier, n° 472; Troplong, n° 965; Carré, 3, 174.

182. L'acquéreur évincé peut réclamer de son vendeur la portion du prix qu'il a payée avant de purger : ce prix ne doit pas être payé deux fois.

183. Si à l'époque de l'adjudication, l'immeuble se trouve avoir augmenté de valeur indépendamment même des faits de l'acquéreur, celui-ci a-t-il son recours contre son vendeur pour l'excédant de valeur?

Pour la négative on dit : La surenchère est une cause d'éviction légale dont l'exercice est indépendant de la volonté du vendeur, une voie de droit dont l'acquéreur ne peut se plaindre; il a connu les hypothèques qui donnent lieu à cette éviction, et il a été averti qu'il ne deviendrait propriétaire incommutable qu'à l'expiration des délais de la surenchère.—Il ne faut pas d'ailleurs traiter trop sévèrement le vendeur qui n'aliène que pour payer ses créanciers; il n'est pas exact de dire que l'éviction a lieu par le fait du vendeur, elle provient seulement du non paiement, c'est-à-dire d'une omission peut être involontaire. Paris, 25 prairial an 12, P. 4, 47.

Toutefois l'opinion contraire a prévalu. Les art. 1630 et 1633 C. civ. sont applicables aux cas d'éviction par suite de surenchère, comme à tous les autres cas où l'éviction résulte d'un fait personnel du vendeur. La surenchère est la conséquence d'un droit hypothécaire que le débiteur peut anéantir en payant. S'il ne le fait pas, c'est à lui personnellement qu'il faut s'en prendre, et il doit réparation. Si dans l'ancien droit l'acquéreur évincé par l'effet du retrait lignager, n'avait le droit de demander à son vendeur que les sommes par lui déboursées, c'est que celui-ci ne pouvait jamais arrêter l'effet du retrait. Cass. 11 mai 1808, P. 6, 666; Amiens, 21 mai 1822, P. 17, 362; Bordeaux, 4 mars 1822 et 27 juin 1829, S. 29, 325; Toulouse, 27 août 1834, D. 35, 114; Merlin, *Rép.* vº *Transcription*, S. 6, nº 4; Grenier, nº 468; Troplong, nº 967; Duvergier, *Vente*, nº 321; Pigeau, *Comm.* 2, 527.

184. Mais comment l'indemnité sera-t-elle réglée? — Les C. Bordeaux, 4 mars 1822 et 27 juin 1829; Toulouse, 27 août 1834, l'ont fait consister dans l'excédant du prix de l'adjudication sur le prix porté au contrat. Cet excédant représente le bénéfice dont l'acquéreur a été privé. — C'est donc à l'art. 2191 C. civ. qu'il faut recourir, bien qu'il ne parle que de l'acquéreur devenu adjudicataire; s'il n'en était point ainsi, la condition du vendeur serait meilleure ou pire, selon qu'un tiers ou l'acquéreur se seraient rendus adjudicataires, ce qui ne doit pas être. — Néanmoins, selon nous, si cette différence entre le prix de la première et celui de la seconde vente offre une indication utile à consulter, il faut tenir compte des cas extraordinaires qui peuvent faire hausser outre mesure le prix de l'immeuble et se référer plutôt à l'art. 1633 C. civ. qu'à l'art. 2191, qui ne concerne que l'acquéreur devenu adjudicataire. Merlin, *Rép. ib.*; Dalloz, 34, 2, 114. — Au reste, c'est au vendeur à se mettre à l'abri du recours de l'acquéreur par des stipulations qui modifient la garantie légale. Troplong, nº 967.

185. Les intérêts du prix de la vente volontaire restent à la charge du premier acquéreur qui a perçu les fruits, et non à celle du nouvel adjudicataire. Riom, 19 janv. 1820, P. 15, 715; Cass. 14 août 1833, S. 33, 609; Persil, *ib.* nº 4.

186. Mais celui-ci doit, 1º les intérêts de son prix à compter de la nouvelle adjudication. Cass. 14 août 1833; Grenier, nº 471;

2º Les frais et loyaux coûts du contrat; ceux de transcription et de notifications; ceux faits pour parvenir à la revente; le tout au-delà du prix de l'adjudication. C. civ. 2188; — sauf convention contraire, attaquable seulement par les créanciers non présens à la vente. Persil, art. 2188, nº 2;

3º Les impenses et améliorations faites par le premier adjudicataire.

187. La surenchère n'est faite que sur le prix porté au contrat de vente; les impenses de l'acquéreur n'ont pas été prises en considération pour fixer le prix de la deuxième adjudication; ce n'est point au vendeur à en payer le montant, mais au deuxième adjudicataire qui seul profite de ces impenses. Metz, 31 mars 1821, P. 16, 498; *Discussion au Cons.-d'Et.*; Persil, nº 3; Grenier, nº 471; Troplong, nº 962 — *Contrà*, Paris, 26 déc. 1835 (Art. 310 J. Pr.). — Cet arrêt juge que le paiement des impenses ne donne lieu qu'à une action à exercer sur le prix de la deuxième vente. — Mais le nouvel adjudicataire ne serait tenu que jusqu'à concurrence de la plus-value, au moins pour les réparations qui n'étaient pas nécessaires. C. civ. 2175; Persil, *ib.*; Delvincourt, 374.

L'acquéreur a non-seulement privilége pour cette plus-value (C. civ. 2103-5°), mais encore pour les frais qu'il a faits, afin d'obtenir l'autorisation de se livrer aux réparations, lorsque sans elles l'immeuble eût péri. Cass. 11 nov. 1824, S. 25, 140. Dans ces frais sont compris ceux de nomination des experts et d'homologation de leurs procès-verbaux. Orléans, 22 mai 1823, S. 25, 140.

188. L'acquéreur qui prétend avoir des répétitions à exercer pour la plus-value doit la faire estimer et constater avant l'adjudication, pour lever d'avance toute incertitude. Paris, 10 mars 1808, P. 6, 554.

189. Une clause générale du cahier des charges soumettant l'adjudicataire à tenir compte à l'acquéreur des réparations eu égard à leur plus-value ne suffit pas. *Même arrêt.*

§ 3. — *De la surenchère en cas de faillite.*

190. Quinzaine après l'adjudication des biens du failli vendus sur la poursuite des syndics, toute personne est admise à surenchérir. C. comm. 573.

191. Les syndics eux-mêmes ne sont pas exclus de cette faculté. — V. *Faillite*, n° 511 et 515.

192. Cette surenchère ne peut être au-dessous du dixième du prix principal de l'adjudication. C. comm. 573.

193. Que doit-on entendre par prix principal? — V. *inf.* n° 216.

194. La surenchère doit être faite au greffe du trib. civil suivant les formes prescrites par les art. 710 et 711 C. pr. civ. C. comm. 573. — V. Sur l'ancien droit. Art. 313 et 450 J. Pr.

195. Cette adjudication demeure définitive et ne peut ê re suivie d'aucune nouvelle surenchère. *Même article.*

196. A la différence de ce qui a lieu en matière de surenchère du quart (C. pr. 712), l'art. 573 C. comm. admet toute personne à concourir à l'adjudication par suite de surenchère.

197. Si la vente n'a pas eu lieu sur les poursuites des syndics mais à la requête d'un créancier, il faut suivre les règles tracées au *titre de la saisie immobilière.*—V. *Faillite*, n° 516; *inf.* § 4.]

§ 4. — *De la surenchère du quart.*

198. *Dans quels cas* la surenchère du quart est-elle admise? — V. *sup.* § 1er.

199. *Qui peut surenchérir.* Toute personne. C. pr. 710.

200. Cependant il faut excepter le saisi. Arg. C. pr. 713. —V. d'ailleurs *inf.* n° 202 et suiv.

201. On considère comme partie saisie le tiers-détenteur de l'immeuble hypothéqué, bien qu'il ne soit pas personnellement obligé. Bruxelles, 15 avr. 1809, P. 7, 497.

202. Ne peuvent pas non plus surenchérir, 1° l'avoué de l'adjudicataire : il est mandataire de sa partie, dont il doit défendre les intérêts. Pigeau, *Comm.*, 2, 332.

203. 2° Les personnes notoirement insolvables. C. pr. 713. — L'art. 712 C. pr. qui accorde la contrainte par corps contre le fol-enchérisseur, pour le paiement *de la différence* de son prix d'avec celui de la première vente, n'offre qu'une garantie partielle et souvent sans effet contre l'admission des personnes insolvables, et n'exclut pas l'application de l'art. 713. — D'ailleurs, cet art. 713 qui défend à ces personnes de se rendre adjudicataires vient non-seulement après les art. 706, 708 et 709 qui parlent de la première adjudication, mais après les art. 710, 711 et 712 qui parlent de celle qui a lieu après surenchère, et leur est par conséquent applicable. Ces mots *toute personne* de l'art. 710 C. pr., ne sont employés que par opposition aux art. 835 C. pr. et 2185 C. civ., qui n'admettent à surenchérir du dixième que les créanciers inscrits. Cass. 6 fév. 1816, P. 13, 263; Rennes, 29 juin 1814, P. 12, 284; Colmar, 2 déc. 1815, P. 13, 139; Rouen, 30 mai 1823, P. 17, 1146; Carré, n° 2391; Favard, 5, 66; Pigeau, 2, 268; Berriat, 596, note 95; Demiau, 452. — *Contrà,* Colmar, 30 avr. 1821, P. 16, 571.

204. 3° Les juges, juges suppléans, procureurs généraux, avocats généraux, procureurs du roi, substituts et greffiers du trib. où se poursuit la vente. C. pr. 713. Vainement dirait-on que si l'art. 713 leur défend de se rendre adjudicataires, c'est de peur qu'ils n'écartent les enchérisseurs, que ce motif ne se présente point ici puisqu'ils ne concourraient qu'avec l'adjudicataire; s'il leur était permis de surenchérir, ils pourraient user de leur influence pour écarter de la première vente les enchérisseurs sérieux, et se rendre acquéreurs sur la seconde en s'entendant avec l'adjudicataire qui ne serait que leur prête-nom. *Mêmes auteurs.* — *Contrà,* Thomine, n° 804.

205. Au reste, a été écarté comme insolvable le surenchérisseur dont les ressources étaient notoirement insuffisantes, comparées au montant de l'adjudication, bien qu'il ne fût point entièrement dépourvu de fortune. Rouen, 30 mai 1823, P. 17, 1146.

206. Mais il n'est pas réputé notoirement insolvable par cela seul qu'il ne possède aucun immeuble. Bordeaux, 21 fév. 1829, S. 29, 264. — A la différence de ce qui a lieu quand il s'agit d'apprécier la solvabilité de la caution offerte par le surenchérisseur du dixième. — V. *sup*. n° 119.

207. L'exception résultant contre le surenchérisseur de son insolvabilité ne peut être couverte, — 1° par l'offre d'une caution (le Code ne parle point de présentation de caution en matière de surenchère sur saisie immobilière), surtout si l'offre n'en était pas faite par l'acte même de réquisition et dans le délai de l'art. 710. Cass. 31 mai 1819, P. 15, 194. — *Contrà*, Thomine, n° 798. — Cet auteur, lorsque la solvabilité du surenchérisseur paraît douteuse, exige de lui une caution qui s'oblige par corps.

La clause du cahier des charges qui exige caution de ceux qui veulent surenchérir a été annulée comme modifiant un droit qui a pour but de faire vendre l'immeuble saisi à toute sa valeur dans l'intérêt du saisi et de ses créanciers : cette nullité est d'ordre public et n'est couverte par aucun acquiescement. Colmar, 25 fév. 1834 (Art. 277 J. Pr.).

208. 2° Par l'offre de consigner la somme pour laquelle il a surenchéri (— V. *sup*. n° 198). Le surenchérisseur qui doit concourir avec l'adjudicataire seul peut devenir propriétaire de l'immeuble par suite de la surenchère. Il est donc juste qu'il donne des sûretés non-seulement pour le paiement du prix de cette surenchère, mais encore pour celui du montant des adjudications. Rennes, 29 juin 1814, P. 12, 284.

209. L'insolvabilité du surenchérisseur est opposable, même avant l'adjudication. Cass. 6 fév. 1816, P. 13, 263; Thomine, n° 796.

210. Lorsque cette insolvabilité n'est pas notoire et qu'on n'articule même aucun fait à cet égard, il ne peut être obligé, comme en matière de surenchère du dixième, d'établir lui-même sa solvabilité. Rouen, 13 juin 1818, P. 14, 918.

211. La surenchère est valablement requise, 1° par le poursuivant : il ne doit pas être considéré comme vendeur; ce n'est point avec lui que l'acquéreur contracte, mais avec le saisi, sous l'autorité de la justice. Carré, n° 2373.

2° Les héritiers bénéficiaires du saisi : ils ne confondent point leur patrimoine avec celui de leur auteur; et leurs biens personnels peuvent leur offrir des ressources personnelles pour payer le prix de l'adjudication. Limoges, 5 déc. 1833, S. 34, 56.

3° Une personne non contraignable par corps, si elle offre des biens suffisans. L'art. 710 comprend dans sa généralité les femmes et autres personnes non susceptibles de la contrainte par corps. *Nec obstat*. C. pr. 712; Dalloz, 762; Carré, n° 2391; Thomine, n° 798.

212. On a déclaré licite le traité fait entre le débiteur saisi et un tiers, par lequel celui-ci s'obligeait à surenchérir l'immeuble déjà adjugé, à subroger le débiteur à ses droits sous toutes les obligations de sa surenchère, et à défaut par ce dernier de satisfaire à son engagement, à demeurer propriétaire de l'immeuble au prix pour lequel il avait été d'abord adjugé. Paris, 10 mars 1812, P. 10, 190.—V. *Vente sur saisie immobilière.*

213. Plusieurs personnes peuvent-elles surenchérir?—Nulle part la loi ne le défend en termes exprès, et l'art. 710 le permet au contraire en appelant *toute personne* à surenchérir : l'expression *celui qui* de l'art. 712 C. pr. est synonyme de quiconque. Tel est d'ailleurs l'intérêt du saisi et des créanciers. Turin, 30 janv. 1810, P. 8, 72; Lepage, *Saisies*, 2, 118, *Qu.*, p. 461; Favard, *hoc verbo*, 65; Pigeau, 2, 272; Berriat, 597; Carré, n° 2379.—V. *inf.* n° 251.

214. Lorsque la surenchère est nulle à raison de l'incapacité d'un surenchérisseur, elle n'en subsiste pas moins en vertu des principes de l'indivisibilité, en faveur de celui qui a surenchéri conjointement avec lui. C. civ. 1218; Carré, n° 2374; Bruxelles, 15 avr. 1809, P. 7, 497.

215. Au reste, tous les surenchérisseurs sont indistinctement admis, bien que l'un d'eux ait porté sa surenchère au-dessus du quart du prix principal de l'adjudication : la loi ne distingue pas : en créant cette distinction, on obligerait toute personne qui voudrait surenchérir à porter sa surenchère au-delà du quart. Pigeau, 2, 272; Carré, n° 2379.

216. *Sur quel prix.* La surenchère doit être du quart au moins du prix principal. C. civ. 710; — à peine de nullité. Carré, 2381.

217. *Prix principal.* Ce qui comprend non-seulement le prix exprimé en argent, mais encore toutes les charges qui profitent au vendeur, ou qui, payées en son acquit, font nécessairement partie du prix. Mais on a voulu exclure les intérêts échus au jour de la surenchère ou les frais à la charge de l'acheteur comme ceux de poursuite (Riom, 25 mai 1838, Art. 1327 J. Pr.), d'adjudication et d'enregistrement. On doit donc entendre de la même manière les mots *prix* et *prix principal* employés dans les art. 2185 C. civ. et 710 C. pr. Arg. C. civ. 2183-1°; Paris, 19 mars 1836 (Art. 450 J. Pr.); Thomine, n° 791. — *Contrà*, Carré, n° 2380. — Cet auteur ne fait pas porter la surenchère du quart sur ce qui n'est payé qu'accessoirement.

218. La convention par laquelle le surenchérisseur et le saisi réduisent le taux de la surenchère, est nulle.

219. La preuve d'une pareille convention (intervenue entre le poursuivant et l'enchérisseur) a été déclarée inadmissible. Toulouse, 25 juin 1835 (Art. 218 J. Pr.).

220. *Dans quel délai.* La surenchère doit être faite dans la huitaine du jour de l'adjudication. C. pr. 710. — V. au contraire *sup.* n° 64.

221. Le jour de l'adjudication n'est pas compté dans le délai. Rouen, 14 janv. 1815, P. 12, 540; Carré, n° 2378; Pigeau, p. 269; Persil, n° 55; Thomine, n° 792. — V. *Délai*, n° 11.

222. Quant aux jours fériés, on doit les y comprendre. Ainsi, lorsque la huitaine expire un jour férié, la surenchère ne peut être valablement faite le lendemain : ce serait réellement ajout r un neuvième jour à ce délai. Carré, n° 2378; Rouen, *ib.;* Cass. 27 fév. 1821, P. 16, 407; Berriat, 597; Favard, 5, 65.

Seulement le surenchérisseur peut obtenir du juge la permission de faire ce jour même son acte de surenchère. Arg. C. pr. 1037. Rouen, 14 janv. 1815, P. 12. 540.

223. Il a même été jugé que, dans ce cas, comme il ne s'agissait point d'une signification mais seulement de l'accomplissement d'une formalité, il n'y avait point lieu d'appliquer les art. 63 et 1037; que l'art. 90 décr. 20 mars 1808 en fixant les jours où les greffes des trib. sont ouverts n'avait pas défendu aux greffiers de recevoir des déclarations les jours de fêtes légales. Rouen, 14 janv. 1823, P. 17, 814. —V. *Ordre,* n° 207. et *inf.* n° 240.

224. Jugé que l'état de blocus de la ville au greffe de laquelle la déclaration de surenchère eut dû être faite, est un cas de force majeure qui autorise les trib. à l'admettre après la huitaine. Colmar, 9 nov. 1814, P. 12, 444. Arg. Cass. 24 nov. 1814, 12, 456.

225. Mais le délai ne peut être suspendu par l'appel du jugement d'adjudication : cet appel ne doit intervenir qu'après la huitaine, puisque le jugement n'est pas exécutoire par provision. C. pr. 449. Pigeau, *Comm.*, 2, 333.

226. *Dans quelle forme.* On peut surenchérir par soi même ou par un fondé de procuration spéciale. C. pr. 710; — Même sous seing privé, Carré, n° 2376; Pigeau, 269.

Toutefois, selon MM. Carré, Pigeau, *ib.;* Hautefeuille, 385; Delaporte, 2, 313, l'adjudicataire a le droit d'exiger que ce pouvoir soit avant tout reconnu en justice ou devant notaire par celui à qui on l'attribue.

227. La déclaration de surenchère a lieu au greffe, à peine de nullité. Arg. C. pr. 711; Carré, n° 2383.

228. Elle est faite par la partie ou par son mandataire, avec l'assistance d'un avoué (Arg. Tar. 115). Il y a même motif que pour les enchères faites à l'audience. C. pr. 707, 717; Pigeau, 2, 269; *Comm.*, 2, 334.

Toutefois, Carré, n° 2375, et Delaporte, 2, 313, enseignent

que l'assistance de l'avoué n'est pas exigée à peine de nullité. — Et M. Berriat, 596, note 95, se fondant sur ces mots de l'art. 710, *toute personne*, soutient que cette assistance est inutile. —Mais c'est seulement quand la vente a lieu devant notaire qu'il n'est pas besoin de recourir à leur ministère. C. pr. 965; Carré; Pigeau, *ib.*; Demiau, p. 452.

Dans ce dernier cas, le notaire délégué pour les enchères est par cela même autorisé à recevoir la surenchère qui n'en est qu'une suite. Toulouse, 25 juin 1835 (Art. 218 J. Pr.).

229. Toutefois la déclaration de surenchère faite au greffe au lieu de l'être chez le notaire n'est pas nulle. C. pr. 710, 965; 1030, Turin, 8 sept. 1809, P. 7, 830.

230. En cas d'aliénation de biens communaux, la déclaration de surenchère est valablement faite à la mairie. Arg. Nîmes, 28 nov. 1837, S. 38, 244.

231. L'acte de déclaration de surenchère est dressé par le greffier, il est signé par l'avoué et par la partie, ou contient mention des causes du défaut de signature; cet acte est écrit au pied du jugement d'adjudication auquel il fait suite, Carré, n° 2377; Pigeau, 271; Demiau, 452.

232. La copie de déclaration de surenchère doit, à peine de nullité, être notifiée aux avoués de l'adjudicataire, du poursuivant et de la partie saisie, si elle a constitué avoué. C. pr. 711; — à peine de nullité. — Une simple déclaration de surenchérir n'est point la dénonciation de l'acte préexistant, impérieusement exigée par l'art. 711 C. pr. Carré, n° 2387.

233. Est valable la dénonciation faite à l'avoué constitué par le saisi sur un incident, — par exemple pour proposer des moyens de nullité contre la saisie. La loi le suppose en obligeant le surenchérisseur à dénoncer à l'avoué du saisi; or, ce dernier, qui n'est pas partie dans la poursuite, n'a eu besoin de constituer avoué qu'afin d'élever un incident. Carré, n° 2387; Favard, R., 5, 66 — *Contrà,* Paris, 23 août 1810, P. 8, 557; Berriat, 597, note 97.

234. Il n'est pas nécessaire de faire la dénonciation à la personne ou au domicile du saisi, s'il n'a pas constitué avoué. C. pr. 711.

235. Lorsque le poursuivant et l'adjudicataire ont le même avoué, la dénonciation est valablement signifiée par une seule copie à cet avoué en sa double qualité. Riom, 25 mai 1838 (Art. 1327 J. Pr.).

236. Lorsque la dénonciation n'a été faite qu'à l'adjudicataire, celui ci peut-il demander la nullité de la surenchère, si le poursuivant renonce à s'en prévaloir. — La négative a été jugée, Cass. 18 fév. 1839 (Art. 1422 J. Pr.), attendu que cette nullité est relative. — Mais le vendeur et ses créanciers peuvent avoir des intérêts différens de celui de l'adjudicataire. Ils doivent désirer que l'immeuble atteigne sa plus haute valeur et sous ce rapport ils consentiront difficilement à opposer la nullité de la surenchère. L'adjudicataire est plus intéressé au contraire à la faire prononcer pour se faire maintenir dans son acquisition.

237. La dénonciation doit être faite dans les vingt-quatre heures de la surenchère à peine de nullité. C. pr. 711. — Jugé toutefois que la surenchère n'est pas nulle pour n'avoir été notifiée à l'adjudicataire qu'après ce délai, si par défaut d'avoué cette dénonciation n'a pu être faite qu'à personne ou domicile. Motifs, Toulouse, 25 juin 1835 (Art. 218 J. Pr.). — Dans l'espèce, il s'agissait d'une déclaration de surenchère, surabondamment au greffe, la première faite en l'étude du notaire qui avait procédé à l'adjudication, avait été dénoncée dans les délais.

238. Ce délai de vingt-quatre heures est franc : il ne doit pas se calculer d'heure à heure. Arg. C. civ. 2260 ; la loi n'ayant ordonné de constater ni l'heure de la surenchère ni celle de la dénonciation. Liége, 5 janv. 1809, P. 7, 299 ; Caen, 21 déc. 1812, P. 10, 908 ; Lyon, 27 août 1813, P. 11, 676 ; Cass. 22 juill. 1828, S. 34, 218 ; Carré, n° 2385 ; Pigeau, *Comm.*, 2, 338 ; Favard, *Rép.*, 5, 65 ; Lachaise, n° 403. — M. Carré pense qu'il en serait autrement si l'heure de la réception de la surenchère et celle de la dénonciation étaient constatées.

239. Dans ce cas là même, les vingt-quatre heures courent, à partir non du commencement, mais de la perfection de l'acte de surenchère. Ainsi, quand la déclaration a été faite à quatre heures du soir, l'acte est valablement signifié le lendemain à pareille heure. Orléans, 18 juill. 1835 (Art. 162 J. Pr.).

240. Les vingt-quatre heures d'intervalle s'entendent d'un jour utile ; si une surenchère est faite la veille d'une fête légale, ce jour ne doit pas compter dans la fixation du délai. (Arg. C. pr. 63, 1037), et la dénonciation peut n'être faite que le lendemain. Cass. 28 nov. 1809, P. 7, 887 ; Douai, 6 avr. 1819, P. 15, 206 ; Pigeau, *Comm.*, 2, 339 ; Hautefeuille, 386 ; Berriat, 597 ; Favard, 5, 66 ; Carré, n° 2384 ; Persil, n° 39 ; Thomine, n° 793. — *Contrà*, Huet, 191.

241. Au reste, la dénonciation faite un jour de fête légale n'est pas nulle ; l'huissier seulement peut encourir l'amende. Cass. 23 fév. 1825. — V. *Exploit*, n° 143.

242. Si la surenchère n'a point encore été dénoncée, le surenchérisseur peut se départir ; il suffit qu'il laisse passer le délai de vingt-quatre heures sans la dénoncer pour qu'elle soit considérée comme non avenue. C. pr. 711. — Dans le cas contraire, le désistement ne produit d'effet qu'autant qu'il est accepté par les personnes auxquelles la dénonciation a été faite. Pigeau, *Comm.*, 2, 336.

243. Toutefois, lorsque l'adjudicataire consent à payer tout à la fois le prix de son adjudication et le montant de la surenchère et qu'aussi le surenchérisseur se désiste, les créanciers du saisi ne peuvent demander une nouvelle adjudication : ce désistement ne les prive point du bénéfice de la concurrence puisqu'elle leur est refusée par l'art. 712. Ce n'est donc point le cas d'appliquer par analogie l'art. 2190 C. civ. relatif seulement à la surenchère du dixième qui ne restreint pas comme celle du quart le nombre des enchérisseurs. Le saisi de son côté ne saurait se plaindre puisqu'il profite du prix de la surenchère dont le montant doit être acquitté par l'adjudicataire. Cass. 8 nov. 1815, P. 13, 100; Favard, R. 5, 66; Thomine, n° 792.

244. Si, au contraire, l'adjudicataire, par dons ou par promesses, écarte les amateurs ou obtient le désistement des surenchérisseurs, la partie saisie peut porter plainte pour entraves à la liberté des enchères, et l'adjudicataire est passible des peines prononcées par l'art. 412 C. pén., applicable aux surenchères. Cass. 12 mars 1835 (Art. 103 J. Pr.).

245. S'il s'est présenté de nouveaux surenchérisseurs, ils doivent faire leur soumission dans le même délai et dans la même forme que le premier. Pigeau, 272; Carré, n° 2386; — et dénoncer aux surenchérisseurs précédens qui leur sont connus par leurs soumissions au bas du jugement : ceux-ci ont intérêt à repousser des surenchères nulles. *Mêmes auteurs*.

246. La dénonciation se fait par un simple acte contenant avenir à la prochaine audience. C. pr. 711; — c'est-à-dire à celle qui suit le délai de huitaine accordé pour surenchérir, de nouvelles surenchères pouvant avoir lieu tant qu'elle n'est pas expirée; — et non à la prochaine audience qui suit la dénonciation. Motifs, Turin, 30 janv. 1810, P. 8, 72; Carré, n° 2388; Pigeau, *Comm.* 340; Berriat, 597. — *Contrà*, Merlin, *Rép. ib.* 386.

247. L'avenir peut même être donné à une audience plus éloignée, pourvu que le retard ne soit pas exagéré : — la loi n'a pas prononcée la peine de nullité. Paris, 23 août 1810, P. 8, 557; Liége, 12 janv. 1809, P. 7, 312; Carré, n° 2389.

248. Si de nouveaux surenchérisseurs se présentent, c'est à l'audience fixée par celui qui a fait sa dénonciation le dernier que tous les autres doivent comparaître. Carré, n° 2389.

249. Les parties peuvent demander une remise au trib. pour de justes causes. Carré, *ib.*

250. Au jour indiqué, on donne acte, s'il y a lieu, au

surenchérisseur de sa réquisition. Les enchères sont ouvertes entre l'adjudicataire et le surenchérisseur seulement. C. pr. 712.

On en a conclu qu'il n'était pas nécessaire que l'adjudication fût faite après l'extinction de trois bougies : que cette formalité n'est exigée que pour les enchères ordinaires. Colmar, 26 juin 1826, S. 27, 51.

251. Lorsque les immeubles saisis ont été adjugés en un seul lot et pour un seul et même prix, et que cependant l'avoué a déclaré plusieurs adjudicataires partiels, chacun d'eux a le droit de concourir pour la portion qui lui a été attribuée par la déclaration de command : par suite de cette déclaration qui a un effet rétroactif au jour de l'adjudication, il y a eu réellement plusieurs ventes. Limoges, 5 déc. 1833, S. 34, 56.

252. Le surenchérisseur doit, à peine de déchéance, comparaître à l'audience indiquée; en ne comparaissant point, il est censé avoir renoncé à sa surenchère, et la propriété de l'immeuble se trouve ainsi confirmée au profit de l'adjudicataire avec lequel l'art. 712 l'admettait à concourir. Douai, 25 juin 1812, P. 10, 512; Carré, n° 2389; Thomine, n° 795.

253. Le créancier surenchérisseur n'est pas réputé acquiescer au jugement qui annule sa surenchère, par cela seul qu'il a produit à l'ordre, si la production a été faite *sous toutes réserves*. Cass. 28 nov. 1809, P. 7, 887.—M. Carré (art. 711, note 2) pense même que cet acquiescement ne lui est pas opposable dans le cas où la production été faite sans réserves, attendu qu'elle se fait par avoué, et que celui-ci ne peut acquiescer pour sa partie, s'il n'a un pouvoir spécial. C. pr. 352.

254. Si un moyen de nullité est proposé contre la surenchère, l'appel du jugement qui statue sur ce moyen est recevable dans le délai de trois mois (C. pr. 443); l'art. 736 C. pr., qui fixe à huitaine le délai d'appel, n'est relatif qu'au jugement qui statue sur les moyens de nullité proposés contre les procédures postérieures à l'adjudication préparatoire. Colmar, 30 avr. 1821, P. 16, 571; Limoges, 5 déc. 1833, S. 34, 56; Caen, 16 janv. 1838, S. 39, 189.

255. *Effets et suites de la surenchère*. L'effet de la surenchère n'est pas de dessaisir actuellement l'adjudicataire comme s'il s'agissait d'un simple enchérisseur dont l'offre fut couverte. C pr. 707; — il reste propriétaire jusqu'à la revente, qui est la condition résolutoire de son contrat. Arg. C. civ. 2182, 2277; Grenier, n° 488; Persil, n° 41; Pigeau, 270; Thomine, n° 795.—V. *sup.* n° 94.

256. Si donc, dans la huitaine de la surenchère, et avant la nouvelle adjudication, l'immeuble périt ou se dégrade, la perte sera pour l'adjudicataire et non pour le vendeur. Il n'est pas juste d'ailleurs de prolonger la responsabilité du saisi et des

créanciers en faveur desquels la surenchère a été introduite. Pigeau, *ib.*; Pothier, *Vente*, p. 6, ch. 2; Persil, n° 41.

257. Si le surenchérisseur se désiste, s'il ne comparaît pas, l'adjudicataire est maintenu de plein droit dans son adjudication. Il n'a rien à payer au-delà. Thomine, n° 795.

258. Mais le surenchérisseur n'en est pas moins lié par ses offres, et doit payer au saisi ou à ses créanciers le montant de la surenchère. Thomine, n° 797.

259. Il en est autrement si la surenchère est annulée, soit pour vice de forme, soit pour insuffisance de l'offre, soit pour défaut de capacité ou de solvabilité du surenchérisseur : dans ce cas, sans doute, l'adjudicataire maintenu dans sa possession n'a rien à payer au-delà de son prix. Thomine, n° 795. — Mais le surenchérisseur lui-même n'est point tenu de payer le montant de son offre, puisqu'elle n'a point été reconnue acceptable ; il est seulement condamné aux frais et à des dommages-intérêts, s'il y a lieu. Thomine, n° 797.

260. Si l'immeuble est adjugé au premier adjudicataire, son premier contrat se trouve confirmé, sauf la différence du prix. Arg. C. civ. 2189; Pigeau, 273.

261. Dans le cas contraire, la première adjudication est résolue. C. civ. 1183.

Ainsi, les hypothèques conférées sur l'immeuble par le premier adjudicaire se résolvent. C. civ. 2125.

Il est entièrement déchargé, quand même le nouvel adjudicataire ne paierait pas. Arg. 707 et 712. Son sort ne doit pas rester incertain, il a pu donner à ses deniers une autre destination. La seconde adjudication anéantit la sienne. Huet, 198; Pigeau, *ib.*; Thomine, n° 799. — V. *Folle-enchère*, n° 5.

262. Le premier adjudicataire a le droit de réclamer du second les frais et loyaux coûts de son adjudication et ceux de transcription. C. civ. 2188; Pigeau, *ib.*

263. Quant aux autres effets de la surenchère. — V. *sup.* n° 176 et suiv.

§ 5. — *Enregistrement.*

264. Les droits d'enregistrement de la revente sur surenchère sont les mêmes que ceux de la première vente. Pour les liquider, il faut déduire le prix de la première adjudication de celui de la seconde, et ajouter à ce reliquat les frais et loyaux coûts qui doivent être remboursés par le second adjudicataire (— V. *sup.* n° 186). Délib. rég. 10 vend. an 13.

265. Le jugement qui donne acte à l'adjudicataire surenchéri de ce que, pour éviter la surenchère, il consent à servir une rente viagère dont le capital est supérieur au prix de l'adjudication, est sujet au droit de mutation sur le supplément du prix.

266. L'adjudicataire sur saisie immobilière qui n'a pas fait enregistrer son jugement d'adjudication dans le délai de vingt jours, mais qui a été surenchéri, ne doit que le droit fixe et le double de ce droit : il n'a pas en effet, comme le fol-enchérisseur, à se reprocher de n'avoir jamais rempli ses engagemens. Délib. rég. 24 juill. 1819.

267. Les différens actes de la procédure sont au surplus soumis aux mêmes droits d'enregistrement que ceux analogues faits dans les autres instances.—V. les mots qui les concernent.

§ 6. — *Formules.*

FORMULE I.

Pouvoir du créancier à l'effet de surenchérir.

(C. civ. 2185-4°.)

Je soussigné , demeurant à , créancier hypothécaire du sieur inscrit au bureau des hypothèques de , le , vol. . 1.° , sur la maison ci-après désignée, appartenant à mon débiteur, donne pouvoir à M^e^ , avoué au tribunal de première instance de , de, pour moi et en mon nom, requérir la mise aux enchères et adjudication publiques d'une maison et dépendances, sise à , rue , n° ; vendue (*ou* adjugée) au sieur , demeurant à , moyennant la somme de , outre les charges, par (*indiquer l'acte ou le jugement qui constate la vente*), à moi notifié par extrait avec le tableau des inscriptions, par exploit de , huissier à , en date du ; en conséquence de, pour moi surenchérir et se soumettre à porter ou faire porter ledit immeuble à un dixième en sus du prix de ladite vente, ce qui forme la somme totale de , outre les clauses, charges et conditions insérées audit acte (*ou* jugement) et autres de droit, comme aussi d'offrir pour caution de ladite surenchère la personne du sieur , demeurant à , et à l'effet de la réception de ladite caution, faire tous exploits, dires et réquisitions qu'il jugera nécessaires pour parvenir à ladite surenchère, promettant d'avoir pour agréable tout ce que fera pour cet objet ledit M^e^ , et de le rembourser de tous frais et honoraires légitimement dus.

A , le , bon pour pouvoir

(*Signature.*)

FORMULE II.

Requête pour faire commettre un huissier à l'effet de signifier la surenchère.

(C. pr. 832. — Tarif. 76. — Coût, 2 fr.)

A M. le président du trib. de première instance de

Le sieur , demeurant à , ayant pour avoué M^e^ , créancier hypothécaire du sieur , inscrit sur une maison sise à , etc.;

Ladite maison vendue (*ou* adjugée) au sieur , etc., par acte (*ou* jugement) en date du , etc. ;

A l'honneur de vous exposer, qu'il est dans l'intention de surenchérir ladite maison, par suite de la notification à lui faite.

Pourquoi, il vous plaira, M. le président, en conformité de l'art. 832 du C. de pr., commettre un huissier pour signifier à l'acheteur (*ou* adjudicataire) et au vendeur, la réquisition de surenchère prescrite par l'art. 2185 du Code civil, et vous ferez justice. (*Signature de l'avoué.*)

FORMULE III.

Réquisition de surenchère sur aliénation volontaire.

(C. civ. 2285 ; C. pr. 832.— Tarif, 63.—Coût, 5 fr. orig. ; le quart pour la copie.)

L'an , le , à la requête du sieur , demeurant à , créancier hypothécaire du sieur , inscrit, etc., pour lequel domicile est élu en la demeure de Me , avoué, etc., lequel occupera sur la poursuite de surenchère et l'assignation ci-après, j'ai (*immatricule*), commis par ordonnance de M. le président du tribunal de première instance du département de , en date du , enregistrée, étant au bas de la requête à lui présentée le même jour, desquelles requête et ordonnance il est, avec celle des présentes, donné copie, soussigné, signifié et déclaré (*à l'acquéreur et au vendeur, à personne ou domicile réel*).

Que ledit sieur requiert la mise aux enchères et adjudication publiques d'une maison sise à , rue , no , dont ledit sieur s'est rendu acquéreur (*ou* adjudicataire), etc. (— V. *sup.* Formule I) ; en conséquence, que ledit sieur se soumet à porter ou à faire porter le prix principal de ladite maison et dépendances à un dixième en sus de la somme de , montant de l'adjudication dont s'agit, ce qui fera, pour première enchère, la somme totale de , outre et pardessus les charges, clauses et conditions de l'acte d'acquisition, et de celles qui seront imposées par le jugement de la nouvelle adjudication ; déclarant au sus-nommé que le requérant fera apposer des placards indicatifs de la revente dont s'agit, qui sera faite dans les formes prescrites par la loi ; à ce que le sus-nommé n'en ignore, lui déclarant en outre que ledit sieur offre et présente pour caution de la surenchère, jusqu'à concurrence du prix et des charges, la personne du sieur , demeurant à , rue , no ; et à pareilles requête, demeure et élection de domicile que dessus, j'ai, huissier susdit et soussigné, donné assignation aux sus-nommés, domicile et parlant comme dit est, à comparaître, d'aujourd'hui à trois jours, heures du matin, à l'audience du tribunal de , etc., pour, attendu que le sieur ci-dessus nommé, qualifié et domicilié, offert pour caution de la présente surenchère, est notoirement solvable, ainsi qu'il résulte des titres déposés au greffe du tribunal, par acte de , dont il est, avec ces présentes, donné copie, voir dire et ordonner que ledit sieur sera reçu pour caution de la surenchère dont s'agit, et qu'il fera en conséquence sa soumission au greffe dudit tribunal en la manière accoutumée : et pour, en outre, répondre et procéder comme de raison à fin dépens, dont ledit sieur sera remboursé comme de frais extraordinaires de poursuite ; et voir ordonner l'exécution provisoire, sans être tenu de fournir caution, du jugement à intervenir conformément à l'art. 135 C. pr. civ. ; et j'ai au sus-nommé, domicile et parlant comme dessus, laissé copie signée comme le présent original du sieur (*le surenchérisseur*), des requête et ordonnance susdites, et du présent exploit, dont le coût est de

(*Signature de la partie et de l'huissier.*)

FORMULE IV.

Dénonciation d'une surenchère sur aliénation forcée.

(C. pr. 711. — Tarif, 115, 116. — Vacation pour faire au greffe la surenchère, 15 fr. ; et pour la dénonciation, 1 fr. orig. ; le quart pour la copie.)

A la requête du sieur , demeurant à , soit signifié, dénoncé, et avec celle des présentes donné copie, 1o à Me , avoué du sieur , adjudicataire ; 2o à Me , avoué du sieur , ayant poursuivi la vente sur saisie immobilière de ; 3o et à Me , avoué au même tribunal et du sieur partie saisie ;

D'un acte dressé au greffe du tribunal de première instance du département de , le , par lequel le sieur , par le ministère de Me , son avoué, fondé de procuration spéciale à cet effet, a surenchéri de la somme de l'adjudication qui a été faite au sieur moyennant le prix de , d'une maison et dépendances, sises à , rue , no , et adjugées sur la poursuite de vente par saisie immobilière faite à la requête du sieur sur le sieur ; à ce que les sus-nommés pour leurs parties n'en ignorent, et à pareille requête, soient sommés de comparaître (*jour et quantième*) heures, à l'audience des ventes sur saisies immobilières dudit tribunal, etc.

Pour voir dire et déclarer bonne et valable la surenchère dont s'agit ; en conséquence, ordonner qu'il sera procédé aux nouvelles lecture et publication du cahier des charges dressé pour la vente des biens dont s'agit, et que de suite à l'extinction des feux il sera procédé de nouveau à l'adjudication desdites maison et dépendances, à laquelle seront admis seulement à concourir ledit sieur et le requérant ; a ce qu'ils n'en ignorent, D. A. (*Signature de l'avoué.*)

Signifié, laissé copie, 1° à Me ; 2° à Me , avoués, à domicile, par moi, huissier soussigné.
A ce 1840. (*Signature.*)

— V. d'ailleurs *Hypothèque, Purge des hypothèques, Réception de caution.*

VENTILATION. Estimation particulière qu'on fait de l'un ou de plusieurs des objets compris dans une même vente, non pas d'après leur valeur réelle, mais en proportion du prix fixé pour le tout. — V. *Vente sur surenchère*, n° 57.

VÉRIFICATION DE CRÉANCES. — V. *Faillite, Distribution.*

VÉRIFICATION D'ÉCRITURES (1). Procédure par laquelle on recherche si un écrit ou une signature privés sont de la main de la personne à laquelle on les attribue.

DIVISION.

§ 1. — *Foi due aux actes sous signatures privées.*
§ 2. — *Reconnaissance d'écritures. Ses effets.*
§ 3. — *Vérification d'écritures.*
Art. 1. — *Dans quel cas, et par qui elle peut être demandée.*
Art. 2. — *Tribunal compétent.*
§ 4. — *Jugement qui autorise la vérification.*
§ 5. — *Dépôt de la pièce à vérifier.*
§ 6. — *Choix des pièces de comparaison.*
§ 7. — *Vérification par experts.*
§ 8. — *Vérification par titres.*
§ 9. — *Vérification par témoins.*
§ 10. — *Jugement ; Condamnations ; Effets de la vérification.*
§ 11. — *Enregistrement.*
§ 12. — *Formules.*

§ 1. — *De la foi due aux actes sous seings privés.*

1. Les écritures privées ne font foi qu'autant qu'elles sont expressément ou tacitement reconnues par ceux à qui on les attribue, ou par leurs héritiers ou ayant-cause, ou qu'elles sont vérifiées suivant les formes légales. C. civ. 1322, 1324.

---

(1) Cet article est de M. Lauras, avocat à la Cour royale de Paris.

2. Toutefois, une partie n'est pas obligée de demander la reconnaissance de toute pièce qu'elle produit à l'appui de ses conclusions ; c'est à l'adversaire à déclarer qu'il dénie ou qu'il ne reconnaît pas l'acte qu'on lui oppose. Bruxelles, 10 août 1822, P. 12, 360. — S'il se borne à conclure au fond, son silence équivaut à une reconnaissance. Toullier, 8, n° 229. — Et à plus forte raison s'il conclut à l'annulation pour cause de dol de l'écrit qui lui a été communiqué. Dans ce cas, le trib. peut ordonner l'exécution de l'acte dont il tient la signature pour reconnue. Cass. 27 août 1835 (Art. 158 J. Pr.). — V. *inf.* n° 17.

3. Il est plus sûr d'assigner le défendeur pour avoir acte de la reconnaissance, ou pour faire tenir l'écrit pour reconnu. Toullier, n° 230. — V. d'ailleurs *inf.* n°s 13, 14, 79.

4. S'il s'agit d'une obligation sous seing privé souscrite par une autre personne qu'un marchand, artisan, laboureur, la reconnaissance doit porter non-seulement sur la signature, mais encore sur l'écriture de l'acte, ou sur le *bon*, ou approuvé qui précède la signature. Arg. C. civ. 1326 ; Carré, n° 796.

5. Un testament olographe, ayant la même force exécutoire qu'un testament public, n'en est pas moins une *écriture privée*, et celui à qui on l'oppose peut se borner à demander la vérification des écriture et signature, sans être obligé de s'inscrire en faux. Cass. 13 nov. 1816, P. 13, 667. — V. *Possession*, n° 24.

6. Jugé que la vérification ne peut être ordonnée que lorsque les parties ont été assignées pour savoir si elles reconnaissent ou non l'écrit, et non avant l'accomplissement de ces formalités. Toulouse, 22 janv. 1839 (Art. 1358 J. Pr.).

§ 2. — *Reconnaissance d'écriture.*

7. Le demandeur en reconnaissance et vérification d'écritures privées peut, sans permission du juge, et sans conciliation, faire assigner à trois jours pour avoir acte de la reconnaissance ou pour faire tenir l'écrit pour reconnu. C. pr. 193. — Même avant l'échéance ou l'exigibilité de l'obligation sous seing privé (L. 3 sept. 1807, art. 1), — ou l'évènement de la condition. Toullier, n° 227 ; Boncenne, 3, 460.

8. Le créancier d'une succession, même pendant les délais pour faire inventaire et délibérer, assigne valablement l'héritier en reconnaissance de la signature du défunt, sauf à ne poursuivre qu'après l'expiration de ces délais. Cass. 10 juin 1807, P. 6, 136.

9. Celui auquel on oppose un acte sous seing privé est obligé d'avouer ou de désavouer formellement son écriture ou sa signature ; mais les héritiers ou ayant-cause peuvent se contenter

de déclarer qu'ils ne connaissent point l'écriture ou la signature de leur auteur. C. civ. 1323. — Leur défaut de s'expliquer équivaut à une reconnaissance et dispense d'une vérification. Cass. 17 mai 1808, P. 6, 690.

10. Si le défendeur ne dénie pas la signature, tous les frais relatifs à la reconnaissance ou à la vérification, même ceux de l'enregistrement de l'écrit, sont à la charge du demandeur. C. pr. 193.

11. Mais ces frais sont à la charge du débiteur lorsqu'il a refusé de se libérer après l'échéance ou l'exigibilité de la dette. L. 3 sept. 1807, art. 2; — si la demande en reconnaissance est postérieure à l'échéance, peu importe qu'il avoue ou qu'il méconnaisse l'écriture. — V. *inf.* n° 101.

12. Si le défendeur reconnaît l'écrit, le jugement en donne acte au demandeur. C. pr. 194.

13. Si le défendeur ne comparaît pas, il est donné défaut, et l'écrit est tenu pour reconnu. C. pr. 194. — Sauf au défendeur les recours ordinaires contre le jugement.

14. Le jugement qui tient l'écriture pour reconnue emporte en outre hypothèque. C. civ. 2123. — Mais s'il a été rendu avant l'échéance ou l'exigibilité de l'obligation, l'inscription ne peut être prise qu'à défaut de paiement après cette époque, sauf stipulation contraire. L. 3 sept. 1807, art. 1. — Cette disposition a modifié le principe général de l'art. 2123 C. civ. Boncenne, 3, 466.

Le jugement qui donne acte de la reconnaissance est, au surplus, pour le demandeur, un titre exécutoire. Arg. C. civ. 322.

15. La disposition de l'art. 1, L. 3 sept. 1807, s'applique au jugement qui tient pour reconnue l'écriture et la signature d'une obligation même antérieure à la loi : il n'y a pas là violation du principe de la non rétroactivité; les lois relatives aux inscriptions hypothécaires, comme toutes celles concernant l'exécution des contrats sont communes à toutes les obligations, quelle que soit l'époque où elles ont été passées. Cass. 5 juin 1833, S. 33, 643.

16. Si le défendeur dénie la signature à lui attribuée, ou déclare ne pas reconnaître celle attribuée à un tiers, la vérification peut être ordonnée. C. pr. 195.

17. La dénégation se fait à l'audience ou sur un simple acte.

18. *Effets de la reconnaissance.* L'acte sous seing privé reconnu par celui à qui on l'oppose, ou légalement tenu pour reconnu, a, entre ceux qui l'ont souscrit et entre leurs héritiers et ayant-cause, la même foi que l'acte authentique. C. civ. 1322.

§ 3. — *Vérification.*

Art. — 1. *Dans quel cas, et par qui elle peut être demandée.*

19. La vérification n'a lieu qu'à défaut de la reconnaissance expresse ou tacite. C. civ. 1324 ; C. pr. 193, 195.

20. Les juges ne sont pas obligés d'ordonner la vérification d'une écriture déniée; ils peuvent la tenir pour vérifiée, s'ils trouvent dans la cause assez d'élémens de conviction. Les termes impératifs de l'art. 1324 C. civ. : *la vérification sera ordonnée,* ont été modifiés par l'art. 195 C. pr. *la vérification pourra être ordonnée.* Cass. 25 août 1813; 13 avr. 1824, P. 11, 664; 18, 627 ; 9 fév. 1830, S. 30, 235 ; 24 mai 1837 (Art. 958 J. Pr.); 9 déc. 1839, S. 40, 30; Rennes, 12 avr. 1825, P. 19, 393. — *Contrà*, Rennes, 3 mars 1825, P. 19, 262. — Les juges ont d'ailleurs qualité pour faire eux-mêmes la vérification. L'art. 1324, qui ordonne la vérification des écritures désavouées, n'a pas ôté au juge le droit de la faire lui-même. Cass. 3 déc. 1839, S. 40, 190.

Les juges peuvent également rejeter la pièce, sans vérification préalable, s'ils sont convaincus de sa fausseté. Cass. 14 mars 1837, S. 37, 199.

21. Mais les juges ne peuvent décider que le fait constaté par la pièce méconnue est faux, qu'autant qu'ils déclarent la pièce arguée matériellement fausse, encore bien que la pièce ait été arguée de dol, si d'ailleurs le jugement ne constate pas l'existence du dol autrement, et en se décidant contre le contenu à l'acte, soit d'après la preuve testimoniale, soit d'après la présomption, le jugement violerait les art. 1341 et 1353 C. civ. Cass. 20 mars 1839, S. 39, 292.

22. La vérification ne doit pas être ordonnée lorsque le défendeur prétend que l'acte, fût-il émané de lui ou de son auteur, devrait être annulé. L'intérêt des parties exige que l'on décide d'abord la question de nullité, afin de leur éviter des frais frustratoires, si l'acte est nul ou rescindable. Dalloz, 944.

Il en est de même si l'on oppose la prescription. — *Contrà*, Riom, 2 mars 1830, S. 32, 661.

23. Lorsqu'une partie, en déniant les écriture et signature, allègue en outre des surcharges et falsifications, les juges ordonnent la simple vérification, sans être tenus de prescrire la voie de l'inscription de faux. Cass. 4 fév. 1836, S. 36, 81. Paris, 9 janv. 1830, S. 30, 126.

24. Les juges peuvent, pour apprécier la valeur de la dénégation opposée par le défendeur, ordonner la comparution personnelle des parties. Boncenne, 3, 474; — ou ordonner l'interrogatoire de la partie qui dénie. Cass. 11 fév. 1818, P. 14, 638.

25. *Par qui.* C'est à celui qui veut se servir d'un acte sous seing privé, dénié ou méconnu par son adversaire, à en prouver la sincérité. S'il n'y parvient pas la pièce est rejetée, sans que ceux qui la méconnaissent aient à en prouver la fausseté. Arg. C. civ. 1315. Cass. 1er fév. 1820, D. 15, 746.

26 Ainsi la vérification du testament olographe est la charge de celui qui le produit et en demande l'exécution. Bordeaux, 6 avr. 1832, P. 1832,3,367; — même après l'envoi en *possession*. — V. ce mot, n° 24.

27. Lorsque des héritiers déclarent ne pas reconnaître la signature de leur auteur, la vérification doit être ordonnée même d'office. Agen, 6 août 1812, P. 10, 631. — Les juges ne peuvent, avant la vérification, ni admettre la pièce déniée. Cass. 10 juill. 1816, P. 13, 536, 15 juill. 1834. S. 34, 650;—ni la rejeter. Cass. 6 fév. 1837, S. 37, 201.—V. toutefois *sup.* n° 19.

28. Lorsque, sur une plainte en faux, il a été jugé que la pièce n'était pas fausse, la partie à laquelle on l'oppose et qui n'a point été partie au procès criminel peut en demander la vérification devant le trib. civil. Toulouse, 12 avr. 1812, P. 10, 289. — V. *Faux*, n° 196.

29. La vérification peut être demandée pour la première fois, sur l'appel, par la partie qui a conclu sur le fond en 1re inst. — Mais en se réservant cette demande dans ses conclusions. Paris, 8 avr. 1811, P. 9, 246.

Art. 2. — *Tribunal compétent.*

30. Les trib. civils sont seuls compétens pour connaître de la vérification d'écriture;

31. A l'exclusion, 1° du trib. de comm., lorsqu'une pièce produite devant ce trib. est méconnue ou déniée, et que la partie persiste à s'en servir, il doit renvoyer devant les juges compétens, et surseoir au jugement de la demande principale; si néanmoins la pièce n'est relative qu'à un des chefs de demande, il peut être passé outre au jugement des autres chefs. C. pr. 427.

Jugé toutefois, que le trib. de comm. peut ordonner que les parties seront entendues en personne, afin de s'assurer si la dénégation est sérieuse et si les parties y persistent. Sur le refus de la partie de comparaître, le trib. peut tenir l'écrit pour reconnu, examiner l'affaire au fond, et statuer sur la demande, sans qu'il soit besoin de s'arrêter à la dénégation d'écriture. Paris, 12 juill. 1837 (Art. 901 J. Pr.).

2° Du juge de paix. Ce magistrat, dans la même circonstance, procède comme le trib. de comm. C. pr. 14 Berriat, 31.

3° Des arbitres. L'art. 1015 C. pr., il est vrai, ne parle que de l'inscription de faux ; mais il résulte de l'ensemble du titre de la vérification, que cette procédure ne peut avoir lieu que devant un trib. civil; elle exige des assistances d'avoués, des communications au ministère public, etc. Berriat, 31, n° 53. —V. *Faux*, n° 19, et toutefois *Arbitrage*, n° 301.

32. Lorsque la demande en vérification d'écriture est principale ou lorsqu'elle se poursuit en vertu du renvoi d'un trib. exceptionnel. le trib. civ. compétent est celui du domicile du défendeur. C. pr. 59, — nonobstant l'élection de domicile résultant de l'acte dénié. Bruxelles, 5 oct. 1815, P. 13, 77. —V. *Faux*, n° 22.

Le trib. civ. saisi d'une vérification d'écriture par le renvoi d'un trib. d'exception, ne peut ni juger le fond, ni se dispenser de faire la vérification. Dalloz, p. 944.

§ 4. — *Jugement qui autorise la vérification.*

33. La vérification peut se faire tant par titres que par experts et par témoins. C. pr. 195.

34. Les juges ont la faculté d'ordonner l'emploi simultané des trois modes de vérification. Colmar, 12 juill. 1807, P. 6, 202, — ou de deux; par exemple, de l'expertise et de la preuve testimoniale. Cass. 13 nov. 1816, P. 13, 667; — ou d'un seul : ils peuvent se déterminer d'après un seul de ces moyens, s'ils le croient suffisant. Angers, 15 déc. 1819, P. 15, 629; Rennes, 22 avr. 1816, P. 13, 390.

35. Le défendeur est admis à faire la preuve contraire pour établir la fausseté de la pièce qu'on lui oppose. Besançon, 12 juin 1812, P. 10, 466.

36. L'arrêt qui ordonne la vérification *en la forme de droit* est censé admettre les trois modes de vérification simultanément, de sorte que la partie qui s'est bornée à l'expertise ne peut plus, après la clôture du procès-verbal du juge commissaire, solliciter un jugement qui autorise la preuve par témoins. Paris, 10 fév. 1809, P. 7, 368; — car il faudrait dans ce cas observer sur-le-champ les règles prescrites pour les enquêtes dont une des plus essentielles est que l'enquête soit commencée et ensuite parachevée dans un délai qui, la plupart du temps, serait expiré après la clôture du procès verbal du juge-commissaire, et qui l'était dans l'espèce de l'arrêt du 10 fév. 1809.

37. Au reste, le demandeur admis à faire vérifier tant par titres que par experts et témoins, peut se borner à un seul genre de preuve. Liége, 15 déc. 1810, P. 9, 217.

38. Il est également recevable à demander la vérification par témoins, après avoir déclaré ou consenti la vérification par experts seulement : la loi ne dit pas que l'une de ces voies soit exclusive de l'autre. Cass. 5 janv. 1825, P. 19, 15. —Surtout 1° lorsque la difficulté de trouver des pièces de comparaison rend impossible la vérification par experts, et qu'il n'y a aucune négligence à imputer au demandeur. Toulouse, 1er mai 1817, P. 14, 208. — Dans ce cas les délais pour l'enquête ne courent que du jour du nouveau jugement qui l'a ordonné. Cass. 5 janv. 1825, P. 19, 15.

39. 2° Lorsqu'il a été fait des réserves. Liége, 11 déc. 1811, P. 8, 693.

40. Mais cette nouvelle demande n'est pas recevable en appel. Toulouse, 12 avr. 1812, P. 10, 289.

41. En tous cas, à défaut de pièces de comparaison, le trib. peut ordonner la vérification uniquement par témoins. Rennes, 14 juill. 1812, P. 10, 597.

42. D'ailleurs, les parties sont libres de suivre dans l'emploi des moyens de vérification l'ordre qu'elles jugent convenable. Montpellier, 3 mars 1818, S. 28, 153. — En observant toutefois les règles prescrites pour chaque moyen de vérification.

43. Lorsque le jugement n'a prescrit aucun délai pour l'accomplissement de la vérification (par experts), le demandeur en vérification n'encourt pas déchéance, sous prétexte qu'il aurait négligé d'en poursuivre l'exécution, surtout s'il n'a pas été mis en demeure par son adversaire. Bordeaux, 5 juin 1830.

Mais comme on ne peut laisser indécise pendant un temps indéterminé la question que la vérification tient en suspens, un second jugement peut fixer le délai dans lequel la poursuite sera mise à fin. Metz, 29 janv. 1822, P. 17, 79.

44. Le trib. peut-il en ordonnant la vérification, prononcer à l'avance une déchéance définitive, à défaut d'y avoir fait procéder dans un délai déterminé ? — Pour la négative, on dit : Il est juste d'accueillir la preuve de la vérité toutes les fois qu'elle est offerte ; la loi n'ayant point établi une telle déchéance, les juges ne peuvent le faire. Metz, 5 fév. 1813, P. 11, 105. — Mais on peut répondre pour l'affirmative : La célérité dans les jugemens est d'ordre public, et si le délai accordé se trouve suffisant, le cours de la justice ne doit pas être entravé par de nouvelles productions. Par cela seul que la loi autorise le juge à fixer un délai, elle lui permet de sanctionner sa décision par une déchéance lorsqu'il le juge convenable. Il n'est dit nulle part dans la loi que les délais fixés par justice pour mettre à fin une procédure, soient comminatoires. Il faut en conclure que l'application de la déchéance reste facultative pour les trib. Colmar, 9 mai 1818, P. 14, 798.

45. Il suit de là que si ce délai a été déterminé simplement et sans déchéance, un nouveau délai peut être accordé (*ib.*) qui court du jour de la prononciation du jugement. Cass. 12 août 1828, S. 28, 420. — V. *Délai*, n° 60.

46. Le jugement qui autorise la vérification nomme d'office

trois experts, à défaut par les parties de s'être accordées sur le choix. C. pr. 196. Il faut que le choix des experts soit déclaré de prime abord, autrement le choix du trib. reste définitif. La loi n'autorise pas les parties à nommer ultérieurement les experts comme en matière ordinaire. Boncenne, 3, 498. — Le trib. ne doit avoir aucun égard à la nomination d'un seul expert fait par une seule des parties isolément. Carré, n° 805; Dalloz, 945. — Il n'est pas nécessaire que le refus ou la négligence des parties, de désigner elles-mêmes les experts, soit constaté. Cass. 3 nov. 1816, P. 13, 667.

47. Le même jugement commet le juge devant qui doit se faire la vérification. C. pr. 196.

48. Le juge-commissaire et les experts peuvent être récusés. C. pr. 197. — V. *Récusation*, *Expertise*, n° 34.

49. Enfin, le jugement ordonne que la pièce à vérifier sera déposée (C. pr. 196), dans le délai qu'il détermine, afin de hâter la vérification, en offrant au défendeur un moyen de faire prononcer la déchéance. Carré, n° 807.

50. S'il résulte de la procédure des indices de faux qui donnent lieu à une poursuite en faux principal, il est sursis à statuer sur le civil, jusqu'après le jugement sur le faux. Arg. C. pr. 239, 240. Il est vrai que la disposition de cet art. relatif au faux incident civil n'est pas reproduite au titre de la vérification, mais le sursis doit être prononcé dans ce cas en vertu du principe général de l'art. 3 C. instr. crim. Cass. 28 mars 1836, S. 36, 418.

§ 5. — *Dépôt de la pièce.*

51. Ce dépôt est fait dans le délai fixé par le jugement. — Il convient de sommer le défendeur d'assister au procès-verbal du dépôt de la pièce. Carré, n° 809.

52. L'état de la pièce doit être constaté au moment du dépôt; elle est signée et paraphée par le demandeur ou son avoué, et par le greffier (C. pr. 196), — qui dresse du tout procès-verbal. *Ib.*

53. Dans les trois jours du dépôt de la pièce, le défendeur peut en prendre communication au greffe sans déplacement (C. pr. 198) : — ce délai court du jour du dépôt, si le défendeur y a assisté. Carré, n° 810; — et, dans le cas contraire, du jour de la signification de l'acte de dépôt. Carré, *ib.*; Demiau, 159.

54. Le défendeur peut prendre communication après le délai fixé, tant que le demandeur n'a pas exécuté l'ordonnance du juge-commissaire. Carré, n° 811.

55. Lors de la communication, la pièce est paraphée par le défendeur ou par son avoué, ou par son fondé de pouvoir spécial; le greffier en dresse procès-verbal. C. pr. 198.

§ 6. — *Choix des pièces de comparaison.*

56. Lorsque la cause comporte le choix de pièces de comparaison, le juge-commissaire indique, par une ordonnance, le jour auquel les parties doivent comparaître devant lui pour convenir des pièces de comparaison. C. pr. 199. — A cet effet, la partie la plus diligente somme l'adversaire par acte d'avoué à avoué, s'il en a été constitué, sinon à domicile par un huissier commis par la même ordonnance. *Ib.*

57. Le cas de signification à domicile est nécessairement très-rare, puisqu'il y a eu dénégation ou méconnaissance d'une pièce produite. Mais il a lieu, — 1° lorsqu'après la dénégation ou la méconnaissance, une des parties vient à décéder, et que, sur la reprise d'instance, les héritiers n'ont pas comparu. Boncenne, 3, 501, note; — 2° quand la vérification se poursuit par suite du renvoi devant un tribunal.

58. Le demandeur n'est pas tenu de comparaître en personne; il est valablement représenté par son avoué. Colmar, 9 mai 1818, P. 14, 798; Bordeaux, 31 juill. 1829, S. 30, 8.

59. Si le demandeur ne comparaît pas au jour indiqué pour convenir des pièces de comparaison, la pièce est rejetée; si c'est le défendeur, le juge, c'est-à-dire le trib. (Carré, n° 813; Berriat, 270, n° 22; Boncenne, 3, 515), peut tenir la pièce pour reconnue (C. pr. 199); — et cela quand même la pièce ne serait pas attribuée au défendeur. Carré, *ib.* — *Contrà,* Delaporte, 1, 202.

60. Dans les deux cas, le jugement est rendu sur le rapport du juge-commissaire fait à la prochaine audience sans acte à venir plaider. C. pr. 199.

Ce jugement est susceptible d'opposition. *Ib.*

Le trib., s'il admet l'opposition, renvoie les parties à se pourvoir devant le juge-commissaire. Carré, n° 814.

61. S'il y a plusieurs demandeurs, et qu'au jour indiqué pour le choix des pièces de comparaison, l'un de ces demandeurs fasse défaut, l'instruction ne doit pas moins continuer à son égard, de même qu'à l'égard de son codemandeur : la pièce ne peut être reconnue à l'égard d'une des parties, et rejetée à l'égard d'une autre. Bordeaux, 31 juill. 1829, S. 30, 8.

62. Si les parties ne s'accordent pas sur le choix des pièces de comparaison, le juge ne doit recevoir comme telles que, 1° les signatures apposées aux actes par devant notaires, ou celles apposées aux actes judiciaires, en présence du juge et du greffier; ou enfin les pièces écrites et signées par celui dont il s'agit de comparer l'écriture en qualité de juge, greffier, notaire, avoué, huissier, ou comme faisant, à tout autre titre, fonction de personne publique ;

2° Les écritures et signatures privées, reconnues par celui à qui est attribuée la pièce à vérifier, mais non celles déniées ou non reconnues par lui, encore qu'elles eussent été précédemment vérifiées et reconnues être de lui.

Si la dénégation ou méconnaissance ne porte que sur partie de la pièce à vérifier, le juge peut ordonner que le surplus de ladite pièce servira de pièce de comparaison. C. pr. 200.

63. *Le juge.* C'est-à-dire le trib. et non le juge commissaire. En conséquence, s'il y a contestation entre les parties, le juge-commissaire doit les renvoyer devant le trib. Bourges, 20 juill. 1832, S. 33, 217 ; Rennes, 3 janv. 1838 (Art. 1303 J. Pr.). Boncenne, 3, 521. — *Contrà*, Carré, n° 827.

64. La loi n'admet que les signatures apposées aux actes énumérés dans l'acte 200, qui est limitatif. Metz, 27 juin 1823 ; Bourges, 3 déc. 1823, P. 17, 1218, 18, 241 ; — En conséquence, ne seraient pas admises, 1° des signatures apposées à des actes de l'état civil. Bruxelles, 12 fév. 1822 ; Carré, n° 818 ; Dalloz, p. 947. — *Contrà*, Riom 21 déc. 1814, P. 12, 503 ; — 2° celles mises au bas d'un procès-verbal dressé au bureau de paix : ce n'est pas un acte judiciaire. Carré, n° 817 ; Dalloz, *ib.* — *Contrà*, Thomine, art. 202. — V. *Préliminaire de conciliation*, n° 98 ; — 3° celles apposées à des actes faits en présence du greffier seulement. Carré, n° 819. — *Contrà*, Thomine, *ib.*

65. Ont été jugées admissibles des pièces que les lois anciennes déclaraient authentiques. — Par exemple, les registres des communautés religieuses. Paris, 2 janv. 1808, P. 6, 418 ; — une lettre de cachet ou des notes écrites par un ministre secrétaire d'état, en cette qualité, et déposées depuis dans un dépôt public. Paris, 28 juin 1808, P. 6, 767.

66. Dans tous les cas, il suffit qu'une pièce ait été signée par un fonctionnaire public, ou ministériel, en cette qualité, pour qu'elle puisse être employée à vérifier son écriture. Il n'est pas nécessaire qu'elle soit écrite de sa main. Pigeau, 1, 386 ; Carré, n° 821. — La loi ne défend pas de comparer de simples signatures avec des corps entiers d'écritures. Bruxelles, 20 fév. 1817, P. 14, 91.

67. Les juges ne peuvent autoriser les experts à opérer sur d'autres pièces que celles qui viennent d'être indiquées ; mais ces derniers peuvent puiser dans toutes autres pièces les élémens de leur conviction. Bruxelles, 20 fév. 1817, P. 14, 91.

68. *Apport des pièces.* Si les pièces de comparaison sont entre les mains des dépositaires publics ou autres, le juge-commissaire rend une ordonnance portant qu'aux jour et heure par lui indiqués, les détenteurs des pièces les apporteront au lieu où se fait la vérification, à peine, contre les dépositaires publics, d'être contraints par corps, et les autres par voies ordinaires, sauf même à prononcer contre ces derniers la contrainte par corps, s'il y échet. C. pr. 201.

69. Cette ordonn. ne suffit pas pour exercer la contrainte par corps. Il faut un jugement du trib. C. civ. 2067; — l'ordonn. n'est pas rendue avec le dépositaire. — V. *Emprisonnement*, n° 28.

70. Le juge-commissaire dresse procès-verbal de la non-comparution du dépositaire; il déclare qu'il en fera rapport au trib. à un jour indiqué, et ce procès-verbal ayant été signifié avec assignation à comparaître à l'audience, le trib. prononce la contrainte. Carré, n° 830.

71. Si les pièces de comparaison ne peuvent être déplacées, ou si les détenteurs sont trop éloignés, il est laissé à la prudence du trib. d'ordonner, sur le rapport du juge-commissaire, et après avoir entendu le procureur du roi, que la vérification se fera dans le lieu de la demeure des dépositaires, ou dans le lieu le plus proche, ou que, dans un délai déterminé, les pièces seront envoyées au greffe par les voies que le trib. indiquera par son jugement. C. pr. 202. — Ces formalités ne sont pas substantielles. La nullité résultant de leur omission n'est pas proposable pour la première fois en appel. Orléans, 15 juill. 1836 (Art. 473 J. Pr.).

72. Lorsque la vérification ne se fait pas dans le lieu où siége le trib. qui l'a ordonnée, il peut commettre un juge de paix, ou autoriser le trib. de l'arrondissement où la vérification a lieu à nommer un de ses membres ou un juge de paix pour y assister. C. pr. 1035.

73. Dans le cas où le trib. ordonne l'envoi des pièces, si le dépositaire est personne publique, il fait préalablement expédition ou copie collationnée des pièces (conformément à l'art. 22 L. 25 vent. an 11, si le dépositaire est un notaire. Carré, n° 833); cette expédition est vérifiée sur la minute ou original par le président du trib. de son arrondissement, qui en dresse procès-verbal. C. pr. 203.

74. L'expédition est mise par le dépositaire au rang de ses minutes, pour en tenir lieu jusqu'au renvoi des pièces, et il peut en délivrer des grosses ou expéditions, en faisant mention du procès-verbal qui a été dressé. C. pr. 203.

75. Un dépositaire particulier, lorsqu'il y a un intérêt évident, peut, comme le dépositaire public, obtenir l'autorisation de faire tirer (par un notaire) une copie des actes originaux qu'il est tenu de déplacer pour une vérification. Carré, n° 839;

Dalloz, p. 948.—M. Delaporte, 1, 206, refuse exécutoire au dépositaire particulier pour ses frais.

76. Lorsque les pièces sont représentées par les dépositaires, il est laissé à la prudence du juge-commissaire d'ordonner qu'ils resteront présens à la vérification pour la garde desdites pièces, et qu'ils les retireront et représenteront à chaque vacation; ou d'ordonner qu'elles resteront déposées ès-mains du greffier qui s'en chargera par procès-verbal : dans ce dernier cas, le dépositaire, s'il est personne publique, peut en faire expédition (—V. *sup.* n° 73), et ce, encore que le lieu où se fait la vérification soit hors de l'arrondissement dans lequel le dépositaire a le droit d'instrumenter. C. pr. 205.

Le dépositaire est remboursé de ses frais par le demandeur, sur la taxe qui en est faite par le juge qui dresse le procès-verbal, d'après lequel il est délivré exécutoire. C. pr. 203.

77. Si le dépositaire n'est pas resté gardien des originaux ou minutes pendant la vérification, et qu'il n'en ait pas dressé d'expédition, le greffier du trib. a le droit de délivrer des expéditions ou copies de ces minutes ou originaux; mais il ne peut percevoir de plus forts émolumens que ceux qui seraient dus au dépositaire. Arg. C. pr. 245.

78. *Corps d'écriture.* A défaut ou en cas d'insuffisance des pièces de comparaison, le juge-commissaire peut ordonner qu'il sera fait un corps d'écritures, lequel est dicté par les experts, le demandeur présent ou appelé. C. pr. 206; — toutefois, le défaut de sommation au demandeur n'annulerait pas le procès-verbal d'expertise; la loi n'a pas exigé cette formalité à peine de nullité. Rennes, 16 juill. 1817, P. 14, 361.

79. Si le défendeur fait défaut ou refuse de faire le corps d'écriture, le juge-commissaire le constate et renvoie l'affaire à la prochaine audience, où, sur son rapport, le trib. peut tenir la pièce pour reconnue. Arg. C. civ. 1361; Carré, n° 848.

§ 7. — *Vérification par experts.*

80. Le juge-commissaire indique par une ordonnance rendue sur requête les lieu, jour et heure, auxquels devront se trouver les experts, à l'effet de prêter serment et de procéder à la vérification, et les dépositaires à l'effet de représenter les pièces de comparaison. C. pr. 204.

Il est dressé du tout procès-verbal, et il en est donné aux dépositaires copie par extrait, en ce qui les concerne, ainsi que du jugement. C. pr. 204.

81. En vertu de cette ordonnance, la partie la plus diligente fait sommation par exploit aux experts, aux dépositaires et à

la partie, par acte d'avoué à avoué, de se trouver aux lieu, jour et heure indiqués par l'ordonnance. C. pr. 204.

82. Si l'une ou l'autre des parties ne comparaît pas, le juge-commissaire constate son défaut, et les opérations sont continuées; — si c'est un dépositaire qui ne comparaît pas, on lui applique les dispositions de l'art. 201 C. pr. (—V. *sup.* n° 68); si c'est un expert, les parties s'accordent de suite pour le remplacer, — ou le juge-commissaire en fait rapport à l'audience suivante, et le trib. pourvoie au remplacement. C. pr. 316.

83. Les experts ayant prêté serment, les pièces leur étant communiquées, ou le corps d'écritures fait, les parties se retirent après avoir fait, sur le procès-verbal du juge-commissaire, telles réquisitions et observations qu'elles avisent. C. pr. 207. — V. d'ailleurs *sup.* n° 71.

84. Les experts procèdent conjointement à la vérification au greffe, devant le greffier ou devant le juge, s'il l'a ainsi ordonné. C. pr. 208. — S'ils ne peuvent terminer le même jour, ils remettent à jour et heure certains indiqués par le juge ou par le greffier. *Ib.*

85. L'observation de ces formalités doit être constatée par le procès-verbal d'expertise, à peine de nullité du rapport. Besançon, 29 mars 1817, P. 14, 161.

86. Les trois experts sont tenus de dresser un rapport commun et motivé, et de ne former qu'un seul avis à la pluralité des voix. S'il y a des avis différens, le rapport en contient les motifs, sans qu'il soit permis de faire connaître l'avis particulier des experts. C. pr. 210, 318.

87. Le rapport des experts est annexé à la minute du procès-verbal du juge commissaire, sans qu'il soit besoin de l'affirmer. C. pr. 209.

88. La taxe de leurs journées et vacations est faite sur le procès-verbal, et il en est délivré exécutoire contre le demandeur en vérification. C. pr. 209.

89. Les pièces sont remises aux dépositaires, qui en déchargent le greffier sur le procès verbal. C. pr. 209.

Les formalités prescrites par l'art. 209 ne sont pas prescrites à peine de nullité. Orléans, 15 juill. 1836 (Art. 473 J. Pr.).

90. Lorsqu'une première expertise est insuffisante, les trib. peuvent en ordonner une nouvelle. Rennes, 16 juill. 1817, P. 14, 361. — Jugé qu'ils le doivent, pour peu que l'affaire paraisse douteuse et que la première expertise ne présente pas de renseignemens suffisans, à raison surtout de ce que la science des experts n'est que conjecturale. Besançon, 12 juin 1812, P. 10, 466.

91. Les parties peuvent aussi demander une nouvelle expertise. —V. *Expert*, n° 98. — Notamment lorsque les experts

ont déclaré dans la première ne pouvoir juger si la signature méconnue est vraie ou fausse. Bruxelles, 20 nov. 1822, P. 17, 673. — *Contrà*, Rennes, 26 mars 1815, P. 11, 245. — Suivant cet arrêt, le trib. peut seul ordonner d'office une nouvelle expertise.

92. Lorsque la nouvelle expertise est demandée par le défendeur, ce dernier devient demandeur quant à ce chef, et dans ce cas, la nouvelle vérification et l'avance des frais nécessaires peuvent être mises à la charge de celui qui méconnaît la pièce. Cass. 7 juill. 1839, S. 39, 865.

93. Les juges peuvent, pour éclairer leur religion, faire dresser sous leurs yeux, et hors la présence des parties, un tableau synoptique indiquant les différences notables entre l'écriture de la pièce méconnue et celles des pièces de comparaison, et s'appuyer sur les documens fournis par ce tableau, bien que contraires à ceux fournis par les experts dans un travail de même nature. Ce n'est pas là, de la part des juges, procéder à une expertise occulte et faite sans les garanties légales. Cass. 25 juill. 1833, S. 33, 616.

§ 8. — *Vérification par titres.*

94. A défaut de règles précises sur les *titres* susceptibles de prouver la vérité de l'écriture, l'appréciation est entièrement abandonnée aux lumières des magistrats. Ils doivent, d'après les principes du droit civil en matière de preuves, décider jusqu'à quel point ceux qui sont produits atteignent le but proposé. Tel serait, par exemple, un acte authentique ou un acte sous seing privé non contesté, par lequel le défendeur aurait explicitement ou implicitement reconnu le titre soumis à la vérification, les résultats ou l'existence de ce titre. Berriat, 269. — Ou qui contiendrait la relation de l'acte à vérifier. Boncenne, 3, 475.

§ 9. — *Vérification par témoins.*

95. Dans le cas de la vérification par témoins, on observe les règles prescrites pour les *enquêtes*. C. pr. 212. — V. ce mot.

96. Ainsi, l'enquête doit, à peine de nullité, être commencée dans la huitaine de la signification du *jugement qui l'ordonne*. Cass. 8 mars 1816, P. 13, 319. — V. *Enquête*, n° 79.

97. Sont entendus comme témoins ceux qui ont vu écrire et signer l'écrit en question, ou qui ont connaissance de faits pouvant servir à découvrir la vérité. C. pr. 211.

Sont insuffisantes, des dépositions relatives à de simples pourparlers et à une convention dont la preuve par témoins est interdite. Rennes, 26 janv. 1813, P. 11, 78. — Ou qui se borneraient à reconnaître l'écriture parce que les témoins ne faisant alors que les fonctions d'experts leurs dépositions ne suppléeraient pas le rapport des gens de l'art. Rennes, 26 mars 1813, P. 11, 245. — Mais le juge-commissaire peut interpeller les témoins pour savoir s'ils reconnaissent l'écriture et la signature de l'acte méconnu comme étant celles de l'auteur à qui l'acte est attribué. Cass. 25 juill. 1833, S. 33, 616.

98. Lors de l'audition des témoins, les pièces déniées ou méconnues leur sont représentées, et sont par eux paraphées; il en est fait mention, ainsi que de leur refus. C. pr. 212.

§ 10. — *Jugement, condamnation, effets de la vérification.*

99. Le juge n'est point lié par le rapport des experts, il peut faire concourir ou prévaloir dans la vérification la preuve testimoniale. Cass. 2 août 1820, S. 21, 185. — La loi laisse à sa conscience, éclairée par la réflexion et le recueillement, à prononcer sur les résultats, et elle ne l'assujettit pas à la précision du calcul géométrique, source éternelle de débats et de raisonnemens métaphysiques, qui tous viennent échouer contre la variété infinie des circonstances et les nuances imperceptibles du langage des experts et des témoins. Grenier, *Exposé des motifs*. — V. d'ailleurs *Expertise*, n° 106.

100. Les juges ne sont pas obligés, pour prononcer le rejet, de déclarer que la signature est contrefaite; la partie qui produit une pièce dont la signature est déniée ou méconnue doit prouver la vérité de la signature, et à défaut de cette preuve, la pièce doit être rejetée. Cass. 1er fév. 1820, P. 15, 746.

101. S'il est prouvé que la pièce est écrite ou signée par celui qui l'a déniée, il doit être condamné à 150 fr. d'amende outre les dépens et dommages-intérêts de la partie, et il peut être condamné par corps même pour le principal. C. pr. 213. — Ces peines sont applicables dans le cas où il s'agit d'une lettre de change. Paris, 21 nov. 1812, P. 10, 822; — et à celui qui n'a dénié sa signature que dans la vue de se procurer un délai, et qui l'a reconnue ensuite avant qu'aucune vérification ait été faite. Cass. 5 janv. 1820, P. 15, 678; Amiens, 16 nov. 1821, P. 15, 943.

102. Le débiteur qui dénie à tort sa signature doit supporter les dépens, bien que la demande en vérification ait été formée avant l'échéance de l'obligation. L. 3 sept. 1807.

Il en est de même de l'héritier qui a déclaré ne pas reconnaître la signature de son auteur. Arg. C. pr. 130; Cass. 6 juill. 1822, P. 17, 476; Amiens, 10 janv. 1821, P. 15, 302; — et lors même que l'écrit méconnu est un testament. Poitiers, 5 fév. 1834, S. 34, 165; — fût-il de bonne foi. Cass. 11 mai 1829, S. 29, 178.

Mais l'héritier n'est pas passible des autres peines portées par l'art. 213 C. pr. Boncenne, 3, 534.

103. Jugé cependant que le trib. peut, selon les circonstances, mettre les dépens de la vérification à la charge de celui qui a produit l'acte, encore bien que la sincérité de la signature ait été constatée, lorsque l'adversaire, sans faire une mauvaise contestation, s'est renfermé dans l'allégation de son ignorance. Riom, 28 fév. 1824, P. 18, 492. — Il s'agissait d'un acte de cession d'un collatéral éloigné, produit dans une contestation entre cohéritiers. Les défendeurs n'avouaient ni ne contestaient la signature qu'ils n'avaient jamais vue, et dont ils n'avaient aucune connaissance.

104. L'acte sous seing privé, vérifié et jugé vrai, a, entre ceux qui l'ont souscrit et entre leurs héritiers et ayant-cause, la même foi que l'acte authentique; il ne peut plus être attaqué que par la voie de l'inscription de faux. Arg. C. civ. 1322; C. pr. 214.

§ 11. — *Enregistrement.*

105. La pièce dont l'écriture n'est pas reconnue doit être enregistrée avant le dépôt, si elle ne l'est déjà. Instr. rég., n° 436.

106. Le rapport des experts peut être enregistré en même temps que le procès-verbal du juge-commissaire. *Ib.*

Les décharges données au greffier sur le procès-verbal par les dépositaires de pièces remises au greffe sont passibles d'un droit particulier, indépendamment de celui du procès-verbal. *Ib.*

107. Les exécutoires délivrés aux experts, pour leurs vacations, sont sujets au droit proportionnel de 50 c. p. 100 fr. *Ib.*

Pour les autres actes. — V. les mots qui les concernent.

§ 12. — *Formules.*

FORMULE I.

Assignation en reconnaissance d'écritures.

(C. civ. 1323, 1324; C. pr. 193. — Tarif 29 par anal. — Coût, 2 fr. orig.; 50 c. copie).

L'an , le , à la requête du sieur (*noms, profession, domicile, constitution d'avoué*), j'ai (*immatricule*), soussigné, donné assignation au sieur , etc.

A comparaître d'aujourd'hui à trois jours à l'audience de la chambre du tribunal de , etc.

Pour, attendu que tout créancier a le droit de demander la reconnaissance d'une obligation sous seing privé, même avant son échéance;

Voir dire et ordonner que le sieur , sera tenu de venir reconnaître, pour être les siennes, les écriture et signature de l'obligation souscrite au profit du requérant le , stipulée payable le , dûment enregistrée, etc., et dont est, avec celle des présentes, donné copie; sinon, et faute de ce faire, que lesdites écriture et signature seront tenues pour reconnues; et en cas de contestation, se voir condamner aux dépens; et j'ai au sus-nommé, etc., laissé copie certifiée sincère et véritable, et signée de Me , de ladite obligation et du présent, dont le coût est de (*Signature de l'huissier.*)

FORMULE II.

Acte pour déclarer que l'on dénie l'écriture.

(C. pr. 195. — Tarif, 71 par anal. — Coût, 5 fr. orig.; le quart pour la copie.)

A la requête du sieur , ayant Me , pour avoué, soit signifié et déclaré à Me , avoué du sieur , que ledit sieur entend, par ces présentes, dénier les écriture et signature à lui attribuées et contenues en une prétendue obligation, en date du ; et desquelles écriture et signature ledit sieur a demandé la reconnaissance au requérant par son exploit d'assignation en date du ; à ce que ledit Me , pour sa partie, n'en ignore. D. A. (*Signatures de la partie et de son avoué.*)

FORMULE III.

Avenir pour admettre la vérification d'écritures.

(C. pr. 195. — Tarif, 71 par anal. — Coût, 1 fr. orig.; 25 c. copie.)

A la requête du sieur , etc., soit sommé Me , etc., de comparaître le , heure de , à l'audience de la chambre du trib. de , etc.

Pour, attendu que par acte signifié d'avoué à avoué le , le sieur , a déclaré qu'il déniait les écriture et signature d'une obligation, etc.; voir dire et ordonner que vérification sera faite des écriture et signature de l'obligation dont s'agit, tant par titres et témoins, que par des experts dont les parties conviendront, sinon qui seront nommés d'office par le tribunal; laquelle obligation sera déposée au greffe dudit tribunal, et son état constaté, comme aussi qu'il sera procédé à ladite vérification devant l'un de MM. les juges qui sera commis à cet effet; le tout dans la forme indiquée par la loi; et se voir condamner ledit sieur , aux dépens, etc. (*Signature de l'avoué.*)

FORMULE IV.

Requête au juge-commissaire pour avoir permission d'assigner le défendeur, à l'effet de convenir des pièces de comparaison.

(C. pr. 196. — Tarif, 76. — Coût, 2 fr.)

A M. , juge au tribunal de , etc., commis pour la vérification d'écritures dont sera ci-après parlé.

Le sieur , etc., expose que, par jugement contradictoire du , enregistré et signifié, il a été autorisé à faire devant vous, tant par titres et témoins que par experts, la vérification des écriture et signature d'une obligation, etc.;

Que ladite obligation ayant été déposée au greffe de votre tribunal le , il s'agit aujourd'hui de convenir des pièces de comparaison à l'effet de parvenir à la vérification ordonnée par le susdit jugement.

Pourquoi, Monsieur, il vous plaira indiquer les jour et heure auxquels le sieur , sera sommé de comparaître devant vous pour convenir des pièces de comparaison; et vous ferez justice.

Ordonnance. Vu la requête ci-dessus, permettons, etc.

— V. d'ailleurs *Expertise*, *Faux*.

VICES DE FORME OU DE FOND. — V. *Nullité.*

VICES RÉDHIBITOIRES. — V. *Rédhibitoire.*

VISA. Formule apposée par un fonctionnaire public où par un préposé, sur un acte ou une pièce, soit pour le rendre exécutoire, soit pour constater un fait.

1. Ainsi doivent être visés sans frais 1° par le maire ou l'adjoint, l'original des exploits lorsque l'huissier ne trouve personne au domicile de la partie, ou aucun voisin qui puisse ou veuille le signer. C. pr. 4, 68. — V. *Exploit*, n° 199, et d'ailleurs *Saisie-exécution*, n° 141. — 2° Par tous les fonctionnaires publics, les notifications qui leur sont faites; à leur refus, le visa est donné par le procureur du roi de leur domicile. C. pr. 1039, 69-5°, 561. — V. *Exploit*, n° 226 à 229; *Saisie-arrêt*, n° 139. — 3° Par le maire ou l'adjoint du domicile du débiteur le commandement tendant à *saisie immobilière.* C. pr. 673. — V. *Vente sur saisie immobilière*, n° 69.— 4° Par les greffiers des juges de paix, les maires ou adjoints des communes de la situation de l'immeuble saisi, le procès-verbal de saisie immobilière. C. pr. 676.—V. *ib.* n° 142. — 5° Par le maire du domicile du saisi, l'original de la dénonciation du procès-verbal de saisie au saisi. C pr. 681.—V. *ib.* n° 171.—6° Par les maires des différentes communes, le procès-verbal d'apposition des affiches, dans le cas de vente judiciaire. C. pr. 687. — V. *Saisie-exécution*, n° 285. — 7° Par le greffier du trib. de 1re inst., l'appel du jugement en vertu duquel on procède à la saisie, et l'appel du jugement qui statue sur les nullités antérieures ou postérieures à l'adjudication préparatoire, en matière de *saisie immobilière.* C. pr. 726, 734, 736.—V. d'ailleurs *Licitation*, n° 39.— 8° Par un juge du trib. de comm. ou par le maire ou l'adjoint, les livres de commerce. C. comm. 11.—9° Par les préposés de l'enregistrement, les *répertoires.* — V. ce mot, n° 12, et d'ailleurs *Contributions publiques*, nos 2, 8; *Douane*, nos 21 à 23; *Timbre.*

VISITE DES LIEUX. —V. *Descente sur les lieux.*

VOIE DE DROIT. Moyens indiqués par la loi pour l'exercice d'un droit, pour l'exécution d'un acte ou obligation quelconque.

VOIE DE FAIT.—V. *Action possessoire*, n° 16 et suiv.

VOIE *à prendre pour avoir copie ou expédition d'un acte.* — V. *Compulsoire, Copie.*

VOIES CONTRE LES JUGEMENS. — V. *Jugement*, n° 338.

VOISIN. — V. *Exploit*, nos 187 à 192; *Scellés.*

VOYAGE. — V. *Délai*, n° 32 et suiv. *Juge de paix*, n° 45.

VOYAGE (FRAIS DE).

1. Une indemnité est accordée, en cas de déplacement, 1° au

juge commissaire et au greffier. C. pr. 301.—V. *Descente sur les lieux*, nos 42 et 45; *Interdiction*, n° 32; — 2° aux officiers du parquet. Ordonn. 10 mars 1825, art. 3.—V. *Tarif*, n° 1; — 3° aux officiers ministériels. — V. *Huissier*, nos 252 à 255; — 4° *aux témoins*. Tar. 167. — V. *Enquête*, nos 178 et 277; — 5° aux parties en matière civile. Tar. 146, § 3; — mais elles doivent se présenter au greffe, assistées de leur avoué, pour y affirmer que le voyage a été fait dans la seule vue du procès. Tar. 146.—V. d'ailleurs *Reddition de compte*, nos 70 à 74; — à moins que leur comparution n'ait été ordonnée par jugement.

Pour les affaires de la compétence des trib. de comm. ou de paix, l'indemnité ne serait due qu'autant que la comparution aurait été ordonnée. Sudraud, n° 168; Chauveau, *Tarif*, 1, 505.

— V. d'ailleurs *Saisie-exécution*, *Scellés*.

FIN DU TOME CINQUIÈME ET DERNIER.

EXPLICATION

DES PRINCIPALES ABRÉVIATIONS.

Arg. . . . . Argument.
(Art. 1600 J. Pr.). . . Article 1600 du Journal de Procédure.
Av. Cons.-d'ét. . . . Avis du Conseil-d'état.
Cass. . . . . Arrêt de la Cour de Cassation.
C. civ. 2. . . . . Article 2 du Code civil.
C. comm. . . . . . . Code de commerce.
C. instr. crim. . . . . Code d'instruction criminelle.
C. pén. . . . . Code pénal.
C. pr. . . . . Code de procédure.
Boncenne, 1, 24. . . Boncenne, tome 1, page 24.
Circ. min. . . . . . . Circulaire ministérielle.
D. 34, 1, 25. . . . . . Dalloz, 1834, 1re partie, page 25.
D. 11, 65. . . . . . . Dalloz, Jurisprudence générale, tome II, page 65.
D. A., v° *Arbitre*. . . Armand Dalloz, Dictionnaire général, au mot Arbitre.
Décis. . . . . Décision.
Décr. . . . . Décret.
Déliber. Rég. . . . . Délibération de la Régie.
Instr. gén. . . . . . . Instruction générale de la Régie.
L.—LL. . . . . Loi. — Lois.
Min. fin. —Just. . . . Ministre des finances, — de la justice.
Ordonn. . . . . Ordonnance.
Parlem. . . . . Parlement.
P. 19, 40. . . . . . . Journal du Palais, 3e édition, tome 19, page 40.
Quest. dr. . . . . . . Question de droit.
R. ou Rép. . . . . . . Répertoire de jurisprudence.
S. 34, 2, 40 . . . . . . Sirey, tome 34, 2e partie, page 40.
Trib. . . . . Tribunal.

NOTA. Dans les recueils de MM. Sirey et Dalloz, la 1re partie, renfermant les arrêts de la Cour de cassation, et la 2e ceux des Cours royales, on n'indique ordinairement que le tome et la page. — On a suivi dans les citations d'auteurs les éditions les plus récentes.

Le coût des actes indiqués en tête de chaque formule, est celui de Paris. — V. d'ailleurs *Tarif*.

Les droits de greffe se trouvent au mot *Greffe* (*droits de*).